Irlande

Lou Callan
Fionn Davenport
Patrick Horton
Oda O'Carrol
Tom Smallman
David Wenk

LONELY PLANET PUBLICATIONS
Melbourne • Oakland • London • Paris

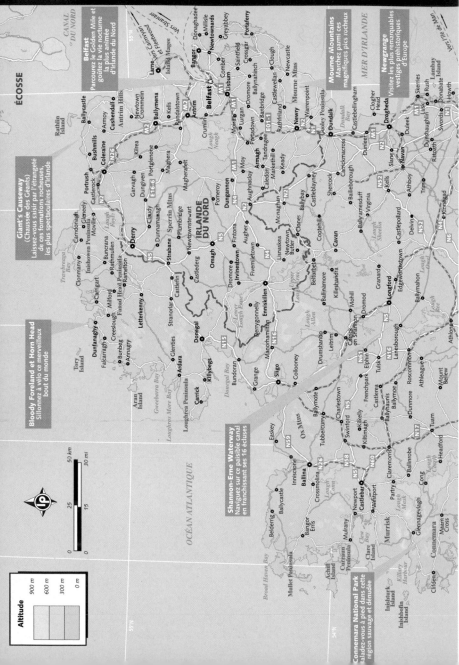

ÉCOSSE

CANAL DU NORD

Belfast
Parcourez le Golden Mile et goûtez la vie nocturne la plus animée d'Irlande du Nord

Giant's Causeway
(Chaussée des Géants)
Laissez-vous saisir par l'étrangeté de ces formations rocheuses, les plus spectaculaires d'Irlande

Mourne Mountains
Marchez parmi ces magnifiques pics rocheux

MER D'IRLANDE

Newgrange
Visitez les plus remarquables vestiges préhistoriques d'Europe

Bloody Foreland et Horn Head
Sillonnez à vélo ce merveilleux bout du monde

Shannon-Erne Waterway
Naviguez sur ce paisible canal en franchissant ses 16 écluses

IRLANDE DU NORD

OCÉAN ATLANTIQUE

Connemara National Park
Baladez-vous à pied dans cette région sauvage et dénudée

Altitude
900 m
600 m
300 m
0 m

50 km
30 mi

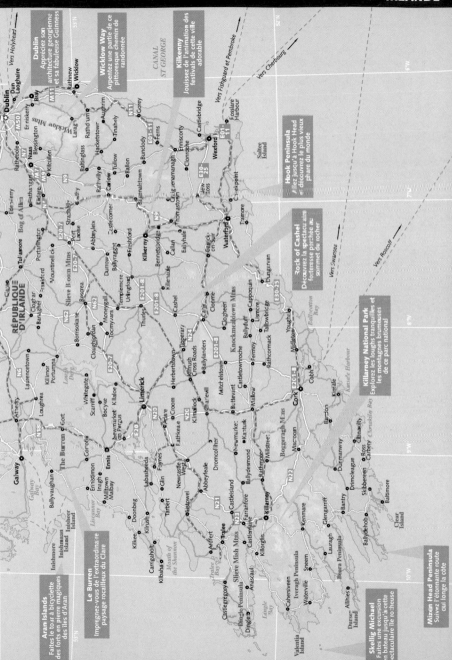

Dublin
Appréciez son architecture georgienne et sa fabuleuse Guinness

Wicklow Way
Arpentez une partie de ce pittoresque chemin de randonnée

Kilkenny
Jouissez de l'animation des festivals de cette ville adorable

Hook Peninsula
Allez jusqu'à Hook Head et découvrez le plus vieux phare du monde

Rock of Cashel
Découvrez la spectaculaire forteresse perchée au sommet du rocher

Killarney National Park
Explorez les loughs tranquilles et les montagnes brumeuses de ce parc national

Aran Islands
Faites le tour à bicyclette des forts en pierre magiques des îles d'Aran

Le Burren
Imprégnez-vous de l'extraordinaire paysage rocailleux du Clare

Skellig Michael
Faites une excursion en bateau jusqu'à cette spectaculaire île rocheuse

Mizen Head Peninsula
Suivez l'étonnante route qui longe la côte

RÉPUBLIQUE D'IRLANDE

CANAL ST GEORGE

Vers Holyhead
Vers Cherbourg
Vers Fishguard et Pembroke
Vers Swansea
Vers Roscoff

Dublin
Dún Laoghaire
Galway
Limerick
Cork
Waterford
Wexford

Irlande 1
1re édition française – Avril 2002

Une mise à jour de ce titre est disponible sur notre site
www.lonelyplanet.fr/mise

Publié par
Lonely Planet Publications 1, rue du Dahomey, 75011 Paris

Autres bureaux Lonely Planet
Australie Locked Bag 1, Footscray, Victoria 3011
États-Unis 150 Linden St, Oakland, CA 94607
Grande-Bretagne 10a Spring Place, London NW5 3BH

Photographies
La plupart des photos publiées dans ce guide sont disponibles
auprès de notre agence photographique Lonely Planet Images
Web site : www.lonelyplanetimages.com

Photo de couverture
Livraison de bière (Richard Cummins)

Traduction de
Thérèse de Cherisey, Isabelle Delaye, Géraldine Masson,
Mélanie Sollin et Bérengère Viennot

Dépôt légal
Avril 2002

ISBN 2-84070-241-X
ISSN 1242-9244

Bien que les auteurs
et l'éditeur aient
essayé de donner
des informations
aussi exactes que
possible, ils ne sont
en aucun cas
responsables des
pertes, des problèmes
ou des accidents que
pourraient subir les
personnes utilisant
cet ouvrage.

Table des matières

COMTÉ DE KILKENNY 293

CENTRE-SUD 00

COMTÉ DE CLARE 330

COMTÉ DE GALWAY 362

COMTÉS DE MAYO ET DE SLIGO 397

CENTRE-NORD 426

COMTÉ DE DONEGAL 455

COMTÉS DE MEATH ET DE LOUTH 487

L'IRLANDE DU NORD 520

Table des cartes

Les auteurs

Lou Callan

Diplômée en langues étrangères, Lou a travaillé comme directrice de publicité chez Oxford University Press Australia, avant de devenir rédactrice à l'*Australian Bookseller & Publisher*. Après 4 ans à la rédaction des Phrasebooks de Lonely Planet, Lou est partie en 1988 dans les Émirats arabes unis. Elle a ainsi collaboré aux guides *Dubai*, *Oman & the United Arab Emirates*, *Middle East*, puis *England* et *Britain*. Lou a aujourd'hui retrouvé l'agréable fraîcheur de Melbourne, auprès de Tony, son mari, et de Ziggy, son chat.

Fionn Davenport

Natif de Dublin, Fionn y a passé une jeunesse idyllique, ponctuée de séjours à l'étranger. Il est resté suffisamment longtemps à Dublin pour obtenir un diplôme de français et d'histoire au Trinity College. A New York, il a édité les expériences de voyage des autres pendant 3 ans avant de se lancer lui-même. Il partage désormais son temps entre New York et Dublin. Il a ainsi écrit sur de nombreuses destinations dans le monde, en particulier pour les guides *Spain*, *Dublin*, *Irlande*, *Sicily* et *Britain*.

Partick Horton

Écrivain et photographe, Patrick a sillonné sa Grande-Bretagne natale dans tous les sens avant d'attaquer un tour du monde en 1985. Ses voyages l'ont conduit en particulier en Corée du Nord, en Érythrée, au Kosovo, au Timor-Oriental et aux îles Tonga, sans parler de ses périples en moto dans l'Himalaya. Patrick a vu nombre de ses photos publiées dans les guides Lonely Planet et a collaboré en tant qu'auteur à plusieurs guides, en particulier *Australie*, *Eastern Europe*, *Irlande* et *Mediterranean Europe*.

Oda O'Carroll

Née à Roscommon, dans le centre-ouest venteux de l'Irlande, Oda est partie pour Dublin et son atmosphère enfumée où elle a étudié la communication jusqu'en 1990. Une fois diplômée, elle a travaillé comme documentaliste et écrivain pour la télévision. Elle a d'ailleurs réalisé son propre court-métrage en 1998. Elle a sillonné toute l'Europe et a même parcouru les États-Unis d'une côte à l'autre dans une vénérable Cadillac (datant de 1967 !). Elle vit toujours avec plaisir à Dublin en compagnie de son mari Eoin.

Tom Smallman

Tom, qui vit en Australie, à Melbourne, a fait quantité de métiers avant de rejoindre l'équipe éditoriale de Lonely Planet. Aujourd'hui, il se consacre entièrement à son activité d'auteur. Il a collaboré à de nombreux guides Lonely Planet : *Britain, Scotland, Edinburgh, Australie, New South Wales, Sydney, Canada, Dublin* et *Pennsylvania*.

David Wenk

David a sacrifié sa passion de la nature durant ces trois dernières années pour mettre ses talents de cartographe au service du bureau Lonely Planet de Londres... mais il se jurait régulièrement de reprendre le large. Élevé dans une ferme du nord de l'État de New York, David connaît l'art de faire du fromage de chèvre et du sirop d'érable. Sa modestie l'empêche d'abreuver l'équipe de Lonely Planet des hauts faits tirés de sa brève mais pittoresque carrière de pilote. Cette mise à jour du guide de l'Irlande signe sa quatrième participation à Lonely Planet en tant qu'auteur.

UN MOT DES AUTEURS

Lou Callan. Merci à la merveilleuse équipe du Heron's Cove à Goleen sur la Mizen Head Peninsula et aux personnes de Tacumshin qui ont tiré notre voiture d'un fossé boueux en ce jour humide et froid de la saint Patrick. Comme toujours, un merci tout spécial à Tony Cleaver, mon cher compagnon de voyage qui a l'art de rendre tout plus facile.

Fionn Davenport. Mes plus grands remerciements vont à Sorcha O'Callaghan, sans le soutien, l'aide, les conseils et les encouragements – sans parler de la tolérance et de la patience – de qui je n'aurais rien pu faire. Tu es dans mon cœur et je t'aime plus que tu ne pourras jamais l'imaginer.

Partick Horton. Je tiens à remercier l'équipe du Belfast Welcome Centre ; Helen Mark ; Bill Rolston, auteur de *Drawing Support* ; Geoff Hill et Paul McKillion de la *Belfast News Letter* ; Tom Hartley, conseiller de Belfast City et guide pour les visites du cimetière ; l'équipe de la Linen Hall Library ; Patrick et le personnel de la Linen House, à Belfast ; Herman et Marion du Flax Mill pour le fabuleux *craic* ; et enfin mon amie, Christine, qui a m'a tant aidé.

Oda O'Carroll. Merci à Tom et Eileen Flynn de Cavan ; Anthony d'Athlone ; Eileen de Strokestown ; Kathleen Moffatt de l'office de tourisme de Carrick TIC ; Noreen Dunne de Lanesboro ; Michael Farren du Bord Fáilte ; Stephanie Connolly de l'office du tourisme de Mullingar ; David O'Rourke de Monaghan, maître dans l'art de la pizza ; Nuala et Pat Dunne de Clonard et la ravissante Louise pour les cours de danse irlandaise ; Kevin Rooney ; Laurent Mellet ; Greg ; Jay et Red pour le livre ; Luan ; Donal Dineen ; Fionn Davenport, et David, Tim et Michala du bureau LP de Londres pour leur soutien et leur bonne humeur ; Kate et Et pour les baby-sittings ; Mrs O ; Eoin et la petite Esa.

Tom Smallman. Ma gratitude à Sue Graefe pour son soutien permanent. Un immense merci aussi à Eileen Maguire pour son hospitalité et le *craic* à Dublin ; à la famille Ryan Rue, Kathleen, Christy, Kathleen (et Seamus), Roger et Christy à Tipperary, des gens merveilleux ; à Jeanette d'Inishmór pour l'utilisation de sa bicyclette ; à Shay de la Rich View Hostel pour les renseignements sur Achill Island ; à Mary Sexton pour ses tuyaux sur la ville de Galway ; à Marie de l'office du tourisme de Bundoran, dans le Donegal ; à Steve Fallon pour ses renseignements complémentaires sur le Donegal.

David Wenk. Merci, tout d'abord, à mes camarades auteurs. Malgré le nombre des questions que je leur ai posées au moment, ils m'ont toujours répondu avec une grande amabilité. Merci aussi à Mary Egan de l'Irish Tourist Board qui m'a fourni des statistiques ; à Susan Mangan pour la partie Gulliver ; et à Miriam Burke pour les services d'Aer Lingus. Merci encore à Kevin Rooney pour ses apports sur la pêche et à Jonathan Wenk pour ses conseils en matière de photo. Mes remerciements vont aussi à Christina Tlustos de Dublin ainsi qu'à Rachel Suddart et Pelin Thornhill de Lonely Planet, qui m'ont fait part de leurs conseils pour le chapitre *Comment s'y rendre*.

À propos de ce guide

La première édition de ce guide a été écrite par John Murray, Sean Sheehan et Tony Wheeler. La deuxième édition a été mise à jour par Tom Smallman, Sean Sheenan et Pat Yale. La troisième édition a été effectuée par Tom Smallman, Pat Yale et Steve Fallon ; la quatrième édition par Tom Smallman, Fionn Davenport, Dorinda Talbot, Steve Fallon et Pat Yale.

Pour cette cinquième édition, Lou Callan s'est chargée des comtés de Cork, de Kerry et de Wexford et Waterford. Fionn Davenport a actualisé les chapitres sur Dublin, les comtés de Wicklow, de Kilkenny, du Centre-Sud et de Meath et Lough. Patrick Horton a revu tous les chapitres sur l'Irlande du Nord. Oda O'Carroll a revu la *Présentation de l'Irlande*, *Comment circuler* et *La République d'Irlande*. Elle est l'auteur de la rubrique *Musique*.

Un mot de l'éditeur

Michel MacLeod a assuré la coordination éditoriale de cet ouvrage tandis que Gudrun Fricke, avec l'aide de Philippe Maitre, en a réalisé la mise en page.

Nous remercions Sophie Haudrechy, Jean-Michel Roux, Françoise Blondel et Maja Brion-Raphaël pour leur collaboration au texte, Lisa Weiszfeld pour ses recherches sur les liaisons en ferry, Isabelle Lethiec et Bénédicte Houdré pour leur renfort (et bien plus) en correction, Axelle Chrismann pour son travail sur l'index et Juliette Stephens pour la traduction des colorwraps.

La cartographie originale a été coordonnée par James Timmins. Son adaptation en français est l'œuvre de Daniel Gaudey. Le chapitre *Langue* est dû à Emma Koch. La couverture a été réalisée par Sophie Rivoire.

Tous nos remerciements vont aussi à Helen Papadimitriou, Hélène Tomat-Cody et Graham Imeson. Merci enfin à toute l'équipe de la LPI (Lonely Planet Images) et ses photographes, ainsi qu'à Didier Buroc de Mercury.

Avant-propos

LES GUIDES LONELY PLANET

Tout commence par un long voyage : en 1972, Tony et Maureen Wheeler rallient l'Australie après avoir traversé l'Europe et l'Asie. A cette époque, on ne disposait d'aucune information pratique pour mener à bien ce type d'aventure. Pour répondre à une demande croissante, ils rédigent le premier guide Lonely Planet, un fascicule écrit sur le coin d'une table.

Depuis, Lonely Planet est devenu le plus grand éditeur indépendant de guides de voyage dans le monde, et dispose de bureaux à Melbourne (Australie), Oakland (États-Unis), Londres (Royaume-Uni) et Paris (France).

La collection couvre désormais le monde entier, et ne cesse de s'étoffer. L'information est aujourd'hui présentée sur différents supports, mais notre objectif reste constant : donner des clés au voyageur pour qu'il comprenne mieux les pays qu'il visite.

L'équipe de Lonely Planet est convaincue que les voyageurs peuvent avoir un impact positif sur les pays qu'ils visitent, pour peu qu'ils fassent preuve d'une attitude responsable. Depuis 1986, nous reversons un pourcentage de nos bénéfices à des actions humanitaires.

Remises à jour. Lonely Planet remet régulièrement à jour ses guides, dans leur totalité. Il s'écoule généralement deux ans entre deux éditions, parfois plus pour certaines destinations moins sujettes au changement. Pour connaître l'année de publication, reportez-vous à la page qui suit la carte couleur, au début du livre.

Entre deux éditions, consultez notre journal gratuit d'informations trimestrielles *Le Journal de Lonely Planet*. Sur notre site Internet www.lonelyplanet.fr, vous aurez accès à une remise à jour en ligne régulière, dans le semestre suivant la mise en vente du guide. D'autres informations (en anglais) sont disponibles sur notre site anglais www.lonelyplanet.com.

Courrier des lecteurs. La réalisation d'un livre commence avec le courrier que nous recevons de nos lecteurs. Nous traitons chaque semaine des centaines de lettres, de cartes postales et d'e-mails, qui sont ajoutés à notre base de données, publiés dans notre journal d'information ou intégrés à notre site Internet. Aucune information n'est publiée dans un guide sans avoir été scrupuleusement vérifiée sur place par nos auteurs.

Recherches sur le terrain. Nos auteurs recueillent des informations pratiques et donnent des éclairages historiques et culturels pour mieux appréhender le contexte culturel ou écologique d'un pays.

Lonely Planet s'adresse en priorité aux voyageurs indépendants qui font la démarche de partir à la découverte d'un pays. Nous disposons de multiples outils pour aider tous ceux qui adhèrent à cet esprit : guides de voyage, guides de conversation, guides thématiques, cartes, littérature de voyage, journaux d'information, banque d'images, séries télévisées et site Internet.

Les auteurs ne séjournent pas dans chaque hôtel mentionné. Il leur faudrait en effet passer plusieurs mois dans chacune des villes ; ils ne déjeunent pas non plus dans tous les restaurants. En revanche, ils inspectent systématiquement ces établissements pour s'assurer de la qualité de leurs prestations et de leurs tarifs. Nous lisons également avec grand intérêt les commentaires des lecteurs.

La plupart de nos auteurs travaillent sous le sceau du secret, bien que certains déclinent leur identité. Tous s'engagent formellement à ne percevoir aucune gratification, sous quelque forme que ce soit, en échange de leurs commentaires. Par ailleurs, aucun de nos ouvrages ne contient de publicité, pour préserver notre indépendance.

Production. Les auteurs soumettent leur texte et leurs cartes à l'un de nos bureaux en Australie, aux États-Unis, au Royaume-Uni ou en France. Les secrétaires d'édition et les cartographes, eux-mêmes voyageurs expérimentés, traitent alors le manuscrit. Trois à six mois plus tard, celui-ci est envoyé à l'imprimeur. Lorsque le livre sort en librairie, certaines informations sont déjà caduques et le processus se remet en marche...

ATTENTION !

Un guide de voyage ressemble un peu à un instantané. A peine a-t-on imprimé le livre que la situation a déjà évolué. Les prix augmentent, les horaires changent, les bonnes adresses se déprécient et les mauvaises font faillite. Gardez toujours à l'esprit que cet ouvrage n'a d'autre ambition que celle d'être un guide, pas un bréviaire. Il a pour but de vous faciliter la tâche le plus souvent possible au cours de votre voyage.

N'hésitez pas à prendre la plume pour nous faire part de vos expériences.

Toutes les personnes qui nous écrivent seront citées dans la prochaine édition et gratuitement abonnées à notre revue d'information trimestrielle le *Journal de Lonely Planet*. Une newsletter par e-mail, *Comète*, est également éditée à l'attention de notre communauté de voyageurs. L'inscription (gratuite) à cette lettre se fait depuis la page d'accueil de notre site web.

Des extraits de courriers seront éventuellement publiés et les auteurs des meilleures contributions seront remerciés par l'offre d'un guide parmi nos collections. Si vous ne souhaitez pas que votre courrier soit repris dans le *Journal* ou que votre nom apparaisse, merci de nous le préciser. Lonely Planet s'engage par ailleurs, dans le cadre de la loi Informatique et Libertés, à ne pas divulguer son fichier d'adresses.

Envoyez vos courriers à Lonely Planet, 1 rue du Dahomey, Paris 75011
ou vos e-mails à : bip@lonelyplanet.fr

Informations de dernière minute : www.lonelyplanet.fr et www.lonelyplanet.com

COMMENT UTILISER VOTRE GUIDE LONELY PLANET

Les guides de voyage Lonely Planet n'ont pour seule ambition que d'être des guides, pas des bibles synonymes d'infaillibilité. Nos ouvrages visent à donner des clés au voyageur afin qu'il s'épargne d'inutiles contraintes et qu'il tire le meilleur parti de son périple.

Contenu des ouvrages. La conception des guides Lonely Planet est identique, quelle que soit la destination. Le chapitre *Présentation* met en lumière les diverses facettes de la culture du pays, qu'il s'agisse de l'histoire, du climat ou des institutions politiques. Le chapitre *Renseignements pratiques* comporte des informations plus spécifiques pour préparer son voyage, telles que les formalités d'obtention des visas ou les précautions sanitaires. Le chapitre *Comment s'y rendre* détaille toutes les possibilités pour se rendre dans le pays. Le chapitre *Comment circuler* porte sur les moyens de transport sur place.

Le découpage du reste du guide est organisé selon les caractéristiques géographiques de la destination. Vous retrouverez toutefois systématiquement la même trame, à savoir : centres d'intérêt, possibilités d'hébergement et de restauration, où sortir, comment s'y rendre, comment circuler.

Présentation des rubriques. Une rigoureuse structure hiérarchique régit la présentation de l'information. Chaque chapitre est respectivement découpé en sections, rubriques et paragraphes.

Accès à l'information. Pour faciliter vos recherches, consultez le sommaire en début d'ouvrage et l'index détaillé à la fin de celui-ci. Une liste des cartes et un index des cartes constituent également des clés pour se repérer plus facilement dans l'ouvrage.

Généralement, le guide s'ouvre avec une carte en couleurs, sur laquelle nous faisons ressortir les centres d'intérêt incontournables. Ceux-ci sont décrits plus en détails dans le chapitre *Renseignements pratiques*, où nous indiquons les meilleures périodes pour les visiter et où nous suggérons des itinéraires. Les chapitres régionaux ouvrent sur une carte de situation, accompagnée d'une liste de sites ou d'activités à ne pas manquer. Consultez ensuite l'index, qui vous renverra aux pages *ad hoc*.

Cartes. Les cartes sont une mine d'informations. La légende des symboles employés figure en fin d'ouvrage. Nous avons le souci constant d'assurer la cohérence entre le texte et les cartes, en mentionnant sur la carte chaque donnée importante présente dans le texte. Les numéros désignant un établissement ou un site se lisent de haut en bas et de gauche à droite. Les guides consacrés à une ville comprennent une série de cartes en couleurs numérotées en fin d'ouvrage.

Introduction

L'Irlande a subi d'impressionnants changements en l'espace de dix ans. Son renouveau économique a transformé nombre d'aspects de la vie irlandaise actuelle.

Traditionnellement, l'Irlande est surtout connue pour ses paysages verdoyants et extrêmement variés. Régions centrales vierges parsemées de lacs et de montagnes où se cachent de nombreux trésors, magnifiques falaises et plages solitaires de la côte sauvage de l'Atlantique, îles inhabitées depuis des millénaires... , ce pays a beaucoup à offrir, sans oublier la gentillesse de son peuple. Malgré de récents bouleversements sociaux, la culture traditionnelle continue de survivre, notamment dans les régions de l'ouest les plus isolées. Dans certaines communautés, le gaélique est encore la langue maternelle.

La capitale de l'Irlande, Dublin, est loin de la *"dirty old town"* chantée par les Pogues. Elle est devenue l'une des villes d'Europe les plus animées et les plus passionnantes. Le pays tout entier subit les transformations d'une seconde jeunesse.

Près de la moitié de la population a moins de 25 ans et fait partie des forces de travail les plus qualifiées d'Europe, ce qui n'est pas sans influencer les nouvelles formes d'art ainsi que la culture du pays.

Les villes irlandaises sont de taille relativement modeste comparées aux autres cités européennes. Le calme de la campagne n'est donc jamais très loin si l'on souhaite s'éloigner de l'activité des centres urbains et vivre à son propre rythme. Les traces des splendeurs du passé sont encore visibles, des tombes à couloir et des forts circulaires de l'âge de pierre aux anciens monastères et châteaux forts, sans oublier les grandes maisons et la splendide architecture des XVIIIe et XIXe siècles.

L'impitoyable dévastation de l'Irlande par Cromwell en 1649 et l'installation de ses partisans, la perte de plus de deux millions de vies due à l'émigration et à la mort, semée par une famine qui aurait pu être évitée, ont laissé une marque indélébile dans la mémoire collective des Irlandais. Mais

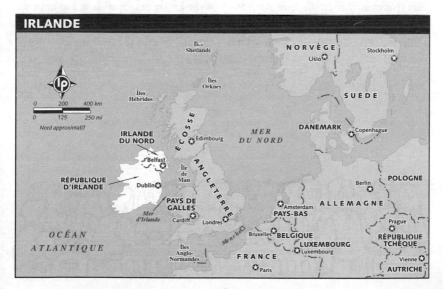

Quelle Irlande ?

Lorsqu'il est nécessaire de faire la distinction entre l'île tout entière et l'État d'Irlande, ce dernier est appelé république d'Irlande, la République ou le Sud. Vous l'entendrez parfois qualifié d'Éire, d'Irlande du Sud ou d'État libre. L'Irlande du Nord est, quant à elle, soit indiquée sous ce nom, soit appelée le Nord. On entend parfois les Six Comtés, ou encore l'Ulster, bien que cette dernière appellation soit incorrecte. En effet, la province de l'Ulster comprend neuf comtés, mais en 1922, lors de la partition, six d'entre eux (Derry, Antrim, Down, Armagh, Tyrone et Fermanagh) constituèrent l'Irlande du Nord et les trois autres (Cavan, Donegal et Monaghan) furent intégrés à la République.

l'Irlande, débarrassée des chaînes de son passé de nation colonisée, émerge en tant que nation indépendante et sûre d'elle sur la scène internationale.

Après le traumatisme de la Grande Famine, la population irlandaise n'a réellement commencé à croître que dans les années 1960, jusqu'aux années 1980 où la montée du chômage a fait fuir à l'étranger de nombreux jeunes diplômés. Le boom du "tigre celtique" a mis un terme à cet exode, et beaucoup sont même revenus. En outre, la prospérité irlandaise a attiré, pour la première fois de son histoire, une vague d'immigrants venus d'Europe de l'Est et d'Afrique, qui ont apporté avec eux une énergie et une culture qui enrichissent l'identité du pays.

Une nouvelle ère politique s'ouvre pour l'Irlande du Nord, qui semble arriver à la conclusion d'une douloureuse histoire. Le processus de paix longtemps désiré gagne du terrain, notamment depuis l'accord du Vendredi saint signé en 1998, et l'espoir d'un avenir plus serein se profile à l'horizon. La nouvelle stabilité a donné un coup de pouce bienvenu à l'industrie, au commerce et aux activités culturelles de la région. Les villes et les villages d'Irlande du Nord sont remarquablement accueillants, et les paysages, notamment le long de la côte du comté d'Antrim, sont parmi les plus beaux du pays.

Mais surtout, il y a cette réputation de pays chaleureux et sociable. Ses villes animées sont célèbres pour leurs pubs agréables, leurs musiciens, leurs beaux théâtres et, quand il ne pleut pas, la gaieté de leurs rues.

Ce pays en état de perpétuel changement invite à vivre des expériences passionnantes et pleines de vie. Cette nouvelle Irlande, multiculturelle et résolument tournée vers l'avenir, ne s'est jamais sentie aussi bien.

Présentation de l'Irlande

HISTOIRE
Les premiers occupants

Les premiers hommes sont arrivés relativement tard en Irlande, il y a environ dix mille ans, à la fin de la dernière période glaciaire. A cette époque, l'Irlande était reliée à la Grande-Bretagne par la terre ou des ponts de glace, mais les conditions ne furent propices à la colonisation humaine qu'après la fonte des glaciers. Le niveau de la mer augmentant à mesure que la calotte glaciaire fondait, l'Irlande fut séparée de la Grande-Bretagne il y a environ neuf mille ans. Les premiers humains, chasseurs-cueilleurs du mésolithique, étaient alors arrivés en Irlande, soit à pied par une bande de terre, soit à l'aide de bateaux recouverts de peaux de bêtes.

Ces premiers Irlandais n'ont laissé que peu de traces. Quelques tas de déchets ont été retrouvés, contenant des coquillages et des os de petits animaux. Leurs armes et leurs outils comprenaient des haches de silex, utilisées pour chasser le sanglier. Les sites les plus riches se retrouvent surtout en Irlande du Nord, notamment celui de Mountsandel Mt, près de Coleraine; ils datent de 8000 à 6000 av. J.-C.

Les premiers agriculteurs

Alors que les premiers colons découvraient l'Irlande, la plus grande révolution de l'histoire de l'humanité avait déjà eu lieu dans le croissant fertile du Moyen-Orient. Il fallut pourtant attendre encore deux mille ans avant que l'agriculture atteigne l'Irlande, aux environ de 4000 av. J.-C., marquant le début du néolithique.

Des traces d'habitations datant de cette époque peuvent se voir au Lough Gur près de Grange dans le comté de Limerick. On y retrouve des traces de poteries, de maisons en bois et d'outils indiquant une vie plus prospère et établie qu'auparavant. A Céide Fields, près de Ballycastle, au nord du comté de Mayo, un remarquable ensemble de murets de pierre séparant les champs datant du néolithique a été découvert intact, caché sous une vaste

tourbière. C'est également de cette époque que datent les premières exportations irlandaises. À Tievebulliagh Mountain, près de Cushendall, dans le comté d'Antrim, la porcelanite, une pierre remarquablement dure, a formé la base d'une industrie florissante de fers de hache, dont on a trouvé des spécimens au sud de l'Angleterre. Ces agriculteurs éprouvaient un immense respect pour les morts, et, à partir de 3000 av. J.-C. environ, ils construisirent les extraordinaires tombes à couloir que l'on trouve à Newgrange, à Knowth et à Dowth dans la vallée de la Boyne. Plus de mille tombeaux mégalithiques de l'ère néolithique sont parvenus jusqu'à nous

L'âge du bronze

Les riches ressources en or et en cuivre de l'Irlande ont rendu les prospecteurs de l'âge du bronze maîtres dans l'art de dénicher les filons de métal. Les géologues modernes ont découvert des traces de vie humaine datant de 2000 ans avant notre ère partout où l'on trouvait du cuivre ou d'autres métaux.

On peut voir des mines datant de cette époque au Mt Gabriel près de Schull dans le comté de Cork. À Glendalough (comté de Wicklow), St Kevin's Bed est considérée par beaucoup comme l'une des premières mines.

Le travail de l'or était florissant pendant l'âge du bronze, et la qualité de l'artisanat ainsi que la quantité de métal utilisée en disent long sur la richesse de l'Irlande à cette époque. Le National Museum de Dublin détient la plus belle collection d'orfèvrerie préhistorique d'Europe.

Pendant l'âge du bronze et l'âge du fer qui a suivi, le commerce a franchi les frontières de l'Irlande. Des torques et d'autres bijoux étaient exportés vers l'Europe continentale. Des perles de faïence bleue fabriquées en Égypte ont été retrouvées dans des tombes de la colline de Tara (Meath), ainsi que de l'ambre de Scandinavie. Le squelette d'un magot espagnol ou portugais a été découvert sur un site datant de 200 av. J.-C. à Navan Fort dans le comté d'Armagh.

Les Celtes

Ces guerriers des tribus de l'âge du fer venus d'Europe de l'Est ont conquis de vastes parties de l'Europe centrale et du Sud entre 800 et 300 av. J.-C. Les Romains les appelaient "Galli" (Gaulois) et les Grecs utilisaient le terme "Keltoi". Tous craignaient les Celtes, que leur réputation de brutalité féroce précédait, et qui mirent Rome à sac au IVe siècle avant notre ère.

Ils ont probablement atteint l'Irlande aux alentours de 300 av. J.-C., apportant avec eux les techniques de travail du fer et, deux cents ans plus tard, ils étaient bien installés. Ces grands aventuriers aux cheveux clairs et à l'imagination fertile tenaient le monde spirituel et surnaturel en grande estime. Ils croyaient en un au-delà appelé *Tír na nóg* (la terre de la jeunesse), dont ils situaient l'entrée dans la grotte d'Oweynagat à Tulsk, dans le comté de Roscommon. Ils restèrent maîtres du pays pendant mille ans et laissèrent un héritage culturel et linguistique encore vivant aujourd'hui.

Leur code juridique sophistiqué (dit code Brehon), est resté en vigueur jusqu'au début du XVIIe siècle. Les druides (prêtres), également professeurs et juges, jouissaient d'une haute estime sociale et leurs rois habitaient dans des *crannógs*, des maisons sur pilotis, bâties sur des lacs. Des objets artisanaux de l'époque utilisaient des motifs typiques, en spirale et en boucles, pour symboliser la permanence de la vie et l'immortalité. Le collier de Broighter du National Museum de Dublin et la pierre de Turoe située près de Loughrea dans le comté de Galway en sont de bons exemples. Le gaélique est une langue d'origine celtique (pour plus d'informations, voir la rubrique *Langue* en fin de chapitre).

Malgré l'absence de traces écrites, les faits héroïques des chefs ont été transmis oralement, embellis sans doute, de génération en génération, par le biais de chansons et de récits. Les sagas épiques de Cúchulainn (prononcer courouline) et le *Táin Bó Cúailnge* (la rafle du bétail de Cooley) datent probablement de cette époque. Cúchulainn est l'archétype de l'héroïque guerrier celte. Le *Táin Bó Cúailnge* n'est peut-être pas historiquement exact, mais ses histoires donnent un aperçu de la société irlandaise des deux premiers siècles de notre ère.

L'Irlande celtique était divisée en cinq provinces : Leinster, Meath, Connaught, Ulster et Munster. Plus tard, le Meath et le Leinster fusionnèrent. La principale lutte des pouvoirs, comme elle est décrite dans le *Táin Bó Cúailnge*, faisait rage entre le Connaught et l'Ulster. À l'intérieur des provinces, plus d'une centaine de souverains locaux se partageaient le contrôle des territoires (les *tuatha*). Tara (Meath) devint la base de certains des plus puissants chefs et renferme encore aujourd'hui de nombreux trésors archéologiques. Navan Fort, dans le comté d'Armagh, mentionné dans le *Táin Bó Cúailnge*, figure sur la carte d'Irlande tracée par Ptolémée au IIe siècle sous le nom d'Isamnium.

Le christianisme

L'Irlande a été évangélisée entre le IIIe et le Ve siècle. La légende dit que saint Patrick a converti les Irlandais, mais il y eut sûrement des missionnaires avant lui. Certains indices tendent à prouver qu'il y a bien eu un saint Patrick au Ve siècle, qui aurait été enlevé et réduit en esclavage en Irlande, où il garda les moutons ; c'est là qu'il aurait trouvé la foi. A partir de 432, il consacra sa vie à la conversion des habitants. Sa base était la ville d'Armagh, choisie probablement à cause de la forte signification symbolique païenne du proche Navan Fort.

L'expansion de l'Empire romain s'arrêta en Angleterre. Alors que l'Empire déclinait et que le reste de l'Europe s'enfonçait dans une période sombre, l'Irlande des VIIe et VIIIe siècles devint "l'île des saints et des érudits", venus de Bretagne et d'Europe continentale. Les monastères se transformèrent en foyers d'activités créatrices, où les moines, ignorants des malheurs du reste de l'Europe, fabriquaient de merveilleux objets en métaux semi-précieux, écrivaient et enluminaient des manuscrits latins, notamment le célèbre *Book of Kells*, ce manuscrit magnifiquement ornementé (conservé au Trinity College de Dublin).

Clonmacnoise, dans le comté d'Offaly, et Glendalough (Wicklow), sont des exemples parlants de tels monastères.

Les Vikings

A la fin du VIIIe siècle, les Vikings eurent vent de superbes butins à piller dans les monastères irlandais et prirent donc la mer à bord de leurs embarcations pour débarquer tout d'abord sur Lambay Island, au large de Dublin, en 795. De petites attaques sur la côte est furent bientôt suivies d'avancées stratégiques le long des rivières.

Les armes et les soldats irlandais n'étaient pas à la hauteur des féroces hommes du Nord, magnifiquement armés. Cependant, les raids contre les riches monastères donnaient lieu aussi à des querelles intertribales et empêchaient souvent de présenter un front uni contre l'envahisseur. Les moines bâtirent alors des tours rondes servant de postes de guet et de refuges lors des attaques.

Les Vikings commencèrent à s'installer en Irlande au IXe siècle et à s'y intégrer. Ils fondèrent *Dubh Linn* (l'étang noir), ou Dublin, qui au Xe siècle était un petit royaume viking, ainsi que les villes de Wicklow, Waterford et Wexford.

La plus grave défaite des Vikings fut la bataille de Clontarf, en 1014, menée par le vieux chef irlandais Brian Ború, roi du Munster, qui y perdit la vie. Le pouvoir militaire viking disparaissait en Irlande, mais de nombreux hommes du Nord restèrent, se mariant aux Irlandaises et se joignant à la mêlée pour combattre les nouveaux envahisseurs : les Normands.

La conquête normande

En 1066, les Normands, menés par Guillaume le Conquérant, avaient envahi l'Angleterre. Ces anciens Vikings venus de France tournèrent alors leur attention vers l'Irlande, invités par un roi irlandais.

Tout commença par la rivalité entre le roi du Leinster, Dermot MacMurrough, et le roi du Connaught, Tiernan O'Rourke. L'enlèvement en 1152 de la femme d'O'Rourke par MacMurrough mit le feu aux poudres. O'Rourke battit MacMurrough, qui s'enfuit à l'étranger en 1166 à la recherche d'alliés. Henri II d'Angleterre, descendant de Guillaume, suggéra à MacMurrough de chercher de l'aide au pays de Galles parmi ses sujets.

C'est là que MacMurrough rencontra Richard Fitzgilbert de Clare, dit Strongbow, qui accepta de rassembler une armée et de la mener en Irlande en échange de la main de la fille de MacMurrough, et de la couronne de MacMurrough à la mort de celui-ci. En acceptant, MacMurrough amorçait l'implication de l'Angleterre en Irlande, qui allait durer plus de huit cents ans.

En mai 1169, les premières forces anglo-normandes vinrent à la rencontre de MacMurrough à Bannow Bay, dans le comté de Wexford, et s'emparèrent sans peine des villes de Wexford et de Dublin. L'année d'après, Strongbow vint en personne et, au terme d'une bataille sanglante, prit Waterford et épousa Aoife, la fille de MacMurrough. Celui-ci ne tarda pas à mourir et Strongbow réclama sa part du marché : la couronne du Leinster.

En 1154, le pape avait reconnu Henri II seigneur de l'Irlande : théoriquement, Strongbow était donc son sujet, mais son indépendance d'esprit et d'action l'inquiétait. En 1171, Henri II quitta l'Angleterre avec une force navale monumentale et débarqua à Waterford qu'il transforma en ville royale. Il prit en effet un semblant de contrôle, mais en réalité les nouveaux maîtres normands agissaient à leur guise.

A l'instar des Vikings, les Normands s'intégrèrent rapidement. Des barons comme de Courcy et de Lacy établirent des bases de pouvoir indépendantes et, au cours des deux cents années qui suivirent, le mélange entre Irlandais et Anglo-Normands se fit naturellement. À tel point que lorsque, en 1366, la Couronne anglaise introduisit les statuts de Kilkenny interdisant les mariages mixtes et l'utilisation de la langue et des coutumes irlandaises, il était déjà trop tard : l'assimilation était en marche. Au cours des siècles qui suivirent, le contrôle anglais se restreignit sur une région autour de Dublin surnommée le "Pale".

Henri VIII

Au XVIe siècle, Henri VIII voulut renforcer le contrôle anglais sur l'Irlande afin de prévenir une invasion des Espagnols ou des Français. Or une famille d'influents Anglo-Normands, les Fitzgerald ou Geraldine, comtes de Kildare, menaçait sérieusement son autorité. En 1534, Thomas le Soyeux (Silken Thomas), fils du comte régnant, ravagea Dublin et ses garnisons anglaises. Henri VIII saisit cette opportunité pour écraser avec encore plus de violence les importuns comtes de Kildare. La rébellion qui s'ensuivit fut un désastre : Thomas et ses partisans furent exécutés dans le château de Maynooth, événement qui passa à la postérité sous le nom de "pardon de Maynooth". En 1535, les propriétés des Fitzgerald furent distribuées à des colons anglais et un vice-roi anglais fut nommé.

Après la chute des Kildare, Henri put attaquer les riches propriétés de l'Église catholique dont il s'était séparé après son divorce de Catherine d'Aragon. Il se livra donc au pillage des monastères irlandais pendant les années qui suivirent. En 1541, il fut proclamé roi d'Irlande par le Parlement irlandais.

Élisabeth Iʳᵉ

Pendant le règne d'Élisabeth Iʳᵉ, les Anglais consolidèrent leur pouvoir en Irlande. La loi anglaise fut imposée dans le Connaught et le Munster malgré de nombreuses rébellions de la part des familles régnantes locales. C'est l'Ulster, dernier bastion des chefs irlandais, qui posait le plus de problèmes. Hugh O'Neill, comte de Tyrone, fit le premier pas dans ce qui allait être le dernier vrai assaut contre le pouvoir anglais pendant des siècles. O'Neill avait grandi à Londres, et Élisabeth croyait en sa loyauté. On raconte qu'il commanda du plomb d'Angleterre pour réparer le toit de son château : en réalité, c'était pour fabriquer des balles. A partir de 1594, O'Neill entra en conflit ouvert avec les Anglais : ce fut le début de la guerre de Neuf Ans (1594-1603).

En septembre 1601, des bateaux espagnols accostèrent à Kinsale, dans le comté de Cork, pour rejoindre O'Neill. Les Anglais, sous le commandement de lord Mountjoy, battirent les Irlandais et les Espagnole. Cette bataille fut la dernière pour O'Neill et pour l'Ulster, et symbolise la fin politique de l'Irlande gaélique. Quinze mois plus tard, O'Neill signa le traité de Mellifont, formalisant sa reddition. En 1607, après des années de soumission et de harcèlement, O'Neill et quatre-vingt-dix

chefs de l'Ulster embarquèrent pour l'Europe à Lough Swilly, abandonnant l'Irlande pour toujours. Cet événement resta dans les mémoires sous le nom de "fuite des comtes". L'Ulster resta alors sans chef, à la merci de la Couronne anglaise.

Le successeur d'Élisabeth, Jacques Iᵉʳ Stuart, mena alors une politique de colonisation connue sous le nom de Plantation : une confiscation des terres, organisée à grande échelle, qui devait semer les germes des divisions qui aujourd'hui continuent de déchirer l'Ulster. D'énormes parcelles de terres furent prises aux Irlandais, catholiques, et attribuées à des gentlemen anglais "entrepreneurs" – parmi lesquels figure sir Walter Raleigh –, qui morcelèrent à leur tour leurs propriétés pour les distribuer à des colons anglais et écossais, protestants.

Olivier Cromwell

Les Plantations, ajoutées à la crainte des persécutions religieuses, nourrirent le sentiment d'insécurité des catholiques ainsi qu'un fort ressentiment anti-Anglais. L'année 1641 vit une rébellion sanglante au cours de laquelle les Irlandais et les catholiques anglo-normands unirent leurs forces contre les nouveaux colons protestants. L'affrontement dura dix ans et fit de nombreuses victimes dans les deux camps.

La guerre civile qui se déchaîna en Angleterre dans les années 1640 retint la plupart des Anglais chez eux. En Irlande, les catholiques alliés par la confédération de Kilkenny de 1641, soutenaient Charles Iᵉʳ Stuart contre les parlementaires protestants dans l'espoir de rétablir le pouvoir catholique en Irlande. Après la défaite et l'exécution de Charles Iᵉʳ, Olivier Cromwell victorieux, chef des parlementaires, décida de régler lui-même la situation en se rendant en personne en Irlande

Le Protecteur débarqua en 1649 et, après le massacre total de Drogheda, dévasta le pays, laissant dans son sillage la mort et la peur. Sa réputation de barbare le précédait au point que certaines villes décidèrent de se rendre sans combattre.

Le Cromwellian Settlement de 1652 déposséda et bannit nombre d'habitants sous peine de mort vers les terres dures et infertiles du Connaught. Deux millions d'hectares de terres furent confisqués – plus d'un quart du pays – et distribués aux partisans de Cromwell.

La bataille de la Boyne

En 1660, Charles II Stuart fut restauré sur le trône d'Angleterre. En 1685, Jacques, son frère, lui succéda. Son catholicisme affiché lui valu la colère des Anglais. Il fut forcé de s'enfuir en France en 1689, avec l'intention de réunir une armée en Irlande et de regagner son trône occupé par son gendre, le Hollandais et très protestant Guillaume d'Orange-Nassau, à qui le Parlement avait offert la Couronne d'Angleterre.

En mars 1689, Jacques II débarqua à Kinsale avec une centaine de soldats français et se dirigea au nord vers Dublin, où il fut reconnu comme roi par le Parlement, et d'où il commença à organiser la restitution de leurs terres aux propriétaires catholiques spoliés. Le siège de Derry (Londonderry) par l'armée de Jacques débuta au mois d'avril pour finir, après une terrible famine, avec l'arrivée des bateaux de Guillaume en juillet. Le slogan protestant *"No Surrender!"* (pas de reddition !) date de ce siège qui a par la suite acquis un statut de légende auprès des protestants irlandais.

Guillaume d'Orange arriva en personne en 1690 à Carrickfergus, au nord de Belfast, à la tête d'une armée de 36 000 hommes. La bataille de la Boyne fit rage le 1er juillet entre catholiques irlandais (menés par Jacques II et forts de 7 000 soldats français de plus), et les protestants anglais (dirigés par Guillaume d'Orange).

La victoire de Guillaume fut un tournant historique. Elle est commémorée depuis ce jour (lors de l'Orangeman's Day) par les protestants irlandais comme une victoire décisive sur "les papes et le papisme". La reddition finale eut lieu en 1691 quand le chef catholique Patrick Sarsfield signa le traité de Limerick. Il s'exila en France avec des milliers de ses hommes.

Les lois pénales

Les termes du traité de Limerick de 1691 étaient assez généreux pour les vaincus, mais ils ne furent pas respectés. Le traité fut remplacé par un dur régime de lois pénales en 1695. Ces lois tyranniques furent votées par la petite noblesse protestante désireuse de consolider son pouvoir et craignant que le roi français Louis XIV tente une invasion de l'Irlande. Également connues sous le nom de "règlement du papisme", ces lois avaient pour but de neutraliser totalement les catholiques, qui se voyaient interdire l'acquisition de terres ou de troupeaux d'une valeur supérieure à 5 livres, n'avaient pas le droit d'élever leurs enfants dans leur propre religion ou de s'éduquer eux-mêmes, ni d'exercer un métier. La culture, la musique et l'éducation irlandaises furent interdites dans l'espoir d'éradiquer le catholicisme.

En réaction, les catholiques organisèrent des messes de plein air dans des endroits généralement marqués par un "rocher de messe". Des écoles clandestines – les écoles buissonnières –, perpétuèrent l'enseignement du gaélique. Parmi les classes sociales supérieures, de nombreux catholiques se convertirent au protestantisme pour conserver leur carrière et leur fortune.

A partir de 1715 environ, la stricte application des conditions religieuses des lois pénales se relâcha, même si beaucoup des restrictions liées au travail et aux postes de l'administration publique furent maintenues. Une grande majorité de la population catholique dépossédée vivait maintenant dans des conditions misérables. Au milieu du XVIIIᵉ siècle, les catholiques possédaient moins de 15% des terres en Irlande, et en 1778 à peine 5%.

Le XVIIIᵉ siècle

Dublin, cinquième plus grande ville d'Europe, florissait. La classe dirigeante irlandaise appartenait à l'Église épiscopale protestante et était constituée des descendants des soldats de Cromwell, de nobles normands et de colons. Ils formaient une nouvelle aristocratie prospère, qualifiée d'"empire protestant". Les lois votées par le Parlement, composé exclusivement de protestants, devaient recevoir l'aval de la Couronne et du Parlement britanniques. Ce furent ces protestants qui exercèrent les premières pressions pour que l'Irlande soit traitée sur un pied d'égalité avec l'Angleterre.

Un fort parti nationaliste réclamant l'indépendance se développe sous la houlette de Henry Grattan (1746-1820) et de Henry Flood (1732-1791). Quand la guerre d'Indépendance américaine éclate en 1776, la Grande-Bretagne se retrouve dans une position difficile. Elle envoie la plupart de ses soldats stationnés en Irlande se battre dans les colonies, laissant les protestants "volontaires", des propriétaires terriens et des marchands, assurer la sécurité. Afin d'éviter les accrochages avec le Parlement irlandais de plus en plus indépendant, le gouvernement britannique décide en 1782 de laisser aux Irlandais une liberté totale en termes de législation. La nouvelle assemblée prend le nom de Grattan's Parliament. Toutefois, Londres garde un contrôle assez ferme sur l'Irlande ; en outre la Couronne dispose d'un droit de veto.

Le Grattan estimait que le développement de l'Irlande passait par le rétablissement des droits des catholiques. Henry Flood et la majorité des parlementaires ne partageaient pas son opinion. Peu de progrès furent accomplis au cours de la vingtaine d'années que dura ce Parlement.

Frémissements d'indépendance

Une organisation du nom de United Irishmen (Club des Irlandais unis) est créée par des presbytériens de Belfast. Son principal chef de file est un jeune protestant républicain de Dublin, Theobald Wolfe Tone (1763-1798). Ils rêvent d'une union des Irlandais de toutes confessions afin de réformer et de réduire le pouvoir de l'Angleterre en Irlande. Quand la guerre éclate entre l'Angleterre et la France, les Irlandais unis découvrent que la société ne les accepte plus. Ils se réorganisent et prennent cette fois la forme d'une organisation clandestine décidée à apporter un changement par n'importe quel moyen, quitte à utiliser la violence. Tone veut s'assurer le soutien des Français, qui se laissent facilement persuader dans l'enthousiasme du Directoire.

Au même moment, les loyalistes protestants s'inquiètent de la tournure des événements et se préparent à un éventuel conflit en formant la Protestant Orange Society (société protestante de l'ordre d'Orange),

connue plus tard sous le nom d'Orange Order (ordre d'Orange).

En 1796, une flotte française d'invasion transportant des milliers de soldats et Wolfe Tone s'approche de Bantry Bay dans le comté de Cork mais un vent contraire empêche l'envahisseur d'accoster, et les Français sont forcés de rentrer chez eux, suivis par un Wolfe Tone dépité.

Le gouvernement irlandais entame une campagne visant à débusquer les membres des Irlandais unis. Des flagellations et l'usage aveugle de la torture font souffler un vent de panique sur la population et provoquent le soulèvement de 1798. Wexford, un comté généralement calme, est le théâtre des combats les plus acharnés. La résistance est dirigée par le père John Murphy. Après une série de petites victoires, les rebelles sont définitivement écrasés à Vinegar Hill, aux portes d'Enniscorthy.

Après une nouvelle tentative d'invasion avortée des Français, le persévérant Wolfe Tone vient en personne avec une flotte française en 1798, mais il est vaincu en mer. Capturé, Wolfe Tone est emmené à Dublin où il se suicide en prison. Cet événement, qui provoque la fin des Irlandais unis, précipite la disparition du Parlement irlandais indépendant.

La petite noblesse protestante, rendue soucieuse par l'agitation ambiante, aspire à la sécurité que représente pour eux la domination anglaise. En 1800, l'Acte d'union est voté, scellant l'union politique de l'Irlande et de la Grande-Bretagne. Il entre en vigueur le 1er janvier 1801. Nombre de catholiques parmi les plus aisés sont en faveur de cet Acte d'union, notamment après la promesse du Premier ministre britannique, William Pitt, de supprimer les dernières lois pénales. Le Parlement irlandais vote sa propre suppression et environ cent députés partent pour la Chambre des communes de Londres.

Comme pour rappeler à l'Angleterre la nature rebelle de l'Irlande, une révolte minuscule et totalement inefficace a lieu à Dublin en 1803, menée par Robert Emmet (1778-1803), ancien membre des Irlandais unis. Emmet est capturé, jugé et exécuté. Sur le banc des accusés, il prononce un discours resté célèbre : "Que personne n'écrive mon épitaphe… Quand mon pays prendra sa place parmi les nations du monde, alors et seulement alors, que mon épitaphe soit rédigée."

Le Grand Libérateur

Pendant ce temps, un catholique de vingt-huit ans, originaire de Kerry, Daniel O'Connell (1775-1847), se préparait à devenir un héros irlandais.

En 1823, il fonde l'Association catholique dans le but de parvenir à l'égalité sociale pour les catholiques. Cette association devient bientôt un moyen de protestation et d'action pacifiques. Lors de l'élection générale de 1826, elle fait ses premières preuves en soutenant des candidats protestants en faveur de l'émancipation catholique. En 1828, O'Connell en personne se présente aux élections du comté de Clare, même si sa religion le rend inéligible (malgré les promesses de William Pitt, les dernières lois pénales n'avaient pas été abrogées). O'Connell gagne haut la main, plongeant le Parlement britannique dans une situation inconfortable. Beaucoup de ses membres étaient en faveur de l'émancipation, et le concours de circonstances les pousse à la voter en 1829, donnant ainsi le droit de vote et l'éligibilité à quelques catholiques aisés.

Après cette grande victoire, O'Connell veut aller plus loin : il fait de l'abrogation de l'Acte d'union et du rétablissement d'un Parlement irlandais sa priorité. En 1843, sa campagne bat son plein, et des "monster meetings" d'O'Connell, se tiennent partout en Irlande, attirant jusqu'à un demi-million de partisans. O'Connell joue avec la menace pour l'establishment que représente une telle foule, mais il est arrêté en 1844 et il effectue un court séjour en prison. Il se querelle avec le mouvement pour la Jeune Irlande (qui, devant l'échec du pacifisme, avait opté pour la violence) et ne représente dès lors plus une menace pour les Britanniques. Il meurt en 1847, alors que son pays est ravagé par la famine.

La Grande Famine

L'une des pires tragédies irlandaises, la Grande Famine de 1845-1851, causa la mort ou le départ de deux millions de personnes.

Les pommes de terre constituaient la nourriture de base d'une population désespérément pauvre mais en rapide augmentation. Lorsque le mildiou dévaste les récoltes trois années de suite, les prix s'envolent, la faim et les épidémies de choléra déciment la population. On estime le nombre de victimes à 1,5 million de morts et 1 million d'exilés, dont beaucoup sont involontairement envoyés à la mort à bord des tristement célèbres "bateaux cercueils" vers l'Amérique.

La majorité des métayers, incapables d'acquitter leurs dettes, sont expulsés. Pourtant, à cette époque, le blé et les produits laitiers ne manquaient pas – le pays produisait assez de céréales pour nourrir tout le pays – et l'on raconte qu'il y avait plus de têtes de bétails exportées que d'habitants. Mais l'Irlande était obligée de vendre ses provisions en Angleterre et à l'étranger pendant que ses citoyens mouraient de faim.

Le Premier ministre britannique sir Robert Peel prit des mesures – peu efficaces – pour remédier à la famine. Mais ils furent nombreux à ignorer la situation, selon la théorie économique dominante qui estimait que ni les propriétaires ni le gouvernement ne devaient intervenir. Le mouvement Quaker en Irlande fournit une aide significative en instaurant des soupes populaires et des souscriptions.

L'émigration massive contribua à réduire la population au cours des cent années qui suivirent et nombreux furent les Irlandais forcés de partir, notamment sur la côte est des États-Unis, qui emportèrent leur amertume avec eux. Là-bas, la violence, l'alcoolisme et la prostitution faisaient rage.

Parnell et la Ligue agraire

Malgré la souffrance causée par la famine, l'autorité de l'Angleterre sur l'Irlande n'était que peu contestée. En mars 1867 toutefois, les *fenians* (membres de la Fraternité républicaine irlandaise) se rebellèrent sans succès.

En 1875, Charles Stewart Parnell (1846-1891) est élu à Westminster. Fils d'un propriétaire protestant du comté de Wicklow, il a beaucoup en commun avec les autres membres de la communauté anglo-irlandaise. Sa mère pourtant était américaine et son père s'était battu contre les Anglais lors de la guerre de l'Indépendance américaine. La famille de Parnell était partisane de l'indépendance de l'Irlande. Il se fait vite remarquer à la Chambre des communes et, à trente et un ans, devient le chef de file du nouveau parti pour le *Home Rule*, qui réclame une autonomie limitée pour l'Irlande.

En 1879, les récoltes de pommes de terre sont touchées une nouvelle fois et le spectre de la famine et son cortège d'expulsions menacent à nouveau l'Irlande. Le blé bon marché venu d'Amérique avait fait baisser les prix et entraîné vers le bas les revenus des fermiers. Le fenian Michael Davitt commence à organiser les fermiers et trouve chez Parnell une oreille compatissante. Ces drôles de partenaires sont les cerveaux de la Land League (Ligue agraire), qui milite activement pour la diminution des fermages et de meilleures conditions de travail. Le conflit prend de l'ampleur et les deux camps font usage de la violence. Parnell amorce la pratique du *boycott* (du nom du premier propriétaire mis à l'index) à l'encontre des fermiers, des agents et des propriétaires qui refusaient d'adhérer aux principes de la Ligue ; ils sont traités comme des lépreux par le reste de la population locale.

Cette guerre agraire dure de 1879 à 1882. Pour la première fois, les fermiers défient leurs propriétaires en masse. Pendant son second mandat, William Gladstone fait voter la loi agraire de 1881, qui améliore considérablement les conditions de vie des fermiers, instaurant des fermages équitables et la possibilité pour eux de posséder leur terre. En 1882, deux hauts représentants de la Couronne sont assassinés par des nationalistes à Phoenix Park, Dublin, et Parnell est impliqué, à tort. Mais la réforme avait été menée à bien, et Parnell concentre son attention sur l'autonomie. Il trouve un formidable allié en la personne de William Gladstone, pour qui le soutien du Parlement dépend de Parnell. Pourtant, leur projet de loi sur l'autonomie est mis en échec, en partie à cause de défections de membres du parti de Gladstone.

La fin approchait pour Parnell. Il entretenait une relation depuis dix ans avec Kitty O'Shea, une femme mariée à un membre de son propre parti. Quand cette aventure devient connue en 1890, Parnell refuse de démissionner de son poste de chef de parti qui éclate en morceaux. L'Église catholique d'Irlande ne tarde pas à se retourner contre Parnell. Le "roi d'Irlande sans couronne" n'était plus le bienvenu. Il mourut moins d'un an plus tard.

L'autonomie

Gladstone fut élu Premier ministre pour la quatrième fois en 1892 et parvint enfin à faire voter sa loi pour l'autonomie de l'Irlande par la Chambre des communes mais elle est rejetée par la Chambre des lords.

A cette époque, l'est de l'Ulster prospérait. La région n'avait pas connu les pires moments de la famine, et une industrialisation intense reflétait la fortune de la classe protestante dominante. Gladstone avait échoué pour l'instant, mais les Ulster Unionists (le Parti unioniste avait été formé en 1885) étaient parfaitement conscients que la Home Rule pourrait refaire surface et ils étaient bien déterminés à se battre si elle devait être votée. Les unionistes, menés par sir Edward Carson (1854-1935), un avocat dublinois, formèrent une brigade d'autodéfense protestante appelée Ulster Volunteer Force (UVF), qui organisait des rassemblements massifs de paramilitaires fermement opposés à l'autonomie. Carson brandit la menace d'une lutte armée pour une Irlande du Nord séparée si l'indépendance était accordée à l'Irlande. Les Britanniques commencèrent à céder devant cette opposition de l'Ulster et, en juillet 1914, Carson accepta l'autonomie à la condition que l'Ulster soit séparé. La partition de l'Irlande était scellée.

En Grande-Bretagne, un nouveau gouvernement libéral, sous la houlette du Premier ministre Asquith, avait supprimé le droit de la Chambre des lords à opposer son veto aux projets de loi, et un nouveau projet pour l'autonomie de l'Irlande fut proposé au Parlement. Le projet fut voté (mais non promulgué) en 1912 malgré l'opposition farouche des unionistes et des conservateurs britanniques.

A mesure que l'UVF prenait de l'importance, un groupe de républicains nommé Irish Volunteers (Volontaires irlandais), mené par l'universitaire Eoin MacNeill, s'organisait dans le Sud afin d'obtenir l'autonomie pour toute l'Irlande. Leurs armes et leur organisation ne valaient cependant pas celles de l'UVF, qui pratiquait le trafic d'armes à grande échelle. En 1914, la menace de guerre civile devint imminente, à cause du large soutien de l'armée britannique.

La loi sur l'autonomie fut suspendue en août 1914, avec le début de la Première Guerre mondiale, et le problème de l'Ulster resta sans solution. Beaucoup de nationalistes irlandais étaient persuadés que l'autonomie leur serait accordée après la guerre, et que, en contribuant à l'effort de guerre britannique, ils feraient pencher l'opinion en leur faveur. John Redmond, le leader du Irish Home Rule Party (Parti pour l'autonomie irlandaise), encouragea activement ses partisans à s'engager aux côtés des Britanniques pour combattre les Allemands.

Le renouveau gaélique

Alors que les tentatives d'autonomie étaient sans cesse repoussées, une révolution de l'identité, des arts et de la littérature irlandais avait lieu.

Le jeune William Butler Yeats prit fait et cause pour le renouveau de la littérature anglo-irlandaise. Le poète s'était entouré d'un cercle d'amis auteurs, comme Lady Gregory, Douglas Hyde, John Millington Synge et George Russell. Ils firent redécouvrir de nombreux récits celtes en décrivirent dans leurs œuvres, avec un enthousiasme neuf, une Irlande romantique, peuplée de reines guerrières et riche en batailles épiques. Pour un pays ayant subi des siècles d'invasion et d'oppression, ces images représentaient une version de l'histoire plus attrayante.

En même temps, des gens comme Douglas Hyde et Eoin MacNeill faisaient leur possible pour assurer la survivance de la langue irlandaise, de la culture et des coutumes qui représentaient pour eux le cœur de l'identité irlandaise. Ils créèrent la Ligue gaélique (Conradh na Gaeilge) en 1893, qui militait pour l'enseignement du gaélique à l'école. Dans les années 1890, la Ligue gaélique n'était qu'une organisation culturelle. Elle ne prit une dimension nationaliste que plus tard.

L'Association gaélique sportive (GAA), fondée en 1884 pour promouvoir la culture et le sport irlandais, devint également très politisée.

Un petit groupe de pression appelé Sinn Féin (littéralement "nous seuls", prononcer shin faine) fut créé sous l'égide d'Arthur Griffith, fondateur du journal *United Irishmen*. Il proposa que tous les membres irlandais du Parlement abandonnent la Chambre des communes et forment un Parlement à Dublin. Le socialisme fit des adeptes dans la ville, notamment parmi les plus pauvres, qui connaissaient les pires conditions de vie en Europe. En 1913, Jim Larkin et James Connolly appelèrent les ouvriers des transports à la grève. Les travailleurs finirent par céder, mais les patrons n'étaient pas parvenus à vaincre les syndicats. Larkin et Connolly avaient fondé l'Irish Citizens' Army (Armée des citoyens irlandais), qui s'unit au mouvement des Irish Volunteers nouvellement créé.

Il convient de souligner qu'avant 1916 la majorité des Dublinois étaient avant tout préoccupés par la guerre : même si d'aucuns pensaient que l'indépendance était une bonne idée, les passions restèrent contenues.

L'insurrection de 1916

De nombreux Irlandais aux sympathies nationalistes partirent en Europe sur les champs de bataille en pensant que l'Angleterre leur accorderait l'indépendance en remerciement de leur sacrifice. Mais une minorité doutait de la bonne volonté britannique. Les Irish Volunteers se divisèrent en deux groupes : ceux unis derrière John Redmond, qui choisirent d'attendre pour voir, et un groupe plus radical, partisan d'une réaction plus révolutionnaire.

Deux petits groupes – une section des Irish Volunteers dirigée par Pádraig Pearse et l'Irish Citizens' Army menée par James Connolly – organisèrent une insurrection qui prit le pays par surprise. Les révolutionnaires comptaient sur la réduction des troupes britanniques due à la guerre, et sur une cargaison d'armes venue d'Allemagne. Mais leur projet échoua : les armes furent interceptées par la marine britannique et Eoin MacNeill (chef des Irish Volunteers), contrarié de cette insurrection organisée sans lui, tenta de faire capoter le projet : peu de personnes vinrent au rendez-vous. Le lundi de Pâques 1916, le groupe des Volontaires marcha sur Dublin et se saisit de plusieurs postes stratégiques de la ville, dont la Poste générale d'O'Connell St qui leur servit de QG. C'est de là que Pearse lut à des passants perplexes une déclaration proclamant que l'Irlande était désormais une république et qu'il formait son gouvernement provisoire avec ses compagnons. Moins d'une semaine de combat suffit pour que les rebelles se rendent aux autorités britanniques. Ils durent être protégés de la colère populaire sur le chemin de la prison.

Ce qui aurait pu constituer une menace réelle pour l'autorité britannique fut un échec total. Beaucoup ont prétendu que Pearse, l'un de ses principaux instigateurs, savait qu'ils n'avaient aucune chance de réussir mais qu'il désirait un sacrifice de sang, un geste noble de quelques braves pour galvaniser le pays. Que ce soit vrai ou non, le sacrifice de sang eut bien lieu.

L'insurrection de Pâques n'aurait eu qu'un impact limité si les Britanniques n'avaient involontairement fait des martyrs de la rébellion. Soixante-dix-sept peines de mort furent prononcées, quinze exécutées. Pearse fut fusillé trois jours après sa reddition et James Connolly neuf jours plus tard. Ces morts provoquèrent un bouleversement de l'opinion publique au profit des républicains qui virent le nombre de leurs partisans se multiplier.

Au cours des élections de 1918, les républicains rassemblés sous la bannière du Sinn Féin remportèrent une grande majorité des sièges irlandais au Parlement. Les députés nouvellement élus, la plupart vétérans de l'insurrection de 1916, choisirent d'ignorer le Parlement londonien et proclamèrent l'indépendance de l'Irlande. Ils formèrent le premier Dáil Éireann (Assemblée irlandaise ou Chambre basse), sise à la Mansion House (résidence officielle du maire) de Dublin, sous la direction d'Eamon De Valera (1882-1975), chef de la révolte des Irlandais de 1916. Les Irish Volunteers se transformèrent en Irish Republican Army (IRA, Armée républicaine irlandaise), qui fut autorisée par le Dáil à se battre contre les soldats anglais postés en Irlande.

La guerre contre l'Angleterre

Le jour où le Dáil se réunit à Dublin en janvier 1919, deux policiers furent abattus dans le Tipperary. Cet événement marqua le début de la guerre anglo-irlandaise qui dura de 1919 jusqu'au milieu de l'année 1921. Ce fut l'époque de Michael Collins (1890-1922), leader charismatique et sans pitié qui orchestra la violente campagne contre les Anglais tout en assumant la fonction de ministre des Finances dans le nouveau Dáil.

La guerre devint bientôt retranchée et sanglante. L'IRA affrontait une coalition du Royal Irish Constabulary (RUC), des soldats de l'armée britannique, et de deux groupes de paramilitaires qui acquirent rapidement une réputation de cruauté, les Auxiliaries et les notoirement violents Black and Tans, constitués de soldats britanniques fraîchement démobilisés. Leur usage de la corruption et de la violence entretenait un profond ressentiment anti-anglais et un soutien fervent de la cause nationaliste. La mort de Terence MacSwiney (1920), maire de Cork, à la suite d'une grève de la faim, mobilisa davantage l'opinion publique irlandaise. L'IRA créa les "flying colums" (colonnes volantes), petits groupes de volontaires armés qui piégeaient les soldats britanniques, et qui connurent quelques succès. Une trêve finit par être convenue en juillet 1921.

Après des mois de négociations ardues à Londres, la délégation irlandaise signa le Traité anglo-irlandais le 6 décembre 1921. Celui-ci accordait l'indépendance à vingt-six comtés et donnait à six comtés de l'Ulster à majorité protestante le choix de ne pas les rejoindre.

La guerre civile

Côté irlandais, c'était principalement Michael Collins et Arthur Griffith qui s'étaient chargés des négociations. Tous deux savaient pertinemment que beaucoup des membres du Dáil refuseraient la perte du Nord, ou le fait que le monarque britannique resterait nominalement à la tête de l'État irlandais, forçant les députés irlandais à prêter serment d'allégeance à la Couronne. Sous la pression du britannique Lloyd George et après une série de négociations épuisantes, ils signèrent le traité sans consulter De Valera, resté à Dublin.

Collins considérait que l'attachement à la Couronne était purement symbolique. Il espérait également que les six comtés du Nord-Est finiraient par intégrer l'État libre. Au cours des négociations, il s'était laissé convaincre que la commission réduirait la taille de la partie de l'Irlande qui resterait sous domination anglaise. Il espérait convaincre le reste de ses camarades, mais restait conscient des risques et déclara : "Je viens peut-être de signer mon arrêt de mort."

Collins échoua à convaincre ses collègues d'accepter le traité. De Valera était furieux et la guerre civile ne tarda pas à éclater entre camarades qui, une année auparavant, se battaient côte à côte. Michael Collins tomba dans une embuscade et fut abattu dans le Cork. Arthur Griffith mourut d'épuisement et d'angoisse.

L'Irlande depuis la partition

Pour l'histoire de l'Irlande depuis la partition, reportez-vous à l'introduction des chapitres *La république d'Irlande* et *L'Irlande du Nord*.

GÉOGRAPHIE ET GÉOLOGIE

L'Irlande est séparée de la Grande-Bretagne par la mer d'Irlande, par le canal St George et le canal du Nord (moins de 18 km à un point). L'île mesure 84 421 km². 14 139 km² pour le Nord et 70 282 km² dans le Sud. Elle s'étend sur 486 km du nord au sud et sur 275 km d'est en ouest. Elle compte plus de 3 100 km de côtes.

Géographie politique

L'Irlande est divisée en 32 comtés. La république d'Irlande en compte 26 et l'Irlande du Nord, 6. Le point le plus septentrional de la République (Malin Head dans le Donegal) est en fait l'endroit le plus au nord de toute l'Irlande. Pour compliquer un peu les choses, l'Irlande est traditionnellement divisée en quatre provinces : Leinster, Ulster, Connaught et Munster. Les six comtés de l'Irlande du Nord sont généralement mentionnés sous le nom d'Ulster, mais trois des comtés appartenant à la République – Donegal, Cavan et Monaghan – font également partie de la vieille province d'Ulster.

Paysage

En Irlande, on peut se trouver au beau milieu d'une tourbière ou d'une montagne isolée, tout en n'étant qu'à 50 km d'une grande ville. Les reliefs sont pour la plupart près des côtes, les régions du centre étant plutôt plates. Presque toute la côte qui s'étend entre le comté de Cork et le Donegal est une ligne continue de falaises, de collines et de montagnes.

Les plus hautes montagnes se dressent au sud-ouest ; la plus élevée est le Mt Carrantuohil (1 041 m) dans les MacGillycuddy's Reeks du Kerry.

Le Shannon est le plus long fleuve d'Irlande. Il coule sur 370 km de sa source dans les Cuilcagh Mountains (comté de Cavan) jusqu'au large estuaire à l'ouest de la ville de Limerick. Le Lough Neagh, en Irlande du Nord, constitue le plus grand lac d'Irlande avec une superficie de 396 km².

Du centre vers l'ouest, le sol s'appauvrit, les champs se rétrécissent et les murets de pierre se multiplient. Le cri de Cromwell : "En enfer ou au Connaught" reposait sur une certaine réalité, dans la mesure où les terres situées à l'ouest du Shannon ne peuvent être comparées aux comtés fertiles comme Meath et Tipperary.

Avant la Grande Famine, la terre était très sollicitée, car elle devait nourrir huit millions de bouches. Même les parcelles les plus inaccessibles étaient donc cultivées. Sur les collines dominant les champs actuels, vous apercevrez peut-être les lignes pâles et régulières des sillons de pommes de terre datant d'avant la famine.

La période glaciaire. La dernière période glaciaire, de 100 000 à 10 000 ans avant notre ère, a considérablement marqué le paysage irlandais. Les glaciers creusèrent des vallées caractéristiques en demi-cercles et de petits cirques où se trouvent aujourd'hui des lacs haut perchés sur le flanc des montagnes. La glace, en reculant, laissa derrière elle de nombreux petits lacs peu profonds, notamment dans le centre de l'Irlande. Beaucoup des roches sédimentaires desséchées couvrant les Wicklow Mountains disparurent, laissant affleurer le granit. Dans le comté de Clare, le calcaire apparut sous la couche imperméable de schiste argileux et de grès.

COMTÉS ET PROVINCES

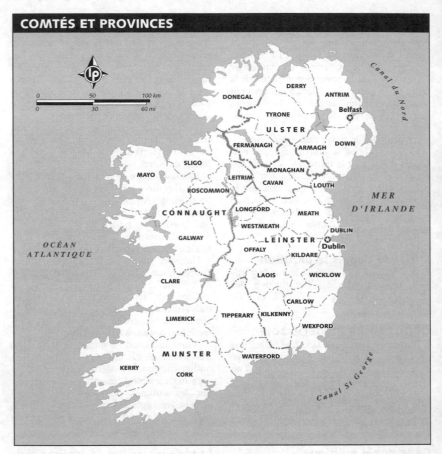

De nombreuses montagnes et collines irlandaises ont une silhouette ronde et régulière, due à l'effet abrasif de la glace mouvante. La glace a également laissé de la terre sur son passage, déposant une couche de dépôts argileux erratiques à plusieurs endroits dans le pays. Une grande ceinture de *drumlins* (petites collines formées par des moraines) traverse le pays, du comté de Cavan à Clew Bay dans le comté de Mayo.

CLIMAT

L'Irlande est encore plus septentrionale que Terre-Neuve ou Vancouver, et pourtant le climat est relativement doux. La température annuelle moyenne est d'environ 10°C, grâce aux effets modérateurs du Gulf Stream. La température descend occasionnellement sous zéro pendant l'hiver, et il neige rarement – une ou deux fois par an. Pendant les mois les plus froids, janvier et février, la température évolue entre 4°C et 8°C, avec une moyenne de 7°C. En été, elle est plutôt douce, variant entre 15°C et 20°C. Pendant les mois les plus chauds, juillet et août, la moyenne est de 16°C. Une chaude journée d'été irlandaise enregistre 22°C à 24°C, même si parfois le mercure peut

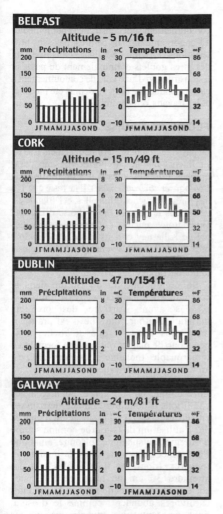

monter jusqu'à 30°C. La lumière dure environ 18 heures par jour en juillet et août, et il ne fait vraiment noir qu'après 23h.

La seule chose dont vous pouvez être sûr avec le climat irlandais…, c'est que vous ne pouvez jamais être sûr de rien. Vous pourrez très bien sortir t-shirts et lunettes de soleil en février, et les gros pulls au mois de mars, ou même au beau milieu de l'été.

Et puis il y a la pluie. L'Irlande est très arrosée – environ 1 000 mm chaque année, de 750 mm dans les régions centrales à plus de 1 300 mm dans le Sud-Ouest. Dans certaines régions, il pleut jusqu'à 270 jours par an. Les principaux vents qui soufflent sur l'Irlande viennent du sud-ouest, entraînant dans leur sillage des nuages de pluie de l'Atlantique qui se déversent sitôt qu'ils rencontrent des terres élevées. Les montagnes situées au sud-ouest du Kerry sont l'endroit le plus humide du pays. Le Sud-Est est la partie la plus sèche, son climat ressemble plus à un climat continental du Sud. Si la pluie vous attriste, souvenez-vous de ce dicton irlandais : "Dans le pub, il ne pleut pas!"

ÉCOLOGIE ET ENVIRONNEMENT
Forêts
Il fut un temps où l'Irlande était couverte de forêts. De grandes forêts de chênes survécurent jusqu'au milieu du XVIe siècle mais ils furent abattus pour faire des bateaux, du charbon, pour le tannage ou pour faire des tonneaux, si bien qu'au milieu du XVIIIe siècle, presque tout le bois nécessaire était importé.

Au XXe siècle, les pinèdes naquirent de la demande de bois local et du désir d'exploiter des terres qui ne servaient à rien. L'État subventionne à présent les plantations, même si les espèces les plus utilisées – l'épinette de sitka et le pin tordu vrillé – poussent si vite et sont si tendres qu'ils ne conviennent pas pour la construction de produits de qualité supérieure.

Aujourd'hui, les forêts couvrent 5,5% du pays et cette proportion augmente lentement, même si beaucoup d'arbres sont destinés au commerce. Dans des endroits comme Glencree, dans le comté de Wicklow, on prend conscience d'un réel besoin de reboisement ; un projet de plantation de chênes est en cours d'élaboration.

Agriculture
Dans le passé, l'Irlande n'a connu qu'une industrialisation très limitée comparée à celle des autres pays développés, préservant ainsi une grande partie de son magnifique paysage. Toutefois, dans les années 1970, l'Union européenne a encouragé l'agricul-

ture intensive et spécialisée ainsi que l'utilisation de pesticides et d'engrais chimiques, qui provoquèrent une grave pollution dans des endroits comme le comté de Clare. Plus récemment, l'Union européenne et le gouvernement irlandais ont favorisé la protection de l'environnement, des méthodes d'agriculture moins intensives et l'adoption de méthodes ou de cultures alternatives. La pollution a ainsi été réduite, même si elle existe toujours dans les lacs et les rivières.

Qualité de l'eau

Un rapport de l'Agence de protection de l'environnement datant de 1999 a qualifié la qualité de l'eau en Irlande de satisfaisante en général. Cependant, il soulignait que la plus grande partie de l'eau réputée potable dans les zones rurales était impropre à la consommation humaine, à cause de la contamination par une bactérie (*E. coli*) provenant des fumiers des fermes et des fuites des fosses septiques. En janvier 2001, la Commission européenne a entamé des procédures légales contre l'Irlande au sujet de son eau.

La qualité de l'eau devrait toutefois s'améliorer grâce aux mesures prises par le ministère de l'Environnement et les autorités locales.

Les plages

Beaucoup de plages irlandaises ont été victimes de la pollution. Cependant, la situation semble s'améliorer avec l'attribution en 2001 de plus de 70 drapeaux bleus de l'Union européenne à des plages irlandaises propres, dont sept en Irlande du Nord (voir la liste sur Internet : www.blueflag.org).

Les villes

Dublin s'est énormément développé. Peu d'efforts ont été faits pour corriger le délabrement urbain et le déclin de la population, mais des programmes de réhabilitation ont commencé à inverser la vapeur. La transformation du quartier dublinois du Temple Bar en centre culturel et de divertissement en est un bon exemple. Ici, l'accent est mis davantage sur la restauration d'immeubles existants que sur la construction de nouvelles structures, dans le but de respecter l'identité de la ville.

Les routes sont refaites et des bretelles de contournement sont construites pour remédier à l'engorgement, mais ce n'est pas sans protestations. La ville de Kildare constitue l'un des pires goulets d'étranglement du pays, et la construction d'une voie de contournement a été suspendue. Le projet a depuis été modifié, et les travaux ont commencé.

FLORE ET FAUNE
Flore

Le paysage irlandais est principalement issu de l'influence humaine (reportez-vous aux paragraphes *Forêt* et *Agriculture* de la rubrique *Écologie et environnement*). Il ne reste que 1% des forêts de chênes originelles, et l'Irlande est désormais le pays le moins boisé d'Europe. On en trouve quelques vestiges au parc national de Killarney et dans le sud du Wicklow près de Shillelagh. Des rangées bien alignées de pins constituent à présent un élément incontournable du paysage irlandais.

La région calcaire du Burren dans le comté de Clare était couverte de forêts dispersées avant l'arrivée des premiers humains. Aujourd'hui elle n'est pratiquement plus couverte que de roche, mais beaucoup de plantes ont survécu formant un remarquable mélange d'espèces alpines, arctiques et méditerranéennes.

Les tourbières d'Irlande abritent une flore unique en son genre, adaptée à des conditions d'humidité et d'acidité pauvres en nutriments, et dont la survie est menacée par l'utilisation de la tourbe comme source d'énergie. La sphaigne foisonne, ainsi que l'andromède des marécages, la linaigrette, le carex (dont les tiges grêles peuvent atteindre 30 cm de haut) et différentes sortes de bruyères et de lichens. Les plantes carnivores abondent, comme le drosera, dont les tentacules gluants piègent les insectes, et les utriculaires, dont les utricules attrapent des animaux aquatiques dans les flaques des tourbières.

Faune

Mammifères. Les mammifères les plus courants sont les renards et les blaireaux, mais, même s'ils sont nombreux, vous aurez beaucoup de chance si vous en apercevez. On trouve aussi des lapins, des lièvres, des hérissons, des écureuils roux et petits-gris, des musaraignes et des chauves-souris. Parmi les sept espèces différentes de chauves-souris, deux variétés communes, la noctule de Leisler et le rhinolophe, sont rares dans le reste de l'Europe. Le cerf commun parcourt les collines dans beaucoup de sites isolés du pays, notamment les Wicklow Mountains, ainsi que dans le parc national de Killarney, où évolue la plus grande harde de cerfs du pays. D'autres espèces ont été introduites comme le cerf sika du Japon. La loutre, l'hermine et la martre sont des animaux moins courants en Irlande. On les trouve surtout dans des endroits isolés comme le Burren, dans le comté de Clare ou le Connemara, dans le comté de Galway.

Pour apercevoir les phoques qui vivent le long de la côte, il faut savoir où regarder et rester silencieux. Quelques importantes colonies de phoques gris vivent sur les îles inhabitées au large du comté de Mayo et sur les rives de Strangford Lough en Irlande du Nord. Les dauphins viennent souvent nager près des côtes, surtout dans les baies et les bras de mer de la côte ouest. Pendant des années, Dingle Harbour a abrité un célèbre dauphin à nez en bouteille répondant au nom de Fungie. Les baleines qui évoluent au large de l'Irlande ont tendance à être dispersées et ne se rapprochent pas des côtes.

Oiseaux. L'Irlande compte moins de variétés d'oiseaux que le continent à cause de son relatif isolement, mais sa position à l'extrémité occidentale de l'Europe en fait une halte idéale pour les oiseaux migrateurs venant d'Amérique du Nord ou de l'Arctique. À l'automne, les échassiers américains et les fauvettes trouvent refuge dans les comtés du Sud – principalement des bécasseaux et des pluviers. Des migrateurs venus d'Afrique comme les pétrels et les pingouins commencent à arriver au printemps dans les comtés du Sud-Ouest.

Parmi les oiseaux irlandais figure le râle des genêts, relativement rare, qui migre d'Afrique et que l'on trouve dans l'ouest, au Donegal, autour de la région des Shannon Callows, et sur des îles comme Inisbofin (comté de Mayo). Le crave à bec rouge est également

chez lui en Irlande. À la fin du printemps et au début de l'été, les côtes accidentées, notamment les falaises et les îles, se transforment en refuges pour les oiseaux de mer à la saison de la reproduction. Ce sont principalement des fous de Bassan, des mouettes tridactyles, des macareux, des fulmars, des cormorans et des hérons. Des oiseaux plus rares, comme des stercoraires ou des puffins cendrés, ont également été signalés.

Les lacs et les marécages de basse altitude attirent un grand nombre d'échassiers et d'oiseaux aquatiques d'Arctique et d'Europe du Nord comme le cygne chanteur, le vanneau, la bernacle, l'oie rieuse et le pluvier doré. L'importante réserve Wexford Wildfowl détient la moitié de la population mondiale d'oies rieuses du Groenland, et de petites hirondelles de mer se reproduisent sur la plage, à l'abri des dunes. Pendant l'hiver, on y trouve également des sarcelles, des chevaliers gambettes et des courlis. Les principales périodes de migration vont d'avril à mai et de septembre à octobre.

Parmi les oiseaux de proie figurent des busards Saint-Martin, des éperviers, des faucons (pèlerin, merlin et crécerelle), sans oublier les buses. Le magnifique faucon pèlerin reprend du poil de la bête et nidifie sur les falaises de Wicklow, entre autres. En 2001, des aiglons royaux d'Écosse ont été relâchés dans le parc national de Glenveagh dans le Donegal afin de réintroduire cette espèce disparue.

Poissons. On trouve principalement des saumons et plusieurs variétés de truites (brune, arc-en-ciel et truite de mer), mais aussi d'autres espèces comme le maquereau et le lieu jaune au large, et des brochets, des brèmes, des perches, des gardons et des anguilles dans les lacs et les rivières.

Faune particulière. Le géomalacus tacheté est un gastéropode propre au comté de Kerry. Le crapaud calamite est le seul représentant de son espèce en Irlande ; il vit dans des régions sableuses derrière Inch Strand et près de Castlegregory au nord de la Dingle Peninsula. Dans la région du Burren vous trouverez 28 des 33 espèces de papillons irlandais. Les tourbières abritent, quant à elles, de nombreuses variétés de phalènes et de papillons, ainsi que des patineurs et des scorpions d'eau cachés dans leurs étangs.

Parcs nationaux

L'Irlande compte cinq parc nationaux – Burren (Clare et Galway), Connemara (Galway), Glenveagh (Donegal), Killarney (Kerry) et Wicklow Mountains (Wicklow) – plus une zone recouverte de tourbières dans le comté de Mayo. Ces lieux ont été conçus pour protéger, préserver et rendre accessibles des zones de l'héritage naturel irlandais. Les parcs sont ouverts toute l'année et chacun dispose d'un bureau de renseignements. Pour des renseignements d'ordre général, contactez l'organisme Dúchas (☎ 01-647 2371, www.heritageireland.ie).

Forêts et parcs forestiers. Le Coillte Teoranta (Office irlandais des forêts) administre environ 400 000 hectares de forêts, qui comprennent des aires de pique-nique et 12 forest parks (parcs forestiers). Ces derniers restent ouverts toute l'année et offrent une grande diversité de faune et de flore. Certains disposent de chalets et/ou de terrains pour caravanes, de magasins, de cafés et d'aires de jeu pour les enfants. Pour des détails, consultez Coillte Teoranta (☎ 01-661 5666, pr@coillte.ie), Leeson Lane, Dublin.

Réserves naturelles. On compte 66 réserves naturelles nationales publiques et 10 privées dans la République. En Irlande du Nord, elles sont plus de 40. Ces réserves sont estimées pour leur flore, leur faune ou leur géologie particulières et comprennent la Giant's Causeway (Chaussée des Géants) et Glenariff Glen dans le comté d'Antrim, Marble Arch dans le Fermanagh et North Strangford Lough dans le comté de Down.

POPULATION ET ETHNIES

La population totale de l'Irlande tourne autour de 5,4 millions de personnes. C'est moins qu'avant la famine de 1845-1851, quand l'Irlande comptait environ 8 millions d'âmes. La mort et l'émigration réduisirent la population à environ 5 millions. Le phénomène migratoire se prolongea à un rythme soutenu pendant une centaine d'années. Cette hémorragie ne ralentit que dans les années 1960, mais les difficultés économiques poussèrent plus de 200 000 Irlandais à rejoindre la diaspora dans les années 1980.

La République compte 3,8 millions d'habitants. Dublin, la capitale, est la plus grande ville du pays avec 1,5 million d'habitants – 40% de la population – qui vivent à proximité du centre-ville. Les villes du Sud les plus importantes sont Cork, Galway et Limerick. Une grande partie de la population de la République (41%) est âgée de moins de 25 ans. Ces chiffres (ainsi que les renseignements démographiques figurant dans cet ouvrage) sont fondés sur le recensement de 1996 ; une augmentation dans les centres urbains est à prévoir.

La population de l'Irlande du Nord se monte à environ 1,6 million de personnes, et Belfast, sa ville principale, compte à peu près 280 000 habitants.

Depuis le début des années 1990, l'émigration est devenue inférieure à l'immigration, principalement constituée des Irlandais revenant au pays, mais aussi des immigrants de Grande-Bretagne, d'autres pays européens et d'Amérique du Nord. Le pays a également accueilli un petit nombre de réfugiés d'Europe de l'Est et d'Afrique.

ARTS
Danse

La forme de danse la plus importante en Irlande est la danse traditionnelle irlandaise, pratiquée collectivement lors de *ceilidhs* (prononcez **kay**-liz), souvent de manière improvisée et toujours accompagnée par un orchestre irlandais traditionnel. Ces danses comprennent la matelote, la gigue et le quadrille. L'ouest et le sud-ouest sont les bastions de la danse traditionnelle. Grâce à des spectacles comme *Riverdance*, la danse irlandaise jouit d'une renommée internationale.

Il n'existe pas de conservatoire national de danse, mais de nombreuses écoles et compagnies enseignent et offrent des spectacles de danse classique et moderne. Dublin accueille le Dance Theatre of Ireland et l'Irish Modern Dance Theatre. Le

Firkin Crane Centre de Cork est le seul lieu irlandais exclusivement dédié à la danse.

Littérature

Les Irlandais ont toujours utilisé leur langue adoptive différemment des autres anglophones. La tradition orale, bien ancrée, et l'amour de la langue expliquent la richesse de l'héritage des conteurs et des écrivains irlandais renommés. La plupart sont devenus des classiques incontournables de la littérature.

La première grande œuvre littéraire irlandaise est le recueil *Ulaid (Ulster) Cycle*, écrit d'après la tradition orale entre le VIIIe et le XIIe siècle. L'histoire principale en est *Táin Bó Cúailnge*, qui relate une bataille entre la reine Maeve du Connaught et Cúchulainn, héros majeur de la mythologie irlandaise. Cúchulainn a survécu dans la littérature irlandaise jusqu'à nos jours, de Samuel Beckett à Frank McCourt.

Parmi les auteurs nés avant 1900 les plus célèbres, citons Jonathan Swift (1667-1745), célèbre pour *Les Voyages de Gulliver*, le poète et dramaturge Oliver Goldsmith (1728-1774), Bram Stoker (1847-1912), auteur de *Dracula*, et le célèbre Oscar Wilde (1854-1900). Les dramaturges George Bernard Shaw (1856-1950), John Millington Synge (1871-1909) et Sean O'Casey (1880-1964), le poète William Butler Yeats (1865-1939) et l'incontournable James Joyce (1882-1941) sont également passés à la postérité. La relève est assurée aujourd'hui par de nombreux et talentueux jeunes écrivains.

L'Irlande peut se vanter de compter quatre lauréats du prix Nobel de littérature : George Bernard Shaw en 1925, W.B. Yeats en 1938, Samuel Beckett en 1969 et Seamus Heaney en 1995.

Fiction et théâtre. James Joyce (1882-1941) est souvent considéré comme l'écrivain irlandais le plus important du XXe siècle.

En 1904, il publia trois nouvelles dans un magazine d'agriculture irlandais sous le pseudonyme de Stephen Dedalus. Elles furent par la suite réunies dans le recueil *Gens de Dublin*, paru dix ans plus tard. La dernière nouvelle de ce remarquable ouvrage, "Les Morts", fut adaptée au cinéma par John Huston en 1987.

Joyce quitta l'Irlande avec Nora Barnacle en 1904, et vécut la plus grande partie des dix années qui suivirent à Trieste, en Italie. Malgré son mépris pour le conservatisme et l'aspect répressif de l'Église catholique en Irlande, son œuvre est directement inspirée de la vie quotidienne et des habitants de l'île, notamment de Dublin. Il y imagina son roman autobiographique *Stephen le héros* qui évolua en *Dedalus, portrait de l'artiste par lui-même*.

En 1918, des extraits de son chef-d'œuvre *Ulysse* parurent dans un magazine américain, mais les épisodes suivants furent interdits par la censure jusqu'en 1922, quand sa réputation scandaleuse lui assura un succès immédiat. Même si certains considèrent que son style littéraire expérimental est d'un abord difficile, *Ulysse* promet de savoureuses heures de lecture. Hommage à son intemporelle pertinence, cette œuvre a inspiré une foule de guides dublinois qui s'appuient sur les faits du roman. Aujourd'hui encore, les admirateurs de Joyce se retrouvent chaque année à Dublin pour fêter le jour où son action se déroule : Bloomsday, le 16 juin 1904.

L'œuvre de Joyce la plus impressionnante, et aussi l'une des meilleures, *Finnegans wake*, a été publiée en 1939.

Samuel Beckett (1906-1989), issu d'un milieu anglo-irlandais, fit ses études au Trinity College de Dublin, avant de s'installer à Paris où il rencontra Joyce. Influencée par le poète italien Dante et par Descartes, son œuvre traite de questions existentielles fondamentales. Sa pièce de théâtre la plus connue est sans doute *En attendant Godot*, mais sa solide réputation est fondée sur une série de romans et de pièces au style dépouillé, comme *La Dernière Bande* – monologue d'un vieil homme écoutant un enregistrement de lui-même jeune homme, où il parlait de ses rêves et de ses projets – ou comme le roman à l'humour noir *Molloy*.

Auteur de textes dans le registre du comique et de l'absurde, Flann O'Brien (1911-1966), de son vrai nom Brian O'Nuallain, publia son premier roman *Kermesse irlandaise* en 1939 et connut un grand succès. Il écrivit pendant des années des articles pleins de verve dans l'*Irish Times* sous le pseudonyme de Myles na gCopaleen, où il caricaturait des célébrités. *L'Archiviste de Dublin* suivit, et son troisième roman, *Le Troisième Policier*, fut publié après sa mort.

Brendan Behan (1923-1964), dramaturge et romancier, mena une vie mouvementée qui lui inspira des écrits tragi-comiques intenses. Il tomba dans l'alcoolisme assez jeune, et fut renvoyé de l'école. Il se fit prendre alors qu'il servait de messager à l'IRA, et la maison de correction britannique où il fut envoyé lui inspira une de ses œuvres les plus célèbres, *Un peuple partisan*. Une nouvelle incarcération, cette fois à la prison de Mountjoy, servit de toile de fond à *Le Client du matin*, illustrant l'opposition de Behan à la peine capitale. *Deux Otages* est l'un de ses plus célèbres ouvrages, fantastique mélange de bouffonnerie et de détresse humaine. Behan mourut à Dublin des suites de son alcoolisme, après être devenu une légende locale.

John Banville (né en 1945), auteur de fictions obsédantes et critique littéraire pour l'*Irish Times* remporta le Whitbread Award pour son roman aux personnages à la forte personnalité, *Copernic*. Son best-seller, *L'Intouchable*, est une biographie fictive de l'espion britannique de la guerre froide Anthony Blunt.

Malgré, ou peut-être à cause de, la tragique histoire de l'Irlande, les écrivains irlandais ont toujours fait preuve d'un certain humour. La comédie est ainsi un trait dominant de l'œuvre de Roddy Doyle (né en 1958), ancien professeur et l'un des écrivains irlandais contemporains les plus couronnés de succès. Ses récits paillards, qui se déroulent dans le milieu ouvrier du nord de Dublin, lui ont valu le Booker Prize en 1993 pour *Paddy Clarke Ha, ha, ha !* En 1990, *The Commitments* et plus tard *The Snapper* devinrent des films à succès. *La Femme qui se cognait dans les portes* (1996) est un récit d'un réalisme sordide sur la violence domestique.

L'un des écrivains contemporains les plus originaux, Patrick McCabe (né en 1955), a produit une comédie brillante et horrible, *Le Garçon boucher* – l'histoire d'un orphelin de Monaghan sombrant dans la folie –, qui fut plusieurs fois primée et adaptée à l'écran. *The Field*, autre roman adapté au cinéma (par Jim Sheridan, 1990), est l'œuvre de John B. Keane (né en 1928), romancier et dramaturge originaire de Kerry, qui traite de la vie à la campagne dans les années 1920. Joseph O'Connor (né en 1963), le frère de la chanteuse Sinead, a écrit de beaux romans révélant son talent dans le domaine du réalisme descriptif.

L'héritage historique, des siècles de lutte contre les Britanniques, la guerre civile destructrice et les troubles depuis les années 1960 ont de toute évidence marqué des générations d'écrivains irlandais. *Le Mouchard*, de Liam O'Flaherty (1896-1984), est un classique du genre ; il décrit les affrontements en Irlande pendant la lutte pour l'indépendance et la guerre civile (l'auteur était avec les républicains).

John McGahern (né en 1935) est l'une des figures éminentes de la littérature irlandaise actuelle. Sa prose simple et sobre se concentre sur des personnages complexes et pourtant familiers qu'il décrit avec art. Son célèbre *Entre toutes les femmes* traite de la vie d'une famille vivant dans l'ouest de l'Irlande dans le chaos social qui a suivi la guerre d'indépendance.

Frank McCourt's (né en 1930) est connu pour *Les Cendres d'Angela*, qui a remporté le prix Pulitzer. Il y relate son enfance misérable dans le Limerick. La suite, *C'est comment l'Amérique* (2000), reprend le fil de l'histoire en 1949 lors de son retour en Amérique.

Frank McGuinness, né en 1956, est l'un des dramaturges les plus reconnus des deux dernières décennies. Son œuvre prolifique depuis les années 1970 comprend *Les Gens de Carthage*, qui se penche sur les conséquences pour les habitants de Derry du Dimanche sanglant de 1972. Le jeune auteur de théâtre Martin McDonagh (né en 1971) a trouvé l'inspiration dans le côté sombre d'une idylle rurale irlandaise. *The Leenane Trilogy* a été interprétée par les membres du Théâtre national de Londres ainsi qu'à Broadway, où il a remporté plusieurs Tony Awards. Signalons qu'une partie de la trilogie a été adaptée en français pour un théâtre québécois sous le titre de *La Reine de beauté de Leenane*. *Danser à Lughnasa*, de Brian Friel (né en 1929), a connu un grand succès à Broadway et à Londres et a été adaptée à l'écran.

Le Nord. Naturellement, les troubles occupent une place prépondérante dans la littérature d'Irlande du Nord. Clive Staple Lewis (1898-1963), de Belfast, est surtout connu pour *Les Chroniques de Narnia*, une série allégorique d'histoires pour enfants.

Cal, de Bernard MacLaverty (né en 1942), retrace une vie aux choix misérables et aux conséquences terribles et inévitables. Ces situations politiques sans espoir se retrouvent dans *Les Trahisons du silence*, de Brian Moore (né en 1921), sélectionné en 1990 pour le Booker Prize.

Colin Bateman (né en 1961) se sert des troubles et de la vie au Nord avec beaucoup d'audace pour ses histoires au rythme frénétique et dignes des séries B. Beaucoup de ses romans ont été adaptés à l'écran, notamment *Divorce, Jack!*

Gerry Adams, président de Sinn Féin, né en 1948, a écrit *La Rue, et autres nouvelles*, un recueil d'histoires racontant la vie à l'ouest de Belfast, où il a grandi.

Robert McLiam Wilson (né à Belfast en 1964) est au premier plan de la littérature irlandaise moderne. Son premier roman primé, *Ripley Bogle*, suit un clochard de l'ouest de Belfast à travers Londres, périple ponctué de flash-back de sa jeunesse.

Les femmes. Citons parmi les auteurs les plus anciens Lady Morgan (1776-1859), Maria Edgeworth (1768-1849), E.O. Somerville (1858-1949) et sa cousine Violet Martin (1861-1915), qui écrivait sous le pseudonyme de Martin Ross. Elizabeth Bowen (1899-1973), dont l'œuvre a été comparée à celle de Jane Austen, a passé ses années de formation chez des parents âgés en Angleterre ; son style de vie itinérant a influencé une grande partie de son œuvre. Elle est principalement connue pour ses personnages aliénés, surtout des enfants, et pour ses descriptions éloquentes de

la vie dans une "grande maison", dans les dernières années de la domination protestante du XVIIIᵉ siècle. Elle avait elle-même vécu des années dans une de ces maisons, Bowen's Court, dans le comté de Cork – où se déroule son célèbre roman *Dernier automne* –, avant de revenir en Angleterre où elle mourut.

L'œuvre d'Edna O'Brien (née en 1932 et qui vit à Londres) a souvent été qualifiée de piquante. Elle explore le côté hypocrite et mesquin de la vie irlandaise. Son livre *Les Filles de la campagne* fut interdit en 1960. Les problèmes contemporains ne lui font pas peur et, en 1997, elle a écrit *Down by the River*, fondé sur la controverse réelle suscitée par une jeune fille de 14 ans qui, à la suite d'un viol, partit se faire avorter en Angleterre. O'Brien y ajouta une dimension incestueuse en faisant du père le violeur.

L'œuvre de la prolifique Iris Murdoch (1919-1999) comprend de la fiction, du théâtre, de la poésie et de la philosophie. Son roman *La Mer, la Mer* remporta le Booker Prize. Sa chute dans les affres de la maladie d'Alzheimer et sa mort sont relatées avec amour par son mari John Bayley dans un livre intitulé *Élégie pour Iris*.

L'action d'*Une histoire irlandaise (The Old Jest)*, de Jennifer Johnston (née en 1930), se déroule en Irlande pendant l'entre-deux-guerres. L'héroïne est une fille anglo-irlandaise qui grandit dans le Sud à une époque où un vent de changement souffle sur le pays, sonnant le glas de la domination des protestants anglo-irlandais. Ce thème se retrouve dans beaucoup de ses livres.

Molly Keane (1904-1966) a écrit de nombreux livres dans les années 1920 et 1930 sous le pseudonyme de M.J. Farrell. Elle vécut une seconde vie littéraire après l'âge de 70 ans lorsque *Les Saint-Charles (Good Behaviour)* et *La Revenante (Time After Time)* parurent sous son vrai nom.

Dans le domaine de la fiction populaire, Maeve Binchy (née en 1940) est l'écrivain de référence. Elle sait transcrire, avec un talent particulier pour les dialogues, les anecdotes souvent hilarantes du quotidien. *Le Cercle des amis*, dont l'action se déroule dans le Dublin des années 1940, a été adapté à l'écran.

Poésie. Le poète et dramaturge W.B. Yeats (1865-1939) est surtout connu pour son œuvre poétique.

Pádraig Pearse (1879-1916), qui composait en gaélique, fut l'un des meneurs de l'insurrection de 1916.

Patrick Kavanagh (1905-67), l'un des poètes irlandais les plus respectés, est né à Inniskeen, dans le comté de Monaghan. *Tarry Flynn* évoque l'atmosphère et la réalité souvent lugubres de la vie des agriculteurs démunis.

Seamus Heaney (né en 1939) a remporté en 1995 le prix Nobel de littérature et, en 1997, celui du Whitbread Book of the Year pour *The Spirit Level*. Certains de ses poèmes reflètent les espoirs et les désillusions du processus de paix.

Paul Durcan (né en 1944) s'attaque audacieusement à des questions délicates, comme la nature oppressive du catholicisme et l'activité républicaine, dans un style qui lui est propre.

Le poète de langue gaélique Louis de Paor est né à Cork et a vu deux de ses recueils récompensés par le prestigieux prix irlandais Sean O'Riordan. Tom Paulin (né en 1949) et Ciaran Carson (né en 1948) composent tous deux des poèmes sur l'Irlande du Nord. Les poèmes magiques de Paula Meehan (née en 1955) évoquent, quant à eux, des relations tendres.

Parmi les autres poètes modernes, on peut citer Brendan Kennelly, Eavan Boland, Michael Hartnett et Derek Mahon. Pour un avant-goût de la poésie irlandaise en version originale, consultez *Contemporary Irish Poetry*, chez Fallon & Mahon. *A Rage for Order*, édité par Frank Ormsby, est une anthologie vibrante de la poésie du Nord.

Pour connaître les références des œuvres disponibles en traduction française, reportez-vous à l'encadré *L'Irlande à lire* dans le chapitre *Renseignements pratiques*.

Architecture

L'Irlande regorge de tombes préhistoriques, de monastères en ruine, de forteresses écroulées et d'autres vestiges de sa longue histoire, souvent tragique. Les principales structures de l'âge de pierre à nous être parvenues sont les tombes et les monuments érigés pour les morts, généralement regroupés sous l'appellation de tombes mégalithiques.

Tombes mégalithiques. Les tombes mégalithiques les plus reconnaissables sont les dolmens, ces structures massives qui ressemblent à des tabourets de pierre géants, qui abritaient plusieurs corps avant d'être recouverts de terre. La plupart datent de 4 000 à 5 000 ans. Le dolmen de Poulnabrone dans le Burren, celui de Proleek près de Dundalk, et Browne's Hill près de Carlow town en sont de beaux exemples.

On trouve surtout en Ulster les tombeaux jouxtant une petite cour (*court tombs*), comme le tombeau d'Ossian dans le comté d'Antrim.

Les tombes à couloir de Newgrange et de Knowth dans le Meath sont de grands tumulus à l'intérieur desquels des passages aux parois recouvertes de pierre menaient aux chambres funéraires. Ces chambres étaient décorées de spirales et de chevrons et portaient une ouverture par laquelle le soleil levant pénétrait lors du solstice d'hiver ou d'été, servant ainsi de calendrier céleste géant. Ils sont entourés de cercles de pierre dont on ignore la signification.

On trouve aussi en Irlande de nombreux tombeaux creusés dans la roche, faits de pierres ou de troncs d'arbres évidés.

Pierres oghamiques. Ces menhirs typiquement irlandais ont été érigés entre le IVe et le VIIe siècle. L'ogham (prononcez o-am) était une forme d'alphabet utilisant toute une variété d'encoches placées autour d'une ligne, généralement gravées dans la pierre. Ces menhirs indiquent fréquemment des tombes et portent le nom du mort. On trouve la plupart d'entre eux dans les comtés de Cork, de Kerry et de Waterford. Beaucoup ont été déplacés, et vous les verrez parfois intégrés à des murs, à des maisons ou à des montants de porte.

Forts. Le mot irlandais désignant un fort – *dun, rath, caiseal/cashel* et *caher* – est entré dans la composition de nombreux noms de villes et de villages. Le paysage irlandais est parsemé des restes de plus de 30 000 d'entre eux. Les plus vieux spécimens datent de l'âge du bronze mais ils ont été construits et utilisés pendant des centaines d'années, jusqu'au XVIIe siècle.

Le plus commun est le *ring fort* ou fort circulaire, flanqué d'un talus de pierre et de terre surmonté d'une palissade de bois pour écarter les intrus, et entouré d'un fossé semblable à celui des mottes médiévales. On le trouve partout, car il a constitué la forme d'enceinte familiale ou tribale de base en Irlande pendant des centaines d'années. Hors de Clonakilty dans le comté de Cork, le fort circulaire de Lisnagun (Lios na gCon) a été rebâti pour donner une idée de son apparence originale.

Les forts pouvaient être intégralement faits de pierre, comme Staigue Fort dans le Kerry et Cathair Dhún Iorais à Black Head (comté de Clare). Certains étaient érigés sur des hauteurs ou au bord de falaises, ce qui leur assurait une protection naturelle d'un côté. Le fort de Dún Aengus à Inishmór (la plus grande des îles d'Aran), qui date de l'âge du fer, en est un très bel exemple.

Les Normands ont utilisé ces forts circulaires pour bâtir leurs propres forteresses. Le *motte and bailey* est un château fort de base, caractéristique des premières forteresses militaires normandes. La motte était constituée d'un monticule au sommet aplani, entouré d'un fossé et de talus de terre. Autour de la motte, la cour était ceinte d'un mur protégeant hommes et animaux.

Crannógs. Les *crannógs* sont des îles artificielles bâties au milieu de nombreux lacs irlandais. Ce sont les équivalents des forts circulaires, mais sur l'eau. On estime qu'il y en a environ 250 en Irlande. Ils datent de l'âge du bronze et, comme les forts circulaires, furent utilisés jusqu'au XVIIe siècle. L'un d'entre eux a été reconstruit dans le cadre du projet Craggaunowen, dans le comté de Clare, et il est possible d'en admirer un d'époque sur le lac de Fair Head (comté d'Antrim).

Les crannógs sont nombreux dans les régions du centre mais sont aujourd'hui recouverts par la végétation. Rien, à part peut-être leurs contours trop parfaitement circulaires, ne trahit leur nature artificielle.

Parfois le lac s'est transformé en tourbière, enfouissant le crannóg.

Monastères et églises. Les premiers monastères érigés après l'arrivée du christianisme en Irlande au Ve siècle, furent construits avec des matériaux périssables comme le bois. Les premières églises en pierre étaient souvent très simples. Certaines avaient un toit de bois, comme l'église de St Benen (Teampall Bheanáin) sur Inishmór (îles d'Aran) qui date du VIe siècle. D'autres étaient bâties intégralement en pierre, comme l'oratoire Gallarus du VIIIe siècle sur la Dingle Peninsula. Les premiers ermitages prirent la forme de petites huttes tout en hauteur et de bâtisses situées au sommet de Skellig Michael (Skellig Islands, comté de Kerry).

À mesure que la taille et la stature des monastères augmentaient, l'architecture prenait de l'ampleur. Les cathédrales de Glendalough (XIIe siècle) et de Clonmacnoise (X^e au XVe siècle) en sont de superbes exemples, même si elles peuvent paraître petites, comparées aux cathédrales médiévales européennes.

Les tours rondes sont devenues un symbole de l'Irlande. Ces hautes et fines structures de pierre étaient érigées principalement pour servir de tours de guet et de refuges dans l'éventualité d'une invasion viking à la fin du IXe et au début du Xe siècle.

La croix celtique est, elle aussi, un symbole. Elle date du VIIIe au XIIe siècle. La croix de Muiredach en est un beau spécimen que vous pouvez admirer à Monasterboice, dans le comté de Louth.

L'architecture religieuse de l'Irlande s'est développée à l'écart du reste de l'Europe. L'influence étrangère commence à se faire sentir à partir des XIe et XIIe siècles. Les cisterciens établirent leur première communauté monastique irlandaise à Mellifont, dans le comté de Louth, en 1142. L'agencement strict et régulier de ces nouveaux établissements contrastait avec celui du monastère irlandais traditionnel, plutôt simple et laissé au hasard, comme celui de Monasterboice, de Glendalough dans le comté de Wicklow et de Clonmacnoise dans le comté d'Offaly. Cormac's Chapel (1127), sur le Rock of Cashel, dans le Tipperary, fait preuve d'une forte influence étrangère dans sa conception romane européenne, avec sa nef à la voûte en berceau et son chœur orné de moulures. Les portes finement sculptées sont courantes dans les églises du XIIe siècle.

En 1169, les Normands apportèrent avec eux l'architecture gothique, caractérisée par de hautes fenêtres voûtées et des cintres élancés en forme de V. Vous pouvez en admirer un exemple dans la cathédrale Christ Church (1172) de Dublin et la cathédrale St Canice (XIIIe siècle) de Kilkenny.

Maisons et manoirs. Les Normands ont d'abord bâti des fortifications temporaires (reportez-vous plus haut à la rubrique *Forts*), mais une fois installés, ils construisirent des châteaux de pierre, comme le grand château de Trim, dans le comté de Meath, qui date de 1172.

Beaucoup des châteaux que l'on visite aujourd'hui sont les grandes tours érigées entre le XIVe et le XVIIe siècles pour les seigneurs locaux. Les plus anciennes de ces tours sont de simples donjons de taille et de facture modestes, comme celui de Bunratty Castle (XVe siècle). Les châteaux forts plus vastes, à la conception compliquée, aux fenêtres plus grandes et montrant un souci moindre de sécurité, n'apparurent que plus tard.

À partir du XVIIe siècle, les grandes familles fortunées commencèrent à se sentir plus en sécurité et firent bâtir des maisons non fortifiées. Les principes classiques commencèrent d'émerger, particulièrement dans les régions les plus calmes : autour des comtés de Kildare, de Meath, de Dublin et de Wicklow.

Cottages. Les authentiques chaumières irlandaises traditionnelles sont construites avec de l'argile ou de la pierre à chaux pour s'adapter aux éléments, mais elles ne duraient guère et il en reste peu. On y trouvait un foyer ouvert pour se chauffer et cuisiner. Certains cottages, appelés *longhouses*, abritaient les animaux aussi bien que les humains. La construction de ces chaumières cessa au milieu du XXe siècle.

Maisons georgiennes. Au temps des rois George Ier à George IV (1714-1830), Dublin devint l'une des gloires architecturales européennes avec ses jolies rangées de maisons de brique rouge, aux délicates impostes de verre fixées au-dessus des grandes portes élégantes aux lignes arrondies. Cet héritage s'est considérablement dégradé dans les années 1960, mais nombre de bâtiments, comme à Mountjoy Square, sont en cours de restauration. Pour contempler ces belles maisons, promenez-vous du côté de Merrion Square et Fitzwilliam Square. L'architecture urbaine classique anglaise n'était pas confinée à Dublin et vous pourrez l'admirer également à Cork et à Limerick.

Les protestants anglo-irlandais construisirent des maisons de campagne comme Castletown House (1722), près de Celbridge, et Russborough House (1741), près de Blessington, deux excellents exemples du style palladien, de sa régularité et de sa correction classique. Le prolifique architecte allemand Richard Cassels (également connu sous le nom de Richard Castle) vint en Irlande en 1728 et conçut de nombreux bâtiments célèbres comme Powerscourt House dans le comté de Wicklow, Strokestown House dans celui de Roscommon et Leinster House (qui abrite le Dáil Éireann, le gouvernement irlandais) à Dublin.

Architecture moderne. L'Irlande ne détient pas d'exemples d'architecture moderne de renom. Le changement a été long à s'opérer pendant la plus grande partie du XXe siècle, et la modernité n'a commencé à s'exprimer qu'à partir des années 1950 avec la construction de la gare Busáras de Dublin. Elle a été conçue par Michael Scott, qui a influencé les architectes irlandais pendant les deux décennies qui ont suivi. L'expansion immobilière mal réglementée des années 1960 et 1970 n'a pas vraiment respecté l'héritage architectural du pays et a plus détruit qu'elle n'a créé. De cette époque, la bibliothèque Berkeley de Trinity College (1967) de Dublin, conçue selon le style brutaliste de Paul Koralek, a été saluée comme le meilleur exemple d'architecture irlandaise moderne.

Depuis les années 1980, un effort a été fait pour préserver l'héritage architectural. Le meilleur exemple en est sûrement la restauration du quartier vétuste de Temple Bar à Dublin.

Peinture

La peinture irlandaise est loin d'être aussi reconnue que sa musique ou sa littérature. Cependant, l'Irlande a une longue tradition picturale, qui débute avec les enluminures des manuscrits du début de la christianisation, comme le *Book of Kells*.

La National Gallery présente une vaste collection de l'école irlandaise, pour la plupart reflétant la vie et les aspirations de l'aristocratie anglo-irlandaise.

À l'instar des autres artistes européens du XVIIIe siècle, Roderic O'Conor a représenté des portraits et des paysages. Son style postimpressionniste se détache grâce à son utilisation vive des couleurs et à ses énergiques coups de pinceau. James Malton a, quant à lui, capturé l'esprit du Dublin du XVIIIe siècle dans une série de dessins et de tableaux. Au XIXe siècle, l'actualité sociale mouvementée ne se reflétait toujours pas dans les œuvres des principaux artistes irlandais. James Arthur O'Connor était alors le paysagiste le plus en vue.

Tout comme W.B. Yeats a joué un rôle prépondérant dans le renouveau de la littérature celte, son petit frère, Jack Butler Yeats (1871-1957), a inspiré une vague de créativité picturale au début du XXe siècle, en prenant la mythologie celtique et la vie irlandaise comme sujets. Leur père, John Butler Yeats, était également un portraitiste de renom. William John Leech (1881-1961) était, lui, fasciné par les changements de lumière, une prédilection qui se retrouve dans ses paysages expressionnistes et dans ses peintures de fleurs. Né de parents anglais à Dublin, Francis Bacon (1909-1992) s'est révélé être l'un des artistes figuratifs les plus puissants du XXe siècle, avec ses descriptions violentes de corps humains déformés. Le travail complètement nouveau de la cubiste Mainie Jellett (1897-1944) et de son amie Evie Hone (1894-1955), peintre sur vitraux, a influencé des contemporains plus tardifs tels que Barrie Cooke (1931) et Camille Souter (1929). Jellett, Hone et Louis Le Brocquy (né en 1916) ont organisé l'exposition irlandaise d'art vivant en 1943 dans le but de promouvoir les œuvres d'artistes non académiques. Dans les années 1950 et 1960, une école de peintres naïfs, avec, entre autres, James Dixon, fut fondée sur Tory Island, au large du Donegal.

Les peintres contemporains talentueux ont pour nom Felim Egan, Sean Scully (qui habite à New York) et Fionnuala Ní Chíosain.

Musique

Si le groupe rock U2 représente généralement la chanson irlandaise, il existe aussi une autre forme de musique, folklorique et traditionnelle, plus ancienne et plus intime. Cette musique irlandaise est accessible à tous : même si les grands noms se produisent dans les mêmes salles que les rock stars, il n'est pas rare d'assister à un concert dans un pub.

Des racines anciennes. Les vraies origines de la musique irlandaise traditionnelle sont perdues dans la nuit des temps. Cependant, les instruments utilisés nous donnent des indices sur leurs origines humbles. Le *bodhrán*, par exemple, simple tambour en peau de chèvre, ressemble à une cymbale géante. Il était à l'origine probablement secoué pour séparer le grain de blé de la balle, et frappé de la baguette aux extrémités arrondies pour éloigner les oiseaux.

La musique traditionnelle celtique serait venue d'Asie et d'Inde voici 2000 ans. La harpe irlandaise est peut-être même originaire d'Égypte. Jusqu'à 1700 environ, la harpe est restée l'instrument prédominant de la musique irlandaise. Sa taille était plus réduite qu'aujourd'hui, son cadre était en bois et ses cordes en fil de fer étaient davantage manipulées avec les ongles qu'avec le bout des doigts.

A l'instar des grands peintres de la Renaissance italienne qui dépendaient d'un mécène, les harpistes trouvaient soutien et protection auprès des chefs de l'Irlande gaélique. La "fuite des comtes", en 1607, qui vit les chefs irlandais fuir le pays, porta un grave coup aux harpistes qui durent enseigner leur art pour survivre. Le plus célèbre de ces musiciens itinérants se nommait Turlough O'Carolan (1670-1738). Certaines de ses mélodies sont encore jouées aujourd'hui. La musique accompagnait la danse, les lois pénales du XVIIe siècle ont donc participé à son déclin en interdisant toutes les formes de culture traditionnelle. Elle entra alors en clandestinité, ce qui explique en partie le caractère souvent intimiste de la musique irlandaise d'aujourd'hui.

Jusqu'à la fin du XVIIIe siècle, celle-ci fut rarement écrite. En 1762, un livret contenant 49 airs fut publié à Dublin. Puis, en 1792, Edward Bunting assista à un festival de harpe à Belfast et transcrivit les mélodies qu'il y entendit. On peut voir ses manuscrits à la bibliothèque de la Queen's University of Belfast.

La famine des années 1845-1851 porta encore davantage préjudice à la musique traditionnelle, car nombre de musiciens moururent ou émigrèrent. Mais la tradition se perpétua au sein de la diaspora irlandaise. De nouveaux thèmes vinrent s'ajouter au répertoire, comme la nostalgie du pays et la célébration d'une nouvelle vie.

Dans les années 1960, Seán O'Riada (1931-1971), de Cork, monta Ceoltóirí Chualann, un groupe constitué d'un violon, d'une flûte, d'un accordéon, d'un bodhrán et d'une cornemuse *uilleann*, et commença à composer de la musique à écouter plutôt qu'à danser. Lorsque son groupe se produisit au Gaiety Theatre de Dublin, il donna une crédibilité nouvelle à la musique traditionnelle. Certains membres de ce groupe formèrent ensuite les Chieftains, qui jouent encore un rôle important dans l'internationalisation de la musique irlandaise.

Les groupes intégrant des chants sont les Clancy Brothers et Tommy Makem, les Dubliners avec leurs célèbres chansons à boire, les Wolfe Tones, décrits comme "les basses classes de la tradition de la chanson rebelle", et les Fureys. Des groupes plus jeunes comme Clannad, Altan, Dervish et Nomos adoptent un style de chant plus calme et mystique. Kíla fait reculer les frontières en mélangeant musique traditionnelle et reggae, new age et influences orientales.

Le skiffle, rejeton du rock and roll qui utilise des instruments improvisés, des planches à laver par exemple, est né dans la classe ouvrière américaine dans les années 1950 et a trouvé son chemin jusqu'en Irlande et en Angleterre, où Lonnie Donegan a été son principal interprète.

Auteurs-interprètes irlandais. Christy Moore est l'auteur-interprète le plus connu dans le style traditionnel. Il joue depuis les années 1960, et même s'il a été le pivot des célèbres groupes Planxty et Moving Hearts, il est probablement mieux connu pour ses albums solo. Son petit frère, Luka Bloom, s'est également lancé dans une carrière solo, tout comme Andy Irvine, qui, à l'instar de Moore, a appartenu aux Planxty.

Van Morrison, l'unique, né à Belfast, semble avoir toujours été là. Dans les années 1960, il était l'une des voix de Them, dont la chanson *Gloria* a été un classique à l'époque des Beatles. "Van the Man" s'est lancé dans une carrière solo aux États-Unis, et son *Astral Weeks*, enregistré alors qu'il n'avait que 22 ans, est devenu un incontournable. *Back on Top* (1999) est son dernier album.

Parmi les autres auteurs-interprètes méritant d'être écoutés, citons Finbar Furey, Mick Hanly, Jimmy MacCarthy, Kieran Goss, Paul Brady et Davy Spillane.

Paddy Casey, dont les arrangements musicaux et les paroles intelligentes lui ont valu d'être comparé à David Gray, attire un public plus jeune.

Le lancement du premier album folk de David Kitt, *The Big Romance*, en 2001 a déclenché une vague de critiques dithyrambiques ; on le désigne comme un nom à retenir. En 2001 toujours, le chanteur rockfolk Mundy a lancé son single accrocheur *Mexico* et son premier album solo, après une série de succès avec son groupe du même nom.

Les auteurs-interprètes féminines jouissent aussi d'une grande popularité. La voix mystique d'Enya, originaire du Donegal, qui a appartenu au groupe Clannad, a conquis un large public. Parmi les chanteuses à suivre figurent les sœurs Mary et Frances Black, la voix rauque de Mary

Coughlan, l'accordéoniste Sharon Shannon, Dolores Keane et Eleanor McEvoy. La voix pénétrante de Nina Hynes, dans le style de Bjork, la place à part.

Musique populaire. Impossible de mentionner la musique contemporaine irlandaise sans aborder la *country music* de Daniel O'Donnell, qui a connu un énorme succès. Un autre "éternel" à avoir dépassé la quarantaine : le chanteur de dancing Joe Dolan, qui continue à faire salle comble dans tout le pays. Il marche dans les pas d'un autre crooner, Tom Jones, et sa musique a connu une sorte de renaissance à la fin des années 1990 avec la sortie de *Joe's Nineties*, un album de reprises incluant des chansons de Neil Young, Pulp et Blur.

Rock. L'Irlande peut se targuer aujourd'hui de plusieurs artistes connus sur la scène internationale, mais ce ne fut pas toujours le cas. Il a fallu attendre la fin des années 1960 et les années 1970 pour que Taste, le groupe de Rory Gallagher, et Thin Lizzy, celui de Phil Lynott, fassent connaître l'Irlande. Rory Gallagher, du Donegal, débuta sa carrière avec le Fontana Showband, mais se sentit vite à l'étroit. Sa passion pour le blues le poussa à former avec deux autres musiciens son propre groupe de rock, Taste, en 1965. La sortie de leur album éponyme en 1969 leur assura une renommée internationale.

À peu près en même temps, les rockers progressifs de Skid Row, dont le jeune chanteur Phil Lynott, exploraient des terres inconnues avec leurs nouveaux sons aussi expérimentaux que psychédéliques. Le charismatique Lynott ne tarda pas les quitter pour former Thin Lizzy en décembre 1969. L'apparence saisissante et les paroles romantiques du Dublinois à moitié brésilien le firent immédiatement sortir du lot. Le single *Whisky in the Jar* (1972) permit de mettre en valeur le talent de guitariste d'Eric Bell, et lorsque l'album *Jailbreak*, qui connut un succès international, sortit en 1976, Thin Lizzy était l'un des meilleurs groupes du moment.

L'explosion punk de 1976 vit des groupes comme les Clash, les Sex Pistols et les Damned accéder au sommet de la gloire en Grande-Bretagne. De l'autre côté de la mer d'Irlande, un mouvement similaire mais aux dimensions plus modestes, avec des groupes comme The Radiators from Space et les plus connus Boomtown Rats, commençait à faire des vagues. Les Boomtown Rats, représentés par un Bob Geldof énervé mais éloquent, connurent un immense succès avec leurs titres "Rat Trap" et "I Don't Like Mondays". Phil Chevron, auteur et guitariste des Radiators, rejoignit les Pogues.

En Irlande du Nord, des groupes comme les Undertones et Stiff Little Fingers ont été les fers de lance de l'anarchie musicale. Le titre populaire à la radio "Teenage Kicks", des Undertones, est devenu un classique de l'époque. Les plus tranchants Stiff Little Fingers, de Belfast, produisaient des chansons plus tourmentées et chargées politiquement comme "Alternative Ulster".

En 1978, un groupe d'amis du quartier de Dublin Artane, qui s'étaient construit un monde à eux appelé Lypton Village, se réunit pour former deux groupes. Gavin Friday forma le groupe d'avant-garde Virgin Prunes avant de se lancer dans une carrière solo de musique style cabaret. Bono, Edge, Adam Clayton et Larry Mullins formèrent de leur côté le Hype, qui se fit connaître plus tard sous le nom de U2.

Le premier album de U2, *Boy*, sorti en 1980, a marqué le début d'une longue série de classiques de cette époque. *War*, *The Unforgettable Fire* et *The Joshua Tree* suivirent. Une apparition théâtrale au concert Live Aid (organisé par Bob Geldof) consolida leur réputation de groupe international. Le style particulier du guitariste Edge, les rythmes de Clayton et de Mullins, la portée et les paroles ferventes et touchantes du chanteur Bono ont toujours assuré à U2 de remplir des stades entiers au son de "Sunday Bloody Sunday", "New Year's Day" et "I Will Follow". Leur capacité à se réinventer en permanence, du maniérisme ampoulé de *Zooropa*, en 1993, à la non moins indulgente tournée *Popmart* de 1997, constitue l'un des facteurs expliquant leur popularité. Après la sortie d'un "best of", le lancement en 2000 de *All That You Can't Leave Behind* a marqué un retour du groupe vers un ton plus introspectif et réfléchi.

The Blades, contemporains méconnus de U2, n'ont jamais obtenu la reconnaissance qu'ils méritaient. Paul Cleary, le chanteur, continua d'écrire de jolies musiques bien tournées pour son groupe suivant, les Partisans, sans connaître plus de succès. Un album de ses meilleurs titres sorti en 2000 a quand même suscité l'émotion parmi ceux qui se souvenaient des Blades.

Au début des années 1980, les agitateurs irlandais basés à Londres Pogue Mahone (phonétiquement, "va te faire voir" en gaélique) commencèrent à émerger. Après avoir été interdits par la BBC, ils eurent le bon goût de se rebaptiser les Pogues et, sous la direction du chanteur Shane McGowan, continuèrent d'attirer les foules avec leurs chansons punks et patriotiques. Malheureusement, les comédies éthyliques sur scène comme à la ville de McGowan ont souvent gâché son réel talent d'auteur compréhensif et lucide.

A peu près, la chanteuse dublinoise de 20 ans, au crâne rasé, Sinead O'Connor se faisait remarquer grâce à sa voix à vous glacer le sang et à ses paroles affûtées. Son premier album plein de promesses sortit en 1987 *(The Lion and the Cobra)*. Il fallut pourtant attendre 1990 et sa version touchante de la chanson de Prince "Nothing Compares 2 U", avec la vidéo de son visage en larmes (elle venait alors de rompre avec son petit ami) pour que sa réputation de chanteuse soit établie. Plus récemment, sa vie personnelle, plus que son œuvre musicale, était mise en avant par les médias. Elle s'est engagée dans une série d'actions provocatrices, a publié dans les journaux une lettre ouverte aux médias pour qu'ils la laissent tranquille et est devenue prêtresse dans une secte. Son album *Faith & Courage* (2000) a été bien accueilli.

Les bruyants Dublinois My Bloody Valentine, formés en 1984, produisirent plusieurs disques au milieu des années 1980. Célèbres pour leurs concerts pendant lesquels ils ne bougeaient pratiquement pas, leur œuvre la plus remarquable figure sur leur deuxième album éthéré *Loveless*, sorti en 1991.

Anciens musiciens des rues de Dublin, les Hothouse Flowers sont nés en 1984 et devinrent célèbres pour leurs performances énergiques. La fluidité du pianiste et chanteur Liam O'Maonlai, mélangée aux accords martelés de gospel, à la musique traditionnelle et au rock, a donné une mixture vibrante et truculente. L'album *People*, sorti en 1988, a fait un tabac dans les hit-parades tant irlandais que britanniques.

Dans le sillage du succès phénoménal de U2, la rumeur courut que, en Irlande, une kyrielle de jeunes talents restés dans l'ombre n'attendaient qu'une maison de disques pour se faire connaître. Tout à coup, tous les gamins qui savaient tripoter une guitare se sont mis à donner des concerts au Baggot Inn de Dublin. Beaucoup ne sont jamais allés plus loin. Mais toute cette énergie ne fut pas gaspillée, et quelques musiciens possédant un réel talent se sont alors fait connaître. Parmi eux, les Cranberries de Limerick, à peine sortis de l'école, ont connu un immense succès avec leur rock alternatif ponctué par la guitare et la voix aiguë si caractéristique de Dolores O'Riordain. Leur premier album *Everyone Else Is Doing It So Why Can't We?* en 1993 et *No Need to Argue* un an plus tard produisirent une série de tubes. Citons aussi parmi les autres groupes irlandais à succès de cette époque : les Stunning, Something Happens, A-House et That Petrol Emotion.

L'Irlande du Nord a également produit ces dernières années une foule de jeunes talents. Les plus connus sont probablement le trio Ash, de Downpatrick, dont le premier album, *1977*, influencé par les Undertones, devint un tube en Grande-Bretagne. Ils ont joué à Belfast en 1997 pour soutenir le processus de paix.

Le très bon groupe Relish, également originaire de Downpatrick, affiche ouvertement l'influence de la soul américaine des années 1970 et du R&B. Leur single *Rainbow Zephyr* est devenu un des tubes de l'été 2001.

A Dublin, le trio indé JJ72 a été comparé à Radiohead et Joy Division, et vaut la peine qu'on garde un œil sur lui.

Pop. Facile à écouter, la fratrie des Corrs, de Dundalk, mélange une touche de traditionnel avec des rythmes et des harmonies de pop américaine. Avec "Forgiven not Forgotten" et "Talk on Corners", les Corrs ont été le premier groupe irlandais à occuper les deux premières places du hit-parade britannique. Leur album *In Blue* est sorti en 2000.

Le groupe de pop baroque londonien Divine Comedy, représenté par le parolier né à Derry Neil Hannon, est parvenu à un heureux mélange de sons jazzy classiques et de sensibilité purement pop. Connus pour leurs paroles ironiques et pour la voix sonore et maussade de Hannon, ils ont produit huit albums et toute une série de singles qui passent bien à la radio, comme *Generation Sex*.

Le groupe de Dublinoises B*witched, aux chansons pop celtiques ensoleillées, a été le premier à voir ses quatre premiers singles numéro 1 au hit-parade britannique.

Les princesses du pop The Chicks, aux chansons légèrement teintées de punk, sont originaires de Dublin. L'influence des Ramones et de Blondie se fait sentir dans leur album *Criminales, Coches, Pistolas y Chicas*.

Dance. Le phénomène de la *dance* est vraiment apparu en Grande-Bretagne à la fin des années 1980. David Holmes, de Belfast, est le DJ qui a le mieux réussi commercialement. Sa soirée Sugar Sweet (à présent appelé Shake Ya Brain), dans sa ville natale, a constitué le premier vrai événement consacré à la dance de toute l'Irlande du Nord. En 1995, son premier album, *This Film's Crap Let's Slash the Seats*, n'a reçu qu'un accueil mitigé, mais la musique du film *Out of Sight*, en 1998, l'a placé au-dessus du lot. Des accords de soul, de house, de funk et de jazz sont reconnaissables dans son œuvre, mais il doit avant tout sa réputation à son talent de remixer. Son troisième album, *Bow Down to the Exit Sign*, est sorti en 2000.

Le jeune Dublinois Johnny Moy s'est produit dans des clubs en Grande-Bretagne et en Irlande et lors des principaux festivals européens en 1990. Son goût éclectique pour la techno Detroit, le soul et le funk lui a permis d'occuper le devant de la scène de la dance, pourtant inconstante. Il a produit de nombreux disques sous son label indépendant, dont un remix du "Elevation" de U2 en 2001, utilisé dans la bande originale du film *Tomb Raider* et comme chanson d'ouverture de la tournée mondiale de U2 en 2001

SOCIÉTÉ

Le succès économique récent de l'Irlande, les changements sociaux et le renouveau culturel ont rapidement en raison des vieux clichés d'un pays pauvre et majoritairement rural. En réalité, sa population est jeune et en augmentation, sa vie culturelle est intense et son économie, en pleine expansion, est entrée dans l'ère des nouvelles technologies.

Certes, il y a des classes sociales distinctes, mais le passage de l'une à l'autre est courant et plus en rapport avec la fortune qu'avec la naissance ou les antécédents sociaux-culturels. Pourtant, le fossé entre nantis et démunis s'est creusé de façon alarmante. La flambée des prix de l'immobilier à Dublin a rendu la propriété inaccessible à une grande partie de la population et a contribué à augmenter le nombre de sans-abri. Le chômage est passé de 19% à moins de 4% en dix ans, mais le salaire minimal n'a été introduit qu'en 2000 et le nombre d'Irlandais vivant sous le seuil de pauvreté (fixé à 60% de la moyenne des salaires nationaux) est passé de 31% en 1991 à 35% en 1997. Les estimations actuelles jugent que ce chiffre n'a pas évolué, mais le projet gouvernemental de réduire le niveau de pauvreté à moins de 5% d'ici à 2004 laisse à espérer un avenir meilleur.

Le déclin du pouvoir de l'Église a entraîné une libéralisation des mœurs sexuelles. La pilule contraceptive et les préservatifs sont en vente libre, même si, dans certaines régions, le sujet reste tabou. Le divorce a été accepté de justesse lors d'un référendum en 1995.

La polémique autour de l'avortement a été temporairement résolue grâce à un compromis typiquement irlandais. Il reste illégal, mais les femmes qui partent en Grande-Bretagne pour pratiquer une IVG ne sont plus poursuivies. Pour en savoir plus, référez-vous à l'encadré *Le débat sur l'avortement* au chapitre *La République d'Irlande*.

Pas d'impair !

En général, les Irlandais de toutes confessions ou de tous bords politiques sont accueillants et chaleureux avec les étrangers. Toutefois, religion et politique sont intimement liées, surtout dans le Nord, et quand ces sujets sont abordés, il est plus sage de s'abstenir de faire des commentaires, à moins d'être vraiment sûr de soi.

Les différentes générations adoptent une divergence d'opinions et d'attitudes très marquée face à l'avenir. Si les moins jeunes recon-

Le Gaeltacht : le cœur de l'Irlande

Si vous ne voyagez que dans ce qui fut autrefois le Pale (Dublin et les comtés de Wexford et de Waterford), ou dans le Sud et l'Est, vous aurez l'impression que l'Irlande est un pays où l'on ne parle qu'anglais. Certes vous verrez les panneaux de signalisation et les plaques de rues rédigés à la fois en gaélique et en anglais, ou entendrez les informations en gaélique sur la radio Gaeilge, mais vous n'entendrez pratiquement pas parler gaélique dans la rue.

Dans le Gaeltacht, tout est différent. Ce nom désigne les "poches" de la République où le gaélique reste, en théorie tout au moins, la première langue parlée. Le Gaeltacht permet à la langue d'évoluer et d'être protégée tout à la fois. Pour les défenseurs et les étudiants du gaélique, le Gaeltacht représente plus encore : un ensemble de sites "sacrés" où ils effectuent des pèlerinages.

Malheureusement, le Gaeltacht s'est considérablement réduit depuis le début du XIXe siècle. À cette époque, le gaélique était parlé en priorité dans les deux tiers de l'île, soit par 2,4 millions de personnes. Aujourd'hui, ce n'est le cas que dans une douzaine de petites zones dans sept comtés, principalement sur la côte ouest. Le Gaeltacht compte actuellement 86 000 habitants, dont plus de 70% sont des Gaeilgeoirí (locuteurs irlandais) et 50 000 adultes en dehors du Gaeltacht l'utilisent tous les jours.

La taille et la population des différents Gaeltachts varient énormément. Le plus grand (34 000 habitants) et le plus dynamique est le Gaeltacht de Galway (ou du Connemara), qui s'étend de l'ouest de la ville de Galway jusqu'à la côte et comprend les îles d'Aran. Le Gaeltacht du Donegal, dans l'extrême nord-ouest de la République, compte quatre 24 000 personnes qui parlent un dialecte plus proche du gaélique écossais que les autres.

Le Gaeltacht du Kerry, à l'extrémité occidentale de la péninsule de Dingle, est connu pour avoir produit une profusion d'œuvres littéraires en irlandais moderne, dont *Fiche Bliain ag Fás* (vingt ans de croissance) de Muiris Ó Súileabháin, et *An tOileánach* (l'insulaire) de Tomás Ó Criomhthain. Le Gaeltacht du Cork est unique car il est situé largement à l'intérieur des terres, dans les vallées tranquilles de la région de Muskerry.

Les plus petits Gaeltachts sont dans les comtés de Mayo, de Waterford et de Meath. Ce dernier est intéressant pour deux raisons. D'abord, c'est le seul situé dans la partie orientale de la République. Ensuite, c'est un Gaeltacht artificiel, puisqu'il est constitué d'une communauté d'Irlandais venus des Gaeltachts pauvres et surpeuplés de la côte dans les années 1930, dans l'espoir d'y obtenir des terres. Il est concentré autour de Rathcairn, près de la ville de Kells.

Les Gaeltachts sont situés dans les régions les plus belles et les plus isolées de la République, ce qui suffit pour avoir envie d'y faire un tour. Si vous voulez entendre parler le plus naturel des gaéliques, allez donc boire une pinte au pub, faites un tour au magasin du village ou assistez à la messe dominicale. Et essayez de prononcer quelques mots, ne serait-ce qu'un simple et hésitant *Dia duit* (bonjour) ou *Sláinte* (au revoir). Aux oreilles de ceux qui se sont battus et sont restés fidèles à leur langue pendant des siècles, ce sera une douce *ceol* (musique).

Steve Fallon est l'auteur de *Home with Alice: Travels in Gaelic Ireland* (Lonely Planet).

naissent que la contraception, le divorce, l'avortement et l'homosexualité existent dans l'Irlande moderne, bien souvent ils n'ont pas envie d'en discuter. Les croyances religieuses parmi les personnes âgées, surtout dans les zones rurales, sont toujours fortement enracinées, et certains Irlandais peuvent se sentir offensés par un étranger qui ne respecterait pas leur opinion à ce sujet.

En revanche, les plus jeunes attendaient ce changement social depuis longtemps et adoptent parfois des attitudes très libérales, parfois radicales.

Comme dans tous les pays, les Irlandais n'aiment pas que des étrangers leur signalent leurs travers. La meilleure attitude à adopter est de se détendre et d'apprécier toutes les bonnes choses que les Irlandais ont à offrir.

RELIGION

Officiellement, 92% des Irlandais de la République sont catholiques, mais on note une chute de fréquentation de l'église, notamment chez les jeunes. Le reste de la population est constitué pour 3% de protestants et pour 0,1% de juifs. Les 4,9% restant ne se réclament d'aucune religion ou appartiennent à des groupes religieux différents, comme l'islam et le bouddhisme. Au Nord, la proportion est de 60% de protestants et de 40% de catholiques environ. La majorité des protestants irlandais appartiennent à la Church of Ireland, une ramification de l'Église anglicane, ou bien sont presbytériens ou méthodistes.

L'Église catholique a toujours adopté une vue très conservatrice concernant l'avortement, le divorce et la censure, et tente de s'opposer aux mesures de libéralisation dans ces domaines. Mais elle a souffert de la baisse de fréquentation des offices, de la chute du nombre de jeunes gens entrant en religion, et de scandales sexuels, notamment à caractère pédophile. À la fin des années 1990, une campagne de publicité nationale, appelée "Men in Black" (les hommes en noir), parodiant le film du même nom, a été lancée pour convaincre les jeunes gens d'embrasser la prêtrise. L'Église est aujourd'hui considérée avec un curieux mélange de respect et de dérision par plusieurs classes de la communauté irlandaise.

En dépit de son déclin, l'Église catholique exerce toujours une influence considérable dans le Sud. Elle garde le contrôle de nombre d'écoles et d'hôpitaux (financés par l'État) et, dans les villes et villages des zones rurales, la messe dominicale fait partie des activités sociales.

Curieusement, les primats de l'Église catholique comme ceux de la Church of Ireland ont leur siège à Armagh, en Irlande du Nord, haut lieu de l'évangélisation de saint Patrick. L'histoire religieuse du pays passe outre ses divisions actuelles.

LANGUES

C'est principalement l'anglais qui est parlé en Irlande, avec une saveur et un rythme tout particuliers. En effet, l'accent irlandais est l'une des variétés de l'anglais les plus agréables à entendre.

Dans certaines parties de l'Irlande, à l'ouest et au sud, regroupées sous le nom de Gaeltacht, le gaélique est la langue d'usage. C'est une langue celtique, probablement introduite en Irlande par les Celtes au cours des derniers siècles avant J.-C. Elle ressemble un peu à l'écossais, et partage beaucoup de points communs avec le gallois et le breton.

La république d'Irlande est officiellement bilingue. De nombreux documents officiels et panneaux de signalisation sont en anglais et en gaélique. La réalité est un peu plus compliquée.

Jusqu'à l'époque des plantations (fin du XVIe début du XVIIe siècles), les envahisseurs successifs ont été assimilés et ont adopté la langue irlandaise. Puis le gaélique fut considéré comme la langue de la vieille aristocratie irlandaise, des pauvres et des démunis. Les Anglais se sont consciencieusement appliqués à la faire disparaître. L'abandon de la langue irlandaise devint synonyme d'avancée sociale.

Après l'accession à l'indépendance, en 1921, des efforts furent faits pour faire revivre la langue. L'étude du gaélique est obligatoire en primaire et en secondaire dans les écoles de la République. Un examen de gaélique à la fin des études secondaires est requis pour l'entrée dans la plupart des grandes écoles et des universités.

Même Dublin est le théâtre d'un renouveau de la langue, avec la multiplication des écoles primaires et une station de radio locale en gaélique. La station de radio nationale, Radió na Gaeltachta, émet depuis le Connemara ; Telefis ná Gaelige est une chaîne de télévision, et RTE, une chaîne sponsorisée par l'État, diffuse quotidiennement des programmes et des informations en gaélique. De plus en plus d'Irlandais éprouvent une intense satisfaction à parler et à sauvegarder un aspect ancien de leur culture.

En outre, le gaélique est l'une des langues officielles de l'Union européenne.

Consultez le chapitre *Langues* à la fin du livre pour connaître quelques mots et expressions utiles.

Renseignements pratiques

À NE PAS MANQUER
Paysages, plages et littoral

Étendues vertes et plates, superbes falaises surplombant les eaux agitées de l'Atlantique, terres arides et rocailleuses de l'ouest... Le célèbre et splendide Ring of Kerry, la Dingle Peninsula, les étranges affleurements calcaires du Burren, les Aran Islands (îles d'Aran), rocheuses, et les charmants lacs qui parsèment le Nord et le Sud font partie des plus beaux sites d'Irlande.

Le Connemara et le Donegal présentent un littoral époustouflant, tout comme les Cliffs of Moher, sauvages et formidables, la Mizen Head Peninsula dans le Cork et la route côtière d'Antrim, qui traverse la Giant's Causeway (Chaussée des Géants).

La côte sud-est abrite de jolies plages baignées par des eaux légèrement plus chaudes, alors que les côtes nord et nord-est sont réputées pour la pratique du surf. Les comtés de Sligo et de Galway sont dotés des meilleures plages de sable de l'île.

Châteaux, demeures et musées

L'Irlande est parsemée de châteaux et de forts de types et de tailles divers, dans un état de délabrement variable. Si les forts des îles d'Aran présentent un intérêt certain, l'Irlande compte aussi une multitude d'autres forts circulaires anciens, les principaux étant ceux de Bunratty, de Birr, de Kilkenny et le Charles Fort.

Nous recommandons Castletown House, Malahide Castle, Mount Stewart ainsi que Belvedere House. Dans le comté de Roscommon, Strokestown Park House est un exemple majeur de l'architecture palladienne. Les magnifiques jardins de Bantry House et du Powerscourt Estate méritent une visite.

L'Irlande recèle aussi d'excellents musées. À Dublin, l'incontournable Trinity College Library renferme le très ancien *Book of Kells*. La ville compte également le National Museum, la National Gallery, la Chester Beatty Library du château de Dublin, l'Old Jameson Distillery et le Ceol, musée de musique traditionnelle irlandaise interactif. Dans le Nord, Belfast abrite le très intéressant Ulster Museum. Par ailleurs, le centre des visiteurs des Blasket Islands mérite la traversée en bateau, le Hunt Museum de Limerick possède une collection intéressante, et le 1798 Visitor Centre, près de Wexford, est très apprécié.

Sites religieux

Cercles de pierre, dolmens, tombes à couloir sont autant d'éléments omniprésents qui rappellent les temps où le christianisme n'avait pas encore gagné l'Irlande. L'immense tombe à couloir de Newgrange est la plus impressionnante. Des sites monastiques en ruine, souvent caractéristiques avec leur clocher rond, sont également présents en nombre. Clonmacnoise, Glendalough, Mellifont Abbey, Grey Abbey, Inch Abbey et Jerpoint Abbey constituent tous des sites d'architecture religieuse d'intérêt. L'imposant rocher qui domine la ville de Cashel (Rock of Cashel) figure à juste titre parmi les attractions touristiques les plus visitées d'Irlande. Les huttes en forme de ruches d'abeilles bâties par des moines, au large de la côte du Kerry, valent le détour.

Îles

Les îles d'Aran du Galway et Achill Island du Mayo sont les plus visitées, mais il est relativement facile de se rendre dans des îles plus isolées. Une excursion jusqu'aux Skelligs constitue un moment fort de toute visite de l'Irlande. Également au large de la côte du Kerry, les Blaskets sont splendides si le ciel est dégagé. Au large de la côte du Donegal, Tory Island, baignée par une mer souvent démontée, abrite un groupe d'artistes locaux. Le comté de Cork compte plusieurs îles accessibles, Clear Island étant célèbre pour ses oiseaux.

SUGGESTIONS D'ITINÉRAIRES

Trois à quatre semaines au minimum sont nécessaires pour découvrir l'Irlande. Toutefois, en une semaine, vous pouvez parcourir une bonne partie de l'île. Voici quelques suggestions qui peuvent vous guider.

Trois jours

Cantonnez-vous à la visite de Dublin, et de quelques lieux situés dans les environs : les magnifiques jardins de Powerscourt Estate et Glendalough au sud, la tombe à couloir de Newgrange, Mellifont Abbey et le site monastique de Monasterboice au nord.

Une semaine

Outre Dublin, vous pouvez découvrir Newgrange, Mellifont Abbey, les villes de Kilkenny, Killarney, Dingle et le Burren.

Deux semaines

Deux semaines permettent d'ajouter aux sites déjà mentionnés le Ring of Kerry, route qui ceint l'Iveragh Peninsula, ainsi que certaines curiosités du comté de Cork.

Un mois

En voiture ou à moto, vous aurez le temps d'explorer tous les lieux mentionnés ci-dessus ainsi que le Connemara et les comtés de Donegal et d'Antrim. Cet itinéraire est plus difficile à effectuer en transports en commun.

PRÉPARATION AU VOYAGE
Quand partir

Juillet et août bénéficient des températures les plus chaudes et des jours les plus longs, mais les touristes sont également plus nombreux, les prix plus élevés et les hébergements souvent complets. À l'inverse, en hiver, l'Irlande est moins fréquentée et les logements sont donc meilleur marché. Toutefois, le temps risque d'être exécrable, il fait nuit tôt et de nombreuses infrastructures touristiques sont fermées. L'idéal est de partir entre avril et juin, ou en septembre, lorsque la plupart des sites et des offices du tourisme sont ouverts. Dublin et Belfast peuvent être visitées tout au long de l'année.

Cartes

Il existe de nombreuses cartes d'Irlande de bonne qualité. Celle de Michelin au 1/400 000 (n°923) est excellente : claire, détaillée, elle met en valeur la majorité des routes panoramiques de l'île. Les quatre cartes au 1/250 000 (North, South, East et West) de la série Ordnance Survey Holiday sont plus précises. Collins édite aussi une gamme de cartes sur l'Irlande.

Si vous voulez des cartes extrêmement détaillées, l'Ordnance Survey Discovery propose une série de 89 cartes au 1/50 000 couvrant la totalité de l'île. Vous les trouverez au National Map Centre (☎ 01-476 0471), 34 Aungier St, Dublin, ainsi que dans de nombreuses librairies d'Irlande.

Vous pourrez aussi vous procurer la *Dublin City Map* de Lonely Planet, plastifiée et bien pratique quand il pleut !

TOURISME RESPONSABLE

Le réseau de chemins de randonnées, appelés *waymarked ways*, a été mis en place par différents groupes de personnes, parmi lesquels des propriétaires terriens, des autorités locales et des bénévoles. Aussi les randonneurs doivent-ils veiller à ne pas déranger le bétail, à ne pas abîmer les cultures et à ne laisser aucun déchet derrière eux.

OFFICES DU TOURISME

Le Bord Fáilte (l'Office du tourisme irlandais) et le Northern Ireland Tourist Board (NITB, office de tourisme d'Irlande du Nord) gèrent chacun un réseau d'offices du tourisme locaux. À l'étranger, ils ont désormais fusionné en une structure commune qui, sous le nom de "Tourisme Irlandais" ou "Tourism Ireland", est chargée de la promotion de l'île dans son ensemble (www.ireland.travel.ie ou ou www.discovernorthernireland.com).

Ces offices proposent un large éventail de services : réservation d'hôtels, d'entrées dans les expositions, préparation d'itinéraires, change (dans les plus importants), vente de cartes et de guides, publications gratuites…

Les deux ministères du Tourisme ont mis en place un service informatique d'informations touristiques et de réservation (Gulliver) qui fonctionne dans les principaux offices du tourisme. Gulliver fournit des renseignements sur les lieux à visiter, les visas, les événements culturels, les transports et l'hébergement. En outre, ce service permet de réserver une chambre en temps réel. Il est également disponible en ligne. Vous pouvez effectuer des réservations en téléphonant depuis l'Irlande au ☎ 1800 668 668, depuis l'Europe continentale au ☎ 00800 668 668 66, depuis le Royaume-Uni au ☎ 0800 783 5740 et depuis le Canada au ☎ 800 398 4376.

Le service d'information du Bord Fáilte peut être contacté au ☎ 1850 230 330 en république d'Irlande ou au ☎ 0800 039 7000 au Royaume-Uni.

Sur place

Dublin et Belfast accueillent toutes deux des bureaux du Bord Fáilte et du NITB. Ces villes possèdent aussi leur propre office de tourisme. Pour les adresses dans les autres villes, reportez-vous aux chapitres régionaux.

Les activités du Bord Fáilte se résument à réserver des chambres auprès d'établissements ou à recommander des services agréés. Il ne vaut donc peut-être pas la peine de s'engager dans une file d'attente parfois longue. La majorité des brochures proposées par les offices du tourisme du Bord Fáilte sont payantes. En outre, certains bureaux n'ouvrent que pour un laps de temps très limité. C'est pourquoi plusieurs communes ont ouvert leur propre office de tourisme, indépendamment du Bord Fáilte. Les auberges de jeunesse et les B&B représentent souvent des sources d'informations plus précieuses pour les voyageurs à budget limité.

Dans les grandes villes et les régions touristiques, les offices du tourisme ouvrent généralement du lundi au mardi de 9h à 17h et le samedi de 9h à 13h, ces horaires étant souvent élargis en été. Les bureaux d'informations touristiques des autres villes sont uniquement ouverts en haute saison (d'avril, mai ou juin à août ou septembre) ou proposent des plages horaires réduites d'octobre à avril. Les offices du tourisme locaux réserveront une chambre dans un établissement agréé pour les clients de passage ; des frais de réservation s'élevant à 1,27/2,54 € sont demandés pour ce service, le prix le plus onéreux s'appliquant si vous réservez un hébergement dans une autre région.

À l'étranger

Les coordonnées des représentation de la nouvelle entité conjointe, Tourisme Irlandais ou Tourism Ireland, sont les suivantes :

Belgique
(☎ 02 275 0171, info@irlande-tourisme.be) avenue Louise 327, 1050 Bruxelles
Canada
(☎ 0800 2236470, info@shamrock.org) 2 Bloor St West, Suite 1501, Toronto, M4W 3E2
France
(☎ 01 70 20 00 20) 33, rue de Miromesnil, 75008 Paris
Suisse
(☎ 01 210 41 53, info@irelandtravel.ch) Mettlenstrasse, 22, CH8142 Uitikon

VISAS ET FORMALITÉS
Passeport

Les ressortissants de l'Union européenne peuvent pénétrer en Irlande munis soit d'un passeport, soit d'une carte d'identité.

Les résidents hors UE devront être en possession d'un passeport valable six mois après leur arrivée.

Visas

Les citoyens de l'Union européenne ainsi que ceux du Canada et de la Suisse n'ont pas besoin de visa pour entrer en république d'Irlande ou en Irlande du Nord.

Les ressortissants de l'UE sont autorisés à rester sur l'île indéfiniment, alors que les autres visiteurs sont limités à un séjour de trois à six mois.

Assurance de voyage

Si vous êtes un ressortissant de l'Union européenne, le formulaire E111 couvrira la majorité de vos soins médicaux (hormis les consultations dentaires et les radios). Vous pouvez vous procurer ce formulaire auprès de votre caisse d'assurance maladie.

Une assurance supplémentaire payante couvrira vos autres dépenses médicales, la perte ou le vol de vos bagages, mais également l'annulation de vos billets de transport ou vos retards dans certaines circonstances (si, par exemple, vous tombez malade juste avant le départ). Elle couvre aussi la perte des billets.

Permis de conduire

Les permis émis dans l'Union européenne sont équivalents au permis irlandais. Si vous ne possédez pas de permis de l'UE, votre permis de conduire est valable pendant 12 mois à compter de votre entrée en Irlande, à condition que vous l'ayez obtenu au moins deux ans auparavant.

Cartes jeune et étudiant

L'International Student Identity Card (ISIC) est la plus utile : rabais sur les transports, les services commerciaux, les entrées dans les musées... Si vous avez moins de 26 ans mais que vous n'êtes pas étudiant, vous pouvez demander une International Youth Travel Card (IYTC) ou une European Youth Card (EYC), également appelée Euro<26 Card. Ces dernières offrent des avantages similaires. Toutes ces cartes sont délivrées par des organismes d'auberges de jeunesse, des associations et des agences de voyages étudiantes.

Cartes de tarif réduit dans les musées

De nombreux parcs, monuments et jardins de la république d'Irlande sont gérés par l'organisme du patrimoine, Dúchas (☎ 01-647 3000, fax 661 6764, www.heritageireland.com). Moyennant 19,05 € (ou 7,60 € pour les enfants et les étudiants), vous obtenez une Heritage Card qui vous permet d'accéder gratuitement à ces sites pendant un an. Vous pouvez également adhérer à Dúchas ou au National Trust auprès de la plupart des sites qu'ils gèrent.

AMBASSADES
Ambassades d'Irlande à l'étranger

Belgique
> *Ambassade :* (☎ 02 235 66 76, fax 02 235 66 70) rue Wiertz 50, 1050 Bruxelles

Canada
> *Ambassade :* (☎ 613-233 6281, fax 233 5835) 130 Albert St, Suite 1105, Ottawa, Ontario K1P 5G4

France
> *Ambassade :* (☎ 01 44 17 67 00, fax 01 44 17 67 60) 4, rue Rude, 75116 Paris

Suisse
> *Ambassade :* (☎ 031 352 14 42/43, fax 031 352 14 55) Kirchenfeldstrasse 68, 3005 Bern

Pour l'Irlande du Nord, voici les coordonnées de missions britanniques à l'étranger :

Belgique
> *Ambassade :* (☎ 02 287 62 11, fax 287 63 55) rue d'Arlon 85, 1040 Bruxelles

Canada
> *Haut-commissariat :* (☎ 613-237 1530, fax 237 7980, www.britain-in-canada.org) 80 Elgin St, Ottawa, Ontario K1P 5K7

France
> *Ambassade :* (☎ 01 44 51 31 00, fax 01 44 51 32 88, www.amb-grandebretagne.fr) 35, rue du Faubourg-Saint-Honoré, 75008 Paris

Suisse
> *Ambassade :* (☎ 031 359 77 00/65, fax 359 77 01) Thunstrasse 50, 3005 Bern

Ambassades étrangères en Irlande

Belgique
> *Ambassade :* (☎ 01-269 20 82/15 88, fax 283 84 88) 2 Shrewsbury Rd, Dublin

Canada
> *Ambassade :* (☎ 01-417 4100, fax 417 4101) 4e étage, 65-68 St Stephen's Green, Dublin

France
> *Ambassade :* (☎ 01-260 1666, fax 283 0178) 36 Ailesbury Rd, Dublin

Suisse
> *Ambassade :* (☎ 01-218 63 82/83, fax 283 03 44) 6 Ailesbury Rd, Dublin

DOUANE

Il n'y a pas de fouille à la douane, hormis pour la drogue ou pour des questions de sécurité nationale.

Outre les interdictions habituelles sur les armes à feu, les explosifs et les drogues illicites, il est illégal d'apporter en Irlande du tabac à priser, des livres et des images indécents ou obscènes, de la viande ou des produits carnés, des plantes ou des produits végétaux (y compris des graines). Le Pet

Travel Scheme du Royaume-Uni, selon lequel les animaux doivent posséder une puce électronique, être vaccinés contre la rage et avoir subi une prise de sang six mois avant leur entrée, va être appliqué en Irlande. En attendant, les animaux qui pénètrent dans le pays sont mis en quarantaine pendant six mois, sauf s'ils ont transité par le Royaume-Uni et rempli les critères d'entrée là-bas. Pour plus de renseignements, contactez le Department of Agriculture, Food and Rural Development à Dublin (☎ 01-607 2000).

QUESTIONS D'ARGENT
Monnaies nationales

En février 2002, l'Irlande a fait ses adieux à la punt et adopté l'euro comme monnaie unique, tout comme l'Allemagne, l'Autriche, la Belgique, l'Espagne, la Finlande, la France, la Grèce, l'Italie, le Luxembourg, les Pays-Bas et le Portugal.

Attention ! le Royaume-Uni a choisi de rester en dehors de la zone euro ; par conséquent, si vous voyagez en Irlande du Nord, il vous faudra changer vos euros en livres britanniques.

La livre sterling britannique (£) est en vigueur en Irlande du Nord, où elle est appelée livre nord-irlandaise. Elle comporte des pièces de 1, 2, 5, 10, 20, 50 p ("p" signifie *penny*, *pence* au pluriel), 1 et 2 £. Il existe des billets de 5, 10, 20 et 50 £. Attention, ne confondez pas les livres d'Irlande du Nord avec les anciennes livres de la république d'Irlande, en vigueur avant l'euro. Les mots "Sterling" ou "Belfast" figurent sur les billets d'Irlande du Nord. Bien que possédant la même valeur que les billets en livres britanniques, ceux d'Irlande du Nord ne sont pas acceptés en Grande-Bretagne, mais les banques les changeront facilement.

Taux de change

pays	devise	euro	£
Canada	1 $C	0,72 €	0,44 £
RU	1 £	1,62 €	-
Suisse	1 FS	0,69 €	0,42 £

Change

Les banques proposent les taux de change les plus avantageux. En république d'Irlande et en Irlande du Nord, de nombreux bureaux de poste changeront vos devises en présentant l'avantage d'être ouverts le samedi matin.

Espèces et chèques de voyage.

Les chèques de voyage sont généralement acceptés s'ils sont libellés dans n'importe quelle devise forte. Cependant, en Grande-Bretagne ou en Irlande du Nord, les chèques de voyage en livres sterling sont changés sans commission.

Les chèques de voyage American Express (AmEx) et Thomas Cook sont largement reconnus, et les bureaux de ces deux agences ne prennent pas de commission pour changer leurs propres chèques. Les Eurochèques peuvent aussi être échangés contre des espèces en Irlande. Conservez les numéros et les souches des chèques que vous avez changés, cela vous sera utile en cas de perte. Gardez ces renseignements séparément des chèques eux-mêmes. Les chèques de voyage sont rarement acceptés pour des transactions quotidiennes.

Distributeurs et cartes de crédit.

Les cartes de paiement comme AmEx ou Diners Club n'ont pas de plafond de retrait, mais elles ne sont pas acceptées dans les petits établissements. Les cartes Visa ou MasterCard sont plus largement acceptées, même si nombre de B&B ainsi que des petites stations-service isolées ne prennent que de l'argent liquide.

Conservez sur vous le numéro de téléphone à appeler en cas de perte ou de vol de votre carte.

Virements internationaux.
Votre banque dans votre pays d'origine envoie de l'argent à une banque irlandaise de votre choix. Il vous faudra prouver votre identité, probablement grâce à votre passeport (bien que parfois le permis de conduire suffise), avant que l'argent vous soit versé, moins les frais de virement bien entendu. La procédure peut prendre jusqu'à huit jours.

Coût de la vie

La vie est chère en Irlande, mais les prix sont moins élevés hors des grandes zones touristiques. Comptez 10 à 19 € pour un lit dans un dortoir d'auberge de jeunesse en haute saison. Un B&B coûte entre 24 et 32 € par personne, mais les B&B luxueux (généralement avec s.d.b.) et ceux de Dublin démarrent à 60 € par personne. De nombreux établissements pratiquent des prix différents en haute et basse saisons. À moins de précisions contraires, ce guide fournit les prix appliqués en haute saison.

En termes de logement, il est plus économique de voyager à deux, car nombre d'établissements demandent un supplément pour une personne seule. Les voyageurs en solo déboursent souvent davantage que la moitié du prix d'une double ou d'une chambre avec lits jumeaux.

Un déjeuner modeste revient à 5-7 €. Comptez 13 à 20 € (un peu plus à Dublin) pour un dîner dans un restaurant raisonnable, avec un verre de vin ou une bière. Une pinte de Guinness s'élève généralement à 3,25 € : les pubs risquent d'entamer sérieusement et rapidement votre budget...

La location d'une voiture est onéreuse (voir *Location* dans la rubrique *Voiture et moto* du chapitre *Comment circuler*). Le prix de l'essence est variable, mais le sansplomb coûte entre 0,90 et 1 € le litre. À environ 80 pence par litre, l'essence est plus chère en Irlande du Nord.

Les droits d'entrée dans les sites et musées sont souvent moins élevés pour les enfants, les personnes âgées et les étudiants. Dans ce guide, sauf précision contraire, nous donnons les tarifs pour les adultes et pour les enfants.

En séjournant dans une auberge de jeunesse, en prenant un déjeuner léger dans un pub et en préparant vous-même votre dîner, vous dépenserez environ 30 € par jour, sans compter les frais de transports. Le voyageur à budget serré doit prévoir de débourser en moyenne un peu plus que cette somme.

Pourboire

Les restaurants et les hôtels de catégorie supérieure appliquent généralement un supplément de 15% pour le service. Nul besoin de rajouter un pourboire dans ce cas. En revanche, dans les établissements plus simples, il est d'usage d'arrondir la note ou de donner jusqu'à 15%. Vous n'êtes pas obligé de laisser quelque chose aux chauffeurs de taxi, mais un pourboire de 10% est correct.

POSTE ET COMMUNICATIONS
Poste

En république d'Irlande, les bureaux de poste ouvrent de 8h30 (9h30 le mercredi) à 17h30 ou 18h, du lundi au vendredi, et de 9h à 12h ou 13h, le samedi ; les bureaux d'importance moindre ferment à l'heure du déjeuner. L'affranchissement des cartes postales et des lettres jusqu'a 25 g revient à 0,41 € pour l'Europe continentale et à 0,57 € pour le reste du monde.

En Irlande du Nord, les bureaux de poste sont ouverts en semaine de 9h à 17h30 et le samedi de 9h à 13h. Comptez 36 pence (p) pour envoyer une carte ou une lettre en Europe continentale. Vous pouvez aussi envoyer dans le monde entier des lettres de moins de 10 g pour 45 p.

Les services postaux des deux pays sont efficaces : plus de 95% du courrier national arrive le jour ouvré suivant. Le courrier pour l'Europe continentale met de trois à cinq jours ; comptez environ 10 jours pour l'Amérique du Nord. Si vous souhaitez envoyer du courrier afin qu'il soit récupéré à un bureau de poste en Irlande, indiquez "Poste Restante: Hold for Collection" sur l'enveloppe. Il sera conservé deux semaines. Pour récupérer votre courrier, il vous faudra présenter vos papiers d'identité.

Téléphone

Lorsque vous appelez en république d'Irlande de l'étranger, composez l'indicatif international suivi de 353, puis du numéro national, sans le "0" du début.

Pour appelez l'Irlande du Nord, composez l'indicatif international, puis le 44 28 et enfin le numéro local. Si vous téléphonez depuis la Grande-Bretagne, composez le 028 puis le numéro local.

Les téléphones irlandais offrent toute une gamme de services, dont appels en PCV, appels assistés par un opérateur, *telemessages* (les anciens télégrammes) et renseignements internationaux.

En heure pleine, le coût à la minute d'un appel international depuis l'Irlande revient à :

Vers	République	Nord
France	0,38 €	29 p
Canada	0,19 €	24 p

Les tarifs sont moins élevés en soirée et le week-end. Les prix indiqués précédemment sont ceux appliqués pour des appels de téléphone fixe à téléphone fixe ; les communications internationales vers un téléphone portable sont sensiblement plus onéreuses. Un appel depuis une chambre d'hôtel revient au moins au double du tarif standard.

En république d'Irlande, les numéros commençant par 1850 sont facturés 0,15 € l'appel, tandis que ceux qui débutent par 1800 sont gratuits.

En Irlande du Nord, les numéros qui commencent par 0870 sont au même tarif que les appels nationaux, ceux débutant par 0845 correspondent à un appel local et les 0800 sont des numéros gratuits.

Depuis la république d'Irlande.

Pour un appel national, il suffit de composer l'indicatif de la zone, suivi du numéro local. Pour téléphoner en Irlande du Nord, composez le 048, puis le numéro local à huit chiffres.

Si vous appelez l'étranger, composez le 00, l'indicatif du pays, celui de la zone (en omettant tout "0" du début) et enfin le numéro local.

Les renseignements peuvent être contactés au ☎ 11811 pour l'Irlande. Pour tout numéro extérieur, composez le ☎ 11818. Pour un appel en PCV, faites le ☎ 114 et pour un appel assisté par un opérateur, composez le ☎ 10.

Depuis l'Irlande du Nord. L'indicatif de toute l'Irlande du Nord est le 028.

Pour une communication internationale ou en république d'Irlande, composez le 00, puis l'indicatif du pays, celui de la zone (en omettant le "0" du début) et enfin le numéro local.

Pour les renseignements internationaux, faites le ☎ 153. Si vous souhaitez passer par un opérateur, composez le ☎ 155 pour une communication internationale.

Téléphones publics. Un appel local en république d'Irlande revient à 0,25 € pour environ 3 minutes, quelle que soit l'heure. En Irlande du Nord, comptez 20 p au minimum. Évitez de téléphoner depuis un pub car, en République comme dans le Nord, ces appels sont plus onéreux. Les communications nationales ou interurbaines sont facturées en moyenne 0,63 €/50 p en République/Irlande du Nord pour 3 minutes. Les tarifs vers les téléphones mobiles sont d'environ 0,50 €/75 p la minute en heure pleine et de 0,25 €/43 p en heure creuse.

Les cartes téléphoniques prépayées, disponibles chez les marchands de journaux et dans les bureaux de poste, fonctionnent avec tous les téléphones publics et libèrent de la nécessité d'avoir de la monnaie. En République, les Callcards sont vendues en 10 (2,50 €), 20 (4,50 €) et 50 (10,20 €) unités. En Irlande du Nord, les cartes Phonecard Plus sont disponibles en 15 (3 £), 25 (5 £), 50 (10 £) et 100 (20 £) unités. Chaque unité équivaut à un appel local. De nombreux autres opérateurs vendent leurs propres cartes de téléphone.

Joindre un opérateur en France.

Plutôt que de passer par un opérateur en Irlande pour un appel en PCV, vous pouvez appeler directement un opérateur français, puis passer un appel en PCV ou payer la communication grâce à une carte de téléphone locale. Pour bénéficier de ce service, composez le ☎ 1800 551033, puis l'indicatif de la zone et, dans la plupart des cas, le numéro désiré. Vous aurez en ligne l'opérateur de votre pays avant que la communication soit transmise à votre correspondant.

Fax et télégramme

Vous pouvez envoyer un fax depuis un bureau de poste, la majorité des hôtels et d'autres bureaux spécialisés, mais ce service est onéreux : jusqu'à 1,50 €/1 £ par page localement, 2,50 €/1,50 £ à 4 €/2,50 £ pour l'Europe et environ 5 €/3 £ pour d'autres destinations dans le monde.

Pour un télégramme international (appelé *telemessage*), contactez un opérateur au ☎ 196 en république d'Irlande. En Irlande du Nord, appelez BT au ☎ 0800 190190.

Téléphones mobiles

En Irlande, les téléphones mobiles connaissent un immense succès. La norme en usage est GSM 900/1800, compatible avec le reste de l'Europe mais pas avec la norme GSM 1900 de l'Amérique du Nord (toutefois, certains téléphones spécialement équipés fonctionnent sur l'île). Il existe trois opérateurs téléphoniques. Eircell (087) est le plus populaire, suivi par ESAT Digifone (086) et par le dernier arrivé, Meteor (085).

Ces trois opérateurs sont reliés avec la plupart des opérateurs GSM internationaux. Vous pouvez donc utiliser votre téléphone portable pour passer des appels locaux, mais tous vos appels seront facturés au prix fort.

Si vous ne tenez pas à dépenser des sommes astronomiques en téléphone, procurez-vous un téléphone à carte, comme le Ready-to-Go. Pour environ 50 €, vous obtiendrez un téléphone, un numéro de téléphone et environ 25 € de crédit. Votre carte épuisée, il vous suffit d'en racheter une autre. Les téléphones Ready-to-Go sont disponibles dans tous les magasins de téléphonie mobile de la République. Les cartes prépayées sont vendus chez presque tous les marchands de journaux. Eircell, ESAT Digifone et Meteor possèdent chacun leur version de ce mobile. Ce système existe aussi en Irlande du Nord.

E-mail et accès Internet

Avant votre départ, vous pouvez vous créer une adresse gratuite auprès d'un portail. Il vous suffira de vous connecter sur ce site, depuis un cybercafé par exemple, pour envoyer ou recevoir des e-mails.

Vous trouverez des cybercafés et/ou des cyberpubs dans presque toutes les grandes villes d'Irlande. Les adresses figurent dans les rubriques des villes en question. Comptez 6-9 €/4 £ l'heure de connexion.

INTERNET

Si vous souhaitez obtenir des informations de dernière minute, connectez-vous au site de Lonely Planet : www.lonelyplanet.fr. Des rubriques complètent utilement votre information : mises à jour de certains guides entre deux éditions papier, catalogue, courrier des voyageurs, actualités en bref et fiches pays. Profitez aussi des forums pour poser des questions ou partager vos expériences avec d'autres voyageurs. Vous pouvez consulter également le site de Lonely Planet en anglais (www.lonelyplanet.com).

Le Bord Fáilte et le NITB possèdent leur propre site Internet (voir *Offices du tourisme* plus haut dans ce chapitre). Parmi les sites utiles, citons :

CIE Group Liaisons assurées par les transports en commun en république d'Irlande.
www.cie.ie

Doras Un moteur de recherche irlandais géré par Eircom.
www.doras.ie

EntertainmentIreland Informations sur les loisirs en Irlande, y compris les manifestations spéciales et les expositions.
www.entertainment.ie

GoIreland.com Informations sur l'hébergement, la généalogie, les vacances organisées, etc. Liens utiles.
www.goireland.com

Government of Ireland Site officiel du gouvernement de la république d'Irlande.
www.gov.ie

Indigo Un portail hébergé par le plus gros fournisseur d'accès d'Irlande, avec des liens intéressants vers des sites informatifs et des moteurs de recherche.
www.indigo.ie

Ireland.com Un site regorgeant d'informations qui propose l'*Irish Times* en ligne.
www.ireland.com

Ireland On-Line Un portail irlandais avec des nouvelles et des informations intéressantes, des liens vers des cartes.
www.iol.com

IrishFood.com Recettes, livres, etc.
www.irishfood.com

Local Ireland Un portail irlandais qui fournit des informations par comté.
www.local.ie

NiceOne Un moteur de recherche irlandais complet.
www.niceone.com

Northern Ireland Office Le site officiel du gouvernement d'Irlande du Nord.
www.nio.gov.uk

Translink Réseau des transports publics en Irlande du Nord.
www.translink.co.uk

L'Irlande à lire

Vous trouverez ci-dessous les références des traductions françaises des ouvrages cités dans la rubrique *Littérature* du chapitre *Présentation de l'Irlande*. Nous y avons ajouté des titres qui nous semblent également mériter l'attention.

Littérature irlandaise
Les classiques
Beckett, Samuel
La Dernière Bande (Minuit, 1960)
Molloy (Minuit, 1991)
Bowen, Elizabeth
Dernier automne (Rivages, 1999)
Heaney, Seamus
Poèmes : 1966-1984 (Gallimard, 1988),
un choix de poèmes du prix Nobel de littérature 1995.
Joyce, James
Finnegans Wake (Gallimard, 1997)
Gens de Dublin (Flammarion, 1994)
Portrait de l'artiste en jeune homme (Gallimard, 1992)
Ulysse (Gallimard, 1996)
Murdoch, Iris
La Mer, la Mer (Gallimard, 1992)
O'Brien, Edna
Les Filles de la campagne (Fayard, 1988)
O'Brien, Flann
L'Archiviste de Dublin (Granit, 1995)
Le Troisième Policier (Granit, 1995)
Yeats, William Butler

Poèmes (Aubier-Montaigne, 1975), édition bilingue d'un choix de poèmes.

Les contemporains
Adams, Gerry
La Rue et autres nouvelles (Gatuzain, 2000)
Banville, John
L'Intouchable (10-18, 2001)
Bateman, Colin
Divorce, Jack ! (Gallimard, 1996)
Bayley, John
Élégie pour Iris (Éd. de l'Olivier, 2001)
Behan, Brendan
Un peuple partisan (Gallimard, 1987)
Binchy, Maeve
Le Cercle des amies (Pocket, 1995)
Doyle, Roddy
La Femme qui se cognait dans les portes (10-18, 1999)
Paddy Clarke ha, ha, ha! (10-18, 1996)
The Commitments (10-18, 1997)
The Snapper (10-18, 1997)
Ellmann, Richard
James Joyce (Gallimard, 1962)
Friel, Brian
Danser à Lughnasa (Ed. théâtrales, 1996)
Kavanagh, Patrick
Tarry Flynn (10-18, 2000)
Lewis, Clive Staples
Les Chroniques de Narnia, 4 vol. (Gallimard-Jeunesse, 2001)

LIBRAIRIES
Nombre de villes possèdent plus d'une bonne librairie, Waterstone's et Eason's étant des enseignes répandues. Read Ireland (☎ 01-830 2997), 342 North Circular Rd, Phibsboro, Dublin, et Kenny's Bookshop (☎ 091-562739), High St, Galway, sont deux excellentes librairies indépendantes spécialisées dans les livres sur l'Irlande.

FILMS
Si vous souhaitez vous mettre dans l'ambiance avant de partir, voici une sélection de films tournés en Irlande ou dont l'action s'y déroule.

Hollywood débarque en Irlande en 1952, lorsque John Ford filme John Wayne dans le rôle de *L'Homme tranquille*, qui courtise Mary (Maureen O'Hara) à Cong, comté de Mayo. (Vous pouvez effectuer le circuit de "l'homme tranquille" à Cong.) Le film à grand spectacle de David Lean, *La Fille de Ryan,* fut tourné en 1970 sur la Dingle Peninsula dans le Kerry.

Horizons lointains (1992), film épique avec Tom Cruise et Nicole Kidman, montre des vues pittoresques de la côte ouest ; le quartier de Temple Bar à Dublin représente, quant à lui, le Boston de la fin du XIXe siècle. *Le Secret de Roan Inish* (1994) est un conte mystique ayant pour décor la côte ouest de l'Irlande. Bien que filmé sur l'île de Man, *Vieilles canailles* (1998) est un conte à

L'Irlande à lire

Maddox, Brenda
   Nora : la vérité sur les rapports de Nora et James Joyce (Albin Michel, 1990)
McCabe, Patrick
   Le Garçon boucher (10-18, 1998)
McCann, Colum
   Ailleurs en ce pays (Belfond, 2001)
McCourt, Frank
   Les Cendres d'Angela : une enfance irlandaise (J'ai lu, 2001)
McGahern, John
   Entre toutes les femmes (10-18, 1995)
Moore, Brian
   Les Trahisons du silence (Rocher, 1993)
Wilson, Robert McLiam
   Ripley Bogle (10-18, 1998)

Littérature étrangère
Böll, Heinrich
   Journal irlandais (Seuil, 1969), un regard lucide sur l'île et ses habitants
Bouvier, Nicolas
   Journal d'Aran et d'autres lieux (Payot, 2001), le regard d'un grand voyageur
Déon, Michel
   Un taxi mauve (Gallimard, 1991), grand prix du roman de l'Académie française en 1973

Histoire
Duffy, Sean *et al.*
   Atlas historique de l'Irlande (Autrement, 2002), une vue d'ensemble

Guiffan, Jean
   L'Irlande contemporaine de A à Z (Armeline, 2001),
   histoire et civilisation depuis la fin du XVIIIe siècle
Snowdon, Peter (dir.)
   Irlandes parallèles : deux histoires, deux destins, une attente (Autrement, 1996),
   regards croisés sur le paradoxe irlandais

Beaux-livres
Dussaud, Georges
   Variations sur un temps incertain : photographies d'Irlande (Apogée, 1995),
   des photographies de Georges Dussaud, un texte d'Hervé Jaouen
Harbison, Peter
   Merveilleuse Irlande (Könemann, 2000)
Heron, Marianne
   L'Art de vivre en Irlande (Flammarion, 1989),
   intérieurs irlandais du nord au sud de l'île

Lonely Planet (en anglais)
Dublin , un guide détaillé sur la capitale
Walking in Ireland,
   un guide consacré aux randonnées sur les waymarked ways
Europe phrasebook comporte un chapitre sur la langue irlandaise.
World Food Ireland, la gastronomie irlandaise

---

l'humour saugrenu qui raconte l'histoire de villageois irlandais réclamant à la loterie l'argent du vainqueur décédé. *Hear My Song* (1991), qui relate l'histoire du ténor irlandais Joseph Locke, fut un succès inattendu.

De nombreux films ont été tournés à Dublin. En 1967, Joseph Strick s'attela à la tâche ardue et risquée de porter *Ulysse* à l'écran. Le film fut immédiatement interdit en Irlande. Le dernier film du célèbre réalisateur John Huston, *Gens de Dublin* (1987), est l'adaptation d'une nouvelle de James Joyce. *The Commitments* (1991), réalisé par Alan Parker, est un film intelligent et tonique sur un groupe soul du nord de Dublin. *The Snapper* (1993) et *The Van* (1995), d'autres titres de

Roddy Doyle, ont été portés à l'écran par Stephen Frears. Suite à son portrait convaincant d'un Irlandais dans *The Playboys* (1992), Albert Finney incarne dans *A Man of No Importance* (1994) un conducteur de bus de Dublin dans les années 1960 qui dirige une troupe de théâtre amateur. *Le Général* (1997), de John Boorman, relate l'histoire du gangster de Dublin Martin Cahill.

La période des "troubles" a inspiré plusieurs films, dont *Huit heures de sursis*, avec James Mason (1947). *Some Mother's Son* (1996), avec Helen Mirren, traite des événements déclenchés par la grève de la faim de Bobby Sands en 1981. Parmi les autres films, citons *A Further Gesture* (1996), à propos d'un membre de l'IRA qui s'enfuit à Paris ; *Jeux de guerre* (1992), avec Harrison Ford, relate l'histoire exagérée d'un homme qui empêche une tentative d'assassinat de l'IRA à Londres.

L'Irlande a aussi servi de toile de fond pour certains films. Le Powerscourt Estate, dans le comté de Wicklow, constitue le décor de films tels que *Henry V* de Laurence Olivier (1943), *Barry Lyndon* de Stanley Kubrick (1975) et *Excalibur* de John Boorman (1980). Youghal, dans le comté de Cork, fut le port du capitaine Achab dans *Moby Dick* (1956) de John Huston. Cork et Donegal figurent dans *Disco Pigs*, un film sur les liens unissant les jumeaux. Le paysage irlandais a été utilisé pour le film à grand spectacle sur la Première Guerre mondiale *The Blue Max* (1966), tandis que dans *L'Éducation de Rita* (1982), le Trinity College est censé être l'université anglaise par excellence ! On aperçoit le Dublin Castle dans la version de 1997 de *Moll Flanders*, avec Julia Roberts. Bien que l'action se déroule en Écosse, *Braveheart* (1994), le film de Mel Gibson qui a remporté un oscar, fut presque entièrement tourné en Irlande. Les plages de Wexford représentent celles de Normandie dans *Il faut sauver le soldat Ryan* (1997) de Steven Spielberg. Cette ville fait une apparition dans *A Love Divided* (1999), l'histoire émouvante des difficultés d'un mariage entre un catholique et une protestante dans l'Irlande des années 1950.

JOURNAUX ET MAGAZINES

En république d'Irlande, le quotidien *Irish Times* (www.ireland.com) est un excellent journal de tendance libérale. Le quotidien *Irish Independent* (www.independent.ie) et son édition du dimanche tirent le plus grand nombre d'exemplaires. Leur contenu, plus léger, semble privilégier les articles de fond et les ragots. L'*Irish Examiner* (www.examiner.ie), autrefois *Cork Examiner*, ne couvre l'actualité nationale que depuis peu, mais il est d'une qualité remarquable. Les deux principaux journaux du soir sont l'*Evening Herald*, publié à Dublin, et l'*Evening Echo*, de Cork. Le *Sunday Tribune*, qui développe une approche libérale, excelle dans l'art d'enquêter et de démêler des intrigues. Un des journaux domi-

nicaux les mieux vendus est le *Sunday World*, qui regorge de photos racoleuses.

En Irlande du Nord, vous trouverez le journal du soir *Belfast Telegraph* (www.belfast telegraph.co.uk), qui ne se réclame d'aucune tendance politique. Son édition du dimanche est appelée *Sunday Life*. Les journaux du matin sont la *News Letter*, tabloïde résolument protestant, ainsi que l'*Irish News* (www.irishnews.com), pronationaliste. *An Phoblacht/Republican News* (http://irlnet.com/aprn) est un hebdomadaire publié par le Sinn Féin.

Côté magazines, il y en a pour presque tous les goûts, le plus populaire étant le *RTE Guide*, le guide hebdomadaire des programmes de radio et de TV. Le *Magill*, mensuel d'actualité, offre un journalisme d'investigation et d'opinion sérieux, tandis que le *Phoenix*, bimensuel, présente un point de vue satirique.

RADIO ET TÉLÉVISION

La république d'Irlande possède quatre stations de Radio Telefis Éireann (RTE), dirigées par l'État. RTE Radio One (88-90 FM ou 567/729 MW) propose un bon mélange de documentaires, de programmes musicaux et de talk-shows. 2FM (92-93 FM ou 612/1278 MW) de RTE est la radio pop nationale et représente un excellent plateau pour les groupes rocks irlandais qui débutent. Lyric FM (96-99 FM) diffuse des programmes culturel et de la musique classique 24h/24. Radió na Gaeltachta (92.5-96 FM ou 540/828/963 MW) est la station nationale en gaélique. Today FM (100-100.3 FM) est une radio nationale très populaire (l'ancienne Radio Ireland).

En république d'Irlande, RTE 1 et 2 ainsi que Telefís na Ghaelige (TnaG), en langue irlandaise, sont des chaînes de télévision publiques. TV3, la première chaîne commerciale d'Irlande, a commencé à émettre en septembre 1998.

Le plus long talk-show du monde, *The Late Late Show* (RTE 1), animé par Pat Kenny, vaut le coup. Outre un savant mélange de sujets mondains et de thèmes d'actualité, il offre une vision intéressante de la vie irlandaise. Les programmes d'actualité, comme *Prime Time* (RTE 1), sont également dignes d'intérêt. Le week-end, essayez de voir un match de football gaélique ou de hurling.

L'Irlande du Nord compte deux chaînes, BBC NI et Ulster TV (UTV), qui mêlent leurs programmes, avec le soutien de leur "réseau père" en Grande-Bretagne (respectivement BBC et ITV).

SYSTÈMES VIDÉO

L'Irlande utilise le système PAL pour les magnétoscopes. Il n'est pas compatible avec les normes NTSC ou SECAM utilisées ailleurs dans le monde.

PHOTO ET VIDÉO

Le développement en 1 heure d'un film de 24 poses revient à environ 10,50 €/6,50 £ en République/Irlande du Nord. Comptez 6,50-8 €/4-5 £ pour un tirage plus lent. Le développement de diapositives s'élève à environ 9 €/5,50 £ par pellicule.

En Irlande, la luminosité peut être extrêmement faible, aussi est-il préférable d'utiliser une pellicule rapide, de 400, 800 ou même 1 600 ASA.

Restrictions

En Irlande du Nord, demandez l'autorisation avant de photographier des postes de police ou des bases militaires fortifiés, ainsi que tout équipement militaire ou paramilitaire. Dans certains lieux touristiques, la prise de photo est payante, si ce n'est interdite. L'utilisation du flash est souvent prohibée dans les musées.

HEURE LOCALE

En hiver, le pays est à l'heure Greenwich Mean Time (GMT), également appelée Universal Time Coordinated (UTC). En été, elle est à GMT plus une heure. Quand il est 11h à Dublin ou Belfast, il est 12h à Paris ou à Bruxelles, et 6h à Montréal.

ÉLECTRICITÉ

Le courant alternatif est disponible (220 V, 50 Hz), mais les prises sont à trois fiches.

POIDS ET MESURES

L'adoption du système métrique est très lente. Sur les routes, les panneaux verts indiquent les distances en kilomètres. Les anciens panneaux blancs les expriment en miles, alors que les panneaux récents sont aussi en kilomètres. Les limites de vitesse sont données en miles par heure (dans certaines zones de la République, elles apparaissent en km/h). Les produits alimentaires sont pesés en unités métriques et leur prix est fixé sur cette base. Dans les pubs, les bières sont servies en *pints* ou en *half-pints*. Des règles de conversion système métrique/système "impérial" sont fournies en troisième de couverture de ce guide.

BLANCHISSAGE/NETTOYAGE

Des lavomatiques *(laundrettes)* avec séchoir sont disponibles dans la plupart des grandes villes. Comptez environ 4 €/3 £ pour une machine et 1,50 €/1,50 £ pour faire sécher votre linge.

TOILETTES

De nombreux restaurants et bars réservent les toilettes à leur clientèle. Compte tenu de cela et du fait que l'Irlande exploite au maximum le filon touristique, on pourrait s'attendre à trouver des sanitaires décents ailleurs. Que nenni ! Les toilettes publiques sont plutôt sordides. Mêmes dans les lieux les plus touristiques, la propreté des sanitaires semble être la dernière des priorités.

En gaélique, "toilettes" se dit *leithreas*. Pour éviter toute situation embarrassante, sachez que le mot gaélique *mná* signifie "femme" ; *fir* étant "homme".

SANTÉ

Le formulaire E111 assure la gratuité de la plupart des soins médicaux aux ressortissants de l'Union européenne. Il est à retirer auprès de votre caisse d'assurance maladie.

L'opposition des catholiques à la contraception n'empêche pas la vente de préservatifs aux plus de 18 ans dans les pharmacies, à condition que le pharmacien n'y soit pas personnellement opposé. Des distributeurs automatiques de préservatifs sont installés dans nombre de pubs et boîtes de nuit. La pilule est uniquement délivrée sur ordonnance. Pour les numéros à appeler en cas d'urgence, consultez la rubrique *En cas d'urgence* plus loin dans ce chapitre.

VOYAGER SEULE

En Irlande, le risque pour les femmes d'être importunée est très faible. Toutefois, il convient, comme partout, d'observer les précautions élémentaires. Même si l'auto-stop est plus sûr que presque partout ailleurs en Europe, nous vous déconseillons cette pratique en général.

Vous n'avez pas à vous préoccuper de votre tenue vestimentaire. De toute façon, le climat incite rarement à bronzer les seins nus, ce qui pourrait prêter à critiques.

COMMUNAUTÉ HOMOSEXUELLE

Contre toute attente, dans ce pays largement catholique, les lois sur l'homosexualité sont parmi les plus libérales et progressistes d'Europe. L'âge du consentement mutuel est fixé à 17 ans et ni les lesbiennes ni les gays (en république d'Irlande) ne sont exclus des forces armées. Toutefois, l'Église catholique conserve une position neutre et silencieuse sur la question de l'homosexualité.

Seules Dublin et, dans une moindre mesure, Belfast, Cork, Galway, Waterford et Limerick abritent ouvertement des communautés homosexuelles. Le mensuel *Gay Community News* (www.gcn.ie) est une publication de la National Lesbian and Gay Federation (☎ 01-671 9076, gcn@eircom.net), 2 Scarlett Row, Temple Bar, Dublin. Les sites Internet www.gayireland.com, www.gaire.com, www.channelqueer.com, www.irishmuffin.com et www.glyni.org.uk proposent des informations en ligne pour les communautés gays et lesbiennes. Vous trouverez également des informations auprès des organisations suivantes :

Outhouse (☎ 01-873 4932, info@outhouse.ie, www.outhouse.ie) 105 Capel St, Dublin. Le centre d'une communauté gay, lesbienne et transsexuelle.
Northern Ireland Gay Rights Association (NIGRA ; ☎ 028-9066 4111) PO Box 44, Belfast

Les services d'assistance ci-dessous peuvent être contactés depuis n'importe où dans le pays :

Gay Switchboard Dublin (☎ 01-872 1055). De 20h à 22h du dimanche au vendredi, et de 15h30 à 18h le samedi
Lesbian Line Dublin (☎ 01-872 9911). De 19h à 21h le jeudi
Lesbian Line Belfast (☎ 028-9023 8668). De 19h30 à 22h le jeudi
Mensline Belfast (☎ 028-9032 2023). De 19h30 à 22h30 du lundi au mercredi

VOYAGEURS HANDICAPÉS

Si vous souffrez d'un handicap physique, contactez une organisation dans votre pays et renseignez-vous sur votre projet de visite de l'Irlande. En France, contactez le CNRH (Comité national pour la réadaptation des handicapés, 236 *bis*, rue de Tolbiac, 75013 Paris, ☎ 01 53 80 66 66, cnrh@worldnet.net). L'APF (Association des paralysés de France, 17, bd Blanqui, 75013 Paris, ☎ 01 40 78 69 00, fax 01 45 89 40 56, www.aps-asso.com) est également une bonne source d'information.

Le guide annuel du logement du Bord Fáilte, *Be Our Guest*, indique les endroits accessibles aux fauteuils roulants. Le NITB édite le *Accessible Accommodation in Northern Ireland*. Votre agence de voyages peut accéder aux informations les plus récentes *via* Gulliver (voir *Offices du tourisme* plus tôt dans ce chapitre) sur les infrastructures disponibles pour les handicapés.

Les transports en commun se révèlent un véritable cauchemar : si vous êtes en fauteuil roulant, ne songez même pas à prendre le bus. Les trains sont accessibles avec de l'aide. En théorie, si vous en faites la demande à l'avance, un employé de l'Iarnród Éireann (le chemin de fer irlandais) vous attendra à la gare et vous accompagnera jusqu'à votre train.

Contactez le ☎ 1800 350150 pour plus de renseignements sur l'accessibilité des voyageurs handicapés en république d'Irlande. En Irlande du Nord, vous pouvez contacter Disability Action (☎ 028-9066 1252). Les voyageurs pour l'Irlande du Nord peuvent aussi consulter le site Internet d'Everybody's Hotel Directory (voir la rubrique *Hébergement* plus loin dans ce chapitre).

VOYAGEURS SENIORS

Les voyageurs seniors bénéficient de nombreuses réductions dans les transports en commun et dans les musées, à condition qu'ils prouvent leur âge.

En général, les agences de location de voitures ne louent pas aux personnes âgées de plus de 70 ou 75 ans.

VOYAGER AVEC DES ENFANTS

Réussir un voyage avec de jeunes enfants demande des efforts, mais n'est pas impossible. L'Irlande est l'un des pays européens les plus accueillants pour les enfants, les hôtels et les restaurants offrant souvent des prestations spécialement pour eux. Ils sont les bienvenus dans les B&B (renseignez-vous au moment de réserver). Les enfants sont acceptés dans les pubs (mais ils ne peuvent consommer d'alcool) jusqu'à 19h ou 20h. Des billets familiaux sont souvent proposés pour les visites.

Pour des informations générales, consultez le guide Lonely Planet en anglais *Travel with Children*, de Cathy Lanigan.

DÉSAGRÉMENTS ET DANGERS

Ne laissez pas d'objets en évidence dans une voiture en stationnement. Dublin est particulièrement connue pour ses cambriolages de voitures, les voitures étrangères ou de location (bien que ces dernières ne portent plus de signe distinctif) étant des cibles privilégiées. Les cyclistes ont intérêt à attacher solidement leur vélo et à s'assurer de n'y laisser aucun sac.

En république d'Irlande, la police est appelée par son nom gaélique, Garda Síochána, ou simplement *garda* s'il n'y a qu'un seul officier et *gardaí* (prononcé gar-dii ou plus couramment gar-zii) s'il y en a plusieurs.

Les "troubles"

Certes, l'Irlande du Nord est en proie à une certaine forme de violence liée aux "troubles", mais il est extrêmement rare qu'un voyageur soit confronté à ce danger. Toutefois, il est préférable de ne pas faire coïncider votre visite de l'Ulster avec le défilé de l'Orange Day, le 12 juillet. De nombreux Irlandais du Nord, protestants et catholiques, quittent la province pour quelques jours autour de cette date.

Si vous restez sur la côte d'Antrim, vous ne verrez probablement jamais l'armée britannique, mais dans le Derry ou le South Armagh, sa présence est pesante. Les touristes sont traités avec courtoisie par les forces de sécurité, mais ces dernières peuvent vous demander vos papiers d'identité. Ne laissez pas un sac sans surveillance : outre le risque de vol, il pourrait déclencher une alerte à la bombe.

Racisme

Aujourd'hui, cette attitude touche les groupes minoritaires, notamment les personnes de couleur (reportez-vous à l'encadré *Racisme* dans le chapitre *Dublin*). La croissance économique de l'Irlande, largement encensée, a attiré des immigrants clandestins dont la présence (bien que limitée) a attisé l'intolérance.

EN CAS D'URGENCE

Dans toute l'Irlande, le numéro de téléphone à composer en cas d'urgence est le ☎ 999. Vous pouvez aussi composer le ☎ 112 en République. Ensuite, précisez si vous souhaitez joindre la police (gardaí), les services d'ambulances, de pompiers ou de sauvetages en mer.

PROBLÈMES JURIDIQUES

Si vous avez besoin d'une assistance juridique, contactez le Legal Aid Board (☎ 01-240 0900), St Stephen's Green House, Dublin.

Alcool

L'âge légal pour consommer de l'alcool est de 18 ans. Vous devrez éventuellement prouver votre âge avec une pièce d'identité.

HEURES D'OUVERTURE

Les bureaux sont ouverts en semaine de 9h à 17h ; les magasins de 9h à 17h30 ou 18h du lundi au samedi ; ils ferment plus tard le jeudi et/ou le vendredi. Nombre d'entre eux ouvrent aussi le dimanche, en général de 12h à 18h. D'octobre à avril, les offices du tourisme et les sites touristiques sont ouverts moins longtemps dans la journée et moins souvent dans la semaine, s'ils ne sont pas complètement fermés.

En dehors des villes, les boutiques et les bureaux ferment en général un après-midi par semaine. Cela change d'une région à l'autre. Dans les petites villes, la plupart des boutiques sont susceptibles de fermer environ 1 heure au moment du déjeuner.

En Irlande du Nord, beaucoup de sites touristiques sont fermés le dimanche matin et n'ouvrent généralement pas avant 14h, bien après la fin de la messe.

les banques ouvrent normalement de 10h à 16h en semaine, et jusqu'à 17h le jeudi (à Dublin) ou le vendredi. En Irlande du Nord, les horaires d'ouverture vont de 9h30 à 16h30 en semaine, et en général jusqu'à 17h le jeudi. Dans les lieux isolés du Nord et du Sud, certaines banques ferment à l'heure du déjeuner, tandis que d'autres n'ouvrent que deux ou trois jours (voire deux à trois heures) par semaine. Il est donc préférable de changer votre argent dans les grandes villes.

Pour les bureaux de poste, reportez-vous à la rubrique *Poste et communications*.

Heures d'ouverture des pubs

Après plusieurs années d'insistance de la part des consommateurs, les heures d'ouverture des pubs de la république d'Irlande ont finalement été rallongées en 2000. La plupart des pubs n'ouvrent qu'à 12h tous les jours. Les heures de fermeture varient selon les jours : 23h30 du lundi au mercredi, 0h30 du jeudi au samedi et 23h le dimanche. Pendant les 30 minutes précédant la fermeture du pub, on ne peut plus commander d'alcool : c'est le *drinking up*. Les seuls jours de fermeture sont Noël et Vendredi saint.

En Irlande du Nord, les pubs ne sont autorisés à vendre de l'alcool qu'entre 11h30 et 23h du lundi au samedi, et entre 12h30 et 22h le dimanche. Des licences permettant de vendre des boissons alcoolisées plus tard sont parfois accordées aux pubs qui proposent aussi un service de restauration ou des spectacles. Ces licences autorisent les pubs à rester ouverts jusqu'à 1h en semaine et 24h le dimanche.

FÊTES ET FESTIVALS

Les jours fériés dans le Nord et dans le Sud ne sont pas toujours les mêmes, ce qui peut avoir une incidence sur la disponibilité des hébergements dans les villes-frontières comme Newcastle.

Voici les jours fériés en république d'Irlande (IR), en Irlande du Nord (NI) ou dans toute l'île :

Nouvel An	1er janvier
St Patrick's Day	17 mars
Lundi de Pâques	variable
Fête du Travail	1er mai
Spring Bank Holiday (NI)	Dernier lundi de mai
June Holiday (IR)	Premier lundi de juin
Orangeman's Day (NI)	12 juillet
August Holiday (IR)	Premier lundi d'août
August Holiday (NI)	Dernier lundi d'août
October Holiday (IR)	Dernier lundi d'octobre
Noël	25 décembre
St Stephen's Day (Boxing Day)	26 décembre

S'ils tombent un week-end, les jours fériés de St Patrick's Day, de St Stephen's Day et de May Day sont appliqués au lundi qui suit.

Ci-après figure une liste des principaux festivals et manifestations qui se déroulent dans toute l'île. Les offices du tourisme locaux disposent d'informations supplémentaires. En outre, l'Association of Irish Festival Events (AOIFE) possède un site Internet utile sur www.aoifeonline.com ; le site www.art.ie ne manque pas d'intérêt. La plupart des événements sportifs sont mentionnés plus loin dans ce chapitre, sous la rubrique *Manifestations sportives*.

Janvier
Dublin International Theatre Symposium (☎ 01-608 2461, www.dublintheatresymposium.com). Des troupes de théâtre étrangères se retrouvent à Dublin. Une semaine début janvier.

Unfringed (☎ 061-319 866). Festival de théâtre dans plusieurs sites de Limerick. Fin janvier.

Yeats Winter School (☎ 071-42693, www.yeatssligo.com). Week-end de lectures, de conférences et visite du pays de Yeats. Fin janvier (il existe aussi un programme d'été fin juillet).

Février
All Ireland Dancing Championships (☎ 01-475 2220, www.irishdancing.org/allireland.html). Les danseurs irlandais rivalisent pour se qualifier pour les World Irish Dancing Championships d'avril. Début février, dans une ville différente chaque année.

Dublin Toy and Train Fair (☎ 01-284 9199). Une foire de collectionneurs de jouets et de trains qui a lieu quatre fois dans l'année. La première se déroule mi-février.

Newtownabbey Arts Festival (☎ 028-9034 0000, www.newtownabbey.gov.uk/whatson/whatson1.htm). Festival présentant tant de l'art visuel que des orchestres de cuivres. Deux semaines mi-février.

Newtownstewart Drama Festival (☎ 028-8166 2079). Plus d'une semaine de théâtre dans le Nord. Fin février.

Mars

Belfast Literary Festival (☎ 028-9024 2338, www.crescentarts.org/betweenthelines). Fête de la littérature : lectures, conférences et ateliers présentés par des auteurs locaux et internationaux. Fin mars.

Bridge House Irish Festival (☎ 0506-22000). Festival de musique, de chants et de danses irlandais au Bridge House Hotel, Tullamore, comté d'Offaly. Une semaine mi-mars.

Dublin Boat Show (☎ 01-490 0600, www.irishboatshow.ie). Exposition de bateaux. Début mars à mi-mars.

Dublin Film Festival (☎ 01-679 2937, www.dublinfilmfestival.com). Large panel de films internationaux présentés en différents endroits de Dublin. Fin mars ou avril.

Irish International Antiques and Fine Arts Fair (☎ 01-670 2186). La plus grande foire d'antiquités d'Irlande, à Dublin. Mi-mars.

Irish National Surfing Championships (☎ 096-49428). Les meilleurs surfeurs d'Irlande affrontent les puissantes vagues de l'Atlantique à Bundoran dans le comté de Donegal. Mi-mars.

Limerick International Band Festival (☎ 061-410777, www.shannon-dev.ie/bandfest). Des orchestres du monde entier défilent dans les rues de Limerick. Mi-mars.

St Patrick's Day (☎ 01-676 3205, www.stpatricksday.ie). Trois jours durant, autour du 17 mars, les rues de Dublin résonnent de la cacophonie créée par les parades, les feux d'artifice et les spectacles de lumière de la Saint-Patrick. La ville accueille plus de 250 000 spectateurs. Cork, Armagh et Belfast possèdent également leur parade. Ailleurs, les festivités sont moins ostentatoires.

Avril

Easter Parades. De nombreuses petites villes proposent une parade de Pâques. Renseignez-vous auprès de l'office de tourisme local.

Pan Celtic International Festival (☎ 066-718 0050, www.panceltic.com). À Tralee, comté de Kerry, différents aspects de la culture celte sont célébrés pendant une semaine. Fin avril.

Samhlaíocht (☎ 066-712 9934, www.samhlaiocht.com). Festival des arts à Tralee, comté de Kerry. Mi-avril.

World Irish Dancing Championships (☎ 01-475 2220). Quatre mille danseurs de toute la planète s'affrontent. Début avril (le lieu change tous les ans).

Mai

Balmoral Show (☎ 028-9066 5225, www.balmoralshow.co.uk). Grande foire de l'agriculture à Belfast. Mi-mai.

Bantry Mussel Fair (☎ 027-50360, www.bantrymusselfair.ie). Moules et musique avec en arrière-plan la pittoresque Bantry Bay. Mi-mai.

Belfast Summerfest (☎ 028-9027 0342, www.belfastcity.gov.uk). Concerts en plein air, manifestations sportives et carnaval sonnent le début de l'été à Belfast. Courant mai.

Belfast City Marathon (☎ 028-9027 0345, www.belfastcity.gov.uk/marathon). Cette course compte plus de 6 000 participants. Début mai.

Cathedral Quarter Arts Festival (☎ 028-9023 2403, www.cqaf.com). Presque tous les arts du spectacle sont représentés durant ce festival de 11 jours. Début mai.

Cat Laughs Comedy Festival (☎ 056-63837, www.thecatlaughs.com). Très apprécié, ce festival réunit à Kilkenny des comiques du monde entier. De fin mai à juin.

Cork International Choral Festival (☎ 021-430 8308, www.corkchoral.ie). Chorales en compétition. Pendant quatre jours.

Fleadh Nua (☎ 01-280 0295, www.comhaltas.com/fleadh/nua.htm). Musique et danses irlandaises à Ennis, comté de Clare. Fin mai.

Portrush Raft Race Weekend (☎ 028-7034 7234, www.dataflo.co.uk/portrushraftrace). Trois jours d'activités nautiques. Fin mai.

Writers' Week Listowel (☎ 068-21074, www.writersweek.ie). Festival littéraire bien établi (l'accent est mis sur les ateliers de création). De fin mai à début juin.

Juin

Bloomsday (☎ 01-878 8547, www.jamesjoyce.ie). Commémoration du voyage effectué dans Dublin par Leopold Bloom, le personnage de James Joyce dans le roman *Ulysse*. Plusieurs lectures et interprétations de l'œuvre de Joyce ont lieu dans toute la ville (voir l'encadré *Bloomsday* dans le chapitre *Dublin*). Le 16 juin.

Castlebar International Four Days Walks (☎ 094-24102, www.castlebar4dayswalks.com). Randonnée en groupe dans le paysage magnifique du Mayo. Entre fin juin et début juillet.

Enniskillen Air Show (☎ 028-6632 8282). Acrobaties aériennes et vols de croisière, mi-juin.

Holywood International Jazz Festival (☎ 028-9076 8563, www.ulsterjazzevents.org.uk). Festival de trois jours dans le comté de Down. Début juin.

Lough Derg Pilgrimage (☎ 072-61518, www.loughderg.org). Pèlerinage pénitentiel catholique de trois jours qui inclut une croisière jusqu'à une petite île du Lough Derg. Peut être effectué entre le 1er juin et le 15 août.

Juillet

Galway Arts Festival (☎ 091-509700, www.galwayartsfestival.ie). Le plus grand festival d'art de la république d'Irlande. Littérature, musique et arts visuels ; spectacles de rues et activités pour les enfants sont aussi organisés. Fin juillet.

Galway Film Fleadh (☎ 091-751655, www.galwayfilmfleadh.com). Festival de cinéma important où de nombreux réalisateurs négocient des contrats avec des studios. Mi-juillet.

Reek Sunday (☎ 098-64114, www.croaghpatrick.com/mountain.html). Un grand pèlerinage jusqu'au sommet du Croagh Patrick du Mayo. Dernier dimanche de juillet.

Août

Connemara Pony Show (☎ 095-21863). Foire aux poneys du Connemara, robustes et endémiques de l'île. Mi-août.

Kerrygold Horse Show (☎ 01-668 0866, www.rds.ie/kerrygold). Vénérable concours hippique à Dublin. Il est aussi intéressant de regarder les spectateurs que les chevaux. Pendant cinq jours, la deuxième semaine d'août.

Féile an Phobail (☎ 028-9028 4028, www.feilebelfast.com). Ce somptueux spectacle se veut le festival regroupant le plus de monde en Europe. Il combine arts du spectacle, événements sportifs et un carnaval. Début août à Belfast.

Kilkenny Arts Festival (☎ 056-52175, www.kilkennyarts.ie). Une semaine de musique, d'arts visuels et de spectacle. Le charme médiéval de Kilkenny ajoute à l'atmosphère du festival. Mi-août.

Puck Fair (☎ 066-976 2366, www.puckfair.ie). Ce festival de rue qui se déroule à Killorglin remonte au XVIIe siècle. On assiste à un concours de musique dans la rue, où le bétail traîne, on boit beaucoup, et une chèvre est couronnée reine des festivités. Du 10 au 12 août.

Rose of Tralee (☎ 066-712 1322, www.roseoftralee.ie). Ce festival consiste à couronner la plus belle Irlandaise, à laquelle on décerne le titre honoraire de "Rose of Tralee", en hommage à l'héroïne d'un conte local extravagant datant du XIXe siècle. Fin août.

Septembre

Appalachian & Bluegrass Music Festival (☎ 028-8224 3292, www.folkpark.com). Cette manifestation de trois jours, entraînante et chaleureuse, accueille d'excellents musiciens venus d'Irlande et d'ailleurs. Deuxième semaine de septembre.

Galway International Oyster Festival (☎ 091-527282, www.galwayoysterfest.com). Quatre jours durant, on vous encourage à consommer d'énormes quantités de fruits de mer et de bière en écoutant de la musique, tout cela dans une ambiance très joyeuse. Ce festival existe depuis près de 50 ans. Fin septembre. (Assistez au concours d'ouverture d'huîtres.)

International Sheepdog Trials (☎ 028-4461 0854). Des chiens agiles d'Irlande et des îles Britanniques remportent un vif succès auprès de spectateurs venus du monde entier. Mi-septembre.

Lisdoonvarna Matchmaking Festival (☎ 065-707 4005, www.matchmakerireland.com). La plus grande manifestation des célibataires d'Europe a lieu tous les week-ends de septembre dans le comté de Clare. On y danse beaucoup et on y fait la noce.

Waterford International Festival of Light Opera (☎ 051-874402, www.waterfordfestival.com). Ce festival se déroule uniquement dans les rues. Toutes sortes d'opéras, des plus grands aux plus populaires, se produisent. Les festivals parallèles sont aussi très divertissants. Fin septembre.

Octobre

Ballinasloe Horse Fair (☎ 090-543453). Une des anciennes foires aux chevaux d'Europe, qui autrefois donnait lieu à un commerce impressionnant. Début octobre à Galway.

Belfast Festival at Queen's (☎ 028-9066 5577, www.belfastfestival.com). Plus de 100 000 spectateurs assistent au plus grand festival d'arts d'Irlande, qui promet un mélange osé et éclectique d'animations. Un grand festival annexe ajoute à la fête. Deux semaines à partir de fin octobre.

Cork Jazz Festival (☎ 01-676 5342, www.corkjazzfestival.com). Les grands noms du jazz attirent les amoureux de la musique du monde entier. Fin octobre.

Dublin Theatre Festival (☎ 01-677 8439, www.eircomtheatrefestival.com). Ce festival s'intéresse au nouveau cinéma irlandais et mondial. Des spectacles parallèles sont également donnés. Deux semaines début octobre.

Gourmet Festival (☎ 021-477 4026, www. kinsale.ie/gfest.htm). De la bonne chère et des vins délicieux sont à déguster dans la ville portuaire de Kinsale, comté de Cork. Chaque année, un thème culinaire différent est choisi. Il faut être membre pour participer. Mi-octobre.

Cork Film Festival (☎ 021-427 1711, www.corkfilmfest.org). Festival de cinéma très respecté. Des remises de prix permettent de dresser le profil du cinéma irlandais et d'importer les meilleurs films étranges dans les salles irlandaises. De mi à fin octobre.

Wexford Festival Opera (☎ 053-22144, www.wexfordopera.com). Cet événement prestigieux est à l'opéra ce que Cannes est au cinéma (deux semaines dans une station balnéaire exotique). De très grands chanteurs se sont produits ici. Réservez longtemps à l'avance. Fin octobre.

Décembre

Noël. La période des fêtes est relativement calme à la campagne, mais le 26 décembre, l'ancienne pratique des *Wren Boys* est remise au goût du jour, surtout à Dingle, comté de Kerry : des groupes d'enfants se déguisent et chantent des hymnes.

ACTIVITÉS SPORTIVES

Une randonnée ou une promenade à vélo constituera un grand moment de votre séjour en Irlande.

La plupart des activités sont bien organisées, par un club ou une association (certains sont mentionnés dans ce guide) qui fournit aux visiteurs de précieuses informations et parfois des réduction significatives. De nombreux clubs possèdent des affiliations nationales ou internationales. Renseignez-vous avant de partir.

L'Office du tourisme irlandais édite toute une série de brochures qui peuvent constituer le point de départ d'une recherche plus poussée.

Randonnées

Le pays compte une multitude de randonnées superbes. La marche est de plus en plus appréciée depuis le début des années 1980, lorsque la Wicklow Way, le premier chemin de grande randonnée du pays, a été ouverte. Il existe désormais plus de 30 *waymarked ways*, dont les distances vont des 26 km de la Cavan Way aux 900 km de l'Ulster Way. Le réseau des chemins de randonnée ne fait que croître, l'objectif final étant qu'ils soient tous reliés les uns aux autres. La civilisation n'est jamais loin, aussi est-il généralement facile d'emprunter des chemins joignables par transport en commun et qui sont reliés à des auberges, des B&B et des villages.

Bien que l'Irlande bénéficie d'un climat relativement modéré, la pluie risque de gêner le randonneur. Elle rend le sol glissant et l'orientation peut devenir problématique. Si vous vous rendez dans des zones en altitude, il est indispensable de posséder un bon équipement : une boussole, de bonnes cartes et/ou un bon guide de randonnée, et de bonnes chaussures. Car même si les chemins sont parfaitement balisés (repérez les flèches jaunes avec un dessin de randonneur), les panneaux sont parfois cachés ou ont disparu.

Avertissez toujours précisément une personne de confiance de votre itinéraire et informez-la de votre heure ou date de retour. Ne vous aventurez jamais seul dans les zones isolées.

Les chemins suivent essentiellement des anciennes routes inutilisées, les *boreens* (petites routes et chaussées) ou des sentiers forestiers. Traditionnellement l'accès à la rase campagne n'est presque pas restreint, même s'il faut passer par des terres privées. Toutefois, le nombre croissant de randonneurs et la négligence de certains ont poussé quelques fermiers à faire preuve de moins d'indulgence (voir *Tourisme responsable* plus haut dans ce chapitre).

Renseignements. L'entretien et le développement des chemins sont gérés par le National Waymarked Ways Advisory Committee (☎ 01-240 7717, www.irish-waymarkedways.ie), Irish Sports Council, 21 Fitzwilliam Square, Dublin, en république d'Irlande, et par le Countryside

Access and Activities Network (tél. 028-9038 1222), House of Sport, Upper Malone Rd, Belfast, en Ulster.

Cartes et plans. Le guide *Walking in Ireland* de Lonely Planet donne des descriptions précises d'itinéraires et les cartes de dizaines de chemins de randonnée (dont ceux mentionnés ci-après). Le guide de Michael Fewer, *Irish Long-Distance Walks*, est aussi très utile. *Best Irish Walks*, de Joss Lynam, est un recueil de 76 courtes randonnées dans tout le pays. Il existe d'autres guides de randonnées ; nous vous recommandons de faire un tour dans la librairie Eason's à Dublin.

Si vous envisagez d'effectuer une randonnée de plus d'une journée, il est préférable d'investir dans une carte topographique. EastWest Mapping (☎/fax 054-77835, eastwest@eircom.net) propose de bonnes cartes de randonnées longue distance dans la République et dans le Nord.

Tim Robinson, de Folding Landscapes (☎ 095-35886), Roundstone, County Galway, édite de magnifique cartes précises des Burren, des Aran Islands et du Connemara. Son guide *Mountains of Connemara: A Hill Walker's Guide*, coécrit avec Joss Lynam, contient une carte précise utile.

Reportez-vous également au paragraphe *Cartes* de la rubrique *Préparation au voyage* en début de chapitre.

Randonnées organisées. Si vous voyagez seul, vous pouvez opter de vous joindre à un groupe de randonnées organisées.

Go Ireland (☎ 066-976 2094, goireland@fexco.ie, www.goireland.fexco.ie), Old Orchard House, Killorglin, County Kerry, propose des randonnées dans l'Ouest, le Donegal, l'Antrim et le Fermanagh.

South West Walks Ireland (☎ 066-712 8733, swwi@iol.ie, www.southwestwalksireland.com), 40 Ashe St, Tralee, County Kerry, offre plusieurs programmes de randonnées guidées ou non dans le pays, y compris dans le Nord.

Basé en Grande-Bretagne, Joyce's Ireland (☎ 01275-474797, joyce@joycesireland.co.uk, www.joycesireland.com), 25 Dundry Lane, Bristol, organise des marches pour des groupes de 14 personnes au maximum, tant en Éire qu'en Irlande du Nord. L'avantage de ces circuits est que vos bagages sont transportés par minibus. Une randonnée va de 2 heures à une journée complète.

Beara Way. Relativement facile, cette randonnée de 196 km forme une boucle autour de la magnifique Beara Peninsula dans l'ouest du Cork. Relativement peu fréquentée par les touristes, la péninsule offre un contraste agréable avec l'Iveragh Peninsula au nord.

La Beara Way suit pour l'essentiel d'anciens chemins et route ; l'altitude ne dépasse guère 340 m. Il n'y a pas de véritables points de départ et d'arrivée et le chemin peut être emprunté dans les deux sens. La durée peut facilement être réduite à sept jours en sautant Bere et Dursey Islands. Par ailleurs, si vous commencez la randonnée à Castletownbere, vous pouvez atteindre Kenmare en cinq jours, voire moins.

Burren Way. Cette marche de 35 km traverse le plateau calcaire du Burren dans le comté de Clare. Cet étrange paysage est unique. La terre est rare, les arbres sont peu nombreux, pourtant la flore est incroyablement foisonnante. Le chemin s'étend de Ballyvaughan, sur la côte nord du comté de Clare, à Liscannor, au sud-ouest, en passant par le village de Doolin, célèbre centre de musique traditionnelle. La portion qui part du sud de Doolin jusqu'aux spectaculaires Cliffs of Moher (falaises de Moher) est particulièrement intéressante. Un nouveau sentier a été ouvert qui part des falaises vers l'intérieur, en direction de Liscannor (cependant quelques cartes indiquent toujours l'ancien itinéraire longeant les falaises qui a été fermé).

La meilleure période pour effectuer ce parcours va de la fin du printemps au début de l'été. Le sol est sec, mais des chaussures de randonnée s'avèrent utiles car le calcaire peut présenter des aspérités.

Cavan Way. Au nord-ouest du comté de Cavan, les villages de Blacklion et Dowra constituent les extrémités des 26 km de la Cavan Way. Sillonnant en direction du nord-est ou du sud-ouest, le chemin passe par plusieurs monuments remontant à l'âge de pierre : cairns à avant-cour, forts circulaires et tombeaux. Cette région est réputée être l'un des derniers bastions du druidisme. A mi-chemin se trouve le Shannon Pot, un étang installé sur les pentes parsemées de rochers des Cuilcagh Mountains, où le Shannon prend sa source pour se jeter ensuite dans le Lough Allen. Le Shannon Pot divise la randonnée en deux parties : de Blacklion, le chemin est plutôt vallonné, tandis que de Shannon Pot à Dowra, il s'agit d'une route. Le point culminant de la marche est le Giant's Grave (260 m).

Dowra est relié à la Leitrim Way, qui rallie Manorhamilton à Drumshanbo. Par ailleurs, Blacklion se situe sur l'Ulster Way.

Dingle Way. Cette randonnée forme une boucle de 168 km dans le comté de Kerry, autour d'une des plus jolies péninsules du pays. En parcourant une distance moyenne de 21 km par jour, comptez huit jours. Elle part et finit à Tralee. Les trois premiers jours sont les plus faciles, mais le tout premier, de Tralee à Camp, est le moins intéressant. Vous pouvez sauter cette étape en prenant le bus jusqu'à Camp et partir de là.

East Munster Way. Pendant 70 km, vous traverserez des landes boisées *via* de petites routes de campagne et un chemin de halage. Le chemin est clairement balisé avec des flèches jaunes sur des panneaux noirs. Vous pouvez relier en trois jours Carrick-on-Suir, dans le comté de Tipperary, à Clogheen, dans le comté de Waterford. La première étape prend fin à Clonmel, la deuxième à Newcastle et la dernière à Clogheen.

Kerry Way. Les 214 km de la Kerry Way forment le plus long chemin balisé de la république d'Irlande. Le parcours est généralement effectué dans le sens inverse des aiguilles d'une montre. Il débute et s'achève à Killarney, reste à l'intérieur des terres durant les trois premiers jours, sillonnant à travers les spectaculaires Macgillycuddy's Reeks et contournant le point

culminant de l'Irlande, le Mount Carrantuohil (1 041 m). Ensuite, il longe la côte, traversant Cahirciveen, Waterville, Caherdaniel, Sneem et Kenmare.

En marchant 20 km par jour, vous pouvez effectuer cette randonnée en 10 jours. Si vous êtes pressé par le temps, préférez les trois premières étapes, jusqu'à Glenbeigh, d'où vous pouvez retourner à Killarney en bus.

Vous trouverez facilement à vous loger, mais pensez à réserver pour les mois de juillet et d'août. En revanche, les établissements où se restaurer sont rares. Emportez des provisions.

Mourne Trail. Le Mourne Trail constitue la portion sud-est de l'Ulster Way, au sud de Belfast. Il part de Newry, contourne les Mourne Mountains, passe par la station balnéaire de Newcastle, puis continue jusqu'à Strangford d'où vous pouvez prendre un ferry pour Portaferry et poursuivre au nord vers Newtownards. Le trajet entre Newry et Strangford est de 106 km, que vous pourrez sûrement parcourir en quatre ou cinq jours.

Le paysage montagnard, forestier ou côtier est magnifique tout au long et, dès que vous avez quitté Newry, presque aucune construction ne gâche la vue. Cette randonnée n'est pas très difficile à condition d'être en bonne condition physique. Toutefois, elle grimpe à 559 m à Slievemoughanmore, le point culminant de l'Ulster Way.

Slieve Bloom Way. À proximité du centre géographique de l'Irlande, la Slieve Bloom Way est un chemin balisé long de 77 km qui traverse les comtés d'Offaly et de Laois. Elle forme un circuit complet dans les Slieve Bloom Mountains qui vous fera découvrir les lieux les plus intéressants. Le chemin suit des sentiers, des trouées percées par des incendies de forêt et d'anciennes routes ; il traverse les routes Mountrath-Kinnitty et Mountrath-Clonaslee. Glendine Gap (460 m) est le point culminant de cette randonnée. Nous vous recommandons de démarrer depuis le parking de Glenbarrow, à 5 km de Rosenallis.

Il est interdit de camper dans les forêts domaniales, mais il existe de nombreux espaces dégagés hors de la forêt où vous pourrez planter votre tente. Sachez qu'il n'y a presque aucun hébergement sur cet itinéraire. Aucun transport public ne mène au point de départ, mais des bus s'arrêtent dans les villes voisines de Mountrath et Rosenallis.

South Leinster Way. Le petit village de Kildavin dans le comté de Carlow, juste au sud-ouest de Clonegal, sur les flancs du Mount Leinster, constitue le point de départ nord de la South Leinster Way. Elle sillonne sur 100 km dans les comtés de Carlow et de Kilkenny. Elle suit d'anciennes routes de montagne et des chemins de halage qui traversent les villages médiévaux de Borris, Graiguenamanagh, Inistioge, Mullinavat et Piltown pour s'achever à Carrick-on-Suir, à l'intérieur de la frontière du Tipperary. Les paysages de la section sud ne sont pas aussi beaux que ceux de la partie nord, mais les basses collines ont également du charme. Lors d'une belle journée ensoleillée, elles offrent une vue magnifique vers le sud, sur la Suir Valley et Waterford Harbour.

Le chemin se parcourt plutôt en direction du sud-ouest, mais il peut facilement être emprunté dans l'autre sens. Comptez quatre ou cinq jours, selon que vous faites une halte à Graiguenamanagh ou non.

L'itinéraire est balisé. La majorité du chemin se trouve à plus de 500 m d'altitude, aussi le temps change-t-il vite. De bonnes chaussures de randonnée, des vêtements adéquats et des réserves d'urgence constituent l'équipement indispensable.

Ulster Way. L'Ulster Way forme un circuit à travers les six comtés d'Irlande du Nord et le Donegal. Au total, ce chemin s'étend sur un peu plus de 900 km. Comptez cinq semaines pour le parcourir en entier. Cependant, il peut être facilement divisé en parties plus courtes qui peuvent être incluses dans un séjour moins long. Le paysage varie énormément tout au long de la randonnée : des panoramas côtiers spectaculaires aux paysages plus doux des lacs, sans oublier les terres montagneuses des Mourne Mountains.

Ulster Way – portion nord-est. Certains des paysages les plus spectaculaires se trouvent dans la portion nord-est, qui suit les Glens of Antrim, puis la célèbre Causeway Coastline, un site inscrit au patrimoine mondial de l'Unesco. Cette randonnée de 165 km a un point de départ prometteur dans les faubourgs ouest de Belfast. Ensuite, elle se dirige vers le nord-est pour rejoindre le littoral à Glenarm, elle longe la côte en contournant la Giant's Causeway (Chaussée des Géants). Ce parcours peut être couvert en six ou sept jours. Cette portion de la côte est très fréquentée, notamment en plein été ; réservez vos hébergements longtemps à l'avance.

Toute personne de condition physique moyenne et bien équipée peut effectuer cette randonnée. Toutefois, les éboulis le long de la côte peuvent entraver le chemin. Même si certains passages de la marche paraissent très sauvages, vous n'êtes jamais loin de la civilisation.

Ulster Way – portion Donegal. La principale partie de l'Ulster Way entre dans le Donegal au niveau de la petite ville de pèlerinage de Pettigo, autour du Lough Erne. Ensuite, elle effectue un demi-tour jusqu'à Rosscor en Irlande du Nord. Un embranchement, également baptisé Ulster Way, part au nord, traversant les plaines centrales de Donegal, jusqu'à Falcarragh sur la côte nord. Au total, si vous suivez ce chemin, cette randonnée s'étend sur 111 km qui peuvent être parcourus en quatre ou cinq jours. Cependant, n'oubliez pas qu'une grande partie du centre du Donegal est morne et exposée au vent, ce qui rend la marche difficile, notamment si les conditions climatiques sont mauvaises, comme souvent ! Bien que le symbole du randonneur apparaisse sur certaines balises, cherchez plutôt des panneaux peints en blanc qui indiquent simplement que vous êtes dans la bonne direction.

Cette portion de l'Ulster Way est idéale pour les amoureux de la nature sauvage. Certains paysages sont absolument magnifiques, lorsque vous passez les Blue Stack Mountains et les Derryveagh Mountains ainsi que le Mount Errigal (752 m), le point culminant du Donegal. L'itinéraire contourne également le célèbre Glenveagh National Park, où vous pourrez vous reposer de votre périple. Vous rencontrerez peu de ruines historiques spectaculaires, mais beaucoup de petits sites funéraires préhistoriques.

Wicklow Way. Ouverte en 1982, la célèbre Wicklow Way, longue de 132 km, fut le premier chemin de grande randonnée d'Irlande. Malgré son nom, elle démarre au sud de Dublin et finit à Clonegal, dans le comté de Carlow, mais presque tout l'itinéraire traverse le Wicklow. Dès le départ à Marlay Park, Rathfarnham, le chemin pénètre dans des montagnes sauvages (le point culminant est White Hill, 633 m). Sentiers forestiers, chemins de bergers, routes marécageuses et chaussées de montagne se succèdent pour former une randonnée spectaculaire qui passe par Glencree, Powerscourt, Djouce Mountain, Luggala, Lough Dan, Glenmacnass, Glendalough, Glenmalure et Aghavannagh. Certaines portions de la randonnée, notamment au sud de Laragh, sont désertes. La plus grande partie du chemin se trouve à plus de 500 m d'altitude. Le temps change rapidement, aussi prévoyez de bonnes chaussures de marche, des vêtements adaptés et des réserves d'urgence. Une multitude de détours méritent d'être empruntés : jusqu'à la chute d'eau au nord de Glenmacnass ou jusqu'au sommet de la Lugnaquilla Mountain par exemple.

Comptez entre huit et dix jours pour parcourir cette randonnée en entier. Il est facile de n'en effectuer qu'une partie et elle peut se faire dans les deux sens. Toutefois, la plupart des randonneurs partent de Dublin. Vous pouvez vous arrêter à Laragh, à un peu plus de la moitié ; ainsi vous pourriez visiter le site monastique de Glendalough et effectuer quelques promenades sur place. Comme cette randonnée est très connue, il est préférable de la parcourir en dehors des mois de juin à août. Il est possible de camper tout au long de l'itinéraire, mais vous devez demander la permission aux fermiers concernés. En haute saison, réservez les logements à l'avance. Si vous séjournez en auberge de jeunesse, prévoyez d'emporter de la nourriture avec vous.

Cyclotourisme

Les infrastructures sont bonnes, les distances relativement courtes, les routes autres que les axes principaux sont peu fréquentées, le paysage est splendide et les pubs ne sont jamais loin. Si vous envisagez de parcourir l'ouest, les vents dominants facilitent la circulation du sud vers le nord.

Vous pouvez soit apporter votre propre vélo, soit en louer un sur place. Les ferries acceptent de transporter les vélos gratuitement ou moyennant un faible coût ; quant aux compagnies aériennes, elles acceptent que la bicyclette fasse partie des 20 kg de bagages autorisés. Lorsque vous achetez votre billet, renseignez-vous auprès de la compagnie maritime ou aérienne sur le règlement ou les restrictions concernant le transport des vélos.

Les bicyclettes peuvent voyager en bus, à condition qu'il y ait suffisamment de place dans la soute ; le coût est variable. En train, le prix de ce service va de 2,50 à 7,50 € l'aller simple. Les vélos ne sont pas acceptés sur certaines lignes ferroviaires, dont la Dublin Area Rapid Transport (DART).

En général, la location d'un vélo coûte de 9 à 16 € la journée, ou de 40 à 65 € la semaine, plus une caution d'à peu près 65 € qui vous sera rendue lorsque vous rapporterez le vélo. Plusieurs agences de location possèdent des succursales dans tout le pays ; voici les coordonnées de leur siège social :

Irish Cycle Hire (☎ 041-685 3772, fax 685 3809, irch@iol.ie, www.irishcyclehire.com) Unit 6, Enterprise Centre, Ardee, County Louth

Raleigh Ireland (☎ 01-626 1333, raleigh@iol.ie, www.iol.ie/raleigh) Raleigh House, Kylemore Rd, Dublin – la plus grande agence de location d'Irlande, avec un vaste choix

Rent-a-Bike Ireland (☎ 061-416983, emeraldalp@eircom.net, www.irelandrentabike.com) 1 Patrick St, Limerick, County Limerick

Il existe en outre de nombreux magasins de location locaux et indépendants.

Irish Cycling Safaris (☎ 01-260 0749, ics@kerna.ie, www.cyclingsafaris.com), Belfield House, University College Dublin, organise des excursions pour des groupes de cyclistes dans le Sud-Ouest, le Sud-Est et le Connemara. Il fournit les bicyclettes, un guide, l'hébergement en B&B, et les bagages sont transportés dans une camionnette. Go Ireland (voir *Randonnées organisées* plus haut) propose des excursions à vélo dans l'Ouest et le Donegal.

Sud-Ouest. Presque tout l'ouest du Cork est idéal pour le cyclisme. Nous vous recommandons un itinéraire en direction de l'ouest : il part de Cork, passe par Kinsale, puis par Timoleague, Butlerstown, Clonakilty, Rosscarbery et redescend à Baltimore et Clear Island. Un autre itinéraire consiste à descendre la Mizen Head Peninsula (il débute à Skibbereen où vous pouvez louer des vélos), forme une boucle autour du village de Toormore puis longe les côtes nord et sud. Un troisième itinéraire, circulaire cette fois, permet d'explorer la Sheep's Head Peninsula. Il démarre et s'achève à Bantry.

Dans le Kerry, un circuit magnifique fait le tour de la splendide Beara Peninsula, en partant de Kenmare, Glengarriff ou Bantry. Il passe ensuite par le spectaculaire Healy Pass, soit vers le sud, de Lauragh à Adrigole (des bons freins sont absolument indispensables), soit dans l'autre sens, au prix d'efforts herculéens. Killarney constitue un bon point de départ pour des excursions à vélo dans l'Iveragh Peninsula (mais pas *autour*, sauf si vous souhaitez être enfumés par les voitures et les bus), où nombre de curiosités sont seulement accessibles à vélo ou à pied. Citons deux exemples de circuits : une promenade de 30 km *via* le Gap of Dunloe et un périple de 80 km *via* le Lake Acoose et le Moll's Gap.

Dans le comté de Clare, la région du Burren constitue un bon terrain pour pratiquer le mountain-bike.

Nord-Ouest. Dans le comté de Yeats, le tour du Lough Gill, hors de la ville de Sligo, est fait pour le cyclotourisme. Plusieurs sites historiques et préhistoriques, ainsi que des lieux liés à Yeats, se trouvent à une distance facilement accessible à vélo depuis Sligo, où vous pouvez louer des bicyclettes.

Achill Island, dans le comté de Mayo, est dotée de routes plates idéales pour le cyclotourisme. Vous pourrez louer des vélos à Achill Sound où vous reviendrez après avoir pédalé vers l'ouest jusqu'à Keel, bifurqué au nord jusqu'à Dugort et être redescendu en direction du sud par une autre route. Des vélos sont aussi loués à Keel.

Dans le comté de Galway, Clifden est le meilleur point de chute pour parcourir à vélo les splendides paysages du Connemara.

Dans le comté de Donegal, vous pouvez suivre la route côtière à l'ouest de Donegal *via* Killybegs jusqu'à Malinmore. Au nord de Killybegs, après Ardara en direction de Dunfanaghy, la côte est superbe. De magnifiques balades à vélo s'offrent autour de Bloody Foreland et Horn Head. La péninsule qui s'étend à l'ouest d'Adara et sépare Loughros More Bay de Loughros Beg Bay mérite aussi d'être découverte à coups de pédalier. Au nord-est de la ville de Donegal, la boucle autour du Lough Eske constitue un petit circuit agréable sur des routes dominées par les Blue Stack Mountains.

Nord-Est. Dans le comté de Down, Bangor est un excellent point d'attache pour parcourir l'Ards Peninsula, relativement plate. Vous pouvez emprunter la route côtière en direction du sud, *via* Donaghadee, jusqu'à Portaferry. De là, l'A2 retourne vers le nord, en contournant le Strangford Lough. Sinon, Newcastle constitue un bon point de départ pour explorer la vallée, en traversant les Mourne Mountains, dans le sud du comté.

Dans l'Antrim, l'itinéraire spectaculaire qui longe la côte depuis Belfast jusqu'à la Giant's Causeway (Chaussée des Géants), traverse les contreforts des Antrim Mountains. À Enniskillen, dans le Fermanagh, vous pouvez louer des vélos pour visiter les anciens monuments et sites religieux, en suivant les routes qui longent les berges du Lower Lough Erne jusqu'à Belleek, à la frontière du Donegal.

Sud-Est. Au sud de Dublin, les paysages variés du comté de Wicklow (landes, marais, montagnes, lacs, vallées et forêts) offrent de magnifiques mais éprouvantes balades à vélo. De la ville de Wicklow jusqu'à Wexford, au sud, le climat est plus chaud et les routes sont plus plates.

Dans le comté de Wexford, la Hook Peninsula, relativement plate, est une région intéressante : jusqu'au phare, à la pointe de la péninsule, puis en revenant le long de la côte ouest jusqu'à Duncannon. Entre les comtés de Wexford et de Waterford, le ferry entre Ballyhack et Passage East permet d'éviter la route nord plus longue *via* New Cross. Dans l'ouest du comté de Waterford, l'itinéraire qui traverse les Knockmealdown Mountains jouit de magnifiques vues.

Les comtés de Tipperary et de Kilkenny disposent de terres riches, vallonnées, parsemées de vieux monuments comme le Rock of Cashel et de ruines architecturales splendides. De Kilkenny part une magnifique excursion pour Kilfane, Jerpoint Abbey, Inistioge et Kells.

Centre. Dans le Westmeath, d'Athlone jusqu'au nord dans le comté de Lonford, à l'est de Lough Ree, se trouve le Goldsmith Country (baptisé du nom du poète, dramaturge et écrivain du XVIIIe siècle Olivier Goldsmith) dont le terrain plat est propice aux promenades à vélo. Un circuit dans les drumlins (collines elliptiques formées par la fonte des glaciers) et autour des lacs de Cavan, Monaghan et Leitrim, plus au sud, le long de routes de campagne calmes, constitue une promenade agréable.

Pêche

L'Irlande est considérée comme une des premières destinations de pêche d'Europe, avec près de 14 500 km de cours d'eau, des milliers de lacs et des kilomètres de côte préservée. La différence de température des eaux côtières d'Irlande (au sud et à l'ouest, les eaux bénéficient du courant chaud du Gulf Stream, tandis qu'elles sont plus froides au nord et à l'est) permet d'abriter une vaste faune marine.

La pêche à la ligne en eau douce se divise en deux catégories : la pêche au poisson blanc (*coarse fishing* ou *angling*) et la pêche aux salmonidés (*game fishing* ou *angling*). Les salmonidés regroupent le saumon, la truite de mer et la truite brune. Certaines pêcheries gérées proposent aussi des truites arc-en-ciel. Mais l'Irlande est surtout célèbre pour la pêche au poisson blanc : brème, brochet,

perche, gardon, rotengle, tanche, carpe et anguille. Hormis quelques pêches privées, ce type de pêche est généralement gratuit avec le consentement du propriétaire. Toutefois, quelques *fisheries boards* (organismes gérant la pêche) exigent un *shared certificate* ("certificat partagé" ; voir plus loin le paragraphe *Permis*). Il est interdit de tuer des brochets de plus de 6 livres et les pêcheurs ne doivent pas prendre plus de un brochet. Les autorités de pêche incitent les pêcheurs de poissons blancs à relâcher leur prise vivante. Les fisheries boards régionaux fournissent des informations complètes sur les accès et la pêche.

Les grands lacs (loughs) de l'ouest, Corrib, Mask et Conn, fournissent des infrastructures développées pour les pêcheurs à la mouche : nombreux B&B sur les rives des lacs, bateaux solides et loueurs de canots bien informés qui renseignent les pêcheurs visiteurs. Ces lacs sont parfois dangereux car leurs fonds sont couverts de rochers et de bancs ; pour une première visite, faites-vous accompagner par un loueur de bateau local.

Si l'Irlande offre de nombreuses opportunités pour le pêcheur, l'agriculture intensive et la croissance des villes ont détérioré la qualité générale de l'eau dans plusieurs régions, plus particulièrement dans certaines zones. Pendant les mois chauds de l'été, des poissons sont régulièrement retrouvés morts et certaines pêcheries réputées dans le monde entier ont été fermées ces dernières années en raison de problèmes liés à la qualité de l'eau.

Renseignements. Le Bord Fáilte et le Northern Ireland Tourist Board (NITB) proposent plusieurs brochures sur la pêche. Le Bord Fáilte publie également tous les ans *The Angler's Guide*, qui recense les hébergements, les principales manifestations liées à la pêche et les circuits en bateau charters. Le Central Fisheries Board propose trois livres publiés par Gill & Macmillan : *Game Angling Guide*, *Coarse Angling Guide* et *Sea Angling Guide*. Ils contiennent une multitude d'informations pratiques et de détails sur les permis et les licences exigés.

Permis. En république d'Irlande, la pêche est réglementée et développée par les fisheries boards régionaux. Un permis d'État (*state rod licence*) est nécessaire pour la pêche au saumon ou à la truite de mer ; il revient à 4 € pour une journée, 13 € pour trois semaines et 32 € pour un an. Vous pouvez obtenir ces permis au magasin de pêche local ou directement auprès du Central Fisheries Board (☎ 01-837 9206, www.cfb.ie), Balnagowan House, Mobhi Boreen, Mobhi Rd, Dublin.

Nombre des principaux cours d'eau sont loués à des clubs de pêche par les fisheries boards. Dans ce cas, des tickets journaliers sont généralement vendus aux pêcheurs visiteurs à un prix raisonnable. Ils permettent de pêcher tant le saumon que la truite.

Il n'est pas nécessaire d'avoir un permis pour la truite brune, la truite arc-en-ciel ou le poisson blanc, ni pour la pêche en mer en général. Toutefois, il existe un système de shared certificate (instauré pour réunir des fonds afin de maintenir un nombre de poissons suffisants et de conserver les cours d'eau propres) pour la pêche à la truite et au poisson blanc. Ce certificat revient à environ 16 € par an, 6,50 € pour trois semaines ou 4 € pour une journée. Le Central Fisheries Board vous fournira plus de renseignements.

En Irlande du Nord, vous devez présenter un permis (*rod licence*) pour la pêche coarse/game à 7,40/9,60 £ pour huit jours, qui peut être délivré par la Foyle Fisheries Commission (☎ 028-7144 2100), 8 Victoria Rd, Derry, pour la région de la Foyle, et par les Fisheries Conservancy Board (☎ 028-3833 4666), 1 Mahon Rd, Porta-down, County Armagh, pour les autres régions. Demandez également un permis du propriétaire, en général le Department of Agriculture, Fisheries Division, Annexe 5, Castle Grounds, Stormont, Belfast. Composez le ☎ 028-9052 3491 et demandez le département de la pêche. Pour la pêche à la truite et au saumon, comptez 11,65/23,50 £ pour un/huit jours ; la pêche au poisson blanc revient à 6,80/11,90 £.

Activités nautiques

Avec plus de 3 100 km de côtes, ses cours d'eau et ses nombreux lacs, l'Irlande offre une multitude de possibilités pour pratiquer toute une gamme de sports nautiques.

Baignade et surf. L'île possède un littoral magnifique et de belles plages de sable, dont les plus propres et les plus sûres arborent le drapeau bleu de l'Union européenne (www.blue-flag.org). Les surfeurs peuvent consulter les sites www.surfingireland.net ou www.victor-kilo.com pour obtenir des informations sur les plages et les prévisions météorologiques.

Les mois les plus propices à la pratique du surf sont septembre et octobre, lorsque les vagues sont les plus hautes. En outre, l'eau est plus chaude en septembre en raison du Gulf Stream. Suit une sélection des meilleurs spots de surf en Irlande :

Sud-ouest et ouest. Barleycove Beach, sur la Mizen Head Peninsula, est la seule plage de surf du Cork et elle n'est pas tellement fréquentée. Dans le Kerry, à Caherdaniel sur l'Iveragh Peninsula, vous pourrez louer du matériel. Les larges plages désertes autour de Castlegregory, sur la Castlegregory Peninsula, offrent une houle correcte. À Inch, sur la Dingle Peninsula, les vagues font en moyenne entre 1 et 3 m. Spanish Point, près de Miltown Malby, et Lahinch, dans l'ouest du Clare, constituent d'excellents spots.

Nord-ouest et nord. Easky, dans l'ouest du comté de Sligo, est très prisé par les surfeurs. Achill Island, dans le comté de Mayo, possède des plages de surf tandis que Bundoran, Tullan Strand et Rossnowlagh, dans le comté de Donegal, constituent de bons sites. En Irlande du Nord, sur la côte nord, les vagues entre Portrush et Castlerock sont très appréciées. Vous pouvez louer du matériel à Portrush.

Sud-est. Dans le comté de Wexford, vous trouverez du matériel à Rosslare Strand. Dans le comté de Waterford, Ballinacourty, Dunmore East et Tramore méritent le détour. A Dunmore East, on vous fournira matériel et conseils.

Plongée. Le pays offre quelques-uns des meilleurs sites de plongée d'Europe, essentiellement au large de la côte ouest, au milieu des îles et des rochers. La superficie modeste du pays permet de visiter facilement différents sites. La meilleure période pour plonger se situe entre mars et octobre. La visibilité tourne en moyenne autour de 12 m, mais certains jours elle peut atteindre 30 m. Plusieurs centres installés dans tout le pays fournissent matériel et cours ; nombre d'entre eux sont cités dans les parties concernées de ce guide. Pour plus de détails sur la plongée en Irlande, contactez Fó-Thuinn (CFT), The Irish Underwater Council (☎ 01-284 4601, fax 284 4602, scubairl@indigo.ie, www.scubaireland.com), 78a Patrick St, Dun Laoghaire, County Dublin. Il s'agit de l'organisme réglementant la plongée en Irlande ; il publie le magazine de plongée *SubSea*.

Sud-ouest. Bantry Bay et Dunmanus Bay, dans le comté de Cork, sont de bons sites. Il s'agit d'un vaste territoire vierge, un avantage majeur pour les plongeurs. Dans Bantry Bay, vous pouvez explorer l'épave de la frégate française *La Surveillante*, tandis qu'à environ 15 km de Kinsale se trouve l'épave du *Lusitania*, qui a coulé pendant la Première Guerre mondiale. Parmi les autres sites de plongée intéressants dans le comté de Cork, citons les eaux au large de Baltimore et de Schull, ainsi que celles qui baignent les Clear et Sherkin Islands.

L'Iveragh Peninsula, dans le Kerry, est dotée de deux bases principales : Valentia Island et Caherdaniel. Les Blasket Islands, dans Dingle Bay, et Ballinskelligs sont d'autres bons sites.

Ouest et nord. Dans le comté de Clare, Kilkee, Ballyreen (près de Lisdoonvarna), Doolin et Fanore constituent des sites de plongée appréciés, tout comme Achill Island et Clare Island (dans la Clew Bay), dans le comté de Mayo. Le comté de Galway offre une kyrielle d'opportunités, notamment le long du littoral du Connemara et autour des Aran Islands. Dans le sud-ouest du Donegal, la Donegal Bay et les eaux au large de Malinmore sont d'excellents spots.

Est et sud-est. De Dun Laoghaire, les plongeurs mettent le cap vers Dalkey Island

et Muglands. Dans le comté de Wexford, les eaux au large de Hook Heads bénéficient de fonds riches.

Voile. L'Irlande possède une culture de la navigation très ancienne et dispose de plus de 120 clubs de voile et de yachting, dont le Royal Cork Yacht Club à Crosshaven, datant de 1720, le plus ancien du monde. Les zones les plus fréquentées sont la côte sud-ouest, notamment entre Cork Harbour et la Dingle Peninsula ; le littoral du Kerry ; la côte d'Antrim ; la côte protégée au nord et au sud de Dublin ; et certains des lacs les plus grands comme Lough Derg, Lough Erne and Lough Gill.

Plusieurs écoles de formation professionnelle accueillent des personnes de tous niveaux. Elles sont gérées par l'Irish Association for Sail Training (☎ 01-605 1621, www.irishmarinefederation.com), Irish Marine Federation, Confederation House, 84-86 Lower Baggot St, Dublin. Pour de plus amples renseignements, contactez l'Irish Sailing Association (☎ 01-280 0239, fax 280 7558, info@sailing.ie, www.sailing.ie), 3 Park Rd, Dun Laoghaire, County Dublin, organisme national chargé de réglementer ce sport. L'association publie un magazine mensuel, *Ireland Afloat*. Nous vous recommandons l'*Irish Cruising Club Sailing Directions*, ouvrage disponible en librairie, qui fournit des renseignements sur les infrastructures dans les ports, des plans des baies, des renseignements sur la côte et les marées.

Planche à voile. Ce sport populaire est praticable en de nombreux endroits, même sur le Grand Canal de Dublin ! La côte ouest présente le plus de difficultés, mais c'est aussi la moins fréquentée. La baie de Rosslare, dans le comté de Wexford, est idéale pour ce sport. Vous pourrez louer du matériel et prendre des cours au Rosslare Windsurfing Centre (☎ 053-32101). L'Irish Sailing Association (voir la rubrique *Voile* ci-dessus) est l'organisme d'État chargé de cette pratique sportive ; il donne des renseignements sur les autres centres dispensant des cours.

Canoë-kayak. L'Irlande offre de nombreuses possibilités de pratiquer le canoë-kayak, qui est un excellent moyen de découvrir le pays, notamment son littoral escarpé. Vous pouvez aussi bien effectuer une petite promenade que du canoë en eau vive ou du surf en kayak. La meilleure époque pour naviguer en eau vive est l'hiver, lorsque les pluies importantes gonflent les cours d'eau. Dans tout le pays, des centres de loisirs dispensent des cours et organisent des excursions. En septembre a lieu la Liffey Descent, une grande compétition internationale.

Vous obtiendrez des renseignements sur les infrastructures, les sites et les conditions de pratique auprès de l'Irish Canoe Union (☎ 01-450 838, fax 460 4795, office@ irishcanoeunion.com, www.irishcanoeunion.com), House of Sport, Long Mile Rd, Walkinstown, Dublin ; elle dispense également des cours.

Golf

L'Irlande compte presque 400 terrains de golf, souvent situés dans un décor magnifique. Il y en a pour tous les goûts et pour toutes les bourses : depuis les célèbres golfs hors de prix de Killarney, Portmarnock près de Dublin et Royal County Down, aux plus modestes tels que Castletownbere sur la Beara Peninsula.

Le Bord Fáilte et le NITB éditent des dépliants, ainsi que des brochures sur des vacances personnalisées, centrées sur le golf, avec description des cours et hébergements. Vous pouvez aussi contacter le Golfing Union of Ireland (☎ 01-269 4111, fax 269 5368, gui@iol.ie, www.gui.ie), Glencar House, 81 Eglington Rd, Donnybrook, Dublin, ou l'Irish Ladies Golf Union (☎ 01-269 6244), 1 Clonskeagh Square, Clonskeagh Rd, Dublin.

Les tarifs, généralement fixés sur une base journalière plutôt que sur le nombre de parcours, démarrent à environ 20 € en semaine (plus le week-end), mais les golfs les plus huppés demandent jusqu'à 160 €. Les golfs sont évalués selon leur niveau de difficulté, nombre d'entre eux sont ouverts toute l'année.

Il est préférable de réserver. La plupart des clubs donnent la priorité à leurs membres pour les réservations. Il est généralement plus facile de réserver dans un golf public. Le week-end, les jours fériés et les jours de beau temps, tous les golfs sont très fréquentés. Renseignez-vous sur le règlement concernant la tenue vestimentaire, et si vous ne possédez pas de clubs, vérifiez que vous pourrez en louer ; cette possibilité n'est pas toujours offerte.

Deltaplane et parapente

Les endroits les plus propices à la pratique du deltaplane et du parapente sont le Mount Leinster à Carlow, la Great Sugar Loaf Mountain dans le Wicklow, Benone/Magillan Beach dans le Derry et Achill Island dans le Mayo. L'Irish Hang Gliding and Paragliding Association (www.ihpa.ie) fournit sur son site Internet une liste de pilotes que vous pouvez contacter par e-mail. Pour des renseignements sur la pratique de ces sports en Irlande du Nord, consultez le site de l'Ulster Hang Gliding and Paragliding Club, www.uhpc.f9.co.uk.

Varappe

Les chaînes de montagne irlandaises ne sont pas très hautes – le Mount Carrantuohil dans les MacGillycuddy's Reeks du Kerry est le point culminant de l'Irlande, à 1 041 m –, mais elles sont superbes et offrent d'excellentes possibilités d'escalade.

Dans tout le pays, des centres de loisirs proposent des cours et organisent des excursions. Pour plus d'informations, contactez le Mountaineering Council of Ireland (☎ 01-450 7376, fax 450 2805, www.mountaineering.ie), House of Sport, Long Mile Rd, Dublin, qui publie des guides d'escalade et le magazine trimestriel *Irish Mountain Log*. Consultez aussi le site www.climbing.ie.

Sud-ouest. Les montagnes les plus hautes se trouvent dans le sud-ouest. Le comté de Cork offre plusieurs parois faciles, dont le Mount Gabriel (407 m) sur la Mizen Head Peninsula, le Seefin (528 m) sur la Sheep's Head Peninsula et la Sugarloaf Mountain (574 m) sur la Beara Peninsula ; la Hungry Hill (686 m), également sur la Beara Peninsula, est plus difficile. Dans le comté de Kerry, l'Iveragh Peninsula, qui abrite les MacGillycuddy's Reeks, dispose de nombreuses montagnes ne demandant qu'à être escaladées.

Ouest et nord-ouest. À Galway, Clifden constitue un bon point de départ pour pratiquer l'escalade dans le Connemara ; le comté de Clare compte d'excellentes parois à Ballyreen, près de Fanore. Knocknarea (328 m), dans les environs de Sligo, offre une ascension facile, ainsi que Croagh Patrick (765 m), dans l'ouest du Mayo, même si elle demande plus de temps. Certaines des falaises les plus hautes d'Europe se trouvent sur Achill Island, dans le Mayo. Dans le Donegal, le Mount Errigal (752 m) est très prisé lorsque le temps le permet.

Nord-est et est. Les Mourne Mountains, dans le comté de Down (Irlande du Nord), sont dotées de pics de granite abrupts et escarpés, dont l'Eagle Mountain, la Pigeon Rock Mountain et le Slieve Donard, point culminant de cette chaîne à 848 m. Newcastle peut servir de base. À l'extrémité nord du Lough Tay, dans les Wicklow Mountains, se trouvent des falaises spectaculaires très appréciées des amateurs d'escalade. Les grands rochers pentus de Glendalough, à l'extrémité ouest de la vallée, non loin du lac supérieur (Upper Lake), sont également réputés.

Équitation

Évidemment, l'équitation est un passe-temps apprécié dans ce pays qui compte des dizaines de centres hippiques, proposant des promenades à cheval ou à poney sur la plage, sur des chemins de campagne, en montagne ou en forêt et dans des plaines. Vous pouvez louer un cheval pour 1 heure (à partir de 14 €) ou bien opter pour un circuit organisé où tout est compris ; certains centres proposent même d'allier l'équitation à des cours d'anglais. Renseignez-vous auprès du Bord Fáilte ou du NITB.

Au Canada, nous vous recommandons Hidden Trails (☎ 604-323 1141, www.hiddentrails.com), basé 202-380 West 1st Ave, Vancouver, British Columbia V5Y 3T7. Cette agence organise plusieurs randonnées dans toute l'Irlande.

Les vallées boisées et les montagnes couvertes de bruyère dans le nord du comté de Waterford sont propices à l'équitation, tout

comme les Wicklow Mountains. Kildare est un véritable paradis hippique. Parmi les autres régions intéressantes, citons la Dingle Peninsula et le Killarney National Park dans le Kerry, le Connemara dans le Galway, les alentours de Bundoran et la Finn Valley dans le Donegal, et les environs de Clonakilty dans le Cork.

Pour des informations sur les séjours en roulotte, reportez-vous plus loin au paragraphe *Camping et caravaning* de la rubrique *Hébergement*.

TRAVAILLER EN IRLANDE

La reprise économique de l'Irlande et la chute du chômage ont augmenté le nombre d'emplois temporaires. Les emplois saisonniers faiblement rémunérés sont fournis par l'industrie du tourisme, notamment par les restaurants et les pubs de Dublin, de Belfast et de Cork. Les panneaux d'affichage des auberges de jeunesse comportent parfois des annonces, et les auberges elles-mêmes emploient des voyageurs à la réception ou au nettoyage des chambres.

Toutefois, si vous n'avez aucune qualification, vous aurez du mal à trouver un emploi suffisamment payé pour vous permettre de mettre de l'argent de côté.

Le Burren Conservation Trust (voir *Fanore* dans le chapitre *Comté de Clare*), par exemple, propose parfois des emplois bénévoles, en échange du gîte et du couvert.

Les ressortissants de l'Union européenne peuvent travailler légalement en Irlande. Si vous ne venez pas d'un pays de l'UE, mais avez un parent ou un grand-parent irlandais, il vous est possible d'obtenir la nationalité irlandaise, sans pour autant devoir renoncer à votre propre nationalité. Cela vous permettra en outre de chercher un emploi dans toute l'Union européenne.

HÉBERGEMENT

Le Bord Fáilte édite plusieurs publications annuelles recensant les B&B, les hôtels, les sites où l'on peut camper et autres hébergements. De nombreux établissements ne sont pas *"tourist board approved"* (approuvé par le comité du tourisme), mais ne sont en rien inférieurs aux autres. Le NITB publie son propre guide du logement, le *Where to Stay* (4,99 £). Gulliver, mis en place conjointement par le Bord Fáilte et le NITB, est un système informatisé et payant de réservation d'hébergement (voir *Offices du tourisme* plus haut dans ce chapitre).

Everybody's Hotel Directory (www.everybody.co.uk) est un répertoire en ligne qui recense les hébergements pouvant accueillir des voyageurs handicapés (ou non) au Royaume-Uni, Irlande du Nord comprise.

Camping et caravaning

En Irlande, les endroits réservés au camping et aux caravanes ne sont pas aussi fréquents qu'en Grande-Bretagne ou que sur le continent, mais ils sont néanmoins assez nombreux. Des *camping barns*, fermes offrant des infrastructures simples pouvant accueillir une dizaine de personnes au maximum, commencent à apparaître dans certaines régions de l'île. Quelques auberges proposent des emplacements pour planter la tente et permettent généralement d'utiliser la cuisine et les douches, offrant une qualité d'accueil supérieure aux campings. Dans ces derniers, les emplacements pour tente coûtent de 5 à 12 €, et nombre d'entre eux possèdent des douches à pièces. Ils affichent des tarifs différents selon le type de tente (en général, ils distinguent une tente pour deux personnes d'une tente familiale) et selon que vous arrivez en voiture ou à vélo. Les emplacements pour caravanes s'échelonnent entre 9 et 13 €.

Vous pouvez planter votre tente gratuitement dans la campagne en demandant la permission au propriétaire du terrain. Autour des zones touristiques des comtés de Kerry et de Cork, certains fermiers vous demanderont quelques euros, mais d'autres vous permettront de vous installer gratuitement.

Une alternative à la caravane classique consiste à louer une roulotte tirée par des chevaux à bord de laquelle vous pouvez vous promener dans la campagne irlandaise. En haute saison, comptez environ 750 € par semaine. Contactez le Bord Fáilte pour obtenir une liste des prestataires. Vous pouvez aussi obtenir des informations en ligne sur http://horsedrawn.in-ireland.net.

Auberges de jeunesse

Si votre budget est serré, les nombreuses auberges, tant officielles qu'indépendantes, proposent un hébergement bon marché et permettent de rencontrer d'autres voyageurs. De mai à septembre et les jours fériés, elles risquent d'afficher complet, comme les autres types d'établissements.

Les prix cités dans ce guide pour les auberges de jeunesse sont ceux pratiqués en haute saison et pour les plus de 18 ans (An Óige utilise les termes *senior* et *junior*, senior s'appliquant aux plus de 18 ans). Comptez entre 10 et 19 € pour un lit en dortoir en haute saison (entre juin et septembre), excepté dans les auberges plus onéreuses de Galway et de Dublin.

L'Irlande a vu des auberges de jeunesse indépendantes – n'exigeant aucune adhésion – pousser comme des champignons. Elles vantent leur ambiance décontractée et leur absence de règlement, mais si la plupart n'ont pas de couvre-feu, quelques-unes n'autorisent pas l'accès aux chambres pendant une partie de la journée. Certaines offrent une qualité plutôt sommaire : pas de chauffage en hiver, 20 personnes par chambre en été, sur des lits superposés.

Les associations suivantes font de leur mieux pour offrir un hébergement fiable :

Independent Hostel Owners of Ireland (IHI ; ☎ 073-30130, fax 30339, www.holidayhound.com/ihi) Dooey Hostel, Glencolmcille, County Donegal

Independent Holiday Hostels of Ireland (IHH ; ☎ 01-836 4700, fax 836 4710, ihh@iol.ie, www.hostels-ireland.com) 57 Lower Gardiner St, Dublin. Une coopérative qui possèdent des dizaines d'auberges dans le Nord et dans le Sud.

Hostelworld.com (www.hostelworld.com) Une agence de réservation en ligne.

Carte Hostelling International.

Nous recommandons aux voyageurs à petit budget d'adhérer à Hostelling International (HI). Vous aurez ainsi accès aux auberges An Óige dans le Sud et à celles d'Hostelling International of Northern Irland (HINI) dans le Nor. L'adhésion, qui peut être effectuée auprès de l'association de votre pays

(YHA), s'élève à environ 15,25 €. Sinon, vous pouvez adhérer directement : demandez à une auberge une carte d'invité, que vous devrez faire tamponner pour chaque nuit contre 1,90 €, en sus du prix de l'hébergement. Lorsque vous aurez obtenu six tampons, vous serez considéré comme un membre à part entière. Vous bénéficierez alors de diverses réductions.

An Óige et HINI ont apporté de nombreuses améliorations, comme un système de réservation par fax. Les réservations peuvent être effectuées avec une carte de crédit auprès de nombre des plus grandes auberges. Certaines possèdent des chambres familiales ou de taille plus petite. An Óige possède 32 auberges éparpillées dans le Sud, tandis qu'HINI en compte huit dans le Nord. Pour séjourner en auberge, vous devez posséder un sac de couchage ou en louer un.

Voici les coordonnées des associations d'auberges de jeunesse :

An Óige (☎ 01-830 4555, fax 830 5808, mailbox@anoige.ie, www.irelandyha.org) 61 Mountjoy St, Dublin

HINI (☎ 028-9031 5435, fax 9043 9699, www.hini.org.uk) 22-32 Donegall Rd, Belfast

Bed and breakfast (B&B)

On a parfois l'impression que chaque maison propose un B&B ; ce service est en effet offert dans les lieux les plus inhabituels et les plus reculés.

La nuit est généralement facturée entre 24 et 32 € par personne, sauf dans les grandes villes, où des B&B luxueux peuvent demander 55 € ou plus par personne.

La plupart des B&B, à l'instar des hôtels, demandent un *single supplement* pour les personnes seules. En général, les B&B ne proposent que deux à quatre chambres, aussi d'avril à septembre, affichent-ils rapidement complet. Hors des grandes villes, ils n'acceptent que les espèces.

Hôtels

Les hôtels vont du pub local au château médiéval. Il est souvent possible de négocier de meilleurs tarifs que ceux affichés, notamment hors saison. Demandez si une réduction peut s'appliquer ou essayez de trouver une raison pour que l'on vous en accorde une. En dehors de la période des grandes vacances, les hôtels proposent souvent des offres spéciales certains jours de la semaine, mais elles sont relativement flexibles et peuvent être étendues aux jours qui vous arrangent. Le prix pour une nuit inclut généralement le petit déjeuner.

Locations

Les locations en appartement ou en maison sont souvent facturées à la semaine. Les tarifs varient d'une région et d'une saison à l'autre. Un charmant cottage à Schull, dans le comté de Cork, en août, revient à 800 € la semaine, pour six personnes, alors que le même logement à Banagher, dans le comté d'Offaly, en avril, coûte environ 250 €. Le Bord Fáilte publie un guide sur les hébergements en location agréés, avec photos et descriptions.

Autres hébergements

En été, il est possible de loger au Trinity College et à l'University College de Dublin (voir *Logements pour étudiants* dans la rubrique *Où se loger* dans le chapitre *Dublin*), et à la Queen's University de Belfast (voir *Auberges de jeunesse* dans *Où se loger* dans le chapitre *Belfast*).

Les pensions ne sont souvent que des B&B plus vastes et plus chers, mais, parfois, elles s'apparentent plus à des hôtels, avec restaurant, salon, téléphone et TV dans les chambres. Il est aussi possible de séjourner dans une exploitation agricole, solution parfois très avantageuse et qui peut vous permettre d'assister aux travaux de la ferme. Les *country house* (manoirs) sont des B&B ruraux, généralement plus onéreux.

Une autre solution consiste à louer un bateau à bord duquel vous pouvez vivre tout en naviguant sur les cours d'eau. Emerald Star (☎ 078-20234, fax 21433, www.emeraldstar.ie), The Marina, Carrick-on-Shannon, County Leitrim, est une compagnie qui loue des embarcations sur le Shannon-Erne Waterway. Une liste des agences proposant ce service est disponible dans les offices du tourisme.

ALIMENTATION
Cuisine locale

Autrefois, la cuisine irlandaise avait mauvaise réputation, mais elle s'est considérablement améliorée et vous pouvez désormais manger très convenablement.

Les plats sont généralement composés de viande, en général du bœuf, de l'agneau ou du porc. Longtemps négligés, les fruits de mer apparaissent peu à peu dans les assiettes. Nombre de restaurants en proposent d'excellents, notamment dans l'ouest. Les huîtres, la truite et le saumon sont succulents, surtout s'ils proviennent directement de la mer ou de la rivière et non d'un élevage.

Les meilleurs fromages locaux (autrefois limités à une version du cheddar) sont ceux du Clare et de l'ouest de Cork, notamment le *gubbeen*, un fromage à pâte molle de Schull, et le *mileens*, épicé. Le *dunbarra*, une sorte de brie de Dublin, le *cashel blue* de Tipperary et les fromages de Cooleeny vous régaleront aussi.

Le pain irlandais jouit d'une excellente réputation et peut être délicieux, notamment à Belfast, mais, malheureusement, la tendance est à la consommation du triste et pain de mie blanc tranché (*arán*). Les scones irlandais sont succulents (du thé et des scones forment un en-cas idéal à n'importe quel moment de la journée) et servis jusque dans les pubs.

Parmi les mets traditionnels, citons :

Bacon and cabbage. Tranches de bacon ou de jambon enveloppées dans du chou bouilli.

Barm Brack. Pain épicé en forme de gâteau, servi traditionnellement à Halloween et dans lequel on cache un anneau (attention !).

Blaa. Friand à la saucisse du Waterford.

Black and white pudding. Sorte de pain de viande en forme de saucisse, découpé en rondelles frites.

Boxty. Galette de pommes de terre, de plus en plus rare sur les menus.

Carrigeen. Plat à base d'algues.

Champ. Plat d'Irlande du Nord à base de purée de pommes de terre et de ciboule.

Coddle. Plat de Dublin, composé d'un ragoût épais avec des saucisses, du lard, des oignons et des pommes de terre.

Colcannon. Purée de pommes de terre, de choux et d'oignons frite dans du lait et du beurre.

Crubeens. Plat de Cork à base de pieds de porc.

Dulse. Algue séchée frite, vendue salée et prête à consommer, surtout à Ballycastle, comté d'Antrim.

Guinness cake. Cake aux fruits, aromatisé avec de la Guinness.

Irish stew. Ce mets irlandais fondamental consiste en un ragoût de mouton, de pommes de terre et d'oignons, aromatisé avec du persil et du thym et cuit à feu doux.

Soda bread. Pain noir et blanc (également appelé *wheaten*) fabriqué avec de la farine et du babeurre. On le trouve dans tout le pays.

Yellowman. Caramel dur, caoutchouteux fabriqué dans le comté d'Antrim.

Restaurants

Pour nombre d'Irlandais (surtout dans les zones rurales), le déjeuner constitue le repas principal de la journée. Chaque agglomération compte au moins un hôtel, un pub ou un restaurant qui propose des déjeuners composés de trois plats pour environ 6,50 €. Le soir, un repas similaire revient au moins au double.

Au cours de la dernière décennie, le nombre de restaurants a augmenté considérablement dans toutes les catégories. Les autres possibilités sont les restaurants italiens ou chinois. Cependant, dans des villes comme Dublin, Belfast et Cork, vous trouverez une gastronomie plus cosmopolite, avec des établissements français, indiens, du Moyen-Orient et mexicains. Il en résulte une modification importante des comportements : alors que dîner en ville était considéré comme un luxe que l'on s'offrait seulement lors d'occasions particulières, c'est aujourd'hui devenu une habitude.

Fast-foods

Les fast-foods vont du *fish and chips* traditionnel – les établissement sont appelés *chippers* –, aux burgers, pizzas, kebabs et tacos. Les pubs sont d'excellents endroits pour se restaurer, notamment à l'heure du déjeuner, où un bol de soupe (généralement de légumes) et du bon pain font un délicieux repas économique.

BOISSONS
Boissons sans alcool

Les Irlandais boivent beaucoup de thé, généralement servi dans une petite théière avec du lait dans un pot séparé. On trouve du café dans presque tous les pubs, facturé entre 0,80 et 1,50 €. Les pubs et les hôtels servent aussi des boissons non alcoolisées et des boissons pétillantes de marque (appelées *minerals*), mais leur prix est prohibitif.

Alcool

"Stout" signifie en général Guinness, la fameuse bière noire de Dublin, mais à Cork, il peut s'agir de Murphy's ou de Beamish. Originaire de Grande-Bretagne, la stout (aussi appelée *porter* en raison de sa popularité auprès des débardeurs – *porters* – du Covent Garden Market de Londres) a été lancée par la famille Guinness et s'est vite rendue indispensable au palais des Irlandais.

Si la stout n'est pas à votre goût, il existe une vaste gamme de lagers, dont l'Irish Harp (brassée par Guinness) et de nombreuses importations brassées localement. Si vous souhaitez une amertume anglaise, essayez la Smithwick's (le "w" n'est pas prononcé) ou la Caffrey's.

Si vous demandez simplement une Guinness ou une Harp, on vous servira une pinte (570 ml ; 2,80 à 3,50 € dans un pub). Si vous voulez une demi-pinte (1,40 à 1,75 €), demandez un "*glass*" ou une "*half*".

Les Irlandais furent des pionniers dans le développement de la distillation du whiskey (distillé trois fois et écrit avec un "e", contrairement au whisky écossais, distillé deux fois). Bushmills, dans le comté d'Antrim, est la plus ancienne distillerie légale (1608). Lorsqu'ils commandent un whiskey, les Irlandais ne demandent jamais un scotch : ils utilisent le nom de la marque d'un whiskey irlandais (Jameson's, Paddy's, Power's, Bushmills ou autre). Un verre peut sembler cher, mais les Irlandais ont la main lourde.

L'irish-coffee est servi dans les hôtels et les restaurants. Ce mélange de café chaud et de whiskey surmonté de chantilly n'est pas une boisson traditionnelle. Il fut, dit-on, servi pour la première fois aux passagers de la première transatlantique à leur arrivée au Shannon Airport.

DISTRACTIONS

Pour des renseignements sur les manifestations et les festivals annuels, reportez-vous à la rubrique *Fêtes et festivals* plus haut dans ce chapitre.

Pubs, bars et clubs

La distraction la plus populaire en Irlande consiste à écouter de la musique traditionnelle en dégustant une pint de Guinness. Si vous êtes invité dans un pub particulier pour son "*good crack*" (prononcé *craic* en gaélique), n'allez pas vous imaginer être tombé sur le dealer local. Le *craic* désigne le bon temps : une ambiance conviviale, des discussions pétillantes et de la musique.

Dans des villes comme Dublin, Belfast ou Cork, les pubs anciens ont été remplacés par des bars modernes et raffinés dont la principale caractéristique est une stéréo de 250 W. À Dublin et à Belfast, les clubs font fureur, certains proposant des soirées à thème qui durent jusqu'au petit matin.

De nos jours, nombre de bars et de pubs sont équipés de TV par satellite qui diffusent grands et petits événements sportifs.

Cinémas

Les grandes villes possèdent des complexes de cinéma, mais seules Dublin, Belfast et Cork sont dotées de salles d'art et d'essai présentant des films étrangers. Belfast dispose aussi d'un cinéma IMAX. Dans les zones rurales, le cinéma ambulant de l'Irish Film Board propose des sièges confortables, l'air conditionné et le son stéréo.

Théâtre

Le théâtre est apprécié dans toute l'Irlande. Dublin, en particulier, est célèbre pour ses excellentes salles au programme varié. Le plus célèbre est l'Abbey Theatre (www.abbeytheatre.ie), fondé par WB Yeats, Lady Gregory et d'autres écrivains et artistes qui furent à l'origine de la renaissance de la littérature anglo-irlandaise. Le Gate Theatre (www.gate-theatre.ie) est une compagnie plus petite qui présente un travail nouveau, inhabituel et d'une diversité remarquable. Le Gaiety (www.gaiety-theatre.net) et l'Olympia sont deux bâtiments magnifiquement conservés qui abritent un mélange de pièces, de divertissements pour enfants et de spectacles. Belfast compte aussi plusieurs théâtres, le plus remarquable étant le Grand Opera House (www.goh.co.uk). La plupart des grandes villes possèdent au moins un théâtre et, en été, les compagnies font des tournées dans le pays.

Musique classique et opéra

La majorité des orchestres de musique classique et des compagnies d'opéra sont basés à Dublin, mais Belfast et Cork constituent des centres classiques et lyriques importants. Les principales infrastructures accueillant les représentations sont le National Concert Hall (www.nch.ie) à Dublin, le Waterfront Hall (www.waterfront.co.uk) et le Grand Opera House à Belfast ainsi que le Cork Opera House. L'événement d'opéra le plus prestigieux est le Wexford Festival Opera qui a lieu en octobre (voir le chapitre *Wexford*).

MANIFESTATIONS SPORTIVES
Football gaélique et hurling

L'Irlande a produit deux sports qui remportent un vif succès auprès des spectateurs : le football gaélique et le hurling.

Le football gaélique, populaire dans toute l'Irlande, est un spectacle vif et excitant. Le ballon est rond comme celui utilisé en football, mais les joueurs peuvent le frapper du poing ou des pieds dans n'importe quel sens. Les buts sont similaires à ceux du rugby, mais un tir au-dessous de la barre vaut trois points, tandis qu'un but au-dessus de la barre n'est gratifié que d'un point.

Le hurling, qui se joue avec une balle et une crosse, s'apparente au hockey, mais il est beaucoup plus rapide et physique. Les spectateurs sont souvent déconcertés par les collisions entre joueurs, qui brandissent leur crosse avec un air féroce, mais les blessures sont rares. Les cages de buts et les points suivent les mêmes règles qu'au football gaélique, mais la balle en cuir, ou *liotar,* est de la taille d'une balle de base-ball. Un joueur peut s'emparer de la balle avec sa crosse et parcourir une certaine distance. La balle peut être attrapée à la main pour un instant très bref puis envoyée à un autre joueur avec la crosse. Les grandes crosses en bois sont appelées *hurleys.* Le hurling féminin est appelé *camogie.*

Ce sport est très ancien et il est mentionné dans de nombreux contes irlandais. Le héros mythique celte Cúchulainn en fut un joueur légendaire. Aujourd'hui, le hurling est joué sur un terrain standard, mais il était autrefois pratiqué en pleine campagne et opposait deux villes ou deux villages, le but étant de conduire la balle vers un point précis.

Le football gaélique et le hurling sont présents dans tout le pays à travers un réseau de clubs et sous l'égide de la Gaelic Athletic Association (www.gaa .ie). Les compétitions les plus importantes sont jouées au niveau du comté et les vainqueurs de comté de chacune des quatre provinces du pays se rencontrent en automne lors des All-Ireland Finals, l'apogée de l'année sportive en Irlande. Les finales du football gaélique et du hurling sont toutes deux jouées en septembre au Croke Park de Dublin.

Football et rugby

Le football *(soccer)* et le rugby jouissent d'une popularité considérable dans tout le pays, notamment autour de Dublin ; le football est très populaire en Irlande du Nord.

L'équipe internationale de rugby est composée de joueurs d'Irlande du Nord et de la République. Elle est soutenue par d'innombrables supporters. Les matches à domicile ont lieu au Lansdowne Rd Stadium, à Dublin (voir le site www.irfu.ie).

L'Irlande du Nord et l'Éire possèdent chacune leur équipe de football et toutes deux, surtout la République, ont un bon niveau. Les matches internationaux sont disputés au Lansdowne Rd Stadium, à Dublin, et au Windsor Park, à Belfast.

L'Irlande du Nord (www.irishfa.com) et la République (www.fai.ie) ont chacune leur propre ligue professionnelle.

Boules sur route

L'objectif de ce sport est de lancer une balle en fonte le long d'une route (normalement peu fréquentée) sur une certaine distance, en général sur 1 ou 2 km. La personne qui y parvient avec le moins de lancers est le vainqueur. Les principaux centres de ce sport sont Cork et Armagh. Les compétitions ont lieu toute l'année et attirent les foules.

Courses de chevaux

Les chevaux ont joué un rôle important dans la vie irlandaise au cours des siècles. Le pays produit un nombre considérable de chevaux de course au succès international.

Vingt-sept courses hippiques sont organisées, dont le Leopardstown dans le comté de Dublin, la Fairyhouse dans le comté de Meath, Naas, Punchestown et Curragh dans le comté de Kildare. Les grandes courses annuelles incluent l'Irish Grand National (Fairyhouse, avril), l'Irish Derby (Curragh, juin) et l'Irish Leger (Curragh, septembre). Pour des informations sur ces manifestations, contactez l'Irish Horse racing Authority (☎ 01-289 2888, www.iha.ie).

Courses de lévriers

Avec des rencontres toute l'année, les courses de lévriers sont très populaires. L'île compte 20 pistes, gérées par le Irish Greyhound Board (☎ 061-316788, www.igb.ie), 104 Henry St, Limerick.

Golf

Le golf remporte un vif succès en Irlande, qui offre de nombreux terrains magnifiques. L'Irish Open annuel a lieu en juin ou en juillet et l'Irish Women's Open en septembre. Pour des informations sur les rencontres, contactez la Golfing Union of Ireland (☎ 01-269 4111, gui@iol.ie, www.gui.ie), 81 Eglinton Rd, Donnybrook, Dublin.

Cyclisme

Le cyclisme est un sport très suivi. Les compétitions annuelles comprennent le Des Hanlon Memorial Race à Carlow (mars ou avril) et l'exténuant Milk Rás (mai), qui approche parfois 1 200 km. En 1998, l'Irlande a accueilli la première étape du Tour de France. Pour des renseignements sur les compétitions, consultez le site www.irishcycling.com.

Billard

Le billard fait l'objet d'un culte parmi les amateurs du genre. Les Irish Masters se déroulent à Dublin en mars. .

ACHATS

Les adeptes de l'achat en ligne pourront consulter le site www.celticlinks.com qui présente un vaste choix de produits irlandais.

Vêtements

Tricoté à l'origine par les femmes de l'île d'Aran, pour protéger leurs maris du rude climat local, le pull d'Aran est désormais vendu dans toute l'Irlande, notamment dans le comté de Galway.

Le comté de Donegal est célèbre pour ses tweeds : Magee & Company (☎ 073-31100, www.mageeshop.com), The Diamond, Donegal Town, offre un vaste choix. On peut acheter du tweed au mètre ou bien sous forme de prêt-à-porter (vestes, jupes, casquettes). Les comtés de Wicklow et de Dublin produisent également du tweed.

Le lin irlandais est de très bonne qualité. Il se décline sous diverses formes, des chemises aux mouchoirs, les principaux centres de production étant situés dans le Nord. Limerick ou Carrickmacross dans le comté de Monaghan produisent la plus belle dentelle irlandaise. Les Irlandais fabriquent aussi des vêtements de plein air de grande qualité, leur expérience de la pluie et du froid aidant sans doute. Châles tissés main et couvertures de laine constituent de jolis cadeaux.

Cristal

Waterford Crystal (☎ 051-73311, www.waterfordwedgwood.com), Kilbarry, Waterford, fabrique un cristal célèbre dans le monde entier et vendu dans toute l'Irlande. Son principal rival est Cavan Crystal (☎ 049-433 1800, www.cavancrystaldesign.com), Dublin Rd, Cavan. De plus petits fabricants offrent de splendides objets à des prix plus attractifs. Dans le Nord, Tyrone Crystal (☎ 028-8772 5335, www.tyronecrystal.com), Killybrackey, Dungannon, propose des visites d'usine.

Alcools

Le whiskey irlandais ne se distingue pas seulement par son orthographe : il a un goût bien particulier. Les grandes marques sont Paddy's, Jameson's, Power's, Bushmills et Tullamore Dew. On ne les trouve pas toujours facilement ailleurs qu'en Irlande. L'Irish Mist et le Bailey's Irish Cream sont deux liqueurs célèbres. Bailey's produit désormais de l'irish-coffee en bouteille, prêt à consommer.

Poterie

Dans tout le pays, des petits ateliers de poterie façonnent de jolis objets inhabituels. Le village de Belleek dans le comté de Fermanagh, à la frontière de l'Ulster et du Donegal, produit de la porcelaine tendre raffinée. Dans le Sud, aux environs de Dingle, dans le comté de Kerry, on trouve des poteries magnifiques. Enniscorthy dans le comté de Wexford, Kilkenny et Thomastown dans le comté de Kilkenny ne sont pas en reste. En général, dans l'ouest du Cork et dans le Kerry, d'innombrables petits ateliers ouvrent leurs portes en été, vendant leurs productions et d'autres types d'artisanat. Les poteries Stephen Pearce de Carrigaline dans le Cork sont disponibles dans toutes les boutiques de souvenirs.

Divers

Vous pouvez aussi rapporter de la musique irlandaise ; des bijoux, notamment les bagues de Claddagh (voir l'encadré *Claddagh* dans le chapitre *Galway)* ; des objets en émail ; des paniers de jonc ou d'osier tressés. Le marbre du Connemara est une pierre verte naturelle que l'on trouve dans l'ouest de l'Irlande.

Comment s'y rendre

Le site web de l'office du tourisme irlandais (www.irishtouristboard.com) propose des informations sur les moyens de se rendre en Irlande au départ de plusieurs pays.

VOIE AÉRIENNE
Aéroports et compagnies aériennes

L'aéroport de Dublin (DUB ☎ 01-814 1111, www.dublinairport.com) est l'aéroport international principal de la République. Celui de Shannon (SNN ☎ 061-712000, www.shannonairport.com), près de Limerick, et celui de Cork (ORK ☎ 021-431 3131, www.corkairport.com) disposent également d'installations internationales de taille respectable. Il existe des vols directs depuis la Grande-Bretagne, l'Europe continentale et l'Amérique du Nord vers Dublin, Shannon, et Cork.

Les aéroports de Galway (GWY ☎ 091-755569, www.galwayairport.com), de Sligo (SXL – ☎ 071-68280, www.sligoairport.com) et de Donegal (CFN – ☎ 075-48284, www.donegalairport.ie) sont tous desservis par des vols intérieurs en provenance de Dublin.

Aer Lingus, la compagnie aérienne nationale irlandaise, propose des vols directs vers l'Europe et les États-Unis. Ryanair, deuxième compagnie aérienne irlandaise, est un transporteur "discount", qui propose des vols peu onéreux vers le reste de l'Europe, en faisant des économies sur les prestations habituelles. Aer Árann (www.aerarann.ie) est un petit transporteur qui fait la liaison entre Dublin et plusieurs autres villes irlandaises.

Le principal aéroport d'Irlande du Nord est le Belfast International Airport (BFS ☎ 028-9448 4848, www. belfastairport.com), à 30 km au nord-ouest de la ville, à Aldergrove. Le Belfast City Airport (BHD ☎ 028-9093 9093, www.belfastcityairport.com), plus petit mais plus pratique pour se rendre au centre-ville, propose des vols réguliers directs vers de nombreuses villes britanniques, tout comme l'aéroport de Derry (LDY ☎ 028-7181 0784, www.derry.net/airport).

Attention !

En raison de l'évolution constante du marché et de la forte concurrence régissant l'industrie du tourisme, les renseignements présentés dans ce chapitre restent purement indicatifs. En particulier, les tarifs des vols internationaux et les horaires sont toujours susceptibles d'être modifiés.

De plus, l'administration et les compagnies aériennes semblent prendre un malin plaisir à concevoir des formules relativement complexes. Assurez-vous, auprès de la compagnie aérienne ou d'une agence de voyages, que vous avez bien compris les modalités de votre billet.

Avant de vous engager, nous vous recommandons de vous renseigner auprès de votre entourage et de faire le tour des compagnies et des agences, en comparant les tarifs et les conditions proposés par chacune.

Europe francophone

Dublin et Belfast sont accessibles depuis les principales villes d'Europe. Dans les deux cas, les vols en provenance d'Amsterdam, de Bruxelles et de Paris sont souvent les moins chers. Shannon est desservi par des vols en provenance de Paris, de Bruxelles et de Francfort. Cork est relié par vols directs à Paris et Amsterdam.

Pour voyager moins cher, on pourra avoir recours à des compagnies discount comme Ryanair or Buzz jusqu'à Londres, puis de prendre une correspondance bon marché vers l'Irlande. Ces deux compagnies disposent de tarifs intéressants à partir de plusieurs villes françaises.

France. Au moment où nous écrivions ces lignes, les premiers prix pour un aller-retour Paris-Dublin se situaient dans une fourchette allant d'environ 150 à 400 €. Ryanair propose des tarifs beaucoup plus compétifis au départ de Beauvais et d'autres villes de province.

Pour information, les agences de voyages en ligne suivantes proposent des billets d'avion à des prix très concurrentiels juste avant le départ : Dégriftour (3615 DT, www.degriftour.com/fr), Réductour (3615 RT, son site web a fusionné avec celui de Dégriftour) et Travelprice (n° Indigo 0 825 026 028, www.travelprice.fr).

Vous pouvez également vous adresser aux agences et compagnies suivantes :

Air France (☎ 0 820 820 820), 119 av. des Champs-Élysées, 75008 Paris, www.airfrance.fr , 3615/16 AF
Aer Lingus (☎ 01 55 38 38 55, fax 01 55 38 38 40), 52-54 rue Belle-Feuille 92100 Boulogne Billancourt, www.aerlingus.com
British Airways (☎ 0 825 825 400), 13-15 bd de la Madeleine, 75001 Paris, www.britishairways.com, réservation 3615 BA
British Midland (☎ 01 41 91 87 04, fax 01 53 43 26 11), 18 bd Malesherbes, 75008 Paris, www.flybmi.com
Buzz (☎ 01 55 17 42 42), www.buzzaway.com
E-Bookers (ex-Compagnie des voyages, ☎ 01 45 08 44 88, fax 01 45 08 03 69), 28 rue Pierre Lescot, 75001 Paris, www.ebookers.com
EasyYet (☎ 08 25 08 25 08), www.easyjet.com
Fuaj (Fédération unie des auberges de jeunesse), ☎ 01 48 04 70 40, fax 01 42 77 03 29), 9 rue Brantôme, 75003 Paris, www.fuaj.org , 3615 Fuaj
Havas Voyages (☎ 01 53 29 40 00, fax 01 47 03 32 13), 26 av. de l'Opéra, 75001 Paris, www.havasvoyages.fr , 3615 Havas Voyages
OTU (☎ 0 820 817 817 ou 01 44 41 38 50), 39 av. Georges-Bernanos, 75005 Paris, www.otu.fr ; l'Organisation du tourisme universitaire propose des réductions pour les étudiants et les (jeunes) enseignants sur de nombreux vols ; se renseigner dans les CROUS
Ryanair à l'Aéroport de Paris-Beauvais (☎ 03 44 11 41 41); Centrale de réservation en Irlande : ☎ 00 353 1 609 7800. Les réservations se font essentiellement online sur www.ryanair.com.
Usit Connections (☎ 01 42 44 14 00, n° Indigo : 0 825 08 25 25, fax 01 44 55 32 60), 14 rue Vivienne, 75002 Paris, www.usitconnections.fr, www.usitworld.com , 3615 Usit ; (☎ 01 42 34 56 90, 01 42 44 14 00, fax 01 42 34 56 91), 6 rue de Vaugirard, 75006 Paris. De nombreuses agences en France ; négocie des prix réduits sur diverses compagnies pour les étudiants
Voyageurs Associés (☎ 04 91 47 49 40, fax 04 91 47 27 68), 39 rue des Trois-Frères-Barthélémy, 13006 Marseille ; (☎ 03 88 24 97 00, fax 03 88 24 97 01), 1 rue de Zurich, 67000 Strasbourg

Voyageurs du Monde (☎ 01 42 86 16 00, fax 01 42 86 17 88 ; par fax, indiquer votre destination), 55 rue Sainte-Anne, 75002 Paris, www.vdm.com , 3615 Voyageurs
Wasteels (☎ 08 03 88 70 04, fax 01 43 25 46 25), 11 rue Dupuytren, 75006 Paris, www.voyages-wasteels.fr , 3615 Wasteels

Belgique. Des transporteurs offrant tous les services classiques font, entre autres, le trajet de Bruxelles jusqu'à Dublin (environ 200 € l'aller-retour). Ryanair propose des tarifs moins onéreux sur les trajets de Bruxelles à Dublin et Shannon, et EasyJet constitue un bon choix pour aller d'Amsterdam à Belfast. Vous pouvez également examiner les offres des agences suivantes :

Airstop (☎ 70 23 31 88), 28 Wolvengracht, 1000 Bruxelles, www.airstop.be
Connections (☎ 2 550 01 00, fax 2 512 94 47), rue du Midi 19-21, 1000 Bruxelles ; (☎ 2 647 06 05 fax 02 647 05 64), av. Adolphe-Buyl 78, 1050 Bruxelles ; (☎ 9 223 90 20 fax 09 233 29 13), Nederkouter 120, 9000 Gand ; (☎ 4 223 03 75, fax 04 223 08 82), rue Sœurs-de-Hasque 7, 4000 Liège, www.conections.be ; le spécialiste belge du voyage pour les jeunes et les étudiants.
Éole (☎ 2 227 57 80, fax 2 219 90 73), chaussée de Haecht 43, 1210 Bruxelles

Suisse. Au moment de la rédaction de ce guide, un aller-retour Zurich-Dublin se situait aux alentours de 450 FS hors taxes. Vous pouvez commencer vos recherches en contactant une des agences suivantes :

EasyYet (☎ 0848 888 222), www.easyjet.com
Jerrycan (☎ 22 346 92 82, fax 22 789 43 63), 11 rue Sauter, 1205 Genève
STA Travel (☎ 21 617 56 27 fax 021 616 50 77), 20 bd de Grancy, 1006 Lausanne ; (☎ 22 329 97 33 fax 022 329 50 62), 3 rue Vigner, 1205 Genève ; (☎ 22 818 02 20 fax 22 818 02 29) 8 rue de Rive 1204 Genève ; coopérative de voyages suisse, propose des vols à prix négociés pour les étudiants jusqu'à 26 ans et des vols charters pour tous (tarifs un peu moins chers au départ de Zurich)

Depuis/vers le Canada

Des vols directs réguliers relient le Canada et l'Irlande, mais, pour obtenir des prix abordables, mieux vaut prendre une correspondance aux États-Unis, ou bien rallier Londres puis l'Irlande. Au Québec, votre recherche du meilleur tarif peut commencer avec les contacts suivants :

Funtastique Tours (☎ 514 270-3186 fax 54 270 8187), 8060 rue Saint-Hubert, Montréal, Québec H2 R 2P3

Travel Cuts – Voyages Campus (☎ (514) 281 66 62, fax (514) 281 80 90), 225 Président Kennedy PK-R206, Montréal, Québec H2X3Y8 ; (☎ (514) 284-1368 boite vocale), 2085 av. Union, suite L-8, Montréal, Québec H3 A 2C3 ; (☎ 416 979-2406), 187 College St, Toronto M5T 1P7

Depuis/vers la Grande-Bretagne

Le couloir aérien Londres-Dublin est l'un des plus fréquentés au monde. Les différentes compagnies s'y livrent une concurrence acharnée, de même que sur la ligne Londres-Belfast, d'où des tarifs souvent très avantageux. D'autres liaisons, notamment entre Londres et Cork ou Shannon, et entre Birmingham, Manchester ou Glasgow et Dublin ou Belfast, sont également compétitives.

Les meilleurs tarifs sont souvent ceux proposés en ligne par les compagnies aériennes.

Aer Árann
☎ 0114-201 1998
www.aerarann.ie

Aer Lingus
☎ 0845 973 7747
www.aerlingus.com

British Airways
☎ 0845 773 3377
www.britishairways.com

British European
☎ 0870 567 6676
www.british-european.com

British Midland
☎ 0870 607 0555
www.flybmi.com

EasyJet
☎ 0870 600 0000
www.easyjet.com

Go
☎ 0870 607 6543
www.go-fly.com

Ryanair
☎ 0870 156 9569
www.ryanair.com

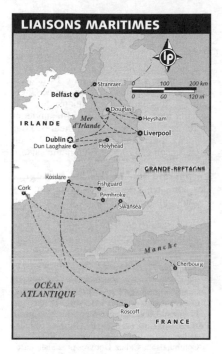

LIAISONS MARITIMES

VOIE MARITIME

Beaucoup de ferries et de bateaux plus rapides relient la France et la Grande-Bretagne à l'Irlande. La concurrence avec les compagnies aériennes a contribué à tirer les prix vers le bas. Si vous voyagez en voiture, vous pourrez parfois transporter jusqu'à quatre ou cinq passagers pour le même prix.

Les prix donnés – à titre purement indicatif – sous cette rubrique correspondent à : aller simple pour un adulte/1 voiture (jusqu'à 5 adultes).

Depuis la France

Brittany Ferries (☎ 021-427 7801 en Irlande, 02 98 29 28 00 en France, www.brittany-feries.com) propose un service hebdomadaire de Roscoff à Cork de fin mars à fin septembre. La traversée dure 14 heures. Comptez 71/359 € en basse saison et 103/591 € en haute saison.

Irish Ferries (☎ 053-33158 à Rosslare, 02 33 23 44 44 à Cherbourg, 02 98 61 17 17 à Roscoff, 01 44 88 54 54 à Paris ; www.irishferries.com) assure un départ environ un jour sur deux de Roscoff à Rosslare, d'avril à septembre. La traversée dure 14 heures. Des ferries effectuent la traversée de Cherbourg à Rosslare deux à quatre fois par semaine toute l'année, excepté fin janvier et en février. Le voyage dure 18 heures. Pour les deux itinéraires, comptez 60/269 € en basse saison et 120/659 € en haute saison.

En passant par la Grande-Bretagne.
Les compagnies suivantes proposent des formules intégrant le passage de France (ou de Belgique) en Angleterre puis d'Angleterre en Irlande (environ 120/340 € en haute saison). Sachez cependant que le trajet intermédiaire reste à la charge du voyageur.

Hoverspeed (☎ 00 800 1211 1211, www .hoverspeed.co.uk), International Hoverport, 62100 Calais, propose des formules Calais-Douvres ou Ostende-Douvres puis Heysham-Belfast ou Liverpool-Dublin (avec arrêt possible à Douglas).
P&O Stena Line (☎ 08 20 01 00 20, www2.stenaline.com), 1 rue des Mathurins, 75009 Paris. Combinaisons Calais-Douvres puis Fishguard-Rosslare ou Holyhead-Dublin.
Seafrance (☎ 01 44 94 40 40), 23 rue Louis-le-Grand, 75002 Paris. Formules Calais-Douvres puis Holyhead-Dublin ou Pembroke-Rosslare.

Depuis la Grande-Bretagne

De nombreux bateaux partant d'Angleterre, d'Écosse, du pays de Galles et de l'Île de Man desservent la République et le Nord. Il est conseillé de s'y prendre à l'avance car les tarifs varient considérablement, selon la saison, le jour de la semaine, l'heure et la durée du séjour. Parfois l'aller-retour ne coûte pas plus cher qu'un aller simple. Les compagnies proposent des offres spéciales qui valent la peine d'être consultées, et des réductions aux titulaires de la carte ISIC ainsi qu'aux membre de Hostelling International (HI).

Parmi les principaux itinéraires entre la Grande-Bretagne et la République, citons :

De Fishguard et Pembroke à Rosslare. Ces courtes traversées en ferry prennent trois heures (de Fishguard) ou quatre heures (de Pembroke) et coûtent autour de 25/190 £ en haute saison. Le reste de l'année, vous ne serez facturé qu'environ 20/95 £. L'express partant de Fishguard met juste un peu plus d'une heure et coûte 30/200 £ en haute saison.

De Holyhead à Dublin et Dun Laoghaire. La traversée en ferry dure un peu plus de trois heures et vous coûtera environ 20/185 £ en haute saison. Le service express d'Holyhead à Dun Laoghaire met un peu plus d'1 heure 30, au prix de 30/190 £ en période d'affluence.

Voici quelques compagnies effectuant le trajet entre la Grande-Bretagne et l'Irlande.

Irish Ferries (☎ 0870 517 1717, www.irishferries.com) Corn Exchange Building, Ground Floor, Brunswick St, Liverpool L2 7TP. Des ferries et des express effectuent la traversée de Holyhead à Dublin, et des ferries de Pembroke à Rosslare.
Stena Line (☎ 0870 570 7070, www.stenaline .com) Charter House, Park St, Ashford TN24 8EX. Vous pourrez vous rendre de Holyhead à Dun Laoghaire et de Stranraer à Belfast sur les ferries de cette compagnie, qui propose également des express effectuant le trajet Holyhead-Dublin, Fishguard-Rosslare et Stranraer-Belfast.
Swansea Cork Ferries (☎ 01792-456116, www.swansea-cork.ie) Harbour Office, Kings Dock, Swansea SA1 1SF, propose la traversée de Swansea à Cork en ferry.

VOIE TERRESTRE ET MARITIME

Le bus reste la façon la moins onéreuse de voyager de Grande-Bretagne en Irlande. Bus Éireann et National Express assurent des liaisons pour Eurolines directement de Londres et d'autres grandes villes britanniques pour Dublin, Belfast et d'autres villes irlandaises – à noter des retards fréquents avec Bus Éireann. Pour obtenir des renseignements, contactez à Londres Eurolines (☎ 0870 514 3219) ou National Express (☎ 0870 580 8080). Ces deux compagnies partagent le site web www.gobycoach.com.

La liaison Eurolines entre Londres et Dublin prend environ 12 heures pour un tarif compris entre 35 et 55 £ aller-retour. Les tarifs sont légèrement plus élevés au départ d'autres villes britanniques. Pour voyager avec Eurolines entre Londres et Belfast, comptez entre 13 et 16 heures, et 60 £ aller-retour. Ce tarif est à peu près identique à partir d'une autre ville britannique.

Il est possible de combiner billets de train et de ferry. Le trajet Londres-Dublin dure de 8 à 10 heures *via* Holyhead, pour un prix de 75 £ aller-retour en période de pointe. Stena Line propose actuellement le voyage entre Londres Euston et Dublin. Il est possible de rallier en train la plupart des ports britanniques proposant la traversée en ferry vers l'Irlande.

VOYAGES ORGANISÉS

Nombreux sont les tour-opérteurs à proposer des voyages organisés en Irlande, à thème ou non. Renseignez-vous auprès de votre agence de voyages, jetez un coup d'œil dans les pages voyages des journaux ou contactez l'office de tourisme irlandais pour obtenir les noms de voyagistes proposant des voyages organisés (reportez-vous à la rubrique *Offices du tourisme* du chapitre *Renseignements pratiques*). Par ailleurs, les agences ci-dessous proposent des séjours de randonnées (8 à 15 jours) dans différentes régions d'Irlande.

Allibert (☎ 04 76 45 22 26, fax 04 76 45 50 75), route de Grenoble, 38530 Chapareillan ; (tél. 01 44 59 35 35, fax 01 44 59 35 36), 37 bd Beaumarchais, 75003 Paris, www.allibert-voyages.com

Chamina Sylva (☎ 04 66 69 00 44, fax 04 66 69 06 09), BP 5, 48300 Langogne

Clio (☎ 01 53 68 82 82, fax 01 53 68 82 60), 27 rue du Hameau, 75015 Paris, www.clio.fr

Club Aventure (☎ 01 44 32 09 30 ou 0 825 306 032, fax 01 44 32 09 59), 18 rue Séguier, 75006 Paris, www.clubaventure.fr , 3615 Clubavt

Grand Angle (☎ 04 76 95 23 00, fax 04 76 95 24 78, info@grandangle.fr), 38112 Méaudres

Nomade (☎ 01 46 33 71 71, fax 01 43 54 76 12), 40, rue de la Montagne-Sainte-Geneviève, 75005 Paris, www.nomade-aventure.com, 3615 Nomadav

Nomade Expérience (☎ 026 34 74 800, fribourg@globetrotter.ch), 28 rue de Lausanne, CP 1700, Fribourg, Suisse

Tamera (☎ 04 78 37 88 88, fax 04 78 92 99 70, tamera@tamera.fr), 26 rue du Bœuf, 69005 Lyon

Comment circuler

A première vue, circuler en Irlande semble assez simple : les distances sont réduites, et il existe un bon réseau de routes et de voies ferrées. Mais les villes et les villages ne sont pas toujours desservis par les transports publics, et d'étranges détours sont souvent nécessaires. Les transports en commun sont onéreux (particulièrement le train) ou rares, voire les deux. Mais surtout, ils ne conduisent pas souvent aux sites intéressants. Disposer de son propre moyen de locomotion peut donc se révéler très utile.

Si vous choisissez de ne pas conduire, un savant dosage de bus et de taxi, beaucoup de temps, un peu de marche ou une bicyclette de location vous permettront de vous rendre n'importe où.

AVION

Il y a des vols entre Dublin et Cork, Donegal, Galway, Kerry, Shannon, Sligo et Derry. Vous pouvez aussi vous rendre en avion de Belfast à Shannon. La durée de la plupart des vols est de 30 et à 40 minutes.

Aer Rianta, l'organisation responsable des aéroports de Dublin, de Cork et de Shannon, publie un guide des services aéroportuaires et des horaires des vols. Son agence centrale (☎ 01-844 4900, www.aer-rianta.ie) est située dans l'aéroport de Dublin.

Aer Lingus (www.aerlingus.ie) propose des vols intérieurs aussi bien qu'internationaux. Son agence principale se trouve dans l'aéroport de Dublin ; vous trouverez des billetteries à Dublin, Cork, Belfast et Shannon. Pour obtenir des renseignements ou pour réserver, appelez le ☎ 01-886 8888 entre 7h30 et 21h30. Pour des renseignements sur le trajet Belfast-Shannon, contactez l'agence du Belfast International Airport au ☎ 028-9442 2888.

Aer Árann (☎ 091-593034) propose un vol vers les îles d'Aran (voir *Iles d'Aran*, à la rubrique *Comment s'y rendre* du chapitre *Galway* pour les tarifs et les horaires). Aer Árann Express (☎ 1890 462 726, 01-814 5240 à Dublin) propose des vols à un tarif

raisonnable pour Kerry, Galway, Knock, Sligo et Donegal à partir de Dublin.

BUS

Bus Éireann (☎ 01-836 6111, www.buseireann.ie), Busáras, Store St, Dublin, est la ligne de bus de la République. Elle dessert le Nord comme le Sud. Il est possible de réserver sur Internet.

Des offres spéciales sont souvent proposées, comme des billets aller-retour moins chers à utiliser en milieu de semaine (voir l'encadré *Réductions pour le ferry, le bus et le train*). En hiver, le nombre de bus est souvent extrêmement réduit et un certain nombre de trajets disparaissent à partir de septembre.

Ulsterbus (☎ 028-9033 3000), Milewater Rd, Belfast, est la compagnie du Nord. Son standard, ouvert tous les jours de 7h à 23h, fournit des renseignements sur les horaires. Il n'existe pas de compagnie de bus privée dans le Nord.

Voici quelques tarifs aller simple, horaires et fréquence de passage du lundi au samedi (il n'y a que peu de bus, voire pas du tout, le dimanche) :

Ligne	tarif	durée (heures)	fréquence par jour
Derry-Belfast	7,50 £	1 3/4	10+
Derry-Galway	16,00 £	6 1/4	4
Dublin-Belfast	10,50 £	3	7
Dublin-Cork	17,15 €	4 1/2	6
Dublin-Donegal	12,70 €	4	5
Dublin-Rosslare	12,70 €	3 1/4	9
Dublin-Tralee	19,05 €	6	5
Dublin-Waterford	8,90 €	2 3/4	7
Killarney-Cork	12,70 €	2	5
Killarney-Waterford	17,15 €	4	4

TRAIN

Les trains d'Iarnród Éireann (chemins de fer irlandais ☎ 01-836 3333, www.irishrail.ie), Connolly Station, Amiens St, Dublin, sillonnent la République à partir de Dublin. Renseignez-vous au Iarnród Travelcentre (☎ 01-836 6222), 35 Lower

LIAISONS FERROVIAIRES

Abbey St, Dublin. Même si le train vous mène dans les principales villes plus rapidement que le bus, le système ferroviaire n'est pas si développé. Il n'existe pas de ligne Nord-Sud le long de la côte ouest, pas de réseau dans le Donegal, pas de ligne directe de Waterford pour Cork ou Killarney, et la ligne Dublin-Belfast (avec la très bonne compagnie Enterprise) est le seul parcours ferroviaire entre le nord et le sud. Cela dit, les distances sont restreintes : le plus long voyage en train que vous puissiez effectuer dure 4 heures et vous mène de Dublin à Tralee, dans le comté de Kerry.

A partir de Dublin, vous devrez débourser 26,65 € pour vous rendre à Belfast (2 heures de trajet, huit trains par jour), 42,55 € pour Cork (3 heures, jusqu'à huit trains par jour), 20,30 € pour Galway (3 heures 10, cinq trains par jour) et pour Limerick 33,65 € (2 heures, jusqu'à treize par jour). Ne prendre que des allers simples peut revenir cher, un aller-retour est souvent plus avantageux. Un aller-retour en milieu de semaine vaut ainsi à peu près le prix d'un aller simple. Les billets pour une journée et les allers simples Dublin-Belfast coûtent 26,65 €. Les billets de 1re classe valent en moyenne de 5 à 10 € de plus qu'un aller ordinaire.

Northern Ireland Railways (NIR ; ☎ 028-9089 9411), Belfast Central Station, East Bridge St, Belfast, propose quatre lignes à partir de Belfast. L'une rejoint le réseau du Sud *via* Newry vers Dublin, les trois autres vont à Bangor, à l'est, au nord-est vers Larne et au nord-ouest vers Derry *via* Coleraine.

Tout comme pour les bus, des tarifs spéciaux sont souvent proposés (pour plus d'informations, voir l'encadré *Réductions pour le ferry, le bus et le train*).

VOITURE ET MOTO

Armez-vous donc de patience, notamment dans les villes touristiques ou très commerçantes. AA Roadwatch fournit des informations sur le trafic routier dans la République (☎ 1550 131 811).

Pour voyager en Irlande, notamment dans le Sud, il vous faut une bonne carte routière. Le pays se met peu à peu au système métrique, mais les miles sont encore largement utilisés. Dans le Nord, les limites de vitesse et les distances sont indiquées en miles. Les vieux panneaux blancs fournissent les distances en miles, tandis que les panneaux plus récents et les panneaux verts utilisent les kilomètres. Les panneaux marron aux lettres blanches indiquent les offices de tourisme locaux, les panoramas, les hébergements et d'autres renseignements touristiques.

Sur les petites routes, surtout dans le Sud, prenez garde aux nids-de-poule.

Le carburant est bien moins cher dans le Sud que dans le Nord. La plupart des stations-service acceptent les paiements par carte, mais les plus petites ou isolées n'accepteront peut-être que le liquide.

Code de la route

La conduite se fait à gauche dans la République comme dans le Nord, et les dépassements ne se font que par la droite du véhicule qui précède. Le port de la ceinture de sécurité est obligatoire pour le conducteur et tous les passagers. Les enfants de moins de 12 ans n'ont pas le droit de s'asseoir à l'avant. À moto, le port du casque est obligatoire pour le conducteur comme le passager.

Lorsque vous vous engagez sur un rond-point, vous n'avez pas la priorité.

Les limitations de vitesse sont en général les mêmes que celles appliquées en Grande-Bretagne : 70 mph (112 km/h) sur autoroute, 60 mph (96 km/h) sur les autres routes et 30 mph (48 km/h) en ville, à moins d'une indication différente.

La limite légale est de 0,8‰ d'alcool dans le sang. Or, dans le Nord s'applique une limite supplémentaire, l'alcootest ne doit pas dépasser 35 mg.

Sur les routes irlandaises principales, il est coutumier, mais illégal, de se ranger sur l'accotement pour laisser doubler les conducteurs pressés.

Stationnement

Dans certaines villes, des lignes rouges indiquent l'arrêt et le stationnement interdits. En Irlande du Nord, les bords de trottoirs peints en rouge, blanc et bleu vous indiquent que vous êtes dans un quartier loyaliste. S'ils sont verts, blancs et orange, vous êtes chez les républicains.

Vous trouverez des parcmètres à Dublin, à Belfast ainsi que dans la plupart des autres villes. Généralement, le stationnement dans les parkings ou les autres zones signalées nécessitent d'acheter un ticket à coller sur la vitre ("pay and display"), ou d'afficher un disque indiquant la durée de stationnement (vous en trouverez chez les marchands de journaux).

Dans le Nord, certains centres-villes ont des "zones de contrôle" (elles disparaissent peu à peu), où, pour des raisons de sécurité, il est absolument interdit de laisser sa voiture sans surveillance. Toujours pour des raisons de sécurité, votre véhicule doit être fermé à clé ; vous risquez une amende dans le cas contraire.

Location

Louer un véhicule en Irlande revient cher, il est donc conseillé de prévoir si possible une formule de location avant de partir. En juillet et en août, mieux vaut s'y prendre longtemps à l'avance.

Dans la République, en pleine saison, louer une petite voiture (Ford Fiesta) pour une semaine vous coûtera 275 €, une voiture de taille moyenne (Nissan Almera),

Distances kilométriques

	Athlone	Belfast	Cork	Derry	Donegal	Dublin	Galway	Kilkenny	Killarney	Limerick	Rosslare Harbour	Shannon Airport	Sligo	Waterford	Wexford
Athlone	---														
Belfast	227	---													
Cork	219	424	---												
Derry	209	117	428	---											
Donegal	183	180	402	69	---										
Dublin	127	167	256	237	233	---									
Galway	93	306	209	272	204	212	---								
Kilkenny	116	284	148	335	309	114	172	---							
Killarney	232	436	87	441	407	304	193	198	---						
Limerick	121	323	105	328	296	193	104	113	111	---					
Rosslare Harbour	201	330	208	397	391	153	274	98	275	211	---				
Shannon Airport	133	346	128	351	282	218	93	135	135	25	234	---			
Sligo	117	180	330	139	66	214	138	245	343	232	325	218	---		
Waterford	164	333	126	383	357	163	220	48	193	129	82	157	293	---	
Wexford	184	309	187	378	372	135	253	80	254	190	19	213	307	61	---

320 €, et une voiture plus grande (Ford Mondeo), 405 €, incluant la *collision-damage waiver* (CDW, une assurance au tiers), l'assurance, la TVA et le kilométrage illimité. Dans le Nord, il vous en coûtera légèrement plus. Vérifiez que les prix apparemment alléchants comprennent bien l'assurance (par exemple contre le vol et le bris de glace), la CDW et la TVA. Si vous voyagez de la République vers l'Irlande du Nord, assurez-vous que votre assurance couvre les trajets dans le Nord. Certains loueurs réduisent tous leurs tarifs d'octobre à mai.

Il faut être âgé de plus de 21 ans pour louer une voiture. La plupart des entreprises de location demandent cependant un minimum de 23 ans et un an de permis. Le permis de conduire de votre pays d'origine devrait suffire pour louer une voiture pour une durée maximale de trois mois (voir le paragraphe *Permis de conduire* à la rubrique *Visas et formalités* du chapitre *Renseignements pratiques*). Certaines entreprises du Sud refuseront de louer une voiture à un conducteur âgé de plus de 74 ans. De telles restrictions ne sont pas en vigueur dans le Nord.

Il n'est pas possible de louer des motos ou des mobylettes.

Clubs automobiles

L'Automobile Association (AA, www.aaireland.ie) dispose d'une représentation à Belfast (☎ 0870 950 0600), Dublin (☎ 01-617 9950) et Cork (☎ 021-450 5155). Le numéro du service de dépannage de l'AA dans la République est le ☎ 1800 667788, dans le Nord, le ☎ 0800 887766. Dans le Nord, les membres du Royal Automobile Club (RAC) peuvent appeler le ☎ 0800 029029 pour des renseignements. Pour un dépannage, ils composeront le ☎ 0800 828282.

BICYCLETTE

La bicyclette est un moyen appréciable et apprécié pour découvrir l'Irlande, au Nord comme au Sud. Reportez-vous à la rubrique *Activités sportives* du chapitre *Renseignements pratiques*.

EN STOP

Lonely Planet déconseille la pratique de l'auto-stop. Les voyageurs qui décident de se déplacer en stop doivent être conscients des risques potentiels. Mieux vaut alors voyager par deux, pendant la journée et prévenir quelqu'un de son trajet. Les femmes seules doivent se montrer particulièrement prudentes, et ne pas monter en cas de doute.

Cela dit, il est assez facile de faire du stop en Irlande. Les exceptions sont les zones très touristiques, où la concurrence est rude et où les voitures familiales sont déjà pleines.

Il est important, surtout dans le Nord, que vous ayez l'air d'un touriste. Si le sujet des troubles est abordé, sachez être prudent et diplomate dans vos réponses. Les routes frontalières entre le Nord et le Sud sont ouvertes et ne posent pas de problème particulier pour les auto-stoppeurs.

BATEAU

De nombreuses lignes de ferries desservent les îles, comme les Aran Islands et les Skellig Islands à l'ouest, les Saltee Islands au sud-est, et Tory Island et Rathlin Island au nord. Les ferries naviguent aussi sur les rivières, bras de mer et *loughs* (lacs). Certains permettent des raccourcis utiles, notamment pour les cyclistes. C'est le cas par exemple du ferry de la rivière Suir, qui va de Ballyhack (comté de Wexford) à Passage East (comté de Waterford), et de celui de Carrigaloe, près de Cobh, qui se rend à Passage West, à l'est de la ville de Cork (les deux sont dans le comté de Cork). Un ferry traverse l'estuaire du Shannon de Killimer (comté de Clare) jusqu'à Tarbert (comté de Kerry), et un autre de Strangford jusqu'à Portaferry sur la péninsule d'Ards (les deux dans le comté de Down).

L'unique ferry entre la République et le Nord traverse Carlingford Lough d'Omeath sur la péninsule de Cooley (comté de Louth) à Warrenpoint (comté de Down), en été.

Les croisières sur le Shannon-Erne Waterway, sur une distance de 258 km, sont très appréciées. Elles combinent rivières, lacs et canaux, du comté de Leitrim jusqu'à Lough Erne en Irlande du Nord. D'autres loughs invitent à toutes sortes de croisières.

De nombreuses liaisons de Portmagee, de Ballinskelligs ou de Derrynane vers les îles Skellig au large de la côte du Kerry, par exemple, ne sont pas répertoriées dans les dépliants des horaires officiels. Les détails sur les voyages en bateau non mentionnés dans les informations générales sont donnés dans les chapitres correspondants dans le guide.

TRANSPORTS LOCAUX

Il existe de bons réseaux d'autobus à Dublin (Bus Átha Cliath), à Belfast (Citybus) et dans d'autres grandes villes. La ligne Dublin Area Rapid Transport (DART) de Dublin est la seule ligne ferroviaire locale. Un nouveau système de tramways (Luas) devrait être mis en service à Dublin dans l'hiver 2002.

Les taxis irlandais sont souvent chers. Jusqu'en 2001, un manque chronique de taxis de faisait sentir sur l'île. Six mille nouvelles plaques ont été attribuées depuis. À Belfast, Cork, Dublin, Galway et Limerick, ils sont équipés d'un compteur, mais, ailleurs, il vous faudra vous mettre d'accord au préalable sur le prix de la course. Si vous réservez un taxi par téléphone, il vous en coûtera peut-être un supplément. À Belfast et à Derry, vous trouverez des taxis à partager qui fonctionnent un peu comme des bus. Pour plus de renseignements, reportez-vous à la rubrique *Comment circuler* des différents chapitres.

CIRCUITS ORGANISÉS

Les circuits organisés peuvent être une bonne formule pour ceux qui ne disposent que de peu de temps, même s'il est plus économique d'effectuer seul les visites, et si l'Irlande est si petite qu'il est toujours possible de se rendre dans les endroits les plus éloignés en quelques heures. Vous pouvez vous inscrire pour participer à un circuit dans une agence de voyages, dans les offices de tourisme des plus grandes villes, ou directement auprès des compagnies qui les organisent.

CIE Tours International (☎ 01-703 1888), 35 Lower Abbey St, Dublin, propose des circuits en bus dans le Sud et le Nord à partir de Dublin. Ces circuits comprennent l'hébergement, le petit déjeuner et le dîner. Le circuit de quatre jours Taste of Ireland passe par Blarney, le Ring of Kerry, Killarney, les Cliffs of Moher et la région autour du Shannon (349,25 € en haute saison). Les autres circuits proposés durent de quatre à dix jours.

Bus Éireann (☎ 01-836 6111), 59 Upper O'Connell St, Dublin, organise des expéditions d'une journée dans plusieurs régions du Sud et du Nord (plus souvent en été), au départ du Busáras de Dublin. L'excursion de 7 heures

Réductions pour le ferry, le bus et le train

Pour 10,20 € dans le Sud et 6 £ dans le Nord, les étudiants peuvent acheter un timbre **Travelsave** à coller sur leur carte d'étudiant internationale (carte ISIC). Ils peuvent ainsi obtenir des réductions jusqu'à 50% sur Iarnród Éireann (chemins de fer irlandais) et Northern Ireland Railways (NIR), ainsi que 15% sur les billets de bus Éireann d'une valeur supérieure à 1,25 €. Les titulaires d'une Carte jeune européenne (EYC ou EuroFairstamp) peuvent aussi acheter le Travelsave, qui leur permettra de bénéficier d'une réduction de 40% sur les billets de train. Ces timbres s'achètent dans les agences Usit (voir la rubrique *Voie aérienne* du chapitre *Comment s'y rendre* pour plus détails). La carte Iarnród Éireann's Faircard (10,15 ¤) permet à son propriétaire de bénéficier de réductions pouvant atteindre 50% sur les voyages inter-villes pour les moins de 26 ans. La carte **Weekender** (6,35 €) octroie jusqu'à 30% de réduction (du vendredi au mardi) aux plus de 26 ans.

Vous pourrez acquérir les tickets **Irish Rambler,** valables pour les bus uniquement, dans la république d'Irlande, auprès de Bus Éireann. Ils sont vendus 40,65 ¤ pour trois jours de voyage, valable huit jours consécutifs ; 92,70 € pour huit jours de voyage, valable quinze jours ; ou 133,35 € pour quinze, jours de voyage sur une période de trente jours. Le ticket **Explorer** d'Iarnród Éireann permet de voyager par le train pendant cinq jours sur une période de quinze jours pour 91,45 € dans la République ou 114,15 € dans l'Irlande du Nord. Pour les voyages en bus et en train dans la République, le ticket appelé **Irish Explorer Rail and Bus** (135,90 €) vous permettra de voyager pendant huit jours sur une période de quinze jours consécutifs.

En Irlande du Nord, le forfait **Freedom of Northern Ireland** permet de voyager à bord des trains de la NIR, des bus Ulsterbus et Citybus au prix de 11 £ pour la journée ou de 40 £ pour sept jours consécutifs.

Le ticket **Irish Rover** combine les lignes de Bus Éireann et Ulsterbus. Il coûte 53,35 € pour trois jours, 118,10 € pour huit jours et 184,15 € pour quinze jours. La carte **Emerald Card** vous donne accès à toutes les lignes de Iarnród Éireann, NIR, Bus Éireann, Dublinbus, Ulsterbus et Citybus dans toute l'Irlande. Elle vaut 157,50 € pour huit jours ou 271,80 €pour quinze jours.

Les jeunes de moins de seize ans paient demi-tarif sur tous ces forfaits et sur tous les tickets normaux. Les enfants de moins de trois ans voyagent gratuitement dans tous les transports publics.

à Glendalough dans le comté de Wicklow vous coûtera 25,40/12,70 € par adulte/enfant.

Ulsterbus Tours (☎ 028-9033 7004 dans le Nord) propose de nombreuses excursions d'une journée dans le Nord comme dans la République. Vous pourrez obtenir des renseignements et effectuer des réservations par téléphone. Vous pouvez aussi vous rendre à l'Ulsterbus Travel Centre (ouvert de 9h à 17h15 du lun. au ven., de 9h à 12h le sam.) à l'Europa Bus Centre, Glengall St, Belfast.

Gray Line Tours (☎ 01-605 7705), à Dublin, organise des circuits d'une demi-journée, d'une journée entière ou plus, de Dublin à Newgrange, à Glendalough, dans le nord de Dublin et dans le Ring of Kerry. La compagnie Over the Top and Into the West Tours (☎ 01-838 6128, appel gratuit au ☎ 1800 424243, www.celticbustours.com)

propose des circuits historiques et des visites du patrimoine de Wicklow et de la vallée de la Boyne. Son circuit de trois jours Into the West Tour, avec hébergement dans des pensions de qualité, vous emmènera au Connemara, dans le Burren et les Cliffs of Moher pour 324 €. Son circuit de cinq jours Southern Exposure dans les comtés de Cork et de Kerry revient à 470 €. Cette entreprise organise également des circuits en minibreaks pour un maximum de 14 personnes. Le départ a lieu devant l'office de tourisme de Dublin, Suffolk St. Il est possible de réserver *via* Internet.

Les circuits de Paddywagon Tours (☎ 01-672 6007, info@paddywagon.iol.ie) durent trois ou six jours. Ils vous emmènent dans toute l'Irlande et sont animés par des guides sympathiques. L'hébergement se fait dans des hôtels IHH (Independent Holiday Hostels, approuvés par l'office du tourisme irlandais). Son circuit Jump On Jump Off (113 €) vous permet de rester plus longtemps que prévu dans un endroit qui vous plaît et de prendre un autre bus pour repartir.

Tír na nÓg, qui veut dire paradis en language des Celtes (☎ 01-836 4684, fax 855 9059, tnn@indigo.ie), 57 Lower Gardiner St, Dublin, propose des circuits sac au dos de trois à six jours dans l'ouest et le nord de l'Irlande, à partir de 125 €. Les bus ne prennent pas plus de 20 personnes et se remplissent vite, il est donc conseillé de réserver. L'hébergement est prévu dans des hôtels IHH sur la route.

Renseignez-vous auprès de GoIreland.com (☎ 074-23800, www.goireland.com), 104

Lower Main St, Letterkenny, dans le comté du Donegal, pour les formules de vacances, et sur le site www.12travel.ie. Ces deux compagnies proposent des circuits variés correspondant à tous les centres d'intérêts.

Pour les adeptes du train, Railtours Ireland (☎ 01-856 0045), 58 Lower Gardiner St, Dublin, organise une série de circuits en train d'un ou deux jours, en association avec Iarnród Éireann, combinés avec des trajets en bus. Une expédition d'une journée de Dublin à Cork, Blarney Castle et Killarney vous coûtera 88 €.

Consultez également les paragraphes *Randonnées organisées* et *Cyclotourisme*, sous la rubrique *Activités sportives* du chapitre *Renseignements pratiques*.

La république d'Irlande

HISTOIRE

Cette rubrique couvre la période qui s'étend de 1921 à nos jours. Pour la période antérieure, voir la rubrique *Histoire* du chapitre *Présentation de l'Irlande*.

L'Irish Free State

En décembre 1921, le Traité anglo-irlandais signé par le gouvernement britannique et par une délégation irlandaise menée par Arthur Griffith et Michael Collins établissait l'existence de l'Irish Free State (État libre d'Irlande). Le président qui avait été élu à la tête du nouvel État autoproclamé, Eamon De Valera, était cependant resté à Dublin durant les négociations. N'ayant pas été consulté avant la signature, il se sentit outragé quand les délégués revinrent avec ce qu'il considérait, ainsi que nombre d'autres républicains, comme une trahison à l'égard des principes de l'IRA (Irish Republican Army, Armée républicaine irlandaise). Néanmoins le traité fut ratifié par le Dáil Éirann (l'Assemblée irlandaise ou Chambre basse) en janvier 1922. De Valera démissionna et prit la tête de l'opposition républicaine. Les premières élections générales du pays, qui eurent lieu en juin, consacrèrent la victoire des forces favorables au traité. Quinze jours plus tard, la guerre civile éclatait.

Ce que les républicains purs et durs reprochaient au traité, c'était non seulement de diviser le pays, les six comtés du nord-est demeurant sous la souveraineté britannique, mais aussi de faire du reste de l'île un dominion du Commonwealth et d'obliger les membres du Dáil à jurer encore allégeance à la Couronne.

Durant la guerre civile, Collins, chef du gouvernement, fut pris dans une embuscade et tué à Cork par les forces anti-traité. Griffith, président, mourut d'épuisement. De Valera fut jeté en prison par le nouveau gouvernement de l'Irish Free State, dont le Premier ministre, William Thomas Cosgrave, alla jusqu'à exécuter 77 de ses anciens camarades. La guerre civile fit rage jusqu'en 1923.

Après avoir boycotté le Dáil pendant plusieurs années, De Valera fonda un nouveau parti, le Fianna Fáil (Soldats de la destinée), qui remporta près de la moitié des sièges aux élections de 1927. De Valera et les autres nouveaux *teachta Dála* (TD, membres du Dáil) réussirent peu de temps après à accéder au Dáil sans prêter le serment d'allégeance à la Couronne, en se contentant de signer comme s'ils l'avaient fait.

Le Fianna Fáil remporta la majorité aux élections de 1932 et se maintint au pouvoir seize années durant. De Valera supprima le serment d'allégeance au roi d'Angleterre et, dans le même temps, mit fin au remboursement des annuités foncières dues à la Grande-Bretagne. Il s'ensuivit une guerre économique (1932-1938) qui handicapa gravement l'agriculture irlandaise. En 1937, De Valera fit adopter une nouvelle Constitution dans laquelle l'État libre, sans qu'il soit formellement désigné comme une république, prenait le nom d'Éire. En 1938, un accord rétablit la liberté commerciale entre les deux îles. Le Royaume-Uni renonçait par ailleurs au droit, qui lui avait été accordé par le Traité anglo-irlandais, d'utiliser certains ports irlandais à des fins militaires. Le Sud fut ainsi à même de conserver sa neutralité durant la Seconde Guerre mondiale.

La République

Le Fianna Fáil perdit les élections législatives de 1948 au profit d'une coalition regroupant notamment le Fine Gael (Famille des Gaels, descendants directs du premier gouvernement de l'Irish Free State) et le nouveau Clann an Poblachta (Enfants de la République). La république d'Irlande fut officiellement proclamée. L'Irlande sortit du Commonwealth britannique en 1949. En 1955, elle devenait membre des Nations unies.

En 1959, De Valera, diminué, cède le pouvoir à son second, Sean Lamass, et se fait élire au poste honorifique de président de la République, qu'il occupera jusqu'en 1973. Il meurt en 1975.

Le débat sur l'avortement

La question de l'avortement continue à déchirer l'Irlande.

Avant 1983, les avortements "thérapeutiques" étaient autorisés par la loi. Il était laissé à la discrétion du médecin de juger si une grossesse pouvait ou non "mettre en danger la vie" d'une femme. L'avortement pour toute autre raison, y compris malformation grave ou viol, était, et est toujours, interdit.

En 1983, la loi fut renforcée et intégrée dans la Constitution, mais dans des termes si nébuleux que les choses restèrent comme avant, à une exception près : les femmes ne pouvaient plus obtenir de renseignements sur les possibilités d'avorter à l'étranger. Les annuaires téléphoniques britanniques furent enlevés des librairies et les magazines féminins britanniques, confisqués ou censurés dans les aéroports.

Les voyages dans les cliniques britanniques pratiquant l'avortement continuèrent pourtant au même rythme qu'avant. Les anti-avortement firent campagne pour la pratique de tests de grossesse dans les aéroports afin d'empêcher les femmes d'aller se faire avorter à l'étranger.

Un référendum fut organisé en 1992. Un nette majorité approuva le droit d'aller à l'étranger pour se faire avorter. L'option consistant à rendre l'avortement accessible à toutes les femmes en Irlande n'avait toutefois pas été proposée.

L'avortement reste interdit, mais une nouvelle loi datant de 1995 permet aux médecins et aux services de conseils en matière de grossesse de donner à une femme enceinte les noms et numéros de téléphone de cliniques britanniques aptes à pratiquer l'avortement. Désormais, les Irlandaises peuvent aller avorter en Grande-Bretagne sans crainte de poursuites judiciaires. Les médecins et les cliniques irlandais n'ont toutefois pas le droit d'obtenir des rendez-vous ou d'autres arrangements pour leurs patientes.

La question de l'avortement continue à soulever de nombreuses controverses aussi bien dans les milieux médicaux que dans le public. À l'époque de la rédaction de ce guide, les membres de l'Irish Medical Council (Conseil médical irlandais), qui ont voté contre la libéralisation des directives éthiques sur l'avortement, menaçaient de poursuivre en justice ceux qui ont voté pour.

En juin 2001, une clinique d'avortement flottante, tenue par la fondation hollandaise Women on Waves (Femmes sur les vagues), qui défend la liberté de choix, a accosté à Dublin. L'intention de l'équipe de médecins, exclusivement féminine, est de proposer aux femmes irlandaises des conseils, des moyens de contraception et des IVG sur un vaisseau aménagé en clinique et baptisé *Aurora*.

Sean Lamass s'efforça d'enrayer l'important flux continu d'émigration en améliorant les perspectives économiques du pays. Dès le milieu des années 1960, sa politique s'avéra une réussite : l'émigration avait baissé de plus de 50% par rapport aux années 1950, et de nombreuses personnes qui avaient quitté le pays commençaient à y revenir. Il introduisit également la gratuité de l'enseignement secondaire.

En 1972, la république d'Irlande adhère à la Communauté économique européenne. Le pays bénéficia dès lors de mesures d'aides au développement, mais au début des années 1980 il connut à nouveau des difficultés, qui renforcèrent l'émigration. Il fallut attendre le début des années 1990 pour que l'économie irlandaise commence à se rétablir. C'est aujourd'hui l'une des plus fortes d'Europe.

Les référendums des années 1980 approuvèrent le maintien de l'interdiction de l'avortement et du divorce. En 1995, lors d'un nouveau référendum, le pays se prononça finalement, par une faible majorité, en faveur du divorce. L'Irlande était le dernier pays d'Europe à légaliser le divorce.

Malgré le pouvoir limité du président de la République, l'avocate Mary Robinson, élue à la présidence en 1990, a su moderniser l'institution et exercer une influence officieuse considérable sur la politique sociale. Son action a contribué à faire évoluer les attitudes traditionnellement conservatrices sur des problèmes tels que le divorce, l'avortement et les droits des homosexuels. Son mandat s'est avéré très populaire et, quand il s'est achevé en 1997, elle a été nommée haut-commissaire des Nations unies pour les droits de l'Homme.

Son successeur à la présidence, Mary McAleese, est une nationaliste catholique née à Belfast, lectrice à l'université de Queen. Bien que plus conservatrice que Robinson, McAleese a été élue sur une plate-forme électorale en continuité avec son action, et elle a fait preuve d'une attitude tout aussi tolérante sur les questions de société. Attitude illustrée en 1999 par sa visite à l'Outhouse, un centre communautaire gay, lesbien et transsexuel du sud de Dublin, et l'année suivante par sa communion, controversée, lors d'un service de la Church of Ireland (église protestante d'obédience anglicane).

En 1994, le *taotseach* (Premier ministre) Albert Reynolds, qui avait aidé à négocier le premier cessez-le-feu de l'IRA avec Gerry Adams, fut contraint de démissionner. Une démission due surtout à la nomination de Harry Whelehan à la présidence de la Cour suprême, qui avait été critiqué pour ne pas s'être attaqué assez vigoureusement aux scandales sexuels impliquant l'Église catholique. John Bruton, leader du Fine Gael, lui succéda au pouvoir en s'appuyant sur une coalition avec le Labour Party (Parti travailliste) et la Democratic Left (Gauche démocrate). Le gouvernement de Bruton fut le seul à entrer en fonction sans une élection générale préalable.

Lorsqu'il affronta celle de 1997, il fut évincé par le Fianna Fáil dirigé par Bertie Ahern, en partenariat avec les Progressive Democrats (Démocrates progressistes) et un certain nombre d'indépendants. Mary Harney devint la première femme d'Irlande *tánaiste* (vice-Premier ministre).

Le gouvernement de Bertie Ahern a été étroitement impliqué dans le processus de paix en Irlande du Nord. Le Good Friday Agreement (voir *Histoire* dans le chapitre *L'Irlande du Nord*) de 1998 avait notamment prévu un conseil ministériel Nord-Sud, dont le gouvernement irlandais devait faire partie, pour traiter des questions concernant l'ensemble de l'île. Les recherches d'accords dans le Nord ont également eu pour effet d'améliorer les relations entre la république d'Irlande et la Grande-Bretagne, symbolisées par l'invitation faite par Bertie Ahern au Premier ministre britannique Tony Blair de prononcer une allocution au Dáil.

INSTITUTIONS POLITIQUES

La République d'Irlande possède un système parlementaire plus ou moins inspiré du modèle britannique. Son Oireachtas (Parlement) se compose d'une Chambre basse ou Dáil et d'une Chambre haute, le Sénat ou Seanad. Les 166 membres du Dáil sont élus pour cinq ans et siègent à la Leinster House à Dublin. On les appelle les teachta Dála (TD). Le Premier ministre est appelé *taoiseach* et le vice-Premier ministre, *tánaiste*. Le Dáil compte un pourcentage relativement élevé de femmes.

Les sénateurs sont désignés par le taoiseach ou élus au scrutin indirect. Les fonctions du Sénat restent limitées à la discussion des projets de lois avant leur vote au Dáil.

Le chef constitutionnel de l'État est le président de la République (*An tUachtaran*), élu au suffrage universel pour sept ans. Sa résidence, Áras an Uachtaráin, se trouve dans Phoenix Park, à Dublin. Le président ne possède pas de pouvoir exécutif, mais il promulgue les lois votées par le Dáil, il nomme le taoiseach (désigné par le Dáil) et les ministres du gouvernement (sur l'avis du taoiseach), et il est le chef des forces armées.

Le drapeau national est tricolore : vert, blanc et orange. Le symbole national est la harpe. L'hymne national s'intitule *Amhrán na bhFiann* (*Le Chant du soldat*).

Le système électoral de la république d'Irlande est la représentation proportionnelle, un système équitable mais complexe dans lequel les votants indiquent leur ordre de préférence parmi les candidats. Quand les candidats ont été élus en comptabilisant les votes de premier choix, les votes de deuxième et de troisième choix sont affectés aux divers autres candidats.

Partis politiques

Les deux principaux partis politiques sont le Fianna Fáil et le Fine Gael, le troisième est le Labour Party, puis viennent le Sinn Féin et le Green Party (parti des Verts) qui connaissent un succès croissant.

Fondé par Eamon De Valera et d'autres notables, le Fianna Fáil a été la force majeure qui a dirigé la politique irlandaise depuis les premières années de l'État. Le parti a régulièrement remporté le plus grand nombre de sièges aux élections législatives, ce qui lui a permis de se maintenir en permanence au gouvernement à très peu d'exceptions près. Il a toujours été un parti fourre-tout, prétendant être à la fois la voix de la population rurale, celle des travailleurs urbains et celle du monde des affaires. Nombre des plus illustres dirigeants de l'Irlande sont issus de ses rangs, notamment Eamon De Valera, Sean Lemass, Jack Lynch et, plus récemment, ces hommes politiques habiles et hauts en couleur que sont Charles Haughey et Albert Reynolds. Le dirigeant actuel du parti est Bertie Ahern. Le Fianna Fáil a généralement gardé une position conservatrice sur les questions sociales, en particulier en matière de divorce, d'avortement et de contraception.

Le deuxième parti du pays, le Fine Gael, fondé en 1933 et dirigé par Michael Noonan, s'attache à promouvoir l'entreprise. Il est le reflet d'une classe moyenne respectable et d'une population ayant fait des études supérieures.

L'un et l'autre partis considèrent les "négociations politiques globales" comme la voie à poursuivre dans les relations de la République avec le Nord.

Le Labour est resté en marge du pouvoir durant la majeure partie de son existence, mais il a participé à divers gouvernements de coalition avec le Fine Gael. Dirigé par Ruairí Quinn, le Labour Party se situe au centre et attire des électeurs de toutes les classes.

En 1985, une scission au sein du Fianna Fáil a donné naissance aux Progressive Democrats (Démocrates progressistes), formation actuellement dirigée par Mary Harney, l'actuel tánaiste. Curieusement, les deux fois où les Progressive Democrats ont été au pouvoir, c'était au sein d'une coalition avec le Fianna Fáil. La gauche ou Democratic Left a fusionné avec le Labour en 1999.

Les gouvernements récents de la République ont été marqués par des coalitions, comme si le Fianna Fáil, jadis si puissant, avait perdu la capacité de rassembler une majorité parlementaire.

Malheureusement, la politique irlandaise a souffert ces dernières années de scandales politiques et d'une réputation de corruption qui ont terni son image. À la fin des années 1990, le Moriarty Tribunal, chargé d'enquêter sur les versements dont ont bénéficié les hommes politiques, a révélé que l'ancien taoiseach Charles Haughey aurait reçu jusqu'à 2,5 millions de livres de cadeaux en liquide durant sa carrière politique. Le Flood Tribunal a alors commencé à mettre au jour les irrégularités et la corruption dans les procédures de planification au niveau local. Ce n'est là qu'un scandale parmi toute une série de scandales politiques, financiers et judiciaires qui ont empoisonné le gouvernement du Fianna Fáil et conduit à l'adoption de l'Ethics in Public Office Act, une loi qui définit des règles éthiques à respecter dans les actes publiques officiels.

ÉCONOMIE

L'Irlande traverse actuellement le plus grand boom économique qu'elle ait connu depuis son indépendance. Son taux de croissance est l'un des plus élevés du monde. On l'a surnommée le "Tigre celtique" par analogie aux "Tigres asiatiques". Sa réussite économique est quasiment totale, depuis son taux d'intérêts les plus bas jusqu'à son taux d'inflation négligeable.

Cette réussite s'explique par la conjonction de plusieurs facteurs. L'Irlande a su intelligemment profiter de la manne européenne (elle a été l'un des plus grands bénéficiaires des subventions). Elle a réussi à attirer les investissements étrangers grâce à une fiscalité très intéressante, ce qui la place en tête dans nombre d'industries, telles que l'industrie pharmaceutique ou les technologies de l'information. Le tourisme a véritablement explosé avec un nombre record de visiteurs au cours de la dernière décennie. L'enseignement est de très haut niveau. Le mouvement d'émigration, si fort dans le passé, s'est même inversé : depuis 1995, le nombre de personnes venues s'installer en Irlande est supérieur au nombre de personnes qui en sont parties. Le taux de dépendance dans le pays est extrêmement bas, c'est-à-dire qu'il y a beaucoup plus de personnes en âge de travailler que de jeunes de moins de 19 ans ou de personnes de plus de 64 ans. Depuis peu, on voit apparaître une nouvelle classe d'entrepreneurs, constituée essentiellement par de jeunes diplômés qui ont profité du contexte économique favorable pour monter des entreprises et qui ont souvent très bien réussi.

Un des traits caractéristiques de cette explosion économique est que le secteur de l'agriculture, qui a longtemps dominé l'économie, n'a joué qu'un rôle minime. Et pourtant, ce secteur-là est aussi relativement prospère, malgré un certain recul en 2001 du fait de l'épidémie de fièvre aphteuse. L'agriculture irlandaise est l'une des plus performantes au monde et les agriculteurs irlandais sont très peu endettés.

Des doutes persistent cependant sur la stabilité de l'économie. Il se peut que l'Irlande traverse un cycle d'expansion-récession. Certains économistes estiment que la dépendance de l'Irlande à l'égard des entreprises internationales, attirées par des taux d'imposition sur les sociétés très réduits, fragilise son économie en la mettant à la merci des tendances internationales. Si, comme il est prévisible, le mouvement de rapprochement économique des pays de l'Union européenne aboutit à la mise en place d'une réglementation du système d'imposition des sociétés applicable à toute l'Europe, l'Irlande perdra son statut de "paradis fiscal". L'effondrement de l'économie des "Tigres asiatiques" à la fin des années 1990 constitue aussi une mise en garde.

Même si l'essor économique a bénéficié au plus grand nombre et si le chômage continue de baisser, le fossé entre les riches et les pauvres s'est aussi largement creusé. La rapidité avec laquelle s'est instaurée la croissance a créé une énorme pression sur l'habitat, la santé et l'infrastructure routière. Les prix de l'immobilier, en particulier à Dublin, sont montés en flèche, ce qui rend de plus en plus difficile l'achat ou même la location pour ceux qui disposent d'un revenu moyen. Le malaise croissant parmi les travailleurs du secteur public a entraîné, en 2001 un certain nombre de grèves dans l'enseignement et les transports. La richesse nationale (le revenu national a crû de 44% entre 1994 et 1999) devrait finir par toucher les salariés (les salaires sont parmi les plus bas de l'Union européenne), ou les chômeurs qui vivent dans les cités des vieux quartiers où la drogue et la criminalité sont endémiques.

Dublin

☎ 01 • **952 692 habitants**

Nous ne saurons trop vous conseiller de visiter Dublin, l'une des capitales européennes les plus agréables.

Cette ville a su préserver son âme et n'a pas oublié que les contacts et les relations humaines valent bien les musées. Certes, hormis quelques places et immeubles de style georgien, elle n'offre pas une architecture exceptionnelle, mais, comme le disent les Dublinois, est-ce un bel édifice qui va vous offrir un verre ou vous faire découvrir la ville ? Suivez plutôt leur conseil : détendez-vous, baladez-vous tranquillement et imprégnez-vous de l'atmosphère des lieux.

Le fameux *craic* de Dublin (ambiance sympathique) ne suffit toutefois pas à expliquer sa popularité. Le boom économique de l'Irlande, désormais entré dans la légende européenne, a transformé la capitale en une métropole cosmopolite et animée, où chacun peut trouver du travail et gagner de l'argent. Les Dublinois semblent toujours d'excellente humeur, ce qui n'est finalement guère surprenant, leur situation n'ayant jamais été aussi prospère.

Autrefois visitée seulement par quelques amateurs avertis, Dublin figure à présent au rang des villes européennes les plus fréquentées. En été, Grafton St, l'artère principale, fourmille de touristes. Des hôtels, des restaurants, des bars et des cafés ne cessent d'apparaître, et cette expansion ne semble connaître aucune limite, à l'instar de l'apparente capacité d'adaptation des habitants.

Ces changements radicaux ont leurs revers. Afin de s'implanter sur ce marché touristique en développement, des promoteurs sans scrupules proposent des attractions bas de gamme, certains restaurants n'hésitent pas à afficher des prix exorbitants pour une cuisine médiocre, et des hôtels du centre font passer des chambres minuscules pour des doubles luxueuses. Temple Bar, le quartier le plus populaire de la ville, illustre à merveille ces contradictions : il abrite sans conteste des lieux intéressants et sympathiques, mais foisonne aussi de bars déplo-

rables, de mauvais restaurants et d'hôtels hors de prix.

Dublin ne se limite toutefois pas à ce quartier bondé et aseptisé. Du sud de la ville, avec ses élégantes demeures geor-giennes, aux quartiers réhabilités de Smith-field, au nord de la Liffey, cette ville possède un charme indéniable.

HISTOIRE

Bien que Dublin ait célébré son premier mil-lénaire officiel en 1988, les premières habita-tions remontent bien avant 988. Les premiers Celtes s'installèrent sur les rives de la Liffey et donnèrent au site le nom irlandais de Baile Átha Cliath ("ville du passage à gué"), d'après le point où l'on traversait l'ancien fleuve – que l'on aperçoit encore aujourd'hui.

Ce sont toutefois les Vikings qui, les pre-miers, s'établirent de manière définitive à Dublin. À partir du IXe siècle, les peuples du Nord envahirent régulièrement l'Irlande et certains, renonçant aux pillages, s'y fixè-rent et fondèrent une famille. Ils créèrent un vaste port marchand à l'endroit où la Poddle se mêle à la Liffey, formant un bassin noir, en irlandais un *dubh linn*. La Poddle a aujourd'hui quasiment disparu : canalisée en souterrain, elle coule sous la St Patrick's Cathedral et rejoint la Liffey au niveau du pont de Capel St (ou Grattan). Plus tard, au temps des Anglo-Normands et des premiers Anglais, la ville s'organisa autour de ce bas-sin, qui lui donna finalement son nom.

La cité connut son essor au XVIIIe siècle, période de l'Ascendancy (domination du pro-testantisme), alors que Londres représentait l'unique grande ville de l'Empire britannique. Dublin s'élargissant, les nouveaux riches quit-tèrent les rues médiévales de la ville pour créer, au nord du fleuve, de nouveaux quartiers autour de places imposantes entourées de belles demeures georgiennes.

Des quartiers pauvres se développèrent rapi-dement au nord également, aux abords des rues habitées par les plus riches, qui retournè-rent vers le sud, aux alentours de Merrion Square, de Fitzwilliam Square et de St Ste-phen's Green. Lorsqu'en 1745 James Fitzge-rald, comte de Kildare, entreprit la construction de la Leinster House, magnifique demeure au

sud de la Liffey, on se moqua de sa décision d'aller ainsi s'installer loin du centre, en pleine nature. "La société me suivra où que j'aille", répliqua-t-il, confiant. L'avenir lui donna rai-son. Cette demeure, à présent au cœur de la ville, abrite désormais le Parlement irlandais.

Ces années de prospérité furent suivies par une période de troubles. En 1801, l'union avec la Grande-Bretagne marqua pour Dublin la fin d'un siècle de croissance exceptionnelle. C'est exsangue et appauvrie que la ville entra dans le XXe siècle.

L'insurrection de Pâques 1916 provoqua des dégâts considérables dans le centre-ville, notamment sur O'Connell St, où la grande poste – d'où fut lue une déclaration proclamant la république – fut dévastée. Les combats qui opposaient sans cesse l'armée britannique à l'IRA ravagèrent également la ville, entraînant en particulier l'incendie de la Custom House en 1921. L'Irlande obtint son indépendance un an plus tard, mais bascula alors dans la guerre civile. Dublin subit d'autres dommages, tels que la destruction du tribunal de Four Courts en 1922 et d'une autre partie d'O'Connell St.

Lorsque l'Irlande parvint enfin à recouvrer la paix, Dublin était dévastée, la splendeur de l'époque georgienne, un lointain souvenir. Elle resta sur le déclin jusque dans les années 1970. Cependant, l'adhésion de l'Irlande à la Communauté économique européenne en 1972 portait la promesse de jours meilleurs. Le redressement de l'économie du pays et sa renaissance culturelle ont, depuis, totalement transformé la ville et largement contribué à lui rendre son dynamisme.

Le développement s'est poursuivi au sud, vers Dun Laoghaire et au-delà. La Liffey marque toutefois toujours la limite entre les quartiers des plus fortunés, au sud, et ceux des plus démunis, au nord. Cependant, cette répartition évolue également, l'augmenta-tion du prix des logements excluant pro-gressivement les moins nantis du centre.

ORIENTATION

L'agglomération dublinoise s'étend autour de la baie de Dublin, délimitée au nord par les collines de Howth et au sud par la pointe de Dalkey. Dénuée de tout charme particulier, la Liffey sépare la ville en deux, dessinant une

DUBLIN

Trouver une adresse à Dublin peut se révéler particulièrement ardu car les noms de rue paraissent parfois changer à chaque pâté de maisons. Les rues elles-mêmes se divisent en parties Lower et Upper, voire South et North, qui se situent parfois dans des quartiers différents. L'adjectif se place indifféremment avant ou après le nom de la rue : on peut ainsi rencontrer Lower Baggot St ou Baggot St Lower, South Anne St ou Anne St South. En ce qui concerne la numérotation, on voit souvent les petits numéros d'un côté et les grands de l'autre, plutôt qu'une séparation entre chiffres pairs et impairs. Enfin, on utilise souvent "South" et "North" pour indiquer que la rue se trouve de part et d'autre de la Liffey. Ainsi, South Great George's St donne dans Dame St, sur la rive sud, alors que North Great George's St est parallèle à Upper O'Connell St, au nord.

barrière psychologique et sociale entre les quartiers nord, défavorisés, et sud, plus aisés.

Au nord de la Liffey, les visiteurs retiendront surtout O'Connell St et Henry St, les deux grandes artères commerçantes. La plupart des B&B de ce quartier se situent dans Gardiner St, qui tend à se dégrader en allant davantage vers le nord. À son extrémité nord, O'Connell St débouche sur Parnell Square. Busáras, la principale gare routière, et Connolly Station, l'une des deux gares ferroviaires, se tiennent non loin du sud de Gardiner St.

De l'autre côté du fleuve, juste après O'Connell Bridge, s'étendent le quartier de Temple Bar et Trinity College. Nassau St, qui longe la partie sud du campus universitaire, et la rue piétonne Grafton St accueillent la plupart des magasins. Le parc St Stephen's Green se trouve au sud de Grafton St. À environ 2 km à l'ouest, au bord du fleuve, se dresse Heuston Station, l'autre grande gare ferroviaire de la ville.

Les principaux codes postaux sont Dublin 1 pour le nord de la Liffey, Dublin 2, pour le sud et Dublin 4 pour le quartier chic de Ballsbridge, au sud-est du centre.

Sauf mention contraire, tous les lieux cités dans ce chapitre figurent sur la carte Dublin.

Cartes

La *Dublin City Map* de Lonely Planet comprend un index complet des rues et des sites, un plan du DART (Dublin Area Rapid Transport) et du réseau ferroviaire de banlieue, ainsi qu'un itinéraire de visite à pied.

RENSEIGNEMENTS
Offices du tourisme

Le Dublin Tourism Centre, bureau principal de l'office du tourisme (carte Quartier de Temple Bar ; ☎ 605 7700, information@ dublintourism.ie, www.visitdublin.com), se situe dans l'ancienne église St Andrew (St Andrew's Church), 2 Suffolk St. Il vous fournira tous les renseignements nécessaires pour visiter la ville. Il vous est demandé des frais de réservation de 3 € pour l'hébergement (7 € si vous ne prenez pas de pension). Vous devrez verser une caution de 10%, déduite en fin de séjour de votre note d'hôtel. Le bureau est ouvert de 9h à 17h30 du lundi au samedi de septembre à juin, de 8h30 à 18h30 du lundi au samedi et de 10h30 à 15h le dimanche en juillet et août.

L'office du tourisme compte également des bureaux 14 O'Connell St (9h-17h lun-sam), dans le hall du siège du Bord Fáilte à Baggot St Bridge (carte Quartier de St Stephen's Green ; 9h30-12h et 12h30-17h lunven), sur le nouveau port de Dun Laoghaire (carte Dun Laoghaire ; 10h-18h lun-sam) et dans le hall d'arrivée de l'aéroport de Dublin (tlj 8h-22h).

L'antenne principale du Bord Fáilte (carte Quartier de St Stephen's Green ; ☎ 1850 230 330, info@irishtouristboard.ie, www.ireland.travel.ie ; 9h-17h15 lun-ven) se situe Baggot St Bridge (entrée sur Wilton Terrace). Vous y trouverez des renseignements sur tout le pays.

Aucun des offices du tourisme ne vous délivrera d'informations par téléphone. Toutes les réservations s'effectuent par l'intermédiaire de Gulliver Info Res, un système informatisé accessible depuis tous les bureaux, mais également depuis le monde entier. Il fournit des renseignements à jour sur les manifestations, les divertissements et les transports et permet de réserver un hébergement. Pour en bénéficier, composez le ☎ 1800 668 668 depuis l'Irlande, le ☎ 0800 6686 6866 depuis le Royaume-Uni ou le tél. 00 353 669 792083 depuis le reste du monde.

Vous trouverez un bureau du NITB (office du tourisme d'Irlande du Nord ; ☎ 01-679 1977, 1850 230230 dans la République), 16 Nassau St.

Argent

À l'aéroport, le bureau de change se situe dans la zone de récupération des bagages. Il ouvre aux heures d'arrivée de la plupart des vols. Un autre comptoir de change se tient au niveau des départs.

Le centre-ville compte de nombreuses banques effectuant le change. Citons notamment le bureau de change de la Bank of Ireland, 34 College Green (carte Quartier de Temple Bar), ouvert de 9h à 21h du lundi au samedi et de 10h à 19h le dimanche.

Les agences American Express (AmEx, carte Quartier de Temple Bar ; ☎ 679 9000), 40 Nassau St et Thomas Cook (carte Quartier de Temple Bar ; ☎ 677 1721, 677 1307), 118 Grafton St, se situent respectivement au niveau des entrées principale et secondaire de Trinity College. Thomas Cook ouvre de 9h à 17h30 du lundi au samedi, AmEx, de 9h à 17h du lundi au vendredi et de 9h à 12h le samedi (le change jusqu'à 17h). Le bureau principal de l'office du tourisme (St Andrew's Church) accueille un guichet AmEx.

Poste et communications

La célèbre grande poste (GPO), sur O'Connell St, au nord du fleuve, ouvre de 8h à 20h du lundi au samedi et de 10h30 à 18h le dimanche et les jours fériés. Elle dispose d'un service de poste restante, d'un guichet de philatélie et de téléphones publics. Au sud du fleuve, le bureau de poste de South Anne St (carte Quartier de St Stephen's Green) est à deux pas de Grafton St.

Les boutiques Talk Shop (info@talkshop.ie, www.talkshop.ie) permettent de téléphoner à l'étranger aux meilleurs tarifs. Il en existe plusieurs dans le centre, notamment au Granary (carte Quartier de Temple

Bar ; ☎ 672 7212), 20 Temple Lane, et au 5 Upper O'Connell St (☎ 872 0200).

Internet

De nombreux cafés et restaurants proposent un accès à Internet. Citons le Central Cyber Café (carte Quartier de St Stephen's Green ; ☎ 677 8298, info@centralcafe.ie), 6 Grafton St, qui demande 6,35 € l'heure. Le Global Cyber Café (☎ 878 0295, info@globalcafe.ie), 8 Lower O'Connell St, pratique les mêmes tarifs.

Agences de voyages

AmEx et Thomas Cook possèdent des agences dans le centre (voir plus haut Argent). Le bureau de l'Union of Students in Ireland Travel (USIT, carte Quartier de Temple Bar ; ☎ 602 1600), 19 Aston Quay, au sud d'O'Connell Bridge, ouvre de 9h à 18h du lundi au vendredi (20h le jeudi) et de 10h à 17h30 le samedi.

Librairies

Compte tenu de sa longue tradition littéraire, on ne s'étonnera pas que la ville compte plusieurs bonnes librairies.

Juste en face de Trinity College, ne manquez pas l'excellente Fred Hanna (carte Quartier de Temple Bar ; ☎ 677 1255), 27-9 Nassau St. Non loin de là, la vaste Hodges Figgis (carte Quartier de St Stephen's Green ; ☎ 677 4754), 56-8 Dawson St, offre une belle sélection de presque tous les genres littéraires. En face, Waterstone's (carte Quartier de St Stephen's Green ; ☎ 679 1415), 7 Dawson St, propose un choix tout aussi diversifié.

Au nord de la Liffey, Eason's (☎ 873 3811), 40 O'Connell St, à côté de la grande poste, dispose de nombreux livres et surtout de l'une des plus grandes sélections de magazines du pays. Dotée d'un café à l'étage, la Winding Stair (carte Quartier de Temple Bar ; ☎ 873 3292), 40 Lower Ormond Quay, vend des livres neufs et d'occasion.

Citons par ailleurs plusieurs librairies spécialisées, telles que Forbidden Planet (carte Quartier de Temple Bar ; ☎ 671 0688), 5-6 Crampton Quay, pour ses livres de science-fiction et ses bandes dessinées. La Sinn Féin Bookshop (☎ 872 7096) se

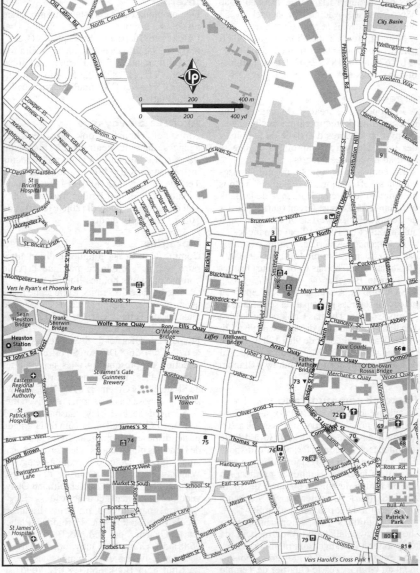

DUBLIN

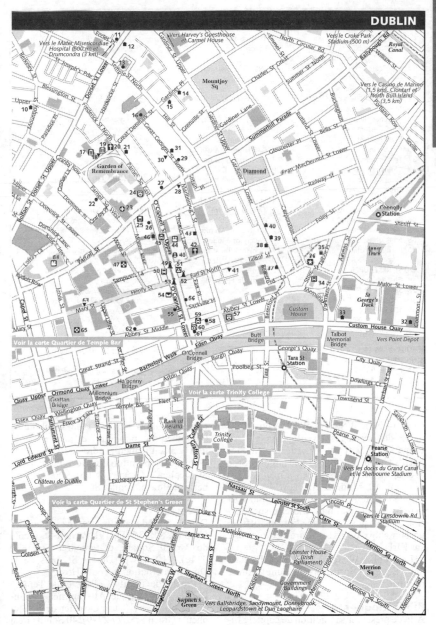

DUBLIN

OÙ SE LOGER
10 An Óige Dublin
     International Youth Hostel
12 Caulfields Hotel
14 Lyndon House
15 Clifden Guesthouse
21 Hotel Saint George
31 Mount Eccles Court Budget
     Accomodation
32 Jurys Custom House Inn
33 Clarion Hotel
35 Jacob's Inn
37 The Townhouse
38 Globetrotter's
     Tourist Hostel
39 Othello Guesthouwse
40 Abraham House
43 Marlborough Hostel
46 Royal Dublin Hotel
66 Inn on the Liffey
68 Jurys Christ Church Inn
75 Brewery Hostel

OÙ SE RESTAURER
18 Chapter One
28 Bangkok Café
30 Cobalt Café & Gallery
41 101 Talbot
63 Bewley's Oriental Café
73 The Brazen Head

**PUBS, BARS ET
NIGHT-CLUBS**
 3 Cobblestone
25 Parnell Mooney

76 Thomas House
79 Fallon's

DIVERS
 1 Arbour Hill Cemetery
 2 Collins Barracks ;
     National Museum of Decorative
     Arts & History
 4 Ceol ; Chief O'Neills
     Hotel & Pub
 5 The Chimney
 6 Old Jameson Distillery
 7 St Michan's Church
 8 Poste
 9 King's Inns
11 The Laundrette
13 St George's Church ;
     Temple Theatre
16 Belvedere College
17 Hugh Lane Municipal
     Gallery of Modern Art
19 Dublin Writers' Museum
20 Abbey Presbyterian Church
22 Sinn Féin Bookshop
23 Rotunda Hospital
24 Gate Theatre
26 Aer Lingus
27 Laundry Shop
29 James Joyce
     Cultural Centre
34 Busáras
36 Poste de police
42 St Mary's Pro-Cathedral
44 Savoy
45 Station de taxis

47 ILAC Centre
48 Dublin Tourism
49 Statue d'Anna Livia
50 Dublin Bus ;
     Bus Éireann
51 Talk Shop
52 Statue de James Joyce
53 Monument of Light
54 Poste centrale (GPO)
55 Eason's
56 Clery's & Co
57 Abbey Theatre ;
     Peacock Theatre
58 Iarnród Éireann
     (bureau des chemins
     de fer irlandais)
59 Station de taxis
60 Global Cyber Café
61 O'Connell's Late-Night
     Pharmacy
62 Arnott's
64 UGC Multiplex
65 Jervis St Centre
67 Christ Church Cathedral
69 Dublinia ;
     salle du synode
70 Tailors Hall ; An Taisce
71 St Audoen's Catholic Church
72 St Audoen's Church of
     Ireland Church
74 Guinness Storehouse
77 Vicar St ; The Shelter
78 Tivoli Theatre
80 St Patrick's Cathedral
81 Marsh's Library

situe 44 Parnell Square West. Vous trouverez des ouvrages en irlandais à l'An Siopa Leabhar (carte Quartier de St Stephen's Green ; ☎ 478 3814), Harcourt St, à côté de St Stephen's Green. Enfin, l'Irish Museum of Modern Art (IMMA, carte Comté de Dublin), au Royal Hospital Kilmainham, et la National Gallery, sur Merrion Square, possèdent une librairie offrant un bon choix de livres d'art et d'ouvrage sur l'Irlande.

Le Dublin Writers' Museum, 18 Parnell Square North, abrite une bonne librairie.

Bibliothèques
Afin de préserver sa tradition de capitale littéraire, Dublin bénéficie de nombreuses bibliothèques, publiques et privées. Pour tout renseignement, adressez-vous à la Dublin Corporation (carte Quartier de St Stephen's Green ; ☎ 661 9000), Cumberland House, Fenian St.

Laveries
Dans le nord de la ville, essayez le Laundry Shop (☎ 872 3541), 191 Parnell St, à côté de Parnell Square, et Laundrette (☎ 830 0340), 110 Lower Dorset St, près de la Dublin International Youth Hostel.

Proche de Trinity College et de Temple Bar, la sympathique All-American Laundrette Company (carte Quartier de St Stephen's Green ; ☎ 677 2779), 40 South Great

DUBLIN

George St, dispose d'un panneau explicatif très clair.

Les prix commencent à environ 6,50 € et augmentent en fonction de la charge de linge.

Services médicaux

L'Eastern Regional Health Authority (ERHA, ☎ 679 0700, ☎ gratuit 1800 520520, erha@erha.ie, www.erha.ie), Dr Steevens's Hospital, Dublin 8, peut vous orienter vers un médecin de 9h à 17h, du lundi au vendredi. Votre hôtel ou votre ambassade peuvent vous renseigner. L'ERHA propose aussi des services aux personnes handicapées.

En cas de problème de santé, adressez-vous au service des urgences de l'hôpital public le plus proche ou appelez une ambulance au ☎ 999. Au nord de la Liffey, rendez-vous au Mater Misericordiae Hospital (carte Dublin ; ☎ 830 1122), Eccles St, dans Lower Dorset St. Au sud, optez pour le St James's Hospital (☎ 453 7941), James's St, ou le Baggot St Hospital (carte Quartier de St Stephen's Green ; ☎ 668 1577), 18 Upper Baggot St.

Les pharmacies suivantes restent ouvertes jusqu'à 22h : O'Connell's Late Night Pharmacy, O'Connell St, et Dame St Pharmacy, Dame St (carte Quartier de Temple Bar).

Les préservatifs sont vendus dans les pharmacies et dans de nombreux bars et night-clubs. La pilule n'est délivrée que sur ordonnance.

Les cliniques Well Women, 35 Lower Liffey St (☎ 661 0083) et 67 Pembroke Rd (☎ 660 9860), peuvent aider les femmes qui rencontrent des problèmes de santé et fournir des contraceptifs, notamment la pilule du lendemain (34,50 €).

En cas d'urgence

Pour les numéros d'urgence nationaux, reportez-vous à la rubrique *En cas d'urgence* du chapitre *Renseignements pratiques*. Voici quelques autres numéros utiles :

Drugs Advisory and Treatment Centre (centre d'information sur la drogue, ☎ 677 1122), Trinity Court, 30-1 Pearse St
Rape Crisis Centre (accueil viol ☎ 1800 778 888, 661 4911), 70 Lower Leeson St.

Racisme

L'arrivée à Dublin d'immigrés anglophones et de demandeurs d'asile ne va pas sans susciter des tensions, en particulier à l'encontre des populations africaines et, dans une moindre mesure, d'Europe orientale. Bien que la majorité des Dublinois affirme ne pas éprouver de sentiments racistes envers les étrangers, les Noirs vivant à Dublin sont malheureusement souvent victimes de harcèlement, verbal la plupart du temps.

Le racisme existe incontestablement à Dublin. Ses manifestations les plus graves, telles l'intimidation ou la violence physique, demeurent heureusement le fait d'une minorité d'extrémistes, qui estiment notamment que les immigrés "volent" le travail des Irlandais. Bon nombre de Dublinois veillent néanmoins, la plupart du temps, à ramener le calme et il n'est pas rare qu'ils prennent la défense d'une victime. Si vous rencontrez ce type de problème, prévenez impérativement la police.

The Samaritans (pour les personnes déprimées ou suicidaires ☎ 1850 609 090, 872 7700)

Désagréments et dangers

Si Dublin figure parmi les capitales européennes les plus sûres, elle souffre depuis quelques années d'une hausse de la petite délinquance, en particulier des vols à l'arraché et dans les voitures. Aussi veillez à prendre toutes les précautions d'usage en la matière. Prenez garde surtout à ne pas exhiber vos éventuels objets de valeur et à ne rien laisser dans votre voiture.

Certains quartiers peuvent se révéler risqués la nuit. Ne vous aventurez pas dans les rues désertes et mal éclairées. Évitez Phoenix Park. Soyez vigilant si vous logez dans les auberges de jeunesse situées dans les rues moins sûres du nord de la ville.

Comme de nombreuses autres grandes villes, Dublin pâtit de la pollution automobile. Signalons enfin que tous les restau-

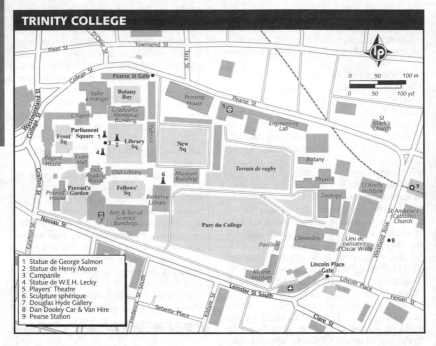

TRINITY COLLEGE

1 Statue de George Salmon
2 Statue de Henry Moore
3 Campanile
4 Statue de W.E.H. Lecky
5 Players' Theatre
6 Sculpture sphérique
7 Douglas Hyde Gallery
8 Dan Dooley Car & Van Hire
9 Pearse Station

rants, même les plus onéreux, ne comportent pas toujours une zone non-fumeurs.

AU SUD DE LA LIFFEY
Le sud de la ville rassemble les boutiques à la mode, la plupart des meilleurs restaurants et la majorité des hôtels, ainsi que les vestiges du Dublin historique et les élégantes places et demeures georgiennes.

Trinity College
Première université d'Irlande, et l'un des plus beaux sites de la ville, Trinity College fut fondé en 1592 par Élisabeth Ire sur les terres d'un prieuré augustien, dissous en 1537. Grâce à cette université, la reine espérait soustraire les étudiants à l'influence de la religion catholique. Aujourd'hui dans le centre, Trinity College s'élevait à l'origine à l'extérieur des murs de la ville. L'archevêque Ussher, qui se distingua notamment en datant la création du monde à 4004 av. J.-C., fut l'un de ses fondateurs.

L'université de Dublin, son nom officiel, demeura presque intégralement protestante jusqu'en 1793. Lorsque les protestants acceptèrent les étudiants catholiques, c'est l'église catholique elle-même qui s'y opposa. Cette interdiction perdura jusqu'en 1970. Aujourd'hui, Trinity College reste un centre d'influence protestante et britannique, même si la majorité de ses 9 500 étudiants est catholique. L'université accueillit les femmes en 1903, avant la plupart de ses homologues britanniques.

Les **visites guidées** (☎ 608 1724 ; 8,50 € ; mi-mai à sept, lun-sam 10h15-15h40, dernière visite à 15h le dim) démarrent toutes les 40 minutes de l'entrée principale. Le billet permet aussi d'admirer le Book of Kells.

Entrée principale. Donnant sur College Green, la porte d'entrée Front Gate ou Regent House, édifiée de 1752 à 1759, est flanquée des statues du poète Oliver Goldsmith (1730-1774) et de l'orateur Edmund Burke (1729-1797).

Campanile. Derrière Regent House s'ouvre une vaste cour divisée en trois parties, Front Square, Parliament Square et Library Square. Au centre se dresse un campanile de 30 m de haut, dessiné par Edward Lanyon et érigé entre 1852 et 1853. Il marquerait le centre du monastère qui s'élevait autrefois à cet endroit.

Chapelle et salle à manger. En parcourant Front Square dans le sens des aiguilles d'une montre, l'on voit tout d'abord la **chapelle** *(☎ 608 1260, Front Square, Trinity College ; gratuit)*, construite à partir de 1798 d'après des plans dessinés en 1777 par l'architecte sir William Chambers (1723-1796). Elle accueille toutes les confessions depuis 1972. Elle se caractérise surtout par les sculptures en plâtre de Michael Stapleton, ses colonnes ioniques et ses fenêtres peintes (et non ornées de vitraux). La baie principale est consacrée à l'archevêque Ussher.

La **salle à manger** *(Parliament Square ; réservée aux étudiants)* jouxte la chapelle. Conçue par Richard Cassels, elle fut détruite 15 ans plus tard en raison d'un problème de fondations. Terminée en 1761, la nouvelle salle conserva probablement quelques éléments de la facture originale.

Rubrics Building. À l'est de Library Square, s'élève le plus ancien bâtiment du collège (en brique rouge), datant de 1690.

Book of Kells

Aux yeux des visiteurs, le *Livre de Kells* constitue l'intérêt majeur de Trinity College. Ce manuscrit enluminé datant d'environ 800 serait l'un des plus anciens au monde. Transféré pour des raisons de sécurité du monastère de Kells, dans le comté de Meath, à l'université en 1654, il date certainement d'avant le monastère lui-même. Il est sans doute l'œuvre de moines du monastère St Colmcille, sur l'île d'Iona, au large de la côte ouest de l'Écosse. Pour échapper aux invasions répétées des Vikings, les moines se réfugièrent en 806 à Kells, en Irlande, emportant leur chef-d'œuvre avec eux. Volé en 1007, puis redécouvert trois mois plus tard, le livre fut alors enterré. Quelque temps avant la dissolution du monastère en 1535, la châsse en métal du livre, la *cumdach*, disparut, volée sans doute par des Vikings ignorant la valeur de l'ouvrage lui-même. Une trentaine de pages, au début et à la fin, furent également perdues.

L'aigle de saint Jean, enluminure du *Book of Kells*

Le *Book of Kells*, rédigé en latin, comprend les quatre Évangiles du Nouveau Testament, des préfaces, des résumés et d'autres textes. Il doit toute son originalité à ses illustrations d'une extraordinaire virtuosité. Outre les magnifiques enluminures qui ornent les initiales d'ouverture de chaque texte, il s'agrémente de nombreuses petites décorations colorées entre les lignes.

On sépara en 1953 les 680 pages de l'ouvrage en quatre volumes reliés en cuir. Deux sont généralement offerts au regard, ouverts sur une double page enluminée : d'un côté un décor ornemental, de l'autre le texte. Les pages présentées sont régulièrement changées. Des reproductions sont en vente pour quelque 22 000 €, mais la librairie de la bibliothèque propose aussi des exemplaires plus abordables, notamment une édition de poche à 16,50 € qui comprend de belles planches colorées.

Le *Book of Kells* est généralement exposé dans l'East Pavilion de la Library Colonnades, sous la bibliothèque.

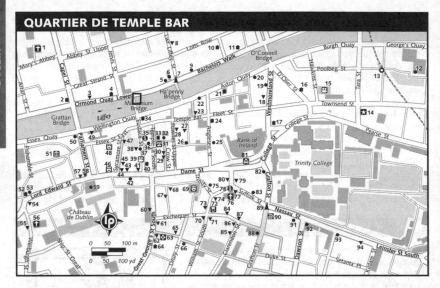

QUARTIER DE TEMPLE BAR

Il subit de profonds changements lors d'une restauration en 1894, puis de nouvelles modifications dans les années 1970.

Old Library. Sur le côté sud de la place, l'ancienne bibliothèque (☎ 608 2320, *Library Square ; entrée avec l'accès au* Book of Kells*)*, construite de 1712 à 1732 par Thomas Burgh, présente un style assez austère. La Long Room, longue de 65 m, renferme de nombreux textes anciens uniques. Le célèbre *Book of Kells* (voir l'encadré *Book of Kells*) est exposé dans la Library Colonnades. Bien que le pays soit indépendant, la loi sur les bibliothèques de 1801 autorise la bibliothèque, à l'instar de toutes celles de Grande-Bretagne, à recevoir un exemplaire gratuit de tous les ouvrages parus dans le Royaume-Uni. La collection complète de la bibliothèque se monte à environ trois millions de livres, répartis aujourd'hui dans divers endroits de la ville.

La **Long Room** (☎ 608 2320, *East Pavilion, Library Colonnades ; adulte/étudiant 5,70/ 5,10 €, gratuit pour les moins de 12 ans, billet pour la Long Rom et les expositions temporaires de l'East Pavilion ; lun-sam 9h30-17h, dim 12h-16h30, à partir de 9h juin-sept)* recèle essentiellement les quelque 200 000 plus anciens volumes de la bibliothèque. Le rez-de-chaussée formait à l'origine une arcade ouverte, mais on le ferma en 1892 pour accroître les possibilités de stockage. On avait déjà tenté en 1853 d'agrandir la pièce en surélevant le plafond.

Aux côtés du *Book of Kells* est exposée l'une des plus vieilles harpes irlandaises (v.1400), celle de Brian Ború.

On peut aussi voir une copie de la proclamation de la république d'Irlande prononcée par Pádraig Pearse à la grande poste au début de l'insurrection de Pâques 1916.

La Long Room et la pièce du *Book of Kells* sont souvent bondées en pleine saison.

1937 Reading Room, Exam Hall et Provost's House. En tournant toujours dans le sens des aiguilles d'une montre autour du campanile, on découvre ensuite la "salle de lecture de 1937" et le théâtre, ou "salle des examens", construit de 1779 à 1791.

Derrière cette salle, voyez la Provost'House (1760), belle demeure georgienne, où réside toujours le principal de l'université. Elle est fermée au public.

Berkeley Library. La bibliothèque Berkeley (*Fellow's Square ; fermée au public)* occupe

QUARTIER DE TEMPLE BAR

OÙ SE LOGER
2   Ormond Quay Hotel
4   Morrisson Hotel
10 Litton Lane Hostel
11 Abbey Court Hostel
16 Ashfield House
17 Westin Dublin
21 Aston Hotel
24 Gogarty's Temple Bar Hostel
33 Barnacles Temple Bar House
34 Eliza Lodge
40 Cobblestones Budget Accomodation
52 Kinlay House
64 Grafton Guesthouse

OÙ SE RESTAURER
3   Panem
8   Epicurean Food Hall
18 Bewley's Oriental Café
23 Elephant & Castle ;
     Gallagher's Boxty House
27 Bad Ass Café
28 Café Irie
29 Osteria Antica Ar Vicoletto
30 Dish
38 Il Baccaro
41 Fans Cantonese Restaurant
43 Gruel
44 The Mermaid Café
45 Belgo
47 Eden
49 The Tea Rooms
     (Clarence Hotel)
54 Munchies
55 Leo Burdock's

57 Queen of Tarts
58 Da Pino
60 Juice
61 Good World Restaurant
62 Simon's Place
65 Guy Stuart
67 The Odessa
68 Stag's Head
70 Munchies
71 Lemon
73 Cedar Tree
74 Trocadero
77 Nude
79 O'Neill's
80 Harvey's Coffee House
84 Cornucopia
85 Aya
86 Alpha
87 Imperial Chinese Restaurant
94 Kilkenny Kitchen ; Kilkenny
     Shop

DIVERS
1   St Mary's Abbey et Chapter
     House
5   Winding Stair
     Bookshop et Café
6   Dublin Woollen Company
7   Statue de la vieille femme
     aux sacs
9   C Harding for Bikes
12 Markievicz Leisure Centre
13 Tara St Station
14 Poste de police
15 Screen
19 Harrison's

20 usit NOW
22 Forbidden Planet
25 Bourse
26 Eager Beaver
31 Talk Shop
32 Claddagh Records
35 Temple Bar
     Information Centre
36 Temple Bar Music Centre
37 The Ark
39 Irish Film Centre (IFC)
42 Dame St Pharmacy
46 Olympia Theatre
48 Project Arts Centre
50 Sunlight Chambers
51 Dublin Viking Adventure
53 Irish Celtic Craftshop
56 St Werburgh's Church
59 Hôtel de ville
63 George St Arcade ;
     Jenny Vander
66 Harlequin
69 Andrew's Lane Theatre
72 International
75 Hobo
76 St Andrew's Church
78 Dublin Tourism Centre
81 Station de taxis
82 Thomas Cook
83 Avoca Handweavers
88 Brown Thomas
89 Statue de Molly Mallone
90 Central Cyber Café
91 American Express
92 Fred Hanna
93 Knobs & Knockers

le bâtiment massif et moderne édifié non loin de l'Old Library par Paul Koralek en 1967.

Né à Kilkenny en 1685, George Berkeley étudia à Trinity à 15 ans à peine, et réussit brillamment dans plusieurs disciplines, notamment en philosophie. Il a laissé son nom à la fameuse université de Californie.

Arts & Social Science Building. Le bâtiment des arts et des sciences sociales, construit en 1978 par Paul Koralek au sud de l'Old Library, donne sur Nassau St et permet d'entrer dans l'université. Il abrite aussi la Douglas Hyde Gallery of Modern Art (☎ 608 1116 ; gratuit, lun, mer et ven 11h-18h, jeu jusqu'à 19h, sam jusqu'à 16h45).

Dublin Experience. La Dublin Experience (☎ 608 1688, Arts & Social Science Building ; adulte/étudiant 4,20/ 3,50 €, 7/5,70 € avec le Book of Kells ; tlj 10h-17h, mi-mai-oct) constitue le deuxième centre d'intérêt touristique de l'université après le Book of Kells. Il s'agit d'une présentation audiovisuelle de 45 minutes de la ville. Projection dans le bâtiment des arts et des sciences sociales.

New Square. Cette place s'étend derrière le Rubrics Building, à l'est du Library

Square. Le **Museum Building** *(☎ 608 1477, New Square ; gratuit ; ouverture sur rendez-vous)*, construit de 1853 à 1857, abrite le squelette de deux cerfs géants et, à l'étage, le Musée géologique.

Temple Bar

À l'ouest de College Green et de la Bank of Ireland, un entrelacs de rues, qui forme Temple Bar (carte Quartier de Temple Bar) serpente entre Dame St et la Liffey. Les immeubles délabrés et les rues pavées de ce très ancien quartier de Dublin ont été restaurés dans les années 1990 et constituent aujourd'hui l'une des parties les plus populaires du centre-ville. Il foisonne de galeries d'art, de petits musées et de boutiques branchées, mais les touristes déferlent surtout dans les pubs et les restaurants.

Temple Bar a malheureusement souffert du succès que lui a apporté sa réputation de "quartier culturel". Les promoteurs ont succombé aux sirènes financières et créé une zone ultracommerciale, regorgeant de restaurants servant une cuisine insipide à des prix exorbitants, de boutiques de souvenirs de mauvais goût et de bars sans âme, à de rares exceptions près. La journée, le quartier reste une promenade agréable, mais le soir (surtout le week-end), il attire Dublinois ivres et touristes en goguette.

Dame St marque la limite sud de Temple Bar et relie la ville récente (autour de Trinity College et de Grafton St) et ancienne (depuis le château jusqu'aux cathédrales Christ Church et St Patrick).

Renseignements. Le Temple Bar Information Centre (☎ 671 5717), 18 Eustace St, fournit des renseignements sur le quartier et les expositions en cours. Il édite le *Temple Bar Guide*, très pratique. Ouvert toute l'année de 9h à 18h du mardi au vendredi, ainsi que de 11h à 16h le samedi et de 12h à 16h le dimanche, en juillet et août.

Visite de Temple Bar. La rue la plus ancienne de Dublin, Fishamble St, qui existait déjà du temps des Vikings (bien qu'il ne reste rien de cette époque !), marque l'extrémité ouest de Temple Bar. Juste à côté, la Christ Church Cathedral (voir plus loin) remonte à

1170. Il s'élevait toutefois une église viking auparavant sur ce site. Suivez les symboles en cuivre placés sur le trottoir pour découvrir la mosaïque qui reproduit le plan d'une habitation viking mise au jour en 1980 et 1981. D'autres fouilles sur une ancienne zone viking sont actuellement en cours vers Parliament St.

Non loin de là, le **Dublin's Viking Adventure** *(☎ 679 6040, viking@dublintourism.ie, Essex St West ; adulte/étudiant/famille 7/5,40/19 €)* propose une découverte intéressante de Dublin à l'époque des Vikings, qui l'appelaient Dyflin. L'on prend place à bord d'un drakkar pour rejoindre le village de Dyflin, que l'on traverse à pied.

En 1742, Händel dirigea la première représentation du *Messie* au Dublin Music Hall, derrière la Kinlay House, dans Lord Edward St, qui fait à présent partie de l'hôtel qui porte le nom du compositeur.

Château de Dublin

Édifié sous le roi Jean en 1204 et siège du pouvoir britannique, le château de Dublin, ou **Dublin Castle** *(carte Quartier de Temple Bar ; ☎ 677 7129, Cork Hill, Dame St ; adulte/étudiant et senior 4/3 € ; lun-ven 10h-17h, sam et dim 14h-17h)*, ressemble à un véritable palais. Seule la Record Tower, achevée en 1258, subsiste du château roman d'origine. Il reste aussi certaines fondations. La visite des fouilles s'avère très intéressante. Le château abrite en outre l'un des plus beaux musées de la ville, la Chester Beatty Library (voir ci-dessous).

Le château servit de résidence officielle aux vice-rois d'Irlande britanniques jusqu'à la construction de la Viceregal Lodge dans Phoenix Park. Il avait auparavant renfermé une prison, pas toujours bien gardée toutefois. Ainsi Red Hugh O'Donnel, l'un des derniers grands chefs gaéliques, s'enfuit de la Record Tower en 1591. Capturé, il parvint à s'échapper une nouvelle fois en 1592.

Dominant Cork Hill, derrière l'hôtel de ville, le château sert toujours au gouvernement. Les visites s'intercalent entre les réunions et les conférences et sont même parfois annulées. Mieux vaut donc téléphoner au préalable.

Chester Beatty Library. Aménagée récemment dans la tour de l'horloge, on y accède par une entrée particulière, dans Ship St. Cette bibliothèque et galerie *(☎ 269 2386, www.cbl.ie; gratuit ; mar-ven 10h-17h, sam et dim 11h-17h, visites guidées à 14h30 mer et sam)* recèle la collection de sir Alfred Chester Beatty (1875-1968), ingénieur des mines. Elle regroupe plus de 20 000 manuscrits, des livres rares, des peintures miniatures, des tablettes d'argile, des habits et de multiples autres objets répartis sur deux étages. Le rez-de-chaussée présente les œuvres d'art des mondes occidentaux, islamiques et asiatiques, avec notamment de splendides livres chinois. Voyez aussi les enluminures des ouvrages européens.

Le 1er étage rassemble les objets liés aux grandes religions : judaïsme, islam, christianisme, hindouisme et bouddhisme. Les spécialistes considèrent les exemplaires du Coran, datant du IXe au XIXe siècle (la bibliothèque en compte plus de 270), comme les plus beaux textes islamiques enluminés du monde. On peut aussi admirer d'anciens papyrus égyptiens, en particulier des poèmes d'amour du XIIe siècle, ainsi que des évangiles enluminés datant de 200 environ.

Hôtel de ville et bâtiments municipaux

Face au château, sur Lord Edward St, l'hôtel de ville, ou **City Hall** *(carte Quartier de Temple Bar ; ☎ 672 2204, www.dublincorp.ie/cityhall, Cork Hill ; adulte/étudiant et senior 3,80/1,25 € ; lun-sam 10h 17h15, dim 14h-17h)*, occupe le bâtiment du Royal Exchange édifié de 1769 à 1779 par Thomas Cooley, qui accueillit ensuite les bureaux de la Dublin Corporation. Il s'élève sur le site de la Lucas Coffee House et de l'Eagle Tavern, dans laquelle Richard Parsons, comte de Rosse, fonda en 1735 le Hell Fire Club. Réservé aux hommes, il se tailla une réputation de lieu de débauche où l'on pratiquait la magie noire.

Une nouvelle **exposition multimédia**, "The Story of the Capital", se tient au sous-sol. Elle retrace l'histoire de Dublin, de ses débuts à 2000.

Christ Church Cathedral

La cathédrale Christ Church *(Church of the Holy Trinity, ☎ 677 8099, email@ccdub.ie, Christ Church Place ; 2,50/1,25 € par adulte/étudiant ; 9h45-17h30)* se dresse au sud de la Liffey, à l'ouest du centre et de Temple Bar. Les Vikings s'étaient installés entre le site de la cathédrale et le fleuve. Ce quartier représente aussi le Dublin médiéval, avec le château, le Tholsel (hôtel de ville, démoli en 1809) et le bâtiment initial de Four Courts (détruit en 1796). Back Lane, non loin de là, accueille l'unique bâtiment des corporations qui subsiste dans la ville. Ce Tailors Hall (1706), qui devait être démoli dans les années 1960, abrite aujourd'hui l'An Taisce (National Trust of Ireland, administration du patrimoine).

Initialement bâtie en bois par les Danois en 1038, la cathédrale fut reconstruite en pierre dès 1172 par Richard de Clare, comte de Pembroke (connu sous le nom de Strongbow), noble anglo-normand qui envahit l'Irlande en 1170.

Christ Church essaya toujours de supplanter la St Patrick's Cathedral, voisine. Cependant, toutes deux connurent des temps difficiles aux XVIIIe et XIXe siècles et se trouvaient en piteux état lors de la première restauration.

De l'entrée située du côté sud-est de la cour, on longe les vestiges de l'ancien chapitre, datant de 1230. Le transept sud abrite la tombe de style baroque du 19e comte de Kildare (décédé en 1734). Son petit-fils, lord Edward Fitzgerald, membre des United Irishmen, mourut lors du soulèvement manqué de 1798.

Dans ce même transept, une porte conduit à la crypte voûtée, d'une taille inhabituelle, vestige de l'église viking. Remarquez dans la vitrine le chat et la souris momifiés, retrouvés dans l'un des tuyaux de l'orgue dans les années 1860 !

Dublinia

À l'intérieur de ce qui fut autrefois la salle du synode, à côté de Christ Church, le Medieval Trust a créé **Dublinia** *(☎ 679 4611 ; adulte/étudiant 5/3,80 € ; avr-sept tlj 10h-17h, oct-mars lun-sam 11h-16h et dim 10h-16h)*, une exposition retraçant la vie de Dublin au Moyen Âge. Au rez-de-chaussée, des maquettes présentent dix épisodes de l'histoire de la ville, avec des explications sonores (au casque). Les objets découverts dans les fouilles archéologiques sont exposés au 1er étage, à côté d'une grande maquette de la ville. Une section d'un quai et l'échoppe d'un cordonnier ont été recréées. Enfin, au dernier étage, on peut voir la reconstitution d'une foire qui se tenait au XIIe siècle à l'extérieur de l'enceinte de la ville. Elle comprend notamment des exemples de marchandises vendues à l'époque, l'étal d'un médecin, la boutique d'un armurier, un confessionnal et une banque.

Le billet d'entrée est également valable pour Christ Church (accès par la passerelle).

St Patrick's Cathedral

La cathédrale St Patrick (☎ 475 4817, www.stpatrickscathedral.ie, St Patrick's Close ; bus 50, 50A ou 56A depuis Aston Quay, 54 ou 54A depuis Burgh Quay ; adulte/senior, étudiant et enfant 4,50/3,20 € ; mars-oct lun-ven 9h-17h, sam 9h-18h, dim 9h-11h/12h45-15h/16h15-18h, nov-fév lun-sam 9h-17h, dim 10h-11h/12h45-15h, fermée les 24, 26 déc et 1er janv) s'élèverait sur l'un des premiers sites chrétiens de la ville. Saint Patrick lui-même aurait en effet baptisé des moines à un puits situé au sous-sol. À l'instar de Christ Church, elle est bâtie sur un terrain instable, la Poddle coulant sous ses fondations. C'est la raison pour laquelle elle ne possède pas de crypte.

Bien qu'il existât à cet endroit un édifice religieux depuis le Ve siècle, le bâtiment d'aujourd'hui date de 1190 ou de 1225. Son apparence actuelle doit beaucoup aux importants travaux de restauration entrepris en 1864, qui ajoutèrent notamment les arcs-boutants. Le parc St Patrick, à côté de la cathédrale, a été nettoyé et réhabilité au début du XXe siècle.

Lors de sa venue en Irlande en 1649, Oliver Cromwell transforma la cathédrale en une écurie pour les chevaux de son armée, traitement qu'il infligea d'ailleurs à de nombreuses autres églises du pays. Jonathan Swift fut le doyen de la cathédrale de 1713 à 1745. Elle subit d'importantes dégradations jusqu'à sa restauration.

En pénétrant dans la cathédrale par la porte sud-ouest, on découvre presque immédiatement, sur la droite, les tombes de Swift et de sa compagne, Esther Johnson, ou Stella. Sur le mur figurent les épitaphes latines écrites par Swift lui-même, ainsi qu'un buste du poète.

Une nouvelle exposition, "Living Stones", a été inaugurée en 2001, qui présente l'histoire et le symbolisme de saint Patrick. Elle évoque également Jonathan Swift et le rôle de la musique dans la cathédrale. La visite est comprise dans le prix du billet d'accès à la cathédrale.

Une école de choristes fut créée en 1432. Le chœur participa à la première représentation du *Messie* de Händel en 1742. On peut l'entendre à 17h35 du lundi au vendredi. Assistez si vous le pouvez aux concerts de cantiques donnés autour de Noël. Pour tout renseignement, notamment concernant l'obtention des billets, appelez le ☎ 453 9472.

Marsh's Library

La Marsh's Library (☎ 454 3511, marshlib@iol.ie, www.kst.dit.ie/marsh, St Patrick's Close ; adulte/étudiant et senior 2,50/1,25 € ; lun, mer-ven 10h-12h45/14h-17h, sam 10h30-12h45) se situe dans St Patrick's Close, à côté de la cathédrale. Fondée en 1701 par l'archevêque Narcissus Marsh (1638-1713), cette bibliothèque ouvrit en 1707. Elle a été dessinée par sir William Robinson, architecte du Royal Hospital de Kilmainham. Plus ancienne bibliothèque publique du pays, elle rassemble 25 000 ouvrages du XVIe au début du XVIIIe siècle, des cartes, des manuscrits et des incunables.

National Museum

Créé par sir Thomas Newenham Deane, le National Museum (carte Quartier de St Stephen's Green ; ☎ 677 7444, marketing@museum.ie, Kildare St ; droit d'entrée au gré des visiteurs ; mar-sam 10h-17h, dim 14h-17h) fut achevé en 1890. Il s'enorgueillit surtout de son Treasury, qui recèle de splendides objets en or datant de l'âge du bronze et du fer, ainsi qu'une importante collection de pièces en métal celtiques du Moyen Âge. Une visite guidée est proposée moyennant 1,25 €.

Le musée comprend en outre les deux pièces d'artisanat irlandais les plus célèbres, le **calice d'Ardagh** et la **broche de Tara**. Mesurant près de 18 cm de haut et 24 cm de diamètre, le calice, du XIIe siècle, composé d'or, d'argent, de bronze, de cuivre et de plomb, représente le plus beau témoignage de l'orfèvrerie celtique jamais découvert.

À l'étage, une exposition présente Dublin à l'époque des Vikings, avec les vestiges mis au jour dans les fouilles de Wood Quay (entre Christ Church et la Liffey, à l'endroit des nouveaux bâtiments municipaux).

Le musée dispose d'une annexe dans la partie nord de la ville, à **Collins Barracks** (☎ *677 7444, Benburb St ; gratuit*), près d'Ellis Quay. Ces anciennes casernes militaires entièrement rénovées abritent depuis 1999 le **musée national des Arts décoratifs et d'Histoire**. Il comprend argenterie, céramiques, pièces en verre, armes, mobilier et objets traditionnels.

National Gallery

Ouverte depuis 1864, la National Gallery *(carte Quartier de St Stephen's Green ; ☎ 661 5133, www.nationalgallery.ie, Merrion Square West ; gratuit ; lun-mer, ven et sam 9h30-17h30, jeu jusqu'à 20h30, dim 12h-17h30)* donne sur Merrion Square. Visites guidées gratuites proposées à 15h le samedi, 14h, 15h et 16h le dimanche. Elle offre une belle collection de tableaux de peintres irlandais et de grands maîtres européens. On peut notamment y admirer un tableau du Caravage.

Au rez-de-chaussée sont exposées les toiles irlandaises, ainsi que quelques-unes des peintres britanniques Reynolds, Hogarth, Gainsborough, Landseer et Turner. Voyez aussi dans la salle au fond de la galerie les œuvres de Jack B. Yeats (1871-1957), jeune frère du poète W.B. Yeats.

Les salles de l'étage renferment des tableaux allemands, néerlandais et espagnol, avec en particulier des œuvres de Rembrandt et de son école, des artistes espagnols de Séville, du Greco, de Goya et de Picasso.

Leinster House

Le Dáil (Chambre haute) et le Seanad (Chambre basse) de l'Oireachtas na hÉireann (Parlement irlandais) se réunissent à la Leinster House *(carte Quartier de St Stephen's Green ; ☎ 618 3000, 618 3271 pour tout renseignement sur les visites, www.irlgov.ie/*

oireachtas, Kildare St ; gratuit ; ouverte lors des sessions parlementaires, nov-mai, généralement mar 14h30-20h30, mer 10h30-20h30, jeu 10h30-17h30 ; visites guidées sur rendez-vous lun-ven pendant les sessions parlementaires). L'entrée, sur Kildare St, se situe entre la National Library et le National Museum. Construite de 1745 à 1748 pour le comte de Kildare, la maison s'appela initialement Kildare House avant que le comte devienne duc de Leinster, en 1766.

Dessinée par Richard Cassels, la façade de Kildare St ressemble à une maison de ville, tandis que celle donnant sur Merrion Square a des allures de maison de campagne.

Le Seanad se réunit dans le salon de l'aile nord, le Dáil, dans l'ancien théâtre de lecture, moins original, ajouté au bâtiment initial en 1897. Lors des sessions parlementaires (généralement de novembre à mai, pendant 90 jours), les visiteurs sont admis dans une galerie publique. Les billets d'entrée sont délivrés à l'entrée, Kildare St, sur présentation d'une pièce d'identité.

Government Buildings

Surmontés d'une coupole, les Government Buildings *(carte Quartier de St Stephen's Green ; ☎ 662 4888, www.irlgov.ie/taoiseach, Upper Merrion St ; visites gratuites sam uniquement 10h30-15h30 ; billets à la National Gallery ☎ 661 5133)*, construits en 1911, semblent une interprétation édouardienne plutôt massive du style georgien. Les visites, qui durent 40 minutes, sont organisées pour une quinzaine de personnes. Vous devrez par conséquent peut-être attendre qu'un groupe suffisant se constitue. Il est impossible de réserver. Cependant, le samedi matin, vous pouvez vous inscrire pour une visite dans la journée, et découvrir le bureau du taoiseach (Premier ministre), la salle des ministres, le grand escalier orné d'un somptueux vitrail réalisé par Evie Stone (1894-1955) pour l'Exposition universelle de New York de 1939 et de nombreux objets d'art irlandais moderne.

National Library

La National Library *(carte Quartier de St Stephen's Green ; ☎ 603 0200, www.nli.ie, Kildare St ; gratuit ; lun 10h-21h, mar et mer 14h-17h, jeu et ven 10h-17h, sam 10h-13h)* jouxte la Leinster House, sur Kildare St. Édifiée de 1884 à 1890, à la même époque et par les mêmes architectes que le National Museum, elle présente un style similaire. La Leinster House, la bibliothèque et le musée formaient la Royal Dublin Society (créée en 1731), destinée à améliorer les conditions des plus défavorisés et à promouvoir les arts et les sciences. La bibliothèque renferme de nombreux manuscrits anciens, des éditions originales, des cartes et d'autres types d'ouvrages. Sa salle de lecture est évoquée dans *Ulysse*, de James Joyce.

À l'étage de la bibliothèque se tient le **Genealogical Office** *(☎ 603 0200, National Library, Kildare St ; lun-ven 10h-16h45, sam 10h-12h30)* qui peut vous aiguiller dans la recherche de vos ancêtres irlandais (gratuitement).

Natural History Museum

Le Natural History Museum *(carte Quartier de St Stephen's Green ; ☎ 677 7444, Merrion St ; gratuit ; mar-sam 10h-17h, dim 14h-17h)* a peu changé depuis que l'explorateur écossais Livingstone y prononça le discours d'inauguration en 1857. Au regard des musées ultramodernes plus récents, il a conservé un charme victorien fort agréable et reste l'un des musées les plus intéressants de la ville. Il conserve une collection très bien organisée de près de 2 millions d'animaux, dont la moitié environ d'insectes. Offrant une vision beaucoup plus vivante que les traditionnelles collections d'animaux empaillés, il intéresse souvent les enfants.

Quartier de Grafton St

Grafton St représentait la principale voie de circulation du sud de la ville avant d'avoir été transformée en 1982 en rue piétonne. À présent l'une des artères commerçantes les plus colorées et les plus animées de Dublin, elle accueille de nombreux spectacles de rue et des musiciens. Elle reste très vivante le soir, les pubs les plus sympathiques de la ville se situant dans les rues avoisinantes.

Entre les boutiques variées ou le grand magasin Brown Thomas *(carte Quartier de Temple Bar)*, ouvert depuis 1848, offrez-vous une pause gourmande au **Bewley's Oriental Café** *(carte Quartier de St Stephen's Green ; ☎ 677 6761, 78 Grafton St)*. Il retrace en outre à l'étage toute l'histoire de la société, qui comprend plusieurs succursales dans la ville.

Johnson's Court permet de rejoindre l'élégant centre commercial de **Powerscourt Townhouse** *(carte ; ☎ 679 4144, 59 South William St)*. Bâtie de 1771 à 1774, cette vaste demeure possède une jolie cour surplombée d'une balustrade. Depuis 1981, elle abrite sur trois étages magasins et restaurants.

Quartier de St Stephen's Green

L'été, les 9 hectares du parc St Stephen's Green offrent un havre de verdure propice à la pause déjeuner des salariés du quartier. À l'origine simple terrain vague, il servait à exécuter en public les condamnations au fouet, au bûcher ou à la pendaison. On le clôtura en 1664, lorsque la Dublin Corporation vendit les terrains alentour à des constructeurs immobiliers. Un mur en pierre remplaça la clôture dès 1669 et l'endroit s'orna bientôt d'arbres et d'allées de gravier.

Les élégantes demeures georgiennes qui l'entourent datent pour la plupart de la seconde moitié du XVIIIe siècle, époque de l'apogée de ce style à Dublin.

L'entrée principale du parc se fait par le Fusiliers' Arch, à l'angle nord-ouest.

Face au parc côté ouest, remarquez notamment l'Unitarian Church, de 1863, et le Royal College of Surgeons, ce dernier offrant l'une des plus belles façades de la place. Lors de l'insurrection de Pâques 1916, ce bâtiment fut occupé par l'excentrique comtesse Markievicz (1868-1927), la "comtesse rouge", nationaliste irlandaise mariée à un comte polonais. Les colonnes de la façade portent encore les impacts des balles.

Sur le côté nord du parc se dresse l'imposant bâtiment du Méridien Shelbourne Hotel datant de 1867. Il dissimule un petit cimetière huguenot de 1693, année où de nombreux protestants français se réfugièrent en Irlande pour échapper aux persécutions de Louis XIV.

Derrière Newman House se cachent les **Iveagh Gardens** *(ouverts toute l'année, du lever au coucher du soleil)*, l'un des plus beaux parcs de la ville. On y accède par Earlsfort Terrace ou Clonmel St, dans Harcourt St. Protégé par de hauts murs qui semblent plutôt annoncer une propriété privée, ce parc constitue un endroit idéal pour se détendre lors d'une chaude journée d'été ou pour patienter avant un spectacle au National Concert Hall.

Merrion Square

Autour du parc Archbishop Ryan, fort bien entretenu, et comportant de majestueuses demeures georgiennes, Merrion Square remonte à 1762. C'est là que vous verrez les plus belles portes de style georgien, agrémentées d'une fenêtre en éventail et d'un marteau finement décoré, sans oublier les grattoirs sur lesquels ces messieurs décrottaient leurs bottes avant d'entrer.

Oscar Wilde passa une grande partie de sa jeunesse au 1 North Merrion Square. W.B. Yeats (1865-1939) vécut au 52 Merrion Square East, puis, de 1922 à 1928, au 82 Merrion Square South. Le peintre et poète George (A.E.) Russel (1867-1935) travailla, quant à lui, au n°84. Enfin, le leader nationaliste Daniel O'Connell (1775-1847) habita au n°58 à la fin de sa vie.

L'ambassade du Royaume-Uni se trouvait au 39 Merrion Square East jusqu'à ce qu'elle soit incendiée en 1972, en réaction au "dimanche sanglant" de Derry, en Irlande du Nord.

La place ne présenta toutefois pas toujours cette apparence soignée et opulente. Pendant la Grande Famine en effet, on installait des soupes populaires dans les jardins, où venaient se réfugier les paysans affamés.

Merrion Square East se prolongeait autrefois dans Lower Fitzwilliam St, formant un spectaculaire alignement de demeures georgiennes.

À l'angle sud-est de la place, l'on a restauré et ouvert au public l'une de ces belles propriétés, **29 Lower Fitzwilliam St** *(☎ 702 6165, numbertwentynine@mail.esb.ie ; adulte/étudiant 3,20/1,25 € ; mar-sam 10h-17h, dim 14h-17h, fermée 2 sem avant Noël)*. Elle permet de découvrir la vie d'une famille aristocratique à Dublin entre 1790 et 1820. **Maison d'Oscar Wilde.** Première demeure georgienne de la place, elle date de 1762.

Aujourd'hui, le 1 North Merrion Square appartient à l'American College Dublin, qui l'a transformé en partie en **musée** consacré à Oscar Wilde *(☎ 662 0281, president@amcd.ie ; 2,50 € ; lun, mer et jeu 10h15-12h).*

En 1855, le chirurgien sir William Wilde et la poétesse Lady "Speranza" Wilde s'installèrent dans cette maison avec leur fils Oscar, alors âgé de un an. Ils y habitèrent jusqu'en 1876. On peut imaginer que le génie de l'écrivain bénéficia de l'atmosphère créatrice qui régnait dans la maison, où Lady Wilde tenait l'un des salons littéraires les plus prestigieux de Dublin.

Autre musée du sud de Dublin

Aménagé dans une ancienne synagogue, l'**Irish-Jewish Museum** *(carte Quartier de St Stephen's Green ; ☎ 453 1797, 4 Walworth Rd ; bus 16, 19 et 122 depuis Trinity College ; gratuit ; mai-sept mar, jeu et dim 11h-15h30, oct-avr dim seulement 10h30-14h30)* fut fondé en 1985 par le président israélien Chaim Herzog, originaire de Belfast. Photographies, tableaux, documents, livres et autres souvenirs retracent l'histoire de la communauté juive de Dublin, peu nombreuse, mais culturellement très présente.

AU NORD DE LA LIFFEY

Si le sud de la ville rassemble la majorité des sites touristiques, le nord mérite aussi une visite à plus d'un titre.

Custom House

Malgré l'opposition des marchands et des dockers, le premier bâtiment des douanes, situé du côté de Temple Bar, fut remplacé par cette nouvelle Custom House, édifiée de 1781 à 1791 juste après Eden Quay. Il s'agit de la première grande réalisation de l'architecte James Gandon.

En 1921, lors de la lutte pour l'indépendance, la Custom House fut mise à sac et détruite par un incendie qui dura cinq jours. On transforma ensuite complètement l'intérieur, avant d'entreprendre une vaste restauration de 1986 à 1988.

Ce bâtiment d'un blanc éclatant s'étend sur 114 mètres le long de la Liffey. Pour une meilleure vue d'ensemble, placez-vous sur l'autre rive du fleuve, à moins que vous ne

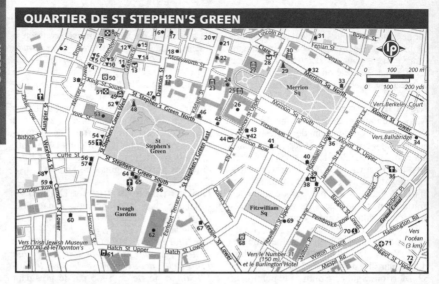

QUARTIER DE ST STEPHEN'S GREEN

souhaitiez admirer de plus près les détails architecturaux. Une coupole en cuivre ornée de quatre horloges chapeaute le tout.

Cette coupole abrite le **Custom House Visitor Centre** *(☎ 878 7660, Custom House Quay ; 1,30 € ; mi-mars-sept tlj 10h-12h30/14h-17h30, nov-mi-mars, mer-ven 10h-17, dim 14h-17h)*. Il comprend un petit musée sur l'architecte Gandon et l'histoire du bâtiment.

O'Connell St
Principale artère du nord de la ville, elle est aussi la rue la plus imposante de Dublin. Elle existe depuis le début du XVIIIᵉ siècle et s'appelait alors Drogheda St, du nom du vicomte Henry Moore, comte de Drogheda.

La municipalité a lancé un vaste plan de modernisation de la rue. Les travaux permettront de créer une place devant la grande poste, des trottoirs plus larges, une rue reliant O'Connell St à Moore St et un grand centre commercial, ainsi que de rénover les immeubles riverains.

Le premier élément de ce projet, le **Monument of Light** (ou spirale du millénaire), remplacera la statue de l'amiral Nelson. Cette spirale de 120 m devait être inaugurée lors du réveillon de la Saint-Sylvestre 1999, mais à la suite de dissensions internes, elle n'était toujours pas achevée fin 2001.

N'oubliez pas de vous balader sur le **marché des primeurs** en plein air, très vivant et coloré, qui se tient à l'ouest d'O'Connell St *(Moore St, lun-sam 8h-18h)*.

General Post Office
L'imposant bâtiment de la grande poste *(GPO ; ☎ 705 7000, www.anpost.ie, O'Connell St ; lun-sam 8h-20h, dim et j fériés 10h-18h30)* est une véritable institution historique. Créée par Francis Johnston et ouverte en 1818, elle occupa le premier plan lors de l'insurrection de Pâques 1916, lorsque Pádraig Pearse, James Connolly et d'autres nationalistes lurent leur proclamation sur les marches du perron. Elle fut incendiée pendant les combats qui suivirent. La façade ionique conserve les traces de ces affrontements et des luttes qui se déroulèrent au début de la guerre civile, en 1922.

St Mary's Pro-Cathedral
À l'angle de Marlborough et de Cathedral St, à l'est d'O'Connell St, s'élève la plus importante église catholique de la ville, St Mary's Pro-Cathedral *(☎ 874 5441, Marlborough St ; gratuit ; tlj 8h-18h30)*, édifiée de 1816 à 1825.

ENVIRONS DE ST STEPHEN'S GREEN

OÙ SE LOGER
- 3 Mercer Court
- 33 Merrion Square Manor
- 37 Latchford's
- 38 The Fitzwilliam
- 40 Longfield's
- 41 Georgian House ;
  Ante Room
- 43 The Merrion ; Restaurant
  Patrick Guilbaud
- 46 Méridien Shelbourne Hotel
- 56 Stephen's Green Hotel
- 60 Frankies Guesthouse
- 64 Staunton's on the Green
- 67 Clarion Stephen's Hall Hotel

OÙ SE RESTAURER
- 4 Busy Feet & Coco Café
- 5 Café Metro
- 6 Veluro
- 9 Rajdoot Tandoori
- 10 Café Mao
- 12 Bewley's Oriental Café
- 14 Gotham Café
- 20 Dail Bía
- 42 Cibo's
- 52 Peacock Alley
  (Fitzwilliam Hotel)
- 54 Shanahan's on the Green

- 58 Modern Green Bar
- 72 Langkawi

DIVERS
- 1 Whitefriars Carmelite
  Church
- 2 All-American Laundrette
  Company
- 7 Dublin Civic Museum
- 8 Centre commercial de
  Powerscourt Townhouse
- 11 HMV
- 13 Poste
- 15 Dublin Bookshop
- 16 Hodges Figgis
- 17 Waterstone's
- 18 Dúchas Bookshop
- 19 Mansion House
- 21 Alliance française ; Genealogical
  Office
- 22 National Library
- 23 National Museum
- 24 Leinster House
  (Parlement irlandais)
- 25 Natural History Museum
- 26 Government Buildings
- 27 National Gallery ; Fitzer's Café
- 28 Poste
- 29 Statue d'Oscar Wilde

- 30 Maison d'Oscar Wilde
- 31 Dublin Corporation
- 32 Goethe Institut
- 34 British Council
- 35 St Stephen's Church
- 36 29 Lower Fitzwilliam St
- 39 Poste
- 44 Poste
- 45 Cimetière huguenot
- 47 Aer Lingus
- 48 Fusiliers' Arch
- 49 Station de taxis
- 50 Gaiety Theatre
- 51 Centre commercial de
  Stephen's Green
- 53 Royal College of Surgeons
- 55 Unitarian Church
- 57 An Siopa Leabhar
- 59 Whelan's
- 61 The PoD ; The Red Box
- 62 National Concert Hall
- 63 Catholic University Church
- 65 Newman House ; The
  Commons
- 66 Iveagh House
- 68 Focus Theatre
- 69 Institut culturel italien
- 70 Bord Fáilte
- 71 Baggot St Hospital

Aussi surprenant que cela puisse paraître aujourd'hui, cet endroit formait avant l'indépendance l'un des grands quartiers chauds d'Europe. Appelé alors Monto, il prend le nom de Nighttown sous la plume de Joyce dans *Ulysse*.

Hugh Lane Municipal Gallery of Modern Art

La galerie municipale d'Art moderne (☎ *874 1903, exhibitions@hughlane.ie, www.hughlane.ie, 22 North Parnell Square ; collection permanente gratuite, expositions 6,35 € ; mar-jeu 9h30-18h – avr-août jeu jusqu'à 20h –, ven-sam 9h30-17h, dim 11h-17h)* recèle une belle collection de tableaux impressionnistes français et d'artistes irlandais du XXᵉ siècle.

Créé en 1908, le musée emménagea dans Charlemont House, son site actuel, en 1933. Sir Hugh Lane acquit lui-même les œuvres de sa collection, sans aide

aucune du gouvernement. Il périt lors du naufrage du *Lusitania*, en 1915, torpillé au large de la côte sud de l'Irlande par un navire allemand.

En juin 2001, le musée a inauguré la nouvelle partie de son fonds permanent : la reconstitution de l'atelier londonien de Francis Bacon, comprenant tous les effets personnels de l'artiste.

Dublin Writers' Museum

Ce musée (☎ *872 2077, 18 North Parnell Square ; adulte/étudiant/enfant 5,10/ 3,80/ 2,50 €, avec audioguides en plusieurs langues ; lun-sam 10h-17h30, dim à partir de 12h)* célèbre l'histoire littéraire de la ville. À l'étage, la Gallery of Writers abrite des bustes et des portraits des plus célèbres écrivains irlandais. Vous découvrirez des lettres, des photographies et des premières éditions au rez-de-chaussée.

Si le musée se consacre surtout aux écrivains du passé, l'Irish Writers' Centre, juste à côté, au n°19, offre aux auteurs d'aujourd'hui un espace de rencontre et de travail.

Smithfield

Délimité à l'est par Church St, à l'ouest par Blackhall Place, au nord par North King St et au sud par Arran Quay, le quartier de Smithfield Square connaît une expansion rapide. Cœur de ce nouvel espace, l'ancien Smithfield Market, marché aux chevaux et au bétail, a laissé place à un site superbement réhabilité.

À l'est de la place se dressent à présent deux des plus intéressants musées modernes de la ville : le Ceol et l'Old Jameson Distillery. Par ailleurs, préservant la tradition, le **marché de gros des fruits et légumes** se tient toujours du côté ouest de la place.

Ceol. Aménagé dans le complexe Chief O'Neills, ce **musée interactif** ultramoderne (☎ *817 3820, info@ceol.ie, www.ceol.ie, Smithfield Village ; adulte/étudiant 6,35/5,10 € ; lun-sam 10h-18h, dim 11h-18h)* traite exclusivement de *ceol*, la musique traditionnelle irlandaise.

Il couvre de manière quasiment exhaustive tous les aspects de la musique irlandaise depuis le Moyen Âge, tant à travers les chants que les mélodies instrumentales, aborde les différentes tentatives de répertorier les milliers de danses au XVIIIe siècle et présente l'explosion de la musique irlandaise sur la scène internationale depuis la Seconde Guerre mondiale.

The Chimney. Dans le cadre du développement du quartier de Smithfield, la cheminée d'une ancienne distillerie, fondée par Jameson en 1895, a été transformée en **tour panoramique** *(☎ 817 3820, Smithfield Village ; adulte/étudiant 6,35/5,10 €)*. Un ascenseur vitré conduit au sommet, d'où l'on découvre à travers des vitres toute la ville, la mer et les montagnes du Sud. À choisir, nous vous conseillons plutôt le Gravity Bar, situé en haut du Guinness Storehouse (voir plus loin *En dehors du centre*). La visite est certes plus coûteuse, mais elle comprend une exposition et permet de savourer une pinte de bière en admirant la vue sur la ville.

Old Jameson Distillery

Situé au nord de l'église St Michan, le musée de l'Old Jameson Distillery *(☎ 807 2355, Bow St ; visites guidées uniquement, adulte/étudiant 6,30/3,80 € ; 10h à 17h30 toutes les 30 min)* retrace l'histoire du whiskey irlandais.

Four Courts

La façade de 130 m de long de Four Courts, le tribunal *(☎ 872 5555, Inn's Quay ; gratuit)*, se reflète dans la Liffey sur Inn's Quay. C'est l'un des chefs-d'œuvre de James Gandon (1743-1823), l'un des plus prestigieux architectes dublinois du XVIIIe siècle. Il a également réalisé la Custom House, King's Inns et certains éléments du Parlement (investi aujourd'hui par la Banque d'Irlande).

Fourt Courts occupa brièvement le devant de la scène lors de l'insurrection de Pâques 1916, mais il souffrit bien davantage des événements de 1922. Occupé par les forces anti-traité, il fut bombardé depuis la rive opposée. Les rebelles partis, un incendie ravagea le bâtiment, détruisant de nombreuses archives. Cet incident marque véritablement le début de la guerre civile. Le bâtiment ne fut restauré qu'en 1932.

Admis dans le bâtiment, les visiteurs ne peuvent pénétrer dans les salles d'audience ni dans d'autres pièces réservées.

EN DEHORS DU CENTRE

Dublin recèle encore de nombreuses richesses, plus loin du centre. À l'ouest, dans le quartier pittoresque de Liberties, se tiennent la Guinness Brewery, Kilmainham Jail et Phoenix Park. Au nord et au nord-est, le Royal Canal, le Prospect Cimetery, les Botanic Gardens, le Casino de Marino et Clontarf. Enfin, au sud et au sud-est, le Grand Canal, Ballsbridge et le Royal Dublin Society Showground.

Guinness Brewery et Guinness Storehouse

À l'ouest des églises St Audoen (St Audoen's Catholic Church et St Audoen's Church of

Ireland Church), Thomas St, dans le quartier appelé Liberties, devient James's St. C'est là que s'élève la **St James's Gate Guinness Brewery**, où l'on brasse chaque jour 2,5 millions de pintes de Guinness (plus de 1,4 million de litres). Fondée en 1759 par Arthur Guinness, la brasserie s'est étendue vers la Liffey et occupe désormais les deux côtés de la rue. Couvrant au total 26 hectares, elle fut un temps la plus grande brasserie du monde. La partie la plus ancienne se situe au sud de James's St. Une barrière dressée au milieu de la rue en interdisait autrefois l'accès.

Plus qu'une simple manufacture de bière, la brasserie, liée à l'histoire de la ville, contribue à former son identité. C'est ainsi que, fort logiquement, la Guinness, bière quasi mythique, constitue le thème central du tout nouveau musée de la Brasserie, le **Guinness Storehouse** (☎ 408 4800, www.guinnessstorehouse.com, St James's Gate ; bus 21A, 78 ou 78A depuis Fleet St ; adulte/étudiant 11,50/7,60 € ; avr-sept lun-sam 9h30-19h, dim 11h-16h30, oct-mars lun-sam 9h30-17h, dim 11h-17h). Il remplace depuis décembre 2000 le Guinness Hop Store, beaucoup plus petit. Le reste de la brasserie est fermé au public.

IMMA et Royal Hospital Kilmainham

Sur le site de l'ancien Royal Hospital Kilmainham, l'**Irish Museum of Modern Art** (*IMMA, carte Comté de Dublin ; ☎ 612 9900, Military Rd ; bus 24, 79 ou 90 depuis Aston Quay ; gratuit ; mar-sam 10h-17h30, dim 12h-17h30*) se tient non loin de Kilmainham Jail. La collection permanente et les expositions temporaires présentent l'art irlandais et international du XXe siècle.

Édifié de 1680 à 1687 pour accueillir les soldats à la retraite, le Royal Hospital Kilmainham conserva cette fonction jusqu'aux lendemains de la guerre d'indépendance. Un des plus somptueux bâtiments du pays à l'époque de sa construction, il suscita de vives critiques, d'aucuns l'estimant trop beau pour ses futurs hôtes. Il fut conçu par William Robinson, architecte de la Marsh's Library, près de la St Patrick's Cathedral.

En 2001, on élabora en collaboration avec l'organisme d'État Dúchas un nouvel itinéraire de visite *(3,20/1,25 € par adulte/étudiant, juin-sept mar-dim)* afin de faire connaître plus largement les richesses de cette propriété. Le parc, entièrement réaménagé, mérite également une visite.

Les visites guidées gratuites organisées au musée *(mer et ven 14h30, dim 12h15)* incluent les expositions proposées depuis peu dans la **Deputy Master's House**, demeure rénovée située à l'angle nord-est du parc. Pour les groupes, les visites se déroulent du mardi au vendredi (10h, 11h45, 14h30 et 16h), mais doivent être réservées deux semaines à l'avance. Café et librairie agréables sur le site.

Kilmainham Jail

Bâtie de 1792 à 1795, Kilmainham Jail *(carte Comté de Dublin ; ☎ 453 5984, Inchicore Rd ; bus 23, 51, 51A, 78 ou 79 depuis Aston Quay ; adulte/étudiant et enfant 4,50/1,90 € ; avr-sept tlj 9h30-18h, oct-mars lun-ven 9h30-17h, dim 10h-18h, fermeture de la caisse 1 heure avant)* désigne un grand bâtiment gris et sinistre. Parmi les événements qui ont jalonné le chemin vers l'indépendance, nombreux sont ceux qui se déroulèrent dans cette prison.

On y emprisonna ainsi les leaders des soulèvements de 1798, 1803, 1848, 1867 et 1916. Robert Emmet, Thomas Francis Meagher, Charles Stewart Parnell et les nationalistes de l'insurrection de Pâques 1916 y séjournèrent tous. Ce sont toutefois les exécutions qui eurent lieu en 1916 qui marquèrent le plus les Irlandais. Sur les quinze ordonnées après l'insurrection, quatorze eurent lieu dans ces murs. Enfin, on y enferma les prisonniers de la guerre civile en 1922, avant de la fermer, en 1924.

Assez émouvante, la visite commence par une excellente présentation audiovisuelle et s'achève dans la cour où se déroulèrent les exécutions. De manière plutôt incongrue, le navire qui força le blocus de l'armée britannique pour livrer des armes aux nationalistes en 1914 trône fièrement dans la cour.

Phoenix Park

Avec ses plus de 700 hectares, Phoenix Park (carte Comté de Dublin) figure parmi les plus grands parcs du monde, devant Central

DUBLIN

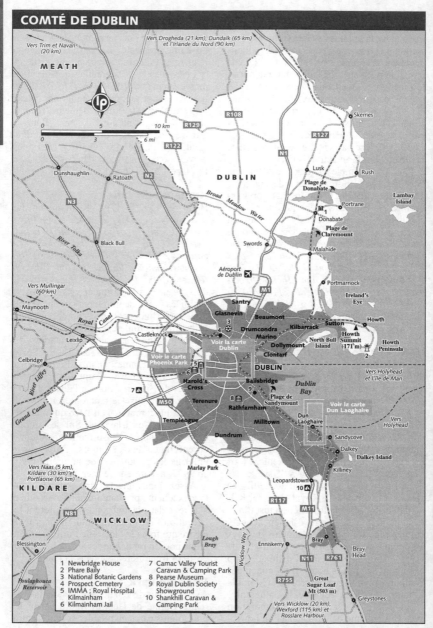

COMTÉ DE DUBLIN

Vers Trim et Navan (20 km)

Vers Drogheda (21 km), Dundalk (65 km) et l'Irlande du Nord (90 km)

MEATH

0   5   10 km
0   3   6 mi

Dunshaughlin   Ratoath

DUBLIN

Skerries

R108   R129   R127

R122   N1

Lusk   Rush

Plage de Donabate

Lambay Island

N3   Black Bull

Broad Meadow Water

Donabate   Portrane

Plage de Claremount

River Tolka

Swords   Malahide

Vers Mullingar (60 km)

Maynooth   Aéroport de Dublin

Portmarnock

Royal Canal   M1

Ireland's Eye

Castleknock   **Santry**   **Glasnevin**   **Beaumont**   **Kilbarrack**   **Sutton**   Howth

Leixlip   3   4   **Drumcondra**   **Marino**   North Bull Island   Howth Summit (171 m)   Howth Peninsula

Celbridge   Voir la carte Dublin   **Dollymount**   **Clontarf**   2

Voir la carte Phoenix Park   5   **DUBLIN**

6   **Harold's Cross**   **Ballsbridge**   Dublin Bay   Vers Holyhead et l'île de Man

River Liffey   7   9   Plage de Sandymount

M50   8   **Terenure**   Voir la carte Dun Laoghaire

Grand Canal   **Rathfarnham**   **Milltown**   Dun Laoghaire   Vers Holyhead

N7   **Templeogue**   Sandycove

Dundrum   Dalkey   **Dalkey Island**

Marlay Park   Killiney

Vers Naas (5 km), Kildare (30 km) et Portlaoise (65 km)   Leopardstown

KILDARE   10

N81   **WICKLOW**   R117   M11

Blessington   Lough Bray   Bray

Wicklow Way   Enniskerry   Bray Head

Poulaphouca Reservoir   N11   R761

Great Sugar Loaf Mt (503 m)

R755   Vers Wicklow (20 km), Wexford (115 km) et Rosslare Harbour   Greystones

1 Newbridge House
2 Phare Baily
3 National Botanic Gardens
4 Prospect Cemetery
5 IMMA ; Royal Hospital Kilmainham
6 Kilmainham Jail
7 Camac Valley Tourist Caravan & Camping Park
8 Pearse Museum
9 Royal Dublin Society Showground
10 Shankhill Caravan & Camping Park

Park à New York et les parcs de Londres. Il renferme différents jardins, des lacs, des installations sportives, l'un des plus vieux zoos d'Europe, un centre d'information, un château, un poste de police (Garda Síochána), plusieurs administrations, la demeure de l'ambassadeur des États-Unis et du président d'Irlande, sans oublier quelques daims.

Lord Ormond transforma ce site en un parc en 1671, mais il fallut attendre lord Chesterfield, en 1747, pour qu'il ouvre au public.

Zoo. Créé en 1830, le Dublin Zoo (☎ 677 1425, www.dublinzoo.ie, Phoenix Park ; bus 10 depuis O'Connell St ou 25 et 26 depuis Abbey St Middle ; adulte/enfant/famille 8,90/5,30/27 € ; mai-sept lun-sam 9h30-18h, dim 10h30-18h, oct-avr lun-ven 9h30-16h, sam 9h30-17h, dim 10h30-17h), l'un des plus vieux du monde, couvre 12 hectares. Autrefois mal entretenu, avec des animaux en piteux état, il a connu d'importants travaux de restauration. Loin d'être un parc animalier naturel, il offre néanmoins une promenade agréable, qui devrait intéresser les enfants.

Áras an Uachtaráin. Aujourd'hui résidence du président irlandais, cette demeure fut construite en 1751, agrandie une première fois en 1782, puis en 1816 par l'architecte Francis Johnston, qui ajouta le portique ionique. Le Visitor Centre du Phoenix Park y organise des visites gratuites d'une heure, le samedi de 10h30 à 16h.

National Botanic Gardens

Au nord du centre-ville, les National Botanic Gardens (carte Comté de Dublin ; ☎ 837 7596, Botanic Rd, Glasnevin ; bus 13, 13A ou 19 depuis O'Connell St ou 34 ou 34A depuis Middle Abbey St ; gratuit ; avr-oct lun-sam 9h-18h, dim 11h-18h, nov-mars lun-sam 10h-16h30, dim 11h-16h30), créés en 1795, s'étendent sur plus de 19 hectares.

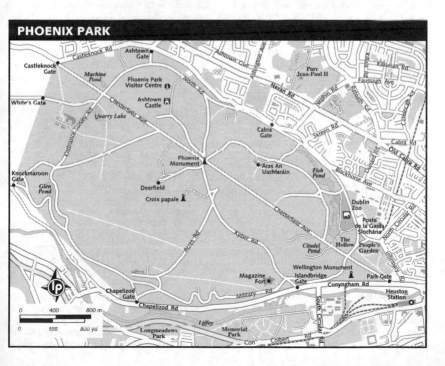

PHOENIX PARK

Bordé au nord par la Tolka, le parc comprend une série de serres arrondies datant de 1843 à 1869 et conçues par Richard Turner, qui créa également celles des Belfast Botanic Gardens et des Kew Gardens, à Londres. Ces merveilles victoriennes abritent les découvertes les plus récentes en matière de botanique et reproduisent notamment les climats et environnements de différentes régions du monde. Le parc possède aussi une palmeraie. Les premières tentatives de faire pousser des orchidées à partir de graines, en 1844, eurent lieu dans ces jardins, qui virent également les premières herbes des pampas et les premiers lys géants d'Europe.

Casino de Marino

Le Casino de Marino *(hors carte Dublin ; ☎ 833 1618, Malahide Rd, Marino ; bus 20A, 20B, 27, 27B, 42, 42C ou 123 depuis le centre-ville, DART jusqu'à Clontarf Rd ; adulte/étudiant et enfant 2,50/1,25 € par ; visites guidées uniquement, mai et oct tlj 10h-17h, juin-sept tlj 9h30-18h, fév, mars et nov dim et mer 12h-16h, avr dim et jeu 12h-17h, fermé en janv)*, sur Malahide Rd, au nord du croisement avec Howth Rd, à 4 km au nord-est du centre-ville, est un "casino" au sens italien du terme, un pavillon de campagne. Ce lieu d'agrément fut édifié au cours du XVIIIe siècle pour le comte de Charlemont, à côté de Marino House. On démolit cette dernière dans les années 1920, mais le "casino" subsista, véritable extravagance architecturale, qui fut vendue à l'État en 1930, alors fort délabrée. Les travaux de restauration se poursuivent encore aujourd'hui.

Ne vous fiez pas à la porte d'entrée, en trompe-l'œil. Un panneau beaucoup plus petit permet de pénétrer à l'intérieur. Les fenêtres sont toutes dotées de volets noirs afin que l'on ne découvre pas de l'extérieur que le pavillon recèle de multiples pièces. Des arbres plantés récemment permettent de masquer les maisons voisines.

Ballsbridge

Au sud-est du centre de Dublin, Ballsbridge (carte Comté de Dublin) s'est développé surtout entre 1830 et 1860. De nombreuses rues portent un nom britannique, souvent militaire. On y trouve à présent de nombreuses ambassades, ainsi que des B&B et des hôtels très luxueux. Le quartier ne présente sinon guère d'autre intérêt que le Royal Dublin Society Showground et le **stade de rugby de Lansdowne Rd**, voire l'**Herbert Park**, propice aux balades ou à une simple pause détente.

Royal Dublin Society Showground. À une quinzaine de minutes en bus du centre-ville, le Royal Dublin Society (RDS) Showground *(carte Comté de Dublin ; ☎ 668 9878, Merrion Rd, Ballsbridge ; bus 7 toutes les 10 min depuis Trinity College)* accueille plusieurs manifestations tout au long de l'année. Créée en 1731, la Société occupa plusieurs bâtiments célèbres de Dublin, notamment la Leinster House de 1814 à 1925. Elle contribua à la fondation du National Museum, de la National Library, de la National Gallery et des Botanic Gardens. Événement le plus important proposé sur ce terrain, l'**August Dublin Horse Show** *(☎ 668 0866 pour les billets, Ballsbridge, adresse postale : Ticket Office, PO Box 121, Ballsbridge, Dublin 4 ; entrée 7,60 €, place 8,90-15,25 €)* comprend une épreuve internationale de saut équestre. Adressez-vous à l'office du tourisme ou consultez les annonces des magazines pour les autres manifestations.

ACTIVITÉS
Plages et piscines

Dublin n'est sans doute pas le lieu idéal pour parfaire son bronzage et, même par une chaude journée d'été, la température de l'eau reste tout de même assez frisquette. Les plages n'en demeurent pas moins fort agréables. Les admirateurs de Joyce tiennent souvent à faire trempette dans le Forty Foot Pool de Dun Laoghaire (voir *Environs de Dublin, Dun Laoghaire*, plus loin dans ce chapitre). Sutton (11 km), Portmarnock (11 km) et Malahide (11km), assez proches du centre, disposent de plages de sable. Enfin, la plage de Sandymount, sans cachet particulier, offre néanmoins l'avantage de se situer à seulement 5 km au sud-est du centre. Le bus 3, partant de Fleet St, vous y conduira.

Les piscines de qualité demeurent quasiment inexistantes à Dublin. Le bassin olympique ouvert récemment, est réservé aux membres des clubs. Généralement petites, les autres piscines sont bondées et pas toujours d'une propreté exemplaire. L'entrée (pour une séance de 40 min) ne revient en revanche pas très cher, environ 3,20 € pour les adultes et 2,20 € pour les enfants. Optez de préférence pour le **Markievicz Leisure Centre**, au centre-ville, rouvert depuis peu *(carte Quartier de Temple Bar ; ☎ 672 9121, Townsend St ; 4,50 € ; lun-ven 7h-22h, sam 9h-18h, dim 10h-16h)*. On peut nager aussi longtemps qu'on le souhaite.

CIRCUITS ORGANISÉS

La plupart des circuits, en bus ou à pied, ne sont organisés qu'en été.

Circuits en bus

Bus Éireann. Les circuits proposés par cette compagnie se réservent directement à Busáras *(☎ 836 6111)*, aux guichets des Bus Éireann du bureau des Dublin Bus, 59 Upper O'Connell St, ou au Dublin Tourism Centre (carte Quartier de Temple Bar), St Andrew's Church, Suffolk St. Des bus pour Glendalough partent tous les jours d'avril à octobre à 10h30 et reviennent à 17h45 (adulte/enfant 26/13 €). De novembre à mars, ils ne circulent que les mercredi, vendredi et dimanche et sont de retour à Dublin à 16h30 (adulte/enfant 20,50/10,50 €). Le circuit de Powerscourt House a lieu uniquement le mardi de juin à septembre, avec un départ à 10h et un retour à 17h (adulte/étudiant/enfant 26/23/13 €). Enfin, les bus à destination de Newgrange et Boyne Valley démarrent à 10h et reviennent pour 17h45 tous les jours de mai à septembre, sauf le vendredi, uniquement les jeudi et dimanche en avril (adulte/étudiant/enfant 26/23/13 €). D'octobre à décembre, ils ne circulent que les jeudi et samedi, départ à 10h et retour à 16h15 (adulte/étudiant/enfant 20,50/18/10,50 €).

Dublin Bus. Pour réserver, adressez-vous à la compagnie Dublin Bus *(☎ 872 0000, www.dublinbusie, 59 Upper O'Connell St)* ou au guichet Bus Éireann du Dublin Tourism Centre, St Andrew's Church, Suffolk St. Le circuit libre Dublin City démarre tous les quarts d'heure de 9h30 à 17h, puis toutes les demi-heures jusqu'à 18h30, tous les jours de l'année. Il dure environ 1 heure. Le billet permet toutefois de monter et descendre à votre gré, aux arrêts prévus. Vous pouvez donc interrompre et reprendre le circuit à plusieurs reprises dans la journée. Il comprend les principaux sites touristiques de la ville. Votre billet vous donne droit à des réductions sur le prix de la plupart des visites. En les effectuant toutes, on économise ainsi près de 6,50 €. Le billet coûte 10,20 € (moitié prix pour les enfants).

Très apprécié, le circuit Ghost Bus démarre à 20h du mardi au vendredi et à 19h et 21h le week-end, toute l'année, moyennant 19 €. L'excursion Coast & Castle, qui comprend les jardins botaniques de Glasnevin, le Casino de Marino, Malahide et Howth part tous les jours de l'année à 10h pour le prix de 15,50 € (8 € pour les enfants).

Enfin, le circuit South Coast vous fera découvrir la côte surnommée la Riviera irlandaise, entre Dun Laoghaire et Killiney. Départs tous les jours de l'année à 11h et 14h. Le circuit, d'environ 3 heures, coûte 15,50 € (8 € pour les enfants).

Wild Coach Tours. La compagnie Aran Tours *(☎ 280 1899, www.wildcoachtours. com)* propose des circuits très prisés à Glendalough (avec un tour rapide dans Dublin) partant à 9h30 tous les jours et revenant à 17h30, pour la somme de 28/25,50 € par adulte/étudiant et enfant. L'après-midi, des bus se rendent à Powerscourt de 13h30 à 18h tous les jours, moyennant 19/16,50 €. L'excursion dite Castle Tour d'une demi-journée à Howth et Malahide, comprenant la visite du château de Malahide et une promenade sur la pointe de Howth, part tous les jours à 9h et revient à 13h15. Elle coûte 19/16,50 €. Les bus marquant divers arrêts en ville, renseignez-vous lors de votre réservation sur le plus pratique pour vous.

Circuits à pied

Dublin se prête à merveille à une découverte à pied. Les **Dublin Walking Tours** *(☎ 496 0641)*, d'une durée de 2 heures, démarrent tous les jours à 11h et 14h30 du Bewley's Oriental Café, dans Grafton St. Ils parcourent les quartiers médiévaux, georgiens ou littéraires de la ville. Prévoyez 6,50 €, café ou thé inclus.

Circuits littéraires. Le James Joyce Cultural Centre (☎ 878 8547, 35 North Great George's St) propose une découverte de 90 minutes des sites associés à James Joyce au nord de Dublin. Départ à 11h et 14h30 du lundi au samedi. En dehors des mois d'été, téléphonez pour connaître les horaires. Le prix du circuit, avec visite du centre culturel, est de 5,70 €.

D'une durée de 2 heures, le **Dublin Literary Pub Crawl** (☎ 454 0228) commence à 19h30 tous les jours d'avril à octobre (circuit supplémentaire le dimanche à 12h) depuis le pub Duke, dans Duke St, à côté de Grafton St. Le reste de l'année, il a lieu uniquement du jeudi au dimanche. Prévoyez 9/8 € par adulte/étudiant pour le circuit, plus quelques euros pour les boissons. Deux comédiens animent cette balade dans les pubs et adaptent leurs numéros en fonction des lieux et des pubs traversés. Ces derniers varient selon les jours. Ce circuit remportant un vif succès, présentez-vous impérativement au pub à 19h pour acheter votre billet.

FÊTES ET FESTIVALS
Pour tout renseignement à ce sujet, consultez la rubrique *Fêtes et festivals* du chapitre *Renseignements pratiques*. Voyez également l'encadré consacré au "Bloomsday", le 16 juin.

OÙ SE LOGER
Particulièrement crucial, le choix de votre lieu de séjour à Dublin dépendra essentiellement du temps dont vous disposez. Pour un week-end, vous préférerez sans doute résider le plus près possible du centre-ville. Votre choix sera plus vaste si vous restez plus longtemps. Cependant, si vous optez pour une chambre éloignée du centre ou en banlieue, prévoyez bien vos sorties : les transports publics se révèlent en effet lents, peu pratiques et quasiment inexistants après minuit. Restent alors les taxis, parfois fort difficiles à trouver.

Comme dans toutes les villes, les prix augmentent au fur et à mesure qu'on se rapproche du centre-ville ; à Dublin, ils atteignent quelquefois des sommets. Autre conséquence de la popularité de la ville : il devient de plus en plus ardu de dénicher une chambre, toutes catégories de prix confondues, notamment

d'avril à septembre. Moyennant une commission de 3 € et une caution de 10% sur le prix de la première nuit, l'office du tourisme peut éventuellement vous aider.

Nous indiquons ici les tarifs appliqués en pleine saison. Dans une auberge de jeunesse, comptez de 15 à 25 €. Les B&B traditionnels demandent généralement de 45 à 65 € par personne. Dans les plus onéreux et les hôtels de catégorie moyenne, prévoyez plutôt aux alentours de 57 à 82 € par personne. Enfin, dans les hôtels de catégorie supérieure, les prix commencent à 100 € par personne.

OÙ SE LOGER – PETIT BUDGET
Camping
Il n'existe pas de terrain de camping à Dublin. Il est interdit (et dangereux) de camper dans Phoenix Park.

Shankill Caravan & Camping Park (carte Comté de Dublin ; ☎ 282 0011, fax 282 0108, shankillcaravan@eircom.net, Shankill ; 7,60-8,50 € l'emplacement pour 2 pers). À 16 km au sud du centre, sur la Wexford Rd (N11), ce camping bénéficie d'un panorama magnifique sur les montagnes alentour et offre d'excellentes prestations. On y accède par le bus 46 depuis Eden Quay ou le DART jusqu'à Shankill.

Auberges de jeunesse
Les voyageurs à petit budget optent généralement pour l'une des nombreuses auberges de jeunesse de la ville, l'une gérée par An Óige (l'Association irlandaise des auberges de jeunesse), les autres demeurant indépendantes. Elles affichent souvent complet d'avril à septembre.

Le bureau d'An Óige (☎ 830 4555, fax 830 5808, mailbox@anoige.ie, www.irelandyha.org) se situe 61 Mountjoy St, à côté de l'auberge de jeunesse Dublin International. Il ouvre de 9h30 à 17h30, du lundi au vendredi.

Au nord de la Liffey. Bon nombre d'auberges de jeunesse se tiennent dans cette partie de la ville.

An Óige Dublin International Youth Hostel (☎ 830 1766, fax 830 1600, dublininternational@anoige.ie, 61 Mountjoy St ; dortoir/chambre individuelle 12/17 €

Bloomsday

Six jours après sa rencontre avec Nora Barnacle, qu'il allait ensuite épouser, James Joyce lui proposa un premier rendez-vous amoureux, le 16 juin 1904. Plus tard, lorsqu'il écrivit *Ulysse*, qui raconte une journée de la vie du Dublinois Leopold Bloom, Joyce choisit pour date de cette odyssée le 16 juin 1904. Dublin a fait de ce jour le Bloomsday, célébré dans toute la ville par de nombreuses festivités. Les amateurs les plus fervents de Joyce portent même pour l'occasion le costume de l'époque édouardienne.

James Joyce,
l'un des écrivains irlandais
les plus honorés

Les manifestations suivent généralement le parcours de Bloom dans la ville. Pour commencer, on peut ainsi prendre le petit déjeuner au **James Joyce Cultural Centre** (☎ 878 8547, joycean@iol.ie, www.jamesjoyce.ie, 35 North Great George St) ou au **South Bank Restaurant** (☎ 280 8788, 1 Martello Terrace, Dun Laoghaire), en écoutant des lectures de passages du roman.

Dans la matinée, les visites des sites traversés par Bloom démarrent de la grande poste, dans O'Connell St, et du James Joyce Cultural Centre. Le déjeuner a lieu au **Davy Byrne's** (carte Quartier de Temple Bar, Duke St), le "pub moral" cher à Joyce, dans lequel son personnage commande un morceau de gorgonzola et un verre de bourgogne (6,50 € aujourd'hui). Des artistes de rue se chargent souvent de l'animation.

L'après-midi se déroule au fil de lectures de passages d'*Ulysse* et d'autres romans de Joyce, aux heures et aux endroits appropriés : à l'**Ormond Quay Hotel** (carte Quartier de Temple Bar, Ormond Quay) à 16h et à l'**Harrison's** (Westmoreland) en fin d'après-midi.

Enfin, vous pousserez peut-être jusqu'au **Bewley's Oriental Café** (carte Quartier de St Stephen's Green, 78 Grafton St), où l'on met souvent en scène le monologue final de Molly Bloom.

D'autres manifestations se tiennent dans les jours précédant et suivant le 16 juin. Pour tout renseignement, adressez-vous au James Joyce Cultural Centre ou consultez le magazine gratuit *Event Guide*, qui donne aussi le détail des événements à l'avance. Certains s'avèrent très prisés, et les réservations, en particulier pour le petit déjeuner, sont indispensables. Précisons que l'on peut apprécier ces diverses festivités sans être un spécialiste de Joyce et de son œuvre !

---

pour les membres des auberges de jeunesse internationales et d'*An Óige*). Bien équipée, elle offre 460 lits aménagés dans un vieil immeuble restauré. Apportez ou louez un drap. Elle se situe dans un quartier quelque peu délabré de la ville. Si la sécurité à l'intérieur ne pose pas de difficulté, montrez-vous prudent dans les rues alentour.

Marlborough Hostel (☎ 874 7629, fax 874 5172, marlboro@internet-ireland.ie, 81-2 Marlborough St ; dortoir/doubles à partir de 11,50/12,70 € par pers, petit déj continental inclus). À côté de St Mary's Pro-Cathedral, cette auberge de jeunesse dotée d'un agréable jardin offre salle de TV,

douches chaudes et casiers à bagages fermés.

Abbey Court Hostel (carte Quartier de Temple Bar ; ☎ 878 0700, fax 878 0719, info@abbey-court.com, 29 Bachelor's Walk ; dortoirs/doubles à partir de 15,50/23 €, petit déj inclus). La plus pratique de toutes, cette auberge de jeunesse sise juste à côté d'O'Connell Bridge, propose des chambres joliment décorées et de nombreux casiers à bagages.

Litton Lane Hostel (☎ 872 8389, fax 872 0039, litton@indigo.ie, 2-4 Litton Lane ; dortoirs 15,25-17,50 €, doubles 28-32 €). Installée dans un ancien studio d'enregistrement autrefois utilisé par Van Morrison et Sinead O'Connor, cette nouvelle auberge de jeunesse, centrale, s'avère confortable et pratique.

Mount Eccles Court Budget Accommodation (☎ 873 0826, fax 878 3554, info@eccleshostel.com, 42 North Great George's St ; dortoirs 12-23 €, doubles 16,50-30,50 €). S'il reste des places, choisissez celle-ci sans hésiter. Aménagée relativement récemment dans une demeure georgienne de l'une des plus jolies rues de la rive nord, elle propose des installations en parfait état.

Jacob's Inn (☎ 855 5660, fax 855 5664, jacobs@isaacs.ie, 21-8 Talbot Place ; dortoirs 12,70-24 €, doubles 22,30-35,50 € par pers, toutes avec sdb). Située juste derrière Busáras, elle dispose d'un restaurant et d'une cuisine commune. Propres et modernes, les chambres sont confortables et bien équipées.

Au sud de la Liffey. D'autres auberges de jeunesse vous attendent dans cette partie de Dublin.

Barnacles Temple Bar House (carte Quartier de Temple Bar ; ☎ 671 6277, fax 671 6591, tbh@barnacles.ie, 1 Cecilia St ; dortoirs/doubles 15,25/35 € par pers). Les chambres les plus chères possèdent une sdb. Possibilité de préparer ses repas.

Gogarty's Temple Bar Hostel (carte Quartier de Temple Bar ; ☎ 671 1822, fax 671 7637, 18-21 Anglesea St ; dortoirs/doubles à partir de 16,50/22 €). En plein cœur de Temple Bar, cette auberge de jeunesse très prisée propose des dortoirs propres, équipés de lits confortables et tous dotés d'une sdb. Réservation indispensable.

Kinlay House (carte Quartier de Temple Bar ; ☎ 679 6644, fax 679 7437, kinlaydublin@usitworld.com, 2-12 Lord Edward St ; dortoirs 4 lits 16,50 €, chambres plus confortables 18,50-32 €, petit déj continental compris). Véritable institution et très centrale, cette auberge de jeunesse, à côté de Christ Church et du château de Dublin, souffre quelque peu du bruit de la circulation. Vaste et bien équipée, elle comprend une cuisine et un café. Les bus 54A, 68A, 78A et 123 s'y rendent.

Résidences universitaires

Les résidences universitaires accueillent des touristes de juin à septembre.

Trinity College (carte Quartier de Temple Bar ; ☎ 608 1177, fax 671 1267, reservations@tcd.ie, Accommodations Office, Trinity College ; B&B 44-57,50 € par pers). La célèbre université offre parfois des chambres fort bien situées, certes relativement onéreuses et disponibles uniquement de mi-juin à fin septembre. Réservation indispensable.

Mercer Court (carte Quartier de St Stephen's Green ; ☎ 478 2179, fax 478 0873, reservations@mercercourt.ie, Mercer St Lower ; doubles et 2 lits 38,10-49,50 €, appart 5 pers 750-876 € la sem). Tenues par le Royal College of Surgeons, ces chambres constituent certainement le meilleur choix pour les étudiants. Moins chères que celles de Trinity College, elles restent tout aussi centrales, non loin de Grafton St et de St Stephen's Green. Modernes, elles valent une chambre d'hôtel. Disponibles de fin juin à fin septembre uniquement.

OÙ SE LOGER – CATÉGORIE MOYENNE
B&B

Si vous disposez d'un budget réduit mais souhaitez davantage d'intimité qu'en auberge de jeunesse, choisissez un bed & breakfast. Sachez cependant que ce type d'hébergement traditionnellement très prisé en Irlande connaît depuis quelques années de profondes transformations. Pour satisfaire les demandes d'équipement plus luxueux, les propriétaires ont souvent entrepris des travaux de rénovation et d'amélioration, augmentant leurs prix en conséquence. Ainsi, il existe aujourd'hui deux catégories de B&B : les plus traditionnels, dans une maison classique où les propriétaires louent deux ou trois chambres, et les pensions, sortes de B&B haut de gamme et beaucoup plus chères. Si elles restent plus abordables que les hôtels du centre, les chambres chez l'habitant commencent néanmoins souvent à 15 €, et à 40 € dans les pensions. Vous bénéficierez en revanche certainement d'un service plus attentionné que dans les hôtels et d'une atmosphère plus conviviale.

À l'est d'O'Connell St, Gardiner St est la rue des B&B par excellence. Pratiquement toutes les maisons offrent des chambres, certaines plus agréables que d'autres. La mauvaise réputation de la rue ne semble plus qu'un mauvais souvenir, mais mieux vaut rester vigilant, en particulier dans Upper Gardiner St, après Mountjoy Square.

Plus loin, à Clontarf, au nord de la ville, ou au bord de la mer, à Dun Laoghaire ou Howth, les B&B présentent un meilleur rapport qualité/prix. Bien situé, le quartier de Ballsbridge, au sud-est du centre, pratique toutefois des tarifs élevés. Tentez aussi votre chance à Sandymount (à l'est de Ballsbridge) ou à Drumcondra (au nord de la ville, en direction de l'aéroport).

Gardiner St et alentour. Les chambres se regroupent surtout dans Lower Gardiner St, près des gares routière et ferroviaire, et plus au nord, dans Upper Gardiner St, près de Mountjoy Square. Vous en trouverez également dans les rues voisines.

Marian Guest House *(hors carte Dublin ;* ☎ *874 4129, 21 Upper Gardiner St ; à partir de 25 € par pers, 3 € supp pour pers seule).* Cette pension minuscule de 6 chambres assez sommaires emploie un personnel aux petits soins. Excellent petit déjeuner.

Clifden Guesthouse *(☎ 874 6364, fax 874 6122, bnb@indigo.ie, www.clifdenhouse.com, 32 Gardiner Place ; simples 38-76 €, doubles 32-70 € par pers).* Certes plutôt onéreuse, cette pension, dans une maison georgienne magnifiquement rénovée, propose des chambres somptueuses fort bien équipées. Ajoutons qu'elle dispose d'un parking privé, qui reste encore accessible après votre séjour dans l'établissement.

Harvey's Guesthouse *(hors carte Dublin ;* ☎ *874 8384, fax 874 5510, www.harveysguesthouse.com, 11 Upper Gardiner St ; simples/doubles/quadruples avec sdb à 45/89/152,50 €).* Située juste après Mountjoy Square, cette pension offre des chambres réparties dans deux maisons mitoyennes, dotées de hauts plafonds et d'un mobilier en bois à l'ancienne.

Carmel House *(hors carte Dublin ;* ☎ *874 1639, fax 878 6903, 16 Upper Gardiner St ; simples 44-57 €, doubles 32-69 € par pers).* Propres et bien tenues, les 9 chambres, avec s.d.b., sont confortables et assez spacieuses.

Lyndon House *(☎ 878 6950, fax 878 7420, lyndonh@gofree.indigo.ie, 26 Gardi-*

ner Place ; chambres avec sdb à partir de 90 €).* Joliment restaurée, cette demeure propose des chambres agréables et un service très sympathique.

Othello Guesthouse *(☎ 855 4271, fax 855 7460, 74 Lower Gardiner St ; simples/doubles avec sdb, TV et tél à partir de 45/84 €).* Très appréciée, cette petite pension n'oublie pas le traditionnel nécessaire à thé et café dans toutes les chambres.

Ballsbridge et Donnybrook. Au sud-est du centre, ces B&B ne figurent pas sur la carte Dublin. L'on rejoint facilement le centre-ville en bus en une dizaine de minutes. Les bus 5, 7, 7A, 8, 18 et 45 passent dans ce quartier.

Ariel House *(☎ 668 5512, fax 668 5845, reservations@ariel-house.com, 52 Lansdowne Rd, chambres avec sdb 100,50 €).* Ce B&B exceptionnel figure sur la liste des plus belles demeures victoriennes établies par le Bord Fáilte. Elle a retrouvé récemment son élégance XIXe et, avec ses 28 chambres toutes décorées de meubles d'époque, distille une atmosphère très luxueuse. Elle surpasse la plupart des hôtels. Le prix des chambres risque toutefois de décourager les voyageurs individuels.

Glenogra House *(☎ 668 3661, fax 668 3698, gelongra@indigo.ie, 64 Merrion Rd ; simples/doubles avec sdb 89/102 €, non-fumeurs).* Quasiment en face du Royal Dublin Showground, cette charmante résidence édouardienne dispose de 12 chambres de style moderne bien équipées.

Pensions et hôtels

La distinction entre les B&B, les pensions et les hôtels de catégorie moyenne est assez floue. D'une manière générale, il faut compter de 57 à 83 € par personne pour une nuit. Certains petits hôtels de cette gamme de prix, en centre-ville, se révèlent très agréables.

Dans l'ensemble, les établissements de cette catégorie se distinguent nettement des B&B les moins chers, tant par le prix que par les prestations proposées, sans atteindre toutefois les sommes demandées par les hôtels les plus onéreux. Ils proposent en outre généralement le petit déjeuner (à la différence de bon nombre d'hôtels de luxe), composé souvent de fruits, de céréales, de croissants, de scones ou d'autres gourmandises en sus des traditionnels œufs au bacon.

Au nord de la Liffey. Ce quartier compte d'excellents établissements dans cette catégorie.

The Townhouse *(☎ 878 8808, fax 878 8787, info@townhouseofdublin.com, www.townhouseofdublin.com, 47-8 Lower Gardiner St ; simples/doubles 67/102 €).* C'est l'une de nos adresses préférées à Dublin. Les chambres affichent toutes un style différent.

Hotel Saint George *(☎ 874 5611, fax 874 5582, hotels@indigo.ie, 7 Parnell Square East ; simples/doubles avec sdb 70/121 €).* Sis en haut de O'Connell St, cet établissement récent occupe un bâtiment georgien, rénové avec classe et élégance. Il offre 36 chambres étonnamment vastes, meublées avec goût et dotées de lits confortables.

Ormond Quay Hotel *(carte Quartier de Temple Bar ; ☎ 872 1811, fax 872 1909, ormondqh@indigo.ie, 7-11 Upper Ormond Quay, simples/doubles avec sdb 108/142 €, réductions en sem).* Au bord de la Liffey, cet hôtel rappelle sur sa façade le rôle que lui attribua Joyce dans *Ulysse*, lors de l'épisode des sirènes. Il dispose de 60 chambres

bien tenues, quoique le décor soit un peu chargé. Il accueille volontiers la communauté gay (voir aussi l'encadré *B&B accueillant les homosexuels*).

Jurys Custom House Inn *(☎ 607 5000, fax 829 0400, customhouse_inn@jurysdoyle.com, www.doylehotels.ie, Custom House Quay ; chambres 82,50 €).* Nouveau venu dans la chaîne Jurys, cet établissement propose des chambres petites et propres, sans plus d'originalité que ce qu'offrent habituellement les chaînes de cette catégorie.

Au sud de la Liffey. De l'autre côté de la Liffey, les prix grimpent en flèche et ce que l'on considère comme un tarif de catégorie moyenne sur cette rive correspondrait à un établissement supérieur au nord.

Number 31 *(hors carte Quartier de St Stephen's Green ; ☎ 676 5011, fax 676 2929, number31@iol.ie, 31 Leeson Close, chambres 60/115 €).* Cette ancienne demeure de l'architecte Sam Stephenson abrite désormais une adorable pension de 19 chambres meublées avec goût, à deux pas de St Stephen's Green.

Eliza Lodge *(carte Quartier de Temple Bar ; ☎ 671 8044, fax 671 8362, info@dublinlodge.ie, 23-4 Wellington Quay ; simples/doubles 82,50/165 € avec TV, clim et jacuzzi pour certaines).* Contrairement aux apparences, cet établissement reste une pension. Elle comprend 18 chambres exceptionnelles. Aussi confortables que spacieuses, elles jouissent en outre d'une vue splendide sur la Liffey.

The Fitzwilliam *(carte Quartier de St Stephen's Green ; ☎ 660 0448, fax 676 7488, 41 Upper Fitzwilliam St ; simples/doubles avec sdb 70/121 €).* Bien que central, à l'angle de Lower Baggot St, cet établissement de 12 petites chambres est très calme la nuit.

Jurys Christ Church Inn *(☎ 455 0000, fax 454 0012, christchurch_inn@jurysdoyle.com, www.doylehotels.ie, Christchurch Place ; chambres 82,50 €).* Face à Christ Church, ce vaste hôtel, à l'instar de celui de la même chaîne à Custom House (voir ci-dessus), dispose de chambres simples et banales, mais propres et d'un rapport qualité/prix correct. Celui-ci bénéficie en outre d'une excellente situation.

Latchford's *(carte Quartier de St Stephen's Green ; ☎ 676 0784, fax 662 2764, latchfords@eircom.net, www.latchfords-accomm.com, 99-100 Lower Baggot St ; simples/doubles 88/138,50 €, réductions pour les séjours d'une semaine au moins).* Cet établissement propose des chambres permettant de préparer ses repas et comprend en outre un excellent café.

Merrion Square Manor *(carte Quartier de St Stephen's Green ; ☎ 662 8551, fax 662 8556, merrionmanor@eircom.net, 31 Merrion Square North ; simples/doubles 77/140 €).* Véritable découverte, cet hôtel fort bien situé s'avère également très agréable. La décoration des 18 chambres réussit à allier l'élégance georgienne du XVIIIᵉ siècle et le côté fonctionnel du style contemporain.

Staunton's on the Green *(carte Quartier de St Stephen's Green ; ☎ 478 2133, fax 478 2263, hotels@indigo.ie, 83 St Stephen's Green ; simples/doubles 95/178 €, petit déj compris).* On paie ici au prix fort la belle demeure georgienne qu'occupe l'établissement. Les chambres, munies de hautes fenêtres et décorées avec goût, sont néanmoins très plaisantes.

À l'extérieur du centre-ville. On peut rejoindre facilement le centre à pied depuis le **Roxford Lodge Hotel** *(hors carte Dublin ; ☎ 668 8572, fax 668 8158, roxfordlodge@eircom.net, 46 Northumberland Rd, Ballsbridge ; simples/doubles 76/178 €, certaines avec jacuzzi).* Ses 20 chambres répondent toutes aux meilleurs critères de confort. N'oubliez pas d'en réserver une avec jacuzzi !

OÙ SE LOGER – CATÉGORIE SUPÉRIEURE
Au nord de la Liffey

Royal Dublin Hotel *(☎ 873 3666, fax 873 3120, enq@royaldublin.com, 40 Upper O'Connell St ; simples/doubles 127/178 €).* Cet établissement séduira ceux qui recherchent un service de grand standing dans une atmosphère détendue, davantage en tout cas qu'au Gresham, juste en face.

Clarion Hotel *(☎ 836 6404, fax 836 6522, info@clarionhotelifsc.com, Custom House Quay ; chambres 210 €).* Ouvert en 2001 dans l'Irish Financial Services Centre, cet

hôtel se consacre presque exclusivement au tourisme d'affaires. Son café sert une bonne sélection de plats internationaux. Les clients ont accès au club de remise en forme.

Morrisson Hotel *(carte Quartier de Temple Bar ; ☎ 878 2999, fax 878 3185, Lower Ormond Quay ; chambres à partir de 190,50 €).* Seul établissement de la ville décoré par un designer (le gourou irlandais de la mode John Rocha), il est aussi étonnant que son coût est exorbitant.

Au sud de la Liffey. Tous les établissements indiqués ci-après figurent sur la carte Quartier de St Stephen Green, sauf mention contraire.

Longfield's *(☎ 676 1367, fax 676 1542, lfields@indigo.ie, 9-10 Lower Fitzwilliam St ; simples/doubles 115/178 €).* Ce petit hôtel de 26 chambres entre Merrion et Fitzwilliam Square offre un véritable havre de tranquillité et de luxe georgien.

Méridien Shelbourne Hotel *(☎ 676 6471, fax 661 6006, shelbourneinfo@forte-hotels.com, 27 St Stephen's Green ; simples/doubles à partir de 267/362 €).* Incontestablement, la meilleure adresse de Dublin.

The Merrion *(☎ 603 0600, fax 603 0700, info@merrionhotel.ie, Upper Merrion St ; simples/doubles à partir de 267/292 €, doubles dans le bâtiment principal à partir de 375 €).* Il disputa un temps au Shelbourne le titre de l'hôtel le plus célèbre de la ville. Préférez les chambres du bâtiment principal, beaucoup plus agréables que celles de l'annexe, à l'arrière.

Stephen's Green Hotel *(☎ 607 3600, fax 661 5663, stephensgreenres@ocallaghanhotels.ie, réservations en ligne www.ocallaghanhotels.ie, St Stephen's Green ; simples/doubles 356/381 €, avec TV satellite, ligne modem).* Impossible de ne pas remarquer cette étonnante façade toute vitrée, à l'angle sud-ouest de St Stephen's Green. Les chambres, de style contemporain et parfaitement équipées, s'avèrent à la hauteur de cet abord ultramoderne.

Westin Dublin *(carte Quartier de Temple Bar ; ☎ 604 0400, reservations@westin.com, www.westin.com, Westmoreland St ; chambres à partir de 280 €).* Ouvert en septembre 2001 juste en face de Trinity College, ce tout nouvel établissement grand luxe jouit déjà d'une cote exceptionnelle. La façade georgienne cache un cadre résolument contemporain, dans lequel on a préservé quelques notes traditionnelles.

En dehors du centre-ville

Burlington *(hors carte Quartier de St Stephen's Green ; ☎ 660 5222, fax 660 8496, burlington_hotel@jurysdoyle.com, www.doylehotels.ie, Upper Leeson St ; simples/doubles à partir de 203/235 €, petit déj en sus).* Cet hôtel moderne, le plus vaste de Dublin, donne sur le Grand Canal, à 2,5 km au sud du centre.

Berkeley Court *(hors carte Quartier de St Stephen's Green ; ☎ 660 1711, fax 661 7238, berkeley_court@jurysdoyle.com, Lansdowne Rd ; simples/doubles à partir de 254/286 €).* Cet établissement se tient dans un coin calme et sympathique de Ballsbridge, au sud-est du centre.

OÙ SE RESTAURER
Au nord de la Liffey

Plus restreintes qu'au sud, les possibilités de se restaurer se limitent essentiellement ici à des cafés bon marché et à des chaînes de restauration rapide. Cependant, on déniche de plus en plus de petits restaurants de qualité.

Bangkok Café *(☎ 878 6618, 106 Parnell St ; plats autour de 10,50 €).* Ne vous fiez pas aux abords peu engageants de ce restaurant, près du Gate Theatre : on y sert une délicieuse cuisine thaïlandaise.

101 Talbot *(☎ 874 5011, 100-2 Talbot St ; plats à partir de 6,30 € ; lun 17h-23h, mar-sam jusqu'à 22h).* Proche de la Liffey, cet établissement tente de relever la réputation de la rive nord en matière de restauration. Il propose une cuisine d'inspiration méditerranéenne et moyen-orientale, sans grande originalité mais bonne, à des prix raisonnables.

Chapter One *(Dublin Writers' Museum ; ☎ 873 2266, 18 North Parnell Square ; plats à partir de 13 € ; mar-dim midi et soir).* Installé au sous-sol du Dublin Writers' Museum, ce restaurant prépare une délicieuse cuisine française traditionnelle, absolument inégalée dans toute la ville.

Cobalt Café & Gallery *(☎ 873 0313, 16 North Great George's St ; plats 4-*

6,50 €).* Notre adresse préférée sur la rive nord, ce charmant petit café (décoré de quelques tableaux) se situe dans un élégant immeuble georgien. Il offre un cadre clair et chaleureux, avec une belle cheminée, fort agréable l'hiver. Il prépare des plats simples mais tout aussi sympathiques : de bons gros sandwiches garnis de produits frais.

Epicurean Food Hall *(Lower Liffey St ; déj 4-10 € ; lun-sam 9h30-17h30).* Ce nouvel espace de restauration offre plusieurs comptoirs de vente à emporter proposant des spécialités françaises, italiennes, mexicaines, japonaises, indiennes et turques. On peut aussi s'asseoir et manger dans le centre de la salle.

Bewley's Oriental Café *(☎ 677 6761, 40 Mary St ; petit déj 5 € ; lun-sam 7h30-18h, jeu jusqu'à 19h).* Les plats servis ici n'arrivent pas à la hauteur de la réputation de l'établissement, véritable institution dublinoise. Allez-y pour savourer un thé ou un café et profiter de son ambiance typique, mais oubliez les frites, molles et hors de prix.

Winding Stair Café *(carte Quartier de Temple Bar ; ☎ 873 3292, 40 Lower Ormond Quay ; déj 5-10 € ; lun-sam 10h30-18h).* Nous vous conseillons vivement cette magnifique vieille librairie qui fait café aux 1er et 2e étages. On peut y lire tranquillement en dégustant un plat. Essayez notamment les spécialités végétariennes, très réussies.

Panem *(carte Quartier de Temple Bar ; ☎ 872 8510, 21 Lower Ormond Quay ; plats 6-9 € ; lun-ven 9h-17h, dim à partir de 10h).* Ce café installé sur le quai sert des plats de pâtes et des sandwiches dans des focaccias fort bonnes. Par beau temps, on peut même savourer son déjeuner en terrasse.

Temple Bar

Tous les lieux cités ci-après figurent sur la carte Quartier de Temple Bar.

Restaurants. La rive sud de la Liffey foisonne de restaurants en tout genre.

Da Pino *(☎ 671 9308, 38-40 Parliament St ; déj 6,50 €).* L'un des rares restaurants bon marché du quartier. Vous trouverez difficilement à déjeuner (plusieurs bonnes pizzas au choix ou un steak) à meilleur prix.

Bad Ass Café *(☎ 671 2596, 9-11 Crown Alley ; pizzas 9 € env).* Très apprécié, ce vaste établissement au sud de Ha'penny Bridge propose des pizzas correctes dans une atmosphère très conviviale.

Il Baccaro (☎ *671 4597, Meeting House Square ; plats 6,50-10,50 €*). Situé à l'angle sud-est de Meeting House Square (surnommé Diceman's Corner d'après le nom d'un mime qui se produisait dans Grafton St), ce restaurant italien sert une cuisine familiale très appréciée de la communauté italienne de Dublin.

Osteria Antica Ar Vicoletto (☎ *670 8662, 5 Crow St ; plats inférieurs à 19 €*). Vous dégusterez ici un excellent repas italien sans vous ruiner. Goûtez absolument la salade au gorgonzola chaud, une merveille, et les spaghetti à la carbonara, un grand classique fort réussi.

Elephant & Castle (☎ *679 3121, 18 Temple Bar ; plats 9 € env ; jusqu'à 23h30 dim-jeu, jusqu'à 0h ven-sam*). Très fréquenté, cet établissement est spécialisé dans les omelettes, vendues à des prix excessifs. Cela ne décourage pas les amateurs, qui continuent à faire longuement la queue pour le brunch du dimanche.

Gallagher's Boxty House (☎ *677 2762, 20-1 Temple Bar ; plats 8-11,50 €*). Spécialité irlandaise, un *boxty* ressemble à une grosse crêpe farcie. Les occasions de goûter des plats typiquement locaux s'avérant plutôt rares à Dublin, n'hésitez pas à essayer cet établissement très prisé.

Fans Cantonese Restaurant (☎ *679 4263, 60 Dame St ; plats à partir de 9 €*). Parmi les tables cosmopolites de Dame St, celui-ci propose des plats chinois sans grande originalité mais tout de même au-dessus de la moyenne.

Good World Restaurant (☎ *677 5373, 18 South Great George's St ; déj 8,50-10,50 €*). Meilleur restaurant chinois du quartier, il est très apprécié de la communauté chinoise, qui passe commande sur un menu différent de celui présenté aux Occidentaux. Vous aurez compris que les plats sont ici beaucoup plus typés que dans l'établissement précédent.

Juice (☎ *475 7856, Castle House, 73 South Great George's St ; jus de fruit 3,20-4,50 €*). Cet établissement végétarien très branché concocte des plats très imaginatifs. Ne manquez surtout pas ses nombreux et délicieux jus de fruits pressés.

Belgo (☎ *672 7555, 17-19 Sycamore St ; déj 6,50 €, dîner 25 €*). Nouvellement installée à Dublin, cette chaîne internationale qui pratique les offres spéciales propose ses habituelles moules-frites, des fruits de mer, ainsi que des plats plus surprenants, comme de la saucisse de sanglier.

Dish (☎ *671 1248, 2 Crow St ; menu du déj 15,50 €*). Certes plutôt onéreux, le menu change régulièrement et comprend bon nombre de produits bio, pour un résultat très concluant. C'est la meilleure adresse de Temple Bar dans cette gamme de prix.

Eden (☎ *670 5372, Meeting House Square ; repas à partir de 25 € ; tlj 12h-15h et 18h 22h30*). Archétype de l'établissement chic de Temple Bar, il sert de bons plats copieux dans un décor minimaliste. On peut manger pour moins de 25 €, mais un repas complet revient beaucoup plus cher. Réservation vivement conseillée.

The Mermaid Café (☎ *670 8236, 22 Dame St ; repas 32 € env ; ouvert midi et soir lun-ven, soir uniquement sam et dim*). Réputé comme l'un des meilleurs restaurants de fruits de mer de la ville, il offre une cuisine fine et légère dans un cadre agréable.

The Tea Rooms (☎ *670 7766, Clarence Hotel, 6-8 Wellington Quay ; repas 11,50-22 €, menu du déj 22 €*). Un des lieux les plus courus du moment, il propose des plats tout à fait honorables, ce qui mérite d'être signalé !

Cafés. Temple Bar compte bien sûr d'innombrables excellents cafés.

Gruel (☎ *670 7119, 68a Dame St ; petit déj 3,75 €, déj 4,75 € ; lun-ven 7h30-19h30, sam 10h30-17h30*). Préparant incontestablement les meilleurs sandwiches de la ville, il change en outre son menu du déjeuner tous les jours.

Bewley's (☎ *677 6761, 11-12 Westmoreland St ; petit déj 5 € – servi toute la journée – ; lun-sam 7h30-21h30, dim 8h30-21h*). Cette succursale, demeurée pratiquement inchangée depuis un siècle, s'avère la plus jolie de tous les cafés Bewley's. Côté repas toutefois, mieux vaut s'en tenir à une boisson accompagnée d'un scone ou d'un gâteau.

Café Irie *(☎ 672 5090, 11 Upper Fownes St, à partir de 3 €)*. Goûtez ses excellents sandwiches servis dans diverses variétés de pain, copieux et peu chers.

Queen of Tarts *(☎ 670 7499, Cork Hill ; à partir de 2,50 €)*. Ainsi que le suggère son nom, ce café sert de savoureuses tartes, salées et sucrées. Minuscule, il a su créer une atmosphère victorienne délicieusement intimiste.

Simon's Place *(☎ 679 7821, George's St Arcade, South Great George's St ; à partir de 3,20 €)*. Avec ses sandwiches roboratifs et son bon café, cet établissement compte de nombreux habitués.

Guy Stuart *(George's St Arcade, Drury St)*. Cette salle, ouverte depuis quelques années dans la George's St Arcade, connut un succès immédiat. Partisanes du "bon vivre" et anti-fast-foods, Jenny Guy et Lara Stuart privilégient les produits frais méditerranéens et invitent à déguster tranquillement un délicieux sandwich ou l'une de leurs soupes appétissantes.

Leo Burdock's *(☎ 454 0306, 2 Werburgh St ; repas 4-8 € ; lun-sam 17h30-23h)*. À deux pas du château de Dublin, ce café sert de très bons "fish and chips", les meilleurs du pays aux dires de certains.

Quartier de Grafton St

Hormis quelques fast-foods, Grafton St elle-même ne compte aucun restaurant. Les rues alentour en abritent en revanche toute une variété, dans plusieurs gammes de prix.

Restaurants. Les rues voisines de Grafton St regorgent de bons restaurants.

Gotham Café *(carte Quartier de St Stephen's Green ; ☎ 679 5266, 8 South Anne St ; pizza à partir de 6,50 €)*. Cet établissement à la mode prépare d'excellentes pizzas.

Bewley's *(carte Quartier de St Stephen's Green ; ☎ 677 6761, 78 Grafton St ; repas 11,50 € env ; lun-sam 7h15-23h30, dim 8h30-22h30)*. C'est le seul endroit de Grafton St proposant un véritable repas. Emblème de la chaîne, cette succursale a subi récemment des travaux de rénovation et offre désormais une salle de restaurant, avec service à la place et cuisine beaucoup plus soignée que dans les autres Bewley's.

On peut toutefois toujours se contenter d'un café et d'une pâtisserie.

Trocadero *(carte Quartier de Temple Bar ; ☎ 677 5545, 3 St Andrew's St ; repas 13 € env ; lun-sam jusqu'à 24h, dim jusqu'à 23h)*. Très populaire, ce restaurant réunit tous les éléments pour assurer son succès : cuisine simple et copieuse et ouverture tardive.

Cedar Tree *(carte Quartier de Temple Bar ; ☎ 677 2121, 11a St Andrew's St ; repas 8,90-15,50 €)*. Restaurant libanais servant un bon choix de plats végétariens.

Avoca Handweavers *(carte Quartier de Temple Bar ; ☎ 677 4215, 11-13 Suffolk St ; repas 9 € env)*. Cette boutique accueille au dernier étage un excellent café-restaurant où l'on peut goûter la cuisine familiale irlandaise.

Aya *(carte Quartier de Temple Bar ; ☎ 677 1544, Clarendon St ; repas 10,50-20 €)*. Jouxtant le grand magasin Brown Thomas, ce nouveau restaurant japonais s'avère le meilleur du centre. Du dimanche au mardi, de 18h à 20h, vous pouvez prendre un repas au bar à sushi, moyennant 25 €. Optez sinon pour la carte, très variée. Offre spéciale à 16,50 € jusqu'à 20h.

Café Mao *(carte Quartier de St Stephen's Green ; ☎ 670 4899, 2-3 Chatham Row ; plats inférieurs à 10,50 €)*. Très fréquenté à l'heure du déjeuner, il propose une belle variété de spécialités asiatiques.

Imperial Chinese Restaurant *(carte Quartier de Temple Bar ; ☎ 677 2580, 12a Wicklow St ; plat de bouchées compris à partir de 3,20 € ; tlj midi et soir)*. Existant de longue date, cet établissement reçoit les faveurs de la communauté chinoise, en particulier pour les bouchées vapeur servies au déjeuner. Elles sont très prisées le dimanche lors du brunch à la chinoise, qui comprend aussi le *yum cha*, thé accompagnant traditionnellement ces plats.

The Odessa *(carte Quartier de Temple Bar ; ☎ 670 7634, 13 Dame Court ; plats 13-20,50 €)*. Situé juste après Exchequer St, ce restaurant très en vogue allie confort et style. La jeunesse branchée afflue en masse pour le brunch du dimanche.

Rajdoot Tandoori *(carte Quartier de St Stephen's Green ; ☎ 679 4274, 26-8 Cla-*

rendon St ; plats à partir de 10,50 €, déj 11,50 €, dîner 23 €). On déguste ici une excellente cuisine indienne, en particulier les spécialités très parfumées du Nord de l'Inde.

Peacock Alley *(carte Quartier de St Stephen's Green ;* ☎ *478 7015, Fitzwilliam Hotel, 109 St Stephen's Green ; déj/dîner 25/50 € env).* Le grand chef Conrad Gallagher, propriétaire du lieu, se spécialise dans la cuisine régionale française.

The Commons *(carte Quartier de St Stephen's Green ;* ☎ *475 2597, Newman House, 85-6 St Stephen's Green ; menu gastronomique de 6 plats 77 €).* Mets aussi délicieux et raffinés que coûteux. Réservation conseillée.

Shanahan's on the Green *(carte Quartier de St Stephen's Green;* ☎ *407 0939, 119 St Stephen's Green ; steak 32 € env ; dîner uniquement, lun-sam).* Ce grill à l'américaine haut de gamme, fort loué pour ses viandes de qualité (végétariens, passez votre chemin), pratique des prix assez élevés.

Cafés et pubs. Le midi, employés de bureaux, étudiants et touristes, très nombreux dans le quartier de Grafton St, se précipitent dans les multiples cafés et pubs des alentours.

Cornucopia *(carte Quartier de Temple Bar ;* ☎ *677 7583, 19 Wicklow St ; repas 5,50 € env ; lun-mer et ven jusqu'à 20h, jeu jusqu'à 21h, sam midi).* Ce café très populaire propose une cuisine délicieuse et saine. Pour changer des sempiternels mueslis, goûtez le petit déjeuner végétarien.

Nude *(carte Quartier de Temple Bar ;* ☎ *675 5577, 21 Suffolk St ; wraps à partir de 3,75 €).* Très sympathique, ce lieu à deux pas de Grafton St remporte un vif succès depuis son ouverture. Il sert de savoureux *wraps* (sandwiches) chauds ou froids, farcis de toutes sortes de spécialités asiatiques, à emporter ou à consommer sur place. Régalez-vous des jus de fruits pressés.

Harvey's Coffee House *(carte Quartier de Temple Bar ;* ☎ *677 1060, 14-15 Trinity St ; 6,50 € env ; fermé le soir).* Vous pouvez prendre ici un solide petit déjeuner avec bagels, scones et pain. Le midi, essayez les grandes tartines salées.

Le centre commercial de Powerscourt Townhouse (carte Quartier de St Stephen's

Green), avec sa myriade de restaurants, se révèle idéal pour la pause déjeuner.

Blazing Salads *(*☎ *671 9552, dernier étage du Powerscourt Townhouse ; déj 6,50 € env).* Très fréquenté, ce restaurant végétarien propose toute une variété de salades à 1 €.

Chompys' *(*☎ *679 4552, 1er étage du Powerscourt Townhouse ; snacks à partir de 3,75 €).* Spécialiste de bagels, crêpes et autres sandwiches à moins de 6,50 €.

Lemon *(carte Quartier de Temple Bar ;* ☎ *672 9044, 66 South William St ; crêpes à partir de 3,20 €).* Enfin une crêperie digne de ce nom à Dublin ! Elle prepare des crêpes fines, salées ou sucrées.

Alpha *(carte Quartier de Temple Bar ;* ☎ *677 0213, 37 Wicklow St ; repas à partir de 5,10 €).* Après avoir fêté ses 101 ans en 2001, le restaurant le plus traditionnel du centre a récemment changé de propriétaire. Désireux de conserver intacte sa réputation, ils continuent de servir de solides repas midi et soir, dans une atmosphère pittoresque et conviviale.

Kilkenny Kitchen *(carte Quartier de Temple Bar ;* ☎ *677 7066, 6 Nassau St, 1er étage ; déj à partir de 6,50 €).* Face à Trinity College, à l'étage du Kilkenny Shop, cette cafétéria propose de bons repas, mais l'attente est parfois désespérément longue. Aux heures de pointe, le comptoir des snacks se révèle parfois plus rapide.

Dáil Bía *(carte Quartier de St Stephen's Green ;* ☎ *670 6079, 46 Kildare St ; repas à partir de 5 €).* Ce café en sous-sol, face au Dáil, dont le nom signifie "alimentation du Parlement", emploie un personnel parlant irlandais et propose des cartes bilingues. Vous n'avez toutefois pas besoin de connaître l'irlandais pour apprécier sa cuisine, qui met l'accent sur des plats sains.

Café Metro *(carte Quartier de St Stephen's Green ;* ☎ *679 4515, 43 South William St ; sandwiches à partir de 2,50 €, salades 6,50 €).* Tenu par un personnel extrêmement sympathique, cet établissement, à l'angle de South William et de Chatham St, prépare de bons sandwiches chauds, mais surtout d'extraordinaires salades.

Busyfeet & Coco Café *(carte Quartier de St Stephen's Green ;* ☎ *671 9514, 41 South William St ; déj à partir de 6,50 €).* Tout récent, ce café est l'un des rares à servir un *chai* fameux, alternative au thé irlandais très fort et au café.

Plusieurs pubs aux abords de Grafton St proposent également de la bonne cuisine.

Stag's Head *(carte Quartier de Temple Bar ; ☎ 679 3701, 1 Dame Court ; déj 6,50 €)*. Nous vous conseillons vivement les plats simples, bien préparés et copieux de ce pub très populaire, offrant un élégant cadre victorien.

O'Neill's *(carte Quartier de Temple Bar ; ☎ 679 3671, 2 Suffolk St ; déj 8-9 €)*. Réputé à juste titre pour ses déjeuners savoureux et copieux, ce célèbre pub du centre fait salle comble tous les midis.

The Brazen Head *(☎ 679 5186, 20 Lower Bridge St ; déj 8 € env)*. Bondé à l'heure du déjeuner, cet établissement offre plusieurs menus comprenant un choix de sandwiches et un plat de viande.

Modern Green Bar *(carte Quartier de St Stephen's Green ; ☎ 478 0583, 31 Wexford St ; repas 7,50 € env ; restauration tlj 12h-20h)*. À quelques minutes à pied de St Stephen's Green, ce bar assez récent prépare un vaste choix de plats, notamment pâtes, irish stew, curries, salades et sandwiches, bons et copieux. (Voir aussi *Où sortir – Bars à la mode*.)

Merrion Row, Baggot St et environs

Merrion Row, qui part vers le sud-est depuis St Stephen's Green, et dans son prolongement, Baggot St, disposent d'un choix varié de restaurants. Ils figurent tous sur la carte Quartier de St Stephen's Green.

Cibo's *(☎ 676 2050, 17a Lower Baggot St ; repas à partir de 10,50 €)*. On peut opter ici pour une simple pizza ou des pâtes, ou pour des plats italiens plus élaborés et plus onéreux.

The Ante Room *(☎ 660 4716, 20 Lower Baggot St ; repas 14 € env)*. Au sous-sol de la pension Georgian House, ce restaurant se spécialise dans les fruits de mer et propose de la musique traditionnelle irlandaise en été.

Langkawi *(☎ 668 2760, 46 Upper Baggot St ; menu du déj 14 €)*. Pour goûter la cuisine du Pacifique à un prix raisonnable.

Ocean *(☎ 668 8862, Charlotte Quay Dock ; repas à partir de 9 €)*. À l'angle de Grand Canal Basin, cet établissement branché au décor minimaliste propose essentiellement des fruits de mer. Nous vous conseillons particulièrement les huîtres et la salade de crabe.

Restaurant Patrick Guilbaud *(☎ 676 4192, Merrion Hotel, 21 Upper Merrion St ; menu gastronomique du dîner 102 €, menu du déj 28 € ; ouvert midi et soir mar-sam)*. Affichant deux étoiles au Michelin, ce restaurant figure parmi les meilleures tables du pays. Le chef, Guillaume Le Brun, entend bien maintenir cette réputation. Rien de tapageur ici, la subtilité de la cuisine se reflète dans la présentation raffinée des plats. Réservation bien évidemment indispensable.

Thornton's *(☎ 454 9067, 1 Portobello Rd ; menu "surprise" de 6 plats 75 € ; mar-sam soir, ven midi)*. Sans doute le seul chef de Dublin susceptible de rivaliser avec Guillaume Le Brun du Guilbaud (ci-dessus), Kevin Thorton offre une interprétation fort savoureuse de la nouvelle cuisine française. Service impeccable, quoiqu'un peu guindé.

Fitzer's Café *(☎ 661 4496, The National Gallery, Merrion Square ; repas 7-10,50 €)*. Très prisée, mais un peu chère, cette succursale se révèle la meilleure de la chaîne à Dublin. Traversez le musée (entrée gratuite) pour la trouver. Un *Fitzer's Take-Out* *(☎ 660 0644, 24 Upper Baggot St ; vente à emporter)* se trouve à deux pas.

OÙ SORTIR

Capitale particulièrement animée, Dublin offre une kyrielle de distractions susceptibles de satisfaire chacun. Outre les théâtres, les cinémas, les discothèques, les concerts, les courses hippiques ou les courses de chien, l'essentiel de l'activité demeure dans les pubs (plus de 700). La vie nocturne trépidante (bars, cafés et clubs sont très fréquentés pratiquement tous les soirs) attire de nombreux touristes.

Temple Bar, devenu le quartier de la fête par excellence, a perdu du même coup sa vocation culturelle, du moins dès le coucher du soleil. Pubs et night-clubs sont bondés, la musique résonne à plein volume et les festivités se poursuivent souvent jusqu'au petit matin.

Inutile de vous inquiéter si vous ne goûtez guère ce genre d'animation : il vous suffira d'éviter soigneusement Temple Bar pour vos sorties. La plupart des pubs traditionnels les plus sympathiques se situent en effet dans d'autres quartiers. Par ailleurs, bon nombre de Dublinois en mal de nouveauté commencent depuis quelque temps à explorer la rive nord de la Liffey, notamment le secteur de Smithfield, à l'ouest de Capel St. Ses rues pavées et ses grands espaces encore inutilisés pourraient bien en faire le Temple Bar de demain.

Pour tout renseignement sur les sorties possibles, procurez-vous l'hebdomadaire sur la musique *Hot Press* (2,50 €), le bimensuel *Event Guide*, distribué gratuitement entre autres dans les cafés, bars et auberges de jeunesse, ou le bimensuel *In Dublin* (2,50 €). La section "The Ticket" de l'*Irish Times* (1,25 €) du mercredi comprend la liste complète des night-clubs.

Pubs

Les pubs font partie intégrante de la vie sociale et culturelle de l'Irlande. La visite d'au moins un des nombreux établissements de Dublin s'impose donc ! Malgré l'internationalisation galopante des restaurants, cafés et autres night-clubs, les pubs demeurent le cœur de l'activité sociale de la ville, le point de rencontre incontournable et l'endroit où les Dublinois se montrent les plus chaleureux et accueillants (et, il faut bien le dire, parfois complètement ivres !).

Grâce à l'allongement des heures d'ouverture, les pubs ferment désormais à minuit du lundi au mercredi (dernier service à 23h30), à 1h du jeudi au samedi (dernier service à 0h30) et à 23h30 le dimanche (dernier service à 23h). Certains jouissent d'une licence encore plus large, leur permettant de rester ouverts jusqu'aux environs de 1h45. Les établissements cités ci-après figurent sur la carte Pubs, bars et night-clubs de Dublin, sauf mention contraire.

Pubs traditionnels. Dublin regorge d'établissements à l'ancienne, dont voici les meilleurs.

Flowing Tide (☎ *874 0842, 9 Lower Abbey St)*. Juste en face de l'Abbey Theatre,

cet établissement attire de nombreux amateurs de théâtre et des habitants de la rive nord. On y bavarde joyeusement autour d'un verre.

Patrick Conway (☎ *873 2687, 70 Parnell St)*. Ne manquez pas ce pub, un peu à l'écart du centre. Existant depuis 1745, il a sans aucun doute accueilli de nombreux heureux papas depuis l'ouverture de la maternité juste en face, en 1757.

Palace Bar (☎ *677 9290, 21 Fleet St)*. Décoré de miroirs et de niches en bois et souvent cité comme le parfait exemple des pubs traditionnels, il attire bon nombre de journalistes de l'*Irish Times*, tout proche.

John Mulligan's (☎ *677 5582, 8 Poolbeg St)*. À deux pas de Fleet St, à l'est de Temple Bar, cet établissement n'a lui non plus guère changé au fil des ans. Fondé en 1782, il a longtemps joui de la réputation de servir la meilleure Guinness du pays. Il attire encore aujourd'hui de nombreux journalistes et toute une population d'habitués.

Stag's Head (☎ *679 3701, 1 Dame Court)*. À l'intersection de Dame Court et de Dame Lane, juste à côté de Dame St, ce pub, créé en 1770 et réaménagé en 1895, a fait l'objet d'un timbre dans une série consacrée aux pubs.

The Long Hall (☎ *475 1590, 51 South Great George's St)*. Situé dans un splendide cadre victorien, ce pub est l'un des plus beaux et des plus appréciés de la ville. Remarquez notamment les sculptures en bois derrière le bar et les lustres somptueux, ainsi que la parfaite maîtrise des barmen dans l'exercice de leur art, qualité de plus en plus rare à Dublin.

Kehoe's (☎ *677 8312, 9 South Anne St)*. L'un de nos établissements préférés, il offre une véritable ambiance et accueille une clientèle très variée. Doté d'un magnifique bar victorien, il recèle moult recoins bien confortables.

Neary's (☎ *677 8596, 1 Chatham St)*. Datant de l'époque victorienne et orné d'une belle façade quelque peu tape-à-l'œil, ce pub attire de nombreux acteurs du Gaiety Theatre, tout proche. Le bar à l'étage reste l'un des rares endroits où l'on peut espérer trouver une place assise le vendredi ou le samedi soir.

Grogan's Castle Lounge (☎ *677 9320, 15 South William St)*. On parle généralement simplement du Grogan's (nom du premier propriétaire). Véritable institution du centre-ville, il fut longtemps le repaire des écrivains, peintres et autres artistes de Dublin en quête de gloire et de reconnaissance. Autre originalité du lieu, les boissons sont quelque peu moins chères dans la salle au sol en pierre que dans celle recouverte de tapis !

James Toner's (☎ 676 3090, 139 Lower Baggot St). Avec son sol en pierre, il évoque presque un pub de campagne. Les nombreuses étagères et tiroirs datent de l'époque où c'était une épicerie.

Hartigan's (☎ 676 2280, 100 Lower Leeson St). Attirant en journée surtout des habitués qui peuvent y siroter leur bière en toute quiétude, cet établissement sans fioritures reçoit le soir bon nombre d'étudiants en médecine de l'University College Dublin voisine.

Lincoln Inn (☎ 676 2978, 19 Lincoln Place). Les étudiants de Trinity College préfèrent pour leur part cet obscur petit établissement, situé derrière l'université. Ne vous fiez pas à la banalité du cadre : la clientèle se charge de l'ambiance.

Fallon's (carte Dublin ; ☎ 454 2801, 129 The Coombe). À l'ouest du centre-ville, au cœur du quartier médiéval, ce pub d'un autre âge sert des Guinness depuis la fin du XVIIe siècle.

Ryan's (hors carte Dublin ; ☎ 677 6097, 28 Parkgate St ; bus 23, 25, 26 depuis le centre-ville). Non loin de Phoenix Park, cet établissement n'a quasiment rien changé à son cadre victorien d'origine, avec bar décoré et recoins confortables. Véritable institution à Dublin, il mérite bien une visite.

Musique. Les pubs indiqués ci-dessous proposent de la musique traditionnelle irlandaise ou contemporaine.

Sean O'Casey's (☎ 874 8675, 105 Marlborough St). Il accueille des concerts de rock chaque semaine, ainsi que quelques groupes traditionnels.

Pour découvrir d'excellents musiciens traditionnels, optez sans hésiter pour ces deux pubs du nord de la ville :

Cobblestone (carte Dublin ; ☎ 872 1799, North King St). Sur la place principale de Smithfield, futur quartier branché de la ville, il donne des concerts formidables.

International (☎ 677 9250, 23 Wicklow St). Groupe de jazz et de blues tous les soirs ou presque.

Bruxelles (☎ 677 5362, 7-8 Harry St). Autrefois repaire des fans d'heavy metal, ce pub désormais très en vogue propose chaque semaine des concerts de rock.

O'Donoghue's (☎ 661 4303, 15 Merrion Row). Ce célèbre bar musical accueillit dans les années 1960 le fameux groupe des Dubliners à ses débuts. Les soirs d'été, un public jeune et cosmopolite se presse dans sa cour.

Comhaltas Ceoltóiri Éireann (hors carte Dublin ; ☎ 280 0295, 35 Belgrave Square, Monkstown). Les passionnés de musique traditionnelle irlandaise n'hésiteront pas à aller jusqu'à Dun Laoghaire pour découvrir ce pub, dont le nom (qui se prononce "keol-tas quail-tori Erin") signifie "fraternité des musiciens traditionnels d'Irlande". Vous y entendrez sans conteste la meilleure musique irlandaise de la ville, interprétée souvent par des joueurs et danseurs de renommée nationale. Pour vous y rendre, prenez les bus 7, 7A ou 8 depuis Trinity College, descendez avant le village de Monkstown et suivez les panneaux indicateurs bleus. Si vous optez pour le DART, descendez à Seapoint Station, puis suivez les panneaux vers l'ouest.

Bars à la mode. Plus modernes, ces établissements recueillent actuellement tous les suffrages.

Pravda (☎ 874 0076, 35 Lower Liffey St). Non loin de Ha'penny Bridge, ce grand bar, qui n'a de russe que le nom, distille une atmosphère amicale et détendue. Il semblerait toutefois que, par forte affluence, les portiers se montrent assez stricts sur la tenue vestimentaire des clients.

Lobo (Morrisson Hotel ; ☎ 878 2999, Lower Ormond Quay). Version rive nord de l'Octagon Bar de Temple Bar (voir ci-après), il opère une sélection drastique à l'entrée. Inutile d'essayer d'entrer si vous ne portez pas la bonne tenue, chère de préférence. Les plus chanceux passeront la soirée avec les Dublinois les plus fortunés. Nous vous conseillons de laisser ce guide dans votre chambre avant de vous présenter à l'entrée...

La pinte de Guinness idéale

Comment reconnaît-on une pinte de Guinness parfaite ? À l'origine de moult débats, cette question n'a pas encore trouvé de réponse définitive. On peut toutefois apporter quelques indications, glanées auprès des Dublinois eux-mêmes, véritables experts en la matière.

Chacun s'accorde à penser que la proximité de la St James's Gate Guinness Brewery est une condition indispensable. En effet, si la Guinness peut se révéler correcte à l'étranger, c'est évidemment en Irlande qu'elle atteint sa quintessence. Encore faut-il qu'elle respecte des critères bien précis. En voici quelques-uns.

L'art de la verser est déterminant. Le barman doit se montrer doué et expérimenté (au mieux, il aura suivi un apprentissage pointu) et vérifier que les pompes sont propres (rien de plus désastreux que des pompes de tirage encrassées !). Ceci fait, l'opération peut commencer. On incline le verre à 45° et on abaisse doucement la pompe de façon que la bière coule le long du verre. Lorsqu'il est rempli aux trois quarts, on le laisse reposer quelques instants, le temps qu'une mousse crémeuse se forme au-dessus du liquide noir. Le barman pousse ensuite la pompe de telle sorte que le liquide seul, sans mousse, complète le verre. Après une nouvelle phase de repos, la pinte est prête. Rien de bien compliqué en fait, il suffit de prendre son temps. Ainsi que le souligne la publicité pour la Guinness, "It's worth waiting for" (cela vaut la peine d'attendre).

Voici donc venu le moment de la dégustation. Après quelques gorgées, observez les parois du verre : des cercles de mousse blanche (bien épaisse) tout autour témoignent sans conteste d'une pinte de qualité. Les premières fois, la Guinness peut paraître amère et épaisse. N'ayez crainte, on s'y habitue peu à peu et on l'apprécie au fil du temps !

Maintenant que vous savez reconnaître une bonne pinte, encore faut-il vous rendre dans les endroits servant la meilleure "black stuff", comme disent les Dublinois. Pour beaucoup, rien ne vaut le **Guinness Storehouse**, même si la célèbre brasserie assure que la bière proposée dans les pubs ne diffère en rien de celle tirée ici.

Le **John Mulligan's**, dans Poolberg St, qui compte des habitués très calés sur le sujet, fait généralement l'unanimité, suivi de près par le **Grogan's Castle Lounge**, dans South William St. Le **Kehoe's**, South Anne St, offre en outre un cadre très chaleureux. Moins pittoresque, le **Hartigan's**, à deux pas de St Stephen's Green, sur Lower Leeson St, sert en tout cas des pintes irréprochables. Tous ses pubs figurent sur la carte Pubs, bars et night-clubs de Dublin.

Les véritables amateurs n'hésiteront pas à se rendre au **Kavanagh's** (hors carte de Dublin), derrière le cimetière de Glasnevin (Prospect ou Glasnevin Cemetry, Finglas Rd ; bus 40, 40A ou 40B depuis Parnell St), à côté de DeCourcey Square, afin de savourer une Guinness exceptionnelle. Très fréquenté par les employés du cimetière voisin, ce pub est souvent surnommé "The Gravediggers" (les fossoyeurs).

Octagon Bar (☎ *670 9000, Clarence Hotel, 6-8 Wellington Quay*). C'est l'endroit chic où se retrouvent les célébrités de la ville et leurs fans. Les boissons s'avèrent légèrement plus chères qu'ailleurs, mais cela ne vous posera certainement pas de problème si vous avez réussi le test d'entrée !

The Globe (☎ *671 1220, 11 South Great George's St*). Très populaire et précurseur d'un nouveau type de bars, il offre une atmosphère sympathique et ne prête aucune attention à la tenue de sa clientèle.

Hogan's (☎ *677 5904, 35 South Great George's St*). Autrefois plutôt traditionnel, ce bar propose à présent une immense salle sur deux étages. Les clients, jeunes en majorité, s'y pressent volontiers pour le week-end pour profiter de sa licence tardive.

Q Bar (☎ *677 7835, O'Connell House, D'Olier St*). Tenu par les mêmes propriétaires que le Messrs Maguire, à côté, cet autre lieu immense, décoré tendance velours et chrome, propose des soirées avec DJ. Ici encore, sélection drastique à l'entrée.

DUBLIN

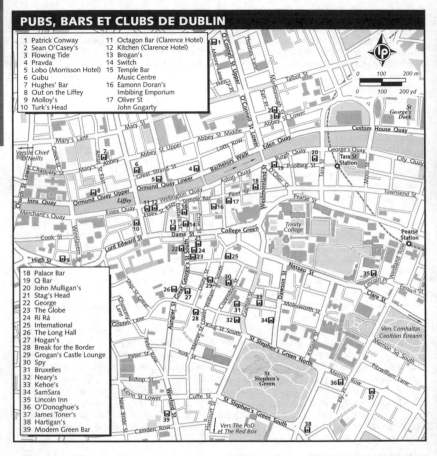

PUBS, BARS ET CLUBS DE DUBLIN

1 Patrick Conway
2 Sean O'Casey's
3 Flowing Tide
4 Pravda
5 Lobo (Morrisson Hotel)
6 Gubu
7 Hughes' Bar
8 Out on the Liffey
9 Molloy's
10 Turk's Head
11 Octagon Bar (Clarence Hotel)
12 Kitchen (Clarence Hotel)
13 Brogan's
14 Switch
15 Temple Bar
   Music Centre
16 Eamonn Doran's
   Imbibing Emporium
17 Oliver St
   John Gogarty

18 Palace Bar
19 Q Bar
20 John Mulligan's
21 Stag's Head
22 George
23 The Globe
24 Rí Rá
25 International
26 The Long Hall
27 Hogan's
28 Break for the Border
29 Grogan's Castle Lounge
30 Spy
31 Bruxelles
32 Neary's
33 Kehoe's
34 SamSara
35 Lincoln Inn
36 O'Donoghue's
37 James Toner's
38 Hartigan's
39 Modern Green Bar

SamSara (☎ *671 7723, 35-6 Dawson St*). Ouvert récemment, ce bar gigantesque donne dans le style maison de thé moyen-orientale. La population branchée l'a immédiatement adopté.

Modern Green Bar (☎ *478 0583, 31 Wexford St*). Voici l'un de nos préférés parmi les établissements les plus récents. Doté d'un cadre assez sobre, orné seulement de jolies photos numériques de la Liffey de sa source à l'embouchure, il offre surtout de la très bonne musique (avec DJ le soir) et une atmosphère sympathique qui séduisent les étudiants et les autres. Signalons aussi le

menu servi toute la journée, très réussi (voir *Où se restaurer – Quartier de Grafton's St*).

Thomas House (*carte Dublin ; ☎ 671 6987, 86 Thomas St*). Ce lieu à l'atmosphère particulière attire une clientèle originale et alternative, sachant apprécier son style totalement épuré et son excellente musique.

Clubs

Il y a quelques années, des affiches représentant une piste de danse bondée et proclamant "Open Your Windows Tokyo, Dublin's Having a Party" (Ouvrez vos fenêtres, Tokyo, Dublin fait la fête) envahirent les murs de la ville. Une grande partie de son succès s'explique en effet par la réputation qu'elle s'est créée de constituer l'un des hauts lieux festifs européens, et ce bien que les night-clubs y ferment plus tôt qu'ailleurs.

La liste apparemment infinie des fêtes et soirées évoluant constamment, consultez les magazines *In Dublin* et *Event Guide*, ainsi que le petit guide *Dub Fly*, disponible gratuitement dans les bars et cafés du centre. La plupart des night-clubs ouvrent après la fermeture des pubs (23h30-0h) et ferment à 2h30 ou 3h. L'entrée, généralement de 5 à 8 € en semaine, atteint 13 € le week-end. Pour les clubs gays, voyez l'encadré *Sortir la nuit dans la communauté homosexuelle*.

Les lieux cités ci-après figurent sur la carte *Pubs, bars et night-clubs de Dublin*, sauf mention contraire.

The PoD *(Place of Dance, carte Quartier de St Stephen's Green ; ☎ 478 0166, 35 Harcourt St)*. Night-club le plus connu de la ville, son cadre métal-gothique attire chaque week-end une foule compacte de jeunes gens. À l'entrée, les portiers opèrent une sélection particulièrement pointue. Le dimanche soir, tout le monde se déchaîne au son de la house.

The Red Box *(carte Quartier de St Stephen's Green ; ☎ 478 0225, 35 Harcourt St)*. Située au-dessus du PoD, cette discothèque, pourvue d'une piste immense, est certainement la plus agréable de la ville. Des DJ de renommée internationale viennent régulièrement animer des soirées.

Kitchen *(☎ 677 6635, Clarence Hotel, 6-8 Wellington Quay)*. Au cœur de Temple Bar, le célèbre club de U2 jouit encore d'un immense prestige. On y danse actuellement sur de la techno mâtinée de house. Au bar, l'endroit où il faut être vu, on croise souvent des célébrités.

Switch *(☎ 670 7655, 11 Eustace St)*. L'un de nos night-clubs favoris à Dublin. Installé au sous-sol d'un bar tout à fait quelconque, petit et très tendance, il passe de la très bonne musique mixée par des DJ locaux. Des vedettes internationales viennent parfois leur prêter main forte.

Rí Rá *(☎ 677 4835, Dame Court ; tlj à partir de 23h30)*. Très sympathique, cet établissement fait salle comble tous les soirs. En outre, les portiers se révèlent pour une fois aimables, drôles et impartiaux. Côté musique, il privilégie surtout du funk, plus ou moins ancien.

Parnell Mooney *(carte Dublin ; ☎ 873 1544, 71 Parnell St)*. Ce bar de nuit, en haut de O'Connell St, ne mérite le détour que le mercredi, pour ses extraordinaires soirées reggae.

The Shelter *(carte Dublin ; ☎ 454 5533, 58-9 Thomas St)*. D'une capacité de 300 personnes, cette immense salle, jouxtant celle de Vicar St (voir *Salles de concert* ci-dessous), organise depuis peu des soirées spéciales. Celles du samedi, baptisées Velure, qui mêlent soul funky et house-latino, attirent déjà leur lot d'habitués. Entrées avant minuit gratuites.

Temple Bar Music Centre *(☎ 670 9202, Curved St)*. Le TBMC propose des musiques très différentes selon les soirs, du funk au disco en passant par le rock indé.

Temple Theatre *(carte Dublin ; ☎ 874 5088, St George's Church, Hardwicke Place)*. Cette ancienne église du nord de la ville résonne désormais au son d'une house music assourdissante. Des DJ de réputation internationale s'y produisent souvent.

Salles de concert

Les réservations s'effectuent directement dans les salles concernées ou auprès de HMV (carte Quartier de St Stephen's Green ; ☎ 679 5334, réservations par carte bancaire 24h/24 au ☎ 456 9569), 65 Grafton St.

Musique classique et opéra. Les concerts ont lieu dans différentes salles du centre-ville.

National Concert Hall *(carte Quartier de St Stephen's Green ; ☎ 475 1572, www.nch.ie, Earlsfort Terrace)*. Principale salle de concert classique du pays, elle propose une saison musicale variée, ainsi que des concerts à l'heure du déjeuner (5,10 €) de juin à septembre, le mardi de 13h05 à 14h.

Gaiety Theatre *(carte Quartier de St Stephen's Green ; ☎ 677 1717, www.gaiety-theatre.net, King St South)*. Ce célèbre théâtre accueille aussi opéras et concerts classiques.

Hugh Lane Municipal Gallery of Modern Art *(☎ 874 1903, Charlemont House, Parnell Square)*. De septembre à juin, une tren-

Sortir la nuit dans la communauté homosexuelle

Tous les lieux indiqués ci-dessous figurent sur la carte Pubs, bars et night-clubs de Dublin, sauf mention contraire. Parmi les lieux fréquentés par la communauté gay, citons tout d'abord **George** *(89 South Great George St)*, l'endroit le plus prisé à Dublin pour boire un verre ou faire des rencontres, en particulier lors des soirées disco les vendredi et samedi, ou loto, le dimanche. Le pub **Out on the Liffey** *(27 Upper Ormond Quay)* attire, quant à lui, une clientèle gay et lesbienne plus "hard".

Bar relativement récent, **Gubu** *(☎ 874 0710, Capel St)* appartient aux mêmes propriétaires que The Globe. Surnommé "gaybu", il est une version plus raffinée de l'Out on the Liffey. Ouvert tous les jours à partir de 16h.

D'autres établissements organisent des soirées gay et/ou lesbiennes. Pour tout renseignement à ce sujet, consultez le mensuel gratuit *Gay Community News*, disponible dans les cafés du centre-ville, au Temple Bar Information Centre d'Eustace St ou au Condom Power (carte Quartier de Temple Bar), dans Dame St, ou les pages "queer" du bimensuel *In Dublin*.

Par ailleurs, de nombreux night-clubs proposent des soirées spéciales. Bien que les manifestations mentionnées ci-après semblent très régulières, mieux vaut téléphoner au préalable pour confirmation.

Kitchen *(☎ 677 6635, Clarence Hotel, 6-8 Wellington Quay)*. Anime chaque lundi le Candy Club, soirée très amicale réservée aux gays et lesbiennes.

Switch *(☎ 670 7655, 11 Eustace St)*. L'un des meilleurs clubs de la ville, il propose le lundi une soirée Freedom, avec de grands classiques disco et house.

The PoD *(Place of Dance, carte Quartier de St Stephen's Green ; ☎ 478 0166, 35 Harcourt St)*. Ses HAM (Homo Action Movies) du vendredi remportent le même succès depuis 5 ans ! House music essentiellement.

Chief O'Neill's *(carte Dublin ; ☎ 817 3838, fax 817 3839, Smithfield Village)*. Les soirées de l'excellent club Libida (funk, techno et latino) se déroulent dans divers lieux depuis quelques années. Lors de la rédaction de ce guide, elles avaient lieu le samedi à l'hôtel Chief O'Neill's. Consultez tout de même le *Gay Community News* avant de vous y rendre.

Molloy's *(☎ 677 3207, 13 High St)*. Non loin de Christ Church, ce bar propose le samedi une soirée lesbienne baptisée Stonewallz.

Rí Rá *(☎ 677 4835, Dame Court)*. Ce night-club très sympathique et accueillant propose de longue date des soirées "eighties", les Strictly Handbag, le lundi. Très appréciées de la communauté gay, elles sont ouvertes à tous.

Spy *(☎ 677 0014, Powerscourt House, South William St)*. Ce lieu habituellement réservé à une clientèle ultrachic organise le dimanche des soirées Hilton Edwards (du nom du cofondateur homosexuel du Gate Theatre), où il suffit d'être gay et raisonnablement bien habillé. Fort sympathiques, elles s'avéraient les plus courues de la ville lors de la rédaction de ce guide.

taine de concerts de musique contemporaine sont donnés le dimanche à midi.

Royal Dublin Showground Concert Hall *(carte Comté de Dublin ; ☎ 668 0866, Ballsbridge)*. L'immense salle du RDS offre toute l'année un important programme de musique classique.

Rock et pop. La plupart des lieux cités ci-après figurent sur la carte Dublin ou juste en limite, sauf mention contraire.

Point Depot *(☎ 836 3633, East Link Bridge, North Wall Quay)*. Construite en 1878 pour abriter une gare ferroviaire, cette salle susceptible d'accueillir environ 6 000 personnes, reçoit aujourd'hui tous les grands du rock et du pop.

Vicar Street *(☎ 454 5533, www.vicarstreet.com, 58-9 Thomas St)*. Les concerts de moindre envergure se tiennent plutôt dans cette nouvelle salle, située près de Christ Church Cathedral, qui compte tout de même

750 places. Son programme, assez varié, privilégie toutefois les groupes folk et le jazz.

The Red Box *(carte Quartier de St Stephen's Green ; ☎ 478 0166, Harcourt St)*. Aménagée dans l'ancienne gare de Harcourt St, cette salle, spécialisée dans les soirées dance, est le repaire des groupes et des DJ groove.

Temple Bar Music Centre *(carte Quartier de Temple Bar ; ☎ 670 0533, Curved St)*. Le centre donne tout type de concert, de la musique traditionnelle irlandaise aux percussions.

Whelan's *(carte Quartier de St Stephen's Green , ☎ 478 0766, 20 Wexford St, www.whelanslive.com)*. Musique rock et folk essentiellement.

Olympia Theatre *(carte Quartier de Temple Bar ; ☎ 677 7744, Dame St)*. Cette salle désuète propose le vendredi soir des groupes très variés, du disco à la country. Les concerts de minuit durent jusqu'à 2h.

Cinémas

Les cinémas sont, pour la plupart, regroupés au nord de la Liffey. La place coûte généralement 4,50 € l'après-midi et 7 € le soir.

UGC Multiplex *(☎ 872 8400, Parnell Centre, Parnell St)*. Ce complexe de sept salles a eu raison de plusieurs petits cinémas indépendants.

Savoy *(☎ 01874 6000, Upper O'Connell St)*. Doté de quatre salles, il propose des séances tardives le week-end.

Irish Film Centre *(carte Quartier de Temple Bar ; ☎ 679 5744, 6 Eustace St)*. Il diffuse dans ses deux salles de grands classiques et des films indépendants. Il abrite également un bar et une librairie.

Screen *(carte Quartier de Temple Bar ; ☎ 671 4988, 2 Townsend St)*. Situé entre Trinity College et O'Connell Bridge, ce cinéma de deux salles sélectionne de bons films d'art et essai.

Théâtres

Dublin jouit d'une scène théâtrale très vivante.

Abbey Theatre *(☎ 878 7222, www.abbeytheatre.ie, Lower Abbey St)*. Le théâtre national irlandais produit des œuvres contemporaines, ainsi que des

pièces classiques de Yeats, Synge, Sean O'Casey, Brendan Behan ou Becket. Les places pour les représentations du soir sont vendues jusqu'à 23,50 €, sauf le lundi, où s'applique un tarif réduit. Plus petit et moins coûteux, le **Peacok Theatre** *(☎ 878 7222)* fait partie du même complexe.

Gate Theatre *(☎ 874 4045, www.gate-theatre.ie, 1 Cavendish Row)*. Au nord de la Liffey également, cette salle privilégie les classiques internationaux et les comédies irlandaises plus anciennes, telles les pièces d'Oscar Wilde, de George Bernard Shaw et d'Oliver Goldsmith. Des œuvres contemporaines sont également jouées de temps à autre. Le prix des places, fonction du spectacle, avoisine généralement les 19 €.

Olympia Theatre *(carte Quartier de Temple Bar ; ☎ 677 7744, 72 Dame St)*. On voit ici surtout des pièces légères et, au moment de Noël, des pantomimes.

Gaiety Theatre *(carte Quartier de St Stephen's Green ; ☎ 677 1717, wwwgaiety-theatre.net, King St South)*. Ouvert depuis 1871, il propose pièces contemporaines, spectacles télévisés, comédies musicales et revues.

Tivoli Theatre *(☎ 454 4472, 135-6 Francis St)*. Lieu par excellence des pièces expérimentales et plus intimistes.

Andrew's Lane Theatre *(carte Quartier de Temple Bar ; ☎ 679 5720, 9-17 St Andrew's Lane)*. Salle d'avant-garde réputée.

Project Arts Centre *(carte Quartier de Temple Bar ; ☎ 1850 260027, www.project.ie, 39 East Essex St)*. Il présente d'excellentes pièces expérimentales de dramaturges irlandais ou étrangers.

Players' Theatre *(carte Trinity College ; ☎ 677 2941 poste 1239, Regent House, Trinity College)*. Cet établissement accueille les spectacles montés par les étudiants, ainsi que les pièces prestigieuses du festival de Théâtre, qui se déroule en octobre.

International *(carte Quartier de Temple Bar ; ☎ 677 9250, 23 Wicklow St)*. L'un des nombreux pubs dans lesquels se jouent des pièces.

The Ark *(carte Quartier de Temple Bar ; ☎ 670 7788, 11a Eustace St)*. Cette salle de 150 places propose des spectacles pour enfants de 3 à 13 ans.

MANIFESTATIONS SPORTIVES

Tous les lieux cités ici se situent en dehors de la carte Dublin.

Leopardstown Race Course (☎ 289 3607, *Foxrock*). Pour partager l'enthousiasme des Irlandais pour les courses hippiques, rendez-vous à Foxrock, une dizaine de kilomètres au sud de la ville. Des bus spéciaux rallient le terrain le jour des courses.

Harold's Cross Park (☎ 497 1081, *151 Harold's Cross Rd ; bus 16 ou 16A*). Des courses de lévriers se déroulent sur cette piste, près de Rathmines.

Shelbourne Stadium (☎ 668 3502, *Bridge Town Rd, Ringsend ; bus 3 depuis D'Olier St*). Courses de lévriers également. Pour tout renseignement sur les courses de chevaux ou de lévriers, appelez le ☎ 1550 112218 (24h/24).

Lansdowne Rd Stadium (☎ 668 9300, *Ballsbridge, DART : Lansdowne Rd Station*). Ce stade proche de Ballsbridge accueille les grands matches de rugby et de football. La saison de rugby dure de septembre à avril, celle de football, d'août à mai.

Croke Park Stadium (☎ 855 8176, *Clonliffe Rd ; bus 19 ou 19A*). Des compétitions de lancer et des matches de football gaélique se déroulent de février à novembre dans ce stade, au nord du Royal Canal, dans Drumcondra, qui abrite aussi le siège de la Gaelic Athletic Association. Appelez le ☎ 1550 112215 (24h/24) pour tout renseignement.

ACHATS

Les articles les plus recherchés comprennent les lainages, notamment les célèbres pulls de l'île d'Aran (Aran sweaters), les bijoux d'inspiration celtique, telle la bague Claddagh, les livres sur la culture irlandaise, le cristal de Waterford, de Tyrone et de Tipperary, les armoiries irlandaises, les porcelaines de Beleek ou encore les tissus du Donegal. Si vous aimez les **antiquités**, vous apprécierez sans doute les boutiques de Francis St, au sud du Tivoli Theatre, dans le quartier Liberties.

Vêtements de créateurs

Temple Bar et le quartier de Grafton St abritent bon nombre de boutiques de créateurs, qui vendent des articles neufs ou d'occasion.

Eager Beaver (*carte Quartier de Temple Bar ; ☎ 677 3342, 17 Crown Alley*). Vous dénicherez ici sans vous ruiner aussi bien un costume pour assister à un mariage, qu'une veste de cricket ou une chemise victorienne.

Harlequin (*carte Quartier de Temple Bar ; ☎ 671 0202, 13 Castle Market*). Cette boutique offre une merveilleuse sélection de jeans, de chemises et de costumes d'occasion.

Jenny Vander (*carte Quartier de Temple Bar ; ☎ 677 0406, George's St Arcade*). Très grand choix de vêtements d'occasion. On peut même s'y faire tirer les cartes !

Hobo (*carte Quartier de Temple Bar ; ☎ 670 4869, 6-9 Trinity St*). Les habitués des night-clubs trouveront parmi les créations plutôt réussies de ce styliste irlandais de quoi frimer sur la piste.

Artisanat et souvenirs

Avoca Handweavers (*carte Quartier de Temple Bar ; ☎ 677 4215, 11-13 Suffolk St*). Cette succursale d'une célèbre boutique d'artisanat de Wicklow offre toutes sortes d'articles, des pulls en laine aux bibelots faits main.

The Kilkenny Shop (*carte Quartier de Temple Bar ; ☎ 677 7066, 6 Nassau St*). Ce magasin propose une belle sélection d'habits, d'objets en verre, de poteries, de bijoux et d'articles en cristal et en argent fabriqués par des créateurs irlandais.

Knobs & Knockers (*carte Quartier de Temple Bar ; ☎ 671 0288, 19 Nassau St*). C'est là que vous dénicherez un marteau typique pour orner votre porte d'entrée.

Irish Celtic Craftshop (*carte Quartier de Temple Bar ; ☎ 667 9912, 10-12 Lord Edward St*). Proche de Christ Church, cette boutique propose des objets artisanaux de qualité.

Dublin Woollen Company (*carte Quartier de Temple Bar ; ☎ 677 5014, 41 Lower Ormond Quay*). Non loin de Ha'penny Bridge, ce magasin dispose du plus grand choix de lainages de la ville : pulls, gilets, écharpes, tapis et autres châles.

Claddagh Records (*carte Quartier de Temple Bar ; ☎ 677 0262, 2 Cecilia St*). Allez-y pour les disques de musique folk.

Marchés

George's St Arcade *(carte Quartier de Temple Bar ; entre South Great George St et Drury St)*. Intéressant marché couvert qui abrite de belles boutiques de vêtements d'occasion.

Meeting House Square Market *(carte Quartier de Temple Bar ; Meeting House Square)*. Ce marché en plein air se tient tous les week-ends et vend des produits bio.

COMMENT S'Y RENDRE
Avion

Dublin possède le principal aéroport international du pays, qui reçoit des vols directs en provenance d'Europe, d'Amérique du Nord et d'Asie. Reportez-vous au chapitre *Comment s'y rendre* pour des détails sur les vols et les tarifs.

Parmi les compagnies aériennes présentes à Dublin :

Aer Lingus (☎ 886 6705 pour les horaires, ☎ 886 8888 pour les réservations, bookings@aerlingus.ie, www.flyaerlingus.com). Autres agences : 40-1 Upper O'Connell St ; 13 St Stephen's Green ; Jury's Hotel, Ballsbridge ; 12 Upper George's St, Dun Laoghaire

Air Canada (☎ 1800 709900, www.aircanada.ca), 7 Herbert St

Air France (☎ 844 5633, www.airfrance.co.uk), aéroport

British Airways (☎ 1800 62 67 47, www.britishairways.com), aéroport

Bus

Busáras, dans Store St, au nord de Custom House et de la Liffey, est la principale gare de la compagnie des bus Éireann. Pour tout renseignement sur les bus, adressez-vous au Travel Centre (☎ 836 6111, wwwbuseireann.ie), de 8h30 à 19h du lundi au samedi et de 9h à 19h le dimanche et les jours fériés. Reportez-vous aussi à la rubrique *Bus* du chapitre *Comment circuler*.

Trains

Pour tout renseignement, adressez-vous à l'Iarnród Éireann Travel Centre (☎ 836 6222, www.irishrail.ie), 35 Lower Abbey St, ouvert de 9h à 17h du lundi au vendredi et de 9h à 13h le dimanche. Les trains à destination de Belfast, de Derry, de Sligo et d'autres villes du Nord partent de Connolly Station (☎ 836 3333), au nord de la Liffey. Heuston Station (☎ 836 5421), au sud de la Liffey et à l'ouest du centre-ville, dessert Cork, Galway, Killarney, Limerick, Wexford, Waterford, ainsi que les autres villes de l'ouest, du sud et du sud-ouest. Pour d'autres détails, voyez la rubrique *Train* dans le chapitre *Comment circuler*.

Bateau

Il existe deux liaisons directes depuis Holyhead, à la pointe nord-ouest du pays de Galles : l'une à destination de Dublin, l'autre pour Dun Laoghaire, au sud de la Dublin Bay. Des ferries partent également de Liverpool. Un nouveau terminal est en cours de construction à Dublin et devrait fonctionner au moment de la sortie de cet ouvrage. Vous pouvez aussi opter pour les formules bus/train-ferry depuis la Grande-Bretagne. Reportez-vous à *Voie terrestre et maritime* du chapitre *Comment s'y rendre* pour des précisions.

COMMENT CIRCULER
Desserte de l'aéroport

On peut se rendre à l'aéroport de Dublin (carte Comté de Dublin ; ☎ 814 1111), à 13 km au nord de la ville, en bus ou en taxi.

Le terminal dispose d'un bureau de consignes à bagages (☎ 704 4633), ouvert tous les jours de 6h à 22h (3,20 € par bagage et par 24 heures).

Bus. Gérées par la compagnie Dublin Bus, les navettes Airlink Express Coach (☎ 872 0000, 873 4222), qui démarrent et arrivent à Busáras (la gare routière du centre-ville) ou des gares ferroviaires Heuston et Connolly, reviennent à 4,50 € par personne (2,50 € pour les enfants). Le trajet dure de 30 à 40 minutes. Horaires disponibles à l'aéroport et en ville.

Depuis l'aéroport, le bus 747, à destination de Busáras, part toutes les 10 minutes de 5h45 à 23h30 du lundi au samedi, toutes les 20 minutes de 7h15 à 23h30 le dimanche. Dans l'autre sens, il quitte la gare routière toutes les 10 minutes de 6h30 à 22h45 du lundi au samedi, toutes les 20 minutes de 7h30 à 23h10 le dimanche.

Pour rejoindre Heuston Station depuis l'aéroport, prenez le bus 748, qui démarre toutes les 15 minutes de 6h25 à 21h30 du lundi au samedi ; le dimanche, départ à 7h et 7h45, puis toutes les 25 minutes jusqu'à 22h05. Depuis la gare, le service est assuré toutes les 15 minutes de 7h10 à 22h20 ; le dimanche à 7h50, 8h40, puis toutes les 25 minutes jusqu'à 22h50. Ce même bus passe à Connolly Station toutes les 15 minutes de 7h20 à 22h30 du lundi au samedi, toutes les 25 minutes de 8h55 à 23h le dimanche (premier départ à 8h).

Les luxueuses navettes climatisées de la compagnie privée Aircoach (☎ 844 7118, www.aircoach.ie) desservent l'aéroport et quinze points de la ville. Empruntées essentiellement par les clients des grands hôtels, elles acceptent tous les passagers. Depuis l'aéroport, elles circulent tous les jours de 5h à 23h30. En centre-ville, elles marquent une douzaine d'arrêts, généralement proches des grands hôtels (consultez le site Internet pour des détails). Prévoyez 5,10 € par personne (gratuit pour les enfants accompagnés), quelle que soit votre destination.

Enfin, signalons aussi les bus 41 et 41A, qui comptent de nombreux arrêts avant de rejoindre Eden Quay, près d'O'Connell St. Le trajet revient à 1,40 € au maximum, mais il peut durer près d'une heure.

Des bus directs relient également l'aéroport à Belfast.

Taxis. Comptez environ 16,50 € pour rejoindre le centre-ville en taxi (voir plus loin *Comment circuler – Taxi*), et une surtaxe de 1 € (seulement dans le sens aéroport/centre-ville).

Desserte des terminaux de ferry

Des bus font la liaison entre le terminal Ferryport (☎ 855 2222), sur Alexandra Rd, et Busáras, à chaque arrivée de bateaux en provenance de Holyhead et dans l'autre sens, pour le départ des ferries. Ainsi, ils partent de la gare routière à 8h30 pour le ferry de 9h45 et à 20h30 pour celui de 21h45. Par ailleurs, d'autres démarrent à 23h45 afin d'assurer la correspondance avec le bateau qui quitte Dublin à 1h pour Liverpool. Ils reviennent à 2,50 €.

Pour rejoindre Dublin depuis le terminal Carlisle de Dun Laoghaire (☎ 280 1905), vous pouvez emprunter le bus 46A jusqu'à St Stephen's Green ou les numéros 7, 7A et 8 jusqu'à Burgh Quay. Enfin, le DART (voir la rubrique *Train*, plus loin) vous déposera à Pearse Station (pour le sud de Dublin) ou à Connolly Station (au nord).

Entre Connolly Station et Heuston Station

Les bus 90 Raillink effectuent la liaison entre les deux gares toutes les 10 à 15 minutes aux heures de pointe, moyennant 0,85 €. Connolly Station ne se trouve qu'à quelques minutes à pied au nord de Busáras. Heuston Station se situe à l'ouest de la ville, au bord de la Liffey.

Bus

Le bureau de Dublin Bus (Bus Átha Cliath, ☎ 873 4222, www.dublinbus.ie), 59 Upper O'Connell St, ouvre de 9h à 17h30 du lundi au vendredi, de 9h à 14h le samedi. Il dispose d'itinéraires des bus gratuits. Busáras, la principale gare routière, au nord du fleuve, derrière Custom House, possède des consignes à bagages (2,50 € par jour).

Les bus circulent tous les jours de 6h (certains dès 5h30) à 23h30. Le prix du billet varie selon le trajet effectué : comptez 0,85 € pour un à trois arrêts, 1,10 € de quatre à sept, 1,35 € de huit à douze, 1,50 € de 13 à 23.

Donnez si possible l'appoint au chauffeur en montant dans le bus. Sinon, il vous remettra un reçu à présenter au bureau de la compagnie pour récupérer votre monnaie.

Il existe des forfaits à la journée, de 4,50 € pour les bus seuls ou de 6,60 € pour les bus et le train. Vous pouvez aussi acheter des cartes de trajets illimités pour trois ou cinq jours (8,25 et 12,70 €). Les étudiants n'ont pas droit à une réduction sur ces cartes. Enfin, les forfaits hebdomadaires reviennent à 15,90 € (12,70 € pour les étudiants) pour les bus, à 21,60 € pour les bus et les trains (plus 2,50 € de photo d'identité).

Les bus de nuit, les Nitelink, démarrent de College St et de Westmoreland St, ainsi que du carrefour de D'Olier St. Du lundi au mercredi, ils partent généralement à 0h30 et 2h.

Du jeudi au samedi s'ajoute à ces deux horaires une navette toutes les 20 minutes jusqu'à 4h30 sur les itinéraires les plus fréquentés et jusqu'à 3h30 sur les autres. Le trajet coûte 3,80 € ou 5,70 € pour les banlieues éloignées.

Train

Le réseau des trains Dublin Area Rapid Transport (DART) offre un accès rapide à la côte, au nord jusqu'à Howth et au sud jusqu'à Bray. Au sud de la Liffey et en centre-ville, prenez le DART à Pearse Station, au nord de la Liffey, plutôt à Connolly Station. Les trains circulent en moyenne toutes les 10 à 20 minutes (voire plus fréquemment) de 6h30 environ à 24h du lundi au samedi, moins régulièrement le dimanche. Il faut une trentaine de minutes pour rejoindre Bray ou Howth. Comptez de 15 à 20 minutes pour Dun Laoghaire. Des trains Suburban Rail vont également jusqu'à Dundalk au nord, Mullingar, à l'ouest et Arklow, au sud.

Un aller simple en DART pour Dun Laoghaire ou Howth revient à 1,50 €, à 1,70 € pour Bray. Un forfait d'une journée coûte 5,10/2,50/8,90 € par adulte/enfant/famille. Vous pouvez préférer un billet d'une journée valable à la fois sur le DART et dans les bus, à 6,60/9,50 € par personne/famille. Le forfait de quatre jours, associant DART et bus, se monte à 12,70 € et la carte hebdomadaire, à 21,60 €.

Heuston Station dispose de casiers pour les bagages de trois tailles différentes à 1,90/3,20/5,10 € pour 24 heures. À Connolly Station, les consignes sont à 1,90 € (3,20 € pour les sacs à dos).

Voiture

Le centre-ville compte bon nombre de places à parcmètre, ainsi que de nombreux parkings découverts ou fermés. Évitez de vous garer en dehors des aires de stationnement car vous risquez de retrouver votre voiture immobilisée par un sabot (amende de 95,50 €). Ne laissez rien en évidence dans la voiture, celles de location en particulier attirant souvent les voleurs.

Location. Reportez vous à la rubrique *Voiture et moto* du chapitre *Comment circuler* pour tout renseignement à ce sujet. Plusieurs loueurs disposant d'un bureau à l'aéroport ou à proximité, vous pouvez disposer d'une voiture dès votre arrivée. Voici les principales compagnies de location de Dublin :

Avis Rent-a-Car
(☎ 605 7555, www.avis.com) 1 East Hanover St
(☎ 844 5204) aéroport de Dublin
Budget Rent-a-Car
(☎ 837 9802, www.budgetcarrental.ie) 151 Lower Drumcondra Rd
(☎ 844 5150) aéroport de Dublin
Dan Dooley Car & Van Hire
(☎ 677 2723, www.dan-dooley.ie) 42-3 Westland Row
(☎ 844 5156) aéroport de Dublin
Hertz Rent-a-Car
(☎ 660 2255, www.hertz.com) 149 Upper Leeson St
(☎ 844 5466) aéroport de Dublin

Taxi

Les taxis dublinois reviennent cher. Comptez 2,40 € de prise en charge, puis 0,15 € toutes les 40 secondes environ.

On peut héler les taxis dans la rue. Ils stationnent sinon en divers endroits de la ville, notamment dans O'Connell St, sur College St, devant Trinity College, et à St Stephen's Green, en bas de Grafton St. Vous pouvez aussi téléphoner à une compagnie, par exemple City Cabs (☎ 872 2688) ou National Radio Cabs (☎ 677 2222). Les voitures n'étant pas suffisamment nombreuses, il faut souvent patienter longtemps aux stations. En cas de litige ou de perte d'objets personnels, contactez le Garda Carriage Office (☎ 475 5888).

Bicyclette

Sachez que les vols sont très fréquents à Dublin : attachez bien votre monture.

Location. Vous aurez le choix entre un vélo classique et un VTT, ce dernier revenant à 13 € environ par jour, ou 50 € la semaine. Les vélos les plus sophistiqués en aluminium coûtent aux alentours de 19 € la journée et de 64 € la semaine.

Les agences de location Raleigh Rent-a-Bike se répartissent dans tout le pays (y compris en Irlande du Nord). Pour davantage de renseignements, adressez-vous à Raleigh Ireland (☎ 626 1333), Raleigh House, Kylemore Rd, Dublin 10. Raleigh regroupe notamment les loueurs suivants :

C Harding for Bikes (☎ 873 2455), 30 Bachelor's Walk

Joe Daly (☎ 298 1485), Lower Main St, Dundrum

Hollingsworth Cycle (☎ 490 5094), 54 Templeogue Rd, Templeogue

Environs de Dublin

Plusieurs petites villes jalonnent la côte de la baie de Dublin, notamment Dun Laoghaire, au sud, et Howth, au nord, deux anciens ports qui constituent aujourd'hui une excursion d'une journée très prisée depuis la capitale. Reliées à Dublin par le DART, elles offrent en outre des lieux de séjour agréables. Enfin, on peut aussi visiter Malahide et son château.

DUN LAOGHAIRE

Grand port de ferries à destination de la Grande-Bretagne et station balnéaire très fréquentée, Dun Laoghaire (prononcez "dun liri") se situe à 13 km au sud-est de Dublin. De 1821, date à laquelle le roi George V repartit pour l'Angleterre après une visite en Irlande, à l'indépendance en 1922, la ville s'appela Kingstown. Elle compte de nombreux B&B sensiblement moins chers qu'à Dublin, et bon nombre de trains du DART effectuent rapidement la liaison avec la capitale. On peut envisager sans difficulté de séjourner ici.

Histoire

Dun Laoghaire, qui comprend des traces d'habitation remontant à plus de 1 000 ans, demeura un petit village de pêche jusqu'en 1767, date à laquelle on construisit la première jetée. La ville se développa ensuite rapidement. Au début du XIXᵉ siècle, on érigea la tour Martello de Sandycove pour se protéger d'une éventuelle invasion des troupes napoléoniennes.

Renseignements

Le Dun Laoghaire & Rathdown Tourist Office (☎ 205 4855) se trouve 8 Royal Marine Rd, à une centaine de mètres du terminal des ferries. Ce dernier accueille par ailleurs une annexe du Dublin Tourism (☎ 1800 668668), ainsi qu'un bureau de change ouvert aux heures d'arrivée et de départ des bateaux.

Le bureau de la Bank of Ireland, 101 Upper George's St, ouvre de 10h à 16h du lundi au mercredi et le vendredi, jusqu'à 17h le jeudi ; il dispose d'un distributeur de billets. Juste à côté, au 102, la poste ouvre de 9h à 18h du lundi au vendredi et de 9h à 17h30 le samedi.

Pour appeler la police, composez le ☎ 999, ou le ☎ 666 5000 pour joindre le poste de la Garda de Dun Laoghaire, 34-5 Corrig Ave.

Le port

L'East Pier (1 290 m) et le West Pier (1 548 m), qui conduisent tous deux au phare datant des années 1850, sont particulièrement propices aux promenades (l'East Pier surtout, avec son kiosque à musique fin XIXᵉ et un très ancien anémomètre), à l'observation des oiseaux et à la pêche (à l'extrémité du West Pier notamment). On peut circuler à bicyclette sur le niveau inférieur.

Le port abrite une base nautique très prisée. Le Royal Irish Yacht Club, créé vers 1850, fut le premier club de navigation de plaisance irlandais.

Sandycove

À 1 km au sud de Dun Laoghaire, Sandycove, dotée d'une charmante petite plage, accueille le James Joyce Museum, dans la tour Martello. Sir Roger Casement, qui tenta de mettre en place des troupes de libération de l'Irlande soutenues par l'Allemagne pendant la Première Guerre mondiale, naquit ici en 1864. Capturé dans le comté de Kerry, il fut exécuté par les Britanniques en 1916 pour trahison.

James Joyce Museum. La tour Martello, qui abrite le **musée James Joyce** *(☎ 280 9265, Sandycove ; adulte/étudiant/enfant 5/4/3 € ; avr-oct, lun-sam 10h-13h/14h-17h, dim 14h-18h ; nov- mars sur rendez-vous)*, marque le début du célèbre roman *Ulysse*. Le musée, créé en 1962 par Sylvia Beach, éditrice parisienne qui osa la pre-

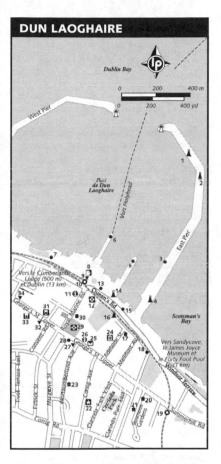

DUN LAOGHAIRE

OÙ SE LOGER
17 Kingston Hotel
20 Annesgrove
21 Rosmeen House
23 Innisfree
30 Royal Marine Hotel

OÙ SE RESTAURER
9 Brasserie Na Mara
27 Kaphian
32 GTI Café & Bistro
34 Fire Island

DIVERS
1 Anémomètre
2 Mémorial aux sauveteurs en mer
3 Kiosque à musique
4 Compas
5 Jetée Carlisle (paquebots)
6 Jetée St Michael's (ferries)
7 Royal Irish Yacht Club
8 Terminal des ferries ; Dublin Tourism
10 Gare du DART de Dun Laoghaire
11 Dun Laoghaire & Rathdown Tourist Office
12 Pavilion Complex
13 Royal St George Yacht Club
14 Monument au roi George IV
15 National Yacht Club
16 Statue du Christ
18 Oceantec
19 Gare du DART de Sandycove & Glasthule
22 Poste de police
24 National Maritime Museum
25 Poste
26 Bank of Ireland
28 Aer Lingus
29 Centre commercial de Dun Laoghaire
31 Weir's
33 Dunphy's

mière publier cette œuvre, recèle des photographies, des lettres, des documents, diverses éditions des romans de l'écrivain et deux masques mortuaires.

De 1804 à 1815, plusieurs tours du type de celle-ci furent érigées sur toute la côte irlandaise pour protéger l'île d'une éventuelle invasion de l'armée napoléonienne.

On peut rejoindre la tour en une trentaine de minutes depuis le port de Dun Laoghaire, en longeant le front de mer. Par le DART, descendez à la gare Sandycove & Glasthule et marchez environ 15 minutes. Vous pouvez aussi prendre le bus 8, depuis Dublin et Dun Laoghaire, jusqu'à Sandycove Avenue West, à 5 minutes à pied de la tour.

Forty Foot Pool. Au pied de la tour Martello s'étend le Forty Foot Pool. Ce bassin d'eau de mer doit son nom au régiment d'infanterie, le Fortieth Foot, qui demeura dans la tour jusqu'à son démantèlement en 1904. À la fin du premier chapitre d'*Ulysse*, Buck Mulligan y fait un plongeon matinal. Ces baignades du matin sont restées une tradition à Dun Laoghaire, été comme hiver.

Où se loger

Grand port de ferry, Dun Laoghaire offre de nombreuses possibilités d'hébergement, notamment des B&B.

Rosmeen House (☎ *280 7613, 13 Rosmeen Gardens ; simples/doubles 39/63,50 €).* Cette charmante demeure de style espagnol renferme d'élégantes chambres extrêmement confortables. Incontestablement le meilleur B&B de Rosmeen Rd.

Cumberland Lodge (☎ *280 9665, fax 284 3227, cumberlandlodge@tinet.ie, 54 York Rd ; simples 35-45 €, doubles 45-58 €).* Cette belle maison georgienne dispose de quatre grandes chambres très agréables, toutes avec s.d.b. attenante.

Mellifont et Corrig Ave, ainsi que les rues voisines, comptent d'autres B&B.

Kingston Hotel (☎ *280 1810, fax 280 1237, reserv@kingstonhotel.ie, Adelaide St ; simples/doubles 82/115 €).* De longs travaux de restauration ont rendu à cet établissement sa splendeur et son prestige d'antan. Les chambres, véritablement somptueuses, valent largement celles de l'hôtel grand luxe de la ville, le Royal Marine.

Royal Marine Hotel (☎ *280 1911, fax 280 1089, ryan@indigo.ie, Royal Marine Rd ; chambres 229 €).* Datant de 1865, l'établissement le plus luxueux de la ville offre des chambres jouissant d'une vue magnifique sur la baie de Dublin et propose d'excellentes prestations. Il reste toutefois très coûteux et, à prix équivalent, on peut trouver des chambres d'un niveau encore supérieur (pas à Dun Laoghaire toutefois).

Où se restaurer

Fire Island (☎ *280 5318, 107 Lower George's St ; plats 14-20,50 € ; mar-sam à partir de 17h30).* Le chef Tim Rooney, formé à la célèbre école de cuisine de Ballymaloe House, dans le comté de Cork, réussit à merveille une "nouvelle" cuisine irlandaise imaginative.

Mao Café Bar (☎ *214 8090, Pavilion Complex ; plats 10,50 € env).* Succursale du restaurant de Dublin, il propose des plats d'inspirations chinoise et thaïlandaise agrémentés de touches occidentales.

Brasserie Na Mara (☎ *280 6787, 1 Harbour Rd ; plats 25,50 €).* Non loin du port

et de la gare du DART, cet établissement, le meilleur de la ville, offre une belle carte qui privilégie surtout les fruits de mer.

Kaffe Moka (☎ *284 6544, Pavilion Complex ; snacks à partir de 2,50 €).* Appartenant à la chaîne du même nom, il prépare de multiples et délicieuses variétés de cafés.

GTI Café & Bistro (☎ *284 6607, 59 Lower George's St ; sandwiches 5-6,50 €).* Tout nouveau, cet établissement sert de très bons sandwiches (italiens, mexicains ou américains).

Comment s'y rendre

Reportez-vous à la rubrique *Voie maritime* du chapitre *Comment s'y rendre* pour des renseignements sur les ferries entre Dun Laoghaire et Holyhead, au pays de Galles.

Les bus 7, 7A et 8 partent non loin de Trinity College. Le trajet (1,50 € l'aller simple) peut prendre de 25 minutes à 1 heure selon la circulation. Avec le DART, comptez de 15 à 20 minutes (1,50 € l'aller simple).

DALKEY

À 1 km au sud de Sandycove, Dalkey (Deilginis) recèle les vestiges de plusieurs châteaux. Ainsi, sur Castle St, la rue principale, deux châteaux du XVIe siècle se font face, Archibold's Castle et Goat Castle. St Begnet's Church, église du IXe siècle, se dresse à côté de ce dernier. Donnant sur le port de Bulloch, au nord de la ville, **Bulloch Castle** fut construit au XIIe siècle par les moines de la St Mary's Abbay de Dublin.

Goat Castle et St Begnet's Church abritent depuis peu le **Dalkey Castle & Heritage Centre** (☎ *285 8366, Castle St ; adulte/étudiant/enfant 4/3,50/2,50 € ; mai-oct, lunven 9h30-17h, sam et dim 11h-17h, nov-avr fermé lun-ven).*

Dalkey est desservie par le DART. Vous pouvez sinon opter pour le bus 8, depuis Burgh Quay, à Dublin. Ces deux moyens de transport reviennent à 1,50 €.

HOWTH

La Howth Peninsula marque l'extrémité nord de la baie de Dublin. On rejoint facilement Howth, à 15 km de Dublin, en DART ou en suivant Clontarf Rd, la route du littoral, au nord de la capitale. Elle traverse Clontarf, où s'opposèrent en 1014 les troupes celtiques et vikings. Plus loin, on aperçoit North Bull Island, sanctuaire sauvage où font étape l'hiver de nombreux oiseaux migrateurs.

Howth, qui tend à devenir une banlieue résidentielle, est un but d'excursion très prisée depuis Dublin. Ce charmant petit bourg s'organise autour de quelques rues qui descendent en pente raide jusqu'au front de mer. Son activité portuaire disparue depuis longtemps, il reste aujourd'hui un grand centre de pêche et un port de plaisance important.

St Mary's Abbey
Les ruines de St Mary's Abbey se situent non loin du centre de Howth. Cette abbaye, initialement construite en 1042, aurait été fondée par le roi viking Sitric, qui érigea le premier édifice religieux sur le site de l'actuelle Christ Church Cathedral, à Dublin. Cette abbaye fut rattachée au monastère d'Ireland's Eye (voir ci-dessous) en 1235. Certains éléments des vestiges datent de cette époque, mais la plupart remontent aux XVe et XVIe siècles. Pour pénétrer dans l'abbaye, adressez-vous au gardien pour obtenir la clé (renseignements affichés sur la porte de l'abbaye).

La péninsule
Au sud-est de Howth, le point le plus haut de la colline, le Summit (171 m), offre un beau panorama sur la baie de Dublin et les Wicklow Mountains. De là, on peut rejoindre le sommet du Ben of Howth, sur lequel un cairn marquerait l'emplacement d'un tombeau royal celtique vieux de 2 000 ans. Le phare Baily, de 1814, qui se dresse au sud-est de la péninsule s'élève sur le site d'un ancien fort. On y monte par un chemin abrupt surplombant la falaise.

Ireland's Eye
Non loin de la côte, l'Ireland's Eye, un îlot rocheux où nichent de multiples oiseaux, abrite les ruines d'un monastère du VIe siècle. Une tour Martello se dresse à la pointe nord-ouest, à l'endroit où arrivent les bateaux en provenance de Howth. Sur la côte est, une falaise vertigineuse plonge de manière spectaculaire dans la mer. En période de nidifica-

tion, on découvre de nombreux oisillons. On aperçoit aussi régulièrement des phoques.

Doyle & Sons (☎ 831 4200) organise en été des excursions en bateau depuis l'East Pier, généralement l'après-midi, pendant le week-end. Comptez 8,50 € aller-retour. Si vous envisagez de visiter les vestiges du monastère, prévoyez un pantalon car les alentours sont envahis de ronces.

Plus au nord, on distingue une autre île, **Lambay Island**, vaste réserve d'oiseaux marins qui demeure inaccessible aux bateaux.

Où se loger
Tous les B&B indiqués ci-après se situent sur Howth Hill, au-dessus de la ville. Vous pouvez vous y rendre à pied ou emprunter le bus 31A sur le port (0,70 €).

Hazelwood (☎/fax 839 1391, 2 Thormanby Woods, Thormanby Rd ; 28 € par pers). Cette grande maison blanche offre un point de vue magnifique sur le port et Ireland's Eye. Les chambres, décorées de jolis couvre-lits colorés, disposent toutes d'une s.d.b.

Highfield (☎ 832 3936, Thormanby Rd ; 32 € par pers). Cette agréable demeure victorienne, à l'écart de la route, propose des chambres associant avec goût meubles anciens et confort moderne.

King Sitric (☎ 832 5235, fax 839 2442, info@kingsitric.ie, Harbour Rd ; simples/doubles 83/121 €). Le plus célèbre restaurant de Howth (voir Où se restaurer) a aménagé huit belles chambres, juste sur le port. Portant chacune le nom d'un phare, elles se révèlent extrêmement confortables et bénéficient d'une vue splendide.

Où se restaurer
Vous trouverez des fruits de mer d'une grande fraîcheur auprès des **poissonniers** qui jalonnent West Pier.

Maud's (☎ 839 5450, Harbour Rd ; sandwiches 5,10 €). Outre quelques sandwiches fort réussis, ce salon de thé prépare surtout d'excellentes coupes de glace.

El Paso (☎ 832 3334, Harbour Rd ; plats 9 €). Ce restaurant du port sert des spécialités tex-mex le soir du lundi au samedi et le dimanche à partir de 14h.

Porto Fino Ristorante *(☎ 839 3054, Harbour Rd ; plats à partir de 10 €).* Vous dégusterez ici de savoureux plats italiens.

Citrus *(☎ 832 0200, Harbour Rd ; plats 13 € env).* Très apprécié, ce nouvel établissement sert une cuisine continentale créative. Malgré sa situation en bord de mer, il fait la part belle aux viandes.

The Bloody Stream *(☎ 839 0203, Harbour Rd ; plateau de fruits de mer 14,60-17,50 €).* Juste en contrebas de la gare du DART, ce pub prépare deux délicieux types de plateaux de fruits de mer. Par beau temps, on peut manger dehors.

King Sitric *(voir Où se loger ; plats 28 €, menu à 5 plats au dîner 44 € ; lun-sam 12h-23h30).* Proche de l'East Pier, cet établissement spécialisé dans les fruits de mer bénéficie à juste titre d'une très bonne réputation. Goûtez notamment le crabe, excellent. Belle carte des vins.

Comment s'y rendre

Moyen le plus rapide et le plus simple, le DART vous conduira de Dublin à Howth en un peu plus de 20 minutes pour à peine 1,50 €. Par ailleurs, pour le même prix, les bus 31 et 31A, qui partent de Lower Abbey St en centre-ville, vous déposeront au Summit, à 5 km au sud-est de Howth.

MALAHIDE

À 13 km au nord de Dublin, après Howth, Malahide (Mullach Ide) se fond désormais quasiment dans l'agglomération de Dublin. Elle possède toutefois encore un joli port de plaisance. Les 101 hectares du Malahide Demesne, qui abrite Malahide Castle, forment le principal attrait de la ville. Les Talbot Botanic Gardens jouxtent le château, qui renferme par ailleurs le Fry Model Railway, musée du chemin de fer miniature.

Malahide Castle

Malgré les aléas de l'histoire irlandaise, la famille Talbot parvint à conserver **Malahide Castle** *(☎ 846 2184, Malahide ; adulte/étudiant/enfant/famille 5,10/3,80/2,50/14 €, 8,90/6,70/3,80/22,25 € avec le Fry Model Railway ; avr-oct lun-sam 10h-17h, dim et j fériés 11h-18h, nov-mars lun-ven 10h-17h, sam, dim et j fériés 14h-17h)* de 1185 à 1976, sauf pendant le gouvernement de Cromwell (1649-1660). Le château appartient désormais au Dublin County Council. Il se compose d'éléments construits ou rénovés à des époques différentes. La tour d'habitation de trois étages, qui date du XIIe siècle, représente la partie la plus ancienne.

Le **parc** du château *(gratuit ; avr-oct 10h-21h, nov-mar jusqu'à 17h)* se révèle idéal pour pique-niquer.

Fry Model Railway

Cette immense reconstitution en miniature d'un réseau ferré *(☎ 846 3779, Malahide Castle ; adulte/étudiant/enfant/famille 5,10/3,80/2,50/14 €, 8,90/6,70/3,80/22,25 € avec Malahide Castle ; avr-oct lun-sam 10h-13h/14h-17h, dim et j fériés 14h-18h, autres mois sam, dim et j fériés 14h-18h)* reproduit à l'identique la quasi-totalité du chemin de fer et des transports publics irlandais, y compris le DART et les ferries Irish Sea. Dans une autre pièce sont exposés des trains miniatures.

Comment s'y rendre

Depuis Dublin, le bus 42 (1,50 €), au départ de Talbot St, met environ 45 minutes pour atteindre Malahide, à 13 km au nord de la ville. Le DART y passe désormais également (1,70 €). Assurez-vous de monter dans le bon train (la destination est indiquée sur le devant de la rame), car la ligne se sépare en deux au niveau de Howth Junction.

Comté de Wicklow

Les paysages stupéfiants ne sont pas l'apanage de l'ouest du pays. À 16 km à peine au sud de Dublin, un automobiliste pourra conduire une bonne heure dans un décor sauvage et désolé sans rencontrer davantage qu'une poignée de maisons ou d'âmes. Les plus beaux sites du comté de Wicklow (Cill Mhantáin) s'étendent le long d'une ligne nord-sud traversant les montagnes, entre Glencree et Avoca. Dans ses collines de granit naît la Liffey, qui arrose Dublin. Glendalough possède des vestiges du début de l'ère chrétienne figurant parmi les mieux préservés du pays.

Dans le nord du comté de Wicklow, la gentry anglo-irlandaise s'était sentie suffisamment confortée par la proximité de Dublin pour édifier de magnifiques demeures telles que Russborough, près de Blessington, et Powerscourt, non loin d'Enniskerry. Les très jolis jardins du Powerscourt Estate (domaine de Powerscourt) constituent l'un des attraits du comté.

Wicklow est en effet renommé pour la beauté de ses parcs, et pendant le Wicklow Gardens Festival, en mai et juin, vous pourrez visiter nombre d'entre eux ordinairement fermés au public. Pour plus de détails, contactez le Wicklow County Tourism (☎ 0404-66058, www.wicklow.ie), St Manntan's House, Kilmantin Hill, Wicklow, ouvert en semaine de 9h à 17h.

Pour plus d'informations sur les promenades à pied et à bicyclette le long de la Wicklow Way, reportez-vous à *Randonnées* sous la rubrique *Activités sportives* dans le chapitre *Renseignements pratiques*.

Wicklow Mountains

En partant de Killakee, située à quelques kilomètres au nord de Glencree, et en suivant Military Rd vers le sud sur 30 km, vous traversez de vastes étendues de landes de bruyère, de tourbières et de montagnes parsemées de petits lacs.

À ne pas manquer

- Le charme ineffable de la Wicklow Way, l'un des chemins de randonnée les plus attrayants d'Irlande
- L'élégante Russborough House, près de Blessington, une des plus somptueuses résidences de l'État
- Le site de Glendalough, émaillé de vestiges du début de l'ère chrétienne comptant parmi les mieux préservés du pays
- Une nuit à Glendalough dans un *cillín*, ou ermitage, havre de paix dédié à la contemplation
- Les alentours d'Enniskerry, avec les merveilleux jardins et l'impressionnante cascade du Powerscourt Estate

Les Wicklow Mountains (monts Wicklow) forment une vaste intrusion de granit résultant d'une montée de roche ignée solidifiée voici quelque 400 millions d'années. L'échauffement intense des couches d'argile supérieures et des roches sédimentaires a pro-

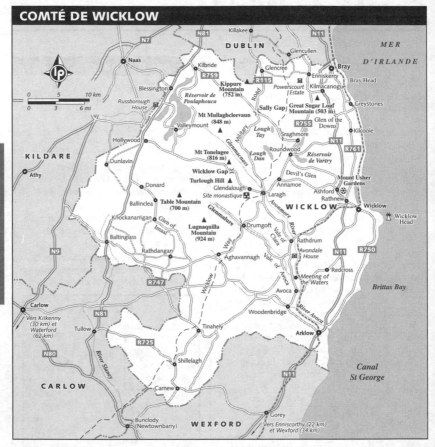

COMTÉ DE WICKLOW

duit le schiste lustré que l'on retrouve dans tout le comté. Ce schiste s'est érodé au cours des millénaires, laissant affleurer le granit, mais il en subsiste des traces, notamment au sommet de la Lugnaquilla Mountain.

L'étroite Military Road débute dans la banlieue sud de Dublin et serpente jusqu'aux régions les plus isolées du comté de Wicklow. Le meilleur endroit pour rejoindre cette route est Glencree par Enniskerry. Elle se dirige ensuite vers le sud et traverse le Sally Gap, Glenmacnass, Laragh, Glendalough, puis Glenmalure et Aghavannagh.

Les Britanniques établirent cette voie au début du XIXe siècle afin de parvenir jusqu'aux rebelles de Wicklow retranchés dans le sud du pays. Ce véritable chef-d'œuvre d'ingénierie traverse des paysages de tourbières et de montagnes arides sur 50 km.

Enniskerry constitue un bon point de départ. En vous dirigeant vers le sud, vous pouvez obliquer vers l'est au Sally Gap pour contempler le Lough Tay et le Lough Dan. Plus au sud, dépassant la grande chute d'eau de Glenmacnass (Glenmacnass Waterfall), vous arrivez à Laragh, à proximité des magnifiques ruines du monastère de Glendalough. Toujours vers le sud, après avoir traversé la vallée de Glenmalure, vous pourrez, avec un peu d'entraînement, escalader la Lugnaquilla Mountain, le sommet le plus élevé du Wicklow.

ENNISKERRY

☎ 01 • 1 275 habitants

Enniskerry, édifié au sud de Dublin sur la R117, doit son existence au domaine de Powerscourt. Le propriétaire a fait naître ce village élégant et pittoresque pour accompagner l'imposant manoir dressé juste au sud de la place. Il émane un charme tranquille des rangées de maisons disposées autour d'une aire gazonnée. Plusieurs cafés agréables forment un lieu idéal où se détendre au retour d'une excursion en montagne.

En montant vers l'ouest, vous traverserez de très agréables paysages jusqu'à Glencree et au hameau du même nom, situé à 10 km en amont de la vallée sur Military Road.

Enniskerry constitue une destination appréciée des Dublinois pour des excursions d'une journée. Pour l'instant, le village échappe au fléau du développement urbain. Ne manquez pas de découvrir les chutes d'eau et les jardins du domaine avoisinant.

Où se loger

Lacken House Hostel (☎ 286 4036, mailbox@anoige.ie, Knockree, Enniskerry ; lit 9,50 €). Cette auberge de jeunesse An Óige de 58 lits est aménagée dans une vieille ferme qui surplombe Glencree. Pour réserver, contactez l'office principal An Óige à Dublin (☎ 01-830 4555).

Cherbury (☎/fax 282 8679, Monastery, Enniskerry ; chambre 25,50 € par pers avec sdb). Cherbury domine la vallée à Monastery, à 1 km à l'ouest d'Enniskerry sur la route de Dublin.

Powerscourt Arms (☎ 282 8903, fax 286 4909, Main St ; simples/doubles 47/89 € avec sdb, petit déj inclus). Cet hôtel récemment rénové, situé juste en face de la place du village, dispose de 12 chambres confortables et joliment décorées.

Summerhill House Hotel (☎ 286 7928, fax 286 7929, res@summerhillhotel.iol.ie, près de la N11 ; à partir de 51 € par pers).

Ce fabuleux manoir est installé à 700 m au sud du village en retrait de la N11. Son élégance et son confort en font l'hébergement le plus agréable de l'endroit.

Où se restaurer

Buttercups (☎ 286 9669, Enniskerry ; encas à partir de 3,80 €). Ce petit traiteur, établi sur une hauteur après la poste, propose de succulents plats à emporter.

Poppies Country Cooking (☎ 282 8869, The Square ; déj env 11,50 €). Meilleure adresse d'Enniskerry, ce restaurant situé sur la place principale sert des déjeuners consistants (y compris des plats végétariens) et d'excellents gâteaux dans une ambiance rustique.

Johnnie Fox's (☎ 295 5647, Glencullen ; plateau de fruits de mer 38 €). Ce pub de Glencullen, à 3 km au nord-ouest d'Enniskerry, est renommé pour ses fruits de mer. Vous entendrez de la musique traditionnelle tous les soirs d'été dans ce lieu qui est devenu une étape touristique appréciée et qui cultive une certaine authenticité.

Comment s'y rendre

Enniskerry se situe juste à 3 km à l'ouest de la N11. Le bus n°44 de la compagnie Dublin Bus (☎ 872 0000, 873 4222) met à peu près 1 heure 15 pour rejoindre le village (1,65 €, toutes les 20 min) depuis Hawkins St, à Dublin. Vous pouvez aussi emprunter le train DART en direction de Bray (1,70 €) et prendre le bus n°185 (1,35 €, toutes les heures) depuis la gare, mais le voyage est plus long et plus onéreux.

POWERSCOURT ESTATE

Ce domaine doté de magnifiques jardins occupe une superficie de 64 km^2. Proche d'Enniskerry, il constitue l'une de ses principales attractions touristiques (☎ 01-204 6000, www.powerscourt.ie, Enniskerry ; maison et jardins adulte/étudiant/enfant 8/6,50/4 €€ maison 3,50/2,50/2 €, jardins 5,10/5,50/2,50 € ; fév-oct 9h30-17h30, nov-jan 9h30-16h30). L'entrée principale est à 500 m au sud de la place d'Enniskerry.

Powerscourt House, édifiée en 1743, fut imaginée par Richard Cassels (ou Castle), qui conçut également Leinster House à

Dublin et Russborough House près de Blessington. Malheureusement, un incendie désastreux l'a dévastée en 1974, peu avant son ouverture au public.

Les jardins, qui couvrent 20 hectares, furent créés au XIXe siècle. Vous pourrez admirer en perspective la splendide Great Sugar Loaf Mountain.

Une carte décrivant des circuits de 40 minutes et de 1 heure dans les jardins est fournie avec le ticket d'entrée. Ne manquez pas les Japanese Gardens (jardins japonais) ou la Pepperpot Tower.

Vous pourrez visiter le salon de thé, la pépinière et la boutique Avoca Handweavers, qui propose un bel éventail de vêtements irlandais.

Une promenade de 7 km vous mènera à la **Powerscourt Waterfall** (☎ *01-204 6000, Powerscourt Estate, Enniskerry ; adulte/étudiant/enfant 3,50/2,50/2 € ; 9h30-19h, jusqu'au crépuscule en hiver).* Avec un dénivelé de 130 m, ces chutes d'eau, les plus hautes de Grande-Bretagne et d'Irlande, sont très impressionnantes après une forte pluie. Vous pouvez aussi vous y rendre par la route en suivant les indications depuis le domaine.

Voyages organisés

Aran Tours *(☎ 01-280 1899, www.wildcoachtours.com ; adulte/enfant 19/16,50 € ; départ tlj à 13h30 retour à 18h)* propose un très bon circuit à Powerscourt. Les bus prennent des passagers à divers endroits dans Dublin. Renseignez-vous sur l'arrêt le plus proche lors de la réservation des billets.

Mary Gibbons Tours *(☎ 01-283 9973 ; 28 € ; départ jeu, sam et dim à 10h45 retour entre 17h et 17h30).* Des expéditions d'une journée à Powerscourt et Glendalough partent du Dublin Tourism Centre au 2 Suffolk St à Dublin (reportez-vous au chapitre *Dublin*).

Comment s'y rendre

Powerscourt House n'est éloignée que de 500 m du village, mais vous rendre aux chutes peut se révéler moins aisé. Alpine Coaches (☎ 01-286 2547) gère un service de navettes entre la gare des trains DART à Bray, les chutes et le manoir. Vous pourrez prendre votre temps pour tout visiter et il ne

vous en coûtera que 4,75 € (hors droits d'entrée). Les passages à la gare ont lieu à 11h05, 11h30, 12h30 et 13h30 tous les jours de juillet à août (à 11h05 et 12h20 seulement le reste de l'année). Le dernier bus part de Powerscourt House à 17h20 tous les jours.

SALLY GAP

Le Sally Gap est l'un des deux cols est-ouest traversant les Wicklow Mountains. À l'embranchement sur la R755 entre Roundwood et Kilmacanogue près de Bray, la route étroite (R759) passe au-dessus du Lough Tay, du Lough Dan et du Luggala Estate. Elle monte ensuite jusqu'au carrefour du Sally Gap, où elle croise la Military Rd pour se diriger au nord-ouest vers Kilbride et la N81, en suivant la jeune Liffey, qui n'est encore qu'un ruisseau. Au nord du carrefour du Sally Gap se dressent Kippure Mountain (752 m) et ses émetteurs de télévision. Les tourbières environnantes sont striées de lignes noires là où la tourbe a été découpée.

LOUGH TAY ET LOUGH DAN

Le Lough Tay ressemble à une pinte de Guinness renversée au fond d'une spectaculaire entaille dans les montagnes, à 5 km au sud-est du carrefour du Sally Gap. Le sable blanc qui entoure le lac, et que l'on ne trouve nulle part ailleurs, a été importé de Floride au début du XXe siècle. Le lac fait partie de Luggala, domaine privé de 2 830 hectares appartenant à Garech de Brun, membre de la famille Guinness et fondateur des Celtic Records. Luggala House, surplombée par de spectaculaires falaises, est située à l'extrémité nord du lac.

Le Luggala Estate (domaine de Luggala) s'étend sur pratiquement toute la vallée jusqu'au Lough Dan, qui se niche parmi des collines plus basses au sud. L'entière propriété, autrefois un paradis pour les randonneurs et les cyclistes, est aujourd'hui fermée au public.

La route vers le Sally Gap longe le haut de la vallée du côté est et croise la Wicklow Way, qui continue au sud après le Lough Dan. La promenade, longue d'environ 4 km sur une partie de la Wicklow Way depuis le point le plus élevé jusqu'au Lough Dan, est agréable. Le panorama depuis la vallée boisée sur les falaises et le Lough Tay mérite un détour.

ROUNDWOOD

☎ 01 • 440 habitants

À 238 m au-dessus du niveau de la mer, Roundwood se forge la réputation d'être la localité la plus haute d'Irlande. Construit le long de la route principale qui mène à Glendalough et au sud du comté de Wicklow, ce village-rue ne présente pas d'attrait particulier.

Le petit office du tourisme (☎ 281 6557) dans Main St ouvre parfois un peu au hasard, mais en général de 9h à 17h du lundi au vendredi, de juin à septembre.

Les pubs de Roundwood sont souvent pleins de randonneurs exténués les après-midi de fin de semaine. Le village comprend des magasins, une poste et un marché florissant qui se tient dans la petite halle de Main St le dimanche après-midi, de mars à décembre.

Au nord-ouest du village, vous admirerez des paysages parmi les plus beaux du comté, sur la route vers le Sally Gap, notamment un superbe panorama sur le Lough Tay et le Luggala Estate.

Où se loger

Roundwood Caravan & Camping Park (*☎/fax 281 8163, dicksonn@indigo.ie, Roundwood ; randonneurs et cyclistes avec tente 9,50 € par pers, 12 € pour deux pers*). Ouvert de Pâques à septembre, ce camping situé à 500 m du village est bien équipé.

Ballinacor House (*☎ 281 8168, Roundwood ; simples/doubles 23/41 €*). Élégant et confortable, cet établissement proche de la ville est recommandé par des lecteurs.

Tochar House (*☎ 281 8247, Main St ; lits 15,25 €, simples/doubles 25,40/50,80 €*), situé au milieu de Main St propose des chambres douillettes et une annexe séparée avec s.d.b., douche et possibilité de préparer thé ou café, où se randonneurs et les cyclistes peuvent se reposer pour la nuit.

Coach House Inn (*☎ 281 8157, fax 281 8449, thecoachhouse@eircom.net, Main St ; simples/doubles 32/64 € petit déj compris*). Cette élégante auberge érigée au cœur du village offre des chambres ordinaires mais confortables. La cuisine de bistrot servie au rez-de-chaussée est recommandée par des lecteurs.

Comment s'y rendre

Le bus de St Kevin's Bus Service (☎ 281 8119) traverse Roundwood (aller simple/retour 6,35/10,20 €, 1 heure 15) lors de ses deux trajets quotidiens entre Dublin et Glendalough. Pour plus de détails, reportez-vous à la rubrique *Comment s'y rendre* dans le chapitre *Glendalough*.

GLENMACNASS

La partie la plus solitaire de Military Rd traverse des tourbières entre le carrefour du Sally Gap et Laragh. En chemin, vous apercevrez peut-être le Lough Dan à l'est.

La plus haute montagne à l'ouest est le Mt Mullaghcleevaun (848 m). La rivière Glenmacnass coule vers le sud et culbute au bord du plateau montagneux en une grande cascade écumante. Vous pourrez vous garer sur le parking près du sommet de la chute. Marchez avec précaution sur les rochers près de la **Glenmacnass Waterfall**, car il est arrivé que des visiteurs fassent des chutes mortelles. Vous pourrez effectuer de belles promenades sur le Mt Mullaghcleevaun ou dans les collines à l'est du parking.

WICKLOW GAP

Entre le Mt Tonelagee (816 m) au nord et Table Mountain (700 m) au sud-ouest, le Wicklow Gap est le deuxième col principal de ces montagnes. La partie est de la route commence juste au nord de Glendalough et grimpe au milieu de superbes paysages vers le nord-ouest, le long de la Glendassan Valley.

Un lac a été créé au sommet et un tunnel percé à travers la colline jusqu'à l'autre lac. L'eau est pompée jusqu'au réservoir supérieur lorsque la demande en électricité est faible et renvoyée par des turbines dans le tunnel lorsqu'elle est forte. Il est possible de marcher jusqu'au sommet de la colline pour contempler le lac supérieur.

GLENDALOUGH

☎ 0404

Glendalough (Gleann dá Loch, "vallon des deux lacs") est un endroit magique. Une communauté monastique y était autrefois implantée entre les eaux sombres de deux lacs flanqués par les versants abrupts d'une

COMTÉ DE WICKLOW

vallée profonde. Ce lieu, réputé pour des paysages comptant parmi les plus pittoresques d'Irlande, abritait jadis l'un des sites religieux les plus importants du pays.

Situé à une heure à peine de Dublin, Glendalough est très apprécié. Visitez la vallée de préférence tôt le matin, tard l'après-midi ou hors saison, afin d'éviter les foules venues en car et les excursions scolaires animées.

Histoire

Glendalough doit sa célébrité passée et présente à saint Kevin, évêque qui y fonda un monastère au VIe siècle. Son ermitage fruste, situé sur la rive sud du lac supérieur, accessible uniquement en bateau, fit rapidement des adeptes. Avec le temps, il devint une cité monastique abritant des milliers d'étudiants et de professeurs.

Les parties principales du monastère se trouvaient sans doute à quelques centaines de mètres à l'ouest de la tour ronde et devaient couvrir une surface considérable. Les bâtiments qui s'offrent à nos yeux furent érigés pour la plupart entre les Xe et XIIe siècles. Malgré son relatif isolement, Glendalough n'a pas échappé aux Vikings qui pillèrent le monastère à quatre reprises au moins entre 775 et 1071. Le coup de grâce lui fut infligé en 1398, quand l'armée anglaise venue de Dublin le détruisit presque entièrement. Des tentatives de reconstruction eurent lieu, et le monastère resta habité jusqu'au XVIIe siècle, où il finit par s'éteindre après une ultime répression.

Géographie

La vallée de Glendalough fut creusée par une série de glaciers dont le dernier se retira il y a environ 12 000 ans. Il y avait autrefois un seul lac, long et profond, qui fut divisé en deux par le delta de la River Poulanass venue des versants sud. Les montagnes alentour sont majoritairement formées de granit et de schiste âgés de 400 millions d'années, restes de sédiments plus anciens transformés par la montée de la roche ignée.

Orientation et renseignements

À l'entrée de la vallée, juste avant le Glendalough Hotel, est installé un centre d'accueil, le **Glendalough Visitor Centre** (☎ 45325,

45352 ; adulte/senior/étudiant et enfant 2,50/1,90/1,25 € ; juin-août 9h-17h15, sept-mi-oct/mi-mars-mai 9h30-17h15, mi-oct-mi-mars 9h30-16h15), qui diffuse une excellente présentation audiovisuelle de 20 minutes sur les monastères irlandais.

Au lac supérieur, un petit bureau de renseignements (☎ 45425) vous fournira le détail des activités du Wicklow Mountains National Park (parc national des monts Wicklow). Il est ouvert tous les jours de 10h à 18h de mai à août, et le week-end uniquement, aux mêmes horaires, le reste de l'année. La plupart du temps quelqu'un pourra vous aider, mais il se peut que le bureau soit fermé si le personnel est parti guider des excursionnistes. La brochure en anglais *Exploring the Glendalough Valley* (Dúchas, 1,30 €) offre une bonne description des itinéraires de randonnée.

Il est important de bien se repérer à Glendalough car les vestiges et les sites intéressants sont disséminés dans toute la vallée. En venant de Laragh, vous rencontrerez le centre d'accueil, puis le Glendalough Hotel, situé à côté de l'entrée du principal groupement de ruines et de la tour ronde. À l'ouest s'étend le sombre lac inférieur, tandis que plus à l'ouest, en remontant la vallée, s'étire le lac supérieur, bien plus grand et plus impressionnant. Vous trouverez là un parking (voitures/motos 1,90/0,65 €), mais aussi d'autres ruines à proximité. Ne manquez surtout pas la promenade autour du lac supérieur.

Le lac supérieur (Upper Lake)

Le lieu original de l'installation de saint Kevin, **Teampall na Skellig**, au pied des falaises qui dominent le sud du lac supérieur, n'est accessible qu'en bateau. Malheureusement, il n'existe pas de desserte de ce site et vous devrez vous contenter de l'observer de la rive opposée. Sur le rebord en terrasse, vous pourrez contempler les ruines reconstruites d'une église et un ancien cimetière. De grossières huttes en clayonnage se dressaient autrefois sur le terrain surélevé attenant. Ici et là, gisent quelques vieilles dalles funéraires et de simples croix de pierre.

Un peu plus à l'est, à 10 m au-dessus des eaux du lac, se cache une petite grotte de 2 m de profondeur appelée **St Kevin's Bed**, où le saint aurait vécu. Les premiers indices d'une présence humaine sont très antérieurs à l'époque de saint Kevin. Elle aurait pu servir de chambre funéraire pour un chef de l'âge du bronze, ou même de mine préhistorique. En effet, il est certain que la vallée était habitée plusieurs milliers d'années avant l'arrivée des moines. Dans la zone verdoyante au sud du parking, se dresse un grand mur circulaire, sans doute vestige d'un *caher*, ou fort de pierre du début de l'époque chrétienne.

Suivez le chemin longeant le lac au sud-ouest du parking jusqu'aux abondants végétiges de la **Reefert Church**, perchée au-dessus de la minuscule River Poulanass, petit édifice roman assez sobre datant du XIe siècle, dont certains arcs et murs ont été remontés. Reefert était traditionnellement le lieu de sépulture des chefs de la famille locale O'Toole.

Gravissez les marches derrière le cimetière et suivez à l'ouest le sentier menant jusqu'au sommet d'une éminence surplombant le lac, où subsistent quelques restes de **St Kevin's Cell**, une petite hutte au toit en forme de dôme.

Le lac inférieur (Lower Lake)
Si le lac supérieur offre le meilleur panorama, les monuments les plus intéressants se situent dans la partie basse de la vallée, à l'est du lac inférieur.

Au détour du chemin après le Glendalough Hotel se dresse l'arche de pierre de la **loge du monastère**, seul exemple subsistant d'une entrée de monastère en Irlande. L'intérieur abrite une grande dalle gravée d'une croix.

Le visiteur arrive ensuite dans un **cimetière** encore utilisé. La **tour ronde** du Xe siècle mesure 33 m de haut et 16 m de circonférence à la base. Les étages supérieurs et le toit conique ont été reconstruits en 1876. Près de la tour, au sud-est, s'élève la **Cathedral of St Peter and St Paul**, dont la nef remonte au Xe siècle.

Au centre du cimetière et au sud de la tour ronde, la **Priest's House**, étrange édifice datant de 1170 mais largement restauré, abrita peut-être les reliques de saint Kevin. Plus tard, au temps des lois pénales, il devint un lieu de

sépulture pour les prêtres locaux, d'où son nom. Datant du Xe siècle, la **St Mary's Church**, à 140 m au sud-ouest de la tour ronde, était probablement située à l'extérieur des murs du monastère et appartenait à des nonnes. Sa porte ouest est très jolie. Un peu plus à l'est subsistent quelques ruines de la **St Kieran's Church**, la plus petite de Glendalough.

L'emblème de Glendalough, la **St Kevin's Church**, à l'extrémité sud de la clôture, avec son beffroi qui ressemble à une tour ronde miniature, sa sacristie en saillie et son toit raide en pierre, est un véritable chef d'œuvre. Si les parties les plus anciennes datent du XIe siècle, sa structure fut modifiée, mais elle demeure un exemple de l'architecture religieuse classique.

La route vers l'est mène à la **St Saviour's Church**, aux minutieuses sculptures romanes. À l'ouest, un agréable chemin forestier conduit au lac supérieur en passant devant le lac inférieur.

Balades
Plusieurs parcours agréables partent de Glendalough. Le plus aisé et le plus apprécié est une marche pleine de charme d'une demi-heure le long de la rive nord du lac supérieur jusqu'aux mines de plomb et de zinc datant de 1800. Le meilleur itinéraire consiste à longer le rivage du lac, plutôt que d'emprunter la route qui part à 30 m de la rive. Vous pouvez prolonger la promenade en amont jusqu'au bout de la vallée.

Un autre itinéraire consiste à escalader **Spink Mountain**, l'arête escarpée aux falaises verticales au sud du lac supérieur. Vous pouvez soit effectuer une partie du trajet puis revenir sur vos pas, soit marcher tout autour du lac supérieur en suivant le sommet de la falaise, descendre par les mines et revenir par la rive nord. La promenade dure environ trois heures.

La troisième possibilité est une randonnée sur **Camaderry Mountain** (700 m), derrière les collines qui flanquent le côté nord de la vallée. Elle part de la route à 50 m du parking du lac supérieur, en direction de Glendalough. Gravissant la colline escarpée vers le nord, vous déboucherez sur des montagnes et profiterez d'une vue panora-

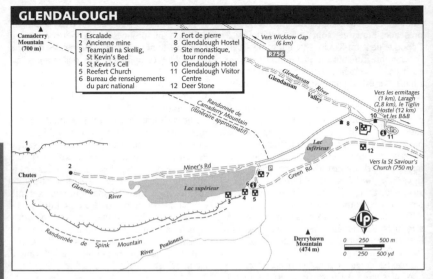

GLENDALOUGH

1 Escalade
2 Ancienne mine
3 Teampall na Skellig, St Kevin's Bed
4 St Kevin's Cell
5 Reefert Church
6 Bureau de renseignements du parc national
7 Fort de pierre
8 Glendalough Hostel
9 Site monastique, tour ronde
10 Glendalough Hotel
11 Glendalough Visitor Centre
12 Deer Stone

mique. Vous pouvez ensuite poursuivre l'ascension de Camaderry Mountain vers le nord-ouest ou simplement suivre l'arête ouest qui surplombe le lac supérieur. Comptez environ quatre heures pour atteindre le sommet et revenir.

Si vous envisagez d'effectuer une randonnée, assurez-vous d'avoir pris toutes les précautions nécessaires, de disposer d'un équipement adéquat et avertissez quelqu'un de votre itinéraire et de votre horaire de retour. Pour le sauvetage en montagne, composez le ☎ 999. Pour plus d'informations (en anglais) sur les possibilités de randonnées et de balades, consultez *Hill Walker's Wicklow*, *New Irish Walk Guides: East* et *New Irish Walk Guides: South East*, de David Herman. Pour trouver des partenaires, prospectez dans les hôtels ou inscrivez-vous pour une promenade organisée auprès de l'office de renseignements du parc national (☎ 45425) ou du Tiglin Adventure Centre (☎ 40169) près d'Ashford.

Autres activités

À l'extrémité ouest de la vallée, au-delà du lac supérieur et des mines, quelques roches escarpées font la joie des amateurs d'escalade. Le Mountaineering Council of Ireland publie un guide des voies d'escalade que vous pouvez vous procurer auprès de Joss Lynam (☎ 01-288 4672). Le **Laragh Trekking Centre** (voyez plus loin *Où se loger*) organise des excursions équestres.

Circuits organisés

Bus Éireann (☎ *01-836 6111, www.buseireann.ie ; avr-oct adulte/enfant 26/13 €, nov-mars 20,50/10,50 € ; avr-oct départ tlj à 10h30 retour à 17h45, nov-mars départ mer, ven et dim à 10h30 retour à 16h30)* organise des visites de Glendalough.

Aran Tours (☎ *01-280 1899, www.wildcoachtours.com ; adulte/étudiant et enfant 28/25,50 € ; départ tlj à 9h30 et retour à 17h30)*. Le meilleur circuit est le Wild Wicklow Tour, qui comprend également une rapide découverte de la ville de Dublin ainsi qu'une visite d'Avoca et du Sally Gap. Le bus s'arrête à plusieurs endroits dans Dublin. Vérifiez lequel se situe le plus près de vous à la réservation.

Guide Friday/Gray Line (☎ *01-670 8822, www.hoponhopoff.com)* propose les prestations suivantes : expédition d'une demi-journée à Glendalough (20,50 €), départ à 10h et retour à 14h, le samedi de mai à sep-

tembre ; excursion d'une journée à Glendalough, Powerscourt et Russborough House
(36 €), départ à 10h30 et retour à 17h30, le
dimanche de mai à septembre. Les réservations se font auprès du Dublin Tourism
Centre (☎ 01-605 7700), 2 Suffolk St, point
de départ de tous les circuits.

Où se loger

Auberges de jeunesse. Plusieurs d'entre
elles sont installées dans les environs.

Glendalough Hostel *(☎ 45342, fax
45690, glendaloughyh@ireland.com, The
Lodge , lit 15,50 €).* Cette auberge An Óige
rénovée récemment se trouve près de la tour
ronde, au milieu de la zone boisée glaciaire
de la vallée de Glendalough.

Tiglin Hostel *(☎/fax 49019, tiglinyouth
hostel@go.com, Devil's Glen State Forest,
Tiglin, Ashford ; lit 9,50 €).* Cette auberge
An Óige, située à environ 10 km au nord-est
de Laragh, après Annamoe, dispose de 50
lits. C'est la première érigée dans une forêt
appartenant à l'État. Bâtie en 1870, cette
ancienne ferme fut fréquentée par le dramaturge J.M. Synge. Appelez avant 9h ou après
17h pour réserver. Sinon, téléphonez au
bureau An Óige (☎ 01-830 1766) à Dublin.

Ermitages. Loger dans un ermitage constitue une façon unique de savourer l'ambiance de Glendalough.

Glendalough Cillins *(☎ 45140, 45777
pour réserver, St Kevin's Parish Church,
Glendalough ; hutte 32 €).* Ces ermitages
connus sous le nom de *cillins* ont été ouverts
en 2001 dans le but d'offrir aux voyageurs
l'occasion de vivre une expérience de solitude contemplative au milieu des ruines
monastiques. Les cinq cillíns sont conçus
pour fournir un hébergement individuel et
sont équipés d'un lit, d'une s.d.b., d'un petit
coin cuisine et d'une cheminée complétée par
un radiateur. Les téléphones et les ordinateurs
portables, les téléviseurs et autres distractions
électroniques ne sont pas franchement interdits, mais il n'y a pas d'électricité.

Les ermitages sont situés dans un champ
près de la St Kevin's Parish Church, à environ 1 km à l'est de Glendalough sur la R756
vers Laragh.

B&B et hôtels. La plupart des B&B sont
regroupés dans ou autour de Laragh, village
situé à 3 km à l'est de Glendalough, ou bien
encore entre les deux. Un bon hôtel est installé à Glendalough même.

Valeview *(☎/fax 45292, lisa.mc@ocean-
free.net, Laragh ; chambre à partir de 24,50 €
par pers).* Un peu plus loin vers Glendalough,
en face de Trinity Church, Valeview propose
des chambres bien tenues et une superbe vue de
la vallée. En plus du petit déjeuner traditionnel,
vous pourrez déguster des yaourts et des fruits.

Le **Carmel's** *(☎/fax 45297, carmels-
bundb@elrcom.net, Annamoe ; chambre
avec sdb 25,40 € par pers)* est ouvert de
mars à octobre. Il est situé à Annamoe, à
5 km au nord-est de Glendalough, sur la
route principale qui mène à Roundwood. De
vastes lits confortables et des panoramas
superbes composent tout son charme.

Glendalough Hotel *(☎ 45135, fax 45142,
info@glendaloughhotel.ie, Glendalough ;
simples/doubles avec petit déj 95,30/
152,50 €).* Non loin des ruines du monastère, cet hôtel de 44 chambres allie confort
et luxe, ce qui se répercute sur les tarifs.

Où se restaurer

Glendalough ne compte que très peu d'endroits où se restaurer.

Glendalough Hotel *(☎ 45135, Glendalough ; déj 15,20 €).* L'hôtel dispose d'un
très grand restaurant qui sert un déjeuner
délicieux. Vous pouvez commander un
menu plus limité au bar, ou un thé accompagné d'un scone pour 2,30 €.

Sur le parking du lac supérieur se tient un
snack. Si vous désirez autre chose, il faudra
vous rendre à Laragh.

Wicklow Heather Restaurant *(☎ 45157,
Main St, Laragh, plats autour de 8,50 €).*
Ouverte entre 17h et 20h30, cette enseigne
offre la meilleure adresse pour un repas
copieux. La truite, élevée dans la région, est
succulente. En été, les villageois dressent
des tréteaux et servent du thé et des scones
sur le pré communal.

Comment s'y rendre

Le bus de St Kevin's Bus Service (☎ 01-281
8119) part pour Glendalough du Royal Col-

COMTÉ DE WICKLOW

Le Wicklow Mountains National Park

La région de Glendalough est en majeure partie constituée de deux réserves naturelles, gérées en propre par l'organisme gouvernemental Dúchas et protégées par le *Wildlife Act*. La plus vaste, située à l'ouest du Glendalough Visitor Centre, embrasse la longue étendue de lande et les tourbières de la vallée de Glendalough, ainsi que ses deux versants et le lac supérieur. La seconde, Glendalough Wood Nature Reserve, déploie ses forêts de chênes vers l'est depuis le lac supérieur jusqu'à la route de Rathdrum.

Ces terres forment avec d'autres appartenant à l'État le cœur du Wicklow Mountain National Park (parc national des monts Wicklow), qui s'étend sur 20 000 hectares. La tourbière Liffey Head Bog, au nord-est du Sally Gap, a récemment été réunie au parc. Celui-ci devrait encore s'agrandir pour couvrir finalement 30 000 hectares et englober presque toute l'étendue des hautes terres bordant les Wicklow Mountains.

Des spécimens de la plupart des espèces mammifères natives vivent à l'intérieur du parc. De grandes hardes de cerfs évoluent à découvert. Ces ruminants ont été réintroduits au cours du XXe siècle car la population originelle avait disparu depuis le XVIIIe siècle. Les hautes terres sont le refuge des renards, des blaireaux et des lièvres. Les écureuils se cachent en général dans les pinèdes. Vous en verrez peut-être autour du lac supérieur.

Le parc abrite de nombreuses espèces d'oiseaux. Les rapaces abondent, les plus communs étant le faucon pèlerin, l'émerillon, la crécerelle, le faucon et l'épervier. Le busard Saint-Martin est plus rare. La farlouse et l'alouette des champs peuplent les landes de la région. Le tarier des prés, le merle à plastron et le cincle apparaissent parfois, tout comme le lagopède d'Écosse qui se raréfie dans le reste de l'Irlande.

lege of Surgeons, St Stephen's Green West, Dublin, à 11h30 et 18h du lundi au samedi, ou 11h30 et 19h le dimanche, toute l'année (aller simple/retour 5,10/14 €, 1 heure 30). Depuis Glendalough, le bus pour Dublin passe à 7h15 et 16h15 du lundi au vendredi, 9h45 et 16h15 le samedi et le dimanche.

L'ouest du Wicklow

Les versants ouest des Wicklow Mountains présentent des reliefs moins spectaculaires que ceux de l'est car la glaciation n'y fut pas aussi intense. Du carrefour du Sally Gap à Kilbride, cependant, le cours supérieur de la Liffey et quelques paysages sauvages vous enchanteront. Un autre joli trajet consiste à franchir le Wicklow Gap en partant de Glendalough.

Les sites intéressants à l'ouest du comté de Wicklow sont le réservoir de Poulaphouca (également connu sous le nom de Blessington Lakes), près de Russborough House et, plus au sud, le Glen of Imaal.

BLESSINGTON

☎ 045 • 1 860 habitants

Blessington est située à 35 km au sud-ouest de Dublin sur la N81. Sa grand-rue est bordée de solides maisons datant des XVIIe et XVIIIe siècles. Cette ville ne présente aucun attrait particulier, mais constitue un point de départ idéal pour explorer les alentours.

Renseignements

L'office du tourisme (☎ 865850) est installé dans le Blessington Business Centre, en face du Downshire House Hotel. Ses horaires d'ouverture sont normalement de 10h à 18h du lundi au samedi, de juin à août, mais, en réalité, tout dépend de la disponibilité du personnel.

Où se loger et se restaurer

Baltyboys Hostel (☎ *867266, fax 867032, mailbox@anoige.ie, Baltyboys, Blessington ; lit 8,90 €*). Ouverte de mars à novembre, cette auberge An Óige est établie sur la péninsule en face de Russborough House à 5 km de Blessington.

Empruntez la route vers le sud en direction de Poulaphouca, puis vers l'est à Burgage Cross vers Valleymount. Le Dublin Bus n°65 marque un arrêt en face de l'auberge.

Haylands House (☎ *865183, hayland-shouse@eircom.net, Dublin Rd ; simples/doubles 30,50/51 €*). Ce confortable B&B n'est qu'à 500 m de la ville sur la route principale menant à Dublin.

Downshire House Hotel (☎ *865199, fax 865335, info@downshirehouse.com, Main St ; chambres à partir de 63,50 € par pers, petit déj compris)*. Cet hôtel géré par une famille, l'une des meilleures adresses de la ville, propose 25 chambres bien tenues, à l'ameublement simple mais plaisant.

Rathsallagh House (☎ *403112, fax 403343, info@rathsallagh.com, Dunlavin ; simples/doubles 108/140 €, petit déj et dîner inclus)*. Bien plus qu'un hôtel, ce manoir luxueux offre des mets parmi les plus délicieux d'Irlande. Vous le trouverez à 20 km au sud de Blessington.

Old Schoolhouse (☎ *891420, Main St ; plats 6,30-10 €*). Ce nouveau restaurant italien vous comblera avec ses pizzas, ses pâtes et ses grillades.

Comment s'y rendre

Blessington est desservie quotidiennement par le Dublin Bus (☎ 01-872 0000, 873 4222) n°65 qui part d'Eden Quay à Dublin (3 €, 1 heure 30, toutes les 1 heure 30). L'express de Bus Éireann (☎ 01-836 6111) n°005 qui dessert Waterford s'arrête à Blessington deux ou trois fois par jour. Quand il vient de Dublin, il ne fait que prendre des passagers. Venant de Waterford, il en dépose uniquement.

RUSSBOROUGH HOUSE

À 5 kilomètres au sud-ouest de Blessington se dresse l'un des plus beaux châteaux d'Irlande, édifié pour Joseph Leeson (1705-1783), devenu premier comte de Milltown, puis Lord Russborough.

Bâtie entre 1741 et 1751, Russborough House est une magnifique demeure palladienne (☎ *045-865239, Blessington ; adulte/étudiant/enfant 5/4/2,50 € ; mai-sept 10h30-17h30, avr et oct dim et jours fériés 10h30-17h30)*, conçue par Richard Cassels au faîte de sa gloire et de son talent (mais qui mourut avant la fin des travaux), avec l'aide d'un autre architecte irlandais, Francis Bindon.

Le bâtiment central, de granit gris, est flanqué de deux élégantes ailes reliées au bloc central par des colonnades à voussures. Dans le hall d'entrée, admirez le plancher de chêne et le plafond à compartiments dont la frise dorique ressemble à celle que Cassels avait imaginée pour Leinster House. L'exceptionnelle cheminée de marbre noir de Kilkenny porte également l'empreinte de Cassels. Cinq portes aux encadrements finement sculptés mènent aux impressionnants salons de réception.

La maison demeura entre les mains de la famille Leeson jusqu'en 1931. En 1952, elle fut vendue à Sir Alfred Beit, neveu d'un autre Sir Alfred Beit (cofondateur de la compagnie d'extraction de diamants de Beers). L'aîné des Beit investit des sommes immenses afin de rassembler une collection impressionnante d'œuvres d'art, revenue à son neveu à sa mort. Ce dernier les entreposa à Russborough House. Cette collection, qui comprenait des tableaux de Velázquez, Vermeer, Goya et Rubens, connut quelques déboires.

En 1974, une Anglaise, Rose Dugdale, déroba 16 tableaux pour contribuer au financement de l'IRA, mais ceux-ci furent rapidement retrouvés. En 1976, la demeure fut transformée en centre d'art, mais même les mesures de sécurité renforcées ne suffirent pas à décourager les voleurs. En 1986, le célèbre gangster dublinois Martin Cahill, appelé le Général, réussit à pénétrer dans la propriété et à subtiliser plusieurs tableaux. Cette fois, les autorités ne purent récupérer qu'une partie du butin, et certaines toiles avaient été détériorées. Une poignée de tableaux furent retrouvés aux Pays-Bas il y a quelques années, mais d'autres manquent encore.

Beit alors décida de remettre les tableaux ayant le plus de valeur à la National Gallery en 1988. En retour, celle-ci lui prête des tableaux pour des expositions temporaires. Mais l'histoire ne s'arrête pas là. En juin 2001, deux voleurs ont défoncé les portes d'entrée en Jeep et emporté deux tableaux d'une valeur approchant les 4 millions d'euros, dont un Gainsborough qui avait déjà été volé et retrouvé par deux fois.

Le prix du billet d'entrée comprend une visite de 45 minutes de la demeure et des principaux tableaux. Moyennant un supplément de 3,20 € (gratuit pour les enfants), vous pourrez effectuer une visite de 30 minutes des chambres situées à l'étage, et admirer davantage de meubles et d'orfèvrerie. L'entrée n'a lieu qu'à 14h15 du lundi au samedi, mais plus souvent le dimanche.

La seule visite guidée de la résidence, proposée par Guide Friday/Gray Line (☎ 01-670 8822), inclut une visite à Glendalough et au Powerscourt Estate. Le bus part à 10h30 de l'office du tourisme de Dublin, 2 Suffolk St, et revient à 17h30, le dimanche uniquement, de juin à septembre (36 €).

GLEN OF IMAAL

Situé à 7 km au sud-est de Donard, le superbe Glen of Imaal est à peu près le seul paysage des versants ouest des Wicklow Mountains qui mérite un détour. Il tient son nom de Mal, le frère d'un roi irlandais du IIe siècle, Cathal Mór. Les versants nord-est du vallon sont pour la plupart interdits au public, car l'armée y effectue des manœuvres et des exercices de tir. Soyez attentifs aux panneaux rouges indiquant un danger.

Ballinclea Hostel (*☎/fax 045-404657, mailbox@anoige.ie, Ballinclea ; lit 9,50 €, de mars à nov*). Situé à 5 km au sud-est de Donard sur la route de Knockanarrigan, cet établissement dispose de 40 lits.

La côte

La N11 entre Dublin et Wexford passe à l'ouest de Bray, puis traverse Wicklow vers le sud. Au sud de Kilmacanogue, vous apercevrez la Great Sugar Loaf Mountain (503 m) à l'ouest, puis passerez à travers un fossé d'effondrement, le **Glen of the Downs**, creusé par les eaux de crue d'un lac de l'ère glaciaire. Une promenade agréable dans la forêt mène aux ruines d'un salon de thé, en haut de la colline à l'est.

Si vous voyagez plus au sud, il est préférable d'emprunter la route côtière qui traverse

Greystone et Kilcoole, puis de prendre les petites routes de campagne jusqu'à Rathnew.

Autour de la ville de Wicklow, les Mt Usher Gardens près d'Ashford et les jolies plages de la Brittas Bay, qui s'étirent jusqu'au comté de Wexford, méritent un détour.

BRAY
☎ 01 • 25 252 habitants

Bray est aujourd'hui une ville-dortoir sans charme sur la côte, à 19 km au sud de Dublin. En 1854, l'arrivée du chemin de fer l'a transformée en Brighton irlandaise, station balnéaire pleine d'animation avec sa longue promenade en bordure de littoral, ses hôtels et ses pensions aménagés à l'ombre de Bray Head au sud. James Joyce y vécut de 1889 à 1891. De nos jours, le front de mer, qui portait en germe les espoirs de la cité, est bordé par des hôtels bas de gamme, des échoppes de restauration rapide, des salles de jeux et d'immenses parkings pour les voyageurs qui empruntent le DART. Bray se révèle ainsi peu attirante.

Renseignements

L'office du tourisme (☎ 286 7128, 286 6796), installé dans les murs du palais de justice du XIXe siècle, près du Royal Hotel en bas de Main St, ouvre de 9h30 à 17h (16h30 d'octobre à mai) du lundi au samedi, toute l'année. Vous pourrez y obtenir des renseignements sur les excursions d'une journée ou d'une demi-journée de Finnegan Bray's (☎ 286 0061) à Glendalough, Dublin et Avoca, village servant de décor à la série télévisée *Ballykissangel*.

L'excellente librairie Dubray Books (☎ 286 9370), Main St, diffuse des guides de randonnée (en anglais) et des cartes.

À voir et à faire

Installé dans l'office du tourisme, l'**Heritage Centre**, constitue l'attraction principale de la ville (*☎ 286 7128, Old Courthouse; adulte/étudiant 2,50/1,25 € ; juin-août lun-ven 9h-17h, sam 10h-15h, sept-mai lun-ven 9h30-16h30, sam 10h-15h*). L'exposition permanente sur deux étages intitulée "From Strongbow to Steam" couvre environ mille ans d'histoire de Bray, depuis la construction du premier château en 1173 jusqu'à l'ère post-industrielle.

Tout comme Sandycove, Bray a une **tour Martello** (fermée au public), aujourd'hui une résidence privée dont le propriétaire n'est autre que le chanteur de U2, Bono. De Bray Head, on peut contempler de jolies vues vers le sud vers la Great Sugar Loaf Mountain, un pic qui se détache des monts Wicklow. Ne manquez pas la jolie **promenade (8 km) sur les falaises** autour de Bray Head jusqu'à l'agréable station balnéaire de Greystones au sud. Bray Head abrite nombre de vieilles grottes ayant servi à la contrebande et de tunnels ferroviaires, dont un de 1,5 km de long, car le comte local s'opposa à ce que le tracé du chemin de fer traverse ses terres.

Le front de mer accueille le **National Sealife** (☎ 286 6939, www.sealife.com, Strand Rd ; adulte/enfant 7/5 € ; lun-sam 9h30-18h). L'ancien National Aquarium, repris par une société britannique voici quelques années, est devenu un lieu bien plus agréable, avec un nombre appréciable d'aquariums peuplés de 70 espèces de poissons de mer et d'eau douce.

À environ 3 km au sud de Bray sur la route de Greystones se trouve la propriété **Kilruddery House & Gardens** (☎ 286 3405, Kilruddery ; adulte/enfant maison et jardins 6/4 €, jardins 4/2 € ; mai, juin et sept 13h-17h). Kilruddery est la demeure de la famille Brabazon (comtes de Meath) depuis 1618 et possède l'un des plus vieux jardins d'Irlande. Conçue dans le style élisabéthain par Richard Morrisson et son fils William en 1820, la maison fut ramenée à ses proportions actuelles par le 14e comte en 1953. Elle est assez impressionnante, mais c'est surtout l'orangerie qui captive le regard, car elle est remplie de lumière, de sculptures et d'une flore luxuriante.

Où se loger

Si Dublin affiche complet, en particulier les week-ends d'été, de nombreux B&B bordent Strand Rd à Bray, en face de la mer. Cette rue n'est qu'à quelques minutes de la gare DART. Les établissements situés le plus au nord surplombant souvent les parkings, vous aurez avantage à chercher un peu plus au sud vers Bray Head.

Moytura (☎ 282 9827, braybandb@eircom.net, Herbert Rd, au croisement de King Edward Rd ; simples/doubles 32/50 €). Une maison très agréable disposant de trois chambres avec s.d.b.

Crofton Bray Head Inn (☎/fax 286 7182, Strand Rd ; chambre à partir de 30,50 € par pers, petit déj compris). Cet hôtel est installé dans un bâtiment édifié voici 130 ans juste sur le front de mer, au pied de Bray Head.

Royal Hotel (☎ 286 2935, fax 286 7373, Main St ; simple/double 57/89 €). Dans cet établissement moderne, vous pourrez profiter d'un centre de loisirs avec piscine, sauna et autres activités aquatiques.

The Westbourne (☎ 286 2362, fax 286 8530, Quinsboro Rd ; chambre à partir de 38 € par pers). Cet hôtel de taille plus modeste est perché au-dessus du bar Dusty Miller. En bas, la boîte de nuit Tube ouvre à partir de 23h du jeudi au dimanche.

Où se restaurer

The Tree of Idleness (☎ 286 3498, The Seafront ; plat à partir de 13 €). Ce restaurant du bord de mer, qui propose une nourriture grecque et chypriote délicieuse, vaut à lui seul le voyage depuis Dublin. Le cochon de lait fourré aux pommes et à l'abricot constitue l'un des mets les plus appréciés.

The Porter House (☎ 286 0668, Strand Rd). Ce pub se vante de posséder la plus grande collection de bières au monde.

Comment s'y rendre

Bus. Le Dublin Bus n°45 (départ de Hawkins St) ou n°84 (départ de Burgh Quay) dessert Bray (aller simple 1,50 €, 1 heure). Les bus de la compagnie St Kevin's Bus Service (☎ 281 8119) rallient Dublin tous les jours (départ en face de la mairie) à 8h et 17h (aller simple 1,65 €, 1 heure). Depuis Dublin, les bus partent à 11h30 et 18h en face du Royal College of Surgeons, St Stephen's Green West.

Train. La gare de Bray (☎ 236 3333) est située à 500 m à l'est de Main St, juste avant le front de mer. Des trains DART vous transporteront jusqu'à Dublin et plus au nord vers Howth toutes les 5 minutes aux heures de pointe et toutes les 20 ou 30 minutes le reste du temps (1,50 €, 30 minutes).

Cette gare se trouve également sur la ligne principale de Dublin à Wexford et Rosslare Harbour. Jusqu'à cinq trains effectuent ce trajet chaque jour dans les deux sens du lundi au samedi (seulement quatre le dimanche).

Comment circuler

Au Bray Sports Centre (☎ 286 3046), 8 Main St, vous pourrez louer des bicyclettes auprès de Raleigh Rent-a-Bike (15,50 € la journée).

KILMACANOGUE

Le plus grand et le meilleur magasin d'artisanat est l'**Avoca Handweavers** *(☎ 01-286 7466, Main St ; tlj 9h30-17h30)*. Situé dans un arboretum du XIXe siècle à Kilmacanogue, à 4 km au sud de Bray sur la N11, il propose un vaste choix d'objets et de vêtements faits à la main. Le splendide **cafe** sert de très bons plats, notamment un ragoût de bœuf à la Guinness, ainsi que des plats végétariens.

La *Wicklow Trail Sheet n°4* (1,25 €) diffusée par l'office du tourisme de Bray détaille une randonnée de 3 heures sur la Great Sugar Loaf Mountain au départ de Kilmacanogue.

Le bus local n°145 de Bray s'arrête parfois à Kilmacanogue. Renseignez-vous auprès du conducteur.

DE GREYSTONES À WICKLOW

La station balnéaire de **Greystones**, à 8 km au sud de Bray, était autrefois un charmant village de pêcheurs, et le front de mer autour du petit port est idyllique. En été, la baie se peuple de canots pneumatiques et de planches à voile. Malheureusement, le paysage alentour disparaît sous les habitations. À 10 km au sud de Greystones, sur la N11, **Ashford** est une petite ville dont le seul intérêt réside dans ses faubourgs à l'est, qui attirent les horticulteurs du monde entier. Ainsi, les **Mt Usher Gardens** *(☎ 0404-40205, Ashford ; adulte/étudiant et enfant 4,50/3,20 € ; mi-mars-oct 10h30-17h30)*, disposés sur 8 hectares autour de la rivière Vartry, rassemblent des plantes originaires du monde entier. Ces jardins furent conçus en 1868 par le magnat du textile dublinois

Edward Walpole. Ses descendants s'appliquèrent à entretenir et à élargir le terrain. Des boutiques d'artisanat, une librairie et un café sont réunis à l'entrée. Des visites guidées sont destinées aux groupes (32 €).

Les bus de la compagnie Bus Éireann (☎ 01-836 6111), sur la ligne Dublin-Rosslare Harbour, s'arrêtent devant Ashford House dix fois par jour entre 8h et 20h30 (aller simple 5,10 €, 50 minutes).

À l'ouest d'Ashford, la route mène aux Wicklow Mountains en traversant **Devil's Glen**, qui commence à 3 km d'Ashford, superbe vallon boisé avec un joli chemin de randonnée. Le **Tiglin Adventure Centre** *(☎ 0404-40169)*, 3 km plus à l'ouest, propose des cours d'escalade et de canoë, et organise des randonnées.

Tinakilly House Hotel *(☎ 0404-69274, fax 67806, reservations@tinakilly.ie, Rathnew ; chambre à partir de 104 € par pers, petit déj inclus)*. Cet extraordinaire manoir victorien de style italien situé juste en dehors de Rathnew, sur la route de Wicklow, fut érigé pour le capitaine Robert Halpin (1836-1894) commandant le *Great Eastern*, le plus grand bateau du monde, qui participa à la pose du premier câble transatlantique. Son très bon **restaurant** propose une nourriture excellente mais les prix sont élevés.

WICKLOW
☎ 0404 • 6 416 habitants

La ville de Wicklow, à 27 km au sud de Bray, n'est pas un chef-lieu très attrayant, mais son magnifique port abrite le départ de la course Round Ireland Yacht Race tous les deux ans. La plage et la baie au nord, de même que le relief de Wicklow Head au sud en sont les principaux atouts.

L'office du tourisme (☎ 69117, wicklow@eircom.net), Fitzwilliam Square, ouvre de 9h30 à 18h du lundi au samedi de juin à septembre, de 9h à 13h et de 14h à 17h en semaine d'octobre à mai.

Wicklow's Historic Jail

Vous pouvez visiter la sinistre prison de Wicklow *(☎ 61599, Kilmantin Hill ; adulte/étudiant visite guidée comprise 5,35/3,05 € ; tlj 10h-18h, dernière admission*

17h). Des films, des chiffres, des graphiques et même des acteurs retracent son histoire. Des milliers de détenus furent enfermés dans cette geôle dans des conditions inhumaines. L'exposition du premier étage détaille les événements du soulèvement de 1798 à Wicklow et les conséquences des réformes des prisons à la fin du XVIIIe siècle, qui pour beaucoup de prisonniers signifièrent la déportation dans les colonies pénitentiaires de la Nouvelle-Galles-du-Sud. Leur éreintant voyage est reproduit sur la maquette d'un bateau-prison, le *Hercules*, au deuxième étage. Le dernier étage est consacré à la vie des prisonniers débarqués en Australie. Les visites débutent toutes les dix minutes, excepté entre 13h et 14h.

Festivals
Le Regatta Festival de Wicklow, le plus vieux festival d'Irlande, se déroule chaque année pendant deux semaines de fin juillet à début août. Les activités comprennent de la natation, de l'aviron, de la voile et des courses de raft, des concours de chant, des concerts et un bal, le Festival Queen Ball.

Où se loger
Wicklow Bay Hostel *(☎ 69213, 61174, fax 66456, wicklowbayhostel@tinet.ie, Marine House ; lit/double 10,20/25,50 €)*. Cet endroit accueillant n'est peut-être pas situé dans le plus merveilleux des décors, mais la vue depuis les dortoirs est jolie et vous disposerez d'une grande cuisine propre.

Une poignée de B&B sont disséminés dans et autour de Dunbur Hill et quelques autre le long de St Patrick's Rd.

Bayview Hotel *(☎ 67383, fax 67911, The Mall ; simples/doubles 38/76 €, dans le centre-ville)*. Le jeudi soir, on y joue de la musique irlandaise traditionnelle au bar.

The Grand Hotel *(☎ 67337, fax 69607, grandhotel@tinet.ie, Abbey St ; simples/doubles à partir de 61/91,50 €)*. Voici un hôtel très confortable, dont vous apprécierez le personnel aimable et les grandes chambres bien tenues.

Où se restaurer
The Old Forge *(☎ 66778, Abbey Hill ; plats à partir de 6,35 €)*. Cet établissement pro-

pose une cuisine de bar variée et des tables en terrasse l'été.

The Bakery Café and Restaurant *(☎ 66770, Church St ; dîner de 3 plats 27 €)*. Le café est une bonne adresse pour les végétariens et le restaurant un endroit de choix pour les gourmets.

Comment s'y rendre
Jusqu'à deux bus de la compagnie Bus Éireann (☎ 01-836 6111) partent tous les jours du Grand Hotel dans Main St en direction de Dublin (5,85 € aller, 1 heure) et pour Rosslare Harbour. Trois trains quotidiens (☎ 01-836 6222) quittent la gare de Connolly, à Dublin, et desservent Rosslare Harbour et Wicklow (aller simple/retour 10,20/12,70 €, 1 heure 15). La gare est à 10 minutes de marche au nord du centre-ville.

Comment circuler
La compagnie de taxis Wicklow Cabs (☎ 66888), Main St, dépêche en général le soir quelques voitures à la gare à l'arrivée du train en provenance de Dublin. Il vous en coûtera 4,50 € pour vous rendre n'importe où dans la ville. Wicklow Cabs organise également des visites de sites touristiques, de boîtes de nuit et de pubs.

Le sud du Wicklow

RATHDRUM
☎ 0404 • 1 234 habitants

De nos jours, Rathdrum se réduit à quelques vieilles maisons et boutiques au sud de Glendalough et du Vale of Clara, la jolie vallée menant vers Laragh. À la fin du XIXe siècle, elle pouvait se targuer d'être la capitale officieuse du comté de Wicklow. Son industrie de la flanelle était florissante et elle disposait d'un hospice de pauvres. Le chemin de fer et le bel aqueduc datent de 1861.

Le petit office du tourisme (☎ 46262), 29 Main St, ouvre de 9h à 17h30 du lundi au vendredi toute l'année. Vous pourrez obtenir des renseignements et des brochures sur la ville et les environs, notamment la Wicklow Way.

Avondale House

À 2 km au sud de Rathdrum, dans une merveilleuse propriété de 209 hectares, se dresse Avondale House (☎ 46111, Rathdrum ; *adulte/tarif réduit 4,50/3,80 € ; mars-oct 11h-18h, nov-fév 11h-17h*). C'est le lieu de naissance et la résidence familiale du "roi d'Irlande sans couronne", Charles Stewart Parnell (1846-1891), l'un des hauts personnages de l'histoire irlandaise. Cette demeure imaginée par James Wyatt en 1779 dispose d'une bibliothèque vermillon étonnante, que l'on dit avoir été la pièce favorite de Parnell, et d'une ravissante salle à manger.

Où se loger

La plupart des B&B de Rathdrum sont en fait situés dans le hameau de Corballis, à 1 km sur la route en direction d'Avoca et d'Arklow.

Old Presbytery Hostel (☎ 46930, fax 46604, thehostel@hotmail.com, The Fairgreen, Rathdrum ; *lit/chambre privée 11,50/25 €*). Il est également possible de camper sur le terrain de cette auberge et de laver son linge.

Avonbrae Guesthouse (☎/fax 46198, avonbrae@gofree.indigo.ie, Laragh Rd ; *simples/doubles 38/61 €*). Les 7 chambres de cette charmante pension située à 500 m au nord-ouest de Rathdrum, sur la route de Laragh, sont meublées de façon spartiate mais bien tenues et confortables.

Comment s'y rendre

Le bus de la compagnie Bus Éireann (☎.01-836 6111) qui effectue le trajet Dublin-Wexford-Rosslare Harbour s'arrête deux fois par jour à Rathdrum (une seule fois le dimanche) dans les deux sens (aller simple/retour 7,40/10,80 € ; 1 heure 45). Le départ de Dublin a lieu à 9h et 17h30 (14h le dimanche). Trois trains (☎ 01-836 6222) desservent Rathdrum tous les jours dans chaque sens entre Dublin et Rosslare Harbour (aller simple/retour 10,20/12,70 €, 1 heure 30).

VALE OF AVOCA

L'Avonbeg et l'Avonmore se joignent pour former la River Avoca à **Meeting of the Waters**, un site charmant rendu célèbre par le poème du même nom composé par Thomas Moore en 1808.

Le Vale of Avoca est une charmante et douce vallée ombragée. Malheureusement, le paysage porte de vilaines cicatrices au nord-ouest du village d'Avoca, héritage de plusieurs siècles d'extraction du cuivre. La dernière mine a fermé en 1982. Au XVIIIe siècle, la vallée s'est isolée du monde extérieur et a frappé sa propre monnaie, le *cronbane*.

À Meeting of the Waters, le pub **The Meetings** (☎ 0402-35226) sert de la nourriture à toute heure du jour et propose de la musique le week-end toute l'année. Des *ceilidh* y sont organisés entre 16h et 18h le dimanche, d'avril à octobre. Les bus se rendant à Avoca depuis Dublin s'arrêtent à The Meetings. Il est également possible de s'y rendre à pied depuis Avoca.

Avoca

☎ 0402 • 490 habitants

Le minuscule village d'Avoca (Abhóca) a connu la gloire en 1996 lorsqu'il a été choisi pour servir de décor à la série télévisée de la BBC *Ballykissangel*. Honnêtement, les cars chargés de touristes n'ont pas préservé l'ambiance tranquille du village. En revanche, son économie en a profité.

Le cœur du village, et de la série, est le Fitzgerald's, un pub vieillot près de la rivière. Vous pouvez y admirer des photos de stars prises par des amateurs tout en vous restaurant. Les locaux de la bibliothèque, anciennement le tribunal, abritent un office du tourisme saisonnier (☎ 35022, avocait@eircom.net).

La boutique **Avoca Handweavers** (☎ 35105, Main St), qui date de 1723, se targue d'être la plus vieille entreprise d'Irlande. Vous pourrez visiter les ateliers de tissage et admirer les tweeds de prix et les jetés de lit. L'excellent **café** est ouvert à l'heure du thé et du déjeuner.

Où se loger

River Valley Park (☎ 41647, fax 41677, R754, Redcross ; *11,50 € par tente*). Ce camping bien équipé est installé à environ 1 km au sud du village de Redcross, à 7 km au nord-est d'Avoca sur la R754.

Koliba *(☎/fax 32737, koliba@eircom.net, Beech Rd ; chambre 25 € par pers)*. Ce pavillon très moderne dispose de chambres confortables et bien aménagées. Une des bonnes adresses de la région.

Sheepwalk House & Cottages *(☎ 35189, fax 35789, www.sheepwalk.com, Avoca ; chambres dans le bâtiment principal 32-48,50 € par pers, cottage à partir de 76 € par pers et par semaine)*. Située en fait à 2 km du village, au milieu d'un splendide site de 1,5 hectare surplombant la mer, voici notre adresse préférée et nous la recommandons chaudement. Le bâtiment principal date de 1727, mais il a été intégralement restauré, ce qui lui a valu la meilleure note du classement de Bord Fáilte. Les six cottages indépendants avec cuisine pour deux personnes ou plus sont agrémentés de poutres apparentes et de sols dallés. Demandez un cottage avec cheminée.

Woodenbridge Hotel *(☎ 35146, fax 35573, wbhotel@iol.ie, Vale of Avoca ; simples/doubles à partir de 45/89 €)*. À 4 km au sud d'Avoca, cet hôtel, dont l'origine remonte à 1608, surplombe le parcours de golf de Woodenbridge. C'est, paraît-il, le plus vieil hôtel d'Irlande. Il a heureusement été rénové plusieurs fois depuis son ouverture.

Comment s'y rendre

Le bus de la compagnie Bus Éireann n° 133 part quotidiennement de Dublin à 9h et 17h30 (14h le dimanche) et dessert Avoca (aller simple/retour 7,90/12 €, 2 heures) *via* Bray, Wicklow et Rathdrum en allant à Arklow.

Comtés de Wexford et de Waterford

Rosslare Harbour est la porte d'entrée des comtés de Wexford et de Waterford pour les ferries remplis de visiteurs venus explorer l'Irlande. Toutefois, ces deux régions ne manquent pas d'attraits. Si le littoral offre de magnifiques plages et de nombreuses possibilités de pratiquer des sports nautiques, le Mt Leinster dans le Wexford et les Comeragh Mountains dans le Waterford présentent un contraste saisissant. Dotés d'un riche passé historique, ces comtés renferment une campagne dont la beauté surprend plus d'un voyageur, même si elle tranche avec la splendeur accidentée de l'ouest et du sud-ouest de l'île.

Un raccourci permet de relier le Wexford au Waterford en évitant l'itinéraire *via* New Ross. Il suffit de prendre le ferry entre Ballyhack et Passage East.

Comté de Wexford

Le comté de Wexford est situé à la pointe sud-est de l'Irlande. Il est presque entièrement plat, hormis à l'orée de ses frontières ouest avec le Kilkenny et le Carlow, où le Mt Leinster, dans les Blackstairs Mountains, culmine à 796 m. Ces collines peu connues offrent des itinéraires agréables, notamment à l'ouest d'Enniscorthy et dans le Scullogue Gap.

La ville de Wexford, qui n'a conservé que peu de traces de son passé viking, est charmante. Au nord, vers le comté de Wicklow, s'étendent une ribambelle de jolies plages. Au centre du comté, Enniscorthy est une ville attirante sur les berges de la River Slaney. Plus à l'ouest, la River Barrow traverse New Ross, une bonne base pour explorer le cours supérieur du fleuve.

Sur la côte sud, Kilmore Quay est un village de pêcheurs avec des cottages au toit de chaume tandis qu'à l'ouest, sur la Hook Peninsula, plate et isolée, est érigé l'un des plus anciens phares du monde.

À ne pas manquer

- Les promenades à pied, à bicyclette ou en voiture le long de la charmante Hook Peninsula dans le comté de Wexford
- La commémoration de l'insurrection du Wexford au 1798 Visitor Centre d'Enniscorthy
- Le panorama splendide de la ville côtière de Dunmore East, paisible et pittoresque, dans le comté de Waterford
- La région d'An Rinn où les habitants conservent la langue gaélique

La Wexford Coastal Walk (Slí Charman) suit le littoral du comté sur 221 km de Ballyhack jusqu'à Kilmichael Point.

WEXFORD
☎ 053 • 15 862 habitants

Wexford (Loch Garman) rivalise avec Waterford pour le rang de principale agglomération du sud-est. La ville était

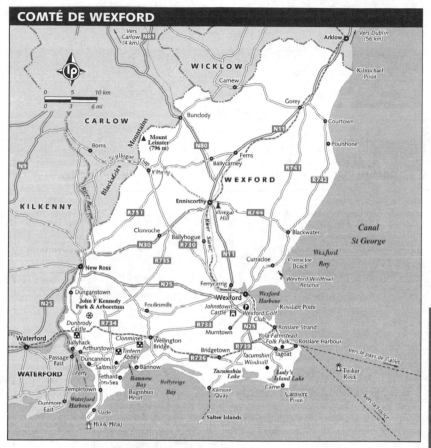

COMTÉ DE WEXFORD

autrefois un port prospère, mais au fil des siècles les eaux lentes de la Slaney ont déposé tant de vase et de boue dans l'estuaire que le chenal est devenu presque impraticable. Désormais, la plupart des navires de commerce arrivent à Waterford et les passagers accostent à Rosslare Harbour, à 20 km au sud-est.

Aujourd'hui, Wexford est réputée pour son festival d'opéra en octobre, une bonne période pour visiter la ville à condition de réserver longtemps à l'avance (voyez *Festivals* plus loin sous cette rubrique).

Histoire

Les Vikings arrivèrent dans la région vers 850, attirés par l'emplacement de choix qui s'offrait à eux à proximité de l'embouchure de la Slaney. Le nom viking de Waesfjord signifie "estuaire boueux" ou "estuaire sablonneux". Les Normands emportèrent la place juste après leur arrivée en Irlande, en 1169. Les ruines de leur fort sont encore visibles au sein de l'Irish National Heritage Park, au nord-ouest de la ville, à Ferrycarrig.

Au cours de son passage en Irlande en 1649 et 1650 Cromwell ravagea Wexford. Les trois quarts des 2 000 habitants de la ville, y compris

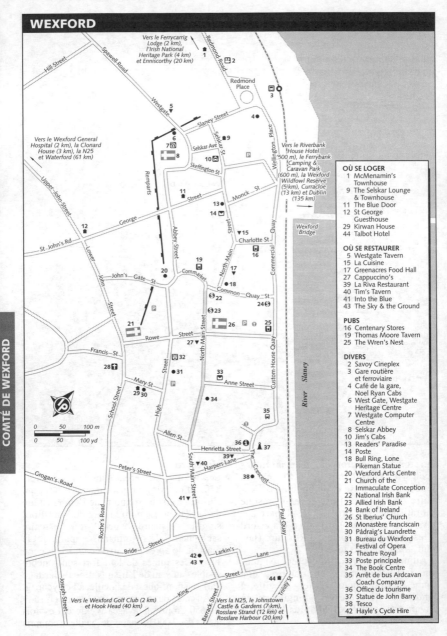

WEXFORD

Vers le Ferrycarrig
Lodge (2 km),
l'Irish National
Heritage Park (4 km)
et Enniscorthy (20 km)

Redmond Road

Hill Street

Spawell Road

Westgate

Slaney Street

Selskar Street

Redmond
Place

Vers le Wexford General
Hospital (2 km), la Clonard
House (3 km), la N25
et Waterford (61 km)

Wellington Place

Vers le Riverbank
House Hotel
(500 m), le Ferrybank
Camping &
Caravan Park
(600 m), la Wexford
Wildfowl Reserve
(5 km), Curracloe
(13 km) et Dublin
(135 km)

Selskar Ave

Skeffington St.

Monck   St.

Wexford
Bridge

Upper John Street

Remparts

George   Street

St-John's Rd

Abbey   Street

Charlotte St.

Commercial Quay

Lower   John   Street

John's   Gate   St.

Commarket

North Main Street

Common Quay   St.

River   Slaney

Francis   St.

Rowe   Street

North Main Street

Custom House Quay

Mary   St.

Anne Street

High   Street

School Street

Allen St.

Henrietta Street

The Crescent

Peter's Street

Harpers Lane

South Main Street

Grogan's Road

Roche's Road

Bride   Street

Larkin's   Lane

Paul Quay

Joseph Street

Barrack Street

Trinity St.

King   Street

Vers le Wexford Golf Club (2 km)
et Hook Head (40 km)

Vers la N25, le Johnstown
Castle & Gardens (7 km),
Rosslare Strand (12 km) et
Rosslare Harbour (20 km)

0   50   100 m
0   50   100 yd

OÙ SE LOGER
1 McMenamin's
   Townhouse
9 The Selskar Lounge
   & Townhouse
11 The Blue Door
12 St George
   Guesthouse
29 Kirwan House
44 Talbot Hotel

OÙ SE RESTAURER
5 Westgate Tavern
15 La Cuisine
17 Greenacres Food Hall
27 Cappuccino's
39 La Riva Restaurant
40 Tim's Tavern
41 Into the Blue
43 The Sky & the Ground

PUBS
16 Centenary Stores
19 Thomas Moore Tavern
25 The Wren's Nest

DIVERS
2 Savoy Cineplex
3 Gare routière
   et ferroviaire
4 Café de la gare,
   Noel Ryan Cabs
6 West Gate, Westgate
   Heritage Centre
7 Westgate Computer
   Centre
8 Selskar Abbey
10 Jim's Cabs
13 Readers' Paradise
14 Poste
18 Bull Ring, Lone
   Pikeman Statue
20 Wexford Arts Centre
21 Church of the
   Immaculate Conception
22 National Irish Bank
23 Allied Irish Bank
24 Bank of Ireland
26 St Iberius' Church
28 Monastère franciscain
30 Pádraig's Laundrette
31 Bureau du Wexford
   Festival of Opera
32 Theatre Royal
33 Poste principale
34 The Book Centre
35 Arrêt de bus Ardcavan
   Coach Company
36 Office du tourisme
37 Statue de John Barry
38 Tesco
42 Hayle's Cycle Hire

COMTÉ DE WEXFORD

tous les moines franciscains, furent passés au fil de l'épée, subissant ainsi le traitement réservé à toute cité qui refusait de se rendre. Après ce massacre, les redditions devinrent plus courantes. Au cours du soulèvement de 1798 (voir la rubrique *Histoire* du chapitre *Présentation de l'Irlande*), des rebelles déterminés assiégèrent la ville avant d'être maîtrisés.

Orientation

Du Wexford Bridge, à l'extrémité nord de la ville, les quais longent les berges vers le sud-est. L'office du tourisme est installé dans le petit crochet appelé The Crescent. À une rue vers l'intérieur, North Main St et South Main St se rejoignent et forment une artère commerçante.

Renseignements

Offices du tourisme. L'office du tourisme (☎ 23111), The Crescent, ouvre de 9h30 à 17h30 en semaine et de 9h à 17h le samedi et le dimanche, en juillet et en août. Il ferme généralement pour le déjeuner, entre 13h et 14h. Les taux pratiqués par le bureau de change ne sont pas avantageux.

Argent. North Main St possède deux banques à proximité de Common Quay St. Une autre est établie à l'angle de Common Quay St et de Custom House Quay. Toutes trois disposent de distributeurs.

Poste et communications. La poste (☎ 45314) se situe dans Anne St. Une annexe est installée au 113 North Main St. Le Westgate Computer Centre (☎ 46291), près du Westgate Heritage Centre, propose un accès à Internet pour 2,55 € la demi-heure. Il ouvre de 9h à 17h en semaine.

Librairies. The Book Centre (☎ 23543), 5 South Main St, vend des ouvrages consacrés à des thèmes irlandais ainsi que quelques journaux et magazines étrangers. Readers' Paradise, un peu plus au nord dans North Main St, propose des livres de poche d'occasion.

Laveries. Pádraig's Laundrette, 4 Mary St, ouvre de 9h30 à 18h en semaine et de 9h à 21h le samedi.

Services médicaux. Pour les urgences, allez au Wexford General Hospital (☎ 42233), à 2,5 km à l'ouest du centre-ville sur la N25.

Toilettes. Des toilettes publiques sont installées à proximité de l'office du tourisme et près de St Iberius' Church.

The Crescent

Outre le bâtiment de la Chamber of Commerce abritant l'office du tourisme, The Crescent accueille une statue du commodore John Barry. Né en 1745, ce navigateur local émigra vers le Nouveau Monde et fonda la Marine américaine (US Navy).

Bull Ring

Installé à l'angle de Common Quay St et de North Main St, le Bull Ring (arènes) accueillait autrefois des combats de taureaux. Chaque année, les bouchers de la ville devaient fournir un taureau afin d'obtenir la charte de leur guilde.

Un marché se tient près du Bull Ring les vendredis et samedis matin.

Westgate

Quelques pans des fortifications de la ville sont intacts, dont une section bien conservée près de Cornmarket. Sur les six portes que comptait la cité à l'origine, seule la West Gate, datant du XIVᵉ siècle, est encore debout. Érigée à la lisière nord de la ville dans Westgate, aux abords de Slaney St, elle marquait la barrière de l'octroi. Les niches utilisées par les collecteurs du droit de passage demeurent intactes, tout comme la cellule où étaient incarcérés les *runagates*, les infortunés qui essayaient de frauder.

À deux pas se dresse le **Westgate Heritage Centre** (☎ *46506, 42611, Westgate ; adulte/enfant 1,90/1,25 € ; juill-août lun-sam 9h30-17h30 et dim 14-18h, mai-juin et sept lun-ven 11h-17h30 et dim 14-18h*). Chaque jour, un document audiovisuel relate l'histoire de Wexford à 11h, 12h, 14h, 15h et 16h.

Selskar Abbey

Selskar Abbey fut fondée par Alexander de la Roche en 1190, à la suite d'une croisade en Terre sainte. Son état de délabrement actuel est imputable au passage de Cromwell en 1649.

Les ruines sont accessibles aux heures d'ouverture du Westgate Heritage Centre. Sinon, le gardien, 9 Abbey St, peut vous remettre la clé.

St Iberius' Church

Au sud du Bull Ring, dans North Main St, l'actuelle **St Iberius' Church** (☎ 22936 ; visite 1,25 € ; 10h-17h) fut construite en 1760 à l'emplacement de plusieurs anciennes églises (dont une aurait été fondée par saint Patrick). Le magnifique intérieur du XVIIIᵉ siècle mérite d'être visité, ses atouts les plus remarquables étant les colonnes de l'autel provenant d'une église de Dublin et un ensemble de monuments du XVIIIᵉ siècle dans la galerie.

Circuits organisés

En juillet et en août, **Bus Éireann** (☎ 22522) propose des excursions dans les environs. Pour des marches guidées en juillet et août, appelez le ☎ 46505 ou **Thomas Molloy** (☎ 22663).

Festivals

Le Wexford Festival Opera, fondé en 1951, un somptueux spectacle de 18 jours qui se déroule en octobre, est devenu la première manifestation du genre. Il présente devant un public nombreux des opéras et des tableaux rarement joués. La ville se métamorphose alors et l'on y découvre du théâtre de rue, des séances de poésie et des expositions.

Les billets pour les principaux opéras sont difficiles à obtenir et chers. Il est indispensable de réserver au moins trois mois à l'avance. Adressez votre courrier au Wexford Festival Opera, Theatre Royal, 27 High St, ou téléphonez au bureau du festival (☎ 22400) ou au bureau des réservations (☎ 22144). Vous pouvez aussi envoyer un e-mail (info@wexfordopera.com) et consulter le site Internet (www.wexfordopera.com).

Où se loger

Ferrybank Camping & Caravan Park (☎ 42611, fax 45947, Ferrybank ; emplacement pour 2 pers 10,15 € ; Pâques-sept). Situé de l'autre côté du fleuve par rapport au centre-ville et en retrait de la R741, ce camping dispose d'une piscine chauffée, d'une laverie et d'une aire de jeux pour les enfants.

Kirwan House (☎ 21208, kirwanhostel@eircom.net, 3 Mary St ; lits en dortoirs 10,80-12,10 €, doubles 14-15,90 €). Cet hôtel accueillant, propre et confortable constitue un très bon choix.

The Blue Door (☎ 21047, bluedoor@indigo.ie, 18 Lower George St ; 31,75 € par pers). Nous vous recommandons chaudement cet établissement chaleureux et bien tenu.

McMenamin's Townhouse (☎/fax 46442, mcmem@indigo.ie, 3 Auburn Terrace, Redmond Rd ; 31,75 € par pers). Situé près de la gare ferroviaire, cet hôtel joliment décoré sert un excellent petit déjeuner.

St George Guesthouse (☎ 43474, fax 24814, stgeorge@eircom.net, George St ; 31,75 v par pers). Un peu plus chic, l'établissement comporte un parking privé.

Talbot Hotel (☎ 22566, fax 23377, sales@talbothotel.ie, Trinity St ; 62,25/69,90 € par pers en basse/haute saison, petit déj compris). Des forfaits pour le week-end sont proposés. Les chambres agréables jouissent pour la plupart de jolies vues sur la Slaney.

Riverbank House Hotel (☎ 23611, fax 23342, river@indigo.ie, Wexford Estuary ; simples/doubles 75,60/120 €). Récemment rénové, cet hôtel confortable est installé au-dessus du pont, sur la rive est du fleuve. Le panorama sur Wexford, de l'autre côté de la Slaney, est magnifique.

Clonard House (☎/fax 43141, clonardhouse@indigo.ie, Clonard Great ; simples/doubles 35/57 € petit déj compris). Cette ferme datant des années 1780 est située à 3 km à l'ouest de la ville, en retrait de la N25 en direction de Waterford.

Où se restaurer

La Riva Restaurant (☎ 24330, Crescent Quay, entrée Henrietta St ; plats principaux 17-20 €), charmant dans sa banalité, jouit de belles vues sur le fleuve. La carte reflète un mélange d'influences française, italienne et asiatique baignées de saveurs actuelles.

Tim's Tavern (☎/fax 23861, 51 South Main St ; plats principaux 7,50 € au bar,

11-19 € au restaurant). Ce pub-restaurant douillet, primé pour sa cuisine, offre un vaste choix de plats traditionnels tels que chou au bacon, Irish stew ou huîtres à la Guinness. Les parts sont énormes.

The Sky & the Ground *(☎ 21273, 112-113 South Main St ; plats principaux 14-19 €).* Si les plats sont un peu onéreux, la carte variée est intéressante. Goûtez la bisque de crabe à la Guinness (4,20 €).

La Cuisine *(☎ 24986, 80 North Main St ; sandwiches et pies 1,50-2,50 €).* Ce restaurant-traiteur prépare des mets succulents à prix raisonnables.

Cappuccino's *(☎ 23669, 25 North Main St ; 3,20-6,35 €).* Cet établissement délicieux propose un excellent café, des focaccias, des sandwiches de baguette, des pâtes et des gâteaux. Essayez le petit déjeuner irlandais (5 €).

Westgate Tavern *(☎ 22086, Westgate ; déj et dîner 1,90-6,30 €).* Ce pub ordinaire sert de la soupe, des sandwiches et des plats plus consistants.

Into the Blue *(☎ 22011, 80 South Main St ; déj 2,50/5,70 € ; tlj 8-17h et mer-sam 18h30-21h30).* Recommandé par la population locale, ce restaurant-traiteur prépare des sandwiches, des salades et des petits déjeuners à déguster sur place ou à emporter. Au dîner, vous pourrez commander un menu à trois plats (20-25 €, bouteille de vin comprise).

Un supermarché **Tesco** est installé au Crescent. Pour un pique-nique gourmet, vous apprécierez **Greenacres Food Hall** *(☎ 22975, North Main St)* qui présente un large choix de fromages, de viandes, d'olives et de vins.

Où sortir

Pubs. Wexford regorge de pubs, notamment dans North et South Main Sts.

The Sky & the Ground *(voyez Où se restaurer).* L'un des plus populaires de la ville, ce pub au décor désuet et à l'ambiance familiale propose de la musique traditionnelle presque tous les soirs.

Thomas Moore Tavern *(☎ 24348, Cornmarket).* Une atmosphère de vieux pub au charme suranné.

The Wren's Nest *(☎ 22359, Custom House Quay).* L'endroit idéal pour se réunir entre amis.

Centenary Stores *(☎ 24424, Charlotte St).* Le rendez-vous des 20-30 ans, avec des concerts de musique traditionnelle le mercredi soir.

Théâtres et cinémas. Wexford recense plusieurs salles consacrées à ces deux arts.

Theatre Royal *(☎ 22144, 27 High St).* Le Royal présente des pièces de théâtre et des opéras.

Wexford Arts Centre *(☎ 23764, Cornmarket ; lun-sam 10-18h et le soir pour les spectacles programmés).* Situé dans la Market House and Assembly Room datant du XVIIIe siècle, ce centre accueille des expositions, des pièces de théâtre, des spectacles de danse, des concerts de musique et des projections de films.

Savoy Cineplex *(☎ 22321, The Square, Redmond Rd).* Doté de trois salles de cinéma, le Savoy est installé près de la gare ferroviaire.

Comment s'y rendre

La N25 part vers le sud-est en direction de Rosslare Harbour depuis les quais et Trinity St. Pour aller à Duncannon ou Hook Head, tournez à l'ouest soit à The Crescent, le long de Harpers Lane, soit à Paul Quay le long de King St. Pour obtenir des informations sur les bus et les trains depuis/vers Wexford, composez le ☎ 33114 ou le 33162.

Bus. Bus Éireann (☎ 22522) est installé à la gare ferroviaire O'Hanrahan sur Redmond Place. Les bus relient Wexford à Rosslare Harbour (3,35 €, 25 minutes, toutes les 45 minutes du lundi au samedi, 10 bus le dimanche), Dublin (10,15 €, 2 heures 15, 10 bus par jour, 8 bus le dimanche), Killarney (20,35 €, 5 heures 30, 4 bus par jour, 2 bus le dimanche), Waterford (9,80 €, 1 heure, 9 bus par jour, 3 bus le dimanche), Enniscorthy (4,25 €, 25 minutes, 1 bus par heure, 7 bus le dimanche) et Cork (15,90 €, 3 heures 30, 5 bus par jour, 3 bus le dimanche). Les billets sont vendus au Station Café, 1a Redmond Square, en face de la gare.

JJ Kavanagh (☎ 0503-43081) propose un service quotidien pour Carlow (6,35 €) *via* Enniscorthy (6,35 €). Les bus partent de Redmond Place à 7h20, mais ne fonctionnent pas pendant les vacances universitaires. Ardcavan Coach Company (☎ 22561) dispose de bus quotidiens depuis/vers Dublin (8,90 €) quittant The Crescent à 8h.

Train. L'O'Hanrahan Station (☎ 22522) est située à l'extrémité nord de la ville, sur Redmond Place. Une consigne est disponible (1,25 € par bagage et par jour).

Wexford se trouve sur la ligne reliant Dublin (14,60 €, 3 heures) à Rosslare Harbour (4,45 €, 30 minutes) *via* Enniscorthy et Wicklow. Chaque jour, trois trains circulent dans les deux sens.

Comment circuler

Presque tous les marchands de journaux vendent des jetons (0,50 € de l'heure) pour le stationnement municipal.

Les taxis Noel Ryan Cabs & Minibus Hire (☎ 24056) sont installés au Station Café, 1a Redmond Square. Essayez aussi Jim's Cabs (☎ 47108), Selskar St. Dans le centre-ville, les courses s'élèvent en général à 4 €.

Hayle's Cycle Hire (☎ 22462), 108 South Main St, loue des bicyclettes (12,70 € par jour).

LES ENVIRONS DE WEXFORD
Irish National Heritage Park

À 4 km au nord-ouest de Wexford, la N11 rejoint le domaine de l'**Irish National Heritage Park** *(☎ 053-20733, Ferrycarrig ; adulte/16-18 ans/moins de 16 ans 6,35/3,80/3,20 € ; mars-nov tlj 9h30-18h30, dernière entrée à 17h).* Ce parc à thème en plein air s'attache à retracer toute l'histoire du pays en un seul lieu.

L'entrée comprend une visite guidée de 90 minutes et l'accès à plusieurs sites reconstitués, notamment un campement mésolithique, une ferme néolithique, un dolmen, une ciste, un cercle de pierres, un *ráth* ou fort circulaire, un monastère, un *crannóg* (île artificielle), un chantier naval viking, une motte et un bailey, un château normand, une tour ronde, et plusieurs autres reconstitutions plus petites. La réplique d'un drakkar viking mouille dans la Slaney à l'extérieur du parc.

Un taxi depuis Wexford revient à environ 4,50 €.

Johnstown Castle & Gardens

À 7 km au sud-ouest de Wexford, la route vers Murntown atteint l'ancienne maison des familles Fitzgerald et Esmonde, splendide demeure crénelée du XIXe siècle surplombant un petit lac et entourée par 20 hectares de jardins boisés.

Le château et ses dépendances abritent actuellement un centre de recherche agricole, le siège de l'Irish Environmental Protection Agency et un **musée agricole** *(☎ 053-42888, Wexford ; adulte/enfant 3,20/1,90 € ; avr-nov tlj 9h30-17h30).* Son principal intérêt réside dans la collection de meubles irlandais ruraux. Une petite exposition, intitulée Famine, est consacrée à la vie irlandaise de ce temps et aux conséquences tragiques de la maladie du mildiou sur la pomme de terre.

Le château lui-même n'est pas ouvert au public, contrairement aux **jardins** *(adulte/ enfant 3,80/0,65 € ; tlj 9h-17h30).*

Wexford Wildfowl Reserve

Les North Slobs, des bandes de terre découvertes par la mer à marée basse, s'étendent à 5 km au nord-est de Wexford. En hiver, la moitié de la population d'oies blanches du Groenland, soit environ 10 000 oiseaux, vient s'y réfugier.

La **Wexford Wildfowl Reserve** *(☎ 053-23129, North Slob ; gratuit ; visite guidée sur demande ; mi-avr-sept tlj 9h-18h, le reste de l'année 10h-17h)* a été mise en place pour protéger le milieu naturel des oiseaux. Une tour d'observation et plusieurs cachettes sont installées à proximité du centre des visiteurs.

L'hiver est également la saison idéale pour observer les bernaches cravants du Canada arctique. Tout au long de l'année, vous pourrez contempler des colverts, des filigules milouins, des barges, des cygnes tuberculés et des cygnes de Bewick, des chevaliers gambettes, des hirondelles de mer, des foulques, des huîtriers et bien d'autres espèces.

La réserve est située sur la route reliant Wexford à Dublin. Depuis Wexford, dirigez-vous au nord sur 3,5 km jusqu'à un panneau pointé vers la droite.

Curracloe Beach

Longue d'environ 11 km, Curracloe est l'une des magnifiques plages qui s'étendent au nord de Wexford. En arrière, de vastes dunes fournissent un abri où vous pouvez planter votre tente si vous êtes discret. Curracloe se situe à 13 km au nord-est de Wexford sur la route qui mène à Dublin. Le **Curracloe House Equestrian Centre** (☎ 053-37583) propose des promenades sur les sentiers longeant la plage toute l'année.

Hotel Curracloe (☎ 053-37308, fax 37587, hotelcurracloe@eircom.net ; simples 44-57 €, doubles 82-93 €). Éloigné de la plage, cet établissement d'un bon rapport qualité/prix organise des concerts le week-end.

ROSSLARE STRAND
☎ 053

Rosslare Strand se situe à environ 8 km au nord-ouest de Rosslare Harbour et à 15 km au sud-est de Wexford. En été, ses longues plages dorées séduisent les foules. D'agréables chemins de randonnée mènent à Rosslare Point au nord. Si vous êtes attiré par un parcours de golf, **Rosslare Golf Links** (☎ 32203 ; tarifs 32/44 € en semaine/week-end) s'étend le long de la route côtière.

Où se loger et se restaurer

Burrow Holiday Park (☎ 32190, fax 32256, burrowpk@iol.ie, Rosslare ; emplacements pour tente 15-20 €). Juste au sud du village, ce parc dispose d'excellentes installations, dont une laverie, une salle de jeux et des courts de tennis. Les tarifs ne tiennent pas compte de la taille de la tente ou du nombre de personnes.

Le **Lyngfields B&B** (☎ 32593, Tagoat ; 25,40 € par pers) est indiqué à 3,2 km de Rosslare sur la route de Tagoat. Ses jolies chambres avec s.d.b. offrent un bon rapport qualité/prix.

Le **Kelly's Resort Hotel** (☎ 32114, fax 32222, Rosslare ; simples/doubles 67/127 € petit déj compris) est doté de toutes les infrastructures sportives et de loisir, et est très prisé par les familles. Le restaurant affiche un menu de trois plats (18 € par personne) et le café propose des en-cas.

The Oyster Restaurant (☎ 32439, Rosslare ; plats principaux 10-18 € ; ven 18h-21h, sam-dim 17-21h), à 100 m du Kelly's,

vous régalera de rôtis, de steaks et de plats de poissons.

Comment s'y rendre

Seuls le bus de 9h30 entre Rosslare Harbour et Wexford et le bus de 17h45 entre Wexford et Rosslare Harbour s'arrêtent à Rosslare Strand, du lundi au samedi (1 heure). Les trains de la ligne Dublin-Rosslare Harbour (aller simple/aller-retour 14,60/19,05 €, 3 heures 10) via Wexford (4,45 €, 28 minutes) desservent Rosslare Strand trois fois par jour. Des trains partent pour Waterford deux fois par jour.

ROSSLARE HARBOUR
☎ 053 • 900 habitants

Situé à la pointe sud-est de l'île, Rosslare Harbour (Ros Láir) est un port animé par le trafic des ferries depuis/vers le pays de Galles et la France. Les environs du port n'ont rien de charmant et ne sont pas propices aux promenades à pied. Vous préférerez sans doute vous rendre directement à Wexford.

Orientation et renseignements

Le port des ferries est le principal point de repère. Une route qui monte depuis le port devient la N25. Elle vous mène aux B&B et aux hôtels. Un peu plus loin le long de cette route, Kilrane compte davantage de B&B et un pub.

L'office du tourisme (☎ 33232), sur la N25 à Kilrane, à environ 1,6 km à l'ouest de la ville, ouvre tous les jours de 11h à environ 14h. Une antenne de la Bank of Ireland, dotée d'un distributeur et d'un bureau de change, est installée dans St Martin's Rd, qui part de la N25.

Où se loger et se restaurer

La plupart des voyageurs arrivent à Rosslare Harbour n'y restent pas. À l'exception d'un ou deux B&B agréables, la ville n'a rien de particulier, si ce n'est pas de grands hôtels sans charme et une mauvaise cuisine. Si vous êtes en attente à Rosslare ou trop fatigué pour continuer votre chemin, les possibilités d'hébergement ne manquent pas.

An Óige Rosslare Harbour Hostel (☎ 33399, fax 33624, Goulding St ; lits en dortoirs 8,90/11,45 € en basse/haute saison). En haut de la colline en venant du terminal des ferries, l'établissement ouvre tôt ou tard, en fonction des arrivées et des départs des ferries. Prenez les escaliers sur la gauche et coupez à côté de l'Hotel Rosslare.

Clifford House *(☎ 33226, clifford-house@eircom.ie, St Martin's Rd ; 24/29 € par pers en basse/haute saison)*. Situé dans un jardin agréable, l'hôtel jouit de jolies vues depuis presque toutes les chambres.

St Martin's B&B *(☎ 33133, St Martin's Rd ; 24/29 € par pers en basse/haute saison)*. Ses chambres décorées avec goût constituent un meilleur choix que celles des hôtels surévalués.

MacFadden's Bar & Restaurant *(☎ 33590, Kilrane ; plats principaux 10-13 €)*. Sur la N25, à environ 2,4 km du terminal des ferries, il ouvre de 12h à 21h15 sans interruption.

Comment s'y rendre

Bus. Bus Éireann relie Dublin (11,45 €, 3 heures) six fois par jour *via* Wexford (3,20 €, 25 minutes). Cinq bus par jour (trois le dim) rejoignent Waterford (11,70 €, 1 heure 20) *via* Wexford et New Ross. Les bus partent de la gare Rosslare Europort.

Train. Les trains (☎ 33114) quittent la gare Rosslare Europort, au terminal des ferries, pour Wexford (4,45 €, 28 minutes, trois par jour), Dublin (19,05 €, 3 heures 10, trois par jour) et Waterford (12,10 €, 1 heure 20, deux par jour sauf le dim) *via* Rosslare Strand (4,45 €, 10 minutes, cinq par jour).

Voiture. Budget (☎ 33318), Hertz (☎ 23511) et Murrays (☎ 33634) partagent un bureau au terminal des ferries.

Bateau. Deux compagnies de ferries proposent des liaisons depuis/vers Rosslare Harbour. À côté du port est installée une gare ferroviaire et routière pratique.

Stena Line (☎ 33997) offre quatre traversées par jour vers Fishguard (3 heures 30) au pays de Galles, entre 8h30 et 23h sur le catamaran *Lynx*. Les tarifs s'échelonnent entre 28-38 € pour les passagers à pied suivant la saison et 105-215 € pour une voiture avec chauffeur. Superferry organise deux traversées quotidiennes de 6 à 13 €, moins chères.

Irish Ferries (☎ 33158) propose deux départs par jour vers Pembroke (3 heures 45 ; 100/230 € en basse/haute saison) au pays de Galles. Des ferries rallient aussi trois fois par semaine Cherbourg en France. D'avril à septembre, trois traversées par semaine rejoignent Roscoff en France (16 à 24 heures). Les passagers à pied déboursent 57-108 € pour les adultes et 19-23 € pour les enfants. Ne songez même pas à prendre votre voiture à moins que vous ne souhaitiez payer la bagatelle de 380 €.

SUD DE ROSSLARE HARBOUR

À 9 km au sud de Rosslare Harbour, les habitants de **Carnsore Point** pressenti pour accueillir la première centrale nucléaire d'Irlande, ont manifesté leur opposition au projet. Sur la carte dressée par Ptolémée au IIe siècle, ce point géographique était noté comme le plus au sud-est de l'île. Au large, en direction de l'est, se dresse le phare Tuskar Rock. Le village de Carne comporte quelques charmants cottages blanchis à la chaux, aux toits de chaume, ainsi qu'une jolie plage.

Lobster Pot *(☎ 053-31110, Carne ; repas 3,20-7,50 €)*. Cet excellent pub et restaurant de poissons est bondé en été. La soupe de fruits de mer est divine.

En remontant la route, vous dépasserez le Lady's Island Lake, qui épouse les rivages de **Our Lady's Island**. Sur cette île était construit l'un des premiers prieurés augustiniens, dont seuls la tour et le cimetière sont encore visibles, ainsi qu'un centre de pèlerinage toujours en activité. En obliquant vers l'ouest vous atteindrez Tacumshin, où Nicholas Moran édifia en 1840 le Tacumshin Windmill, l'un des rares moulins à vent couverts de chaume d'Irlande. La clé est conservée dans la boutique devant laquelle vous pourrez garer votre véhicule. Vous devrez sans doute débourser un peu d'argent pour la visite.

KILMORE QUAY
☎ 053 • 400 habitants

Sur la rive est de Ballyteige Bay, le paisible petit village de pêcheurs de Kilmore Quay est réputé pour ses homards et sa pêche en haute mer. Le Seafood Festival, durant la deuxième semaine de juillet, permet de goûter à toutes sortes de fruits de mer, dans une joyeuse ambiance musicale.

Le long de la ravissante rue principale partant du port sont alignés plusieurs cottages aux toits de chaume, blanchis à la chaux. Le port est le point d'accès aux Saltee Islands, clairement visibles de la côte. Son enceinte accueille le bateau-phare *Guillemot* qui abrite un petit **Musée maritime** (☎ *21572 ; adulte/enfant 2,55/ 1,25 € ; juin-août tlj 12-18h, mai et sept sam-dim).*

Où se loger et se restaurer
Le **Killturk Hostel** (☎ *29883, fax 29522, Grange ; lits en dortoirs/doubles 12,70/ 17,15 €, draps inclus),* à 2 km de Kilmore Quay le long de la R739, s'avère un excellent choix et dispose d'un café bon marché.

Quay House (☎ *29988, fax 29808, kilmore@esatclear.ie ; à partir de 32 € par pers).* Ce B&B spacieux est le meilleur établissement du lieu.

The Haven (☎ *29979 ; 23-26 € par pers).* Installé tout près de la rue principale à proximité de Quay House, ce B&B jouit de belles vues depuis certaines chambres.

Le **Stella Maris Centre** (☎ *29922)* abrite un café qui sert des sandwiches et des repas légers pour moins de 6 €.

Silver Fox Restaurant (☎ *29888 ; entrées 3,75-7,50 €, plats principaux 13-19 €).* Ce restaurant de fruits de mer est chaudement recommandé et très prisé le soir, même en hiver, aussi est-il indispensable de réserver. Le dîner composé de deux plats (14 €) est servi de bonne heure (17h-19h).

Wooden House Restaurant and Bar (☎ *29804).* Vous pourrez assister dans ce lieu à des concerts de musique traditionnelle presque tous les soirs.

Kehoe Pub & Parlour (☎ *29830).* Cet autre pub, très apprécié, accueille des orchestres le week-end.

Comment s'y rendre
Très peu de transports en commun desservent Kilmore Quay. Les Viking Buses effectuent le trajet entre Kilmore Quay et Wexford trois fois par jour. Bus Éireann propose un service le mercredi et le samedi

depuis Wexford. Pour plus de détails, renseignez-vous au bureau de poste.

SALTEE ISLANDS
Sur les deux Saltee Islands, à 4 km au large de Kilmore Quay, se trouvent certains des plus vieux rochers d'Europe, datant d'au moins 2 milliards d'années. En outre, des fouilles suggèrent la présence d'un peuplement préceltique de 3 500 à 2 000 av. J.-C.

Antre des déserteurs et des contrebandiers à une époque plus récente, les îles constituent désormais l'une des réserves ornithologiques les plus importantes d'Europe. Elles renferment plus de 375 espèces recensées, essentiellement des fous de Bassan, des guillemots, des cormorans, des mouettes tridactyles, des macareux. La meilleure période pour les visiter est le printemps et le début de l'été, pendant la nidification. Dès que les oisillons savent voler, les oiseaux quittent leur refuge et, début août, tout redevient étrangement calme.

Pour rejoindre les îles, contactez des loueurs de bateaux locaux comme Dec Bates (☎ 053-29684, 087 252 9736), John Devereaux (☎ 053-29637, 087 292 6469) ou Dick Hayes (☎ 053-29704, 087 254 9111). Les bateaux partent du port depuis Kilmore Quay presque tous les jours en été vers 10h30 et reviennent vers 15h. Le nombre de traversées augmente parfois suivant la demande. L'accostage dépend de la direction des vents, mais la plupart des organisateurs savent la veille au soir s'il sera possible de toucher terre. La traversée dure 30 minutes, l'aller-retour revenant à 15,25 € si le bateau est plein et à 63,50 € si vous êtes seul.

Pour plus d'informations sur les îles, vous pouvez consulter *The Saltees, Islands of Birds and Legends* de Richard Roche et Oscar Merne (O'Brien Press).

HOOK PENINSULA ET SES ENVIRONS
☎ 051
Le sud-ouest du comté est dominé par la longue et étroite péninsule de Hook, qui se termine à Hook Head. La citation de Cromwell selon laquelle Waterford devait tomber "par Hook ou par Crooke" se référait aux seuls

points d'accostage permettant d'investir la région. Par beau temps, la promenade jusqu'au phare à la pointe de la péninsule en revenant par l'ouest jusqu'à Duncannon est agréable.

La région entre Kilmore Quay et Bannow, juste à l'est de la péninsule, regorge de ruines normandes. En effet, les Anglo-Normands foulèrent le sol irlandais pour la première fois au sud de Bannow Bay, à **Baginbun Head**. À Bannow Bay se dressent les remparts en terre recouverts par la végétation construits par les Normands lorsqu'ils arrivèrent. La **tour Martello**, en pierre, date du début des années 1800. L'estuaire abrite une riche faune ornithologique, composée de bernaches cravants, de chevaliers gambettes, de canards siffleurs et de sarcelles.

En allant vers Hook, une abbaye cistercienne du XIIe siècle, la **Tintern Abbey** (☎ 562650, Saltmills ; adulte/enfant 1,90/0,75 € visite guidée comprise ; juin-sept 9h30-18h), est installée dans un charmant décor rural, près du village de Saltmills. Fondée par William Marshall, comte de Pembroke, suite à un naufrage en mer dans lequel il faillit laisser la vie, elle fut baptisée du nom d'une autre abbaye dans le pays de Galles, d'où étaient originaires ses premiers moines. Pour vous y rendre, quittez la R734 à Saltmills dès que vous voyez le panneau pour l'abbaye. Un panneau à trois directions indique également les **Tintern Trails**, une marche de 3 kilomètres dans le domaine de l'abbaye et les terres environnantes.

Plus loin vers le sud en direction de la pointe, **Fethard-on-Sea** est le plus gros village de la région, qui recèle les ruines d'une église du IXe siècle et d'un château du XVe siècle. En raison de leur instabilité, vous ne pouvez vous promener dans les ruines. Un petit office du tourisme (☎ 397502), situé dans la rue principale, ouvre de 9h30 à 17h30 en semaine en juillet et août.

L'excursion jusqu'à **Hook Head** est charmante. Le sol est très plat et quelques maisons agrémentent le paysage ouvert. Par temps clair, le panorama s'élargit au nord par-delà les Blackstairs Mountains. À environ 2 km de la pointe, prenez à droite à l'intersection pour rejoindre le village de **Slade**, où les ruines d'un château dominent le port.

Plus au sud, Hook Head possède le **phare** le plus ancien d'Europe, peut-être du monde (☎ 397055 ; visites guidées 4,45/2,55 € ; mars-oct tlj 9h30-17h30). La légende raconte que des moines allumèrent un fanal à la pointe dès le Ve siècle et que les premiers envahisseurs vikings trouvèrent si utile cette lumière qui les guidait qu'ils les épargnèrent. Au XIIe siècle, un phare plus solide fut érigé par Raymond le Gros. Quelque 800 ans plus tard, le phare a conservé la même structure et a été habité jusqu'en 1996.

De jolis sentiers de **promenade** partent de chaque côté de la pointe qui se transforme en un superbe lieu tourmenté le soir venu. Méfiez-vous des giclées d'eau de mer qui jaillissent des trouées qui émaillent la côte ouest de la péninsule. Les calcaires carbonifères qui entourent le phare sont riches en fossiles. En cherchant bien, vous trouverez peut-être des coquillages vieux de 350 millions d'années et de petits morceaux de crinoïdes, sorte d'étoile de mer, en forme de disque. Hook Head est également un excellent point d'**observation des oiseaux**, où a été recensé le passage de plus de 200 espèces.

En revenant de l'autre côté de la péninsule, à quelque 5 km du phare, l'immense **Loftus Hall**, une demeure privée de sytle anglais, tranche sur le paysage. Autrefois, la Hook Peninsula toute entière appartenait au Loftus Estate.

Plus loin, au bord de la route menant à Duncannon, se dressent les ruines d'une **église médiévale**, juste en face du Templar's Inn (voyez Où se restaurer). Une croix du XIIIe siècle, sur laquelle est gravé un mouton, est installée à cet endroit. Appelée l'Agnus Dei., elle était associée aux Templiers auxquels Henri II accorda les terres environnantes en 1172.

Le village de **Duncannon** est une petite station balnéaire dotée d'une vaste plage de sable, gratifiée d'un drapeau bleu et jouissant d'une belle vue sur Waterford Harbour. À l'ouest se dresse **Duncannon Fort** (☎ 389454 ; adulte/enfant 2,55/1,25 € ; juin-sept 10h-17h30), en forme d'étoile, une forteresse érigée en 1586 sur le site d'une ancienne redoute normande afin de repousser les attaques de l'Invincible Armada. Le fort fut utilisé par l'armée irlandaise comme base d'entraînement durant la Grande Guerre.

À 4 km au nord de Duncannon, **Ballyhack** est toute l'année le point de départ des ferries pour Passage East dans le comté de Waterford (voyez *Passage East* plus loin dans ce chapitre). Dans le village s'élève un **château des Templiers** datant du XVe siècle (☎ 389468 ; tlj juin-sept 9h30-18h30).

Près du village de Campile, à environ 9 km au nord de Duncannon, sur la côte ouest de Hook Head, **Dunbrody Abbey**, aujourd'hui une magnifique ruine, fut édifiée vers 1170 par des moines cisterciens venus de Buildwas, dans le Shropshire en Angleterre. La majeure partie de la structure a survécu, nichée dans un labyrinthe de haies. Non loin, se dressent les vestiges du **Dunbrody Castle** (☎ 388603 ; *adulte/enfant/famille 1,90/1,25/5 € ; juill-août 10h-19h, avr juin et sept 10h-18h)*. Le site comporte une boutique d'artisanat et un petit musée. Un supplément est demandé pour la visite du **labyrinthe** *(adulte/enfant/famille 2,55/1,25/6,35 €).*

Où se loger

La plupart des logements sont regroupés à Fethard-on-Sea ou Arthurstown, mais quelques B&B offrent des chambres dans des lieux plus isolés. Les campeurs devront s'approvisionner avant de se rendre à 12 km au sud de Hook Head pour planter leur tente gratuitement près du rivage.

Fethard Camping & Caravan Park (☎ 397123 *Fethard-on-Sea; emplacement pour 2 pers 12,70 €)*. Ce parc est établi à l'extrémité nord de Fethard-on-Sea.

Ocean Island Caravan Park *(☎/fax 397148, Fethard-on-Sea ; tente et 2 pers 12,70 €)*. Ce parc situé à environ 1 km au nord de la ville dispose d'un magasin et d'une salle de jeux.

Arthurstown Hostel *(☎ 389411, Arthurstown ; lits en dortoirs 9,50 €)*, la seule auberge de jeunesse de la région, est installée à 1 km au sud de Ballyhack, sur la côte ouest de la péninsule.

Arthur's Rest *(☎ 389192, Arthurstown ; simples/doubles 31,75/57,20 €)*. Ce B&B jouit d'un emplacement agréable près du port.

Hotel Naomh Seosamh *(☎ 397129, Fethard-on-Sea ; à partir de 25 € par pers, petit déj compris)*. Ce petit hôtel donnant sur la rue principale est joliment décoré et très prisé le week-end.

Dunbrody Country House Hotel (☎ 389600, fax 389601, dunbrody@indigo.ie, www.dunbrodyhouse.com, Arthurstown ; mai-oct 95-160 € par pers, nov-avr 75-95 € par pers, petit déj inclus). Cet hôtel luxueux et primé est établi au cœur d'un fabuleux parc de 8 hectares.

Où se restaurer

Les pubs et les hôtels de Fethard-on-Sea constituent les principales possibilités de restauration dans la péninsule.

The Vine Cottage (☎ 397133, Saltmills). Situé sur la route de Tintern Abbey, ce pub est idéal pour déguster une bière et un en-cas.

The Village Kitchen (☎ 397460, Fethard-on-Sea ; 2,40-7,50 €). Ce petit café propose des sandwiches et des plats légers.

Templar's Inn (☎ 397162, Templetown ; 2,35-6,30 €). Ce restaurant populaire spécialisé dans les fruits de mer est bondé à l'heure du déjeuner. Essayez d'arriver tôt.

Dunbrody Country House Hotel (voyez Où se loger ; plats principaux 16-24 €). Ce superbe restaurant récompensé par un prix jouit d'un magnifique panorama.

Comment s'y rendre

Les dessertes de bus sont presque inexistantes dans cette région du Wexford. Le lundi et le jeudi, Bus Éireann, qui relie Wexford à Waterford, vous déposera à Fethard-on-Sea. Les bus quittent Wexford à 14h50. Les retours depuis Fethard-on-Sea s'effectuent à 11h26. Au moins un bus par jour effectue le trajet New Ross-Duncannon.

Si vous vous rendez à Waterford, la traversée en ferry entre Ballyhack et Passage East (10 minutes) permet d'éviter la longue route vers le nord *via* New Ross. Pour des détails sur les tarifs et les horaires, reportez-vous à *Passage East* dans la rubrique *Comté de Waterford* plus loin dans ce chapitre.

ENNISCORTHY

☎ 054 • 7 640 habitants

Enniscorthy (Inis Coirthaidh) est une charmante petite agglomération vallonnée sur les berges de la Slaney, en plein cœur du comté de

COMTÉ DE WEXFORD

Wexford, à 20 km au nord de Wexford. La ville fut le théâtre d'une des batailles les plus acharnées du soulèvement de 1798 (voir la rubrique *Histoire* dans le chapitre *Présentation*), lorsque des rebelles enlevèrent la bourgade et le château, puis établirent leur campement à Vinegar Hill. Le centre des visiteurs relate cet épisode à travers une évocation talentueuse.

Renseignements

L'office du tourisme (☎ 34699), dans le Castle and County Museum, ouvre de 10h à 13h et de 14h à 17h30 du lundi au samedi, de mi-juin à août, et de 14h à 17h30 le dimanche et les jours fériés le reste de l'année. La carte *Enniscorthy Town Trail* est gratuitement mise à votre disposition.

Une antenne de la Bank of Ireland est installée Abbey Square. La poste principale, au rez-de-chaussée de Castle Hill, Abbey Square, dispose d'un bureau de change. Le Café del Mar (☎ 38531), Castle Hill, propose un accès à Internet (1,25 € les 12 minutes). Platform 1 (voyez *Où se loger*) offre des connexions à ses clients (1,25 € les 10 minutes).

Enniscorthy Castle et Wexford County Museum

Enniscorthy possède un impressionnant château normand (☎ 35926, *wexmus@iol.ie, Castle St ; adulte/enfant 3,80/0,65 € ; juin-sept lun-sam 10h-13h/14h-18h et dim 14h-17h30, oct-nov et fév-mai 14h-17h30, déc-jan dim 14h-17h30)*. Cet imposant et bel édifice datant de 1205, flanqué de tours à chaque angle, demeura une résidence privée jusqu'en 1951.

Aujourd'hui, il abrite le Wexford County Museum, aux collections hétéroclites, qui nécessite d'être restauré. Le premier étage couvre principalement l'histoire du XXe siècle et montre d'intéressants objets issus du soulèvement de Pâques 1916, mais aussi de celui de 1798. Le dernier étage présente parmi des toiles d'araignées et des tableaux abîmés une exposition sur les activités sportives, l'agriculture et l'histoire maritime de la région.

1798 Visitor Centre

En 1998, surpassant le château, le lieu le plus visité de la ville fut ce tout nouveau centre des visiteurs (☎ 37596, fax 37198, *98com@iol.ie, Mill Park Rd ; adulte/enfant 5,10/3,20 € ; lun-sam 9h30-18h et dim 11h-18h, dernière entrée à 17h)*. Dédiée au bicentenaire du soulèvement réprimé de Wexford contre la domination britannique en Irlande, cette commémoration laisse peu de place à l'imagination. Des écrans interactifs complets et des documents audiovisuels soulignent les circonstances et les événements entourant la rébellion, de même que le destin tragique des rebelles, pour la plupart massacrés en toute impunité par les forces de la Couronne. Cet excellent musée, qui serait le meilleur d'Irlande, mérite son droit d'entrée. Depuis Abbey Square, suivez Mill Park Rd pendant environ 5 minutes, puis prenez la première à droite après l'école.

St Aidan's Cathedral

Cette impressionnante église catholique fut conçue et érigée en 1846 par Augustus Pugin, passionné par l'architecture gothique de la fin du XIIIe siècle et du début du XIVe siècle. Fils d'un immigrant français, il fut aussi chargé de dessiner les Houses of Parliament (Chambres du Parlement) à Londres.

Vinegar Hill

À 2 km au sud-est de la ville, pendant le soulèvement de 1798, un groupe de rebelles établit son campement à Vinegar Hill après s'être emparé de la ville. Au bout de 30 jours, ils furent contraints de se rendre aux forces royales. Un mémorial occupe le sommet d'où l'on bénéficie de belles vues sur la Slaney et la campagne environnante. Pour vous y rendre, suivez le panneau indiquant "Vinegar Hill 2km" depuis Templeshannon, sur la rive est du fleuve. Ne vous fiez pas au panneau mentionnant le golf et la Country House. Comptez environ 30 minutes.

Activités

L'**Enniscorthy Golf Club** (☎ 33191, *New Ross Rd ; 25/34 € en semaine/week-end)* est installé à 2,4 km au sud-ouest de la ville.

Le **Slaney Canoe Hire** (☎ 34526 ; *canoë 63,50 € par jour)* peut mettre à votre disposition un canoë canadien de la meilleure facture à l'endroit de la berge qui vous convient.

Des randonnées guidées dans la ville

(1 heure, au moins 5 personnes) en anglais et en français sont proposées par **Castlehill Crafts & Tours** (☎ *36800, fax 36628, Castle Hill ; 3,80 €*), près du Café del Mar.

La Slaney offre de nombreux et excellents lieux de pêche. **Cullens** (☎ *33478, 14 Templeshannon*) loue du matériel et délivre des permis.

Festivals

Enniscorthy organise une Strawberry Fair fin juin-début juillet. À cette occasion, les pubs élargissent leurs horaires d'ouverture et vous dégusterez des fraises à la crème. Pour obtenir les dates exactes et plus de renseignements, composez le ☎ 21688.

Le Blackstairs Blues Festival (☎ 35364), qui s'étend sur un week-end en septembre, attire des artistes et des amateurs du monde entier.

Où se loger

Platform 1 (☎ *37766, fax 37769, plat@indigo.ie, Railway Square ; lits en dortoirs 10,15/12,70 €, simples et doubles à lits jumeaux 17,80/20,35 € par pers en basse/haute saison*). Nous vous recommandons chaudement cette auberge propre, vaste et très bien tenue, dotée d'une salle de billard et d'un salon de TV. Le personnel vous aidera à vous repérer en ville.

PJ Murphy's (☎ *33522, 9 Main St ; simples/doubles à partir de 22,90/40,65 €*). Installées au-dessus du bar, les chambres sont petites mais suffisamment confortables pour le prix.

Castle Hill House (☎ *37147, 2 Castle Hill ; 25 € par pers*). Cet établissement offre le meilleur choix avec ses chambres décorées avec goût, son atmosphère chaleureuse et ses hôtes accueillants et serviables.

Lemongrove House (☎ *36115, Blackstoops ; simples/doubles 31,75/55,90 €*). Une charmante maison de campagne, située à 1 km au nord de la ville, sur la N11. En général, les tarifs baissent un peu en hiver.

Treacy's Hotel (☎ *37798, fax 37733, info@treacyshotel.com, Templeshannon ; simples 44-57 €, doubles 89-100 €*). Installé juste après l'Enniscorthy Bridge en venant du centre-ville, cet établissement

sympathique est un peu surévalué, mais le service est impeccable.

Murphy Flood's Hotel (☎*/fax 33413, Main St ; simples/doubles 44,50/76,25 € petit déj inclus*). Cet hôtel jouit d'un emplacement très pratique juste à côté de Market Square.

Où se restaurer

De Olde Bridge (☎ *33917, 2 Templeshannon ; en-cas 2,50-3,80 €, repas 5,70-7,50 € ; tlj 8h30-18h*). Un établissement idéal où déguster sandwiches, pâtes et curries.

The Cozy Kitchen (☎ *36488, 11 Rafter St ; repas 4,80-6,30 € ; lun-sam 9h-18h*). Ce restaurant-traiteur populaire sert une cuisine saine et des plats végétariens.

Galo Chargrill Restaurant (☎ *38077, 19 Main St ; mar-dim 12h-15h/18h-23h*). Des effluves appétissants émanent de ce restaurant qui prépare des pâtes et des plats végétariens.

Pour vous ravitailler, essayez le **Pettitt's Supermarket** sur Duffey Hill.

Où sortir

Enniscorthy possède de nombreux pubs. La rive est du fleuve, notamment le long de Templeshannon, concentre la majorité des établissements attirant une clientèle jeune.

Antique Tavern (☎ *33428, 14 Slaney St*). Cette petite taverne à colombages est un endroit idéal pour savourer une bière, mais l'accès est refusé aux "bandits et tricheurs de cartes".

The White House (☎ *33096, Templeshannon*). Petite mais accueillante, elle est installée à proximité de l'auberge de jeunesse. Des concerts ont lieu tous les week-ends d'été et tous les dimanches.

The Old House (☎ *36086, 6 Templeshannon*). Ici, des groupes de musiciens se produisent en semaine et une boîte de nuit ouvre le week-end.

The Tavern (☎ *33016, 5 Templeshannon*). Ce pub douillet, doté d'une cheminée, n'est pas aussi vivant que The Old House avoisinant.

Slaney Plaza (☎ *37066, Templeshannon*). Ce cinéma programme des séances quotidiennes (5,10 € la place).

COMTÉ DE WEXFORD

Achats

La région d'Enniscorthy est un centre de poterie réputé depuis le XVIIe siècle. L'office du tourisme diffuse gratuitement le guide du circuit des poteries.

Forestwood *(☎ 051-424844, Clonroche)* et **Carley's Bridge Potteries** *(☎ 33512, Enniscorthy)*, fondé en 1694, sont situés sur la route de New Ross.

Badger Hill Pottery *(☎ 35060, Enniscorthy)* est installé plus loin sur la même route, tandis que **Kiltrea Bridge Pottery** *(☎ 35107, Enniscorthy)* est établi au nord-ouest du centre-ville.

Comment circuler

Bus. Les bus de la compagnie Bus Éireann s'arrêtent à Templeshannon Quay sur la rive est du fleuve, devant la Bus Stop Shop. Neuf bus quotidiens partent environ toutes les deux heures pour Dublin (10,15 €, 2 heures), Wexford (4,25 €, 1 heure) et Rosslare Harbour (6,75 €, 1 heure).

Train. La gare ferroviaire (☎ 33488) est sur la rive est du fleuve. Enniscorthy se trouve sur la ligne qui relie Dublin (14,60 €, 2 heures 30) à Rosslare Harbour (8,90 €, 1 heure) *via* Wexford (5,70 €, 30 minutes). Tous les jours, trois trains circulent dans chaque direction.

MT LEINSTER

Bunclody, à la frontière du comté de Carlow à 16 km au nord-ouest de Ferns, constitue un bon point de départ pour effectuer l'ascension du Mt Leinster, la plus haute montagne des Blackstairs, culminant à 796 m. Si vous désirez vous rendre au sommet en voiture, empruntez la route de Borris à la sortie de Ferns sur 8 km, puis tournez à droite au panneau indiquant South Leinster Scenic Drive et continuez jusqu'au pylône de radio installé tout en haut. Soyez prudent au cours des derniers kilomètres car la route étroite n'est pas protégée et longe des ravins abrupts. Veillez aussi au passage des moutons. Par beau temps, vous apercevrez en partie les comtés de Waterford, Carlow, Kilkenny et Wicklow.

Comté de Waterford

Le comté de Waterford, sur la pointe sud-est de l'Irlande, allie les côtes sablonneuses et la campagne plate typiques du Wexford aux paysages plus escarpés du comté de Cork. Si la ville de Waterford n'offre aucun attrait, les jolies villes côtières de Dunmore East, Tramore et Dungarvan ne manquent pas de charme. L'intérieur des terres présente nombre d'atouts, et il est très agréable de sillonner la Nire Valley, dépression creusée entre les Comeragh et Monavullagh Mountains. Plus à l'ouest, vous découvrirez les villes historiques de Lismore et Cappoquin, bordant la River Blackwater.

Au sud de Dungarvan, dans le sud-ouest du comté, l'aire comprise entre An Rinn et Ardmore est un Gaeltacht (région de langue gaélique) cultivant un particularisme local.

WATERFORD
☎ 051 • 44 155 habitants

Waterford (Port Láirge) est avant tout une ville et un port de commerce. L'estuaire de la River Suir est suffisamment profond pour permettre l'accostage de grands navires modernes. Le port est l'un des plus actifs d'Irlande. Malheureusement, la rive nord du fleuve est défigurée par le développement industriel.

Waterford, habitée depuis 914, est la plus vieille cité d'Irlande. Certaines parties de la ville conservent un aspect médiéval avec leurs ruelles étroites entrecroisées de rues plus larges. La Reginald's Tower témoigne de la présence passée des Vikings. Par ailleurs, la ville compte de charmantes maisons de style georgien et quelques belles bâtisses de commerce. Toutefois, dans l'ensemble, c'est une ville plutôt laide et sale qui offre peu d'intérêt hormis quelques sites. Sur les quais est installé l'immense parking de la gare routière.

Histoire

Au VIIIe siècle, les Vikings s'installèrent sur un site en bordure du fleuve appelé Port Láirge, qu'ils rebaptisèrent Vadrafjord. Des fouilles récentes indiquent que la ville fut fondée en 914 et devint rapidement un poste d'approvisionnement prospère. Afin de ren-

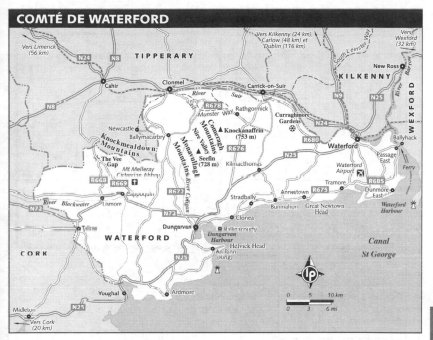

COMTÉ DE WATERFORD

forcer leur présence, les Vikings adoptèrent une attitude féroce à l'égard des populations natives, faisant de leur ville la plus puissante et la plus redoutée de tout le pays. Toutes les tribus locales leur versaient un impôt, appelé Airgead Sróine (l'argent du nez) depuis que les Vikings mutilaient ceux qui ne s'acquittaient pas de cette taxe.

L'importance stratégique de Waterford associa le plus souvent son destin à celui de l'île. En 1170, une armée de Vikings et d'Irlandais fut vaincue par les envahisseurs Anglo-Normands, et 70 éminents citoyens furent précipités dans la mer à la pointe de Baginbun Head. La même année, la ville fut assiégée par Strongbow, qui parvint à briser une défense désespérée.

En 1210, le roi Jean étendit les remparts de la cité viking, faisant de Waterford la ville la plus puissante d'Irlande et un centre de commerce important. Au XVe siècle, elle résista aux forces de deux prétendants à la Couronne britannique, Lambert Simnel et Perkin Warbeck, ce qui lui valut la devise *Urbs intacta manet Waterfordia* (La cité de Waterford demeure invaincue).

La ville défia Cromwell en 1649, mais elle se rendit finalement en 1650. Bien que les habitants eussent échappé au massacre coutumier, de nombreuses exactions avaient été commises et la population déclina. Les catholiques furent exilés à l'ouest, ou déportés comme esclaves dans les Caraïbes.

Orientation

Waterford est située en bordure de l'estuaire de la Suir, à 16 km de la côte. La principale rue commerçante s'étend vers le sud depuis le fleuve. Appelée à l'origine Barronstrand St, elle porte successivement les noms de Broad St, Michael St et John St, avant de croiser Parnell St. Cette dernière remonte vers la Suir en direction du nord-est, devenant The Mall en chemin. La majorité des quartiers touristiques et commerçants sont regroupés dans ce triangle.

WATERFORD

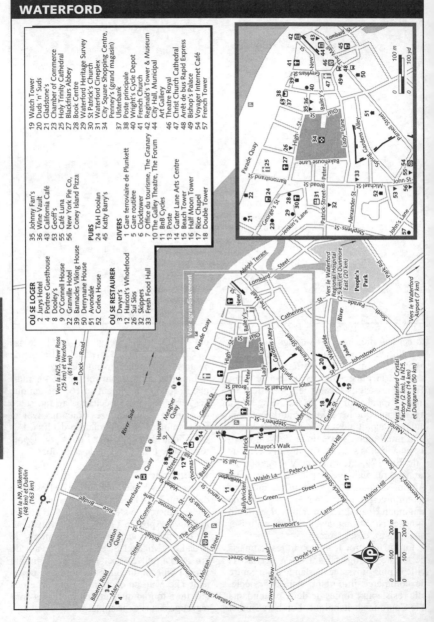

OÙ SE LOGER
2 Jurys Hotel
4 Portree Guesthouse
9 O'Connell House
22 Granville Hotel
39 Barnacles Viking House
50 Derrynane House
51 Avondale
52 Corlea House

OÙ SE RESTAURER
3 Dwyer's
12 Haricot's Wholefood
26 Sui Silos
32 Skippers
33 Fresh Food Hall

35 Johnny Fan's
36 Wine Vault
43 California Café
53 Geoff's
55 Café Luna
56 New York Pie Co,
     Coney Island Pizza

PUBS
24 T&H Doolan
45 Katty Barry's

DIVERS
1 Gare ferroviaire de Plunkett
5 Gare routière
6 Clocktower
7 Office du tourisme, The Granary
10 The Galley Theatre, The Forum
11 BnB Cycles
13 Poste
14 Garter Lane Arts Centre
15 Beach Tower
16 Half Moon Tower
17 Rice Chapel
18 Double Tower

19 Watch Tower
20 Duds 'n' Suds
21 Gladstone's
23 Chamber of Commerce
25 Holy Trinity Cathedral
27 Blackfriars Abbey
28 Book Centre
29 Waterford Heritage Survey
30 St Patrick's Church
31 Waterford Cineplex
34 City Square Shopping Centre,
     Penney's (grand magasin)
37 Ulsterbank
38 Poste principale
40 Wright's Cycle Depot
41 French Church
42 Reginald's Tower & Museum
44 City Hall, Municipal
     Art Gallery
46 Theatre Royal
47 Christ Church Cathedral
48 Arrêt de bus Rapid Express
49 Bishop's Palace
54 Voyager Internet Café
57 French Tower

Renseignements

Offices du tourisme. L'office du tourisme
(☎ 875788, fax 877388) se trouve dans The
Granary sur Merchant's Quay, ouvre de 9h
à 18h du lundi au samedi et de 11h à 17h le
dimanche d'avril à septembre, de 9h à 13h et
de 14h à 17h en semaine le reste de l'année.

Argent. Plusieurs banques jalonnent The
Quay. Ulsterbank dispose d'un distributeur
et d'un bureau de change.

Poste et communications. La poste
principale, sur Parade Quay, a une annexe
dans O'Connell St. Dans Parnell Court, en
retrait de Parnell St, Voyager Internet Café
(☎ 843843) permet de se connecter tous les
jours de 11h à 23h.

Librairies. L'excellent Book Centre, dans
Barronstrand St, installé sur trois étages, vend
disques et livres (y compris quelques journaux
et magazines étrangers) et dispose également
d'un café. Gladstone's, dans Gladstone St,
propose des livres de poche d'occasion.

Laveries. Duds 'n' Suds, 6 Parnell St,
petite laverie dotée d'un café rudimentaire,
ouvre du lundi au samedi de 8h30 à 20h.

Services médicaux. Le Waterford Regional Hospital (☎ 873321) se trouve à St John's
Hill, à 2,5 km au sud-est du centre-ville.

Toilettes. Des toilettes publiques sont installées sur Merchant's Quay, près de la gare
routière, mais aussi plus bas à côté de la
Clocktower.

Reginald's Tower

Le vestige le plus intéressant des remparts
reste la Reginald's Tower, à l'extrémité
nord du Mall, érigée au XIIe siècle par les
Normands sur l'emplacement d'une tour
viking en bois. Avec ses murs de 3 à
4 mètres d'épaisseur, elle constituait la fortification clé de la ville.

Au fil des ans, la tour abrita l'hôtel des
Monnaies, l'arsenal et la prison. Elle servit
de résidence "sûre" à de nombreux
membres de la famille royale en visite à
Waterford, dont Richard II, Henri II et
Jacques II, lequel jeta un dernier regard sur
l'Irlande depuis cette tour avant de partir en
exil pour la France.

Le **musée de la tour** (☎ 873501, The
Quay ; adulte/enfant 1,90/1,25 € ; lun-ven
10h-17h, Pâques-oct sam-dim 14h-18h)
regroupe plusieurs expositions. L'une
d'elles présente des objets liés à l'un des
plus célèbres fils de Waterford, Thomas
Francis Meagher (1823-1867), un jeune
chef irlandais qui fut capturé pour son rôle
dans le soulèvement de 1848 et envoyé dans
une colonie pénitentiaire en Australie. Meagher s'en échappa et s'enfuit aux États-Unis
où il devint gouverneur du Montana.

Derrière la tour, un pan de l'**ancien rempart** fait partie du bar-restaurant Reginald's.
Les deux arches formaient une sortie permettant aux bateaux d'atteindre facilement
le bras de mer qui longe la muraille.

The Mall

The Mall est une large voie du XVIIIe
siècle, ouverte depuis le fleuve sur un terrain conquis en 1735 sur les eaux de la
marée haute le long des remparts. Le **City
Hall** fut édifié en 1788 par l'architecte local
John Roberts. Un splendide lustre en cristal
de Waterford est suspendu dans la salle du
Conseil (une réplique est conservée dans
l'Independence Hall de Philadelphie aux
États-Unis). Dans le City Hall est installée
la **Municipal Art Gallery**, qui autorise uniquement des visites guidées ponctuelles
(pour plus d'informations, composez le
☎ 873501, extension 489).

Construit également par John Roberts, le
Theatre Royal est le théâtre du XVIIIe
siècle le mieux préservé d'Irlande.

Les travaux de l'austère **Bishop's Palace**
débutèrent en 1741, après la démolition
d'une partie des fortifications. Cette résidence, qui figure parmi les plus raffinées
d'Irlande, fut conçue par Richard Cassels
(ou Castle), architecte de la Powerscourt
House dans le comté de Wicklow, de la
Westport House dans le comté de Mayo, de
la Leinster House et du Rotunda Hospital à
Dublin. Le Bishop's Palace regroupe désormais des bureaux d'ingénierie.

COMTÉ DE WATERFORD

Waterford Treasures

The Granary, qui abrite l'office du tourisme, présente une **exposition** consacrée au patrimoine local (☎ *304500 ; adulte/enfant 5,10/2,55 € ; juin-août 9h30-21h, sept et mai 9h30-18h, 10h-17h le reste de l'année*). Autrefois entrepôt de céréales, cet édifice fut magnifiquement reconverti en un musée étincelant de métal et de verre qui lui donnent un air futuriste. L'exposition, également fascinante, rassemble une riche collection de trésors millénaires, notamment des objets vikings. Des documents audiovisuels et des présentations interactives sont proposées aux visiteurs.

Christ Church Cathedral

Derrière le City Hall fut érigée la seule cathédrale de style georgien néoclassique d'Europe, la **Christ Church Cathedral** (☎ *874119, Cathedral Square ; dons*). Elle fut imaginée par John Roberts et construite sur le site d'une église viking du XIe siècle. Lorsque la cathédrale médiévale fut détruite, on découvrit une remarquable collection d'habits sacerdotaux de prêtres italiens datant du XVe siècle.

Ne manquez pas le tombeau de James Rices, sept fois lord-maire de Waterford, qui décéda en 1469 et est représenté en état de décomposition avec des vers et des grenouilles rampant hors de son corps. La cathédrale conserve également plusieurs bibles rédigées en irlandais.

Le plus souvent, quelqu'un pourra vous accompagner pour une visite guidée si vous le souhaitez.

French Church

Les ruines d'une église française érigée en 1240 par des moines franciscains (Grey Friars) se dressent dans Greyfriars St. Après la dissolution des monastères, elle fut transformée en hôpital, puis fut occupée par les réfugiés huguenots français entre 1693 et 1815. Vous pouvez demander la clé de l'église de l'autre côté de la route, au 5 Greyfriars St.

Waterford Crystal Factory

La première fabrique de cristal de Waterford fut établie à l'extrémité est des quais en 1783, mais elle ferma en 1851 en raison de taxes prohibitives imposées sur les matières premières par le gouvernement britannique. Le travail ne reprit qu'en 1947 et la fabrique actuelle ouvrit en 1971. Aujourd'hui, elle emploie 1 600 ouvriers, dont des souffleurs et des graveurs très habiles ayant appris leur métier durant huit à dix ans.

Le **centre des visiteurs** (☎ *373311, Cork Rd ; adulte/enfant 5,70 €/gratuit ; avr-oct 8h30-16h*) est installé à 2 km au sud du centreville. D'avril à octobre, vous pouvez vous promener seul dans la fabrique et demander des explications aux ouvriers. En juillet et août, des visites guidées gratuites ont lieu toutes les 10 minutes (toutes les 20 minutes entre 9h et 16h le reste de l'année).

En été, vous pouvez acheter votre billet à l'avance auprès de l'office du tourisme afin d'éviter les longues files d'attente. Vous aurez accès à la Crystal Gallery et au **café** où vous pourrez déjeuner ou prendre le thé.

Circuits organisés

Des **marches guidées** (☎ *873711, 851043*) partent du Granville Hotel sur Meagher Quay à 12h et 14h ou depuis The Granary à 11h45 et 13h45, tous les jours de mars à octobre (5,10 €, 1 heure).

Le **Galley Cruising Restaurant** (☎ *421723*) propose des croisières entre Pâques et septembre (2 heures). Le bateau part pour le déjeuner à 12h (17,80 €), pour le thé à 15h (10,15 €) et le dîner à 19h (32 €). Les tarifs sont moins élevés si vous ne prenez pas de repas ni de boissons.

Festivals

Le Light Opera Festival de Waterford a lieu en septembre et en octobre. Il est moins onéreux et plus facilement accessible que le Wexford Festival Opera, mais il est conseillé de réserver. Pour de plus amples détails, contactez le Theatre Royal (☎ *874402*), The Mall, Waterford.

Où se loger

La fréquence des bus pour Tramore (voyez plus loin dans ce chapitre) vous permet de séjourner dans cette localité et d'effectuer le trajet tous les jours si vous ne trouvez pas d'hébergement à Waterford.

Auberges de jeunesse et B&B. Pour une agglomération accueillant autant de touristes, Waterford manque désespérément de bons B&B dans le centre-ville. Où que vous logiez, le bruit de la circulation reste omniprésent.

Barnacles Viking House (☎ *853827, fax 871730, viking@barnacles.iol.ie, Coffee House Lane, Greyfriars, The Quay ; lits en dortoirs 10,15/12,70 €, doubles avec sdb 19,70/22,25 € en basse/haute saison, petit déj inclus*). Cette auberge moderne, sans âme, est située dans la vieille ville. Vous trouverez porte close entre 12h et 15h.

Avondale (☎ *852267, 2 Parnell St ; simples/doubles 44,50/63,50 €*). Cet établissement se décrit lui-même comme une demeure de luxe.

Portree Guesthouse (☎ *874574, Mary St ; simples/doubles à partir de 35,60/58,45 €*). Installé dans une jolie maison georgienne dans un quartier calme, ce B&B est l'un des meilleurs du centre-ville.

O'Connell House (☎ *874175, 3 O'Connell St ; 25,40 € par pers*). Cet établissement offre un bon rapport qualité/prix.

Derrynane House (☎ *875179, 19 The Mall ; simples/doubles 21,60/43,20 €, supp 1,25 € avec sdb*). Les chambres de cette ravissante maison de la fin de l'époque georgienne sont rudimentaires, mais propres et spacieuses.

Corlea House (☎ *875764, 2 New St ; simples/doubles 25/43 € avec petit déj*). Très ordinaire, ce B&B d'un très bon rapport qualité/prix est situé dans le centre-ville à proximité de bons cafés et bars.

Hôtels. Waterford compte plusieurs hôtels convenables.

Granville Hotel (☎ *305555, fax 305566, stay@granville-hotel.ie, Meagher Quay ; simples/doubles à partir de 89/140 €*). Cet hôtel luxueux est très bien situé à proximité de The Granary.

Le **Dooley's** (☎ *873531, fax 870262, hotel@dooleys-hotel.ie, Merchant's Quay ; simples/doubles 76/140 €*) offre un bon rapport qualité/prix et de jolies chambres spacieuses.

Jurys Hotel (☎ *832111, fax 832863, waterford-hotel@jurysdoyle.com, Dock Rd, Ferry bank ; simples/doubles à partir de 82/108 €*). Ne vous fiez pas à l'aspect extérieur de cet hôtel, installé sur la berge en face de la ville, bien plus attrayant à l'intérieur, avec de magnifiques vues sur Waterford et le port.

Où se restaurer

Restaurants. Waterford ne manque pas de restaurants corrects.

Johnny Fan's (☎ *879535, High St ; plats principaux 12-22 €*). Un peu onéreux, cet excellent restaurant chinois propose aussi un menu "happy hour", entre 17h et 18h45, composé de trois plats (16,45 €).

Le **Wine Vault** (☎ *853444, High St ; repas légers 5,70-9,50 €*) offre un bon rapport qualité/prix. Essayez l'escalope de bœuf aux épinards sur du pain "maison" avec une salade de pommes de terre chaude (8,25 €).

Dwyer's (☎ *77478, 8 Mary St ; plats principaux 20-23)* sert l'une des meilleures cuisines irlandaises modernes de la ville. Vous pourrez déguster entre 18h et 19h un menu de trois plats (22,25 €).

Cafés et fast-foods. Les cafés sont la meilleure solution pour se restaurer en ville. Michael St et John St sont les rues les plus intéressantes à explorer.

California Café (☎ *855525, 8 The Mall ; repas 4,75-5,40 €*). Cet établissement simple est autorisé à servir de l'alcool et prépare des plats tex-mex et une cuisine typique du sud-ouest des États-Unis et de Los Angeles.

Le **Geoff's** (☎ *874787, 9 John St ; repas légers 2,50-7 €*), toujours bondé, vous régalera essentiellement de panini, de sandwiches et de plats aux influences mexicaines.

Café Luna (☎ *843439, 53 John St ; repas légers et en-cas 5-10 € ; jeu-dim jusqu'à 3h*). Cet endroit à la mode, très apprécié des étudiants, sert un succulent café.

Haricot's Wholefood (☎ *841299, 11 O'Connell St ; repas 7-9 €, plats du jour au déj 5,70 € ; lun-ven 10h-20h, sam 10h-17h45*). Doté d'une licence, il mitonne des plats végétariens. Goûtez la tarte à l'églefin fumé au bois de chêne avec une salade de pommes de terre (8,85 €).

Suí Síos (☎ *841063, 54 High St ; repas légers 5-7 €*). Ce charmant petit café propose des salades, des sandwiches, un petit déjeuner et un délicieux café.

Coney Island Pizza *(☎ 850200, 14 John St ; pizzas 7,10-11,40 €)*. Les livraisons à domicile sont gratuites.

New York Pie Co. *(☎ 304204, 17 John St ; pies 2-5,40 € ; mer-sam 12h-3h, dim 17h-3h)*. À la carte figurent plus de tartes et de hot dogs que vous ne pouvez l'imaginer.

Skippers *(☎ 872942, 46 Patrick St ; encas 1,60-4,30 €)*. Ce fish and chip propose aussi des burgers.

Fresh Food Hall *(☎ 870865, 37 Michael St)*. Ce traiteur dispose d'un vaste choix de sandwiches et d'en-cas.

Où sortir

Pubs. La vie nocturne de Waterford est essentiellement animée par les étudiants venus de tout le pays suivre les cours de l'université technique locale. Les grandes soirées ont lieu le week-end, de nombreux pubs accueillant des groupes et les boîtes de nuit ne fermant que vers 4h du matin. La plupart des discothèques sont regroupées à la jonction de Parnell St, John St et John's Lane.

Katty Barry's *(☎ 855095, Mall Lane)*. La rumeur court que ce petit établissement sombre et amical dispense la meilleure Guinness de la région.

T&H Doolan *(☎ 872764, 31 George's St)*. Le vénérable T&H Doolan est adossé à un rempart millénaire. Sinead O'Connor se produisait ici avant d'être célèbre. Des concerts ont lieu presque tous les soirs.

Geoff's *(voyez Où se restaurer)*. Geoff's, l'un des bars les plus branchés de la ville, est situé à l'endroit où John St devient Michael St.

Théâtres et cinémas. Waterford offre une multitude de possibilités de découvrir ces deux arts.

Garter Lane Arts Centre *(☎ 855038, 22a O'Connell St; lun-sam 10h-18h)*. Installé dans un édifice du XVIIIe siècle, ce théâtre propose des films, des expositions, des séances de poésie et des pièces.

The Galley Theatre *(☎ 871111, The Glen)*, dans The Forum, affiche des pièces presque tous les soirs.

City Hall *(☎ 875788, The Mall)*. Le *Waterford Show* de 90 minutes combine musique, danse et vin dans un programme qui retrace l'histoire de la ville. Il est donné à 20h45 le jeudi, le vendredi et le dimanche, de mai à septembre. Les places (8,90 €) peuvent être réservées à l'office de tourisme, à la Waterford Crystal Factory ou au City Hall.

Waterford Cineplex *(☎ 74595, Patrick St)*. Ce complexe de cinq salles programme les films dès leur sortie.

Comment s'y rendre

Avion. Le Waterford Airport (☎ 875589) est situé à 7 km au sud de la ville, à Killowen. Euroceltic Airways (réservations au ☎ 875020) propose deux vols quotidiens pour l'aéroport Luton de Londres (à partir de 87 € l'aller simple).

Bus. Le terminal Bus Éireann (☎ 879000) se trouve sur les berges à Merchant's Quay. De nombreux bus quotidiens partent pour Dublin (10,15 €), Cork (12,70 €), Wexford (9,80 €), Killarney (17,15 €) et Dungarvan (7,35 €).

Rapid Express Coaches (☎ 872149) à Parnell Court, Parnell St, assure des services entre Waterford et Dublin *via* Dungarvan et Carlow (10,15 €, au moins huit par jour).

Suirway (☎ 382209) propose quatre bus quotidiens du lundi au samedi pour Dunmore East (2,30 €, 30 minutes) et Passage East (2,15 €, 30 minutes). Les bus rouge et blanc partent des berges, à côté du terminal Bus Éireann.

Train. Depuis la gare ferroviaire de Plunkett (☎ 873401), sur la rive nord du fleuve, cinq trains quotidiens rejoignent Dublin (17,15 €, 3 heures) *via* Kilkenny (10,15 €, 45 minutes), Limerick (22,90 €, 3 heures, deux par jour) et Rosslare Harbour (12,10 €, 1 heure 20, deux par jour). Les trains pour Cork (22,90 €, 3 à 5 heures, quatre par jour) passent par Liemrick Junction. Une consigne est disponible à la gare (1,25 € par bagage pour 24 heures).

Comment circuler

Aucun bus ne dessert l'aéroport. Un taxi (☎ 877773) revient à environ 12,70 €.

Des parcmètres (0,65 € l'heure) jalonnent le centre-ville et des parkings payants bordent les quais, mais aussi The Glen à l'ouest du centre-ville.

Des stations de taxis sont installées à la gare ferroviaire de Plunkett et devant le grand magasin Penney's, au City Square Shopping Centre.

Wright's Cycle Depot (☎ 874411), Henrietta St, loue des bicyclettes Raleigh (2,70/50 € par jour/semaine), de même que BnB Cycles (☎ 870356), 22 Ballybricken Green.

PASSAGE EAST

À 11 km à l'est de Waterford, *via* la route côtière, Passage East, avec son petit port et ses cottages couverts de chaume, se niche au cœur d'un paysage vallonné. Le ferry de Passage East à Ballyhack constitue un raccourci pratique entre les comtés de Wexford et de Waterford. La compagnie de ferry (☎ 051-382480) propose un service continu de 7h à 22h d'avril à septembre, et de 7h20 à 20h le reste de l'année. Le dimanche et les jours fériés, les premiers bateaux partent à 9h30. La traversée demande 10 minutes (5,60/8,25 € aller simple/aller-retour pour une voiture, 1,25/1,90 € pour les passagers à pied et 2,55/3,20 € pour les cyclistes). Les billets de retour n'ont pas de limite de validité.

Les bus Suirway (☎ 051-382422) assurent deux liaisons quotidiennes du lundi au vendredi et quatre le samedi de Waterford vers Passage East (2,15 €, 30 minutes).

DUNMORE EAST

☎ 051 • 1 500 habitants

Dunmore East (Dún Mór), un ravissant village de pêcheurs, tire son charme de ses falaises de grès rouge et de ses petites criques. Si la rue principale est bordée de cottages aux toits de chaume, les édifices plus imposants, tels que le Haven Hotel, accueillaient autrefois de riches familles de commerçants qui avaient élu domicile au village au début du XIXe siècle.

Le port est surplombé par un **phare dorique** insolite, érigé en 1823. À cette époque, le bourg constituait une halte pour les vapeurs qui transportaient le courrier entre l'Angleterre et le sud de l'Irlande.

Les bruyantes mouettes tridactyles édifient leurs nids dans les falaises entourant le port. Les **plages** les plus prisées sont Counsellor's Beach, face au sud, au beau milieu

des falaises, et Ladies Cove, dans le village. Située à seulement 20 km de Waterford et très appréciée pour une escapade d'une journée, la bourgade connaît une intense animation l'été, mais aussi le week-end tout au long de l'année.

Où se loger

Creaden View (☎ 383339, *Harbour Rd ; simples/doubles 32/50 €*). Cet excellent B&B dispose de chambres avec vue sur la mer. Renseignez-vous auprès de la direction.

Church Villa (☎ 383390, *fax 383023, churchvilla@eircom.net ; simples/doubles 32/50 €*). Nichée dans la rangée de cottages établie près de The Ship (voyez *Où se restaurer*), cette villa comporte des chambres impeccables et douillettes.

Haven Hotel (☎ 383150, *fax 383488, Harbour Rd ; simples/doubles 57/89 € petit déj inclus*). Cette demeure victorienne imposante affiche des tarifs surévalués pour ses chambres ordinaires et délabrées, mais le salon-bar est agréable.

Candlelight Inn (☎ 383215, *fax 383289, Harbour Rd ; 32/44 € par pers nov-mars/avr-oct*). Cet endroit est idéal pour les familles avec sa salle de billard, son bar à pizzas, sa piscine, sa boîte de nuit et ses animations, mais les chambres auraient besoin d'être rénovées.

Où se restaurer

The Bay Café (☎ 383900, *Harbour Rd ; encas et plats 1-7,50 € ; tlj 9h-18h*). Vous dégusterez ici des sandwiches et des plats plus consistants tels que des burgers, des lasagnes et des tartes.

The Ship (☎ 383141, 383144, *Harbour Rd ; plats principaux 17-20 € ; déj tlj juin-août, mar-sam avr-oct et dim le reste de l'année, dîner tlj avr-oct et mar-sam nov-mars*). Ce bar-restaurant sert de succulents fruits de mer dans un décor tout simple.

Strand Inn (☎ 383174, *Ladies Cove ; dîner environ 25 €; 12h30-14h30/19h-22h*). Surplombant Ladies Cove, cet établissement est spécialisé dans les fruits de mer. Les plats au bar sont très corrects si vous disposez d'un budget limité.

Anchor Bar (☎ 383133, *Ladies Cove ; repas au bar 6,35-10,15 €*). Très apprécié des groupes d'amis et des jeunes couples, ce bar accueille des groupes musicaux presque tous les week-ends.

Power's Bar *(☎ 383318, Dock Rd)*. Un lieu intime et sympathique pour prendre un verre.

Comment s'y rendre

Suirway (☎ 382422) propose quatre bus par jour du lundi au samedi de Waterford à Dunmore East (2,30 €, 30 minutes).

TRAMORE

☎ 051 • 6 536 habitants

Station balnéaire la plus animée du comté de Waterford, Tramore (Trá Mhór) est à 14 km au sud de Waterford. À son extrémité est, s'étire sur 5 km une plage magnifique, bordée de dunes de 30 m de hauteur. La localité en elle-même est peu attirante avec ses galeries de jeux et ses échoppes de restauration rapide longeant le front de mer ou son hideux parc aquatique planté en plein centre-ville.

L'office du tourisme (☎ 381572), Railway Square, installé dans l'ancienne gare ferroviaire qui desservait Waterford entre 1853 et 1960, ouvre de 9h30 à 17h30 du lundi au samedi entre juin et août. Il diffuse une brochure détaillant deux promenades dans et autour de la ville, ainsi qu'une excursion en voiture de 35 km menant à des tombeaux mégalithiques (dolmens) et à des menhirs érigés dans la région.

À voir et à faire

La baie est cernée par **Great Newtown Head** au sud-ouest et **Brownstown Head** au nord-est, flanquées de piliers et de l'**Iron Man**, une immense sculpture en fer peint figurant un marin du XVIIIᵉ siècle vêtu d'une culotte blanche et d'une veste bleue, le bras pointé vers la mer comme pour signaler la venue de navires. Les piliers furent érigés par la Lloyds en 1816, après que 360 personnes eurent péri dans le naufrage d'un bateau qui confondit Tramore Bay et Waterford Harbour.

L'une des principales attractions de Tramore est le **Splashworld**, un parc aquatique "où vous bénéficiez d'un climat tropical toute l'année" *(☎ 390176, Railway Square ; adulte/enfant 7,60/6,10 € ; lun-ven 9h-20h, sam-dim 10h-19h, nov-fév horaires réduits)*.

Où se loger

Fitzmaurice's Caravan Park *(☎ 381968, Tramore ; emplacement pour 2 pers 14/16,50 € en basse/haute saison)*. Situé à 300 m de la plage vers Waterford, ce parc loue des caravanes à la semaine ou à la nuit, selon les disponibilités. Un arrêt de bus se trouve juste devant l'entrée.

Cliff House *(☎ 381497, hilary@cliffhouse.ie, 14 Cliff Rd ; 29,20 € par pers)*. La maison jouit d'un superbe panorama, mais est éloignée du centre-ville.

West Cliffe *(☎ 381365, 5 Newtown ; à partir de 25-28 € par pers)*. L'établissement, qui bénéficie de jolies vues, est plus proche du centre-ville que Cliff House.

The Gallery *(☎ 390460, Church Rd ; 21,60 € par pers)* est l'un des moins onéreux. Toutes les chambres disposent d'une s.d.b.

O'Shea's Hotel *(☎ 381246, fax 390144, Strand St ; doubles 47-57/35-38 € par pers mai-août/sept-avr, supplément pour les pers seules 12-25 €)*. Malgré le supplément pénalisant les voyageurs solitaires, cet élégant hôtel offre des vues splendides, mais la taille et le confort des chambres sont variables.

Majestic Hotel *(☎ 381761, fax 381766, info@majestic-hotel.ie, Railway Square ; simples 57-76 €, doubles 89-120 €)*. Ce grand hôtel est installé en face de l'arrêt de bus. Les chambres avec vue sur la mer sont disponibles moyennant un supplément (12,70 €).

Où se restaurer

À moins que vous ne raffoliez des fast-foods, vous trouverez peu de bons restaurants à Tramore.

Apicus *(☎ 390955 ; entrées 3,80-5,70 €, plats principaux 7-14 € ; jeu-dim 18h-22h)*. Ce restaurant italien douillet sert des pizzas, des pâtes et des plats de viandes.

Rocketts Seahorse Tavern *(☎ 386091, Main St ; repas au bar 7-10 €)*. Ce pub a été récompensé par un prix.

Comment s'y rendre

Bus Éireann (☎ 873401) propose 20 liaisons quotidiennes de Waterford à Tramore (1,90 €, 30 minutes). Les bus Rapid Express desservent également Tramore depuis Waterford. L'arrêt de bus est situé devant l'office du tourisme près de Splashworld.

DUNGARVAN

☎ 058 • 7 175 habitants

Grâce au dragage et au développement récent du port, Dungarvan (Dún Garbhán) est devenu une ville commerçante et portuaire pittoresque dotée d'un joli centre-ville et d'un front de mer animé. Entourée par une mosaïque de collines, elle est installée au bord de la large baie où se jette la River Colligan, et tient son nom de saint Garvan, qui fonda un monastère à cet endroit au VIIᵉ siècle. Un château fut également érigé au XIIᵉ siècle par les Anglo-Normands, mais la plupart des édifices de la ville datent du début du XIXᵉ siècle.

Dungarvan possède d'excellents restaurants et constitue une base pratique pour explorer l'ouest du comté de Waterford, la Ring Peninsula et le nord montagneux.

Orientation et renseignements

La ville peut facilement être parcourue à pied. Le principal quartier commerçant est l'impeccable Grattan Square, sur la rive sud du fleuve. Main St (ou O'Connell St) part de l'un des côtés de Grattan Square. Parnell St (ou Lower Main St), quitte le square en direction du port.

L'office du tourisme (☎ 41741, tiodgar@indigo.ie), dans le bâtiment du Council, TF Meagher St, près de la poste, ouvre de 9h à 21h du lundi au samedi et de 9h à 17h le dimanche en juillet et août, ou encore de 9h à 18h du lundi au samedi le reste de l'année. Son personnel, très serviable, met à votre disposition une carte gratuite de la ville.

La poste est située dans TF Meagher St. La plupart des banques se concentrent sur Grattan Square. La bibliothèque (☎ 41231), The Quay, offre un accès gratuit de 15 minutes à Internet, mais il est préférable de réserver.

À voir

Petit mais bien agencé, le **Dungarvan Museum** (☎ 45960, St Augustine St ; gratuit ; lun-ven 10h-16h45) mérite le détour. Il présente, entre autres, l'histoire maritime de la ville et des vestiges d'épaves, mais retrace également la période tragique de la Famine. Cherchez un bâtiment rose et gris avec des armoiries.

La solitaire **Augustinian Abbey**, de l'autre côté du pont, surplombe le port. Elle date principalement du XIXᵉ siècle, mais conserve quelques éléments de l'édifice originel du XIIIᵉ siècle, notamment une tour et une nef très bien préservées. L'ancienne abbaye fut détruite pendant l'occupation de la ville par Cromwell.

La **Old Market House** (☎ 48944, Lower Main St ; gratuit ; mar-sam l'après-midi) abrite un centre artistique et des expositions permanentes.

Festivals

Le premier week-end de mai, 17 pubs et deux hôtels de Dungarvan accueillent le Féile na nDéise, un festival de musique et de danse traditionnelles animé, qui attire 200 musiciens. Pour plus d'informations, composez le ☎ 42998.

Où se loger

Les quelques B&B installés de l'autre côté du pont par rapport au centre-ville restent un peu éloignés des curiosités.

Dungarvan Holiday Hostel (☎ 44340, fax 36294, Youghal Rd ; lits en dortoirs/doubles 11,45/12,70 par pers). Établie face au poste de la garda sur la N25, cette auberge située dans un quartier sans âme est à 10 minutes à pied du centre-ville.

Amron (☎/fax 43337, Mitchell St ; 19-25 € par pers), proche du centre-ville, est à quelques minutes de marche du port.

Casey's Townhouse (☎ 44912, 8 Emmet Terrace ; simples/doubles 32/50 €). Nous vous recommandons chaudement ce B&B confortable servant un succulent petit déjeuner.

Alwin House (☎ 45994, fax 42355, alwin@cablesurf.com, 1 South Terrace ; simple/doubles 35/57 €). Cette magnifique maison dispose de plusieurs doubles mais d'une seule chambre simple.

Lawlor's Hotel (☎ 41122, fax 41000, info@lawlors-hotel.ie, TF Meagher St ; simples/doubles 67/106 € juin-sept, 60/92 € avr-mai et 38/76 € le reste de l'année, petit déj compris). Décoré avec goût dans le style d'autrefois, cet hôtel est installé juste derrière Grattan Square.

Où se restaurer

An Bialann (☎ 42825, 31 Grattan Square ; plat du jour au déj 5,70 €). Cet établisse-

COMTÉ DE WATERFORD

ment populaire prépare une saine cuisine "maison".

JR's Hamburger Restaurant (☎ *42769, 71 O'Connell St ; en-cas 3,20-6,35 € ; ouvert 12h-1h, jusqu'à 3h le week-end)*. Ce fast-food a été récompensé par un prix.

The Mill (☎ *45488, Davitts Quay ; plats principaux 14-19 € ; tlj 17h-21h45, au déj juin-août)*, l'un des deux meilleurs restaurants de la ville, s'est spécialisé dans la cuisine cajun et celle de Louisiane.

The Tannery (☎ *45420, Quay St ; entrées 5-9,50 € ; plats principaux au déj 5,70-10,80 €, plats principaux au dîner 17-22 €)*. L'autre meilleur restaurant, très chaudement recommandé par la population locale, concocte des plats irlandais modernes mêlés d'influences française et asiatique.

Où sortir

Moorings (☎ *41461, Davitt's Quay)*. Cet établissement surplombant le port est agréable pour prendre un verre, mais n'essayez pas l'hébergement proposé.

The Anchor Bar (☎ *41249, The Quay)*. Un peu plus loin en bordure du port, ce bar, ouvert uniquement le soir, propose souvent de la musique traditionnelle.

Bean A'Leanna (☎ *44882, 86 O'Connell St)*. Ce pub traditionnel accueille des orchestres du jeudi au dimanche et propose des cours de danse le lundi soir.

Comment s'y rendre

Bus Éireann (☎ 051-873401) propose cinq bus par jour (quatre le dimanche) pour Dublin (11,45 €, 3 heures 30) *via* Waterford (7 €, 1 heure) et 10 bus par jour (six le dimanche) pour Cork (10,15 €, 1 heure 40) *via* Waterford depuis l'arrêt situé sur Davitt's Quay.

RING PENINSULA
☎ 058

An Rinn, à 12 km au sud de Dungarvan sur Helvick Head, est l'un des plus célèbres Gaeltachts d'Irlande. Avec ses paysages escarpés et sauvages, c'est la véritable Irlande. Tous les panneaux de signalisation sont en gaélique et la route depuis Dungarvan est époustouflante.

Colaiste na Rinne (☎ 46128), l'université centenaire dispensant ses cours en gaé-

---

Le barbier de Kilmacthomas

En 1650, Oliver Cromwell et son armée, sur le point d'assaillir la ville de Waterford, furent retardés par la montée des eaux de la River Mahon et contraints d'établir un campement hors de la ville de Kilmacthomas (entre Waterford et Dungarvan). Toujours soucieux de son apparence, Cromwell ordonna que le barbier local se déplace pour le raser. Le barbier arriva comme prévu et, alors qu'il préparait sa lame, Cromwell lui mit en garde qu'une simple coupure lui coûterait la vie. Sans se laisser émouvoir, le barbier commença de raser avec soin son client belliqueux, sans que perle la moindre goutte de sang.

Plus tard, lorsqu'il raconta son histoire, les habitants lui demandèrent si la menace de Cromwell lui avait fait perdre son sang-froid. On rapporte que le barbier répondit : "Eh bien, voyez de nous deux qui avait le couteau sous la gorge !" Apocryphe ou non, l'anecdote valut à son auteur de se voir gratifier d'une pinte de bière au pub de l'endroit pour le restant de ses jours.

---

lique, est établie sur la route de Helvick Head. Elle propose des cours d'été pour les enfants (10-18 ans). Elle organise aussi des *ceilidhs* de musique et de danse traditionnelles presque tous les soirs en été.

Où se loger et où se restaurer

Leaba & Bricfeasta B&B and Ceol na Mara Hostel (☎ *46425, An Rinn ; lits en dortoirs 10,80 €, simples/doubles 24 € par pers ; mars-oct)*. Cet établissement domine la ville.

Helvick View (☎ *46297, route de Helvick Head ; 21,60 € par pers)*. Ce B&B dispose de chambres rudimentaires mais offre des vues splendides sur la Dungarvan Bay et la campagne environnante.

An Carn (☎/fax *46611, Rath na mBininneach, An Rinn ; simples/doubles 38/63,50 € ; mi-mars-mi-décembre)*. Situé en haut d'une colline dans une grande et vieille demeure, ce B&B ouvre son restaurant au dîner du jeudi au samedi.

Comment s'y rendre
Le service de bus limité part de Waterford à 13h45 le samedi. La liaison est quotidienne en juillet et en août.

NORD DU COMTÉ DE WATERFORD
Certains des paysages les plus spectaculaires du comté de Waterford se rencontrent dans le nord, autour de **Ballymacarbry** et dans la **Nire Valley**, qui s'étend entre les Comeragh et Monavullagh Mountains. Les collines, à l'est d'une grande masse de grès rose datant du dévonien – quelque 370 millions d'années –, constituent le paysage des comtés de Cork et de Kerry. Si elles ne sont pas aussi escarpées que dans l'ouest de l'île, il se dégage de ces collines une beauté sombre toute particulière qui attire peu de touristes. Soyez prudent en conduisant car des tracteurs sillonnent les routes.

À voir
À 14 km au nord-ouest de Waterford sur la route en direction de Ballymacarbry, vous pourrez visiter les **Curraghmore Gardens** (☎ 051-387102, Portlaw ; entrée pour les jardins et la grotte en coquillage avec visite guidée 3,80 € par pers ; jeudi 14h-17h). La charmante demeure georgienne date du XVIIIe siècle, mais le domaine est la résidence du marquis de Waterford depuis le XIIe siècle. Les jardins sont accessibles au public, mais la demeure n'est ouverte qu'aux groupes, sur demande préalable.

Activités
Le chemin de randonnée **East Munster Way** couvre 70 km entre Carrick-on-Suir dans le comté de Tipperary et les flancs nord des Knockmealdown Mountains. Cet itinéraire commence à Fourmilewater, à quelques kilomètres au nord-ouest de Ballymacarbry. Pour de plus amples détails, reportez-vous à *Randonnée* dans la rubrique *Activités* du chapitre *Renseignements pratiques*.

Pour effectuer une excellente **marche guidée** couvrant l'archéologie, la géologie, la flore et la faune de la région, contactez **Michael Desmond** (☎ 052-36238, hiking@indigo.ie). Cette randonnée de six heures a lieu le samedi et demande une bonne condition physique. Sinon, essayez de venir pendant le Comeragh

Mountain Walking Festival (☎ 052-36239) qui a lieu le deuxième week-end d'octobre. Plusieurs marches guidées de niveaux et de longueurs différents sont organisées. Quant aux pubs, ils proposent de la musique traditionnelle à profusion tous les soirs.

Les charmantes vallées boisées et les montagnes couvertes de bruyère sont idéales pour le trekking à dos de poney. **Melody's Riding Stables** (☎ 052-36147, Ballymacarbry, derrière le pub Melody's ; Pâques-oct) propose des randonnées (25 € pour 2 heures, 38 € pour 3 heures, 70 € pour la journée, déjeuner inclus).

De mars à septembre, les Nire et Suir Rivers promettent une **pêche** exceptionnelle. Vous pourrez obtenir un permis auprès de Hanora's Cottage (voyez *Où se loger*).

Où se loger
Powers the Pot (☎ 052-23085, fax 23893, Harneys Cross ; emplacement pour deux pers 10,15 € ; mai-oct). Ce charmant camping, indiqué sur la route reliant Rathgormuck et Clonmel à environ 5 km à l'est de Clonmel, dispose d'un bar avec cheminée où sont servis des repas.

Hanora's Cottage (☎ 052-36134, Nire Valley ; chambres standard 57-63 €, chambres supérieures 70-82 € par pers, petit déj inclus). Retiré dans la Nire Valley, ce luxueux B&B jouit d'une solitude absolue. Il comporte un excellent restaurant et propose des tarifs spéciaux combinant le B&B et le dîner. Depuis la route Dungarvan-Clonmel (R672), prenez la direction de Ballymacarbry, puis obliquez à l'est sur la N72 vers Nire Church.

Old School House (☎ 052-36963, Ballymacarbry ; 23-25 € par pers). Ce petit B&B est situé sur la R672, à 1 km au sud du pub Melody's.

Comment s'y rendre
Un unique bus part le mardi de Dungarvan à 14h, et deux bus quittent Clonmel le vendredi à 13h20 et à 17h35.

CAPPOQUIN
☎ 058 • 1 000 habitants
Le petit bourg de Cappoquin est dominé par les Knockmealdown Mountains. La Blackwater dessine un méandre vers le sud à proxi-

mité de la ville, et la Blackwater Valley, à l'ouest, est pittoresque. C'est dans la vallée que l'on a retrouvé les plus anciennes traces de vie humaine en Irlande. Des microlithes mésolithiques (petites lames en pierre) remontant à environ 9 000 ans y ont été découvertes.

La **pêche** au poisson blanc et à la truite de mer est fructueuse dans la région. **Glenshelane Park**, non loin de la ville, offre de jolies promenades et des aires de pique-nique. Les permis pour la pêche au saumon sont délivrés au magasin Titelines (☎ 54152) dans la rue principale.

L'étonnante **Mt Melleray Cistercian Abbey** (☎ *54404 ; gratuit ; toute l'année*), à un peu plus de 6 km au nord de la ville, est indiquée depuis le centre-ville. L'abbaye fut fondée en 1832 par un groupe de moines irlandais qui avaient été renvoyés d'un monastère situé près de Melleray en Bretagne. Fonctionnant à temps plein, la communauté ouvre ses portes aux visiteurs en quête d'un lieu pour méditer au calme. Le gîte est offert dans la pension, mais il serait incorrect de ne pas laisser un don.

La **Cappoquin House** (☎ *54004 ; adulte/enfant 6,35/3,20 € ; avr-juill)* est une demeure georgienne datant de 1779, dotée d'un jardin dominant la ville et la Blackwater. C'est la résidence privée de la famille Keane, qui y vit depuis 200 ans. L'entrée dans la demeure s'effectue par le centre-ville. Prenez la route du monastère et cherchez une barrière en fer noir à quelques mètres sur votre gauche.

Comment s'y rendre

Un bus quotidien (sauf le dimanche) quitte Dungarvan pour Cappoquin à 21h30 et revient à Dungarvan à 7h (15 minutes). Deux bus par semaine viennent de Waterford (1 heure 10) *via* Dungarvan. Ils partent le vendredi à 8h30 et le dimanche à 17h30. Un bus démarre de Cork une fois par semaine (1 heure 20) à 16h30 le vendredi. Les bus s'arrêtent devant le pub Morrissey's. Pour de plus amples détails, contactez la gare routière de Waterford (☎ 051-873401).

LISMORE

☎ 058 • 750 habitants

Lismore est une petite ville jouissant d'un emplacement agréable sur la Blackwater, au pied des Knockmealdown Mountains.

Bien que la plupart des constructions de la ville datent du début du XIXe siècle, Lismore abrita une grande université monacale fondée par saint Cartach, ou Carthage, au VIIe siècle. Au VIIIe siècle, le monastère devint un célèbre centre d'apprentissage dirigé par saint Colman. À partir du Xe siècle, il fut pillé plusieurs fois par les Vikings mais demeura la capitale religieuse de Deise (Deices). Jusqu'au XVIIe siècle, on pouvait encore voir les ruines de huit églises.

La promenade **Lady Louisa's Walk** suit les berges de la Blackwater depuis le centre-ville sur environ 400 m.

Renseignements

Lismore dispose d'un office du tourisme (☎ 54975) au Lismore Heritage Centre, installé dans l'ancien palais de justice, sur Main Street. Il possède un bureau de change, ouvre tous les jours d'avril à octobre et propose gratuitement des cartes détaillant des promenades dans la ville. Des visites guidées de Lismore partent tous les jours à 11h30 et à 15h. Moyennant 1,25 €, vous pouvez acheter *A Walking Tour of Lismore*, qui décrit toutes les curiosités locales.

St Carthage's Cathedral

Cette cathédrale étonnante fut construite en 1633 sur le site d'une autre église bâtie au début du XIIIe siècle. La flèche et les plafonds furent ajoutés au début du XIXe siècle. À l'intérieur se trouvent quelques tombeaux remarquables, dont la crypte de la famille MacGrath datant de 1557, et la chapelle St Colmcille.

Lismore Castle

Depuis la route de Cappoquin, vous admirerez de jolis panoramas sur le majestueux Lismore Castle qui surplombe le fleuve. La nuit, il s'illumine tel un arbre de Noël, ce qui le rend encore plus surprenant. Le château fut érigé par le prince Jean, lord d'Irlande, en 1185. Ce fut la résidence de l'évêque local jusqu'en 1589, lorsqu'il fut vendu à Sir Walter Raleigh avec environ 200 km^2 de terres environnantes. Lui-même le céda plus tard au comte de Cork, Richard

Boyle, dont le quatorzième enfant, Robert Boyle (1627-1691), est considéré comme l'un des précurseurs de la méthodologie scientifique moderne.

En 1753, le Lismore Castle devint la propriété du duc de Devonshire. Le sixième descendant de cette lignée princière le fit reconstruire au début du XIXe siècle en gardant quelques parties des anciens bâtiments. On découvrit alors le *Book of Lismore* datant du XVe siècle et le Lismore Crozier (un livre et une crosse conservés au National Museum de Dublin). Le *Livre de Lismore* détaille non seulement la vie de plusieurs saints irlandais, mais il contient également un récit des voyages de Marco Polo.

Le château n'est pas ouvert au public pour des visites d'une journée, mais peut être loué par des groupes très fortunés pour des réceptions. Vous pouvez visiter les 3 hectares de **jardins** *(☎ 54424 ; adulte/enfant 3,80/1,90 € ; Pâques-sept tlj 13h45-16h45)*.

Où se loger et où se restaurer

La ville ne comporte pas de camping officiel, mais vous pouvez demander aux agriculteurs locaux si vous pouvez planter votre tente dans leurs champs.

Beechcroft *(☎ 54273, Deerpark Rd ; simples/doubles avec sdb à partir de 24/48 €, sans sdb à partir de 21/43 €)*. Cet établissement confortable dispose d'un joli jardin. Situé dans les hauteurs de la ville, il jouit de superbes vues sur la campagne.

Lismore Hotel *(☎ 54304, fax 53068, Main St ; 50-57 € par pers)*. Ses chambres n'ont rien de particulier, hormis leur prix, mais certaines bénéficient d'un charmant panorama sur le château. Dans les années 1840, cet hébergement avait la faveur de William Makepeace Thackeray.

Madden's Bar *(☎ 54148, East Main St)*. Ce bar sert de bon déjeuners en été. Vous remarquerez des photos de Fred Astaire venu visiter sa sœur lorsqu'elle vivait au Lismore Castle.

Comment s'y rendre

Un bus par jour (sauf le dimanche) quitte Dungarvan à 21h30 pour Lismore *via* Cappoquin et revient à Dungarvan à 6h55 (20 minutes). Deux bus par semaine partent de Waterford (1 heure 20) *via* Dungarvan à 8h30 le vendredi et à 17h30 le dimanche. Les bus s'arrêtent devant le pub O'Dowd's, West St. Pour plus de détails, contactez la gare routière de Waterford (☎ 051-873401).

COMTÉ DE WATERFORD

Comté de Cork

Tous les attraits de l'Irlande sont représentés dans le plus grand comté du pays, Cork (Corcaigh). La petite taille de la ville de Cork, fourmillante de visiteurs et d'étudiants, constitue l'un de ses atouts. Le nord du comté est célèbre pour la pêche, et le principal itinéraire touristique descend vers Kinsale, capitale de l'Irlande gourmande, et à l'ouest vers les villes historiques de Clonakilty et Skibbereen, jusqu'aux péninsules qui font saillie sur l'Atlantique. Ces extrémités très peu peuplées sont riches en histoire et offrent des paysages enchanteurs aux randonneurs, aux cyclistes et aux amateurs d'escalade. L'attraction la plus célèbre du comté est la Blarney Stone, mais la balade à travers l'ouest du comté de Cork vous laissera probablement un meilleur souvenir.

Cork

☎ 021 • 179 970 habitants

La deuxième plus grande ville de la République est un lieu agréable à visiter pendant un jour ou deux. Vous y apprécierez de beaux édifices georgiens, ainsi que l'architecture admirable de Grand Parade et de South Mall. Les pubs y sont gais et la nourriture excellente.

La population augmente rapidement à mesure que les habitants trouvent un emploi dans le tout nouveau secteur des services. Les étudiants maintiennent une atmosphère animée.

HISTOIRE

L'histoire de la ville remonte au VIIe siècle. Elle ne survécut au passage de Cromwell que pour tomber entre les mains de Guillaume d'Orange en 1690. Au XVIIIe siècle, elle était devenue un centre commercial connu pour son important marché au beurre. Un siècle plus tard, la Grande Famine réduisit Cork à une ville désolée d'où partirent nombre d'émigrants ruinés et déçus, contraints de quitter leur terre natale. Le port de Cobh demeura le point de départ principal jusqu'en 1970.

Cork joua un rôle majeur dans la lutte pour l'autonomie. Thomas MacCurtain,

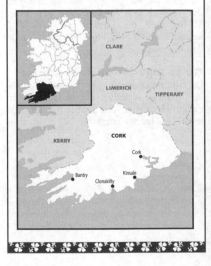

maire de la ville, fut tué par les Black and Tans en 1920. Son successeur, Terence MacSwiney, mourut à la prison Brixton de Londres après une grève de la faim de 75 jours. Les Black and Tans firent preuve d'une extrême brutalité à Cork, et la ville fut en grande partie brûlée au cours de la guerre anglo-irlandaise. Cork constitua également un foyer de la guerre civile qui suivit l'indépendance.

COMTÉ DE CORK

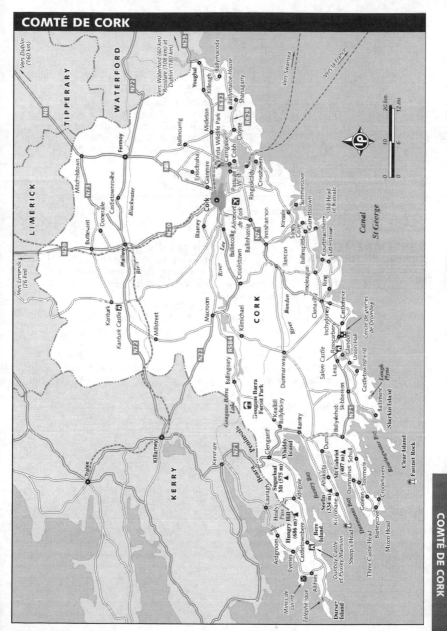

ORIENTATION

Le centre-ville est construit sur une île entre deux bras de la rivière Lee. Le virage de St Patrick's St forme le cœur du quartier commerçant. Les restaurants et les boutiques à la mode sont regroupés dans les rues piétonnes de Huguenot Quarter au nord. Depuis le centre-ville, Washington St (qui devient Lancaster Quay, puis Western Rd) mène au sud-ouest vers l'université, Killarney et l'ouest du comté de Cork.

De l'autre côté de la rivière, vers le nord-est, sont installés la gare ferroviaire de Kent et plusieurs B&B bon marché. MacCurtain St est la principale rue de ce secteur. Le quartier Shandon, en haut de la colline à l'ouest, offre peu d'attraits mais présente quelques édifices intéressants.

RENSEIGNEMENTS
Offices du tourisme

L'office du tourisme (☎ 427 3251), Grand Parade, ouvre de 9h30 à 17h30 du lundi au vendredi, et de 9h30 à 16h le samedi toute l'année, un peu plus tard en juillet et août. Il fait surtout office de boutique de souvenirs et ne propose que peu d'informations sur la ville, en tout cas rien de gratuit.

De juin à septembre, visitez de préférence le stand Cork City Information Booth, dans St Patrick's St à l'angle de Winthrop St. Vous y trouverez d'amples renseignements sur la ville, ainsi que des brochures et des cartes gratuites.

Argent

La Bank of Ireland et la Allied Irish Bank, situées dans St Patrick's St, disposent de distributeurs automatiques et proposent des services de change.

Poste et communications

La poste principale est installée dans Pembroke St, près d'Oliver Plunkett St. Des bureaux de poste plus petits sont situés dans MacCurtain St et Washington St.

Webworkhouse (☎ 427 3090), 8a Winthrop St, permet des connections à Internet (6,35 € de l'heure). Le même tarif est pratiqué par i dot café (☎ 427 3544) au cinéma Gate Multiplex dans North Main St.

Librairies

Liam Ruiséal Teo (☎ 427 0981), 49-50 Oliver Plunkett St, propose un large éventail de nouveautés. The Shelf (☎ 431 2264), 12 George's Quay, vend des livres d'occasion et ouvre de 9h30 à 17h45 du lundi au vendredi. La librairie Waterstone's est située entre St Patrick's St et Paul St. Vibes & Scribes, 3 Bridge St, offre une vaste sélection de livres, de disques et de CD d'occasion. Les amateurs de littérature d'horreur visiteront la librairie Mainly Murder, 2a Paul St.

Laveries

The Laundrette, 14 MacCurtain St, est installée à proximité du Everyman Palace Theatre. Clifton Laundrette, Western Rd, est en face des grilles d'University College Cork (UCC).

En cas d'urgence

Le City General Hospital (☎ 431 1656), 6 Infirmary Rd, se trouve à environ 1 km au sud-est du centre-ville.

À VOIR
St Finbarr's Cathedral

Cette imposante **cathédrale protestante** (*☎ 496 3387, don requis 2,50 €, 10h-17h30 tlj avr-sept, 10h-12h45 et 14h-17h tlj oct-mars*), vivement éclairée la nuit, fut conçue par l'architecte victorien William Burges, élu parmi 67 candidats, à qui l'on doit également le château de Cardiff et Castell Coch, au pays de Galles. Le chantier s'acheva en 1879. L'édifice présente trois flèches et un intérieur victorien. L'énorme chaire et les peintures du plafond du chœur, datant de 1935, sont particulièrement impressionnantes. La rosace de l'extrémité ouest illustre la Création, tandis que les signes du zodiaque ornent les vitraux les plus élevés. Un boulet de canon, tiré d'Elizabeth Fort pendant le siège de Cork en 1690 et logé dans la flèche de la cathédrale originelle, y est conservé.

The Red Abbey

Ce prieuré augustinien, fondé au XIVe siècle, est le plus vieil édifice de Cork. Seules subsistent les ruines d'une tour, à l'angle de Mary St et de Douglas St.

Cork à pied

La promenade débute à l'est de South Mall, sur la rive opposée à la façade grise de l'**hôtel de ville**. Lors d'une visite en Irlande en 1963, le président John F. Kennedy avait prononcé un discours depuis le perron de l'édifice. Il revenait en héros au pays que son arrière-grand-père avait quitté.

Suivez à l'ouest la rivière jusqu'à la **Holy Trinity Church**, conçue par les frères Pain en 1834 pour le père Theobald Matthew, "l'apôtre de la tempérance", qui mena une croisade efficace mais courte contre "le démon de la boisson" – la production de whiskey fut réduite de moitié au début des années 1840.

Le virage à droite juste avant l'église débouche dans South Mall. De l'autre côté de la route, à droite, l'**Imperial Hotel**, édifié en 1816, hébergea Michael Collins, commandant en chef des forces de l'État libre d'Irlande, à la veille d'un voyage qui devait s'achever par la tragique embuscade du 22 août 1922 dans laquelle il trouva la mort.

Continuez vers l'ouest le long de South Mall pour atteindre sur votre gauche un petit monument dédié aux victimes d'Hiroshima et de Nagasaki. Encore quelques pas et vous arrivez devant le très fleuri **Nationalist Monument**, érigé à la mémoire des patriotes irlandais tombés entre les soulèvements de 1798 et de 1867.

Obliquez à droite dans Grand Parade, en laissant l'office du tourisme sur votre droite et trois demeures du XVIIIᵉ siècle formant une courbe sur votre gauche. Entre Oliver Plunkett St et Washington St s'étend à gauche le petit Bishop Lucey Park. Traversez ce parc jusqu'à la vieille église nichée à droite dans un angle, qui abrite le Centre des archives de Cork. À côté se dresse le **Triskel Arts Centre** (voyez plus loin *Où sortir*).

Prenez à gauche et descendez South Main St. Juste avant la brasserie de style Tudor **Beamish & Crawford Brewery**, tournez de nouveau à gauche dans Tuckey St que vous longerez jusqu'au bout. Sur votre gauche, un bollard témoigne de l'époque où Grand Parade était un canal ouvert, refuge des bateaux au mouillage.

Arpentez au sud Grand Parade, passez de nouveau le Nationalist Monument, tournez à gauche dans South Mall, puis à droite vers le **Parliament Bridge**, doté d'une seule arche, érigé par les Britanniques en 1806 pour commémorer l'union des parlements britannique et irlandais cinq ans auparavant. Traversez le pont et tournez à droite sur Sullivan's Quay. A votre droite, le **South Gate Bridge** (1713) marque les portes de la ville à l'époque médiévale.

Continuez tout droit le long de French Quay et de Bishop St jusqu'à la **St Finbarr's Cathedral**. Vous êtes proche de l'entrée de l'**University College Cork** (UCC) à l'ouest, où se trouve l'intéressante **Honan Chapel**, datant de 1915, dont les vitraux et les sols en mosaïque sont d'un style composite. Non loin, le **portique néo-grec** fut construit à l'origine pour la prison du comté. Le bus n°8 vous ramène au centre-ville depuis l'entrée principale de l'UCC.

Shandon

La partie nord de Cork est dominée par la curieuse tour du XVIIIᵉ siècle de **St Anne's Church** (☎ *450 5906, John Redmond St, entrée libre, 9h30-17h lun-sam*), bâtie sur le site d'une église médiévale détruite en 1690. Vous pourrez admirer à l'intérieur une petite collection de bibles du XVIIᵉ siècle, plusieurs autres livres, et les lettres du poète John Donne. La girouette en forme de saumon indique que les moines se réservaient le droit de pêcher le saumon dans la rivière. Vous pouvez monter dans la tour et faire sonner les cloches (adulte/enfant 4,45/3,80 €).

Crawford Municipal Art Gallery

La **galerie d'art municipale de Crawford** (☎ *427 3377, Emmet Place ; entrée gratuite ; 10h-17h lun-sam*), installée dans un bâtiment construit en 1724 pour servir de poste de douane, est devenue l'école d'art de Cork en 1884. Elle expose une excellente collection permanente comportant des œuvres d'artistes irlandais comme Jack

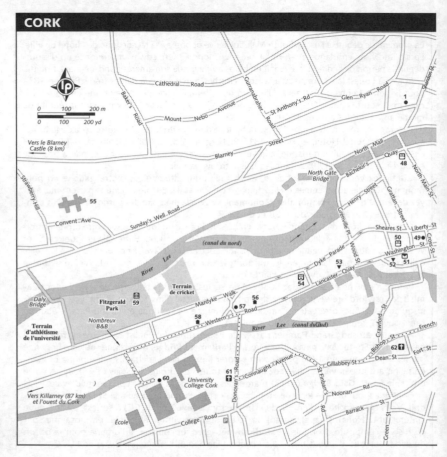

CORK

Yeats et Seán Keating, ainsi que des œuvres des écoles britanniques Newlyn et St Ives.

Brasserie Beamish & Crawford

Cette **brasserie** (☎ *491 1100, South Main St ; visite guidée 3,80/3,20 €*) est accessible à 10h30 et 12h tous les jeudis de mai à septembre et à 11h d'octobre à avril. Une dégustation clôt la visite.

La geôle de Cork

La prison (☎ *430 5022, Convent Ave, Sunday's Well ; adulte/enfant 4,45/2,55 € ; 9h30-18h tlj mars-oct, 10h-17h tlj nov-fév, dernière entrée une heure avant la ferme-*

ture), à l'ouest de la ville, reçut ses premiers prisonniers en 1824 et les derniers en 1923. La visite de 35 minutes par audio-guide dans les cellules restaurées et remeublées est très émouvante, et certainement plus intéressante que la vidéo de 20 minutes retraçant l'histoire de la prison. À l'étage se trouve le **National Radio Museum** (mêmes tarifs que pour la prison) où vous pourrez admirer de très belles radios anciennes et entendre l'histoire de la conquête des ondes par Gugliemo Marconi.

Prenez le bus n°8 depuis la gare routière jusqu'à l'arrêt devant l'UCC, puis traversez Fitzgerald Park au nord et passez le pont Daly

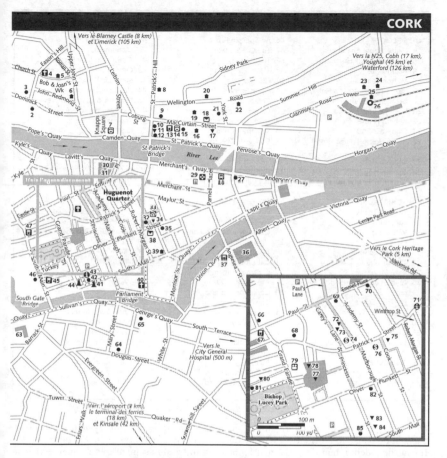

Bridge. Tournez à droite et remontez Sunday's Well Rd, puis à gauche dans Convent Ave, et vous verrez l'enseigne marron de la prison.

CIRCUITS ORGANISÉS

Entre juin et septembre, **Arrange Unlimited** (☎ *429 3873, arrange@iol.ie)* organise des visites à pied sur demande.

La compagnie **Bus Éireann** (☎ *450 8188)* propose un circuit de 3 heures à bord d'un bus à impériale ouverte, à la découverte de la ville de Cork mais aussi du château de Blarney de juin à août (7,60/3,80 €), partant de la gare routière à 10h30 et 14h45 tous les jours.

Entre fin mai et septembre, **Guide Friday** (☎ *01-676 5377)* organise des circuits de bus quotidiens dans Cork vous permettant de monter et descendre à votre guise. Les départs s'effectuent depuis Grand Parade, en face de l'office du tourisme (10,80/3,20 €).

FESTIVALS

Le Festival international de jazz de Cork et le Festival international du film ont lieu en octobre. Si vous êtes intéressé, ne tardez pas à réserver vos places. Vous pouvez obtenir les programmes auprès de la Cork Opera House (pour plus de détails, voyez la rubrique

Cork

OÙ SE LOGER
5 Kinlay House Shandon
6 Shandon Court Hotel
8 Acorn House
16 Metropole Hotel
19 Isaac's Hostel, Isaac's Hotel, Greene's Restaurant
20 D'Arcy's B&B
22 Auburn House
23 Clon Ross B&B
24 Aaron House Tourist Hostel
25 Tara House
39 Imperial Hotel
56 Garnish House
58 Brazier's Westpoint House

OÙ SE RESTAURER
11 Taste of Thailand
17 Luciano's
34 Valparaiso
52 Pi
53 Café Paradiso
72 The Strasbourg Goose
73 Café Mexicana
75 Ambassador Chinese Restaurant
77 English Market
78 The Oyster Tavern
80 The Yumi Yuki Club
83 Clancy's
84 Wild Ways

PUBS ET CLUBS
13 The Shelbourne
37 The Lobby, Charlie's

45 An Spailpín Fánac
47 The Other Place
67 The Roundy

DIVERS
1 Cycle Scene
2 Centre d'artisanat de Shandon, Cork Butter Museum
3 Firkin Crane Centre
4 St Anne's Church
7 Cork Arts Theatre
9 The Living Tradition
10 Vibes & Scribes
12 Agence Irish Ferries
14 Everyman Palace Theatre
15 The Laundrette
18 Poste
21 Tents & Leisure
26 Gare ferroviaire de Kent
27 Union Chandlery & Hillwalkers
28 Gare routière
29 Centre commercial Merchant's Quay
30 Cork Opera House, The Half Moon Theatre
31 Crawford Municipal Art Gallery
32 P Cashel
33 Webworkhouse
35 Pro-Musica
36 Mairie
38 Poste principale
40 Holy Trinity Church

41 Hiroshima & Nagasaki Monument
42 Agence Brittany Ferries
43 Office du tourisme, agence Stena Line, Budget
44 Nationalist Monument
46 Beamish & Crawford Brewery
48 Gate Multiplex, i dot café
49 Tribunal
50 Kino
51 Poste
54 UCC Granary Theatre
55 Cork City Gaol, National Radio Museum
57 Laverie Clifton
59 Cork Public Museum
60 Portique Greek Revival
61 Honan Chapel
62 St Finbarr's Cathedral
63 Elizabeth Fort
64 The Red Abbey
65 The Shelf
66 The Great Outdoors
68 Waterstone's
69 Mainly Murder
70 Avis
71 Cork City Information Booth
74 Allied Irish Bank
76 Bank of Ireland
79 Capitol Cineplex
81 Triskel Arts Centre
82 Liam Ruiséal Teo
85 Agence Swansea Cork Ferries

Où sortir). Le Festival international de chant et de danse folklorique se déroule de fin avril à début mai dans la mairie et d'autres lieux.

Le Festival littéraire Leinster/Munster, en mars, prend la forme d'ateliers d'écriture, de lectures, de séminaires et d'expositions dans plusieurs villes du comté de Cork. Il attire une cinquantaine d'écrivains locaux et étrangers. Pour plus détails, contactez le Munster Literary Centre (☎ 431 2955), 26 Sullivan's Quay.

OÙ SE LOGER
Auberges de jeunesse
Isaac's Hostel (☎ 450 8388, fax 450 6355, corkhostel@isaacs.ie, 48 MacCur-

tain St ; lit en dortoir à partir de 10,80 €, chambre de 4 lits 16,50 € par pers). Ce grand établissement très fréquenté affiche vite complet. L'accès est libre à toute heure.

Aaron House Tourist Hostel (☎ 455 1566 ou 455 2477, Glanmire Rd Lower ; lit 9,50 €, chambre pour deux 12,70 € par pers). Cette auberge très sobre reste la moins chère de la ville.

Kinlay House Shandon (☎ 450 8966, fax 450 6927, kinlay. cork@ usitworld. com, Bob & Joan's Walk ; lit 11,45 €, chambre pour deux 33 €, avec petit déj léger). Cette auberge accueillante se tient dans le vieux quartier de Shandon juste derrière l'église St Anne. L'accès à Internet est facturé

1,90 € pour 15 minutes et la laverie coûte
5 € par lessive.

B&B

Les tarifs et la qualité très variables des
B&B méritent que l'on prenne le temps de
choisir. Les moins chers sont établis dans
Glanmire Rd Lower, près de la gare.

Clon Ross B&B *(☎ 450 2602, 85 Glanmire
Rd Lower ; simples/doubles 35,55/55,90 €).*
Cet établissement vous accueille en face de la
gare.

Les B&B du centre-ville sont plus onéreux, et les plus abordables sont généralement médiocres. En voici quelques-uns que
nous recommandons.

Auburn House *(☎ 450 8555, 3 Garfield
Terrace, Wellington Rd ; simples/doubles
28/48,30 € ; avec sdb 34,30/56 €).* Ce
B&B confortable et élégant se distingue par
son ambiance intime.

Acorn House *(☎ 450 2474, info@acorn-
house-cork.com, 14 St Patrick's Hill ;
chambres 32 € par pers).* Avec l'un des
meilleurs rapports qualité-prix du centre-
ville, ce B&B offre de grandes chambres,
équipées de douches, ainsi que d'excellents
petits déjeuners.

D'Arcy's B&B *(☎ 450 4658, fax 450 2791,
accommodation@darcysguesthouse.com, 7
Sidney Place, Wellington Rd ; chambres
avec/sans sdb 32/38 € par pers).* Cette
vieille et belle demeure comprend de vastes
chambres. Celles du dernier étage embras-
sent une très belle vue sur la ville.

De l'autre côté de la ville, le long de
Western Rd près de l'UCC, les B&B foisonnent, et tous disposent de leur propre
parking. Vu leur situation par rapport au
centre-ville, ils sont assez chers. En voici
une petite sélection.

Garnish House *(☎ 427 5111, fax 427
3872, garnish@iol.ie, Western Rd ;
chambres nov-fév/mars-oct 38/44,50 € par
pers).* Les petites chambres de ce luxueux
B&B sont adorables et le petit déjeuner
vous comblera.

Brazier's Westpoint House *(☎ 427 5526,
fax 427 4091, westpoint@eircom.net, Western Rd ; simples/doubles 38/64 €).* Des
chambres correctes à prix raisonnables.

Hôtels

Metropole Hotel *(☎ 450 8122, fax 450 6450,
ryan@indigo.ie, MacCurtain St ; simples/
doubles 108/152 €).* À l'origine, un hôtel où
l'on ne servait pas de boissons alcoolisées, le
Metropole, assez terne, propose des tarifs
attractifs à partir de deux nuits, dîner inclus.

Isaac's Hotel *(☎ 450 0011, fax 450 6355,
cork@isaacs.ie, 48 MacCurtain St ; simples/
doubles 73/101 € mars-oct, 70/89 € nov-fév).*
Rattaché à l'auberge du même nom, il dispose
de chambres avec parquet et parfois un petit
salon. Celles en façade sont bruyantes.

Imperial Hotel *(☎ 427 4040, fax 427
5375, South Mall ; chambres à partir de
100 €).* Cet hôtel a été redécoré récemment
dans un style gréco-romain raffiné.

Shandon Court Hotel *(☎ 455 1793, fax
455 1665, qualshan@indigo.ie, angle de
Upper John St et John Redmond St ;
chambres 35-57 € par pers).* Situé dans le
quartier historique de Shandon, cet hôtel
confortable mais banal pratique des tarifs
variant d'un mois à l'autre.

OÙ SE RESTAURER
Restaurants

Vous n'aurez que l'embarras du choix.
Nous donnons ci-dessous quelques-unes de
nos adresses préférées. Certains restaurants
servent des menus *early bird* (couche-tôt),
en fin d'après-midi avant 19h, permettant
de se régaler à prix réduits.

Greene's Restaurant *(☎ 455 2279, Isaac's
Hotel, MacCurtain St ; plats au bar 3,75-
5 €, entrées 5,50-8,25 €, plat 19-21 €, menu
17h45-19h 16,50 €).* Le menu concocté par
ce superbe bar-restaurant inclut souvent des
plats comme de l'autruche ou du gibier.
Celui servi au bar se compose, par exemple,
de fromage de chèvre grillé, arrosé de sauce
tomate piquante, sur du pain complet (5 €).

Taste of Thailand *(☎ 450 5404, 8 Bridge
St ; entrées 3,75-6 €, curries 12-15 €).*
Selon des sources locales, le meilleur res-
taurant thai de Cork.

Valparaiso *(☎ 427 5488, 115 Oliver Plunkett St ; 17h-23h, entrées 3,75-6,65 €, plats
13,35-18,50 €).* Cet agréable restaurant
espagnol sert des tapas dans une ambiance
musicale live le mardi (14 € par pers).

Clancy's (☎ 427 6097, 15-16 Princess St ; plats au bar à partir de 5,75 € ; plats au restaurant à partir de 10 €). Ceux qui dînent tôt, avant 17h30-18h15, profiteront d'une offre alléchante (6,75/7,80 €). Le verre de vin ou de bière est offert.

Pi (☎ 422 2860, Courthouse Chambers, Washington St ; pizzas 7,35-10,15 €, à la carte 16,50-21,30 €). Ce restaurant moderne et funky a bénéficié de plusieurs articles dans les journaux locaux. Dans la carte un peu chère, les pizzas, bruschetti, panini et calzone restent plus abordables.

The Yumi Yuki Club (☎ 427 5777, Triskel Arts Centre, Tobin St ; sushi/nouilles/viande 5-12 €, menu 2 plats 16h-18h 8,25 €). Ce minuscule restaurant japonais se double d'un club de jazz.

Café Mexicana (☎ 427 6433, Carey's Lane ; plats 4,45-11,45 €). Outre les plats mexicains traditionnels, la carte recense une demi-douzaine de façons d'accommoder les nachos.

Ambassador Chinese Restaurant (☎ 427 3261, 3 Cook St ; entrées 4-8 €, plats 14-20 €). Probablement le meilleur de la ville, ce confortable restaurant chinois ouvre le soir uniquement.

Pubs et cafés

Luciano's (☎ 455 9838, MacCurtain St ; 12h-1h30 lun-sam, et 16h-1h30 dim, repas 1,25-10 €). Pizzeria et fast-food, il termine agréablement une soirée au pub. Vous pouvez aussi commander des lasagnes, des curries ou des sandwiches grillés.

Wild Ways (☎ 427 2199, 21 Princess St ; repas 1,90-3,70 €, 8h-17h30 lun-sam). Cette sandwicherie bio concocte également un assortiment de soupes.

The Oyster Tavern (☎ 427 2716, 4 Market Lane ; repas de bar 5,70 €). Avec une large sélection de bières pression, ce grand pub traditionnel de l'English Market a remporté plusieurs prix touristiques. La cuisine est plutôt moderne.

Café Paradiso (☎ 427 7939, 16 Lancaster Quay ; déj/dîner plats 10,80/17,80 € ; 12h-15h et 18h30-22h30). Ce café très populaire auprès des étudiants ravit les végétariens.

The Strasbourg Goose (☎ 427 9534, 17-18 French Church St ; en-cas et repas léger 3,20-8,25 € ; déj 4 plats 14,60 €). Ce café prépare soupes, sandwiches grillés, salades et délicieux repas légers à prix raisonnables.

Faire son marché

Si vous cuisinez ou organisez un pique-nique, allez à l'**English Market** (9h-17h30 lun-sam), à l'extrémité ouest de St Patrick's St (Grand Parade y mène également). Vous y achèterez de nombreux produits locaux et importés, comme du fromage, du pâté, des terrines, du poisson fumé, du pain, des olives et du vin.

OÙ SORTIR

Pour savoir où sortir à Cork, procurez-vous un numéro de *thelist.ie* auprès de l'office du tourisme, des marchands de journaux, de certains disquaires et magasins de vêtements, des hôtels et de quelques B&B. Vous pouvez également consulter en ligne le site www.thelist.ie.

Pubs

La rivalité culturelle de Cork et de Dublin touche également le domaine des boissons. La bière brune locale Murphy's concurrence la Beamish, souvent moins chère.

The Shelbourne (☎ 450 9615, 16-17 MacCurtain St). Animé la nuit, ce pub attire un public jeune.

An Spailpín Fánac (☎ 427 7949, South Main St). La Beamish se doit d'être bonne, puisque ce vieux pub sombre fait face à la brasserie Beamish & Crawford Brewery. C'est "probablement le plus vieux pub d'Irlande", selon le guide des pubs de l'office du tourisme irlandais.

The Lobby (☎ 431 9307, 1 Union Quay). Peu avenant, il accueille de la musique live presque tous les soirs .

Charlie's (☎ 496 5272, 2 Union Quay) Tout comme chez son voisin The Lobby, l'ambiance musicale est de rigueur presque tous les soirs.

Clubs

Cork fourmille de clubs et de bars intéressants ouverts tard dans la nuit. Beaucoup sont cachés dans des ruelles tranquilles au-dessus de magasins ou de restaurants. L'entrée est libre ou payante (jusqu'à 10 €). Pour des renseignements sur les clubs gay, contactez Gay Information Cork (☎ 427 1087), ouvert de 19h à 21h le mercredi et de 15h à 17h le samedi, ou consultez *thelist.ie*.

The Half Moon Theatre *(☎ 427 0022, derrière le Cork Opera House)*. Ce club baigné de musique live ou animé par des DJ ouvre à 23h30 toutes les nuits.

The Roundy *(☎ 427 7682, 1 Castle St)*. Ce café-bar à la mode accueille un DJ à l'étage du mardi au dimanche, un groupe musical le lundi et projette parfois un film le mercredi.

The Other Place *(☎ 427 8470, en haut des escaliers 8 South Main St)*. Ce club gay s'entoure d'un café et d'une librairie. L'entrée est gratuite jusqu'à 22h.

The Yumi Yuki Club *(voyez Où se restaurer)*. Des groupes, en général de jazz, se produisent dans ce restaurant, relayés par un DJ, tous les soirs sauf le lundi.

Théâtre et Cinémas

Cork s'enorgueillit de son activité culturelle.

Cork Opera House *(☎ 427 0022, Emmet Place)*. Le principal théâtre classique de la ville.

Cork Arts Theatre *(☎ 450 8398, Knapps Square)*. Plus audacieux, ce théâtre se situe au nord de la ville.

UCC Granary Theatre *(☎ 490 4272, réservations 490 4275, Mardyke St)*. De nombreuses pièces y sont jouées au cours de l'année universitaire (5 €).

Everyman Palace Theatre *(☎ 450 1673, MacCurtain St)*. Un éventail de productions musicales et dramatiques présentées presque tous les soirs (environ 11,50 €).

Le sobre **Kino** *(☎ 427 1571, Washington St West)* et le **Triskel Arts Centre** *(☎ 427 2022, Tobin St)* diffusent des films d'art et d'essai. Le **Gate Multiplex** *(☎ 427 9595, North Main St)* et le **Capitol Cineplex** *(☎ 427 8777, Grand Parade)* programment des films commerciaux.

Firkin Crane Centre *(☎ 450 7487, Eason's Hill, Shandon)*. Situé près de l'église Ste Anne à Shandon, ce centre propose des sessions de danse traditionnelle en milieu de semaine l'été, et constitue une étape pour les compagnies de danse nationales et internationales.

COMMENT S'Y RENDRE
Voie aérienne

L'aéroport de Cork (☎ 431 3131), à 8 km au sud de la ville sur la N27, est desservi par British Airways, Ryan Air, Aer Lingus, Aer Arann et Jersey European (pour plus de détails, reportez-vous au chapitre *Comment s'y rendre*). Des vols directs relient Dublin, Londres, Manchester, Exeter, Jersey, Paris, Rennes et Amsterdam. D'autres vols internationaux font escale à Dublin.

Bus

Les Bus Éireann (☎ 450 8188) partent de la gare routière à l'angle de Merchant's Quay et de Parnell Place. Depuis Cork, ils desservent la plupart des villes dont Dublin (16,50 €, 4 heures 15, six par jour), Killarney (11,95 €, 2 heures, huit par jour), Waterford (12,70 €, 2 heures 15, sept à huit par jour) et Kilkenny (12,70 €, 3 heures, quatre par jour).

Train

Située au nord de la River Lee, la gare ferroviaire de Kent (☎ 450 4777), Glanmire Rd Lower, dispose de consignes.

Un train direct se rend à Dublin (44,50 €, 3 heures, neuf par jour) et Limerick (17,80 €, 1 heure 30, huit par jour). Cinq trains rallient chaque jour Tralee (22,90 €, 2 heures 15) *via* Killarney (22,90 €, 1 heure 30). Pour Waterford, le trajet (22,90 €, 3 à 5 heures, un par jour) s'effectue *via* Limerick Junction et Tipperary.

Un train vers le sud-est pour Cobh s'arrête à Fota toutes les heures, et permet la visite du Fota Wildlife Park et du Cobh Heritage Centre (reportez-vous plus loin à la rubrique *Environs de Cork*).

Bateau

Des ferries effectuent régulièrement la liaison depuis Cork avec la Grande-Bretagne et la France. Brittany Ferries (☎ 427 7801), 42 Grand Parade, dessert Roscoff, partant à 15h30 tous les samedis de mars à septembre. La traversée dure 14 heures.

Swansea Cork Ferries (☎ 427 6000), 52 South Mall (un autre bureau se situe au port), assure quatre ferries par semaine (30,50-43,20 € aller simple, selon le mois). Comptez 10 heures pour aller de Cork à Swansea.

Pour plus de détails, consultez la rubrique *Voie maritime* au chapitre *Comment s'y rendre*.

COMMENT CIRCULER
Desserte de l'aéroport
Situé à 8 km au sud du centre-ville dans South City Link Rd, l'aéroport est à 20 minutes en voiture. Le bus n°226 de la compagnie Bus Éireann part de l'aéroport vers la gare routière dans Parnell Place et le centre-ville.

Desserte du terminal des ferries
Ce terminal est situé à Ringaskiddy, à environ 15 minutes en voiture au sud-est du centre-ville sur la N28. Bus Éireann propose de fréquentes liaisons (environ 45 minutes).

Bus
La plupart des endroits intéressants sont localisés autour du centre-ville. Si vous restez quelque temps, il peut s'avérer intéressant d'acheter un ticket hebdomadaire. Il vous sera demandé une photo.

Voiture
Budget (☎ 427 4755) tient un comptoir à l'office du tourisme ainsi que dans l'aéroport (☎ 431 4000). Avis (☎ 428 1111) se trouve sur Emmet Place, en face de la Crawford Municipal Art Gallery.

Parking. Des tickets de parking (0,75 € l'heure) sont délivrés à l'office du tourisme et auprès de certains marchands de journaux. Ils doivent être placés en évidence lorsque vous vous garez. Sinon, vous pouvez également laisser votre véhicule dans le grand parking situé derrière le centre commercial Merchant's Quay, ou encore vous garer gratuitement dans le quartier de Shandon, au nord de Pope's Quay.

Taxi
Essayez Shandon Cabs (☎ 450 2255) ou Cork Taxi Co-op (☎ 427 2222).

Bicyclette
Pour louer une bicyclette, adressez-vous à Cycle Scene (☎ 430 1183), 396 Blarney St (12,70/50 € par jour/semaine).

Environs de Cork

CHÂTEAU DE BLARNEY
Difficile de résister à la tentation d'aller embrasser la **Blarney Stone**, pierre supposée donner le don de l'éloquence ("gift of the gab"). Un consul français du XVIIIe siècle expliqua qu'on y "gagnait le privilège de dire des mensonges pendant sept ans". La reine Élisabeth Ire, exaspérée par la capacité de Lord Blarney à parler des heures sans jamais accéder à ses demandes, inventa l'expression.

Érigé en 1446, le **château** *(☎ 021-438 5252, Blarney ; adulte/enfant 4,45/1,25 € ; 9h30-19h/17h30 lun-sam/dim juin-août ; 9h30-18h30/17h30 lun-sam/dim mai et sept ; 9h30-18h/17h (ou tombée de la nuit) lun-sam/dim oct-avr ; entrée 30 min. avant la fermeture)* consiste en une tour bâtie sur un sol de solide calcaire, dans un parc merveilleux. N'oubliez pas votre pique-nique.

Se pencher pour embrasser la pierre sacrée peut donner le vertige, mais vous ne risquez pas de tomber. Il y a une grille et quelqu'un pour vous retenir. La pierre est au sommet du château. Le long escalier en spirale est raide, étroit et irrégulier. Soyez prudent. Hormis les panneaux indiquant chaque salle, les explications sur les hôtes et l'utilité des pièces manquent un peu.

Le plaisir que l'on peut prendre à visiter Blarney est en général inversement proportionnel au nombre de bus touristiques présents en même temps. Le meilleur moment est à l'ouverture. Blarney se trouve à 8 km au nord-ouest de Cork et des bus partant de la gare routière s'y rendent régulièrement (2,25 €, 30 minutes).

PASSAGE WEST
Si vous traversez le comté d'ouest en est en voulant éviter la ville de Cork, sachez que le Ferry Link (☎ 021-481 1223) relie Passage West, Glenbrook et Carrigaloe tous les jours entre 7h et 0h10. La traversée prend 5 minutes. L'aller coûte 3,20 € pour une voiture et 1,25 € pour les piétons, gratuit pour les vélos.

FOTA WILDLIFE PARK
Le **Fota Wildlife Park** *(☎ 021-481 2678, Carrigtwohill ; adulte/enfant 6,60/3,95 € ; 10h-*

La diaspora irlandaise

Si environ la moitié des Irlandais nés depuis 1820 émigrèrent, l'histoire de l'émigration irlandaise remonte à bien plus loin, et s'est prolongée, à une moindre échelle, jusqu'à une période récente.

Autour de 1650, le lord-protecteur Olivier Cromwell exila environ 30 000 soldats (les "Oies sauvages") et déporta des milliers de civils (femmes, enfants et jeunes gens), qui furent vendus comme esclaves à la Jamaïque ou aux Barbades. Après la signature du Traité de Limerick en 1691, 20 000 hommes et leurs familles fuirent vers la France.

L'émigration vers l'Amérique commença au XVIIIe siècle, principalement depuis l'Ulster où les presbytériens étaient las de se voir traiter comme des citoyens de seconde classe. Entre 1791 et 1853, 39 000 forçats furent déportés de Cobh vers l'Australie pour des crimes allant du vol au meurtre. Entre 1848 et 1850, 4 000 orphelines furent retirées de leur établissement et envoyées en Australie pour servir d'épouses.

La période d'émigration la plus tragique eut lieu au cours de la Grande Famine de 1845-1851, qui ne fit qu'accélérer un processus déjà bien engagé. Pendant cette période, plus d'un million d'Irlandais partirent, et entre 1855 et 1914, quatre millions d'entre eux quittèrent leur terre natale dans l'espoir d'une nouvelle vie, principalement en Amérique ou en Grande-Bretagne.

Lorsqu'un homme ou une femme (et les femmes étaient souvent plus déterminées que les hommes) décidait de réserver une place à bord d'un transatlantique, il était implicite qu'ils ne reviendraient jamais, d'où l'"American Wake", une fête d'adieu donnée en l'honneur de ceux qui partaient.

Il est difficile de donner des chiffres exacts, mais, aujourd'hui, des millions de personnes à travers le monde ont des origines irlandaises. L'Amérique du Nord concentre environ 40 millions de personnes se réclamant d'une ascendance irlandaise, la plupart vivant à New York, Boston et Philadelphie. Certaines témoignent d'un fort attachement à leurs racines, et contribuent même à financer les organisations paramilitaires nationalistes en Irlande du Nord. Environ un tiers des 19 millions d'Australiens ont une origine irlandaise.

L'amélioration des conditions économiques en Irlande a causé un ralentissement du flux migratoire, et depuis le début des années 1990, la tendance s'est inversée. Beaucoup d'immigrants sont les enfants de la diaspora qui reviennent au pays.

18h lun-sam et 11h-18h dim mi-mars-oct, 10h-16h lun-sam et 11h-16h dim nov-mi-mars) est une sorte de zoo où les animaux ne sont pas en cage, à 10 km à l'est de Cork. Étendu sur 35 hectares environ, le parc est un paradis pour les enfants. Les girafes, les autruches, les singes, les kangourous et les pingouins se promènent librement et les makis envahissent le café. Les guépards n'ont pas la place de courir tout leur soûl, mais ils sont élevés puis renvoyés dans leur pays d'origine. Cherchez le superbe oryx scimitar blanc et brun, qui n'existe plus à l'état sauvage.

Le **coffee shop** étant assez ordinaire, pensez à apporter un pique-nique.

Si vous avez le temps, flânez du côté de la gracieuse **Fota House**, une demeure du XVIIIe siècle qui fut l'une des plus majestueuses de son temps, mais est aujourd'hui tristement négligée. Allez voir l'**arboretum** vieux de 150 ans, situé lui aussi à l'extrémité du parc, vers la gare.

Les voitures n'étant pas autorisées dans l'enceinte du parc, préférez le train qui effectue toutes les heures le trajet Cork-Fota (2,80 € aller-retour, 15 minutes) et dessert également Cobh.

COBH
☎ 021 • 8 460

Cobh (prononcez cove) est une ville pittoresque. Pendant des années elle fut le port de Cork, et resta toujours liée aux traversées transatlantiques. En 1838, le *Sirius*, parti de Cobh, fut le premier vapeur à traverser l'Atlantique. Le *Titanic* y fit une dernière escale en 1912 avant de s'engager pour sa fatale croisière.

Ballymaloe House

A la fois **école hôtelière, guesthouse** et **restaurant** (☎ 021-465 2531, fax 465 2021, res@ballymaloe.ie, Shanagarry), cet établissement est installé à 12 km au sud-est de Middleton sur la R629, entre Shanagarry et Cloyne. Obtenir le diplôme de cette prestigieuse école équivaut à remporter le Cordon bleu parisien, qui vous ouvre les portes des meilleures cuisines du monde. Vous aurez peut-être l'occasion de regarder l'émission *A Year at Ballymaloe* (un an à Ballymaloe), un programme culinaire de la chaîne nationale RTE1.

La nourriture présentée au restaurant de la guesthouse peut être qualifiée de cuisine irlandaise moderne. Le menu, constitué de cinq plats, vous coûtera environ 45 € par personne. En entrée, vous pourrez déguster une mousse de poisson de Ballycotton accompagnée d'un beurre blanc au safran, et, en plat principal, du canard rôti au poivre et au citron, servi avec une purée de légumes.

La guesthouse, aux murs recouverts de vigne, propose des chambres toutes différentes, dont les prix varient de 100 à 115 € pour les simples et de 170 à 190 € pour des doubles.

Quand le *Lusitania* coula au large de Kinsale en 1915, c'est là que nombre de survivants furent débarqués et les victimes enterrées.

À l'époque britannique, la cité était appelée Queenstown, car la reine Victoria y débarqua en 1849 lors de sa première visite en Irlande. Le premier club nautique du monde, le Royal Cork Yacht Club, y fut fondé en 1720, mais il est aujourd'hui installé à Crosshaven, de l'autre côté de Cork Harbour.

Si les industries alentour rendent l'abord de Cobh un peu lugubre, ses bâtiments aux couleurs vives soulignent son charme et sa spectaculaire cathédrale en fait un site touristique incontournable.

Orientation

Située sur Great Island, qui occupe une grande partie de Cork Harbour, Cobh est reliée à la terre par une chaussée. Elle fait face à Haulbowline Island (ex-base du Irish Naval Service) et à Spike Island (la plus verdoyante des îles, abritant une prison).

Renseignements

L'ancien bâtiment du yacht-club abrite à présent un petit office du tourisme (☎ 481 3301) et un centre artistique, ouvert de 9h30 à 17h30 du lundi au vendredi, et de 11h30 à 17h30 le samedi et le dimanche de mars à septembre, de 14h30 à 17h30 tlj d'octobre à février. De bonnes cartes de la ville sont mises gratuitement à votre disposition.

Un cybercafé est installé à Atlantic Inn (☎ 481 1489) sur West Beach (2,55 € pour 15 minutes).

Cobh Heritage Centre

Une partie de la gare ferroviaire de Cobh a été reconvertie pour loger un impressionnant musée, le **Cobh Heritage Centre** (☎ 481 3591, Old Railway Station ; entrée 5/2,50 €/gratuit pour les moins de 8 ans, 10h-18h tlj, dernière entrée 17h) qui raconte avec pertinence le phénomène d'émigration de masse après la Grande Famine, l'âge d'or des grands paquebots, la tragédie du *Titanic* et celle du *Lusitania*.

Activités culturelles et sportives

De début juin à septembre, **Marine Transport Services** (☎ 481 1485) organise trois croisières quotidiennes d'une heure dans la baie (3,80/2,50 €). L'office du tourisme peut vous fournir des renseignements complémentaires.

Fota Island Golf Club (☎ 488 3700) est installé à 5 km de Cobh sur la R624. Ce parcours étonnant est assez onéreux (50-80 €).

Où se loger

Ne vous laissez pas trop facilement séduire par les B&B du bord de mer, en général surévalués (environ 28-32 € par personne).

Beechmount Tourist Hostel (☎ 481 2177, skids@indigo.ie, John O'Connell St ; lit 8,90 €). Cette auberge ouvre toute l'année, sauf une semaine à Noël.

Westbourne House (☎ 481 1391, 12 Westbourne Place ; chambres 19 € par *pers sans sdb)*. Ce B&B, le moins cher, se trouve à proximité de l'office du tourisme, de la gare et du musée.

Ardeen *(☎ 481 1803, 3 Harbour Hill ; chambres 23-25 € par pers)*. À quelques minutes de marche de la cathédrale et de Main St, ses chambres en façade bénéficient d'une jolie vue.

Bellavista *(☎ 481 2450, fax 481 2215, bellavis@indigo.ie, Bishop's Rd ; simples/doubles 51/90 €)*. Ce luxueux B&B offre de jolies vues et le petit déjeuner est servi dans une serre.

Water's Edge Hotel *(☎ 481 5566, fax 481 2011, watersedge@eircom.net, près de l'office du tourisme ; simples/doubles à partir de 70/88 €, chambre business 127/200 €)*. Cet hôtel récent offre un hébergement d'excellente qualité dans de jolies chambres spacieuses au bord de l'eau.

Où se restaurer
En basse saison, les quelques pubs encore ouverts ne servent plus de repas en général à partir de 19h. Il est recommandé de prendre un solide déjeuner.

The Beacon *(☎ 481 4855, 22 East Beach ; menu 14 € pour 2 pers (avant 19h et déj dim) ; 16h30-21h30 lun-sam, 12h30-15h et 17h-19h dim)*. L'une des seules bonnes adresses, recommandée par les habitants.

The Peninsula *(☎ 481 3345, 13 Midleton St ; entrées 3,50-5 €, plats 7,50-10,50 €)*. Ce restaurant chinois propose un menu 3 plats de 17h à 20h lun-jeu (10 €).

Jacob's Ladder *(au Water's Edge Hotel, voir Où se loger ; déj 6,50-11,50 €, dîner 15,50-20,50 €)*. Au bord de l'eau, cet établissement moderne et décoré avec goût offre de belles vues sur Cobh Harbour. Réservez à l'avance. Le menu inclut des délices comme du cabillaud au four à la purée de coriandre et à la crème de fines herbes.

Comment s'y rendre
Cobh est à 24 km au sud-est de Cork, près de la N25 reliant Cork à Rosslare. Des trains desservent Cobh et Cork toutes les heures (3 €, 30 minutes). Entre juin et septembre, un bateau de passagers quitte Cobh pour Passage West à 15h15 (7/4,45 €).

Comment circuler
Tous les sites de Cobh sont facilement accessibles à pied. Si vous désirez un taxi, essayez Harbour Cabs au ☎ 481 4444.

JAMESON HERITAGE CENTRE
Cette **distillerie** *(☎ 021-461 3594, Midleton ; adulte/tarif réduit 5,70/2,50 € ; 10h-18h tlj mars-oct ; 12h-15h lun-ven nov-fév)* se trouve à environ 20 km à l'est de Cork. Du whiskey est distillé ici depuis le début du XIXe siècle. Les anciens locaux peuvent être visités depuis l'ouverture d'une nouvelle distillerie. Vingt-quatre millions de bouteilles sont produites chaque année. Pour plus d'information, contactez l'office du tourisme (☎ 461 3702) ouvert de 9h30 (11h30 le dimanche) à 13h et de 14h15 à 17h30 tous les jours.

Les visites ont lieu régulièrement entre 10h et 18h de mars à octobre, et à 12h et 15h en semaine le reste de l'année.

Huit bus desservent la distillerie tous les jours (six le dimanche) depuis la gare routière de Cork (4,25 €, 25 minutes).

Ouest du Cork

KINSALE
☎ 021 • 3 960 habitants

Malgré les embouteillages inévitables en été, ainsi que le dimanche et les jours fériés, Kinsale (Cionn tSáile) affiche une beauté de carte postale. Ses paysages, son intérêt historique et sa réputation de capitale gastronomique attirent les touristes. À environ 15 km au sud-ouest de la ville, The Old Head of Kinsale, qui s'avance sur l'océan Atlantique, est occupé par un parcours de golf dont l'accès est limité.

Histoire
En septembre 1601, les bandes armées irlandaises menées par O'Neill et O'Donnell et une flotte espagnole venue leur porter secours furent battue devant Kinsale à la veille de Noël par l'armée d'Elisabeth Ire. Les catholiques de Kinsale furent immédiatement chassés de la ville, et durent attendre un siècle avant de pouvoir y retourner. Pour les historiens, 1601 marque le déclin de l'Irlande gaélique.

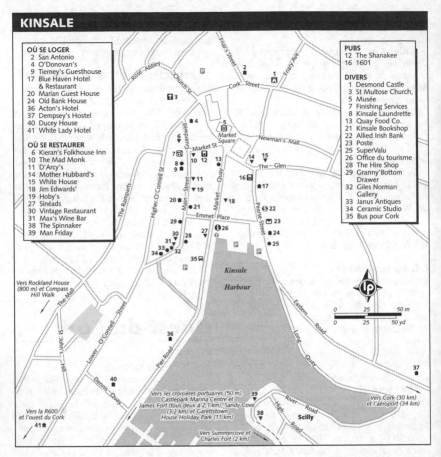

KINSALE

OÙ SE LOGER
2 San Antonio
4 O'Donovan's
9 Tierney's Guesthouse
17 Blue Haven Hotel
   & Restaurant
20 Marian Guest House
24 Old Bank House
36 Acton's Hotel
37 Dempsey's Hostel
40 Ducey House
41 White Lady Hotel

OÙ SE RESTAURER
6 Kieran's Folkhouse Inn
10 The Mad Monk
11 D'Arcy's
14 Mother Hubbard's
15 White House
18 Jim Edwards'
19 Hoby's
27 Sinéads
30 Vintage Restaurant
31 Max's Wine Bar
38 The Spinnaker
39 Man Friday

PUBS
12 The Shanakee
16 1601

DIVERS
1 Desmond Castle
3 St Multose Church,
5 Musée
7 Finishing Services
8 Kinsale Laundrette
13 Quay Food Co.
21 Kinsale Bookshop
22 Allied Irish Bank
23 Poste
26 Office du tourisme
28 The Hire Shop
29 Granny'Bottom
   Drawer
32 Giles Norman
   Gallery
33 Janus Antiques
34 Ceramic Studio
35 Bus pour Cork

Après 1601 le port se transforma en chantier naval. Au début du XVIIIe siècle, Alexander Selkirk quitta Kinsale Harbour pour un voyage qui le laissa échoué sur une île déserte, inspirant à Daniel Defoe son *Robinson Crusoé*.

Orientation et renseignements

Vous pouvez parcourir pratiquement toute Kinsale à pied. La plupart des hôtels et des restaurants entourent le port, mais vous en trouverez certains à Scilly, une péninsule au sud-est. Un chemin mène à Summercove et Charles Fort. Au sud-ouest, le pont Duggan

Bridge relie Castlepark Marina ainsi que les ruines dispersées de James Fort à Pier Rd.

L'office du tourisme (☎ 477 2234), sur le port à côté de l'arrêt de bus, ouvre de 9h15 à 13h et de 14h15 à 17h30 du lundi au samedi de mars à octobre, et le dimanche en juillet et août.

L'Allied Irish Bank, Pearse St, dispose d'un distributeur.

La laverie Kinsale Laundrette (☎ 477 2205), Main St, ouvre entre 9h et 18h30 du lundi au vendredi.

La librairie Kinsale Bookshop (☎ 477 4244), 8 Main St, expose un vaste choix de livres pour enfants.

La poste est établie dans Pearse St. Un accès à Internet est offert par Finishing Services (☎ 477 3571), 71 Main St, de 9h à 17h du lundi au vendredi.

Située à Sandy Cove, à 3 km à l'ouest de la ville, l'école de langue Kinsale School of Languages (☎/fax 477 4545, info@kinsaleschool.com) organise des cours de gaélique pour débutants.

Musée

Le petit **musée** (☎ 477 7930, *Market Square ; adulte/enfant 2,55/1,25 € ; 10h30-17h30 lun-sam et 14h30-17h30 dim avr-oct*), dans les locaux du tribunal du XVIIᵉ siècle, présente une exposition sur le naufrage du *Lusitania* en 1915.

Charles Fort

À Summercove, à 2 km à l'est de Kinsale, se dressent les monumentales ruines du XVIIᵉ siècle du **Charles Fort** (☎ 477 2263 ; *adulte/étudiant/famille 3,20/1,25/7,60 €, 10h-18h tlj mi-mars-oct, sam et dim seulement nov-mi-mars, dernière entrée 17h15*). Ce fort en étoile, l'un des mieux préservés d'Europe, est aujourd'hui un site Dúchas. Édifié dans les années 1670, il fut occupé jusqu'en 1921, et en grande partie détruit au départ des Anglais. Supposé protéger la ville des offensives maritimes, Guillaume d'Orange l'attaqua néanmoins par voie de terre après la bataille de la Boyne en 1690. La plupart des ruines datent des XVIIIᵉ et XIXᵉ siècles.

Du haut de ses murs massifs, la vue s'étale sur le port. En suivant les indications de la Scilly Walk, vous découvrirez en chemin ce superbe panorama.

Activités culturelles et sportives

Des **promenades guidées d'une heure** partent devant l'office du tourisme à 11h15 tous les jours (☎ 477 2873). La balade autour de Compass Hill, au sud-ouest vers Rocklands House, réserve de ravissants paysages sur Kinsale Harbour.

Castlepark Marina Centre (☎ 477 4959) organise des sorties de **pêche en haute mer** (38 €, plus 6,35 € pour la canne) et de **plongée sous-marine**. Une traversée du port en ferry (1,25 €) est prévue pour rejoindre les bateaux de croisière depuis Denis Quay. Des auberges de jeunesse peuvent également vous accueillir (consultez plus loin la rubrique *Où se loger*).

Pour les **traversées** à destination de Charles Fort, James Cove et le long de la Bandon River, contactez **Kinsale Harbour Cruises** (☎ 477 3188, 087 227 2319). Sept bateaux quotidiens partent en été, et cinq le week-end le reste de l'année, depuis Denis Quay dans Pier Rd, à l'extrémité sud de la ville (adulte/tarif réduit 6,35/3,80 €).

The Hire Shop (☎ 477 4884, 18 Main St) loue du **matériel de pêche** (environ 10,15 € la journée).

Festival

Le premier week-end d'octobre, le Gourmet Festival, qui dure quatre jours, est organisé par les restaurants constituant le Good Food Circle of Kinsale (cercle de la bonne cuisine de Kinsale). L'inscription coûte 250 € et donne droit à des dégustations, certains repas, une traversée du port et une réduction de 10% dans les restaurants. Certains tickets sont vendus le jour même. Pour plus de détails et pour les réservations, contactez Peter Barry (☎ 477 4026), Scilly, Kinsale.

Où se loger

L'hébergement à Kinsale est coûteux, surtout si vous êtes seul(e). On peut venir de Cork pour la journée.

Campings et auberges de jeunesse.

Quelques campings sont signalés autour de Kinsale, ainsi qu'une auberge de jeunesse non loin du centre-ville.

Garrettstown House Holiday Park (☎/fax 477 8156, *Kinsale ; une tente et 2 pers 14 €, mai-sept*). À 1,3 km au sud-ouest de Ballinspittle (11 km au sud-ouest de Kinsale) sur la R600, ce camping n'est pas à Garrettstown même, mais reste le plus proche de Kinsale.

Castlepark Marina Centre (☎ 477 4959, *Castlepark Marina ; lit 11,45 €, double 28 €, petit déj compris*). Près de James Fort, cette auberge de jeunesse propre et moderne se trouve à environ 1 km au sud de Kinsale de l'autre côté de Duggan Bridge. De juin à septembre, des ferries partent toutes les heures à partir de 8h de Denis Quay, à l'extrémité sud de Pier Rd. Le reste de l'année, le propriétaire Eddie McCarthy pourra peut-être venir vous chercher. Une petite plage se cache derrière l'auberge, avec un **café** et le pub The Dock juste à côté.

Dempsey's Hostel *(☎ 477 2124, Eastern Rd ; lit 8,90 €, double 24 €, linge 1,25 €, toute l'année)*. Située sur la route de Cork, derrière le parking Texaco, cette auberge est plus proche de la ville que le Castlepark Marina Centre. Les alentours sont bruyants, mais l'insonorisation est bonne.

B&B. De nombreux B&B sont établis à Kinsale et alentour, mais beaucoup ferment de novembre à mars. Certains ne disposent que de chambres doubles. Dans le centre, les B&B au-dessus des magasins proposent souvent des chambres chères et petites.

Marian Guest House *(☎ 477 4253 ; 62 Main St ; chambre avec sdb 15-19 € par pers)*. Une bonne adresse, la moins chère de la ville, si l'exiguïté de la chambre et le chien de la maison ne vous dérangent pas.

O'Donovan's *(☎ 477 2428, odono-vans_bb@iolfree.ie, Guardwell ; simples/doubles à partir de 35/50 €)*. Cet établissement très central réservé aux non-fumeurs présente un excellent rapport qualité/prix.

Tierney's Guesthouse *(☎ 477 2205, fax 477 4363, 70 Main St ; doubles sans/avec sdb 44,50/56,50 €)*. L'une des adresses les plus agréables du centre-ville.

Ducey House *(☎ 477 4592, Denis Quay ; chambres à partir de 28 € par pers)*. Cette maison de ville du XVIIIᵉ siècle, somptueusement décorée, baigne dans une ambiance très décontractée. Demandez "Isabella's Room" pour profiter de l'immense salle de bains.

San Antonio *(☎ 477 2341, 1 Friar's St ; chambres 26,70 € par pers)*. Les chambres en façade de cet établissement accueillant possèdent de superbes vues sur Kinsale et, tout comme O'Donovan's, sont d'un bon rapport qualité/prix .

Rocklands House *(☎ 477 2609, Compass Hill ; 38-44 € par pers)*. Dans de jolis jardins à 15 minutes de marche du centre, ce B&B est doté de logements indépendants où l'on peut cuisiner. Les chambres les plus chères jouissent de jolies vues.

Hôtels. **White Lady Hotel** *(☎ 477 2737, fax 477 4641, wlady@indigo.ie, Lower O'Connell St ; simples/doubles 76/89 €)*. Cet hôtel charmant dispose de chambres simples un peu chères.

Blue Haven Hotel & Restaurant *(☎ 477 2209, fax 477 4268, bluhaven@iol.ie, 3 Pearse St ; chambre normal/luxe 178/215 €)*. Cet hôtel pratique des tarifs très élevés mais affiche des promotions toute l'année.

Old Bank House *(☎ 477 4075, fax 477 4296, oldbank@indigo.ie, 11 Pearse St ; chambres 150-230 €)*. Un établissement élégant et bien tenu particulièrement apprécié des golfeurs.

Où se restaurer

Restaurants. La restauration à Kinsale est à la hauteur de sa réputation. Les déjeuners et dîners de fin d'après-midi de certains restaurants haut de gamme sont abordables.

Max's Wine Bar *(☎ 477 3677, Main St ; plats 14-20 €, menu 3 plats fin d'après-midi 16 €)*. Il jouit d'une bonne réputation locale. Essayez au déjeuner une tarte au bleu de Cashel et aux pignons, accompagnée d'une salade de poires chaude (7,50 €).

Vintage Restaurant *(☎ 477 2502, 50 Main St ; entrées 8,90-15,90 €, plats 25-27 €)*. C'est l'une des adresses les plus chères, mais laussi l'une des les meilleures et des plus intéressantes de la ville.

Hoby's *(☎ 477 2200, 5 Main St ; plats 11,50-20 €, dîner de 3 plats 20,50 €)*. Ce petit restaurant à la décoration moderne assure un service impeccable.

D'Arcy's *(☎ 477 3990, 2 Main St ; entrées 3,50-8,50 €, plats 11-18 €, déj 6-12,50 €)*. Voilà un restaurant irlandais traditionnel qui présente un bon rapport qualité/prix. Le menu du midi, identique à celui du soir, est moins cher.

Blue Haven Restaurant *(voir Où se loger ; entrées 5,70-10,80 €, plats 8,90-10,80 €)*. Agrémenté d'une jolie terrasse, il est plus avantageux que la plupart des autres établissements du centre-ville.

The Spinnaker *(☎ 477 2098, Scilly ; entrées 5-9 €, plats 15-19 €, 18h à 22h)*. Ce confortable restaurant est apprécié pour ses fruits de mer. N'oubliez pas de réserver.

Man Friday (☎ *477 2260, Scilly ; entrées 6,50-9 €, plats 17,50-21,50 €*). Nous vous conseillons de réserver. Quelques tables profitent de la belle vue sur Kinsale. Essayez le caneton élevé en plein air avec sa sauce à la nectarine et au cognac (19 €).

Cafés et Pubs. A Kinsale, la cuisine dans les pubs est assez bonne en raison de la concurrence des restaurants et des cafés.

Mother Hubbard's (☎ *477 2440, Market St ; en-cas et repas légers 2,50-6,30 €*). Une très bonne adresse pour apprécier de bons petits déjeuners et des plats bon marché tels que sandwiches grillés, *chip butties* (sandwiches de frites) et salades.

Sinéads (☎ *477 2333, Pier Rd ; repas 4-11 €*). À l'étage de ce café, vous admirerez une jolie vue sur le port. Goûtez les sandwiches baguettes et les tapas .

White House (☎ *477 2125, Pearse St ; en-cas et menu 4-10 €*). Ce pub populaire, le plus vieux du centre-ville, prépare des plats traditionnels bon marché.

The Mad Monk (☎ *477 4609, 1 Main St ; repas 6,50-12,50 €*). Les amateurs de viande se régaleront avec les menus. Les menus varient sur le thème de la religion.

Kieran's Folkhouse Inn (☎ *477 2382, Guardwell ; en-cas et repas légers 4,45-7 €, plats 5,70-8,90 €*). Ce pub hispanisant, maintes fois récompensé, pratique des tarifs raisonnables. En revanche, le coût de l'hébergement n'est pas justifié par rapport au confort proposé.

Jim Edwards' (☎ *477 2541, Market Quay ; menus de bar 3,50-13,50 €, menu restaurant 14-18 €*). L'un des meilleurs pubs pour déguster des fruits de mer.

Faire son marché. Nous vous recommandons le supermarché *SuperValu*, Pearse St, et peut-être le *Quay Food Co.* (voir *Achats*) pour des produits de luxe.

Distractions

Les pubs de Kinsale sont très animés, particulièrement l'été.

1601 (☎ *477 2529, Pearse St*). Ce pub est toujours plein. Vous pourrez glaner des anecdotes sur la bataille en attendant qu'on vous serve.

The Mad Monk (voir *Où se restaurer*). De plus en plus animé à mesure que les heures passent. Ses groupes de musique traditionnelle vous entraîneront jusqu'au bout de la nuit.

The Shanakee (*An Seanachai ;* ☎ *477 7077, Main St*). Cet énorme pub se double d'une discothèque et distille de la musique live tous les soirs.

Le night-club du **White Lady Hotel** (voir *Où se loger*) est apprécié des jeunes les vendredis, samedis et dimanches soir. **Bacchus** (relié à Kieran's Folkhouse Inn, voir *Où se restaurer*), ouvre le week-end et diffuse de la musique live.

Achats

Kinsale est un endroit merveilleux pour effectuer des achats : linge fin, antiquités, céramique, cristal...

Ceramic Studio (☎ *477 7021, 42 Main St*). Objets en céramique modernes et originaux.

Janus Antiques (☎ *477 4342, 44 Main St*). Étonnantes antiquités françaises du XVIIe au XIXe siècle, et quelques articles de maison assez onéreux.

Giles Norman Gallery (☎ *477 4373, 45 Main St*). Photographies de l'Irlande en noir et blanc (20 à 635 € ou plus).

Granny's Bottom Drawer (☎ *477 4839, 53 Main St*). Beau linge irlandais, damas et vêtements de nuit.

Quay Food Co. (☎ *477 4000, Market Quay*). Fromages locaux et importés, charcuterie, olives et café.

Comment s'y rendre

Les Bus Éireann relient Kinsale et Cork (5 €, 45 minutes, 10 par jour). Ils s'arrêtent au garage Esso de Pier Rd près de l'office du tourisme. Appelez le ☎ 450 8188 pour plus de détails.

Comment circuler

The Hire Shop (☎ 477 4884), 18 Main St, loue des bicyclettes (10,15 € par jour). Un taxi Kinsale Cabs (☎ 477 2642) pourra vous emmener au Castlepark Marina Centre (environ 4 €).

DE KINSALE À CLONAKILTY

La route R600 qui suit les quais à l'ouest de Kinsale traverse Ballinspittle et Timoleague où dorment les ruines d'un cloître franciscain, puis

COMTÉ DE CORK

mène à Clonakilty, mais nous vous conseillons d'emprunter la R601 pour visiter le pittoresque village de **Courtmacsherry** qui s'étend le long d'une laisse de vase à Courtmacsherry Bay.

CLONAKILTY
☎ 023 • 2 950 habitants

Cette ville accueillante offre beaucoup d'avantages. La grande baie de sable est idéale pour se baigner, tout comme la plage voisine d'Inchydoney Island. Méfiez-vous du fort contre-courant. Lorsque les surveillants de plage sont là, un drapeau rouge indique le danger.

Le tourisme prend son essor, ce qui n'a rien d'étonnant. Les hébergements foisonnent et la restauration est excellente. L'endroit est également merveilleux pour chiner. Les amateurs de musique, traditionnelle ou autre, adoreront Clonakilty. Des groupes s'y produisent le soir tout au long de l'année.

Histoire
Clonakilty reçut sa première charte en 1292, mais fut refondée au début du XVIIe siècle par le premier comte de Cork qui installa 100 familles anglaises et organisa une ville protestante d'où les catholiques étaient exclus. Son projet cependant échoua. Clonakilty est aujourd'hui très irlandaise et très catholique. La chapelle presbytérienne a été transformée en bureau de poste.

Entre 1750 et 1850, l'industrie textile locale prit de l'ampleur jusqu'à employer plus de 10 000 ouvriers. La boulangerie Houlihan & Sons, à côté de la fontaine publique, était autrefois une halle au linge, et la caserne de pompiers occupe l'emplacement du vieux marché au linge. Le moulin à eau au bord de la rivière a été transformé en bibliothèque.

Orientation
Les routes convergent vers Asna Square, dominée par une statue commémorant les enfants du pays qui tombèrent à la bataille de Big Cross, au cours du soulèvement de 1798. Sur Inchydoney Island, à environ 4 km du centre-ville, s'étendent de superbes plages.

Renseignements
L'office du tourisme (☎ 33226), Ashe St, doté d'un personnel accueillant et serviable, ouvre de 9h à 19h tous les jours de juin à août, de 9h30 à 17h30 du lundi au vendredi et de 9h30 à 17h le samedi le reste de l'année. Une carte de la ville et des environs est mise gratuitement à votre disposition à l'office et dans de nombreux d'hôtels et B&B.

L'Allied Irish Bank, à l'angle de Pearse St et Bridge St, possède un distributeur. La poste est installée dans les locaux de l'ancienne chapelle presbytérienne de Bridge St. Pour vous connecter à Internet, Hi-Tech (☎ 34557), 10-12 Asna St, demande 1,90 € pour 15 minutes.

La bibliothèque Old Mill Library (☎ 34275), Kent St, ouvre de 10h30 à 18h du mardi au samedi. La laverie Wash Basket (☎ 34821) est établie dans Spiller's Lane. Des toilettes publiques sont installées à l'angle de Rossa St et Kent St.

La brochure en anglais *Historical Walk of Clonakilty and its Sea-Front* (3,20 €), illustrée par une carte, est diffusée par la librairie Kerr's Bookshop, Ashe St. La librairie Clonakilty Bookshop, Pearse St, vend des livres d'occasion. Des boutiques d'antiquités et d'artisanat sont regroupées dans Spiller's Lane, près de Bridge St.

À voir et à faire
Visitez l'impressionnante **Church of the Immaculate Conception** (à l'angle de Bridge St et Oliver Plunkett St). Cette église érigée dans les années 1870 arbore de jolies mosaïques.

Le **West Cork Model Railway Village** (☎ 33224, Inchydoney Rd ; adulte/enfant 5,10/3,80 € ; 11h-17h tlj fév-oct) reproduit en miniature la ligne de chemin de fer West Cork Railway comme elle était pendant la Seconde Guerre mondiale. Vous y admirerez aussi de superbes reproductions des principales villes de l'ouest du comté de Cork telles qu'elles étaient dans les années 1940 : Clonakilty, Dunmanway, Kinsale et Bandon.

Où se loger
Desert House Caravan & Camping Park (☎ 33331, fax 33048, Coast Rd ; tente et 2 pers 6,20 €, B&B 21,50/24 € par pers sans/avec sdb, ouvert Pâques et mai-sept). Ce site surplombe la rivière à 1 km à l'est de la ville sur la route de Ring.

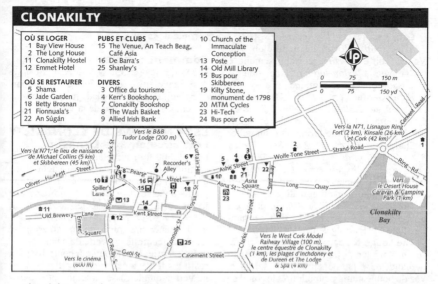

CLONAKILTY

OÙ SE LOGER	PUBS ET CLUBS	10 Church of the
1 Bay View House	15 The Venue, An Teach Beag,	Immaculate
2 The Long House	Café Asia	Conception
11 Clonakilty Hostel	16 De Barra's	13 Poste
12 Emmet Hotel	25 Shanley's	14 Old Mill Library
		15 Bus pour
OÙ SE RESTAURER	DIVERS	Skibbereen
5 Shama	3 Office du tourisme	19 Kilty Stone,
6 Jade Garden	4 Kerr's Bookshop,	monument de 1798
18 Betty Brosnan	7 Clonakilty Bookshop	20 MTM Cycles
21 Fionnuala's	8 The Wash Basket	23 Hi-Tech
22 An Súgán	9 Allied Irish Bank	24 Bus pour Cork

Clonakilty Hostel (☎ 33525, fax 35673, Old Brewery Lane ; chambres à 6 lits 10 € par pers, doubles 25,50 €). Ces tarifs augmentent un peu en juillet et août. Cette auberge aux couleurs vives est située dans un cul-de-sac tranquille près d'Emmet Square. Accessible aux handicapés, elle dispose d'une petite cuisine et d'une salle à manger.

The Long House (☎ 33011, 15 Wolfe Tone St ; chambres 19 € par pers, sdb commune). Ce petit B&B propre et simple offre le meilleur rapport qualité/prix du centre-ville.

Bay View House (☎ 33539, Old Timoleague Rd ; simples/doubles à partir de 31/53 €). Placé juste à l'extérieur de la ville près du rond-point, cet établissement offre de beaux points de vue et sert d'excellents petits déjeuners.

Tudor Lodge (☎ 33046, tudorlodge1@eircom.net, MacCurtain Hill ; simples/doubles 32/51 €). Ce B&B agréable perché sur MacCurtain Hill jouit de superbes vues sur la ville.

Emmet Hotel (☎ 33394, fax 35058, Emmet Square ; simples/doubles 57/100 €). Cet établissement pittoresque de style georgien a été rénové en 1998.

The Lodge & Spa (☎ 33143, fax 35229, reservations@inchydoneyisland.com, Inchy-

doney Island, simples 130-150 €, doubles 200-260 € plus 10% de service). Un luxe cinq-étoiles pour ce palace surplombant de superbes plages, indiqué à 4 km au sud du centre-ville. Lors de votre séjour, vous pourrez profiter de jacuzzi à l'eau de mer pour une petite cure de thalassothérapie, de traitements de beauté et de massages. Le restaurant est superbe (voir *Où se restaurer*).

Où se restaurer

Si le boudin noir (*black pudding*) s'apprécie au petit déjeuner dans toute l'Irlande, celui de Clonakilty est particulièrement renommé. La ville offre de bonnes possibilités de restauration.

Betty Brosnan (☎ 34011, 58 Pearse St ; repas léger 2,85-5,40 ; 9h-18h) sert le petit déjeuner, mais aussi des pommes de terre au four, des sandwiches, du riz au curry, des saucisses et des frites.

An Súgán (☎ 33498, 41 Wolfe Tone St ; repas au bar 6,30-11,30, plats au restaurant 11,45-15,25 €). Arrivez tôt pour le déjeuner car cet endroit est très apprécié.

O'Keefe's (dans l'Emmet Hotel, voir *Où se loger*, entrées 3,80-7,55 €, plats 12-18 €). La carte recèle des influences asiatique et méditerranéenne. Essayez le saumon frit thaï sur son lit de pak choy, poché dans du lait de coco.

Café Asia *(☎ 33419, Recorder's Alley ; 12h30-23h30).* Voisin du night-club The Venue (voir *Où sortir*), cet établissement se réclame de la *fusion-food*, mélange de cuisine traditionnelle et exotique.

Jade Garden *(☎ 34576, MacCurtain Hill ; entrées 2,50-4,45 € ; plats 5,70-9 €).* Ce restaurant chinois confortable revêt plutôt l'apparence d'une ferme traditionnelle.

Shama *(☎ 36945, 12 Ashe St ; entrées 3,20-4,45 €, plats 7-8,25 €, 17h-24h lun-mer et 17h-2h jeu-dim).* Ce restaurant indien et pakistanais ouvert tard le soir sert des biryani, kofti, balti et thali.

Fionnuala's *(☎ 34355, 30 Ashe St ; antipasti 3,75-5 €, pâtes 9-14 €, pizza 9 €).* Ce restaurant italien prépare également un bon café.

The Lodge & Spa *(voir Où se loger).* Ce restaurant tenu par un chef reconnu demande 45 € par pers pour 4 plats. Réservez de bonne heure pour admirer le soleil se coucher sur l'océan.

Où sortir

Les pubs de Clonakilty sont particulièrement animés pendant les 10 jours du festival en juillet.

Shanley's *(☎ 33790, 11 Connolly St).* Ce petit pub traditionnel est baigné de musique live presque tous les soirs.

De Barra's *(☎ 33381, 55 Pearse St).* Vous pourrez y écouter de la musique live tous les soirs, et Noel Redding de Jimi Hendrix Experience le vendredi. Des photos des légendes du rock ornent les murs.

An Teach Beag *(☎ 33883, 5 Recorder's Alley).* Ce pub agrémenté d'un joli petit jardin accueille de la musique live tous les soirs en juillet et en août, et seulement le vendredi et le samedi le reste de l'année.

The Venue *(☎ 33419, Recorder's Alley).* Cet endroit ressemble davantage à un night-club.

Un **cinéma** *(☎34141)* est installé au Quality Hotel, juste à la sortie de la ville. Prenez à droite au bout de O'Reilly St et suivez les indications.

Comment s'y rendre

Deux bus se rendent à Cork tous les jours (8,50 €, 1 heure 15) et Skibbereen (5,85 €,

40 min). En venant de Cork les bus s'arrêtent dans Pearse St, et dans l'autre sens sur la route de la côte.

Comment circuler

MTM Cycles (☎ 33584), 33 Ashe St, loue des bicyclettes (8,90/50 € par jour/semaine). Essayez la balade jusqu'à Dureen Beach, à 13 km au sud de la ville.

LES ENVIRONS DE CLONAKILTY
Fort circulaire de Lisnagun

Des 30 000 forts circulaires (*ring forts*) disséminés dans toute l'Irlande, Lisnagun (Lios na gCon) est le seul à avoir été reconstitué pour donner un aperçu de la vie dans une **ferme fortifiée** du Xe siècle *(adulte/enfant 2,55/1,25 € ; 9h-17h lun-ven, 10h-17h sam-dim).* L'enceinte comporte un souterrain et une hutte centrale couverte de chaume.

En théorie, le fort ouvre à heure fixe. En réalité, s'il n'y a personne au guichet, vous ne verrez que le fossé circulaire et la palissade de bois.

Prenez la direction Bay View House B&B signalisée au rond-point au bout de Strand Rd. Montez pendant 2 km jusqu'à une intersection. Tournez à droite et, à environ 100 m, vous verrez un portail de ferme métallique sur votre droite. Entrez et continuez votre chemin jusqu'à un carrefour avec une étable. Empruntez le chemin de gauche, descendez jusqu'à une petite route et tournez à droite. Le fort est alors sur votre gauche, près du Clonakilty Agricultural College.

DE ROSSCARBERY À SKIBBEREEN

Vous pouvez vous rendre de Rosscarbery à Skibbereen en prenant la N71 *via* Leap, mais il est bien plus agréable de suivre l'itinéraire plus long qui serpente vers le sud-ouest depuis la fin de la chaussée à Rosscarbery, et permet d'admirer les villages pittoresques de Glandore et d'Union Hall ainsi que de très beaux paysages côtiers.

Drombeg Stone Circle

Parmi tous les cercles de pierres de l'ouest de Cork, ce groupe de 17 pierres datant d'environ 100 av. J.-C. mis au jour en 1957 est particulièrement impressionnant. Au sud-ouest, une pierre horizontale (ou axiale) gravée de signes anciens fait face à deux pierres plus hautes (ou porteuses), dressées au nord-est. Elles sont alignées dans l'axe du soleil couchant lors du solstice d'hiver, le 21 décembre.

En venant de Clonakilty, la N71 traverse une chaussée à Rosscarbery. Juste au bout de la chaussée, à côté de l'Orchard B&B, un panneau signale à gauche la route de Glandore, Coppinger's Court et plusieurs B&B. Un peu plus loin sur cette route, les pierres sont indiquées sur la gauche, et une route inégale mène à un petit parking. De là, un chemin mène au cercle de pierres.

Glandore et Union Hall
☎ 028

Les adorables villages de pêcheurs de Glandore (Cuan Dor) et d'Union Hall s'animent soudain en été lorsque débarquent les plaisanciers, ce qui aurait certainement beaucoup surpris William Thompson (1785-1833), à qui Glandore servit de modèle pour élaborer sa philosophie socialiste. Marx y fait référence dans *Le Capital*.

Union Hall, accessible de Glandore *via* un pont étroit qui enjambe l'estuaire, fut baptisé après l'Acte d'union de 1800 abolissant le parlement irlandais. Son nom en gaélique, Bréantrá, n'est pas plus gai car il signifie "plage crasseuse".

Ceim Hill Museum. Ce petit **musée** (☎ 36280, *Union Hall ; adulte/enfant 2,55/1,25 €, 10h-19h tlj toute l'année*), tenu par Teresa O'Mahony qui pratique une médecine traditionnelle dans son ancienne ferme, offre un fabuleux mélange d'objets insolites et authentiques, sans oublier de vues spectaculaires depuis les chemins sinueux. Il est indiqué sur la route de Castletownsend en venant de Union Hall.

Où se loger. Quelques endroits agréables se nichent dans les environs.

Meadow Camping Park (☎ 33280, *the_ meadow@oceanfree.net, Rosscarbery road, Glandore ; emplacement 11,50-12,70 €, mi-mars-sept*). Ce camping est situé à 2 km à l'est de Glandore sur la R597 vers Rosscarbery.

Maria's Schoolhouse (☎*/fax 33002, mariasschoolhouse@eircom.net, Cahergal, Union Hall ; chambre de 10 lits 10,15 € par pers, chambre avec sdb 38-45 €*). Une excellente adresse. Au XIXe siècle, c'était une école. Les dortoirs sont agréables et confortables. Maria prépare votre dîner à la demande (19 € par pers, végétariens bienvenus) et dispose un buffet au petit déjeuner (6,35 €). L'auberge organise à proximité des sorties de kayak en mer pour explorer la côte. Prenez à droite après avoir traversé la chaussée dans Union Hall et continuez dans le village en suivant les indications vers Skibbereen. Le panneau est à la lisière du village, à environ 1 km du centre.

Bay View House (☎ 33115, *Glandore ; simples/doubles 32/51 €, 38/64 € juil-août*). Cet établissement remis à neuf offre les plus belles vues de la région. Demandez la chambre 1 ou 3.

Seascape B&B (☎ 33920, *Union Hall ; chambres 24 € par pers*). Nous ne pouvons que recommander cet agréable B&B doté de vastes chambres, de vues superbes et de prix raisonnables. Cherchez la grande maison en pierre au bord de l'eau.

Ardagh House (☎*/fax 33571, Union Hall ; simples/doubles 32,40/51 €*). Cet élégant restaurant de fruits de mer borde le littoral (ouvert uniquement le soir d'octobre à avril).

Castle Salem (☎ 48381, *fax 48388, mdaly@unison.ie, www.castlesalem.com, Rosscarbery ; B&B 20-25 € par pers, fév-nov*). L'accueil et le service sont excellents au château de Salem. Vous pourrez aussi loger dans une demeure du XVIIe siècle.

Où se restaurer. De novembre à mars, il faut être chanceux pour se restaurer à Union Hall ou à Glandore, sauf le week-end. Si la faim vous tenaille, essayez le pub de Kikshaw à Leap, à 3 km d'Union Hall.

The Rectory (☎ 33072, *Glandore ; 19h-21h30 Pâques-sept*). Ce restaurant fin est situé dans un manoir sur la R597 entre Glandore et Union Hall. La vue sur les jardins et sur Glandore Harbour est très jolie.

Comment s'y rendre. Les bus ne desservent pas ces deux villages, mais s'arrêtent à Leap (à 3 km au nord), et la plupart des propriétaires des auberges de jeunesse et B&B viendront vous chercher si vous le convenez à l'avance.

SKIBBEREEN
☎ 028 • 1 926 habitants
La circulation est intense à Skibbereen (Sciobairín). Cette ville doit sa fondation à l'incursion des pillards venus de la blanche Alger qui assaillirent la proche Baltimore en 1631. Les colons anglais effrayés fuirent vers le nord-est et établirent deux nouvelles colonies qui devinrent Skibbereen. Pendant longtemps la ville fut associée à ses fondateurs protestants, mais les souffrances des paysans catholiques durant la Grande Famine la rendirent célèbre. Les répercussions furent de longue durée, puisque pratiquement la moitié de la population locale émigra dans la première moitié du XXe siècle.

Aujourd'hui la ville est florissante grâce à son marché du vendredi (12h30-14h30) et à un flot continu de touristes visitant l'ouest du comté de Cork. La ville attirant de nombreux jeunes au budget limité, elle affiche des prix raisonnables.

Pendant trois jours en juillet Skibbereen accueille un festival de musique traditionnelle et les rues et les pubs s'animent jour et nuit. Pour plus de renseignements, contactez skibbereenfleadh@hotmail.com.

Orientation
Le principal point de repère est la statue dédiée aux héros des nombreuses rébellions contre les Britanniques, dressée à la croisée de trois routes. Market St se dirige au sud après la poste vers Lough Hyne et Baltimore. La principale rue commerçante, Main St, croise Ilen St qui traverse la rivière à l'ouest vers Ballydehob et Bantry. North St se dirige vers la route principale menant à Cork.

Renseignements
L'office du tourisme (☎ 21766), North St, ouvre de 9h15 à 13h et de 14h15 à 17h30 en semaine d'octobre à mai, de 9h à 18h du lundi au samedi en juin et septembre, et de 9h à 19h tlj en juillet et août. *The Skibbereen Trail* (1,25 €), qui décrit un itinéraire historique dans la ville, est disponible à l'office du tourisme, auprès des marchands de journaux et à l'Heritage Centre, Upper Bridge St.

L'Allied Irish Bank, Bridge St, est équipée d'un distributeur. Pour l'accès à Internet, essayez coffee.pot.com (☎ 087 244 2550) à la station-service Regal sur la R596 à la périphérie est de la ville, entre 10h30 et 19h du lundi au vendredi et de 11h à 18h le week-end (1,90 € pour 15 min).

La laverie Hourihane's Laundrette, dans une allée en retrait de Bridge St, près de l'endroit où la rue oblique à droite vers Schull, ouvre tous les jours de 10h à 22h. Essayez également West Cork Dry Cleaners (☎ 21627), 49 Bridge St, en face d'Eldon Hotel.

The Heritage Centre
Établi sur le site de l'ancienne usine à gaz, ce **musée** *(☎ 40900, Old Gasworks Bldg, Upper Bridge St ; adulte/enfant 3,80/1,90 €, 10h-18h mar-sam, dernière admission 17h15)* présente deux expositions. La principale retrace de manière très complète la Grande Famine, dont Skibbereen souffrit particulièrement, en mettant l'accent sur les événements locaux grâce à des outils audiovisuels et interactifs. Des acteurs tels que Jeremy Irons apportent leur contribution à cette évocation.

West Cork Arts Centre
Dans North St à côté de l'église, ce **centre artistique** *(☎ 22090, entrée gratuite, 10h-18h lun-sam)* accueille 13 expositions chaque année et met en valeur les talents locaux. L'été, une représentation théâtrale ou musicale est souvent donnée.

Cimetière d'Abbeystrewery
Ce cimetière, situé à 1 km à l'est du centre sur la N71 vers Schull, renferme des fosses communes où furent inhumées entre 8 000 et 10 000 personnes mortes pendant la Grande Famine.

Activités culturelles
Si la musique, la danse et les chants traditionnels vous intéressent, contactez la **West Cork School of Traditional Music** *(☎ 087 244 2550)* ou renseignez-vous auprès de coffee.pot.com (voir *Renseignements*).

Où se loger

Hideaway Camping & Caravan Park (☎ 33280 ou 22254, *the_hideaway@oceanfree.net, R596 ; tente et 2 pers 11,45-12,70 €, fin avril-mi-sept*). Ce camping est situé à 1 km au sud-est de la ville sur la route de Castletownsend.

Russagh Mill Hostel & Adventure Centre (☎ 22451, *Skibbereen ; tente et 2 pers 8,90-10 €, lit 10-12,70 €, chambre 30-35 €*). Installé à 1,5 km au sud-est de la ville sur la R596, cet établissement était autrefois un moulin. Le propriétaire est un adepte chevronné de la montagne et du canoë. Vous pourrez participer à une journée de **kayak**, **escalade** (sur les murs de l'hôtel) ou toute autre activité (10-13 €). Les familles avec enfants apprécient cet endroit.

Bridge House (☎ 21273, *Bridge St ; simples/doubles 23/45 € sans sdb*). Ce chaleureux B&B constitue certainement la meilleure adresse de la ville. Vous serez séduit par le somptueux décor victorien et le spa dans la salle de bain.

Lenroy House (☎ 22751, *10 North St ; chambre avec sdb a partir de 23-25 € par pers*). Un bon rapport qualité-prix pour cet établissement situé en face du West Cork Arts Centre.

Eldon Hotel (☎ 22000, *fax 22191, welcome@eldon-ho☎ie, Bridge St ; chambres 35-38 € par pers oct-avr, 45 € par pers mai-sept, petit déj compris*). Les chambres de cet hôtel du XIXe siècle, toutes très confortables malgré leur petite taille, sont décorées différemment.

Où se restaurer

O'Donovan Cafe (☎ 22537, *12 Bridge St ; en-cas et sandwiches 2,55-4,45 €*). Ce café n'utilise que des aliments complets pour préparer des soupes, terrines, sandwiches et une cuisine végétarienne variée.

King's Palace (☎ 21301, *31 Bridge St, entrées 2,80-4,45 €, plats 4,80-12,60 €, 12h-14h mer-dim, et 17h-24h tous les jours*). Le menu de ce restaurant chinois, immense, inclut des plats européens.

Kalbo's Bistro (☎ 21515, *48 North St, en cas 3,20-5 €, plats dîner 10,80-17,15 €, midi et soir*). Cet établissement moderne vous régalera de délicieuses soupes, sand-

wiches, salades et autres plats, dont plusieurs végétariens.

Pour faire votre marché, essayez le **Fields Supermarket**, Bridge St, près de l'angle avec Market St.

Comment s'y rendre

Les Bus Éireann effectuent quatre liaisons par jour (trois samedi et dimanche) vers Cork (11,70 €, 1 heure 50), et trois par jour (une le dimanche) vers Schull (4,25 €, 30 min, départ devant l'Eldon Hotel de Main St).

Comment circuler

Vous pouvez louer des bicyclettes auprès de Roycroft's Cycles (☎ 21235), dans Ilen St, en face du West Cork Hotel. Ce bâtiment abrita la soupe populaire pendant la Grande Famine. Wheel Escapes loue à la fois bicyclette, casque, cadenas et sac à outils (8,90 € par jour). Renseignez-vous auprès de l'office du tourisme pour plus de détails.

BALTIMORE
☎ 028 • 260 habitants

En venant de Skibbereen, à 13 km en aval de la River Ilen, le pittoresque village de Baltimore accroît de manière considérable sa population l'été, quand arrivent les plaisanciers, plongeurs, pêcheurs et visiteurs des îles Sherkin and Clear. Le port est dominé par les vestiges du Dùn na Sead (fort des Bijoux), l'un des neufs châteaux érigés dans la région par le clan O'Driscoll, et par un phare original. Ne manquez pas la promenade au soleil couchant et la jolie vue sur les îles.

Renseignements

Le petit office du tourisme (☎ 21766) sur le port ouvre de mai à septembre, mais en basse saison vous pouvez consulter le tableau d'affichage à l'extérieur. Le personnel peut organiser un hébergement sur les îles Clear et Sherkin.

Activités sportives

La **Baltimore Sailing School** (☎ 20141) propose des cours de voile de mai à septembre pour débutants et confirmés.

Les amateurs de **pêche en haute mer** peuvent contacter **Michael Walsh** (☎ 20352 *ou 21675)*, **Algiers Inn Angling Centre** (☎ *20145, Main St)* ou **Nick Dent** (☎ *21709).*

Du matériel de pêche est en location au Cotter's Grocery Store sur le port.

Atlantic Sea Kayaking *(☎ 20511)* propose des expéditions en kayak depuis le port ou Schull (voyez plus loin dans ce chapitre) d'une journée, ou de deux en campant sur les îles voisines.

Où se loger

Rolf's Hostel *(☎/fax 20289, Baltimore Hill ; lit 11,40-12,70 €, doubles 34 €).* Cette auberge de jeunesse agréable et accueillante, entourée d'un grand jardin en lisière de la ville, dispose d'un café, d'une laverie et loue des bicyclettes.

Casey's of Baltimore *(☎ 20197, fax 20509, caseys@eircom.net, Skibbereen road ; chambres 50 € par pers oct-mai, 59 € par pers juin-sept).* Ses grandes chambres jouissent d'une belle vue dans un cadre simple et élégant.

The Stone House *(☎/fax 20511, aquavent@aquaventures.ie, Lifeboat Rd ; chambres 28-32 € par pers, supp. 7,60 € en simple juin-août).* Les chambres accueillent jusqu'à 4 personnes.

Fastnet House *(☎/fax 20515, fastnethouse@eircom.net, Main St ; simples/ doubles 38/57 €, 23 € par pers nov-fév).* Cet établissement du début du XIXe siècle dispose de jolies chambres près du port.

Où se restaurer

Casey's of Baltimore *(voir Où se loger, plats 8,25-9,50 €).* Vous pourrez déguster les trois repas de la journée tout en contemplant la baie. Le poisson est toujours frais et des plats différents sont proposés chaque jour.

Café Art *(voir Rolf's Hostel dans Où se loger ; sandwiches baguette 3,80-5 €, repas léger 6,30-9,50 €, plats 12-16,50 €).* Rattaché au Rolf's Hostel, ce café fait également office de galerie d'art. De savoureux effluves émanent d'ici.

Declan McCarthy's Bar *(☎ 20263, The Square ; menus au bar 5,70-10,15 € ; plat au restaurant 11,45-17,70 €).* Si le décor

s'inspire de l'Anglettere des Beatles, le lieu est idéal pour déguster des plats irlandais traditionnels.

Chez Youen *(☎ 20136, The Quay, menus 23,50-31 €, tous les soirs d'été, jeu-dim le reste de l'année).* Ce restaurant français surplombant le port sert des fruits de mer.

Island Cottage Restaurant *(☎ 38102, Heir Island).* Recommandé par la population locale, il n'ouvre que l'été. Réservez longtemps à l'avance, et appelez le ☎ 39153 ou 22001 pour connaître les horaires des bateaux desservant l'île.

Comment s'y rendre

Un bus effectue le trajet de Skibbereen à Baltimore une fois par jour du lundi au samedi. Un bus supplémentaire est mis en service le vendredi et en juillet et août (2,80 €, 20 min).

De juin à mi-septembre, un bateau quitte Baltimore vers Schull *via* Heir Island, à 10h, 13h45 et 16h40, revenant de Schull à 11h30, 15h et 17h40 (aller simple 7,60 €, gratuit pour les vélos). Pour de plus amples informations, composez le ☎ 39153.

CLEAR ISLAND
☎ 028 • 150 habitants

Rugged Clear Island (Oileán Cléire), également nommée Cape Clear, est le point le plus méridional d'Irlande après Fastnet Rock, à 6 km au sud-ouest. L'île est un foyer du gaélique (Gaeltacht) et compte une boutique, quelques B&B et trois pubs. Idéale pour la marche et la visite de ruines archéologiques, elle est certainement la mieux placée en Europe pour l'observation ornithologique, notamment celle des puffins et autres oiseaux de mer. Chaque année au début de septembre, elle accueille un festival de narration pendant une semaine.

L'île possède son propre site Web, www.oilean-chleire.ie/index.htm.

Orientation et renseignements

L'île mesure 5 km de long et un peu plus de 1,5 km de large à son point le plus large. Elle se rétrécit au milieu, où un isthme divise les ports nord et sud. Le comptoir d'informations touristiques (☎ 39100), derrière la jetée à côté du café, ouvre de 16h à 18h tous les jours en juillet et en août. S'il est fermé, vous pourrez acheter au café le *Walkers' Guide* (2,55 €) et une brochure utile, *Oileán Chléire : An Island for all Seasons*, qui comprend une carte de l'île et une liste de toutes les activités et des hébergements à votre disposition.

Des toilettes publiques sont installées au port.

À voir

Le petit **heritage centre** *(14h-17h30 tlj juin-août)* présente des expositions sur l'histoire et la culture de l'île. Contemplez au nord la vue vers la Mizen Head Peninsula. La boutique et les pubs ne sont pas loin à pied.

Les ruines du **Dunamore Castle**, place forte du clan O'Driscoll, se distinguent en haut d'un rocher au nord-ouest de l'île. Suivez le chemin depuis le port.

Observation des oiseaux

Niché près du port, l'**observatoire des oiseaux** occupe un bâtiment blanc à deux étages. Tournez à droite au bout de la jetée et parcourez environ 100 m. Des renseignements sur les possibilités d'excursions à but d'observation vous seront communiquées.

Clear Island est célèbre pour ses larges migrations d'oiseaux marins, notamment en juillet et août, lorsque les puffins, les fous, les fulmars et les mouettes tridactyles survolent l'extrémité sud de l'île. Le guillemot est le seul oiseau marin natif de l'île, les autres vivent sur les rochers de Kerry à l'ouest, et passent chaque matin en direction de la mer d'Irlande et de la mer Celtique. Le soir, ils reviennent et le spectacle est tout aussi impressionnant. En été, on dénombre jusqu'à 35 000 puffins en une heure frôlant la surface de l'eau.

Le meilleur poste d'observation est Blananarragaun, l'extrémité sud-ouest de l'île. Pour vous y rendre depuis la jetée, dirigez-vous vers la boutique et tournez à droite en suivant les indications vers le camping. Quand la route s'arrête, dirigez-vous droit au sud vers le bout de la pointe de terre. Pour une visite commentée, contactez le centre d'activités au Cape Clear Island Hostel (voir *Où se loger*).

Autres activités

Le Cape Clear Island Hostel (voyez *Où se loger*) accueille un **adventure centre**, qui organise un certain nombre d'activités telles que kayak, plongée, pêche ou observation des dauphins et des baleines. Des promenades guidées sont organisées pour découvrir les aspects archéologiques, historiques et écologiques de l'île ; contactez en été ☎ 39157.

Pour des excursions avec Fastnet ou des **observations des oiseaux en bateau**, appelez le ☎ 39153.

Des **cours d'irlandais** sont dispensés par Ciaran et Mary O'Driscoll de temps en temps. Renseignez-vous auprès de Ciarán Danny Mike's (voyez *Où se restaurer*) ou appelez le ☎ 39153 pour plus de détails.

Où se loger

Ne soyez pas trop exigeant en termes d'hébergement. Vous pourrez planter votre tente au **camp site** *(☎ 39119 ; 3,80 € par pers et par nuit, juin-sept)*.

Cape Clear Island Hostel *(☎ 39198, fax 39144, South Harbour ; 8,90 € par pers, mars-mi-oct)*. Cette auberge de jeunesse An Óige assez rudimentaire occupe le grand bâtiment blanc du port sud.

Cluain Mara *(☎ 39153 ou 39172 ; chambres 21/23 € par pers avec/sans sdb)*. Ce B&B ouvert toute l'année propose un repas du soir (12,70 €). Comme il est mal indiqué, demandez votre chemin au dernier des trois pubs ou au café.

Ard Na Gaoithe *(☎ 39160, The Glen ; chambres 23 € par pers)*. Depuis le port sud, vous devrez gravir la colline pour l'atteindre, mais vous ne regretterez pas cet effort. Si vous n'avez pas réservé, vérifiez avant d'effectuer la montée si Eileen, la propriétaire, n'est pas au café. Vous pourrez y dîner en été.

Des cottages indépendants où vous pourrez cuisiner sont à louer. Renseignez-vous au café ou auprès de Ciarán Danny Mike's (voir *Où se loger*).

Où se restaurer

En été, un chip van (camionnette de frites) stationne au port nord.

Siopa Beag *(☎ 39145, North Harbour)*. Ce café-épicerie dispose de quelques vivres si vous voulez cuisiner.

Chistin Cléire *(☎ 39145 ; Pâques-oct)* est le seul restaurant près de la jetée, préparant des plats légers.

Ciarán Danny Mike's *(☎ 39172)*. De copieux plats (6,35-11,45 €) sont servis au bar toute l'année.

The Night Jar *(☎ 39102, North Harbour ; juin-août)* assure le repas de midi au bar.

Comment s'y rendre

Des bateaux quittent la jetée de Schull pour Clear Island une fois par jour en juin et septembre, trois fois en juillet et août (aller simple/aller-retour 7,65/11,45 €). Contactez Kieran Molloy au ☎ 28278 pour de plus amples détails.

Le bateau venant de Baltimore (☎ 39119) met 45 minutes pour couvrir le trajet de 11 km. Par temps clair, cette étonnante traversée évoque celle des pirates venus d'Alger qui traversèrent le port avant de lancer leur attaque en 1631. Des bateaux partent de Baltimore à 14h15 et 19h tlj (mais aussi à 12h et 17h le dimanche en juin) de juin à septembre. Ils quittent Clear Island à 9h et 18h du lundi au samedi, et à 11h, 13h, 14h et 18h (12h et 18h seulement en septembre) le dimanche. L'aller-retour vaut 10,15/18 € (gratuit pour les vélos).

Mizen Head Peninsula

Depuis Skibbereen, la route serpente à l'ouest jusqu'à Ballydehob. Des expatriés britanniques et d'Europe du Nord vivent un peu partout dans l'ouest du comté de Cork. Kinsale attire les plus favorisés, les autres étant installés autour de Ballydehob. Ils contribuent à apporter un souffle nouveau à la région, car de nombreux jeunes du pays partent chercher du travail ailleurs.

Depuis Ballydehob, la route se dirige vers l'ouest en direction de Schull. Le Mt Gabriel (407 m) est reconnaissable aux deux sphères perchées à son sommet, faisant partie d'un système de surveillance aérien et marin.

Du haut du Mt Gabriel (que l'on peut atteindre par la route) et de la plupart des hautes terres de la péninsule, on aperçoit le phare de Fastnet perché sur un rocher à 11 km de la côte. Le premier phare, érigé en 1854, fut remplacé en 1906 par un autre plus robuste, aujourd'hui totalement automatisé.

Sur la route de Crookhaven, Barleycove et Three Castle Head, vous passerez par le petit village de Goleen. En revenant de Mizen Head, vous emprunterez la spectaculaire route qui longe la Dunmanus Bay pratiquement jusqu'à Durrus. À Durrus, une route se dirige vers Bantry, tandis que l'autre bifurque à l'ouest vers la Sheep's Head Peninsula.

Pour en savoir plus sur l'histoire, les coutumes et les légendes de cette belle région, consultez *The North Side of the Mizen* de Patrick McCarthy et Richard Hawkes.

SCHULL
☎ 028 • 650 habitants

Schull (prononcez skeull) est un modeste village de pêcheurs se nichant entre le Mt Gabriel et un petit port pittoresque. Les touristes s'y déversent entre juin et septembre mais le reste du temps le village jouit d'une belle tranquillité.

Orientation et renseignements

Les magasins et les hôtels de Schull jalonnent une rue principale parallèle au port. À mi-chemin, une route à gauche mène au planétarium et à l'auberge de jeunesse. Si vous continuez tout droit, Main St vous mènera à Goleen sur la R592.

L'Allied Irish Bank en haut de Main St dispose d'un distributeur et d'un bureau de change. La laverie Laundry Basket (☎ 086 847 0555), Main St, ouvre de 9h à 18h tlj en été et de 9h30 à 17h du lundi au samedi le reste de l'année.

Planétarium de Schull

L'unique planétarium de la République occupe le campus du Schull Community College *(☎ 28552, Colla Rd ; adulte/enfant 4,45/2,55 €, 15h-17h dim mai-sept, 15h-17h mar et sam, 19h-21h jeu juin, 14h-17h mar-sam, 19h-21h lun et jeu juill-août)*. Un spectacle (inclus dans le prix d'entrée) a lieu pratiquement tous les jours sous son dôme de 8 mètres de diamètre, ainsi qu'un diaporama.

Le planétarium est situé du côté de Goleen sur la route de Colla, juste après Schull Backpackers' Lodge. Vous pouvez également vous y rendre depuis la jetée en marchant le long du chemin Foreshore Path.

Autres curiosités

Vous pourrez visiter une ferme où l'on fabrique du fromage en contactant **Gubbeen Cheese** (☎ 28231) ou **West Cork Natural Cheeses** (☎ 28593).

Activités sportives

La promenade jusqu'au sommet du **Mt Gabriel** depuis Schull couvre 14 km. Si la région détenait autrefois des mines de cuivre, elle conserve des vestiges de l'âge du bronze, ainsi que des puits et des cheminées de mines datant du XIXe siècle. Le Foreshore Path mènera les moins courageux à Roaringwater Bay et aux nombreuses îles voisines.

Atlantic Sea Kayaking (☎ 28554) organise des sorties de kayak en mer depuis Schull ou Baltimore, pour des expéditions d'une journée ou deux (il est possible de camper sur les îles).

Pour une expédition de **pêche**, contactez **Rooster Deep Sea Angling** (☎ 086 824 0642). Des **randonnées équestres** partent du **Colla House Hotel** (☎ 28105).

Où se loger

Schull Backpackers' Lodge (☎/fax 28681, schullbackpackers@tinet.ie, Colla Rd , lit 10,15 €, simples 15,25 €, doubles 30,50/35,60 € sdb commune/individuelle). Ce gîte est situé sur un site tranquille et boisé. On peut parfois y camper.

Twelve Arch Hostel (☎/fax 37232, info@12archhos☎ie, Palm Grove, Church Rd, Ballydehob ; lit 8,90/10,15 € en basse/haute saison, double sdb 30 €, camping 3,80 € par pers douche chaude comprise, toute l'année). Si vous n'avez rien trouvé à Schull, essayez cette auberge de jeunesse confortable à Ballydehob. Ses chambres avec sdb sont plus confortables que celles de certains B&B. Il est possible de laver son linge. Le bus qui effectue deux fois par jour le trajet Clonakilty-Schull s'arrête à Ballydehob.

Schull Central (☎ 28227, Main St ; simples/doubles 28/45 €). Les chambres de cet établissement accueillant sont confortables et bien tenues. Les tarifs diminuent un peu en hiver.

Adele's (☎ 28459, Main St ; B&B 25,40 € par pers). Adressez-vous ici si vous avez quelque difficulté à trouver une chambre simple.

Glencairn (☎ 28007, Ardmanagh Drive ; simples/doubles à partir de 29/46 €). Situé à environ 100 m de Main St, cet établissement comporte trois chambres doubles et une simple.

East End Hotel (☎ 28101, fax 28012, eastendhotel@eircom.net, Main St ; simples/doubles 47/89 € mai-sept, à partir de 38/63,50 € le reste de l'année). Cet hôtel situé au bout de Main St, du côté de Ballydehob, dispose aussi d'un pub.

Altar Restaurant dispose de belles chambres à louer (voir Où se restaurer ci-après).

Où se restaurer

De nombreux établissements proposent des spécialités locales, comme le fromage de Gubbeen ou le bacon fumé au bois de chêne. Vous pourrez faire vos achats aux deux supermarchés dans la rue principale.

The Courtyard (☎ 28390, Main St ; encas et repas légers 3,20-9,50 €). Cette épicerie-café offre une large sélection de fromages et de viandes. Derrière se tient **The Courtyard Bar**, où les clients boivent autant de thé que de Guinness.

Organic Oasis (☎ 27886, Main St). On ne peut s'y asseoir, mais il est possible d'y acheter des aliments bios.

Waterside Inn (☎ 28203, Main St ; plats au bar 2,30-10 €, plats au restaurant 16,45-21 €). Ce pub décontracté sert sans doute une des meilleures soupes de fruits de mer d'Irlande (4,80 €).

Adele's (voir Où se loger ; plats 12 € env.). Un endroit où il fait bon déguster du pain fait "maison" et boire du café. La nuit tombante le métamorphose en restaurant où vous pourrez vous régaler de plats modernes et bio.

Altar Restaurant (☎ 35254, Toormore ; déj 7,60-10,15 €, menu 3 plats au dîner 31,75 €, midi et soir tlj, le week-end seulement oct-

mars). Ce restaurant blanchi à la chaux et au sol couvert d'ardoise se situe sur la R591 à environ 8 km à l'ouest de Schull. Tentez les huîtres à la bière brune pour le déjeuner. The Altar propose également quelques chambres confortables (*simples/doubles 32/51 € avec petit déj*). Les vestiges d'une tombe mégalithique se dressent sur le flanc de la colline près du restaurant.

Comment s'y rendre

Un bus quitte Skibbereen à 13h05 et se rend à Schull (4,25 €, 30 min). Les bateaux à destination de Clear Island et de Sherkin Island lèvent l'ancre depuis la jetée. Pour plus de détails sur les trajets Schull-Baltimore, voyez *Comment s'y rendre* à la rubrique *Baltimore*.

Comment circuler

Pour les bus et les taxis autour de Mizen Head, appelez Betty Johnson's Bus Hire au ☎ 28410 ou 087 265 6078.

Schull Backpackers' Lodge (voir *Où se loger*) et Cotter's Yard (☎ 28889 ou ☎ 35185 le dimanche et en dehors des heures ouvrables), Main St, louent des bicyclettes (10,10 € par jour).

DE L'OUEST DE SCHULL À MIZEN HEAD
☎ 028

En voiture ou à bicyclette, prenez la route longeant la côte de Schull à Goleen. Vous contemplerez de belles vues sur Clear Island et le phare de Fastnet si le temps s'y prête. Le paysage devient intéressant et rocailleux aux alentours du hameau de Toormore. Depuis Goleen, les routes conduisent à Mizen Head et au petit port pittoresque de Crookhaven.

Crookhaven

Crookhaven est un lieu très calme, à la limite du village fantôme mais qui revêtait autrefois une grande importance en tant que port le plus à l'ouest de la côte. Le courrier venu d'Amérique y était collecté et les bateaux de plaisance et de pêche du monde entier affluaient.

Aujourd'hui, le village continue d'attirer les marins, et compte quelques plages agréables à proximité.

Galley-Cove House (☎ /fax 35137, *galleycovehouse@hotmail.com ; simples/ doubles 38/57 €*). Cette demeure moderne et accueillante est installée à 500 m au sudouest de la ville sur la route principale. Profitez des très belles vues sur l'Atlantique et le phare de Fastnet.

The Turning Point (☎/fax 35520 ; *simples/doubles 38/57 €, toute l'année*). Agréablement situé sur une hauteur à Crookhaven, ce charmant B&B offre une jolie vue sur Clear Island et met un sauna à la disposition de ses clients.

O'Sullivan's Bar (☎ 35319 ; *en-cas 2,55-5 €*). Ce bar au bord de l'eau propose des sandwiches et des soupes toute l'année.

Crookhaven Inn (☎ 35309 ; *avril-oct*). Ce petit bar intime près du club de voile sert des plats comme la tourte au bœuf à la bière brune.

Barleycove

Cette plage, la plus belle de l'ouest de Cork, n'est jamais envahie en raison de la présence d'une plus petite avoisinant les campings. Les dunes de sable furent renversées par un raz-de-marée après le tremblement de terre de Lisbonne de 1755. La plage est le paradis des enfants, avec ses longues étendues de sable et un espace où un petit ruisseau se jette dans la mer. L'accès se fait par une promenade en planches et un ponton afin de protéger l'environnement.

Mizen Head

Le **Centre d'accueil des visiteurs de Mizen Head** (☎ 35115, *Mizen Head ; adulte/tarif réduit 4,45/3,50 €, moins de 12 ans 2,50 €, gratuit pour les moins de 5 ans, 10h30-17h tlj mi-mars-mai et oct, 10h-18h tlj juin-sept, 11h-16h sam-dim nov-mi-mars*) occupe la maison du gardien et la salle des machines du centre d'émission des signaux antibrouillard (Fog Signal Station), achevé en 1909 et totalement automatisé en 1993. Il complète le phare de Fastnet pour la sécurité des bateaux voguant sur l'Atlantique. Adossé à une petite île, il est relié à la terre par un superbe pont suspendu d'où l'on peut admirer d'intéressantes formations rocheuses. Ce pont a tout d'abord été bâti, puis installé sur le site à l'aide de câbles.

Vous découvrirez la vie du gardien et la marche du phare avant et après l'automatisation. L'exposition commente également l'écologie et la géologie de Mizen Head. Le lieu abrite un **café** et l'inévitable boutique de souvenirs.

Vous serez ébloui par la vue par temps clair. Observez les fous de Bassan qui tourbillonnent et plongent au-dessus des rochers. En juillet et août, des baleines passent au large de Mizen Head et des phoques à quelques encablures du pont, quand les eaux sont calmes.

NORD DE LA PÉNINSULE

Même si ce côté de la péninsule offre peu de curiosités, vous profiterez le long du littoral de belles vues sur Sheep's Head Peninsula et au-delà sur la magnifique Beara Peninsula.

BANTRY

☎ 027 • 2 936 habitants

Bantry (Beanntraí) échappa de peu à un destin glorieux lorsqu'à la fin du XVIIIᵉ siècle des orages empêchèrent une flotte française d'accoster pour rejoindre la rébellion des Irlandais unis. Un Anglais, Richard White, fut récompensé d'une pairie pour avoir donné l'alerte aux forces britanniques basées à Cork. Sa grande demeure ouverte au public constitue, avec une exposition consacrée à ces événements de 1796, le principal centre d'intérêt de la ville.

Orientation et renseignements

Les deux principales routes menant à Bantry convergent vers Wolfe Tone Square, une grande place devenue un parking gratuit. Un petit marché s'y tient le vendredi et certains expatriés de la région, les "hippies" pour la population locale, viennent y vendre leurs produits.

L'office du tourisme (☎ 63084), installé dans le vieux tribunal à l'est de Wolf Tone Square, ouvre de 9h15 à 17h30 du lundi au samedi de mai à septembre et de 10h à 18h le dimanche en juillet et août. La poste se situe dans Blackrock Rd, et l'Allied Irish Bank dotée d'un distributeur dans New St. La librairie Bantry Bookstore (☎ 50064), New St, ouverte tous les jours, propose des ouvrages sur la région et des livres occasions. La laverie (☎ 51403) jouxte l'office du tourisme, mais l'entrée est située dans New St.

Bantry House

Bantry House *(☎ 50047, Bantry Bay ; entrée 7,60 €, jardins uniquement 2,55 €, gratuit pour les enfants, 9h-18h tlj, plus tard juil-août)*, une superbe demeure surplombant la baie et magnifiquement située au milieu d'un immense jardin, fut achetée en 1739 par Richard White, devenu Lord Bantry en 1797.

Certaines parties de la maison datent du milieu du XVIIIᵉ siècle, mais la façade nord qui fait face à la mer fut rajoutée en 1840. En dépit de son allure fatiguée de petite noblesse sur le déclin, vous remarquerez à l'intérieur des tapisseries françaises et flamandes ainsi que la collection éclectique de toiles et d'objets rassemblés par le deuxième comte de Bantry lors de ses voyages à l'étranger entre 1820 et 1850.

Ce sont pourtant les jardins de Bantry House qui font sa gloire. Une vaste pelouse s'étend jusqu'à la mer depuis la maison, et le jardin à l'italienne en arrière dispose d'un énorme escalier d'où l'on a une superbe vue sur la maison et sur Bantry Bay. Venez en mai pour admirer les magnifiques glycines en fleurs autour de la fontaine.

La maison se trouve à environ 1 km au sud-ouest du centre-ville sur la N71.

Il est possible de loger dans l'une des ailes de la maison (voir *Où se loger*).

Exposition sur l'expédition française de 1796

La maison de Lord Bantry abrite aujourd'hui une **exposition** *(☎ 51796 ; adultes 3,80 €, gratuit pour les enfants, 10h-18h tlj mars-oct)* retraçant la triste histoire de l'accostage raté de la frégate française *La Surveillante*. Sabordée par son équipage en 1796, elle gît désormais par 30 m de fond dans la baie. Elle fut découverte en 1981 grâce à un sonar utilisé pour tenter de récupérer un pétrolier qui avait sombré. L'exposition retrace une histoire détaillée de l'époque, commente la mission de récupération et présente quelques objets prélevés dans la frégate. Le centre est géré indépen-

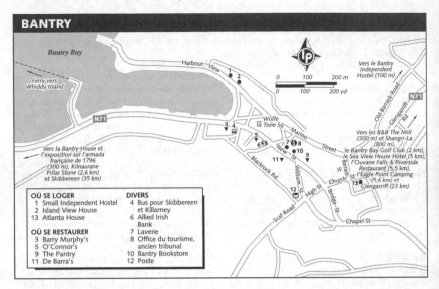

BANTRY

Bantry Bay

Ferry vers
Whiddy Island

Harbour View

Vers le Bantry
Independent
Hostel (100 m)

0　　100　　200 m
0　　100　　200 yd

N71

Wolfe
Tone Sq

Marino

Street

Vers les B&B The Mill
(300 m) et Shangri-La
(800 m),
le Bantry Bay Golf Club (2 km),
l'Ouvane Falls & Riverside
Restaurant (5,5 km),
le Sea View House Hôtel (5 km),
l'Eagle Point Camping
(5,6 km) et
Glengarriff (23 km)

Vers la Bantry House et
l'exposition sur l'armada
française de 1796
(300 m), Kilnaurane
Pillar Stone (2,6 km)
et Skibbereen (35 km)

Blackrock Rd

New
St

William St

Scaf Road

High St

Bridge St

Church

Chapel St

Old Barrack Road

Glengarriff
Rd

N71

OÙ SE LOGER	DIVERS
1 Small Independent Hostel	4 Bus pour Skibbereen
2 Island View House	et Killarney
13 Atlanta House	6 Allied Irish
	Bank
OÙ SE RESTAURER	7 Laverie
3 Barry Murphy's	8 Office du tourisme,
5 O'Connor's	ancien tribunal
9 The Pantry	10 Bantry Bookstore
11 De Barra's	12 Poste

damment de Bantry House, même s'il est établi sur le site des anciennes écuries.

Circuits organisés

George Plant Minibus Tours (*☎ 50654, 086 239 8123*) organise des expéditions d'une journée à Mizen Head Peninsula les mardi et jeudi (10,15 €), à Beara Peninsula les lundi, vendredi et samedi, (12,70 €), à Kenmare et au Gougane Barra Forest Park le mercredi (12,70 €).

Vous pouvez rejoindre Whiddy Island en bateau (*☎ 50310*). Le départ a lieu depuis la jetée tous les jours de mai à septembre (aller-retour 5,10 €).

Festivals

Le Festival de musique de chambre de l'ouest de Cork (West Cork Chamber Music Festival) se déroule pendant une semaine à Bantry House fin juin-début juillet. La demeure est alors fermée au public, mais les jardins, la boutique et le salon de thé restent ouverts.

Où se loger

Camping et auberges de jeunesse. Un camping et des auberges de jeunesse sont installés à Bantry et ses environs.

Eagle Point Camping (*☎ 50630, eagle-pointcamping@eircom.net, Glengarriff Rd, Ballylickey ; ouvert mai-sept, tente et 2 pers 20,35 € juil-août, 19 € le reste de l'année*). Ce camping est agréablement situé au bout d'un promontoire à environ 6 km de la ville.

Bantry Independent Hostel (*☎/fax 51050, bantryhostel@eircom.net, Reenrour East ; lit 10,15 €, double 22,90 €, réduc. nov-avril*). Empruntez Marino St à partir du centre-ville et prenez à gauche à Old Barrack Rd jusqu'en haut de la colline.

Small Independent Hostel (*☎ 51140, Harbour View ; lit 8,90 €, double 17,80 €*). Cette auberge de jeunesse très simple est proche du port sur la rive nord de la baie. Elle se double d'un B&B, mais il est préférable de vous adresser ailleurs pour ce genre de service.

B&B. Les bons B&B sont légion à Bantry, mais les meilleurs ne sont pas ceux du centre-ville. Essayez plutôt Glengarriff Rd.

Island View House (*☎ 50257, Harbour View ; chambres sans sdb 19 € par pers*). Le rapport qualité/prix est imbattable. Les chambres, simples et confortables, sont bien tenues et jouissent d'une jolie vue.

Atlanta House *(☎ 50237, Church St ; chambres 25 € par pers)*. La meilleure adresse dans le centre.

The Mill *(☎ 50278, Glengarriff Rd ; simples/doubles 31,75/57,20 €)*. Cet établissement accueillant, qui venait d'ouvrir ses portes lors de notre passage, offre la possibilité de laver son linge.

Shangri-La *(☎ 50244, Glengarriff Rd ; simples/doubles à partir de 32/51 €)*. Le couple qui tient ce charmant B&B a réussi à créer une atmosphère agréable. Le petit déjeuner est extraordinaire. Dommage que les chambres donnant sur la rue soient parfois bruyantes.

Hôtels. Un choix de quelques bons hôtels se présente à vous.

Bantry House *(voir Bantry House plus haut, simples 108-120 €, doubles 190-216 € petit déj compris, dîner 32 €)*. Une aubaine pour les âmes romantiques. La bibliothèque et les jardins s'offrent à vous seuls quand les visiteurs sont partis.

Sea View House Hotel *(☎ 50073, fax 51555, seaviewhousehotel@eircom.net, Ballylickey ; simples/doubles à partir de 82/152 € mai-sept, 70/100 € le reste de l'année)*. Cette demeure campagnarde quatre-étoiles est située sur la N71 à 5 km au nord-est de Bantry. Si vous abordez un virage serré où la route pour Macroom est indiquée, c'est que vous l'avez dépassée.

Ouvane Falls & Riverside Restaurant *(☎ 50056, Glengarriff Rd, Ballylickey ; simples 32 €, doubles 57 61 €)*. La beauté du panorama et la qualité des chambres sont indubitables dans cet hôtel situé sur une petite crique de Glengarriff Harbour. Le restaurant ouvre le midi et le soir et vous pourrez écouter des concerts au bar le week-end.

Où se restaurer

The Pantry *(☎ 52181, New St ; en-cas et repas légers 2,35-7,55 €)*. Le meilleur café de l'endroit est perché en haut des escaliers près de Vickery's Inn. Outre les salades, soupes et sandwiches habituels, vous pourrez déguster des burritos de poulet.

Barry Murphy's *(☎ 50900, The Quay ; sandwiches et repas légers 2-6,30 €)*. La nourriture est simple et les prix raisonnables.

De Barra's *(New St ; plats 12,65-18,40 €, à partir de 18h30 mar-sam)*. Nettement influencés par la cuisine française, les plats sont assortis d'un menu pour enfants.

O'Connor's *(☎ 50221, Wolfe Tone Square ; plats 13,85-20,20 €)*. Ce restaurant de fruits de mer fait l'unanimité. Goûtez sa spécialité, les moules.

Comment s'y rendre

Les Bus Éireann desservent Killarney (11,70 €, 2 heures 15) *via* Glengarriff et Kenmare. Le bus Berehaven (☎ 70007) relie Castletownbere et Bantry *via* Glengarriff. Il part de la caserne de pompiers de Wolfe Tone Square à 12h et 17h50 le lundi, et à 15h45 les mardi, vendredi et samedi.

Sheep's Head Peninsula

C'est la moins visitée des trois péninsules du comté de Cork, a pourtant son charme. Pas de monument majestueux à se mettre sous la dent, mais vous y verrez de magnifiques paysages marins sur la route qui longe la côte sur presque toute sa longueur, et pourrez faire de belles promenades sans rencontrer des foules de touristes.

La deuxième route à droite après avoir quitté Bantry vers le sud en direction de Cork marque le début du **Goat's Path Scenic Route**, un circuit longeant le nord de la péninsule. Le sud de la bretelle commence plus loin le long de la route principale vers Cork, juste après le garage Esso. Cette route fait également partie du **Sheep's Head Way**, un circuit de 88 km qui longe la côte de la péninsule. À l'extrémité est de cette route, près de Durrus, se trouve un **mémorial** dédié aux victimes d'un accident d'avion en 1985. Vous profiterez de très jolies vues sur Mizen Head et Beara Peninsula en prenant la R591 de Kilcrohane au Mt Seefin, puis en redescendant vers Bantry.

Ahakista (Atha an Chiste) compte quelques pubs et maisons le long de la R591. Un ancien cercle de pierres est indiqué au sud d'Ahakista où la route tourne à gauche. Vous pouvez y accéder par un petit chemin.

L'autre village de la péninsule s'appelle Kilcrohane, situé à 6 km au sud-ouest à côté d'une jolie plage.

PROMENADES

La balade jusqu'au sommet de **Seefin** (334 m) commence en haut de Goat's Path (le chemin de la chèvre), à environ 2 km au nord de Kilcrohane. De l'autre côté de la route, vous verrez une imitation assez triste de la *Pietà* de Michel-Ange, érigée par un Américain d'ascendance locale. Même en l'absence de chemin tout tracé, il est assez facile d'atteindre le sommet en moins de 45 minutes. D'en haut, la vue est jolie et rares sont les promeneurs qui s'y rendent.

Une belle promenade de trois heures débute en haut du Goat's Path. À côté de la *Pietà*, regardez Bantry Bay. Vous devriez repérer une vieille route à 100 m à droite, reconnaissable à un long muret d'ardoises du côté de la mer. Suivez ce chemin rejoignant une route qui continue vers l'ouest le long de la péninsule, puis finit par tourner vers le sud là où la route principale revient vers Kilcrohane. En tournant à gauche à l'église du village, vous reviendrez à votre point de départ.

COMMENT S'Y RENDRE

Un bus quitte Bantry, le samedi uniquement, à 10h et 14h20 en direction d'Ahakista et Kilcrohane. Comptez 30 minutes pour aller de Bantry à Ahakista. Les bus quittent Kilcrohane à 10h40 et 15h15.

Beara Peninsula (Ring of Beara)

La beauté naturelle de la Beara Peninsula (Mor Choaird Bheara) est frappante. Pour mieux l'apprécier, il faut escalader ses collines et se promener à bicyclette sur ses routes. Elle est plus vaste que la Sheep's Head Peninsula et couvre une partie des comtés de Cork et de Kerry. Vous y verrez un paysage rocheux et rude avec des taches intermittentes de verdure luxuriante. Ce paradis des promeneurs est couvert de roches préhistoriques, de cercles de pierres, de menhirs et de tombes anciennes.

Le circuit de **Beara Way**, long de 196 km, est bien indiqué. Il relie Glengarriff et Kenmare (comté de Kerry) *via* Castletownbere, Bere Island, Dursey Island et le nord de la péninsule. L'Association pour le tourisme et le développement de Beara (☎ 027-70054), située sur le Square dans Castletownbere, diffuse des cartes et des guides de randonnée. Pour de plus amples détails, reportez-vous à la rubrique *Promenades* au chapitre *Renseignements pratiques*.

ORIENTATION ET RENSEIGNEMENTS

Une petite partie du nord de la péninsule occupant le comté de Kerry est traitée ici pour les voyageurs qui parcourent le Ring of Beara. Castletownbere dans le comté de Cork, ou Kenmare à Kerry, constituent de bons points de départ pour explorer la péninsule. De petits offices du tourisme sont ouverts à Castletownbere et Glengarriff en juillet et août.

En théorie, vous pourrez parcourir en voiture les 137 km de côte en une journée, mais vous manquerez notamment le spectaculaire **Healy Pass**, qui traverse la péninsule pour relier Adrigole dans le comté de Cork et Lauragh dans le Kerry.

L'itinéraire décrit ci-après prend Glengarriff comme point de départ, et parcourt la péninsule dans le sens des aiguilles d'une montre vers Kenmare.

GLENGARRIFF

☎ 027 • 245 habitants

Glengarriff (An Gleann Garbh), minuscule village tout en longueur, s'étend le long de la route principale entre l'ouest du Cork et Killarney. Sa situation géographique, abritée, associée à l'influence du Gulf Stream, lui fait bénéficier d'un climat particulièrement doux. La flore locale est luxuriante et occasionnellement exotique. Le meilleur endroit pour admirer cette végétation unique est le Bamboo Park (voir plus loin).

Pendant la seconde moitié du XIXe siècle, Glengarriff était devenue une retraite prisée par les riches familles de l'ère victorienne, qui venaient en Irlande en bateau, puis prenaient le train pour Bantry d'où un bateau à vapeur les menait à Glengarriff. En 1850, la route de Kenmare fut creusée dans la montagne et le lien avec Killarney établi.

L'un des principaux centres d'intérêt est le jardin à l'italienne de Garinish Island, mais il est également agréable de se promener dans la Blue Pool Amenity Area, sur la côte au cœur du village. Avec un peu de chance, vous verrez des phoques musarder sur les gros rochers de la baie.

Renseignements
L'office du tourisme Bord Fáilte (☎ 63084) n'ouvre qu'en juillet et août. Pour des renseignements, adressez-vous plutôt au magasin situé au centre du village à côté du terminal Blue Pool Ferries, ouvert de 10h à 13h et de 14h à 18h, du lundi au samedi de juin à août. L'Allied Irish Bank dans la rue principale dispose d'un bureau de change mais vous n'y trouverez pas de distributeur.

Bamboo Park
Cet endroit insolite (☎ 63570 ; *adulte/ enfant 3,80/1,25 €, 9h-19h tlj avr-oct*) n'existe que grâce aux conditions climatiques particulières de Glengarrif. Ses 12 hectares de jardins exotiques, qui comprennent des palmiers, des bambous, des fougères et des bois, s'étendent de la route principale près de l'Eccles Hotel jusqu'à une petite plage. Le long du front de mer, vous remarquerez 13 piliers recouverts de lierre, dont l'origine reste inconnue.

Garinish Island
Au début du XXe siècle, l'architecte anglais Harold Peto créa un jardin à l'italienne (☎ 63040 ; *adulte/enfant 3,20/1,25 €, 10h- 16h30 lun-sam, 13h-18h30 dim mars et oct, 10h-17h30 lun-sam, 12h-18h30 dim avr-juin et sept, 9h30-18h30 lun-sam, 11h-18h30 dim juill-août, dernière entrée une heure avant la fermeture*) sur l'île de Garinish (Ilnacullin). Il y introduit des plantes inconnues alors en Irlande, qui mettent des taches de couleur dans un paysage ordinairement dominé par le vert et le marron. La vue du haut de la tour Martello, érigée au XIXe siècle pour prévenir une invasion napoléonienne, est panoramique. Les jardins sont gérés par l'organisme Dúchas.

Deux compagnies de ferries desservent l'île toutes les 20 minutes environ de 9h à 17h30 du lundi au samedi, et de 13h à 18h le dimanche. Les bateaux de Harbour Queen Ferries (☎ 63116) quittent une jetée de l'autre côté de l'Eccles Hotel, tandis que le terminal des Blue Pool Ferries (☎ 63333) se trouve au centre du village, près du Quills Woollen Market. La traversée prend 10 minutes (aller-retour adulte 6,35 €, enfant de plus de 10 ans 3,20 €, gratuit pour les moins de 10 ans). Vous avez de grandes chances d'apercevoir sur la route des colonies de phoques lézardant au soleil.

Glengarriff Woods
Ces bois de pins et de chênes de 300 hectares appartenaient à la famille White de Bantry House au XVIIIe siècle. Le gouvernement les reprit dans les années 1950 et introduisit de nouvelles espèces. La mousse et les bruyères sont florissantes dans cet environnement humide, préservé par l'épaisseur des feuillages. Cherchez les minuscules fleurs blanches sur des tiges rouges émergeant de feuilles en rosace que sont les rares *saxifraga hirsuta*.

Pour aller dans les bois, quittez Glengarriff par la N71 vers Kenmare. L'entrée est à environ 1 km sur la gauche. Un panneau, juste à l'intérieur, indique une passerelle vers **Lady Bantry's Lookout**, promenade abrupte qui vous mènera en haut d'une colline.

Où se loger
Dowlings Camping & Caravan Park (☎/fax 63154, *Castletownbere Rd ; tente et 2 pers à partir de 11,45 €, Pâques-oct*). Situé à 1 km à l'ouest de Glengarriff sur la route de Castletownbere, ce parc dispose d'une salle de jeux, d'un bar avec licence et vit aux accents de la musique traditionnelle de juin à août.

Murphy's Village Hostel (☎/fax 63555, *murphyshostel@eircom.net, The Village ; lit 9,50-10,80 €, chambre double 29 €, toute l'année*). Cet hôtel bien géré se trouve dans le centre de Glengarriff, entre le terminal de Blue Pool Ferries et Casey's Hotel.

Des B&B jalonnent la route vers Bantry, avec des possibilités moins onéreuses au centre du village.

Maureen's B&B (☎ *63201, Main street ; simples/doubles 25/45 €, avec petit déj).* L'endroit se double d'un magasin d'artisanat.

Cottage Bar & Restaurant (☎ *63226, fax 63532, glengarriffcottage@eircom.ie, Main street ; simples/doubles 25/43 €).* Cet établissement voisin de Maureen's réserve une offre très intéressante à ses clients pour le dîner (10 €, avec un verre de vin offert).

River Lodge B&B (☎ *63043, Castletownbere Rd ; simples/doubles 31,75/50,80 €).* Cette grande demeure élégante aux agréables jardins est située à l'ouest de la ville sur la route de Castletownbere.

Casey's Hotel (☎ *63010, fax 63072, Main street ; simples/doubles 48/84 € juin-août, 40/68 € le reste de l'année).* Cet hôtel est situé en plein centre du village, près des pubs et des cafés. Le restaurant est remarquable (voir ci-dessous).

Où se restaurer

Rainbow Restaurant (☎ *63440, Main street ; plats 8,90-17,15 €, menu enfant 4,45 €).* Un choix de plats variés est proposé dans ce restaurant, notamment un steak d'aloyau sauce au poivre noir, une poêlée de poulet et de crevettes et des moules de la baie de Bantry au vin blanc.

Johnny Barry's (☎ *63315, Main street ; plats au bar 2,30-8,25 €).* Ce pub voisin de la poste prépare de très bons fruits de mer.

Blue Loo (☎ *63167, Main street ; en-cas 2,30-3,50 €).* Les sandwiches sont d'un bon rapport qualité-prix.

Casey's Hotel (*voir Où se loger, plats au bar 2,50-8,90 €, restaurant entrées 3,20-7,55 €, plats 13,90-19,40 ; 18h30-22h tous les soirs).* Vous y dégusterez des plats traditionnels comme la tourte au bœuf et à la Guinness (côté bar).

Comment s'y rendre

Un bus effectue le trajet Bantry-Glengarriff deux fois par jour (3 €, 15 min), puis dessert Kenmare et Killarney. Venant de Bantry, il s'arrête devant la poste, et, dans l'autre sens, près de la cabine téléphonique de l'autre côté de la route. Le bus privé Berehaven (☎ 70007) se rend à Bantry tous les jours et pousse jusqu'à Cork le jeudi.

Comment circuler

Jem Creations (☎ 63113), à l'embranchement vers Castletownbere, loue des bicyclettes (10,15/57 € par jour/semaine).

SUGARLOAF MOUNTAIN

En partant de Glengarriff vers Castletownbere, le paysage se fait plus rocheux et étrange. Au bout de 8 km, cherchez un tournant à droite, situé à 500 m après une école désaffectée, en face du panneau bleu Community Alert Area. Suivez cette route sur 1,5 km et laissez votre bicyclette ou votre voiture près de la maison à deux étages (reconnaissable aux pins en arrière-plan) ou près du bungalow juste après. Il est conseillé d'approcher Sugarloaf Mountain (575 m) en marchant derrière les maisons et en traversant la vieille route. Si vous gravissez directement le flanc de la montagne, vous serez au sommet en une heure environ. L'embranchement officiel pour la montagne est à 13 km de Glengarriff. Deux menhirs sont également indiqués.

Le splendide panorama du sommet embrasse les Caha Mountains au nord, Hungry Hill à l'ouest, Garinish Island à l'est et Bantry Bay au sud. En mai et juin, vous observerez des grassettes dévoreuses d'insectes autour de la vieille route.

HUNGRY HILL

Hungry Hill (686 m), rendue célèbre par Daphné du Maurier dans son livre du même nom, est le point culminant de la péninsule. Un panneau indique un itinéraire jusqu'au sommet, à 7 km à l'ouest d'Adrigole. Une manière plus longue mais plus confortable de la gravir consiste à ignorer ce panneau, poursuivre son chemin et tourner à droite juste après une église située sur le côté droit de la route. Celle-ci se dirige vers le nord jusqu'à ce qu'elle soit bloquée par un portail empêchant les moutons de passer. Vous pouvez laisser votre véhicule juste avant ou continuer pendant environ 1 km. La route envahie par l'herbe finit près des lacs et, en gardant ceux-ci sur votre gauche, vous pouvez monter jusqu'au sommet par la face nord.

La descente s'effectue plus rapidement en suivant le ruisseau sur le coteau sud-ouest jusqu'à un groupe de fermes et une route qui vous ramène à celle du départ. Comptez au moins cinq heures pour toute l'expédition, mais les paysages sont fabuleux, sans parler de la vue sur l'ouest du comté de Cork. La promenade jusqu'au bout de la route, ponctuée d'un pique-nique près des lacs, devrait s'avérer moins ardue.

Hungry Hill Lodge (☎ 60228, Adrigole ; lits 12,70 €, doubles 31-38 €). Cette petite auberge toute simple se tient au bord de la piste cyclable, à environ 150 m après l'intersection sur la route de Castletownbere à l'ouest du village d'Adrigole. Vous pourrez planter votre tente et louer des bicyclettes.

CASTLETOWNBERE ET LES ENVIRONS
☎ 027 • 1 000 habitants

Castletownbere (Baile Chais Bhéara) abrite la deuxième plus grande flotte de pêche d'Irlande. Principale ville de la péninsule, née de l'industrie d'extraction du cuivre d'Allihies, elle est assez peu visitée.

Castletownbere est à peine plus qu'une artère étouffée par la circulation, avec le ferry pour Bere Island et le port à l'est, et la place principale qui comporte une caserne de pompiers, un garage, un parking et un magasin de pêche. Des informations touristiques (☎ 70344) sont disponibles en juillet et août dans ce qui ressemble à une cabane de jardin coincée à côté de la caserne. Vous trouverez aussi des supermarchés, une poste avec un bureau de change assez limité, une agence de l'Allied Irish Bank dotée d'un distributeur et quelques pubs. La laverie O'Shea's Laundrette (☎ 70966), Main St, ouvre de 9h à 18h du lundi au samedi.

Centre de retraite Dzogchen Beara

Le **centre de méditation et d'enseignement bouddhiste** (☎ 73032, fax 73177, Garranes, Allihies), à environ 8 km au sud-ouest de Castletownbere, est perchée au sommet de Black Ball Head. La solitude du lieu, sans parler du panorama d'exception, est magique. Vous pouvez assister aux sessions en appelant au préalable. La retraite propose régulièrement des séminaires ainsi que des

groupes d'étude. Vous pouvez loger dans des cottages indépendants ou à l'auberge.

Où se loger

Berehaven Camper & Amenity Park (☎ 70700, Berehaven ; tente et 2 pers 8,90 €). Situé au club de golf et doté de courts de tennis, d'une salle de jeu, d'un sauna et d'un mini-golf de 12 trous.

Beara Hostel (☎ 70184, R572 ; lit 10,15 €, doubles 24-26 €, camping 8,90 € avec accès aux équipements de l'auberge). Cette auberge de jeunesse, sur la R572 à 2,5 km à l'ouest de Castletownbere, quelques chambres doubles sont installées dans de plaisants chalets en bois.

Harbour Lodge Budget Accommodation (☎/fax 71043, Castletownbere ; simples 19/25 €, doubles 25/38 € sdb commune/individuelle). Installé juste derrière Main St, cet endroit ressemble à une auberge de jeunesse, mais sans dortoir. Un bon rapport qualité/prix.

Rodeen B&B (☎ 70158, Castletownbere ; chambres 32 € par pers). Situé à environ 2 km à l'est du centre-ville, ce B&B tourné vers l'océan sert des dîners.

Ford Rí Hotel (☎70379, fax 70506, The Harbour ; simples/doubles 50/89 € avr-oct, 38/64 € nov-mars). Cet hôtel surplombe la ville de l'autre côté du port par rapport à Main St.

Où se restaurer

Les fruits de mer sont à l'honneur. Ils sont abondants et relativement bon marché.

Cronin's Hideaway (☎ 70386, Main St ; à emporter 0,90-2,80 €, 12h30-13h45 et 17h-0h30 lun-sam, 12h30-24h dim). Vous y trouverez les classiques fish and chips, sandwiches, etc.

Niki's (☎ 70625, Main St ; plats 12-17 €). Ce café/restaurant de fruits de mer propose une carte baignée d'influences orientales et caraïbes.

Murphy's Restaurant (☎ 70244, Main St ; plats 5-9,50 €). Ce restaurant propose des repas copieux à petit prix, grillades, crevettes au curry et au riz ou burgers, mais aussi un plateau de fruits de mer (8,90 € seulement) et un menu enfants (4,45 €).

Mariner Restaurant & Wine Bar
(☎ *71111, Main St ; en-cas et repas légers
2,50-7,60 €, plats 15-21 €, 10h-15h et
17h30-21h30 mar-sam, horaires réduits
nov-fév)*. Cet endroit apprécié sert sandwiches à la baguette, soupes, chili, pommes
de terre au four, fruits de mer, steaks...

Comment s'y rendre
Des bus partent de Cork (14 €, 3 heures 20)
deux fois par jour *via* Bantry, Glengarriff
(5,85 €, 45 min) et Adrigole. En juillet et
août, un bus quotidien dessert Killarney du
lundi au samedi *via* Eyeries, Ardgroom,
Lauragh et Kenmare.

Comment circuler
Des bicyclettes se louent (8,90 € par jour)
au supermarché SuperValu (☎ 70020), à
l'est de la ville près du ferry, ouvert de 8h
à 21h tlj (9h le dimanche).

BERE ISLAND
☎ 027 • 210 habitants
Bere Island, située à environ 1,5 km du port
de Castletownbere, servit de base à la marine
britannique. La partie de 21 km du circuit de
randonnée **Beara Way** offre la meilleure raison de visiter cette île qui compte quelques
pubs et petits magasins, mais dont l'hébergement touristique est limité.

Murphy's Ferry Service (☎ 75014, 087 238
6095) vous transportera à 8h, 10h, 11h30,
13h, 15h, 17h, 19h et 20h30 de Pontoon Pier,
à environ 6 km à l'est de Castletownbere près
de la R572, jusqu'à Rerrin à l'est de l'île. La
traversée dure entre 15 et 20 minutes.

Le Bere Island Car Ferry (☎ 75009) part de
Castletownbere Quay en face du supermarché
SuperValu et dessert l'ouest de l'île. Les ferries
effectuent la traversée sept fois par jour (cinq le
dimanche) de fin juin à septembre, cinq fois
par jour (trois le dimanche) le reste de l'année.
Comptez 5 € aller-retour pour un piéton et
19 € pour une voiture avec deux passagers.

DURSEY ISLAND
☎ 027 • 60 habitants
Dursey Island se trouve au bout de la péninsule, à 250 m de la côte. Elle mesure 6,5 km
de long et 1,5 km de large. L'unique télé-

phérique d'Irlande, qui relie les habitants de
l'île et leur bétail au reste du pays, tangue à
30 m au-dessus de Dursey Sound. Au IXe
siècle, les Vikings utilisaient l'île pour
"entreposer" les villageois qu'ils avaient
kidnappés, avant de les vendre comme
esclaves. Aujourd'hui, l'île est une réserve
d'oiseaux sauvages et de baleines. Quelques
dauphins évoluent parfois dans ses parages.

Le téléphérique (3,20 € aller-retour) traverse entre 9h et 11h, 14h30 et 17h, et 19h
et 20h, du lundi au samedi. Sachez que le
bétail est prioritaire dans la file d'attente !
Les deux traversées du dimanche matin correspondent aux horaires de la messe à
Cahermore ou Allihies, mais des départs
ont lieu également à 19h et 23h. De juin à
août vous pourrez aussi prendre le téléphérique à 16h ou à 17h le dimanche.

L'île n'offre pas d'hébergement mais il
est facile de s'abriter pour camper. Le chemin de randonnée **Beara Way** contourne
l'île sur 11 km, la tour de signalisation
constituant une bonne destination pour une
promenade plus courte. Les bicyclettes ne
sont pas autorisées à bord du téléphérique.

ALLIHIES ET LES MINES DE CUIVRE
Lorsqu'en 1810 du cuivre fut découvert, son
extraction assura bien vite la fortune de la
famille Puxley, propriétaire des terres, mais
les conditions de travail des mineurs, jusqu'à
1 300 hommes, femmes et enfants, étaient
dangereuses et les salaires très bas. Des
mineurs expérimentés venus des Cor-
nouailles furent amenés, et l'on peut encore
voir les ruines de leurs maisons de pierres.
Dans les années 1930, 30 000 tonnes de
cuivre pur étaient encore exportées chaque
année, mais la dernière mine a fermé en 1962.

Allihies (Na hAilichí) comporte un petit
kiosque d'information touristique, à côté de
l'église, ouvert en haute saison. Allihies est
desservi par la compagnie de bus privée
Berehaven. Composez le ☎ 027-70007 pour
plus de renseignements.

AU NORD DE BEARA
En quittant Allihies, retournez-vous et vous
apercevrez les Bull, Crow et Calf Rocks près

de Dursey Head. Depuis Allihies, une route côtière se dirige vers le nord et l'est sur 23 km. Des haies de fuchsias et de rhododendrons serpentent à vos côtés sur tout le chemin jusqu'à **Eyeries,** constituée d'une poignée de maisons aux couleurs vives devant Coulagh Bay. C'est de là qu'est originaire le fromage Milleens, que vous aurez certainement l'occasion de goûter dans toute l'Irlande.

Non loin, à Ballycrovane, se trouve la pierre oghamique la plus haute d'Irlande, mesurant 5,18 m de haut. Hélas, elle se dresse dans une propriété privée et n'est pas indiquée. Si vous êtes en voiture ou à bicyclette, prenez garde aux moutons qui s'aventurent sur la route. La route qui longe la côte rejoint la route principale au petit village d'**Ardgroom** (Ard Dhór).

En vous dirigeant à l'est vers Lauragh, cherchez les panneaux indiquant le **cercle de pierres** d'Ardgroom, un monument de l'âge du bronze magnifiquement situé, le plus étonnant dans cette vallée peuplée de vestiges préhistoriques. Le sol est parfois marécageux, soyez prudent après la pluie.

Même à **Lauragh** (Laith Reach), au nordest d'Ardgroom, est en fait situé au comté de Kerry, nous l'avons inclus dans ce chapitre pour les voyageurs qui parcourent le Ring of Beara. Vous verrez à Lauragh les **Derreen Gardens** (☎ 064-83103, Derreen, Lauragh ; adulte/enfant 3,80/1,90 €, 10h-18h tlj avr-sept), jardins plantés par le 5ᵉ Lord Lansdowne au début du XXᵉ siècle. Nombre de plantes fascinantes s'y épanouissent, notamment les spectaculaires fougères arborescentes de Nouvelle-Zélande et les cèdres rouges, que l'on trouve habituellement dans la jungle.

Depuis Lauragh, une route serpente sur 11 km au sud et croise **Healy Pass**, offrant des vues spectaculaires sur le paysages rocheux de l'intérieur. A environ 1 km à l'ouest de Lauragh le long de la R572, une route mène à **Glanmore Lake**. Le paysage est époustouflant. Au milieu du lac, sur une île minuscule, subsistent les vestiges d'un vieil ermitage.

Promenades
La promenade à Glanmore Lake mérite d'être effectuée par beau temps, sinon le chemin peut devenir assez embourbé. Suivez la route, puis prenez la première à droite et continuez jusqu'à ce qu'elle s'achève devant des fermes. La première possède un cercle de pierres dans sa cour. Prolongeant la route, un chemin croise un ruisseau et continue dans la vallée jusqu'aux vestiges de quelques demeures en pierre. Cette promenade facile demande moins d'une heure à partir du cercle de pierres.

Une randonnée plus vivifiante consiste à partir de la maison au cercle de pierres, passer une clôture et rester à droite de celle-ci. Une montée raide mène à une vallée encaissée entre deux montagnes. Continuez tout droit pour grimper au sommet de Cummeennahillan (361 m), d'où la vue est imprenable. De là, vous pouvez longer l'arête de la montagne puis descendre en passant par des bois de houx et d'envahissants rhododendrons, puis traverser une autre ferme jusqu'à la route de Glanmore Lake. Comptez au moins deux heures pour cette promenade.

Où se loger
Creveen Lodge Caravan & Camping Park (☎ 064-83131, Healy Pass road ; 8,90 € par voiture plus 1,25 € par adulte et 0,65 € par enfant de moins de 12 ans, 4,75 € par randonneur ou cycliste ; ouvert Pâques-fin oct). Ce camping est situé à 1,5 km au sud-est de Lauragh sur la R574.

Glanmore Lake Hostel (☎ 064-83181, Glanmore Lake ; lit 8,90 € juin-août. 6,35 € le reste de l'année ; ouvert Pâques-sept). Cette auberge de jeunesse An Óige isolée est installée dans une vieille école à 5,6 km de Lauragh. Prenez la route de Glanmore Lake et continuez tout droit.

Josie's Lakeview House (☎ 064-83155, Glanmore Lake, B&B 25 € par pers). Vous pourrez contempler les vues les plus spectaculaires d'Irlande depuis ce paisible B&B situé à 4,5 km de Lauragh sur la route de Glanmore Lake. Les chambres sont de taille modeste mais confortables, et l'on peut dîner sauf le mardi.

Comment s'y rendre
Le service des bus, très limité, ne relie Killarney et Castletownbere qu'en juillet et

août, avec un arrêt à Lauragh une fois par jour, du lundi au samedi.

Nord du Cork

Les principaux centres d'intérêt au nord du comté de Cork sont la pêche et le golf. Quelques élégants manoirs entourés de ravissants jardins ouvrent leurs portes au public pour des dîners et de courts séjours. Cette région n'est pas une destination privilégiée des voyageurs à petits budgets.

MALLOW ET SES ENVIRONS
7 770 habitants

Mallow (Mala), bien plus grande que Fermoy, est une ville pittoresque et prospère de la Blackwater Valley, connue pour la pêche, le golf et les courses de chevaux. Les visiteurs de sa station thermale au XIXᵉ siècle l'avaient baptisée le "Bath irlandais", mais aujourd'hui la comparaison serait un peu exagérée. Elle est devenue un centre agricole et de fabrication du sucre.

L'office du tourisme (☎ 022-42222), Bridge St, près du château, ouvre de 9h30 à 13h et de 14h à 17h les jours ouvrables, de mars à octobre, ainsi que le samedi et à l'heure du déjeuner de juin à août.

Des bus effectuent quotidiennement le trajet entre Mallow et Cork toutes les heures (6,35 €, 35 min) et des trains toutes les deux heures (7 €, 25 min).

L'EMBUSCADE DE MICHAEL COLLINS

En 1922, Michael Collins, commandant en chef de l'armée du nouveau gouvernement provisoire qui venait à peine d'obtenir son indépendance de la Grande-Bretagne, fut assassiné à Beal-na-Blath, près de Macroom. Il voyageait alors dans l'ouest du comté de Cork et avait été reconnu par des conspirateurs luttant contre l'indépendance, qui se réunissaient non loin. Ils lui tendirent une embuscade et l'abattirent. Apparemment, Collins choisit d'ignorer les recom-

mandations qui lui avaient été faites de poursuivre sa route après les premiers coups de feu et s'arrêta pour combattre.

Le site de l'embuscade est marqué par un monument en pierre portant une inscription en gaélique. Chaque 22 août, une cérémonie commémore l'anniversaire de sa mort.

Suivez la N22 à l'ouest de Cork, puis au bout de 20 km tournez à gauche (R590) vers Crookstown. Là, prenez à droite la R585 en direction de Beal-na-Blath. Le site se trouve à 4 km sur la gauche.

GOUGANE BARRA FOREST PARK

Ce parc forestier constitue la partie la plus pittoresque à l'intérieur des terres du comté de Cork. La source de la River Lee est un lac de montagne nourri par de nombreux ruisseaux. Saint Finbarr, fondateur et saint patron de Cork, qui établit ici un monastère au VIᵉ siècle, possédait un ermitage sur l'île du **Gougane Barra Lake** (Lough an Ghugain), aujourd'hui accessible par une petite chaussée et dont la petite chapelle moderne est ornée de jolis vitraux montrant d'obscurs saints celtes.

Une route circulaire traverse le parc et un plan indique les chemins sinueux et les sentiers naturels alentour. La montée au sommet de Bealick mérite le détour pour la beauté du panorama.

Comment s'y rendre

En juillet et août, un bus quitte Macroom à 8h le samedi uniquement et passe près du Gougane Barra Forest Park. La compagnie George Plant Minibus Tours (☎ 022-50654, 086 239 8123) propose des expéditions d'une journée au Gougane Barra Forest Park depuis Bantry le mercredi (12,70 €).

En route de Cork à Bantry sur la N22 et la R584, un panneau indique le parc après Ballingeary. En revenant vers la route principale et en continuant vers l'ouest, vous dépasserez le Pass of Keimaneigh et retrouverez la N71 à Ballylickey, à mi-chemin entre la Beara Peninsula et la Sheep's Head Peninsula.

Comté de Kerry

Certains paysages sauvages et accidentés du Kerry comptent parmi les plus beaux d'Irlande. Ce territoire englobe en effet la plus haute cime du pays, le Carrauntoohil ou Carrantuohil, qui atteint 1 041 m d'altitude. La petite ville de Killarney est envahie de touristes à longueur d'année, tandis qu'un flot incessant de cars se déverse l'été sur le Ring of Kerry. Néanmoins, l'étendue du comté permet aux visiteurs de s'affranchir de l'agitation urbaine et l'afflux touristique ne dénature pas trop la splendeur du paysage. La région recense une multitude de balades, longues ou courtes, d'ascensions très diverses et de randonnées à bicyclette, au cours desquelles vous ne croiserez que des oiseaux, des moutons ou quelques rares randonneurs animés du même désir de tranquillité. La Dingle Peninsula est particulièrement belle, tandis que l'Iveragh Peninsula (le Ring of Kerry) au sud offre davantage de possibilités en matière d'activités de plein air. Au nord du comté, le paysage s'aplanit à mesure que l'on s'approche du Shannon, le fleuve qui sépare le comté de Kerry du comté de Clare.

Killarney et ses environs

KILLARNEY
☎ 064 • 12 011 habitants

Killarney (Cill Airne) est synonyme de tourisme. La capacité officielle d'hébergement y est plus importante que n'importe où ailleurs, exception faite de Dublin. Aux abords de l'office du tourisme, des boutiques de souvenirs regorgent de T-shirts, bibelots, serviettes, ornés de lutins en tout genre. Les bus de touristes défilent à longueur d'année. Si vous cherchez la tranquillité, mieux vaut choisir Kenmare pour base de votre séjour.

Killarney se signale par un moyen de transport très écologique, la calèche irlandaise, qui lui vaut une odeur de crottin caractéristique.

À ne pas manquer

- Le magnifique Killarney National Park, aux belles promenades à pied ou à bicyclette
- L'étonnant Ballaghbeama Gap, itinéraire à bicyclette ou en voiture, loin du tumultueux Ring of Kerry
- Le fabuleux monastère du VIe siècle de Skellig Michael, rocher battu par les vents
- Une baignade avec Fungie le dauphin dans les eaux de Dingle
- Le superbe Blasket Centre, musée et centre culturel de la péninsule de Dingle

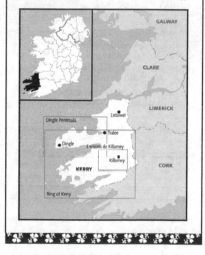

Histoire

Killarney et la vallée qui l'entoure étaient habitées depuis l'âge du bronze quand le cuivre fut exploité à Ross Island. À une époque où le pouvoir en Irlande était installé à Cashel, dans le comté de Kilkenny, Killarney, royaume subalterne, s'érigea en place forte du clan O'Donoghue. Au VIIe siècle, saint Finian fonda un monastère sur l'île d'Inisfallen et Killarney devint un foyer de la chrétienté dans la région.

235

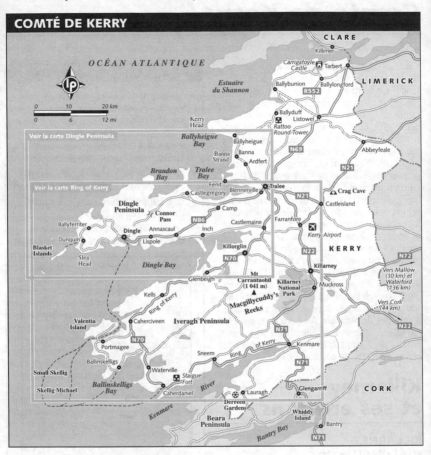

COMTÉ DE KERRY

Il fallut attendre le XVIIIe siècle pour que la ville connaisse un essor touristique sous l'impulsion de Lord Kenmare. Un siècle plus tard, elle continua d'accueillir des rois et des dignitaires de toute l'Europe, dont la reine Victoria.

Orientation

Le cœur de Killarney se concentre à la hauteur du carrefour où New St croise High St et Main St. En allant vers le sud, High St devient Maint St, qui oblique sur la gauche dans East Ave Rd où se rassemblent tous les grands hôtels. Le Killarney National Park est au sud de la ville. La gare routière et la gare ferroviaire sont à l'est du centre-ville.

Renseignements

Office du tourisme. Très animé mais efficace, l'office du tourisme (☎ 31633), installé dans un nouveau bâtiment à l'angle de Beech Rd, ouvre de 9h à 18h (20h en juillet-août) du lundi au samedi, de 10h à 18h le dimanche de mai à octobre et de 9h15 à 17h30 du lundi au samedi le reste de l'année. Le mensuel *Where Killarney* (1,90 €), diffusé auprès des B&B, des auberges de jeunesse, des librairies ou de l'office du tourisme, offre un panorama de l'animation à Killarney.

Argent. De nombreuses banques possèdent un bureau de change et/ou un DAB. Une succursale American Express (☎ 35722) est établie dans East Avenue Rd.

Poste et télécommunications. La poste donne dans New St. Le café Internet Compustore (☎ 37255), installé à l'étage de l'Inisfallen Mall dans Main St, ouvre de 10h à 18h du lundi au samedi. Un WEB-Talk (☎ 37033), 53 High St, permettant de téléphoner à l'étranger à moindres frais, est ouvert de 10h à 21h du lundi au samedi et de 14h à 20h le dimanche. L'un et l'autre facturent 2,55 € les 20 minutes ou 5,10 € l'heure.

Centres culturels. Si vous avez des racines irlandaises, l'Irish Roots Services (☎/fax 33506, Tralee Rd, info@irishrootsservices.com) peut vous aider à retrouver la trace de vos parents vivant en Irlande.

Consigne. La consigne de la gare routière (☎ 37509) ouvre tous les jours entre 7h30 et 18h30 (1,60 € par bagage pour 12 heures). Renseignez-vous au café situé à l'intérieur de la gare.

En cas d'urgence. Le Killarney District Hospital (☎ 31076), St Margaret's Rd, se trouve juste au nord-ouest du centre-ville.

St Mary's Cathedral
Érigée entre 1842 et 1855, la cathédrale St Mary, au plan cruciforme, se dresse sur Cathedral Place, à l'extrémité ouest de New St. Ce superbe édifice néogothique est l'œuvre de l'architecte Augustus Pugin.

Dans les années 1840, elle servit d'hôpital mais aussi de refuge pour les indigents durant la Grande Famine. L'immense arbre dressé sur la pelouse devant la cathédrale marque l'emplacement de la fosse commune où furent enterrées les victimes de cette tragédie.

Museum of Irish Transport
Cet intéressant musée des Transports irlandais (☎ 32638, Scotts Gardens, East Ave Rd ; adulte/enfant 3,80/1,90 € ; mar-oct tlj 10h-18h ; nov-fév tlj 11h-16h) expose une collection rutilante de vieilles voitures, cycles et toutes sortes de véhicules. Vous remarquerez en particulier un tricycle Meteor Starley datant de 1844, retrouvé dans un stock d'invendus en 1961, et une Wolseley de 1910 ayant servi à la comtesse Markievicz et à l'écrivain W.B. Yeats.

Activités
La pêche à la truite et au saumon se pratique dans les rivières Flesk et Laune ainsi que dans les lacs du Killarney National Park. Les petits lacs accessibles au sud de Killarney en direction de Kenmare abritent également des truites, mais pas de poissons d'eau douce locaux. Pour tous renseignements, permis, licences et équipements, adressez-vous à **O'Neill's** (☎ 31970, 6 Plunkett St).

Où se loger
Camping. Plusieurs campings sont installés à proximité de la ville.

Flesk Muckross Caravan & Camping Park (☎ 31704, fax 35439, Muckross Rd ; tente et voiture 8,55 €). Sur la N71 en direction de Kenmare à 1,3 km de Killarney, ce camping n'a rien de très attrayant si ce n'est sa proximité et ses nombreuses ressources : bureau de change, épicerie et location de bicyclettes.

Fossa Caravan & Camping Park (☎ 31497, fax 34459, fossaholidays@eircom.net, Fossa ; emplacement pour 2 pers 10,80 €). Situé à 5,6 km à l'ouest de Killarney sur la N72 en direction de Killorglin, ce camping arboré bénéficie d'une jolie vue sur les MacGillycuddy Reeks.

Fleming's White Bridge Caravan & Camping Park (☎ 31590, fax 37474, Ballycasheen Rd ; emplacement pour 2 pers 10,15 €). Un petit camping pour caravanes orné de nombreux parterres fleuris. Prenez la route de Muckross au sud de la ville et tournez à gauche à Woodlawn. Poursuivez votre chemin pendant environ 2 km.

Auberges de jeunesse. Malgré l'abondance d'auberges de jeunesse, mieux vaut réserver à l'avance l'été. Certains propriétaires viennent vous chercher à la gare routière ou ferroviaire.

COMTÉ DE KERRY

KILLARNEY

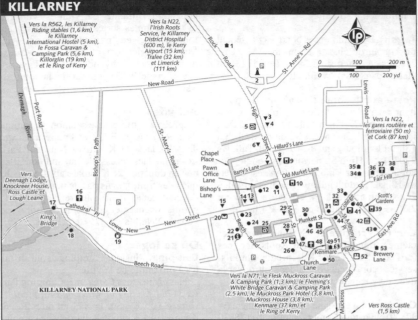

Vers la R562, les Killarney
Riding stables (1,6 km),
le Killarney
International Hostel (5 km),
le Fossa Caravan &
Camping Park (5,6 km),
Killorglin (19 km)
et le Ring of Kerry

Vers la N22,
l'Irish Roots
Service, le Killarney
District Hospital
(600 m), le Kerry
Airport (15 km),
Tralee (32 km)
et Limerick
(111 km)

New Road

Vers la N22,
les gares routière et
ferroviaire (50 m)
et Cork (87 km)

Vers
Deenagh Lodge,
Knockreer House,
Ross Castle et
Lough Leane

King's
Bridge

KILLARNEY NATIONAL PARK

Vers la N71, le Flesk Muckross Caravan
& Camping Park (1,3 km), le Fleming's
White Bridge Caravan & Camping Park
(2,5 km), le Muckross Park Hotel (3,8 km),
Muckross House (3,8 km),
Kenmare (37 km) et
le Ring of Kerry

Vers Ross Castle
(1,5 km)

Killarney International Hostel (☎ 31240, fax 34300, anoige@killarney.iol.ie, Aghadoe House ; dortoirs 10,15-12,05 €, doubles 30,50 €). Cette auberge An Óige occupe un étonnant manoir du XVIIIᵉ siècle, d'où la vue s'étend sur les lacs et les forêts. Il est à 5 km à l'ouest du centre-ville, près de la N72 qui rejoint Kilorglin. L'auberge assure un service de bus gratuit pour la gare ferroviaire et organise des excursions dans le parc national avec paniers-repas et location de bicyclettes (7,60 € par jour).

Súgán Hostel (☎ 33104, Lewis Rd ; dortoirs/double 11,45/28 €). Cette auberge centrale et intime (elle possède, en plus des dortoirs, une seule chambre double) est tenue par Pa Sugrue qui est une mine d'informations sur les animations de la ville.

Killarney Railway Hostel (☎ 35299, fax 32197, Park Rd ; dortoirs/doubles 10,80/31,75 €). Cette auberge IHH, bien équipée, se situe côté est du couvent franciscain. Ses hôtes peuvent profiter d'excursions à prix réduits vers le Ring of Kerry (12,70 €), la Dingle Peninsula (15,90 €) et le Gap of Dunloe (15,25 €), de croisières sur le lac (7,60 €/heure) et de la location de bicyclettes (7,60 €/jour).

B&B et hôtels. Killarney possède des dizaines, voire des centaines de B&B et de guesthouses. Néanmoins, ce n'est pas toujours évident de dénicher une chambre entre juin et août. En ce cas, il vaut mieux s'adresser à l'office du tourisme qui s'en chargera pour vous, moyennant une commission (1,25 €). Pour commencer votre recherche, essayez plutôt New Rd, Rock Rd et Muckross Rd. La ville compte également quelques hôtels de luxe.

Fairview Guesthouse (☎/fax 34164, Lewis Rd ; simples 38,10 €, doubles 63,50-76,20 € mai-sept, simples 35,55 €, doubles 54,65-57,15 € oct-avr). Une pension bien tenue, soucieuse de satisfaire ses clients et agréablement aménagée.

KILLARNEY

OÙ SE LOGER
1 Rathmore House
34 Fairview Guesthouse
35 Súgán Hostel
36 Killarney Royal Hotel
38 Killarney Railway Hostel
49 Ross Hotel
53 Killarney Park Hotel

OÙ SE RESTAURER
3 Gaby's
4 Brícín
6 The Blue Door
7 Sceilig
8 The Bean House
13 Teo's
14 Busy B's
15 Ma Reilly's
20 The Flesk
29 Mac's Ice-cream
   Parlour

PUBS ET CLUBS
9 O'Connor's

10 The Laurels Singing
   Pub & Wine Bar,
   Killarney Rent-a-Bike
27 Killarney Grand
39 Scott's Gardens Hotel
41 The Crypt
45 Courtney's

DIVERS
2 Famine Memorial
5 WEB-Talk Internet Cafe
11 Memories
12 O'Sullivan's Bike Hire
16 St Mary's Cathedral
17 Entrée piétonne
   du Killarney National Park
18 Entrée piétonne du Killarney
   National Park
19 Sation-service Shell
20 Poste
21 Office du tourisme, Avis
22 Killarney Model Railway
23 Supermarché Tesco
24 O'Sullivan's Bike Hire

25 Compustore
   Internet Cafe,
   Inisfallen Mall
26 Town Hall (
   mairie)
30 O'Neill's
31 Aran Sweater Market
   (marché aux pulls)
32 Station de taxis
33 Corcoran's Tours
37 Franciscan Friary
   (monastère franciscain)
40 Variety Sounds
42 Museum of Irish Transport
43 Killarney Lake Tours
44 Cronin's Tours
46 Hertz
47 Dero's Tours
48 St Mary's Church
50 Station des calèches
51 American Express,
   Budget Rent-a-Car
52 Killarney Cineplex

Rathmore House (☎ 32829, Rock Rd ; simples 31,75 €, doubles 50,80-63,50 €). Ce confortable B&B à 5 minutes à pied du centre-ville sert de savoureux petits déjeuners et possède un parking.

Ross Hotel (☎ 31855, fax 31139, ross@kph.iol.ie, Kenmare Place ; simples/doubles 86,40/122 € mai-sept, 71,15/91,50 € oct-avr). Un hôtel attrayant situé en plein centre-ville.

Killarney Park Hotel (☎ 35555, fax 35266, info@killarneyparkhotel.ie, Kenmare Place ; simples/doubles 209,65/317,65 € mai-oct, 158,85/216 € nov-avr). Ce très bel hôtel offre d'excellentes prestations, en particulier une piscine intérieure et un jacuzzi, une salle de snooker (billard), et une bibliothèque. Pour goûter à son charme sans vous ruiner, vous pouvez aussi vous contenter de déjeuner dans son restaurant (environ 42 €).

Killarney Royal Hotel (☎ 31853, fax 34001, royalhot@iol.ie, College St ; simples 133,40-177,90 €, doubles 127,05-190,60 €). Cet hôtel central dispose de tous les services d'un cinq-étoiles et de chambres spacieuses.

Muckross Park Hotel (☎ 31938, fax 31965, Muckross Rd ; simples/doubles 116,90/177,90 € mai-sept, 90,20/124,50 € oct-avr). Si vous souhaitez fuir la frénésie de Killarney, ce luxueux hôtel, aménagé dans une bâtisse du XVIIIe siècle, se trouve en face de l'entrée de Muckross House, de l'autre côté de la route, à environ 4 km de Killarney.

Où se restaurer

Les restaurants les plus chers tendent à se concentrer vers le nord de High St. Pour vous restaurer à moindres frais, descendez vers Main St ou tournez dans New St. Pour faire vos courses, essayez le supermarché **Tesco** dans Beech Rd.

Restaurants. Killarney offre un vaste choix de restaurants.

Gaby's (☎ 32519, 27 High St ; entrées 5-12 €, plats 22-36 €). Ce restaurant de poisson récompensé par un prix mais très cher accueille une clientèle plutôt huppée.

The Blue Door (☎ 33755, 57 High St ; en-cas et plats 3,50-10 €). Vous n'aurez que l'embarras du choix entre des plats thaï-landais, espagnols, italiens, irlandais, cajuns et mexicains.

Sceilig (☎ *33062, High St ; plats env 5,70 €)*. Pour savourer un copieux irish stew ou un poulet rôti au jambon, vous apprécierez ce restaurant douillet décoré de boiseries.

The Flesk (☎ *31128, 14 Main St ; plats 11,40-22,20 €)*. Restaurant haut de gamme très couru, le Flesk affiche une très belle carte où figurent des plats comme le demi-canard rôti, farci aux noix, avec une sauce à l'orange et au cognac. Une réduction de 3,80 € sur tous les plats principaux est appliquée entre 17h30 et 18h45.

Restauration rapide et cafés. Vous pourrez prendre un en-cas ou un repas léger en de nombreux endroits.

The Bean House (☎ *37877, 8 High St ; sandwiches et baguettes 2,35-3,15 €)*. Les vrais amateurs goûteront ici une dizaine de sortes de cafés.

Brícín (☎ *34902, 26 High St ; déj env 7 € ; fermé le soir)*. Ce café abritant une boutique d'artisanat offre un vaste choix de gâteaux et de tartes.

Ma Reilly's (☎ *39220, 20 New St ; plats 3,15-9,50 €)*. Pour bien manger à petit prix. Essayez la soupe de poissons. Repas spéciaux pour enfants.

Busy B's (☎ *31972, 15 New St ; en-cas et repas 2,50-8 € ; 7h-24h lun-ven, 7h-3h ven-sam)*. Cet endroit sans prétention sert le petit déjeuner toute la journée ainsi que des sandwiches, des burgers, des fish and chips et des pommes de terre au four.

Teo's (☎ *36344, 13 New St ; déj 5,50-7,50, dîn 9,20-11,30 €)*. Ce café propose essentiellement des pizzas ou d'autres plats italiens et le soir un menu fixe (25,35 €).

Mac's Ice-cream Parlour (☎ *35213, 6 Main St)*. Des glaces préparées "maison" et une trentaine de parfums.

Où sortir

Les pubs de Killarney accueillent souvent des musiciens. Dans certains endroits, il s'agit d'une tradition et les concerts s'organisent souvent à l'improviste. Ailleurs, l'animation est manifestement élaborée à l'intention des touristes. Certains pubs sont interdits aux jeunes de moins de 21 ans.

Courtney's (☎ *32689, Plunkett St)*. Ses sessions de musique traditionnelle valent vraiment le spectacle.

The Laurels Singing Pub and Wine Bar (☎ *31149, Main St)*. Si vous n'aimez pas les démonstrations de danse irlandaise pour une foule de touristes bruyants, le Laurels ne vous plaira pas. Mais si le cœur vous en dit, sachez qu'une animation a lieu ici tous les soirs de la semaine. Les portes ouvrent à 20h30 et le spectacle commence à 21h15.

O'Connor's (☎ *30200, 7 High St)*. Cet établissement mêle musique traditionnelle, comédie, lectures et café-théâtre. Le spectacle commence vers 21h15 tous les soirs.

Killarney Grand (☎ *31159, Main St)*. Après la musique traditionnelle tous les soirs entre 21h et 23h, le pub se transforme en night-club animé par des orchestres jusqu'à 1h. Des soirées dansantes ont lieu parfois à date fixe.

The Crypt (☎ *31038, College St ; entrée 5,10 €)*. Ce club ouvert tous les soirs privilégie basse et batterie.

Scott's Gardens Hotel (☎ *31060, entre College St et East Avenue Rd)*. Le Scott's offre de la musique traditionnelle le soir du jeudi au dimanche, mais aussi tous les soirs en juillet-août. L'animation commence vers 21h.

Comment s'y rendre

Avion. Le Kerry Airport (☎ 066-64644) se trouve à Farranfore, à environ 15 km au nord de Killarney par la N22. Il existe des vols directs Aer Lingus vers Dublin et Manx Airlines vers Luton et Manchester. Des vols directs relient également London Stansted. Pour plus de précisions adressez-vous à Ryanair à Dublin (☎ 01-609 7800).

Bus. Bus Éireann (☎ 34777, 30011), basé aux abords de la gare ferroviaire, dessert régulièrement Tralee (5,85 €, 35 minutes, toutes les heures), Cork (11,95 €, 1 heure 35, toutes les heures), Dublin (19,05 €, 6 heures, 4 par jour), Galway (19,05 €), Limerick (12,45 €, 2 heures 10, 4 par jour), Waterford (17,15 €, 4 heures 30, toutes les heures) et Rosslare Harbour (20,30 €, 2 par jour).

De fin mai à mi-septembre, un service spécial dessert le Ring of Kerry depuis Killarney à 8h30 et 13h30, rejoignant Killorglin, Caherciveen, Waterville, Caherdaniel et Sneem, puis revenant vers Killarney.

Train. La gare ferroviaire (☎ 31067) de Killarney est établie à l'est du centre-ville, dans Park Rd, à côté de la gare routière. Cinq trains par jour rejoignent Cork (22,90 €, 2 heures 10) et Tralee (7 €, 45 minutes). Pour rejoindre Dublin, Waterford et Limerick, vous devez changer à Mallow.

Comment circuler
Desserte de l'aéroport. Aucun bus ne relie l'aéroport à la ville. Le trajet en taxi coûte environ 12,70 €.

Voiture. Évitez autant que possible de conduire dans le centre-ville où règne une circulation très intense. Le disque de stationnement revient à 0,65 € l'heure. Si vous voulez louer une voiture, essayez Avis (☎ 36655), Beech Rd, qui possède un bureau à l'office du tourisme, Budget (☎ 34341), Kenmare St, près du bureau Amex, ou Hertz (☎ 34126), Plunkett St.

Bicyclette. La bicyclette reste idéale pour explorer les sites disséminés dans la région de Killarney et souvent inaccessibles en voiture. La location s'effectue en de nombreux endroits (8,90/44,50 € par jour/semaine, sacoches, trousse à outils et cartes comprises). Essayez O'Sullivan's Bike Hire (☎ 31282), qui possède un magasin dans Bishop's Lane et un autre en face du TIC, ou Killarney Rent-a-Bike (☎ 32578) dans Old Market Lane à côté du pub Laurels.

Calèche irlandaise. Le moyen de transport traditionnel de Killarney reste la calèche irlandaise dont le cocher s'appelle un *jarvey*. Elles attendent sur Kenmare Place, juste après la mairie, mais aussi sur le parking bordant la N71 en face de Muckross House, au Gap of Dunloe. Le prix de la course varie entre 15,25 et 44,45 € selon la distance, les calèche transportant officiellement jusqu'à quatre personnes.

ENVIRONS DE KILLARNEY
Killarney National Park
Le parc national de Killarney s'étend sur 10 236 hectares au sud-ouest de la ville. Deux entrées sont réservées aux piétons, juste en face de St Mary's Cathedral, d'autres accueillent les véhicules sur la N71.

Le parc englobe de superbes lacs et montagnes, dont le Lough Leane (également appelé Lower Lake ou "Lake of Learning", lac inférieur ou lac du Savoir), le Muckross Lake et l'Upper Lake (lac supérieur) et les monts Mangerton, Torc, Shehy ou Purple. Les forêts de chênes et d'ifs s'étendent sur des kilomètres. Outre quelques sites intéressants, cette région offre de merveilleuses promenades à pied ou à bicyclette. Vous y rencontrerez une harde de cerfs roux et de nombreuses espèces d'oiseaux. Depuis 1982, le parc est classé réserve de biosphère par l'Unesco.

La carte des environs de Killarney indique un circuit de 30 km qui contourne le parc et réserve de nombreuses surprises (effectuez le parcours par temps sec).

Ross Castle. Restauré par l'organisme Dúchas, ce château (☎ 35851, Ross Rd ; *adulte/enfant 3,80/1,60 € ; juin-août tlj 9h-18h30 ; mai et sept tlj 10h-18h ; oct mar-dim 10h-17h)*, édifié au XIVᵉ siècle par les O'Donoghue, fut la dernière place de la province de Munster à tomber aux mains des forces de Cromwell commandées en 1652 par Ludlow.

Depuis l'entrée piétonnière en face de St Mary's Cathedral, une marche de 2,4 km vous mène à l'entrée de Ross Castle. En arrivant en voiture de Killarney, tournez à droite au début de Muckross Rd, juste après le rond-point, en face du garage Esso. Le château se situe au bout de la route près du parc de stationnement. Un chemin mène à travers bois du château à Muckross House.

Inisfallen Island. Le premier monastère de l'île d'Inisfallen aurait été fondé au VIIᵉ siècle par saint Finian le Lépreux. Les *Annales d'Inisfallen*, rédigées au début du XIIIᵉ siècle, valurent à l'île sa notoriété. Aujourd'hui conservées en Angleterre dans la bibliothèque Bodleian à Oxford, elles restent une source d'information majeure sur le début de l'his-

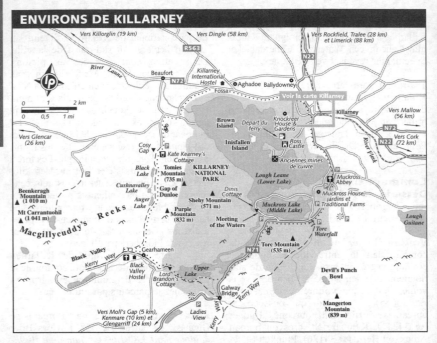

ENVIRONS DE KILLARNEY

toire de la province de Munster. Sur l'île subsistent le porche roman sculpté d'un oratoire du XIIe siècle ainsi que les ruines d'un monastère construit ultérieurement.

Vous pouvez louer une barque à Ross Castle pour aborder l'île à la rame, ou effectuer la traversée sur un bateau de passagers (6,30 € par personne). Certaines excursions en bus et en bateau au Gap of Dunloe prévoient une escale dans l'île (voir, plus loin, *Circuits organisés*).

Muckross Estate. Le cœur du Killarney National Park est le Muckross Estate, donné à l'État par Arthur Bourn Vincent en 1932. La **Muckross House** (☎ 31440, *adulte/enfant 5,10/2,05 € ; toute l'année tlj 9h-18h*) se visite librement, sans guide ni gardien envahissant, ce qui est rare. Les pièces ont conservé leur mobilier et leur décor du XIXe siècle. Le sous-sol présente diverses activités artisanales telles que la reliure ou la taille de pierre.

Les magnifiques jardins, agrémentés d'un arboretum, descendent jusqu'au lac. Un bâtiment édifié derrière la maison abrite un restaurant et une boutique d'artisanat. Des calèches attendent devant pour vous promener dans le parc.

Juste à l'est de Muckross House, les **Muckross Traditional Farms** (☎ 35571 ; *adulte/enfant 5,10/2,05 €, billet combiné avec Muckross House 7,60/3,50 € ; juin-sept tlj 10h-19h, mai tlj 13h-18h, 21 mars-avr et oct sam-dim et jours fériés 13h-18h*) sont des reconstitutions de fermes du Kerry dans les années 1930 avec leurs chevaux, leur bétail, leurs cochons et leurs volailles. Vous pouvez effectuer la visite à pied ou en montant dans la diligence d'époque qui fait la navette entre les différents bâtiments.

Muckross House se situe à 5 km de Killarney sur la N71 en direction de Kenmare. L'entrée pour les véhicules se trouve environ 1 km après le Muckross Park Hotel. L'été, un bus touristique dessert la demeure, partant de

Killarney en face du pub O'Connor's à 13h45 et revenant de Muckross House à 17h15 (aller-retour 6,35 €). La visite de cette demeure figure également dans certaines excursions d'une journée, organisées à partir de Killarney.

Pour vous rendre à pied ou à bicyclette à Muckross, empruntez la piste cyclable qui longe la route de Kenmare sur environ 2 km, puis prenez le chemin qui s'enfonce sur la droite dans le Killarney National Park. Après 1 km, vous arriverez à **Muckross Abbey**, une abbaye fondée en 1448 et incendiée par les troupes de Cromwell en 1652. L'écrivain W M Thackeray affirmait qu'elle était "le plus joli petit bijou d'abbaye en ruine jamais vu". Muckross House se situe à 1,5 km de l'abbaye.

Depuis Muckross House, une piste pour les cyclistes et les piétons longue de 3,7 km suit la rive nord du lac jusqu'au **Meeting of the Waters** où elle rejoint l'Upper Lake. Tout près, le **Dinis Cottage** (☎ 31954) sert le thé dans un pavillon de chasse bicentenaire. Remarquez les graffitis ornant la fenêtre, dont le plus ancien remonte à 1816. De là, comptez encore 1,5 km pour rejoindre la route de Kenmare (N71).

Avis aux cyclistes. Si vous avez l'intention d'effectuer le tour du lac Muckross à bicyclette, pensez bien à le faire uniquement dans le sens inverse des aiguilles d'une montre (de Muckross House vers le Meeting of the Waters et non dans l'autre sens). De mauvais accidents sont en effet survenus entre deux cyclistes roulant à vive allure en sens opposés et qui se sont heurtés au détour d'un virage.

Gap of Dunloe. Le Gap of Dunloe se situe en dehors du parc national, mais nous l'avons inclus ici, puisqu'en pratique la plupart des gens commencent ou terminent leur visite du parc par ce site. En plein été, le Gap représente le paroxysme du tourisme à Killarney. Tous les jours, des centaines de voitures et de cars débarquent au Kate Kearney's Cottage un flot de visiteurs qui effectuent ensuite une balade d'une heure en calèche dans le défilé (l'été, les voitures sont interdites). Vous pouvez explorer à pied cet étroit défilé jusqu'au Black Valley Hostel situé à l'autre bout, mais la période estivale n'est pas propice à la solitude.

La solution idéale consiste à louer une bicyclette à Killarney pour se rendre à Ross Castle, traverser les lacs en bateau jusqu'au Lord Brandon's Cottage et suivre le Gap à bicyclette. Le retour en ville s'effectue par la N72, puis par un chemin traversant le terrain de golf (19 €, location de bicyclette comprise).

La traversée en bateau à elle seule justifie la balade. La croisière (1 heure 30) passe par les trois lacs en offrant des vues superbes sur les montagnes environnantes ainsi que sur le Meeting of the Waters et le Ladies View, qui doit son nom au fait qu'il enchanta les dames d'honneur de la reine Victoria. Vous pourrez déjeuner et prendre le thé au **Kate Kearney's Cottage** (☎ 44146) et au **Lord Brandon's Cottage**, édifiés au XIXᵉ siècle.

Circuits organisés

Des **randonnées pédestres** guidées dans le National Park (☎ *44339, 087 639 4362 ; adulte/enfant 6,35/3,15 € ; 2 heures*) partent à 11h tous les jours de la station-service Shell, Lower New St, Killarney.

Un certain nombre d'agences de Killarney proposent chaque jour, de 10h30 à environ 17h30, des excursions d'une journée autour du Ring of Kerry, au Gap of Dunloe et dans la Dingle Peninsula (18,50 €, 21 € et 19,50 €). Des excursions d'une demi-journée englobant Aghadoe, Ross Castle, Muckross House et Torc Waterfall ont également lieu tous les jours, ainsi que des randonnées en bicyclettes et des croisières sur les lacs. Essayez **O'Connor Tours** (☎ *30200, 7 High St*), **Dero's Tours** (☎ *31251, 22 Main St*), **Corcoran's** (☎ *36666, 8 College St*) et **Cronin's Tours** (☎ *31521, College St*). À moins de disposer de peu de temps, cette formule n'est pas idéale pour apprécier vraiment toute la beauté du paysage.

Destination Killarney (☎ *32638, Scott's Gardens*) et **Killarney Watercoach Cruises** (☎ *31068*) proposent des croisières commentées sur le lac, partant de Ross Castle cinq fois par jour (environ 6,35 €, 1 heure). Près de Ross Castle, quelques propriétaires de bateaux privés offrent au même tarif des promenades sur le lac sauf en hiver.

De Killarney à Kenmare

La N71 relie Killarney à Kenmare en traversant des paysages spectaculaires de lacs et de montagnes. À 2 km au sud de l'entrée de Muckross House, un chemin mène à une jolie cascade située à 200 m, la **Torc Waterfall**. À environ 8 km sur la N71, le **Ladies View** offre une superbe vue sur l'Upper Lake. Le **Moll's Gap** est un autre joli point de vue situé 5 km plus loin.

Ring of Kerry

Le Ring of Kerry, une route longue de 179 km contournant l'Iveragh Peninsula, est l'une des premières attractions touristiques d'Irlande. Si le parcours peut être "bouclé" en un jour en bus ou en voiture, voire en trois jours à bicyclette, plus vous lui consacrerez de temps, plus vous en apprécierez le charme. La partie de la route qui s'étend entre Waterville et Caherdaniel au sud-ouest de la péninsule justifie à elle seule le déplacement. Le Ballaghbeama Gap qui entaille les hautes terres du centre de la péninsule se prête merveilleusement à une longue randonnée cycliste car il est peu fréquenté et offre des vues spectaculaires. En ce qui concerne la Kerry Way, le chemin de randonnée long de 214 km qui dessine un circuit en boucle à partir de Killarney, voyez le paragraphe *Randonnées* sous la rubrique *Activités sportives* du chapitre *Renseignements pratiques*. Ce chemin figure sur la carte du Ring of Kerry.

Les cars de tourisme parcourent le Ring of Kerry dans le sens inverse des aiguilles d'une montre. En haute saison, il faut choisir entre deux maux : conduire derrière eux, ou circuler dans le sens opposé et les voir déboucher à tout moment au détour d'un virage. Pensez à faire le plein de carburant avant de partir, car il coûte de plus en plus cher à mesure que l'on se dirige vers l'ouest. L'extrême ouest de la péninsule s'avère beaucoup plus calme dès que l'on quitte le Ring of Kerry pour le Skellig Ring.

Un circuit à bicyclette de 80 km *via* Lough Acoose et Moll's Gap figure sur la carte du Ring of Kerry.

COMMENT CIRCULER

De fin mai à mi-septembre, les Bus Éireann assurent un service sur le Ring of Kerry. Ils partent de Killarney du lundi au samedi à 8h30 et 13h30, mais aussi le dimanche à 9h40 (juillet-août) et 12h45 (mai-septembre). Ils s'arrêtent à Killorglin, Glenbeigh, Kells, Caherciveen, Waterville, Caherdaniel et Sneem avant de retourner à Killarney *via* Moll's Gap. Pour plus de précisions, appelez la gare routière de Killarney (☎ 064-34777).

KILLORGLIN

☎ 066 • 3 266 habitants

En venant de Killarney et en circulant dans le sens inverse des aiguilles d'une montre, la première ville du Ring est Killorglin (Cill Orglan), réputée pour sa fête annuelle intitulée Puck Fair. Bien qu'elle n'offre que peu de curiosités, cette ville agréable et joliment située sur la rivière Laune (le pont à huit arches date de 1885), elle offre d'excellentes possibilités de logement et de restauration et nombre de pubs animés accueillant des musiciens.

Le bureau de Mid-Kerry Tourism (☎ 976 1451) est installé dans un kiosque en pierre à côté du rond-point, mal indiqué, où l'une des routes mène à Glenbeigh. Il est ouvert toute l'année de 9h à 17h30 du lundi au samedi, et l'été de 11h à 15h le dimanche.

Puck Fair Festival

La Puck Fair donne lieu à trois jours de festivités débridées durant le deuxième week-end d'août. La tradition veut qu'on installe alors un bouc (*puck*), dont les cornes sont ornées de rubans, sur un piédestal au centre du bourg, la liberté étant la règle tant qu'il est en place. Les pubs restent ouverts jusqu'à 3h du matin, ou même servent sans interruption durant trois jours d'affilée. Autant dire que trouver une chambre devient alors difficile si l'on n'a pas réservé.

The Fishery

The Fishery (☎ 976 1106) est une fumerie de saumon située de l'autre côté de la rivière par rapport au centre-ville. La maison expose sa chaîne de production aux visiteurs et assure

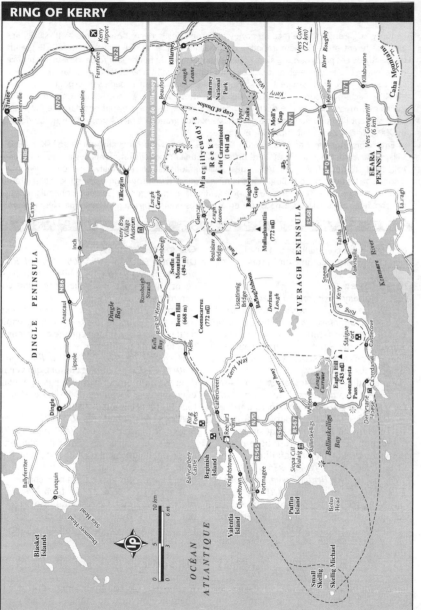

RING OF KERRY

Le Kerry Bog Pony

Le Kerry Bog Pony est une race de poney apparue dans le Kerry dès avant le XVIIe siècle. Ses ancêtres furent probablement importés des Asturies en Espagne. Il y avait autrefois de grands troupeaux de ces petits poneys, alors appelés hobbies, qui du fait de leur force, de leur endurance et de leur peu d'exigence étaient utilisés pour rapporter la tourbe et les algues dans les fermes.

Cependant leur nombre déclina rapidement lorsqu'ils furent expédiés en Espagne au début du XIXe siècle pour servir d'animaux de bât et de boucherie à l'armée britannique lors des guerres contre Napoléon. Ce déclin s'accélérera lorsque les transformations dans l'agriculture nécessitèrent l'emploi de poneys et de chevaux plus grands et plus forts, si bien qu'au début du XXe siècle la race était supposée éteinte.

Entre alors en scène John Mulvihill, un éleveur de poneys et de chevaux, qui dirige le Kerry Bog Village Museum. Un jour, découvrant un petit groupe de poneys différents des autres, il s'aperçoit qu'ils présentent des caractères rares. Mais il faudra attendre l'analyse de leur ADN pour reconnaître les fameux Kerry Bog. Après la mise un place d'un programme de reproduction intensif et la création de la Kerry Bog Pony Society afin de les protéger, on en dénombre aujourd'hui environ deux cents. Classés espèce rare en 1994, ces poneys promènent désormais les visiteurs.

---

l'expédition des commandes de toute importance en Amérique comme en Europe.

Où se loger

West's Holiday Park *(☎ 976 1240, fax 976 1833, Killarney Rd ; emplacement pour 2 pers 8,95 €, douches 0,65 € ; Pâques-oct).* Ce petit camping familial situé à moins de 2 km du pont de Killorglin, sur la route de Killarney, possède piscine, tennis et aire de jeux pour les enfants.

Laune Valley Farm Hostel *(☎ 976 1488, Banshagh ; dortoirs de 4/6 lits 11,45/10,15 € par pers, chambres doubles 26,70-35,55 €).* Cette auberge affiliée à l'IHH installée à 1,8 km du pont sur la N70 en direction de Tralee offre tout le nécessaire y compris la TV par satellite.

The River's Edge *(☎/fax 976 1750, coffeya@tinet.ie, The Bridge ; simples/doubles 38,10/50,80 €, minisuites 38,10/63,55 €).* Nous vous recommandons ce sympathique B&B qui jouit d'une vue superbe sur la rivière. Ses minisuites, décorées dans le style d'une villa méditerranéenne, et ses chambres standard sont toutes extrêmement confortables.

O'Grady's *(☎ 976 2012, fax 064-33685, Canberra House, Upper Bridge St ; simples/doubles 35,55/45,75 €).* Dans cet agréable B&B demandez une chambre sur l'arrière, beaucoup plus calme.

Où se restaurer

Da Vinci *(☎ 976 1055, Old School Rd ; pâtes et pizzas 9-10 €).* Ce bistrot italien est décoré avec goût et son éclairage particulièrement subtil.

Kerry's Vintage Inn *(☎ 976 2337, Upper Bridge St ; plats 4,50-10 €).* Cet agréable petit pub sert une bonne cuisine comprenant tous les plats traditionnels.

Harmony *(☎ 976 2588, Mill Rd ; plats 9,50-13 €).* Ce restaurant chinois, qui venait d'ouvrir au moment de notre passage, était déjà apprécié localement. Sa carte affiche tous les plats cantonais habituels.

Nick's Restaurant *(☎ 976 1219, Lower Bridge St ; entrées 3,70-9,50 €, plats 14,60-21,40 €).* On vient de très loin à Killorglin, nous a-t-on dit, uniquement pour ce restaurant. Son cadre chaleureux rappelle l'ambiance d'une cave. La carte des vins est fort bien choisie.

Bianconi *(☎ 976 1146, Annadale Rd ; plats 14-21,50 €).* Ce restaurant fin est tenu par un chef français récompensé par un prix. Essayez le filet de turbot aux algues et aux rubans de concombre.

Où sortir

Clifford's Tavern *(☎ 976 1539, Upper Bridge St).* Ce bar traditionnel doté d'une cheminée ouverte ne manque pas de place pour se mouvoir, à la différence de la plupart des autres pubs de Killorglin. Des sessions de musique traditionnelle ont lieu les vendredis et samedis soir.

Old Forge *(☎ 976 1231, The Square)*. Situé au bout de Bridge St, l'Old Forge privilégie la musique traditionnelle en semaine, la discothèque et les orchestres le week-end.

The Laune Bar *(Lower Bridge St)*. Situé à deux pas de The River's Edge B&B, ce bar n'offre rien de très attrayant hormis de plaisantes sessions de musique traditionnelle le jeudi.

Comment circuler

O'Shea's Cycle Centre (☎ 976 1919), Lower Bridge St, loue des bicyclettes (9,50/50,80 € par jour/semaine).

CAHERCIVEEN

☎ 066 • 1 300 habitants

Jusqu'en 1815, Caherciveen (ou Cahersiveen, Cathair Saidhthin) ne comptait que cinq maisons. Elle est devenue aujourd'hui l'une des plus importantes agglomérations du Ring of Kerry, même si elle s'étend presque tout entière le long d'une seule rue. C'est à Caherciveen que naquit Daniel O'Connell, "le grand libérateur".

L'office du tourisme (☎ 947 2589), installé dans The Barracks, ouvre de 10h à 18h du lundi au samedi et de 13h à 18h le dimanche de mai à septembre, et de 9h30 à 17h30 en semaine le reste de l'année. Il diffuse la plaquette *O'Connell Heritage Trail* (1,25 €), utile pour suivre le chemin balisé sur les traces d'O'Connell (6,5 km, environ 2 heures 30).

The Barracks

Cette impressionnante caserne du RIC (Royal Irish Constabulary, police royale irlandaise) abrite aujourd'hui un **centre du patrimoine** *(☎ 947 2777 ; adulte/enfant 3,80/1,90 € ; mai-sept lun-sam 10h-18h et dim 13h-18h, oct-avr lun-vend 10h-17h)*. Incendiée en 1922 par les forces anti-traité, l'édifice a été reconstruit dans son aspect actuel qui fait penser à un château de décor de cinéma. On raconte que les plans originaux auraient été mélangés avec d'autres destinés aux Indes, boniments somme toute crédibles en regard de son architecture.

Ce centre abrite des expositions sur Daniel O'Connell, le mouvement fenian et d'autres sujets d'intérêt local ou national. En venant du bout de la ville côté Kells, tournez à droite au croisement de Bridge St et de Church St.

Manifestations annuelles

Le Festival international de musique celtique de Caherciveen se déroule en août lors du *bank holiday weekend*. Pour plus de précisions, contactez John O'Connor au ☎ 947 3262.

Où se loger

Mannix Point Camping & Caravan Park *(☎ 947 2806, fax 947 2028, Mannix Point ; place de tente 5,10 € par pers, douche comprise ; mi-mars-sept)*. Ce camping bien tenu mais venté est à 15 minutes à pied à l'ouest du bourg. Un panneau sur la N70 indique sa direction.

Sive Hostel *(☎ 947 2717, sivehostel@ oceanfree.net, 15 East End ; dortoirs 10,15-11,45 € , doubles 24,15-26,70 €)*. Cette auberge de jeunesse IHH installée à l'extrémité de la longue rue principale possède trois chambres doubles et peut organiser des excursions en bateau aux îles Skellig.

O'Shea's B&B *(☎ 947 2402, Church St ; simples/doubles 31,75/48,30 €)*. Ce plaisant B&B se situe à une courte marche des Barracks.

Caherciveen Park Hotel *(☎ 947 2543, fax 947 2893, Valentia Rd ; simples/doubles 50,80/88,95 € jun-août, 38,10/63,50 sept-mai)*. Cet hôtel ressemble plutôt à un B&B, même si certaines de ses chambres sont très spacieuses.

Où se restaurer

Helen Shine Coffee Shop *(☎ 947 2056, Main St ; repas 2,50-2,90 €)*. Cet établissement sert de la soupe, des sandwiches et des repas ordinaires.

Cráineen's Bar *(☎ 947 2168, Main St ; en-cas 2-4,50 €)*. La nourriture se réduit essentiellement à des sandwiches. Certains soirs s'égayent aux accents de la musique traditionnelle.

The Seahorse Restaurant *(☎ 947 2153, Main St ; repas 14-19 € ; uniquement le soir)*. Ce restaurant de fruits de mer disposant d'une poissonnerie en terrasse sert à la fois des mets traditionnels et d'influence asiatique.

The Fertha (☎ 947 2023, 20 Main St ; cuisine de bar 7-9 €). Ce vaste pub sert notamment du curry et du saumon rôti ou poché. L'endroit est agréable pour prendre un verre au bar. Le vendredi soir, des orchestres locaux jouent pour une foule décontractée.

Comment s'y rendre

Outre le service régulier du Ring of Kerry, un ferry (☎ 947 6141) relie d'avril à novembre Knightstown, sur Valentia Island, et Reenard Point, à 5 km à l'ouest de Caherciveen (10 minutes, 5,10 € pour une voiture, 3,80 € pour les piétons et les cyclistes). Le bac fonctionne de 7h30 à 22h30 du lundi au samedi et de 8h30 à 22h30 le dimanche.

The Skellig Experience

Sur Valentia Island, juste de l'autre côté du pont en venant de Portmagee, se dresse une construction qui ressemble à un abri anti-bombes. **The Skellig Experience** (☎ 947 6306 ; adulte/enfant 4,45/2,20 € Pâques-oct tlj 10h-18h, oct-mi-nov 10h-17h) rassemble des expositions sur les moines qui vivaient à Skellig Michael, l'histoire des phares de Skellig Michael, ainsi que la faune et la flore. Cette présentation pourra précéder ou par mauvais temps remplacer au mieux votre visite des Skellig.

Comment s'y rendre

La plupart des visiteurs accèdent à Valentia Island par le pont de Portmagee. D'avril à octobre, la traversée peut être effectuée à pied, à bicyclette ou en voiture par le ferry qui part de Reenard Point près de Caherciveen et accoste à Knightstown (voir plus haut *Comment s'y rendre* à la rubrique *Cahirciveen*).

SKELLIG ISLANDS

L'excursion en bateau aux deux îles Skellig (Oileáin na Scealaga), à 12 km au large dans l'océan Atlantique, est l'un des grands moments d'un voyage en Irlande. La traversée peut être rude et il n'y a ni toilettes ni abri à Skellig Michael, la seule île sur laquelle on puisse débarquer. Munissez-vous de bonnes chaussures, de ravitaillement et de vêtements

chauds et imperméables pour vous protéger des embruns.

Observation des oiseaux

Faute d'aller dans les Galapagos, vous pourrez toujours découvrir la beauté des oiseaux de mer en observant ceux qui nichent aux Skellig. Depuis le bateau, repérez les pétrels tempêtes, ces minuscules oiseaux noirs qui filent à toute vitesse au-dessus de l'eau comme des hirondelles, et les fous de Bassan à tête jaune qui atteignent 1,07 m d'envergure. Aussitôt débarqué sur la promenade couverte de Skellig Michael, vous serez charmé par le ballet strident des mouettes tridactyles au bec jaune et au bout des ailes noir. Elles hivernent en mer, mais reviennent ensuite par milliers se reproduire sur l'île entre mars et août. Plus haut sur la falaise, vous verrez des pétrels glacials (ou fulmar) au bec retroussé, des guillemots noir et blanc et des petits pingouins. Guettez aussi les délicieux macareux au bec multicolore qui marchent en se dandinant. En mai, ils pondent un œuf unique tout au fond d'un trou, et l'on peut voir les parents surveillant leur nid. Ils repartent dès la première ou la deuxième semaine d'août.

Skellig Michael

Amas rocheux déchiqueté s'élevant à 217 m au dessus de l'eau, Skellig Michael (Rocher de l'archange Michel), la plus grande des deux îles, inscrite au Patrimoine de l'humanité par l'Unesco, paraît l'un des derniers endroits au monde pour établir une communauté. Néanmoins, au début du christianisme, des moines s'établirent dans ce site inhospitalier et y survécurent du VIe au XIIe ou XIIIe siècle. Influencés par l'Église copte fondée par saint Antoine dans les déserts d'Égypte et de Libye, ils exprimaient un désir de solitude qui les conduisit dans ce lieu reculé à la pointe la plus occidentale de l'Europe.

Les bâtiments monastiques sont perchés sur une plate-forme à quelque 150 m au dessus de la mer. On y accède par un escalier de 600 marches taillées dans la paroi rocheuse. Ces extraordinaires oratoires et cellules en forme de ruche présentent des dimensions variables, la plus grande des cellules mesurant 4,5 m sur 3,6 m au sol. Les pierres en saillie à l'extérieur peuvent s'expliquer de plusieurs façons. Elles pouvaient servir de marches pour atteindre et dégager les pierres de la cheminée ou bien retenir le gazon qui recouvrait l'extérieur. Les guides qui se rendent sur le rocher de mi-mai à septembre vous donneront également la signification probable des rangées de pierres qui tapissent l'intérieur de certaines cellules, et vous montreront la citerne creusée dans le rocher afin de récupérer l'eau de pluie.

Après l'introduction du calendrier grégorien en 1582, Skellig Michael devint un lieu très recherché pour se marier, cérémonie interdite durant le carême. Les couples qui voulaient s'unir avant le temps de Pâques pouvaient aller à Skellig où l'ancien calendrier julien restait en vigueur.

Les seuls lieux autorisés pour pique-niquer sont le chemin menant au monastère, ou, à Christ's Saddle, sur la plate-forme située juste avant la dernière volée de marches. Ceci afin d'éviter que les oiseaux, qui adorent les sandwiches, ne lâchent leurs excréments sur les monuments.

Mise en garde. Lors de la visite de Skellig Michael, plus encore que de tomber sur les rochers ou sur les marches, le plus grand danger reste de se faire mal en débarquant du bateau. Attention à ne pas mettre de chaussures glissantes.

Small Skellig

Small Skellig est une réserve ornithologique sur laquelle il est interdit d'accoster. Alors que Skellig Michael ressemble à deux triangles reliés par un éperon, Small Skellig est une île plus longue, plus basse et beaucoup plus rocailleuse. De loin, elle semble avoir été battue avec un oreiller en plume qui aurait crevé. De près, on s'aperçoit que les plumes sont celles d'une colonie de 20 000 couples de fous de Bassan venus se reproduire. Cette île est le deuxième site au monde pour la reproduction des fous de Bassan. La plupart des bateaux la contournent pour permettre de les observer. Renseignez-vous à l'avance pour savoir si le bateau s'arrêtera aussi pour chercher les phoques en train de se chauffer au soleil.

Comment s'y rendre

Afin d'éviter la dégradation de Skellig Michael, le nombre de visiteurs par jour est limité à dix-neuf bateaux de douze passagers maximum. Il ne doit donc jamais y avoir plus de 250 personnes à la fois sur l'île. Du fait de cette limitation, il est sage de réserver à l'avance en juillet et en août, tout en sachant que par mauvais temps les bateaux ne partent pas forcément. Les excursions commencent généralement vers Pâques. Toutefois, si la mer reste forte et le temps mauvais, elles peuvent être reportées jusqu'en mai.

Vous pouvez partir de Portmagee (voire de Caherciveen), de Ballinskelligs ou de Derrynane. Les capitaines des bateaux essaient de vous limiter à deux heures sur l'île, ce qui est le strict minimum pour voir le monastère, observer les oiseaux et pique-niquer sur place. La traversée dure à peu près 90 minutes depuis Portmagee et 60 minutes depuis Ballinskelligs. Dans l'un et l'autre cas, l'aller-retour coûte environ 32 €.

Pour faire cette excursion, essayez Owen Walsh (☎ 066-947 6327, 947 6115), Michael O'Sullivan (☎ 066-947 4255), Des Lavelle (☎ 066-947 6124), ainsi que Sean & Sheila O'Shea (☎ 066-947 5129). La plupart des pubs et B&B sauront vous diriger.

WATERVILLE
☎ 066 • 500 habitants
Station balnéaire très courue, Waterville (An Coircán) forme un triangle de pubs, de restaurants et de boutiques sur une étroite bande de terre située entre la Ballinskelligs Bay et le Lough Currane. Charlie Chaplin fut sans doute le plus célèbre hôte du bourg. Sa statue se dresse sur le front de mer et ses photos ornent le Butler Arms Hotel.

Waterville possède l'un des **parcours de golf** les plus prestigieux du monde, ce qui lui vaut d'attirer nombre de figures illustres.

Pour une agréable balade de 13 km en voiture ou à pied (ce qui est plus héroïque), prenez l'embranchement vers le **Lough Currane** à 0,8 km à l'est de Waterville (là où le panneau routier indique notamment "Lakelands Farm Guesthouse" et "Lake Rise B&B"). Montagnes, verdure luxuriante, cascades, eaux calmes et moutons composent là l'un des paysages les plus typiques de l'Irlande. Toutefois, les conducteurs devront rester vigilants sur cette route étroite.

Activités
Le **Waterville Golf Links** (☎ *947 4102)* demande le prix exorbitant de 127 € pour un parcours (63,50 € avant 8h et hors saison).

Les environs de Waterville offrent de multiples possibilités de **pêche à la ligne**. Dans le Lough Currane vous pêcherez librement la truite de mer, tandis que l'Inny River est fréquentée par les saumons et les truites sauvages à l'époque de la reproduction. En mer, la pêche à la ligne vise notamment le maquereau, le lieu et le requin. Pour tous renseignements adressez-vous au magasin d'articles de pêche **Tadhg O'Sullivan** (☎ *947 4433, Main St).*

Où se loger
Clifford's B&B (☎/*fax 947 4283, Main St ; chambres 22,85-25,40 € par pers).* Ce B&B, le premier en arrivant de Caherdaniel, se situe à 5 minutes à pied des pubs et des restaurants. Ses chambres en façade jouissent d'une vue imprenable.

Butler Arms Hotel (☎ *947 4144, fax 947 4520, butarms@iol.ie, Main St ; chambres 89 € par pers mi-mai-sept, 71,80 oct-mimai).* Cet hôtel des années 1940, le plus chic du bourg, était en train de se refaire une beauté au moment de notre passage.

Scariff Inn (☎ *947 5143, fax 947 5425, scariff@aol.com, Caherdaniel ; simples/doubles 38,10/58,45 € ; repas 8-11 € ; restaurant aux déj et dîner avr-sept).* Situé à 5 km au sud de Waterville sur la N70, à la hauteur du Coomakesta Pass, ce B&B qui fait également **restaurant** se vante d'offrir la "vue la plus célèbre d'Irlande" (si le brouillard le permet) depuis son Vista Bar. Certes, la vue est étonnante.

The Smuggler's Inn (☎ *947 4330, fax 947 4422, Cliff Rd ; simples/doubles 48,30/ 68,60 € mai-sept, 44,45/63,50 € oct-avr).* Ce B&B et restaurant (voir *Où se restaurer)* situé en face du terrain de golf surplombe une longue plage de sable. Très fréquenté par les golfeurs, ses chambres auraient besoin d'être un peu rénovées.

Où se restaurer
The Sheilin (☎ *947 4231, Top Cross ; plats 14-20 €, tarif spécial 18h-19h30 menu 2 plats 17,65 € ; uniquement le soir).* Un restaurant spécialisé dans les fruits de mer.

The Smuggler's Inn (voir *Où se loger ; cuisine de bar 8-14 €, plats de restaurant 19-25 € ; déj et dîn).* Cet agréable restaurant, au décor marin, jouit d'une vue sublime sur Ballinskelligs Bay grâce à d'immenses fenêtres allant du sol au plafond.

SKELLIG RING
Situé en plein Gaeltacht (région de langue gaélique), le Skellig Ring est une route panoramique reliant Waterville à Portmagee *via* Ballinskelligs (Baile an Sceilg). Elle est bien indiquée à la sortie du bourg et se prête agréablement à la bicyclette. Vous risquez cependant de vous égarer dans une multitude de petites routes non signalées. Pour jouir d'un panorama superbe sur les Skellig Islands, ne manquez pas la longue-vue à pièces installée en bordure de route, juste au nord de la Skellig Chocolate Factory.

Où se loger et se restaurer
Ballinskelligs Hostel (☎ *066-947 9229, Prior House ; Pâques-sept ; dortoirs 7,60-8,90 €).* Pour accéder à cette auberge An Óige aux murs extérieurs peints de couleurs vives, prenez à droite au petit croisement après la poste. Une épicerie jouxte l'auberge.

Ballinskelligs Inn (☎ *066-947 9104 ; B&B environ 26 € par pers).* Située derrière la poste, cette auberge prépare des repas et loue des chambres de Pâques à septembre.

CAHERDANIEL
☎ 066
Ravissant village niché au pied d'Eagle Hill, Caherdaniel ne compte que deux rues mais se glorifie de posséder une importante maison historique, deux jolies plages de sable près du port et un choix d'auberges de jeunesse.

Derrynane National Historic Park
Après s'être enrichis dans la contrebande avec la France et l'Espagne, les O'Connell achetèrent **Derrynane House** et les espaces verts alentour (☎ *947 5113, Derrynane ;*

adulte/enfant 2,55/1,25 € ; mai-sept lun-sam 9h-18h et dim 11h-19h, avr et oct mar-dim 13h-17h, nov-mars sam-dim 13h-17h, dernière entrée 45 min avant la fermeture). La famille échappa aux restrictions frappant l'achat de terres par les catholiques grâce à l'aide d'une coopérative protestante.

La maison est en grande partie meublée de souvenirs de Daniel O'Connell, le champion de l'émancipation des catholiques. L'un des plus étonnants est le char triomphal dans lequel O'Connell fit le tour de Dublin après sa libération de prison en 1844.

Un sentier balisé dans les marais alentour permet d'observer des faisans et autres oiseaux sauvages. Le domaine englobe aussi une plage de sable et l'**Abbey Island**, une île généralement accessible à marée basse. La **chapelle** qu'O'Connell fit bâtir à Derrynane House en 1844 est la copie d'une chapelle en ruine d'Abbey Island

Remarquez aussi une **pierre oghamique** sur la gauche de la route qui descend vers la maison.

Où se loger et se restaurer

Glenbeg Caravan & Camping Park *(☎ 947 5182 ; emplacement pour 2 pers 10,80 € ; mi-avr-début oct).* Ce camping situé sur la N70 à 2,5 km à l'est du bourg donne sur une petite plage de sable offrant une vue fabuleuse sur la rivière Kenmare et, en face, sur la péninsule de Beara.

Caherdaniel Village Hostel *(☎ 947 5227 ; dortoirs 10,15 €, lits jumeaux et doubles 26,70 €).* Cette auberge IHH occupe un intéressant bâtiment de la rue principale, souvent embouteillée.

The Olde Forge *(☎ 947 5140 ; simples/doubles 31,75/48,30 €).* Cet agréable B&B bénéficiant d'une jolie vue se trouve à 1,2 km à l'est de Caherdaniel sur la N70.

The Blind Piper *(☎ 947 5126 ; cuisine de bar 4-12 €).* Ce pub de caractère assorti d'un restaurant dispose des tables en terrasse l'été et reste ouvert pour les repas tout au long de l'année.

STAIGUE FORT

Ce fort presque deux fois millénaire est l'une des plus belles constructions en pierre sèche d'Irlande. Sa muraille circulaire de 5 m de haut et atteignant 4 m d'épaisseur est entourée par un talus et un fossé. Le lieu évoque Grianán of Aileách, dans le comté de Donegal, bien que n'ayant pas subi une restauration aussi complète.

Le fort, qui date probablement du IIIe ou IVe siècle, permet de surveiller toute la côte, mais reste invisible depuis la mer. Il servait peut-être de refuge à la population ou de résidence royale, comme le suggèrent les escaliers sophistiqués encastrés dans les murs.

Fort Staigue se situe près du village de Castlecove, à environ 4 km de la N70. L'accès se fait par un chemin vicinal plein d'ornières, se rétrécissant à mesure qu'il grimpe vers le site. L'été, cette route est le théâtre d'invraisemblables embouteillages ! Près de la porte, un panneau sollicite 0,65 € pour accéder au domaine, bien qu'il appartienne au Dúchas. Juste à côté, une petite boîte métallique recueille les oboles.

KENMARE

☎ 064 • 1 150 habitants

Située au confluent des rivières Finnihy, Roughty et Sheen avec la rivière Kenmare, la petite ville miniature de Kenmare (Neidín) brille de tous ses feux avec ses maisons de couleurs vives. Assoupie en dehors des mois d'été, Kenmare constitue, à condition d'être motorisé, une base bien plus agréable que Killarney pour visiter les Rings of Kerry et Beara.

Orientation et renseignements

Kenmare fut tracée au XVIIIe siècle selon un plan en X, avec une place du marché triangulaire au centre et Fair Green nichée au creux du V supérieur. Au sud, Henry St et Main St sont les principales artères commerçantes où se concentrent les endroits où se restaurer et prendre un verre. Elles sont rejointes à leur extrémité sud par Shelbourne St. La rivière Kenmare s'étend vers le sud-ouest, offrant de superbes panoramas sur les monts Caha en toile de fond.

L'office du tourisme (☎ 41233), sur le Square, ouvre de 9h15 à 17h30 de Pâques à octobre (jusqu'à 19h en juillet-août). Procurez-vous une plaquette gratuite consacrée à l'*heritage-trail*, qui mentionne les endroits présentant un intérêt historique. La poste, au bout de Henry St, est également pratique pour collecter des guides et des cartes de découverte à pied de la région quand l'office du tourisme est fermé. Elle permet aussi d'accéder à Internet (2,55 € les dix minutes). Kenmare possède un site Web, www.neidin.net.

L'Allied Irish Bank, à l'angle de Main St et Henry St, possède un DAB et un bureau de change. Des toilettes publiques sont installées dans Old Killarney Rd, en face de l'Holy Cross Church.

À voir
Au sud-ouest, le long de Market St et de Pound Lane, s'étend un **cercle druidique** datant de l'âge du bronze. Avec ses quinze pierres entourant un dolmen, c'est le plus grand cercle de pierres du sud-ouest de l'Irlande. Malheureusement, le terrain à côté sert de décharge. L'entrée coûte 1,25 €, mais le cercle est déjà bien visible depuis la route.

Our Lady's Well (puits de Notre-Dame) est un puits sacré situé dans un joli petit jardin fleuri. Descendez Bridge St, à côté de l'office du tourisme, qui mène à l'église moderne peinte à la chaux en passant par le parking. Le puits se niche dans l'angle tout au bout du parking.

La **Holy Cross Church** (église de la Sainte-Croix), dans Old Killarney Rd, date de 1864. Elle abrite un superbe plafond en bois orné de 14 anges sculptés. Des mosaïques ornent les voûtes des bas-côtés et l'entourage du vitrail qui surmonte l'autel.

Près du parking, en face de l'église, se dresse la **Hutchin's Folly Tower**, une tour du début du XIXe siècle qui aurait été érigée par un Américain installé à Kenmare après l'accord de paix signé avec l'Amérique en 1783.

Activités
Seafari River Cruises (☎ 83171) organise des excursions en bateau dans la baie au départ du Kenmare Pier (embarcadère) pour l'observation des baleines, des dauphins et des phoques. La compagnie loue aussi l'équipement nécessaire à la pratique de la **voile**, du **canoë** et de la **planche à voile**.

Hazelwood Riding Stables (☎ 41420), à 3,2 km au sud-ouest de Kenmare sur la R571 vers Lauragh, propose des **balades à cheval** sur la plage ou en montagne ainsi que des leçons d'équitation pour enfants et pour débutants.

Kenmare, située au cœur de jolis paysages, offre de courtes balades le long de la rivière ou dans les collines. Le Kerry Way passe par Kenmare (voir le paragraphe *Randonnées* sous la rubrique *Activités sportives* du chapitre *Renseignements pratiques*).

Manifestations annuelles
Durant la dernière semaine de mai, la ville accueille le Kenmare Walking Festival, durant lequel sont organisées toutes sortes de randonnées pédestres alentour. Pour y participer, il suffit de s'inscrire au 30 minutes avant le départ des randonnées au kiosque installé sur le Square. Pour plus de précisions, appelez le ☎ 41682 ou envoyez un e-mail à walking@kenmare.com. Des stages d'alpinisme de deux jours sont également prévus (environ 65 €). Pour s'inscrire, téléphonez au ☎ 066-69244. Étant donné la difficulté de trouver un hébergement pendant cette période, n'oubliez pas de réserver.

Où se loger
Camping et auberges de jeunesse. Des possibilités de camping sont offertes à proximité du bourg.

Ring of Kerry Caravan & Camping Park (☎ 41648, fax 41631, Kenmare ; tente et voiture 11,45 € ; avr-sept). Situé sur la route de Sneem, à 5 km à l'ouest de Kenmare, ce camping jouit d'une jolie vue sur les Caha Mountains.

Fáilte Hostel (☎ 42333, fax 42466, à l'angle de Shelbourne St et de Henry St ; dortoirs 10,80 € ; chambres à deux lits 21,60-24,15 €). Une agréable auberge IHH dotée d'une belle cuisine-salle de séjour.

Finnegan's Corner Hostel (☎ 41083, Shelbourne St ; dortoirs 10,80 €). Cette auberge située au dessus du Finnegan's Cycle Centre, à l'angle de Shelbourne St et en face du Fáilte Hostel, dispose d'une laverie, d'une cuisine et d'un parking sur l'arrière.

B&B et hôtels. Les B&B sont nombreux à Kenmare, ceux du centre-ville étant plutôt chic et chers. Des B&B moins onéreux sont établis à dix minutes de marche vers le nord.

Rose Cottage (☎ 41330, The Square ; simples/doubles 38,10/63,50 € juin-août, 31,75/50,80 € sept-mai). Cet endroit donnant sur Fair Green est celui où les clarisses (Poor Clare nuns) s'installèrent quand elles arrivèrent à Kenmare en 1861.

Hawthorn House (☎ 41035, fax 41932, Shelbourne St ; simples 25,40-35,55 €, doubles 50,80-63,50 € selon la taille de la chambre). Très bien situé et doté de jolies chambres, ce lieu est l'un des plus agréables du centre-ville.

The Wander Inn (☎ 42700, wanderinn@ eircom.net, 2 Henry St ; simples/doubles 38,10/63,50 € mar-oct, 31,75/50,80 € nov-fév). Des chambres décorées avec goût et, pour certaines, assez spacieuses.

Ard Na Mara (☎ 41399, Pier Rd ; simples/doubles 31,75/50,80 €). Cette maison dans le style années 1950 jouit d'une vue superbe sur la baie de Kenmare, à 3 minutes de marche du centre-ville sur le chemin de l'embarcadère. Les chambres pour une personne en juillet-août se réservent longtemps à l'avance.

The Lodge (☎ 41512, fax 42724, thelodgekenmare@eircom.net, Kilgarvan Rd ; simples/doubles 88,95/101,65 € fin juin-début sept, 76,25/88,95 début sept-fin juin). Ce luxueux manoir dispose de vastes chambres à des prix raisonnables compte tenu de la qualité de l'établissement.

Où se restaurer

Kenmare ravira les gourmets, vu le nombre de restaurants et de cafés offrant des cartes créatives à des prix raisonnables. Pour faire vos courses, essayez le supermarché Hallissey's sur le Square.

Restaurants. Dans ce large éventail de choix, voici quelques-uns de nos restaurants favoris à Kenmare.

The Coachman's Restaurant and Inn (☎ 41311, Henry St ; plats 11-12 € ; simples/doubles 38,10/45/75 €). Un décor qui n'a rien d'irlandais, mais un restaurant de plats ordinaires d'un bon rapport qualité/prix du genre irish stew, poulet au curry, escalopes de mouton du Kerry ou saumon au four. Les chambres ne présentent d'autre attrait que leur prix.

Mulcahy's Restaurant (☎ 42383, 16 Henry St ; entrées 5-8 €, plats 18-19,50 €). Cet établissement moderne sert ce que l'on pourrait appeler de la cuisine irlandaise moderne. Goûtez les cailles rôties au boudin noir et aux légumes de saison ou le gibier à la sauce au chocolat.

The Horseshoe (☎ 41553, 3 Main St ; entrées 3-9 €, plats 11-20 €). Recommandé par la population locale, cet endroit est spécialisé dans les côtes découvertes (spare ribs) au barbecue.

An Leath Phingin (☎ 41559, 35 Main St ; entrées 4-8 €, plats 11,50-17,50 €). Ce restaurant italien (comme son nom ne l'indique pas) prépare une cuisine campagnarde "maison". Essayez les saucisses de porc parfumées aux graines de fenouil.

D'Arcy's (☎ 41589, Main St ; entrées 6-8 €, plats 15-22 € ; uniquement le soir). Ce restaurant a la réputation d'être le meilleur de la ville.

Cafés. Plusieurs cafés bordent Henry St. **O'Leary's Sandwich Bar and Café** (Henry St ; sandwiches et gâteaux 2-3 € ; lun-ven 8h-18h, sam 9h-18h). Dans ce café, les bagels, sandwiches, doughnuts, scones et muffins sont tout frais et moins chers que dans les cafés du centre-ville plus à la mode.

Jam (☎ 42144, Henry St ; sandwiches 2,50-4,80 €). Cette boulangerie-cafétéria sert aussi de formidables salades.

Purple Heather Bistro (☎ 41016, Henry St ; en-cas et déjeuner 3-12 €). Ce bar-bistrot douillet et décontracté sert tout un choix de plats végétariens ainsi qu'un délicieux Guinness fruit cake.

Achats

Kenmare est un bon endroit pour acheter de l'artisanat irlandais authentique, même si l'on y trouve des babioles ornées de lutins et si les prix sont assez élevés.

Nostalgia (☎ 41389, 27 Henry St). Cette boutique de linge irlandais vend des dentelles et du linge anciens sublimes, à des prix en conséquence.

PF Kelly (☎ 42590, 18 Henry St). Vous trouverez ici de beaux bijoux et articles d'orfèvrerie modernes. Les salières de

Marika O'Sullivan, designer du West Cork, sont étonnantes. Le magasin travaille aussi sur commande.

Kenmare Bookshop *(☎ 41578, Shelbourne St)*. Une librairie où l'on trouve tout sur l'Irlande, y compris des guides et des cartes.

Noel & Holland *(☎ 42464, 3 Bridge St)*. Cette librairie de livres d'occasion propose quelques éditions rares.

Comment s'y rendre

Outre le service principal de bus pour le Ring of Kerry, un autre bus rallie Killarney (45 minutes) où l'on peut changer pour Tralee. Deux fois par jour, un bus se rend à Skibbereen (2 heures 25) *via* Glengarriff et Bantry. Tous les vendredis après-midi, un bus dessert Lauragh, Ardgroom et Castletownbere. Les bus s'arrêtent dans Main St, devant le Roughty Bar.

Comment circuler

Le Finnegan's Cycle Centre (☎ 41083), au bas du Finnegan's Corner Hostel dans Shelbourne St, représentant de Raleigh Rent-a-Bike, loue des bicyclettes (10,15/63,50 € par jour/semaine).

Le nord du Kerry

Le paysage au nord du Kerry n'a rien d'extraordinaire, si bien que les voyageurs rejoignent souvent directement le comté de Clare en prenant le ferry à Tarbert. Pourtant cette région abrite quelques sites intéressants sur le plan historique et son littoral est très fréquenté par les vacanciers irlandais.

TRALEE
☎ 066 • 19 950 habitants

Tralee (Trá Lí), au début de la péninsule de Dingle, présente suffisamment d'attraits pour qu'on lui consacre une demi-journée. Cependant, si vous cherchez une base pour rayonner dans le nord du Kerry, Listowel est plus agréable.

Fondée par les Normands en 1216, Tralee connut une longue histoire de rébellion. Au XVIe siècle, le dernier comte régnant de Desmond fut capturé et exécuté. Sa tête fut envoyée à Élisabeth Ire qui la fit exposer sur le pont de Londres. Ses biens furent donnés à Sir Edward Denny. Le château de Desmond se dressait autrefois à la jonction de Denny St et The Mall. Les derniers vestiges de la cité médiévale qui avaient résisté aux guerres contre les Desmond furent rasés sous Cromwell.

La fête appelée Rose of Tralee (voir l'encadré *La Rose de Tralee*) a lieu le dernier week-end d'août.

Orientation

Tralee étant une ville relativement petite, presque tous les commerces jalonnent The Mall et Castle St, son prolongement. L'élégante et large Denny St, ainsi que Day Place, sont les parties les plus anciennes de la ville, où l'on peut encore voir des édifices datant du XVIIIe siècle. Dans Ashe St se dresse la Courthouse à l'imposante et majestueuse architecture. L'office du tourisme est installé à l'extrémité sud de Denny St. La gare routière et la gare ferroviaire sont à 5 minutes à pied au nord-est du centre-ville.

Le Walk Information Centre (☎ 712 8733), 40 Ashe St, qui est le siège de South-West Walks Ireland, dispose de toutes sortes de cartes et de guides de randonnées pédestres. Il ouvre de 8h30 à 18h du lundi au samedi.

Renseignements

L'office du tourisme (☎ 712 1288, fax 712 1700) se situe à l'arrière de l'Ashe Memorial Hall. Cet édifice doit son nom à Thomas Ashe, un homme du Kerry qui mena en 1916 la plus importante action de l'insurrection de Pâques (Easter Rising) en dehors de Dublin. Il entama une grève de la faim en prison, mais mourut après avoir été nourri de force, en 1917. L'office du tourisme est ouvert de 9h à 19h du lundi au samedi et de 9h à 18h le dimanche en juillet-août, de 9h à 13h et de 14h à 18h du lundi au samedi en mai-juin et septembre-octobre, de 9h à 13h et de 14h à 17h en semaine le reste de l'année.

Les banques de Castle St sont dotées de distributeurs et de bureaux de change. La poste se situe dans Edward St, en retrait de Castle St. Le Cytech Internet Café (☎ 714 4472), 1 Bridge Place, permet de se connecter à Internet de 10h à 22h du lundi au samedi.

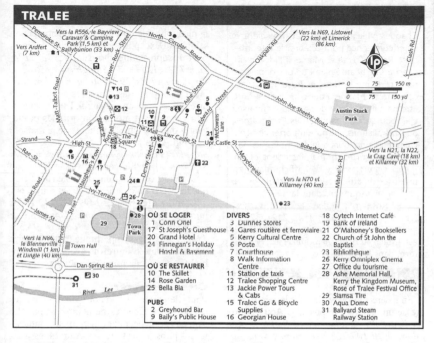

TRALEE

OÙ SE LOGER
1 Conn Oriel
17 St Joseph's Guesthouse
20 Grand Hotel
24 Finnegan's Holiday
Hostel & Basement

OÙ SE RESTAURER
10 The Skillet
14 Rose Garden
25 Bella Bia

PUBS
2 Greyhound Bar
9 Baily's Public House

DIVERS
3 Dunnes Stores
4 Gares routière et ferroviaire
5 Kerry Cultural Centre
6 Poste
7 Courthouse
8 Walk Information
Centre
11 Station de taxis
12 Tralee Shopping Centre
13 Jackie Power Tours
& Cabs
15 Tralee Gas & Bicycle
Supplies
16 Georgian House

18 Cytech Internet Café
19 Bank of Ireland
21 O'Mahoney's Booksellers
22 Church of St John the
Baptist
23 Bibliothèque
26 Kerry Omniplex Cinema
27 Office du tourisme
28 Ashe Memorial Hall,
Kerry the Kingdom Museum,
Rose of Tralee Festival Office
29 Siamsa Tíre
30 Aqua Dome
31 Ballyard Steam
Railway Station

O'Mahony's Booksellers (☎ 712 2266), Upper Castle St, est la seule librairie correcte de la ville. La gare ferroviaire dispose d'une consigne (2,55 € par 24h et par bagage) et des toilettes publiques sont installées près de Russell St.

À voir et à faire

La **Georgian House** fut édifiée par le juge Robert Day, notable de Tralee et figure politique locale dans les années 1790, fils de Maurice Day, Knight of Kerry (chevalier de Kerry). Aujourd'hui, sa maison abrite un **visitor centre** *(☎ 712 6995, 3 Day Place ; adulte/enfant 5,10/1,90 € ; mai-sept tlj 12h-16h ; le reste de l'année, visite sur rendez-vous en appelant le ☎ 087 264 7195)*. Ce lieu agréable abritant un salon de thé restitue toute l'atmosphère d'une maison georgienne.

Entre 1891 et 1953, un **train à vapeur** circulant sur une voie étroite reliait Tralee à Dingle. Le train fonctionne à nouveau, de mai à septembre, sur le premier tronçon de

Tralee à Blennerville, depuis la **Ballyard Steam Railway Station** *(☎ 712 1064 ; adulte/enfant 3,80/1,90 €, 20 min ; départ toutes les heures de 11h à 17h30)*.

À Blennerville, port principal de Tralee bien qu'il fût envasé depuis longtemps, un **moulin à vent (windmill)** édifié en 1800 resta en fonction jusqu'en 1880. Aujourd'hui restauré, servant de nouveau à moudre le blé, il est le plus grand moulin encore en service en Irlande ou en Grande-Bretagne. Dans le moderne **visitor centre** *(☎ 712 1064 ; adulte/enfant 3,80/1,90 ; avr-oct tlj 10h-18h)* une exposition est consacrée à la fabrication de la farine et une autre aux milliers d'émigrants en quête d'une nouvelle vie aux États-Unis, qui embarquèrent sur des "bateaux cercueils" depuis ce lieu, le plus important point d'embarquement du Kerry. Une visite guidée de 30 minutes est incluse dans le prix d'entrée. Le Blennerville Windmill est situé sur la N86, à 1 km au sud-ouest de Tralee. Le train à vapeur peut également vous y mener.

La Rose de Tralee

Chaque année au mois d'août, Tralee entre en effervescence pour célébrer la fête intitulée *Rose of Tralee*. Même si l'idée d'un concours de beauté paraît un peu dépassée pour certains, le titre de *Rose* reste très convoité en Irlande. Pour concourir, il faut être de naissance ou de souche irlandaise, c'est pourquoi de nombreuses Américaines ou Australiennes ont pu remporter ce titre. Durant les cinq jours que durent les festivités, toutes sortes de manifestations et de groupes musicaux sont à l'affiche dans les pubs, les théâtres et les restaurants de la ville, et ce jusque tard dans la nuit.

Le Rose of Tralee Festival Office (☎ 066-712 1322, fax 712 3227, info@roseoftralee.ie, www.roseoftralee.ie) est installé au Ashe Memorial Hall, Ivy Terrace, dans le centre-ville.

En lisière sud-ouest de l'agglomération se dresse un bâtiment imposant, l'**Aqua Dome** (☎ 712 8899; adulte/enfant 7,60/6,35 € ; juin-août tlj 10h-22h ; renseignez-vous par téléphone sur les autres horaires qui varient), où l'on peut s'adonner tout à loisir aux joies des toboggans d'eau, piscines à vague, saunas ou minigolfs.

Où se loger

En matière d'hébergement, le centre abrite essentiellement des hôtels onéreux ou des chambres au-dessus des pubs souvent très enfumées. Si vous cherchez des B&B, mieux vaut vous diriger vers Pembroke St où vous trouverez des prix convenables tout en étant à quelques minutes à pied du centre-ville. La plupart des B&B augmentent leurs tarifs de 5 ou 6 € durant la fête Rose de Tralee.

Bayview Caravan & Camping Park (☎ 712 6140, Killeen ; emplacement pour 2 pers 12,70 € ; toute l'année). Ce petit terrain situé sur la R556, à 1,5 km au nord du centre-ville, offre des conditions spéciales du genre "restez trois nuits, payez-en deux".

Finnegan's Holiday Hostel (☎/fax 712 7610, imptralee@indigo.ie, 17 Denny St ; dortoirs 10,80-12,05 €, doubles 31,75 €). Cette auberge georgienne est bien située dans la plus jolie rue du bourg. Sa cuisine et son salon sont exceptionnellement bien équipés.

St Joseph's Guesthouse (☎ 712 1174, fax 712 1254, 2 Staughton's Row ; simples/doubles 29,20/50,80 €). Un tarif intéressant pour des chambres simples dans un emplacement aussi central. Elles sont toutefois nettement moins confortables et élégantes que les autres chambres de la maison.

Conn Oriel (☎ 712 5359, connoriel@dol.ie, 6 Pembroke Square ; simples/doubles 31,75/48,30 €). Située à seulement 200 m du centre-ville, cette maison paraît bien meilleure que les B&B du quartier exigus et bruyants.

Grand Hotel (☎ 712 1499, fax 712 2877, info@grandhoteltralee.com, Denny St ; simples 57,15-63,50 €, doubles 96,55-114,35 €). Ce sympathique hôtel respire une ambiance d'autrefois avec ses innombrables copies de meubles anciens.

Où se restaurer

Pour déjeuner ou prendre un en-cas, les adresses convenables ne manquent pas. Le soir, en revanche, pour dîner, mieux vaut éviter les pubs. Pour faire vos courses, essayez le Dunnes Stores, North Circular Rd.

The Skillet (☎ 712 4561, Barrack Lane ; plats 10-15 €). Une adresse d'un bon rapport qualité/prix offrant surtout des steaks et des produits de la mer. Le Skillet sert également le petit déjeuner et le thé l'après-midi.

Rose Garden (☎ 712 9393, Lower Rock St ; plats 8-14 €, tarif spécial 17h-19h 3 plats 13,85 €). Ce qu'il y a de mieux en matière de restaurant chinois. Les prix sont de 2,5 à 4 € moins chers au comptoir de vente à emporter, la porte juste à côté.

Finnegan's Basement (☎ 712 7610, 17 Denny St ; entrées 3-7,5 €, plats 12-21 €). Situé en contrebas du Finnegan's Holiday Hostel, ce restaurant aux murs en pierre apparente et aux nappes à carreaux sert une cuisine internationale et abrite un bar à vin.

Bella Bia (☎ 714 4896, Ivy Terrace ; pizza et pâtes 8-14 €, plats 14-19 € ; déj et dîner). Ce restaurant italien prépare une bonne cuisine dans un cadre moderne.

Où sortir

Castle St regorge de pubs accueillant souvent des animations variées.

Baily's Public House (☎ 712 1527, Ashe St). Ce pub sombre et labyrinthique, très chaleureux et animé, est notre repaire favori pour prendre un verre en ville. Des sessions traditionnelles ont lieu presque tous les soirs et des musiciens locaux font aussi preuve de créativité.

Greyhound Bar (☎ 712 6668, Pembroke St). Cet établissement au sol en bois et ardoise abrite un long bar. L'été, vous écouterez du jazz dans le jardin du pub.

Siamsa Tíre (☎ 712 3055, siamsatire@ eircom.net, Ivy Terrace) Dans cette salle (prononcez chi-am-sa ti-rè), le National Folk Theatre of Ireland fait revivre des aspects de la culture gaélique par le chant, la danse, le théâtre et le mime. De mai à septembre, il présente trois à cinq spectacles par semaine (environ 15 €).

Kerry Cultural Centre (☎ 712 6381, Edward St) Des soirées musicales, parfois avec des chants et des danses traditionnels, ont lieu environ une fois par semaine. Le droit d'entrée, quand il y en a un, tourne autour de 6 €.

Comment s'y rendre

La station des Bus Éireann (☎ 712 3566) se situe à côté de la gare ferroviaire dans John Joe Sheehy Rd, à la limite nord-est du centre-ville. Des bus quotidiens relient Tralee et Dublin (19,05 €, toutes les heures ; changement à Limerick) via Listowel (5,10 €, 30 minutes, 7 par jour). Le bus n°40 dessert tous les jours et toutes les heures Waterford (19,05 €, 5 heures 30) via Killarney (5,85 €, 2 heures 30) et Cork (12,70 €, 5 heures).

Depuis la gare ferroviaire (☎ 712 3522) cinq trains par jour desservent Cork (22,90 €, 2 heures 10) via Killarney (7 €, 45 minutes). Quatre trains par jour rejoignent Dublin (4 heures). Pour Limerick, il faut changer à Limerick Junction.

Comment circuler

Une station de taxis est installée dans The Mall. Sinon, essayez Kerry Cabs (☎ 712 7000) ou Jackie Power Tours and Cabs (☎ 712 9444). Tralee Gas and Bicycle Supplies (☎ 712 2018), Strand St, loue des bicyclettes (8,90/44,45 € par jour/semaine, avec une caution de 50,80 €).

LES ENVIRONS DE TRALEE
Crag Cave

La **Crag Cave** (☎ 714 1244, Castleisland ; adulte/enfant 5,10/3,15 € ; juill-août 10h-18h, mi-mars-juin et sept-nov tlj 10h-17h30) fut découverte seulement en 1983 lorsque des problèmes de pollution de l'eau amenèrent à rechercher la source de la rivière locale. Certes, l'entrée de la grotte était connue depuis des années, mais ses galeries n'avaient encore jamais été explorées. Cette cavité longue de 4 km est ouverte au public depuis 1989. La visite guidée dure 30 minutes.

Pour vous y rendre depuis Tralee, prenez la N21 en direction de Castleisland et tournez à gauche au panneau indiquant la grotte, à 4 km par une petite route. En juillet-août, du lundi au samedi, au moins un bus par jour relie Tralee et Castlemaine et s'arrête à Castleisland.

LISTOWEL
☎ 068 • 3 656 habitants

Listowel (Lios Tuathail), foyer de la production de beurre du Kerry, se situe à 15 km au sud de Tarbert, point de départ d'un ferry qui traverse l'estuaire du Shannon pour rejoindre le comté de Clare. Cette coquette petite ville dotée d'un vaste parc est blottie le long des jolies rives de la Feale. Sa principale attraction reste la Writers' Week (voir plus loin *Manifestations annuelles*). La cité offre peu de curiosités, mais son atmosphère cultivée et détendue ainsi que sa cuisine délicieuse incitent à séjourner une nuit ou deux sur place. Elle constitue une base beaucoup plus agréable que Tralee pour rayonner dans le nord du Kerry.

Orientation et renseignements

La ville se concentre autour du Square, où le St John's Theatre and Arts Centre occupe l'ancienne St John's Church. Ce centre accueille l'office du tourisme (☎ 22590), ouvert de 10h à 13h et de 14h à 18h du lundi au samedi de juin à septembre, ou de 9h30 à 13h et de 14h à 18h en semaine d'octobre à avril. La plupart des pubs et des restaurants se concentrent dans Church St et William

St, au nord du Square. En descendant à pied Bridge Rd vers le sud, vous rejoindrez rapidement la rivière et le Childers Park.

Une agence de la Bank of Ireland dotée d'un DAB et d'un bureau de change est installée sur le Square. La poste se situe à l'extrémité nord de William St. Curieusement, cette cité qui favorisa l'éclosion de 360 livres rédigés par plus de 60 auteurs ne compte qu'une librairie correcte, McGuire's Bookshop, au bout de Church St. La librairie du Kerry Literary and Cultural Centre rassemble plusieurs œuvres d'écrivains locaux.

La laverie Moloney's Laundrette (☎ 21263), Bridge Rd, ouvre de 9h30 à 18h30 du lundi au samedi. Des toilettes publiques sont installées près de Market St.

À voir

Le **Kerry Literary and Cultural Centre** s'est naturellement implanté à Listowel. Ce centre culturel et littéraire abrite la Writers' Exhibition (☎ *22212, www.seanchai-klcc.com, 24 The Square ; adulte/enfant 5,10/2,55 € ; mars-oct tlj 10h-18h)*, qui présente de façon visuelle l'histoire et la litté-

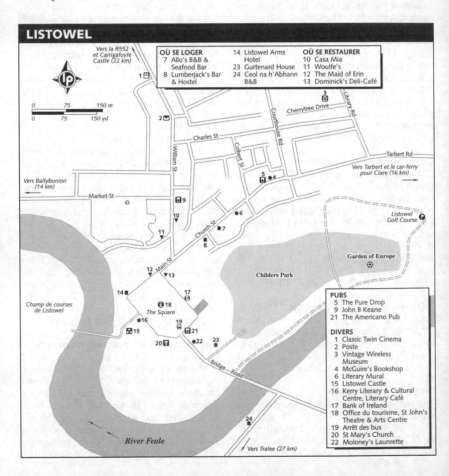

LISTOWEL

Vers la R552 et Carrigafoyle Castle (22 km)

Vers Ballybunion (14 km)

Vers Tarbert et le car-ferry pour Clare (16 km)

Tarbert Rd

Cherrytree Drive

Charles St

Market St

Church St

Main St

The Square

Champ de courses de Listowel

Childers Park

Listowel Golf Course

Garden of Europe

River Feale

Vers Tralee (27 km)

Bridge Road

OÙ SE LOGER
7 Allo's B&B & Seafood Bar
8 Lumberjack's Bar & Hostel
14 Listowel Arms Hotel
23 Gurtenard House
24 Ceol na h'Abhann B&B

OÙ SE RESTAURER
10 Casa Mia
11 Woulfe's
12 The Maid of Erin
13 Dominick's Deli-Café

PUBS
5 The Pure Drop
9 John B Keane
21 The Americano Pub

DIVERS
1 Classic Twin Cinema
2 Poste
3 Vintage Wireless Museum
4 McGuire's Bookshop
6 Literary Mural
15 Listowel Castle
16 Kerry Literary & Cultural Centre, Literary Café
17 Bank of Ireland
18 Office du tourisme, St John's Theatre & Arts Centre
19 Arrêt des bus
20 St Mary's Church
22 Moloney's Launrette

rature du nord du Kerry ainsi qu'une exposition sur les écrivains locaux. Vous pourrez également écouter un *seanchaí* (prononcez chan-e-ki) ou conteur. Tous les mardis et jeudis en juillet et août, le centre présente un *Seisún-Cois na Feile*, spectacle de chant, musique, danse et folklore traditionnel (adulte/enfant 6,35/3,80 €).

St Mary's Church, sur le Square, une église édifiée en 1829 dans le style néo-gothique, recèle un plafond voûté en bois et quelques jolies mosaïques au-dessus de l'autel.

Le **Listowel Castle**, dont les vestiges du XIIe siècle se dressent derrière le Kerry Literary and Cultural Centre, est l'ancienne forteresse de la famille Fitzmaurice, seigneurs anglo-normands du Kerry. Ce château géré par le Dúchas fut le dernier à céder devant les assaillants élisabéthains lors de la rébellion de Desmond. Aujourd'hui il ne subsiste qu'une tour en ruine, en cours de restauration (au moment de notre passage elle était couverte d'échafaudages), qui devrait ouvrir au public vers l'été 2003.

Manifestations annuelles

La **Writers' Week** (*Writers' Week, PO Box 147, Listowel, ou appelez le ☎ 21074*), ou semaine des écrivains, se déroule chaque année en mai. Toute la ville accueille alors colloques, lectures, conteurs, musique, poésie, théâtre et une foule d'autres manifestations. John B. Keane, sans doute le plus célèbre écrivain de Listowel, tient généralement une place importante dans la Writers' Week. Bryan MacMahon, auteur de nouvelles, est une autre figure littéraire locale. Ils sont représentés tous deux, avec d'autres célébrités locales, sur une **peinture murale** dans Church St.

Autre grande manifestation, les **courses de chevaux de Listowel** ont lieu chaque année fin septembre. Le champ de courses s'étend juste à l'ouest de la ville.

Où se loger

Lumberjack's Bar & Hostel (*☎ 22689, 19 Church St ; dortoir de 4 lits 11,45 € par pers*). Un endroit sympathique à seulement 2 minutes de marche du centre-ville.

Allo's (*☎/fax 22880, 41-43 Church St ; simple/doubles 44,45/101,65 €*). Cette

luxueuse maison de ville possède des chambres ravissantes, dont une seule chambre simple. Le bar au rez-de-chaussée est un croisement entre un pub traditionnel irlandais et un bar des années 1930.

Gurtenard House (*☎/fax 21137, Bridge Rd ; chambres 24,15 € par pers*). Cette belle et grande maison bicentenaire respire la tranquillité avec ses vastes chambres joliment décorées et dépourvues de TV.

Ceol na h'Abhann B&B (*☎/fax 21345, Tralee Rd ; simples 31,75-35,55 €, doubles 50,80 €*). Cette pittoresque maison au toit de chaume, située au bord de la rivière et entourée de hautes futaies, est le plus bel endroit de la ville. Elle se situe de l'autre côté de la rivière par rapport au centre-ville. Descendez Bridge Rd et prenez à droite après le pont.

Listowel Arms Hotel (*☎ 21500, fax 22524, The Square ; simples/doubles 63,50/88,95 €*). Cet hôtel de style georgien, établissement bien tenu où règne une ambiance décontractée, dispose de grandes chambres, certaines donnant sur la ville, d'autres sur la rivière et le champ de course. Les prix peuvent grimper en été.

Où se restaurer

Listowel possède quelques merveilleux restaurants, cafés et pubs affichant des prix très raisonnables.

Dominick's Deli-Café (*☎ 23988, à l'angle du Square et de Main St ; déj 2-6 €*). Une adresse bon marché très courue au petit déjeuner et au déjeuner. On y prépare une soupe du jour et des sandwiches frais.

Literary Café (*☎ 22212, Kerry Literary & Cultural Centre, 24 The Square ; déj 3-6 €*). Ce café moderne à la mode est *l'endroit* où déjeuner entre amis. Il sert des sandwiches, des salades et des plats du jour comme du saumon poché ou du filet de porc à des prix très raisonnables (6,30 €).

The Maid of Erin (*☎ 21321, Main St ; déj 3-5,50 €*). Un pub spacieux au sol revêtu de bois et aux murs ornés de citations littéraires, offrant de savoureux sandwiches au pain de mie ou à la baguette. Le moulage en plâtre sur la façade figurant Mère Irlande est l'œuvre de Pat McAuliffe (1846-1921). L'artiste est également exposé dans quelques vitrines du centre-ville.

Casa Mia (☎ 23467, 11 William St ; pâtes 8-9,50 €, plats 11-17,50 €). Ce petit bistrot italien orné de bouteilles de chianti et de nappes orange vif remporte un franc succès.

Woulfe's (☎ 21083, 17 Lower William St ; plats autour de 10 € ; déj et dîner). Ce pub intime et simple présente une merveilleuse carte empreinte de diversité.

Allo's Seafood Bar (voir Où se loger ; déj 7,50-10 €, dîn 22-23,50 €). Ce pub et restaurant a remporté de nombreux prix. La cuisine se révèle tout aussi plaisante et plus abordable au déjeuner qu'au dîner. Goûtez les pinces de crabe à la vapeur et au beurre d'ail (9,85 € au déjeuner).

Où sortir

Listowel recèle un certain nombre de pubs formidables, accueillant souvent des orchestres et des sessions de musique traditionnelle en semaine.

The Pure Drop (☎ 23001, Church St). Ce pub bien connu de la population locale accueille des musiciens le week-end et du pub-théâtre le mercredi en juillet-août à 21h30. Nous vous le recommandons vivement aussi à l'heure du déjeuner pour ses sandwiches et ses salades (2,50-5 €).

The Americano Pub (☎ 23930, The Square). Comme son nom l'indique, ce pub donne exclusivement dans le genre américain, avec les samedis et dimanches soir des musiciens de country, western, blues et rock and roll.

John B Keane (37 William St). Appartenant à l'écrivain éponyme, ce petit bar sans prétention se transforme en pub-théâtre tous les mardis et jeudis à 21h15.

St John's Theatre and Arts Centre (☎ 22566, The Square). Ce centre présente des spectacles de théâtre, de musique et de danse tout au long de l'année.

Comment s'y rendre

Des bus relient quotidiennement Listowel à Tralee (5,10 €, 30 minutes, toutes les 2 heures) et Limerick (11,70 €, 1 heure 35, 4 par jour, 1 le dimanche). En juillet-août, trois bus par jour rejoignent Ballybunion. Les bus qui vont de Cork aux Cliffs of Moher et à Galway s'arrêtent également trois fois par jour à Listowel (deux fois le dimanche). L'arrêt des bus se situe du côté nord du Square.

LES ENVIRONS DE LISTOWEL
Carrigafoyle Castle

Les vestiges de ce château de cinq étages dominent l'estuaire du Shannon dans un cadre superbe et paisible. Son nom vient de *Carragain Phoill* (rocher du trou) car il fut édifié dans le chenal séparant la terre ferme de l'île de Carrig. Il fut sans doute construit à la fin du XVe siècle par les O'Connor, qui régnaient sur la majeure partie du nord du Kerry. Assiégé par les Anglais en 1580, il fut repris par les O'Connor avant de retomber aux mains des Anglais, sous la domination de George Carew, en 1600, au moment de la répression de la rébellion des O'Neill. Ce sont finalement les forces de Cromwell qui achevèrent sa destruction en 1649. Montez l'escalier en spirale pour contempler au sommet le magnifique panorama sur l'estuaire.

Difficile de visiter ce château sans être motorisé. Il se trouve en effet à 2 km à l'ouest du village de Ballylongford (Bea Atha Longphuirb), rarement accessible en bus depuis Listowel.

Tarbert

Tarbert se situe sur la N69, à 16 km au nord de Listowel. Un car-ferry de Shannon Ferry Limited (☎ 065-905 3124) assure la traversée entre Tarbert et Killimer dans le comté de Clare tous les jours entre 7h30 (9h30 le dimanche) et 21h30 (passagers/voitures 3,15/12,70 € l'aller simple, 20 minutes). Cette option s'avère très pratique pour éviter la traversée de Limerick, ville embouteillée. L'embarcadère du ferry, à 2,2 km à l'ouest de Tarbert, est bien indiqué (pour plus de précisions, voir *Killimer* dans le chapitre *Comté de Clare*).

Le bus Éireann n°13 relie Tarbert et Tralee (7,35 €, 55 minutes) *via* Listowel (15 minutes) une fois par jour.

Dingle Peninsula

Moins touristique et peut-être d'une beauté plus saisissante que le Ring of Kerry, la péninsule de Dingle correspond à l'Irlande

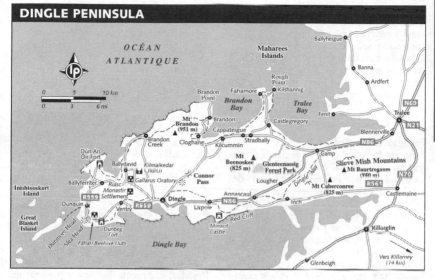

évoquée au cinéma dans *La Fille de Ryan* et *Horizons lointains*, avec son cortège de forts circulaires, de croix celtiques et de monuments très anciens.

Dingle en est la ville principale. Des ferries relient Dunquin aux Blasket Islands, des îles aujourd'hui désertées au large de la pointe de la péninsule. Une route circulaire, la Slea Head Drive, part de Dingle vers l'ouest *via* Slea Head, Dunquin, Ballyferriter et Brandon Creek, puis revient vers Dingle. Ce périple, qui peut être effectué en voiture dans la journée, mérite néanmoins une halte pour la nuit.

Un formule plus originale consiste à contourner la péninsule dans une roulotte tirée par un cheval. Cette possibilité vous est offerte uniquement entre mars et septembre (317-635 € par semaine). Pour plus de précisions, adressez-vous à l'office du tourisme de Dingle, ou contactez David Slattery au ☎ 066-718240.

CIRCUITS ORGANISÉS

Un certain nombre d'agences de Dingle proposent des excursions dans la péninsule.

O'Connors (☎ *087 248 8008*). L'excursion en bus vers Slea Head part de l'office du tourisme de Dingle tous les jours à 11h.

Moran's Slea Head Tours (☎ *066-915 1155, 087 275 3333, Moran's Garage ; 10,15 € par pers*). Le bus part de l'embarcadère de Dingle tous les jours à 10h et 14h.

Sciúird (☎ *066-915 1606, 915 1937, Fios Feasa ; 10,15 € par pers*). Sciúird propose des visites archéologiques d'une durée de 2 heures 30 partant de Dingle tous les jours à 10h30 et à 17h. Elles vous feront découvrir des vestiges de maisons, de forts, de monastères et de chambres funéraires.

Vous pouvez aussi participer à des promenades-découvertes de la nature, conduites par un botaniste (groupes de 6 à 7 personnes ; 2 heures 30). Les inscriptions sont recueillies à l'office du tourisme de Dingle. Emportez une collation.

DINGLE
☎ 066 • 1 536 habitants

Le charmant petit port de Dingle (An Daingean) constitue une bonne base pour explorer la péninsule et héberge un dauphin qui contribue à sa notoriété. Son importante flottille de bateaux de pêche a évité qu'il ne sombre complètement dans le tourisme. Toutefois, au moment de notre passage, une petite portion des quais était livrée aux bulldozers préparant l'émergence d'un nouveau complexe touristique.

Renseignements

L'office du tourisme (☎ 915 1188), près de l'embarcadère, ouvre de 9h15 à 17h30 du lundi au samedi de mi-avril à octobre.

Les banques de Main St disposent de DAB et de bureaux de change. Dingle Internet Café (☎ 915 2478), Lower Main St, offre l'accès à Internet (2,55 € pour 15 minutes ou 7,60 € pour 1 heure). Il ouvre de 10h à 18h du lundi au samedi et de 14h à 18h le dimanche.

Fungie le dauphin

Au cours de l'hiver 1984, les pêcheurs remarquèrent la présence d'un grand dauphin solitaire qui suivait les bateaux, faisait des cabrioles dans l'eau et parfois même sautait par-dessus les embarcations. Fungie le dauphin est aujourd'hui une célébrité internationale.

Tous les jours de l'année, des bateaux quittent l'embarcadère pour une excursion d'une heure visant à observer le dauphin. Pour plus de détails, contactez la **Dingle Boatmen's Association** (☎ *915 2626 ; adulte/enfant 8,90/3,80 € ; gratuit si Fungie ne se montre pas, ce qui est rare*). L'association propose aussi des sorties de deux heures en bateau tous les jours à 8h pour ceux qui veulent aller nager avec Fungie (adulte/enfant 12,70/6,35 €, plus 17,80 € pour la location d'une combinaison), mais il faut s'inscrire à l'avance. Combinaison de plongée, palmes, masque et tuba peuvent aussi se louer auprès de **Flannery's** (☎ *915 1967, Cooleen*) et du **Dingle Marine and Leisure Centre** (☎ *915 1066, Strand St*).

Sans s'approcher de la sorte, vous pouvez aussi observer Fungie depuis le rivage. Pour le meilleur poste d'observation, prenez la route de Tralee et prenez le chemin vicinal qui descend sur la droite environ 1,5 km après le garage Esso. Pour éviter de le manquer, guettez l'ensemble de boîtes aux lettres blanchâtres installées juste à côté. Au bout du chemin, un minuscule espace permet de stationner (n'oubliez que les fermiers doivent pouvoir accéder à leurs champs). Longez la digue jusqu'à l'ancienne tour et vous arriverez à l'entrée du port.

Dingle Oceanworld

Ce **centre aquatique** (☎ *915 2111, Dingle Harbour ; adulte/enfant 7/4,10 € ; juill-août tlj 9h30-21h, mai-juin et sept lun-sam*

9h30-18h et dim 10h-17h30, oct-avr lun-sam 9h30-17h et dim 10h-17h) présente surtout la faune locale incluant des requins et des tortues. Il comporte un tunnel sous-marin, un bassin découvert pour caresser les poissons, un vivier à requins et une présentation de poissons et de coraux tropicaux. Mais le tarif est surévalué.

Autres choses à voir et à faire

Près de St Mary's Church, dans Green St, se dresse le **Trinity Tree**, ou arbre de la Trinité, une curiosité de la nature avec ses trois troncs sur lesquels ont été gravés des personnages de la Bible, et qui semble sorti d'un conte de fées.

Tous les ans au mois d'août les **Dingle Races,** des courses de chevaux, attirent des foules venues de loin. Le champ de courses borde la N86, en face du Ballintaggart Hostel, à environ 1,5 km à l'est de la ville.

Mi-août se déroule dans le port la **Dingle Regatta**, une régate dédiée à la pratique du canoë traditionnel irlandais ou *currach*.

Activités

Hidden Ireland Tours (☎ *915 1868*) organise toutes sortes de **randonnées pédestres**, notamment des balades d'une demi-journée dans la magnifique campagne à l'ouest de Dingle ou des randonnées d'une journée au sommet du Brandon.

Pour les sorties de **pêche en mer**, renseignez-vous auprès de l'office du tourisme ou appelez le ☎ 915 1163. Le **Dingle Marine and Leisure Centre** (☎ *915 1066, Strand St*) loue tout l'équipement pour la pêche à la ligne.

Si vous souhaitez pratiquer l'**escalade** ou l'**équitation**, contactez **Mountain Man** (☎ *915 2400, Strand St*), qui loue également des bicyclettes et organise des randonnées pédestres et des visites archéologiques. **Long's Trekking Centre** (☎ *915 9034*), à Ventry, propose des randonnées équestres dans la région (15,90 € pour 1 heure, ou 76,25 € pour la journée déjeuner compris).

Où se loger

Campings et auberges de jeunesse. Ce ne sont pas les auberges de jeunesse qui manquent, mais mieux vaut réserver l'été.

Ballintaggart Hostel (☎ 915 1454, fax 915 2207, info@dingleaccommodation.com, Racecourse Rd ; place de tente 5,10 € par pers, dortoirs 10,15-12,70 €, chambres à 2 lits ou doubles 35,55 €). Cette auberge très fréquentée se situe sur la N86 à environ 1,5 km à l'est de Dingle. L'hébergement se fait dans une spacieuse demeure du XIXᵉ siècle, reliée à la ville par une navette gratuite. Les clients peuvent se connecter à Internet grâce à un système à pièces.

The Sleeping Giant (☎ 915 2666, Green St ; dortoir à 6 lits 10,15 € par pers, simples/doubles 17,80/33 € ; avr-nov). Cette adorable maison, en plein cœur du bourg, offre un très bon rapport qualité/prix, mais il faut réserver car elle dispose de peu de chambres.

Lovett's (☎ 915 1903, Cooleen chambres à 2 et 3 lits 14 € par pers). Une petite maison familiale, dans une rue tranquille, à environ 150 m du carrefour principal.

B&B et hôtels. Les B&B sont nombreux dans le centre-ville, mais pratiquent souvent des tarifs élevés en été. Les odeurs qui émanent de l'usine de transformation de poissons voisine peuvent être insupportables dans les B&B qui bordent le port.

Sráid Eoin House (☎ 915 1409, fax 915 2156, John St ; simples/doubles 38,10/50,80 €). Si on oublie son décor des années 1980, cette maison familiale offre sans doute le meilleur rapport qualité/prix de tous les B&B du centre-ville.

Blackberry Lodge (☎ 915 2604, The Mall ; simples/doubles avec sdb 31,75/44,50 € juin-août, 25,40/35,55 € sept-mai). Cette maison proprette, dotée de parquets et de meubles en pin, affiche elle aussi un très bon rapport qualité/prix.

Kirrary (☎ 915 1606, Avondale ; chambres 25,40 par pers). Les propriétaires de cette maison familiale vous donneront le sentiment d'être le bienvenu et prendront plaisir à bavarder avec vous. Vous aurez la possibilité de louer des bicyclettes et de visiter les sites archéologiques de Slea Head (10,15 € par personne, 3 heures).

The Captain's House (☎ 915 1531, fax 915 1079, captigh@eircom.net, The Mall ; simples/doubles 44,45/76,25 €). Une belle

et grande maison meublée de manière éclectique et habitée par l'un des plus gros chats que nous ayons jamais vu.

Ocean View B&B (☎ 915 1659, 133 The Wood ; simples/doubles 20,35/35,55 € petit déj continental compris, 21,60/38,10 € petit déj irlandais inclus). Malgré l'absence de chambre avec s.d.b. communicante, ce B&B présente un très bon rapport qualité/prix. Les chambres de derrière jouissent d'une agréable vue sur le port.

Pax House (☎ 915 1518, fax 915 1650, Upper John St ; simple/doubles 50,80/88,95 €). Cette grande guesthouse au décor flamboyant jouit de vues superbes sur le port de Dingle et sur la péninsule d'Iveragh. Un certain nombre de lecteurs la recommandent vivement. Située à 1,5 km du centre-ville, elle ne dispose que d'une seule chambre simple.

Milltown House (☎ 915 1372, fax 915 1095, milltown@indigo.ie, Milltown ; simples 63,50 €, doubles 76,25-82,60 €). Ce luxueux B&B, situé de l'autre côté du port par rapport au centre-ville, offre des chambres qui donnent sur le port et le bourg, ou sur le terrain de golf derrière. Les petits déjeuners sont un véritable festin.

Benner's Hotel (☎ 915 1638, fax 915 1412, benners@eircom.net, Main St ; simples/doubles 114,35/177,80 € juill-août, à partir de 76,25/114,35 € avr-juin et sept-oct, 69,90/101,65 € nov-mars). Le luxe de cet hôtel, occupant une maison georgienne élégamment meublée, justifie ses prix.

Où se restaurer
Dingle offre un large éventail d'endroits intéressants où se restaurer. En voici quelques-uns que nous pouvons recommander.

Restaurants. Un certain nombre de restaurants se concentrent autour de Main St et de John St.

Global Village Restaurant (☎ 915 2325, Main St ; mer-dim). Ce restaurant international propose des plats de nombreux pays dont l'Irlande, la Thaïlande, la Grèce, l'Inde, le Mexique et la Nouvelle-Zélande.

The Mystic Celt (☎ 915 2117, Main St ; plats 14-22,80 €). La carte propose des plats traditionnels celtiques tels que la tourte au bœuf

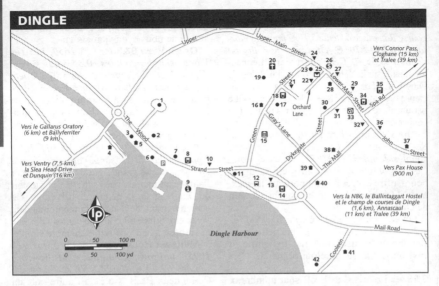

DINGLE

Vers le Gallarus Oratory
(6 km) et Ballyferriter
(9 km)

Vers Ventry (7,5 km),
la Slea Head Drive
et Dunquin (16 km)

Vers Connor Pass,
Cloghane (15 km)
et Tralee (39 km)

Orchard Lane

Vers Pax House
(900 m)

Vers la N86, le Ballintaggart Hostel
et le champ de courses de Dingle
(1,6 km), Annascaul
(11 km) et Tralee (39 km)

Mail Road

Dingle Harbour

0   50   100 m
0   50   100 yd

---

et à la Guinness et l'irish stew. Vous pourrez aussi suivre des cours de cuisine (44,45 € par personne, téléphonez pour plus de précisions).

The Half Door (☎ 915 1600, John St ; plats 16,25-23,50 €, tarif spécial 18h-19h menu 27,30 €). Ce restaurant de caractère, spécialisé dans les produits de la mer, sert aussi du poulet, du canard et du bœuf.

Old Smokehouse (☎ 915 1061, à l'angle de Main St et The Mall ; plats 13-17,80 €). Ce petit endroit sans prétention affiche un menu court mais varié, avec des plats tels que des saucisses de Toulouse. L'été, des tables sont disposées en terrasse.

El Toro (☎ 915 1820, Green St ; pizza et pâtes 7,30-11,40 €, poisson et fruits de mer 14-21 €). Ce restaurant de pêcheurs sert aussi des pâtes maison et de savoureuses pizzas.

Armada (☎ 915 1505, Strand St ; plats 11-17,80 €). Ce restaurant de poisson et de grillades est recommandé par la population locale comme étant l'un des meilleurs de la ville.

Cafés et pubs. Dingle recèle quelques bons cafés.

Scribes Rest (Orchard Lane ; déj env 6,30 €, dîner 9,50-17,80 € ; café 9h-17h tlj ; rest 18h-22h jeu-sam). Ce café-restaurant sert au déjeuner des plats du genre pizza, poulet satay ou tourte au poulet et aux champignons. Au dîner figurent notamment des plats de poisson, viande ou pâtes, et des salades.

The Dingle Gourmet Store (☎ 915 0988, Main St ; en-cas et repas léger 5-9,50 € ; 10h-18h tlj). C'est minuscule, mais les snacks et les sandwiches sont délicieux. Étant donné l'importante fréquentation, venez tôt pour déjeuner.

Greary's (☎ 915 9024, Holyground ; plats 5,70-10,80 € ; petit déj, déj et dîn). Ce café aux jolis murs en pierre apparente offre un bon rapport qualité/prix. La carte comprend burgers, lasagnes aux légumes et pommes de terre au four.

An Café Liteártha (☎ 915 2204, Dykegate Lane ; en-cas 2,50-5 €). Ce lieu propice à la détente est un petit café tranquille et peu onéreux, aménagé au fond d'une librairie.

Où sortir
Parmi tous les pubs accueillant des musiciens, un petit nombre méritent plus particulièrement le détour.

O'Flaherty's (☎ 915 1983, Strand St). Dans ce bar sans cloison, où les barriques de bière tiennent lieu de tables, des sessions

DINGLE

OÙ SE LOGER
4 Milltown House
5 Ocean View B&B
16 The Sleeping Giant
28 Benner's Hotel
37 Sráid Eoin House
38 The Captain's House
39 Kirrary
40 Blackberry Lodge
41 Lovett's

OÙ SE RESTAURER
10 Armada
13 Greany's
21 El Toro
22 Scribes Rest
24 Global Village
   Restaurant

27 The Mystic Celt
29 Dingle Gourmet
   Store
31 An Café Liteártha
32 Old Smokehouse
36 The Half Door

PUBS
8 Maire de Barra
14 O'Flaherty's
18 Dick Mack's
34 An Droisead Beag
35 An Conair

DIVERS
1 The Craft Village
2 Dingle Oceanworld
3 Brian de Staic

6 Dingle Marine &
   Leisure Centre
7 Dingle Marina
   Diving Centre
9 Embarcadère et office du
   tourisme
11 Mountain Man
12 Arrêt des bus
15 Green Lane Gallery
17 Lisbeth Mulcahy
19 Trinity Tree
20 St Mary's Church
23 Foxy John's
25 Poste
26 Allied Irish Bank
30 Paddy's Bike Hire
33 Dingle Internet Café
42 Flannery's

traditionnelles ont lieu tous les soirs en été, et à l'improviste le reste de l'année.

Dick Mack's (☎ 915 1960, Green St). Sa boutique de cordonnier d'un côté et son débit de boissons de l'autre font que ce pub à l'ancienne est toujours bondé, même si certains lui reprochent de devenir trop touristique.

Maire de Barra (☎ 915 1215, Strand St). Très fréquenté par les jeunes, ce pub accueille des groupes presque tous les week-ends.

An Droisead Beag (Small Bridge Bar ; ☎ 915 1723, Lower Main St). Ce pub situé près du pont est baigné de musique traditionnelle tous les soirs à partir de 21h.

An Conair (☎ 915 2011, Spa Rd). L'An Conair organise des soirées dansantes et dispose d'un jardin sur l'arrière.

Comment s'y rendre

Les bus Éireann s'arrêtent devant le parking situé derrière le magasin SuperValu. Les bus pour Dingle partent de Tralee (☎ 712 3566) à 11h, 14h, 16h15 et 18h du lundi au samedi. Un départ supplémentaire a lieu à 9h de fin mai à mi-septembre et un autre à 20h10 de juin à septembre (7,85 €). Au moins cinq bus par jour relient Killarney à Dingle du lundi au samedi (11,70 €).

Un service de bus peu fréquent relie Dingle à Ventry, Slea Head, Dunquin et Ballyferriter.

Comment circuler

On arpente facilement Dingle à pied. Pour obtenir un taxi, qui peut éventuellement vous faire visiter la péninsule, appelez Dingle Co-op Cabs (☎ 915 1000).

Parmi les divers loueurs de bicyclettes, signalons Paddy's Bike Hire (☎ 915 2311), Dykegate St, qui demande 7,60/35,55 par jour/semaine, et Foxy John's (☎ 915 1316), Main St, qui prend 6,35/31,75 € par jour/semaine.

LE NORD DE LA DINGLE PENINSULA
☎ 066

Deux routes relient Tralee et Dingle, mais elles ne se séparent que bien après la sortie de Tralee et le moulin de Blennerville. Près du village de Camp, la route fait une fourche. L'embranchement qui part sur la droite franchit un col, Connor Pass, tandis que la N86 passe par Annascaul et vous mène plus rapidement à Dingle. La route de Connor Pass est une route panoramique infiniment plus belle. À Kilcummin, une autre route part vers l'ouest jusqu'aux villages relativement peu visités de Cloghane et de Brandon. Elle continue ensuite jusqu'à Brandon Point, qui offre une très belle vue sur Brandon Bay.

Cloghane

Cloghane (An Clochán), au sud-ouest de Brandon Bay, possède une immense et

Randonnées pédestres dans la Dingle Peninsula

La Dingle Way, le sentier de randonnée qui dessine une boucle de 168 km autour de la péninsule de Dingle, peut se prendre à partir de Tralee. Il passe par Dingle et Dunquin, puis revient vers Tralee *via* Castlegregory. La randonnée complète dure huit jours, mais les quatre derniers jours de Dunquin à Tralee offrent, de loin, les plus beaux paysages. Le tronçon entre Tralee et Camp est, selon certains lecteurs, assez difficile et ne convient pas aux enfants.

Si vous préférez partir avec un groupe, vous pouvez vous joindre à une randonnée accompagnée dans la Dingle Peninsula organisée par Wild Ireland (☎ 066-976 0211). La randonnée dure huit jours et coûte 393 €, ce qui inclut le transport dans la péninsule de Dingle depuis les aéroports de Shannon, Cork ou Kerry, l'hébergement et tous les repas.

Un certain nombre de guides de randonnée sont disponibles à l'office du tourisme de Dingle ainsi qu'à l'office du tourisme et au Walk Information Centre de Tralee. Deux ouvrages en particulier peuvent vous être utiles : *The Dingle Peninsula - 16 Walks Through its Heritage* de Maurice Sheehy (3,90 €) et *The Dingle Way Companion* de Tony O'Callaghan (7 €). L'un et l'autre comportent de nombreuses cartes et sont extrêmement détaillés.

sublime plage et constitue un bon point de départ pour l'ascension du Mt Brandon.

Un centre d'information (☎ 713 8277) est ouvert de juin à août. Il diffuse le *Cloghane and Brandon Walking Guide* (3,80 €) qui donne des précisions sur les chemins de randonnée fléchés. Si vous vous intéressez aux nombreux sites archéologiques de la région, renseignez-vous sur les randonnées pédestres guidées ou achetez le *Loch a'Dúin Archaeological and Nature Trail* (3,80 €).

St Brendan's Church, l'église située juste en face du centre d'information, possède un vitrail représentant l'oratoire de Gallarus (Gallarus Oratory) et la cathédrale d'Ardfert.

Mt Brandon

Le mont Brandon (Cnoc Bhréannain), qui culmine à 951 m, est le deuxième plus haut sommet d'Irlande. Comptez au moins cinq heures pour en faire l'ascension et prévoyez un moment où la brume ne risque pas de descendre, car le sommet est souvent dans les nuages. En marchant, surveillez le temps, car s'il se dégrade trop vite il vous faudrait rebrousser chemin. Emportez une boussole, indispensable pour redescendre si jamais vous vous trouviez malgré tout pris dans la brume. L'ascension s'effectue traditionnellement par Saint's Rd, qui part de Kilmalkedar Church (voir plus loin *L'Ouest de Dingle*), bien que le chemin ne soit pas tou-

jours facile à suivre, car il commence à être envahi par la végétation. Aussi préférerez-vous peut-être démarrer l'ascension un peu plus loin, à la hauteur de Ballinloghig. Une autre approche, plus exigeante mais bien fléchée, part de l'est juste au-delà de Cloghane.

Les ruines de **St Brendan's Oratory** marquent le sommet. La légende veut que le saint navigateur du Ve siècle ait effectué l'ascension de la montagne avec ses moines marins avant de s'embarquer en curragh pour la traversée qui allait les mener au Groenland et en Amérique.

Connor Pass et ses environs

Connor (ou Conor) Pass, qui atteint 456 m, est le plus haut col d'Irlande. Il offre des vues spectaculaires sur le port de Dingle au sud et le Mt Brandon au nord. Néanmoins, par temps de brouillard, on ne voit même plus la route devant soi. Un parc de stationnement est aménagé près du sommet. Pour contempler le panorama sur la péninsule, suivez le chemin qui monte derrière ce parking.

Où se loger

Connors Guesthouse (*☎ 713 8113, fax 713 8270, oconnorsguesthouse@tinet.ie, Cloghane ; place de tente 6,35 € par pers, chambres 24,15 € par pers petit déj compris, simples 27,95 € juill-août*). Les chambres ont été rénovées depuis peu et le pub au rez-de-chaussée sert des repas le soir. Le camping occupe un champ derrière le pub. Ses clients peuvent utiliser les douches du B&B.

Crutchs Hillville House Hotel (☎ 713 8118, fax 713 8159, macshome@iol.ie, Connor Pass Rd ; chambres env 44,45 € par pers petit déj compris, dîner 4 plats 27,95 €). Cet hôtel attrayant, clair et lumineux se situe à 6 km à l'est de Cloghane sur la route de Castlegregory. Les chambres sont vastes et paisibles. Certaines comportent des lits à colonnes.

Comment s'y rendre

Toute l'année, un bus relie Tralee à Castlegregory le vendredi à 8h55 et 14h. Dans le sens inverse, un seul départ est assuré à 10h35. En juillet et début août, deux services de bus supplémentaires quittent Tralee le mercredi à 10h20 et 16h15, puis repartent de Castlegregory à 11h05 et 17h. Le vendredi uniquement, le bus n°273 quitte Tralee à 8h55 et 14h pour Cloghane (1 heure 10). Au retour, il part à 10h05 et à 15h10.

DE TRALEE À DINGLE
VIA ANNASCAUL

En voiture, cette route a pour seul intérêt d'être plus rapide que celle de Connor Pass. À bicyclette, elle est moins pénible. À pied, elle correspond aux trois premiers jours du Dingle Way.

La principale raison justifiant une halte à Annascaul (Abhainn an Scáil) ou Anascaul, est la visite de **South Pole Inn** (☎ 066-915 7388, Main St) près de la rivière. Cette auberge est dédiée à la mémoire de Tom Crean (1877-1938), un enfant du village qui s'aventura jusqu'au pôle Sud avec Robert Falcon Scott et Ernest Shackleton. Vous pourrez déjeuner tout en vous penchant sur ses souvenirs et en lisant le compte-rendu de ses expéditions.

Un **chemin de randonnée** part de la South Pole Inn et mène vers le nord à 14 km au Ballyduff Bridge près de Kilcummin et de Brandon Bay.

DE CASTLEMAINE À DINGLE

La route la plus rapide pour aller de Killarney à Dingle est celle qui passe par Killorglin et Castlemaine. À Castlemaine (Caisleán na Mainge),

la R561 part vers l'ouest en direction de Dingle, puis longe bientôt le littoral et dépasse Inch avant de rejoindre la route de Tralee à Dingle. Emportez quelques provisions, car, en chemin, vous ne rencontrerez qu'un rare pub ou deux.

Les bus Éireann s'arrêtent au moins deux fois par jour à Lispole sur le chemin entre Tralee et Dingle. De fin mai à mi-septembre, ils stoppent aussi à Castlemaine et à Inch avant de continuer vers Killarney.

Inch

Le principal attrait d'Inch (Inse) est cette **langue de sable**, longue de 6 km, qui s'avance dans la Dingle Bay. Des communautés étaient établies sur ces dunes de sable à l'âge de pierre et à l'âge du fer. En regardant attentivement, vous remarquerez des tombes et des tas de coquillages. Au XVIIIᵉ siècle, des pilleurs d'épaves brandissaient des lanternes sur la plage pour détourner les navires de leur route, les faire s'échouer sur le sable et s'emparer de leur cargaison.

Il est permis de rouler en voiture sur la plage, mais soyez très prudent car régulièrement des véhicules restent enlisés dans le sable humide. Apportez votre équipement pour **surfer** sur les vagues qui atteignent en moyenne 1 à 3 m de haut. **Sammy's Store** (☎ 066-915 8118), sur le parc de stationnement à côté de la plage, peut vous fournir des rafraîchissements et quelques informations touristiques.

Le **camping** est autorisé dans le champ en face d'Inch Beach (5,10 € pour une tente et 2 personnes). Renseignez-vous auprès de Sammy's Store.

Phoenix Café & Vegetarian Hostel (☎/fax 066-976 6284, Shanahill East, Castlemaine ; place de tente 5,70 € par pers, dortoirs 11,45 €, doubles avec/sans sdb 40,65/35,55 petit déj ou déj 5,70 €, dîner 3 plats 19,05 €). Ce café-auberge de jeunesse peint de couleurs vives, situé sur la R561 à 6 km à l'ouest de Castlemaine, baigne dans une ambiance décontractée. Les propriétaires viendront vous chercher à Castlemaine, ou, en appelant à l'avance, à Tralee ou au Kerry Airport (1,25 € par mile). La cuisine, strictement végétarienne, est parfaitement adaptée aussi aux végétaliens. Si vous désirez simplement prendre un repas au café, mieux vaut réserver.

Caherbla House (☎ *066-915 8120, caherbla@eircom.net, Inch ; chambres 24,15-25,40 € par pers).* Ce B&B proche de la plage jouit d'une belle vue sur le promontoire d'Inch et au-delà sur l'Iveragh Peninsula.

L'OUEST DE DINGLE
☎ 066

La partie de la péninsule qui s'étend à l'ouest de Dingle englobe la Slea Head Drive, une portion de route superbe, et la plus forte concentration de sites antiques du Kerry, voire de toute l'Irlande. Pour apprécier à leur juste valeur ces sites, procurez-vous l'un des guides spécialisés en vente au café-librairie An Café Liteártha ou à l'office du tourisme de Dingle. Les sites mentionnés ci-dessous comptent parmi les plus intéressants et les plus faciles à repérer.

Cette partie de la péninsule est un Gaeltacht (région de langue gaélique). Ses paysages sauvages et austères sont d'une grande beauté, sauf quand ils disparaissent sous la brume. Depuis Slea Head, s'étend une vue saisissante sur les Blanket Islands. La plage de sable voisine, Coumenole, paraît ravissante quand on s'y promène, mais elle est dangereuse pour la baignade. Dingle n'a été que tardivement gagnée par le tourisme et la région résiste mieux à ses effets néfastes que Killarney ou le Ring of Kerry.

Orientation

Si vous traversez le pont à l'ouest de Dingle et prenez la première à droite, balisée par une série de panneaux (essentiellement en gaélique), vous arriverez au bout de 5 km à un croisement d'où partent deux routes. Celle de droite mène à Kilmalkedar Church et à Brandon Creek, d'où l'on peut revenir vers Dingle par une route circulaire. Celle de gauche conduit au Gallarus Oratory et au site de Riasc, d'où l'on peut rejoindre Ballyferriter et Dunquin, puis en continuant sur la même route redescendre vers la côte et revenir à Dingle. Si, au contraire, après le pont vous continuez tout droit, vous parviendrez à Slea Head et au Dunbeg Fort.

Gallarus Oratory

Cet oratoire de pierre sèche, à la forme d'une carène de navire renversé, probablement édifié au IXe siècle, paraît d'une étonnante beauté dans son dépouillement. Hormis un léger affaissement du toit, il a résisté aux assauts des éléments durant 12 siècles et présente un parfait état de conservation. Quelques traces de mortier laissent penser que les murs intérieurs et extérieurs ont peut-être été enduits. L'oratoire s'ouvre par une petite fenêtre circulaire du côté est et par une porte du côté ouest. À l'intérieur de celle-ci, deux petites pierres en saillie et percées chacune d'un trou rond supportaient sans doute une porte de bois.

L'oratoire est bien indiqué depuis la R559, à environ 3 km au nord-est de Ballyferriter, et à 500 m en bas de la route sur la gauche. Le mardi et le vendredi, un bus partant de Dingle à 9h vous dépose à la hauteur de Gallarus 10 minutes plus tard. Il vous reprend à Gallarus à 13h25 et vous ramène à Dingle. Un parking est situé près de l'oratoire (1,25 € par personne), mais vous pouvez aussi stationner un peu plus loin.

Dunquin

Dunquin (Dún Chaion), sur la Slea Head Drive, est une bourgade si dispersée que l'on ne peut en délimiter le centre. C'est là que les visiteurs embarquent pour les Blasket Islands.

Ne manquez pas le merveilleux **Blasket Centre** (*Ionad an Bhlascaoid Mhóir ;* ☎ *915 6444, Dunquin ; adulte/enfant 3,.15/1,25 € ; juill-août tlj 10h-19h, week-end de la St Patrick-juin tlj 10h-18h).* Ce centre géré par le Dúchas abrite des expositions figurant parmi les plus intéressantes d'Irlande sur la vie des anciens insulaires des Blasket Islands ainsi que sur la langue et la culture irlandaise. Le bâtiment lui-même est une splendeur architecturale. Il a été édifié en grande partie grâce aux fonds de l'Union européenne (son coût s'est élevé à 5 millions d'euros). Le centre abrite une petite librairie et un café d'où la vue embrasse les Blasket Islands.

L'une des plus intéressantes fabriques de poteries de la péninsule est la **Louis Mulcahy Pottery** (*☎ 915 6229, Clogher, Ballyferriter ; lun-sam 10h-17h30 et dim 11h-17h30).* Certaines pièces sont aussi hautes que le potier lui-même. Elles ont parfois été vendues ou données à des personnalités telles que Bill Clinton ou le pape. Le magasin se charge de l'expédition des achats dans le monde entier. La poterie se trouve sur la route juste au nord de Dunquin.

Slea Head et Dunmore Head

Slea Head, qui offre certaines des plus belles vues de la péninsule de Dingle, est entourée de jolies plages et permet d'agréables balades. Mais le site est aussi très fréquenté par les groupes débarquant des cars.

Dunmore Head est la pointe la plus occidentale du continent irlandais. C'est aussi le site du naufrage de deux vaisseaux de l'Armada espagnole en 1588.

La route entre Dunquin et Slea Head est jalonnée de **huttes en forme de ruche** *(beehive huts)*, de **forts**, de **pierres gravées** et de **vestiges d'églises**. Les **Fahan huts** sont accessibles depuis deux endroits indiqués sur la route.

Dunbeg Fort est une redoute préhistorique perchée au sommet d'une falaise qui tombe à pic dans l'Atlantique. Ses quatre remparts de pierre abritent une maison, une hutte en forme de ruche et un passage souterrain. Le fort se situe sur la R559 à 8 km au sud de Dunquin. L'accès se fait en face d'une grande maison toute en pierre, toit compris. Les gardiens sont assis à l'entrée. Vous verserez un droit de 1,25 €, les autres sites de la péninsule étant gratuits.

Activités

An Portán B&B *(voir Où se loger)*, à Ballyferriter, organise des **stages de gaélique** en assurant l'hébergement et la nourriture. Le stage d'une semaine avec/sans hébergement et nourriture coûte 444,70/209,65 €.

Où se loger

Le camping est autorisé près de Ferriter's Cove, mais il n'y a aucun équipement.

Oratory House Camping *(Campaíl Teach An Aragail ; ☎ 915 5143, fax 915 5504, tp@iol.ie, Gallarus ; emplacement pour 2 pers 10,15 € ; mai-fin sept)*. Ce camping, le plus occidental d'Europe, se situe à 300 m du Gallarus Oratory.

Dunquin Hostel *(☎ 915 6121, fax 915 6355, Dunquin ; dortoirs 6,35-8,90 € ; toute l'année)*. Cette auberge An Óige bénéficie d'un emplacement pratique à proximité du Blasket Centre et de l'embarcadère du ferry pour Great Blasket Island.

Slea Head Farm *(☎ 915 6120, www.sleaheadfarm.com, Slea Head ; simples/doubles avec sdb commune 33/55,90 €)*. Situé sur la R559 entre Dunbeg Fort et Dunquin, au sud de Dunmore Head, ce B&B au confort sommaire jouit d'une des plus belles vues d'Irlande. Il est perché au sommet d'une haute falaise qui surplombe la mer. À déconseiller si vous êtes sensible au vertige.

An Portán B&B *(☎ 915 6212, fax 915 6222, donn@tinet.ie, www.anportan.com, Dunquin ; simples/doubles 31,75/50,80 € déj 7-15 € ; dîn 13-22 € ; rest Pâques-sept)*. Nombre de lecteurs recommandent ce B&B offrant une belle vue sur les Blasket Islands et dont le restaurant sert une cuisine irlandaise traditionnelle ou moderne. Des cours de gaélique peuvent être suivis pendant une semaine (voir *Activités*).

Ferriter's Cove *(☎ 915 6295, Ballyferriter ; simples 31,75 €, doubles 45,75-48,30 €)*. Ce B&B lumineux et revêtu de parquet dispose de vastes chambres. Suivez les panneaux indiquant le club de golf et vous le verrez sur votre gauche.

Comment s'y rendre

Tout au long de l'année, le lundi et le jeudi, un bus relie Dingle et Dunquin *via* Ventry, Slea Head et Ballyferriter. De fin juin à mi-septembre, du lundi au samedi, un bus part de Dingle à 12h30 et 15h10. Pour plus de précisions, contactez Bus Éireann à Tralee (☎ 066-712 3566).

BLASKET ISLANDS

Les Blasket Islands (Na Blascaodaí), à 5 km au large dans l'Atlantique, sont les îles les plus occidentales d'Europe. Longue de 6 km et large de 1,2 km, Great Blasket (An Blascaod Mór) est la plus grande et la plus visitée. Son terrain montagneux permet d'effectuer de sérieuses randonnées, dont l'une, particulièrement belle, est décrite en détail dans *Kerry Walks* de Kevin Corcoran. Toutes ces îles furent habitées à une époque lointaine. Certains éléments attestent que Great Blasket était déjà peuplée à l'âge du fer et au début de l'ère chrétienne. Les derniers îliens ont été rapatriés sur le continent en 1953 avec l'aide du gouvernement, les uns et les autres ayant estimé qu'il n'était plus possible de vivre dans un endroit aussi reculé et dans des conditions aussi rudes.

Pour effectuer une **croisière** de 2 ou 3 heures (19,05 € par personne) autour des îles, inscrivez-vous à l'office du tourisme de Dingle (☎ 915 1188) ou directement auprès de Blasket Island Tours (☎ 086 875 9692).

Il n'existe pas d'hébergement sur les îles, mais on peut y camper librement. Sur Great Blasket Island, un **café** sert des en-cas. Les campeurs peuvent s'arranger avec le propriétaire pour avoir des repas chauds.

Comment s'y rendre

Dans la mesure où le temps le permet, des bateaux effectuent la traversée de Pâques à septembre (adulte/enfant 12,70/6,35 € aller-retour, 20 minutes). Ils quittent Dunquin toutes les heures entre 10h et 15h et repartent à la demie. Le dernier bateau quitte Great Blasket à 15h30.

Comtés de Limerick et de Tipperary

Bien qu'ils n'offrent pas des paysages aussi somptueux que les comtés voisins de Cork, de Kerry, de Clare ou de Galway, les comtés de Limerick et de Tipperary ne manquent pas de sites méritant bien un petit séjour. Depuis la ville de Limerick, vous pourrez notamment visiter Lough Gur et le village d'Adare. Vous visiterez dans le comté de Tipperary le site archéologique du Rock of Cashel et les agréables villes de Cahir, Carrick-on-Suir et Fethard.

Comté de Limerick

En 1690, le siège de Limerick joua un rôle majeur dans la lutte opposant l'Irlande à la Grande-Bretagne, dont témoignent les vestiges de l'imposant château. Outre le riche passé et le charme indéniable de la ville elle-même, le paysage environnant parsemé de sites préhistoriques et historiques est propice aux randonnées à bicyclette. Le charmant village d'Adare offre un contraste frappant avec Limerick, ville ouvrière.

LIMERICK
☎ 061 • 52 000 habitants

Malgré sa situation au bord du Shannon et son statut de grande ville, Limerick (Luimneach) fut longtemps considérée comme une cité lugubre. Surnommée "Stab City" (ville du poignard) pour avoir connu une certaine violence, elle renvoie encore aujourd'hui l'image d'une métropole sinistre aux conditions de vie difficiles. De nombreux quartiers sont aujourd'hui réhabilités. La ville recèle plusieurs sites intéressants, notamment le Hunt Museum et des demeures georgiennes dignes de celles de Dublin. Ajoutons qu'elle foisonne de restaurants sympathiques et qu'elle bénéficie d'une scène musicale extrêmement animée. Enfin, elle permet de visiter facilement la région sud du comté de Clare, en particulier le Bunratty Castle.

Histoire

Les Vikings débarquèrent pour la première fois à Limerick au Xe siècle et se battirent contre les Irlandais jusqu'à ce que les troupes de Brian Ború les mettent en déroute en 1014, lors de la bataille de Clontarf. Pendant tout le Moyen Âge, les Irlandais se maintinrent au sud de l'Abbey River, dans Irishtown, les Anglais, au nord, dans Englishtown.

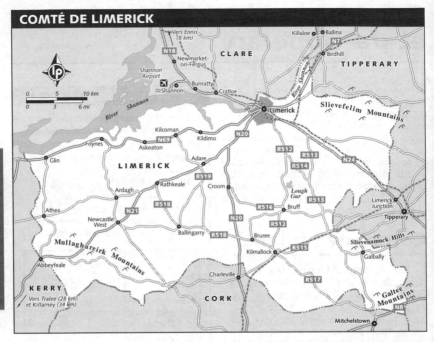

COMTÉ DE LIMERICK

Limerick se distingua en 1690, pendant la période de l'occupation britannique. Après la bataille de la Boyne, les troupes jacobites battirent en retraite vers l'ouest et se retirèrent derrière les célèbres remparts de la ville. Alors que leur défaite semblait inévitable, le chef jacobite irlandais Patrick Sarsfield parvint à s'échapper avec 600 hommes et à attaquer un convoi apportant des armes à l'armée britannique.

Pour mettre un terme aux mois de bombardement qui suivirent cette opération, Sarsfield finit par réclamer lui-même la paix. C'est ainsi que fut signé le traité de Limerick. Sarsfield obtint l'autorisation de quitter le pays pour la France, accompagné de 14 000 soldats. Alors que le traité garantissait la liberté de culte aux catholiques, les Anglais adoptèrent des lois contraires. Cet acte de trahison devint le symbole de l'injustice du gouvernement britannique.

Après la destruction des remparts de l'ancienne ville, la nouvelle cité se développa et prospéra au XVIIIe siècle. Elle commença à décliner dès le début du XXe siècle et une grève générale contre le gouvernement militaire britannique éclata en 1919. Un comité de grévistes s'empara des principaux services de la ville et, pendant une semaine, Limerick fut gérée en dehors de toute structure légale. Le comité, surnommé ensuite le "soviet de Limerick", alla jusqu'à émettre ses propres billets de banque.

Les conditions de vie se sont nettement améliorées ces dernières années. Il existe certes encore des quartiers défavorisés, mais d'importants travaux de réhabilitation sont menés, de même que la restauration de bon nombre des anciennes demeures georgiennes du sud de la ville.

Orientation

La rue principale, qui descend vers le sud, prend successivement les noms de Rutland, Patrick, O'Connell, The Crescent et Quinlan. Les sites les plus intéressants se concentrent au nord, sur King's Island (le plus ancien quartier de la ville, appartenant autre-

LIMERICK

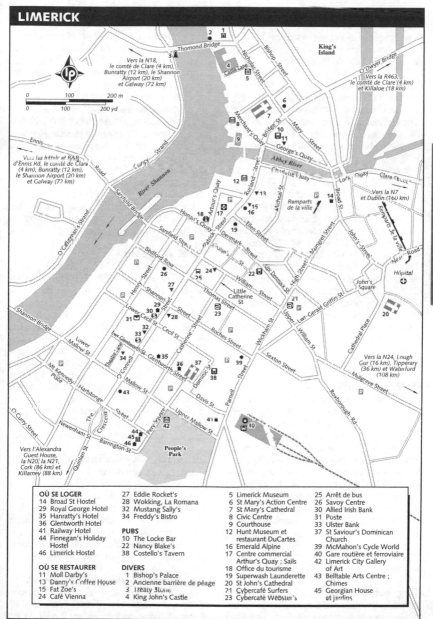

OÙ SE LOGER
14 Broad St Hostel
29 Royal George Hotel
35 Hanratty's Hotel
36 Glentworth Hotel
41 Railway Hotel
44 Finnegan's Holiday Hostel
46 Limerick Hostel

OÙ SE RESTAURER
11 Moll Darby's
13 Danny's Coffee House
15 Fat Zoe's
24 Café Vienna

27 Eddie Rocket's
28 Wokking, La Romana
32 Mustang Sally's
34 Freddy's Bistro

PUBS
10 The Locke Bar
22 Nancy Blake's
38 Costello's Tavern

DIVERS
1 Bishop's Palace
2 Ancienne barrière de péage
3 Treaty Stone
4 King John's Castle

5 Limerick Museum
6 St Mary's Action Centre
7 St Mary's Cathedral
8 Civic Centre
9 Courthouse
12 Hunt Museum et restaurant DuCartes
16 Emerald Alpine
17 Centre commercial Arthur's Quay ; Sails
18 Office du tourisme
19 Superwash Launderette
20 St John's Cathedral
21 Cybercafé Surfers
23 Cybercafé Webster's

25 Arrêt de bus
26 Savoy Centre
30 Allied Irish Bank
31 Poste
33 Ulster Bank
37 St Saviour's Dominican Church
39 McMahon's Cycle World
40 Gare routière et ferroviaire
42 Limerick City Gallery of Art
43 Belltable Arts Centre ; Chimes
45 Georgian House et jardins

fois à Englishtown), au sud, aux alentours de The Crescent et de Pery Square (partie géorgienne de la ville) et sur les rives du Shannon. La gare ferroviaire et routière se tient au sud-est, à côté de Parnell St.

Renseignements

Non loin du Shannon, sur Arthur's Quay, l'office du tourisme (☎ 317522) accueille le public en juillet-août du lundi au vendredi de 9h à 19h et les samedis et dimanches de 9h à 18h, en mai, juin, septembre et octobre, du lundi au samedi de 9h30 à 13h et de 14h à 17h30, et enfin de novembre à avril en semaine de 9h30 à 13h et de 14h à 17h30 et le samedi de 9h30 à 13h.

La poste se situe Lower Cecil St. Les banques d'O'Connell St disposent de distributeurs de billets et de bureaux de change.

Le centre-ville compte deux cybercafés. Websters! (☎ 312066), 44 Thomas St, ouvre de 9h à 21h du lundi au samedi et de 13h à 21h le dimanche. Surfers (☎ 440122), 1 Upper William St, ouvre ses lignes de 10h30 à 21h du lundi au samedi et de 12h30 à 21h le dimanche. Ils demandent tous deux 1,90 € par quart d'heure.

La plupart des marchands de journaux vendent des disques de stationnement.

Enfin, vous trouverez une laverie, Superwash Launderette, 19 Ellen St.

St Mary's Cathedral

Fondée en 1172 par Donal Mór Brien, roi du Munster, la cathédrale est le plus ancien édifice de la ville (☎ 310293, Merchant's Quay ; participation 1,90 € ; juin-sept lun-sam 9h-13h/14h30-17h, oct-mai lun-sam 9h-13h). Le portail et les claires-voies de la façade ouest, de style roman, proviennent du bâtiment initial, mais le chœur et les chapelles datent du XVe siècle. À l'intérieur, remarquez les tombeaux imposants, les plaques commémoratives et les magnifiques miséricordes (saillies sur lesquelles peuvent s'appuyer les choristes) en chêne noir, de 1489, ornées d'animaux sculptés. Le cimetière compte de nombreuses tombes du XVIIIe siècle.

King John's Castle

Afin de surveiller et d'administrer la région du Shannon, le roi Jean sans Terre fit édifier ce château (☎ 411201, Castle St ; adulte/enfant 5,60/3,45 € ; juill-août tlj 9h30-18h, avr-juin et sept-oct tlj 9h30-17h30, nov-mars tlj 10h30-16h30 ; fermeture de la caisse 1 h avant) de 1200 à 1212 sur le site d'une ancienne place forte. L'apparition des canons nécessitant des défenses renforcées, ce château devint le bastion britannique le plus puissant de tout l'ouest de l'Irlande.

Plutôt décevant d'un point de vue architectural, le centre d'exposition installé au centre du château propose toutefois un historique rapide de la forteresse et un film très intéressant retraçant son dernier siège en 1690-1691. Il est ensuite possible de visiter les tranchées creusées par les divers belligérants.

De l'autre côté du fleuve, en face du château, la **Treaty Stone** marque l'endroit où fut signé le traité de Limerick.

Hunt Museum

Ce musée (☎ 312833, Rutland St ; adulte/enfant 5,35/2,55 € ; toute l'année lun-sam 10h-17h, dim 14h-17h) rassemble les collections privées de John et Gertrude Hunt. Installé dans la Custom House de style palladien, au bord du fleuve, il conserve des pièces de l'âge du bronze et des époques celtique et médiévale sans doute aussi magnifiques que celles exposées à Dublin. Admirez en particulier la statue d'Apollon, du XVIIe siècle, l'autoportrait de l'artiste Robert Fagan, accompagné de son épouse, et la pièce de monnaie originaire de Syracuse, qui serait l'une des trente pièces d'argent données à Judas pour la trahison du Christ.

Limerick City Gallery of Art

Cette galerie d'art (☎ 310633, Carnegie Building, Pery Square ; gratuit ; lun-ven 10h-18h, jeu 10h-19h, sam 10h-13h) se tient au cœur du quartier georgien, à côté du People's Park. Elle comprend un excellent fonds permanent, avec notamment des œuvres de Jack B. Yeats et de Sean Keating, et organise des expositions temporaires.

Georgian House et ses jardins

Magnifique exemple de l'architecture georgienne, la Georgian House (☎ 314130, 2 Pery Square ; adulte/enfant 2,55/1,25 € ;

lun-ven 9h30-16h30), conçue par l'architecte James Pain, date de 1838, à l'instar des autres demeures de cette place. Elle a subi de vastes travaux de rénovation ces dernières années, mais a conservé près de 75% de ses éléments d'origine, les autres ayant été soigneusement reconstitués. Le parc et les dépendances ont également été restaurés. Ce dernier bâtiment abrite des expositions.

Circuits organisés

De juin à août, des circuits pédestres démarrent (et finissent) à l'office du tourisme, sur Arthur's Quay. Ils comprennent une visite historique de la ville (en semaine à 11h et 14h30) et la découverte en 2 heures (tous les jours à 14h30) des lieux cités par Franck McCourt dans *Les Cendres d'Angela*. Ces deux circuits coûtent 5,10/2,55 € par adulte/enfant. Pour tout renseignement, adressez-vous au **St Mary's Action Centre** *(☎/fax 318106, smidp@iol.ie, www.iol.ie/~smidp/)*, 44 Nicholas St.

De fin juin à septembre, la compagnie Bus Éireann (☎ 313333) organise des visites de la ville dans des bus ouverts moyennant 6,35/3,15 € par personne.

Où se loger

Auberges de jeunesse. Limerick en compte plusieurs.

Limerick Hostel *(☎/fax 314672, 1 Pery Square ; 10,80/9,55 € adulte/enfant)*. Au cœur du quartier georgien et à quelques minutes à pied de la gare routière et ferroviaire, cette vaste auberge de jeunesse, tenue par l'An Óige, dispose de 66 lits. Elle loue des vélos et accepte les cartes de crédit.

Finnegan's Holiday Hostel *(☎/fax 310308, 6 Pery Square ; dortoirs 12,70 €)*. Dans le même groupe de demeures georgiennes que la précédente, cette auberge IHH a conservé quelques éléments d'architecture originaux. Veillant particulièrement à garantir la sécurité de sa clientèle féminine, elle lui réserve l'un de ses dortoirs (qui comptent de 6 à 22 lits).

Broad St Hostel *(☎ 317222, broadstreethostel@tinet.ie, Broad St ; dortoirs 13,30 €, simples/doubles à partir de 19/43,20 €)*. À une quinzaine de minutes de marche au nord de la gare, cet établissement impeccable et sûr offre le petit déjeuner continental et les draps.

B&B. Les chambres chez l'habitant se concentrent surtout au sud du centre-ville, sur Alexandra Terrace et O'Connell Ave. Elles jalonnent aussi Ennis Rd sur plusieurs kilomètres, au nord-ouest, en direction du Shannon.

Alexandra Guest House *(☎ 318472, 6 Alexandra Terrace, O'Connell Ave ; 25,50 € par pers)*. Confortable demeure victorienne en briques rouges, sur trois étages.

St Anthony's *(☎ 45607, 8 Coolraine Terrace, Ennis Rd ; simples/doubles 22,25/47 € ; avr-oct)*. À environ 1 km du centre-ville, cette maison non-fumeurs propose trois chambres agréables, dont l'une avec douche.

Glen Eagles *(☎/fax 455321, 12 Vereke Gardens, Ennis Rd ; simples/doubles avec douche 31,75/50,80 € ; mars-oct)*. Ce sympathique B&B, dans une impasse tranquille à 500 m du centre-ville, possède quatre chambres très plaisantes.

Hôtels. La plupart des grands hôtels d'Ennis Rd s'avèrent beaucoup trop onéreux pour les voyageurs disposant d'un budget moyen.

Glentworth Hotel *(☎ 413822, fax 413073, Glentworth St ; simples/ doubles 69,30/ 113,40 €)*. Derrière sa façade victorienne, cet établissement cache une décoration très contemporaine, toute de marbre et de métal.

Hanratty's Hotel *(☎ 410999, fax 411077, 5 Glentworth St ; simples/doubles 44,10/ 69,30 €)*. À la différence du précédent, cet hôtel, le plus ancien de la ville, a conservé un charme désuet.

Woodfield House Hotel *(☎ 453022, fax 326755, Ennis Rd ; 54-62,90 € par pers)*. À tout juste 1 km de la ville, ce trois-étoiles confortable offre aussi un bon restaurant.

Où se restaurer

Restaurants. Ils sont variés et nombreux.

Freddy's Bistro *(☎ 418749, Theatre Lane ; plats 18,90-21,45 € ; mar-sam à partir de 18h30)*. Niché entre Lower Mallow et Lower Glentworth St, cet établissement qui occupe un ancien garage à diligence se spécialise dans la cuisine irlandaise raffinée et privilégie les fruits de mer.

La Romana *(☎ 314994, 36 O'Connell St ; pâtes 8,80-10,65 €, pizzas 7,25-8,80 € ; 17h-23h)*. Face au Royal George Hotel, ce restaurant sert de délicieuses spécialités italiennes et propose une belle carte des vins (italiens pour la plupart).

Fat Zoe's (☎ *314717, Rutland St ; pâtes 7,25-12 €, pizzas 11,30 €*). Vous dégusterez des plats fort savoureux dans cet établissement très populaire au cadre assez intimiste, qui occupe les Commercial Buildings, du XIXe siècle, en face du Hunt Museum.

DuCartes (☎ *312662, Hunt Museum, Rutland St ; repas 4,45-10,75 € ; lun-sam 10h-17h, dim 14h-17h*). Très fréquenté le midi, ce restaurant chic propose une cuisine irlandaise moderne. Présentez-vous de bonne heure pour obtenir une table donnant sur le fleuve. Il comprend une zone non-fumeurs.

Mustang Sally's (☎ *400417, 103 O'Connell St ; plats 13,25-19,55 € ; tlj à partir de 17h*). Outre des spécialités mexicaines, on déguste ici des steaks, du poulet et des fruits de mer. Essayez ensuite **The Sports Bar**, au sous-sol, pour un dernier verre.

Moll Darby's (☎ *411511, George's Quay ; pizzas 7,60-11,40 €, plats 15,15-18,90 €*). Bien situé, au bord de la rivière, ce sympathique petit restaurant réussit à merveille poisson, gibier et volaille, sans oublier des plats végétariens et des pizzas croustillantes à souhait.

Fast-foods et cafés. Voici quelques adresses pour prendre un snack ou un repas rapide.

Sails (☎ *416622, 1er étage du centre commercial d'Arthur's Quay, Patrick St ; repas 6-7,60 €*). On peut avaler ici des plats rapides à petits prix, tels les classiques saucisses-purée, ou opter pour un snack à emporter, au rayon traiteur.

Wokking (☎ *312444, 37 O'Connell St ; repas 5,70-9,45 €*). Face au Royal George Hotel, cet établissement propose des spécialités chinoises à prix raisonnables, à consommer sur place ou à emporter.

Danny's Coffee House (☎ *400694, 5 Rutland St ; plats 5,10-6,30 €*). Ce café agréable décoré avec goût offre de grandes tasses de thé ou de café et de délicieuses pâtisseries.

Café Vienna (☎ *411720, 67 William St ; plats 4,95-6,25 €*). Très fréquenté le midi, ce grand self-service sert soupes, sandwiches, salades et autres plats rapides. Il possède un comptoir de vente à emporter.

Chimes (☎ *319866, Belltable Arts Centre, 69 O'Connell St ; plats 5,10-7,60 €*). Installé au sous-sol du centre des arts, ce café attire tous les artistes et les employés de bureau du quartier.

Où sortir

Jouissant d'une scène musicale extrêmement animée, Limerick propose chaque soir des concerts différents, de jazz, de rock ou de musique traditionnelle.

Nancy Blake's (☎ *416443, Upper Denmark St*). Fort prisé des étudiants, ce pub au sol recouvert de sable accueille des musiciens tous les soirs dans une ambiance très chaleureuse.

Costello's Tavern (☎ *418250, 4 Dominic St*). On se réunit le week-end dans ce pub sympathique aux allures de caveau, autour d'une bonne Guinness, pour écouter de la musique traditionnelle.

The Locke Bar (☎ *413733, George's Quay*). Fréquenté surtout par une clientèle jeune, cet établissement propose des groupes traditionnels les dimanches, lundis et mardis soirs. Sa terrasse au bord du fleuve remporte un grand succès par beau temps.

Belltable Arts Centre (☎ *319866, 69 O'Connell St*). Ce centre programme des spectacles musicaux, chantés et théâtraux et expose quelques œuvres d'art.

Savoy Centre (☎ *311900, Bedford Row*). Non loin de Henry St, le Savoy compte 8 salles de cinéma. Le complexe abrite aussi le nightclub **Termites**, ouvert le samedi à partir de 23h.

Comment s'y rendre

Avion. Le Shannon Airport (☎ 712000), dans le comté de Clare, accueille des vols nationaux et internationaux.

Bus. Les bus Éireann partent de la gare routière et ferroviaire (☎ 313333), située au sud de la ville, non loin du centre. Ils rallient régulièrement Dublin (13,35 € l'aller simple, 1 heure 15), Tralee (12,20 €, 2 heures), Cork (12,20 €, 1 heure 50), Galway, Killarney, Rosslare, Donegal, Sligo, Shannon, Derry et de nombreuses autres grandes villes. Ils marquent un arrêt dans O'Connell St.

Train. Des trains desservent régulièrement toutes les grandes villes. Il en existe huit par jour pour Dublin, deux pour Rosslare Harbour, Cahir et Tipperary et un pour Cork. Pour les autres destinations, changez à Limerick Junction, à 20 km au sud-est de Limerick. Pour tout renseignement, appelez la gare Colbert (☎ 315555).

Comment circuler

Des bus relient régulièrement la gare routière et ferroviaire de Limerick au Shannon Airport (4,70 € le trajet), situé à 24 km au nord-ouest de la ville, à une trentaine de minutes en voiture.

Peu étendue, Limerick se prête bien à des visites à pied ou à vélo. La traversée de la ville de la cathédrale St Mary à la gare ne prend ainsi pas plus d'un quart d'heure.

Emerald Alpine (☎ 416983), 1 Patrick St, loue des bicyclettes moyennant 15,25/63,55 € la journée/semaine, plus 15,25 € si vous rendez votre vélo dans une autre ville. McMahons Cycle World (☎ 415202), 30 Roches St, est rattaché au programme Raleigh Rent-a-Bike.

ENVIRONS DE LIMERICK

Vous pouvez prévoir une excursion aux environs de la ville d'une journée en voiture ou de plusieurs jours à bicyclette. La R512, qui conduit à Lough Gur, traverse ensuite le village de Bruff et continue jusqu'à la cité historique de Kilmallock. De là, on rejoint facilement Bruree, le charmant village d'Eamon De Valera. Une route de campagne permet ensuite de regagner Bruff, puis de reprendre la R512 jusqu'à Limerick.

Lough Gur

Ce petit lac en fer à cheval, niché au cœur d'un site archéologique de premier plan, est bordé d'une kyrielle de vestiges datant de l'âge de pierre. En arrivant de Limerick par la R512, on découvre tout d'abord le **Grange Stone Circle**, vieux de 4 000 ans, juste après le village de Grange, à gauche de la route. Composé de 113 pierres, ce cercle est le plus vaste d'Irlande. Un kilomètre plus loin, la route part sur la gauche et grimpe vers Lough Gur. Une centaine de mètres après les ruines d'une église du

XVe siècle, remarquez, de l'autre côté de la route, un autre tombeau ancien.

Pour gagner ce site, quittez Limerick par la N24, en partant au sud, vers Waterford. Au rond-point à la sortie de la ville, suivez la direction de Lough Gur, sur la droite, pour rejoindre la R512.

ADARE ET LES ENVIRONS

☎ 061 • 900 habitants

Adare (Áth Dara), charmant village du XIXe siècle à 16 km au sud-ouest de Limerick, offre une version parfaitement aseptisée du tourisme en Irlande. Les cottages au toit de chaume, construits dans les années 1820 par le IIIe comte de Dunraven, renferment aujourd'hui pour la plupart des restaurants ou des boutiques d'artisanat. Les circuits en bus y font généralement étape, d'où les prix exorbitants des restaurants et des hôtels.

Renseignements

Très accueillant, l'office du tourisme (☎ 396255), Adare Heritage Centre, Main St, ouvre en juillet et août de 8h30 à 19h en semaine, de 9h à 18h le week-end ; en juin et septembre de 9h à 19h en semaine et de 9h à 18h le week-end ; de 9h à 18h tous les jours d'octobre ; de mars à mai et en novembre et décembre de 9h à 13h et de 14h à 17h du lundi au samedi.

Toute proche, l'Allied Irish Bank dispose d'un distributeur de billets et d'un bureau de change. La circulation automobile est parfois difficile dans le village ; il existe un parking gratuit derrière le centre du patrimoine.

Adare Heritage Centre

Installé au cœur du village, ce centre du patrimoine particulièrement intéressant (☎ 396666, Main St ; *adulte/réduit 3,80/2,55 € ; mars-déc lun-sam 9h-17h, dim 10h-17h*) propose une exposition audiovisuelle expliquant les vestiges des alentours. La reconstitution du village de 1500 s'avère particulièrement réussie.

Desmond Castle

Édifié aux environs de 1200, ce château pittoresque connut des transformations au siècle suivant et fut assiégé en 1580 par l'armée britannique. Lorsque les troupes de Cromwell s'en emparèrent en 1657, il avait déjà perdu toute son importance stratégique. À l'issue de travaux de restauration actuellement en cours, on pourra visiter les bâtiments qui se dressent sur le terrain de golf d'Adare Manor sans devoir traverser la nationale.

Adare Manor

Lorsque le comte de Dunraven décida de la construction d'un nouveau château en 1832, il fit appel aux architectes James Pain et A.C. Pugin, qui fomentèrent le projet extravagant d'y mettre 52 cheminées et 365 fenêtres. Le bâtiment en cours d'élaboration aurait permis de sauver bon nombre de villageois de la Grande Famine. Cette demeure abrite aujourd'hui un hôtel luxueux (voir plus loin *Où se loger*), entouré d'un terrain de golf. L'été, un gardien surveille généralement l'entrée du parc, mais le reste de l'année on peut, en principe, s'y promener tranquillement.

Religious Houses

Avant la dissolution des monastères en 1539, Adare comptait trois établissements religieux prospères, dont il subsiste aujourd'hui quelques traces. Au centre du village, à côté de l'Heritage Centre, le clocher et la façade sud de la **Church of the Most Holy Trinity** sont les vestiges d'un monastère trinitaire du XIIIe siècle (le seul en Irlande), restauré par le Ier comte de Dunraven et devenu depuis une église catholique. Le **pigeonnier** du XIVe siècle jouxtant l'église faisait aussi partie du monastère.

Sur le terrain de golf d'Adare Manor, au bord de la Maigue, au sud du village, s'élèvent les ruines d'un **monastère franciscain** fondé en 1464 par le comte de Kildare. Adressez-vous au clubhouse du golf pour pouvoir les visiter (vous devrez marcher jusqu'au 15e tee). Remarquez en particulier la rangée de sièges fort bien préservés, le long du mur sud du chœur.

Au sud du village, sur la N21 au nord d'Adare Manor, l'église paroissiale de la Church of Ireland abritait jadis un **monastère augustinien**, fondé en 1316, appelé aussi *Black Abbey* (abbaye noire). La tour date du XVe siècle. C'est le Ier comte de Dunraven qui entreprit les travaux de restauration de l'église en 1807.

Castle Matrix

Selon la légende, c'est dans le jardin de cette tour normande du XVe siècle, toujours habitée (☎ *069-64284, Rathkeale ; dons à l'entrée et pour les visites guidées ; mai-sept sam-jeu 10h30-18h30*) qu'auraient poussé pour la première fois des pommes de terre en Irlande. Les visites guidées, de 1 heure environ, permettent de découvrir les nombreux livres et objets d'art que recèle la tour. Les horaires d'ouverture étant susceptibles de changer, téléphonez au préalable. Ce château se tient sur la N21, à 13 km au sud-ouest d'Adare.

Circuits organisés

De juillet à septembre, tous les jours, des guides en costume traditionnel proposent de découvrir Adare à pied en une trentaine de minutes (☎ 396666).

Festival

Des artistes du monde entier se produisent à l'Adare Music Festival (☎ 415799), qui se déroule en mars, pendant le week-end de la Saint-Patrick.

Où se loger

Le village et ses alentours foisonnent de B&B, qui se révèlent toutefois assez chers, surtout pour une personne seule. Mieux vaut donc séjourner à Limerick et venir en excursion d'une journée dans les environs.

Elm House (☎ *396306, Clounanna Rd, Mondellihy ; simples/doubles 31,74/45,72 €*). Cette maison du XIXe joliment restaurée propose trois chambres confortables, dont une avec douche.

Riversdale (☎ *396751, Station Rd ; simples/doubles 38,09/63,54 €*). Les propriétaires de cette maison moderne, proche du centre, offrent de substantielles réductions aux enfants.

Dunraven Arms (☎ *396633, fax 396541, Main St ; 113,64 € par pers*). Le prix élevé de ces chambres chaleureuses et quelque peu désuètes paraît encore raisonnable comparé à celui de l'Adare Manor !

Adare Manor (☎ *396566, fax 396124, info@adaremanor.ie, Rathkeale Rd ; 317,43 € par pers*). Au cœur d'un vaste domaine au bord de la Maigue, cet hôtel grand luxe est équipé d'une piscine couverte, d'une salle de sports, d'un sauna et d'un terrain de golf.

Où se restaurer

Seán Collins (☎ 396400, Main St ; sandwiches 2,15 €, repas 6,95 €). Ce pub propose des en-cas à toute heure et des plats simples mais corrects le midi.

Lena's Bar (☎ 396114, Main St ; snacks et repas 3,80-7,60 €). Les collations et les sandwiches bien garnis servis ici vous rassasieront à coup sûr.

Dovecot (☎ 396255, Adare Heritage Centre, Main St ; sandwiches 2,50 €, repas 7,50-8,80 € ; heures d'ouverture identiques à celles de l'Heritage Centre). Propre et claire, cette cafétéria sert à l'heure du déjeuner des plats classiques, tels que l'irish stew ou la tourte à la viande, et des snacks toute la journée.

Wild Geese (☎ 396451, Main St ; plats 10,20 € ; mar sam 18h30-22h). Ce grand restaurant propose une savoureuse cuisine contemporaine dans un agréable cadre victorien.

Blue Door (☎ 396481, Main St ; plats 13,25-21 € ; lun-ven 11h-14h30/18h30-21h30, sam 11h-21h30, dim 11h-15h30). N'hésitez pas à goûter les plats fort bien réussis préparés dans ce charmant cottage au toit de chaume, installé au fond d'une magnifique roseraie et qui dresse des tables dehors par beau temps.

Oak Room Restaurant (☎ 396566, fax 396124, Adare Manor, Rathkeale Rd ; entrées 18,30 €, plats 30-36 €, service en sus). On s'offre ici un repas de grand luxe, avec mets délicieux, vue magnifique sur le parc et décor somptueux.

Où sortir

Bill Chawke Lounge Bar (☎ 396160, Main St). Il propose des concerts de musique traditionnelle tous les jeudis soirs et une soirée chant le vendredi.

Seán Collins (☎ 396400, Main St). Des musiciens traditionnels irlandais se produisent ici toute l'année, les mardis et dimanches soirs.

Comment s'y rendre

Les 5 bus quotidiens qui relient Dublin à Tralee passent à Limerick et à Adare (4,85 € l'aller-retour depuis Limerick).

Pour les horaires, adressez-vous à la gare routière de Limerick (☎ 061-313333).

Comté de Tipperary

Situé au centre-sud du pays, le comté de Tipperary, riche en terres fertiles idéales pour l'agriculture, est en quelque sorte le grenier de l'Irlande. Les collines des comtés voisins bordent cette région relativement plate traversée par la River Suir. C'est la région des grands marchés agricoles et des foires aux bestiaux, notamment dans la ville de Tipperary. Contrairement à ce que l'on pourrait croire, celle-ci est plus petite que Clonmel, Carrick-on-Suir, Thurles ou Nenagh.

TIPPERARY
☎ 062 • 4 770 habitants

Bien que son nom reste encore associé à une célèbre chanson (voir l'encadré), Tipperary (Tiobrad Árann), petite cité ouvrière fondée par les Anglo-Normands, ne présente guère d'intérêt.

L'office du tourisme (☎ 51457), dans l'Excel Centre (centre culturel et artistique), Mitchell St, ouvre toute l'année du lundi au samedi de 9h30 à 17h30. Pour le trouver, remontez St Michael's St vers le nord depuis Main St et prenez la première à droite. La poste se tient Davis St, au nord de Main St.

Où se loger et se restaurer

Des B&B jalonnent la N24, des deux côtés de la ville. Par ailleurs, la plupart des pubs de Main St servent des petits déjeuners et des déjeuners, voire des dîners en saison, ainsi que du thé et du café.

Ach na Sheen (☎ 51298, Bansha Rd ; simples/doubles 29,20/50,80 €). Cette vaste et sympathique pension, sur la N24, au sud de Main St, offre des chambres agréables et bien tenues et de fameux petits déjeuners.

Lacey's Royal Hotel (☎ 51204, fax 33596, Bridge St ; 38 € par pers, sdb commune, petit déj compris). Très convivial et familial, cet hôtel-pub deux-étoiles fait également restaurant et propose des animations le week-end.

Cranley's (☎ 33917, 7 St Michael's St ; plats 6,60-15,75 € ; tlj 12h30-15h, mar-

Une célèbre ritournelle

Tout bon film sur la Première Guerre mondiale se doit de montrer un soldat britannique fredonnant cet air célèbre :

"It's a long way to Tipperary,
It's a long way to go.
It's a long way to Tipperary,
To the sweetest girl I know..."

Cette chanson fut composée en 1912 par l'Anglais Jack Judge qui ignorait tout de l'Irlande et avait choisi le mot "Tipperary" uniquement pour sa sonorité.

sam 18h30-22h). Niché dans une petite rue donnant dans Main St, cet excellent restaurant offre un choix varié de spécialités irlandaises, italiennes et chinoises.

Manifestations sportives

Tipperary Racecourse *(☎ 51357, Limerick Rd)*. À environ 3 km de la ville, c'est l'une des plus grandes pistes du pays. Elle accueille des manifestations sportives toute l'année. Consultez la presse régionale (ou téléphonez au numéro indiqué) pour tout renseignement.

Comment s'y rendre

Ouverte du lundi au samedi, de 9h à 18h, l'agence Rafferty Travel (☎ 51555), Main St, s'occupe des réservations auprès de Bus Éireann et de Iarnród Éireann.

Bus. La plupart des bus passent par Abbey St, près de la rivière, sauf ceux à destination de Rosslare Harbour, qui s'arrêtent devant Rafferty Travel. Bus Éireann effectue jusqu'à 7 liaisons quotidiennes entre Limerick et Waterford, par la voie express. En semaine, un bus relie chaque jour Tipperary et Shannon, dans le comté de Clare.

Du lundi au samedi, les bus Kavanagh's (☎ 51563) se rendent à Dublin, *via* Cahir et Cashel. Ils démarrent à 7h45 devant Marian Hall, à l'extrémité nord de St Michael's St.

Train. La gare se situe au sud de Bridge St. Tipperary, sur la ligne Waterford-Limerick Junction, offre un départ quotidien pour Cahir, Clonmel, Carrick-on-Suir, Waterford et Rosslare Harbour. Des correspondances pour Cork, Kerry, Waterford, Rosslare Harbour et Dublin sont par ailleurs assurées depuis Limerick Junction (☎ 51406), à 3 km à peine de Tipperary, sur la route de Limerick.

GLEN OF AHERLOW ET GALTEE MOUNTAINS

Au sud de Tipperary s'étendent les monts aux formes douces des Slievenamuck Hills et les Galtee Mountains, séparés par la paisible vallée du Glen (gorges) of Aherlow. À l'est de celle-ci, entre Tipperary et Cahir, le petit village de Bansha (An Bháinseach) marque le point de départ d'une très agréable randonnée à **bicyclette** d'une vingtaine de kilomètres vers l'ouest, jusqu'à Galbally. Cette région se prête en outre très bien aux **balades à pied**, qui peuvent s'effectuer au gré des multiples possibilités d'hébergement de la région. On peut tout à fait loger à Cahir pour explorer les Galtee. La **route panoramique** qui traverse le Glen of Aherlow est fléchée depuis Tipperary.

Où se loger

Ballinacourty House Caravan & Camping Park *(☎ 062-56000, fax 56230, Glen of Aherlow ; tente et voiture 10,79 €, randonneurs et cyclistes avec tente 5,08 €, plus 1,27 € par pers ; mi-avr-sept)*. Situé dans un cadre magnifique, à 10 km de Bansha sur la R663 en direction de Galbally, ce camping offre d'excellentes prestations. Il comprend un restaurant, un bar, un court de tennis et un beau parc.

Ballydavid Wood *(☎ 062-54148, Glen of Aherlow ; 10,16/7,62 € adulte/enfant)*. Au sud-est du glen, cette auberge de jeunesse An Óige, aménagée dans un ancien pavillon de chasse et perchée sur le versant nord des Galtee, jouit d'un environnement somptueux. Elle se trouve à 3 km de la route Tipperary-Cahir (suivre le fléchage).

Bansha House *(☎ 062-54194, fax 54215, banshahouse@eircom.net, Bansha ; simples/doubles 38,09/68,56 €)*. Cette belle demeure georgienne rurale entourée d'un vaste jardin se situe à 200 m de Bansha.

Bansha Castle *(☎ 062-54187, fax 54294, Bansha ; simples/doubles 44,45/76,20 €, dîner à partir de 22,85 €)*. Ancienne rési-

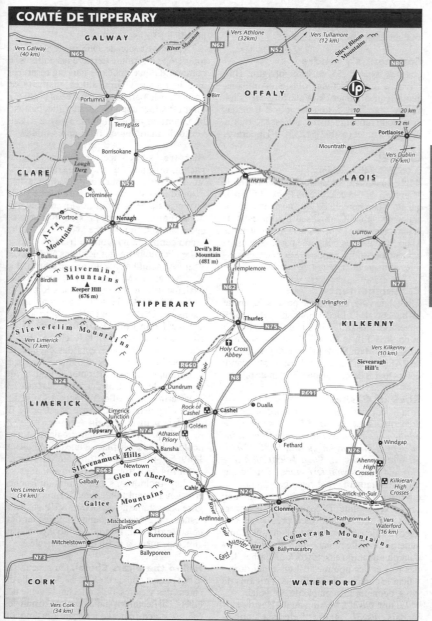

COMTÉ DE TIPPERARY

GALWAY

Vers Galway
(40 km)

N65

River Shannon

N62

Vers Athlone
(32km)

N52

Vers Tullamore
(12 km)

Slieve Bloom
Mountains

N80

Portumna

Terryglass

Borrisokane

Birr

OFFALY

LP

0   10   20 km
0   6   12 mi

Portlaoise

Mountrath

Vers Dublin
(76 km)

CLARE

Lough
Derg

Dromineer

N52

LAOIS

Portroe

Nenagh

N7

Durrow

N8

Killaloe

Ballina

N7

Arra
Mountains

Birdhill

Silvermine
Mountains

Keeper Hill
(676 m)

Devil's Bit
Mountain
(481 m)

Templemore

N62

TIPPERARY

Thurles

N75

Urlingford

KILKENNY

N77

Slievefelim Mountains

Vers Limerick
(7 km)

Holy Cross
Abbey

Vers Kilkenny
(10 km)

Sievearagh
Hill's

N24

R660

River Suir

N8

R691

LIMERICK

Dundrum

Rock of
Cashel

Cashel

Dualla

Limerick
Junction

Athassel
Priory

Golden

Tipperary

N74

Bansha

Fethard

N76

Windgap

Slievenamuck Hills

Newtown

R663

Galbally

Glen of Aherlow

Cahir

Ahenny
High
Crosses

Kilkieran
High
Crosses

Vers Limerick
(34 km)

Galtee
Mountains

N24

Carrick-on-Suir

Mitchelstown
Caves

N8

Ardfinnan

River Suir

Clonmel

Rathgormuck

Vers
Waterford
(16 km)

Mitchelstown

Burncourt

Comeragh Mountains

N73

N8

Ballyporeen

Munster Way

East

Ballymacarbry

CORK

N8

Vers Cork
(34 km)

WATERFORD

dence de la famille Butler d'Ormond, ce manoir du XIXe siècle joliment restauré loue des chambres confortables.

Comment s'y rendre

Les bus express 55 de la compagnie Bus Éireann, qui effectuent plusieurs liaisons quotidiennes Limerick-Waterford *via* Tipperary, s'arrêtent 5 fois par jour à Bansha. Pour tout renseignement, adressez-vous à Rafferty Travel (☎ 062-51555), à Tipperary.

CASHEL

☎ 062 • 2 345 habitants

Bourg marchand prospère, Cashel (Caiseal Mumhan) doit sa célébrité au Rock of Cashel, qui attire bon nombre de touristes. Situé sur la nationale Dublin-Cork, il souffre d'une circulation incessante. Cependant, la rue principale, Main St, n'est pas défigurée par un développement touristique excessif. Les célèbres vestiges se tiennent en retrait de la route.

Renseignements

L'hôtel de ville, dans la rue principale, abrite les bureaux de l'office du tourisme (☎ 61333), ouverts de 9h30 à 17h30 du lundi au vendredi et de 9h à 13h le samedi. La poste se situe aussi dans Main St, de même que les agences de l'Allied Irish Bank et de la Bank of Ireland, dotées toutes deux d'un distributeur de billets.

Rock of Cashel

À la lisière de Cashel, cet extraordinaire site archéologique *(☎ 61437 ; 4,45/1,90 € adulte/enfant ; ouvert tlj 9h-19h30 mi-juin-mi-sept et mi-mars-mi-juin tlj 9h30-17h30, mi-sept-mi-mars tlj 9h30-16h30, dernière entrée 45 min avant fermeture)*, perché sur un affleurement rocheux, comprend un ensemble de fortifications dressées sur une plaine verdoyante. D'épais remparts encerclent une tour encore bien préservée, une abbaye aujourd'hui dépourvue de toit et une superbe chapelle romane du XIIe siècle. Pendant plus de mille ans, le Rock of Cashel, fief des rois et des hommes d'Église qui dominaient le comté et de nombreuses régions du pays, demeura le symbole du pouvoir.

Le mot *cashel*, version anglicisée de l'irlandais *caiseal*, signifie "forteresse", appel-

lation reflétant certainement les réactions suscitées par ces édifices dans une contrée hostile à l'Église.

Depuis la route de Dublin, le site reste longtemps dissimulé derrière les collines. Il comprend deux places de parking réservées aux handicapés. Les autres visiteurs se garent sur le parking en contrebas (1,90 €). Pour effectuer une visite tranquille, particulièrement en juillet et août, essayez d'arriver tôt le matin ou en fin d'après-midi.

Histoire. Au IVe siècle, le clan des Eóghanachta, originaire du pays de Galles, choisit de s'installer sur le Rock of Cashel, avant de conquérir la majeure partie de la province de Munster et de devenir les rois de la région. Pendant près de 400 ans, ce site rivalisa d'importance avec Tara, l'autre grand centre du pouvoir en Irlande.

Le clan noua très tôt des liens étroits avec l'Église : saint Patrick lui-même convertit le chef Aengus au Ve siècle. Le site prit ensuite également le nom de St Patrick's Rock.

Au Xe siècle, la forteresse tomba aux mains des O'Brien, ou Dál gCais, tribu dirigée par Brian Ború. En 1101, le roi Muircheartach O'Brien offrit le Rocher à l'Église afin de s'attirer les faveurs des évêques et d'empêcher ainsi les Eóghanachta, qui n'oseraient jamais affronter l'Église, de reprendre le site. Ces derniers, devenus les MacCarthy, s'installèrent alors à Cork. En signe d'apaisement, Cormac MacCarthy fit toutefois bâtir la chapelle Cormac en 1127, avant de partir. Se révélant finalement trop petite, elle laissa la place à une cathédrale en 1169, elle-même reconstruite au XIIIe siècle.

En 1647, les troupes de Cromwell, menées par lord Inchiquin, s'emparèrent du Rocher et le dévastèrent totalement. Repris par l'Église protestante au début du XVIIIe siècle, il resta encore une vingtaine d'années un lieu de culte officiel. Le toit de l'abbaye résista au temps jusqu'à la fin du XIXe siècle.

Hall of the Vicars Choral. On pénètre sur le site par cet édifice du XVe siècle, la salle du chœur des vicaires, où s'effectue la vente des billets. Un document audiovisuel de 20 minutes (qui existe en français) retraçant l'histoire du

Rocher est projeté toutes les demi-heures. On découvre aussi des objets en argent, des haches de l'âge du bronze et la **croix celtique de saint Patrick**, du XIIᵉ siècle, ornée d'un côté d'une scène de la Crucifixion, de l'autre de représentations animales. Selon la légende, les rois de Cashel et de Munster, notamment Brian Ború, furent couronnés devant cette croix. Une reproduction en est exposée dans la cour du château. À l'étage, la cuisine et la salle à manger renferment du mobilier, des tapisseries et des peintures anciennes.

Cathédrale. Cet imposant édifice gothique du XIIIᵉ siècle semble occulter tous les autres vestiges du site. L'entrée se fait par une petite porte face au Hall of the Vicars Choral. Jouxtant la façade ouest de la cathédrale, l'**Archbishop's Residence**, château du XVᵉ siècle haut de quatre étages, possède une salle occupant toute la longueur de la nef. Une immense tour carrée s'élève au centre de la cathédrale, tandis qu'une tourelle se dresse à l'angle sud-ouest.

Le bâtiment abrite encore des vestiges de tombeaux du XVIᵉ siècle et les armoiries des Butler. Sur le mur nord du chœur, on distingue la niche de la sépulture de l'archevêque Hamilton et, en face, le tombeau de Miler Mac Grath, mort en 1621. Évêque catholique de Down et Connor jusqu'en 1569, ce dernier se convertit ensuite au protestantisme et s'ordonna lui-même archevêque protestant de Cashel, avec la bénédiction de la reine Élisabeth Iʳᵉ, dont l'armée s'employait alors à anéantir le rival, l'archevêque catholique Dermot O'Hurley.

Tour ronde. Dominant l'angle nord-est de la cathédrale, cette tour ronde de 28 m de haut, du XIᵉ ou XIIᵉ siècle, est le plus ancien édifice du site. La porte se situe à 3,5 m au-dessus du sol.

Cormac's Chapel. Parfaitement préservée, la chapelle (1127) se tient au sud de la cathédrale. Plus ouvragée que les autres églises de cette époque, elle s'inspire de l'architecture britannique et continentale.

À l'extérieur s'élancent les imposantes arches romanes, finement sculptées. Au-des-

sus de la porte nord (face à l'entrée), dans la petite cour jouxtant la cathédrale, remarquez la statue représentant un Normand coiffé d'un casque, décochant une flèche à un lion qui vient de tuer deux animaux.

L'intérieur est très sombre, les baies étant soit murées (peut-être pour préserver les fresques) soit dans l'ombre de la cathédrale. La nef voûtée, d'à peine 12 m de long, s'ouvre à l'est sur une chapelle dotée d'une arche recouverte de sculptures. La tour sud permet d'accéder à la voûte du toit, au-dessus de la nef. En pénétrant dans la chapelle, voyez à gauche le sarcophage, datant de 1125 à 1150, qui renfermerait la dépouille du roi Cormac. Notez les entrelacs très élaborés qui le décorent, un motif souvent rencontré sur les œuvres en métal des siècles antérieurs.

Les travaux de restauration effectués à l'extérieur ont laissé des traces. À l'intérieur du chœur, on a restauré du mieux possible les sculptures et les fresques, mais ces dernières ont quasiment disparu aujourd'hui.

Autres sites
Pour compléter votre visite, n'hésitez pas à vous rendre au **Cashel Heritage Centre** (☎ 61333, *Town Hall, Main St ; lun-ven 9h30-17h30, sam 9h-13h*). Jouxtant l'office du tourisme, il propose une exposition historique et une maquette du village dans les années 1640.

Où se loger
Auberges de jeunesse. Les deux qui existent à Cashel sont tout à fait correctes.

O'Brien's Holiday Lodge (☎ 61003, *fax 62797, Dundrum Rd ; dortoirs/chambres 12,70/19 € par pers, camping 6,35 €*). Accueillant et offrant de bonnes prestations, cet établissement du réseau IHH, aménagé dans un ancien garage à diligence, au nord-ouest de la ville, jouit d'une vue imprenable sur le Rock et Hore Abbey. Ses chambres sont en outre propres et spacieuses.

Cashel Holiday Hostel (☎ 62330, *fax 62445, 6 John St ; dortoirs/chambres 11,45-12,70/15,90 € par pers*). Très prisée des voyageurs, cette autre auberge de jeunesse IHH, installée dans une rue georgienne tranquille, non loin de Main St, dispose d'un salon, d'une cuisine et d'une laverie.

B&B. Dominic St, entre Main St et le Rock, compte plusieurs B&B calmes et bénéficiant d'un beau point de vue.

Rockville House (☎ *61760, Dominic St ; simples/doubles 32,40/48,30 €*). La plus proche du Rock, cette pension comprend six chambres avec s.d.b. et un parking.

Abbey House (☎/*fax 61104, 1 Dominic St ; simples/doubles 38,10/50,80 €*). Face au monastère St Dominic, cette petite maison claire qui propose le gîte et le couvert (dîner seulement) affiche souvent complet.

Maryville (☎/*fax 61098, Bank Place ; simples/doubles à partir de 38,10/55,90 €*). Ressemblant davantage à un petit hôtel, cette demeure sympathique loue des chambres confortables, quoique assez mal isolées. Signalons aussi que les douches, communes, sont quelque peu étroites. Entrée à côté du monastère St Dominic ou sur Main St.

Ashmore House (☎ *61286, fax 62789, ashmorehouse@eircom.net, 16 John St ; simples/doubles 34,28/63,48 €*). Cette élégante maison georgienne, agrémentée de magnifiques fleurs en pot, offre des chambres très bien tenues.

Rosguill House (☎ *62699, fax 61507, Dualla Rd ; simples/doubles non-fumeurs 44,50/63,55 ; mai-fin oct*). À 1 km de Cashel, sur la R691, cette demeure jouit d'un beau panorama sur le Rock et sert d'excellents petits déjeuners.

Hôtels. Pour rester dans l'atmosphère du site, optez pour un château ou un palace.

Kearney's Castle Hotel (☎ *61044, Main St ; simples/doubles avec sdb à partir de 38/57 €, petit déj compris*). Aménagé dans une tour carrée du XVe siècle, appelée autrefois Quirke's Castle, cet établissement a su préserver son charme médiéval en privilégiant une décoration très sobre.

Cashel Palace Hotel (☎ *62707, fax 61521, www.cashel-palace.ie, Main St ; simples/doubles 132,50/195,30 €*). Ce magnifique palais, édifié en 1732 pour un archevêque, offre une vue splendide sur le Rock, auquel conduit directement un sentier privé. Il pratique malheureusement des prix hors de portée de la majorité des voyageurs.

Où se restaurer

Malgré l'affluence touristique, les restaurants de Cashel s'en tiennent à une cuisine relativement sommaire, à quelques exceptions près. Le fromage bleu de Cashel provient en fait de Beechmount, à Fethard, 15 km à l'est, mais est en vente à l'office du tourisme du village.

Coffee Shop (☎ *61680, 7 Main St ; repas inférieurs à 6,50 €*). Essayez ce salon de thé self-service, installé au-dessus de la Bakehouse Bakery, face à l'office du tourisme, pour prendre une boisson, un petit déjeuner ou un déjeuner léger. Souvent bondé le midi, il propose notamment de bonnes quiches au bleu de Cashel.

Hannigan's (☎ *61737, Ladyswell St ; plats 7,75-16,35 €*). Ce pub traditionnel et pittoresque, face au Pasta Milano, sert une cuisine classique, très appréciée des habitants de la région le midi.

Pasta Milano (☎ *62729, Ladyswell St ; pizzas 7,50-13,20 €, pâtes 9,45-15,75 € ; tlj 12h-0h*). La façade orange vif de cet excellent restaurant italien se repère de loin ! Prévoyez 10% en plus pour le service.

The Spearman Restaurant (☎ *61143, 97 Main St ; entrées 3,80-6,65 €, plats 11,40-20,80 €*). Juste derrière l'hôtel de ville, cet établissement fort prisé propose des plats savoureux et raffinés, tels que soles grillées au citron ou steaks au poivre à la forestière, dans un cadre chaleureux.

Chez Hans (☎ *61177, Dominic St ; entrées 4-9 €, plats 17-26 € ; mar-sam 18h-22h*). Aménagé dans une ancienne chapelle méthodiste, non loin du Rock, ce restaurant, sans conteste le meilleur de la ville, réussit des merveilles culinaires, dont un bon choix de spécialités végétariennes.

Où sortir

Les concerts ont lieu surtout l'été.

Brú Ború (☎ *61122, St Patrick's Rock ; entrée 10,15 € ; mi-juin-mi-sept mar-sam à partir de 21h*). Au pied du Rock, ce centre de musique traditionnelle irlandaise organise des spectacles de chant, de danse et de contes. Dîner possible avant les représentations.

Hannigan's (☎ *61737, Ladyswell St*). On vient écouter ici régulièrement des musiciens traditionnels en savourant une bonne bière.

Davern's *(☎ 61121, 20 Main St)*. Cette salle, réputée pour son ambiance festive, accueille des groupes le week-end.

Comment s'y rendre
Bus Éireann assure 6 liaisons quotidiennes express entre Dublin et Cork, *via* Cahir et Fermoy. De fin juin à août, 4 bus supplémentaires par jour rallient Cahir, où se situe la gare ferroviaire la plus proche. Par ailleurs, un bus effectue quotidiennement le trajet Cork-Athlone, en passant par Thurles, Roscrea et Birr. L'agence Rafferty Travel (☎ 62121), 102 Main St, se charge de la vente des billets Éireann et des renseignements.

La compagnie Kavanagh's (☎ 51563) propose un bus par jour à destination de Dublin, à 8h30. Dans l'autre sens, il part de George's Quay, près de Tara St Station, à 18h. Kavanagh's effectue aussi 2 liaisons quotidiennes entre Cashel et Clonmel, avec un départ de Cashel à 12h et à 18h35.

Les gares ferroviaires les plus proches se trouvent à Cahir et à Thurles.

Comment circuler
McInerney's (☎ 61225), sur Main St, loue des bicyclettes (8,82 € par jour), de même que les deux auberges de jeunesse. Cahir et Fethard sont facilement accessibles à vélo.

CAHIR
☎ 052 • 2 235 habitants
Surplombé par un château spectaculaire, Cahir (An Cathair, prononcez "caire") se tient à 15 km au sud de Cashel, à l'extrémité est des Galtee Mountains, au bord de la Suir. Il donne sur la nationale Dublin-Cork, d'où une circulation constante. La St Declan's Way traverse tout le village.

Orientation et renseignements
Les bus s'arrêtent dans Castle St, à côté d'un grand parking (0,65 € les 2 heures), entre l'office du tourisme et le château. À l'est de Castle St, on débouche sur une place bordée de boutiques, de pubs et de cafés. La poste se trouve au nord de cette place, dans Church St.

L'office du tourisme (☎ 41453) ouvre de 9h à 18h du lundi au samedi d'avril à septembre, ainsi que de 11h à 17h les dimanches de juillet et d'août. Il édite une brochure gratuite sur les randonnées pédestres dans Cahir Park.

Cahir Castle
Principal centre d'intérêt de Cahir, le château *(☎ 41011, Castle St ; 2,53/1,26 € adulte/enfant ; mi-juin-mi-sept tlj 9h-19h30, mi-mars-mi-juin et mi-sept-mi-oct tlj 9h30-17h30, mi-oct-mi-mars tlj 9h30-16h30)* remonte aux XIIIe et XVe siècles. Édifié par Conor O'Brien en 1142, il devint la propriété des Butler en 1375. Ses occupants se rendirent sans résistance aux troupes de Cromwell en 1650. Le château ne subit par conséquent guère de dommages. Restauré dans les années 1840, puis dans les années 1960 lorsqu'il fut racheté par l'État, il apparaît aujourd'hui très bien préservé.

Entretenu par l'organisme du patrimoine Dúchas, il se dresse sur une îlot rocheux de la Suir.

Swiss Cottage
Un sentier descend derrière le parking le long de la rivière et serpente sur 2 km vers le sud, jusqu'à Cahir Park et le Swiss Cottage *(☎ 41144, Cahir Park ; 2,55/1,25 € adulte/enfant ; mai-sept tlj 10h-18h, avr mar-dim 10h-13h/14h-17h, fin mars et oct-nov mar-dim 10h-13h/14h-16h30)*. Également géré par le Dúchas, ce charmant cottage au toit de chaume, le plus joli du pays, se dresse au cœur d'un massifs de roses, de lavande et de chèvrefeuille. Il fut conçu par l'architecte John Nash comme lieu de retraite pour Richard Butler, XIIe baron de Caher, et son épouse. Le guide vous expliquera quels stratagèmes employa l'architecte pour qu'il paraisse plus "naturel". Ne manquez pas cette visite guidée (30 min), absolument passionnante.

Où se loger
The Apple Caravan & Camping Park *(☎ 41459, fax 42774, Moorstown ; 5,40/2,85 € adulte/enfant, tente comprise ; mai-sept)*. Ce camping tranquille jouxtant une exploitation fruitière se situe sur la N24, entre Cahir (6 km) et Clonmel (9 km).

Lisakyle Hostel *(☎ 41963, Church St ; dortoir/chambre 10,15/11,45 € par pers)*. À

2 km au sud de la ville sur une petite route menant à Ardfinnan, après le Swiss Cottage, cette auberge de jeunesse IHH offre des prestations simples et correctes. Pour tout renseignement, adressez-vous à la maison face à la poste, dans Church St, à Cahir, qui vous indiquera aussi comment vous y rendre.

Kilcoran Farm Hostel (☎ *41906, Cahir ; 12,70 € par pers*). En pleine nature, cette auberge de jeunesse aménagée dans une ferme bio propose des douches gratuites, l'accès à une cuisine et des promenades à dos d'âne pour les enfants. Elle se situe à 6 km à l'ouest de Cahir. Suivez la N8 en direction de Mitchelstown jusqu'au panneau indicateur, au niveau de la station-service Top. Il ne vous reste plus ensuite que 1 km à parcourir.

Ballydavid Wood (☎ *062-54148, Glen of Aherlow*). C'est l'auberge de jeunesse An Óige la plus proche, à 10 km tout de même (voyez plus haut *Glen of Aherlow et Galtee Mountains* pour des détails).

The Rectory (☎ *41406, fax 41365, Cashe Rd ; 25,40 € par pers ; mai-sept*). Cette belle demeure georgienne, à environ 1 km du centre, loue 5 chambres, dont une avec s.d.b.

Ashling (☎ *41601, Cashel Rd ; simples/doubles 38,09/50,78 €*). À deux pas de la précédente, cette petite maison entourée d'un joli jardin compte 3 chambres avec s.d.b., réservées aux non-fumeurs.

Carrigeen Castle (☎/*fax 41370, Cork Rd ; simples/doubles 35,55/45,86 €*). À 1 km du centre, ce château du XVIᵉ siècle, autrefois une prison, abrite aujourd'hui un B&B. On le prend souvent pour le château de Cahir.

Kilcoran Lodge Hotel (☎ *41288, fax 41994, Cork Rd ; 38,10-57,15 € par pers*). Cet hôtel trois-étoiles à la jolie façade rosée, sur la route de Cork, à 6 km de la ville, offre piscine et salle de sport.

Où se restaurer

Coffee Pot Restaurant (☎ *41728, 2 Castle St ; snacks 4,45-6,25 €, repas 6,25-8,80 € ; tlj 8h30-21h*). Installé au-dessus d'une boutique de souvenirs, en face du parking du château, ce café plaît aux touristes mais aussi aux habitants de la région. On peut y prendre un petit déjeuner à toute heure, tout en admirant la vue sur le château.

Galtee Inn (☎ *41247, The Square ; plats 6,95 €*). Non loin de Kay's, ce pub permet de se régaler d'un déjeuner à petit prix, avec notamment du bœuf-curry, des tagliatelles à la bolonaise ou des plats plus classiques.

Roma Café (*Church St ; plats 3,80-6,30 €*). Juste à côté de la place, on a le choix ici entre pizzas, hamburgers et sandwiches, à manger sur place ou à emporter.

Comment s'y rendre

Bus. Cahir est desservi par Bus Éireann (☎ 062-51555) effectuant en particulier les liaisons Dublin-Cork, Limerick-Waterford, Galway-Waterford, Kilkenny-Cork et Cork-Athlone. Par ailleurs, 6 bus rallient quotidiennement Cashel (15 min). Ils s'arrêtent près du Coffee Pot Restaurant.

Du lundi au samedi, les bus Kavanagh's (☎ 062-51563) entre Tipperary et Dublin marquent un arrêt à Cashel et à Cahir.

Train. Du lundi au samedi, le Cork-Rosslare Harbour s'arrête une fois par jour à Cahir, le Dublin-Clonmel, deux fois. Pour tout renseignement, adressez-vous à la gare de Thurles (☎ 0504-21733).

MITCHELSTOWN CAVES

Bien qu'essentiellement granitique, le massif des Galtee comprend une étroite bande de roches calcaires sur le versant sud, dans lesquelles se sont formées des grottes, les Mitchelstown Caves (☎ *052-67246, Burncourt ; 4,45/1,90 € adulte/réduit ; tlj 10h-18h*). Situées à proximité de Burncourt, à 16 km au sud-ouest de Cahir, elles sont indiquées sur la N8, en direction de Mitchelstown (Baile Mhistéala). Beaucoup plus impressionnantes et moins touristiques que celles de Dunmore, à Kilkenny, elles figurent parmi les plus vastes du pays.

C'est Michael Condon qui, en 1833, mit au jour le réseau des grottes appelé aujourd'hui les New Caves, alors qu'il travaillait dans une carrière de calcaire. Les Old Caves, utilisées dès l'époque préhistorique, avaient déjà été découvertes. Elles renferment la salle souterraine la plus grande de l'ensemble de ces grottes. La visite, concentrée surtout dans les New Caves, commence par l'ouverture pratiquée par Condon. La température souterraine reste généralement voisine de 13°C. On parcourt près de 2 km de boyaux et de salles spectaculaires, baptisées d'après des textes religieux ou classiques.

Pour acheter les billets et suivre une visite guidée (2 pers min), adressez-vous à la ferme située face au parking.

Où se loger

Mountain Lodge Hostel *(☎ 052-67277, Burncourt ; adulte/enfant 9,53/6,98 € ; mars-sept).* À 6 km au nord des grottes, sur la grande route Mitchelstown-Cahir, cette auberge de jeunesse An Óige, aménagée dans un ancien pavillon de chasse, offre un point de départ pratique pour des excursions dans les Galtee Mountains.

Comment s'y rendre

Les bus Éireann (☎ 062-51555) qui relient quotidiennement Dublin à Cork ou Athlone passent au Mountain Lodge Hostel.

CLONMEL

☎ 052 • 15 200 habitants

Ville la plus grande, la plus animée et la plus cosmopolite du comté de Tipperary, Clonmel (Cluain Meala, "prairies de miel"), lieu de naissance de l'écrivain Laurence Sterne (1713-1768, auteur de *La Vie et les Opinions de Tristram Shandy*), est aujourd'hui connue pour le cidre Bulmer. De nombreux vergers jalonnent d'ailleurs la route qui vient de Carrick-on-Suir.

Orientation et renseignements

Le centre de Clonmel se situe au nord de la Suir. Parallèle à celle-ci, juste derrière les quais, la rue principale, nommée Parnell St à son début, prend ensuite les noms de Mitchell et d'O'Connell, traverse West Gate et devient Irishtown et Abbey Rd. Citons aussi Gladstone St, au nord de cette longue avenue, jalonnée de nombreux pubs et boutiques.

L'office du tourisme (☎ 22960), Sarsfield St, ouvre de 9h30 à 18h du lundi au samedi de mai à septembre, et de 9h30 à 17h du lundi au vendredi le reste de l'année. La poste se trouve Emmet St, au nord de Mitchell St.

La Clonmel Library (☎ 24545), Market Place, offre un accès gratuit à Internet de 10h à 17h30 les lundis et mardis, de 10h à 20h30 les mercredis et jeudis et de 10h à 17h les vendredis et samedis. La salle de billard Circles (☎ 23315), Market St, propose, quant à elle, des connexions pour 5,70 € l'heure, tous les jours de 11h à 23h.

Découverte à pied

Clonmel possède plusieurs monuments anciens intéressants. Commencez par exemple votre visite par le **Hearn's Hotel**. Au sud de Parnell St, dans Nelson St, se tient le **County Courthouse**, conçu par Richard Morrison en 1802 et entièrement restauré. C'est là qu'en 1848 furent jugés et condamnés à l'exil en Australie les membres du mouvement Jeune Irlande, dont Thomas Francis Meagher.

Suivez Mitchell St vers l'ouest (passez devant l'hôtel de ville à la façade vert clair et la statue commémorant l'insurrection de 1798) et South Abbey pour parvenir au **monastère franciscain**. La tour du XVe siècle domine des bâtiments plus récents, de 1848 et 1884. À l'intérieur, près de la porte, voyez la stèle funéraire d'un membre de la famille Butler, représentant un chevalier et sa dame. Les baies s'ornent de beaux vitraux modernes, en particulier celles de la St Anthony's Chapel, au nord.

Revenez dans Mitchell St. À l'intersection de Sarsfield St se dresse le **Main Guard**, tribunal de 1674, époque des Butler, dessiné par Christopher Wren. Il subit actuellement d'importants travaux de restauration. Partez vers le sud, dans Bridge St, traversez la Suir et marchez jusqu'au **Lady Blessington's Bath**, un endroit très pittoresque sur les berges, idéal pour pique-niquer.

Regagnez ensuite O'Connell St, qui débouche sur **West Gate**, reconstitution de 1831 d'une ancienne porte de la ville.

Un peu avant la porte, tournez dans Wolfe Tone St, qui file vers le nord de la ville. Longez notamment le **White Memorial Theatre**, une ancienne chapelle méthodiste, et gagnez l'**Old St Mary's Church**, édifiée en 1204 par William de Burgh, qui s'enorgueillit d'une belle tour octogonale. Aux alentours, du côté nord et ouest, subsistent encore des pans des remparts du XIVe siècle. Au-delà de West Gate s'étend le quartier d'**Irishtown**, où habitaient autrefois les Irlandais qui travaillaient en ville mais ne pouvaient y résider.

Où se loger

Camping. Il existe un terrain de camping très agréable au sud de la ville.

Power's the Pot Caravan & Camping Park (*☎ 23085, fax 23893, Harney's Cross, Clonmel ; 10,16 € pour 2 pers avec tente et voiture, 5,71 € par pers pour randonneurs et cyclistes, tente comprise*). Ce camping se situe à 9 km au sud-est de la ville, dans le comté de Waterford, sur le versant nord des Comeragh Mountains. Il constitue un bon point de départ pour des randonnées pédestres. Pour vous y rendre, traversez la Suir vers le sud à Clonmel, puis allez jusqu'à Rathgormuck. Ce camping propose un restaurant.

B&B et hôtels. La plupart des B&B bordent Marlfield Rd, bien à l'ouest d'Irishtown et d'Abbey Rd.

Benuala (*☎ 22158, Marlfield Rd ; 21,60-24,15 € par pers, non-fumeurs uniquement*). Les propriétaires proposent des chambres confortables et un excellent petit déjeuner. Cartes de crédit acceptées.

Hillcourt (*☎ 21029, Marlfield Rd ; 25,40 € par pers*). Cette jolie maison dispose de 5 chambres avec s.d.b. et d'un jardin. Les enfants bénéficient d'une réduction.

Hearn's Hotel (*☎ 21611, fax 21135, Parnell St ; 31,75-44,45 € par pers, TV et tél*). Bien qu'aujourd'hui pourvue de tout le confort moderne, l'ancienne société de diligences n'a rien perdu de son charme.

Amberville (*☎ 21470, Glenconnor Rd ; simples/doubles 32,40/48,25 €*). À environ 500 m du centre, au nord de Western Rd, à côté du St Luke's Hospital, cette demeure chaleureuse offre 5 chambres, dont 3 avec s.d.b. Cartes de crédit acceptées.

Clonmel Arms Hotel (*☎ 21233, fax 21526, theclonmelarms@eircom.net, Sarsfield St ; 44,45-88,95 € par pers*). Non loin du fleuve, cet établissement agréable de 31 chambres confortables comprend un bon restaurant (voir *Où se restaurer*) et un bar.

Où se restaurer

Niamh's (*☎ 25698, Mitchell St ; repas 6,95 € ; lun-ven 9h-17h45, sam 9h-17h*). Ce petit café convivial sert pâtisseries, pains et confitures au petit déjeuner, plats chauds le midi et une grande variété de cafés.

Angela's (*☎ 26899, Abbey St ; repas 5,80-6,80 € ; lun-ven 9h-17h30, sam 9h-17h*). Ce restaurant joliment décoré de photos originales propose une cuisine inventive (goûtez notamment le saumon rôti au gingembre), mais aussi de bons gros sandwiches en baguette et un excellent café.

Tierney's Pub (*☎ 24467, 13 O'Connell St ; snacks 5-6,30 €, plats 11,30-21 €*). Cet établissement, qui a déjà remporté de nombreux prix, offre une carte variée comprenant plusieurs poissons et des plats végétariens.

Mulcahy's (voir *Où sortir ; 4,45-7,50 € au bar, 11,30-18,85 € au restaurant*). Choisissez le self-service pour un repas sur le pouce à petit prix ou optez pour l'**East Lane Cafe**, véritable restaurant qui sert des spécialités irlandaises et internationales.

Catalpa (*☎ 26821, Sarsfield St ; pâtes et pizzas 6-7,25 €, plats 9,80-16,35 € ; tlj 12h30-14h30, 18h30-23h*). Cette jolie salle en sous-sol éclairée aux bougies propose une cuisine italienne traditionnelle, ainsi que de belles pièces de viande.

Clonmel Arms Hotel (*☎ 21233, Sarsfield St ; plats 11,30-16,34 € ; tlj 12h30-21h30*). Le luxueux **Paddock Bar** de l'hôtel permet de savourer d'excellents plats classiques, du curry de poulet au saumon fumé, sans se ruiner.

Où sortir

Bon nombre de bars reçoivent des groupes traditionnels.

Mulcahy's (*☎ 25054, 47 Gladstone St*). Des musiciens irlandais se produisent les mercredis, vendredis et dimanches. Au même endroit, le night-club **Danno's** ouvre du jeudi au dimanche.

Clonmel Arms Hotel (*☎ 21233, Sarsfield St*). Le **Paddock Bar** accueille des groupes les jeudis, vendredis et dimanches, tandis que le **Club Millennium** fait discothèque les vendredis et samedis, à partir de 23h.

Lonergan's (☎ 21250, 35-36 O'Connell St). Musique tous les lundis dans ce pub traditionnel.

South Tipperary Arts Centre (☎ 27877, Nelson St). À deux pas de Parnell St, cette salle programme expositions, films et pièces de théâtre.

Comment s'y rendre

Bus. Bus Éireann (☎ 051-79000) assure 2 liaisons par jour pour Cork, 6 pour Dublin et plusieurs pour Waterford, Limerick et Kilkenny. Les billets sont en vente auprès de l'agence Rafferty Travel (☎ 22622), 45 Gladstone St, ou à la gare ferroviaire (où les bus s'arrêtent généralement). La compagnie Kavanagh's (☎ 062-51563) propose 2 bus par jour entre Cashel et Clonmel.

Train. Pour gagner la gare (☎ 21982), dans Prior Park Rd, suivez Gladstone St en direction du nord, passez le centre commercial Oakville et continuez jusqu'à la station-service Statoil. Le train Cork-Rosslare Harbour dessert quotidiennement Clonmel du lundi au samedi, le Dublin-Clonmel circule deux fois par jour du lundi au samedi également, via Limerick Junction.

ENVIRONS DE CLONMEL

La chaîne des Comeragh Mountains commence tout de suite au sud de Clonmel, à la limite du comté de Waterford. Une route magnifique serpente jusqu'à Ballymacarbry et dans la Nire Valley. Vous pouvez effectuer une boucle en gagnant Ballymacarbry par l'est, puis en revenant à Clonmel par l'ouest. Pour davantage de renseignements, reportez-vous à la rubrique *Nord du comté de Waterford*, dans le chapitre *Comté de Waterford*.

L'**East Munster Way** (voir *Randonnées* sous la rubrique *Activités sportives* du chapitre *Renseignements pratiques*) traverse Clonmel par un sentier qui longe la Suir. Au niveau de Sir Thomas Bridge, elle s'éloigne du fleuve pour filer vers le sud jusqu'à Harney's Crossroads, dans les Comeragh Mountains. Elle retrouve ensuite la Suir à Kilsheelan Bridge et conduit à Carrick-on-Suir par le chemin de halage. Depuis Clonmel, il est possible d'effectuer des promenades plus courtes, en se limitant au chemin de halage.

Longeant la rivière, la route de Clonmel à Carrick-on-Suir traverse une campagne paisible, ponctuée de vestiges de tours du XVIe et XVIIe siècles et d'églises médiévales.

FETHARD
☎ 052 • 980 habitants

À 14 km au nord de Clonmel, le village de Fethard (Fiodh Ard), endormi au bord de la Clashawley, illustre parfaitement ce que pouvait être une ville fortifiée au Moyen Âge. Bien que recelant de nombreux vestiges médiévaux, il demeure encore épargné par l'industrie touristique.

À voir

Admirablement bien préservée, l'église **Holy Trinity Church** (☎ 26643, Main St ; gratuit ; sur rendez-vous), séparée de la route par une grille en fer forgée, date du XIIIe siècle. Elle se caractérise par une tour massive, dans laquelle vivait probablement le clergé. Dans le cimetière attenant, une grande partie des **remparts médiévaux**, avec leurs tourelles du XVe siècle, a été reconstruite. Il faut toutefois se procurer une clé au supermarché Whyte's, dans Main St, pour pouvoir y pénétrer. Dans Main St également, l'**hôtel de ville** du XVIIe siècle arbore encore quelques armoiries.

C'est au sud de l'église, à l'extrémité de Watergate St, que sont rassemblées la majorité des ruines médiévales (certaines ont d'ailleurs été intégrées à des constructions plus récentes). À côté de Castle Inn subsistent les vestiges de plusieurs **tours** du XVIIe siècle. On découvre aussi la quasi-totalité des **remparts**, datant pour la plupart du XVe ou du XVIe siècle, voire d'une époque encore antérieure. Près du Watergate Bridge, un **sheila-na-gig** est fixé au mur. Enfin, dans Abbey St, l'église, qui renferme de beaux vitraux médiévaux, abritait au XIVe siècle un **monastère augustinien**.

Où se loger et se restaurer

The Gateway (☎ 31701, Rocklow Rd ; simples/doubles 27,95/50,80 €, avec sdb et TV). Ce petit B&B de 4 chambres se tient près des vestiges du XVe siècle de North Gate.

PJ Lonergan's (☎ 31447, Market Square ; plats 6,65-7,50 €). À l'extrémité est de Main St, ce vieux pub sert de bons plats traditionnels, tel un fameux roast-beef, dans une ambiance amicale.

Comment s'y rendre

Les transports en commun ne desservent pas Fethard. On peut toutefois rejoindre facilement le village à vélo depuis Cashel, à 15 km à l'ouest.

CARRICK-ON-SUIR

☎ 051 • 5 170 habitants

Carrick-on-Suir (Carraig na Siúire), à 20 km à l'est de Clonmel, prospéra au Moyen Âge grâce au développement de l'industrie du textile et de la laine. Les quinze arches de son pont du XVe siècle restèrent longtemps l'unique point de passage sur la Suir jusqu'à son embouchure, au port de Waterford, une quarantaine de kilomètres plus loin. La ville comptait au XVIIIe siècle 11 000 habitants, soit le double de sa population actuelle. À l'écart de la N24, au cœur de riches terres arables, avec la chaîne des Comeragh en toile de fond, elle offre un cadre tranquille et sans prétention.

Depuis Carrick-on-Suir, l'**East Munster Way** oblique vers l'ouest, jusqu'à Clonmel, puis descend au sud pour gagner le Waterford. Reportez-vous à *Randonnées* sous la rubrique *Activités sportives* du chapitre *Renseignements pratiques*.

Orientation et renseignements

Bien que peu de rues portent une plaque avec leur nom, le plan installé dans Main St près de l'Allied Irish Bank permet de s'orienter facilement.

Cachée sur Main St derrière une grille en fer, une ancienne église abrite l'office du tourisme (☎ 640200), ouvert de mars à octobre du lundi au samedi de 9h à 13h et de 14h à 17h, le dimanche de 14h à 17h.

Ormond Castle

Carrick-on-Suir appartint jadis aux Butler, comtes d'Ormond, qui firent édifier le château au bord du fleuve au XIVe siècle (☎ 640787, *Castle St ; 2,55/1,25 € adulte/enfant ; mi-juin/début sept tlj 9h30-18h30*). Bien que d'autres châteaux revendiquent cette distinction, il semble qu'Anne Boleyn, deuxième épouse d'Henry VIII et arrière petite-fille du VIIe comte d'Ormond, soit née ici. Le manoir élisabéthain jouxtant le château remonte au Xe siècle. Black Tom Butler, Xe comte d'Ormond, l'avait fait construire en prévision d'une visite de son illustre cousine, mais la reine Élisabeth Ire n'y vint jamais.

Certaines pièces recèlent de belles œuvres en stuc du XVIe siècle, notamment la Long Gallery, où sont représentées les armoiries de la reine Élisabeth et des Butler. Compte tenu de la période troublée au cours de laquelle il fut bâti, il paraît étonnant que ce château ne comprenne aucun élément défensif. Géré à présent par le Dúchas, il offre une illustration irlandaise du modèle des demeures Tudor, plus souvent rencontré en Angleterre.

Où se loger

Carrick-on-Suir Caravan & Camping Park (☎ *640461, Kilkenny Rd, Ballyrichard ; 7,60 € par voiture et tente, 4,45 € par pers pour randonneurs et cyclistes, tente incluse ; mars-oct*). À quelques minutes à pied du centre, ce petit camping ne comprend que 12 emplacements.

Fatima House (☎ *640298, John St ; 27,95 € par pers, avec sdb*). Ce B&B très sympathique dispose de 6 chambres. Il se tient à 500 m à l'ouest de l'arrêt de bus de Greenside.

Carraig Hotel (☎ *641455, fax 641604, Main St ; 50,80-57,15 € par pers*). Très central, cet établissement offre 14 chambres propres et dotées d'une ligne directe et d'un nécessaire à thé et à café.

The Bell and Salmon Arms (☎ *645555, fax 641293, Main St ; simples/doubles 41,60/69,30 €*). Confortable et moderne, cet hôtel dispose de chambres spacieuses et d'un bar très fréquenté.

Où se restaurer

La ville ne compte guère de bons restaurants. La plupart des pubs de Main St permettent toutefois de déjeuner correctement à un prix raisonnable.

Carraig Hotel (*voir* Où se loger *; pâtes 6,95-8,20 €, plats 10,20-17 €*). Le bar de l'hôtel sert les plats classiques des pubs, mais son restaurant, l'élégant **Galleway's Bistro**, l'un des meilleurs de la ville, propose notamment fruits de mer et steaks.

The Weir *(☎ 640205, 3 Bridge St ; snacks 2,50-3,80 €, plats 6,50 € env ; 8h-19h)*. Proche de Sean Kelly Square, ce petit café sert petits déjeuners, snacks et déjeuners copieux dans une atmosphère conviviale.

Comment s'y rendre

Bus. Les bus s'arrêtent à Greenside, le parc donnant sur la N24. Pour le trouver, suivez New St vers le nord depuis Main St, puis tournez à droite.

Les bus Éireann (☎ 879000) offrent de nombreuses liaisons avec Carrick-on-Suir. Le n°55, entre Limerick et Waterford, dessert Tipperary, Cahir, Clonmel et Carrick-on-Suir jusqu'à 7 fois par jour et assure des correspondances pour Galway et Rosslare Harbour. Le n°7, de Clonmel à Dublin, *via* Carrick-on-Suir et Kilkenny, passe 6 fois par jour et propose une correspondance pour Cork.

Train. La gare se situe au nord de Greenside, à côté de Cregg St. Du lundi au samedi, le train Cork-Rosslare Harbour, *via* Limerick Junction et Waterford, s'arrête à Carrick-on-Suir. Contactez la gare de Thurles (☎ 0504-21733).

AHENNY ET KILKIERAN HIGH CROSSES

Les deux sites de croix celtiques d'Ahenny et Kilkieran, indiqués sur la route de Windgap, se tiennent respectivement à quelque 5 et 8 km au nord de Carrick-on-Suir.

Les deux croix d'Ahenny, hautes de 4 m, datent du VIIIe siècle. Elles se distinguent en particulier par des sculptures représentant presque exclusivement des entrelacs. Les scènes religieuses, de facture plus classique, ornent uniquement la base.

Légèrement plus proche de Carrick-on-Suir, Kilkieran comprend trois croix. Celle située le plus à l'ouest mesure également 4 m de haut et s'orne de multiples sculptures. La deuxième paraît en regard beaucoup plus simple. La troisième, appelée Long Shaft Cross, présente une forme pointue unique en Irlande. Au fond du cimetière, l'eau du puits St Kieran aurait des vertus apaisantes pour les maux de tête.

THURLES ET LES ENVIRONS

☎ 0504 • 6 600 habitants

Les Butler fondèrent Thurles (Durlas), à 22 km au nord de Cashel, au XIIIe siècle. La plupart des sites intéressants de ce gros bourg marchand remontent à cette époque, les éléments plus récents, tel Liberty Square, étant quelconques. Le bureau du tourisme (☎ 23579) est installé dans le musée Lár na Páirce, Slievenamon Rd, au sud de Liberty Square. Il ouvre toute l'année du lundi au samedi, de 10h à 17h.

Holy Cross Abbey

À 6 km au sud-ouest de Thurles se dresse, au bord de la Suir, la remarquable abbaye cistercienne de Holy Cross *(gratuit ; tlj 9h-20h ; West Range mi-avr-oct lun-sam 10h-18h, dim 11h-18h)*. Le cloître et la chapelle, restaurés dans les années 1970, ont retrouvé depuis leur utilisation religieuse. Fondée en 1168, l'abbaye doit son nom à la relique de la croix sur laquelle fut crucifié le Christ, longtemps conservée ici, et désormais au couvent des ursulines de Blackrock, à Cork. Le bâtiment visité aujourd'hui date du XVe siècle, époque à laquelle l'abbaye connut d'importantes modifications.

Construite selon un plan cistercien classique, l'abbaye comprend une église en croix, dotée d'une tour carrée et d'un cloître à l'est. À l'intérieur de l'église, remarquez les petites fleurs de lys et les autres symboles finement sculptés dans les piliers, signes distinctifs des tailleurs de pierre. Notez les sièges creusés dans le chœur et la fresque médiévale illustrant une scène de chasse.

Le West Range, entièrement rénové, abrite l'office du tourisme, une salle d'exposition et une boutique. L'abbaye, sur la R660, est indiquée depuis Thurles et Cashel.

Comment s'y rendre

Le bus 71 de Bus Éireann (☎ 061-418855), qui relie Cork à Athlone, s'arrête une fois par jour à Thurles. Il assure des correspondances pour Cahir, Roscrea et Carrick-on-Suir.

Une quinzaine de trains Dublin-Limerick passent à Thurles (☎ 21733), ainsi que 5 de la ligne Dublin-Cork.

ROSCREA

☎ 0505 • 4 170 habitants

Si vous souhaitez marquer une pause entre Dublin et Limerick, pourquoi ne pas choisir la ville moyenne de Roscrea (Ros Cré), plus attrayante que Nenagh, par exemple. Située à l'est du comté, elle vous permettra de découvrir le massif des Slieve Bloom Mountains, au nord-est. La nationale Limerick-Dublin passe au cœur de la ville, mais la circulation y est plus fluide que dans les agglomérations plus petites.

Roscrea remonte au Ve siècle, lorsqu'un moine, saint Crónán, décida d'y installer une halte pour les voyageurs indigents. La plupart des sites historiques se tiennent dans Castle St, la rue principale, ou aux abords.

À voir

En arrivant en ville, la route venant de Dublin longe les ruines du **second monastère de saint Crónán**. À droite se dressent encore les fragments d'une **tour ronde**, tandis que de l'autre côté subsistent le pignon et l'arche romans de la façade ouest de la **St Crónán Church** du XIIe siècle. Le reste de l'église fut démoli en 1812 et certaines pierres furent utilisées pour édifier l'église actuelle. Le cimetière comprenait une **croix celtique** datant aussi du XIIe siècle. Actuellement en cours de restauration, elle sera présentée dans une salle d'exposition.

Le site du premier monastère se trouve à près de 2 km à l'est de la ville, au sud de la route de Dublin. Le *Book of Dímma*, manuscrit enluminé du VIIe siècle aujourd'hui conservé au Trinity College, a été réalisé ici.

Au centre-ville s'élève le **château de Roscrea**, datant du XIIIe siècle. Restauré par le dúchas, il a conservé une partie de ses remparts et ses tours, ainsi que le bâtiment de l'entrée. La cour renferme l'austère **Damer House** de style reine-Anne, ancienne résidence de la famille Damer, accueillant aujourd'hui le **Roscrea Heritage Centre** *(☎ 21850, Castle St ; 3,15/1,25 € adulte/réduit ; avr-oct tlj 10h-18h)*. Il offre plusieurs expositions intéressantes, dont

une sur les monastères médiévaux et l'autre sur la vie paysanne au XXe siècle.

Où se loger et se restaurer

Grant's Hotel *(☎ 23300, fax 23209, Castle St ; simples/doubles 51/88,20 €)*. Face au château, cet ancien relais de diligence, offrant depuis sa restauration confort et élégance, arbore fièrement à l'entrée les trois couleurs irlandaises.

La Seranata *(☎ 22431, The Mall ; pizzas et pâtes 6,30-8 €, tlj 12h-22h)*. Ce restaurant à l'atmosphère désuète et chaleureuse, dans Castle St, juste à côté du fleuve, prépare une bonne cuisine italienne et expose quelques œuvres d'art.

Comment s'y rendre

Jusqu'à 13 bus express de la compagnie Bus Éireann *(☎ 01-836 6111)* passent à Roscrea en ralliant Dublin (2 heures) et Limerick (1 heure). Des bus rallient quotidiennement Sligo, Carrick-on-Shannon, Athlone, Thurles, Cahir, Cork et Shannon.

Du lundi au samedi, les trains de la ligne Dublin-Limerick s'arrêtent à Roscrea deux fois par jour, une fois le dimanche. Pour tout renseignement, appelez le ☎ 21823.

LOUGH DERG

Le Lough Derg, grand plan d'eau très prisé des amateurs de pêche et de voile, marque la limite entre les comtés de Tipperary et de Clare et s'étend au nord jusqu'au comté de Galway. La **Lough Derg Way** serpente de Limerick à Dromineer, charmant petit village du Tipperary.

Depuis Limerick, si vous vous dirigez vers le nord-est, en direction de Nenagh, au lieu de prendre d'emblée la N7, optez plutôt pour la route panoramique qui longe le Shannon de Birdhill à Ballina, puis suivez la rive est du Lough Derg et les Arra Mountains. Depuis Ballina, on peut rejoindre la ville historique de Killaloe, dans le comté de Clare, par le Shannon Bridge (voir *Killaloe et les environs* dans le chapitre *Comté de Clare*).

Comté de Kilkenny

Des murs de pierre imposants et de solides ruines du Moyen Âge jonchent la campagne verdoyante du comté de Kilkenny. Les Normands appréciaient cette partie de l'île où ils s'installèrent en nombre. Ils laissèrent leur empreinte dans la ville de Kilkenny, la cité médiévale la plus séduisante d'Irlande. Les berges des Rivers Nore et Barrow offrent les plus jolies régions du comté, avec leurs merveilleux villages, comme Inistioge et Graiguenamanagh. Jerpoint Abbey et Kells Priory sont deux des monastères médiévaux les plus élégants du pays.

Depuis le Moyen Âge, l'histoire de Kilkenny est intimement liée au destin d'une famille anglo-normande, les Butlers, comtes d'Ormond. Après leur arrivée en 1171, ils s'approprièrent la région, défendant dans un premier temps la cause normande, puis celle de la famille royale anglaise. Ils avaient élu domicile à Kilkenny.

Une randonnée le long de la partie de la South Leinster Way traversant le sud du comté permet de découvrir l'Irlande rurale sous son plus beau jour.

Kilkenny

☎ 056 • 18 696 habitants

Kilkenny est la plus jolie cité d'Irlande, et, comme elle est peu étendue, vous aurez tôt fait de la découvrir. Loin du tohu-bohu des grandes agglomérations comme Dublin ou Cork, l'atmosphère médiévale de Kilkenny est encore très présente, notamment dans les rues étroites et sinueuses et dans les boutiques aux devantures démodées.

Si le charme de la ville doit beaucoup à son passé moyenâgeux, lorsque Kilkenny était un bastion politique puissant, les quartiers modernes constituent un centre culturel actif, réputé dans toute l'Irlande pour son amour des arts. Par ailleurs, les rues sont bordées des meilleurs pubs, cafés, restaurants et boutiques de la région.

La splendide cathédrale médiévale domine toute la ville. Elle porte le nom de

À ne pas manquer

- Kilkenny la médiévale, la plus belle cité d'Irlande
- Jerpoint Abbey et Kells Priory, deux des plus élégants monastères moyenâgeux du pays
- Les Rivers Nore et Barrow, semées de charmants villages tel Inistioge
- Le Kilkenny Arts Festival, un important rassemblement culturel en Irlande
- Le Cat Laughs Comedy Festival, l'un des meilleurs festivals du pays

St Canice (Cainneach ou Kenneth), qui fonda un monastère dans ce lieu au VIe siècle, d'où le nom gaélique de la ville, Cill Chainnigh, ou monastère de Canice. Une autre curiosité à ne pas manquer est l'imposant château, qui se dresse majestueusement au bord de la Nore. On surnomme parfois Kilkenny la "ville de marbre" en raison du calcaire noir local qui est du plus bel effet dans la cathédrale.

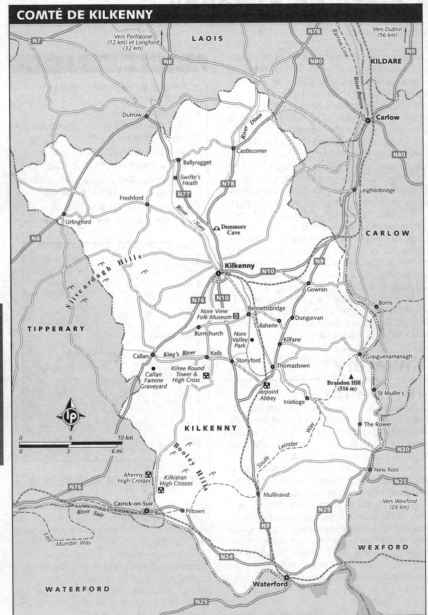

COMTÉ DE KILKENNY

HISTOIRE

La tradition rapporte qu'au Ve siècle saint Kieran se rendit à Kilkenny et mit au défi les chefs d'Ossory d'accepter la foi chrétienne sur le site même de l'actuel château de Kilkenny. Saint Canice fonda son monastère au VIe siècle. Kilkenny accrut son importance au XIIIe siècle grâce à William Marshall, comte de Pembroke et gendre du conquérant anglo-normand Strongbow. Le château de Kilkenny fut bâti pour défendre un point de passage sur la Nore.

Au Moyen Âge, Kilkenny fut par intermittence la capitale officieuse de l'Irlande, avec son propre Parlement anglo-normand. En 1366, ce Parlement adopta les statuts de Kilkenny, un ensemble de lois draconiennes visant à empêcher l'assimilation des Anglo Normands, de plus en plus implantés dans la société irlandaise. Ils n'avaient pas droit de se marier avec des Irlandais de souche, de pratiquer les sports locaux, de parler et se vêtir comme les habitants du pays ou de jouer de la musique irlandaise. Toute infraction était passible de confiscation des propriétés d'Anglo-Normands et d'exécution des Irlandais natifs. Une version irlandaise de l'apartheid, en somme.

Bien que ces lois soient restées en vigueur pendant plus de 200 ans, elles n'eurent jamais un grand effet et ne parvinrent pas à empêcher l'intégration des Anglo-Normands dans la culture irlandaise.

Dans les années 1640, Kilkenny s'allia aux catholiques royalistes lors de la guerre civile anglaise. La confédération de Kilkenny de 1642, une alliance difficile entre Anglo-Normands et Irlandais natifs, visait à rendre la terre et le pouvoir aux catholiques. Suite à l'exécution de Charles Ier, Cromwell assiéga Kilkenny cinq jours durant, détruisant une grande partie du château. Cette défaite signa la fin de l'influence politique de Kilkenny sur les affaires irlandaises.

ORIENTATION

Située au carrefour de plusieurs grandes routes, Kilkenny enjambe la Nore, qui s'écoule dans la majeure partie du comté. St Canice's Cathedral se tient sur la rive nord de la River Bregagh, affluent de la Nore, au nord du centre-ville, de l'autre côté des for-

tifications. La rue principale part en direction du sud-est depuis la cathédrale, après St Canice's Place, en direction d'Irishtown (où était regroupé autrefois le bas peuple, hors des remparts), traverse le pont pour finalement devenir Parliament St, qui se sépare en deux. Le Kilkenny Castle, sur les berges de la Nore, domine le sud de la ville.

RENSEIGNEMENTS

L'office du tourisme (☎ 51500, www.ireland.travel.ie), installé dans la charmante Shee Alms House en pierre de Rose Inn St, diffuse d'excellents guides de la ville, ainsi que des cartes de randonnées dans le comté (0,50 € l'unité). Il gère également un système de réservation d'hébergement efficace et payant. L'office ouvre de 9h à 18h du lundi au samedi d'avril à octobre (jusqu'à 19h du lundi au samedi et de 11h à 17h le dimanche en juillet et en août) et de 9h à 17h du lundi au vendredi le reste de l'année.

Pour tout savoir sur les manifestations locales, consultez l'hebdomadaire *Kilkenny People*, ou écoutez Radio Kilkenny, qui diffuse de 7h à 2h du matin sur 96.6 FM. Le Kilkenny Tourist Hostel (voir *Où se loger* plus loin) dispose d'un panneau d'information très complet sur les événements prévus.

Le Kilkenny Book Centre (☎ 62117, www.kilkennybookcentre.com), 10 High St, vend des livres et des cartes sur l'Irlande. Il ouvre de 9h à 18h du lundi au samedi, et de 14h à 18h le dimanche en juillet et en août .

Une succursale de l'Allied Irish Bank située 3 High St est dotée d'un distributeur. Vous pouvez changer de l'argent à la banque ou à l'office du tourisme.

Celtel (☎ 20303), 26 Rose Inn St, le meilleur cybercafé de Kilkenny, ouvert de 8h à 22h tous les jours, ne demande pas moins de 3,80 € pour 30 minutes de connexion (vous ne trouverez pas moins cher). Toutefois, les étudiants bénéficient d'une réduction de 20% (sur présentation de votre carte).

Le St Luke's Hospital (☎ 51133) se trouve sur Freshford Rd, à environ 5 km au nord de Kilkenny. Une pharmacie Boots (☎ 71222) est installée 36-38 High St. Pour contacter le poste de police, dans Dominic St, composez le ☎ 999 ou 22222.

KILKENNY CASTLE

Richard de Clare, le conquérant anglo-normand de l'Irlande, plus connu sous le nom de Strongbow, choisit cet emplacement stratégique surplombant la Nore pour bâtir une tour en bois en 1172. Vingt ans plus tard, son gendre, William Marshall, érigea un château en pierre flanqué de quatre tours, dont trois subsistent. Le **château** (☎ 21450 ; adulte/étudiant 4,50/1,90 € ; 10h-19h tlj juin-sept, 10h30-12h45 et 14h-17h mar-sam, 11h-12h45 et 14h-17h dim oct-mars, 10h-17h tlj avril-mai) fut acquis par la puissante famille Butler en 1391 et leurs descendants y demeurèrent jusqu'en 1935. L'entretien de la résidence devint un tel fardeau financier que les meubles furent presque tous vendus aux enchères. Le château fut cédé à la ville en 1967 pour la somme symbolique de 50 £ et il est maintenant géré par le Dúchas.

Les travaux de restauration se poursuivent afin de redonner au château sa splendeur victorienne. De nombreuses salles n'ont été ouvertes au public que récemment. La **Long Gallery** (l'aile du château la plus proche de la rivière), avec ses plafonds aux couleurs vives qui mêlent des peintures celtes et préraphaélites et des portraits représentant les membres de la famille Butler au cours des siècles, est absolument superbe et constitue le point fort d'une visite guidée de 40 minutes.

Le château abrite aussi la **Butler Gallery**, l'une des plus importantes galeries d'art du pays hors de Dublin. Vingt hectares de **parc** (gratuit ; ouvert 10h-20h30 tlj en été) s'étendent au sud-est. Ils incluent un jardin de roses en forme de croix celtique, une fontaine à l'extrémité nord et une aire de jeux pour les enfants au sud.

ST CANICE'S CATHEDRAL

Pour vous rendre à la cathédrale à pied depuis Parliament St, il vous faudra traverser l'Irishtown Bridge, puis gravir les St Canice's Steps, datant de 1614. Tout en haut, un mur conserve partiellement des gravures médiévales. Un cimetière, une tour ronde et un évêché du XVIIIe siècle entourent la **cathédrale** (☎ 64971, stcanicecathedral@eircom.net, St Canice's Place ; don bienvenu ; 9h-13h et 14h-18h lun-sam, 14h-18h dim Pâques-sept, 10h-13h et 14h-16h lun-sam, 14h-16h dim oct-Pâques). La cathédrale actuelle fut construite entre 1202 et 1285 mais son histoire est bien plus ancienne.

Ce site aurait sûrement une importance préchrétienne. La légende raconte que le premier monastère fut érigé ici par saint Canice, patron de Kilkenny, qui émigra ici depuis Aghaboe, comté de Laois, au VIe siècle. On a retrouvé à cet endroit des restes d'une église en bois qui brûla en 1087. La **tour ronde** haute de 30 m (adulte/étudiant 1,90/1,30 € ; ouvert 9h-13h et 14h-18h lun-sam, 14h-18h dim toute l'année), derrière l'église, est la plus ancienne structure de l'enceinte. Elle fut érigée entre 700 et 1000 à l'emplacement d'un premier cimetière chrétien.

Sur les murs et sur le sol, vous pourrez voir d'anciennes **pierres tombales** polies. Sur le mur nord qui fait face à l'entrée, l'une d'elles porte une inscription en français normand à la mémoire de Jose de Keteller, décédé en 1280. Malgré l'orthographe différente, il était probablement le père de la sorcière de Kilkenny, Dame Alice Kyteler. Le fauteuil en pierre de St Kieran, encastré dans le mur, remonte au XIIIe siècle. Ne manquez pas le joli monument de 1596 dédié à Honorina Grace, à l'extrémité ouest de l'aile sud, taillé dans le magnifique calcaire noir de la région. Le transept sud renferme un splendide **tombeau noir** à l'effigie de Piers Butler, qui mourut en 1539, et de sa femme Margaret Fitzgerald.

ROTHE HOUSE

La **Rothe House** (☎ 22893, Parliament St ; adulte/réduction 2,55/1,90 € ; 10h-18h lun-sam et 15h-17h dim juill-août, 10h30-17h lun-sam et 15h-17h dim avr-juin et sept-oct, 13h-17h sam et 15h-17h dim seulement nov-mars) est une jolie demeure Tudor. C'est le meilleur spécimen encore intact de maison de marchand du XVIe siècle en Irlande. Elle fut construite autour de plusieurs cours, et abrite aujourd'hui un musée présentant une maigre collection d'objets et de costumes locaux de différentes époques, exposés dans des pièces avec des voûtes en bois à l'ancienne. L'élégant toit en poinçon du 2e étage est une reconstruction fidèle et

KILKENNY

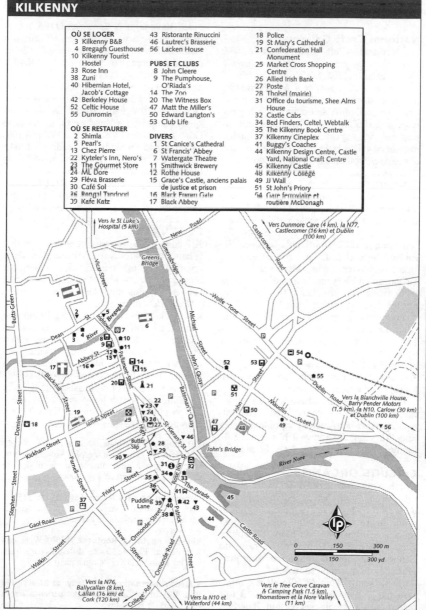

OÙ SE LOGER
3 Kilkenny B&B
4 Bregagh Guesthouse
10 Kilkenny Tourist Hostel
33 Rose Inn
38 Zuni
40 Hibernian Hotel, Jacob's Cottage
42 Berkeley House
52 Celtic House
55 Dunromin

OÙ SE RESTAURER
2 Shimla
5 Pearl's
13 Chez Pierre
22 Kyteler's Inn, Nero's
23 The Gourmet Store
24 ML Dore
29 Fléva Brasserie
30 Café Sol
36 Bengal Tandoori
39 Kafe Katz

43 Ristorante Rinuccini
46 Lautrec's Brasserie
56 Lacken House

PUBS ET CLUBS
8 John Cleere
9 The Pumphouse, O'Riada's
14 The Zoo
20 The Witness Box
47 Matt the Miller's
50 Edward Langton's
53 Club Life

DIVERS
1 St Canice's Cathedral
6 St Francis' Abbey
7 Watergate Theatre
11 Smithwick Brewery
12 Rothe House
15 Grace's Castle, anciens palais de justice et prison
16 Black French Gate
17 Black Abbey

18 Police
19 St Mary's Cathedral
21 Confederation Hall Monument
25 Market Cross Shopping Centre
26 Allied Irish Bank
27 Poste
28 Tholsel (mairie)
31 Office du tourisme, Shee Alms House
32 Castle Cabs
34 Bed Finders, Celtel, Webtalk
35 The Kilkenny Book Centre
37 Kilkenny Cineplex
41 Buggy's Coaches
44 Kilkenny Design Centre, Castle Yard, National Craft Centre
45 Kilkenny Castle
48 Kilkenny Collège
49 JJ Wall
51 St John's Priory
54 Gare ferroviaire et routière McDonagh

COMTÉ DE KILKENNY

impressionnante. Une présentation audiovisuelle de 20 min en restitue l'atmosphère.

National Craft Gallery

La **National Craft Gallery** (☎ *61804, www.craftscouncil-of-ireland.ie, Castle Yard ; gratuit ; 10h-18h tlj avr-déc, fermé dim le reste de l'année)* a été récemment inaugurée dans Castle Yard. Financée par le Crafts Council of Ireland, cette nouvelle galerie expose des créations irlandaises contemporaines. Ses expositions de grande qualité mettent en valeur la diversité et l'imagination des œuvres, notamment la céramique.

À VOIR

Il subsiste quelques pans des anciens remparts normands de la ville, mais la **Black Freren Gate**, Abbey St, est la seule porte conservée.

La **Shee Alms House**, Rose Inn St, fut construite en 1582 par le bienfaiteur local Sir Richard Shee et sa femme afin de venir en aide aux pauvres. Cette maison servit d'hôpital jusqu'en 1740, mais aujourd'hui l'office du tourisme y est installé. Le **Tholsel**, l'hôtel de ville, High St, fut érigé en 1761 à l'endroit où Petronella, la femme de chambre de Dame Alice Kyteler, fut brûlée sur le bûcher en 1324. Juste au nord du Tholsel se trouve la **Butter Slip**, une allée étroite creusée en 1616 pour relier High St et Low Lane (l'actuelle St Kieran's St). Autrefois, elle était remplie par les étals des vendeurs de beurre.

De l'autre côté du fleuve se dressent les ruines du **St John's Priory**, fondé en 1200, réputé pour ses nombreuses splendides fenêtres jusqu'à la venue de Cromwell. Non loin, le Kilkenny College, dans John St, fut édifié en 1666.

CIRCUITS ORGANISÉS

Tynan Tours (☎ *65929, 087 265 1745, info@tynantours.com ; adulte/réduction 4,50/3,80 €)* propose six marches guidées d'une heure dans la ville, tous les jours (quatre le dimanche) de mars à octobre, depuis l'office du tourisme. Le reste de l'année, trois circuits quotidiens sont programmés du mardi au samedi.

Le Kilkenny Tour (7,60/3,80 €), organisé par Tynan Tours, est un bus à toit ouvert qui s'arrête un peu partout. Il part du Kilkenny Castle toutes les demi-heures entre 10h et 17h.

J.J. Kavanagh & Sons (☎ *31106, info@jjkavanagh.ie, www.jjkavanagh.ie)* offre des visites de la ville en bus à toit ouvert (10,20 €) partant de Parade à 6h30, 8h30, 11h, 14h40 et 17h45 du lundi au samedi (13h50 et 18h20 le dimanche) de mi-mai à mi-septembre. Il propose aussi des excursions à Kilkenny depuis Dublin (24,20 €, transfert entre Dublin et Kilkenny compris). Le départ s'effectue devant le Gresham Hotel, O'Connell St, Dublin, à 10h, 13h et 17h45 du lundi au samedi et à 17h45 et 21h le dimanche, également de mi-mai à mi-septembre.

Les **Buggy's Coaches** (☎ *41264)* effectuent des visites de la Nore Valley sur demande (environ 6,50 € par personne).

FESTIVALS

Kilkenny est à juste titre considérée comme le haut lieu des festivals d'Irlande puisqu'elle compte plusieurs manifestations d'ampleur internationale qui attirent des milliers de personnes. Le plus important de tous, créé en 1973, est le Kilkenny Arts Festival (☎ 52175, kaw@iol.ie). Fin août, durant les 10 jours de festivités, la ville accueille des animations de théâtre, de musique, de littérature, d'arts visuels et des spectacles pour enfants, ainsi que des activités de plein air. Durant cette période, la recherche d'un logement est une véritable ruée vers l'or, aussi est-il vivement conseillé de réserver longtemps à l'avance.

Toutefois, bien d'autres festivals s'y déroulent tout au long de l'année :

Cat Laughs Comedy Festival (☎ 63207). Weekend férié de juin. Pour de plus amples détails, reportez-vous à Festivals et jours fériés dans le chapitre Renseignements pratiques.

Confederation of Kilkenny Festival (☎ 51500). Juin. Ce festival commémore l'époque où Kilkenny était la capitale de l'Irlande.

Kilkenny Rhythm & Roots (☎ 51500). Week-end férié de mai. Plus de 30 sites différents participent au plus grand festival de musique d'Irlande.

Kilkenny International Air Rally (☎ 21483). Fin juin. Cet impressionnant ballet aérien a lieu à l'aéroport de Kilkenny.

Ultimate Frisbee Tournament (☎ 51500 ou ian-cud@hotmail.com). Mi-juin. Un excellent week-end de folie où l'alcool coule à flot et les frisbees volent dans tous les sens.

OÙ SE LOGER
Camping
Tree Grove Caravan & Camping Park *(☎ 70302, fax 21512, Danville House, New Ross Rd ; tente et 2 pers 10,20 €)*. Ce petit parc est situé à 1,5 km au sud de Kilkenny.

Nore Valley Caravan & Camping Park *(☎ 27229, Annamult)*. Ce parc est installé à 11 km de la ville, près de Bennettsbridge. Reportez-vous à *Centre de Kilkenny* plus loin dans ce chapitre pour de plus amples détails

Auberges de jeunesse
Kilkenny Tourist Hostel *(☎ 63541, fax 23397, kilkennyhostel@eircom.net, 35 Parliament St ; dortoirs/doubles/quad 13/33/58,50 €, supp 1,30 € mai-sept)*. Accueillante, propre et située dans le centre-ville, cette auberge IHH dispose d'une cuisine et d'une laverie (3,80 €). Les clients peuvent s'offrir un massage shiatsu (15,25 €) les dimanches et lundis matin.

Foulksrath Castle *(☎/fax 67144, mailbox@anoige.ie, Ballyragget ; dortoirs/chambres 7,50/9,50 €)*. Située à 13 km au nord de Kilkenny, cette auberge An Óigc bénéficie d'un emplacement de choix dans un château normand du XVIe siècle, à Jenkinstown, près de Ballyragget. De juin à septembre, elle prépare des repas à prix corrects. Pour savoir comment vous y rendre en bus, reportez-vous à *Comment s'y rendre* plus loin dans cette rubrique.

B&B
Si les B&B ne manquent pas, il est parfois difficile de se loger le week-end et pendant les festivals. Bed Finders (☎ 70088), 23 Rose Inn St, vous aidera à trouver un hébergement sans prendre de commission.

Rose Inn *(☎ 70061, 9 Rose Inn St ; dortoirs/chambres à partir de 13/19 € par pers)*. Situé dans le centre-ville en face de l'office du tourisme, ce charmant établissement bon marché et sympathique comporte un dortoir de six lits et des chambres avec lits à baldaquin.

Bregagh Guesthouse *(☎ 22315, Dean St ; simples/doubles 32/63,50 €)*. Ce B&B est également installé dans le centre-ville, à proximité de St Canice's Cathedral.

Kilkenny B&B *(☎ 64040, kilkenny-bandb@eircom.net, Dean St ; simples/doubles 45/63,50 €)*. Vous ne pouvez manquer ce confortable B&B de Dean St, la seule maison peinte en bleu roi avec des balustrades jaunes. Attention, les propriétaires sont à cheval sur les horaires du petit déjeuner : entre 8h30 et 9h30.

Celtic House *(☎/fax 62249, 18 Michael St ; simples/doubles 32,50/57 €)*. Cette maison joliment décorée, située près de la gare routière, propose des chambres modernes, spacieuses, avec s.d.b. Demandez une chambre avec vue sur le château.

Dunromin *(☎ 61387, fax 70736, val-tom@oceanfree.net, Dublin Rd ; simples/doubles 32/51 €)*. Le petit déjeuner préparé dans cette charmante maison du XIXe siècle installée à environ 500 m du centre-ville est succulent.

Lacken House *(☎ 61085, fax 62435, info@lackenhouse.ie, Dublin Rd ; chambres à partir de 45 € par pers en demi-pension ; ouvert avril-oct)*. À l'orée de la ville, ce B&B très réputé est doté d'un excellent restaurant (voir *Où se restaurer*).

Hôtels
Berkeley House *(☎ 64848, fax 64829, berkeleyhouse@eircom.net, 5 Lower Patrick St ; simples/doubles 57/95,50 €)*. Cet établissement georgien semble avoir ses jours de gloire derrière lui, mais il est très confortable.

Ristorante Rinuccini *(☎ 61575, fax 51288, info@rinuccini.com, www.rinuccini.com, 1 The Parade ; simples/doubles 51/102 € avec petit déj)*. Surtout connu pour son restaurant (voir *Où se restaurer*), cette somptueuse pension moderne renferme de splendides meubles italiens. Le petit déjeuner est uniquement servi dans les chambres.

Zuni *(☎ 23999, fax 56400, info@zuni.ie, www.zuni.ie, 26 Patrick St ; simples/doubles 70/114,50 €)*. Installé dans un immeuble de 1902 qui faisait autrefois office de théâtre, Zuni a opté pour un design ultramoderne et minimaliste, un éclairage tamisé et aucune fleur en vue. Voyez aussi *Où se restaurer*.

Hibernian Hotel *(☎ 71888, fax 71877, www.thehibernian.com, 1 Ormonde St ; chambres à partir de 88 €)*. Aménagé dans un bâtiment victorien qui abritait auparavant une banque, cet hôtel est le meilleur des établissements de catégorie supérieure de Kilkenny. Il ne manque pas de charme, de cachet et de confort.

OÙ SE RESTAURER
Restaurants

Ristorante Rinuccini *(voyez ci-dessus Hôtels ; plats principaux autour de 13 €)*. Installé dans une cave, ce restaurant huppé sert de succulents plats de pâtes fraîches.

Lautrec's Brasserie *(☎ 62720, 9 St Kieran's St ; menu au dîner 14 € ; jusqu'à 1h du matin)*. À proximité du Kyteler's Inn, ce restaurant ouvert tard le soir prépare une gamme éclectique de mets italiens et mexicains.

Fléva Brasserie *(☎ 70021, 84 High St ; plats principaux autour de 16 €)*. Non loin du Tholsel, le menu affiche une cuisine éclectique allant des œufs à la florentine au poulet thaï.

Pearl's *(☎ 23322, 10 Irishtown ; plats autour de 14 €)*. Pearl's concocte de délicieux plats chinois dont le prix est justifié. L'ambiance est très détendue.

Bengal Tandoori *(☎ 64722, Pudding Lane ; brunch le dim 14 €)*. Le brunch à volonté du dimanche (13h-17h) est très prisé par la population locale. L'établissement propose aussi des plats indiens classiques, avec une préférence pour les mets chauds bengalis.

Shimla *(☎ 23788, 6 Dean St ; plats principaux à partir de 8,90 €)*. En face de Bregagh Guesthouse, cet excellent restaurant indien dispose d'un vaste choix.

Zuni *(☎ 23999, 26 Patrick St ; dîner à partir de 32 €)*. La cuisine fusion asiatique est la spécialité de ce restaurant branché et animé servant une nourriture succulente.

Edward Langton's *(☎ 21728, 69 John St ; déjeuner env. 6 €, menu au dîner 23,50 €, plats à la carte 16-18 € ; service jusqu'à 23h)*. Installé au nord-est de la rivière, ce pub-restaurant propose un déjeuner à base de rôti de bœuf pour 6,35 €, et le prix de ses sandwiches débute à 4,45 €, frites comprises !

Jacob's Cottage *(Hibernian Hotel ; ☎ 71888, 1 Ormonde St ; plats principaux à partir de 15,25 €)*. Dans le Hibernian Hotel, ce délicieux restaurant est très apprécié de la population locale pour sa cuisine irlandaise créative et bien présentée.

Kyteler's Inn *(☎ 21604, 27 St Kieran's St ; plats à partir de 8,90 €)*. La vieille maison de Dame Kyteler est l'une des attractions touristiques de la ville. Si la cuisine n'est pas exquise, ce pub demeure très populaire.

Lacken House *(☎ 61085, Dublin Rd ; dîner à partir de 28 €)*. Considéré comme étant le meilleur, ce restaurant se trouve à la sortie de la ville (voyez Où se loger).

Cafés

Kilkenny Castle Kitchen *(☎ 21450, Kilkenny Castle ; plats principaux à partir de 3,80 €)*. Cet établissement est idéal pour déjeuner l'été ou pour déguster ses succulents mais onéreux gâteaux. Le droit d'entrée au château n'est pas exigé pour accéder au café.

Kilkenny Design Centre *(☎ 22118, Castle Yard ; déj env 10 € ; 9h-17h tlj)*. Ce restaurant en étage confectionne d'excellents en-cas ou déjeuners, mais attire aussi de nombreux cars de touristes.

Café Sol *(☎ 64987, William St ; déj env 8,90 € ; dîner env 32 €)*. Un excellent choix pour le déjeuner, avec des couleurs évoquant le Kilkenny ensoleillé plutôt que la pluie et le vent.

Kafe Katz *(☎ 56688, 3 Ormonde St ; plats principaux à partir de 3,80 €)*. Ce petit établissement clair et aéré dispose d'une terrasse en été et prépare une vaste gamme de sandwiches.

The Gourmet Store *(☎ 71727, 56 High St ; sandwiches à partir de 2,50 €)*. Ce magasin d'alimentation spécialisée vend d'exquis sandwiches à emporter.

Chez Pierre *(☎ 64655, 17 Parliament St ; plats principaux à partir de 5,10 € ; 10h-17h tlj)*. Ce sympathique café francais prépare lui-même de délicieux classiques tels que des croque-monsieur ou des tartines.

M.L. Dore *(☎ 63374, 65 High St ; plats principaux à partir de 7,60 € ; service jusqu'à 22h)*. Dans un décor très kitsch, ce café sert un large choix de plats pour le déjeuner et le dîner.

OÙ SORTIR
Pubs

La ville recense plus de 65 pubs dotés d'une licence, soit environ un pour 300 habitants.

The Pumphouse *(☎ 63924, 26 Parliament St)* propose de la musique rock et pop, ainsi que de la musique traditionnelle le mardi et le mercredi.

O'Riada's *(27 Parliament St)*. La seule concession faite au XXe siècle par ce vieux bar superbe est l'électricité. C'est notre adresse préférée.

John Cleere *(☎ 62573, 22 Parliament St)*. Tout au long de l'année, ce pub accueille des pièces de théâtre, des revues, des soirées poésie et d'autres spectacles. Le lundi soir est réservé à la musique traditionnelle et au folklore irlandais. Des concerts peuvent être donnés au pied levé.

The Witness Box *(☎ 64337, 13 Parliament St)*. Vous pourrez assister à des concerts six soirs par semaine, notamment de musique traditionnelle le mardi et le mercredi. Des groupes rock se produisent le week-end.

Matt the Miller's *(☎ 61696, 1 John St)*. L'autre rive abrite ce pub populaire.

Théâtre et cinémas

Watergate Theatre *(☎ 61674, Parliament St)*. Ce lieu propose des pièces de théâtre, des comédies et des spectacles musicaux réalisés par des troupes professionnelles et amateurs.

John Cleere (voyez ci-dessus dans la rubrique *Pubs* pour de plus amples détails) offre divers spectacles.

Kilkenny Cineplex *(☎ 23111, Fair Green, Gaol Rd)*. Le seul cinéma de Kilkenny projette dans quatre salles les films les plus récents.

ACHATS

Les magasins ouvrent de 9h à 18h du lundi au samedi et certains ferment à 21h le jeudi.

Kilkenny Design Centre *(☎ 61804, Castle Yard)*. Installées de l'autre côté de The Parade depuis le Kilkenny Castle, les anciennes écuries du château, ou Castle Stables (1760), très bien conservées, ont été transformées pour abriter le Kilkenny Design Centre. Ce centre présente une impressionnante collection d'artisanat irlandais et différents articles. Derrière la boutique, de l'autre côté de l'arche, le Castle Yard, est bordé par les ateliers d'artisans locaux. La toute nouvelle National Craft Gallery (voyez plus haut dans ce chapitre) se situe également ici.

Rudolf Helzel Gold & Silversmiths *(☎ 21497, 10 Patrick St)*. Cette joaillerie vend de jolies créations contemporaines.

COMMENT S'Y RENDRE
Bus

Bus Éireann (☎ 64933), installé devant la gare ferroviaire McDonagh, propose six liaisons quotidiennes depuis/vers Dublin du lundi au samedi et cinq le dimanche (aller simple/aller-retour 8,90/10,20 €, 2 heures). Trois bus par jour (deux le dimanche) relient Cork (aller simple/aller-retour 14/21 €, 3 heures), mais vous devez changer de bus à Cahir. Deux bus par jour (sauf le dimanche) partent de Dublin pour Waterford *via* Kilkenny.

Tous les jours, un bus de la ligne Waterford-Longford s'arrête à Kilkenny dans les deux sens (Waterford aller simple/aller-retour 6,35/12,70 €, Longford 4/4,80 €, 1 heure). En juillet et en août, un bus quotidien dessert Galway et Waterford du lundi au samedi. Le jeudi, un bus démarre de New Ross à 10h et repart de Kilkenny dans l'autre sens à 13h15.

J.J. Kavanagh & Sons (☎ 31106) assure cinq bus quotidiens entre Kilkenny et Cashel *via* Kells et Fethard, ainsi que des bus pour Carlow, Portlaoise et Thurles. Ces bus s'arrêtent à The Parade.

Buggy's Coaches (☎ 41264) dessert Foulksrath Castle et l'auberge An Óige, Ballyragget, Dunmore Cave et Castlecomer. Les bus partent de The Parade à 11h30 et 17h30 du lundi au samedi (1,90 €, 20 minutes). Depuis l'auberge, les départs ont lieu à 8h25 et 15h. Certains bus J.J. Kavanagh & Sons passent aussi par l'auberge de jeunesse.

Train

La gare ferroviaire McDonagh (☎ 22024) se trouv dans Dublin Rd, au nord-est du centre-ville *via* John St. Quatre trains quotidiens (cinq le vendredi) relient Dublin (Heuston

Station) à Waterford *via* Kilkenny (aller simple/aller-retour 15,90/20,50 €, un peu moins de 2 heures). Pour connaître les heures de départ, composez le ☎ 01-836 6222.

COMMENT CIRCULER

J.J. Wall (☎ 21236), 86 Maudlin St, loue des bicyclettes (15,25 € la journée, plus une caution de 38 €). Le circuit d'une journée autour de Kells, Inistioge, Jerpoint Abbey et Kilfane offre une agréable excursion.

Barry Pender Motors (☎ 65777), Dublin Rd, à 1,5 km du centre-ville, loue des voitures (76 € par jour). Ce tarif onéreux est abaissé hors saison pour certains véhicules (47 € par jour).

Castle Cabs (☎ 61188), 1 Rose Inn St, propose des taxis disponibles 24h/24. La petite flotte comprend un taxi à huit places. Un service de consigne est à votre disposition (1,30 € par bagage et par jour).

Centre du comté de Kilkenny

Les plus jolis paysages de cette région, qui comprend une partie des Nore et Barrow Valleys, s'étendent de Graiguenamanagh à l'est jusqu'à The Rower, puis au nord-ouest sur la route vers Inistioge, Thomastown, Kells et Callan, non loin de la frontière avec le Tipperary.

BENNETTSBRIDGE

☎ 056 • 601 habitants

Bennettsbridge, au bord de la Nore, accueille deux des ateliers de céramique les plus réputés d'Irlande et un terrain de camping officiel. Un grand moulin sur les berges abrite la **Nicholas Mosse Pottery** *(☎ 27105, www.nicholasmosse.com ; 10h-18h lun-sam toute l'année, 14h-18h dim juill-août)*. Cet atelier, où sont fabriquées à la main des céramiques marron clair décorées de motifs peints à l'éponge, dispose d'un charmant **café** à l'étage.

À presque 2 km de Bennettsbridge, sur la R700 en direction de Kilkenny, **Stoneware Jackson Pottery** *(☎ 27175, www.stoneware jackson.com, Ballyreddin ; 10h-18h lun-sam)* produit une vaste gamme de céramiques.

The Bridge *(☎ 27077, www.bridgepottery.com, Chapel St ; ouvert 10h-18h lun-sam, 12h-18h dim)* est également intéressante.

L'autre rive de la Nore accueille **Dyed in the Wool** *(☎ 27684, www.dyedinthewool.ie, Bennettsbridge ; 10h-18h lun-ven, 12h-18h sam-dim)*. Cette fabrique vend ses tricots dans certaines des meilleures boutiques de création d'Irlande. Vous pouvez acheter sur place à prix d'usine.

À deux kilomètres au sud de Bennettsbridge sur la route de Waterford se trouve le **Nore Valley Park** *(☎ 27229, Annamult ; adulte/enfant 2,55/2 € ; 9h-19h lun-sam Pâques-mi-sept)*. Cette ferme ouverte au public est destinée aux enfants, qui peuvent donner le biberon à des agneaux et des petits chevreaux, caresser des lapins, jouer dans un fort et sauter sur un trampoline en paille. L'établissement comporte un salon de thé et une aire de pique-nique.

Nore Valley Camping & Caravan Park *(☎ 27229, Annamult ; camping pour les auto-stoppeurs et les cyclistes 6,50 € par pers ; Pâques-oct)*. Ce terrain est situé dans l'enceinte de la ferme décrite ci-dessus. Si vous venez de Kilkenny par la R700, tournez à droite juste avant le pont. Le camping est indiqué.

KELLS

À seulement 13 km au sud de Kilkenny, Kells ne doit pas être confondu avec son homonyme du comté de Meath. Ce charmant hameau est niché à proximité d'un joli pont en pierre traversant la King's River, affluent de la Nore. Kells Priory constitue l'un des sites monastiques les plus impressionnants et les plus romantiques d'Irlande.

De juin à septembre, tous les samedis à 20h, un barbecue est organisé au **Shirley's** *(☎ 056-28302)*, en plein cœur du village, où vous pourrez vous restaurer aux accents de la musique traditionnelle (10,20 €).

Kells Priory

Si les plus anciennes ruines de ce magnifique prieuré datent de la fin du XIIe siècle, la plupart remontent au XVe siècle. Au milieu d'une campagne verdoyante, l'enceinte fortifiée, restaurée avec soin, relie sept tours d'habitation. Les remparts abritent les restes d'une abbaye augustinienne et les fondations de quelques chapelles et maisons. L'abbaye, étonnamment blottie derrière d'épaisses murailles, évoque une histoire tourmentée. En effet, à partir de 1250, elle fut assaillie par deux fois et brûlée par des seigneurs de la guerre.

L'accès gratuit n'est restreint par aucun horaire, à condition d'être assez hardi pour affronter les moutons qui paissent aux alentours. Les ruines se situent à 800 m à l'est de Kells sur la route de Stonyford.

THOMASTOWN ET LES ENVIRONS
☎ 056 • 1 581 habitants
Thomastown est un petit bourg qui bénéficie d'un charmant emplacement à proximité de la Nore. Malheureusement, il est également installé sur la principale route reliant Dublin à Waterford (N9) et la circulation est parfois très dense.

Baptisée du nom du mercenaire gallois Thomas de Cantwell, Thomastown a conservé quelques fragments d'un rempart médiéval et les ruines de la **Church of St Mary** datant du XIIIᵉ siècle. Le **Mullin's Castle**, installé non loin du pont, est l'unique survivant des 14 châteaux édifiés à l'origine.

À l'orée de Thomastown, **Mount Juliet** (☎ 73000, fax 73019, info@mountjuliet.ie), demeure ancestrale édifiée au début du XIXᵉ siècle par le comte de Carrick, fut baptisée en hommage à sa femme Juliet. Devenue l'un des hôtels de campagne les plus raffinés du pays, elle occupe de nos jours un parc de plus de 1 500 hectares qui inclut un parcours de golf de championnat, et comptant parmi les plus réputés d'Europe. Le parc est libre d'accès, mais l'hébergement pour la nuit se révèle onéreux (260 €).

À l'entrée de la ville, la **Grennan Mill Craft School** (☎ 24557, route de Waterford ; 9h-17h lun-sam) abrite une boutique d'artisanat.

Jerpoint Abbey
A 1,5 km au sud-ouest de Thomastown est installée **Jerpoint Abbey** (☎ 24623, route de Waterford ; adulte/réduction 2,50/1,90 € ;

9h30-18h30 tlj juin-mi-sept, 10h-13h et 14h-17h mer-lun mars-mai et mi-sept-nov, jusqu'à 16h la seconde quinzaine de nov), érigée par un roi d'Ossory au XIIᵉ siècle. Partiellement restaurée, elle est actuellement l'une des ruines cisterciennes les mieux préservées d'Irlande. La tour et le cloître élégants furent élevés au tournant du XVᵉ siècle. Certains éléments du cloître sont particulièrement intéressants, notamment les personnages sculptés ornant les piliers jumelés. D'autres motifs incrustés dans la pierre décorent également les murs de l'église et les tombeaux des membres des familles Butler et Walshe. Des peintures à peine visibles remontant au XVᵉ ou au XVIᵉ siècle perdurent sur le mur nord de l'église. Le chœur abrite aussi un tombeau supposé être celui de Felix O'Dullany, premier abbé de Jerpoint et évêque d'Ossory, qui mourut en 1202.

Selon une légende locale, saint Nicholas serait enterré non loin de l'abbaye. Au retour des croisades, les chevaliers de Jerpoint ramenèrent son corps depuis Myra, dans l'actuelle Turquie, pour l'ensevelir dans la Church of St Nicholas, à l'ouest de l'abbaye. La tombe est signalée par une dalle cassée ornée de la figure d'un moine.

A quelques kilomètres de Jerpoint Abbey, dans la ville de Stonyford, abrité dans un ancien corps de ferme aux murs de pierre, le **Jerpoint Glass Studio** (☎ 24350, près de l'entrée de Mount Juliet ; 9h-18h lun-ven, 10h-18h sam et 12h-18h dim toute l'année), célèbre dans tout le pays, crée des œuvres magnifiques. En semaine, vous pouvez assister au travail des souffleurs de verre de 9h à 17h (jusqu'à 14h le vendredi).

Abbey House (☎ 24166, fax 24192, Jerpoint Abbey; simples/doubles à partir de 32/51 €). Si vous souhaitez séjourner à Jerpoint Abbey, cette charmante maison georgienne est en face de l'entrée.

Comment s'y rendre
Bus Éireann (☎ 64933) propose six bus par jour (cinq le dimanche) entre Dublin et Waterford, avec des arrêts à Gowran, Thomastown et Mullinavat. Un service quotidien relie Waterford à Longford via Thomastown, Kilkenny, Carlow, Tullamore

COMTÉ DE KILKENNY

et Athlone. Le jeudi, un bus part de New Ross à 10h. L'arrêt de bus est devant le supermarché O'Keeffe's, dans Main St. Depuis Kilkenny, l'aller simple/aller-retour pour Thomastown s'élève à 5,85/7 €.

Thomastown se trouve sur la ligne principale Dublin-Waterford et bénéficie du même service que Kilkenny. La ville est à environ 15 minutes de Kilkenny, 25 minutes de Waterford et 2 heures de Dublin. La gare se situe à 1 km à l'ouest de la ville, après le supermarché Kavanagh's.

INISTIOGE
☎ 056 • 270 habitants

Inistioge (prononcez in-ich-**tig**) est un délicieux petit village doté d'un pont de pierre de 10 arches qui enjambe la Nore, d'une place pittoresque bordée d'arbres, ainsi que de nombreux pubs et de magasins originaux. Cet endroit aussi accueillant ne pouvait manquer de retenir l'attention d'Hollywood. Parmi les films tournés à Inistioge, figurent *Widows' Peak* (*Parfum de scandale*) de John Irvin avec Mia Farrow (1994), ou *Circle of Friends* (*Le Cercle des amies*) de Pat O'Connor (1994). Le village est également une étape sur la South Leinster Way (voyez *Randonnées* sous *Activités sportives* au chapitre *Renseignements pratiques*).

A 1 km au sud, sur le Mt Alto, s'étend **Woodstock Park**. Vous serez récompensé de l'effort qu'exige l'ascension par le magnifique panorama sur la vallée en contrebas et l'attrait du domaine. La demeure du XVIIIe siècle fut l'une des plus jolies du comté, mais elle fut détruite durant la guerre civile de 1922. Le jardin et la forêt font désormais partie d'un parc public doté d'aires de pique-nique et de chemins de promenade. Une autre randonnée agréable longe la rivière et sillonne toutes les collines des environs. Au pied de la colline qui mène à Woodstock Park, un **atelier de poterie** produit de ravissantes œuvres aux teintes pastel. L'Inistioge Walking Group (☎ 58995) se rassemble généralement le dernier dimanche du mois à midi sur la place de la ville pour des marches dans le Woodstock Park.

The Motte Restaurant (*☎ 58655, Plas Newydd Lodge ; menu au dîner 30 €*). Ce joli restaurant de campagne propose d'excellents mets irlandais de grande cuisine préparés avec soin.

Comment s'y rendre

Le jeudi uniquement, un bus effectue la liaison entre New Ross et Kilkenny, s'arrêtant en route sur demande à Inistioge. Il quitte New Ross à 10h et repart d'Inistioge à 13h50.

GRAIGUENAMANAGH
☎ 0503 • 1 374 habitants

Graiguenamanagh (prononcez **greg**-na-mana), sur une jolie rive de la River Barrow, est à 23 km au sud-est de Kilkenny, au pied de Brandon Hill (516 m). Aucun transport public ne dessert cette bourgade, étape de la South Leinster Way.

Duiske Abbey

Édifiée en 1204, cette **abbaye** (*☎ 24238 ; 10h-17h lun-ven toute l'année, 14h-17h sam-dim juin-août*) fut autrefois la plus grande abbaye cistercienne d'Irlande. Elle est aujourd'hui entièrement restaurée et son intérieur simple, blanchi à la chaux, est habité toute l'année. Son nom vient de l'irlandais Dubh Uisce (eau noire), un affluent du Barrow.

À l'intérieur, à droite de l'entrée principale, se dresse le Knight of Duiske, une sculpture en haut relief du XIVe siècle d'un chevalier prisonnier d'une chaîne, qui essaie d'atteindre son épée. Non loin, sur le sol, un panneau en verre révèle les carreaux originaux de l'ancien sol du XIIIe siècle, à 2 m en dessous du niveau actuel.

En face de l'abbaye, le **Café Duiske** (*☎ 24988, Abbey St*) prépare des lasagnes (5,10 €).

Nord du comté de Kilkenny

DUNMORE CAVE

A 10 km au nord de Kilkenny sur la route de Castlecomer (N78), se niche **Dunmore Cave** (*☎ 056-67726 ; adulte/réduction*

2,55/1,90 € ; 9h30-19h tlj mi-juin-mi-sept, 10h-17h tlj mi-mars-mi-juin et mi-sept-oct, 10h-17h sam-dim nov-mi-mars). Cette vaste grotte est séparée en trois parties ornées de nombreuses formations calcaires. Selon certaines sources, en 928, des Vikings en maraude auraient occis 1 000 personnes dans deux forts circulaires près de Dunmore Cave. Lorsque les survivants se cachèrent dans les cavernes, les Vikings essayèrent de les enfumer pour les faire partir en allumant des feux à l'entrée. On pense qu'ils sauvèrent les hommes pour en faire des esclaves et laissèrent les femmes et les enfants périr de suffocation. Des fouilles menées en 1973 permirent de découvrir, outre des pièces de monnaie datant du Xe siècle, les squelettes d'au moins 44 personnes, essentiellement des femmes et des enfants. Toutefois, les squelettes révèlent peu de traces de violences, ce qui renforce la thèse de la mort par suffocation.

La grotte est bien éclairée et spacieuse. Après une descente abrupte, vous accédez à des cavernes aux noms très évocateurs peuplées de colonnes, de stalactites et de stalagmites telle la Market Cross, haute de 7 m, la plus grande formation sur pied d'Europe. En raison de l'humidité et du froid, un pull ou un blouson est bienvenu pour suivre la visite guidée obligatoire, particulièrement bien conçue.

Buggy's Coaches (☎ 056-41264) propose quatre bus par jour du lundi au samedi (aller-retour 3,80 €) à partir de The Parade à Kilkenny. Vous serez déposé à 1 km de la grotte.

COMTÉ DE KILKENNY

Centre-sud

Les quatre comtés de Carlow, Kildare, Laois et Offaly forment une grande partie des Midlands irlandais. Parmi les curiosités de la région figurent le Rock of Dunamase près de Portlaoise, Moone High Cross dans le Kildare, la cathédrale de la ville de Kildare, le Browne's Hill Dolmen, juste à l'extérieur de la ville de Carlow, Rosse Estate and Observatory à Birr. Sur les berges du Shannon, le très impressionnant Clonmacnoise est le site monastique le plus important d'Irlande.

Comté de Kildare

À l'ouest et au sud-ouest de Dublin s'étendent les terres vertes et fertiles du Kildare (Cill Dara), tandis que l'angle nord-ouest de ce comté est occupé par la vaste tourbière du Bog of Allen. Sous les pâturages et la tourbe se trouve une plaine de calcaire. C'est un des comtés les plus prospères d'Irlande et, selon une enquête récente, il connaît la plus forte croissance démographique après Dublin. Cette richesse est essentiellement due au fait que le Kildare est une des meilleures régions d'élevage et d'entraînement de chevaux de course à l'échelle mondiale. Plus que tout autre comté, le Kildare rime avec industrie multimillionnaire de chevaux de race, partiellement parce que la loi irlandaise ne lève aucun impôt sur le prix de la saillie (grâce à l'ancien propriétaire de chevaux et Premier ministre Charles J. Haughey). Des haras privés élèvent de futurs champions pur-sang. Par ailleurs, la ville de Kildare est jumelée avec un autre centre d'élevage célèbre, Lexington-Fayette, dans le Kentucky aux États-Unis.

Les grandes villes sont confrontées à une circulation dense, problème qui devrait être résolu avec l'achèvement des travaux de construction de périphériques entrepris par les conseils locaux. Presque tous les grands axes routiers et ferroviaires du pays traversent ce comté, à l'instar du Grand Canal et du Royal Canal datant du XVIIIe siècle qui bénéficient d'une seconde vie. La River

À ne pas manquer

- La splendide Moone High Cross dans le comté de Kildare, une croix celtique du VIIIe ou du IXe siècle
- Le très intéressant centre d'élevage de chevaux de National Stud et ses jardins japonais, à l'extérieur de la ville de Kildare
- Le Browne's Hill Dolmen, vieux de 5 000 ans, non loin de Carlow
- Birr, une des villes du centre de l'Irlande les plus plaisantes, et le domaine de Birr Castle, où l'on peut admirer le télescope des Rosse
- Clonmacnoise, le site monastique le plus important d'Irlande, qui surplombe le fleuve Shannon

Barrow constitue la frontière ouest du comté tandis que le Curragh forme une vaste étendue non délimitée vers le sud.

GRAND CANAL ET ROYAL CANAL
Le Grand Canal et le Royal Canal furent construits au XVIIIe siècle afin de révolution-

306

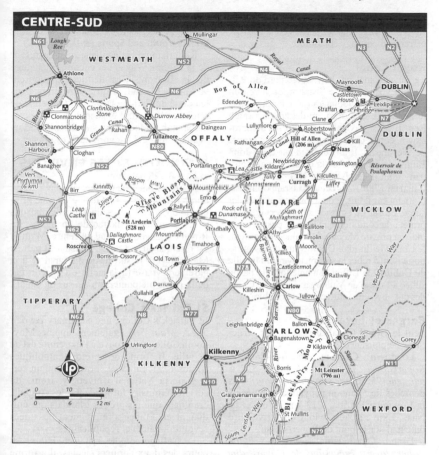

ner le transport des biens et des personnes, mais au XIXe siècle le chemin de fer supplanta ces canaux, qui furent laissés à l'abandon. Aujourd'hui, ils sont la propriété du Dúchas, organisme chargé du patrimoine, et offrent un moyen agréable de sillonner le pays.

Grand Canal

La construction du Grand Canal fut prescrite en 1715 par une loi du Parlement, mais, en raison du manque de moyens, elle fut retardée et les premières barges-cargos ne commencèrent à naviguer entre Dublin et Sallins qu'en 1779. Ce canal transporta des passagers jusqu'en 1852 et des marchandises jusqu'en 1960. Il relie Dublin à Robertstown, dans le comté de Kildare. De là, il se sépare en deux : une branche part vers l'ouest traversant Tullamore pour rejoindre le Shannon à Shannon Harbour (comté d'Offaly), tandis que l'autre se dirige vers le sud pour se jeter dans la Barrow à Athy, permettant d'accéder à New Ross (comté de Wexford) et à la ville de Waterford.

Outre les charmantes écluses et les ravissantes petites maisons d'éclusiers, vous découvrirez des trésors de beauté comme le Leinster Aqueduct à sept arches, à 5 km au nord de Naas près du village de Sallins, où le canal traverse la Liffey. Plus au sud de Robertstown, certaines parties de la Barrow offrent un paysage splendide.

Royal Canal

Le Royal Canal suit la frontière nord du Kildare et vogue vers le Shannon qu'il rejoint plus au nord à Cloondara (ou Clondra) dans le comté de Longford, au-dessus de Lough Ree. Il n'est navigable qu'entre Blanchardstown, comté de Dublin, et Mullingar, comté de Westmeath. Il fut construit par Long John Binns, un directeur de la Grand Canal Company dont il démissionna. Il fonda le Royal Canal en 1790, mais celui-ci ne rapportait pas d'argent car il faisait doublon avec le premier canal. Le duc de Leinster soutint cependant le projet à la condition que le tracé passe par sa maison près de Maynooth. Malheureusement, le canal vieillit mal. Des travaux de restauration visent à relier la section traversant la ville de Dublin à la Liffey et à améliorer la partie située à l'ouest de Mullingar. Le Royal Canal devrait ainsi être entièrement navigable.

Barges et bateaux

Seul le Grand Canal dispose d'infrastructures de plaisance.

Lowtown Cruisers (☎ *045-860427, Robertstown ; péniches à 6 places 571 € par sem, 952 € par sem en juill-août).* Les péniches du Shannon peuvent être louées à la Lowtown Marina, à 13 km à l'ouest de Naas, 1 km à l'ouest le long de la rive nord du canal sur le pont de Robertstown.

Grand Canal Hotel (☎ *045-870005, Robertstown ; excursions de 1 heure dim 14h-18h ; adulte/réduction 4,50/3,20 €).* L'*Eustace,* une barge de canal rénovée, part du Grand Canal Hotel pour des promenades de 45 minutes. En été, des circuits à la journée démarrent à Robertstown.

Randonnée sur les chemins de halage

Les chemins de halage qui longent le canal sont propices à la randonnée. Robertstown constitue un bon point de départ pour nombre de marches. Les offices de tourisme proposent trois brochures *Canal Bank Walks,* qui détaillent un sentier de 45 km le long du Grand

Canal, d'Edenderry à Celbridge. Pour de plus amples renseignements, contactez le **County Kildare Youth and Sports** (☎ *045-879502).*

Robertstown est également au carrefour de la Kildare Way et des chemins de halage de la Barrow. Ces derniers parcourent 95 km vers le sud, jusqu'à St Mullins, dans le comté de Carlow. De là, il est possible de rejoindre la South Leinster Way à Graiguenamanagh ou la section sud de la Wicklow Way à Clonegal, au nord du Mt Leinster.

MAYNOOTH ET SES ENVIRONS

☎ **01 • 8 528 habitants**

À 24 km à l'ouest de Dublin, sur la N4, Maynooth (Maigh Nuad) est doté d'une rue principale bordée d'arbres ainsi que de maisons et de boutiques à la façade en pierre. Le Royal Canal coule au sud du centre. Main St est orientée au sud-ouest. Leinster St part de Main St vers le sud jusqu'au canal et à la gare ferroviaire (à laquelle on accède par deux ponts piétonniers au-dessus du canal).

St Patrick's College

St Patrick's College and Seminary (☎ *628 5222, Main St),* également appelé Maynooth College, se trouve à l'extrémité est de la ville. Il forme des prêtres catholiques depuis 1795. En 1910, il est devenu un *college* de la National University. Ironie du sort, le séminaire fut fondé par les Anglais, craignant que les prêtres irlandais qui étudiaient en France s'imprègnent des idées révolutionnaires et républicaines.

Le College compte 5 500 étudiants. Au cours des deux derniers siècles, il a formé plus de 11 000 prêtres catholiques, mais il accueille de moins en moins de séminaristes. Cette baisse reflète le déclin de l'Église catholique. Aujourd'hui, quelque 300 hommes étudient la prêtrise.

L'établissement comporte un petit **Visitor Centre** (☎ *708 3576, St Patrick's College, Main St ; visites adultes/réduction 3,80/1,90 € ; mai-sept lun-ven 11h-17h, sam-dim 14h-18h).* Vous visionnerez une vidéo sur l'histoire du College et pourrez acheter des brochures permettant de se repérer dans les lieux. Il y a aussi un petit **Science Museum** (*adulte 1,30 € ; mai-sept mar et jeu 15h-17h, dim 14h-18h).*

Maynooth Castle

Les ruines de la maison de gardien, du donjon et du grand hall du château du XIIIe siècle se tiennent non loin de l'entrée du St Patrick's College. Vous pouvez demander la clé au 1 Parsons St en échange d'une caution.

Le château fut l'une des demeures des Fitzgerald (l'autre étant à Kilkea ; voir *De Naas à Carlow* plus loin dans ce chapitre). Suite à la rébellion de 1534 menée par Thomas le Soyeux, les Anglais assiégèrent le château. Les défenseurs se rendirent après la promesse qu'ils seraient traités avec indulgence. Toutefois, dans le cadre du très ironique "pardon de Maynooth", Thomas et ses hommes furent sommairement exécutés. Le château fut démantelé à l'époque de Cromwell, lorsque les Fitzgerald déménagèrent au Kilkea Castle.

Où se loger

Curraghchase House (☎/fax 628 5726, *curragh@tinet.ie, Moyglare Rd ; simples/doubles 38/57 €*). Cet agréable B&B se situe à 1 km à l'ouest de la ville, sur la R148.

Windgate Lodge (☎ 627 3415, *Barberstown, Straffan ; simples/doubles avec sdb et petit déj à partir de 38/63,50 €*). Cet établissement se trouve à 2 km au sud, à Barberstown.

Glenroyal Hotel & Leisure Club (☎/fax 629 0909, *hotel@glenroyal.ie, Straffan Rd ; simples/doubles à partir de 67/85 €*). À environ 1,5 km au sud de la ville le long de la R406, cet hôtel offre de multiples infrastructures, dont une piscine de 20 m et un club de remise en forme.

Moyglare Manor (☎ 628 6351, *fax 628 5405, moyglare@iol.ie, R157 ; simples/doubles avec petit déj 140/229 €*). Si vous en avez les moyens, séjournez dans ce charmant manoir georgien, à 3,5 km au nord. C'est l'une des plus belles maisons de campagne d'Irlande, dotée d'un excellent restaurant et de chambres vraiment superbes.

Où se restaurer

Kehoe's Delicatessen (☎ 628 6533, *Main St ; en-cas à partir de 1,90 €*). Cet établissement est très apprécié pour déjeuner léger, d'une soupe ou d'un sandwich chaud.

Mandarin (☎ 629 2265, *1 Main St ; plats principaux autour de 10 €*). En bas de Main St, c'est le seul restaurant chinois de la ville qui mérite une visite.

Comment s'y rendre

Les bus 67 et 67A (☎ 872 0000) quittent D'Olier St à Dublin pour Maynooth (1,50 €, 1 heure, env toutes les 30 min).

Maynooth est relié à Dublin par la ligne de métro Western Suburban (☎ 836 6222) et se trouve sur la grande ligne Dublin-Sligo. Les trains passent régulièrement dans chaque direction (aller simple/aller-retour 2,20/4,20 €, 40 min, env toutes les heures).

CELBRIDGE

☎ 01 • 12 289 habitants

À 6,5 km au sud-est de Maynooth sur la Liffey, Celbridge ne vaut le détour que pour sa magnifique Castletown House de style palladien.

Castletown House

Avec son allée bordée d'arbres qui part du village (et qui continue tout droit après la grille), cette immense demeure irlandaise (☎ 628 8252, *Celbridge ; adulte/enfant et étudiant 3,80/1,60 € ; juin-sept lun-ven 10h-18h et sam-dim 13h-18h, oct lun-ven 10h-17h et dim 13h-17h, nov-déc dim 14h-17h, avr-mai dim 13h-17h*) est réputée être la plus vaste maison privée d'Irlande. Elle fut construite entre 1722 et 1732 pour William Conolly, fils d'un tenancier de pub qui s'éleva au rang de président de la Chambre des communes d'Irlande. Alors qu'il était régisseur, il se constitua la fortune nécessaire au financement de Castletown House grâce à la situation chaotique laissée par la bataille de la Boyne.

L'architecte Alessandro Galilei fut choisi pour concevoir le château. Edward Lovett Pearce (créateur du bâtiment abritant la Bank of Ireland dans College Green à Dublin) lui succéda. L'architecture palladienne était inévitable : il n'était pas une villa irlandaise bâtie au XVIIIe siècle qui n'ait été influencée par le style de l'architecte italien Andrea Palladio (1508-1580). Toutefois, la version irlandaise s'est enrichie des influences de Richard Cassels (Castle), James Gandon et Lovett Pearce. Castletown House demeura la propriété de la famille Conolly jusqu'en 1965. Elle fut ensuite achetée par la famille Guinness qui s'en est occupée conjointement avec l'Irish Georgian Society. En 1979, la Castletown Federation reprit la demeure, désormais entretenue par le Dúchas, qui décrocha le gros lot avec un budget de 6,25 millions d'euros pour la restauration de la propriété.

Nombre des magnifiques chambres furent décorées bien après la fin de la construction du bâtiment. Les frères italiens Francini réalisèrent les plâtres ans le hall et au-dessus de l'escalier principal.

Castletown possède deux folies, commandées par la femme de William Conolly, Lady Louisa, afin de fournir du travail aux pauvres. On peut voir l'**obélisque**, conçu par Richard Cassels, depuis la Long Gallery à l'arrière de la maison. Encore plus étrange, la **Wonderful Barn**, qui s'étend au nord-est sur une propriété privée à la sortie de Leixlip, date de 1743. Elle est composée de quatre dômes les uns au-dessus des autres accessibles par un escalier en colimaçon.

Castletown se trouve à 21 km à l'ouest de Dublin sur la N4. Les bus 67 et 67A quittent D'Olier St à Dublin environ toutes les heures pour Celbridge (aller simple/aller-retour 2,25/3,80 €, env 1 heure). Le bus s'arrête devant les grilles de la maison.

Où se loger

Springfield (☎ 627 3248, fax 627 3123, sur la R405, Celbridge ; chambres à partir de 55 € par pers). Cette splendide maison georgienne est située à quelque 2 km au sud de Celbridge. Les quatre chambres sont stupéfiantes. La piste de course de 1 km fera la bonheur des amateurs de jogging.

Comment s'y rendre

Les bus 67 et 67A relient D'Olier St, Dublin, à Celbridge (aller simple/aller-retour 2,25/ 3,80 €, environ 1 heure, toutes les heures).

STRAFFAN

Pendant un week-end de folie en septembre 2005, les amateurs de golf du monde entier connaîtront l'existence du village situé au sud-ouest de Celbridge, sur la route de Clane. En effet, le **K Club** (Kildare Hotel & Country Club ; ☎ 01-601 7300) tout proche accueillera la Ryder Cup, le tournoi biennal qui oppose les meilleurs golfeurs des États-Unis aux cham-

pions européens. Conçu par Arnold Palmer, c'est l'un des meilleurs golfs d'Irlande ; il accueille l'Open d'Europe depuis 1995. Il vous en coûtera 165 € pour effectuer un parcours ; pendant la saison d'hiver (oct-mars), des greens temporaires sont mis en place, aussi est-il préférable de jouer en été, à condition de réserver.

À la **Straffan Butterfly Farm** (☎ 01-627 1109, Ovidstown ; adulte/réduction 3,80/2,50 € ; mai-fin août tlj 12h-17h30) d'Ovidstown, vous verrez des papillons en liberté dans une serre tropicale, ainsi que des phasmes et autres reptiles sagement gardés derrière une vitre.

Kildare Hotel & Country Club (☎ 01-601 7200, fax 601 7299, hotel@kclub.ie, www.kclub.ie, Straffan ; simples/doubles à partir de 355/432 €). Ce superbe domaine georgien a été restauré et transformé en l'un des meilleurs hôtels d'Europe. Avec de tels tarifs, que dire de plus ?

Bus Éireann (☎ 01-836 6111) assure cinq liaisons quotidiennes (une le dim) entre Dublin et Straffan.

BOG OF ALLEN

Le Bog of Allen est la tourbière en forme de dôme la plus célèbre d'Irlande. Il s'agit d'une vaste étendue de tourbe qui autrefois couvrait une bonne partie des Midlands. Cette zone s'apparente à un désert brun qui traverse l'Offaly, le Laois et le Kildare. Comme toutes les autres tourbières en dôme, le Bog of Allen sert de réservoir à terreau et à combustible. Pour des informations sur le Bord na Móna Bog Rail Tour, excursion ferroviaire dans le paysage des bogs, reportez-vous à Shannonbridge dans la section Comté d'Offaly dans ce chapitre.

RATHANGAN
☎ 045 • 1 190 habitants

Très calme, entouré par le Bog of Allen, le village victorien de Rathangan est situé sur le Grand Canal à 20 km à l'ouest de Naas, hors des sentiers battus. Pour des renseignements sur la pêche au poisson blanc et les locations de bateaux, contactez John Conway (☎ 524331) au Carasli Caravan and Camping Park.

À Lullymore, sur la R414 à 9 km au nord-est de Rathagan, le **Peatland World** (☎ 860133, Lullymore ; adulte/étudiant 4,50/3,80 € ; toute l'année lun-ven 9h30-18h, avr-oct dim 14-18h) est installé dans une ferme reconvertie. Ce musée présente la faune, la flore et les combustibles locaux, explique la protection de l'environnement de la région et expose des découvertes archéologiques. Vous pouvez visionner une vidéo, et des promenades sont organisées dans la tourbière.

Milorka (☎ 524544, Portarlington Rd ; chambres avec petit déj à partir de 32 € par pers). À 1 km sur la route de Portarlington, à Kilnantogue, les chambres de cet établissement sont parfaites. Vous pouvez y dîner.

HILL OF ALLEN

Le Hill of Allen s'élève au-dessus des plaines du Kildare, dont la couleur passe progressivement du vert au brun désolé du Bog of Allen. À 9 km au nord-ouest de Newbridge, la colline, qui domine tous les alentours, constitua un point stratégique pendant plusieurs siècles.

Les fortifications datant de l'âge du fer situaient la maison de Fionn McCumhaill, chef des Fianna, une bande de guerriers mythiques qui apparaît dans de nombreuses légendes de l'Irlande antique.

ROBERTSTOWN

À 12 km au nord-ouest de Naas, ville morne du comté de Kildare, les vieux bâtiments de ce petit bourg surplombent le Grand Canal, traversé par un pont de pierre. Les dimanches d'été, la barge rénovée *Eustace* propose de petites croisières (☎ 045-870005). Reportezvous plus haut à *Barges et bateaux* dans *Grand Canal et Royal Canal*.

NEWBRIDGE ET LE CURRAGH
☎ 045 • 12 970 habitants

La ville de Newbridge (Droichead Nua) est la porte d'accès au Curragh. D'une superficie d'environ 20 km, ce dernier est l'une des plus vastes étendues de terre fertile non délimitée du pays. Autrefois, elle servait de camp d'internement pour les prisonniers en période de crise (la guerre d'indépendance, la guerre civile et la Seconde Guerre mondiale). Il n'en reste que les casernes militaires, utilisées par l'armée irlandaise.

De nos jours, le Curragh est plus connu pour son **champ de course** (☎ 441205), mis en place au XIXe siècle ; durant la guerre

civile, des soldats emprisonnés se pressaient derrière les grillages pour assister au rassemblement des foules les jours de courses ! Les vastes espaces ouverts qui entourent le champ de course sont investis par les cavaliers qui entraînent leur pur-sang.

La N7 traverse le Curragh entre Newbridge et Kildare. Le bus 126 reliant Dublin à Kildare s'arrête à Newbridge et au Curragh Camp. Vous pouvez visiter le **Newbridge Cutlery Visitor Centre**.

KILDARE
☎ 045 • 4 278 habitants

À 24 km au sud-ouest de Naas, Kildare est une petite ville dotée d'une cathédrale. Sa place triangulaire animée, dont chacun des côtés est bordé de pubs, change agréablement des autres centres-villes du comté. Toutefois, lorsqu'il pleut, elle se transforme en un lieu plutôt sombre.

La Market House, au centre de la place, abrite le principal office de tourisme du comté (☎ 522696), qui n'est malheureusement pas à la hauteur de ses fonctions. Théoriquement ouvert de juin à septembre, il manque cruellement de fonds et de personnel. Au moment où nous rédigions ce guide, il était fermé.

Irish National Stud et Japanese Gardens

À 3 km au sud du centre, dans le village de Tully, se trouve l'**Irish National Stud** (☎ 045-521251, www.irish-national-stud.ie, Tully ; entrée avec les Japanese Gardens adulte/étudiant et senior/enfant 7,60/5,70/3,80 € ; mifév-mi-nov tlj 9h30-18h). Ce haras a été créé en 1900 par le colonel Hall Walker (connu pour le whiskey Johnnie Walker et qui devint plus tard Lord Wavertree), qui en fit don à la Couronne en 1915. Le site fut choisi pour la richesse en minéraux de la Tully, favorisant la croissance des os. Walker connut un succès remarquable avec ses chevaux, malgré des techniques d'élevage excentriques : à la naissance de chaque poulain, il dressait son horoscope qui l'aidait à savoir s'il allait le garder. Les box comportaient un toit-lanterne ouvert, dévoilant la lune et les étoiles afin d'influencer le destin des chevaux. Sous la houlette du gouvernement irlandais depuis 1943, le haras a pour objectif d'élever des étalons de très grande qualité afin de les accoupler avec des juments du monde entier.

Toutes les heures, à l'heure pile, des visites guidées du haras sont organisées : vous verrez l'unité de soins intensifs destinée aux poulains nouveau-nés, vous apprendrez qu'un cheval aime écouter la radio et vous découvrirez l'allergie au foin de l'étalon. Ensuite, vous pourrez vous promenez dans les étables, les paddocks et les prairies. Vous pourrez aussi visiter la partie réservée aux poulains et assister à une naissance grâce à une vidéo de 10 minutes.

À côté sont installés les magnifiques **Japanese Gardens** (☎ *045-521617 ; voir National Stud pour tout renseignement)*, créés entre 1906 et 1910 par le colonel Hall Walker. Dessinés par les maîtres-jardiniers Tassa Eida et son fils Minoru (ainsi que par 40 autres jardiniers), ils sont considérés par les spécialistes comme les plus jolis dans ce style en Europe. Bien qu'ils comportent quelques arbres occidentaux comme le pin sylvestre, ils furent conçus conformément aux règles strictes des jardins japonais.

Ces jardins retracent le voyage de la naissance jusqu'à la mort à travers 20 points de repère, dont le Tunnel of Ignorance (n°3, il représente l'ignorance de l'enfant), la Hill of Ambition (n°13) et une série de ponts, signifiant, entre autres, l'engagement (n°8) et le mariage (n°9). À la fin, vous passez par la Gateway to Eternity (n°20) qui cache non pas la vie éternelle, mais un jardin bouddhique de sable. Malgré un décor incongru, ces jardins constituent un endroit merveilleux pour une promenade, à condition qu'il ne pleuve pas.

Le grand centre des visiteurs abrite un café, une boutique et une aire de jeux pour les enfants.

Si vous venez à pied de Kildare, vous verrez les ruines de la **Black Abbey** du XIIe siècle sur la gauche. Peu après, un tournant à droite mène à **St Brigid's Well**. Cet endroit calme est idéal pour un pique-nique.

Où se loger

Fremont (☎ *521604, Tully Rd ; simples/doubles sans sdb 29/45 €)*. Situé en ville, cet établissement est à environ 500 m de la place.

Mount Ruadhan (☎ *521637 Old Rd, Southgreen ; chambres avec/sans sdb 25,50/23 € par pers)*. Ce bungalow agréable est entouré d'un jardin aménagé à 2 km au sud de Kildare (un panneau d'indication se trouve au niveau du seul feu de la ville) sur la route du National Stud.

Silken Thomas (☎ *522389, The Square ; simples/doubles 25,50/45 €)*. Cette petite pension au-dessus d'un pub populaire (voir *Où se restaurer*) n'a rien d'extraordinaire, mais elle est installée dans le centre et représente un endroit pratique où passer la nuit.

St Mary's (☎ *521243, Maddenstown ; chambres avec/sans sdb à partir de 25,50/ 23 € par pers, petit déj inclus)*. Ce B&B se trouve près du National Stud.

Curragh Lodge Hotel (☎ *522144, fax 521247, sur la N7 ; chambres avec petit déj 45/63,50 € par pers)*. À environ 800 m au sud de Market Square sur la grande route de Dublin, cet hôtel charmant possède des chambres élégantes et confortables.

Martinstown House (☎ *441269, fax 441208, The Curragh ; chambres à partir de 82,50 € par pers)*. Ce manoir vieux de 200 ans construit dans le style gothique sur une colline se situe au bord des plaines du Curragh. Il propose de jolies chambres et jouit d'une ambiance très détendue.

Où se restaurer

Vous n'avez pas besoin de vous éloigner de la place principale de Kildare pour vous rassasier.

Silken Thomas (☎ *522698, The Square ; repas autour de 11,50 €)*. Ce pub populaire, partiellement reconverti à partir d'un cinéma, offre des plats raisonnables dans une ambiance vieillotte. À l'étage, le Geraldine Hall programme des pièces locales.

Boland's Pub (☎ *521263, The Square ; plats principaux autour de 5 €)*. De l'autre côté de la place, vous vous régalerez d'un *pie* au steak et aux champignons.

Comment s'y rendre

La grande route N7, reliant Dublin à l'ouest de l'Irlande, passe par Kildare. Bus Éireann dessert Kildare depuis Dublin (aller-retour 10,80 €, 1 heure) : 14 bus par jour en semaine, 13 le samedi et 8 le dimanche. Chaque jour, un arrêt est effectué au National Stud : le bus quitte Busáras, la principale gare routière de Dublin, à 9h et repart à 15h45. Le dimanche, deux bus effectuent cette liaison : départ de Dublin à 10h et à 12h, retour à 15h et à 17h30.

De Kilkea à l'Antarctique

Sir Ernest Shackleton (1874-1922) ne fut peut-être pas le premier homme à atteindre le pôle Sud, mais il est largement reconnu pour être un des plus grands et des plus courageux explorateurs polaires. Né à Kilkea, il descend du fondateur de l'école quaker à Ballitore (XVIIIe-XIXe siècles). À l'âge de 16 ans, il s'engage dans la marine marchande comme apprenti et, en 1901, goûte à l'aventure polaire en se joignant à la première expédition antarctique de Robert Falcon Scott. En 1909, il est le premier explorateur à déclarer publiquement son intention de rejoindre le pôle Sud. Il mène sa propre expédition, qui est contrainte de faire marche arrière à seulement 150 km du but. Malgré cet échec, la réputation de Shackleton n'est plus à faire.

Suivant les traces de Roald Amundsen et de Robert Scott, qui atteignent le pôle Sud en 1911-1912 (Scott meurt tragiquement lors du retour), Shackleton inscrit son nom au panthéon des grands explorateurs grâce à l'Imperial Trans-Antarctic Expedition de 1914-1916, plus connue comme l'expédition *Endurance* (du nom de son bateau). Son objectif était de traverser tout le continent à pied, mais, le 19 janvier 1915, il découvre que son bateau est pris dans les glaces de la mer de Weddell, à des milliers de kilomètres de la terre ferme. En octobre, Shackleton et ses 27 compagnons sont obligés d'abandonner le bateau qui a été écrasé. Durant les six mois qui suivent, les membres de l'expédition vivent sur un bloc de glace flottant en se nourrissant exclusivement de pingouins et de phoques. Finalement, ils lancent trois canots de sauvetage et, après un périple cauchemardesque de six jours, accostent à Elephant Island, près de la Palmer Peninsula, en Antarctique.

Ayant abandonné son idée de traverser le continent, Shackleton s'embarque dans ce qui fut appelé le plus grand voyage en petit bateau de l'histoire maritime. Avec cinq de ses hommes, il part avec un des canots pour South Georgia Island, à presque 1 500 km. Ils arrivent 16 jours plus tard. Shackleton organise aussitôt le sauvetage des autres membres de l'expédition restés sur Elephant Island. Grâce à cette direction exemplaire d'une équipe dans de très rudes conditions, sa place dans l'histoire était assurée. Shackleton mourut le 5 janvier 1922 alors qu'il se trouvait sur le *Quest*.

Le train Arrow (☎ 836 3333) parcourt les 55 km qui séparent Kildare de la gare Heuston (aller simple/aller-retour 10,20/10,80 €, 30 min, env toutes les 35 min).

DE NAAS À CARLOW

La section de la N9 de 48 km qui s'étend entre Naas et Carlow permet plusieurs itinéraires parallèles intéressants.

Moone

Le discret petit village de Moone se trouve au sud de Timolin. À 1 km à l'ouest, dans un cimetière monastique du début de l'ère chrétienne, se tient la magnifique **Moone High Cross**. Cette croix celtique du VIIIe ou IXe siècle est très effilée et culmine à 6 m de haut. Les nombreuses gravures qui l'ornent représentent des scènes de la Bible.

Moone High Cross Inn (☎ *0502-24112, fax 24992, Bolton Hill ; simples/doubles avec petit déj 45/63,50 € ; fermé en janv*). Cette auberge du XVIIIe siècle renferme une pension et un bar charmants à environ 100 m à l'ouest de la N9, à 1 km au sud de Moone. Vous dégusterez une délicieuse cuisine de pub, dont un succulent irish stew.

Kilkea Castle

Ce château du XIIe siècle, complètement restauré au XIXe siècle, est installé à 5 km au nord-ouest de Castledermot sur la route d'Athy. Il fut autrefois la résidence secondaire des Maynooth Fitzgerald. On raconte que le château et le parc sont hantés par le fils de Thomas le Soyeux, Gerald the Wizard Earl ("le génial comte"), qui se lève tous les sept ans du Rath of Mullaghmast pour libérer l'Irlande de ses ennemis. Bizarre, bizarre, étant donné que le Wizard Earl est enterré à Londres.

Bien que le château soit désormais un hôtel à part entière (☎ *0503-45156, fax 45187,*

*www.kilkeacastle.ie, Castledermot ; simples/
doubles à partir de 152/203 €)*, vous pouvez
vous contenter d'un verre au bar ou de lire une
brochure sur l'histoire des lieux. C'est le plus
ancien château habité d'Irlande. Parmi ses bizar-
reries figure une **Evil Eye Stone** juchée sur le mur
extérieur à l'arrière du château. On estime que
cette pierre date du XIIIe ou du XIVe siècle. Elle
est sculptée de divers animaux, de personnages
mi-humains et de figures ressemblant à des
oiseaux enlacés de façon érotique. Le château
possède un jardin et un parc couvert de forêt.

Castledermot

L'**abbaye franciscaine** en ruine de Castledermot est située au bord d'Abbey St, à l'extrémité
sud de la ville. Elle date de la moitié du XIIIe
siècle. Vous trouverez la clé au cottage voisin.

Un peu plus au nord dans Main St, en
retrait de la rue, se trouve un **cimetière**, sur le
site d'un monastère fondé par saint Diarmuid
en 812. Deux ravissantes croix celtiques en
granit remontant au IXe ou Xe siècle s'élèvent
à côté des vestiges d'une tour ronde haute de
20 m et près d'un rempart médiéval et du
porche d'une église romane du XIIe siècle.

Où se loger et se restaurer. Vous trouverez quelques établissements à proximité.

Doyle's Schoolhouse Inn *(☎/fax 0503-
44282, Main St, Castledermot ; simples/
doubles 32/70 €, menu du dîner 35 €)*. Cette
petite auberge intime se maintient parmi les
meilleurs restaurants d'Irlande. Il est indispensable de réserver pour le dîner (menu unique).

De Lacy Restaurant *(☎ 0503-45156, Kilkea
Castle ; menu du déj 23,50 €; menu du dîner
38 €)*. Les amateurs de bonne chère dans un
véritable château du XIIe siècle (le panorama
sur le jardin est splendide) se régaleront.

ATHY

☎ 0507 • 5 306 habitants

Athy est niché à la jonction de la Barrow et
du Grand Canal, près de la frontière avec le
comté de Laois. Si le nom d'Athy (Áth Í ;
prononcez a-**thigh**) remonte au IIe siècle av.
J.-C., la ville ne fut pas fondée avant le XIIe
siècle, lorsque le baron normand Robert de
Saint-Michel fit bâtir un château (démoli
depuis) sur le gué, autour duquel se déve-

loppa un petit village de langue française. Au
cours du XIVe siècle, Athy devint une
importante ville de garnison car elle formait
la dernière ligne de défense contre l'intrusion
des Irlandais qui menaçaient le Pale. En
1417, sir John Talbot construisit une tour
pour abriter la garnison. Aujourd'hui maison
privée, elle porte le nom de White's Castle.

À une époque où nombre de villes irlandaises ont succombé à la tentation du mer-
cantilisme, Athy a su conserver son âme de
véritable cité campagnarde, avec sa vieille
place agréable bien que délabrée.

La mairie renferme l'office de tourisme et
un **heritage centre** *(☎ 33075, Town Hall,
Emily Square ; adulte/réduction/enfant
2,55/1,90/ 1,30 € ; avr-sept lun-sam 10h-
13h/14h-17h et dim 14h-17h, oct-mars lun-ven
10h-13h/14h-17h)*. Ce centre du patrimoine
couvre presque toute l'histoire d'Athy, y compris le soulèvement de 1798, la Grande Famine
et la Première Guerre mondiale, au cours de
laquelle 2 000 hommes du village se sont engagés dans l'armée britannique. Vous pourrez
voir une intéressante exposition sur sir Ernest
Shackleton, né à 9 km au sud-est d'Athy à Kilkea (voir l'encadré *De Kilkea à l'Antarctique*).

Le Grand Canal et la Barrow offrent la
possibilité de **pêcher** le poisson blanc, le
saumon et la truite. Pour en savoir plus,
contactez le pub Kane's (☎ 31434).

Où se loger et se restaurer

Forest Farm *(☎/fax 31231, forestfarm@eir-
com.net, Dublin Rd ; simples/doubles autour
de 23/48,50 €)*. Cette petite ferme encore en
activité se trouve à 5 km au sud d'Athy.

Ballindrum Farm *(☎/fax 26294, ballin-
drumfarm@eircom.net, Ballindrum ;
simples/doubles avec sdb 32/51 €)*. Cette
ferme moderne est installée à 9 km d'Athy,
à Ballindrum.

Leinster Arms *(☎ 32040, Leinster St ;
plats principaux autour de 7,60 €)*. Niché
dans un angle d'Emily Square, cet établissement fait pension à l'étage.

Castle Inn *(☎ 31427, 33 Leinster St ; en-
cas à partir de 2,50 €)*. Dans une ambiance
chaleureuse, vous dégusterez une cuisine de
pub bon marché : vaste choix de sandwiches et de plats chauds habituels.

Tonlegee House (☎/*fax 31473, tonlegee-house.com, Kilkenny Rd ; simples/doubles 70/102 €; dîner environ 38,50 €*). De l'avis de tous, cette élégante maison de campagne à 2 km au sud de la ville est une des plus jolies demeures d'Irlande. Le restaurant est à la hauteur de cette réputation. Les tarifs sont élevés, mais vous en aurez pour votre argent.

Comment s'y rendre

La ligne Dublin-Cork de Bus Éireann (☎ 01-836 6111) dessert la ville : 7 bus par jour (5 le dim) passent dans les deux sens (aller simple/aller-retour 7,60/8,90 €, un peu plus de 1 heure depuis Dublin). JJ Kavanagh & Sons (☎ 056-31106 à Kilkenny, 01-679 1549 à Dublin) propose 4 bus quotidiens (2 le dim) entre Dublin (devant le Gresham Hotel sur O'Connell St) et Clonmel qui s'arrêtent à Athy (aller simple/aller-retour 3,80/7,60 €, 1 heure 15).

Comté de Carlow

Le Carlow (Ceatharlach), le deuxième plus petit comté d'Irlande, renferme les impressionnantes Blackstairs Mountains à l'est, les Killeshin Hills à l'ouest, est traversé par la Barrow et la Slaney, le tout agrémenté de villages pittoresques et tranquilles, comme Rathvilly, Leighlinbridge et Borris. La route Dublin-Carlow (ville) *via* le sud-ouest du Wicklow traverse une campagne sauvage très peu habitée. Le reste du Carlow se compose principalement de terres vallonnées où vous verrez fréquemment des betteraves à sucre attendant d'être ramassées sur le bord de la route. Browne's Hill Dolmen, la découverte archéologique la plus intéressante du comté, se trouve juste à l'extérieur de la ville de Carlow.

CARLOW

☎ 0503 • 11 721 habitants

Son emplacement stratégique sur la Barrow, à la frontière du Pale, fit de Carlow une ville-frontière pendant de nombreux siècles. Aujourd'hui, la capitale du comté est un centre industriel et commercial animé, qui dessert une vaste région rurale. Ce fut la première ville après Dublin à installer un éclairage public, alimenté grâce à une centrale située en aval à Milford. Bien que la curiosité principale soit le Browne's Hill Dolmen à l'orée de la ville, celle-ci possède plusieurs immeubles intéressants et on peut s'y promener agréablement.

Orientation et renseignements

Dublin St est le principal axe nord-sud de la ville. Tullow St, la grande rue commerçante, coupe Dublin St perpendiculairement. L'office de tourisme (☎ 31554), dans Kennedy Ave, ouvre de 9h à 13h et de 14h à 17h en semaine (de juin à août, aussi le samedi 10h-13h et 14h-17h30). La poste est installée à l'angle de Kennedy Ave et de Dublin St.

Promenade à pied

Partez du **Carlow Courthouse**, à l'extrémité nord de Dublin St. Conçu par William Vitruvius Morrisson en 1830, cet élégant bâtiment inspiré du Parthénon d'Athènes est considéré comme un des plus beaux palais de justice d'Irlande (Carlow n'en a hérité que grâce à un mélange des plans car il était au départ destiné à Cork). Sur ses marches trône un canon confisqué aux Russes durant la guerre de Crimée.

Traversez Dublin Rd et descendez College St vers le sud-est, jusqu'à **St Patrick's College** (fermé au public), premier séminaire créé en Irlande après l'abrogation de la plupart des lois pénales qui réprimaient le catholicisme. Ouvert en 1793, il s'agit sûrement du plus ancien séminaire encore en activité de la planète. Juste à côté s'élève la **Cathedral of the Assumption** de 1833, qui renferme une chaire travaillée et de jolis vitraux. La statue de John Hogan représentant l'évêque Doyle, plus connu sous le nom de JKL (James of Kildare and Leighin) pour sa contribution active à l'émancipation catholique, comporte une femme qui représente la libération de l'Irlande du joug de ses oppresseurs.

En bas de College St, tournez à droite dans Tullow St. Sur la gauche, Tullow St devient Castle St, et sur votre droite, vous verrez **St Mary's Church**. À l'intérieur de cette église érigée en 1727 (la tour et la flèche furent ajoutées en 1834) sont disposées plusieurs statues de Richard Morrisson.

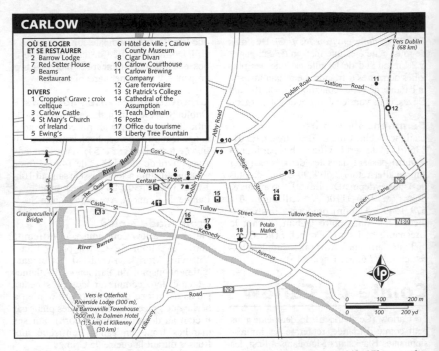

CARLOW

OÙ SE LOGER
ET SE RESTAURER
2 Barrow Lodge
7 Red Setter House
9 Beams
   Restaurant

DIVERS
1 Croppies' Grave ; croix
   celtique
3 Carlow Castle
4 St Mary's Church
   of Ireland
5 Ewing's

6 Hôtel de ville ; Carlow
   County Museum
8 Cigar Divan
10 Carlow Courthouse
11 Carlow Brewing
    Company
12 Gare ferroviaire
13 St Patrick's College
14 Cathedral of the
    Assumption
15 Teach Dolmain
16 Poste
17 Office du tourisme
18 Liberty Tree Fountain

Continuez de descendre Castle St vers **Carlow Castle**, construit par William de Marshall au XIIIᵉ siècle sur le site d'un ancien fort normand. Le château survécut à l'occupation de Cromwell. Le **Graiguecullen Bridge**, une jolie structure en pierre à cinq arches qui date de 1569, mais qui fut élargie en 1815, relie les deux rives de la Barrow.

Traversez le pont et bifurquez à droite. Remontez Chapel St vers le nord jusqu'à ce que vous atteigniez la grande **croix celtique** construite pour signaler la **Croppies' Grave**, où 640 United Irishmen furent enterrés après la plus sanglante bataille de tout le soulèvement de 1798. Le nom de *croppie* vient des insurgés qui se rasaient la tête (*cropped* signifie "coupé court") pour indiquer leur allégeance au clan rebelle.

Retraversez le pont, prenez à gauche et longez Centaur St vers l'est. Juste après Haymarket, vous verrez l'**hôtel de ville** qui abrite le petit **Carlow County Museum** (☎ 40730, Centaur St ; adulte/réduction

1,30/0,65 € ; mar-ven 11h-17h, sam-dim 14h-17h). Il renferme des documents intéressants sur l'histoire de la ville.

Plus à l'est dans Centaur St, sur votre gauche, se trouve une charmante petite boutique à la devanture victorienne, baptisée **Cigar Divan**. Elle date du XIXᵉ siècle, lorsque les cigarettes turques faisaient fureur. Elle constitue encore une des curiosités de la ville.

Dans Dublin St, tournez à gauche, revenez jusqu'au palais de justice. À environ 500 m au nord-est le long de Dublin Rd, partez vers la droite dans Station Rd où vous tomberez sur la **Carlow Brewing Company** (☎ 34356, The Goods Store, Station Rd ; entrée 4,50 € ; ouvert tlj, les visites doivent être réservées). Cette brasserie minuscule, ouverte en 1998, connaît un succès phénoménal. En avril 2000, sa bière O'Hara Stout remporta la médaille d'or aux International Brewing Industry Awards, qui se tenaient à Londres. Vous pouvez demander à visiter ce magnifique bâtiment en pierre, autrefois utilisé comme entrepôt. Le prix de l'entrée comprend aussi un verre de la bière qui a remporté le prix.

Activités

Vous pouvez louer des vélos chez **Colemans** *(☎ 31273, 19 Dublin St ; 7,50 € par jour)*. La Barrow est très appréciée des canoéistes, des kayakeurs et des rameurs (le Carlow Rowing Club existe depuis 1859). **Otterholt Riverside Lodge** (voir *Où se loger et se restaurer*) propose des excursions en canoë pour environ 19 € la demi-journée. Sinon, téléphonez à **Adventure Canoeing Days** *(☎ 0509-31307)*.

Où se loger et se restaurer

Otterholt Riverside Lodge *(☎ 30404, fax 35106, Kilkenny Rd ; dortoir/doubles 13/16,50 € par pers)*. Cette auberge de jeunesse IHH possède un dortoir de 10 lits et quelques chambres, ainsi qu'un délicieux jardin.

Red Setter House *(☎ 41848, 14 Dublin St ; simples/doubles à partir de 30,50/56 €)*. Situé dans le centre, ce B&B impeccable dispose de plusieurs chambres dont certaines avec douche.

Le **Barrow Lodge** *(☎ 41173, The Quay ; simples/doubles à partir de 32,50/56 €)* est installé dans un cadre charmant au bord du fleuve.

Barrowville Townhouse *(☎ 43324, fax 41953, Kilkenny Rd ; simples/doubles avec petit déj 37/58,50 €)*. À seulement 500 m au sud du centre-ville, cet élégant hôtel particulier du XVIIIe siècle a été méticuleusement restauré et transformé en un B&B de catégorie supérieure.

Dolmen Hotel *(☎ 42002, fax 42375, reservations@dolmenhotel.ie, Kilkenny Rd ; chambres à partir de 50 € par pers)*. Cet hôtel moderne et bien équipé trône au milieu d'un domaine d'un demi-hectare le long de la Tullow, à environ 1,5 km au sud de la ville.

Beams Restaurant *(☎ 31824, 59 Dublin St ; dîner 32 € ; mar-sam)*. Ce délicieux restaurant, installé dans une remise pour voiture à chevaux du XVIIIe siècle, a fait de la cuisine française sa spécialité.

Où sortir

Carlow compte d'innombrables pubs, satisfaisant à tous les goûts. Le triangle de Haymarket est un bon quartier.

Ewing's *(☎ 31138, Haymarket)*. Ce pub populaire est installé en plein cœur de la ville.

Teach Dolmain *(☎ 31235, 76 Tullow Rd)*. Plus loin sur la route, cet établissement doit beaucoup à son décor de dolmen.

Comment s'y rendre

Bus. Bus Éireann (☎ 01-836 6111) assure un service régulier vers Dublin (aller simple/aller-retour 7,60/8,90 €, 1 heure 30, au moins 3 par jour), Kilkenny (aller simple/aller retour 5,60/6,35 €, 30 min, 3 par jour sauf le dim) et Waterford (aller-retour seul 7,60 €, 1 heure 30, au moins 5 par jour).

JJ Kavanagh & Sons (☎ 43081) propose au moins 7 bus quotidiens pour Dublin (11,50/ 16,50 €) et pour Waterford (7,60/8,90 €). Il effectue aussi deux liaisons par jour avec Kilkenny (3,80/7,60 €, 45 min). Deux fois par jour, les bus pour Portlaoise (4,85 €, 1 heure) s'arrêtent à Athy (3,80 € l'aller, 30 min). Les bus reliant Carlow à Newbridge (4,85 €, 1 heure 40) s'arrêtent à Kildare (4,50 €, 1 heure 15) et au Curragh (4,85 €, 1 heure 25). Ce service ne fonctionne pas pendant les vacances universitaires (juill-août).

Train. La gare (☎ 31633) est sur Station Rd, au nord-est de la ville. Carlow est sur la ligne Dublin-Kilkenny-Waterford. Au moins 4 trains passent chaque jour dans les deux sens (3 le dim). Un aller-retour dans la journée pour Dublin ou Waterford revient à 7,60 €.

ENVIRONS DE CARLOW
Browne's Hill Dolmen

Cette énorme table de granit vieille de 5 000 ans comporterait la plus grande pierre d'Europe, dépassant de loin 100 tonnes. Lorsqu'il était entier, ce dolmen était probablement recouvert d'un tertre. Il se dresse à 3 km à l'est de la ville sur la R726, la route de Hacketstown. Un sentier traversant les champs mène jusqu'au dolmen. Ce lieu n'est pas desservi par les transports en commun, mais vous pouvez y accéder à vélo.

CENTRE SUD

SOUTH LEINSTER WAY

Au sud-ouest de Clonegal, sur le versant nord du Mt Leinster, est installé le petit village de **Kildavin**, point de départ de la South Leinster Way. Reportez-vous à *Randonnée* dans la rubrique *Activités* du chapitre *Renseignements pratiques*.

Comté de Laois

Le Laois (prononcez "leash") est le seul comté de l'intérieur des terres à n'être entouré que de comtés n'ayant aucune ouverture sur la mer. Pour la plupart des voyageurs, il ne représente qu'un passage sur la route pour Limerick ou Cork, son paysage de tourbières et de fermes pauvres offrant peu d'intérêt. Toutefois, si vous avez du temps devant vous, vous découvrirez d'agréables bourgs campagnards et les Slieve Bloom Mountains sauvages.

ROCK OF DUNAMASE

À 6 km à l'ouest de Portlaoise, le long de la route de Stradbally, se tient une impressionnante colline de calcaire fracturée, surmontée de ruines de fortifications. La campagne alentour est si plate que le sommet offre un panorama splendide sur la tour ronde Timahoe au sud, les Slieve Blooms au nord et, par temps clair, les Wicklow Mountains à l'est.

Au sommet, les principales ruines sont celles d'un château du XIIe ou du XIIIe siècle qui s'est presque entièrement effondré (on le voit mieux du côté nord). Il est entouré d'un mur d'enceinte dont il ne reste quasiment plus rien. L'entrée dans cet ensemble s'effectue par la porte à deux tours qui donne sur le bailey extérieur et sur la cour fortifiée au sud-est.

Les deux bus quotidiens JJ Kavanagh & Sons (☎ 056-31106) reliant Portlaoise à Carlow passent par le rocher. Autrement, comptez une bonne heure de marche du centre-ville de Portlaoise.

EMO COURT

À 13 km au nord-est de Portlaoise se trouve l'ancien siège du Ier comte de Portarlington, **Emo Court** *(☎ 0502-26573, Emo ; adulte/réduction 1,90/1,30 €, parc gratuit ; visites guidées mi-juin-mi-sept tlj 10h-18h ; parc ouvert entre le lever et le coucher du soleil).*

Cette demeure plutôt inhabituelle, restaurée par l'organisme du patrimoine Dúchas, avec son dôme vert bien visible, fut construite par James Gandon (architecte de la Custom House de Dublin) en 1790. Elle servit de noviciat jésuite pendant plusieurs années.

Au sud du village d'Emo, à côté de la grande route de Portlaoise, est installée la très sobre mais élégante **St John's Church** *(Coolbanagher ; gratuit ; tlj 10-18h)*, également conçue par Gandon en 1786.

Emo se trouve à proximité de la grande route Portlaoise-Dublin. Des bus effectuent quotidiennement le trajet dans les deux sens.

STRADBALLY

À 10 km au sud-est de Portlaoise, le village de Stradbally (ou Strathbally) fut autrefois le siège du puissant clan O'More. La plupart des bâtiments actuels datent du XVIIe siècle.

Le clan servait en fait d'armée au monastère franciscain instauré ici en 1447. Les O'More détenaient le *Book of Leinster*, un manuscrit compilé entre 1151 et 1224 afin de pouvoir transmettre le savoir d'Aéd Crúamthainn, scribe auprès des rois d'Irlande. Le livre se trouve désormais à la Trinity College Library, à Dublin.

Stradbally Steam Museum et Narrow Gauge Railway

À l'extrémité sud de la ville, ce musée *(☎ 0502-25444, Stradbally)* présente une collection de voitures de pompiers, de tracteurs à vapeur et de rouleaux compresseurs, magnifiquement restaurés par l'Irish Steam Preservation Society. Le musée était fermé pour rénovation lors de notre passage. La date de réouverture n'était pas fixée.

Le village abrite la locomotive à vapeur Guinness Brewery de 1895, utilisée six fois par an pour un périple d'une journée à Dublin. Pendant le Steam Rally de trois jours qui se tient début août, les 40 hectares du Cosby Hall sont investis par des machines à vapeur et des voitures d'époque.

Comment s'y rendre

JJ Kavanagh & Sons (☎ 056-31106) assure trois bus par jour du lundi au samedi de Portlaoise à Kilkenny *via* Stradbally (2,50 €, 15 min). Stradbally se trouve aussi sur l'itinéraire Waterford-Longford de Bus Éireann (☎ 01-836 6111) : deux bus par jour s'arrêtent dans le village. Ils traversent aussi Kilkenny, Carlow, Portlaoise et Athlone.

PORTARLINGTON

☎ 0502 • 3 320 habitants

Portarlington (Cúil an tSúdaire) se développa sous l'influence des huguenots français et des colons allemands qui arrivèrent ici grâce à lord Arlington. Ce dernier reçut des terres dans la région après les guerres menées par Cromwell. Les splendides bâtiments du XVIIIe siècle sont l'œuvre d'Henry Dawson, comte de Portarlington. Nombre d'entre eux ne sont plus entretenus.

La St Paul's Church (*gratuit ; tlj 7h 19h*) de 1851 fut érigée sur le site d'une église française du XVIIe siècle pour les huguenots. D'ailleurs, certaines de leurs pierres tombales occupent encore un angle du cimetière. La grande **tour de refroidissement** de la centrale électrique est un point de repère local. Bâtie en 1936, elle fut la première en Irlande à utiliser de la tourbe pour générer de l'électricité.

Portarlington se trouve sur la grande ligne ferroviaire reliant Dublin à Galway, Limerick, Tralee et Cork. Des trains passent toutes les heures dans les deux sens. Pour en savoir plus, contactez la gare ferroviaire de Portlaoise (☎ 0502-21303). Aucun bus ne dessert la ville.

LEA CASTLE

Sur les berges de la Barrow à 4 km à l'est de Portarlington, cette ruine du XIIIe siècle couverte de lierre fut la place forte de Maurice Fitzgerald, IIe baron d'Offaly. Elle se compose d'une tour de donjon presque intacte, de deux murs d'enceinte qui descendent vers la Barrow et d'une maison de gardien à deux tours jumelles.

À l'aube et au crépuscule, les ruines sont calmes et il s'en dégage une intense poésie. On y accède par une cour de ferme à 500 m au nord de la grande route de Monasterevin (R420).

MOUNTRATH ET LES ENVIRONS

☎ 0502 • 1 298 habitants

Comme de nombreux autres villages irlandais, Mountrath est associé à saint Patrick et à sainte Brigide, censés avoir établi des maisons reli-

gieuses à cet endroit. Toutefois, il n'en reste aucune trace. Une grande partie de la ville et des alentours appartenait à sir Charles Coote, un ardent sympathisant de Cromwell pendant et après les guerres des années 1640. Les jours de gloire de Mountrath remontent aux XVIIe et XVIIIe siècles, lorsque la bourgade prospérait grâce à l'industrie du lin.

St Fintan's Tree

À Clonenagh, à 3 km à l'est sur la route de Portlaoise, vous verrez quelques vestiges d'un monastère du VIe siècle dédié à saint Fintan. Le St Fintan's Tree est un grand sycomore dont l'une des branches basses est emplie d'eau. Il est censé ne jamais s'assécher. L'arbre est depuis longtemps un lieu de pèlerinage. Les pièces qui jalonnent le sol sont des offrandes de pèlerins qui attribuent des vertus de guérison à son eau.

Ballyfin House

À 8 km au nord de Mountrath, sur la route de Mountmellick, se trouve la Ballyfin House. Elle fut construite par sir Charles Henry Coote en 1850 selon les plans de Richard Morrison. Surplombant un petit lac artificiel dans une campagne calme et vallonnée, elle est considérée comme la plus jolie maison du XIXe siècle d'Irlande. À l'intérieur, les ornementations sont parfois exagérées.

À l'époque, les aristocrates étaient gagnés de megalithomania, ou de la passion de construire des monuments dans le style de ceux de l'âge de pierre. Ballyfin est dotée d'un excellent spécimen de ce hobby : un abri en pierre grossier dissimulé parmi les arbres, à l'extrémité d'une barrière à la droite de l'allée centrale, à environ 200 m de la maison.

Où se loger et se restaurer

Conlán House (*☎/fax 32727, conlanhouse@ oceanfree.net, Burke's Cross, Killanure ; chambres avec sdb 32 € par pers*). À 7 km à l'ouest de la ville, à la limite des Slieve Blooms, cet établissement propose trois chambres confortables.

Phelan's Restaurant (*Main St ; en-cas à partir de 2,50 €*). Non loin de la place, Phelan's sert de bons burgers et des frites.

Roundwood House (*☎ 32120, fax 32711, roundwood@eircom.net, Slieve Blooms Rd ;*

simples/doubles avec petit déj 60/120 € ; dîner 35,50 €). Cette demeure palladienne, à 5 km de Mountrath, est un des plus jolis manoirs du pays. Ses meubles sont magnifiques et le service est impeccable, sans une once de prétention. Pour la qualité du lieu, les prix sont corrects, et le dîner est succulent.

Comment s'y rendre
Mountrath se trouve sur l'itinéraire Dublin-Limerick de Bus Éireann (☎ 01-836 6111). Il passe jusqu'à quatre bus par jour dans chaque direction.

SLIEVE BLOOM MOUNTAINS
Les Slieve Bloom Mountains (Slieve se prononce "shleeve") sont l'une des meilleures raisons de s'attarder dans le Laois. Leur nom signifie "montagnes de Bladhma", du patronyme d'un guerrier celte qui y trouva refuge. Si elles ne sont pas aussi splendides que leurs cousines du Wicklow et de l'ouest, elles ne sont fréquentées que d'un nombre restreint de visiteurs. Elles offrent landes, forêts de pin et vallées cachées.

Le point culminant est le Mt Arderin (528 m), au sud du Glendine Gap à la frontière avec le comté d'Offaly. Par temps clair, on peut voir les plus hauts points des quatre anciennes provinces d'Irlande : Lugnaquilla à l'est dans le Leinster, Nephin dans le Connaught, Slieve Donard au nord en Ulster et Carrantuohil au sud-ouest dans le Munster.

Mountrath au sud et le charmant hameau de **Kinnitty** au nord des collines constituent de bons points de chute (voir plus haut pour le premier, et plus loin dans la section *Comté d'Offaly* pour le deuxième). **Glenbarrow**, au sud-ouest de Rosenallis, compte une agréable promenade le long de la Barrow, qui prend sa source quelques kilomètres plus haut dans les collines. Le côté nord du fleuve comprend plusieurs chutes d'eau et une grande moraine, ainsi que des plantes peu courantes comme des orchidées, des grassettes et des vergerettes bleues. Parmi les autres lieux intéressants figurent le **Glendine Park**, près du Glendine Gap, et le col de **Cut**. La route au nord des montagnes, qui relie Mountmellick à Birr, *via* Clonaslee et Kinnitty, offre un panorama somptueux.

Slieve Bloom Way
La Slieve Bloom Way est un chemin de randonnée balisé de 77 km qui effectue un circuit complet dans les montagnes, passant par presque tous les sites intéressants. Reportez-vous à *Randonnées* sous la rubrique *Activités sportives* du chapitre *Renseignements pratiques*.

ABBEYLEIX
☎ 0502 • 1 259 habitants
Abbeyleix (prononcez abbey-**leeks**), à 14 km au sud de Portlaoise, est une petite bourgade campagnarde très bien entretenue. Elle se développa au XIIᵉ siècle autour d'un monastère cistercien non loin d'Old Town, bourgade voisine. Toutefois, il ne reste que deux monuments anciens. Au XVIIIᵉ siècle, le propriétaire terrien Viscount de Vesci déplaça le centre-ville à son emplacement actuel et dirigea la construction de rues bordées d'arbres et de petites maisons de ville proprettes. Au cours de la Grande Famine, Viscount de Vesci s'avéra un seigneur bien plus généreux que beaucoup d'autres. L'obélisque qui sert de fontaine sur la place fut érigé par les habitants en guise de remerciement.

La demeure de De Vesci, **Abbeyleix House**, fut bâtie en 1773 d'après des plans de James Wyatt. Elle est située à 2 km au sud-ouest de la ville sur la route de Rathdowney, mais elle n'est pas ouverte au public.

L'ancien bâtiment de la National School, à l'extrémité nord de la ville, abrite désormais l'**heritage house** *(☎ 31653, sur la N8 ; adulte/étudiant/enfant 2,50/1,90/1,30 € ; mars-oct lun-sam 10h-18h et dim 13h-18h, nov-fév lun-ven 9h-17h).* Cette maison du patrimoine relate en détail l'histoire de la ville et expose des tapis inspirés de ceux de Turquie tissés à Abbeyliex entre 1904 et 1913. Vous verrez même quelques spécimens conçus pour le *Titanic*. Au rez-de-chaussée, un **café** sert le petit déjeuner jusqu'à midi et des déjeuners légers.

Où se loger et se restaurer
Preston House *(☎/fax 31432, Main St ; doubles avec petit déj 66 €).* Dans cet établissement couvert de lianes, vous pouvez séjourner dans d'anciennes salles de réunion. Un délicieux café de campagne propose un excellent choix de plats végétariens.

Le château de Dublin surplombe Cork Hill depuis 1204

Une porte de style georgien

La St Patrick's Cathedral et son parc seraient le premier site chrétien de Dublin

La célèbre GPO, O'Connell St

Empruntez le Sean Heuston Bridge pour rejoindre Heuston Station

RICHARD CUMMINS

Prêts pour une nuit bien arrosée à Temple Bar !

VERONICA GARBUTT

C'est l'heure d'une bonne pinte !

DOUG McKINLAY

Sentez-vous le fantôme de Robert Emmet rôder près de vous au pub The Brazen Head ?

Découvrez la Dingle Peninsula en roulotte

Champs de coton à Waterville, comté de Kerry

Vue fleurie sur Tralee Bay, comté de Kerry

Laissez-vous griser par la splendeur sauvage de la côte du Kerry

Le Rock of Cashel fut le siège du pouvoir du Munster pendant plus d'un siècle, comté de Tipperary

Bas-relief roman, Rock of Cashel

Le charme désuet du Dunraven Arms, Adare

L'excentrique Adare Manor, comté de Limerick

Paysage lunaire du plateau calcaire du Burren

Le Poulnabrone Dolmen, vieux de 5 000 ans

Les spectaculaires Cliffs of Moher, un des sites les plus impressionnants d'Irlande, comté de Clare

Vue panoramique sur les pics de quartzite gris des Maumturk Mountains, comté de Galway

Le Lough Corrib traverse le comté de Galway avant de se jeter dans la Galway Bay.

Le site de Dún Aengus protégé par ses "chevaux de frise", une forêt de pierres acérées, Inishmór

Newtown, comté de Meath

Les vestiges du monastère cistercien de Mellifont, comté de Louth

Vue depuis le Slieve Foye (comté de Lough) sur le Carlingford Lough et les Mourne Mountains

La marque de Cromwell : la Yellow Steeple de Trim, comté de Meath

Monasterboice, comté de Louth

RICHARD CUMMINS

L'Ess-na-Larach Waterfall, Glenariff Forest Park

OLIVER STREWE

Embouteillage bovin dans le comté d'Antrim

GARETH McCORMACK

La Giant's Causeway (Chaussée des Géants), dans le comté d'Antrim, a quelque chose de surnaturel

Hibernian Hotel (*☎ 31252, fax 31888, Main St ; chambres avec petit déj à partir de 32 € par pers*). Cet impressionnant bâtiment en pierres grises dispose de chambres confortables très bien tenues.

Où sortir

Morrissey's (*☎ 31233, Main St*). Cette ancienne et magnifique boutique-pub faisait office d'agence de voyages et de pompes funèbres. Vous dégusterez des pintes autour d'un vieux tuyau de poêle ou bien perché sur des tabourets longeant un comptoir en pente.

Comment s'y rendre

Abbeyleix se trouve sur l'itinéraire d'un express de Bus Éireann (☎ 01-836 6111) qui rallie Dublin à Cork (aller simple/aller-retour 10,80/16,50 €, 1 heure 40, toutes les 2 heures).

JJ Kavanagh & Sons (☎ 056-31106) propose un bus du lundi au samedi entre Portlaoise, Abbeyleix, Durrow, Cullahill et Urlingford. De Portlaoise, les bus partent à 11h30 et 17h30 (2,30 €, 20 min) ; les bus d'Urlingford partent à 7h45 et à 14h (3,30 €, 1 heure 15).

Comté d'Offaly

Le comté d'Offaly recèle un paysage plat et marécageux typique du centre de l'Irlande, dont les meilleurs exemples sont le Bog of Allen et le Boora Bog entre Ferbane et Kilcormac. Le Bog of Allen est une immense étendue brune qui va jusque dans le Kildare et dont les ressources en terreau et en combustible sont exploitées par les énormes machines du Bord na Móna (office irlandais de la tourbe), comme nombre d'autres tourbières. Pour les renseignements sur le Bord na Móna Bog Rail Tour, voir *Shannonbridge* plus loin dans ce chapitre. Toutefois, certaines tourbières de l'Offaly, comme le Clara Bog, sont remarquablement préservées et reconnues mondialement pour leur faune et leur flore.

Le puissant fleuve Shannon constitue une partie de la frontière de l'Offaly avec le Galway. Le Grand Canal traverse aussi le comté. L'Offaly partage les Slieve Bloom Mountains avec le comté de Laois. Le comté abrite également les grandes ruines monastiques de Clonmacnoise, un des sites irlandais à ne pas manquer.

BIRR

☎ 0509 • 3 355 habitants

Sur la Camcor, un petit affluent du Shannon, Birr doit son existence au vaste domaine du Birr Castle et à ses propriétaires, les comtes de Ross, le premier d'entre eux ayant supervisé les travaux de construction de la ville. Si pendant presque tout le XXᵉ siècle, Birr fut un village tranquille, il est aujourd'hui devenu un centre urbain animé qui a tiré le meilleur profit de son patrimoine georgien. De nombreuses devantures de boutiques le long de Connaught St et de Main St ont été nettoyées et rénovées. Si elles dénotent une légère tendance à se complaire dans un faux style georgien, l'effet général n'est pas altéré, et Birr constitue une des étapes les plus agréables de toute la région.

Histoire

Née d'un monastère fondé par saint Brendan de Birr au VIᵉ siècle, la ville s'agrandit d'un château anglo-normand en 1208 qui appartint aux O'Carroll. Durant la plantation en 1620, le château et le domaine furent donnés à sir Laurence Parsons qui développa les rues, construisit une fabrique de cristal et édicta un décret selon lequel toute personne jetant un déchet par terre se verrait infliger une amende de quatre pennies.

Plus tard, les Parsons devinrent comtes de Rosse. Le comte actuel et sa femme vivent toujours sur le domaine qui est dans la famille depuis 14 générations.

Orientation et renseignements

Toutes les grandes routes convergent vers Emmet Square, où une statue du duc de Cumberland (vainqueur de la bataille de Culloden) orna la colonne centrale jusqu'en 1925. Dans un angle, le Dooly's Hotel, qui remonte à 1747, accueillait autrefois les bus qui circulaient sur l'itinéraire très emprunté vers l'ouest. La poste se trouve à l'angle nord-ouest d'Emmet Square.

L'office de tourisme (☎ 20110), Main St, est à environ 300 m d'Emmet Square (il suffit de suivre les panneaux). Il ouvre de mai à mi-septembre seulement, tlj de 9h30 à 17h30. Au moment où nous rédigions ce guide, il était question de le déplacer dans la Crotty's Church, Castle St.

L'Ely O'Carroll Tourism Office (☎ 20923, www.elyocarroll.com), dans le Small Business Centre, Brendan St, mérite le détour. Financé par le Shannon Redevelopment Programme, il ouvre de 10h à 17h du lundi au vendredi toute l'année et fournit d'excellentes informations sur la ville et la région.

Les deux plus jolies rues dotées de maisons georgiennes sont l'Oxmantown Mall, bordée d'arbres, qui relie Rosse Row à Emmet Square, et John's Mall.

Birr Castle

Nombre de visiteurs viennent à Birr pour voir le château et son parc *(www. birrcastle. com ; adulte/étudiant/enfant 5,10/4,05/3,15 € ; toute l'année tlj 9h-18h)*. La plus grande partie de la structure actuelle de l'ensemble remonte à environ 1620.

Le domaine, qui s'étend au nord du château, se compose d'un magnifique jardin de 50 hectares ordonné autour d'un grand lac artificiel. Le **jardin à la française**, à 500 m à l'est du château, renferme plus de 1 000 espèces d'arbres et d'arbustes du monde entier, dont une collection provient de l'Himalaya et de Chine, rapportée par le VIe comte, qui passa sa lune de miel à Pékin (en 1935). Vous trouverez également de très hautes **haies de buis** plantées dans les années 1780 et culminant maintenant à 12 m.

À environ 100 m à l'ouest du château, un pont suspendu traverse la Camcor. Construit en 1820, c'est le plus vieux pont en ferronnerie d'Irlande.

Rosse Telescope et Historic Science Centre. Installé dans l'Exhibition Pavilion, juste au nord du château, cet énorme télescope fut conçu par William Parsons (1800-1867), IIIe comte de Rosse, en 1845. Construit avec des ingénieurs et des matériaux de la région, doté d'un miroir de 183 cm de diamètre, le "léviathan de Parsonstown" était jusqu'en 1915 le plus grand du monde, attirant de toute part scientifiques et astronomes. Cet instrument fut uti-

lisé pour dresser la carte de la surface de la Lune. Il permit par ailleurs d'innombrables découvertes astronomiques. Des démonstrations sont organisées trois fois par jour.

Pour exploiter au maximum la veine scientifique de la famille, les Rosse ont ouvert récemment un **historic science centre** *(entrée comprise avec celle du château ; toute l'année tlj 9h-18h)*. Ce musée historique de la science est installé dans le bâtiment des étables (construit dans les années 1850), à l'entrée principale du domaine. Les expositions présentent les inventions plutôt impressionnantes de la famille au cours des deux derniers siècles, dont un radiateur fonctionnant à l'énergie lunaire conçu par le IVe comte, Laurence Parsons, et une turbine à vapeur inventée par son frère Charles Rosse.

À voir et à faire

L'office de tourisme publie un dépliant gratuit qui détaille une promenade en ville s'arrêtant dans les dix sites les plus intéressants de Birr. Sur le **John's Mall** se tiennent une statue de John Henry Foley représentant le IIIe comte de Rosse et un canon russe rapporté de la guerre de Crimée. Non loin se trouve la **Birr Stone**, une pierre mégalithique trouvée dans un des premiers monastères chrétiens et censée avoir marqué le centre de l'Irlande. De jolies maisons victoriennes construites entre 1870 et 1878 se dressent sur la place, en face du Birr Heritage Centre. Ce dernier était fermé au moment où nous rédigions, mais le Civic Trust espérait pouvoir le rouvrir.

Au sud-ouest d'Emmet Square, vous trouverez les vestiges d'**Old St Brendan's Church**, site autour duquel fut bâti le village de St Brendan au VIe siècle.

Une agréable **promenade** longe la rivière Cancor vers l'est depuis Oxmantown Bridge, près de l'église catholique, jusqu'à Elmgrove Bridge.

Le **Birr Outdoor Education Centre** *(☎ 20029, Roscrea Rd)* propose des randonnées, des cours de voile, de canoë et d'escalade dans les Slieve Mountains toutes proches.

Où se loger

Fermes et B&B. Outre les B&B, il est possible de séjourner dans une ferme.

Minnock's Farmhouse *(☎ 20591, fax 21684, minnocksfarm@eircom.net, Roscrea Rd ; chambres avec sdb à partir de 23,50 € par pers)*. À environ 1 km au sud de la ville, près de l'entrée du château, cette ferme récompensée d'un prix constitue un excellent choix avec des chambres confortables dans un environnement rural charmant.

Ring Farmhouse *(☎/fax 20976, ringfarm@gofree.indigo.ie, The Ring, Roscrea Rd ; chambres à partir de 24,50 € par pers)*. Cette ferme en activité se trouve à seulement 2 km au sud de la ville, juste à côté de la grande route de Roscrea. Elle dispose de chambres confortables et l'accueil familial est chaleureux.

Walcot B&B *(☎ 21247, fax 20625, walcot@hotmail.com, Oxmantown Mall ; simples/doubles 45/63,50 €)*. Cette élégante maison de ville georgienne installée dans le centre possède quatre belles chambres et un adorable jardin.

The Maltings Guesthouse *(☎/fax 21345, Castle St ; simples/doubles avec sdb à partir de 45/63 €)*. Nichée au bord de la rivière tout près du château, cette pension remporte tous les suffrages, avec ses chambres décorées avec goût et son délicieux restaurant au rez-de-chaussée.

The Stables Guesthouse *(☎ 20263, fax 21677, cboyd@indigo.ie, Oxmantown Mall ; chambres avec sdb à partir de 32 € par pers)*. Plus connu pour son restaurant, cet établissement compte des chambres aérées et spacieuses.

Hôtels. Vous avez le choix entre plusieurs charmants hôtels.

Spinner's Townhouse *(☎/fax 21673, spinners@indigo.ie, www.spinners-townhouse.com, Castle St ; chambres à partir de 29 € par pers ; mars-nov)*. C'est le meilleur hôtel de la ville, à deux pas des portes du château. Ses 14 chambres, décorées soigneusement avec des meubles faits dans la région et des draps tissés, sont disposées autour d'une magnifique cour-jardin, idéale pour se reposer et lire.

County Arms Hotel *(☎ 20791, fax 21234, countyarmshotel@eircom.net, Railway Rd ; chambres à partir de 46 € par pers avec petit déj)*. Cet établissement accueillant propose des chambres bien équipées facilement accessibles

à pied depuis le centre. Il se situe sur Railway Rd, qui devient la route pour Roscrea.

Dooly's Hotel *(☎ 20032, fax 21332, doolyshotel@esatclear.ie, www.doolyshotel.com, Emmet Square ; chambres à partir de 45 € par pers avec petit déj)*. Construit en 1747 pour servir de remise pour voiture à chevaux, le Dooly's offre 18 chambres confortables décorées dans le style XVIIIe siècle (mais avec tout le confort du XXIe).

Tullanisk House *(☎ 20572, 1850 215815, fax 21783, tullanisk@printworks.net, Birr Estate ; chambres 45-76 € par pers, simples supp 10,20 €)*. Cet hôtel georgien du XVIIIe siècle, situé à 2 km sur la route de Banagher, est entouré d'un parc de 320 hectares peuplé de daims. Les chambres spacieuses et les couloirs voûtés sont décorés d'antiquités, de livres et d'une bibliothèque de musique.

Location. C'est une bonne solution si vous souhaitez rester quelque temps pour explorer la région.

Croghan Lodge *(☎ 20023, fax 21583, rossea@gofree.indigo.ie, Birr Castle Demesne ; à partir de 350 € par sem)*. Ce charmant cottage sur les terres du château a été entièrement restauré et équipé de tout le confort moderne. Il compte deux chambres (pour quatre au total). Bien que les locations à la semaine soient préférables, il est possible de louer pour des périodes plus courtes.

Où se restaurer

La réputation que Birr s'est forgée de ville attrayante est en partie due à ses restaurants de qualité qui concoctent tous le meilleur de la nouvelle cuisine irlandaise.

Dooly's Hotel *(voir Où se loger)* propose trois options pour se restaurer. Il compte une excellente cafétéria *(plats principaux à partir de 4 € ; 8h30-22h)*. Pour un déjeuner de pub copieux et succulent, préférez le Coach House Lounge *(plats principaux à partir de 6,50 € ; 12h30-15h)*. Quant au restaurant Emmet Room *(plats principaux autour de 10 €)*, titulaire d'un prix, situé devant l'hôtel, il sert de la cuisine irlandaise et internationale.

Spinner's Bistro *(☎ 21673, Castle St ; déj autour de 10 €, dîner autour de 25 €)*. C'est l'un des restaurants les plus appréciés de la ville. Il a la réputation de mijoter une nourriture exquise et de posséder une excellente cave. Lorsqu'il fait chaud, une table dans la cour-jardin est un délice.

Riverbank *(☎ 21528, Riverstown ; plats principaux autour de 10 €)*. Installé sur les rives de la Brosna à environ 2 km au sud-ouest de Birr, ce merveilleux restaurant a suscité des critiques dithyrambiques pour ses succulents plats fraîchement préparés.

County Arms Hotel *(voir Où se loger; dîner autour de 25 €)*. Vous vous régalerez de bons déjeuners simples et de délicieux dîners. La majorité des légumes servis proviennent du jardin.

The Stables *(☎ 20263, Oxmantown Mall ; menu dîner autour de 25 €)*. Réputé pour sa cuisine et son ambiance, The Stables attire des clients de tout le comté.

The Maltings Restaurant *(☎ 21345, Castle St ; déj autour de 12 €, dîner 25 €)*. Une autre option excellente proposant des plats irlandais préparés et choisis avec soin.

Tullanisk House *(☎ 20572, 1850 215 815, Birr Estate ; menu dîner 38 €)*. Cet établissement mêle influences anglaises et asiatiques.

The Thatch *(☎ 20682, Crinkill ; menu déj 15,50 €)*. À seulement 2 km au sud-est de Birr, dans le petit Crinkill, cet adorable pub au toit de chaume est une vraie trouvaille. En 1999, il remporta le prix All-Ireland Pub of the Year, non seulement pour son style campagnard classique, mais aussi pour sa délicieuse cuisine irlandaise.

Où sortir

Craughwell's *(☎ 21839, Castle St)*. Craughwell's propose de très bons orchestres de musique traditionnelle le vendredi soir et des spectacles de chant impromptus le samedi.

Kelly's *(☎ 20175, Green St)*. L'antre local, juste à côté de la place en direction du château.

Foster's *(☎ 20088, Connaught St)*. Derrière le Dooly's Hotel, ce pub au style désuet attire les foules le week-end et offre des concerts.

Palace Bar *(☎ 20374, O'Connell St)*. Ce bar accueille souvent des groupes de musique le week-end, mais il vaut mieux y prendre un verre au calme.

Market House Tavern *(☎ 20180, Market Square)*. C'est le bar le plus moderne de Birr, très apprécié par les jeunes.

County Arms Hotel *(☎ 20791, Railway Rd)*. Le bar de l'hôtel programme régulièrement des concerts de musique traditionnelle.

Melba's Nite Club *(☎ 20032, Emmet Square)*. Au sous-sol du Dooly's Hotel, c'est la seule boîte de nuit de la ville. Avec ses lumières flashantes et une bande-son passant tous les tubes du Top 40, on s'y amuse.

Comment s'y rendre

Birr se trouve sur la route Dublin-Portumna qui passe aussi par Tullamore et Maynooth. Bus Éireann (☎ 01-836 6111) propose un bus au départ de Dublin à 9h45 et à 15h45 du lundi au samedi (aller simple/aller-retour 10,20/14 €, 3 heures 15) ; vous devez changer à Roscrea. Un bus direct quitte Dublin à 16h, en semaine seulement (2 heures). Le dimanche, les bus partent de Dublin à 12h30 et à 15h45, mais vous devrez aussi changer à Roscrea. Renseignez-vous à la gare routière d'Athlone (☎ 0902-72651) pour les horaires des bus partant de Birr.

Chaque jour, Kearn's Coaches (☎ 22244 pour obtenir un répondeur annonçant les horaires) assure plusieurs liaisons entre Dublin et Tullamore, *via* Birr et Portumna (Galway). Trois bus s'arrêtent à Birr le dimanche, le lundi et le vendredi, deux le samedi et un du mardi au jeudi. Deux bus quotidiens relient Portumna à Birr et Dublin (aller simple depuis Birr 7,60 €). Tous les bus s'arrêtent à Emmet Square.

LEAP CASTLE

Au sud-est de Birr, entre Kinnitty et Roscrea (dans le Tipperary), se trouvent les vestiges de Leap Castle, dans une des rares zones d'Offaly riches en forts circulaires et en tertres funéraires préchrétiens. Au départ, le château appartenait à la famille O'Carroll et veillait sur un itinéraire crucial entre les provinces de Munster et de Leinster. Il fut détruit en 1922 durant la guerre civile. Aujourd'hui, il accueille parfois des concerts de musique irlandaise avec Sean Ryan, sans aucun doute le meilleur joueur de flageolet d'Irlande.

KINNITTY

Le voyage de Birr jusqu'au hameau de Kinnitty, un point de départ pour les Slieve Bloom Mountains, est très agréable. De ce village, vous pouvez aussi effectuer une charmante excursion à travers les collines jusqu'à Mountrath (comté de Laois) ou une promenade en voiture autour des versants nord des collines entre Kinnitty et Mountmellick (comté de Laois).

Où se loger

Kinnitty est très réputé pour son superbe hôtel installé dans un château, mais vous trouverez d'autres types d'hébergements moins onéreux.

Ardmore House (☎ 0509-37009, ardmorehouse@eircom.net, The Walk ; chambres avec petit déj à 25 € par pers). Cette élégante maison en pierre est située à côté de la grande route, à environ 200 m de Kinnitty. Lits en cuivre, feu au charbon et pain complet fait maison sont à l'ordre du jour.

Kinnitty Castle (☎ 0509-37318, fax 37284, kinnittycastle@eircom.net, Kinnitty ; simples/doubles à partir de 152/305 €). À 3 km au sud-est de la ville, cette ancienne résidence des O'Carroll est un des châteaux les plus réputés d'Irlande. Transformé en hôtel luxueux, il est très demandé pour les mariages de célébrités, notamment britanniques.

BANAGHER ET SES ENVIRONS
☎ 0509 • 1 414 habitants

Alors qu'il n'était qu'un employé de la poste, Anthony Trollope (1815-1882) écrivit son premier roman, *The Macdermots of Ballycloran*, en 1841, dans cette petite bourgade en bord de rivière. Charlotte Brontë (1816-1855) y passa sa lune de miel, et son mari, le révérend Arthur Bell Nicholls, y resta après la mort de sa femme en Angleterre. Cuba Ave fut baptisée ainsi en l'honneur d'un garçon du coin, George Frazer, qui devint gouverneur de cette île.

Un bureau d'information touristique (☎ 51458) est installé dans la Crank House sur Main St. La ville compte aussi des pubs et des restaurants agréables.

À voir et à faire

À environ 3 km au sud de Banagher et à 10 km au nord-ouest de Birr, à Lusmagh, près de la confluence de la Little Brosna et du Shannon, se trouve **Cloghan Castle**

(☎ 51650, Banagher ; au minimum 32 € par visite ; réservé aux visites de groupes organisées au préalable). Le donjon normand, fort bien conservé, est flanqué d'une maison du XIXe siècle et de remparts. Ce château est habité depuis près de 800 ans. Le propriétaire actuel a rassemblé une collection d'antiquités très intéressantes. Aucun service de bus n'est assuré, mais les propriétaires peuvent venir chercher les visiteurs à la Crank House.

À 20 km au sud du château se tient l'**Emmell Castle** (☎ 0506-52566), appartenant aux Thompson. Il peut être loué à la semaine.

À 7 km au nord-est de Banagher se trouve **Cloghan**, où les six routes sortant de la ville mènent toutes à de vastes étendues de tourbe. À 5 km de Cloghan, sur la route de Shannonbridge au nord-est, le **Clonony Castle** du XVIe siècle, doté d'une tour carrée de quatre étages, est entouré d'un mur crénelé. La légende selon laquelle la deuxième épouse de Henri VIII, Anne Boleyn, serait née ici n'est sûrement pas fondée, mais ses cousines Elizabeth et Mary Boleyn reposent dans ces ruines.

À 8 km de Banagher, du côté de la frontière appartenant au comté de Galway, se tient la magnifique **Meelick Church**, une des plus anciennes églises encore en activité d'Irlande.

Vous louerez des canoës pour des circuits sur le Shannon ou sur le Grand Canal au **Shannon Adventure Canoeing Holidays** (☎ 51411, 21 Cuba Ave).

Où se loger et se restaurer

Crank House Hostel (☎ 51458, fax 51798, Main St ; chambres de 2 et 4 lits 10,15 € par pers ; ouvert toute l'année). Cette excellente auberge IHH est la seule auberge de la région. Crank House renferme un bureau d'information touristique, une salle d'exposition pour les artistes locaux et le bureau de Crann (☎ 51718), dont l'objectif est de replanter dans la région certains des arbres à feuilles caduques qui couvraient autrefois une bonne partie de l'Irlande. Derrière se trouve l'**Alma's Traditional Irish Coffee Shop**, ouvert tous les jours jusqu'à 18h.

Hayes B&B (☎ 51360, elyocarroll@tinet.ie, Main St ; simples/doubles avec sdb à partir de 28/46 €). Cet établissement est relativement confortable.

The Vine House (☎ *51463, Main St ; plats principaux à partir de 8,50 €*). Ce pub-restaurant est très apprécié des personnes naviguant sur le Shannon. Elles dégustent son excellente cuisine dans une ambiance agréable.

Où sortir

JJ Hough's (☎ *51893, Main St*). Le soir, vous ne trouverez pas mieux que ce petit pub couvert de vigne où tout le monde chante.

Comment s'y rendre

Kearn's Coaches (☎ 22244) inclut Banagher dans son service quotidien Portumna-Dublin.

SHANNONBRIDGE

☎ 0905 • 266 habitants

Shannonbridge ne serait pas connu sans le pont qui traverse la rivière pour rejoindre le comté de Roscommon. Allez voir le **fort** du XIXe siècle, installé sur la rive ouest juste au-dessus du pont. On y stockait de l'artillerie lourde pour bombarder Napoléon de peur qu'il tente d'envahir la région en passant par la rivière.

Bord na Móna Bog Rail Tour sur le Clonmacnoise & West Offaly Railway/Blackwater Railway (☎ *74114 ; adulte/ étudiant/ enfant 5/3,75/3,20 €*). Les excursions sur ce chemin de fer partent à l'heure pile entre 10h et 17h d'avril à octobre. Juste au sud de Shannonbridge, ce périple de 45 minutes vous emmène à travers la partie Blackwater du Bog of Allen sur l'étroite voie de chemin de fer qui transportait la tourbe. Une locomotive Diesel vert et jaune tracte un wagon à une vitesse moyenne de 24 km/h sur 9 km (une toute petite section des 1 200 km de voie ferrée que compte la région). Durant le circuit, un commentaire évoque le paysage du bog et sa flore particulière, qui n'a pas changé depuis plusieurs milliers d'années.

L'excursion démarre près de la centrale électrique fonctionnant avec de la tourbe Bord na Móna Blackwater (Uisce Dubh en gaélique), que l'on aperçoit à des kilomètres à la ronde. Les billets de visite sont en vente au café.

CLONMACNOISE

C'est le site monastique le plus important d'Irlande (☎ *0905-74195, Shannonbridge ; adulte/étudiant/enfant 3,80/2,55/1,60 € ; mi-*mars-mi-sept tlj 9h-18h, mi-sept-mi-mars tlj 10-17h*). Entouré de murs, Clonmacnoise bénéficie d'un emplacement magnifique sur une crête en surplomb du Shannon. Dans l'enceinte de ces murs se trouvent nombre de très anciennes églises, de croix celtiques, des tours rondes et des tombes remarquablement bien conservées. Le site est entouré de marécages et de champs appelés les Shannon Callow. Il y pousse de nombreuses plantes sauvages, dont le râle des genêts, une espèce sérieusement menacée de disparition.

Histoire

Parmi les nombreux sites monastiques qui jalonnent les limites de cette partie du Shannon, celui de Clonmacnoise est de loin le plus spectaculaire. Traduit littéralement, Clonmacnoise (Cluain Mhic Nóis) signifie "pré des fils de Nós". La crête glaciale appelée Esker Riada (la route des rois) sur laquelle se tient le site fut autrefois un des principaux itinéraires permettant de traverser le pays ; il reliait Leinster à Connaught. Saint Ciarán, le fils d'un fabricant de charrettes, serait le fondateur du monastère en 548. Il serait décédé sept mois après avoir construit la première église avec l'aide de Diarmiud, le roi de Tara.

Les débuts du monastère furent humbles car seuls huit fidèles de Ciarán le suivirent. Toutefois, il devint rapidement un bastion inégalé de la religion, de la littérature et des arts irlandais. Entre les VIIe et XIIe siècles, des moines vinrent de toute l'Europe y étudier et y prier. Clonmacnoise est l'une des raisons pour lesquelles on surnomma l'Irlande "l'île des saints et des érudits" alors qu'une grande partie de l'Europe dépérissait dans le haut Moyen Âge. Le monastère acquit une telle importance que les rois de Connaught et de Tara furent enterrés ici. Nombre d'entre eux reposent dans la cathédrale, ou Church of Kings, dont le dernier roi de Tara, Rory O'Connor, qui mourut en 1198.

Presque tous les vestiges datent du Xe au XIIe siècle. Les bâtiments plus anciens, faits de bois, d'argile et de clayonnage ont disparu depuis longtemps. Les moines devaient vivre dans de petites huttes rassemblées autour et à l'intérieur du monastère, probablement entouré d'un fossé ou d'un rempart de terre.

Le fleuve devint le vecteur de la mort lorsque les Vikings l'utilisèrent pour pénétrer en plein cœur de l'Irlande. Clonmacnoise fut pillé à plusieurs reprises entre 830 et 1165 (à huit reprises au moins selon les fouilles). Les Vikings ne furent pas les seuls coupables des attaques. Le monastère subit au moins douze incendies entre 720 et 1205. Il fut attaqué 27 fois par l'armée irlandaise entre 830 et 1165. Après le XIIᵉ siècle, son importance commença à décliner, et au XVᵉ siècle, il n'abritait plus qu'un évêque d'importance mineure. Sa fin survint en 1552, lorsqu'il fut pillé par le régiment anglais basé à Athlone. "Pas une cloche, petite ou grande, pas une icône, pas un autel, pas un livre, pas une pierre ou même un vitrail de fenêtre qui restait ne fut laissé."

Parmi les trésors qui survécurent aux assauts répétés figurent la crosse des abbés de Clonmacnoise, qui est exposée au National Museum à Dublin, et le *Leabhar na hUidhre* (*The Book of the Dun Cow*), du XIIᵉ siècle, maintenant à la Royal Irish Academy de Dublin.

Renseignements

Le Dúchas gère un musée, un centre explicatif et un café installés sur place. La poste (☎ 0905-74134), située dans le parking, est ouverte d'avril à septembre.

Préférez les visites tôt le matin ou en fin de journée afin d'éviter la foule. Une cassette vidéo de 20 minutes présente une bonne introduction au site.

Croix celtiques

L'enceinte du monastère renferme trois répliques de croix celtiques du IXᵉ siècle (les croix originales sont conservées dans le musée). La **Cross of the Scriptures**, ou croix des Écritures, en grès, est la plus richement ornée. Détail insolite, ses bras sont légèrement levés vers le ciel. Sur sa face ouest sont représentés la crucifixion, des soldats gardant la tombe de Jésus et l'arrestation de Jésus. Sur sa face est figurent les scènes de saint Ciarán et du roi Diarmiud plaçant la pierre angulaire de la cathédrale. On l'appelle aussi la King Flann's Cross car sa base comporte une inscription qui viendrait de ce roi, mort en 916.

Plus proche de la rivière, la **North Cross** date des environs de 800. Seul l'axe est encore

là, décoré de lions, de spirales complexes et d'un seul personnage. On pense qu'il s'agit du dieu Cerrunnos ou Carnunas, assis dans la même position que Bouddha. On lui associe le serpent à deux têtes. Très finement ciselée, la **South Cross** compte davantage de gravures, dont la crucifixion sur sa face ouest.

Cathédrale

Plus grand monument de Clonmacnoise, la cathédrale ou MacDermot's Church, fut construite au XIIᵉ siècle, mais elle comprend une partie d'une église du Xᵉ siècle. Sa caractéristique la plus intéressante est un porche gothique du XVᵉ siècle comportant une inscription latine presque effacée qui signifie à peu près : "Ce porche fut érigé pour la gloire éternelle de Dieu."

Le porche porte aussi le nom de *Whispering Door* ("la porte qui chuchote"), car même un chuchotement peut être entendu de l'autre côté du seuil. On dit que les lépreux venaient se confesser ici, car l'acoustique de la porte permettait au prêtre d'entendre la confession à bonne distance des malades.

Les derniers rois de Tara, Turlough Mór O'Connor (mort en 1156) et son fils Ruairí or Rory (mort en 1198), sont probablement enterrés près de l'autel.

Temples

Les petites églises sont appelées des temples, un nom venant du terme irlandais *teampall* ("église"). Après les quelques fondations du **Temple Kelly** (1167), se tient le petit **Temple Kieran**, qui mesure moins de 4 m de long sur 2,5 m de large. Également appelé St Ciarán's Church, on pense qu'il abrite la tombe de saint Ciarán, le fondateur du site, dont la main fut conservée ici comme relique jusqu'au XVIᵉ siècle, puis fut perdue. La remarquable crosse des abbés et un calice auraient été découverts à cet endroit au XIXᵉ siècle.

Le niveau du Temple Kieran est au-dessous du niveau du sol extérieur car, depuis siècles, les paysans y prélèvent de l'argile pour la mettre aux quatre coins de leurs champs. On dit que cela protège les cultures et le bétail. Le sol fut couvert de dalles pour empêcher les fermiers de creuser davantage, mais encore aujourd'hui, au début du

CENTRE SUD

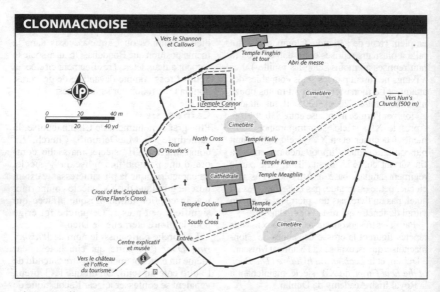

CLONMACNOISE

Vers le Shannon et Callows
Temple Finghin et tour
Abri de messe
Cimetière
Vers Nun's Church (500 m)
Temple Connor
Cimetière
Tour O'Rourke's
North Cross
Temple Kelly
Temple Kieran
Cathédrale
Temple Meaghlin
Cross of the Scriptures (King Flann's Cross)
Temple Doolin
Temple Hurpan
South Cross
Cimetière
Entrée
Centre explicatif et musée
Vers le château et l'office du tourisme

printemps, ils prennent un peu d'argile devant l'église.

À proximité de l'angle sud-ouest se trouve un *bullaun* (une ancienne meule de pierre à aiguiser), qui servait probablement à préparer des remèdes pour l'hôpital du monastère. De nos jours, on dit que l'eau de pluie qu'elle recueille soigne les verrues.

En contournant l'ensemble, on arrive au **Temple Meaghlin** du XIIe siècle, avec ses jolies fenêtres, et aux architectures jumelles des **Temples Hurpan** et **Doolin**. Ce dernier a été baptisé du nom d'Edmund Dowling, qui répara le temple en 1689 et en fit une crypte pour sa famille. À la même époque, il restaura le Temple Hurpan, aussi appelé Claffey's Church.

Tours rondes

Surplombant le Shannon, l'O'Rourke's Tower, une tour tronquée de 20 m de haut, fut baptisée du nom du roi de Connaught, Fergal O'Rourke (mort en 964). On pense que le haut de la tour s'écroula lorsque la foudre s'abattit en 1135, mais la tour fut utilisée jusqu'en 1552.

Le **Temple Finghin** et sa tour ronde se dressent à la limite nord du site, dominant le Shannon. Ce monument pittoresque, qui porte aussi le nom de MacCarthy's Church

and Tower, apparaît sur presque toutes les photos de Clonmacnoise et date d'environ 1170. Il est décoré de jolies gravures romanes. Le toit conique de la tour miniature, inhabituelle, possède des pierres en chevron. C'est l'unique toit de tour ronde d'Irlande qui n'a pas été abîmé. La plupart de ces tours étaient utilisées comme abris par les moines lorsque leur monastère était attaqué. Celle-ci renfermait probablement une cloche.

Autres vestiges

Toujours fréquenté par les paroissiens les derniers dimanches des mois d'été, le **Temple Connor** est une petite église couverte d'un toit. Au-delà du mur d'enceinte du site, à 500 m à l'est dans la nouvelle cour, se situe, en retrait, la Nun's Church et ses magnifiques arches romanes ; elle mérite le coup d'œil. À l'ouest de l'église, un **cairn** est censé marqué le lieu où repose un serviteur de saint Ciarán qui, parce qu'il avait perdu la vache du saint, aurait refusé d'être enterré dans le cimetière du monastère.

Sur la crête, près du parking, un tertre s'élève avec les curieuses ruines d'un **château** du XIIIe siècle. John de Grey, évêque de Norwich, l'aurait construit pour dominer le Shannon.

Musée

Les trois structures en forme de ruches installées non loin de l'entrée abritent un musée. Elles imitent l'architecture des premières habitations monastiques. Le musée conserve les trois principales grandes croix ainsi que de nombreux objets découverts lors de fouilles, dont des épingles en argent, un verre garni de perles et une pierre oghamique.

Le musée contient aussi nombre de pierres tombales de Clonmacnoise datant du VIIIᵉ au XIIᵉ siècle, constituant la plus grande collection des premières dalles funéraires chrétiennes d'Europe. Nombre d'entre elles sont remarquablement bien préservées et comportent des inscriptions bien visibles commençant souvent par "*oroit do*" ou "*ar*", signifiant "une prière pour".

Où se loger

Glebe Touring Caravan & Camping Park (☎ 0902-30277, *Clonfanlough ; emplacement 11,50 € ; Pâques-mi-sept*). Ce camping est installé à l'orée du village de Clonfanlough, à 5 km à l'est de Clonmacnoise, dans un cadre rural superbe. Les installations comprennent des douches et des toilettes modernes, une salle de jeux avec TV, une laverie, un coin nurserie et une cuisine.

Kajon House (☎/fax 0905-74191, *Creevagh ; chambres avec/sans sdb 25,50/20,50 € petit déj inclus ; fév-oct*). Ce pavillon se trouve sur la route de Tullamore, à environ 1,5 km des ruines.

Meadowview (☎ 0905-74257, *Clonmacnoise ; chambres avec petit déj à partir de 28 € par pers ; avr-sept*). Ce charmant B&B est situé à 1 km de l'entrée des vestiges.

Comment s'y rendre

Clonmacnoise se tient à 7 km au nord de Shannonbridge et à environ 24 km au sud d'Athlone. Bus Éireann (☎ 01-836 6111) assure des liaisons Dublin-Athlone (aller simple/aller-retour 9,30/14 €, 2 heures, toutes les heures). Paddy Kavanagh (☎ 0902-74839,

087 240 7706) propose des minibus reliant Athlone à Clonmacnoise (aller-retour 12,70 €). Ils partent d'Athlone Castle à 11h et reviennent à 14h. La visite de Clonmacnoise et du West Offaly Railway (voir plus haut *Shannonbridge*) s'élève à 19 €.

Des promenades en bateau d'Athlone (comté de Westmeath) à Clonmacnoise sont organisées ; voir *Promenades fluviales* sous *Athlone* dans le chapitre *Centre Nord*.

DURROW ABBEY

Saint Colmcille (aussi appelé saint Colomba) fonda le monastère de Durrow Abbey au VIᵉ siècle. C'est là que, plus tard, le *Book of Durrow*, un Évangile en latin, fut composé. Il fut conservé là 800 ans, jusqu'à la dissolution des monastères. Il fut alors récupéré par un fermier qui le plongea dans l'eau destinée à son bétail afin d'éloigner les mauvais esprits. Les enluminures du livre survécurent à ce traitement. En 1661, l'évêque local le donna au Trinity College, à Dublin, où il est exposé.

Le *Book of Durrow* résista mieux au temps que le monastère, qui fut endommagé en 1186 par Hugh de Lacy. Ce dernier perdit littéralement la tête dans cette affaire, un homme de la région ayant pris ombrage du fait qu'il utilisait les pierres du monastère pour construire un château sur un tertre proche.

De nos jours, les principales structures encore sur pied du site sont une demeure georgienne et les vestiges d'une église protestante du XIXᵉ siècle. Certains rois de Tara seraient enterrés ici.

Les vestiges incluent le St Colmcille's Well (puits de saint Colmcille) au nord-est de l'église et une croix celtique du Xᵉ siècle. La face est de la croix montre le roi David, le sacrifice d'Isaac par Abraham et le Jugement dernier. La face ouest représente des soldats gardant la tombe de Jésus et la crucifixion.

Durrow Abbey se trouve à 7 km au nord de Tullamore le long d'une route à l'ouest de la N52 pour Kilbeggan.

Comté de Clare

Même si le comté de Clare (An Clár) ne reçoit pas autant de visiteurs que ses voisins, les comtés de Kerry ou de Galway, il possède un charme bien particulier. L'estuaire du Shannon qui le pénètre au sud et la baie de Galway au nord lui donnent presque la forme d'une péninsule. La terre de Clare est assez pauvre. La vaste étendue de roche calcaire du nord du comté forme la fascinante région du Burren émaillée de nombreux monuments et châteaux et où poussent des fleurs rares. De superbes promenades permettent d'admirer ses spectaculaires paysages, particulièrement autour des Cliffs of Moher (falaises de Moher).

Ennis, chef-lieu de Clare, a su préserver ses rues étroites, tandis que des villages comme Ennistymon possèdent toujours leurs vieilles boutiques, et leurs pubs où l'été, des groupes de musique traditionnelle animent les soirées. Deux villages très différents ont la faveur des visiteurs : Doolin enchante les amateurs de musique et les randonneurs, et le distingué Ballyvaughan est pris d'assaut le week end par les adeptes de villégiature cossue.

Parmi les 250 châteaux du comté, citons Knappogue, près de Quin, et la célèbre tour de Bunratty. Il est possible de plonger à Kilkee, Doolin et Fanore, de faire de l'escalade à Ballyreen, près de Fanore, et de la spéléologie dans tout le Burren.

Le chemin le plus court pour vous y rendre, si vous remontez la côte vers le nord, consiste à emprunter le ferry depuis Tarbert dans le comté de Kerry jusqu'à Killimer.

À ne pas manquer

- La musique irlandaise traditionnelle et le *craic* des pubs de Doolin
- Les Cliffs of Moher et la superbe promenade jusqu'à Hag's Head.
- Les excursions et la spéléologie dans les paysages du Burren.
- Une partie ou la totalité des 45 km de randonnée de la Burren Way.
- Le dolmen vieux de 5 000 ans de Poulnabrone, dans le Burren, surtout au lever ou au coucher du soleil.
- Un banquet médiéval et kitsch à Bunratty Castle ou à Knappogue Castle.

Ennis et ses environs

ENNIS

☎ 065 • 15 300 habitants

Ennis (Inis), principale ville du comté, est un centre commercial animé et l'une des plus grandes villes de la République. Elle est située sur les rives de la Fergus, qui coule vers l'est puis vers le sud pour se jeter dans le Shannon Estuary. Les rues étroites de cette ville trahissent ses origines médiévales, et beaucoup de boutiques et de pubs ne datent pas d'hier. Le site historique le plus notable est l'Ennis Friary, monastère fondé au XIIIᵉ siècle par les O'Brien, rois de Thomond, qui ont également construit

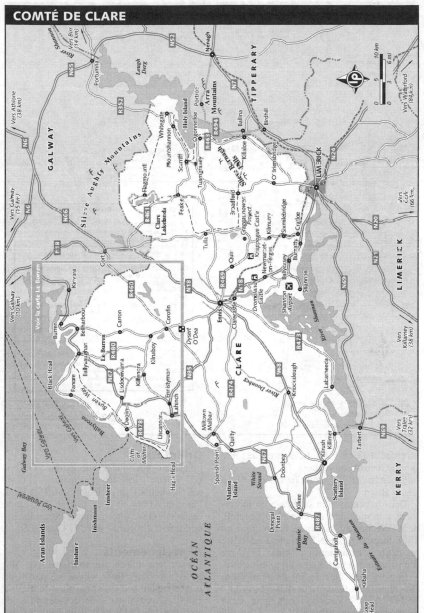

COMTÉ DE CLARE

COMTÉ DE CLARE

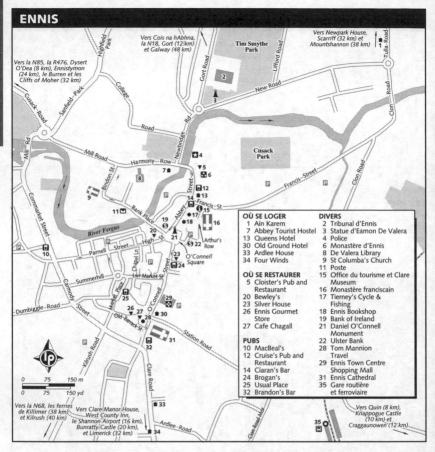

ENNIS

Vers Cois na hAbhna, la N18, Gort (12 km) et Galway (48 km)

Tim Smythe Park

Vers Newpark House, Scarriff (32 km) et Mountshannon (38 km)

Vers la N85, la R476, Dysert O'Dea (8 km), Ennistymon (24 km), le Burren et les Cliffs of Moher (32 km)

Cusack Park

River Fergus

Arthur's Row

O'Connell Square

OÙ SE LOGER
1   Aín Karem
7   Abbey Tourist Hostel
13 Queens Hotel
30 Old Ground Hotel
33 Ardlee House
34 Four Winds

OÙ SE RESTAURER
5   Cloister's Pub and Restaurant
20 Bewley's
23 Silver House
26 Ennis Gourmet Store
27 Cafe Chagall

PUBS
10 MacBeal's
12 Cruise's Pub and Restaurant
14 Ciaran's Bar
24 Brogan's
25 Usual Place
32 Brandon's Bar

DIVERS
2   Tribunal d'Ennis
3   Statue d'Eamon De Valera
4   Police
6   Monastère d'Ennis
8   De Valera Library
9   St Columba's Church
11 Poste
15 Office du tourisme et Clare Museum
16 Monastère franciscain
17 Tierney's Cycle & Fishing
18 Ennis Bookshop
19 Bank of Ireland
21 Daniel O'Connell Monument
22 Ulster Bank
28 Tom Mannion Travel
29 Ennis Town Centre Shopping Mall
31 Ennis Cathedral
35 Gare routière et ferroviaire

0 75 150 m
0 75 150 yd

Vers la N68, les ferries de Killimer (38 km) et Kilrush (40 km)

Vers Clare Manor House, West County Inn, le Shannon Airport (16 km), Bunratty Castle (20 km), et Limerick (32 km)

Vers Quin (8 km), Knappogue Castle (10 km) et Craggaunowen (12 km)

un château à Ennis. En 1249, presque toute la ville, construite en bois, fut ravagée par un incendie. En 1306, elle fut rasée par l'un des O'Brien.

Dans le centre-ville se dresse un monument à la mémoire de Daniel O'Connell, dont l'élection au Parlement britannique en 1828 força la Grande-Bretagne à admettre les députés catholiques et mena à l'Acte d'émancipation catholique un an plus tard.

Eamon De Valera fut *teachta Dála* (membre du Parlement irlandais) pour Clare de 1917 à 1959. Vous pouvez voir sa statue de bronze près du tribunal.

Orientation

Le vieux centre-ville se situe autour d'O'Connell Square ; les rues principales – O'Connell St, High St (que prolonge Parnell St), Bank Place et Abbey St – en partent. La grande cathédrale (1843), qui n'a rien d'extraordinaire, se dresse à l'extrémité sud d'O'Connell St.

Renseignements

L'excellent office de tourisme (☎ 682 8366), Arthur's Row, ouvre ses portes de juin à septembre tous les jours de 9h30 à 18h30, d'avril à mai et en octobre du lundi au samedi de 9h30 à 13h et de 14h à 17h30, et de novembre à mars du lundi au vendredi de 9h30 à 13h et de 14h à 17h30.

Vous pouvez changer de l'argent à la Bank of Ireland (qui dispose d'un DAB) et à l'Ulster Bank, les deux sur O'Connell Square.

Le bureau de poste se trouve sur Bank Place, au nord-ouest d'O'Connell Square. La De Valera Library (☎ 682 1616), Harmony Row, est une bibliothèque où vous pourrez accéder gratuitement à Internet (tlj à partir de 10h)

La librairie Ennis Bookshop (☎ 682 9000), 13 Abbey St, s'avère intéressante pour les cartes et les ouvrages traitant des centres d'intérêt locaux

Ennis Friary

Juste au nord d'O'Connell Square se trouve le monastère d'Ennis (☎ 682 9100, *Abbey St, adulte/tarif réduit 1,30/0,50 €, juin-mi-septembre tlj 10h-18h, avr-mai et mi-sept-oct mar-dim 10h-17h)*, fondé par Donnchadh Cairbreach O'Brien, roi de Thomond, entre 1240 et 1249. Une grande partie du bâtiment a été érigée au XIVe siècle. En partie restauré, il dispose d'une élégante fenêtre en cinq parties qui date de la fin du XIIIe siècle. On peut y voir la tombe de McMahon (1460), dont les panneaux d'albâtre illustrent des scènes de la Passion, dont la mise au tombeau du Christ. À l'apogée de sa gloire au XVe siècle, ce monastère était un centre d'études majeur du pays et accueillait plus de 300 moines. Ils en furent chassés en 1692. En tant que site Dúchas, le monastère d'Ennis propose les visites guidées habituelles pendant la haute saison.

Clare Museum

Ce musée moderne se trouve près de l'office de tourisme (☎ 682 3382, *Arthur's Row, adulte/enfant 3,80/1,90 €, juin-sept tlj 9h30-18h30, avr-mai et oct lun-sam 9h30-13h/14h-17h30, nov-mars lun-ven 9h30-13h/14h-17h30)*. L'exposition "Riches of Clare" (les richesses de Clare) raconte l'histoire du comté depuis 6 000 ans, à l'aide d'objets originaux et de présentations audiovisuelles.

Festivals

Fleadh Nua (☎ 684 2988, ceoltrad@ eircom.net), un joyeux festival de musique

traditionnelle, de chants, de danse et d'ateliers, a lieu fin mai.

Où se loger

Abbey Tourist Hostel *(☎ 682 2620, Harmony Row ; lit/chambre 12,50-19 € par pers, petit déj léger inclus ; toute l'année).* La plupart des chambres de cette agréable auberge de jeunesse située non loin du centre sont équipées de quatre lits. Les douches sont propres et les serviettes fournies. Une cuisine est à votre disposition.

Aín Karem *(☎ 682 0024, 7 Tulla Rd ; simples/doubles 28/44 €).* Les bus s'arrêtent devant ce confortable établissement de deux étages que vous trouverez au nord-est du centre.

Ardlee House *(☎ 682 0256, Clare Rd ; simples/doubles avec sdb 34/46 €).* Les chambres de cet établissement sont agréablement meublées. Vous pourrez garer votre voiture à l'arrière.

Four Winds *(☎ 682 9831, Clare Rd ; simples/doubles avec sdb 38,10/55,90 € ; mi-mars/mi-oct).* Ce B&B propose cinq chambres et l'agrément d'un jardin. Les cartes de crédit sont acceptées.

Clare Manor House *(☎/fax 682 0701, Clare Rd ; chambre avec sdb et TV 23,95 € par pers).* Cette demeure de style Tudor située à 1,5 km au sud du centre loue six chambres bien aménagées.

Newpark House *(☎ 682 1233, newparkhouse.ennis@eircom.net, Tulla Rd ; simples/doubles à partir de 44/64 € ; Pâques-oct).* Ce superbe manoir datant de 1650 est à 2 km au nord d'Ennis. Pour vous y rendre, empruntez la route pour Scarriff (R352) et tournez à droite au Roselevan Arms. Vous trouverez un établissement meublé avec goût où vous dégusterez d'excellents petits déjeuners faits maison.

Old Ground Hotel *(☎ 682 8127, fax 682 8112, O'Connell St ; chambres 44,50-76,20 € par pers).* Cet adorable vieil hôtel du centre-ville dispose d'une annexe plus moderne, et propose 83 chambres luxueuses.

Queens Hotel *(☎ 682 8963, fax 682 8628, Abbey St ; chambres 44,50-76,20 € par pers).* Les 30 chambres que loue cet hôtel sont confortables.

West County Hotel (☎ 682 8421, fax 682 3759, Clare Rd, chambres 31,75-82,55 € par pers). Juste au sud d'Ennis, ce grand hôtel dispose de vastes chambres, d'une salle de jeux pour les enfants et d'un centre de loisirs doté de trois piscines, pas moins.

Où se restaurer

Cruise's Pub and Restaurant (☎ 684 1800, Abbey St ; plats 6,95-13,25 €, repas au bar 15h30-21h, au restaurant 18h-21h). Cet endroit, bâti en 1658, a du caractère et est tout indiqué pour un bon repas.

Brogan's (☎ 682 9859, O'Connell St ; plats déj 6-12 €, dîner 10-21 €). Un établissement douillet où vous dégusterez un savoureux repas.

Brandon's Bar (☎ 682 8133, O'Connell St ; plats 6-7 € ; service 12h30-16h). Voici un vieux pub authentique, où les plats tels que le rosbif ou l'irish stew (ragoût irlandais) sont délicieux et abordables.

Old Ground Hotel (☎ 682 8127, O'Connell St ; plats 6,30-11,35 €). De solides plats irlandais traditionnels (chou, pommes de terre, etc.), mâtinés d'influence française, sont servis au bar de ce vieil hôtel.

Silver House (☎ 682 9491, O'Connell St ; plats déj env 7,30 €). De bons plats de nouilles et de riz. Le menu du soir est assez complet, mais les tarifs du déjeuner sont plus intéressants.

Cloister's Pub and Restaurant (☎ 682 9521, Abbey St ; plats env 17,50 €, dîner 22,60 € ; 12h-22h). La nourriture y est plus à l'honneur que la boisson. Le menu (les viandes et les poissons sont excellents) est d'un bon rapport qualité/prix.

Ennis Gourmet Store (☎ 684 3314, Old Barrack St ; sandwiches 3,15-4,40 €, salades env 5,65 €). Dans ce minuscule mais excellent café-épicerie fine, essayez les fromages locaux ou les confitures maison.

Cafe Chagall (Old Barrack St ; panini et salades 4,90-5,55 €). Vous pourrez boire un bon café et manger un panini garni de fromage bio, tout en feuilletant les livres d'occasion et en admirant les tableaux colorés accrochés au mur.

Bewley's (☎ 684 0461, Bank Place ; sandwiches env 3,15 €, repas 6,60 €). Ce restaurant de la chaîne dublinoise offre un espace douillet au rez-de-chaussée, et un self animé à l'étage.

JD's Coffee House (☎ 684 1630, Merchant's Square ; plats 3,70-6,95 € ; lunsam 7h30-18h). Le petit déjeuner est servi jusqu'à midi dans une ambiance détendue. À noter le "méga-breakfast", et le vaste choix de sandwiches et de gâteaux.

Où sortir

Les nombreux pubs d'Ennis, capitale d'un comté célèbre pour sa musique, ne manquent pas d'animation.

Cruise's Pub and Restaurant (voir Où se restaurer). Ce bar sympathique est l'une des meilleures adresses pour écouter de la musique traditionnelle, tous les soirs à partir de 21h30.

Cíaran's Bar (☎ 684 0180, Francis St). Ce petit établissement confortable, lieu de rendez-vous des fans de football, donne de la musique irlandaise le vendredi soir.

Brandon's Bar (voir Où se restaurer). Plusieurs soirs par semaine, vous pourrez écouter de la musique irlandaise traditionnelle, du blues et du rock, et boire et danser à la discothèque Bordwalk.

MacBeal's (☎ 682 0211, Cornmarket St). Ce grand pub attire un public éclectique grâce à sa musique jazz, blues et rétro. Il fait night-club le week-end.

Usual Place (☎ 682 0515, Upper Market Place) Cet établissement, installé dans un vieux bâtiment de pierre, est l'endroit idéal pour savourer un bon verre d'alcool.

Cois na hAbhna (☎ 682 0996, Gort Rd) Dans cette salle basse en forme de pentagone que vous trouverez à 1,5 km au nord de la ville sur la N18, un ceilidh (soirée de musique et de danse traditionnelles) est organisé de 20h30 à 23h le mercredi de (2,50 €). Un oíche ceilidh (soirée musicale) est organisé de 21h30 à 23h30 presque chaque samedi (6 €). Sa boutique propose un choix intéressant de cassettes, de livres et de disques.

Comment s'y rendre

Bus. Le dépôt des Bus Éireann (☎ 682 4177) se trouve à la gare ferroviaire. Les bus effectuent le trajet Ennis-Limerick

(40 min) 16 fois par jour du lundi au samedi (15 fois le dim). Douze bus directs vont chaque jour à Dublin (4 heures) du lundi au samedi (10 le dim), 14 à Galway (2 heures), 12 à Cork (3 heures) et jusqu'à 7 par jour (4 le dim) au Shannon Airport (30 min).

Train. De la gare d'Ennis (☎ 684 0444), des trains desservant Dublin (3 heures) passe par Limerick 2 fois par jour du lundi au samedi (1 seul train le dim). Les trains effectuant le trajet Dublin-Limerick, à 37 km au sud-est d'Ennis, sont assez fréquents ; renseignez-vous auprès de la gare de Limerick (☎ 061-313333).

Comment circuler

Pour un taxi, appelez Burren Taxis (☎ 682 3456), ou rendez-vous à la borne de la gare ou à côté du Daniel O'Connell Monument. Tierney's Cycles and Fishing (☎ 682 9433), 17 Abbey St, vous louera des VTT bien entretenus pour 15,20/50,40 € par jour/ semaine, plus un casque, un cadenas et une trousse à outils. Tom Mannion Travel (☎ 682 4211), 71 O'Connell St, peut vous louer aussi bien une voiture qu'un camping-car.

ENVIRONS D'ENNIS

Au nord d'Ennis se trouve le site de Dysert O'Dea qui date du début de l'époque chrétienne, tandis qu'au sud-est se trouvent plusieurs beaux châteaux.

Comment circuler

Des bus locaux et des express desservent pratiquement tous les sites autour d'Ennis, mais leur fréquence varie. Beaucoup ne circulent que de mai à septembre, certains uniquement en juillet et août, et pas tous les jours. Avant d'organiser vos sorties, vérifiez horaires et destinations à la gare routière d'Ennis (☎ 065-682 4177).

Il est possible d'attraper l'express entre Galway et Limerick à Ennis (jusqu'à 14 liaisons par jour) pour vous rendre à Clarecastle, Newmarket-on-Fergus et Bunratty, mais sachez que beaucoup d'arrêts ne sont marqués qu'à la demande. Le bus 334 se rend quotidiennement à Limerick *via* Clarecastle, Newmarket-on-Fergus et parfois

Bunratty. Les jours de semaine, un service peu fréquent dessert le Nord-Ouest vers Ennistymon, puis se dirige au sud en longeant la côte vers Kilkee.

Dysert O'Dea

Sur la route pour Corofin (R476) à 9 km au nord d'Ennis se trouve Dysert O'Dea, le site choisi par saint Tola pour fonder un monastère au VIIIe siècle. L'église et la croix, la White Cross of St Tola, datent du XIIe ou du XIIIe siècle. Sur une face de la croix, on peut voir, gravés, Daniel dans l'antre des lions et le Christ crucifié au-dessus d'un évêque. Remarquez les sculptures de têtes d'humains et d'animaux dans le demi-cercle de la porte sud de l'église romane. On peut aussi voir des vestiges d'une tour ronde de 12 m.

En 1318 la bataille opposant les O'Brien, rois de Thomond, et le Normand de Clares de Bunratty vit la victoire des O'Brien. La conquête anglo-normande du comté de Clare fut ainsi repoussée de deux siècles. O'Dea Castle, un château du XVe siècle, abrite le **Clare Archaeology Centre** *(☎ 065-683 7401, Corofin ; adulte/tarif réduit 4,50/2,25 € ; mai-sept tlj 10h-18h)*. Un parcours historique de 3 km autour du château passe devant une vingtaine de monuments anciens, comme des forts circulaires, des croix celtiques et un site ancien ayant servi à faire la cuisine.

Au sud de Dysert O'Dea en sortant de la N18, vous trouverez **Dromore Wood** *(☎ 065-683 7166, Ruan ; gratuit ; centre d'accueil des visiteurs mi-juin/mi-sept tlj 10h-18h, forêt ouverte toute l'année jusqu'à la tombée du jour)*. Cette réserve naturelle Dúchas s'étend sur quelque 400 hectares et comprend les ruines de l'O'Brien Castle, du XVIIe siècle, deux forts circulaires et le site de Kilakee Church.

Comment s'y rendre. En juillet et en août, un bus de la compagnie Bus Éireann (☎ 065-682 4177) effectue le trajet tous les jours du lundi au vendredi depuis Limerick (20 min). Ce bus quitte Ennis pour Corofin et Ennistymon à 14h10, en passant par Dysert O'Dea. Le reste de l'année, un bus part d'Ennis pour effectuer le même trajet à 15h la semaine et à 15h30 le samedi.

Knappogue Castle

À 3 km au sud-est de Quin se dresse Knappogue Castle (☎ *061-368103, Quin ; adulte/enfant 3,80/2,15 € ; avr-oct tlj 9h30-16h*). Ce château a été érigé en 1467 par les McNamara, qui ont dominé une large partie du comté de Clare du Ve jusqu'au milieu du XVe siècle et ont bâti 42 châteaux dans la région. Les murs massifs de Knappogue sont restés intacts, et on peut y voir une belle collection de meubles d'époque et de cheminées.

Quand Olivier Cromwell vint d'Angleterre en Irlande en 1649, il fit de Knappogue sa base lorsqu'il était dans la région, ce qui explique qu'il soit resté intact. La famille McNamara a repris possession de son château après la Restauration, en 1660.

Knappogue sert aussi de cadre à des repas médiévaux (☎ *061-360788*). (Voir *Banquets médiévaux* à la rubrique *Bunratty* de la section *Est et Sud-est de Clare* plus loin). Knappogue, contrairement à Bunratty, fournit des couverts.

Craggaunowen Project

Pour en savoir plus sur l'histoire irlandaise, visitez le Craggaunowen Project (☎ *061-367178, Quin ; adulte/enfant 6,30/3,80 €, famille jusqu'à 6 enfants 15,75 € ; mai-août tlj 10h-21h, avr et sept-oct tlj 10h-17h*). À 6 km au sud-est de Quin, vous y verrez des reconstitutions de fermes anciennes, des habitats comme le *crannóg* (île artificielle) et un fort circulaire, ainsi que des objets authentiques et le bateau de cuir *Brendan* de Tim Severin, dans lequel il a traversé l'Atlantique en 1976-1977. Craggaunowen Castle est une maison fortifiée des McNamara, bien préservée. Les enfants s'y plairont grâce aux nombreux animaux qu'on peut y voir, dont certains sont assez rares.

Le petit café du Craggaunowen Project est agréable. Cullaun Lake, non loin, est un endroit idéal pour pique-niquer, faire du bateau ou se promener dans la forêt.

Dromoland Castle

Au nord de Newmarket-on-Fergus, voici Dromoland Castle (☎ *061-368144, Newmarket-on-Fergus, chambres 185-417 € par pers*). Ce magnifique bâtiment, construit en 1826, est aujourd'hui l'un des meilleurs hôtels d'Irlande. Il est situé sur 220 ha de superbes jardins à côté de la Fergus et dispose d'un parcours de golf de 18 trous. À l'intérieur, des panneaux de chêne et des soieries ornent pratiquement tous les murs. Le prix des chambres donne le vertige, mais vous pouvez toujours boire un verre au bar.

Mooghaun Ring Fort. Dans le domaine de Dromoland reposent les vestiges de l'un des plus vastes *hill forts* (forts de colline) de l'âge du fer en Europe : trois talus de terre encerclant un espace de 13 ha. On accède à ce fort par Dromoland Forest, indiquée sur la route Newmarket-Dromoland (N18).

Est et sud-est du Clare

La limite est du comté de Clare est formée par le Shannon et le long et étroit Lough Derg, qui s'étend sur 48 km de Portumna, dans le comté de Galway, jusqu'au sud de Killaloe. La route entre les deux villes contourne le lac par la gauche et traverse de jolis paysages et des hameaux pittoresques, comme Mountshannon. Des hautes terres, on peut contempler la vue sur le lac et jusqu'aux Silvermine Mountains dans le comté de Tipperary. L'est de Clare est le pays de la pêche et de la chasse ; les villages sur les rives ouest du Lough Derg sont d'ailleurs appréciés des chasseurs.

Le sud-est de Clare est moins impressionnant visuellement comparé à la côte ou aux paysages des lacs au nord de Killaloe. Beaucoup de visiteurs ne font que passer, marquant un arrêt au Bunratty Castle ou dans les vénérables forêts de chêne de Cratloe. À 24 km à l'ouest de Limerick se trouve Shannon Airport.

SHANNON AIRPORT
☎ 061

Shannon Airport, le deuxième aéroport d'Irlande, est installé dans la région apparemment déserte du sud-est de Clare. Autrefois, il jouait un rôle crucial dans les traversées transatlantiques, lorsque les avions aux moteurs à piston s'y arrêtaient pour faire le plein avant de traverser l'océan. Si vous atterrissez à Shannon (Sionainn), les nombreuses pistes et portes vous rappelleront son succès d'antan. L'aéroport est aujourd'hui en phase de modernisation. On dit que l'irish coffee (une bonne dose de whiskey dans un café fort surmonté de crème) a été inventé au Shannon Airport pour les premiers passagers effectuant la traversée transatlantique.

Le premier magasin en duty-free du monde a ouvert à Shannon en 1947. Aujourd'hui, seuls les passagers quittant l'Union européenne peuvent en profiter.

Renseignements

L'office de tourisme (☎ 471664), dans le hall d'arrivée, reste ouvert tous les jours de 6h à 18h. Juste à côté, le comptoir Aer Rianta (☎ 712000) donne des informations sur l'aéroport et sur les vols.

La Bank of Ireland (☎ 471100), équipée d'un DAB, ouvre dès le premier vol (environ 6h30) jusqu'à 17h30. Dans le Shannon Town Centre – un centre commercial situé dans la morne ville de Shannon –, se trouvent deux banques (Ulster Bank et Allied Irish Bank) ainsi qu'un bureau de poste.

Où se loger

Vous trouverez sans peine diverses possibilités pour loger à 5 km de l'aéroport à Shannon, la seule "ville nouvelle" d'Irlande.

Moloney's B&B (☎364185, 21 Coill Mhara St ; doubles 21,60-24,15 € par pers). Moloney's est un établissement non-fumeurs qui loue quatre chambres à 400 m seulement de Shannon Town Centre dans une impasse tranquille.

Avalon (☎/fax 362032, 11 Ballycastlemore Hill ; simples/doubles 40,85/48,25 €). Ce pavillon spacieux propose trois chambres douillettes (dont deux avec s.d.b.) et une vue sur le Shannon.

Oak Wood Arms Hotel (☎ 361500, fax 361414, Airport Rd ; chambres 50,80-62,20 € par pers). Les chambres meublées de façon classique, les boiseries de chêne et les cuivres font le charme de cet hôtel.

Shannon Great Southern Hotel (☎ 471122, fax 471982, Shannon Airport ; chambres 127 € par pers). Cet hôtel de style, équipé d'une salle de gym, loue 115 chambres avec s.d.b. et se trouve juste en face de l'aéroport.

Où se restaurer

Shannon Knights Inn (☎ 361045, Shannon Town Centre ; repas moins de 8 €). Il vaut la peine de se rendre en ville pour déguster les plats que propose ce grand pub aux tarifs raisonnables.

Café 2000 (☎ 361992, Shannon Town Centre ; en-cas moins de 6,30 € ; lun-ven 8h-17h, sam 8h-15h). De solides en-cas et du bon café sont servis dans ce café étonnamment stylé.

Comment s'y rendre

Voie aérienne. Pour des renseignements d'ordre général, téléphonez aux autorités aéroportuaires, Aer Rianta (☎ 712000). Les compagnies desservant Shannon sur des vols directs sont les suivantes : Aer Lingus (☎ 715400), Aeroflot (☎ 715400), British Airways (☎ 472344), Delta Air Lines (☎471200), Servisair (☎ 472344) et Virgin Atlantic (☎ 704470).

Bus. Six bus de la compagnie Bus Éireann se rendent chaque jour à Ennis (4 le dim). Le guichet de l'aéroport (☎ 474311) ouvre à 7h, le premier bus part à 8h (4,40 € l'aller simple). D'autres villes sont desservies : Limerick (40 min, 8 bus par jour, 7 le dim), Galway (2 heures, jusqu'à 5 bus par jour, 1 le dim) et Dublin (3 heures 20, 3 par jour).

Taxi. Un taxi pour le centre de Limerick ou d'Ennis vous coûtera 24 €, peut-être plus en fonction de l'heure et de vos bagages.

BUNRATTY
☎ 061

Le château de Bunratty (Bun Raite), qui surplombe l'estuaire du Shannon, vaut qu'on s'y arrête, mais il est envahi de cars de touristes d'avril à septembre. Avec son parc et le pub "à l'ancienne" Durty Nelly, vous n'êtes pas loin d'un Disneyland médiéval. Allez-y tôt le matin.

Un petit bureau de renseignements (☎ 364321) à Bunratty Village Mills, en face du château, ouvre de 9h à 17h30 en semaine toute l'année, et de 9h à 17h30 le week-end de mi-mai à septembre. Vous y trouverez un bureau de change et un DAB.

Bunratty Castle et le Folk Park

Les Vikings avaient installé un village fortifié à cet endroit, une ancienne île entourée d'un fossé. Les Normands vinrent ensuite, et Thomas de Clare érigea la première structure en pierre sur ce site dans les années 1270.

Le château que l'on voit aujourd'hui (☎ 361511, Bunratty ; adulte/enfant 6,50/4 € entrée du parc comprise, familles 18,90 € ; juin-août tlj 9h-16h45, sept-mai tlj 9h30-16h15) est le quatrième ou le cinquième à occuper ce site sur la rive de la Ratty. Il date du début du XVe siècle et on le doit à l'énergique famille McNamara. Il ne tarda pas à tomber entre les mains des O'Brien, rois de Thomond, qui le gardèrent jusqu'au XVIIe siècle. L'amiral Penn, père de William Penn, le quaker qui fonda l'État américain de Pennsylvanie et la ville de Philadelphie, y résida pendant une courte période.

Après une restauration complète, le magnifique Great Hall (grande salle) du château expose une belle collection de meubles du XIVe au XVIIIe siècle, des tableaux et des tapisseries.

Banquets médiévaux. Dans la grande salle se déroulent des "banquets médiévaux" (☎ 360788), durant lesquels les damoiselles jouent de la harpe, des bouffons font des plaisanteries scabreuses et des jeunes filles servent une pâle imitation de repas du Moyen Âge, arrosé d'hydromel. On y mange avec les doigts. Vous débourserez 41,60 € pour une place à table et festoierez avec des cars entiers de touristes. Tout cela est très fabriqué mais peut se révéler divertissant.

Les banquets des châteaux de Knappogue et de Dunguaire (ce dernier dans le comté de Galway) sont plus modestes, plus tranquilles et souvent plus agréables. Deux banquets sont servis tous les jours, à 17h30 et à 20h45, selon la demande. Celui de Bunratty a lieu toute l'année, celui de Knappogue, de mai à octobre et celui de Dunguaire, de mai à septembre.

Bunratty Folk Park. Ce parc folklorique (juin-août tlj 9h-18h30, sept-mai tlj 9h30-18h30) est un village irlandais traditionnel reconstitué, avec ses chaumières, une forge en activité, des tisserands qui tissent et des crémières qui font du beurre. Vous trouverez également un bureau de poste, un pub et un petit café.

Le **Shannon Ceilí** (rés ☎ 360788, 37 € par pers, mai-oct tlj 17h30-20h45, nov-avr selon la demande) occupe une ferme du parc folklorique. Musique, danse, vin, irish stew, tarte aux pommes et soda bread (pain au lait) font partie de la fête.

Où se restaurer

Muses (☎ 364082, Bunratty House Mews ; plats 18,80-22,55 €). Dans la cave d'une élégante maison georgienne, Muses es le restaurant le plus cher de la région. Les plats, essentiellement irlandais, sont succulents. Pour vous y rendre, suivez la route qui passe devant le Fitzpatrick Bunratty Shamrock Hotel.

Durty Nelly's (☎ 364861, à côté de Bunratty Castle ; plats 15,10-22,70 €). Ce pub sert à manger, mais abrite aussi deux bons restaurants : **Oyster** (tlj 12h-22h30) et **Loft** (lun-sam 18h-22h30).

Kathleen's Irish Pub (au Bunratty Castle Hotel, ☎ 364116 ; plats 7,60-15,20 €). Ce pub efficace sert un grand choix de plats, allant du ragoût irlandais traditionnel à la pizza aux poivrons.

Blarney Woollen Mills (☎ 364321, Bunratty Village Mills ; plats 6,25-10 €). Au 1er étage de cette boutique en face du château, un restaurant de style cafétéria sert des en-cas corrects et des repas légers aux amateurs de lèche-vitrine fatigués.

Où sortir

Durty Noel's (voir Où se restaurer). L'atmosphère de ce pub construit en 1620 est décontractée. Un feu de tourbe brûle devant des bancs et des chaises en bois. Les gens du cru autant que les touristes aiment s'y détendre un moment. Vous y écouterez de la musique presque tous les soirs.

Mac's Bar (☎ 361511, *Bunratty Folk Park*). On y joue de la musique irlandaise le mercredi, vendredi, samedi et dimanche soir de juin à septembre, le week-end seulement le reste de l'année. On peut s'y rendre même après la fermeture du parc.

Kathleen's Irish Pub (*Bunratty Castle Hotel*, ☎ 364116). Kathleen's est un grand bar façon vieille Irlande, qui propose de la musique traditionnelle tous les soirs, principalement pour les clients de l'hôtel.

Comment s'y rendre
Jusqu'à 8 bus de la compagnie Éireann effectuant le trajet Limerick-Bunratty s'arrêtent devant le Fitzpatrick Bunratty Shamrock Hotel. Bunratty est également desservi chaque jour par 17 bus (10 le dim), qui vont de Shannon Airport à Limerick. Contactez la gare routière de Limerick (☎ 313333) pour les horaires.

Les bus en partance vers le sud *via* Bunratty quittent Ennis chaque jour à partir de 10h12. Contactez la gare routière d'Ennis (☎ 065-682 4177) pour en savoir plus.

CRATLOE
☎ 061 • 100 habitants

Cratloe, 3 km à l'est de Bunratty, au nord de la route principale pour Limerick (N18), est un village pittoresque qui surplombe l'estuaire du Shannon. Non loin se trouvent des collines couvertes de chênes, ce qui est rare en Irlande aujourd'hui, même si l'île en était jadis couverte. On dit que les poutres du toit de Westminster Hall, à Londres, viennent de Cratloe. Pour atteindre les bois, prenez la route de Kilmurry à partir de Cratloe, passez sous un pont de chemin de fer et tournez à droite. Il y a d'agréables **promenades** à faire dans la région et des vues à ne pas manquer sur l'estuaire depuis Gallows Hill et Woodcock Hill.

Sur la N18 se trouve **Cratloe Woods House** (☎ 327028, *Cratloe* ; *adulte/tarif réduit 3,15/1,90 €* ; *juin-mi-sept lun-sam 14h-18h*). Ce rare exemple de *longhouse* du XVIIᵉ siècle est toujours habité. Le prix d'entrée comprend une visite guidée intéressante.

Autour de Cratloe, vous trouverez Plusieurs types d'hébergement.

Cratloe Heights (☎ 357253, *Ballymorris, Cratloe ; chambres 21,60-25,40 € par pers ; mai-oct*). Ce B&B propose 3 chambres non-fumeurs, dont une avec s.d.b.

Cratloe Lodge (☎ 357168, *Cratloe ; simples/doubles 29/45,40 €*). Cratloe Lodge est situé dans un endroit tranquille près de la N18. Il y a un pub juste en face. Maura et Tom, les propriétaires, vous accueilleront chaleureusement.

Aucun bus ne dessert Cratloe, mais beaucoup traversent Bunratty, à 3 km à l'ouest, d'où vous ferez une agréable promenade jusqu'à Cratloe.

KILLALOE ET LES ENVIRONS
☎ 061 • 970 habitants

Killaloe (Cill Dalua) est l'un des principaux points de passage du Shannon. Un beau pont ancien de 13 arches traverse la rivière. De l'autre côté, dans le comté de Tipperary, **Ballina** est le village jumeau de Killaloe. C'est là que vous trouverez les meilleurs pubs et restaurants. De Killaloe, le Shannon est navigable vers le nord jusqu'au Lough Key, dans le comté de Sligo. En été, la ville est pleine de plaisanciers.

Killaloe est joliment situé, entre les Slieve Bernagh Hills, qui se dressent abruptement à l'ouest, les Arra Mountains, à l'est, et le Lough Derg, juste devant. C'est également un point de passage sur le parcours de la randonnée (180 km) d'East Clare Way.

Orientation et renseignements
La rue étroite qui part du fleuve du côté de Killaloe s'appelle Bridge St. Elle tourne à droite et se transforme en Main St. L'office de tourisme (☎ 376866), dans The Lock House à côté du Shannon Bridge à Killaloe, ouvre tous les jours de 10h à 18h de mai à mi-septembre. Au-dessous, dans le même bâtiment, se trouve la bibliothèque, Killaloe Library (☎ 376062), où vous pourrez accéder librement à Internet à partir de 10h du lundi au samedi.

À voir et à faire
Également connue sous le nom de St Flannan's Cathedral, **Killaloe Cathedral** (☎ 376687, *Limerick Rd*) remonte au début du XIIIᵉ siècle. Elle a été érigée par la

famille O'Brien au-dessus d'une église du VIe siècle. Autour de la porte sud de style roman, à l'intérieur du bâtiment, on peut admirer de très belles sculptures, qui appartenaient à une chapelle plus ancienne. À côté de l'entrée, le visiteur peut contempler la **Thorgrim's Stone**, une pierre, datant du début de l'époque chrétienne, qui arbore à la fois des runes scandinaves et l'écriture oghamique irlandaise. C'est la partie verticale d'une croix en pierre, qui a peut-être été gravée par un Viking converti faisant pénitence pour racheter ses péchés. L'inscription runique dit : "Thórgrímr a gravé cette croix." La traduction de l'inscription oghamique est la suivante : "Une bénédiction sur Thórgrímr." **St Flannan's Oratory** se trouve sur les propriétés de la cathédrale, c'est un oratoire roman du XIIe siècle.

À côté de l'office de tourisme se trouve le **Killaloe Heritage Centre** *(☎ 376866, The Lock House, Bridge St ; adulte/enfant 1,90/1,30 € ; mai-sept tlj 10h-18h)*. Le thème de ses expositions tourne autour de l'histoire locale et de la cathédrale.

Si vous souhaitez louer du matériel de pêche, adressez-vous à **TJ's Angling Centre** *(☎ 376009, Main St, Ballina)*.

Où se loger et se restaurer

Vous trouverez nombre de B&B dans la région, mais il est plus prudent de réserver. **Kincora House** *(☎ 376149, fax 375251, Church St, Killaloe ; simples/doubles 38,10/63,50 €)*. Ce B&B accueillant et central est tenu par Ursula Quirke. Vous le trouverez non loin de la cathédrale, en remontant. **Simply Delicious** *(☎ 375335, Main St, Ballina ; plats 6,30-7,60 €)*. Ce café près du pont, fréquentés par de nombreux habitués, ouvre pour le petit déjeuner, sert des sandwiches, des en-cas et de solides déjeuners. **Molly's Bar and Restaurant** *(☎ 376632, Main St, Ballina ; plats 8,85-19 €)*. Ce restaurant près du fleuve peut régaler 56 convives dans une ambiance détendue ; il sert de l'alcool. **Gooser's Bar and Eating House** *(☎ 376792, Main St, Ballina ; plats du restaurant 18,25-35 €)*. Ce pub au toit de chaume sert la meilleure cuisine de la ville.

Le restaurant situé à l'arrière est bon mais cher. Autant manger au bar.

Comment s'y rendre

Cinq bus de la compagnie Bus Éireann (☎ 313333) font le voyage du lundi au samedi de Limerick à Killaloe (45 min). L'arrêt est marqué devant la cathédrale.

DE KILLALOE À MOUNTSHANNON

Le trajet vers le nord sur les deux rives du Lough Derg jusqu'à Mountshannon, ou Portroe dans le comté de Tipperary, est très impressionnant. Pour vous rendre à Mountshannon depuis Killaloe, empruntez la route de Scarriff (An Scairbh).

À environ 1,5 km au nord de Killaloe, s'élève un tumulus, **Beal Ború,** qui pourrait être le site, dit-on, de Kincora, le palais du célèbre roi irlandais Brian Ború, qui battit les Vikings lors de la bataille de Clontarf en 1014. Des traces d'habitations datant de l'âge du bronze y ont été découvertes. Vu sa position dominante sur le Lough Derg, ce site était sans aucun doute d'une grande importance stratégique.

Si vous parcourez 4,5 km vers le nord en partant de Killaloe, vous verrez Cragliath Hill, une colline surmontée d'un autre fort, **Griananlaghna**, nommé d'après l'arrière-grand-père de Brian Ború, le roi Lachtna.

Où se loger et se restaurer

Lough Derg Holiday Park *(☎ 061-376329, fax 376777, www.loughderg.net, Scarriff Rd, Killaloe ; tente et voiture 10,15 € plus 3,15/1,90 € par adulte/enfant, 6,35 par randonneur ou cycliste tente comprise)*. Ce camping, à 5 km au nord de Killaloe sur la R463, est joliment situé sur la rive du lac. Vous y trouverez 24 emplacements de tente et un centre d'activités.

Lantern House *(☎ 061-923034, fax 923139, Ogonnelloe, Killaloe ; chambres 31,75 € par pers)*. Dans le village d'Ogonnelloe (Tuath Ó gConnaille), cette délicieuse pension perchée sur une colline jouit d'une belle vue sur le lac. Son restaurant sert de bons repas simples mais complets. Il n'est ouvert que de 18h à 21h, il est donc sage de réserver.

Kincora Hall (☎ 061-376000, fax 376665, Killaloe, simples/doubles 95,25/114,25 €). Ce ravissant hôtel de 31 chambres se situe à environ 1 km au nord de Killaloe. Les chambres sont spacieuses et meublées avec goût, le restaurant est bon et vous pourrez profiter des services du bar.

MOUNTSHANNON ET SES ENVIRONS
☎ 061 • 200 habitants

Mountshannon (Baile Uí Bheoláin), sur la rive sud-ouest du Lough Derg, est un joli village du XVIIIe siècle. Le petit port de pierre est généralement plein de bateaux de pêche. Il constitue le principal point de départ pour Holy Island, où s'installèrent les premiers chrétiens.

Holy Island
Cette île s'étend à 2 km au large de Mountshannon. Sur Holy Island (Inis Cealtra) se dressait un monastère qui a sans doute été fondé par saint Cáimín au VIIe siècle. Remarquez la tour ronde de plus de 27 m de haut (le dernier étage est manquant). Vous verrez également quatre vieilles chapelles, une cellule d'ermite et des pierres tombales datant du VIIe au XIIIe siècle. L'une des chapelles comporte un arc roman d'une grande élégance. À l'intérieur est gravée une inscription en vieil irlandais : "Priez pour Tornog, qui a fait cette croix."

Ce monastère souffrit de la présence des Vikings au IXe siècle, mais connut ensuite une période plus florissante lorsqu'il fut placé sous la protection de Brian Ború. Le Holy Well (puits sacré) était autrefois au centre d'un festival animé, interdit dans les années 1830 en raison des comportements assez peu religieux qu'il occasionnait...

Ireland Line Cruises (☎ 375011, Killaloe ; adulte/enfant 6,30/4,40 €, fin avr-oct) propose de naviguer autour de l'île de Mountshannon. Ces croisières peuvent aussi être organisées depuis Mountshannon par l'**East Clare Heritage Centre** (☎ 921351, 921615, Tuamgraney), à 10 km au sud-ouest sur la R352.

Où se loger
Lakeside Caravan & Camping Park (☎ 927225, fax 937336, www.lakesideireland.com, Mountshannon ; tente et voiture 11,45 € plus 1,25/0,65 € par adulte/enfant, 6,35 € par randonneur ou cycliste, tente comprise ; mai-sept). Vous apprécierez le joli cadre de ce grand parc près du lac. De Mountshannon, dirigez-vous vers le nord sur la route de Portumna (R352) pendant 2 km et prenez la première à droite.

Derg Lodge (☎ 927180, fax 927180, Whitegate Rd, Mountshannon ; simples/doubles 22,85/40,65 €). Cet agréable B&B de quatre chambres loue des vélos. Il n'est qu'à une courte distance du centre-ville.

Oak House (☎/fax 927185, Mountshannon ; simples/doubles 32,40/48,25 €). Voici une agréable maison de campagne, à 6 km au nord du village. Elle donne sur le lac et dispose d'un joli jardin.

Mountshannon Hotel (☎ 927162, fax 927272, mountshannonhotel@tinet.ie, Main St, Mountshannon ; chambres 44,45 € par pers). Cet hôtel charmant de 14 chambres se trouve dans le village, il offre tout le confort possible et un bon restaurant.

Où se restaurer
An Cupán Caife (The Coffee Cup ; ☎ 927275, Main St ; plats env 8,70 € ; mars-nov tlj 10h-21h). Cet établissement sert de l'alcool, mais vous pouvez quand même apporter votre propre bouteille. Il est confortable et sert des repas comme à la maison.

Cois na hAbhna (☎ 927189, Main St ; plats 6,30-10,50 €). Dans ce pub où règne une ambiance agréable, vous pourrez vous nourrir à toute heure (à la carte de 19h à 22h). Le mercredi soir, résonne la musique irlandaise traditionnelle. D'autres animations ont lieu le week-end.

Comment s'y rendre
En semaine, le bus 345 de la compagnie Éireann (☎ 313333) qui relie Limerick et Killaloe continue vers Scarriff (à 8 km au sud-ouest de Mountshannon). Le samedi, le bus 346 de Limerick (départ à 13h15) pour Whitegate via Scarriff va à Mountshannon (1 heure 25). Les bus s'arrêtent devant Keane's dans la rue principale.

AU NORD VERS GALWAY
Au nord de Mountshannon, la R352 suit le Lough Derg jusqu'à Portumna dans le comté

de Galway. La région de **Clare Lakelands**, autour de Feakle, est connue pour ses nombreux lacs où la pêche à la ligne est fructueuse.

Sud-ouest et ouest du Clare

Loop Head, à l'extrémité sud-ouest du comté, est une saillie sur laquelle viennent se briser les puissantes vagues de l'Atlantique. Les falaises entre Loop Head et Kilkee sont impressionnantes. Au nord de Kilkee, station balnéaire populaire, la route (N67) se dirige vers l'intérieur des terres, mais certains détours pour voir la côte désolée et les plages sur lesquelles l'Armada espagnole a fait naufrage voici quatre siècles valent la peine. Kilkee, White Strand, Spanish Point et Lahinch ont toutes d'agréables plages.

De petits villages, dont Corofin et Ennistymon, se trouvent au nord et au nord-ouest d'Ennis. Ils sont tous les deux à la limite sud de la belle région du Burren, non loin de Hag's Head (une superbe promenade avec de très beaux paysages) et des Cliffs of Moher, l'un des sites d'Irlande les plus spectaculaires. De là, la route descend vers Doolin, une halte connue des randonneurs et un centre de musique irlandaise.

La région est idéale pour les balades à vélo. Deux circuits indiqués s'offrent à vous : la Loop Head Cycleway et la West Clare Cycleway.

COMMENT S'Y RENDRE

Les villes et villages côtiers sont assez rarement desservis par les bus. Certains bus viennent de Limerick, d'autres se rendent à Galway ou Tralee. Les passages sont plus fréquents de mai à septembre. Contactez la gare routière d'Ennis (☎ 065-682 4177) ou de Limerick (☎ 061-313333) pour obtenir horaires et tarifs.

Le terminus de l'express de Bus Éireann n°15 est à Ennis ou Ennistymon. Il dessert Doolin, Lisdoonvarna, Lahinch, Miltown Malbay, Kilkee et Kilrush. Le bus Killarney-Galway n°50 marque l'arrêt à Ballyvaughan, Lisdoonvarna, Doolin, les Cliffs of Moher, Lahinch, Miltown Malbay, Doonbeg, Kilkee et Kilrush. Le bus 333 dessert, quant à lui, Limerick, Ennis, Ennistymon, Lahinch, Quilty, Doonbeg, Kilkee et Kilrush.

Le bus 336 entre Kilkee et Limerick passe par Kilrush et Ennis 4 fois par jour du lundi au samedi (3 fois le dim). De fin mai à septembre, le bus 337 effectue 3 fois par jour (1 fois le dim) le trajet entre Limerick et Lisdoonvarna, en passant par Ennis, Ennistymon, Lahinch, Liscannor, les Cliffs of Moher et Doolin. Le reste de l'année, il ne passe qu'une fois par jour.

KILLIMER
☎ 065 • 150 habitants
Killimer est un village sans charme particulier, près de l'estuaire du Shannon et de Moneypoint, la plus grande centrale électrique d'Irlande. Avec 915 mégawatts, Moneypoint est capable de fournir 40% des besoins du pays en électricité et brûle 2 millions de tonnes de charbon chaque année.

Comment s'y rendre
Le ferry de Shannon Ferry Limited (☎ 905 3124, www.shannonferries.com) traverse l'estuaire du Shannon en 20 minutes de Killimer à Tarbert dans le comté de Kerry, toutes les heures toute l'année, et toutes les demi-heures de juin à septembre (aller simple/retour cyclistes et piétons 3,15/5,10 €, voitures 12,70/19,05 €, motocyclistes 7,60/10,15 €). D'avril à septembre, les traversées s'effectuent de 7h (9h le dim) à 21h ; le reste de l'année, elles ont lieu de 7h (10h le dim) à 19h. De Tarbert, les traversées débutent et se terminent une demi-heure plus tard. On paie à bord.

KILRUSH
☎ 065 • 2 750 habitants
Cette petite ville dont le centre décline les couleurs pastel, surplombe l'estuaire du Shannon et les collines de Kerry au sud. Kilrush (Cill Rois) possède la plus grande marina de la côte ouest, à Kilrush Creek.

L'office de tourisme de Kilrush (☎ 905 1577), installé dans la mairie sur Market Square, ouvre ses portes de 10h à 13h et de 14h à 18h du lundi au samedi, de fin mai à août. Sur Frances St, la rue principale, vous trouverez une Allied Irish Bank (équipée d'un

DAB) ainsi que la poste. The Internet Bureau (☎ 905 1061), en bas de Frances St, fournit un accès à Internet pour 3,80 € les 30 minutes.

À voir et à faire

Le **Kilrush Heritage Centre** (☎ 905 1596, Market Square ; adulte/tarif réduit 2,50/ 1,30 € ; juin-août lun-ven 10h-18h et sam-dim12h-16h) a investi les locaux de la mairie. Vous pourrez visiter une exposition sur l'histoire de la région et voir une présentation audiovisuelle sur la Grande Famine intitulée "Kilrush in Landlord Times" (Kilrush au temps des grands propriétaires).

St Senan's Catholic church, Toler St, vous ravira avec ses huit vitraux réalisés par Harry Clarke, un artisan reconnu. À l'est de la ville vous trouverez les beaux arbres et l'aire de pique-nique de **Kilrush Wood**.

Une exposition sur la faune et l'histoire de Scattery Island est présentée dans le **Scattery Island Visitor Centre** géré par Dúchas (☎ 905 2144, Merchant's Quay ; gratuit ; mi-juin/mi-sept tlj 10h-18h).

Kilrush Creek Adventure Centre est un centre de loisirs près de la marina (☎ 905 2855, fax 905 2597, www.kcac.nav.to, Kilrush Creek ; demi-journée/journée 25/38 €). De nombreuses activités sont proposées ici, telles que tir à l'arc, planche à voile, kayak et voile. Il est possible d'y loger (voir Kilrush Creek Lodge à la rubrique Où se loger et se restaurer).

Quand le temps le permet, les bateaux de **Scattery Island Ferries** (☎ 905 1237, Cappa, Kilrush) quittent Kilrush Marina pour aller voir les grands dauphins dans l'estuaire du Shannon (11,40 €, 2 à 3 heures).

Où se loger et se restaurer

Les B&B ne manquent pas autour de Kilrush.

Katie O'Connors Holiday Hostel (☎ 905 1133, fax 905 2386, cwglynn@eircom.net, Frances St ; lit/chambre double 11,40/ 23,95 € ; mi-mars-déc). Cette auberge de jeunesse IHH, dont le bâtiment date du XVIIIᵉ siècle, est située au-dessus de l'épicerie Keltic Korner et peut accueillir confortablement jusqu'à 28 clients.

Kilrush Creek Lodge (☎ 905 2595, fax 905 2597, Kilrush Creek ; lits/simples/doubles à partir de 12,60/25,20/37,80 € petit déj compris). Cet établissement, qui fait partie du centre de loisirs, loue des chambres spacieuses et dispose d'une laverie, d'une cuisine et de deux salons TV.

Dolphins Pass (☎ 905 1822, Aylevarroo, Kilrush ; simples/doubles 32,40/48,25 € ; avr-oct). Contemplez les dauphins dans le soleil couchant depuis ce B&B tranquille, à 3 km à l'ouest de Kilrush.

Coffey's (☎ 905 1104, Market Square ; sandwiches 2,50 €, pizzas 4,75-9,15 €). Ce café bon marché sert des petits déjeuners toute la journée, de bons sandwiches, des pizzas et des fish and chips à emporter.

Comment s'y rendre

Pour des renseignements sur les bus desservant Kilrush, voir Comment s'y rendre dans la section Sud-ouest et ouest de Clare plus haut.

Vous pouvez louer des vélos auprès de Gleeson's Cycles (☎ 905 1127), Henry St, pour 10,15/44,50 € par jour/semaine contre une caution.

SCATTERY ISLAND

Cette île déserte, sans arbre et balayée par le vent, se trouve 2,5 km au sud-ouest de la jetée de Cappa. Saint Senan y a fondé un monastère au VIᵉ siècle. Sa **tour ronde** qui culmine à 36 m est l'une des plus hautes et des mieux préservées d'Irlande. On peut y voir les vestiges de cinq **églises médiévales**, dont une cathédrale du IXᵉ siècle.

Pour bâtir ce monastère, saint Senan dut débarrasser l'île du monstre qui l'habitait. Le nom irlandais de l'île est en effet Inis Cathaigh, Cathach étant le serpent de mer qui y avait élu domicile. Avec l'aide de l'archange Raphaël, Senan chassa le monstre et, par la même occasion, toutes les femmes. L'une d'entre elles, la jeune vierge Cannera, voulut rejoindre Senan. Les débats ne manquèrent pas sur la façon dont celui-ci résista à la tentation.

Scattery constituait un superbe mais malheureux choix pour implanter un monastère, car il n'était que trop facile pour les Vikings de remonter l'estuaire du Shannon pour le piller, ce qu'ils firent de façon répétée aux IXᵉ et Xᵉ siècles. Ils occupèrent l'île pendant un siècle jusqu'en 970, quand ils en furent chassés par Brian Ború.

COMTÉ DE CLARE

Comment s'y rendre

C'est au port du village de Cappa, près de Kilrush, que vous prendrez le bateau pour Scattery Island. Pour vous y rendre tournez à gauche en bas de Frances St à Kilrush et suivez la route sur 2 km.

Pendant l'été, les bateaux de Scattery Island Ferries (☎ 065-905 1237) effectuent la traversée de la jetée de Cappa jusqu'à l'île (aller-retour 5,70 €, 20 min). Il n'y a aucun horaire strict car les traversées dépendent du temps et de la demande. Vous pouvez acheter des billets au petit kiosque de Merchant's Quay.

KILKEE
☎ 065 • 1 330 habitants
Pendant l'été, la grande baie de Kilkee est peuplée de touristes, la plupart venus de Clare et de Limerick. Kilkee (Cill Chaoi) est devenu une destination à la mode au XIXe siècle, époque où de riches familles de Limerick y ont bâti des résidences secondaires. Aujourd'hui, Kilkee regorge un peu trop de B&B, de salles de jeux et de fast-foods, quoiqu'une récente évolution tende à un nouvel embourgeoisement.

Renseignements

Vous trouverez l'office de tourisme (☎ 905 6112) sur O'Connell St, à gauche en venant du bord de mer. Il ouvre tous les jours de juin à mi-septembre de 10h à 13h et de 14h à 18h. Sur O'Curry St, la rue principale, la Bank of Ireland et l'Allied Irish Bank disposent toutes deux de DAB. La poste se tient sur Circular Rd, à l'extrémité ouest d'O'Curry St.

À voir et à faire

De nombreux visiteurs sont attirés par la jolie **plage** abritée et par les **Pollock Holes**, des piscines naturelles creusées dans les Duggerna Rocks au sud de la plage. Vous pouvez faire de belles promenades sur les falaises de **St George's Head**, au nord, et apprécier la vue. Au sud de la baie, les **Duggerna Rocks** forment un amphithéâtre naturel original. Encore plus au sud se trouve une grande **grotte marine**. Pour voir ces sites, il faut suivre la côte à partir de Kilkee's West End.

Où se loger

Camping et auberges de jeunesse. Plusieurs possibilités s'offrent à vous.

Cunningham's Holiday Park (☎ 905 6430 juill-août, sinon ☎ 061-451009, fax 327877, cunninghams@eircom.net, Kilkee ; tente et voiture 12,70 €, randonneurs et cyclistes tente comprise 5,10 € par pers, juin-début sept). En venant de Kilrush, tournez à gauche après le rond-point. Cunningham's n'est qu'à quelques minutes de marche de la ville et de la plage.

Green Acres Caravan & Camping Park (☎ 905 7011, Doonaha, Kilkee ; tente familiale et voiture 11,45 €, randonneurs et cyclistes tente comprise 5,10 € par pers). Ce petit camping tranquille sur la rive du Shannon vous attend à 6 km au sud de Kilkee sur la R487.

Kilkee Hostel (☎/fax 905 6209, O'Curry St ; lits 11,45 € ; mars-oct). Voici une auberge de jeunesse IHH propre, bien tenue et à 50 m seulement du bord de mer. On peut y louer des bicyclettes, se servir de la cuisine bien équipée et de la laverie, et profiter du petit café.

B&B et Hôtels. De nombreux établissements – aux prix un peu plus élevés qu'ailleurs – ont ouvert leurs portes à Kilkee. Certains bons B&B sont situés dans le West End, mais, en haute saison, vous devrez peut-être vous contenter de ce que l'office de tourisme vous proposera. Les nombreux hôtels de Kilkee vous coûteront plus cher sans pour autant offrir des prestations de meilleure qualité.

Bayview (☎ 905 6058, O'Connell St ; simples/doubles 33/53,30 €). Cet établissement vaste et clair offre d'intéressantes réductions pour les enfants. Vous y profiterez d'une jolie vue sur la baie.

Harbour Lodge (☎ 905 6090, 6 Marine Parade ; simples/doubles 32,40/50,80 €). Ce B&B est une charmante maison de plain-pied, qui propose des chambres douillettes, des petits déjeuners variés et une tasse de thé ou de café quand vous arrivez. La salle à manger donne sur le port.

Stella Maris Hotel (☎ 905 6455, fax 906 0006, O'Connell St ; chambres 31,75-50,80 €). Cet hôtel familial, meublé avec goût, dispose de chambres confortables, de cheminées où brûle de la tourbe et d'une salle à manger avec vue sur la baie et O'Curry St.

Où se restaurer
Side Tracks *(☎ 905 6098, Erin St ; déj plat 6,25 €)*. Les burgers au bœuf et au poulet servis ici sont très appréciés et peu onéreux. Le soir, le restaurant vous propose de la viande et des fruits de mer.

Old Bistro *(☎ 905 6898, O'Curry St ; plats 12-17 €)*. Difficile de passer à côté de ce restaurant à la façade peinte en noir, jaune et rouge. À l'intérieur, le menu propose des fruits de mer, des plats de viande et d'autres végétariens. Il y a souvent foule le soir, venez tôt ou réservez.

Pantry *(☎ 905 6576, O'Curry St ; plats déj 5,70-6,95 €, plats dîner 10,75-13,25 €)*. Ce café vend de la petite restauration rapide, mais aussi de très bons plats maison à des prix raisonnables.

Où sortir
Myle's Creek *(☎ 905 6670, O'Curry St)*. Endroit le plus couru de Kilkee, ce pub est une étape obligée pour beaucoup des meilleurs groupes de rock et alternatifs d'Irlande.

Mary O'Mara's *(☎ 905 6286, O'Curry St)*. O'Mara's est un vieux pub à l'ambiance chaleureuse où vous pourrez reprendre en chœur des chants traditionnels irlandais plusieurs soirs par semaine.

Comment s'y rendre
Pour obtenir des renseignements sur les bus qui desservent Kilkee, reportez-vous plus haut à *Comment s'y rendre* dans la section *Sud-ouest et ouest de Clare*.

DE KILKEE À LOOP HEAD
Le sol qui s'étend entre Kilkee et Loop Head au sud est plat et pauvre, mais les paysages de falaises sont spectaculaires : la côte est parsemée d'éperons d'érosion marine, d'arcs et de rochers sculptés par les vagues. À bicyclette, il vous faudra une journée pour aller jusqu'à la pointe et revenir. Mieux encore, si vous en avez le courage, lancez-vous dans la promenade à pied de 24 km le long des falaises entre Loop Head et Kilkee. Ces dernières sont compa-

rables aux Cliffs of Moher, plus célèbres, au nord, mais elles sont bien moins visitées.

Intrinsic Bay
À 3 km environ au sud de Kilkee se trouve Intrinsic Bay, nommée d'après le bateau échoué ici en 1856 alors qu'il faisait route vers l'Amérique. Le sommet qui surplombe la baie s'appelle Lookout Hill. Au nord, vous pouvez voir Diamond Rock et **Bishop's Island** (l'île de l'évêque). Cet oratoire médiéval est juché un étonnant pilier de pierre. On le devrait à saint Senan, qui a également érigé le monastère de Scattery Island au VIe siècle (voir plus haut).

Carrigaholt
☎ 065 • 100 habitants
Le 15 septembre 1588, sept bateaux de l'Armada espagnole trouvèrent refuge près de Carrigaholt (Carraig an Chabaltaigh), un petit village à l'intérieur de l'estuaire du Shannon. L'un d'entre eux, probablement l'*Annunciada*, fut incendié et abandonné, coulé quelque part dans l'estuaire. Aujourd'hui, la plage de Carrigaholt est sûre et on peut y voir les restes d'un château de McMahon du XVe siècle dont le donjon carré domine les flots.

Pour apercevoir les grands dauphins (il y en a environ 120 groupes dans l'estuaire), rendez-vous à **Dolphinwatch** *(☎ 905 8156, 088 258 4711, www.dolphinwatch.ie, Carrigaholt ; adulte/enfant 12,60/7,60 €)*, en face de la poste, qui propose des croisières de 2 heures dans l'estuaire de mai à octobre.

Long Dock *(☎ 905 8106, West St ; en-cas 6,25 €, plats 12,65-18,95 € ; tlj de Pâques à sept, de 11h30 à tard le soir)*. Ce pub-restaurant confortable est une excellente adresse. Il sert des plats bon marché, des fruits de mer et on y entend de la musique irlandaise le week-end.

Morrissey's Village Pub *(☎ 905 8041, West St)*. Le week-end, Morrissey propose de la musique et des soirées de danse traditionnelle.

Loop Head
Quand le temps est dégagé, Loop Head (Ceann Léime), le point le plus méridional du comté de Clare, ménage une vue magnifique sur la Dingle Peninsula, couronnée

par le mont Brandon (953 m), et au nord sur les îles d'Aran et Galway Bay. Laissez-vous tenter par une vivifiante promenade dans les environs ou même une longue randonnée le long des falaises jusqu'à Kilkee.

DE KILKEE À ENNISTYMON

Au nord de Kilkee, le "véritable" ouest de l'Irlande commence à s'affirmer. La N67 parcourt 32 km à l'intérieur des terres jusqu'à Quilty. À l'occasion, tournez à gauche pour découvrir des coins tranquilles comme **White Strand**, au nord de Doonbeg. **Ballard Bay** est à 8 km au nord de Doonbeg ; vous verrez une vieille tour du télégraphe qui donne sur de belles falaises et les restes d'un fort qui émergent sur **Donegal Point**.

Bars, lieus jaunes et maquereaux mordent facilement tout le long de la côte, et vous pourrez vous baigner sur les **plages** de Seafield, Lough Donnell et Quilty.

Comment s'y rendre

De mai à septembre, l'express Killarney-Galway n°50 de la compagnie Bus Éireann s'arrête 3 fois par jour (2 fois le dim) à Doonbeg, Miltown Malbay et Lahinch. Du lundi au samedi, le reste de l'année, le bus 333 relie Doonbeg, Quilty, Spanish Point, Miltown Malbay et Lahinch. Contactez la gare routière d'Ennis (☎ 065-682 4177) pour obtenir des détails sur les horaires et les tarifs.

Doonbeg

☎ 065 • 1 200 habitants

Doonbeg (An Dún Beag) est un village de pêcheurs à peu près à mi-chemin entre Kilkee et Quilty. Près de l'embouchure de la Doonbeg, un autre bateau de l'Armada, le *San Esteban*, fit naufrage le 20 septembre 1588. Les survivants furent exécutés plus tard à Spanish Point. **White Strand** (Trá Ban) est une plage calme de 2 km de long adossée à des dunes. À noter, deux châteaux en ruine : **Doonmore** sur White Strand, et **Doonbeg** dans le village près de la rivière.

Où se loger et se restaurer. Les campeurs prendront plaisir à planter leur tente non loin des petites routes autour de Doonbeg et à regarder le soleil se coucher.

An Tinteán *(The Hearth,* ☎ *905 5036, fax 905 5344, Main St ; chambres avec sdb 25,40 € par pers).* Vous vous réchaufferez au coin du feu de tourbe de cet accueillant B&B qui loue de jolies chambres dans le centre du village.

San Esteban *(☎/fax 905 5105, Rhynagonaught ; chambre avec sdb 25,40 € par pers).* San Esteban est un cottage douillet dans un endroit tranquille à 1 km de Doonbeg, indiqué au nord du village.

Olde Kitchen Restaurant *(☎ 905 5039, Main St ; plats 6,25-10 €).* Ce restaurant sert de copieux steaks et des fruits de mer dans l'Igoe Inn, où l'on joue de la musique tous les lundis soirs.

Miltown Malbay

☎ 065 • 615 habitants

À l'instar de Kilkee, Miltown Malbay était une des destinations favorites des victoriens fortunés, même si la ville n'est pas à proprement parler au bord de la mer – la plage est à 2 km au sud, à Spanish Point. Tous les ans, Miltown Malbay accueille le **Willie Clancy Irish Music Festival** *(☎ 708 4148),* en l'honneur de l'un des plus grands joueurs de cornemuse d'Irlande. Le festival a lieu en général la première semaine de juillet. La ville se remplit alors de ménestrels ambulants, les pubs débordent et la Guinness se boit par seaux entiers. Les villages alentour sont également animés.

Ocean View Restaurant *(☎ 708 4649, Main St ; plats 8,85-15,25 € ; tlj à partir de 11h).* On mange ici principalement des steaks et du poulet, des salades ou des sandwiches, dans une ambiance feutrée. L'établissement jouxte O'Loughlin's Bar, qui organise des soirées de musique traditionnelle.

O'Friel's Bar *(☎ 708 4275, The Square).* Au bout de Main St côté sud, O'Friel's est un vieux pub authentique avec un feu de charbon et, contrairement à beaucoup de pubs, pas de télévision. Aujourd'hui, on y écoute de la musique irlandaise traditionnelle autour d'un verre le samedi et le dimanche soir.

Lahinch

☎ 065 • 550 habitants

Lahinch (Leacht Uí Chonchubhair) est l'archétype de la station balnéaire, avec ses fast-foods et ses salles de jeux vidéo, mais aussi un parcours de golf de classe mondiale. Cette ville est située sur le site protégé de Liscannor Bay et dispose d'une jolie plage. Lahinch est très fréquentée l'été : vous lui préférerez peut-être Liscannor ou Doolin.

L'office de tourisme, Lahinch Fáilte (☎ 708 2082, www.lahinchfailte.com), Kettle St (au bout de Main St, côté nord), ouvre de 9h à 20h tlj, de mai à octobre, et de 9h à 17h le reste de l'année. Vous ne trouverez pas de banque, mais il est possible de changer de l'argent à la poste et il y a un DAB devant l'office de tourisme.

Le **surf** est une activité pratiquée ici toute l'année. Vous pourrez louer planches et combinaisons devant la plage à **Lahinch Surf Shop** (☎ 708 1543). Ceux qui préfèrent les températures plus clémentes pourront nager au **Lahinch Seaworld Leisure Centre** (☎ 708 1900, The Promenade ; adulte/enfant 4,45/3,15 € ; 10h-20h).

Où se loger et se restaurer. Lahinch ne manque pas d'établissements sympathiques.

Lahinch Caravan & Camping Park (☎ 708 1424, fax 708 1194, Lahinch ; emplacement 8,90 € ; mai-sept). Près de la plage et à 200 m seulement du village, ce camping tranquille est bien équipé.

Lahinch Hostel (☎ 708 1040, fax 905 6209, Church St ; lit/chambre individuelle 11,35/ 12 € par pers). Cette agréable auberge de jeunesse IHH se trouve en centre-ville, non loin de la plage. Vous pouvez y laver votre linge.

Mrs O'Brien's Kitchen (☎ 708 1020, Main St ; plats 8,25-9,85 €). Ce café-bar est animé mais enfumé. Les repas que l'on y sert sont savoureux et copieux. Les végétariens s'y régaleront. Des soirées de musique traditionnelle ont lieu le week-end.

Mr Eamon's (☎ 708 1050, fax 708 1810, Kettle St ; plats 16,45-19 € ; mars-janv lun-sam 12h-21h30, dim 12h-21h). La bonne réputation culinaire de ce petit restaurant agréable n'est pas usurpée. Les fruits de mer de Liscannor Bay sont une spécialité, mais on peut aussi y déguster de la viande et des menus végétariens.

LISCANNOR ET LES ENVIRONS

☎ 065 • 250 habitants

Ce petit village de pêcheurs offre une jolie vue sur Liscannor Bay et Lahinch à l'endroit où la route (R478) se dirige au nord vers les Cliffs of Moher et Doolin. Liscannor (Lios Ceannúir) a donné son nom à un pavé à la surface ondulée utilisé localement pour recouvrir les sols, les murs et même les toits.

John Philip Holland (1840-1914), qui a perfectionné le sous-marin, était natif de Liscannor. Il émigra aux États-Unis en 1873, et espérait que son invention serait utilisée pour couler les bateaux de guerre britanniques.

À voir et à faire

Au nord vers les Cliffs of Moher et près de Murphy's Arch Bar, vous trouverez le **Holy Well of St Brigid** (puits sacré de sainte Brigide). Cherchez la colonne de pierre portant une urne à son sommet. La signification de l'urne est sans doute antérieure à l'époque chrétienne puisque son nom irlandais suggère un lien avec le dieu Crom Dubh.

Des pèlerins viennent de tout le comté de Clare et des îles d'Aran pour y prier et boire l'eau bénite aux pouvoirs de guérison. Une grotte proche est jonchée de souvenirs religieux. Le pèlerinage au puits se déroule en juillet, principalement durant le dernier week-end, et jusqu'à 400 personnes peuvent s'y retrouver le dimanche.

Clahane Beach, à l'ouest de Liscannor, est une plage sûre et agréable. On dit qu'une "cité perdue" et une église du nom de Kilstephen reposent sur un récif au fond de l'eau, dans Liscannor Bay.

Où se loger et se restaurer

Liscannor Village Hostel (☎ 708 1550, fax 708 1417, Liscannor ; lits 12,60 € ; avr-oct). Cette auberge de jeunesse IHH, que vous trouverez à l'extrémité est du village derrière le restaurant Conch Shell, est vaste, bien gérée mais pourrait être plus propre.

Sea Haven (☎ 708 1385, fax 708 1474, Liscannor ; simples/doubles 32,40/48,15 €). En venant de Lahinch, vous remarquerez ce B&B juste avant le village, sur une colline à droite. Les lits de cet établissement bien tenu et confortablement meublé sont fermes et agréables.

Moher Lodge Farmhouse *(☎ 708 1269, fax 708 1589, moherlodge@eircom.net, Liscannor ; chambres 27,95 € par pers ; avr-oct).* Cet accueillant B&B à 3 km au nord-ouest de Liscannor près des Cliffs of Moher offre une vue magnifique.

Vaughans Anchor Inn *(☎ 708 1548, www.vaughansanchorinn.com, Main St ; plats 8, 20-25,40 €).* Savoureux et bon marché, les plats servis ici sont préparés avec les produits pêchés dans Liscannor Bay. Vous pourrez vous restaurer à l'arrière, ou prendre un verre au coin du feu au bar situé sur le devant.

Conch Shell *(☎ 708 1888, www.theconch-shellrestaurant.com, Main St ; plats 17-21 € ; dîner mi-juin/mi-oct mer-lun, mi-oct/mi-juin jeu-sam).* Le menu de ce restaurant haut de gamme installé à l'étage et donnant sur la baie propose de délicieux fruits de mer mais aussi de la viande et des plats végétariens.

Où sortir

Joseph McHugh's *(☎ 708 1163, Main St)* Voici un vieux pub irlandais aussi authentique que vous pouvez le souhaiter, jusqu'aux denrées d'épicerie empilées sur les étagères. La soirée commence tôt ; vous y entendrez de la musique le mardi soir.

Vaughans Anchor Inn *(Voir* Où se loger et se restaurer*).* Vaughans n'offre pas la même ambiance que Joseph McHugh's, mais on peut y écouter de la musique presque tous les soirs en été.

Comment s'y rendre

De mai à septembre, l'express 50 Killarney-Galway de Bus Éireann fait une halte à Liscannor. Le 337 entre Limerick et Lisdoonvarna s'arrête tous les jours toute l'année. Contactez la gare routière d'Ennis (☎ 682 4177) ou de Limerick (☎ 061-313333) pour connaître les horaires et les tarifs.

HAG'S HEAD

Hag's Head forme la pointe sud des Cliffs of Moher et constitue un lieu idéal d'où contempler les falaises. Le **Hag's Head Walk**, superbe promenade de 8 km partant du parking des Cliffs of Moher, vaut vraiment la peine, mais

le vent peut souffler très violemment, soyez prudent. Comptez 3 heures aller-retour.

Pour vous rendre à la pointe de Liscannor, parcourez un peu plus de 5 km vers les Cliffs of Moher jusqu'à un chemin cabossé sur votre gauche, à 500 m après Moher Lodge. Il est possible de conduire sur une courte distance jusqu'au sommet de la colline ; il vous faudra ensuite suivre un chemin jusqu'à la pointe. Vous y verrez une arche imposante, et une deuxième, plus au nord. Une tour fut érigée pour contrer Napoléon au cas où celui-ci tenterait une attaque par l'ouest. Elle se dresse sur le site d'un ancien fort appelé Mothair, qui a donné son nom aux célèbres falaises.

CLIFFS OF MOHER

L'un des paysages les plus spectaculaires d'Irlande, les très touristiques Cliffs of Moher (Aillte an Mothair, ou Ailltreacha Mothair) s'élèvent à partir de Hag's Head et atteignent leur point culminant (203 m) au nord de l'O'Brien's Tower, avant de redescendre doucement vers le nord. Lorsque la vue est dégagée, le paysage est à couper le souffle : les îles d'Aran se détachent sur les eaux de Galway Bay, et au-delà s'étendent les collines du Connemara.

Du bord des falaises, on peut tout juste entendre les vagues s'écraser, rongeant le schiste argileux et le grès.Les falaises s'apprécient surtout au coucher du soleil, à l'heure où les bus de touristes ont rebroussé chemin.

Renseignements

Vous trouverez un bureau de change, un petit café et une boutique de souvenirs au centre d'accueil des visiteurs *(☎ 065-708 1171 ; juill-août tlj 9h-20h, juin 9h-19h, mai et sept 9h-18h30, avr 9h30-18h, oct-mars 9h30-17h).* Sachez que ces falaises sont l'une des attractions majeures d'Irlande et que le ballet des bus de touristes est incessant. Comptez 2,50 € pour le parking.

À voir et à faire

À partir du parking, commence une promenade tonique vers Hag's Head (voir plus haut). Une partie du Hag's Head Walk est bordée de murets en pierres de Liscannor érigés par l'excentrique propriétaire terrien Cornelius O'Brien (1801-1857), qui a bâti la tour qui porte son nom, **O'Brien's Tower** *(adulte/enfant 2,50/0,75 € ; avr-oct tlj 9h-19h30)*, afin d'impressionner ses visiteuses. Il est possible de la gravir et d'utiliser le télescope. L'**éperon d'érosion marine**, couvert d'oiseaux marins et de guano, que vous voyez juste au-dessous de la tour, s'appelle Breanan Mór et s'élève à plus de 70 m.

Les falaises au nord de Moher sont connues sous le nom d'**Aill na Searrach** (la falaise des poulains). De jeunes chevaux ensorcelés se seraient jetés dans la mer à cet endroit. Un sentier abrupt que seuls les marcheurs les plus expérimentés peuvent emprunter, et cela uniquement par temps sec, descend vers le pied des falaises. Le début du chemin est indiqué à environ 2 km au nord du parking des Cliffs of Moher. Vous pouvez aussi le rejoindre en suivant le sentier du haut de la falaise au nord d'O'Brien's Tower, en direction de Doolin.

Comment s'y rendre

Le bus 337 Limerick-Lisdoonvarna de Bus Éireann s'arrête tous les jours aux Cliffs of Moher, tout comme l'express qui va de Galway à Kilrush. Contactez la gare routière d'Ennis (☎ 065-682 4177) pour vous renseigner sur les horaires et les tarifs. Reportez-vous également à la rubrique *Circuits organisés* de *Galway* dans le chapitre *Comté de Galway*.

Le Burren

La région du Burren, entre Corofin dans le nord du comté de Clare et Kinvara dans celui de Galway, s'étend jusqu'à l'Atlantique. C'est un endroit extraordinaire et unique, que la mer occupait autrefois et dont le niveau a été relevé par des forces géologiques.

En irlandais, *Boireann* signifie "pays rocheux". En voyant les kilomètres de calcaire poli à perte de vue, vous comprendrez pourquoi un général de Cromwell s'exclama qu'il n'y avait "pas assez d'eau pour noyer un homme, pas un arbre pour le pendre ni assez de terre pour l'enterrer."

Quelques villes sont éparpillées le long de la côte, notamment Doolin, un centre populaire de musique irlandaise près de quelques très belles grottes, et Ballyvaughan, joli village sur la côte sud de Galway Bay. Cette région est riche en sites historiques, comme Corcomroe Abbey et les églises d'Oughtmama près de Bellharbour. La côte très dentelée, riche de faune et de flore, se prête à de belles promenades.

RENSEIGNEMENTS

Vous pouvez obtenir des informations au Cliffs of Moher Visitor Centre (☎ *065 708 1171*). Si vous comptez passer un peu de temps dans le Burren et lisez l'anglais, le guide *The Burren* (5,70 €) de Tim Robinson, que vous trouverez dans la plupart des boutiques, détaille presque tous les sites intéressants. *Book of the Burren* (15,10 €), publié par Tír Eolas, est une délicieuse introduction à l'écosystème, à l'histoire et au folklore de la région.

ARCHÉOLOGIE

Les collines de calcaire nues du Burren étaient autrefois légèrement boisées et recouvertes de terre. Vers la fin de l'âge du fer, il y a environ 6 000 ans, les premiers fermiers arrivèrent dans la région. Ils commencèrent à déboiser et à utiliser les hautes terres comme pâturage. Au cours des siècles, le sol s'éroda et l'énorme masse de calcaire que l'on voit aujourd'hui commença d'affleurer.

Malgré sa désolation, de nombreux hommes habitèrent le Burren, qui possède plus de 2 500 sites historiques. Le principal est le Poulnabrone Dolmen, vieux de 5 000 ans, l'un des plus beaux monuments irlandais anciens.

Environ 70 tombes mégalithiques furent érigées par les premiers habitants du Burren. Beaucoup de ces tombes sont des pierres creusées, de la taille d'un lit. Le mort était placé à l'intérieur, et le tout était recouvert de pierres et de terre. Gleninsheen, au sud d'Aillwee Caves, en offre une bonne illustration.

Le Burren est parsemé d'un nombre prodigieux de forts circulaires. Il y en a presque 500, dont des forts de l'âge du fer comme Cahercommaun près de Carron.

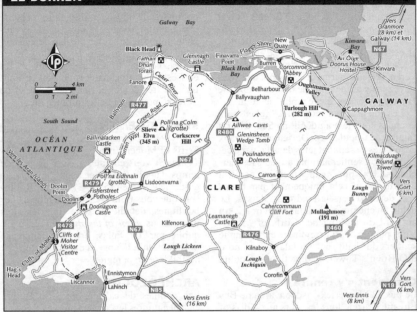

LE BURREN

Plus tard, les familles influentes de la région bâtirent force châteaux, dont Leamanegh Castle près de Kilfenora, Ballinalacken Castle près de Doolin et Gleninagh Castle sur la route de Black Head.

Hélas, beaucoup de forts circulaires et de murs de pierre ont été détruits.

FLORE ET FAUNE
Si la terre se fait rare dans la région, celle qui se niche dans les fissures est bien irriguée et riche en nutriments. Associée au doux climat atlantique, elle permet à une extraordinaire variété de plantes méditerranéennes, arctiques et alpines de survivre. On peut ainsi voir ici 75% des espèces de fleurs sauvages connues en Irlande.

Le Burren est la terre d'élection du plus discret des mammifères irlandais : la martre. On la voit rarement, et pourtant il y en a près de Gleninagh Castle et en amont de la Caher Valley. Les blaireaux, les renards et même les hermines sont courants dans la région. Les loutres et les phoques évoluent le long des côtes de Bellharbour, de New Quay et de Finavarra Point.

Les estuaires de la côte nord abritent de nombreux oiseaux, et les bernaches cravants viennent souvent s'y réfugier l'hiver. Plus de 28 des 33 espèces irlandaises de papillons sont présentes ici, dont une espèce endémique, le Burren green.

PROMENADES
Les *green roads* (routes vertes) sont les anciennes routes du Burren. Elles traversent les collines et les vallées pour rejoindre les coins les plus reculés de la région. La plupart ne sont pas pavées, et ont été construites pendant la Grande Famine pour donner du travail aux plus pauvres. D'autres sont vieilles de plusieurs milliers d'années. Aujourd'hui, elles sont utilisées par les randonneurs et, parfois, les fermiers.

Parmi les promenades les plus agréables, notons les green roads de Ballinalacken Castle à Fanore, qui font partie de la Burren Way, ainsi que l'ascension de Black Head jusqu'au fort de l'âge du fer Cathair Dhún Iorais.

La Burren Way (voir la rubrique *Activités sportives* du chapitre *Renseignements pratiques*) traverse l'ouest du Burren de Ballyvaughan à Doolin puis continue vers les Cliffs of Moher.

Des promenades thématiques sur la nature, l'histoire, l'archéologie, la faune et la flore sont proposées par **Burren Hill Walks** *(☎ 065-707 7168)* basé à Corkscrew Hill, Ballyvaughan, ou par **South-West Walks Ireland** *(☎ 066-712 8733)* à Tralee, comté de Kerry.

SPÉLÉOLOGIE
Il faut un minimum d'expérience pour se lancer dans la spéléologie. Vous pouvez prendre des cours ou faites-vous accompagner par un guide expérimenté. Le guide de Tim Robinson *The Burren* indique la plupart des entrées de grottes ; les spéléologues confirmés peuvent consulter *The Caves of County Clare* de C.A. Self.

COMMENT S'Y RENDRE
Pour connaître les horaires des bus de la région du Burren, appelez les gares routières d'Ennis (☎ 065-682 4177), de Limerick (☎ 061-313333) ou de Galway (☎ 091-562000).

De nombreux bus circulent dans la région. De Limerick, le bus 337 effectue son trajet 3 fois par jour de fin mai à septembre (une seule fois le dim et d'oct à début mai). Il dessert Ennis, Ennistymon, Lahinch, Liscannor, les Cliffs of Moher, Doolin et Lisdoonvarna. L'express n°50 relie Galway à Ballyvaughan, Lisdoonvarna, Lahinch, Kilkee et Tralee. Il effectue ce parcours 3 fois par jour (une seule le dim) de fin mai à fin septembre. De Galway à Kinvara, Ballyvaughan, Black Head, Fanore, Lisdoonvarna et Doolin, vous pouvez prendre le 423, qui circule 3 fois par jour (une seule le dim), de fin mai à fin sept. Le reste de l'année, il ne circule qu'une fois par jour du lundi au samedi.

Voyez aussi le paragraphe *Circuits organisés* à *Galway* au chapitre *Comté de Galway*.

COMMENT CIRCULER
La meilleure manière de voir le Burren est de circuler à pied ou à vélo. Vous pouvez trouver de bons VTT à Doolin au Aille River Hostel (☎ 065-707 4260) et au Paddy's Doolin Hostel (☎ 065-707 4006), ou encore au Burke's Garage (☎ 065-707 4022) à Lisdoonvarna. Il est aisé de parcourir les green roads à bicyclette.

DOOLIN
☎ 065 • 200 habitants
Doolin, ou Fisherstreet sur certaines cartes, s'étend sur plusieurs kilomètres le long de la route. Malgré son isolation et son éloignement, on y trouve la meilleure musique de pub de l'ouest, quelques bons restaurants et cafés, et de nombreux hôtels et pensions de qualité. Ce village constitue également un excellent point de départ pour explorer le Burren. Vous pourrez y prendre des ferries pour les îles d'Aran (voir *Aran Islands* au chapitre *Comté de Galway*), et les Cliffs of Moher se profilent au sud.

Doolin est très apprécié des randonneurs et des amateurs de musique, et le soir une foule cosmopolite envahit les pubs. À la haute saison, il peut s'avérer difficile de trouver un lit, pensez à réserver.

Orientation et renseignements
Doolin est divisé en trois. En arrivant du nord sur la R479 vous verrez d'abord St Catherine's Catholic Church sur votre gauche, puis après moins de 1 km le quartier de Roadford, avec son magasin, son restaurant et ses cafés, des auberges de jeunesse, deux pubs et le bureau de poste de Doolin. Ce quartier est séparé de la partie basse du village, Fisherstreet, où se trouvent le populaire Paddy's Doolin Hostel, d'autres magasins et le pub O'Connor's. Parcourez encore 1,5 km pour arriver au port et au ferry qui vous conduira aux îles d'Aran.

Aucune banque ne s'est installée à Doolin, mais une banque ambulante y passe le jeudi. Vous pouvez changer de l'argent et des travellers cheques à Roadford à la poste, et à Fisherstreet au Paddy's Doolin Hostel

Où se loger
Camping et auberges de jeunesse. Les petits budgets ont l'embarras du choix. À part l'Aille River Hostel, tous les établisse-

ments sont membres de l'IHH et restent ouverts toute l'année.

Nagles Doolin Caravan & Camping Park (☎ 707 4458, fax 707 4936, Doolin ; emplacement de tente 5,10 € plus 2,55/1,25 € par adulte/enfant ; avr-sept). Du camping on peut voir les Cliffs of Moher. Il est bien équipé et seulement à 100 m du port.

O'Connors Riverside Camping & Caravan Park (☎ 707 4314, fax 707 4498, Roadford, Doolin ; tente 6,35 € ; mai-sept). Ce camping tranquille, joliment situé sur le terrain d'une ferme près de la rivière Aille, dans la partie haute du village, est équipé de douches et de toilettes.

Paddy's Doolin Hostel (☎ 707 4006, fax 707 4421, doolinhostel@tinet.ie, Fisherstreet, Doolin ; lit/chambre 10,70-11,35/15,15 € par pers). Vous trouverez cette accueillante auberge de jeunesse, plus connue sous le nom de Paddy Moloney's, dans la partie basse du village. Pensez à réserver, il y a souvent du monde. En face, **Fisherstreet House** est en général réservé par des groupes.

Aille River Hostel (☎ 707 4260, ailleriver@esatclear.ie, Roadford, Doolin ; lit/double 9,45/22,70 € ; mi-mars-déc). Cette auberge de jeunesse est installée dans une ferme du XVIIe siècle reconvertie. Vous profiterez des douches chaudes, du feu de tourbe et de la laverie gratuite. Un lieu pittoresque au bord de la rivière dans la partie haute du village.

Rainbow Hostel (☎ 707 4415, rainbowhostel@eircom.net, Roadford, Doolin ; lit/chambre 10,10/10,70 € par pers). Non loin du pub McGann's dans la partie haute du village, cet établissement de 16 lits dispose d'une cheminée où l'on brûle de la tourbe. Les bus Éireann s'arrêtent devant.

B&B et Hôtels. Tout un éventail de possibilités d'hébergement s'offre à vous.

Doolin House (☎ 707 4259, Roadford, Doolin ; chambre 23 € par pers). Ce très bon B&B de deux étages se trouve dans la partie haute du village, après la poste et le pub McGann's. Les chambres de l'étage jouissent d'une jolie vue.

Killilagh House (☎ 707 4392, killilagh-house@esatclear.ie, Roadford, Doolin ;

chambres 25-32 € par pers). En face du Doolin Café, voici une agréable maison aux chambres claires et au salon confortable.

Atlantic View (☎ 707 4189, Doolin ; chambres 31,50 € par pers). Ce B&B, le plus près du port, est géré par les mêmes personnes qui s'occupent des ferries. Il a été intégralement rénové. Ses chambres claires et aérées donnent sur les falaises et l'océan.

Island View House (☎ 707 4346, fax 707 4844, Doolin ; simples/doubles 38,10/48,30 € ; avr-oct). À 3 km de Doolin sur la route de Lisdoonvarna via Garrahy's Cross, vous découvrirez cet accueillant B&B qui offre du thé et des scones aux arrivants. Les lits sont fermes, et les enfants bénéficient d'intéressantes réductions.

Moloney's Horseshoe Farmhouse (☎ 707 4006, fax 707 4421, Fisherstreet, Doolin ; simples/doubles avec sdb 54,65/59,70 € ; mi-mars-oct). Vous trouverez Moloney's près de Paddy's Doolin Hostel, qui appartient à la même famille. Cet établissement non-fumeurs loue 4 chambres et accepte les cartes de crédit.

Aran View House (☎ 707 4061, fax 707 4540, Coast Rd, Doolin ; chambre avec sdb 44,50-64 € par pers ; mai-sept). Un hôtel georgien accueillant au nord de la ville après St Catherine's Church. Placé sur 40 ha de terrain, il bénéficie de vues dégagées et ses chambres sont spacieuses.

Où se restaurer

Quand on considère sa taille et son relatif isolement, Doolin peut se targuer d'un nombre élevé de restaurants de classe.

Doolin Café (☎ 707 4795, Roadford, Doolin ; plats 5-8,90 €). Les végétariens se régaleront dans ce café en face de la poste.

O'Connor's (☎ 707 4168, Fisherstreet, Doolin ; plats 7,60-15,25 €). O'Connor's attire des cars entiers de touristes grâce à sa musique et à ses larges portions de plats typiques comme le bœuf cuit dans la Guinness.

McGann's (☎ 707 4133, Roadford, Doolin ; plats 7,50-13,90 €). McGann's est plus tranquille et moins cérémonieux qu'O'Connors, mais la cuisine est la même, tout aussi savoureuse. Commandez au bar avant de prendre un siège à l'une des tables en bois près du feu.

Géologie du Burren

Le Burren est la plus grande région calcaire, ou karstique, d'Irlande et de Grande-Bretagne. Le calcaire est partout, excepté dans les zones les plus hautes, entre Lisdoonvarna et Slieve Elva, où l'on trouve une chape de boue et de schiste argileux.

Pendant la période carbonifère, il y a 350 millions d'années, toute cette région formait le fond d'une mer chaude et peu profonde. Les restes de coraux et de coquillages tombèrent au fond, et les rivières côtières déposèrent du sable et de la vase sur ces dépôts calciques. Le temps et la pression les transformèrent en roche calcaire recouverte de schiste argileux et de grès.

Il y a 270 millions d'années, les mouvements de la croûte terrestre ont déformé les bords de l'Europe et ont fait remonter le sol sous-marin au-dessus du niveau de la mer, formant en même temps de longues et profondes fissures. Le vent, la pluie et la glace ont depuis érodé l'argile schisteuse en surface, laissant à nu ces montagnes de calcaire.

La différence entre les zones de calcaire poreux et le schiste argileux est marquante. Les terrains de schiste argileux sont d'un vert monotone, couverts de tourbières acides, de marécages et de roseaux. Sur le calcaire, la terre est rare, l'eau disparaît et la roche grise prédomine.

L'eau de pluie est légèrement acide, elle dissout donc le calcaire, creusant davantage les fissures verticales ou horizontales (les lapiaz). Les ruisseaux, rivières et même les lacs (comme les turloughs près de Corofin) apparaissent et disparaissent tour à tour. L'eau pénètre dans les dolines et creuse des rivières et des cavernes souterraines. La calcite contenue dans l'eau forme les stalactites et les stalagmites. Lorsque ces grottes souterraines s'effondrent, ce qui arrive régulièrement, elles forment une dépression. L'eau de pluie glisse du schiste argileux jusque dans les fissures et vient éroder le calcaire. Une série de grottes apparaît alors à la limite entre le schiste argileux et le terrain calcaire.

La limite sud du Burren se trouve à peu près à l'endroit où le calcaire plonge sous le schiste argileux entre Doolin et Lough Inchiquin. Sous le calcaire du Burren se trouve une masse de granit, qui affleure au nord-ouest ,au Connemara.

Au cours des nombreuses périodes glaciaires, les glaciers ont érodé les collines, adoucissant les arêtes et parfois polissant la roche jusqu'à la rendre luisante. Les glaciers ont également déposé une mince couche de pierre et de terre sur leur passage. D'énormes rocs transportés par la glace jonchent le sol, reliefs saugrenus sur une mer de roche plate. Partout dans le Burren, ces "caprices glaciaires" sont souvent formés d'une roche très distincte.

La seule rivière de surface du Burren est la Caher, qui coule dans la Caher River Valley avant de se jeter dans la mer à Fanore. La vallée est tapissée de sédiments glaciaires qui empêchent l'eau de filtrer.

Flagship Restaurant (☎ 707 4688, *Roadford, Doolin ; plats 6,50-13,95 € ; Pâques-sept mar-dim 10h-18h*). Ce restaurant, installé dans la Doolin Craft Gallery à 1 km de la partie haute du village sur la route de Lisdoonvarna (tourner juste avant St Catherine's Church), sert de délicieux en-cas faits maison et des repas légers.

Bruach na hAille (☎ 707 4120, *Roadford, Doolin ; plats 11,35-19 € ; mi-mars-oct, tlj 18h-21h*). Si vous avez envie de faire une folie, offrez-vous cet élégant restaurant dans un vieux cottage près du pub McGann's. Le menu est créatif, composé principalement des produits de la mer et de quelques plats

végétariens. Son repas "early bird" (entre 18h et 19h30) ne vaut que 12,75 €.

Lazy Lobster (☎ 707 4390, *Roadford, Doolin ; plats 12,95-22 € ; tlj 18h30-22h*). Le Lazy Lobster, proche de la poste, sert des homards de Doolin (selon l'arrivage). Le menu plein d'imagination reflète une influence asiatique et propose des plats comme le saumon mariné dans de la vodka.

Où sortir

Doolin est renommé pour sa musique irlandaise, que vous pourrez entendre presque tous les soirs en été et le week-end en hiver.

O'Connor's *(voir Où se restaurer)*. Ce pub de Doolin est rempli de touristes, et son ambiance est chaleureuse quand la musique, les chants et la bière battent leur plein.

McGann's *(voir Où se restaurer)*. Vous apprécierez l'ambiance chaleureuse de McGann's, sa bonne musique et son *craic* (le bon temps qu'on y prend), sans oublier les photos des Kelly sur les murs.

MacDiarmada's *(☎ 707 4700, Roadford, Doolin)*. Également connu sous le nom de MacDermott's, ce pub est fréquenté par les gens du coin, et l'on dit qu'on y écoute la meilleure musique traditionnelle.

Aran View House *(voir Où se loger)*. Le bar de cet hôtel constitue un havre plaisant loin du tumulte du village.

Comment s'y rendre

Bus. Les bus s'arrêtent devant la poste à Roadford, devant Paddy's Doolin Hostel à Fisherstreet, et devant le Rainbow Hostel près du pub McGann's. Des bus circulent entre Doolin et Ennis, Limerick, Galway et Dublin. Pour savoir où s'adresser, reportez-vous plus haut à la rubrique *Comment s'y rendre* du *Burren*.

Bateau. Doolin est le point de départ des ferries qui vont aux îles d'Aran (voyez *Aran Islands* au chapitre *Comté de Galway*). Ceux-ci naviguent tous les jours, de Pâques à septembre, et sont gérés par Doolin Ferries *(☎ 707 4455, fax 707 4417, www.doolinferries.com, The Pier, Doolin)*. *Lorsque le kiosque de la jetée est fermé, adressez-vous au B&B Atlantic View (☎ 707 4189)*.

Comptez environ 30 minutes pour parcourir les 8 km jusqu'à Inisheer, la plus proche et la plus petite des trois îles (aller-retour 19 €). De juin à août, il y a environ 7 départs par jour à partir de 10h. Le dernier ferry revient d'Inisheer à 17h30.

De juin à août, le premier ferry pour Inishmór, la plus grande île, quitte Doolin Harbour à 10h et le dernier ferry part d'Inishmór à 16h (aller-retour 25,20 €, 50 min).

De juin à août, le premier ferry à destination d'Inishmaan part à 10h et le dernier pour Doolin lève l'ancre à 16h30 (aller-retour 22,70 €, 40 min).

Comment circuler

Les auberges de jeunesse Paddy's Doolin Hostel et Aille River Hostel louent des bicyclettes pour 8,80/44,10 € par jour/semaine.

ENVIRONS DE DOOLIN
Spéléologie

Les environs de Doolin sont très appréciés des spéléologues. Les **Fisherstreet Potholes** sont tout proches, et **Poll na gColm**, à 5 km au nord-est de Lisdoonvarna, est la plus longue grotte d'Irlande avec plus de 12 km de galeries cartographiées.

LISDOONVARNA
☎ 065 • 650 habitants

Lisdoonvarna (Lios Dún Bhearna), souvent simplement appelée "Lisdoon", est connue pour ses sources d'eau minérale que les visiteurs viennent boire ou dans lesquelles ils viennent se baigner depuis des siècles. La ville était autrefois le centre des *basadóiri* (marieurs) qui, en échange d'une certaine somme, vous trouvaient un partenaire. Les soupirants potentiels arrivaient en septembre, après les foins. Aujourd'hui, les marieurs ne sont plus ce qu'ils étaient, mais le Lisdoonvarna Matchmaking Festival (☎ 707 4405, fax 707 4406), qui se tient fin septembre-début octobre, est une bonne excuse pour boire, s'amuser et jouer de la musique dans les pubs. Et c'est bien le diable si quelques amourettes ne naissent pas à cette occasion.

Orientation et renseignements

Lisdoonvarna est en fait une seule rue, divisée par une place en son centre où vous vous dirigerez vers l'est pour rejoindre Doolin et la côte. La ville est peuplée de nombreux magasins, de pubs, de B&B et d'hôtels chics offrant de bons restaurants. En revanche, vous n'y trouverez ni banque ni DAB. Il est tout de même possible de changer de l'argent à la poste de Main St. La laverie, Lisdoonvarna Laundrette (☎ 707 4577), derrière le parking en face de l'Imperial Hotel, ouvre du lundi au samedi de 10h à 18h.

Spa Wells Health Centre

Au sud de la ville se trouve la seule station thermale d'Irlande en activité *(☎ 707 4023, Main St ; bain sulfureux 23 € ; juin-sept tlj*

10h-18h). Vous y attendent une source sulfureuse, une station de pompage victorienne, une salle de massage, un sauna et des bains d'eau minérale, le tout dans un environnement boisé agréable. Le fer, le soufre, le magnésium et l'iode contenus dans l'eau sont censés soulager les rhumatismes et les problèmes glandulaires. Vous pouvez boire l'eau pour soigner vos maux, mais l'expérience n'a rien d'agréable.

Burren Smokehouse Visitor Centre

Si vous avez toujours rêvé d'en savoir plus sur "la tradition ancestrale de la fumaison au bois de chêne du saumon de l'Atlantique", la vidéo du centre d'accueil des visiteurs *(☎ 707 4432, Doolin Rd ; gratuit ; tlj 9h-19h)* devrait répondre à vos questions. Vous pouvez acheter du saumon fumé sous toutes ses formes, profiter de dégustations gratuites et obtenir des renseignements sur la région. Ce centre est situé juste à l'ouest de Lisdoonvarna sur la route de Doolin (N67).

Où se loger et se restaurer

L'endroit ne manque pas de B&B, les moins chers étant dans le centre. Lisdoonvarna dispose par ailleurs d'une dizaine d'hôtels, dont les tarifs tournent autour de 50 à 65 € la chambre simple et 55 à 95 € la double, selon la saison.

O'Loughlin's *(☎ 707 4038, Main St, simples/doubles 24/40 €)*. Voici un charmant B&B sans prétention aux chambres bien tenues. Vous trouverez un parking à l'arrière.

Imperial Hotel *(☎ 707 4042, fax 707 4428, Main St ; chambres 38 € par pers, dîner 19 €)*. Cet hôtel de 100 chambres, bleu et jaune, est une excellente adresse. Il est central, et son restaurant lumineux et aéré (à partir de 18h) propose un vaste choix de plats. Les végétariens ne sont pas oubliés.

Carrigann Hotel *(☎ 707 4036, fax 707 4567, Doolin Rd, chambres 50 € par pers)*. En face du Burren Smokehouse, ce petit hôtel tranquille dans un jardin paysagiste tient son propre restaurant.

Sheedy's Restaurant *(☎ 707 4026, fax 707 4555, Liscannor Rd ; plats 15-24 €)*. Ce restaurant stylé, à l'intérieur du Sheedy's Spa

View Hotel, sert une savoureuse cuisine irlandaise moderne. Le service est impeccable.

Irish Arms *(Main St ; repas 7,50 €)*. Ce pub, situé à côté de la poste, arbore le drapeau tricolore irlandais , et des souvenirs du club de foot Glasgow Celtic. La cuisine, style fish and chips, est assez bonne.

Comment s'y rendre

Pour des renseignements sur les services de bus, reportez-vous à la rubrique *Comment s'y rendre* de la section *Le Burren* plus haut dans ce chapitre. Burke's Garage (☎ 707 4022), juste à côté de la place, loue des vélos qui vous coûteront 8,80/44,10 € la journée/semaine.

BALLYREEN

Ballyreen est une très jolie étendue de côte rocailleuse à 6 km au sud de Fanore qui se prête très bien au camping. Vous y verrez une falaise appelée **Ailladie**, où se trouvent les meilleures voies d'escalade d'Irlande. Pour les plongeurs, un chemin à peine visible mène à un petit bras de mer qui possède de très beaux paysages sous-marins à gauche, et qui tombe soudain à 20 m de fond, avec des parois verticales et des couloirs couverts d'anémones.

Au large, après de fortes pluies, on peut voir des courants d'eau brune affleurer. Ce sont des résurgences : de l'eau douce qui déborde d'une grotte souterraine. À terre, des glaciers de l'ère glaciaire ont poli le calcaire au point de le lustrer.

Aucun bus ne dessert Ballyreen.

FANORE
☎ 065 • 150 habitants

Fanore (Fanóir), à 5 km au sud de Black Head, est moins un village qu'une étroite bande de côte sur laquelle se dressent un magasin, un pub et quelques maisons le long de la route (R477). Sa jolie plage de sable s'appuie sur de nombreuses dunes. C'est la seule **plage sûre** entre Lahinch et Ballyvaughan.

Le seul magasin que vous trouverez est une petite poste-épicerie-marchand de journaux-matériel de pêche à côté de l'Admiral's Rest Seafood Restaurant (voir plus loin).

À voir et à faire

Juste derrière Fanore Beach, une route se dirige vers l'intérieur des terres et remonte la **Caher River Valley**, (surnommée Khyber Pass). C'est la seule rivière de surface du Burren. Les premiers kilomètres sont très agréables, et les environs sont peuplés de renards, de blaireaux et de martres, mais qui ne se montrent que très rarement.

John McNamara, de l'**Admiral's Rest Seafood Restaurant** (☎ 707 6105, jdmna@iol.ie, Fanore), qui abrite le Burren Conservation Trust, organise chaque année en mai un week-end "Burren Wildlife". Le trust mène des recherches historiques sur certaines îles. Vous trouverez une **réserve naturelle** à 5 km environ au sud de Fanore dans la Caher River Valley. Les volontaires se voient offrir l'hébergement (et parfois la nourriture) à l'Admiral's Rest en échange de travaux dans la réserve. Contactez John pour en savoir plus.

De très jolies **promenades** sont possibles à Fanore. Sur la route qui longe la côte à 400 m au sud de la plage, une petite voie se dirige à l'intérieur des terres. Au bout de 3 km, elle croise une green road qui rejoint au sud Ballinalacken Castle et fait partie de la Burren Way. Il est aussi possible de se garer à l'Admiral's Rest Seafood Restaurant et de monter directement à travers champs jusqu'à la green road. Deux grottes se trouvent au faîte de cette colline. **Poll Dubh** est relativement aisée à explorer. L'autre, **Poll Mor**, abrite des blaireaux, des renards, des lièvres et des lapins.

Sur une colline au sud de Fanore vous trouverez un **fort circulaire** bien préservé et un souterrain.

Où se loger et se restaurer

Admiral's Rest Seafood Restaurant (☎ 707 6105, jdmna@iol.ie, Fanore ; chambre et petit déj 19 € par pers, dîner 6,35-27,75 €). Vous trouverez ce restaurant-B&B tout au sud de Fanore. Les chambres y sont bien tenues ; les tables du restaurant sont en pierre. Seul du poisson sauvage est servi et le homard est la spécialité de la maison. Si vous restez au moins une semaine, un tour en bateau sur Galway Bay vous sera offert.

Où sortir

O'Donohue's (☎ 707 6104, Fanore). Vous apprécierez l'ambiance chaleureuse de ce pub à 4 km au sud de la plage. En septembre, il accueille des soirées du Lisdoonvarna Matchmaker Festival. Vous y écouterez de la musique le samedi soir. C'est le seul bar de cette partie de la côte.

Comment s'y rendre

Pour des renseignements sur les trajets de bus, voyez plus haut *Comment s'y rendre* sous la section *Le Burren*.

BLACK HEAD ET CATHAIR DHÚN IORAIS

Black Head, le point situé à l'extrême nord-ouest du comté de Clare, est une montagne de calcaire désolée qui descend abruptement dans la mer. À son extrémité se dresse un phare. C'est un bon coin pour pêcher à la ligne le bar et la morue. Avec un peu de chance, vous apercevrez des dauphins.

La balade jusqu'au sommet, pour voir le vaste fort en pierre de l'âge du fer, Cathair Dhún Iorais (Fort of Irghus), vaut la peine. Le panorama sur Galway Bay et les îles d'Aran est exceptionnel. Vers l'intérieur des terres, la colline culmine à 318 m, et plus loin se trouve Slieve Elva (345 m), colline recouverte de schiste argileux. Certains des sommets intermédiaires portent des cairns datant de l'âge du bronze. En montant jusqu'au fort, vous traverserez une ancienne green road.

BALLYVAUGHAN ET LES ENVIRONS
☎ 065 • 260 habitants

Ballyvaughan (Baile Uí Bheacháin), un joli village de pêcheurs aux abords de Galway Bay, attire les touristes aisés. Ses pubs, restaurants et hébergements agréables en font une bonne étape au moment de visiter le nord du Burren.

À l'ouest du village, vous rejoindrez le quai et le Monk's Bar. Le port a été construit en 1829 à une époque où les bateaux faisaient du commerce avec les îles d'Aran et Galway.

Ballyvaughan est un carrefour. La N67 vers le sud vous mènera au centre du Burren, aux Aillwee Caves (grottes d'Aillwee), au Poulnabrone Dolmen et à Lisdoonvarna. En bifurquant vers l'ouest, vous emprunterez la magnifique R477 qui longe la côte entre Black Head et Doolin. En prenant la N67 vers le nord, vous atteindrez Kinvara et le comté de Galway.

Renseignements
Vous ne trouverez pas de banque à Ballyvaughan, mais il est quand même possible de changer de l'argent à la poste de Main St ou au Whitethorn Craft and Visitor Centre, à 3 km au nord-est de Ballyvaughan, sur la route de Kinvara.

Burren Exposure
Le Burren Exposure est une exposition que vous pouvez visiter au Whitethorn Craft and Visitor Centre, à 3 km au nord-est de la ville sur la N67 (☎ *707 7277, Kinvara Rd ; adulte/enfant 4,45/2,50 €, Pâques-sept tlj 10h-17h)*. Ses présentations audiovisuelles sur l'histoire, la géologie, la flore et la faune de la région sont intéressantes.

Où se loger
Il est possible de **camper** dans les nombreux champs autour de Ballyvaughan ou le long de la côte derrière le port. Il n'y a pas d'auberge de jeunesse à Ballyvaughan, la plus proche étant **Johnston's Independent Hostel**, à Kinvara, dans le comté de Galway (reportez-vous à ce chapitre). Beaucoup de pensions vous accueilleront autour de Doorus et de New Quay. Pensez à réserver, car elles sont très fréquentées en saison.

Stonepark House (☎ *707 7056, Bishops Quarter ; simples/doubles 25,40/43,20 € ; avr-sept)*. Stonepark est un petit B&B qui loue trois chambres bien tenues dans un cadre tranquille à un peu plus de 1 km sur la route de Kinvara.

Rusheen Lodge (☎ *707 7092, fax 707 7152, rusheenl@iol.ie, Lisdoonvarna Rd ; chambres env 45 € par pers)*. Ce B&B particulièrement agréable, à 1 km au sud sur la N67, n'est pas très bon marché, mais les chambres et les petits déjeuners sont extra.

Hyland's Hotel (☎ *707 7037, fax 707 7131, Main St ; chambres avec sdb env 59 € par pers ; avr-déc)*. Cet hôtel familial dispose de 19 chambres dans le cœur de Ballyvaughan. Il a été remis à neuf récemment et propose des chambres spacieuses et bien équipées.

Où se restaurer
On peut se restaurer dans la plupart des bars de la ville.

Tea Junction Café (☎ *707 7289, Main St ; repas 3,80-5,70 €)*. Ce café est dans le centre, à l'endroit où les trois routes convergent. Ses solides petits déjeuners et ses plats (certains végétariens) de qualités peuvent être dégustés toute la journée.

Whitethorn Craft and Visitor Centre (☎ *707 7044, Kinvara Rd ; plats 8,20 €)*. Vous pouvez vous restaurer tout en profitant de la vue sur la baie, ou simplement profiter du bar.

O'Brien's (☎ *707 7003, Main St ; plats 7,90-15,75 €)*. À quelques dizaines de mètres de Hyland's Hotel, ce pub décontracté est aussi un restaurant où les fruits de mer vous combleront. Des sandwiches sont servis jusqu'à 18h.

Monk's Bar (☎ *707 7059, Main St ; plats 8,20-15,15 €)*. Populaire et sur le port, Monk's Bar propose un vaste choix de fruits de mer et quelques classiques comme le ragoût irlandais (irish stew). Essayez les délicieuses moules au beurre à l'ail.

Où sortir
O'Brien's *(voir Où se restaurer)*. Une piste est aménagée au centre de la salle du jeudi au dimanche pour y danser au son de musiques contemporaines.

Monk's Bar *(voir Où se restaurer)*. Les touristes apprécient les soirées de musique traditionnelle le mardi et du vendredi au dimanche en été. La piste de danse est vaste.

Ólólainn *(Main St)*. Ce tout petit établissement (prononcez o-**lorh**-laine), sur votre gauche en descendant vers le port, est un charmant pub de campagne. Vous y siroterez une Guinness au bar ou dans l'intimité d'une arrière-salle.

Comment s'y rendre
Pour obtenir des renseignements sur les services de bus, voyez plus haut la rubrique *Comment s'y rendre* au début de la section

Le Burren. Le supermarché Spar fait office de comptoir de la compagnie Bus Éireann.

CENTRE DU BURREN

La route qui traverse le cœur du Burren, la R480, relie Ballyvaughan à Leamanegh Castle au sud, puis rejoint la R476 qui se dirige au sud-est vers Corofin et au nord-ouest vers Kilfenora. En partant de Ballyvaughan vers le sud (sur la N67), tournez à gauche avant Corkscrew Hill au panneau indiquant les Aillwee Caves. La route passe à Gleninsheen Wedge Tomb, Poulnabrone Dolmen et traverse des paysages vraiment désolés.

Aillwee Caves

Le réseau de grottes calcaires d'Aillwee Caves est un site tout indiqué pour passer un après-midi pluvieux ou distraire des enfants (☎ *065-707 7036, Ballyvaughan ; adulte/tarif réduit 6,30/3,50 €, familles à partir de 17,65 € ; juill-août tlj 10h-18h30, sept-juin tlj 10h-17h30)*. Le passage principal pénètre sur 600 m à l'intérieur de la montagne et s'élargit en cavités plus larges, dont une traverse d'une cascade. Ces grottes ont été creusées par l'eau il y a deux millions d'années. Près de l'entrée, on peut voir les restes d'un ours brun, espèce éteinte en Irlande depuis plus de 10 000 ans.

Le site d'Aillwee, découvert en 1944 par un fermier local, dispose aujourd'hui d'un bâtiment d'accueil assez discret qui héberge un excellent café. Le fromage est fait maison. Derrière l'entrée de la grotte, vous pouvez tenter la facile ascension de l'Aillwee Mountain (300 m), pour profiter de la jolie vue depuis le sommet. Il n'est possible d'entrer dans les grottes qu'avec une visite guidée, la dernière part à 17h30 (18h30 l'été). Pour éviter la foule, arrivez tôt.

Gleninsheen Wedge Tomb

Cette tombe est connue dans le folklore sous le nom de Druid's Altar (l'autel du druide), même si les druides ont vécu ici bien longtemps après sa construction. Elle se situe sur la R480 juste au sud des Aillwee Caves. Elle date probablement de 4 000 à 5 000 ans et, comme d'autres tombes du Burren, elle est située sur des hautes terres.

Un magnifique torque d'or a été découvert en 1930 par un jeune garçon qui chassait le lapin. Il se trouvait caché dans une fissure du calcaire. Il date d'environ de 700 av J.-C., et le National Museum de Dublin l'expose comme l'un des plus beaux objets d'artisanat préhistorique d'Irlande.

Poulnabrone Dolmen

Poulnabrone Dolmen est l'un des monuments anciens d'Irlande les plus photographiés, celui qui figure sur toutes les cartes postales. Ce dolmen est une tombe à trois pieds, dans une mer de calcaire déserte, à 8 km au sud d'Aillwee, indiqué depuis la R480.

Poulnabrone a plus de 5 000 ans. Le site a été fouillé en 1989, et les restes de plus de 25 personnes ont été découverts parmi des morceaux de poterie et de bijoux. Les analyses au carbone 14 indiquent qu'elles ont été enterrées entre 3800 et 3200 av. J.-C. À l'origine, la structure était entièrement recouverte de terre, érodée depuis. *Poll na bró* signifie "trou de la meule" ; la pierre qui sert de couvercle pèse 5 tonnes.

C'est un site merveilleux quand il est tranquille. Allez-y de préférence tôt le matin ou au coucher du soleil. Malheureusement, des visiteurs peu scrupuleux ont utilisé les petites pierres pour ériger leurs propres cairns et dolmens miniatures, menaçant ainsi non seulement la magie de l'endroit mais aussi son fragile écosystème. Il incombe ensuite aux habitants de la région de réparer les dégâts.

Carron et Cahercommaun Cliff Fort

Près du tout petit village de Carron (Carran sur certaines cartes, An Carn en gaélique), à quelques kilomètres à l'est de la R480, est installé le **Burren Perfumery and Floral Centre** *(☎ 065-708 9102, Carron ; gtatuit ; tlj 9h-18h)*. Ce laboratoire utilise les fleurs sauvages du Burren pour réaliser ses parfums ; c'est la seule parfumerie artisanale d'Irlande. Vous pourrez visionner un document audiovisuel sur la flore du Burren.

Le fort de pierre de Cahercommaun est perché en haut d'une falaise à l'intérieur des terres à 3 km au sud de Carron. Il était habité aux VIIIe et IXe siècles par des chasseurs de cerfs qui cultivaient quelques céréales. Les restes d'un souterrain menant du fort à l'autre côté de la falaise subsistent encore. Pour vous y rendre, quittez Carron vers le sud et prenez à gauche vers Kilnaboy. Au bout de 1,5 km, vous verrez sur la gauche un chemin menant au fort.

Est de Carron

En prenant vers l'est à partir de Carron, deux possibilités s'offrent à vous. La première consiste à tourner vers le nord après 3 km environ, ce qui vous mènera sur une magnifique route dans une vallée en direction de Cappaghmore, dans le comté de Galway. En poursuivant vers l'est à partir de Carron, on approche le charmant **Mt Mullaghmore** (191 m). Plus loin, sur la R460 vers Gort, dans le comté de Galway, se trouve **Kilmacduagh**, un monastère flanqué d'une splendide tour ronde.

KILFENORA

☎ 065 • 200 habitants
Le tout petit village balayé par le vent de Kilfenora (Cill Fhionnúrach) est établi à la limite sud du Burren, à 8 km au sud-est de Lisdoonvarna. Beaucoup de touristes viennent y écouter la musique traditionnelle des pubs et visiter ses vestiges monastiques, ses croix celtiques et la minuscule cathédrale du XIIᵉ siècle.

Kilfenora Cathedral

L'évêque des diocèses de Kilfenora et de Killaloe n'est autre que le pape. La cathédrale du XIIᵉ siècle, aujourd'hui en ruine, fut un lieu de pèlerinage. Saint Fachan (ou Fachtna) y fonda un monastère au VIᵉ siècle, siège du diocèse de Kilfenora.

La cathédrale est probablement la plus petite que vous ayez jamais vue. Seules la structure en ruine et la nef de l'église protestante, plus récente, font vraiment partie de la cathédrale. Deux silhouettes gravées sur deux tombes ornent le chœur : l'une représente un évêque (remarquez la mitre), et aucun des deux n'est à son avantage. On dit qu'après la Grande Peste du XIVᵉ siècle, il y eut un déclin général de l'artisanat et ces sculptures médiocres en sont sans doute l'illustration.

Croix celtiques

Kilfenora est célèbre pour ses croix celtiques, trois dans le cimetière et une datant du XIIᵉ siècle dans un champ à 100 m plus à l'ouest.

La plus intéressante est la **Doorty Cross**, vieille de 800 ans, qui se dresse à l'ouest de la porte de l'église. Elle est différente des autres croix celtiques irlandaises puisqu'elle n'a pas de disque percé, ou roue, au milieu.

La face est de la croix est bien préservée. On y voit le Christ ordonnant à deux personnages de détruire le mal (un oiseau). Une autre interprétation préfère reconnaître saint Patrick. La face ouest est beaucoup moins claire. Le Christ est représenté entouré d'oiseaux. Juste en dessous figurent de délicats dessins et un homme à cheval. Certains y voient l'entrée du Christ dans Jérusalem. Cette croix commémore vraisemblablement le passage de Kilfenora au statut de diocèse au XIIᵉ siècle.

Où se loger et se restaurer

Mrs Mary Murphy (☎ 708 8040, Main St ; simples/doubles 25,40/43,20 € ; mi-fév-nov). Ce B&B central et accueillant loue trois chambres avec s.d.b. et propose de solides petits déjeuners.

Lakeside Lodge (☎ 707 1710, fax 707 1182, Lickeen, Kilfenora ; simples/doubles 30,50/48,30 € ; mi-mars-oct). Cet établissement agréable de 4 chambres se trouve dans la propriété d'une ferme en activité, à 4 km au sud-ouest sur la route d'Ennistymon, à côté du Lickeen Lough. Il est non-fumeurs ; vous pourrez y louer des vélos.

Linnane's (☎ 708 8157, Main St ; en-cas moins de 4 €). Ce pub vous conviendra si vous commandez une soupe ou un sandwich.

Vaughan's Pub (☎ 708 8004, Main St ; plats 6,95-9,45 € ; 12h-21h). Le menu de ce pub propose des plats traditionnels composés à partir de denrées locales, comme le fromage de North Clare, et de viande bio.

Où sortir

Vous pourrez écouter de la musique traditionnelle dans de nombreux pubs toute l'année.

Linnane's (☎ 708 8157, Main St). Des photos sous cadres d'artistes ayant joué ici ornent les murs de ce vieux pub où vous entendrez, le mercredi, le samedi et le dimanche , de la musique irlandaise et, de temps à autre, un chanteur folklorique britannique.

Vaughan's Pub *(☎ 708 8004, Main St)* On danse dans la grange attenante, le jeudi et le dimanche, à moins que ne soit programmé un concert de musique traditionnelle.

COROFIN ET LES ENVIRONS
☎ 065 • 200 habitants

Corofin (Cora Finne), que l'on écrit aussi Corrofin, est un petit village à la limite sud du Burren. Dans les environs, les turloughs (de l'irlandais *turlach*) sont communs. Ce sont des petits lacs qui s'assèchent souvent en été. Les châteaux de la famille O'Brien abondent dans ce paysage de tourbières : deux d'entre eux sont installés sur les rives du Lough Inchiquin.

Vous trouverez à Corofin l'intéressant **Clare Heritage Centre** *(☎ 683 7955, clareheritage@eircom.net, Church St ; adulte/tarif réduit 2,50/1,30 € ; mi-juin-sept tlj 10h-17h).* Une exposition illustre la période de la Grande Famine. Plus de 250 000 personnes vivaient dans le comté de Clare avant que les récoltes de pommes de terre soient détruites. Aujourd'hui, elles sont environ 91 000. Dans un autre bâtiment, vous pouvez visiter le **genealogical centre** *(toute l'année, lun-ven 9h-17h30),* qui permet d'effectuer des recherches généalogiques sur des ancêtres venant de Clare. L'Heritage Centre vous fournira de plus amples renseignements.

À 4 km au nord-ouest de Corofin, sur la route de Kilfenora (R476), jetez un coup d'œil à la petite ville de **Kilnaboy**. Cherchez la sheila-na-gig (démon femelle de la mythologie celtique) au-dessus de la porte de l'église en ruine.

Où se loger et se restaurer
Vous trouverez un grand choix de B&B à Corofin et dans les environs. Nombre d'entre eux sont à Kilnaboy sur la route de Kilfenora.

Lakefield Lodge *(☎ 683 7675, fax 683 7299, Ennis Rd ; simples/doubles avec sdb 33/44,30 € ; mars-nov).* Ce B&B lumineux et immaculé accepte les cartes de crédit.

Shamrock and Heather *(☎ 683 7061, Station Rd ; simples/doubles 29,85/44,30 € ;*

mars-oct). Les chambres de cette maison sont confortables et bien équipées. Les enfants bénéficient de réductions.

Corofin Arms *(☎ 683 7373, Main St ; plats 10-14,50 €).* Les sandwiches et autres salades servis dans ce bar sont savoureux et bon marché. De vrais plats sont servis le soir (18h-21h30).

Bofey Quinn's *(☎ 683 7321, Main St, plats 7,50-13,25 €, restaurant 12h-21h30).* Ce pub, qui jouit d'une grande estime, sert des plats délicieux comme l'irish stew et des pâtes, des steaks ou des fruits de mer.

Comment s'y rendre
Le bus Éireann 333, reliant Kilkee ou Doonbeg à Ennis et Limerick, s'arrête à Corofin le lundi uniquement. Renseignez-vous à la gare routière d'Ennis *(☎ 065-682 4177).*

NORD DU BURREN
De basses terres arables s'étendent au sud du comté de Galway jusqu'à rencontrer les collines d'argile escarpées du Burren. Le Burren commence à l'ouest de Kinvara et de Doorus, dans le comté de Galway, à l'embranchement de la route qui se dirige à l'intérieur des terres vers Carron ou en suivant la côte vers Ballyvaughan.

D'Oranmore, dans le comté de Galway, à Ballyvaughan, la côte serpente au gré des petits bras de mer et des péninsules. Certaines, comme Finavarra Point et New Quay, valent le détour.

À l'intérieur des terres près de Bellharbour vous pouvez admirer Corcomroe Abbey, une abbaye bien conservée, ainsi que les trois anciennes églises d'Oughtmama situées en haut d'une vallée secondaire. Galway Bay forme la toile de fond d'un paysage de toute beauté : des collines de pierre luisant dans le soleil, parsemées de hameaux et de taches de verdure.

Comment s'y rendre
De fin mai à fin septembre, le bus Éireann 50 reliant Galway et Cork, traverse Kinvara et Ballyvaughan jusqu'à quatre fois par jour. Le 423, entre Galway et Doolin, marque les mêmes arrêts : jusqu'à 3 bus chaque jour de mai à septembre et un bus

par jour du lundi au samedi le reste de l'année. Pour obtenir des précisions, contactez la gare routière de Galway (☎ *091-562000*) ou d'Ennis (☎ *065-682 4177*).

New Quay et le Flaggy Shore

New Quay (Ceibh Nua), sur la **Finavarra Peninsula**, se trouve à environ 2 km de la route allant de Kinvara à Ballyvaughan (N67). Vous y verrez quelques chaumières et les ruines d'un manoir du XVIIe siècle.

Le **Linnane's Bar** (☎ *065-707 8120, New Quay*) vaut la peine qu'on s'y arrête pour déguster ses délicieux fruits de mer. C'est un pub modeste près de la plus grande ferme d'ostréiculture d'Irlande. Les plats vous coûteront entre 6 et 15 €.

Le Flaggy Shore, à l'ouest de New Quay, est un petit bout de côte fort plaisant. Des couches de calcaire se précipitent dans la mer, et derrière le chemin côtier, les cygnes évoluent gracieusement sur le **Lough Muirí**. Des loutres vivent dans les environs. En vous rendant à **Finavarra Point** (en suivant la route après Linnane's Bar), vous verrez **Mt Vernon Lodge**, qui fut la maison de campagne de Lady Gregory, dramaturge et amie de W.B. Yeats. Elle a joué un grand rôle dans le renouveau de la littérature anglo-irlandaise.

Sur Finavarra Point se dresse l'une des rares tours **Martello** de la côte ouest. Elle fut érigée au début des années 1800 pour prévenir une éventuelle invasion napoléonienne. La route forme une boucle et rejoint la route principale à côté d'un petit lac peuplé d'oiseaux, notamment des canards, des poules d'eau et des hérons.

Bellharbour

Bellharbour (Beulaclugga) n'est qu'un carrefour avec quelques maisons de campagne au toit de chaume et un pub, à 8 km à l'est de Ballyvaughan. Une très agréable **promenade** sur une ancienne green road commence derrière la moderne Church of St Patrick, sur la colline à 1 km au nord de l'embranchement à Bellharbour, et continue au nord le long d'Abbey Hill.

Un peu plus loin, se trouvent les ruines de Corcomroe Abbey, la vallée et les églises d'Oughtmama, et la route intérieure qui traverse le cœur du Burren.

Faune et flore. Vous verrez à coup sûr des phoques sur la côte, à l'ouest de Bellharbour. Parcourez la route de Ballyvaughan sur 1 km jusqu'à voir un vaste hangar de ferme sur la droite. Empruntez ensuite le chemin jusqu'au rivage. Cet endroit est peuplé d'oiseaux ; l'hiver, on peut y observer des bernaches cravants du Canada.

Corcomroe Abbey. Corcomroe, ancienne abbaye cistercienne à 1 km de Bellharbour vers l'intérieur des terres, repose dans une petite vallée tranquille entourée de basses collines. Elle a été fondée en 1194 par Donal Mór O'Brien. Son petit-fils, Conor O'Brien (mort en 1267), roi de Thomond, occupe la tombe du mur nord ; on peut voir une sculpture rudimentaire le représentant sous l'effigie d'un évêque armé d'une crosse. L'abbaye est parsemée de jolies sculptures romanes.

Oughtmama Valley. Oughtmama est une vallée déserte et solitaire qui cache quelques petites et vieilles églises. Pour s'y rendre, il faut tourner à Bellharbour vers l'intérieur des terres, à gauche à l'embranchement, et remonter vers un bouquet d'arbres et une maison sur la droite. Un sentier monte à l'est dans une vallée vers les églises. Saint Colman MacDuagh, qui a également érigé des églises sur les îles d'Aran, a fondé un monastère ici au VIe siècle. Les trois églises ont été bâties au XIIe siècle par des moines aspirant à la solitude. La promenade jusqu'à **Turlough Hill**, derrière les chapelles, est ardue, mais le paysage est superbe. Près du sommet, vous verrez les vestiges d'un fort de l'âge du fer.

Comté de Galway

La visite du comté de Galway est l'un des grands moments d'un voyage en Irlande. Ce comté aux paysages extrêmement variés s'étend sur 5 940 km^2 à l'ouest du pays : depuis Ballinasloe dans les Midlands jusqu'à la côte atlantique déchiquetée au-delà de Clifden, en passant par les étendues sauvages du Connemara. C'est, après le Cork, le plus grand comté d'Irlande. Quant à la ville de Galway, c'est la localité la plus peuplée et la plus vivante de toute la côte ouest.

Au sud, le comté de Galway jouxte celui de Clare. Les calcaires du Burren viennent mourir près de Kinvara, une pittoresque bourgade du littoral située juste à la frontière du Galway. Ces calcaires émergent aussi en mer en un long récif gris qui forme l'archipel des îles d'Aran : ces trois îles bien connues pour leurs paysages dénudés d'une austère beauté, leur folklore, leur attachement à la langue gaélique et leurs chandails en laine.

Le Lough Corrib sépare la région côtière, très accidentée, de l'intérieur du comté, beaucoup plus plat et nettement plus important en superficie.

Galway

☎ 091 • 57 000 habitants

Ses ruelles étroites, ses vieilles façades de boutiques en pierre et en bois, ses bons restaurants et ses pubs animés font de Galway une ville délicieuse. C'est aussi la capitale administrative du comté, le siège du gouvernement local, de l'University College Galway et d'une université régionale à l'est de la ville. Pour rejoindre les îles d'Aran, un ferry part de ses docks, mais il vaut mieux longer la côte du Connemara vers l'ouest pour aller prendre le bateau à Rossaveal.

Contrairement au reste de la côte ouest, le plus souvent dépeuplé, Galway est l'une des villes d'Europe qui connaît la croissance la plus rapide ; elle en devient de plus en plus cosmopolite. C'est aujourd'hui la

À ne pas manquer

- Profitez de la vie nocturne animée et des festivals de Galway
- Parcourez les paysages saisissants du Connemara et de la Lough Inagh Valley
- Observez les oiseaux en savourant le calme de l'Inishbofin Island
- Communiez avec la nature dans les vallées du Connemara National Park
- Découvrez à pied ou à vélo la Sky Road, le long du littoral déchiqueté du Connemara à proximité de Clifden.
- Visitez Inishmór, la plus grande des îles d'Aran, et explorez le magique Dún Aengus perché sur ses falaises, au sud.
- Faites le tour à vélo d'Insihmaan et d'Inisheer, deux îles d'Aran où le temps semble arrêté.

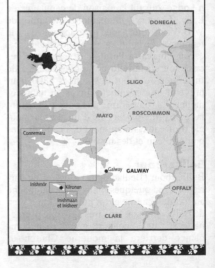

quatrième ville du pays, après Dublin, Cork et Limerick. Une activité industrielle importante et une énergie débordante soustendent sa relative stabilité économique.

COMTÉ DE GALWAY

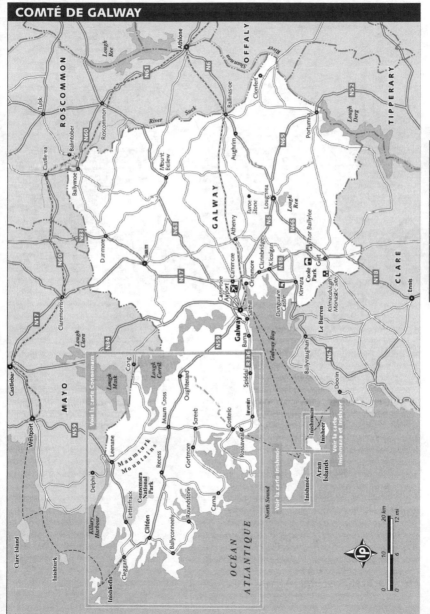

GALWAY

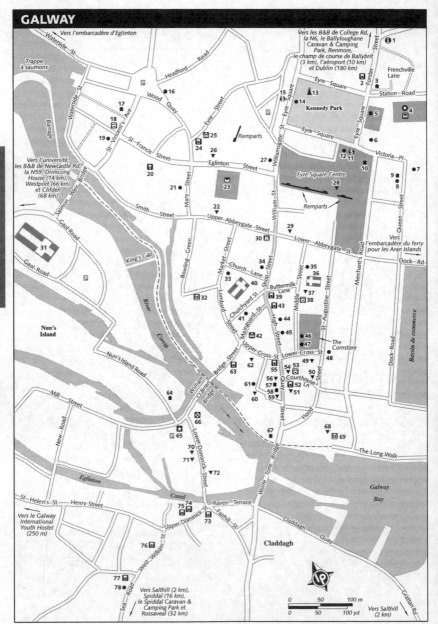

Vers l'embarcadère d'Eglinton

Waterside St

Trappe à saumons

Barrage

Headford Road

Wood Quay

Watergate St

St-Vincent's Ave

St-Francis Street

Salmon Weir Bridge

Gaol Road

Gaol Road

King's Gap

Nun's Island

River Corrib

Nun's Island Road

Vers l'université, les B&B de Newcastle Rd, la N59, Drimcong House (14 km), Westport (66 km) et Clifden (68 km)

Mill Street

New Road

William O'Brien Bridge

Lower Dominick Street

Vers le Galway International Youth Hostel (250 m)

St-Helen's St   Henry Street

Canal

Upper Dominick Street

West-William St

Sea Road

Vers Salthill (2 km), Spiddal (16 km), le Spiddal Caravan & Camping Park et Rossaveal (32 km)

Eglinton Street

Mary Street

Eglinton Street

Smith Street

Upper-Abbeygate Street

Bowling-Green

Market Street

Lombard Street

Church Lane

Churchyard St

Mainguard St

High Street

Shop Street

Middle Street

Upper-Cross-St

Lower-Cross-St

Mary Street

Flood Street

Wolfe Tone Bridge

Raven Terrace

Fairhill St

Claddagh Quay

Claddagh

Vers les B&B de College Rd, la N6, le Ballyloughane Caravan & Camping Park, Renmore, le champ de course de Ballybrit (3 km), l'aéroport (10 km) et Dublin (180 km)

Forster Street

Frenchville Lane

Station Road

Eyre Square

Kennedy Park

Eyre Square

Williamsgate St

William St

Eyre Square

Eyre Square Centre

Remparts

Lower-Abbeygate St

Merchant's Road

St-Augustine Street

The Cornstore

Courthouse

Mary St

Courthouse Ln

Victoria Pl

Queen Street

Dock Rd

Bassin de commerce

Dock Road

Vers l'embarcadère du ferry pour les Aran Islands

The Long Walk

Galway Bay

Grattan Rd

Vers Salthill (2 km)

0   50   100 m
0   50   100 yd

GALWAY

OÙ SE LOGER

3 Galway Hostel
5 Great Southern Hotel
9 Celtic Tourist Hostel
10 Kinlay House ; Celnet e.centre ; Usit
16 Wood Quay Hostel
17 Salmon Weir Hostel
57 Barnacle's Quay Street House
58 Spanish Arch Hotel
64 St Martin's B&B
67 Jury's Galway Inn

OÙ SE RESTAURER

22 Couch Potatas
26 Conlon's Restaurant
28 Sails
29 Food for Thought
37 Aideen's Brasserie Eleven
49 Mocha Beans
50 Cactus Jacks taurant
56 Pierre's
59 McDonagh's
60 Kirwan's Lane Creative Cuisine
62 Busker Brownes
68 Scoosi
70 Pasta Paradiso
71 Left Bank Café
72 Le Graal

PUBS

2 An Púcán
24 McSwiggan's

39 Taaffe's Bar
43 The King's Head
52 The Quays
55 Seáan Ua Neáhtain
63 The Lisheen Bar
73 Monroe's Tavern
74 Roísín Dubh
75 Taylor's Bar
76 The Blue Note
77 The Crane Bar

DIVERS

1 Office de tourisme de l'ouest de l'Irlande
4 Gare routière et ferroviaire
6 Bureau de vente des billets d'Island Ferries
7 Bureau de renseignements d'Island Ferries
8 Celtic Cycles
11 Bank of Ireland
12 Entrée d'Eyre Square Centre
13 Statue de Pádraic O'Conaire
14 Browne's Doorway
15 Bank of Ireland
18 Town Hall Theatre
19 Hôtel de ville
20 Monastère franciscan
21 The Bubbles Inn
23 Poste
25 Corrib & Apollo Taxis
27 Stephen Faller

30 Lynch's Castle ; Allied Irish Bank
31 Galway Cathedral
32 Nora Barnacle House
33 Lynch Memorial Window
34 Eason's Bookshop
35 Mulligan Records
36 Augustinian Church
38 An Taibhdhearc na Gaillimhe (Galway Theatre)
40 Collegiate Church of St Nicholas ot Myra
41 Hawkins House Bookshop
42 Galway Taxis
44 Galerie commerçante Old Malt ; net@access Cyber Cafe ; Olde Malte Laundrette
45 Kenny's Bookshop
46 Charlie Byrne's Bookshop
47 River Deep Mountain High
48 Mayoralty House
53 Druid Theatre
61 Design Concourse Ireland
65 Commissariat de police
66 Bridge Mills
69 Spanish Arch ; Galway City Museum
78 The Laundrette

Galway a toujours accueilli une foule de musiciens, d'artistes, d'intellectuels et de jeunes, un mélange de gens attirés par la vie de bohème mais aussi par la présence de l'université. Sa vie nocturne et ses pubs où l'on discute tout autant que l'on boit en font son grand attrait aux yeux des voyageurs. Galway est aussi un haut lieu de la culture gaélique : on y parle beaucoup l'irlandais et son Druid Theatre est l'une des meilleures scènes d'Irlande. Chaque été, la ville accueille un festival artistique extrêmement couru. La dernière semaine de juillet, la Galway Race Week met la ville en folie. Autant de périodes où il s'avère très difficile de se loger si l'on n'a pas réservé.

Si le centre-ville a du cachet, les faubourgs paraissent peu avenants. En arrivant de l'est, on traverse en effet une succession de gigantesques hôtels modernes et de barres d'immeubles, sans parler de l'université régionale qui n'a rien d'attrayant. La route du littoral à l'ouest, qui passe par la station balnéaire de Salthill et continue sur Spiddal, illustre bien ce qu'on peut faire de pire en matière d'extension urbaine. Il faut dépasser Spiddal pour que les pavillons commencent à disparaître.

HISTOIRE

Galway n'était qu'un petit village de pêcheurs de la région de Claddagh, à l'embouchure de la Corrib, quand en 1232 des Anglo-Normands commandés par Richard de Burgo (également appelé de Burgh ou Burke) s'emparèrent de ce territoire appartenant jusqu'alors aux O'Flaherty. Le nom gaélique de la ville, Gaillimh, vient peut-être de *gaill* qui veut dire "étranger" en irlandais. Toujours est-il que ces étrangers anglo-normands ceinturèrent le bourg de remparts vers 1270 et en firent une importante citadelle.

Galway devint ainsi une sorte d'avant-poste dans l'"ouest sauvage". En 1396, Richard II accorda une charte à la cité par laquelle il transféra le pouvoir de la famille des Burgo à quatorze familles de marchands, ou "tribus". D'où ce nom de "cité des Tribus" que porte encore Galway aujourd'hui. Ces puissantes familles, pour la plupart d'origine anglaise ou normande, connurent de fréquents affrontements avec les grandes familles irlandaises du Connemara. Il fut un temps où l'on pouvait voir inscrit sur la porte ouest de la cité cette prière servant d'avertissement : "Délivrez-nous, Seigneur, dans votre bonté, de la fureur des O'Flaherty." Afin d'éviter que la violence ne gagne la ville, au début du XVIe siècle, les anciens de la cité avaient interdit à tout "O" ou "Mac" de se montrer dans les rues de Galway s'il n'y avait pas été invité. Quand la mainmise anglaise sur la région déclina, la cité conserva néanmoins son statut d'autonomie, sous le contrôle des familles de marchands pour la plupart fidèles à la couronne d'Angleterre. Le relatif isolement de Galway encouragea le développement d'un remarquable commerce de vins, d'épices, de poissons et de sel avec le Portugal et l'Espagne. Au point que le volume des denrées transitant par ses docks a pu rivaliser avec celui des ports de Bristol ou de Londres.

Galway connut une prospérité durable. En 1473, un gigantesque incendie ravagea une grande partie de la ville. Ce fut l'occasion de libérer l'espace nécessaire au tracé de nouvelles rues. C'est ainsi que nombre de solides bâtisses de pierre furent édifiées aux XVe-XVIe siècles.

On dit que Christophe Colomb s'attarda à Galway pour écouter la messe et prier à la collégiale St Nicholas of Myra. Son fidèle soutien à la Couronne d'Angleterre entraîna la chute de Galway lors de l'arrivée de Cromwell. Assiégée en 1651, la ville tomba en avril de l'année suivante. Ravagée par les forces de Cromwell sous le commandement de Charles Coote, Galway aborda alors une longue période de déclin. En 1691, la cité prit à nouveau le parti des perdants contre les forces de Guillaume d'Orange qui achevèrent sa destruction. C'en était pour ainsi dire fini du commerce avec l'Espagne. Dublin et Waterford monopolisaient la plupart des échanges maritimes. Galway stagna jusqu'à l'époque moderne avant de connaître une renaissance.

ORIENTATION

Très dense, le centre-ville de Galway se concentre de part et d'autre de la Corrib, qui relie le Lough Corrib à la mer. Eyre Square et la plupart des rues commerçantes se trouvent sur la rive est. Trois ponts principaux franchissent la rivière. Le Salmon Weir Bridge, le plus au nord, donne sur un barrage à saumon (*salmon weir*) et se situe à l'ombre de la cathédrale.

La principale artère commerçante est une rue tortueuse qui part d'Eyre Square et s'appelle d'abord Williamsgate St, puis William St et enfin Shop St, avant de se subdiviser en Mainguard St et High St. La gare, qui regroupe gare routière et gare ferroviaire, se trouve légèrement à l'est d'Eyre Square. L'office de tourisme se situe au nord de la gare.

Au sud-est du Wolfe Tone Bridge s'étend le quartier historique, entièrement rénové, de Claddagh. Au sud-ouest, on rejoint Salthill, une station balnéaire très fréquentée pour ses hôtels et ses restaurants.

RENSEIGNEMENTS
Offices de tourisme

Le grand office de tourisme de l'ouest de Irlande, l'Ireland West Tourism Office (☎ 563081), sur Forster St, au nord de l'Eyre Square, ouvre en mai du lundi au samedi de 9h à 17h45 ; en juin du lundi au samedi de 9h à 18h45 ; en juillet-août tous les jours de 8h30 à 19h45 ; le reste de l'année en semaine de 9h à 17h45 et le samedi de 9h à 12h. Il est surchargé en haute saison au point qu'il faut parfois attendre plus d'une heure pour réserver une chambre.

Une succursale saisonnière de l'office de tourisme est ouverte à Salthill (☎ 563081) de juin à septembre. En suivant Salthill Rd, qui longe la mer, et en tournant à gauche à la hauteur du croisement avec la promenade, vous verrez cet office sur la gauche.

ARGENT

Toutes les banques irlandaises possèdent des agences dans le centre-ville. L'agence de la Bank of Ireland du 43 Eyre Square, à côté de l'entrée de l'Eyre Square Centre, dispose d'un bureau de change. Vous trouverez une agence Allied Irish Bank dans Lynch's Castle sur Shop St. Les banques ouvrent de 10h à 16h en semaine (17h le jeudi) et sont équipées de distributeurs. Le principal bureau de l'office de tourisme et la poste effectuent aussi au besoin les opérations de change.

Poste et communications

La poste, Eglinton St, ouvre de 9h à 17h30 du lundi au samedi.

Le net@ccess Cyber Cafe (☎ 569772), dans la galerie commerçante Old Malt, permet de se connecter de 10h à 21h en semaine, de 10h à 19h le samedi et de 12h à 18h le dimanche moyennant 6,30 € l'heure.

Le Celtel e.centre (☎ 566620), en bas de l'auberge de jeunesse Kinlay House, Merchant's Rd, ouvre de 8h à 22h tous les jours. Il facture 6,30 € la première heure, puis 2,50 € l'heure.

Agence de voyages

Une agence Usit (☎ 565177) se trouve dans Kinlay House, Merchant's Rd.

Librairies

Hawkins House (☎ 567507), 14 Churchyard St, en face de la Collegiate Church of St Nicholas of Myra, dispose d'un vaste choix de livres. Charlie Byrne's (☎ 561766), dans le Cornstore, Middle St, offre un immense éventail de livres à prix réduits et de livres d'occasion. Eason's (☎ 562284), Shop St, est à la fois librairie générale et marchand de journaux tandis que Kenny's Bookshop (☎ 562739), High St, l'une des plus grandes librairies de livres anciens d'Irlande, vend des cartes, des estampes et anime aussi une galerie d'art.

Laverie

La laverie la plus centrale, l'Olde Malte Laundrette, située dans la galerie commerçante Old Malt qui donne dans High St, est ouverte de 8h30 à 18h du lundi au samedi. Parmi les autres laveries, signalons The Laundrette, Sea Rd, et The Bubbles Inn, 19 Mary St.

EYRE SQUARE

Cette place est le cœur de la partie est du centre-ville, même si elle ne présente pas en soi un caractère très original. Le Great Southern Hotel, grande bâtisse en calcaire gris, occupe presque entièrement son côté est. Le petit parc aménagé au milieu de la place porte le nom de **Kennedy Park** depuis la venue du président John F. Kennedy à Galway en 1963.

La **Browne's Doorway** (porte Browne, 1627), sur le côté ouest de la place, est un vestige d'une des maisons de marchands de la ville. Derrière elle, une curieuse sculpture métallique, rouillée, est censée évoquer les voiles d'un *húicéir* (*hooker*, hourque), bateau traditionnel de Galway. Cette œuvre d'Eamon O'Doherty fut érigée à l'occasion des fêtes du 5e centenaire de la ville, en 1984. Au nord se dresse une statue très controversée de l'écrivain Pádraic O'Conaire (1883-1928), natif de Galway, bien connu pour avoir été un sacré luron.

COLLEGIATE CHURCH OF ST NICHOLAS OF MYRA

Cette collégiale protestante (☎ *564648, Market St ; don 1,25 € ; avr-sept lun-sam 9h-17h45 et dim 13h-17h, oct-mars lun-sam 10h-16h/13-17h*), dédiée à saint Nicolas de Myra et dotée d'une curieuse flèche pyramidale remonte à 1320. C'est non seulement le plus important monument de Galway, mais aussi la plus grande église paroissiale d'Irlande encore en fonction. Bien qu'elle ait subi des remaniements au fil des siècles, elle a conservé pour l'essentiel sa forme d'origine. Après la victoire de Cromwell, l'église fut, comme beaucoup d'autres, transformée en écurie. Elle souffrit de nombreux dommages – remarquez les dégradations sur la pierre. Mais au moins ne connut-elle pas le sort de quatorze autres églises de Galway, qui furent rasées. La collégiale abrite de nombreuses pierres tombales et des monuments finement sculptés. Ses deux cloches datent l'une de 1590 et l'autre de 1630.

COMTÉ DE GALWAY

LYNCH'S CASTLE

À l'angle de Shop St et d'Upper Abbeygate St subsistent des éléments d'une vieille maison en pierre appelée Lynch's Castle (aujourd'hui occupée par une agence Allied Irish Bank), qui remonte au XIVᵉ siècle. Pour l'essentiel, la demeure que l'on voit aujourd'hui et dont certains disent que c'est la plus belle demeure urbaine d'Irlande date plutôt des environs de 1600. La famille Lynch était la plus puissante des quatorze "tribus" qui régnaient sur Dublin. Elle compta un de ses membres pour maire au moins quatre-vingts fois entre 1480 et 1650.

SPANISH ARCH

Un dessin de Galway en 1651 montre bien l'importance des remparts. Mais depuis le passage de Cromwell en 1652 et de Guillaume d'Orange en 1691, et après les siècles de négligences qui suivirent, ces remparts ont presque entièrement disparu. La Spanish Arch (1584) qui subsiste au bord de la rivière, à l'est du Wolfe Tone Bridge était sans doute un prolongement des remparts par où les navires déchargeaient leur cargaison, en particulier du vin et des alcools espagnols.

GALWAY CATHEDRAL

Une agréable balade consiste à remonter le cours de la rivière en longeant les quais depuis la Spanish Arch, puis à traverser le Salmon Weir Bridge pour accéder à la deuxième église de la ville dédiée à saint Nicolas (☎ 563577, Gaol Rd ; don à l'entrée ; tlj 8h-18h). Cet imposant édifice fut consacré par le cardinal Richard Cushing de Boston en 1965. Si son architecture extérieure est loin de faire l'unanimité, l'intérieur avec son dôme central et ses hautes arches voûtées, présente une certaine élégance dans sa force et sa sobriété.

SALMON WEIR

Le pont qui franchit la Corrib juste à l'est de la cathédrale s'appelle le Salmon Weir Bridge (pont du barrage à saumon). En amont se trouve effectivement un barrage, d'où la rivière chute en cascade. À l'époque où ils remontent la rivière depuis la baie de Galway, on peut voir les saumons s'élancer pour franchir l'obstacle.

Dans les archives les plus anciennes de Galway on retrouve des allusions aux barrages de la ville, dont la famille Burgo détenait les pêcheries. Aujourd'hui, elles appartiennent au Central Fisheries Board. La saison des saumons et des truites de mer se situe entre février et septembre, mais la plupart des poissons franchissent le barrage durant mai et juin. Pour obtenir un permis et réserver un temps de pêche, il faut écrire à The Manager, Galway Fisheries (☎ 562388), Nun's Island, Galway.

SALTHILL

Accessible à pied depuis Galway, Salthill (Bóthar na Trá) est une station balnéaire un peu désuète. Les plages, souvent bondées dès qu'il fait chaud, ne présentent pas de charme particulier. Le **Leisure World** (☎ 521455, Rockbarton Rd ; adulte/enfant 4,80/3,30 € ; tlj 8h-22h), dans Salthill Park, regroupe trois piscines couvertes et un gigantesque toboggan d'eau.

À côté de l'office de tourisme saisonnier, **Galway Atlantaquaria** (National Aquarium of Ireland ; ☎ 581500, Seapoint Promenade ; adulte/enfant 6,30/3,80 € ; mer-dim 10h-17h) abrite d'intéressants aquariums et expositions sur la vie sous-marine.

CIRCUITS ORGANISÉS

O'Neachtain Tours (☎ 553188, Spiddal ; adulte/étudiant/enfant 18,90/16,40/11,35 ; départ à 9h45 de l'office de tourisme de Galway, 10h de l'office de tourisme de Salthill, retour à 17h). Basé à Spiddal, O'Neachtain Tours propose tous les jours de l'année des excursions en car dans le Connemara ou dans le Burren et aux Cliffs of Moher.

Lally Coaches (☎ 562905, Spiddal ; adulte/étudiant/enfant 18,90/16,40/11,35 ; départ à 9h45 de l'office de tourisme de Salthill, 10h10 de l'office de tourisme de Galway). Cette autre agence propose des excursions du même genre dans le Connemara et le Burren.

Corrib Princess (☎ 592447, Furbo Hill, Furbo ; adulte/enfant 7,55/3,80 € ; mai-sept tlj 14h30 et 16h30, juill-août en plus 12h30). Possibilité de croisières sur la rivière et sur le Lough Corrib qui durent 1 heure 30. Les bateaux partent de l'embarcadère d'Eglinton (Eglinton Pier), à l'extrémité nord de Waterside St, en amont du Salmon Weir. On peut s'inscrire à l'office de tourisme.

MANIFESTATIONS ANNUELLES

Galway accueille tout au long de l'année un nombre étonnant de manifestations. Nous ne mentionnons ici que certaines des plus importantes.

Le Cúirt Poetry and Literature Festival (☎ 565886), en avril, est un festival de littérature et de poésie déjà bien établi qui ne cesse de gagner en importance.

Le Galway Film Fleadh (☎ 751655), début juillet, est l'un des plus grands festivals cinématographiques du pays. Fin juillet, le Galway Arts Festival (☎ 583800) met la ville en effervescence : pendant quinze jours, c'est une débauche de théâtre, de musique, d'art, de spectacles comiques ainsi que l'occasion d'une parade.

Fin juillet-début août, la Galway Race Week (☎ 753870), la semaine des courses de Galway, suscite une folle animation aussi bien en ville que sur le champ de courses. Ce dernier, situé à Ballybrit, à 3 km à l'est du centre-ville, accueille alors une foire traditionnelle irlandaise. Fondé en 1954, le Galway International Oyster Festival (☎ 527282), festival des huîtres de Galway qui se déroule durant la troisième semaine de septembre, s'accompagne de multiples festivités (voir aussi plus loin *Clarinbridge* et *Kilcolgan*).

OÙ SE LOGER

Malgré l'immense capacité hôtelière de Galway, et sa diversité, on peut avoir du mal à dénicher un lit en juillet-août. Salthill, à 2 ou 3 km, offre d'autres ressources.

Camping

Ballyloughane Caravan & Camping Park (☎ 755338, fax 752029, *Ballyloughane Beach, Renmore ; voiture et petite tente 3,80 € plus 5,10 € par adulte, 5,70 € par marcheur et cycliste tente incluse ; avr-sept).* Ce camping paisible et sûr se trouve près de la route de Dublin (N6) à 5 km de Galway. Situé au bord de la plage, il bénéficie d'une jolie vue sur la baie.

Il existe un autre camping à 18 km à l'ouest de Galway, sur la route du littoral :

Spiddal Caravan & Camping Park (*voir plus loin dans ce chapitre la rubrique* Où se loger *de la partie* De Spiddal à Roundstone).

Auberges de jeunesse

Un grand nombre d'auberges de jeunesse sont disséminées dans Galway, dont plusieurs extrêmement centrales. Elle restent généralement ouvertes toute l'année, hormis quelques jours autour de Noël.

Galway Hostel (☎ 566959, *Frenchville Lane ; dortoirs 12,60 €, chambres avec sdb 18,90 € par pers).* Les couloirs et certaines chambres de cette vieille bâtisse sont peut-être exigus, mais les douches sont propres et l'auberge proche de la gare.

Kinlay House (☎ 565244, fax 565245, *Merchant's Rd ; dortoirs avec s.d.b. communes 13,85-17,65 € par pers petit déj compris, chambres 20,15-22,70 € par pers).* Cette auberge moderne et lumineuse dispose de chambres spacieuses bien équipées. Mais si votre sac est lourd, vous risquez de souffler pour monter les quatre étages qui mènent à la réception.

Celtic Tourist Hostel (☎ 566606, *Queen St ; dortoirs/chambres 15,10/21,40 € par pers).* L'auberge dispose d'une grande cuisine où se faire à manger, de douches et de dortoirs propres, et elle loue des vélos. On ne peut fumer que dans la salle commune voisine de la réception.

Barnacle's Quay Street House (☎/fax 568644, *10 Quay St ; dortoirs 12,70-19,05, doubles 23,50 € par pers).* Environnée de pubs, de restaurants et de cafés, cette auberge se situe au cœur de l'action.

Wood Quay Hostel (☎ 562618, *23-4 Wood Quay ; dortoirs 12,60 €).* Cette auberge indépendante située dans St Anne's House, un peu au nord du centre-ville, possède une cuisine et une salle à manger correctes, mais les salles d'eau sont exiguës.

Salmon Weir Hostel (☎ 561133, *St Vincent's Ave ; dortoirs 11,35-12,65 €, doubles 35,30 €).* À deux pas de Wood Quay, cette auberge de taille moyenne et propre impose aux noctambules de rentrer avant 3 h du matin.

Galway International Youth Hostel (☎ 527411, fax 528710, *St Mary's College,*

St Mary's Rd ; dortoirs 12,70 € ; fin juin-fin août). Prenez le bus 1 depuis Eyre Square, ou, à pied, suivez Upper Dominick St qui devient Henry St, puis St Helen's St, et tournez à gauche (sud) dans St Mary's Rd. Vous arriverez alors devant une immense auberge **An Óige** comportant 120 lits, qui profite des vacances pour investir l'école de garçons.

B&B

Peu nombreux au centre-ville, les B&B se trouvent en quantité dans les faubourgs alentour.

St Martin's B&B *(☎ 568286, 2 Nun's Island Rd ; 25,20 € par pers).* Ce B&B situé juste au bord de la Corrib surpasse tous les autres. Ses atouts : la gentillesse des propriétaires, le confort des chambres, un petit déjeuner délicieux et la proximité des sites, des restaurants et des pubs.

Vous trouverez quantité de B&B à moins de 10 minutes à pied du centre sur Newcastle Rd, parallèle à la rivière, côté ouest.

Villa Nova *(☎ 524849, 40 Lower Newcastle Rd simples/doubles à partir de 32,40/50,80 €).* Un autre B&B sympathique dans un endroit tranquille à l'écart de la grande artère. Ses quatre chambres possèdent toutes une s.d.b. attenante.

Au nord de la ville, Forster St et College Rd, également à une dizaine de minutes à pied du centre, regorgent aussi de B&B.

Copper Beech House *(☎/fax 569544, 26 College Rd simples/doubles 31,50/ 50,40 €).* Cette pension moderne dispose de chambres toutes équipées de douches.

Salthill et Renmore, l'agglomération voisine, sont de bons terrains de chasse pour les B&B. Il y en a tout le long de Upper et de Lower Salthill Rd.

Devondell *(☎ 528306, 47 Devon Park, Lower Salthill Rd ; simples/doubles 32,40/ 63,60 €).* Le petit déjeuner à lui seul vaut le déplacement. Et quel plaisir, également, d'être accueilli avec du thé et des scones, notamment après une longue étape.

Roncalli House *(☎ 584159, 24 Whitestrand Ave, Lower Salthill Rd ; chambres 25,20 € par pers).* Une maison agréable qui nous a été recommandée par des lecteurs et

qui est connue pour accueillir à l'occasion quelque célébrité.

Mandalay by the Sea *(☎ 524177, fax 529952, 10 Gentian Hill, Blake's Hill ; simples/doubles 35,55/55,85 €).* Située à environ 3,5 km de Galway, après Salthill, cette maison sur deux étages, dotée de balcons, bénéficie de la vue sur la Galway Bay et d'une touche d'opulence qui peut expliquer ses tarifs.

Clare Villa *(☎ 522520, 38 Threadneedle Rd ; simples/doubles 38,10/57,15 € ; fév-oct).* Cette villa moderne proche de la plage comporte six chambres confortables, toutes avec douche.

Bayview *(☎ 526008, 20 Seamount ; simples/doubles 38,10/63,15 € ; avr-oct).* proche de la plage, dans une rue qui donne dans Threadneedle Rd, ce B&B non-fumeurs loue trois chambres avec s.d.b. attenante. Le bus 1 s'arrête à proximité.

Hôtels

Jury's Galway Inn *(☎ 566444, fax 568415, Quay St ; chambres 91,40 € par pers).* Cette bâtisse de 128 chambres, qui donne sur la Corrib et le Wolfe Tone Bridge, offre tout le confort d'un hôtel moderne.

Great Southern Hotel *(☎ 564041, fax 566704, Eyre Square ; chambres 135,85 € par pers).* Ce somptueux hôtel du XIXe siècle, qui compte 114 chambres, occupe tout le côté est d'Eyre Square. Entre autres équipements, il possède une piscine, une salle de hammam et un sauna.

Spanish Arch Hotel *(☎ 569600, fax 569191, Quay St ; chambres 163,80 € par pers).* Un petit hôtel qui ne compte que 20 chambres et offre le charme de l'ancien à proximité des boutiques, des restaurants et des pubs.

OÙ SE RESTAURER
Restaurants

Si le quartier de Quay St regorge de restaurants, il n'est pas évident de dénicher une table tranquille.

Cactus Jacks *(☎ 563838, Courthouse Lane ; plats 7,50-14,50 €).* Cet excellent tex-mex, situé à côté du Druid Theatre, sert aussi des plats cajun et végétariens.

Fat Freddy's (☎ 567279, *The Halls, Quay St ; plats 7-9,50 €*). Le populaire Fat Freddy introduit une touche méditerranéenne dans Galway avec ses savoureuses pâtes et pizzas, ses nappes à carreaux et ses bougies plantées dans des bouteilles de vin.

Aideen's Brasserie Eleven (☎ 561610, *19 Middle St ; plats 11,50-22,70 € ; tlj 12h30-19h30*). Cette brasserie de style italien allie l'amabilité du service et la fraîcheur des produits. Elle peut satisfaire tous les régimes, notamment les végétariens.

McDonagh's (☎ 565001, *22 Quay St ; plats 7,50-9,50 €*). Avec ses excellents poissons et fruits, McDonagh's est depuis des années une institution à Galway. Goûtez les moules locales "sauvages". Le soir, la file d'attente s'étend jusque dans la rue.

Druid Lane Restaurant (☎ 563015, *9 Quay St ; plats 14-18,80 €*). Un restaurant intime décoré avec goût sur deux niveaux avec une zone non-fumeurs. Sa nouvelle cuisine irlandaise, pleine d'imagination, est joliment présentée. Belle carte des vins.

Pierre's (☎ 566066, *8 Quay St ; plats 12,50-18,30 €*). Ce restaurant de style français très couru propose un menu avant le théâtre (18h-19h) comportant 3 plats pour 17,50 €.

Le Graal (☎ 567614, *13 Lower Dominick St , plats 2,50-5 € ; tlj 18h-0h30*). Sur l'autre rive de la Corrib, ce charmant restaurant sert de savoureux tapas à grignoter avec un choix de vins du monde entier. Il y a aussi cours de salsa le mardi.

Scoosi (☎ 568010, *Spanish Parade ; plats 6-15 €*). La fine fleur de la cuisine italienne est à l'honneur dans ce restaurant haut de gamme proche de la rivière. Il a beau être grand, il affiche tous les soirs complet.

Kirwan's Lane Creative Cuisine (☎ 56 8266, *Kirwan's Lane ; plats 21,40-24,60 € ; lun-sam à partir de 18h*). La nouvelle cuisine irlandaise de ce restaurant honore la plus vieille rue de Galway. Elle trouverait aussi bien sa place dans les quartiers branchés de New York ou de Londres.

Drumcong House (☎ 555115, *Moycullen ; dîner comportant 5 plats 25,20-34 € ; mar-sam 18h30-22h30*) compte parmi les meilleurs restaurants d'Irlande. On ne le recommandera jamais assez. Son menu reste très raisonnable (pour sa gamme de prix) et même les végétariens y trouveront leur bonheur. L'été, il faut réserver longtemps à l'avance. Drumcong House se situe à 14 km sur la route de Clifden (N59).

Cafés

Busker Brownes (☎ 563377, *Upper Cross St ; plats 7-18,90 €*). Aménagé dans Stale House, une demeure historique datant de 1615, ce café-bar très fréquenté sert d'excellents fruits de mer et reste ouvert presque 24h/24.

Food for Thought (☎ 565845, *Lower Abbeygate St ; sandwiches 4,40 €, pommes de terre au four 1,90-5 €*). Ce café très animé propose une bonne gamme de sandwiches végétariens à base d'aliments complets et de délicieux desserts.

Mocha Beans (☎ 565919, *2 Lower Cross St ; café à partir de 0,65 €*). Un assortiment de cafés parfait pour ceux qui sont drogués à la caféine. Et pour les autres des jus de fruits, des milk shakes et d'autres douceurs.

Couch Potatas (☎ 561664, *40 Upper Abbeygate St ; repas de pommes de terre à moins de 8 € ; tlj 12h-21h*). Une formule pratique pour avaler un morceau, qui plaît beaucoup dans ce pays.

Conlon's Restaurant (☎ 562268, *Eglinton St ; fish and chips 5,60-7 €, plats 11,30-23,95 €*). Personne ne fait aussi bien les fish and chips que Conlon's. À la carte figurent aussi des plats plus onéreux du genre saumon sauvage ou maquereau fumé.

Sails (☎ 568275, *Eyre Square Centre ; sandwiches 3,75 €, plats 6,30 €*). Ce self-service très fréquenté se trouve au niveau inférieur d'Eyre Square Centre près de la Shoemaker Tower du XIIe siècle. De l'autre côté de la rivière, le choix se réduit.

Left Bank Café (☎ 567791, *49 Lower Dominick St ; plats 6,95 € ; tlj 8h-19h*). Ce café bohème offre un bon éventail de sandwiches et d'en-cas ainsi que des repas complets à des prix raisonnables.

Pasta Paradiso (☎ 563666, *51 Lower Dominick St pâtes 7,25-9 €, pizza 6,25-21 €*). Un restaurant italien animé qui prépare de délicieuses pâtes directement importées d'Italie.

Claddagh

"Si par-delà les mers vous rejoigniez l'Irlande,
Alors, peut-être, au soir de votre vie,
Pourrez-vous contempler le lever de lune sur Claddagh
Et voir le soleil se coucher sur la baie de Galway"
Arthur Colhana, *Galway Bay*, 1947

Icône romantique dans le cœur et les chansons de générations d'Irlando-Américains, le village de Claddagh fut jadis un grand centre de la pêche commerciale. Jusqu'à 3 000 personnes et 300 bateaux furent à un moment recensés ici. Parmi les bateaux figuraient les voiliers traditionnels à la coque noire et à la voile rouille appelés *púcáin* et *gleoitoige*, aujourd'hui regroupés sous le nom de hourques (*hookers*).

Claddagh était gouverné par son propre roi. Dialecte et costume lui étaient également spécifiques.

Les maisons à toit de chaume, les bateaux de pêche et le parler gaélique qui faisaient la tradition du lieu ont disparu depuis les années 1930, mais l'on rencontre encore souvent des gens qui portent au doigt le *"ring of Claddagh"*. Cette bague représente un cœur couronné niché entre deux mains tendues : elle symbolise l'amitié (les mains), la loyauté (la couronne) et l'amour (le cœur). Quand le cœur est pointé vers la main, cela signifie que celui qui porte cette bague est marié ou du moins que son cœur est pris. S'il est tourné vers le doigt, cela signifie qu'il cherche l'âme sœur. Cette bague a servi d'alliance dans une grande partie du Connaught à partir du milieu du XVIIIe siècle et son succès ne se dément pas, à en juger par le nombre de ces bagues exposées dans les vitrines des bijoutiers.

OÙ SORTIR

Le *Galway Edge* publie la liste des spectacles, manifestations et autres possibilités de sorties à Galway et dans la région. Il paraît le jeudi et se trouve gratuitement dans les offices de tourisme et un peu partout en ville. Consultez aussi le *Galway Advertiser*, le journal de la commune. Également gratuit, *thelist.ie* donne des informations hebdomadaires sur les manifestations, les spectacles, les pubs et les clubs.

Pubs

Il se passe toujours plein de choses dans les pubs de Galway.

Seáan Ua Neáhtain (☎ *568820, 17 Upper Cross St*). Il règne une ambiance fabuleuse dans ce chaleureux pub du XIXe siècle qui attire une foule parfois haute en couleurs.

The King's Head (☎ *566630, 15 High St*). Derrière une étroite façade, The King's Head s'étend en longueur jusqu'à une petite scène où des musiciens de rock se produisent presque tous les soirs, sauf le mercredi réservé à la musique traditionnelle.

Taaffe's Bar (☎ *564066, 19 Shop St*). Ce bar traditionnel connaît une incroyable popularité avec de la musique irlandaise tous les soirs à 17h et à 21h.

McSwiggan's (☎ *568917, 3 Eyre St*). En entrant, on a l'impression de s'enfoncer dans un labyrinthe tellement il y a de bars et à tant de niveaux différents, mais les pintes sont bonnes et la nourriture aussi.

The Quays (☎ *568347, Quay St*) attire une foule très animée. La musique traditionnelle ou pop résonne presque tous les soirs.

The Lisheen Bar (☎ *563804, 5 Bridge St*). L'un des meilleures adresses de Galway pour écouter de la musique traditionnelle. Il y en a tous les soirs ainsi que le dimanche après-midi.

Du côté d'Eyre Square, les bars sont plus luxueux, mais il y a moins d'ambiance.

An Púcán (☎ *561528, 11 Forster St*). À côté de la place, ce pub se consacre presque tous les soirs à la musique folklorique et aux ballades. Le public est invité à venir chanter au micro.

À l'ouest de la Corrib, on trouve aussi quelques pubs formidables.

Monroe's Tavern (☎ *583397, Upper Dominick St*). Un endroit de choix pour la musique traditionnelle et les ballades. Le Monroe's est aussi le seul pub de Galway à organiser des soirées dansantes (mardi).

Róisín Dubh *(Black Rose; ☎ 586540, Upper Dominick St)*. C'est un merveilleux vieux pub, plein de coins et recoins, où il y a de la bonne musique traditionnelle le lundi et le mardi soir, et de la musique alternative le week-end.

Taylor's Bar *(☎ 587239, Upper Dominick St)*. Voisin du Róisín Dubh, Le Taylor's est lui aussi un vénérable établissement où des musiciens viennent jouer des airs traditionnels les mardi, jeudi et dimanche soirs.

The Blue Note *(☎ 589116, 3 West William St)*. Ici une foule de jeunes vient se trémousser tous les soirs aux sons des derniers rythmes choisis par le DJ invité.

The Crane Bar *(☎ 587419, 2 Sea Rd)* est encore un autre de ces vieux pubs où la musique traditionnelle résonne tous les soirs et qui attirent une foule chaleureuse de gens du cru.

Théâtre
Galway possède trois bons théâtres.

Druid Theatre *(☎ 568617, Courthouse Lane)*. Établi de longue date, ce théâtre est réputé pour monter des œuvres expérimentales de jeunes auteurs irlandais.

Town Hall Theatre *(☎ 569777, Courthouse Square)*. Juste à côté de St Vincent's Ave, il draine le grand public friand de spectacles de type Broadway ou West End et en accueillant des chanteurs.

An Taibhdhearc na Gaillimhe *(Galway Theatre; ☎ 562024, Middle St)*. Le plus important théâtre de Galway malheureusement peu accessible à la plupart des voyageurs – reste le Galway Theatre, qui monte des pièces en gaélique.

ACHATS
Le grand **Eyre Square Centre**, centre commercial situé au sud-est d'Eyre Square, englobe une reconstitution d'une partie des remparts de la cité médiévale. Les autres centres commerciaux du centre sont **Bridge Mills**, aménagé dans un vieux moulin au bord de la rivière au bout du William O'Brien Bridge, côté ouest, et **The Cornstore** qui donne dans Middle St.

Stephen Faller *(☎ 561226, Williamsgate St)*. Si vous avez envie d'acheter une belle bague de Claddagh en argent ou en or (voir l'encadré *Claddagh*), intéressez-vous aux prix de cette boutique, entre autres.

Design Concourse Ireland *(☎ 566927, Kirwan's Lane)*. Ce magasin expose (et vend) des objets à la pointe du design irlandais, provenant des 32 comtés et couvrant tous les domaines : du mobilier à la vaisselle en passant par la haute couture en tweed du Donegal (pas moins).

River Deep, Mountain High *(☎ 563968, Middle St)*. L'un des meilleurs magasins pour les équipements de plein air.

Mulligan Records *(☎ 564961, 5 Middle St)*. Si vous êtes fervent de musique traditionnelle irlandaise, ce magasin de disques est pour vous. Il assure aussi la vente par correspondance.

Royal Tara China *(☎ 751301, Mervue)*. Cette manufacture de porcelaine installée à la sortie de la ville mérite un détour. Prenez la route de Dublin (N6) et tournez à gauche juste après le Galway Ryan Hotel.

Galway Irish Crystal Heritage Centre *(☎ 757311, Merlin Park)*. Ce centre, situé un peu plus loin sur la N6, comblera tous vos désirs en matière de verres à pieds.

Connemara Marble Industries *(☎ 555102, Moycullen)*. Une marbrerie passionnante si vous vous intéressez au travail du marbre local. Elle se trouve sur la N59, à 13 km au nord-ouest de Galway.

COMMENT S'Y RENDRE
Avion
Depuis Carnmore Airport *(☎ 755569)*, à 10 km à l'est de la ville. Aer Arann et Aer Lingus assurent des vols quotidiens vers Dublin.

Bus
Depuis la gare routière *(☎ 562000)*, derrière le Great Southern Hotel d'Eyre Square, des liaisons fréquentes desservent les grandes villes d'Irlande. Un aller pour Dublin avec les Bus Éireann (3 heures 45) coûte 11,35 €. En ce qui concerne les bus pour Rossaveal (et les îles d'Aran), voir plus loin la rubrique *Comment s'y rendre* sous *Aran Islands*.

De nombreuses compagnies privées sont également représentées à Galway. Feda Ódonaill Coaches *(☎ 761656)* va de Galway à Sligo, puis à Donegal et à Crolly dans le comté de Donegal (5 heures 30, 2 par jour du lun au sam, 3 le dim). Les bus partent devant la Galway Cathedral, sauf le dernier bus du dimanche (20h), qui part d'Eyre Square.

Bus Nestor (☎ 797144) dessert 4 à 6 fois par jour Dublin *via* Dublin Airport. Le premier bus part devant l'Imperial Hotel, Eyre Square, à 7h15 (7h55 le dim), le dernier à 17h30 (18h le ven et le dim).

Michael Nee Coaches (☎ 095-51082) assure de juin à septembre 3 liaisons quotidiennes (4 le ven) entre le parking des bus sur Forster St et Clifden (1 heure 30).

Walsh Coaches (☎ 098-35165) propose un bus qui part d'Eyre Square pour Westport (4 heures) le dimanche à 17h10.

McNulty Coaches (☎ 097-81086) part d'Eyre Square pour Belmullet (5 heures), *via* Westport et Newport le vendredi à 16h, 17h30 et 18h.

Train
De la gare ferroviaire Ceannt (☎ 564222), située derrière le Great Southern Hotel d'Eyre Square, partent jusqu'à 5 trains par jour pour Dublin (20,15 € l'aller simple ; 2 heures 30). Pour aller ailleurs, on peut changer à Athlone (1 heure).

COMMENT CIRCULER
Desserte de l'aéroport
Du lundi au samedi, un bus relie l'aéroport à la gare routière de Galway (3,15 €). Il part de l'aéroport à 13h25, et de la gare routière à 12h50. Comptez environ 15 € pour le trajet en taxi depuis/vers l'aéroport.

Bus
On circule facilement à pied à Galway, même pour aller jusqu'à Salthill. Sinon, des bus partent régulièrement d'Eyre Square. Le bus 1 va d'Eyre Square à Salthill et continue parfois sur Blackrock. Le bus 2 va de Knocknacarra et Blackrock jusqu'à Renmore en passant par Eyre Square. Le bus 3 relie Eyre Square et Castlepark. Le bus 4 va à Newcastle.

Voiture
Pour stationner en ville, il faut se procurer un disque de stationnement à l'office de tourisme ou chez un marchand de journaux. Le parking situé de l'autre côté de William O'Brien Bridge jouxte le commissariat de police.

Bicyclette
La plupart des auberges de jeunesse, en particulier Kinlay House et Salmon Weir Hostel, louent des bicyclettes. Celtic Cycles (☎ 566606), Queen St, près du Celtic Tourist Hostel, loue ses vélos 12,60/50,40 € par jour/semaine. Si le magasin est fermé, adressez vous à l'auberge de jeunesse.

Taxi
Galway Taxis (☎ 561111) est situé sur Mainguard St, Corrib & Apollo Taxis (☎ 564444) sur Eyre St au nord d'Eglinton St. Au centre-ville, il y a 2 stations de taxi sur Eyre Square et près de la gare routière.

Au sud de Galway

De nombreux visiteurs se contentent de traverser la partie du comté qui s'étend au sud de Galway pour se rendre dans le Burren, cette spectaculaire région calcaire du comté de Clare. Pourtant il existe au sud de la ville divers endroits qui méritent une visite, en particulier le paisible site de Kilmacduagh avec son ancien monastère et sa tour ronde.

CLARINBRIDGE ET KILCOLGAN
☎ 091 • 500 habitants
Clarinbridge (Droichead an Chláirín) et Kilcolgan (Cill Choglán), à 16 km au sud de Galway, sont les haut lieux du Clarinbridge Oyster Festival de Galway. Cette fête de l'huîtres, qui précède le Galway International Oyster Festival, a lieu le deuxième week-end de septembre.

Paddy Burke's Oyster Inn (☎ 796107, *Clarinbridge ; huîtres 20,15/10,10 € la douzaine/demi-douzaine, plats 9,15-13,80 € ; tlj 12h30-22h*). Cette vieille auberge au toit de chaume qui se trouve à côté du pont est célèbre pour ses fruits de mer et pour être associée depuis longtemps à la fête de l'huître. Elle peut néanmoins satisfaire d'autres goûts, en particulier ceux des végétariens.

Moran's Oyster Cottage (☎ 976113, *The Weir, Kilcolgan ; huîtres 20,15/10,10 € la*

douzaine/demi-douzaine, plats 8,60-16,15 €).
En traversant Kilcolgan, vous verrez près de
la poste un panneau indiquant la direction de
cette auberge située un peu plus au sud. Ce
merveilleux pub-restaurant à toit de chaume
donne sur l'étroite Dunbulcaun Bay où sont
élevées les célèbres huîtres de Galway. C'est
là qu'a lieu le concours international d'ouverture d'huîtres qui se déroule durant le festival.

Comment s'y rendre
Sur la grand-route Galway-Gort-Ennis-
Limerick (N18), Clarinbridge est relié à
Galway par de nombreux services de Bus
Éireann. Kilcolgan se situe aussi sur la N18,
le Moran's Oyster Cottage se trouvant envi-
ron 1,5 km plus à l'ouest.

KINVARA ET SES ENVIRONS
☎ 091 • 430 habitants
Kinvara (Cinn Mhara) est un délicieux village niché tout au fond de la baie de Galway,
au sud-est. Son petit port bordé de maisons
en pierre abrite nombre de bateaux à voiles
traditionnels ainsi que quelques pubs animés.

Dunguaire Castle
Le château de Dunguaire (☎ 637108, 061-
360788 à Shannon, Kinvara ; adulte/enfant
3,50/1,90 € ; mi-avr-sept tlj 9h30-17h30),
qui se dresse près du rivage au nord de Kinvara, fut édifié vers 1520 par les O'Hyne. Il
passa plus tard aux mains d'Oliver St John
Gogarty (1878-1957), poète, écrivain, chirurgien et sénateur de l'Irish Free State qui passait pour "l'esprit le plus sauvage de Dublin".
Le château serait, pense-t-on, construit sur le
site du palais royal de Guaire Aidhne, roi du
Connaught au VIᵉ siècle.

Dans cet édifice en parfait état, chaque
étage est décoré dans un style différent,
comme l'a voulu son dernier propriétaire un
peu excentrique qui vécut là dans les années
1960. Des visites guidées ont lieu dans le
château qui sert aussi de cadre à des banquets médiévaux. Ces banquets, plus
intimes que ceux de Bunratty Castle, près
de Shannon dans le comté de Clare, coûtent
aussi un peu moins cher (37,80 € par pers).
Ils ont lieu de mai à septembre tous les jours
à 17h30 et à 20h45.

Juste au sud de Dunguaire, une simple
arche en pierre est l'unique vestige d'un
château plus ancien.

Manifestations annuelles
Le week-end de mai prolongé par un *bank
holiday* (jour férié), Kinvara accueille le
Fleadh na gCuach (Cuckoo Festival), un
festival de musique. Les hookers de Galway
sont à l'honneur le deuxième week-end
d'août lors du festival Cruinniú na mBáid
(rassemblement de bateaux).

Où se loger et se restaurer
Johnston's Independent Hostel (☎ 637164,
Main St ; dortoirs 10,10 € ; juill-août).
Cette auberge de jeunesse de 24 lits, un peu
vieillotte, se situe sur la colline au-dessus du
port. Douches et laverie en supplément.

Doorus House (☎/fax 637512, *Doorus,
Kinvara ; seniors/juniors 10,15/7,60 €).*
Cette auberge An Óige se situe à 6 km au
nord-ouest de la route principale menant à
Ballyvaughan (N67). Un panneau indique
sa direction. Elle occupe une maison qui
appartenait autrefois au comte Floribund de
Basterot, qui eut pour hôtes illustres
W.B. Yeats, Lady Augusta Gregory, Douglas Hyde et Guy de Maupassant. C'est à
Doorus House que Yeats et Lady Gregory
auraient, dit-on, évoqué pour la première
fois l'idée de l'Abbey Theatre à Dublin.
Cette auberge constitue une bonne étape au
moment d'explorer le Burren.

Burren View (☎ 637142, fax 0905-44474,
*Doorus, Kinvara ; simples/doubles 32,40/
48,25 € ; Pâques-oct).* À 6 km au nord-ouest
de Kinvara, le Burren View occupe un site
magnifique sur une péninsule d'où la vue
s'étend sur la Galway Bay et le Burren. La
plage voisine est parfaite pour la baignade.

Rosaleen's (☎ 637503, *Main St ; plats
9,15-17,60 €).* Il règne un petit parfum mexi-
cain au Rosaleen's, dont la carte propose des
enchiladas aux légumes à côté du poulet rôti
et de la morue frite. De savoureux et copieux
sandwiches et desserts figurent aussi au menu.

Comment s'y rendre
De fin mai à fin septembre, le bus Éireann
50, qui fait la liaison Galway-Killarney, s'ar-

rête à Kinvara 3 ou 4 fois par jour du lundi au samedi et 2 fois par jour le dimanche.

Le bus 423 qui dessert une fois par jour la côte du Burren, passe par Kinvara quand il va de Galway à Ballyvaughan, Black Head, Fanore, Lisdoonvarna, Doolin et retour.

Pour en savoir plus, adressez-vous à la gare routière de Galway (☎ 091-562000).

GORT ET SES ENVIRONS
☎ 091 • 1 090 habitants

Au sud-est de Galway, à une distance de 37 km, se dresse une tour normande du XVIe siècle, la **Thoor Ballylee** (☎ 631436, Peterswell ; adulte/enfant 5,05/2,50 € ; Pâques-sept tlj 10h-18h). Cette tour où W.B. Yeats passa ses étés à partir de 1922 lui inspira l'une des ses œuvres les plus célèbres, The Tower (La Tour). Aujourd'hui restaurée, elle met en scène le mobilier et les souvenirs de l'écrivain ainsi qu'un spectacle audiovisuel sur sa vie. À Gort prenez la route pour Loughrea (N66) sur environ 3 km, puis suivez les indications.

À 5 km au nord de Gort s'étend un domaine géré par l'organisme du patrimoine Dúchas, le **Coole Park** (Cúil ☎ 631804, Gort ; adulte/tarif réduit 2,55/ 1,25 € ; Pâques-mi-juin mar-dim 9h30-18h30, mi-juin-sept tlj 10h-17h). C'était la demeure de Lady Augusta Gregory, cofondatrice de l'Abbey Theatre et mécène de Yeats. Une exposition évoque l'importance littéraire de cette maison ainsi que la flore et la faune de la réserve naturelle alentour.

Des bus relient régulièrement Galway à Gort.

Connemara

Le Connemara (Conamara) est cette magnifique région aride et sauvage qui s'étend au nord-ouest de Galway. C'est un étonnant patchwork de bogs (tourbières), de vallées perdues, de montagnes gris pâle et de petits lacs qui scintillent au moindre rayon de soleil. Les amoureux de cette région achètent des cottages pour en faire des résidences secondaires ,ou dépensent une petite fortune dans un château-hôtel pour y prendre une semaine de vacances durant la saison de la pêche au saumon.

Le Connemara ne présente pas d'unité géographique comme le Burren. Au cœur de la région se dressent les Maumturk Mountains et les pics de quartzite gris des Twelve Bens, ou Pins (les douze pics ou épingles) qui se prêtent à d'impressionnantes randonnées. Ces montagnes surplombent vers le sud une plaine émaillée de lacs et se prolongent jusqu'à la mer, en formant autour de Carna et de Roundstone un dédale d'îles rocailleuses, de petits bras de mer tortueux et de plages étincelantes de blancheur. La route du littoral à l'ouest de Spiddal (R336) finit par s'enfoncer au cœur de ce dédale. Il faut vraiment consacrer un jour ou deux à se perdre autour de Carraroe, à explorer les îles Garumna, Lettermullen et Lettermore, à musarder autour de Roundstone et de la Ballyconneely Bay. Dans le plat pays, c'est le granit rose qui domine, alors que dans le montagnes et la partie nord de la région les roches se composent d'un mélange de quartzite, de gneiss, de schiste et de marbre verdâtre.

Les paysages les plus grandioses se situent toutefois au cœur de la région. Le voyage de Maam Cross à Leenane (R336) au nord-ouest, ou jusqu'à Cong (R345) au nord-est, vous fera traverser le Joyce Country, une étonnante contrée montagneuse. Quant à la remontée de la Lough Inagh Valley vers le nord, qui vous fait passer au pied des Twelve Bens et le long du Kylemore Lake, elle est unique dans tout le pays.

L'une des plus importantes régions de langue gaélique (Gaeltacht) commence juste à l'ouest de Galway, à peu près à la hauteur de Barna, et s'étend vers l'ouest en passant par Spiddal et Inverin, tout le long d'une bonne partie du littoral jusqu'à Cashel. La station de radio nationale de langue gaélique, Radio na Gaeltachta, qui fait beaucoup pour la pérennité de cette langue, emet depuis Costello. L'hebdomadaire en gaélique Foinse (Source) est publié à Spiddal.

En sortant de Galway vers l'ouest, vous avez deux options : la route du littoral (R336) qui passe par Salthill, Barna et Spiddal, ou la route de l'intérieur (N59) par Oughterard, qui mène directement au cœur du Connemara.

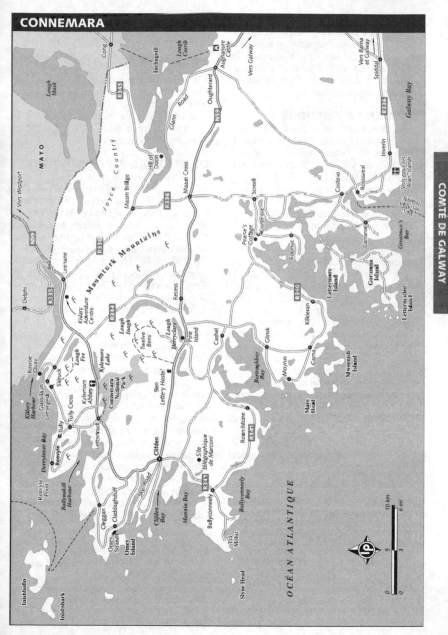

CONNEMARA

Inishbofin

Inishshark

Renvyle Point

OCÉAN ATLANTIQUE

Slyne Head

Trá Mhóir

Ballyconneely Bay

Ballyconneely

Mannin Bay

Clifden Bay

Sky Road

Claddaghduff

Omey Strand

Omey Island

Cleggan

Ballynakill Harbour

Renvyle

Derryinver Bay

Tully

Tully Cross

Letterfrack

Glassilaun

Lettergesh

Rosroe Quay

Lough Fee

Silruck

Elkurg Harbour

Kylemore Abbey

Kylemore Lake

Connemara National Park

Twelve Bens

Ben Letter'y Hostel

Lough Inagh

Lough Derryclare

Pine Island

Cashel

Recess

Roundstone

R341

Site télégraphique de Marconi

R341

Mace Head

Bertraghboy Bay

Moyrus

Glinsk

Kilkieran

Carna

Mweenish Island

Lettermore Island

Gorumna Island

Lettermullen Island

Greatman's Bay

Carraroe

Fosmuc

R342

Pearce's Cottage

Corttroe

Screeb

Coste

Rossaveal

Inverin

Vols pour les Aran Islands

Galway Bay

Spiddal

R336

Vers Barna et Galway

Vers Galway

Aughnanure Castle

Oughterard

N59

Maam Cross

R336

Maam Bridge

Iaam Bridge

Hill of Doon

Inchagoill

Lough Corrib

Cong

Lough Mask

MAYO

Vers Westport

N59

Delphi

R335

Leenane

Kilary Adventure Centre

R344

Maumturk Mountains

Joyce Country

Glann Road

N59

Vers Galway

0   5   10 km
0   3   6 mi

Pour explorer sérieusement la région (et si vous lisez l'anglais), procurez-vous l'excellent *Connemara: Introduction and Gazeteer* (15,10 €) de Tim Robinson. Le *Connemara: A Hill Walker's Guide* de Robinson et Joss Lynam est également d'une aide très précieuse.

COMMENT S'Y RENDRE

Les nombreux services de Bus Éireann assurent la desserte de la majeure partie du Connemara. Ils partant souvent de Galway ; adressez-vous à la gare routière (☎ 091-562000) pour obtenir leurs horaires et tarifs. Certains services sont sporadiques, nombre d'entre eux ne fonctionnent que de mai à septembre, voire seulement en juillet et août.

De fin juin à fin août, les bus 61 et 419 relient 5 fois par jour (2 fois le dim) Galway avec Oughterard, Maam Cross, Recess, Roundstone, Ballyconneely et Clifden, le 61 continuant sur Kylemore, Leenane et Westport. Le reste de l'année, le bus 61 assure une seule fois par jour la liaison (sans arrêt intermédiaire) entre Galway et Clifden *via* Maam Cross et Leenane.

Le bus 420 dessert également du lundi au samedi, mais rarement, Galway, Cong, Leenane et Clifden. Le bus 424 relie 5 fois par jour (1 fois le dim) Galway et Spiddal, Inverin, Rossaveal, Carraroe et les îles Lettermore et Lettermullen. Le bus 416 assure un service du lundi au samedi, tout au long de l'année, entre Galway, Oughterard, Maam Cross, Rosmuc, Recess, Glinsk, Carna et Moyrus.

Les panneaux routiers sont souvent écrits en gaélique. Pour retrouver l'équivalent anglais, reportez-vous à l'appendice des *Noms de lieux* à la fin de ce guide.

SPIDDAL

☎ 091 • 300 habitants

Située en bordure de route à 17 km à l'ouest de Galway, Spiddal (An Spidéal) est une petite localité touristique animée, dotée de quelques bons pubs. À l'entrée du village quand on vient de Galway, vous verrez le **Coláiste Chonnacht** *(Connaught College ;* ☎ *553383, Spiddal)*, une université gaélique fondée en 1910, et le **Standún** *(*☎ *553108, Spiddal ; mars-déc lun-sam 9h30-18h30)*,

une imposante boutique d'artisanat établie de longue date, qui abrite un bureau de change et un agréable salon de thé.

À côté, le grand **An Ceardlann** *(Spiddal Craft Centre ;* ☎ *553376 ; lun-sam 9h-18h, dim 14h-18h)* regroupe des boutiques d'artisanat. En face s'étend une agréable **plage**, bondée en été.

Si vous cherchez les côtes sauvages, quittez Spiddal pour filer plus à l'ouest en direction de Roundstone.

DE SPIDDAL À ROUNDSTONE

Quelques kilomètres après Spiddal, le paysage devient déjà plus sauvage. Avant Costello (Casla), vous verrez des panneaux indiquant Rossaveal (Ros a' Mhíl), le principal embarcadère des ferries pour les îles d'Aran (voir plus loin à la section *Aran Islands* la rubrique *Comment s'y rendre*). Passé Costello, quittez la route principale pour vous enfoncer plus à l'ouest en direction de **Carraroe** (An Cheathrú Rua). Le paysage vaut vraiment le détour, avec son dédale de bras de mer, d'îlots et d'îles déchiquetées, ces dernières étant toutes reliées par une route à la terre ferme. Carraroe est renommé pour la beauté de ses plages, en particulier le Coral Strand, une plage uniquement composée de fragments de coraux et de coquillages.

La bourgade doit aussi sa réputation à son **Irish Language Centre** *(Áras Mháirtin Uí Chadhain ;* ☎ *091-595101, An Cheathrú Rua)*, qui dépend de l'University College Galway. Ce centre de langue gaélique propose des stages linguistiques de 1/2 semaines qui coûtent 190,45/317,45 €. L'hébergement revient au minimum à 133,30 € par semaine. Pour la chambre et la pension comptez au moins 304,75 €.

Lettermore, Gorumna et **Lettermulle Islands** sont des îles plates et nues où quelques paysans gagne une maigre pitance en cultivant de minuscules champs rocailleux. La grande ressource est aujourd'hui la pisciculture et vous verrez des cages à saumon flotter dans certaines baies.

À **Screeb** (Scriob) vous pouvez soit prendre vers le nord en direction de Maam Cross, soit continuer le long du littoral. Près de Gortmore, à environ 5 km à l'ouest de Screeb par la R340, se trouve le **Pearse's Cottage** (☎ 091-574292, *Ros Muc ; adulte/tarif réduit 1,25/0,50 € ; Pâques/mi-juin-mi-sept tlj 10h-18h*), géré par le Dúchas. Pádraig Pearse (1879-1916), l'un des initiateurs de la renaissance du gaélique, fonda en 1908 à Dublin l'école bilingue de St Enda (Scoil Éanna). Le moins politisé des rebelles de 1916, montrait un besoin quasi religieux de se sacrifier. Ceci ne l'empêcha pas d'être le commandant en chef des insurgés puis d'être nommé président du gouvernement provisoire. Après la fin de l'insurrection, il fut jugé et exécuté par les Britanniques. C'est dans cette chaumière, appelée Teach an Phiarsaigh en irlandais, que Pearse écrivit certaines de ses nouvelles.

En continuant sur la R340, on arrive à **Carna**, un petit village de pêcheurs à proximité duquel se trouve un centre de recherches sur la biologie marine. À partir de Carna, on peut faire quelques belles randonnées sur **Mweenish Island** ou, plus au nord, vers Moyrus, puis jusqu'à **Mace Head**. De retour sur la R340, un joli itinéraire vous conduit à **Cashel** (An Caiseal) avant de revenir à nouveau vers le sud sur la R341 pour rejoindre Roundstone.

Où se loger

Spiddal Caravan & Camping Park (☎ 091-553372, fax 553976, *Spiddal ; voiture et tente 11,45 €, piétons/cyclistes 4,45 € ; mi-mars-oct*). Ce camping, qui figure aussi sur les panneaux sous son nom gaélique, Pairc Saoire an Spidóil, se situe au bord d'une rivière près de la R336, à 18 km à l'ouest de Galway et à environ 1,5 km à l'ouest du village de Spiddal. Il possède des équipements modernes, en particulier un bloc toilette, une laverie et des douches gratuites.

Une foule de B&B jalonnent la route entre Spiddal et Roundstone.

Col Mar-House (☎/fax 091-553247, *Salahoona, Spiddal ; simples/doubles 32,40/48,25 €*). Cette reposante maison de campagne entourée de jardins et de bois nous a été recommandée par des lecteurs. Elle se trouve à 1,5 km à l'ouest de Spiddal.

Hotel Carraroe (☎ 091-595116, fax 595187, *Carraroe ; chambres 57,15 € par pers*). Ce sympathique petit hôtel de

25 chambres dépend aujourd'hui de la chaîne des Best Western. Il porte aussi le nom d'Óstán An Cheathrú Rua.

Certains hôtels très chics se nichent à l'écart. Même si vous n'avez pas les moyens d'y séjourner, c'est un plaisir d'y prendre un sandwich, un verre ou un repas.

Ballynahinch Castle Hotel (☎ 095-31006, fax 31085, *Recess ; chambres 72,65-139,70 € par pers*). Ce bel hôtel situé au sud-ouest de Recess occupe l'ancienne demeure de Humanity Dick (1754-1834), un propriétaire foncier de la région, membre du Parlement, célèbre pour ses engagements relatifs à la protection des animaux. Ballynahinch Castle mérite une visite ne serait-ce que pour y prendre un verre au bar et apprécier ses jardins.

Zetland Country House Hotel (☎ 095-31111, fax 31117, *Cashel Bay ; chambres 77,45-92,70 € par pers*). Ce manoir du XIXe siècle, niché au calme dans la verdure, jouit d'une vue panoramique sur Cashel Bay. Il possède, entre autres, un excellent restaurant de poissons et un court de tennis.

Cashel House Hotel (☎ 095-31001, fax 31077, *Cashel ; chambres 84,30-121,40 € par pers*). Situé à l'extrémité de Cashel Bay, cet hôtel de 32 chambres est entouré de 17 ha de jardins et de bois. Il possède une écurie de poneys où l'on peut suivre des cours d'équitation. Parmi ses hôtes célèbres figurent le général et Mme de Gaulle, qui y séjournèrent en 1969.

ROUNDSTONE
☎ 095 • 240 habitants

À 16 km au sud-ouest de Recess, à l'entrée ouest de la Bertraghboy Bay, le village de pêcheurs de Roundstone (Cloch na Rón) se réduit à une grande rue bordée de hautes maisons, de boutiques et de deux ou trois pubs donnant sur l'eau. Le petit port abrite des langoustiers et de nombreux *cúrach*, ces canoës légers constitués d'une armature en osier sur laquelle est tendue une peau ou une toile enduite de goudron.

Un peu au sud du centre, dans Michael Killeen Park, un **centre artisanal** regroupe divers petits ateliers qui vendent un peu de tout, des théières aux tricots. L'un des plus intéressants est **Roundstone Musical Instru-**

COMTÉ DE GALWAY

ments (☎ 35808 ; juill-sept 9h-21h, mars-juin/oct 9h-19h, nov-fév lun-sam 9h-19h). Il fabrique et vend des *bodhrán*, ces tambours en peau de chèvre ainsi que des flûtes en métal, des harpes et des flûtes irlandaises. Plus au sud, à l'écart de la route de Ballyconneely (R341), s'étendent les magnifiques **plages blanches** de Gurteen Bay et de Dog's Bay.

Où se loger

Gurteen Beach Caravan & Camping Park (☎ 35882, Roundstone ; piétons et cyclistes 8,80 € par pers). Ce paisible camping, offrant tous les services voulus, est merveilleusement situé près de la plage, à 2 km du bourg.

St Joseph's (☎/fax 35865, Main St ; simples/doubles 38,10/49,50 €). Tenu par Mrs Lowry, cet excellent B&B offre trois grands attraits : il est central, on s'y sent chaleureusement accueilli et il jouit d'une belle vue sur le port.

Roundstone House Hotel (☎ 35864, fax 35944, Main St ; chambres 49,50 € par pers). Cet hôtel de 13 chambres est si sympathique qu'il justifierait à lui seul un séjour à Roundstone. Il offre une vue superbe sur la baie et, au-delà, sur le Connemara. L'été, il prépare de délicieux dîners.

Où se restaurer

Plusieurs pubs servent à manger.

Beola Restaurant (☎ 35871, Main St ; plats 11,30-23,90 € ; Pâques-mi-oct tlj 18h-21h). Cet attrayant restaurant allie qualité du service et jolie présentation des mets. Sa carte, qui fait preuve d'imagination, est spécialisée dans le poisson frais, tel le filet de lotte au citron et à la sauce de soja.

O'Dowd's (☎ 35809, Main St ; plats 10,10-19,60 €). Authentique vieux pub irlandais, O'Dowd's sert des plats savoureux dans son chaleureux bar comme dans son restaurant. Il offre une vue sur le port. Sa carte propose un vaste choix de pâtes, de poissons, de viandes et de plats végétariens.

DE ROUNDSTONE À CLIFDEN

À une douzaine de kilomètres de Roundstone, on arrive à **Ballyconneely**. Là, si vous quittez la R341 pour prendre la direction du Connemara Golf Club, vous passerez devant

les ruines de **Bunowen Castle** avant d'atteindre le rivage à la hauteur de **Trá Mhóir** (Great Beach), une ravissante plage de sable. Revenu sur la R341, quand la route oblique vers le nord en direction de Clifden, vous longerez la jolie plage de **Mannin Bay**.

CLIFDEN

☎ 095 • 920 habitants

Clifden (An Clochán), la capitale du Connemara, se niche au fond de l'étroite Clifden Bay, à environ 80 km à l'ouest de Galway. Adossée aux abruptes Twelve Bens, la petite ville aux églises hérissées de flèches pointues comme des aiguilles, se blottit de part et d'autre de la rivière Owenglin. Elle fut fondée vers 1812 grâce à John d'Arcy, un propriétaire terrien dont la famille se retrouva ruinée après la Grande Famine. Son domaine qui s'étendait le long de la Sky Road est aujourd'hui à l'abandon. De nos jours, la ville vit surtout du tourisme.

Renseignements

L'office de tourisme (☎ 21163) se situe sur Galway Rd, le prolongement de Market St. Il ouvre en juillet-août du lundi au samedi de 9h45 à 17h45 et le dimanche de 12h à 16h, en mai, juin et septembre du lundi au samedi de 9h30 à 17h30, et en avril du lundi au samedi de 10h à 16h55.

Il y a une agence de l'Allied Irish Bank sur Market Square et une agence de la Bank of Ireland à deux pas de la place. Toutes deux sont équipées de distributeurs. La poste donne dans Main St. On peut accéder à Internet au Two Dog Cafe (☎ 22186), dans Church Hill juste à côté de la place après l'Alcock & Brown Hotel. Il facture 7,55 € l'heure de connexion.

Vous pouvez porter votre linge à laver à la Shamrock Washeteria sur Market Square en face de l'Allied Irish Bank.

Activités

La contrée offre de superbes possibilités de **balades à pied** et à **vélo**. Pour planifier votre périple, il vous suffit de vous procurer la carte 31 des OS Discovery Series. En sortant de Clifden par l'ouest, on débouche dans la **Sky Road**, une petite route qui vous entraîne

Alcock et Brown

Derrygimlach Bog, à 6 km au sud de Clifden, est le site d'une ancienne station de télécommunication sans fil réalisée par Marconi. C'est là aussi qu'atterrirent le capitaine d'aviation John Alcock et son lieutenant navigateur Arthur Brown après leur traversée historique de l'Atlantique.

Le 15 juin 1919, Alcock et Brown effectuèrent sur un *Vickers Vimy* un vol de 3 000 km de Newfoundland au Canada jusqu'en Irlande, où ils atterrirent dans les tourbières près de Clifden. Ce premier vol transatlantique sans escale dura six heures et douze minutes, l'avion volant à une vitesse moyenne de 190 km/h.

Un monument "ailé" à la mémoire d'Alcock et de Brown est érigé sur la colline, d'où un sentier de randonnée mène au site de l'atterrissage.

jusqu'à la bourgade de Kingston et vous ramène à Clifden après vous avoir fait découvrir des paysages côtiers d'une fabuleuse beauté. Cette boucle de 12 km peut aisément se parcourir à pied ou à vélo.

Le **Connemara Walking Centre** (☎ 21379, *Island House, Market St*), près de Market Square, organise des randonnées pédestres à la découverte des sites de la région intéressants sur le plan de l'histoire, de la géographie et de la nature. La randonnée accompagnée d'une journée coûte 18,90 €. Ce centre propose aussi des randonnées plus longues et vend des cartes.

L'**Errislannan Riding Centre** (☎ 21134, *Ballyconneely Rd*), à environ 3,5 km au sud par la R341, loue des poneys du Connemara (25,20 €/heure) pour faire des balades sur la plage et dans les collines. On peut y prendre des leçons d'équitation.

Où se loger

Clifden Town Hostel (☎ 21076, 21642, *Market St ; dortoirs 10,10-12,60 €, chambres 15,10 € par pers*). Cette auberge de jeunesse, centrale et sympathique, qui appartient à l'IHH, dispose de 34 lits dans des chambres reluisantes de propreté.

Brookside Hostel (☎ 21812, *Fairgreen ; dortoirs 11,35 €, chambres 12,60 € par pers ; mars-oct*). La rivière Owenglin coule en mince filet devant cette auberge située dans un havre tranquille .

Malgré la pléthore de B&B dans la région, l'hébergement reste relativement cher autour de Clifden.

Kingstown House (☎ 21470, fax 21530, *Bridge St ; chambres 22,85-25,30 € par pers*). Cette accueillante pension située en centre-ville dispose de huit chambres, la plupart avec s.d.b. attenante.

De nombreux B&B sont installés au sud, sur la route de Ballyconneely (R341).

Mallmore House (☎ 21460, *Ballyconneely Rd ; chambres 26,65 € par pers ; mars-oct*). Ce manoir georgien meublé avec raffinement, est niché au milieu de 14 ha de bois, à 2 km du bourg. Pancakes et saumon fumé figurent au menu de ses fabuleux petits déjeuners.

Barry's Hotel (☎ 21287, fax 21499, *Main St ; chambres 31,75-57,15 € par pers ; mi-mars-nov*). Dans ce petit hôtel familial, vous bénéficierez de chambres confortables et de musique traditionnelle au bar.

Foyle's (☎ 21801, fax 21458, *Main St ; chambres 44,45-65,40 € par pers ; juin-août*). C'est l'hôtel le plus ancien de Clifden, mais ses 28 chambres avec s.d.b. attenante offrent tout le confort.

Où se restaurer

Pour se restaurer sans trop dépenser, vous ne trouverez pas mieux que les pubs.

O'Grady's Seafood Restaurant (☎ 21450, *Market St ; plats 15,75-18,85 € ; avr-oct tlj 12h30-14h30/18h-22h*). Un des meilleurs restaurants de poisson de l'ouest du comté, certains sont même pêchés par le patron. Le menu est moins cher au déjeuner.

Fogerty's (☎ 21427, *Market St ; plats 10,70-18,30 € ; 12h30-14h30/18h30-22h*). Installé dans une maison en pierre à toit de chaume, Fogerty's mérite aussi une visite. À côté des plats traditionnels irlandais, on peut goûter à la cuisine mexicaine, thaïlandaise ou italienne, toujours servie avec beaucoup de classe.

D'Arcy Inn (☎ 21146, *Main St ; plats 6,30-8,80 €*). Une bonne cuisine honnête, avec une spécialité de poissons. Service très aimable. Musique live et lectures de poésie tous les jeudis.

EJ Kings (☎ *21330, Market Square ; plats 6,25-11,30 €*). Vieux pub très vivant, EJ Kings sert des soupes, des salades et des plats traditionnels du genre irish stew à des prix raisonnables. Il possède aussi un restaurant plus formel et plus cher à l'étage.

Cullen's (☎ *21983, Market St ; plats 6,20-14,50 €*). Parfait pour un sandwich ou un en-cas dans la journée, Cullen's devient vraiment un restaurant le soir. Gardez un peu d'appétit pour la tarte à la rhubarbe maison.

Comment s'y rendre

Les bus s'arrêtent sur Market St près de Cullen's et de la bibliothèque. Pour obtenir des renseignements, téléphonez à la gare routière de Galway (☎ 091-562000). Les bus qui relient Galway à Clifden et Westport passent soit par Oughterard et Maam Cross, soit par Cong et Leenane. Pour en savoir plus, voir la rubrique *Comment s'y rendre* au début de la section *Connemara*.

De juin à septembre, Michael Nee Coaches (☎ 51082) assure 3 liaisons par jour entre Clifden (sur la place) et Galway. Durant cette période, il existe aussi 2 bus par jour pour Cleggan (oct-mai, 2 par sem), d'où part le ferry pour les îles Inishbofin et Inishturk.

COMMENT CIRCULER

Un système de rues à sens unique dessert le centre-ville. John Mannion (☎ 21160, 21155), représentant Raleigh situé Railway View près de Main St, loue des bicyclettes 7,50/44,10 € par jour/semaine.

DE CLIFDEN À CLEGGAN

Sur la route qui part au nord de Clifden en direction de Cleggan, un embranchement vers l'ouest portant l'indication du minuscule village de **Claddaghduff** (An Cladach Dubh), suit la côte déchiquetée. En bifurquant donc vers l'ouest devant l'église catholique, on arrive à **Omey Strand**. À marée basse, on peut accéder en voiture ou à pied sec à **Omey Island**, un îlot bas rocheux, couvert d'herbe et de sable où quelques maisons abritentvivent une vingtaine d'habi-

> ### La légende d'Inishbofin Island
>
> Il fut un temps, raconte la légende, où l'île d'Inishbofin était en permanence enveloppée d'un épais brouillard. Un jour, un pêcheur débarqua dans l'île et alluma un feu près du lac : aussitôt la brume s'éclaircit. Au milieu des nuées apparut une femme tenant une longue baguette et faisant avancer devant elle une vache blanche (*bó finne*). Soudain, d'un coup de sa baguette, elle frappa l'animal et le transforma en pierre. Le pêcheur s'emporta devant une telle attitude et attrapa la baguette pour frapper la femme. Mais il ne l'avait pas plus tôt touchée que celle-ci se transforma à son tour en pierre.
>
> Jusqu'à la fin du XIXe, deux pierres blanches se trouvaient près du lac : les "vestiges" de la vache et de sa maîtresse. Quant à la baguette, nul ne sait ce qu'il en est advenu…

tants. L'été, des courses de chevaux se déroulent sur Omey Strand.

CLEGGAN

☎ 095 • 250 habitants

Cleggan (An Cloiggean) est un petit village de pêcheurs situé à 16 km au nord-ouest de Clifden que les visiteurs traversent pour se rendre sur Inishbofin Island. Ce village possède une poste mais pas de banque.

Si vous devez séjourner là, vous trouverez quelques B&B à Cleggan même et aux alentours.

Harbour House (☎ *44702, harbour. house@oceanfreenet, Cleggan ; simples/ doubles 32,40/48,25 €*). Cette maison plutôt chic, possède des chambres spacieuses et sert de bons petits déjeuners.

Comment s'y rendre

En ce qui concerne les bus, voir plus haut, *Comment s'y rendre* sous *Clifden*. Cleggan est l'embarcadère des bateaux pour Inishbofin Island et pour Inishturk Island (pour cette dernière, voir le chapitre *Comtés de Mayo et de Sligo*).

INISHBOFIN ISLAND

☎ 095 • 200 habitants

L'île d'Inishbofin, à 9 km au large de Cleggan, est un havre de tranquillité. Longue de 6 km sur 3 km, cette petite île ne dépasse pas 86 m au-dessus du niveau de la mer.

L'île recèle une étonnante **avifaune**, en particulier des *râles des genêts*, des *craves à bec rouge*, des *bruants des blés* ainsi que divers oiseaux de mer. De jolies plages abritées, des prairies ouvertes, des chemins tranquilles et le sentiment d'être coupé du monde font le charme bien spécifique d'Inishbofin. Juste derrière la plage du nord s'étend le **Lough Bo Finne**, d'où l'île tire son nom, qui signifie "vache blanche" (lire l'encadré *La légende d'Inishbofin Island*).

Histoire

Inishbofin s'illustra dans l'histoire grâce à saint Colman, un ancien évêque d'Angleterre. Quand en 664 ce dernier rompit avec l'Église d'Angleterre à propos de l'adoption du nouveau calendrier, il s'exila à Inishbofin pour y fonder un monastère. La petite **église** du XIIIᵉ siècle et la **pierre creusée**, ou *bullaun*, qui se trouvent au nord-est du port occuperaient, dit-on, le site de l'ancien monastère de Colman.

Au XVIᵉ siècle, Grace O'Malley, le célèbre pirate de la reine, se servit aussi d'Inishbofin comme repaire.

Les forces de Cromwell s'emparèrent d'Inishbofin en 1652 et y édifièrent une prison en forme d'étoile pour y enfermer des prêtres et des clercs. Nombre d'entre eux ne survécurent pas ou furent tués. On raconte qu'un évêque fut enchaîné à un rocher, le Bishop's Rock (rocher de l'évêque), près du port, et noyé quand la mer monta.

Renseignements

La petite poste d'Inishbofin fait aussi épicerie et bureau de change. Pubs et hôtels acceptent habituellement de changer les chèques de voyage. Pour participer à des randonnées pédestres sur Inishbofin, adressez-vous au **Connemara Walking Centre** (☎ 21379) à Clifden.

Où se loger et se restaurer

Vous pouvez planter votre tente sur la plupart des terrains non clos, mais ni sur la plage ni à proximité.

Inishbofin Island Hostel (*☎/fax 45855, Insishbofin ; dortoirs 9,45-10,10 €, chambres 13,85 € par pers ; avr-oct*). Cette superbe auberge IHH située à 500 m au-dessus du port, jouit d'une vue panoramique. Elle dispose aussi d'un **camping** (5,05 €).

Doonmore Hotel (*☎/fax 45804, Inishbofin ; chambres 31,75-38,10 € par pers ; dîner environ 25 € ; mi-avr-mi-oct*). Fort bien placé près du port, cet hôtel loue des chambres confortables sans prétention dans l'hôtel même ou dans l'annexe moderne. Son restaurant non-fumeurs sert du poisson.

Day's Hotel (*☎ 45809, fax 45803, Inishbofin ; chambres 38,10-50,80 € par pers ; plats 14-20 € ; avr-oct*). Cet hôtel modeste mais confortable a pour attraits ses feux de tourbe et la vue sur le port de sa salle à manger. Sa cuisine est créative et ses poissons frais sont excellents.

Day's Bar (*☎ 45829, Inishbofin ; plats 5-12 €*). Jouxtant le Day's Hotel, ce bar accueillant, où règne une ambiance très animée, sert les plats habituels des pubs.

Comment s'y rendre

D'avril à octobre, les bateaux *Island Discovery* et *The Queen* de King's Ferries (☎ 44642, 21520) quittent Cleggan pour Inishbofin tous les jours à 11h30 et à 18h45 (plus souvent en juill-août). La traversée dure 45 minutes et coûte 15,10 € aller-retour (gratuit pour les vélos). Les billets s'achètent au supermarché Mace à Cleggan. D'avril à octobre toujours, le *Galway Bay* d'Inishbofin Ferries (☎ 45903, 45806 ou 45831) effectue la traversée 2 fois par jour (3 fois par jour de juin à août). Le billet coûte 12,60 € aller-retour. Sinon, vous pouvez prendre le bateau postal de la même compagnie, le *Dún Aengus*. Le bateau est plus petit, mais plus intéressant. Le billet s'achète dans le kiosque sur l'embarcadère de Cleggan ou au supermarché Spar.

Avec un peu de chance, vous verrez des dauphins suivre les ferries.

Comment circuler

Inishbofin Cycle Hire (☎ 45833), près de

l'embarcadère, loue ses vélos 6,30/9,45 € pour la journée/24 heures et vous remettra gracieusement une carte cycliste de l'île.

CONNEMARA NATIONAL PARK

Le parc national du Connemara *(Letterfrack* ☎ *095-41054 ; entrée du parc adulte/enfant 2,55/1,25 € ; centre d'accueil juill-août tlj 9h30-18h30, juin tlj 10h-18h30, avr-mai/sept-mi-oct tlj 10h-17h30)*, géré par le Dúchas, couvre 2 000 ha de tourbières et de montagnes au sud-est de Letterfrack. Son siège et son **Visitor Centre** son installés dans de beaux bâtiments anciens juste au sud du carrefour de Letterfrack.

Le centre d'accueil des visiteurs donne un aperçu de la géologie, de la flore et de la faune du parc et permet de consulter des cartes où figurent les différents sentiers de randonnée. La biologie des tourbières et la vidéo *Man and the Landscape* (l'homme et le paysage) méritent un moment d'intérêt. Le centre offre aussi aux randonneurs la possibilité de cuisiner.

Le parc englobe quelques-uns des **Twelve Bens**, notamment le Bencullagh, le Benbrack et le Benbaun. Le **Gleann Mór** (Big Glen), où coule la Polladirk, représente le cœur du parc. La remontée de la vallée étroite et l'ascension des montagnes qui l'entourent constituent une superbe randonnée. En juillet-août, chaque lundi, mercredi et vendredi, des guides accompagnent des **randonnées nature**. Munissez-vous de bonnes chaussures et de vêtements de pluie. On peut aussi faire de courtes balades en suivant des chemins balisés. Si les Bens vous font peur, vous pouvez grimper le **Diamond Hill** voisin.

AU NORD DE LETTERFRACK

La côte au nord de Letterfrack réserve de beaux paysages, en particulier en allant de Tully Cross à Lettergesh et Salruck.

Juste au nord de Salruck, la **Glassillaun Beach** est une fabuleuse plage de sable parfaitement blanc. Vous trouverez également de jolies plages à Gurteen et à Lettergesh, où ont été tournées les courses de chevaux de *L'Homme tranquille*, film de John Ford (1952).

À voir et à faire

De belles **balades à pied** suivent le long de la côte ou mènent du côté de Renvyle Point et de Derryinver Bay. Une excellente balade en montagne de 4 à 5 heures dans chaque sens consiste à partir de la poste de Lettergesh pour grimper jusqu'au Binn Chuanna et au Maolchnoc, puis redescendre sur le Lough Fee.

En ce qui concerne la vie marine, vous pouvez visiter l'intéressant centre océanographique **Oceans Alive** *(*☎ *095-43473, Letterfrack ; adulte/enfant 4,75/3,15 € ; mai-août tlj 10h-19h30, sept-avr 10h-17h)*. Ce centre se trouve sur la Renvyle Peninsula dans la Derryinver Bay. En allant de Letterfrack vers le nord, le centre est indiqué sur la gauche avant d'arriver à Tully Cross.

Si vous êtes tenté par les **croisières en mer** ou la **pêche à la ligne en pleine mer** sur le *Queen of Connemara*, adressez-vous à John ou Phil Mongan à Oceans Alive.

Où se loger

Renvyle Beach Caravan & Camping *(*☎ *095-43462, fax 43894, Renvyle ; place de tente 5,10 € par pers ; Pâques-sept)*. À 1,5 km à l'ouest de Tully Cross, ce camping est merveilleusement situé avec un accès direct à une plage de sable.

Connemara Caravan & Camping Park *(*☎ *095-43406, Lettergesh, Renvyle ; tente 6,05 € par pers ; mai-sept)*. Ce camping, situé dans un parc de 1,6 ha, offre tout le confort ainsi que l'opportunité de voir des dauphins depuis la plage voisine.

Killary Harbour Hostel *(*☎ *095-43417, Rosroe Quay, Renvyle ; seniors/juniors 10,15/7,60 € ; mars-sept)*. Cette auberge qui appartient à l'An Óige se trouve dans un cadre merveilleux, sur Rosroe Quay, à 13 km au nord-est de Tully Cross et à 8 km de la N59. On peut acheter sur place quelques denrées alimentaires et d'autres articles de première nécessité ; le magasin le plus proche est à 5 km de là, à Lettergesh. Une belle balade à partir de l'auberge consiste à suivre une vieille route qui longe le fjord jusqu'à Leenane.

Sunnymeade *(*☎ *095-43491, fax 43491, Tully, Renvyle ; simples/doubles 32,40/ 48,25 €)*. Ce B&B accueillant garde les pieds sur terre même si la vue qu'il offre s'étend sur l'Atlantique.

Renvyle House Hotel (☎ *095-43511, fax 43515, Renvyle ; 50,80-95,25 € par pers).* Cet hôtel de 56 chambres occupe une ancienne maison de campagne ayant appartenu au poète Oliver St John Gogarty. C'est l'endroit le plus agréable de la région pour se détendre en prenant un verre ou un en-cas après une bonne marche. L'hôtel n'est certes pas à la portée de toutes les bourses, mais il consent des tarifs spéciaux tout au long de l'année.

Comment s'y rendre
Le bus 420 de Bus Éireann (☎ 091-562000) circule tous les jours de l'année sauf le dimanche entre Galway et Clifden, en s'arrêtant à Cong, Leenane, Salruck, Lettergesh, Tully Church, Kylemore, Letterfrack, Cleggan et Claddaghduff.

KILLARY HARBOUR ET SES ENVIRONS
Le long et étroit bras de mer de Killary Harbour, émaillé de parcs à moules, ressemble à un fjord, même s'il ne résulte sans doute pas d'un phénomène glaciaire. Long de 16 km et profond de plus de 45 m au centre, il offre un superbe mouillage. Le **Mt Mweelrea** (819 m) surplombe sa rive nord. En arrivant de Leenane à l'extrémité sud-est du port, la route part vers l'ouest en longeant la rive sud durant 2 km avant de bifurquer vers l'intérieur. Mais on peut continuer la **balade à pied** sur l'ancienne route du rivage, jusqu'à Rosroe Quay.

Très bien géré, le **Killary Adventure Centre** (☎ *095-43411, fax 095-42314, adventure@killary.com, Leenane*), à 3 km à l'ouest de Leenane sur la N59, offre toutes les activités sportives dont on peut rêver : canoë, kayak de mer, voile, escalade et tir à l'arc pour n'en citer que quelques-unes. Le prix de journée s'échelonne entre 75 et 245 € selon les activités. Pour l'hébergement, le premier prix débute à 13,85 € en dortoir. Le centre possède un restaurant et un bar d'où l'on a une vue sublime sur Killary Harbour.

Sea Cruise Connemara (☎ *091-566736, 1800 415151 ; adulte/enfant 13,85/7,55 € ; avr-oct tlj 4 croisières par jour)* propose des croisières de 1 heure 30 dans Killary Harbour sur le catamaran *Connemara Lady*. Celui-ci part de Nancy's Point, à environ 2 km à l'ouest de Leenane.

On traverse de magnifiques paysages en prenant la R335 qui longe la rive nord de Killary Harbour, puis monte vers Delphi (prendre à gauche peu après Leenane) pour redescendre dans la Doolough Valley, dans le comté de Mayo, l'une des vallées les plus tourmentées du pays (voir le chapitre *Comtés de Mayo et de Sligo*).

LEENANE
☎ 095 • 50 habitants
Leenane (ou Leenaun) constitue une excellente halte, belle et pratique, quand on va vers le nord. D'autant que la route qui part au nord-ouest vers Louisburgh (dans le comté de Mayo) en passant par Delphi est d'une beauté saisissante. Le nom gaélique de Leenane, An Líonán, signifie "ravin", allusion à la manière dont la mer creuse son chemin entre les parois rocheuses de Killary Harbour.

Le village se fait une gloire de ses liens avec le cinéma et la littérature. Il a en effet servi de décor au film *The Field* (1989), inspiré d'une pièce de John B. Keane racontant le destin poignant d'un fermier qui veut transmettre en héritage un champ à son fils.

Leenane ne possède ni banque ni DAB, mais la poste fait office de change si nécessaire.

À voir et à faire
Le **Leenane Cultural Centre** (☎ *42323, Leenane ; adulte/tarif réduit 2,50/1,25 € ; avr-sept tlj 9h-18h)*, de l'autre côté du pont par rapport au centre, est consacré au développement de l'industrie lainière. On peut y voir des démonstrations de cardage, de filage et de tissage ainsi qu'une vidéo (de 13 min toutes les 30 min) qui replace la question dans son contexte historique et social. On peut aussi aller voir dans un pré voisin les différentes races de moutons qu'on rencontre en Irlande. Le centre vend des lainages fabriqués dans la région et abrite une agréable cafétéria.

Parmi les belles randonnées autour de Leenane, citons en particulier celle qui mène à **Aasleagh Waterfall** (Eas Liath), une cascade située à 3 km sur le versant nord-est de Killary Harbour.

Où se loger et se restaurer
Plusieurs B&B bordent la route qui arrive à Leenane par l'ouest.

Killary House (☎ *42254, Leenane ; à partir de 27 € par pers*). À quelques minutes à pied du village, cette ancienne ferme dispose de chambres donnant soit sur la baie, soit sur la montagne. Méfiez-vous, les portes des chambres sont très basses.

Blackberry Cafe (☎ *42240, Leenane ; plats 14,50-18 €*). Ce restaurant, à l'élégance inattendue dans ce coin tranquille, sert surtout des produits fraîchement pêchés dans la mer.

Gaynor's (*Leenane ; en-cas moins de 7 €*). Un pub irlandais traditionnel qui sert des sandwiches et des en-cas.

OUGHTERARD
☎ 091 • 750 habitants
La petite ville d'Oughterard (Uachtar Árd), à 27 km sur la route principale de Galway à Clifden, s'attribue elle-même le surnom de "Gateway to Connemara" (porte du Connemara). De fait, sitôt passé le bourg vers l'ouest, le paysage présente un vaste panorama de lacs, de montagnes et de tourbières de plus en plus spectaculaire à mesure qu'on s'avance plus à l'ouest.

Oughterard même est une agréable petite ville et, surtout, l'un des principaux centres de pêche à la ligne d'Irlande. Elle abrite un certain nombre de bons cafés, pubs et restaurants ainsi que quelques manoirs très élégants cachés dans la campagne alentour. La musique est habituelle dans les pubs.

Toute l'attention des pêcheurs à la ligne se concentre sur le Lough Corrib (voir plus loin), juste au nord du bourg. Parmi les autres attraits alentour, citons Aughanure Castle au sud-est et la Glann Rd, une jolie route qui longe le Lough Corrib et conduit à un point de vue sur le Hill of Doon.

Renseignements
Très serviable, l'office de tourisme local (☎ 552808), Main St, permet l'accès à Internet moyennant 4,70 € l'heure. Il ouvre de mai à septembre en semaine de 9h à 16h, et le dimanche de 10h à 17h ; d'octobre à avril, en semaine seulement, de 9h à 17h.

La Bank of Ireland, Main St, possède un DAB et un bureau de change. On peut aussi changer de l'argent à Fuschia Crafts, Main St. La poste se trouve à l'extrémité est de Main St, près du supermarché Mace.

Aughanure Castle
À 3 km à l'est d'Oughterard par la route de Galway (N59) se dressent les imposants vestiges d'Aughanure Castle (☎ *552214, Oughterard ; adulte/tarif réduit 2,55/1,25 € ; juin-début sept tlj 10h-18h, début sept-oct sam-dim 10h-18h)*, une forteresse édifiée par les O'Flaherty au XVIᵉ siècle. Le clan contrôlait la région depuis des siècles après avoir repoussé les Normands, mais les "belliqueux O'Flaherty" étaient constamment en conflit avec les forces de Galway. Le donjon qui a été restauré, se dresse sur un affleurement rocheux surplombant le Lough Corrib. Autour de la forteresse subsistent les vestiges d'une double enceinte fortifiée. Sous le château, les eaux du lac viennent lécher plusieurs grottes naturelles.

Où se loger
Canrawer House Hostel (☎ *552388, Station Rd ; dortoirs/chambres 10,15/15,25 € par pers*). Cette auberge de jeunesse récente est située à environ 1 km du bourg en direction de Clifden. Elle possède une large cuisine aérée, et si vous avez envie d'apprendre à pêcher, son propriétaire vous accompagnera pour une partie de pêche.

Les B&B abondent aux abords d'Oughterard mais se font plutôt rares en ville.

Jolly Lodger (☎ *552682, Main St ; simples/doubles 25,20/40,30 €*). Cette maison de pierre grise, sur deux étages, a conservé une grande partie de son cachet malgré sa modernisation. Les petits déjeuners y sont excellents.

Waterfall Lodge (☎ *552168, Glann Rd ; simples/doubles avec sdb 38,10/63,45 €*). Si vous préférez un cadre campagnard, allez donc voir cette maison au joli mobilier ancien nichée dans un pittoresque jardin arboré. C'est un B&B non-fumeur.

Corrib House Hotel *(☎ 552329, fax 552522, Bridge St ; chambres avec sdb 33-47 € par pers)* dispose de 27 chambres confortables et d'un bon restaurant.

Currarevagh House *(☎ 552312, fax 552731, Oughterard ; chambres 68,60-88,90 € par pers ; fin avr-fin oct).* Il est difficile d'imaginer un lieu plus romantique que ce manoir du XIXe siècle au bord du Lough Corrib, juste à la sortie d'Oughterard. Il est réputé pour ses dîners exquis et pour la qualité de ses chambres.

Où se restaurer

Le Blason *(☎ 557111, Bridge St ; plats 16-20 € ; lun-ven 7h-22h, sam-dim 12h-14h30).* Cet élégant restaurant au bord de la rivière près du pont, associe le charme de la cuisine française et la qualité des meilleurs produits irlandais. Goûtez la crème brûlée.

Corrib House Hotel *(☎ 552329, Bridge St ; plats 10-15 €).* Le service est aimable et efficace. Le menu à base de steak, de volailles et de poissons fait preuve d'une certaine créativité avec, par exemple, de la morue en croûte au cumin et à la coriandre.

O'Fatharta *(☎ 552692, Main St ; plats 10, 70-18, 90 €).* Ouvert dès le matin pour le thé, le café et les en-cas, ce restaurant douillet sert de savoureux plats et de délicieux desserts au déjeuner et au dîner. Poissons et fruits de mer ont la part belle, mais les amateurs de viande et les végétariens trouveront aussi leur bonheur. Pour se restaurer à peu de frais, il n'y a pas mieux que les pubs.

Boat Inn *(☎ 552196, Market Square ; sandwiches 2,50 €, plats environ 6,25 €).* Pour une bonne cuisine de bar, essayez cette adresse. À côté d'un vaste choix de sandwiches, le Boat-Inn sert aussi du poisson, le rôti du jour et de savoureux desserts. Il possède également un restaurant, plus cher.

Keogh's Bar *(☎ 552222, Market Square ; soupes et sandwiches à moins de 6 €).* Pour une soupe ou un sandwich simple mais copieux, c'est là qu'il faut aller.

Comment s'y rendre

À Oughterard, vous pouvez prendre un bateau pour Inchagoill Island (voir la rubrique *Lough Corrib*).

LOUGH CORRIB

Plus grand lac de la république d'Irlande, le Lough Corrib s'étire sur plus de 48 km de long et couvre une superficie de quelque 200 km^2. Il coupe pratiquement l'ouest du Galway du reste du pays. Plus de 360 îles parsèment le lough. La plus grande, Inchagoill, accueille un monastère qu'on peut visiter en prenant le bateau à Oughterard ou à Cong.

Réputé dans le monde entier pour ses saumons, ses truites de mer et de rivière, le Lough Corrib attire dans la région des foules de pêcheurs à la ligne qui affluent du monde entier dès que vient la saison. Le grand moment de l'année pour la **pêche** est la saison des éphémères, quand des millions et des millions de ces petits insectes éclosent en quelques jours (généralement en mai) mettant les poissons et les pêcheurs en transe. Ces derniers accrochent alors des mouches vivantes à leurs hameçons, qui se joignent à la danse de leur cousines à la surface du lac. La grande remontée des saumons n'a généralement pas lieu avant juin. Le propriétaire du Canrawer House Hostel à Oughterard (voir plus haut) est une mine de renseignements sur la pêche et la location de bateaux. L'équipement de pêche peut s'acheter chez **Thomas Tuck** *(☎ 091-552335, Main St, Oughterard).*

Inchagoill Island

Plus grande île du Lough Corrib, située à 7 km au nord-ouest d'Oughterard, Inchagoill est un lieu solitaire qui cache de nombreux vestiges anciens. L'un des plus étonnants, un obélisque de 75 cm de haut appelé **Lia Luguaedon Mac Menueh** (pierre de Luguaedon, fils de Menueh), marque l'emplacement d'une tombe près de Saints' Church (église des saints). D'aucuns affirment que les inscriptions latines gravées sur sa pierre sont les plus anciennes inscriptions chrétiennes d'Europe, après celles des catacombes de Rome. Toujours est-il que ce sont certainement les plus anciennes inscriptions latines d'Irlande.

Teampall Phádraig (St Patrick's Church) est une petit chapelle à l'architecture très ancienne qui a subi quelques ajouts ultérieurs. Le plus bel édifice, l'église romane **Teampall na Naoimh** (Saints' Church), remonte probablement au IXe ou au Xe siècle. Remarquez les sculptures de son portail voûté.

On accède à l'île en bateau depuis Oughterard (ou depuis Cong dans le comté de Mayo). D'avril à octobre, **Corrib Cruises** (☎ *092-46029, Cong, County Mayo*) effectue la traversée entre Oughterard et Inchagoill Island (12,60/6,40 €) en continuant ensuite sur Cong (15,10/7,55 €). Les bateaux partent à 10h, 11h, 14h45 et 17h.

Lough Inagh Valley

Recess (Straith Salach), sur la N59 entre Clifden et Maam Cross, ne compte que quelques maisons et le **Joyce's Craft Shop** (☎ *34604*), une boutique d'artisanat. Si, continuant la route de Clifden, on tourne vers le nord environ 2 km plus loin sur la R344, on pénètre dans la merveilleuse Lough Inagh Valley. La remontée vers le nord de cette vallée vous entraîne au cœur d'un des plus beaux paysages du pays. Après avoir déjà traversé deux belles vallées de part et d'autre de Recess, on suit le Derryclare Lough puis l'Inagh Lough, dont les eaux s'étirent sur presque toute la longueur du trajet. La route se faufile à l'ombre des Twelve Bens, dont l'imposante silhouette se dresse vers l'ouest puis, au débouché de la vallée, elle longe la rive nord du pittoresque Kylemore Lake.

Lough Inagh Lodge (☎ *34706, fax 34708, Recess ; chambres 76,80-104,75 € par pers*). Enfoncée à environ 7 km dans l'Inagh Valley, cette demeure d'époque victorienne est devenue un hôtel haut de gamme plein de charme. Cela vaut la peine d'y faire halte, surtout par beau temps, pour prendre ne serait-ce qu'un en-cas. Le site est magnifique et un chemin qui part en face du lodge mène aux rives du lac.

Vers l'extrémité nord de la vallée, une piste remonte une vallée fermée, qui mérite également un détour.

Kylemore Abbey
et Kylemore lake

Presque aussi beau, le **lac de Kylemore** et l'abbaye du même nom qui se dresse sur ses rives, se situent à 7 km au nord-est de Clifden, et au débouché vers le nord de la Lough Inagh Valley. La route serpente sous une voûte d'arbres le long de sa rive nord et offre un magnifique point de vue sur ce lac silencieux. Au sud, se dessine la silhouette des Twelve Bens. Derrière l'abbaye se dressent les monts **Dúchruach** (530 m) et **Binn Fhraoigh** (545 m).

Le lac passe sous la route et s'étend vers le nord où l'on découvre, au milieu des frondaisons, les tours crénelées d'une abbaye néogothique : **Kylemore Abbey** (☎ *41146, Connemara ; adulte/tarif réduit 4,40/2,90 € ; mars-oct tlj 9h-17h, nov-fév tlj 10h-16h*). Cette abbaye occupe un ancien château construit au XIXe siècle pour un riche homme d'affaires britannique. Durant la Première Guerre mondiale, un groupe de bénédictines quittèrent Ypres en Belgique pour venir s'installer à Kylemore, qu'elles transformèrent en abbaye.

Aujourd'hui, Kylemore abrite une pension scolaire chic, tenue par les religieuses qui ouvrent parfois certaines parties de l'abbaye au public. Vous trouverez aussi sur place une boutique d'artisanat et un salon de thé.

On peut se promener à pied derrière l'abbaye jusqu'à une statue qui surplombe Kylemore Lake. Pas très loin de l'abbaye, en longeant le lac à pied, on peut voir une église néogothique restaurée, la **Memorial Church** (1868).

Aran Islands

Le même plateau calcaire qui affleure dans le Burren (comté de Clare) émerge au milieu de la Galway Bay en formant les trois îles d'Aran (Oileáin Árainn) : Inishmór, Inishmaan et Inisheer. Ces îles dessinent une sorte de long récif ondulé dépourvu de tout relief important. Néanmoins, dans la partie ouest d'Inishmór et d'Inishmaan, la terre se relève suffisamment pour donner naissance à quelques spectaculaires falaises qui plongent à pic dans l'Atlantique. Comme dans le Burren, les visiteurs découvrent un saisissant paysage où des fleurs jaillissent entre les plaques de roche grise ou gris-bleu.

Le moindre petit bout de terre caillouteux est entouré d'un muret de pierres. Au fil des siècles, des tonnes de varech ont été remontées des plages, mélangées à du sable, puis posées sur la roche nue pour commencer à monter ces murets. Certains sont vieux de plusieurs siècles, voire de plusieurs millénaires, aussi respectez les en replaçant toute pierre malencontreusement déplacée. À Inishmaan et à Inisheer, les murs atteignent souvent le niveau des yeux et c'est un bonheur de marcher durant des heures sur les chemins sablonneux qui les séparent. Les curieuses algues que l'on voit sécher sur les murs de pierre sont récoltées à marée basse. Expédiées sur le continent, elles serviront dans la fabrication de cosmétiques.

Haut lieu touristique, les îles d'Aran bénéficient des liaisons fréquentes et pratiques avec la terre ferme, d'une capacité d'hébergement pléthorique et d'une véritable armada de bicyclettes à louer. Inishmór, la plus grande des trois îles, connaît une frénésie d'activité l'été, quand des armées de visiteurs viennent y passer la journée et que des bus font constamment la navette d'un bout à l'autre de l'île. Dans les moments de pointe, les rares véhicules autorisés à circuler sur Inishmór se retrouvent bloqués dans des embouteillages sur les chemins ! Malgré tout, vous verrez encore un paysan local vous gratifier en toute gentillesse d'un "hello" ou d'un salut du bras.

Si vous en avez le temps, consacrez quelques jours à la découverte des plus petites îles, en particulier d'Inishmaan, la moins visitée. Inisheer, la plus petite, est aussi la plus proche de la terre ferme : elle n'est qu'à 8 km de Doolin, dans le comté de Clare.

On peut changer de l'argent dans les îles, mais il n'y a pas de DAB.

HISTOIRE

Les îles d'Aran recèlent des vestiges chrétiens et préchrétiens parmi les plus anciens d'Irlande. Il était en effet plus facile de cultiver la terre dans ces îles que sur le continent recouvert par une dense forêt. Les plus intéressants de ces vestiges sont les immenses forts de pierre datant de l'âge du fer, tels que Dún Aengus à Inishmór et Dún Chonchúir à Inishmaan. On ignore presque tout des populations qui édifièrent ces structures du fait, notamment, que leurs outils en fer ont disparu, rongés par la rouille. La tradition populaire raconte que ces forts sont l'œuvre des Firbolg, une tribu celtique venue d'Europe qui envahit l'Irlande à l'époque préhistorique.

Le christianisme se répandit très tôt dans les îles, certains des plus anciens établissements monastiques ayant été fondés par saint Enda (Éanna) dès le Ve siècle. Tous les vestiges encore visibles aujourd'hui sont néanmoins plus tardifs. Ils remontent au mieux au VIIIe siècle. Enda serait un chef irlandais converti au christianisme qui, après avoir passé un certain temps à étudier à Rome, a cherché un lieu suffisamment isolé pour y fonder un monastère. Nombre de moines illustres furent ses disciples, en particulier Colmcille (ou Colomba), qui alla fonder le monastère d'Iona en Écosse.

À partir du XIVe siècle, deux familles gaéliques se disputèrent le contrôle des îles : les O'Brien et les O'Flaherty. Sous le règne d'Élisabeth Ire, c'est l'Angleterre qui imposa alors son pouvoir. À l'époque de Cromwell, une garnison était stationnée ici. L'importance des îles déclina en même temps que celle de Galway. Isolées et battues par le vent, elles s'assoupirent. C'est cet isolement qui permit d'ailleurs à la culture gaélique de survivre dans ces îles alors qu'elle disparaissait presque partout ailleurs. Le gaélique y reste largement la langue maternelle, et jusque dans les années 1930 les habitants portaient encore le costume traditionnel des îles d'Aran : jupe rouge vif et châle noir pour les femmes, culotte bouffante en laine, gilet et ceinture colorée (ou *crios*) pour les hommes. On peut encore voir des personnes âgées arborant certains éléments de ce costume, en particulier à Inishmaan. C'est dans les îles d'Aran qu'est née la tradition des chandails de laine écru aux motifs complexes. L'autre spécificité des îles d'Aran est le currach, sorte de canoë.

LIVRES ET CARTES

La vie sur les îles au contact des forces de la nature a toujours fasciné artistes et écrivains. Le dramaturge John Millington Synge (1871-1909) a longtemps séjourné dans les îles d'Aran, et sa pièce *Riders to the Sea* (À cheval *vers la mer* ; 1905) se situe à Inishmaan. Son livre *The Aran Islands* (Les Îles d'Aran ; 1907) est un ouvrage de référence sur la vie dans ces îles. L'Américain Robert Flaherty vint en 1934 tourner L'Homme d'Aran, qui illustre également la vie dans ces îles. C'est un classique régulièrement projeté à Kilronan, capitale d'Inishmór. Les îles d'Aran ont aussi donné naissance à leurs propres génies, en particulier l'écrivain Liam O'Flaherty (1896-1984), originaire d'Inishmór. O'Flaherty, qui roula sa bosse en Amérique du Nord et du Sud avant de revenir en Irlande en 1921 pour combattre durant la guerre civile, est l'auteur de plusieurs romans connus, dont *Famine*.

Le cartographe Tim Robinson a écrit un compte rendu en deux volumes de ses explorations sur les îles d'Aran intitulé *Stones of Aran: Pilgrimage* et *Stones of Aran: Labyrinthe*. C'est un ouvrage merveilleux, même s'il n'est pas très facile d'accès. Également de Tim Morison, *The Aran Islands: À Map and Guide* (6,30 €, ou 12.60 € avec un guide d'accompagnement) est aussi formidable. Mentionnons encore deux autres excellents ouvrages publiés en édition de poche : *The Book of Aran* (Tír Eolas, 20 €), recueil d'articles de 17 spécialistes couvrant divers aspects de la culture insulaire, réunis sous la direction d'Anne Korf ; et *Aran Reader* (Lilliput Press, 12,60 €), recueil d'essais sur l'histoire, la géographie et la culture des îles, rédigés par des spécialistes sous la direction de Breandán et Ruaírí O hEither.

COMMENT S'Y RENDRE
Avion
Si vous manquez de temps ou craignez le mal de mer durant la traversée, souvent rude dans cette région de l'Atlantique, vous pouvez vous rendre à Aran en avion avec Aer Árann (☎ 091-593034, fax 593238). Les avions partent de l'aéroport régional du Connemara situé à Minna, près d'Inverin (Indreabhán), à environ 35 km à l'ouest de Galway. Des bus desservent l'aéroport au départ de l'office de tourisme de Galway et de celui de Salthill (3,15 € l'aller simple). Le vol aller-retour vers les îles coûte 44,10/36,55/25,20 € pour les adultes/étudiants/enfants de moins de 12 ans. Les vols rallient chacune des trois îles 4 fois par jour (toutes les heures en été) et durent moins de 10 minutes.

Bateau
Une seule grande compagnie de ferries dessert les îles tout au long de l'année : Island Ferries. Ses bateaux partent de Rossaveal, à environ 40 km à l'ouest de Galway. Leur succès tient à leur fréquence et à leur rapidité (environ 40 min). Pour Inishmór, il y a 3 ferries par jour d'avril à octobre (davantage en juill-août) et 2 par jour de novembre à mars. Pour Inisheer et Inismaan, un ferry par jour de mai à septembre. Le tarif aller-retour est de 18,90/15,10/10,10 € adultes/étudiants/ enfants.

L'aller-retour en bus Galway-Rossaveal coûte 5,05/3,80/2,50 €. Le bus part du bureau d'Island Ferries, à Galway (☎ 091-568903, www.aranislandferries.com), près de Victoria Place, 90 minutes avant l'heure du départ du ferry. Si vous avez une voiture, vous pouvez la laisser gratuitement sur le parking situé à côté du bureau d'Island Ferries à Rossaveal (☎ 091-561767).

Doolin Ferries (☎ 065-707 4189, 707 4455) relie quotidiennement, d'avril à septembre, Doolin avec Inisheer. De juin à août, il dessert également tous les jours Inishmaan et Inishmór. Inisheer se trouvant à 8 km de Doolin, la traversée dure environ 30 minutes (18,90 € aller-retour). Pour plus de précisions, voir *Doolin* dans le chapitre *Comté de Clare*.

O'Brien Shipping (☎ 091-567676), affilié à Doolin Ferries, assure un service de cargos entre les docks de Galway et les îles, sur lesquels il prend des passagers tous les jours à 10h de juin à septembre (3 fois par semaine le reste de l'année). Le tarif est de 15,10 € aller-retour. L'été, O'Brien Shipping dispose d'un bureau dans l'office de tourisme de Galway.

COMMENT CIRCULER
Les îles d'Inisheer et d'Inishmaan sont suffisamment petites pour qu'on puisse les explorer à pied. Mais pour découvrir la plus grande, Inishmór, mieux vaut un vélo. On peut aussi se débrouiller avec les minibus touristiques ou les carrioles à poney (voir *Comment s'y rendre* dans la rubrique *Inishmór* ci-après).

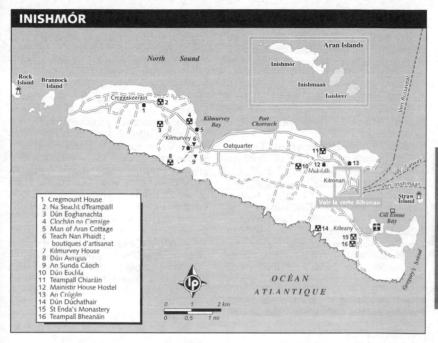

1 Cregmount House
2 Na Seacht dTeampaill
3 Dún Eoghanachta
4 Clochán na Carraige
5 Man of Aran Cottage
6 Teach Nan Phaidt ;
   boutiques d'artisanat
7 Kilmurvey House
8 Dún Aengus
9 An Sunda Cáoch
10 Dún Eochla
11 Teampall Chiaráin
12 Mainistir House Hostel
13 An Crúgán
14 Dún Dúchathair
15 St Enda's Monastery
16 Teampall Bheanáin

COMTÉ DE GALWAY

Les liaisons entre les îles sont assurées par Island Ferries (☎ 091-561767). De mai à septembre, selon la demande, un à quatre des bateaux qui font chaque jour la liaison Rossaveal-Inishmór continuent sur Inishmaan et Inisheer. D'octobre à mars, il n'y en a qu'environ trois par semaine.

INISHMÓR
☎ 099 • 900 habitants
Inishmór (Big Island, grande île), ou Árainn, la plus grande des trois îles, s'élève depuis sa côte nord, abritée, jusqu'à sa côte sud avant de plonger à pic dans l'océan Atlantique. Quand on grimpe sur la colline à l'ouest de Kilronan, capitale de l'île, on ne voit que des rochers, des murets et de gros blocs de pierre, des bâtisses disséminées et de rares taches d'herbe.

Orientation
Inishmór s'étire sur 14,5 km de long et 4 km de large au maximum du nord-ouest au sud-est. Tous les ferries et bateaux accostent à Kilronan (Cill Rónáin) dans la Cill Éinne Bay sur la côte sud-est de l'île. La piste d'aviation se situe à 2 km, au sud-est, de l'autre côté de la baie, en face de Kilronan. Une unique route traverse l'île sur toute sa longueur, d'où partent quantité de pistes et de chemins de terre et de pierre tassés.

Renseignements
Le petit office de tourisme (☎ 61263), situé à Kilronan sur la jetée, à l'ouest de l'embarcadère du ferry, ouvre d'avril à mi-septembre, tous les jours de 10h à 13h et de 14h à 17h. La Bank of Ireland, au nord du village, ouvre seulement le mercredi (10h-12h30/13h30-15h), mais la poste voisine, l'Ionad Árann (Aran Heritage Centre) et certaines boutiques acceptent au besoin de changer de l'argent.

À voir
Pour mieux profiter de votre visite dans l'île, commencez par faire un tour au **Ionad Árann** (☎ 61355, Kilronan ; adulte/enfant

3,15/1,90 € ; juin-août tlj 10h-19h, avr-mai/sept-oct tlj 11h-18h). Situé près de la grand-route à la sortie de Kilronan, ce centre offre une intéressante introduction à la géologie, la faune, la flore, l'histoire et la culture des trois îles. Le prix d'entrée inclut le droit d'assister à une des trois séances hebdomadaires du film *Man of Aran* (*L'Homme d'Aran*), tourné en 1934 par Robert Flaherty. Le centre abrite en outre une cafétéria.

Inishmór possède trois grands forts en pierre, probablement vieux de quelque 2 000 ans.

Situé aux deux tiers de l'île quand on vient de Kilronan et juché au bord des falaises abruptes de la côte sud, **Dún Aengus** *(Dún Aonghasa ; ☎ 61008 ; adulte/enfant 1,25/0,50 € ; mar-oct tlj 10h-18h, nov-fév tlj 11h-17h)* est l'un des sites archéologiques les plus étonnants du pays. Il est protégé par de remarquables "chevaux de frise", une forêt de pierres pointues et acérées comme des pics dressée tout autour du fort pour arrêter les éventuels assaillants. Dún Aengus est un lieu magique qu'il ne faut pas manquer. Vous n'oublierez pas cette vision ni le bruit des vagues qui se fracassent furieusement contre la paroi de la falaise. Choisissez toutefois, si possible, un moment un peu calme. En fin de soirée, par exemple, quand il y a moins de visiteurs. Soyez *très* prudent en vous approchant des falaises. Il n'y a aucun garde-fou et le vent peut souffler très fort : des touristes poussés par le vent ont fait des chutes mortelles.

À mi-chemin entre Kilronan et Dún Aengus se trouve un autre fort plus petit mais parfaitement circulaire : **Dún Eochla**. Droit au sud de Kilronan, un troisième fort, **Dún Dúchathair**, occupe un site spectaculaire, perché sur un promontoire, cerné par la falaise sur trois côtés.

Les ruines d'un certain nombre d'églises en pierre rappellent l'histoire monastique de l'île. Vous trouverez aussi une belle plage à **Kilmurvey**, à l'ouest de Kilronan, où il est agréable de loger loin de l'"agitation" de Kilronan. Face à la plage, la petite baie de **Port Chorrúch** abrite jusqu'à une cinquantaine de phoques gris qui viennent se nourrir dans les hauts fonds et se chauffer au soleil.

Où se loger

Auberges de jeunesse. Il en existe plusieurs sur l'île.

Kilronan Hostel *(☎ 61255, fax 61313, kilronanhostel@ireland.com, Kilronan ; dortoirs 12,60 € par pers petit déj compris)*. Cette auberge de jeunesse propre et sympathique n'est pas loin à pied de l'embarcadère. Elle se trouve au-dessus du pub Tí Joe Mac's, mais l'isolation fait qu'on entend peu le bruit. L'auberge loue des vélos.

An Aharla Hostel *(☎ 61305, Kilronan ; dortoirs 8,80 €)*. Aménagée dans une ancienne ferme, cette auberge comporte deux dortoirs de quatre lits. Elle se situe au calme non loin du Joe Watty's Bar.

Artist's Hostel *(☎ 61456, Kilronan ; dortoirs 8,80 € petit déj léger compris)*. Proche d'An Aharla, cette petite auberge jouit d'une belle vue sur l'océan.

Mainistir House Hostel *(☎ 61169, fax 61351, Mainistir ; dortoirs/chambres*

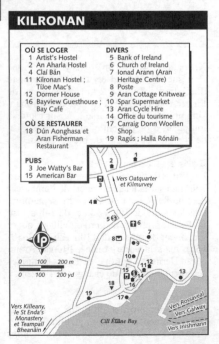

KILRONAN

OÙ SE LOGER	DIVERS
1 Artist's Hostel	5 Bank of Ireland
2 An Aharla Hostel	6 Church of Ireland
4 Claí Bán	7 Ionad Arann (Aran
11 Kilronan Hostel ;	Heritage Centre)
Tí Joe Mac's	8 Poste
12 Dormer House	9 Aran Cottage Knitwear
16 Bayview Guesthouse ;	10 Spar Supermarket
Bay Café	13 Aran Cycle Hire
	14 Office du tourisme
OÙ SE RESTAURER	17 Carraig Donn Woollen
18 Dún Aonghasa et	Shop
Aran Fisherman	19 Ragús ; Halla Rónáin
Restaurant	
PUBS	
3 Joe Watty's Bar	
15 American Bar	

Vers Oatquarter et Kilmurvey

0   100   200 m
0   100   200 yd

Vers Killeany, le St Enda's Monastery et Teampall Bheanáin

Cill Éinne Bay

Vers Rossaveal
Vers Galway
Vers Inishmann

10,70/12,60 € par pers, petit déj et draps compris). Cette attrayante auberge de 60 lits, sur la grand-route au nord de Kilronan, propose de venir vous chercher gracieusement. Elle possède une vaste cuisine et loue des bicyclettes.

B&B. L'île offre toute une gamme de B&B. En voici quelques-uns que nous recommandons.

Dormer House *(☎ 61125, Kilronan ; chambres 22,70-25,20 € par pers)*. Un grand B&B propre à des prix raisonnables. Il se situe derrière Tí Joe Mac's.

Bayview Guesthouse *(☎ 61260, Kilronan ; chambres 27,95/25,40 € par pers avec/sans douche ; mars-mi-nov)*. Très animé, le Bayview occupe une situation enviablesur le port et abrite un café.

Claí Bán *(☎ 61111, Kilronan ; chambres 23,95 € par pers)*. Tout au bout d'une rue tranquille, le Claí Bán a pour lui sa propreté, son confort moderne et sa belle vue sur la baie depuis la salle à manger.

An Crúgán *(☎ 61150, fax 61468, Kilronan ; simples/doubles à partir de 37,80/42,85 € ; avr-oct)*. Bien indiqué depuis la grand-route au nord de Kilronan, l'An Crúgán possède 6 chambres non-fumeurs bien aménagées. Il dispose d'un parking et loue des bicyclettes.

Man of Aran Cottage *(☎ 61301, fax 61324, Kilmurvey ; simples/doubles 40,65/63,50 €)*. Cette délicieuse chaumière donnant sur Kilmurvey Bay a été construite pour les besoins du film *Man of Aran*. La cuisine est exquise et on peut louer des vélos.

Kilmurvey House *(☎ 61218, fax 61397, Kilmurvey ; chambres 31,75 € par pers ; avr-sept)*. Un ravissant vieux manoir en pierre sur le chemin menant à Dún Aengus, à proximité d'une plage parfaite.

Cregmount House *(☎ 61139, Creggakeerain ; simples/doubles 33/53,30 € ; avr-nov)*.Au nord-ouest de l'île, à 9 km de Kilronan, ce B&B non-fumeurs de trois chambres, ouvre sur la Galway Bay.

Où se restaurer

Dún Aonghasa & Aran Fisherman Restaurant *(☎ 61104, Kilronan ; plats 7-20 €)*. Sur l'abondante carte de ce restaurant, le poisson occupe une place privilégiée, mais on trouve aussi des pizzas et des sandwiches. Dès qu'il fait beau, on peut déjeuner dehors dans le patio.

Man of Aran Cottage *(voir* Où se loger *; sandwiches à partir de 2,50 €, dîner avec menu fixe 21,60 €)*. Dans ce lieu idyllique, le poisson est frais pêché, les légumes et les herbes biologiques pleins de saveurs proviennent du jardin. Dans la journée, on vous proposera de la soupe, des sandwiches et des douceurs, le soir, un dîner complet avec menu fixe.

Mainistir House Hostel *(voir* Où se loger *; dîner buffet 10,10 €)*. D'un excellent rapport qualité-prix, le dîner buffet servi à 20h (19h en hiver) est à base de produits biologiques et en grande partie végétarien. Réservation conseillée.

Bay Café *(☎ 61260, Kilronan ; moins de 6 € ; mars-oct tlj 8h30-21h30)*. Le Bay Café, qui dépend de la Bayview Guesthouse, est un self-service décontracté où il est agréable de prendre un café ou un en-cas en attendant le ferry.

Teach Nan Phaidt *(☎ 61330, Kilmurvey ; soupes 3,15 €, sandwiches 2,50-6,30 €)*. Cette maison à toit de chaume, située à l'embranchement pour le fort de Dún Aengus, est bien pratique pour combler un petit creux quand on vient à pied ou à vélo. Plusieurs boutiques d'artisanat sont installées alentour.

An Sunda Cáoch *(The Blind Sound; ☎ 61218, Kilmurvey ; soupes, sandwiches 2,50-6,30 €)*. Situé à l'entrée du chemin menant à Dún Aengus, An Sunda Cáoch sert de copieuses soupes maison, des sandwiches et de formidables gâteaux.

Où sortir

Le soir, la musique résonne dans la plupart des pubs de Kilronan.

Joe Watty's Bar *(Kilronan)*. Légèrement au nord de Kilronan, ce vénérable pub offre ce qu'il y a de mieux en matière de musique gaélique et de *craic*.

American Bar *(An Americéan Béar ; ☎ 61130, Kilronan)*. Ce bar accueille des musiciens qui jouent de la musique traditionnelle, du folk et du rock. Il attire une foule mélangée et conviviale.

Ragús *(☎ 61104, Halla Rónáin, Kilronan ; entrée 7,55 €)* .Ce formidable spectacle de chant, de musique et de danse irlandais traditionnels a lieu tous les jours dans le Halla Rónáin à 14h45, 17h et 21h.

Comment circuler

Près de l'embarcadère, Aran Cycle Hire (☎ 61132) loue de bonnes bicyclettes 6,30 € par jour. On peut aussi transporter son vélo sur le ferry.

De nombreux minibus attendent les touristes à l'arrivée du ferry. Ils leurs proposent un circuit de 2 heures 30 à la découverte des principaux sites de l'île pour 6,30 €. Vous aurez toutefois une meilleure perception des lieux en circulant à pied ou à vélo.

L'excursion en carriole à poney, conduite par un cocher, de Kilronan jusqu'à Dún Aengus, coûte entre 25, 20 € et 31,50 € aller-retour (4 pers max).

INISHMAAN

☎ 099 • 300 habitants

La moins visitée des îles d'Aran, Inishmaan (Inis Meáin, Middle Island, île du milieu) mérite cependant un détour. Même si la pièce de Martin McDonagh *The Cripple of Inishmaan* a pu faire connaître le nom de l'île, ses habitants ne sont pas obsédés par l'idée d'attirer les touristes, si bien que les infrastructures d'accueil restent (heureusement) limitées.

Inishmaan s'étend sur 5 km de long et 3 km de large. C'est un délice de se promener le long des falaises ou sur ses petits chemins bordés par ces hauts murs de pierre qui délimitent les champs. On peut ainsi goûter à cette tranquillité qui a attiré sur l'île le dramaturge J.M. Synge et le nationaliste Pádraig Pearse.

Orientation et renseignements

Le principal village d'Inishmaan, An Córa, s'étend le long de la route qui traverse le centre de l'île d'est en ouest. Le principal point d'accostage des bateaux se situe à l'est de l'île. La piste d'aéroport se trouve au nord-est. À An Córa, la serviable Inishmaan Island Co-operative (☎ 73010), au nord-ouest de l'embarcadère et de la poste, fournit des renseignements touristiques.

À voir

Le principal site archéologique, **Dún Chonchúir**, est un imposant fort en pierre, de forme ovale, édifié sur une hauteur d'où l'on a une très belle vue sur l'île dès qu'il fait beau. Ce fort ressemble à Dún Aengus, le fort d'Inishmór, si ce n'est qu'il est construit dans les terres et donne sur une vallée calcaire. Chonchúir était, dit-on, un frère d'Aengus. À quand remonte Dún Chonchúir ? On l'ignore. On pense seulement qu'il a été construit quelque part entre le Ier et le VIIe siècle.

Située en bordure de la route juste avant qu'elle grimpe vers le fort, **Teach Synge** est la chaumière dans laquelle l'écrivain J. M. Synge passa ses étés entre 1898 et 1902.

L'église de **Cill Cheannannach**, au sud de l'embarcadère, date du VIIIe ou du IXe siècle. Non loin, à l'ouest, se dresse un fort bien conservé, **Dún Fearbhaigh**, qui remonte à peu près à la même époque.

À l'ouest de l'île, presque au bout d'un sentier menant à une falaise abrupte qui surplombe le Gregory's Sound, **Synge's Chair** (la chaise de Synge) est un lieu abrité où J. M. Synge aimait à se retirer pour passer de longues heures à méditer.

Où se loger et se restaurer

La plupart des B&B servent des repas le soir. Le plus souvent à base de produits biologiques, ces dîners coûtent environ 19 €.

Ard Alainn *(☎/fax 73027, Inishmaan ; chambres 21,60 € ; mai-sept).* Bien signalé, à un peu plus de 2 km de l'embarcadère, Ard Alainn dispose de cinq chambres simples avec s.d.b. commune. Les petits déjeuners de Mrs Faherty vous permettront de tenir toute la journée.

An Dún *(☎/fax 73047, Inishmaan ; simples/doubles 38,10/63,50 € ; plats 4,50-9,50 €).* En face de l'entrée de Dún Chonchúir, An Dún possède quatre chambres confortables, non-fumeur, toutes avec s.d.b. Il loue des bicyclettes et sert, dans son restaurant des omelettes et des pâtes à des prix raisonnables.

Tigh Chonghaille *(☎/fax 73085, Inishmaan ; simples/doubles 34,30/58,40 € ; plats 7,50-16,35 €).* Légèrement au-dessus

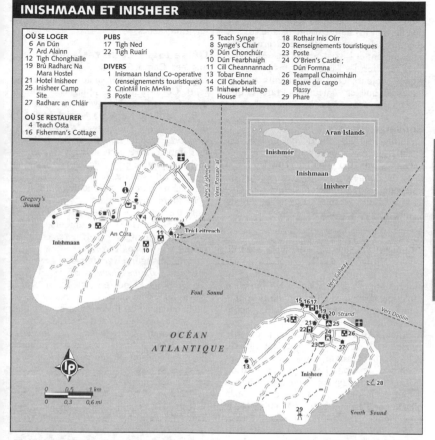

INISHMAAN ET INISHEER

OÙ SE LOGER
6 An Dún
7 Ard Alainn
12 Tigh Chonghaille
19 Brú Radharc Na Mara Hostel
21 Hotel Inisheer
25 Inisheer Camp Site
27 Radharc an Chláir

OÙ SE RESTAURER
4 Teach Osta
16 Fisherman's Cottage

PUBS
17 Tigh Ned
22 Tigh Ruairí

DIVERS
1 Inismaan Island Co-operative (renseignements touristiques)
2 Cniotáil Inis Meáin
3 Poste

5 Teach Synge
8 Synge's Chair
9 Dún Chonchúir
10 Dún Fearbhaigh
11 Cill Cheannannach
13 Tobar Einne
14 Cill Ghobnait
15 Inisheer Heritage House

18 Rothair Inis Oírr
20 Renseignements touristiques
23 Poste
24 O'Brien's Castle ; Dún Formna
26 Teampall Chaoimháin
28 Epave du cargo Plassy
29 Phare

COMTÉ DE GALWAY

de l'embarcadère sur la droite, Tigh Chonghaille abrite six chambres spacieuses et un restaurant de poissons.

Teach Ósta (☎ 73003, Inishmaan ; plats 6,50-11,50 €). Cet incroyable petit bar, le seul pub de l'île, bourdonne d'animation les soirs d'été. Il sert des en-cas, des sandwiches, des soupes et des plateaux de fruits de mer.

Achats
La fabrique de tricots **Cniotáil Inis Meáin** (☎ 73009, Inishmaan) exporte ses superbes lainages dans certaines boutiques raffinées du monde entier, mais elle les vend beaucoup moins cher sur place.

INISHEER
☎ 099 • 300 habitants
À seulement 8 km de la côte de Doolin dans le comté de Clare, Inisheer (Inis Oírr, Eastern Island, île de l'Est) est la plus petite des trois îles d'Aran. Depuis le ferry, on aperçoit sa plage de sable blanc bien abritée sur fond de pavillons modernes (rares sont les chaumières) que domine la silhouette trapue d'une forteresse du XVe siècle. Au sud de l'île s'étend un dédale de champs sans

presque aucun bâti. Dans cette île, on a l'impression que le temps s'arrête. L'été, rien ne vaut le charme d'une balade sur ses chemins sablonneux. Malgré la proximité du continent et l'existence d'un service de ferry régulier, l'absence de sites archéologiques majeurs et d'équipements touristiques fait que les visiteurs sont rares et que l'île conserve un cachet bien particulier.

Renseignements
En juillet-aout, un petit kiosque en bois est installé sur le port pour fournir des renseignements aux touristes (tlj 10h-18h). Le reste de l'année, vous pouvez obtenir de l'aide auprès de l'Inisheer Island Co-operative (☎ 75008) voisine. La poste, au sud de l'embarcadère, change les devises.

À voir et à faire
La plupart des sites se situent au nord de l'île. O'Brien's Castle (Caislea'n Uí Bhriain), la forteresse qui surplombe la plage et le port, fut édifiée au XVe siècle à l'intérieur d'un ancien fort circulaire appelé Dún Formna, datant du Ier siècle. À côté subsiste un sémaphore du XVIIIe siècle. Sur le Strand (An Trá), on peut voir une petite église du Xe siècle, Teampall Chaoimháin (Church of St Kevin), ainsi que quelques tombes et des coquillages provenant d'un *kjökkenmödding* (amas de débris culinaires datant de la préhistoire). À l'ouest de la plage et de l'embarcadère, l'Inisheer Heritage House (☎ 75021, Inisheer ; entrée 0,65 € ; juill-août tlj 14h-16h), installé dans une chaumière typique, abrite d'intéressantes photos anciennes ainsi qu'une boutique d'artisanat et un café.

Les plus belles parties d'Inisheer restent inhabitées. Pour les découvrir, nous vous conseillons de suivre l'Inisheer Way, chemin balisé de 10,5 km de long. La route vers l'est qui va au phare est la plus fréquentée, la côte ouest étant la plus sauvage. Sur la côte est, on peut voir l'épave rouillée du *Plassy*, un cargo qui a fait naufrage en 1960 et qui, en se fracassant, a été propulsé

en haut des rochers. Le phare (1857) inhabité qui se dresse à la pointe sud de l'île est interdit d'accès.

Où se loger et se restaurer
Inisheer Camp Site (☎ 75008, Inisheer ; emplacement 3,15 € douche comprise ; mai-sept). Ce terrain de camping rudimentaire donne sur le Strand balayé par le vent.

Brú Radharc Na Mara Hostel (☎/fax 75 024, Inisheer ; dortoirs 10,10-11,35 € ; chambres 13,85-14,50 € par pers). Proche de l'embarcadère, cette auberge de jeunesse d'une propreté impeccable jouit de la vue sur l'océan. Elle sert des petits déjeuners continentaux ou irlandais et loue des vélos.

Radharc an Chláir (☎/fax 75019, Inisheer ; simples/doubles 27,95/48,25 €). Cet agréable B&B non-fumeurs, situé à côté d'O'Brien Castle, sert le repas du soir (17,80 €) et loue des vélos.

Hotel Inisheer (Óstán Inis Oírr ; ☎ 75020, Inisheer ; simples/doubles 37/63 € ; avr-sept). Cet hôtel moderne, situé légèrement au dessus du Strand, possède des chambres avec s.d.b. attenante où l'on se sent comme chez soi. Son bar-restaurant sert des repas copieux.

Fisherman's Cottage (☎ 75073, Inisheer ; plats 11,35-16,40 €). Proche de l'embarcadère, cet endroit chaleureux est spécialisé dans les poissons et fruits de mer, accompagnés de légumes biologiques.

Où sortir
Tigh Ned (☎ 75004, Inisheer). Une clientèle très variée se presse dans ce lieu accueillant et sans prétention pour écouter sa musique traditionnelle interprétée avec fougue.

Tigh Ruaírí (☎ 75020, Inisheer). L'ambiance et la convivialité règnent dans cette hostellerie qui présente aussi des sessions de music live.

COMMENT CIRCULER
On peut louer des bicyclettes chez Rothair Inis Oírr (☎ 75033, Inisheer) moyennant 6,30 € par jour. Certains B&B louent également des vélos (voir *Où se loger*).

Comtés de Mayo et de Sligo

Bien que les comtés de Mayo et de Sligo partagent le même passé de pauvreté rurale et demeurent tous deux isolés et peu peuplés, c'est Sligo, le plus petit des deux, qui séduit le plus les visiteurs, sans doute grâce aux poèmes de W.B. Yeats. La beauté des paysages qui ont tant inspiré le poète caractérise les deux comtés. Hormis quelques villes, ils offrent surtout une campagne merveilleusement préservée et de belles échappées loin des sites touristiques les plus courus.

Comté de Mayo

Le comté de Mayo (Maigh Eo) se distingue des autres à plus d'un titre : des paysages rudes et fascinants, un accent Connaught bien particulier et des habitants bien différents de la population cosmopolite de Dublin ou des touristes de Killarney.

Le comté souffrit durement pendant la Grande Famine. L'expression *"County Mayo, God help us!"* (comté de Mayo, Dieu nous vienne en aide), toujours employée par les Irlandais âgés, date certainement de cette époque. Au XXe siècle, le comté connut une émigration massive et, faute de grandes industries, un chômage chronique. Il s'est quelque peu modernisé ces dernières années et les secteurs de l'agriculture, de l'industrie et des services continuent à se développer.

CONG

☎ 092 • 200 habitants

Contrairement aux apparences, le petit village de Cong (Conga) recèle des trésors insoupçonnés derrière ses rues anodines. Le cinéaste John Ford s'y rendit en 1951 avec John Wayne, Maureen O'Hara et son équipe pour le tournage du film *L'Homme tranquille*. Le village a conservé de nombreuses traces de cet événement. Pour en savoir plus, les cinéphiles anglophones pourront se procurer le *Complete Guide to the Quiet Man Locations*, de Lisa Collins.

Cong se situe à la limite du comté de Galway, à 1 km au nord de Lough Corrib.

À ne pas manquer

- Achill Island, sauvage et isolée, au large de la côte ouest du comté de Mayo
- La traversée en voiture ou à vélo de la magnifique Doolough Valley, de Louisburgh à Leenane (comté de Galway)
- Céide Fields, au nord de Mayo, l'un des plus grands sites de l'âge de pierre d'Europe
- Une promenade le long de Hollow, la grande plage de sable d'Enniscrone
- L'impressionnant Carrowkeel Passage Tomb Cimetery, dans les Bricklieve Mountains
- Les vestiges religieux d'Inishmurray Island, île désormais inhabitée

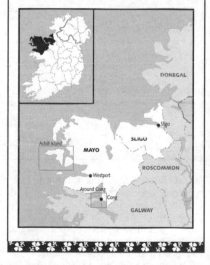

Renseignements

Aménagé dans l'ancien tribunal face à Cong Abbey, dans Abbey St, l'office de tourisme (☎ 46542) ouvre tous les jours de mars à décembre de 10h à 18h. La brochure *Heritage Trail* vous permettra de découvrir le vil-

COMTÉ DE MAYO

lage et l'histoire de la croix de Cong de 1123, conservée à présent au National Museum de Dublin. Les fascicules *The Glory of Cong* et *Cong: Walks, Sights, Story*, édités localement, fourmillent également de renseignements. Enfin, une carte signale tous les lieux en rapport avec *L'Homme tranquille*.

Cong ne possède pas de banque, mais on peut changer de l'argent à la poste, Main St.

Cong Abbey
Fondée par Turlough Mór O'Connor, roi d'Irlande et roi de Connaught en 1120, cette abbaye augustinienne s'élevait sur le site d'une abbaye plus ancienne encore, du VIᵉ siècle. Sa façade nord s'orne d'une belle porte sculptée et le **chapitre** abrite encore de magnifiques fenêtres et sculptures en pierre médiévales. À l'ouest de l'abbaye, voyez la **Monk's Fishing House** (maison de pêche des moines), perchée sur un îlot au centre de la rivière. On sonnait les cloches à chaque prise ! L'église de style années 1960 construite non loin de l'abbaye, d'une banalité consternante, apporte malheureusement une note discordante à cet ensemble historique. La petite **croix O'Duffy**, au carrefour de Main St et d'Abbey St, a été reconstituée à partir des morceaux d'une croix celtique du XIVᵉ siècle.

Ashford Castle

Au sud du village, ce château victorien, aujourd'hui transformé en hôtel de grand luxe, appartenait autrefois à la famille Guinness. Les non-résidents ne peuvent pénétrer à l'intérieur, mais on peut admirer ce château de conte de fée de l'extérieur et se promener dans le parc (☎ 46003 ; 5/2,50 € adulte/tarif réduit ; tlj 9h-17h).

Quiet Man Heritage Cottage

Juste à l'ouest de l'office de tourisme, ce centre (☎ 46089, Abbey St ; 3,50/1,25 € adulte/enfant ; mars-oct tlj 10h-17h) reproduit le plus fidèlement possible le décor utilisé par John Ford pour les scènes d'intérieur de L'Homme tranquille (tournées en fait à Hollywood). Le cottage abrite aussi la **Cong Archaeological and Historical Exhibition**, qui tente de retracer l'histoire de Cong et de ses environs de 7000 av. J.-C. au XIXᵉ siècle.

Croisières

Corrib Cruises (☎ 46029, Cong) propose des croisières allant du Lisloughrea Quay (Ashford Castle) à Inchagoill Island (12,60/6,30 € adulte/enfant) et continuent ensuite jusqu'à Oughterard, dans le comté de Galway (15,12/7,55 €). Les bateaux partent tous les jours d'avril à octobre à 10h, 11h, 14h45 et 17h. Si le temps le permet, les croisières se font également de novembre à mars, à 11h et 14h45.

Où se loger

Camping. Un terrain de camping très agréable se tient juste au sud du village. **Cong Caravan & Camping Park** (☎ 46089, fax 46448, Quay Rd, Lisloughrey ; 8,25 € l'emplacement plus 1,90/1,60 € adulte/enfant). À 2 km à l'est du village, à l'écart de la route de Galway (R346), ce camping sympathique proche du Lough Corrib dispose d'une laverie, d'une épicerie et loue vélos et bateaux.

Auberges de jeunesse. Cong en compte plusieurs.

Cong Travel Inn (☎ 46310, fax 46116, Abbey St ; 15,75 € par pers). Cette auberge de jeunesse propose des chambres propres et modernes, avec douche et nécessaire à thé et café, d'un excellent rapport qualité-prix. Elle met une cuisine à la disposition de ses clients.

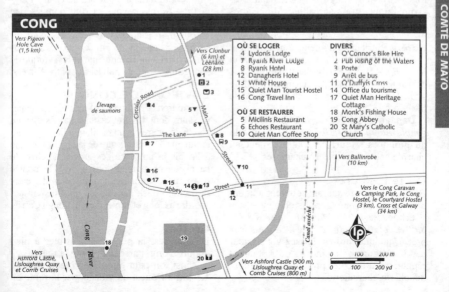

CONG

OÙ SE LOGER	DIVERS
4 Lydonís Lodge	1 O'Connor's Bike Hire
7 Ryanís River Lodge	2 Pub Rising of the Waters
8 Ryanís Hotel	3 Poste
12 Danagheris Hotel	9 Arrêt de bus
13 White House	13 O'Duffyís Cross
15 Quiet Man Tourist Hostel	14 Office du tourisme
16 Cong Travel Inn	17 Quiet Man Heritage Cottage
OÙ SE RESTAURER	18 Monk's Fishing House
5 Milcilinís Restaurant	19 Cong Abbey
6 Echoes Restaurant	20 St Mary's Catholic Church
10 Quiet Man Coffee Shop	

COMTÉ DE MAYO

Quiet Man Tourist Hostel (☎ *46089, Abbey St ; dortoirs/chambres 9,45/11,40 € par pers*). Ne vous laissez pas impressionner par le cimetière de l'abbaye, situé juste en face, car ce petit établissement s'avère très convivial.

Cong Hostel (☎ *46089, fax 46448, Quay Rd, Lisloughrey ; dortoirs 9,50 €*). Affiliée aux réseaux An Óige et IHH, cette grande auberge de jeunesse, toute proche du terrain de camping, offre le confort moderne à deux pas du Lough Corrib. Elle projette souvent *L'Homme tranquille* en soirée.

B&B. Voici ceux du centre-ville.

Lydon's Lodge (☎ *46053, fax 46523, Circular Rd ; 31,75-38,90 € par pers ; marsoct*). Cette demeure rustique et confortable est bien connue des amateurs de pêche à la ligne des environs.

White House (☎ *46358, Abbey St ; simples/doubles avec sdb 31,50/45,40 € ; mars-oct*). Cette maison chaleureuse loue des chambres claires et spacieuses.

Ryan's River Lodge (☎*/fax 46057, The Lane ; 25,40 € par pers, avec douche ; mars-sept*). Cette propriété à l'atmosphère très conviviale propose quatre chambres sympathiques et un agréable jardin. Cartes de crédit acceptées.

Hôtels. Plusieurs ont retenu notre attention.

Ryan's Hotel (☎ *46243, fax 46634, Main St ; 36,80-53,35 € par pers*). Doté d'une décoration délicieusement surannée, il se situe dans un cadre fort agréable, au bord de la rivière.

Danagher's Hotel (☎ *46028, Abbey St ; simples/doubles 44,10/75,60 €*). Non loin du grand carrefour, cet établissement au charme ancien compte 11 chambres.

Où se restaurer

Bon nombre de restaurants ouvrent uniquement de mai à septembre ou octobre.

Echoes (☎ *46059, Main St ; entrées 3,15-8,80 €, plats 12,60-22,70 €*). Si vous êtes prêt à quelques folies, laissez-vous tenter par l'audacieuse cuisine de ce restaurant réputé, qui utilise des produits de sa propre boucherie-charcuterie.

Micilín's Restaurant (☎ *46655, Main St ; plats 10-19 €*). Plus sage, cet établissement offre une bonne alternative au précédent.

Danagher's Hotel (☎ *46028, Abbey St ; plats 6,30-12 €*). L'hôtel possède un agréable bar traditionnel qui prépare quelques plats simples, ainsi qu'un restaurant plus chic.

Quiet Man Coffee Shop (☎ *46034, Main St ; snacks inférieurs à 6 €*). Ce sympathique café propose sandwiches, collations variées, scones et tartes, le tout fait maison et très appétissant.

Comment s'y rendre

Du lundi au samedi, le Bus Éireann 51 (☎ 096-71800), entre Galway et Ballina, s'arrête en début d'après-midi devant Ashford Castle. Le 420, entre Galway et Clifden, passe devant le Ryan's Hotel en début de soirée.

En voiture ou à bicyclette, évitez la N84, qui conduit à Castlebar, et préférez la route, plus longue mais plus agréable, de l'ouest, par Leenane (empruntez la R345), ou du nord par Delphi, jusqu'à Westport.

Comment circuler

Les nombreux sites de la région de Cong justifient amplement la location d'une bicyclette. Adressez-vous à O'Connor's (☎ 46008), Main St, où elles reviennent à 12,60/50,40 € la journée/semaine. Ce loueur se trouve dans la station-service Esso comprenant le supermarché Spar et la boutique de souvenirs, à côté du pub Rising of the Waters.

ENVIRONS DE CONG

Les environs de Cong foisonnent de sites intéressants, dont des grottes, un canal asséché, un cercle de pierres et un pavillon à l'architecture étonnante. Le sol calcaire de la région explique à la fois la présence des grottes, l'échec du canal et le phénomène local appelé "la montée des eaux" entraînant une infiltration des eaux du Lough Mask dans le sol, qui finissent par sourdre à Cong et couler dans le Lough Corrib.

Grottes

Des grottes, la plupart accessibles à pied depuis Cong, parsèment toute la région.

Ainsi, on peut rejoindre **Pigeon Hole**, à 1,5 km à l'ouest du village, par la route ou

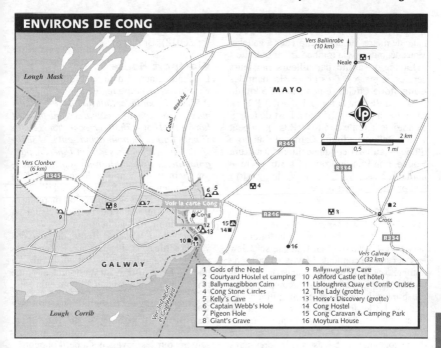

ENVIRONS DE CONG

1 Gods of the Neale	9 Ballymaglancy Cave
2 Courtyard Hostel et camping	10 Ashford Castle (et hôtel)
3 Ballymacgibbon Cairn	11 Lisloughrea Quay et Corrib Cruises
4 Cong Stone Circles	12 The Lady (grotte)
5 Kelly's Cave	13 Horse's Discovery (grotte)
6 Captain Webb's Hole	14 Cong Hostel
7 Pigeon Hole	15 Cong Caravan & Camping Park
8 Giant's Grave	16 Moytura House

par le sentier qui enjambe la rivière. Un escalier en pierre conduit à la grotte, parfois très humide. De là, suivez vers l'ouest la R345 en direction de Clonbur, passez le virage de Giant's Grave, puis continuez sur la petite route qui part vers le sud, à environ 5 km de Cong. À droite de la route s'ouvre **Ballymaglancy Cave**, vaste grotte dans laquelle coule un ruisseau, entre stalactites et stalagmites.

Deux autres grottes sont également accessibles au nord-est de Cong, non loin de la route de Cross (R346). **Captain Webb's Hole** se situe en revanche juste à la sortie du village, à quelques mètres du canal asséché et de l'école. Il s'agit en fait d'un profond trou d'eau, dans lequel un brigand aurait précipité jadis plusieurs femmes de la région. À 200 m, un chemin conduit à **Kelly's Cave**, généralement fermée à clé (le Quiet Man Coffee Shop vous remettra la clé contre une caution modique). Enfin, deux dernières grottes, **The Lady** et **Horse's Discovery**, bordent une route menant au château.

Dry Canal

Le lough Mask se trouvant plus haut que le Lough Corrib d'environ 10 m, on décida au cours du XVIIIe siècle de creuser un canal entre les deux. Le projet démarra en 1848 et employa des paysans, soulagés de retrouver un travail après la Grande Famine. En 1854, alors que la construction touchait à sa fin, le développement rapide du transport ferroviaire commença à susciter des doutes quant au bien-fondé économique du canal. C'est alors qu'apparut un problème crucial : le canal n'était pas étanche, la roche calcaire absorbant l'eau de manière inéluctable. Après plusieurs vaines tentatives de modification du lit, le projet fut abandonné en 1858. Le canal asséché se trouve à l'est de Cong.

Cercles et tombes

Entre l'exploration des grottes Pigeon Hole et Ballymaglancy Cave, arrêtez-vous auprès des mégalithes de la chambre funéraire appelée **Giant's Grave**. Un sentier pénètre dans la forêt, au sud de la R345 à destination de Clonbur, à environ 2 km de Cong. À une centaine de mètres de la route, prenez à gauche. Vous découvrirez la tombe sur votre droite.

La région abrite par ailleurs plusieurs cercles de pierres. Très impressionnant, les **Cong Stone Circles** se tiennent à 1,5 km du village, à l'est de la route de Neale (R345). En outre, à environ 3,5 km à l'est de Cong, au nord de la route de Cross (R346), on peut voir le **Ballymacgibbon Cairn**, site supposé d'une bataille à l'époque celtique. **Moytura House**, non loin du Lough Corrib, porte le nom de cette bataille. Oscar Wilde y a passé une partie de son enfance.

WESTPORT
☎ 098 • 4 250 habitants
Située sur la Carrowberg, la ville historique de Westport (Cathair na Mairt) donne sur Clew Bay, au sud du comté de Mayo. À l'instar de nombreuses petites villes irlandaises, Westport a été conçue avec goût et comprend une rue principale particulièrement pittoresque, The Mall, le long du fleuve. L'actuelle Wesport House fut édifiée sur le site d'un château de la famille O'Malley, jadis entouré d'une soixantaine de masures, les premières habitations de la ville. Elles disparurent lors de la construction du nouveau château.

Orientation et renseignements
Westport comprend deux parties : la ville proprement dite et Westport Quay, sur la baie, un peu à l'extérieur, sur la route de Louisburgh (R335). L'office de tourisme (☎ 25711), James St, ouvre tous les jours en juillet et août de 9h à 17h45, du lundi au samedi en avril et de juin à septembre de 9h à 17h45, en semaine seulement le reste de l'année de 9h à 12h45 et de 14h à 17h15.

Le cyberpub P. Dunning (☎ 25161), à l'angle de The Octagon et de James St, propose un accès Internet tous les jours de 11h à 21h, moyennant 7,60 € l'heure. L'Allied Irish Bank, Shop St, et la Bank of Ireland, North Mall, près de la poste, disposent de distributeurs de billets et d'un bureau de change. Enfin, signalons que le Bookshop (☎ 26816), Bridge St, offre une bonne sélection de cartes et de livres sur l'Irlande.

Pour tout renseignement sur la pêche dans la région, adressez-vous à Hewetson (☎ 26018), Bridge St.

Westport House
Le château actuel date de 1730 (☎ 25430, www.westporthouse.ie, Quay Rd ; 15,10/ 9,55/49 € adulte/enfant/famille (6 enfants max), parc animalier compris ; juil-fin août lun-ven 11h30-17h30 et sam-dim 13h30-17h30, juin et fin août-début sept tlj 13h30-17h30, fin avr-mai et sept dim 14h-17h, parc animalier seulement juin-fin sept). Du donjon factice à la boutique de souvenirs d'un goût douteux du "Gifte Shoppe", il n'est pas épargné par l'exploitation commerciale à outrance. Autrement dit, préférez visiter un autre manoir, plus authentique.

Pour aller à Westport House, dirigez-vous vers la sortie de la ville par Quay Rd, en direction de Croagh Patrick et de Louisburgh. Au bout de 1 km, juste avant Westport Quay, une route sur la droite conduit à l'entrée du parc.

Où se loger
Camping et auberges de jeunesse. Westport offre plusieurs options intéressantes pour les voyageurs à petit budget.

Parkland Caravan & Camping Park (☎ 27766, fax 25206, camping@ westporthouse.ie, Westport House, Quay Rd ; 19,70 € pour 2 pers avec voiture et tente, 16,50 € par tente pour randonneurs et cyclistes ; mi-mai-début sept). Aménagé dans le domaine de Westport House, ce vaste camping se situe dans un joli cadre boisé entre le fleuve et Clew Bay.

Old Mill Holiday Hostel (☎ 27045, fax 28640, Barrack Yard ; dortoirs 8,80 €, chambres 11,35-12,60 € par pers). Jouxtant l'office de tourisme, James St, cette jolie auberge de jeunesse IHH aménagée dans une maison ancienne comprend une vaste salle de séjour-cuisine et des dortoirs, mixtes ou non, propres et confortables. Entrée sous le porche.

Club Atlantic Holiday Hostel (☎ 26644, fax 26241, Altamount St ; dortoirs 10,10 €, simples 16,50-20,30 €, doubles 25,40-40,65 € ; mars-oct). Cet exceptionnel établissement An Óige/IHH, proche de la gare ferroviaire et à quelques minutes à pied du centre, propose salle de jeux, accès Internet, parc de 3 ha et vélos à louer. Il dispose d'une grande cuisine et prépare aussi des petits déjeuners, moyennant 3,15 €.

Granary Hostel (☎ *25903, Quay Rd ; dortoirs 9,45 € ; avr-oct*). Le charme de cette auberge de jeunesse installée dans une ancienne halle aux grains compense largement ses installations sommaires. Vous pourrez mettre votre lessive à sécher dans la véranda ou dans le jardin et faire vos courses au supermarché d'en face. Elle est située à Westport Quay, près de l'entrée de Westport House.

B&B. L'office de tourisme se charge des réservations dans les nombreux B&B de la ville. Cependant, si vous arrivez tard dans la soirée, rendez-vous Altamount St, non loin de la gare ferroviaire, où se concentrent les moins onéreux. D'autres jalonnent Quay Rd, près de l'entrée de Westport House.

Altamont House (☎ *25226, Altamount St ; 25,40 € par pers ; mars-oct*). Proche de la gare, cette maison sans prétention offre des chambres propres et un jardin bien tenu.

Adare House (☎ *26102, fax 26202, Quay Rd ; simples/doubles 32,40/48,30 €*). Cette élégante bâtisse de deux étages compte 6 chambres (dont 4 avec sdb), équipées de lits bien fermes.

Hôtels. Voici quelques-uns des hôtels agréables de la ville.

Hotel Clew Bay (☎ *25438, fax 25783, James St ; 41,30-63,55 € par pers*). Cet établissement au charme désuet loue 28 chambres joliment meublées.

Central Hotel (☎ *25027, fax 26316, The Octagon ; chambres 44,45-57,15 €*). Cette demeure ancienne entièrement rénovée se situe à une courte distance à pied des restaurants et des pubs.

Olde Railway Hotel (☎ *25166, fax 25090, The Mall ; 44,45-88,95 € par pers*). C'est dans cette maison victorienne de 15 chambres que l'écrivain anglais Thackeray résida lors de son tour de l'Irlande au XIXe siècle.

Où se restaurer

Quay Cottage (☎ *26412, The Harbour ; plats 16-22,50 € ; tlj 18h-22h*). Niché dans une petite rue latérale débouchant sur Westport House, cet adorable restaurant se spécialise dans les plats de fruits de mer. La carte comprend aussi quelques viandes et spécialités végétariennes.

The Towers (☎ *26534, The Harbour ; plats 7,50-12,50 €*). Ce pub de style Tudor compte plusieurs salles confortables et un jardin. Il sert des plats traditionnels et variés à toute heure, en privilégiant tout de même les fruits de mer. Goûtez notamment son *Atlantic platter*, assiette de dégustation de toutes les spécialités de poisson de la carte.

La Bella Vita Ristorante (☎ *26679, High St ; pâtes 8,25-13,90 €, plats 14-19 €*). À la carte de ce sympathique restaurant italien, une belle variété de pâtes, ainsi que des plats de viandes et végétariens.

The Reek (☎ *28955, High St ; plats 8-13 € ; mar-dim*). On peut déjeuner en toute tranquillité ou prendre simplement une collation ou une boisson dans cet établissement accroché sur la colline au-dessus du centre. Laissez-vous tenter par les desserts, délicieux.

O'Malley's (☎ *25101, Bridge St ; plats 9,45-19 €*). Jouissant d'un immense succès, ce pub offre un choix étonnant de plats, qui s'inspirent de spécialités thaïlandaises, indiennes, sri-lankaises, mexicaines ou italiennes.

McCormack's (*Bridge St ; plats 5,50-8 €*). Si le café (à l'étage) affiche complet, patientez en jetant un coup d'œil aux tableaux de l'Andrew Stone Gallery, juste en face sur le palier.

O'Cee's (*The Octagon ; repas 4,75-6,30 € ; lun-sam 8h30-19h et dim 10h-18h*). À deux pas d'un supermarché, cette cafétéria attire une foule nombreuse.

Où sortir

Matt Molloy's (☎ *26655, Bridge St*). Ce magnifique vieux pub au sol en bois s'agrémente d'une belle cheminée et renferme un incroyable bric-à-brac. Tenu par Matt Molloy, du groupe des Chieftains, il fait salle comble lors des concerts de musique traditionnel. Droit d'entrée parfois demandé s'il s'agit de musiciens célèbres.

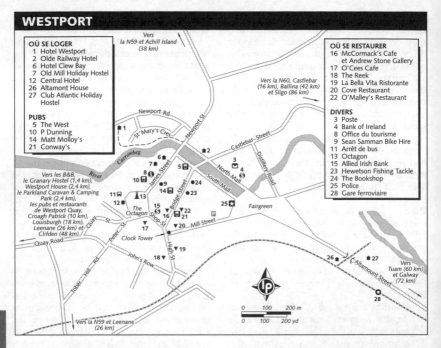

WESTPORT

OÙ SE LOGER
1 Hotel Westport
2 Olde Railway Hotel
6 Hotel Clew Bay
7 Old Mill Holiday Hostel
12 Central Hotel
26 Altamont House
27 Club Atlantic Holiday Hostel

PUBS
5 The West
10 P Dunning
14 Matt Molloy's
21 Conway's

OÙ SE RESTAURER
16 McCormack's Cafe et Andrew Stone Gallery
17 O'Cees Cafe
18 The Reek
19 La Bella Vita Ristorante
20 Cove Restaurant
22 O'Malley's Restaurant

DIVERS
3 Poste
4 Bank of Ireland
8 Office du tourisme
9 Sean Samman Bike Hire
11 Arrêt de bus
13 Octagon
15 Allied Irish Bank
23 Hewetson Fishing Tackle
24 The Bookshop
25 Police
28 Gare ferroviaire

Vers la N59 et Achill Island (38 km)

Vers la N60, Castlebar (16 km), Ballina (42 km) et Sligo (86 km)

Newport Rd

St Mary's Cres

Newport St

Castlebar Street

Distillery Road

North Mall

South Mall

Carrowbeg River

James Street

Bridge Street

Shop St

The Octagon

Peter St

Quay St

Vers les B&B, le Granary Hostel (1,4 km), Westport House (2,4 km), le Parkland Caravan & Camping Park (2,4 km), les pubs et restaurants de Westport Quay, Croagh Patrick (10 km), Louisburgh (18 km), Leenane (26 km) et Clifden (48 km)

Clock Tower

Quay Road

Toker Hill Rd

John's Row

High St

Mill Street

Fairgreen

Vers Tuam (60 km) et Galway (72 km)

C Altamount Street

Vers la N59 et Leenane (26 km)

0   100   200 m
0   100   200 yd

Conway's (☎ 26145, Bridge St). Avec ses murs en bois sombre, son plafond noir de fumée et son atmosphère bon enfant, cet établissement dégage un charme suranné fort sympathique. Comme le précédent, il remporte un vif succès les soirs de concert.

The West (☎ 28984, Bridge St). À l'angle de South Mall, voici un autre pub traditionnel enfumé qui séduit une clientèle variée. Musique le dimanche.

P. Dunning (☎ 25161, The Octagon). En semaine, les habitants viennent assister aux retransmissions télévisées des grands événements sportifs. Le week-end, la salle accueille des musiciens. Par beau temps, on installe des tables dehors.

Comment s'y rendre
Des bus Éireann (☎ 096-71800) relient du lundi au samedi The Octagon, à Westport, aux villes suivantes : 2 pour Achill (1 le dim), 4 maximum pour Ballina (2 le dim), 2 pour Belfast (bus 66), jusqu'à 7 pour Cork

(2 le dim), jusqu'à 8 pour Galway (4 le dim) et 2 pour Sligo (1 le dim). Pour rejoindre l'aéroport de Shannon et Limerick, changez à Galway. La gare ferroviaire (☎ 25253) se trouve Altamount St, non loin du centre. Trois trains quotidiens (4 le dim) rallient Dublin (3 heures) *via* Athlone.

Comment circuler
Pour un taxi, appelez Moran's Executive Taxis (☎ 25539). Sean Sammon Bike Hire (☎ 25020), James St, loue des bicyclettes 7,60 € la journée. Adressez-vous sinon au Club Atlantic Holiday Hostel (voir *Où se loger*, plus haut), qui édite par ailleurs en trois langues des itinéraires de balades.

ENVIRONS DE WESTPORT
Croagh Patrick
Le mont Croagh Patrick (appelé aussi The Reek) domine le sud-ouest de la ville. C'est depuis son sommet que saint Patrick réussit à expulser à jamais tous les serpents

venimeux du pays. L'ascension de ses 765 m représente toujours un acte de contrition pour des centaines de pèlerins, le dernier dimanche de juillet (Reek Sunday). Certains suivent même les 40 km du Tóchar Phádraig (chaussée de Saint-Patrick), depuis Ballintubber Abbey et effectuent l'ascension de la montagne pieds nus.

Pour le commun des mortels, le chemin d'accès démarre à côté du pub Campbell's, dans le village de **Murrisk** (Muraisc), à l'ouest de Westport. Un panneau indique la direction (entre le pub et le parking). Un centre d'information (☎ 098-64114) se tient depuis peu à l'entrée du chemin. Il ouvre tous les jours de 11h à 17h. Par beau temps, la grimpette de 1 ou 2 heures jusqu'à la chapelle est récompensée par un splendide panorama sur les environs.

En face du parking se dresse le **National Famine Memorial**, sculpture métallique d'un trois-mâts recouvert de squelettes commémorant la Grande Famine. Le sentier qui descend juste à côté conduit aux vestiges de **Murrisk Abbey**, fondée par les O'Malley en 1547.

Louisburgh et les environs
☎ 098 • 500 habitants

Louisburgh (Cluain Cearbán) doit son nom au premier marquis de Sligo, son fondateur, dont l'un des parents se battit contre les Français à la bataille de Louisbourg au Canada. Le **Granuaile Visitors Centre** (☎ 25711, 66341, Church St ; 3,15/1,60 € adulte/ enfant ; juin-sept lun-sam 10h-18h), aménagé dans une église désaffectée, retrace l'histoire de Grace O'Malley (1530-1603), reine des pirates et la plus célèbre des O'Malley. Il présente par ailleurs une exposition sur les ravages provoqués par la Grande Famine.

Plusieurs **plages** très agréables parsèment la côte environnante. Old Head Beach (labellisée "drapeau bleu" par l'UE) et Silver Strand, plages de sable, se prêtent bien au surf et aux autres sports aquatiques.

Old Head Forest Caravan & Camping Park (☎ 087 648 6885, fax 01-280 1206, Old Head, Louisburgh ; tente familiale 10,15 €, randonneurs et cyclistes 6,35 € ; juin-sept). Ce camping de taille moyenne, à 4 km de Louisburgh, un peu à l'écart de la route de Westport, n'est qu'à quelques minutes à pied d'Old Head Beach.

Du lundi au samedi, le bus 450 de la compagnie Bus Éireann (☎ 096-71800) effectue la liaison Westport-Louisburgh, *via* Murrisk, trois fois par jour.

Doolough Valley

Deux routes relient Westport à Leenane (comté de Gallway). Celle qui suit la côte (la R335), en passant par Louisburgh et Delphi, traverse l'étonnante Doolough Valley. D'une beauté sauvage, elle recèle le solitaire **Doo Lough** (lac noir), derrière lequel se dessine les **Mweelrea Mountains**. Au sud du lac, le **Bengorm** se dresse à 702 mètres. Les prairies vert tendre ponctuées de pierres humides brillantes se parent soudain de nuances grises lorsque les nuages venus de l'Atlantique envahissent la campagne.

Pendant la Grande Famine, 600 hommes, femmes et enfants de cette vallée marchèrent de Louisburgh au Delphi Lodge, espérant recevoir quelque nourriture des propriétaires. Devant le refus de ces derniers, ils s'en retournèrent chez eux et près de 400 périrent sur le chemin. Un monument à leur mémoire se dresse au bord de la route.

DELPHI
☎ 095

Les Browne de Westport, initialement catholiques, se convertirent au protestantisme pour échapper aux contraintes des lois pénales. L'un des leurs put ainsi devenir marquis de Sligo à l'époque de l'union avec la Grande-Bretagne, en 1801. C'est le deuxième marquis, ami de lord Byron, qui, après un voyage en Grèce, baptisa Delphi sa résidence de chasse, construite entre les comtés de Galway et de Mayo.

Delphi Lodge (☎ 42211, fax 42296, Leenane ; simples/doubles 114,30/152,50 €). Ce pavillon reçoit aujourd'hui surtout des pêcheurs fortunés, venus pratiquer leur hobby sur les eaux calmes des lacs de la région. Permis de pêche obligatoire.

Mountain Lodge & Spa (☎ 42987, 42208, fax 42303, delphigy@iol.ie, www.delphiescape.com, Leenane ; simples/ doubles à partir de 151/277 € avec repas et 25 activités *par soir)*. Ce splendide et tranquille établissement offre plusieurs activités de plein air et des soins de thalassothérapie.

CLARE ISLAND
☎ 098 • 150 habitants
Clare Island se tient face à Clew Bay, à 5 km de Roonagh Quay, sur la côte. Le Bay View Hotel (☎ 26307), près du port, fournit des informations touristiques.

Cette île montagneuse culmine au **mont Knockmore** (461 m), qui domine tous les alentours. Elle comprend les vestiges de **Clare Island Abbey**, abbaye cistercienne des environs de 1460, et de **Granuaile's Castle**, qui furent tous deux liés à la pirate Grace O'Malley. Elle venait en effet se réfugier dans la tour du château, qui subit de graves dommages après l'attaque des gardes-côte en 1831. Grace serait inhumée dans la petite abbaye, qui renferme une pierre portant la devise de sa famille : "Invincible sur terre et sur mer".

L'île, dotée de plages de sable sans danger, offre aussi d'agréables **randonnée**s par beau temps. Elle abrite encore quelques craves à bec rouge.

Où se loger et se restaurer
Cois Abhainn (☎ *26216 ; à partir de 22,85 € par pers)*. Isolé à souhait, ce B&B tenu par Mary O'Malley se situe à 5 km du port, dans l'angle sud-ouest de l'île. On peut venir vous prendre en voiture.

Bay View Hotel (☎ *26307, fax 26002, simples/doubles 31,50/56,70 € ; juin-sept)*. Cet établissement tout proche du port reçoit surtout des amateurs de pêche à la ligne, de voile et de plongée.

Clare Island Lighthouse (☎ *45120, fax 45122 ; simples/doubles 89/153 €)*. Au nord de l'île, cet hôtel original, édifié en 1806, offre une qualité et un confort en rapport avec les prix pratiqués.

Si vous passez juste une journée sur l'île, mieux vaut prévoir votre pique-nique. Sinon, le Bay View Hotel et les B&B servent des repas le soir (à partir de 15,25 €).

Comment s'y rendre
Clare Island Ferries (☎ 28288, 087 414853) et O'Malley's Ferries (☎ 25045, 087 232 1785) effectuent la traversée de 25 minutes depuis Roonagh Quay, 8 km à l'ouest de Louisburgh (12,60/6,30 € aller-retour adulte/enfant). Ils assurent 8 rotations quotidiennes en juillet et août et de 3 à 5 par jour en mai, juin et septembre. Adressez-vous aux compagnies pour les horaires de la période allant d'octobre à avril.

INISHTURK ISLAND
☎ 098 • 98 habitants
Bien que cette île à une douzaine de kilomètres à l'ouest de Mayo recèle des vestiges d'une vie préchrétienne, il semble que la majorité des ancêtres des habitants actuels y aient vécu seulement à partir de l'époque de Cromwell. Malgré ses deux belles **plages de sable** (sur la côte est), une **faune** et une **flore** exceptionnelles et un terrain vallonné et sauvage propice aux **balades**, Inishturk demeure souvent méconnue des touristes.

L'île compte néanmoins quelques B&B.
Teach Abhainn (☎ *45110, fax 45778, Inishturk ; simples/doubles 25,40/40,65 € ; toute l'année)*. À environ 1,5 km du port, les propriétaires de cette ferme en activité proposent 7 chambres confortables, avec sdb commune, et préparent de savoureux repas à partir de produits bios (17,80 € le dîner).

Ocean View House (☎ *45520, fax 45655, Inishturk ; simples/doubles 25,40/45,70 € par pers ; toute l'année)*. Non loin du port, cette demeure compte 6 chambres impeccables (dont 3 avec sdb) et sert aussi des repas bios (19 € le dîner).

Helen et John Heane (☎ 45541) effectuent les liaisons en ferry depuis Cleggan, dans le comté de Galway, et Roonagh Quay. Le *Caher Star* part de Cleggan à 11h et 18h du mardi au jeudi, et de Roonagh Quay à 11h et 18h30 du vendredi au lundi (18,90/9,45 € aller-retour adulte/enfant).

ACHILL ISLAND
☎ 098 • 3 500 habitants
Reliée au continent (au niveau de Curraun Peninsula) par un pont, Achill (An Caol) réussit à offrir à elle seule des vues magnifiques, des landes typiques et des montagnes. Cette île de 147 km^2, la plus grande des côtes irlandaises, passa la majeure partie du

Grace O'Malley

Fille d'un chef Connaught, Grace O'Malley (1530-1603), appelée aussi Granuaile, monta sa propre flotte et commanda sa propre armée. Installée à Clare Island, elle surveillait toute la région de Clew Bay et attaquait les navires acquis à la cause britannique. Elle épousa en 1566 Richard Burke, le chef d'un clan voisin (Donal O'Flaherty, son premier mari, était mort quelques années plus tôt). Elle devint si puissante que les marchands de Galway sollicitèrent l'Intervention du gouverneur anglais.

En 1574, son château (Carrigahowley Castle, appelé aujourd'hui Rockfleet Castle, près de New-port) fut assiégé, mais elle réussit à mettre les Anglais en déroute. Jetée en prison en 1577, elle parvint mystérieusement à obtenir sa libération en échange d'une promesse de bonne conduite. Au cours des années suivantes, elle conclut des alliances ingénieuses tant avec que contre les Anglais.

En 1593, lors d'un voyage à Londres, elle reçut le pardon de la reine Elisabeth Ire, qui lui offrit même le titre de comtesse. Grace, qui se considérait déjà comme la reine de Connaught, refusa.

De retour en Irlande, il semble qu'elle collabora avec les Anglais, mais il paraît plus probable qu'elle soit restée farouchement indépendante. Son nom apparaît pour la dernière fois dans les State Papers anglais de 1601, lorsqu'un capitaine raconte avoir croisé un navire commandé par l'un de ses fils, qui s'apprêtait à piller un bateau.

XXe siècle ignorée du développement touristique et, aux dires de certains îliens, du gouvernement irlandais lui-même. Elle compte peu de terres arables, et les emplois susceptibles de retenir ou d'attirer les jeunes se font rares. Le village abandonné de Slievemore illustre parfaitement le déclin dont ont souffert les zones rurales isolées en Irlande. Le tourisme se développe néanmoins à présent, entraînant du même coup l'apparition de nouveaux "villages déserts", ces hameaux de cottages identiques les uns aux autres qui restent vides neuf mois sur douze.

C'est à Keel que se concentre toute l'activité de l'île.

Renseignements

Très serviable, l'office de tourisme (☎ 47353), installé dans un bungalow à côté de la station-service Esso de Cashel, ouvre en semaine de 9h à 17h toute l'année (un peu plus tard en juillet et août). Le bureau du Bord Fáilte (☎ 45384), dans l'autre bungalow, n'est ouvert qu'en juillet et août.

La plupart des villages possèdent une poste. À Keel, le supermarché O'Malley's Spar fait office de poste et de bureau de change. L'île ne compte pas de banque, mais des véhicules bancaires se rendent régulièrement dans les hameaux (horaires indiqués dans *A Visitor's Guide* édité par l'office de tourisme). Un distributeur de la Bank of Ireland se trouve devant la boutique d'artisanat à côté du supermarché Sweeney's.

Village abandonné de Slievemore

Plusieurs raisons ont été avancées pour expliquer l'abandon de Slievemore, au milieu du XIXe siècle. Les maisons appartenaient essentiellement à des éleveurs de bétail, qui, à la suite de la Famine, furent sans doute contraints d'habiter plus près de la mer et s'installèrent définitivement sur la côte, à Dooagh.

Dooagh

C'est dans ce village que débarqua en septembre 1982 Dun Allum, premier navigateur à traverser dans les deux sens l'océan Atlantique, après 77 jours de mer.

Plages

Vous pourrez vous prélasser à loisir sur les jolies plages de sable de l'île, généralement désertes, même par beau temps. Essayez notamment celles de Keel, de Keem, de Dugort (Doogort sur certaines cartes), labellisées "drapeau bleu", de Dooega, de Dooagh et de Dooniver.

COMTÉ DE MAYO

COMTÉ DE MAYO

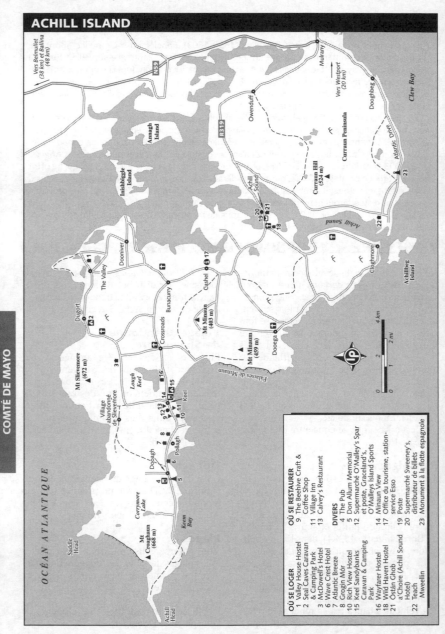

ACHILL ISLAND

OÙ SE LOGER
1 Valley House Hostel
2 Seal Caves Caravan
  & Camping Park
3 McDowell's Hotel
6 Wave Crest Hotel
7 Atlantic Breeze
8 Grogin Mór
10 Rich View Hostel
15 Keel Sandybanks
  Caravan & Camping
  Park
16 Wayfarer Hostel
18 Wild Haven Hostel
21 Ostán Ghob
  a'Choire (Achill Sound
  Hotel)
22 Teach
  Mweellin

OÙ SE RESTAURER
9 The Beehive Craft &
  Coffee Shop
11 Village Inn
13 Calvey's Restaurant

DIVERS
4 The Pub
5 Don Allum Memorial
12 Supermarché O'Malley's Spar
  et poste, Graceland's,
  O'Malleys Island Sports
14 Minaun View
17 Office du tourisme, station-
  service Esso
19 Poste
20 Supermarché Sweeney's,
  distributeur de billets
23 Monument à la flotte espagnole

Activités sportives

L'île séduira les amoureux de la **marche**. Sans difficulté particulière, son point culminant (Mt Slievemore, 672 m), accessible à partir du village abandonné, offre un panorama sublime sur Blacksod Bay. Pour une randonnée plus longue, gravissez le mont Croaghaun (668 m), poursuivez jusqu'à Achill Head et arpentez les hautes falaises de l'île, très spectaculaires. Cette promenade figure dans le guide *New Irish Walk Guides: West and North* (Gill & Macmillan), de Tony Whilde et Patrick Simms.

Le magasin **O'Malley's Island Sports** (☎ 43125, Keel) vend du matériel de **pêche** et loue des bateaux.

Festivals

Les deux premières semaines d'août, se déroule le Scoil Acla Festival (☎ 47306), qui promeut la culture et la musique irlandaise grâce à de multiples manifestations. La plupart des groupes finissent la soirée dans les pubs. De mai à septembre, la plupart des pubs et des hôtels reçoivent des musiciens.

Où se loger

Campings. Voici les campings situés en bord de mer.

Keel Sandybanks Caravan & Camping Park (☎ 43211, fax 32351, Keel ; emplacement 8,25 € ; fin mai-début sept). Installé à côté de la plage de sable Keel Strand, il offre une salle de TV, une laverie, des douches chaudes et une cuisine.

Seal Caves Caravan & Camping Park (☎ 43262, The Strand, Dugort ; emplacement 8,25 €, plus 0,65 € par pers). Niché dans une crique protégée, au nord de l'île, ce terrain de camping jouit d'un panorama magnifique et jouxte deux plages "drapeau bleu".

Auberges de jeunesse. L'île en compte plusieurs très accueillantes.

Wild Haven Hostel (☎ 45392, Achill Sound ; dortoirs/chambres 9,45/12,60 € par pers). Juste après le pont, derrière l'église, cette auberge de jeunesse très conviviale, dotée d'un bar, prépare petit déjeuner et dîner sur commande.

Rich View Hostel (☎ 43462, Keel ; dortoirs/chambres 8,90/12,70 € par pers). Shay, le sympathique propriétaire des lieux, se montre intarissable sur l'île. Il met à la disposition de ses hôtes une cuisine avec réfrigérateur, des douches et des livres dans la salle commune.

Valley House Hostel (☎ 47204, fax 47334, The Valley ; dortoirs 8,20 € ; mi-mars-oct). Au nord de l'île, cette auberge de jeunesse, toute proche de belles plages de sable, jouit d'une belle vue sur le mont Slievemore. Elle possède un bar. Pour la trouver, prenez la route de Keel, puis tournez à droite (nord-est) au croisement de Bunacurry, au panneau Dungort.

Wayfarer Hostel (☎/fax 43266, Keel ; dortoirs/chambres 9,45/10,70 € par pers ; mi-mars-début oct). Donnant sur la baie, cette vaste maison de deux étages propose des chambres impeccables, une laverie et un salon.

B&B et hôtels. Il en existe un choix varié sur l'île.

Atlantic Breeze (☎ 43189, Pollagh, Keel ; simples/doubles 28/43 € ; avr-sept). Cette propriété de 3 chambres, dotée d'un parc avec un point de vue superbe, loue des vélos et propose un service de baby-sitting.

Grogin Mór (☎ 43385, Pollagh, Keel ; simples/doubles non fumeurs 36/49 €). Ce petit B&B très confortable, tout proche de Keel, loue également des bicyclettes.

Óstán Ghob a'Choire (Achill Sound Hotel ; ☎ 45245, fax 45621, Achill Sound ; simples/doubles 36/61 €). À l'ouest du pont d'Achill Sound, cet hôtel moderne et un tantinet clinquant, le premier que l'on voit en arrivant sur l'île, propose des soirées de musique et de danse irlandaises en juillet et août.

Wave Crest Hotel (☎ 43115, Dooagh ; 24,15-33 € par pers). Comparé au précédent, cet établissement peut sembler bien terne mais il est très convivial, et dispose d'un bar qui sert de l'excellente Guinness.

Où se restaurer

Calvey's Restaurant (☎ 43158, Keel ; plats 5-16,50 € ; lun-sam). Il accommode des fruits de mer pêchés dans les environs et la viande de sa propre boucherie.

COMTÉ DE MAYO

Village Inn (☎ *43214, Keel ; plats 7-15,50 €*). Optez pour une soupe et un sandwich à savourer près de la cheminée dans le bar ou pour un dîner plus élaboré dans la salle de restaurant attenante.

The Beehive Craft & Coffee Shop (☎ *43134, Keel ; snacks moins de 7 € ; Pâques-oct tlj 10h45-17h45*). Ce café, qui fait également boutique d'artisanat, se spécialise dans les soupes maison servies avec des scones et accompagnées de tartes et de pâtisseries délicieuses.

Graceland's (☎ *43147, Keel ; 2,90-6,30 €*). Ce vaste et clair café self-service, tenu par un fan d'Elvis, propose des soupes, des sandwiches ou des salades de fruits de mer, le tout copieux et bon.

Vous pouvez faire vos courses au supermarché **Sweeney's**, après le pont, à l'entrée d'Achill, ou au **O'Malley's Spar** de Keel. La plupart des hôtels ont un restaurant ouvert midi et soir.

Comment s'y rendre
Du lundi au samedi, toute l'année, un Bus Éireann (☎ 096-71800) traverse l'île à partir de Dooagh. Il passe par Keel, Dugort, Dooega et Achill Sound, puis gagne Mulrany, Newport, Westport et Ballina. Vérifiez les horaires, qui changent tous les jours, à l'office de tourisme. En juillet et août, le bus 66 va de Dooagh à Keel, Achill Sound, Westport, Sligo, Enniskillen et Belfast. Il part de Dooagh à 7h30 et d'Achill Sound 20 minutes plus tard. Depuis Westport, il démarre à 17h45.

Comment circuler
Plusieurs boutiques louent des bicyclettes, notamment O'Malley's Island Sports (☎ 43125), l'agence Raleigh Rent-a-Bike de Keel.

MULLET PENINSULA
☎ 097
Cette région au charme étrange, très isolée et peu peuplée, sans doute l'une des moins visitées du pays, subit les assauts de l'Atlantique sur la côte ouest, tandis que la côte est donne sur Blacksod Bay, beaucoup plus abritée. Particulièrement plate, la péninsule ne dépasse guère 30 m au-dessus du niveau de la mer. Marécageuse, elle forme un cadre rude et peu hospitalier. On y parle le gaélique, et Belmullet est la ville principale.

Renseignements
Situé à Belmullet, l'Erris Tourist Information Centre (☎ 81500), Barrack St, ouvre de 9h30 à 16h30 les jours de semaine, de Pâques à septembre. L'Ulster Bank (Banc Uladh), Main St, et la Bank of Ireland, Carter Square, près du rond-point, disposent d'un distributeur. La poste se tient à l'extrémité ouest de Main St, face à Údarás na Gaeltachta (administration du Gaeltacht, ☎ 82382) et à la bibliothèque, qui présente une petite exposition sur l'île.

Belmullet
Fondée en 1825 par le grand propriétaire local William Carter, Belmullet (Béal an Mhuirthead), organisée autour d'une voie centrale et de rues transversales, ne présente guère d'originalité.

Blacksod Point et les environs
Au sud de Belmullet, la route serpente autour de la péninsule avant de gagner Aghleam. Les vestiges d'une ancienne église se dressent sur la pointe. On découvre au large l'endroit où arriva en 1588 le navire de la flotte espagnole *La Rata Santa Maria Encoronada*, incendiée par son capitaine. L'épave se trouve toujours au fond de Blacksod Bay.

La route de Blacksod Point traverse **Elly Bay**, sur la côte est, qui comprend une plage agréable et se révèle idéale pour observer les oiseaux. Plus au sud, elle longe **Mullaghroe Beach**, une plage de sable. Au tout début du XXe siècle, un port baleinier était installé à Ardelly Point, au nord de cette plage.

Doonamo Point
Édifié sur une langue de terre et protégé par la mer, ce petit fort pittoresque constitue la principale caractéristique du nord de Belmullet. D'autres forteresses ponctuent la côte plus au nord à Doonaneanir et Portnafrankach, près d'Erris Head, mais sont plus difficiles d'accès.

Où se loger et se restaurer
Les B&B bordent la route principale conduisant à Belmullet.

Mill House *(☎ 81181, American St ; simples/doubles 31/49 € ; juin-août)*. Proche de Carter Square, cette maison loue des chambres confortables d'un bon rapport qualité-prix, ainsi que des bicyclettes.

Western Strands Hotel *(☎ 81096, Main St ; simples/doubles 32/51 €)*. Au centre, ce pub animé propose chambres et repas corrects dans un cadre désuet.

Square Meal Restaurant *(☎ 20984, Carter Square ; plats 5,35-11 € ; lun-sam 9h-18h, dim 11h-16h)*. Cet établissement agréable sert des plats copieux sinon exceptionnels sur de jolies tables en bois.

Appetiser Café *(☎ 82222, Main St ; plats 5,35-12 €)*. À deux pas du rond-point, ce café convivial prépare soupes, salades et sandwiches, ainsi que des repas plus complets.

Comment s'y rendre

Du lundi au samedi, un Bus Éireann relie quotidiennement (2 fois par jour en juillet et août) Ballina à Bangor Erris (1 heure) et Belmullet (1 heure) puis Blacksod Point. Adressez-vous à la gare routière de Ballina (☎ 096-71800) pour les horaires. McNulty's Coaches (☎ 81086), dans Chapel St, juste après la poste à Belmullet, assure une liaison 4 fois par semaine avec Castlebar.

Comment circuler

À Belmullet, Walsh's Garage (☎ 82260), Chapel St, face à l'agence McNulty's Coaches, loue des vélos.

POLLATOMISH

☎ 097 • 150 habitants

Pollatomish (Poll an Tómais), ou Pullathomas, est un adorable petit village à environ 16 km à l'est de Belmullet, indiqué sur la route de Ballycastle (R314). Promenez-vous sur la jolie **plage** de sable toute proche et marchez jusqu'à **Benwee Head**, qui offre un panorama superbe.

Kilcommon Lodge Hostel *(☎/fax 84621, Pollatomish ; dortoirs 9,45 € ; toute l'année)*. Cette charmante petite auberge de jeunesse du réseau IHH propose 20 lits en dortoirs impeccables, les repas du soir et des feux de tourbe dans la salle de séjour.

BALLYCASTLE ET LES ENVIRONS

☎ 096 • 200 habitants

La région de Ballycastle (Baile an Chaisil) recèle les plus anciens et plus nombreux vestiges de l'âge de pierre en Europe et jouit de paysages somptueux. Le village se compose d'une unique rue, en pente. La boutique d'artisanat du Ballycastle Resource Centre, Main St, fournit des renseignements touristiques.

Céide Fields

Il y a plus de 5 000 ans, un groupe de population cultivant le blé et l'orge et élevant du bétail et des moutons vivait à Céide Fields (Achaidh Chéide). La prolifération des tourbières entraîna le déclin, puis la fin de cette communauté. Les bâtiments en pierre de leurs habitations finirent pas disparaître complètement dans les marécages. Les fermiers, en appauvrissant peu à peu les sols, avaient peut-être contribué eux-mêmes à leur perte, mais il est possible aussi que l'humidité ambiante ait rendu inévitable le développement des tourbières. Ces fermes, enfouies sous la tourbe pendant des millénaires, ont été exhumées pour être présentées au public. Elles représenteraient le plus grand site de l'âge de pierre du monde.

Ne manquez pas l'**Interpretive Centre** *(☎ 43325, Ballycastle ; 3,15/1,25 € adulte/enfant ; juin-août tlj 9h30-18h30, sept tlj 9h30-17h30, mi-mars-mai/oct tlj 10h-17h, nov tlj 10h-16h30)*. Aménagé par l'organisme du patrimoine Dúchas dans une pyramide en verre donnant sur le site, il comprend une présentation audiovisuelle expliquant l'architecture, la botanique et la géologie du lieu. Il abrite un salon de thé et une terrasse panoramique, de l'autre côté de la route.

Céide Fields se tient à 8 km à l'ouest de Ballycastle, sur la R314.

Downpatrick Head

Au nord-est de Ballycastle, Downpatrick Head comprend une sorte de cheminée rocheuse, protégée par une barrière, dans laquelle s'engouffrent parfois les vagues. Le rocher juste en face de la côte est surnommé **Dun Briste**.

Où se loger et se restaurer

Céide House (☎ *43105, Main St ; 26 € par pers*). En plein cœur du village, ce pub offre des chambres très bon marché. La musique risque toutefois de vous déranger.

Sunatrai (☎ *43040, Killala Rd ; simples-doubles 31,75/43,20 € ; mi-juin-mi-août*). Optez si possible pour ce B&B, qui jouit d'une vue fabuleuse et offre d'excellents petits déjeuners. Les propriétaires parlent français.

Mary's Cottage Kitchen (☎ *43361, Main St ; plats 4,70-8,25 €*). Tout en bas de Main St, cette boulangerie dans un cottage en pierre propose de savoureux sandwiches et des repas légers, sans oublier les sublimes tartes aux pommes et à la rhubarbe.

Comment s'y rendre

Du lundi au samedi, le bus 445 de la compagnie Bus Éireann (☎ 71800) circule une ou deux fois par jour entre Ballina et Ballycastle. Il s'arrête devant le pub Katie Mac's.

KILLALA ET LES ENVIRONS
☎ 096 • 710 habitants

Si le bourg de Killala (Cill Alaidh ou Cill Ála) n'offre en lui-même guère d'intérêt, il mérite néanmoins un détour pour son cadre superbe en face de Killala Bay, et son passé historique.

Saint Patrick aurait fondé Killala. La cathédrale de la Church of Ireland se dresserait sur le site de la première église chrétienne, dans laquelle saint Patrick aurait consacré le premier évêque de la ville, Muiredach. Sa tour ronde de 25 m témoigne du rôle prépondérant que joua cette ville au début de l'histoire de l'Église. Frappé par la foudre en 1800, le toit a été reconstruit plus tard.

Le 22 août 1798, plus de 1 000 grognards français, sous les ordres du général Humbert, débarquèrent à Killala. Ils devaient inciter les paysans à se soulever contre le joug anglais (et à soutenir Napoléon dans sa guerre contre l'Angleterre). Killala, Ballina et Castlebar se rangèrent rapidement à leurs côtés. Mais, le 8 septembre, Cornwallis vainquit les troupes d'Humbert à Ballinamuck, dans le comté de Longford. L'évêque protestant Stock, emprisonné par les Français, écrivit un compte rendu très détaillé de l'arrivée d'Humbert à Killala ; son *Narra-tive* est encore disponible dans certaines librairies de Ballina et de Castlebar.

Renseignements

Le Community Centre (☎ 32166), à l'entrée de Killala, sur la route de Ballina (R314), fournit des renseignements touristiques tous les jours de juillet à septembre, de 9h30 à 17h30. Le village ne possède ni banque ni distributeur. La poste se trouve au centre.

Kilcummin et Lackan Bay

C'est à Kilcummin, à l'extrémité de Killala Bay, que débarquèrent les hommes du général Humbert en 1798. Un panneau sur la droite indique la route à prendre. Sur la R314, juste après l'embranchement pour Lackan Bay, la sculpture d'un soldat français aidant un paysan irlandais s'élève à l'endroit où mourut le premier militaire français sur le sol d'Irlande. Abritant une belle plage de sable, Lackan Bay ravira les enfants.

Où se loger et se restaurer

Mieux vaut préférer les établissements à l'extérieur de Killala.

Beach View (☎ *32023, Ross, Killala ; simples/doubles 32,40/48,25 €*). À 3 km de la ville, cet hôtel, fléché sur la R314 en direction du nord, vers Ballycastle, se tient à quelques pas de Ross Strand. Il offre des chambres propres avec des douches chaudes, donnant sur un grand jardin.

Chez Nous (☎ *32056, Ross, Killala ; simples/doubles 27,95/45,70 €*). Proche du Beach View, ce B&B se révèle tout aussi propre et confortable.

En matière de repas, le choix s'avère assez limité.

Anchor Inn (*Ballycastle Rd ; repas 2,90-15,25 €*). Ce pub sans prétention offre le meilleur rapport qualité-prix du village avec des repas corrects, de type saucisses/steak-frites.

Comment s'y rendre

Le bus Ballina-Ballycastle, qui passe une ou deux fois par jour du lundi au samedi, s'arrête devant le marchand de journaux McGregor's. Contactez les Bus Éireann (☎ 71800) pour tout renseignement.

BALLINA ET LES ENVIRONS
☎ 096 • 8 200 habitants

Plus grande ville du comté, Ballina (Béal an Átha, prononcez balli-**nag**), bien connue des pêcheurs, permet de découvrir facilement le nord du Mayo et la North Mayo Sculpture Trail. L'office de tourisme vous indiquera les randonnées intéressantes possibles dans les environs.

Plutôt quelconque, Ballina compte néanmoins quelques pubs et restaurants corrects. C'est aussi la ville de naissance de Mary Robinson, ancienne et populaire présidente de la république d'Irlande (1990-1997).

Renseignements
À côté de St Muredach's Cathedral, de l'autre côté de la Moy, l'office de tourisme (☎ 70848), Cathedral Rd, ouvre de 10h à 13h et de 14h à 17h30 du lundi au samedi, de mi-avril à septembre. Plusieurs banques jalonnent Pearse St, notamment l'Ulster Bank et la Bank of Ireland, dotées toutes deux d'un distributeur et d'un bureau de change. La poste se trouve en haut d'O'Rahilly St, dans le prolongement de Pearse St.

Keohane's Bookshop (☎/fax 21475), Tone St, dispose d'un bon choix de cartes et de guides de randonnée. La laverie Jiffy Cleaners (pas en libre service) se tient juste en face.

Rosserk Abbey
Non loin de la Rosserk, un affluent de la Moy, cette abbaye franciscaine date du XVe siècle. Admirablement bien conservée, elle renferme encore dans le chœur un petit bassin entièrement sculpté destiné à recueillir les eaux de purification des calices. Tout comme Rathran Abbey près de Killala, Rosserk Abbey fut brûlée au XVIe siècle par Richard Bingham, gouverneur anglais de Connaught.

Pour vous y rendre, quittez Ballina par la R314 en direction de Killala. Au bout de 6,5 km, prenez à droite au panneau indicateur, puis à gauche au premier croisement. Poursuivez sur 1 km jusqu'au panneau suivant, sur la droite.

North Mayo Sculpture Trail
Ce chemin (Tír Sáile en gaélique), qui comporte 15 sculptures, suit la R314 et la R313 de Ballina à Blacksod Point à l'extrémité de la Mullet Peninsula. Le projet, inauguré pour commémorer les 5 000 ans d'histoire du comté de Mayo, rassemble les œuvres de grands sculpteurs de huit pays différents, reflétant la beauté sauvage du nord de la région. Le guide *North Mayo Sculpture Trail*, en vente à l'office de tourisme et dans les librairies, décrit chaque sculpture, avec des détails sur l'artiste, l'histoire de l'œuvre, son lieu d'exposition, etc. D'une longueur de 90 km, le chemin peut être parcouru à pied.

Pêche
La **Moy** se révèle l'une des rivières les plus riches en saumons de toute l'Europe. L'office de tourisme dispose d'une brochure répertoriant les lieux de pêche et les coordonnées des organismes délivrant les permis. Les poissons sautent allégrement dans le Ridge (bassin à saumons), poursuivis par des otaries et des phoques affamés. La saison s'étend de février à septembre, mais la meilleure période de pêche est comprise entre juin et août.

Pour la truite, rendez-vous au **Lough Conn**, au sud-ouest de Ballina. Bon nombre de bateaux et de guides vous attendent sur place. Pontoon, où vous trouverez aussi bateaux et conseils, offre une base pratique pour la pêche sur le Lough Conn et le **Lough Cullin**, au sud. Pour louer un bateau à moteur, prévoyez environ 40 € la journée.

Pour les licences, les permis et le matériel, adressez-vous au **Ridge Pool Tackle Shop** (☎ 72656, *Cathedral Rd, Ballina*).

Festival
L'une des fêtes en plein air les mieux réussies du pays, le Ballina Street Festival (☎ 70905) se déroule sur deux semaines début juillet. Lors de l'Heritage Day (pendant ce festival) les boutiques et les habitants retrouvent décorations et habits du XIXe siècle.

Où se loger
Belleek Caravan & Camping Park (☎ 71533, lenahan@indigo.ie, Ballina ; *tente familiale 8,90 €, randonneurs, cyclistes et motards 5,70 €*). Très bien équipé, ce camping de 12 emplacements se tient à 2,5 km de Ballina, à environ 300 m de la route de Killala.

Adara House *(☎ 71112, Station Rd ; simples/doubles 29,20/50,80 € ; janv-oct).* Tout proche du centre, ce B&B offre 4 chambres confortables (dont 3 avec sdb) et accepte les cartes de crédit.

Downhill House Hotel *(☎ 73444, fax 73411, Sligo Rd ; 63,50-77,45 € par pers).* Au nord du centre, sur la route de Sligo (N59), c'est l'établissement le plus chic de Ballina. Il dispose d'une piscine, d'un jacuzzi et d'un sauna.

Où se restaurer

Murphy Bros *(☎ 22702, Clare St ; 7,60-18,90 € au bar, 12,70-21,40 € au restaurant ; 12h30-14h30 et 17h-20h30).* Cet excellent pub-restaurant, au nord de l'office de tourisme, accommode à merveille le saumon, grande spécialité de Ballina, sous toutes ses formes (poché, grillé, au four ou fumé).

Tullios *(☎ 21890, Pearse St ; pâtes 8,25-10,80 €, viandes 12,70-16,50 €).* Convenant aussi bien pour se détendre devant un café ou déguster un repas complet, cet élégant bar-restaurant possède une cheminée à tourbe et un bar couvert de marbre.

Dillons *(☎ 72230, Dillon Terrace ; pâtes 10,15-10,80 €, pommes de terre au four 7,25 €).* L'entrée se situe sous un porche, tout au nord de Pearse St. La carte comprend essentiellement des plats irlandais, ainsi que des spécialités italiennes et mexicaines. Musique traditionnelle le mercredi soir.

Padraic's *(☎ 22383, Tone St ; repas 6,25-13 €).* Si vous rêvez d'un repas vraiment local, la cuisine d'ici devrait vous satisfaire. Essayez notamment le petit déjeuner, avec boudin blanc ou noir et gaufres.

Où sortir

La soixantaine de pubs de Ballina proposent généralement des concerts de musique traditionnelle les mercredi et samedi soirs. Voici quelques-uns de nos préférés.

An Bolg Buí *(The Yellow Belly ; ☎ 22561, Tolan St).* Près du pont, ce pub chaleureux, décoré de bois sombre, reçoit des groupes traditionnels le mercredi soir.

The Garden Inn *(☎ 70969, Garden St).* L'une des meilleures salles pour écouter de la musique, elle accueille volontiers tous les musiciens souhaitant participer à un concert.

Broken Jug *(☎ 73097, O'Rahilly St).* De hautes portes en bois ouvrent sur un pub décoré de pierres et de bois, où une clientèle jeune aime venir boire un verre et danser .

Comment s'y rendre

Des Bus Éireann partent vers l'ouest, à Achill Island, dans l'est, à Sligo, dans le nord, pour Belfast, Enniskillen et Derry, et dans le sud, pour Limerick, Shannon et Cork depuis la gare routière (☎ 71800), Kevin Barry St.

Les bus Barton Transport (☎ 01-628 6026) quittent Dublin pour Ballina depuis Cook St le vendredi à 17h30 et 17h45. Dans l'autre sens, ils partent à 17h et 17h30 depuis la station-service Burmah, sur Foxford Rd.

La gare ferroviaire (☎ 71800) se situe Station Rd, prolongement de Kevin Barry St au sud. Le train Westport-Dublin s'arrête à Ballina 3 fois par jour. Des correspondances sont assurées à Athlone.

Comment circuler

Michael Hopkins (☎ 21609), Pearse St, face à Dunnes Stores, loue des bicyclettes moyennant 8,85/37,80 € par jour/semaine.

CASTLEBAR ET LES ENVIRONS

☎ 094 • 7 650 habitants

Bien que capitale du comté, Castlebar (Caisleán an Bharraigh) séduit beaucoup moins les voyageurs que Westport ou même Ballina. Les boutiques anciennes ont laissé place à des magasins modernes, et la ville a conservé peu de traces de son passé, alors qu'elle a joué un rôle historique non négligeable.

C'est en effet ici qu'en 1798, l'armée française commandée par le général Humbert et les paysans irlandais dépossédés de leurs terres affrontèrent les forces britanniques du général Lake, supérieures en nombre. La défaite et la lâche retraite de la cavalerie de ces dernières sont restées célèbres sous le nom de Castlebar Races (courses de Castlebar).

Le grand parc de la ville, The Mall, formait jadis le terrain de cricket de la famille Lucan, qui possédait de nombreuses propriétés dans la région.

Orientation et renseignements

En montant vers le nord, la voie principale prend les noms d'Ellison St, Main St et Thomas St. The Mall se trouve à l'est de la ville.

L'office de tourisme (☎ 21207), Linenhall St, ouvre de 9h30 à 13h et de 14h à 17h30 de fin mai à début septembre. Pour vous y rendre, prenez à gauche (vers l'ouest) à l'extrémité nord de Main St, au niveau du pont.

L'Allied Irish Bank, Main St, et la Bank of Ireland, Ellison St, disposent de distributeurs et d'un bureau de change. La laverie Una's Laundrette (☎ 24100), New Antrim St, est à deux pas de l'office de tourisme.

Ballintubber Abbey

Seule église du pays fondée par un roi irlandais encore ouverte au culte aujourd'hui, **Ballintubber Abbey** *(☎ 30934, Ballintubber ; gratuit ; tlj 9h-24h)* fut bâtie en 1216 à côté du site d'une autre église créée par saint Patrick. Cet impressionnant édifice religieux mérite une visite.

L'église se caractérise surtout par le portail ouest du XVe siècle et les baies du XIIIe siècle, sur le côté droit de la nef. Reconstruit en 1965, le toit de la nef reproduit celui que les troupes de Cromwell avaient incendié en 1653.

Empruntez la N84 vers le sud, en direction de Galway. Au bout de 13 km environ, tournez à gauche, au niveau de la station-service Campus. L'église se situe sur cette route, à 2 km.

Où se loger et se restaurer

Green Bay B&B *(☎ 21572, The Mall ; chambres avec douche 23,30-28,35 € par pers)*. Impossible de rater cette maison jaune citron, à l'angle du Mall, bien située et pratiquant des prix raisonnables.

Daly's Hotel *(☎ 21961, fax 22783, The Mall ; simples/doubles 45/59 €)*. Hôtel le plus ancien de la ville, il a conservé beaucoup de cachet et propose de belles chambres, ainsi qu'un bar convivial qui prépare des repas corrects, de 7 à 15 €.

Oriental *(☎ 23810, Main St ; plats 8,25-11,35 € ; déj lun-sam 12h30-14h30 et dim 13h-14h30, dîner dim-jeu 17h30-0h30 et ven-sam 17h30-1h)*. Ce restaurant chinois, qui affiche des prix peu élevés, permet de s'offrir un bon repas même en arrivant tard.

Samuel's Harvest *(☎ 27797, New Antrim St ; repas inférieurs à 7 € ; lun-sam 9h-18h)*. Ce café fabrique son pain maison et élabore des plats à partir de produits régionaux. Ne manquez pas les petits déjeuners et les desserts.

Gavin's Bakery *(☎ 24300, Main St ; repas inférieurs à 6 €)*. En sus de ses sandwiches et gâteaux savoureux, cette boulangerie propose petits déjeuners et soupes.

Comment s'y rendre

Le bus 21 de Bus Éireann (☎ 096-71800), qui relie Westport (20 min) à Dublin (4 heures) s'arrête 3 fois par jour (1 fois le dim) dans les deux sens devant le pub Flannelly's, Market St. Du lundi au samedi, le 51, à destination de Shannon et Cork au sud et de Ballina au nord, passe 4 fois par jour (2 fois le dim). En juillet et août, le 59 se rend une fois par jour à Sligo (2 heures), du lundi au samedi.

McNulty's Coaches (☎ 097-81086), à Belmullet, assure une liaison entre Castlebar et Belmullet à 17h30 du lundi au mercredi et le vendredi, avec un retour dans l'autre sens le lendemain à 8h15.

Le train Westport-Dublin (3 heures) s'arrête 4 fois par jour à Castlebar. La gare se situe juste à la sortie de la ville, sur la N84 à destination de Ballinrobe. Pour tout renseignement, appelez le ☎ 098-25253.

Comment circuler

Pour un taxi, contactez Ralph's Taxis (☎ 088-256 8220).

Bike World (☎ 25220), New Antrim St, loue des bicyclettes, ainsi que la station-service Tommy Robinson's (☎ 21355), Spencer St, au sud du Mall. Celle-ci demande 13/81 € par jour/semaine et organise des visites à vélo dans la région.

KNOCK

☎ 094 • 440 habitants

Localité autrefois sans intérêt particulier, Knock (Cnoc Mhuire), au croisement de la N17 et de la R323, est devenu il y a un peu plus d'un siècle le site d'apparitions miraculeuses et a acquis du même coup une exceptionnelle célébrité.

Le Knock Marian Shrine comprend plusieurs églises et sanctuaires, notamment une basilique moderne et la Church of the Apparition. Boutiques, restaurants et office de tourisme (☎ 88193, ouvert tlj mai-sept, 10h-17h) se tiennent au nord de cette église. La Bank of Ireland dispose d'un distributeur accessible uniquement de 10h15 à 12h15 les lundi et jeudi de mai à octobre (lundi seulement le reste de l'année).

Church of the Apparition

Un soir de pluie d'août 1879, deux jeunes femmes de Knock eurent la vision de Marie, de Joseph et de saint Jean l'Évangéliste, debout devant le pignon sud de l'église locale. D'autres témoins confirmèrent l'apparition, avant qu'une enquête de l'Église ne conclue rapidement à un miracle. D'autres suivirent, des personnes malades et handicapées attestant de guérisons étonnantes après s'être rendues à l'église. Une nouvelle commission religieuse valida de nouveau ces phénomènes en 1936. Une véritable industrie s'est développée depuis. Aujourd'hui, des croyants viennent sans cesse se recueillir dans la chapelle édifiée autour du lieu miraculeux. Pour bon nombre de catholiques pratiquants, Knock est en effet un lieu sacré. Au-dessus de l'autel, une sculpture reproduit la scène de l'apparition. Près de l'église, la **Basilica of Our Lady, Queen of Ireland**, plus moderne, peut recevoir 12 000 personnes.

Knock Folk Museum

Non loin de la basilique, ce petit musée (☎ 88100 ; 3,80/2,55 € adulte/réduit ; tlj mai-oct 10h-18h) offre quelques explications fort bien conçues du phénomène survenu à Knock. Il présente divers documents relatifs à l'apparition et aux commissions d'enquête. Il expose par ailleurs une vaste collection d'outils, de costumes et d'objets de la vie rurale dans l'ouest de l'Irlande.

Où se loger

Knock Caravan & Camping Park (☎ 88100, fax 88295, Claremorris Rd ; emplacement 8,90 € ; mars-oct). À 5 minutes à pied du sanctuaire, ce camping abrité est parfaitement équipé.

Aishling House (☎ 88558, Ballyhaunis Rd ; 24,15/21,60 € par pers avec/sans douche). Mrs Coyne, la propriétaire, propose des chambres confortables et chaleureuses, proches du sanctuaire.

Knock International Hotel (☎ 88466, Main St ; 32 € par pers). Bien que fort modeste, cet établissement loue 10 chambres propres et agréables.

Comment s'y rendre

L'aéroport de Knock (☎ 67222), 15 km au nord du village, sur la N17, près de Charlestown, propose plusieurs correspondances quotidiennes sur Aer Lingus avec Dublin et des vols directs pour le Royaume-Uni.

Le Bus Éireann 21 (☎ 096-71800) relie Knock à Westport, Castlebar, Athlone et Dublin 3 fois par jour (1 fois le dim). Il existe aussi des bus directs pour Sligo, Ballina, Galway et Cork.

Comté de Sligo

En dépit de sa taille réduite, le comté de Sligo (Sligeach) offre une grande diversité de paysages et plusieurs sites préhistoriques. Il demeure toutefois surtout associé au poète et dramaturge William Butler Yeats (1865-1939). En effet, bien qu'élevé à Dublin et à Londres, celui-ci tissa des liens extrêmement étroits avec la région de sa famille maternelle. Il se rendit souvent à Sligo et se lia d'amitié avec les Gore-Booth, de Lissadell. Sligo et la campagne environnante, toujours très présentes dans son œuvre, conservent de nombreuses traces du passage du poète.

SLIGO

☎ 071 • 17 800 habitants

Port et centre marchand actif, Sligo se tient à l'embouchure de la Garavogue, qui se jette dans Sligo Bay. Dressées dans le paysage, les montagnes jumelles de Knocknarea et de Benbulben complètent le paysage.

Devant l'Ulster Bank, Stephen St, un **buste de Yeats** est érigé, sur lequel est gravé l'un de ses célèbres poèmes, "Easter 1916", qui comprend ces vers connus :

> All changed, changed utterly:
> A terrible beauty is born ...

Le poème rend hommage aux rebelles de l'insurrection de Pâques, qui furent ensuite exécutés, notamment Sean MacBride, mari de Maud Gonne (voir l'encadré sur Yeats plus loin dans ce chapitre).

Renseignements

Le bâtiment moderne du North-West Regional Tourism Office (☎ 61201) se situe au sud du centre-ville, Temple St. Il ouvre de 9h à 20h en semaine et de 9h à 17h le samedi en juillet et août, de 9h à 21h en semaine et de 9h à 13h le samedi d'avril à juin, de 9h à 17h ou 18h en semaine le reste de l'année. Il possède aussi une petite annexe dans Yeats Building.

L'Ulster Bank, la Bank of Ireland et l'Allied Irish Bank, Stephen St, disposent de distributeurs et de bureaux de change. La poste se trouve Wine St.

La laverie Pam's Laundrette (☎ 44861), Johnston Court, dans O'Connell St, ouvre ses portes de 9h à 19h du lundi au samedi.

La bibliothèque Sligo County Library (☎ 47190), Bridge St, accueille le public de 10h à 12h45 et de 14h à 16h45 du lundi au vendredi et offre un accès gratuit à Internet. Munissez-vous d'une pièce d'identité. L'annexe de la bibliothèque, dans le Sligo County Museum, propose le même service.

Keohane's Bookshop (☎ 42597), Castle St, foisonne de cartes et de livres de et sur Yeats. The Winding Stair Bookshop (☎ 41244), à l'angle de Lower Knox St, du nom de l'une des œuvres de Yeats, propose des livres sur l'Irlande et abrite un café.

Sligo County Museum

L'intérêt essentiel de ce musée (☎ 42212, Stephen St ; gratuit ; juin-sept lun-sam 10h30-12h30/14h30-16h30, avr-mai/oct lun-sam 10h30-12h30) tient à la salle consacrée à Yeats. Elle recèle des photographies, des lettres et des coupures de presse liées au poète, ainsi que des dessins de son frère, Jack B. Yeats.

Model Arts and Niland Gallery

Cette galerie (☎ 41405, Stephen St ; gratuit ; mar-sam 10h-17h30) occupe de nouveaux locaux offrant tout l'espace nécessaire à son étonnante collection. Elle regroupe plus de 200 tableaux de peintres irlandais, tels que Charles Lamb, Sean Keating ou Jack Yeats.

Sligo Abbey

Édifiée en 1250 environ pour une confrérie de dominicains par le fondateur de la ville, Maurice Fitzgerald, l'abbaye (☎ 46406, Abbey St ; 1,90/0,75 € adulte/enfant ; avr-oct tlj 10h-18h) brûla au XVᵉ siècle. Reconstruite, elle fut de nouveau incendiée en 1641 et est restée en ruine depuis. Le chœur, la baie est, du XVᵉ siècle, et l'autel constituent les éléments les plus anciens.

L'abbaye appartient désormais à Dúchas. Si elle est fermée, adressez-vous au gardien, Tom Loughlin, 6 Charlotte St, pour obtenir la clé.

Yeats Building

À l'angle de Lower Know et d'O'Connell St, près de Hyde Bridge, ce bâtiment accueille la Yeats International Summer School (☎ 42693), qui rassemble chaque année en août pendant deux semaines des universitaires de tous pays spécialistes de Yeats. Le reste de l'année, il abrite la **Sligo Art Gallery** (☎ 45847, Lower Knox St ; gratuit ; lun-sam 10h-17h), qui propose des expositions temporaires. Un petit office de tourisme se trouve dans le bâtiment.

Festival

Le Sligo Arts Festival (☎ 69802, artsfestival@tinet.ie) se déroule pendant 10 jours, de fin mai à début juin.

Où se loger

Camping. Un terrain de camping se tient juste à la sortie de la ville. **Gateway Caravan & Camping Park** (☎/fax 45618, gateway@oceanfree.net, Ballinode ; 12,70 €/tente et voiture plus 0,65 € par pers, randonneurs et cyclistes 6,35 € par pers tente comprise). À 3 km au nord-est de Sligo, sur la N16, ce terrain comprend 10 emplacements, des douches gratuites et une cuisine. Les bus locaux s'arrêtent devant.

COMTÉ DE SLIGO

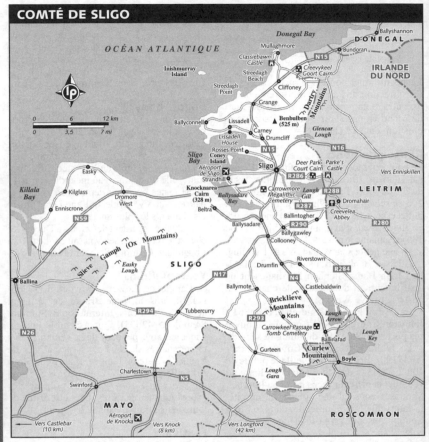

Auberges de jeunesse. Sligo offre plusieurs possibilités en la matière.

White House Hostel (☎ 45160, fax 44456, Markievicz Rd ; dortoirs 9,45 €). Cette auberge de jeunesse constitue un bon choix : vaste et bien située, elle est à quelques minutes à pied des centres d'intérêt, des restaurants, des pubs et des boutiques.

Yeats County Hostel (☎ 46876, 12 Lord Edward St ; dortoirs 8,80 €). Proche des gares routière et ferroviaire, cet établissement affiche rapidement complet. Mieux vaut réserver.

Harbour House (☎/fax 71547, harbour house@eircom.net, Finisklin Rd ; dortoirs 12,70-17,80 €, chambres 15,25-17,80 € par pers). À environ 1 km au nord-ouest du centre-ville, cette auberge de jeunesse IHH offre tout le luxe que peuvent se permettre les voyageurs à petit budget. Elle comprend un accès pour les fauteuils roulants, propose repas et location de vélos et accepte les cartes de crédit.

Eden Hill Holiday Hostel (☎/fax 43204, edenhill@iol.ie, Pearse Rd ; dortoirs/ chambres 9,45/23 €). Affilié IHH, cet établissement, à une dizaine de minutes à pied au sud-est du centre-ville, sur la route de Dublin, dispose d'une vingtaine de lits dans un cadre confortable, quoiqu'un peu défraîchi.

B&B et hôtels. Les B&B jalonnent les routes menant au centre-ville, sauf Renaté House, installé au cœur de la ville.

Renaté House *(☎ 62014, 9 Upper John St ; simples/doubles à partir de 26/38 €).* Cette maison de trois étages bénéficie d'une situation exceptionnelle, en plein centre. Ses 6 chambres (4 avec sdb), très propres, possèdent un nécessaire à thé et café.

Liscadoll *(☎ 61937, Mail Coach Rd , simples/doubles avec sdb 33/51 €).* Cette demeure exclusivement non fumeur propose 3 chambres à une dizaine de minutes à pied au sud-est du centre.

Clarence Hotel *(☎ 42211, Wine St ; chambres avec sdb 38,10-60 € par pers).* Ce petit hôtel installé dans un bel immeuble de pierre grise en retrait de la rue loue des chambres joliment décorées.

Southern Hotel *(☎ 62101, fax 60328, www.sligosouthernhotel.com, Strandhill Rd ; simples/doubles 72/115 €).* Non loin des gares ferroviaire et routière, cet établissement imposant et très confortable s'agrémente d'un salon fort convivial doté d'une cheminée.

Où se restaurer

The Loft *(☎ 46770, 17-19 Lord Edward St ; plats 10-16 €).* Face à la gare ferroviaire et s'inspirant d'ailleurs de ce thème pour sa décoration, ce restaurant figure parmi les meilleurs de la ville. Il se spécialise dans la cuisine mexicaine, tout en proposant des poissons et des hamburgers et plusieurs plats végétariens.

Bistro Bianconi *(☎ 41744, 44 O'Connell St ; plats 13,60-17,30 € ; déj juin-août 12h30-14h30, dîner 17h30-22h).* Ce sympathique petit restaurant italien sert des pâtes fraîches et des pizzas cuites au feu de bois.

The Tea House *(☎ 43999, 34 O'Connell St ; plats 5,70-10,70 €).* La carte recèle un choix extraordinaire de plats et de collations. Pourtant relativement grande, la salle est souvent bondée le midi.

Beezies *(☎ 43031, 45 O'Connell St ; repas 3-7 €).* Ce bar moderne et pimpant sert des soupes et des sandwiches fort appréciés (entrée par une allée dans O'Connell St).

Bar Bazaar *(☎ 44749, 34 Market St ; snacks 3 € env).* Ce lieu minuscule offre plusieurs variétés de café et un rayon de livres d'occasion.

Où sortir

Hargadon Bros *(☎ 70933, 4 O'Connell St).* S'il ne reçoit pas de musiciens, ce pub distille néanmoins une atmosphère unique. Son cadre, tout de bois sombre, ressemble à un décor de théâtre avec coins et recoins et un bar orné d'éléments du XIXᵉ siècle.

McGarrigle's *(☎ 41667, O'Connell St).* Installez-vous dans la salle du bas, feutrée et dans la pénombre, à moins que vous ne souhaitiez entendre de la bonne musique alternative au bar, en haut.

J. McLaughlin's *(☎ 44209, 9 Market St).* Tout en bois, ce pub à l'ancienne propose de la musique traditionnelle tous les mardis soirs et expose des photos de temps à autre.

Shoot the Crows *(Castle St).* Étroit et tout en longueur, ce bar sombre séduit plutôt la jeunesse branchée, mais accueille des groupes traditionnels mardi et jeudi soirs.

Harry's Bar *(High St).* Mieux vaut tenir l'alcool si vous pénétrez dans cet établissement ! Il offre de nombreuses "happy hours" et sert en outre les pintes les moins chères de la ville.

Hawk's Well Theatre *(☎ 61526, www.hawkswell.com, Temple St).* Jouxtant l'office de tourisme, ce théâtre réputé programme d'intéressants concerts, spectacles de danse et pièces de théâtre.

Gaiety Cinema *(☎ 62651, Wine St).* Ce complexe de 4 salles passe les films grand public les plus récents. Séances tous les jours à 18h30, 20h30, 20h45 et 23h.

Achats

Michael Quirke *(☎ 42640, Wine St).* Cette boutique vend les sculptures en bois de l'artiste. Certaines de ses œuvres, qui interprètent de manière contemporaine la mythologie irlandaise, sont exposées en vitrine. Aux heures d'ouverture, on aperçoit le sculpteur au travail.

SLIGO

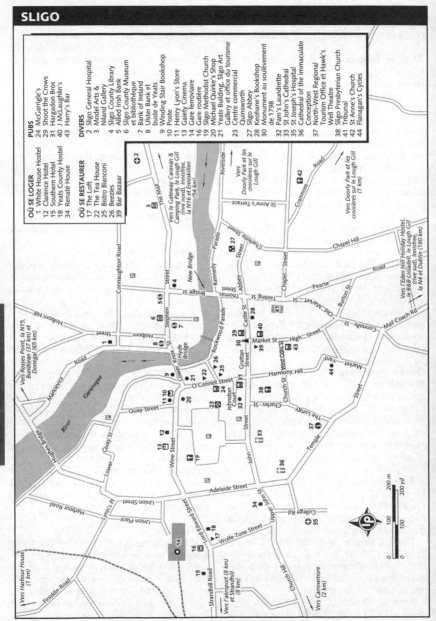

OÙ SE LOGER
1 White House Hostel
15 Clarence Hotel
15 Southern Hotel
18 Yeats County Hostel
34 Renaté House

OÙ SE RESTAURER
17 The Loft
22 The Tea House
25 Bistro Bianconi
26 Beezies
39 Bar Bazaar

PUBS
24 McGarrigle's
29 Shoot the Crows
31 Hargadon Bros
40 J McLaughlin's
43 Harry's Bar

DIVERS
2 Sligo General Hospital
3 Model Arts &
   Niland Gallery
4 Sligo County Library
5 Allied Irish Bank
6 Sligo County Museum
   et bibliothèque
7 Bank of Ireland
8 Ulster Bank et
   buste de Yeats
9 Winding Stair Bookshop
10 Poste
11 Henry Lyon's Store
13 Gaiety Cinema
14 Gare ferroviaire
16 Gare routière
19 Sligo Methodist Church
20 Michael Quirke's Shop
21 Yeats Building, Sligo Art
   Gallery et office du tourisme
23 Centre commercial
   Quinsworth
27 Sligo Abbey
28 Keohane's Bookshop
30 Monument au soulèvement
   de 1798
32 St John's Cathedral
33 St Joseph's Hospital
36 Cathedral of the Immaculate
   Conception
37 North-West Regional
   Tourism Office et Hawk's
   Well Theatre
38 Sligo Presbyterian Church
41 Tribunal
42 St Anne's Church
44 Flanagan's Cycles

Comment s'y rendre

Avion. Aer Lingus propose jusqu'à 3 vols quotidiens pour Dublin depuis l'aéroport de Sligo (☎ 68280), Strandhill Rd.

Bus. Le Bus Éireann 23 (☎ 60066) part 4 fois par jour à destination de Dublin (12,20 € l'aller, 4 heures). Le 64 assure la liaison Galway-Sligo-Derry 5 fois par semaine. La gare routière se situe derrière la gare ferroviaire, à l'ouest du centre-ville, sur Lord Edward St.

Les bus Feda Ódonaill Coaches (☎ 075-48114, 091-761656) circulent entre Crolly (dans le Donegal) et Galway, *via* Donegal et Sligo, 3 fois par jour. Ils arrivent et partent devant Henry's Lyon Store, à l'angle de Wine et de Quay St.

Train. Trois fois par jour (4 le ven), un train à destination de Dublin (19,05 € l'aller, 3 heures), *via* Boyle, Carrick-on-Shannon et Mullingar, quitte la gare de Sligo (☎ 69888).

Comment circuler

Des navettes (2,20 €) effectuent la liaison entre l'aéroport et le centre-ville. Comptez 12 € en taxi. Ace Cabs (☎ 44444) et Feehily's Taxis (☎ 43000) travaillent 24h/24. Flanagan's Cycles (☎ 44477), Market Yard, loue des vélos 13/51 € par jour/semaine.

ENVIRONS DE SLIGO
Rosses Point

Lieu d'une bataille entre deux seigneurs de la guerre en 1257, Rosses Point (An Ros) est à présent une charmante station balnéaire, dotée d'une belle plage labellisée "drapeau bleu". Des bus y conduisent depuis Sligo.

Où se loger et se restaurer. Nombreux, les B&B affichent toutefois rapidement complet en saison.

Greenlands Caravan & Camping Park (☎ 071-77113, Rosses Point ; emplacement 8,25 € ; Pâques-mi-sept). Juste à côté du terrain de golf, ce camping de 19 emplacements permet l'accès à deux plages.

Kilvarnet House (☎ 071-77202, Rosses Point ; simples/doubles avec sdb 33/51 € ; mars-nov). Cette maison accueillante, sur la route qui monte le long de la poste, offre 4 chambres parfaitement équipées.

Yeats Country Hotel (☎ 071-77211, fax 77203, Rosses Point ; chambres avec sdb 38-101 € par pers). Ce trois-étoiles reçoit surtout des joueurs de golf et des familles. Outre des chambres spacieuses, il propose à ses clients un centre de loisirs.

Moorings Restaurant (☎ 071-77112, Rosses Point ; plats 12-18 €). Proche de l'établissement précédent et jouissant d'un beau panorama sur la baie, ce restaurant sert des fruits de mer dans un cadre élégant.

Carrowmore Megalithic Cemetery

Géré aujourd'hui par Dúchas, le cimetière de tombes mégalithiques de Carrowmore (☎ 61534, Carrowmore ; 1,90/0,75 € adulte/tarif réduit ; mai-oct tlj 9h30-18h30), qui s'étend sur 2,5 km, comporte une soixantaine de cercles de pierres et de tombeaux. C'est l'un des plus grands cimetières de l'âge de pierre en Europe. Des pierres ont malheureusement disparu au fil des ans. Ainsi, une étude de 1839 en relevait 23 de plus qu'aujourd'hui. Par ailleurs, certaines se situent sur des terrains privés. Les dolmens, les tombes proprement dites, étaient sans doute couverts de pierres et de terre. Il faut une certaine imagination pour parvenir à se représenter ce à quoi pouvait ressembler ce site.

Pour vous y rendre, quittez la ville par Church Hill et dirigez-vous vers le sud sur 5 km, puis suivez les flèches.

Cillard (☎ 071-68201, Carrowmore ; simples/doubles 31/51 € ; mai-sept). Non loin du cimetière, cette ferme loue quelques chambres, exclusivement réservées aux non-fumeurs.

Knocknarea Cairn

Le cairn de Knocknarea domine une colline à 2 km au nord-ouest de Carrowmore. Réalisé quelque 1 000 ans après les mégalithes de Carrowmore, ce tumulus gigantesque (328 m) abriterait la dépouille de la reine mythique Maeve (appelée aussi reine Mab dans les légendes galloises et anglaises). Les 40 000 tonnes de pierres qu'il renferme n'ont jamais été fouillées. On suppose toutefois qu'elles dissimulent un tombeau d'une taille voisine de celui de Newgrange, dans le comté de Meath.

Sur la route menant à Carrowmore, un panneau indique ce site. Depuis le cimetière, suivez la route et tournez à droite au niveau de l'église. Au carrefour suivant (fléché Mescan Meadhbha Chambered Cairn), prenez à gauche et garez votre voiture au parking. Il vous reste une trentaine de minutes à pied avant de parvenir au sommet de la colline et d'admirer le panorama.

Primrose Grange House (☎ 071-62005, Knocknarea ; simples/doubles 36/58 € ; fév-nov). Cette ferme dispose de 6 chambres, dont 2 avec sdb. Elle se tient sur la route qui mène au parking de Knocknarea.

Deer Park Court Cairn

Remontant à environ 3000 av. J.-C., cet impressionnant tombeau (appelé aussi Magheraghanrush Court Cairn), dit cairn à avant-cour, surplombe une colline boisée offrant une vue magnifique sur le Lough Gill. La cour, au centre de la tombe, comprend une chambre funéraire à chacune de ses extrémités.

Depuis Sligo, suivez la N16 vers l'est, puis empruntez la R286 en direction de Parke's Castle. Quasiment immédiatement après cet embranchement, tournez à gauche au croisement en Y pour vous engager sur une route secondaire, fléchée Manorhamilton. Poursuivez sur environ 3 km, garez-vous au parking, puis suivez le sentier qui grimpe parmi les arbres.

Strandhill

☎ 071 • 650 habitants

La longue plage de sable de Strandhill (An Leathras), à 8 km à l'ouest de Sligo, sur la R292 qui mène à l'aéroport, fait rêver tous les passionnés de surf. À marée basse, on peut rejoindre Coney Island à pied.

Strandhill Caravan & Camping Park (☎ 68120, Strandhill ; emplacement 8,25 € plus 0,65 € par pers ; Pâques-mi-sept). À côté de la plage, ce camping compte 35 emplacements.

Strandhill Lodge & Hostel (☎ 68313, fax 68810, Shore Rd ; dortoirs/chambres 8,80/12,70 € par pers). Proche de la plage

et face à un pub, cette auberge de jeunesse s'agrémente d'une cheminée dans le séjour.

Ocean View Hotel (☎ 68115, fax 68009, Main St ; 44-60 € par pers). Ce trois-étoiles chaleureux, de style néo-Tudor, sur la route principale, donne sur Knocknarea Cairn.

Comment s'y rendre

Les bus Éireann (☎ 071-60066) passent à Strandhill et Rosses Point, mais les divers sites des environs ne sont pas desservis par les transports en commun. Nous vous conseillons de louer une bicyclette à Sligo. En effet, à pied, la visite de Carrowmore et de Knocknarea représente une longue excursion d'une seule journée.

SUD DE SLIGO
Carrowkeel Passage Tomb Cemetery

Dominant une colline surplombant le Lough Arrow, au cœur des Bricklieve Mountains, ce site extraordinaire offre par temps clair un point de vue magnifique sur les alentours. Les cairns, dolmens et autres vestiges funéraires épars ajoutent sans doute à l'atmosphère étrange et mystérieuse du lieu. Il remonterait à la fin de l'âge de pierre (de 3000 à 2000 av. J.-C.).

À l'ouest de la N4, ce cimetière est en fait plus proche de Boyle, dans le comté de Roscommon, que de Sligo. Depuis cette dernière ville, prenez à droite au panneau indicateur dans le village de Castlebaldwin, puis à gauche à l'embranchement (fléché). Le site se trouve à environ 2 km après la barrière. Vous pouvez aussi monter dans un bus à destination d'Athlone et descendre à Castlebaldwin.

Coopershill House (☎ 071-65108, fax 65466, Riverstown ; 80 € par pers ; avr-oct). Cette demeure georgienne séduira les amateurs de repos et de tranquillité. Après une sortie en bateau ou une partie de pêche, vous pourrez déguster près de la cheminée un repas traditionnel arrosé de vin, à partir de 36,80 €. Riverstown, non loin de Carrowkeel Passage Tomb Cemetery, se situe à mi-chemin entre Sligo et Boyle.

Lough Arrow

Proche du comté de Leitrim, le Lough Arrow intéresse particulièrement les pêcheurs à la truite (la saison s'étend de mai à septembre). Il est aussi possible de faire du voilier et de la planche à voile sur ce lac de 8 km de long.

Arrow Lodge *(☎ 079-66298, fax 66299, Kilmactranny ; simples/doubles avec sdb 45/69 € ; fév-nov).* Cette demeure victorienne restaurée, construite dans les bois près du lac, loue 4 chambres, la plupart du temps à des pêcheurs. Le propriétaire s'occupe de la location de bateaux et fait office de guide. Repas possibles le soir.

LOUGH GILL

Nous suggérons un circuit d'une cinquantaine de kilomètres au sud-est de Sligo, comprenant le lac et Parke's Castle, inclus dans ce chapitre mais faisant partie du comté de Leitrim. Le Lough Gill a inspiré des kyrielles de légendes. Selon l'une d'entre elles, une cloche d'argent de l'abbaye de Sligo fut jetée dans le lac et seules les âmes pures peuvent l'entendre tinter.

Innisfree Island

Cette île minuscule (Inis Fraoigh), non loin de la rive sud-est du lac, passée à la postérité grâce au poème de Yeats "The Lake Isle of Innisfree", a malheureusement perdu le charme paisible si cher au poète.

Quittez Sligo par le sud, sur la N4, puis tournez à gauche après environ 500 m, à l'embranchement marqué Lough Gill. Prenez de nouveau à gauche au croisement suivant afin de rejoindre la R287 et le belvédère Dooney Rock. Au niveau du parking de ce dernier, partez sur la gauche et continuez sur 3 km. Tournez une dernière fois sur la gauche et empruntez la petite route qui descend vers le lac, 3 km plus loin.

Creevelea Abbey (comté de Leitrim)

Creevelea Abbey fut le dernier monastère franciscain construit en Irlande avant la suppression de l'ordre. Remarquez sur les colonnes du cloître les sculptures retraçant des épisodes de la vie de saint François. L'une représente ses stigmates et, sur une autre, il est en chaire, entouré d'oiseaux perchés sur un arbre. L'abbaye fut incen-

diée en 1590. Les moines la restaurèrent avant d'être chassés par Cromwell.

Depuis Innisfree, rejoignez la R287 et roulez vers l'est jusqu'au panneau signalant l'abbaye, dans le village de **Dromahair**.

Parke's Castle (comté de Leitrim)

Face à la sérénité de **Parke's Castle** *(☎ 071-64149, Fivemile Bourne ; 2,55/1,25 € adulte/tarif réduit ; mi-mars-oct tlj 10h-18h),* avec ses cygnes glissant gracieusement sur le Lough Gill, il est difficile de croire que le style architectural du château, caractéristique des maisons de plantation, a été conçu par un lord anglais acariâtre. Après la projection de la vidéo *Stone by Stone* (20 min), qui présente les sites anciens de la région, essayez de vous joindre à un groupe pour une visite guidée de ce château restauré avec soin.

Depuis Creevelea Abbey, poursuivez vers l'est sur la R287, prenez à gauche en direction de Dromahair et continuez vers le nord. Pour rejoindre Sligo depuis le château, partez vers l'ouest, sur la R286.

Comment s'y rendre

Voiture et bicyclette. Quittez Sligo par le Mall, passez devant l'hôpital, puis quittez la N16 en prenant à droite la R286. Elle conduit jusqu'à la rive nord du Lough Gill et à proximité d'Innisfree. La route du sud présente moins d'intérêt, sauf si vous poussez jusqu'à Dooney Rock.

Bateau. Wild Rose Water Bus *(☎ 071-64266, 0872-598869 ; adulte/enfant 2 heures 10,10/ 5,05 € , 1 heure 7,60/3,80 €).* Cette société organise des croisières sur le Lough Gill 2 fois par jour depuis Doorly Park (à 30 min à pied à l'est de Sligo), 5 fois par jour depuis Parke's Castle, de mi-juin à septembre (en avr, mai et oct, dim uniquement).

NORD DE SLIGO
Drumcliff et Benbulben

Yeats s'éteignit en 1939, à Roquebrune. Il avait déclaré : "Si je meurs ici, enterrez-moi dans la montagne, et après un ou deux ans, transférez-moi discrètement à Sligo." Conformément à ses dernières volontés, il fut enterré en 1948 au petit cimetière de

William Butler Yeats

William Butler Yeats (1865-1939), le plus célébré des poètes irlandais, naquit aux environs de Dublin. Sa mère étant originaire de Sligo, Yeats passa beaucoup de temps dans ce comté dans son enfance. Son intérêt précoce pour les sciences occultes le conduisit à participer à la création de la Dublin Hermetic Society. Il se passionnait dans le même temps pour la mythologie irlandaise.

Lorsque ses poèmes commencèrent à être connus, il compta parmi ses amis William Morris, George Bernard Shaw et Oscar Wilde. A 37 ans, il rencontra James Joyce, alors âgé de 20 ans, qui déclara qu'il était trop tard pour qu'il puisse aider Yeats à améliorer son style ! Sa rencontre avec Maud Gonne (1866-1953) marqua bien davantage le poète. La sympathie de la jeune femme pour le nationalisme et le socialisme lui permirent d'équilibrer sa nature encline au mysticisme et à un certain romantisme. Leur relation suscita moult spéculations car Maud refusa toujours de l'épouser. Elle joua le rôle-titre de sa pièce en un acte *Cathleen Ni Houlihan* (1904), considérée comme l'élément déclencheur de l'insurrection de Pâques 1916.

Yeats devint sénateur de l'État libre d'Irlande en 1922 et reçut le prix Nobel de littérature l'année suivante. Il s'installa en Italie en 1928. Au cours des années suivantes, son penchant pour les idées fascistes jeta une ombre sur sa renommée internationale.

Drumcliff, pas vraiment dans l'intimité toutefois, comme l'attestent les nombreuses photographies de la cérémonie exposées au Sligo County Museum.

La **tombe de Yeats** se situe sur la gauche, près du cimetière protestant. À ses côtés repose Georgie Hyde-Lees, qu'il épousa en 1917 alors qu'elle avait 15 ans et lui, 52.

À l'extérieur du cimetière, le **Drumcliff Visitor Centre** (☎ *071-44956, Drumcliff ; 2,55/1,90 € adulte/enfant ; lun-sam 9h-17h, dim 13h-17h*) propose une présentation audiovisuelle interactive d'un quart d'heure sur Yeats, saint Colmcille et Drumcliff. Le billet permet d'accéder à l'église.

Pour vous rendre à Drumcliff, prenez le bus de 8h45 à Sligo (qui arrive à 9h). Le suivant partant à 16h15, vous ne pourriez pas revenir dans la journée : au retour, les bus passent à Drumcliff à 12h45 et 16h53. Le samedi, un bus supplémentaire part de Sligo à 15h.

Le plateau calcaire de **Benbulben** (525 m), à l'extrême ouest de la chaîne des Dartry, domine toute la campagne à 2 km au nord-est de Drumcliff.

Glencar Lough

Ce lac, très prisé des pêcheurs, s'agrémente d'une magnifique **cascade**. Yeats décrit cet endroit pittoresque dans "The Stolen Child". Pour profiter des environs, optez

pour une balade à pied en suivant d'abord la route vers l'est, puis en empruntant le chemin qui file vers le nord, à travers la vallée.

Le lac, à moins de 5 km de Drumcliff, est aussi desservi par un bus en provenance de Sligo (Bus Éireann, ☎ 071-60066).

Lissadell House

Nichée dans la forêt, Lissadell House (☎ *071-63150, Drumcliff ; 3,80/1,90 € adulte/réduit ; juin-mi-sept lun-sam 10h30-12h30/14h-16h30*) appartient à la famille Gore-Booth, dont faisait partie Constance Markievicz (1868-1927), amie de Yeats et membre actif de l'insurrection de Pâques 1916. Sa condamnation à mort prononcée après le soulèvement fut finalement levée et elle devint en 1918 la première femme élue à la Chambre des communes britannique. Cependant, à l'instar de nombreux autres rebelles irlandais, elle refusa de siéger.

Une visite guidée de la maison, de 45 minutes, est proposée. Pour vous y rendre, prenez la N15 vers le nord depuis Sligo, puis partez vers l'ouest dans Drumcliff, juste après le Yeats Tavern.

Mullaghmore

Si vous quittez la N15 en prenant à gauche à Cliffony, la route longe **Streedagh Beach**, une crique de sable où périrent la plupart des marins de l'Armada espagnole, dont les bateaux sombrèrent non loin.

Mullaghmore (An Mullach Mór) possède une très belle **plage**. C'est là que l'IRA assassina en 1979 lord Mountbatten et sa famille. En poursuivant jusqu'à la pointe de Mullaghmore, vous passez devant **Classiebawn Castle**, édifié en 1856 pour lord Palmerston et racheté ensuite par lord Mountbatten. Il reste fermé au public. On aperçoit néanmoins ses colonnes néogothiques depuis la N15 et la R279, en approchant de Mullaghmore.

Où se loger et se restaurer

Celtic Farm Hostel *(☎/fax 071-63337, Grange ; dortoirs/chambres 10,10/12,70 € par pers)*. À environ 1 km au nord de Grange, cette auberge de jeunesse de 14 places, réservée aux non-fumeurs, s'avère fort pratique pour découvrir la région au nord de Sligo. On peut venir vous chercher gratuitement.

Benbulben Farm *(☎ 071-63211, fax 73009, Burnaribbon, Drumcliff ; simples/doubles 31,75/48,30 € ; avr-sept)*. Ce B&B à la ferme, à 2 km au nord de Drumcliff, accroché aux pentes du Benbulben, se situe dans un joli cadre.

Beach Hotel *(☎ 071-66103, fax 66448, beachhot@iol.ie, The Harbour, Mullaghmore ; simples/doubles 92/108 € en saison)*. Proche d'une belle plage, cet établissement, doté d'une piscine et d'une salle de sport, organise des excursions de pêche. Son restaurant, le **Fishes' Circle**, sert d'excellents fruits de mer (plats de 7,50 à 16,30 €).

Yeats Tavern *(☎ 63117, Drumcliff ; plats 8,20-16,50 € ; repas 12h15-21h45)*. L'immense parking de ce pub, sur la N15, à une centaine de mètres de la tombe de Yeats, atteste de sa popularité ! La carte, très variée, comprend de nombreux plats à base de fruits de mer, de steaks et de volaille.

Comment s'y rendre

Les bus Éireann (☎ 071-60066) assurent des liaisons régulières entre Sligo, Drumcliff, Grange et Cliffony, de même que la plupart des bus à destination du Donegal et du Derry empruntant la N15. À Drumcliff, les bus s'arrêtent près de l'église, à Grange, devant le marchand de journaux Rooney's et, à Cliffony, devant O'Donnell's Bar. Depuis Sligo, le premier bus démarre à 8h45. Dans l'autre sens, le dernier part de Cliffony à 16h35.

COMTÉ DE SLIGO

Centre-nord

L'Irlande fut un jour comparée à un tableau sans intérêt doté d'un splendide cadre. La plupart des visiteurs semblent acquiescer à cette métaphore, préférant le littoral à l'intérieur des terres. En effet, les six comtés qui composent le centre-nord (Cavan, Monaghan, Roscommon, Leitrim, Longford et Westmeath) ont longtemps été considérés comme les régions les moins attrayantes d'Irlande, offrant peu de dépaysement au voyageur. Toutefois, si ces comtés ne drainent pas autant de touristes que le sud ou l'ouest, ils comptent quelques sites extrêmement intéressants et peuvent séduire par l'absence de foules.

Le Cavan, le Monaghan et le Donegal possèdent une frontière avec l'Irlande du Nord. Réunis avec les six comtés qui composent cette région, ils constituent la province de l'Ulster. Tous les points de passage de la frontière entre la République et l'Irlande du Nord sont désormais ouverts, même si vous devrez parfois passer par un poste de contrôle de la garda en revenant en Éire.

Comté de Cavan

Avec son relief bas et vallonné, le comté de Cavan (An Cabhán) se trouve à 2 heures à peine de Dublin, juste au sud de la frontière avec l'Irlande du Nord. Son paysage se caractérise par une kyrielle de lacs (un pour chaque jour de l'année, dit-on), de tourbières et de drumlins, petites buttes rondes formées par la fonte des glaciers lors de la dernière ère glaciaire. C'est à l'extrémité nord-ouest du comté, dans les Cuilcagh Mountains sauvages et désolées que le Shannon, le plus grand fleuve d'Irlande, avec 368 km de long, prend sa source.

Le Cavan est connu pour ses routes couvertes de nids-de-poule, souvent tortueuses et mal indiquées. Ici, les voies semblent épouser le relief des drumlins alors que, dans le comté voisin de Monaghan, elles les contournent.

À bien des égards, la vie est dure dans ce comté. Les habitants ont d'ailleurs un caractère très franc, né du climat rigoureux, de circonstances économiques difficiles et du fait qu'ils sont depuis longtemps la cible d'un humour irlandais les taxant d'avarice.

HISTOIRE

Des découvertes archéologiques ont révélé que le Cavan était habité dès le néolithique. Au Ve siècle, lorsque saint Patrick convertissait les Irlandais au catholicisme, Magh Sleacht, une plaine située au nord-ouest du comté, près du village-frontière de Ballyconnell, était un des centres de druidisme les plus importants du pays. La principale divinité celte était Crom Cruaich, dont l'importance diminua rapidement avec l'essor de l'évangélisation de Patrick. Au XIIe siècle, les Anglo-Normands s'allièrent pour s'emparer du Cavan, mais le terrain se révéla hostile à toute pénétration, et la région demeura sous le contrôle du clan gaélique O'Reilly.

Toutefois, leur pouvoir commença à décliner au XVIe siècle. Les Anglais divisèrent le comté en baronnies qu'ils attribuèrent à des membres de clans fidèles à la Couronne anglaise. Suite à sa défaite durant la guerre de Neuf Ans (1594-1603), le clan O'Reilly, qui s'était allié aux autres chefs de l'Ulster (les O'Donnell et les O'Neill), se soumit totalement à l'Angleterre.

Dans le cadre de l'Ulster Plantation, le Cavan fut partagé entre colons anglais et écossais. La ville de Virginia fut créée et baptisée du surnom de la reine Élizabeth Ire, "la Reine vierge".

Dans les années 1640, alors que Charles Ier faisait face à des difficultés en Angleterre, la rébellion des Confédérés menée par Owen Roe O'Neill, basé à Cavan, s'opposa à la colonisation. De retour d'exil, O'Neill remporta une victoire importante sur l'Angleterre lors de la bataille de Benburb dans le comté de Tyrone en 1646. Ce n'est qu'avec la fin de la guerre civile anglaise et l'arrivée de Cromwell en 1649 que l'Angleterre parvint à reprendre le contrôle de l'Irlande. Owen Roe O'Neill mourut dans d'étranges circonstances en 1649 (on pense qu'il fut empoisonné) à Clough Oughter Castle, près de la ville de Cavan.

La majorité de la population irlandaise du Cavan ne parvint pas à s'enrichir, et la Grande Famine entraîna une émigration massive. Après la guerre d'indépendance de 1922, les comtés de Cavan, de Monaghan et de Donegal, province de l'Ulster, furent rattachés au Sud de l'Irlande. La frontière étant toute proche, le républicanisme est très présent dans le Cavan : le Sinn Féin, voix politique du républicanisme militant, remporte un vif succès aux élections.

PÊCHE

Pendant la saison de la pêche, les pêcheurs de toute l'Europe investissent la multitude de lacs qui longent les frontières sud et ouest du Cavan. La pêche à la ligne est fructueuse dans ce comté, surtout la pêche au poisson blanc, mais le Lough Sheelin offre d'excellentes possibilités de pêcher la truite brune.

Certains lacs comme le Lough Sheelin se remettent lentement d'années de pollution provoquée par les nombreux élevages de porcs que compte la région. La plupart des lacs sont bien indiqués, tout comme le type de pêche que l'on peut y pratiquer. Les pêcheurs, qui reviennent en général chaque année, constituent la principale source de revenus de certains villages et pensions. Pour en savoir plus, contactez le North West Tourism (☎ 049-433 1942) ou le Northern Regional Fisheries Board (☎ 049-37174), tous deux à Cavan.

CAVAN
☎ 049 • 5 623 habitants

Cavan, ville plutôt triste, est la plus grande agglomération du comté. Son plan d'urbanisme s'organise autour de deux rues parallèles : Farnham St et Main St. Celle-ci (qui se prolonge en Connolly St), avec ses boutiques et ses pubs typiques, possède les caractéristiques d'une ville irlandaise de campagne. À l'inverse, Farnham St s'apparente davantage à une avenue urbaine, avec d'élégantes maisons georgiennes abritant des cabinets de médecins ou d'avocats, un grand palais de justice, un poste de garda et une cathédrale imposante.

Renseignements

L'office du tourisme North West Tourism (☎ 433 1942), situé à l'angle de Farnham St et de Thomas Ashe St, accueille le public de juin à septembre du lundi au samedi de 9h à 18h, et de mars à mai et en octobre en semaine de 9h à 17h. Le reste de l'année, contactez l'office du tourisme de Sligo (☎ 071-61201).

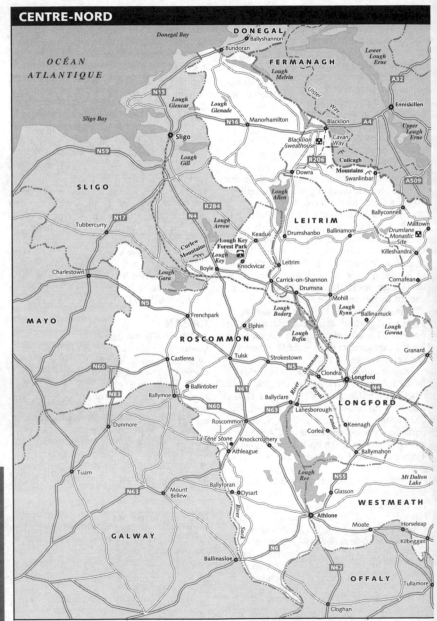

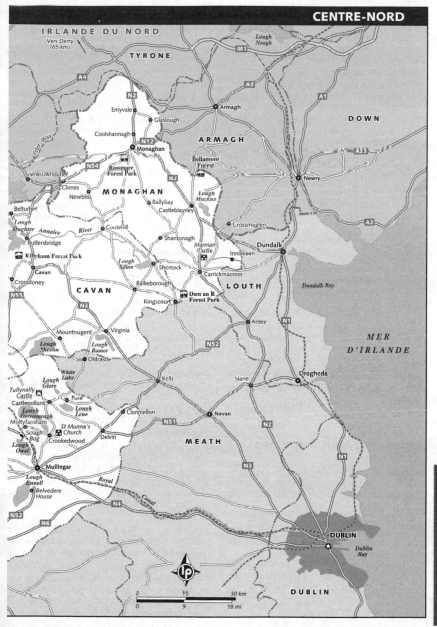

Vous pouvez changer des espèces à l'ACC Bank, 91 Main St. La poste est installée à l'angle de Main St et de Townhall St. Vous pouvez consulter vos e-mails à l'Ego Internet Café ou au Coffee House sur Main St, du lundi au samedi de 8h30 à 19h (mer-sam jusqu'à 20h). La laverie Supaklene se trouve dans Farnham St, à environ 100 m de la gare routière. Une autre laverie, Laundry Basket, se tient à l'extrémité sud de Connolly St (lun-sam 10h-18h). Un petit bureau de généalogie (☎ 436 1094 ; lun-ven 9h30-16h30) est installé dans Cana House, indiquée sur la colline depuis l'église prébystérienne de Farnham St.

À voir et à faire

À 2 km au sud-est du centre-ville, sur la N3, se tient la **Cavan Crystal Factory** (☎ 433 1800, fax 433 11198, Dublin Rd ; gratuit ; salle d'exposition lun-ven 9h30-18h, sam 10h-17h et dim 12h-17h). C'est la deuxième plus ancienne fabrique de cristal d'Irlande. Vous y trouverez une salle d'exposition présentant du cristal de Cavan et de l'artisanat local à la vente, ainsi qu'un restaurant et un café. Une vidéo présente la fabrication du cristal.

Le **Cavan Equestrian Centre** (☎ 433 2017, fax 433 1400, Ballyhaise Rd), l'un des plus grands centres équestres du pays, à 1,5 km au nord de la ville sur la N3, est reconnu dans le monde entier. Des compétitions de sauts d'obstacle se déroulent presque tous les week-ends, et des ventes aux enchères de chevaux sont organisées six fois dans l'année.

Où se loger

Bridge Restaurant (☎ 433 1538, 5 Coleman Rd ; simples/doubles 29,20/50,80 €). À proximité de la gare routière, c'est l'établissement le plus central. Il propose de vastes chambres en B&B. Prévoyez une caution de 25 € pour la clé.

Oakdene (☎ 433 1698, 29 Cathedral Rd ; simples/doubles 31,75/50,80 €). Cette maison à moitié mitoyenne dispose de quatre chambres impeccables.

Glendown (☎ 433 2257, 33 Cathedral Rd ; simples/doubles 31,75/50,80 €). Accueillante (aussi envers les couples gays), cette maison tenue par Tom et Eileen Flynn offre tout le confort.

Un peu en dehors de la ville, de vrais petits bijoux vous attendent.

Lisnamandra Farmhouse (☎ 433 7196, fax 433 7196, Crossdoney ; simples/doubles avec douche 31,75/48,25 € ; avr-oct). À 7 km au sud-ouest sur la R198 pour Crossdoney, cette ferme est très bien indiquée sur la gauche. Il est préférable de réserver. Vous pouvez dîner pour 18 €.

Farnham Arms Hotel (☎ 433 2577, fax 436 2606, Main St ; simples/doubles 53,35/89 €). Cet hôtel provincial typique fait presque face à Market Square dans le centre-ville.

Hotel Kilmore (☎ 433 2288, fax 433 2458, Dublin Rd ; simples/doubles 66/104 €). Cet hôtel récemment rénové est installé sur la N3, juste à côté de la Cavan Crystal Factory.

Où se restaurer

Ego Internet Café & Coffee House (☎ 437 3488, Convent Buildings, Main St ; plats principaux 6,30 €). Cet établissement accueillant propose des sandwiches de pita chauds, des desserts maison et un délicieux café.

Melbourne Bakery (Main St ; plats principaux 6,35 €). Ce restaurant désuet avec ses tables en formica et ses buns (petits pains) à la crème à volonté se situe à mi-chemin sur Main St.

Mr Wong's Happy Valley Restaurant (Main St ; plats principaux 8,25 €). Cette échoppe chinoise propose des plats à emporter à la jonction de Main St et de Connolly St.

Farnham Arms Hotel (voir Où se loger ; plats principaux 6,35 € ; déj 12h-18h). Cet établissement confortable prépare un succulent buffet de viandes. Le bar **Imperial** (☎ 437 3027 ; plats principaux 7,60 €) sert de bons plats chauds et des sandwiches dans un lieu clair et spacieux.

Kloisters (☎ 437 1485, Main St ; plats principaux 13-20 €). C'est probablement le meilleur restaurant de la ville, installé dans le sous-sol d'un ancien couvent, en face de la Melbourne Bakery. Il offre des plats végétariens ainsi que des mets à base de viande ou de poisson. Dans le même bâtiment, le bar **Mustang Sally** prépare une cuisine de bar servie toute la journée.

Où sortir

McGinnity's Corner Bar *(☎ 433 1236, College St)*. McGinnity's a remporté le titre de pub de l'année de la région. Il organise parfois des concerts le week-end.

The Imperial *(☎ 437 3027, Main St)*. Ce vaste bar branché, dont les murs sont couverts de mosaïques, accueille des orchestres du mercredi au dimanche.

Black Horse Inn *(☎ 433 2140, Main St)*. Non loin de la poste, cet établissement doté de tables de billard est apprécié des jeunes de Cavan.

Louis Blessing's *(☎ 433 1138, 92 Main St)*. Cette épicerie-pub rustique rappelle le vieux Cavan. Elle donne sur une petite cour à côté de Main St.

An Síbín *(The Speakeasy ; ☎ 433 1064, 86 Main St)*. À l'angle de Townhall St et de Main St, voici le pub le plus populaire du moment. Restauré il y a peu, avec parquet et vrai feu de bois, il propose des concerts de musique irlandaise le mercredi soir.

Comment s'y rendre

La petite gare routière (☎ 433 1353) se trouve à l'extrémité sud de Farnham St, près du pont et du rond-point. Le guichet ouvre tous les jours de 7h30 à 20h30.

Cavan se trouve sur les lignes Dublin-Donegal, Galway-Belfast et Athlone-Belfast. En semaine, cinq bus quotidiens desservent Dublin (8,90 €, 2 heures), trois vont à Belfast (15 €, 3 heures), deux rallient Galway (22,85 €, 3 heures 45) et quatre rejoignent Donegal (12,20 €, 2 heures 15). Bus Éireann assure aussi un service à l'intérieur du comté : les bus quittent Cavan pour Bawnboy, Ballyconnell, Belturbet, Virginia, Kells, Dunshaughlin, Navan et plusieurs autres villes, dont Cootehill.

Wharton's (☎ 433 7114) propose des bus privés qui partent à proximité du Mallard's Hotel et rallient Parnell Square à Dublin (5,10 € aller simple). Départ à 7h30 du lundi au vendredi et à 8h le samedi.

Comment circuler

Vous pouvez commander des taxis au ☎ 433 1172 ou au ☎ 433 2876.

ENVIRONS DE CAVAN
Kilmore Cathedral

Cette modeste cathédrale de l'Église d'Irlande, construite en 1860, est située à environ 5 km à l'ouest sur la R198, qui relie Crossdoney au Killykeen Forest Park. La façade ouest de ce monument relativement moderne comporte un joli porche roman du XIIᵉ siècle, rapporté d'un monastère augustinien de Trinity Island, sur le Lough Oughter. Vous remarquerez que certaines pierres n'ont pas été replacées dans le bon ordre. Le cimetière renferme la tombe de l'évêque William Bedell (1571-1642), qui commanda la première traduction de l'Ancien Testament en irlandais, dont un exemplaire est exposé dans le chœur.

Killykeen Forest Park

Sur les rives du Lough Oughter, à 12 km au nord-ouest de Cavan, se trouve le parc forestier de Killykeen *(☎ 049-433 2541, fax 436 1044, killykeen@coillte.ie ; voiture/famille 1,90/ 4,45 € ; toute l'année)*. Le contour du Lough Oughter est assez irrégulier. Les 243 hectares d'arbres et de bras de rivière du parc fournissent d'agréables randonnées et de bons sites de pêche. Nombre des îles peu boisées qui jalonnent le lac sont sûrement des *crannógs*, ces îles artificielles fortifiées. À l'intérieur du parc, vers le nord, se trouve l'inaccessible **Clough Oughter Castle**, érigé au XIIIᵉ siècle par les O'Reilly sur une île du lac. C'est à cet endroit que le chef rebelle Owen Roe O'Neill mourut en 1649. Le meilleur

Les sweathouses

Construites en pierre avec une petite ouverture ou un porche, les sweathouses, sortes de sauna, permettaient d'apaiser les maux et les douleurs, dont ceux imputables à l'alcool. Un feu de bois se consumait à l'intérieur plusieurs heures durant. Il était enlevé lorsque la sweathouse était suffisamment chaude. Le patient arrivait et s'asseyait ou se couchait sur un tas de joncs ou de paille jusqu'à ce qu'il ait assez sué. En sortant, il plongeait dans un cours d'eau situé à proximité.

CENTRE-NORD

moyen de s'en approcher est d'arriver par le sud-est, le long d'une route étroite qui part vers le nord depuis le village de Garthrattan.

Des **chalets** sont loués à la semaine (voire au week-end) sur les berges du lac *(241/254 € pour 4/6 pers en basse saison ou 495/597 € en haute saison).*

Des canoës de style canadien et d'autres embarcations à rames sont proposés à la location pour naviguer sur le Lough Oughter ou sur l'Erne. Le parc offre la possibilité de pêcher au poisson blanc, de faire du tennis ou de l'équitation.

Belturbet et ses environs
☎ 049 • 1 248 habitants

Belturbet, bourg vieillot de l'intérieur des terres, au bord de l'Erne, à 16 km au nord-ouest de Cavan sur la N3, dégage un charme maussade. C'est essentiellement un centre de pêche, qui fournit des possibilités de croisières. **Emerald Star** *(☎ 952 2933 ; bateau pour 4 pers 520 € la sem en basse saison)* loue toute l'année des bateaux pour naviguer sur la Shannon-Erne Waterway, entre Belturbet et Belleek.

Hilltop Farm *(☎/fax 952 2114, Kilduff ; simples/doubles 25,40/45,70 €).* À 3 km au sud sur la route de Cavan, Hilltop Farm propose 10 chambres en B&B ainsi que des infrastructures pour les pêcheurs.

The Olde Post Inn *(☎ 047-55555, fax 55111, Clover Hill ; simples/doubles 38,10/76,20 € ; plats principaux 17-22 € ; restaurant mar-sam soirs et dim midi).* Située à 4 km de Belturbet, cette charmante maison en pierre, vieille de deux siècles, abritait auparavant la poste du village. Elle compte neuf chambres confortables ainsi qu'un excellent **restaurant** qui sert de la cuisine irlandaise moderne dans une salle douillette.

Des bus Éireann (☎ 433 1353) reliant Cavan à Donegal (2 heures 15) s'arrêtent à Belturbet quatre fois par jour (trois fois le dim) dans les deux sens. L'arrêt de bus se tient devant O'Reilly's Garage. Vous pouvez louer des bicyclettes et vous renseigner sur les itinéraires à Padraig Fitzpatrick's (☎ 952 2866), Bridge St. Comptez 12,70 € par jour.

Lough Sheelin

À 24 km au sud de Cavan, le Lough Sheelin est réputé pour la pêche à la truite et au saumon, notamment en mai et juin. Les deux principaux centres d'hébergement (chacun à un bout du lac, long de 6 km) sont les villages de Finnea, à la frontière avec le comté de Westmeath, et de Mountnugent, qui offre de nombreuses possibilités de logement et de location de bateaux de pêche.

Ross House *(☎/fax 049-434 0218, Mountnugent ; simples/doubles à partir de 44,45/63,50 €).* Cette élégante ferme d'époque, dans un magnifique jardin au bord du lac, est dotée d'un sauna, d'un jacuzzi et d'un terrain de tennis. Vous pouvez y pratiquer l'équitation ou louer une embarcation, et éventuellement y dîner le soir.

Crover House Hotel *(☎ 049-854 0206, fax 854 0356, Mountnugent ; simples/doubles à partir de 57/101 €).* Récemment rénové, cet hôtel tenu par une famille possède un jardin privé sur les berges du lac. Vous pouvez y louer un bateau.

OUEST DU CAVAN

L'ouest du Cavan est dominé par les splendides Cuilcagh Mountains, peu visitées. Au sud-ouest, Magh Sleacht, région qui entoure Kilnavert et Killycluggin, était probablement un centre de druidisme dédié à la divinité Crom Cruaich. Dans l'extrême nord-ouest du comté, la route est parallèle à la frontière avec l'Irlande du Nord avant de se séparer en deux. Celle allant à gauche mène vers l'ouest à Dowra et Blacklion, une zone désolée qui comporte des sites anciens intéressants. La voie de droite se dirige vers le nord, rejoignant Swanlinbar et la frontière.

Comment s'y rendre

Peu de bus desservent cette région isolée du comté. L'express Donegal-Dublin passe par Ballyconnell, Bawnboy et Swanlinbar quatre fois par jour. Swanlinbar se trouve aussi sur la ligne Athlone-Derry : un bus y passe chaque jour, sauf le dimanche. Le bus Galway-Belfast s'arrête à Sligo et à Blacklion deux fois par jour. Contactez Bus Éireann à Cavan (☎ 049-433 1353) pour en savoir plus.

Blacklion

☎ 072

À 5 km au sud de Blacklion se tiennent les vestiges d'un *cashel* (fort en anneau) avec trois grands remblais circulaires. À l'intérieur se dresse une *sweathouse* (voir l'encadré *Les sweathouses*). Entre Dowra et Blacklion se trouvent des ruines de plusieurs monuments de ce type.

MacNean House and Bistro *(☎ 53022, 53404, Main St ; simples/doubles 33/58,40 €)*. C'est l'un des rares B&B que compte Blacklion et ses environs. Le soir, vous pouvez déguster un menu (40,65 €) réputé, concocté par le chef Neven Maguire, titulaire de plusieurs prix.

Les bus des lignes Galway-Belfast et Sligo-Belfast s'arrêtent à Blacklion deux fois par jour. En été, la ligne Sligo-Belfast part de Westport et ne passe par Blacklion qu'une fois par jour. L'arrêt se trouve devant le pub Maguire's.

EST DU CAVAN

En allant vers l'est depuis la ville de Cavan, vous pénétrez au cœur du pays des drumlins. L'histoire de la colonisation étrangère a laissé son empreinte sur l'aménagement et la disposition des principales villes.

Comment s'y rendre

Des bus relient quotidiennement Cavan et Dublin toutes les heures à l'heure pile. Cootehill, sur la ligne Dundalk-Cavan, est desservi le lundi, le mercredi et le vendredi. En semaine, pendant la période scolaire (sept-juin), un bus par jour effectue la liaison entre Cootehill et Monaghan.

Cootehill

Au nord, la petite bourgade proprette de Cootehill (An Mhuinchille) fut baptisée du nom des Coote, une famille de colons qui, après avoir récupéré des terres confisquées aux O'Reilly, contribuèrent à fonder la ville au XVIIᵉ siècle. Ce clan haut en couleur comptait nombre de membres intéressants, dont sir Charles Coote, qui fut l'un des chefs les plus impitoyables et les plus efficaces de Cromwell, et Richard Coote (1636-1701), qui devint gouverneur de

l'État de New York, puis du New Hampshire et du Massachusetts.

Maudabawn Cultural Centre *(☎ 049-555 9504, info@maudawn.com)* propose des cours d'été très prisés, de trois jours ou d'une semaine, traitant de l'histoire de l'Irlande, de la langue, de la musique et de la culture du pays (63,50 à 127 € pour une semaine de cours).

Le village offre plusieurs possibilités d'hébergement et de restauration.

Shercock

Shercock (Searcóg) est un joli village sur les rives du Lough Sillan, à 13 km au sudest de Cootehill. Le lac est réputé pour la pêche au brochet.

Annesley Heights *(☎ 042-966 9667, Carrickmacross Rd ; simples/doubles 31,75/50,80 € ; toute l'année)*. Ce B&B moderne, à l'est de la ville, dispose de quatre grandes chambres avec s.d.b. Il offre des infrastructures pour la pêche et organise une visite guidée des environs.

Comté de Monaghan

Rares sont les voyageurs qui s'arrêtent dans le Monaghan (Muineachán), aux collines rondes sillonnées de haies négligées et aux fermes éparpillées. Les collines sont des drumlins, formés par les glaciers de la dernière ère glaciaire, dans une ceinture s'étendant de Clew Bay, comté de Galway, jusqu'au comté de Down. Ce paysage agréable n'a rien de spectaculaire. Les randonneurs et les cyclistes en apprécieront les routes de campagnes calmes si le temps n'est pas capricieux. Le Monaghan compte moins de lacs que le Cavan voisin, mais la pêche y est très bonne.

Patrick Kavanagh (1905-1967), un des poètes les plus respectés d'Irlande, est né dans ce comté, à Inniskeen. *The Great Hunger*, un long poème qu'il composa en 1942 et *Tarry Flynn*, un roman écrit en 1948, évoquent l'atmosphère de la vie souvent sombre de la communauté paysanne pauvre.

Le sol aride a restreint le développement des fermes mécanisées à grande échelle, pourtant, les coopératives agricoles du Monaghan sont parmi les plus actives et les plus tournées vers l'avenir du pays. Le comté est réputé pour sa dentelle, dont la fabrication se perpétue à Clones et à Carrickmacross, centres de cette activité depuis le début du XIXe siècle.

HISTOIRE

Les plus anciennes traces de présence humaine dans la région datent d'avant l'âge du bronze. Si aucun des sites de ce comté n'égale les magnifiques monuments du Meath, le Tullyrain Ring Fort, à côté de Shantonagh, dans le sud, mérite d'être visité, tout comme le Mannor Castle près de Carrickmacross et le crannóg de Convent Lake. À l'instar du Cavan, le comté de Monaghan compte fort peu de vestiges religieux malgré sa proximité avec Armagh, le siège de saint Patrick. La tour ronde et la croix celtique de Clones, dans l'ouest du comté, figurent parmi les rares restes de cette période de l'histoire d'Irlande.

Contrairement au Cavan et à la majorité de l'Ulster, le Monaghan ne fut presque pas touché par l'Ulster Plantation. Le transfert des terres du Monaghan aux Anglais survint plus tard, après les guerres menées par cromwell. Ce sont des soldats et des aventuriers qui héritèrent de la plupart des parcelles. Sinon, ils les achetaient aux chefs locaux, contraints de les leur vendre, bien souvent pour une bouchée de pain. Ces nouveaux colons rasèrent les forêts et construisirent plusieurs villes et villages, chacun avec sa propre église protestante. L'aménagement et l'architecture des agglomérations reflètent leur conception rigide et austère de la vie. Comme ils n'approuvaient pas les méthodes agricoles pastorales des Irlandais, ils introduisirent les techniques arables. Plus tard, l'industrie du lin devint très rentable.

Les liens historiques du Monaghan avec l'Ulster furent rompus par la division de l'Irlande en 1922. Bien que le sentiment républicain demeure fort, il n'est pas aussi apparent qu'on pourrait le croire. Plusieurs villes disposent de librairies et de centres d'information du Sinn Féin.

MONAGHAN

☎ 047 • 5 842 habitants

La ville de Monaghan se trouve à 141 km au nord-ouest de Dublin et à seulement 8 km au sud de la frontière avec l'Irlande du Nord. Bien que sa population ne dépasse pas 6 000 habitants, c'est la seule ville du comté. Sa disposition et ses bâtiments reflètent l'influence des colons britanniques des XVIIe et XVIIIe siècles et de la richesse due à l'industrie du lin aux XVIIIe et XIXe siècles. Nombre des bâtiments importants de la ville sont d'élégants édifices en calcaire. Cependant, la ville n'offre pas assez d'attraits pour retenir le visiteur plus d'une journée.

Histoire

Il ne reste rien du monastère de 1462 des chefs MacMahon, ni de leurs premiers forts. Toutefois, à Convent Lake, juste derrière St Louis Convent, se trouve un petit crannóg recouvert de végétation qui servait de quartier général à la famille autour du XIVe siècle.

Après les guerres mouvementées des XVIe et XVIIe siècles, la ville fut investie par les calvinistes écossais, qui érigèrent un château sur les décombres de l'ancien monastère. Vous en verrez quelques fragments près du Diamond. Les ressources tirées du commerce du lin au XIXe siècle transformèrent la ville, qui vit apparaître une kyrielle de nouveaux et imposants édifices.

Orientation et renseignements

Les principales rues de Monaghan forment un arc à peu près continu, brisé par les trois grandes places de la ville, qui regroupent la majorité des sites et bâtiments importants : Church Square, le Diamond (nom qu'on donne en Ulster à la grand-place des villes) et Old Cross Square. À l'ouest de cet arc, en haut de Parc St, se trouve Market Square. La Market House (1792), dans Market St, abrite l'office du tourisme (☎ 81122) ouvert en semaine de 9h à 17h (jusqu'à 18h de juin à août) et le samedi, d'avril à octobre, de 9h à 13h.

La poste est installée dans Mill St, qui coupe Hill St et North Rd. Vous pouvez laver votre linge à Supreme Dry Cleaners sur Park St, juste au sud de l'office du tourisme du côté gauche.

La ville est dotée de deux petits lacs :
Peter's Lake, au nord du Diamond, et Convent
Lake, dans l'angle sud-ouest de la ville. Dans
le centre, les rues sont à sens unique.

Monaghan County Museum and Gallery

Cet excellent musée, un des meilleurs
musées régionaux d'Irlande (☎ 82928, 1-2
Hill St ; gratuit ; toute l'année mar-ven 10h-
13h/14h-17h et sam 11h-13h/14h-17h), est
situé au nord-ouest de l'office du tourisme,
au début de Hill St. Occupant deux maisons
victoriennes, il couvre l'histoire depuis l'âge
de pierre jusqu'aux temps modernes, expo-
sant des objets d'un crannóg médiéval local.
Il présente en outre des expositions sur la
fabrication de la dentelle, le fonctionnement
de l'industrie du lin, l'Ulster Canal abandonné et la frontière avec l'Irlande du Nord.
L'objet le plus précieux du musée est la
Cross of Clogher, une croix d'autel en
bronze datant du XIIIᵉ ou XIVᵉ siècle.

Des artistes locaux et nationaux exposent
parfois dans l'aile de l'Art Gallery.

Autres curiosités

En haut de Dawson St se trouve **Church
Square**, la première des trois places, avec un
obélisque élevé en 1857 pour un certain colonel
Dawson, tué lors de la guerre de Crimée. L'élégant palais de justice dorique de 1830, l'ancienne Hibernian Bank (1875) et la St Patrick's
Church gothique dominent la place. **Convent
Lake**, avec son crannóg, est situé en bas de Park
St, au-dessus du canal. Le **St Louis Convent
Heritage Centre** (☎ 83529, Broad Rd ;
adulte/réductions 1,25/0,65 € ; lun, mar, jeu et
ven 10h-12h/14h30-16h30 et sam-dim 14h30-
16h30) propose quelques expositions sur le
couvent, le crannóg et l'histoire locale.

Où se loger

Willow House (☎ 71443, Tullybryan,
Clones Rd ; simples/doubles 21,60/50,80 €).
L'accueillante Mrs McCaffrey propose trois
doubles spacieuses ainsi qu'une simple ordinaire dans sa maison de ville dotée d'un jardin, à 2 km du centre.

Glendrum House (☎ 82347, Drumbear ;
simples/doubles 25,40/50,80 €). Cette mai-

son moderne, qui accueille volontiers les
homosexuels, compte cinq chambres confortables, à 10 minutes de marche du centre (sur
la R188).

Lakeside Hotel (☎ 83599, fax 82291, Lakeside, North Rd ; simples/doubles 57,15/89 €).
Cet hôtel georgien récemment restauré à côté
de Peter's Lake se trouve à 5 minutes de
marche de la ville, sur la route de Derry.

Four Seasons Hotel (☎ 81888, fax 83131,
Coolshannagh ; simples/doubles 54,60/
104,15 €). Sans aucun lien avec la chaîne
internationale d'hôtels Four Seasons, ce
grand établissement moderne comporte une
piscine, un sauna et une salle de gym. Il est
situé à moins de 1 km de la ville, sur la N2.

Hillgrove Hotel (☎ 81288, fax 84951,
Old Armagh Rd ; simples/doubles 67,30/
114,30 €). Ce vaste hôtel tape-à-l'œil doté
de 44 chambres modernes se dresse à l'orée
de la ville.

Où se restaurer

Paramount (☎ 77333, 30 Market St ; plats
principaux 16-21 € ; mer-lun 18h30-22h).
Ce restaurant chic et minimaliste situé au-
dessus du pub Cooper's sert d'excellents
plats de poisson et de viande.

Mediterraneo (☎ 82335, 58 Dublin St ;
plats principaux 8,50-15 €). Ce bistrot
calme et spacieux prépare de la bonne cuisine italienne.

Andy's Bar and Restaurant (☎ 82277,
12 Market St ; déj autour de 6 €, menu de
dîner 25,40 € ; mar-dim). Situé en face de
l'office du tourisme, ce restaurant, récompensé d'un prix, est un des meilleurs endroits
de la ville pour se rassasier ou prendre un
verre dans le calme au coin du feu.

Diva's (☎ 72707, 34 Market St ; plats principaux 5,50-7,50 € ; lun-ven 9h-20h et sam 9h-
18h). Le Diva's est un petit café populaire et
pittoresque proposant un vaste choix de sandwiches, d'en-cas chauds et de plats du jour.

The Squealing Pig Bar and Restaurant
(☎ 84562, The Diamond ; plats principaux
10,50-15 € ; lun-sam 17h-22h30, repas au
bar lun-ven 12h-15h). Ce nouveau bar-
restaurant douillet mitonne une bonne cuisine irlandaise traditionnelle et copieuse
ainsi que de délicieux steaks.

Pizza D'Or (☎ *84777, Market Square ; pizzas 6,30-9 € ; mer-lun 17h-tard*). Le chef David O'Rourke revendique le titre de pizzaiolo le plus rapide de la République. Essayez sa spécialité épicée, la "Pizza Hot" (8,75 €).

Hang Fung (*Park St ; plats principaux 8,25 € ; 17h-1h*). Ce petit restaurant qui sert des plats à emporter est très apprécié de la communauté chinoise.

Où sortir

An Poc Fada (☎ *72395, North Rd*). Ce bar traditionnel irlandais animé est bondé le soir, notamment le mercredi et le dimanche, car il accueille des groupes de rock.

McCaughey's (☎ *71754, 39 Park St*). Dans ce véritable pub, les clients boivent whiskey et vin au bar en plein après-midi.

Terry's (☎ *81149, 6 Market St*). Avec un fond sonore doux, ce bar est apprécié des plus de 30 ans.

Traynor's (☎ *82957, 30 Park St*). Le jeudi soir est consacré à la musique traditionnelle irlandaise.

Club Mexx (*Four Seasons Hotel ; voir Où se loger ; entrée 6,35 € ; mer, ven et sam*). La boîte de nuit de cet hôtel semble être le nouveau lieu chaud pour les fêtards de Monaghan.

Comment s'y rendre

De la gare routière (☎ 82377), sur North Rd à côté de l'ancienne gare ferroviaire, de nombreux bus interurbains partent tous les jours pour la République ou l'Irlande du Nord : neuf bus (six le dim) vont à Dublin (9 €, 2 heures), six (quatre le dim) à Derry (9,75 €, 2 heures) *via* Omagh et cinq (deux le dim) à Belfast (9 €, 2 heures) et à Armagh (40 min). De nombreux bus locaux assurent des liaisons quotidiennes avec les villes voisines de Castleblayney, Ballybay, Carrickmacross et Ardee.

La compagnie de bus privée McConnon's (☎ 82020) propose deux bus quotidiens de Church Square (devant la pharmacie Ronaghan's) jusqu'à O'Connell St à Dublin (aller simple 6,35 €). Ils desservent aussi Castleblayney, Carrickmacross et Slane. En outre, un bus rallie chaque jour Clones.

Comment circuler

La boutique de location de vélos la plus proche est le revendeur Raleigh local, Paddy McQuaid (☎ 88108), à Emyvale, à environ 12 km au nord de Monaghan (12,70/50,80 € par jour/sem). Il livre les bicyclettes à Monaghan si nécessaire.

GLASLOUGH
☎ 047

À 9 km au nord-est de Monaghan, Glaslough (le lac vert) est un joli village dont les cottages en pierre sont près du lac du même nom. Pour vous y rendre depuis Monaghan, prenez la N2 pour Omagh, vers le nord, tournez vers l'est sur la N12, suivez-la sur environ 2 km, puis bifurquez au nord sur la R185.

Le domaine de 500 hectares de Castle Leslie, magnifique maison à l'italienne du XIXe siècle qui surplombe le lac, est situé non loin du village. Le **Greystones Equestrian Centre** (☎ *88100, Castle Leslie*) possède de bons chevaux ; 40 km de chemins sont répartis sur le domaine.

Castle Leslie (☎ *88109, www.castleslie.com ; chambres 90-120 € par pers, supp pour 1 pers seule 25,40 € par nuit*). Pour vivre une expérience victorienne, séjournez dans ce château qui recrée toute l'ambiance de l'époque et dont les 14 chambres sont décorées comme à l'origine. Dans ce havre de paix pour acteurs, stars de rock et autres bohèmes, les conversations au dîner (menu de 4 plats 43,80 €) ne doivent pas êtres banales.

Fortsingleton (☎ *86054, fax 86120, Emyvale ; chambres 38,10 € par pers ; interdit de fumer*). Cinq km plus haut sur la route, cette résidence georgienne, avec ses lits à baldaquin, devrait convenir aux budgets plus modestes.

CLONES ET SES ENVIRONS
☎ 047 • 2 170 habitants

La ville-frontière de Clones (Cluain Eois), à 19 km au sud-ouest de Monaghan, fut le site d'un important monastère du VIe siècle qui devint ensuite une abbaye augustinienne. L'arrêt de bus, la poste, les banques, dont une agence de la Bank of Ireland, sont tous regroupés sur le Diamond, la place centrale. Clones sert de cadre au roman noir *Le Garçon boucher*, de Patrick McCabe, né à Monaghan.

À voir et à faire

Outre les quelques ruines de l'**abbaye** fondée par saint Tiernach sur Abbey St, une **tour ronde** tronquée de 22 m de haut, sans doute du début du IX\ :sup:`e` siècle, s'élève dans le vieux cimetière au sud de la ville. Le Diamond recèle une jolie **croix celtique** gravée, représentant sur une face Adam et Ève, et Daniel dans la fosse aux lions, et de l'autre côté les noces de Cana et la multiplication des pains et des poissons. La **St Tiernach's Church**, protestante, domine la croix.

L'Ulster Way en Irlande du Nord passe par **Newtownbutler**, dans le Fermanagh, à 8 km au nord-ouest de Clones. Au nord de Newtownbutler, une **route panoramique** mène de Derrnawilt à Lisnaskea. Au sud-est de Clones, la route entre Newbliss et Cootehill ne manque pas de charme et mène à la lisière de la **Bellamont Forest** qui chevauche la frontière avec le Cavan.

Où se loger et se restaurer

Clones ne compte presque aucun B&B.

Glynch House (*☎/fax 54045, Newbliss ; chambres à partir de 29,20 € par pers*). La maison georgienne de Martha O'Grady constitue une étape somptueuse, à 7 km de Clones sur la route de Newbliss (R183).

Lennard Arms Hotel (*☎ 51075, The Diamond, Clones ; simples/doubles avec sdb 38,10/63,50 €*). Cet hôtel de campagne simple offre un confort rudimentaire dans des chambres récemment rénovées

Creighton Hotel (*☎ 51055, fax 51284, Lower Fermanagh St, Clones ; simples/doubles avec sdb 31,75/63,50 €*). Très prisé par les pêcheurs, cet établissement compte 16 chambres modestes mais confortables. Il constitue aussi un endroit charmant pour déguster un en-cas, déjeuner ou dîner (autour de 12,70 €).

Hilton Park (*☎ 56007, fax 56033, Clones ; simples/doubles à partir de 106/170 €*). Pour vous offrir un petit plaisir (dispendieux) et vous couper du XXI\ :sup:`e` siècle, optez pour le Hilton Park, à 5 km au sud le long de la L46 en direction de Scotshouse. Ce manoir possède son propre domaine, un golf de 18 trous et sert une délicieuse cuisine dans un cadre superbe. Nombre des ingrédients poussent dans la ferme biologique du domaine. Le dîner revient à 34,90 €, sans le vin. Vous pouvez aussi louer la **loge de gardien** pour 4 personnes (*à partir de 510 € par sem*).

Comment s'y rendre et circuler

Des bus Éireann (*☎ 82377*) relient Clones à Monaghan, Castleblayney, Carrickmacross, Slane et Dublin trois fois par jour du lundi au samedi. Les bus s'arrêtent au Diamond. Ulsterbus (*☎ 028-6632 2633*) assure plusieurs liaisons quotidiennes qui passent par Enniskillen, Clones, Monaghan et Belfast. McConnon's (*☎ 82020*) offre un service quotidien entre Clones, Monaghan, Castleblayney, Carrickmacross, Slane et Dublin.

Vous pouvez louer des vélos à Clones, au Canal Stores (*☎ 52125*), Cara St.

CARRICKMACROSS ET SES ENVIRONS

☎ 042 • 2 617 habitants

Carrickmacross (Carraig Mhachaire Rois), deuxième ville du Monaghan, fut autrefois le fief du clan MacMahon. Elle doit ses origines au III\ :sup:`e` comte d'Essex, un des favoris d'Élizabeth I\ :sup:`re`, qui érigea un château en ce lieu dans les années 1630. Le site est maintenant occupé par le Convent of St Louis. Une grande fabrique de dentelle permit aux premiers colons anglais et écossais de développer cette petite bourgade agréable qui se compose d'une large rue bordée de jolies maisons georgiennes et d'une vieille église protestante.

À voir à faire

Sur Market Square se trouve la **Carrickmacross Lace Gallery** (*☎ 966 2506, Market Square ; mai-oct lun-mar 10h-13h/14h-15h et jeu 10h-13h/14h-17h*). Dirigée par la coopérative de dentelle locale, cette galerie accueille d'excellentes expositions et vend de la dentelle. **Main St**, animée, regorge de boutiques, de pubs et d'élégantes maisons georgiennes témoignant de l'opulence passée de la ville.

Nombre de lacs entourant Carrickmacross, dont le Lough Capragh, le Lough Spring, le Lough Monalty et le Lough Fea, se prêtent magnifiquement à la **pêche**. Contactez Jimmy McMahon au Carrick Sports Centre (*☎ 966 1714*) pour connaître les bons sites.

Une demeure de 1827, dont le domaine comprend un parc de chênes, jouxte le Lough Fea. Le **Dún an Rí Forest Park** *(☎ 67320)*, à 5 km au sud-ouest le long de la route de Kingscourt (R179), propose des chemins de randonnée et des aires de pique-nique.

Où se loger
Carrickmacross ne manque pas de B&B.
Shirley Arms *(☎ 966 1209, Main St ; simples/doubles avec sdb 44,45/90 €)*. Ce pub dispose de dix chambres modestes.
Shanmullagh House *(☎ 966 3038, Shanmullagh ; simples/doubles 27,95/48,25 €)*. Ce nouveau pavillon installé dans un jardin d'agrément offre cinq chambres spacieuses ; prenez la route de Dundalk (R178) à 3 km de la ville, lorsque la Shanmullagh House est indiquée sur la droite.
Nuremore Hotel and Country Club *(☎ 966 1438, fax 966 1853, Nuremore ; simples/doubles à partir de 114-177 €)*. À l'orée de la ville, cet édifice irrégulier possède toutes les installations imaginables, y compris un golf de 18 trous homologué pour les championnats.

Comment s'y rendre
Bus Éireann (☎ 047-82377) assure neuf bus quotidiens (six le dim) depuis/vers Dublin (1 heure 15) qui passent par Carrickmacross. Au moins six bus circulent tous les jours entre Letterkenny et Dublin, un entre Coleraine et Dublin et trois entre Clones et Dublin. Collins (☎ 966 1631), une compagnie de bus privée, propose deux départs par jour (un le dim) pour Dublin (aller simple 5,10 €). Les bus McConnon's (☎ 047-82020) de la ligne Dublin-Monaghan-Clones, qui passe aussi par Castleblayney, desservent Carrickmacross deux fois par jour du lundi au samedi.
L'arrêt de bus est situé devant la boutique O'Hanlon sur Main St.

INNISKEEN
☎ 042
Le village d'Inniskeen (Inis Caoin), qui vit naître le poète Patrick Kavanagh, est situé à 10 km au nord-est de Carrickmacross. Kavanagh repose dans le cimetière local ; on peut lire sur sa croix : "Une prière pour

lui qui sillonnait les collines, chérissant les miracles de la vie."
La très simple chapelle du village abrite le **Patrick Kavanagh Rural and Literary Resource Centre** *(☎ 937 8560 ; adulte/enfant 2,55/1,90 €, visite littéraire 6,35/3,80 € ; juin-sept lun-ven 11h-17h et sam-dim 14h-18h, mi-mars-mai, oct et nov lun-ven 11h-17h et dim 14h-18h, déc-mi-mars lun-ven 11h-17h)*. Ce centre se consacre à la vie et à l'œuvre de ce poète très renommé ainsi qu'à l'histoire et au folklore locaux. Un acteur de la région organise des visites littéraires de l'endroit, y compris au pub Brennan's, le bar de Kavanagh. Non loin, les tristes ruines d'une tour ronde sont les seuls vestiges du monastère St Daig du VIe siècle.

Comté de Roscommon

Le comté de Roscommon (Ros Comáin) représente davantage un point de passage qu'une destination. Si la capitale du comté est plutôt morte, certaines curiosités méritent une visite. À Strokestown se trouvent une des plus belles demeures du pays ainsi que le grand Famine Museum. Juste au sud de la frontière avec le comté de Sligo, la ville de Boyle est le siège de l'intéressant musée du King House Interpretive Centre.
Une grande partie de la frontière ouest du Roscommon suit la River Suck. À peu près à mi-chemin, à quelques kilomètres à l'intérieur des terres depuis Ballyforan, se trouve Dysart (Thomas St sur certaines cartes), lieu ancestral préféré de l'illustre famille Fallon. Les vestiges de son château sont situés près de la ville, de même que l'église récemment rénovée, dont certaines parties datent du XIIe siècle. La frontière est du Roscommon est formée par une multitude de lacs, dont le grand Lough Ree (ou Rea), et par le Shannon qui les traverse. Évidemment, la pêche constitue une activité majeure.

STROKESTOWN ET SES ENVIRONS
☎ 078 • 572 habitants
Strokestown (Béal na mBuillí), située sur la N5 entre Longford et Tulsk, est à environ

18 km au nord-ouest de Roscommon. La bourgade doit son existence à la famille Mahon, propriétaire du deuxième plus grand domaine du Roscommon. Sa rue principale extrêmement large fut construite par un des premiers Mahon, dont l'objectif était de bâtir la rue la plus large d'Europe.

Strokestown Park House

Au bout de l'avenue principale de Strokestown se dressent trois arches gothiques derrière lesquelles se trouve une impressionnante et imposante demeure, tête d'un domaine de 12 000 hectares offert à Nicholas Mahon par Charles II après la Restauration, pour le remercier d'avoir soutenu la maison des Stuart durant la guerre civile (☎ 33013, fax 33712, info@strokestownpark.ie ; maison et musée adulte/enfant 8,25/3,80 €, maison, musée et jardins 11,45/5,10 €, visite de la maison de 45 min 4,45/1,90 €, jardins seulement 5,70/1,90 € ; avr-oct tlj 11h-17h30).

Le premier édifice, achevé en 1697, n'était pas suffisamment imposant au goût du petit-fils de Nicholas, Thomas, qui demanda à Richard Cassels de construire une immense demeure dans le style palladien, à la mode à l'époque. La seule partie de la maison qui survécut aux remaniements de Cassels est la distillerie, au sous-sol. Excepté quelques modifications effectuées au milieu du XIXe siècle, la villa n'a pas changé depuis. Le domaine s'est, quant à lui, réduit avec la fortune de la famille ; si bien que lorsqu'il fut finalement vendu au garagiste local en 1979, il n'occupait plus qu'une surface de 120 hectares. Cependant, comme le domaine n'a jamais été vendu aux enchères, presque tout ce qu'il renfermait est demeuré intact. Il fut ouvert au public en 1987.

Les enfants apprécieront la visite qui mène dans une salle de classe et dans une chambre d'enfant renfermant des jouets du XIXe siècle et un palais des miroirs.

Le très intéressant **Irish Famine Museum** (☎ 33013) occupe les anciennes écuries. Ce musée est incontournable pour quiconque s'intéresse aux conséquences dévastatrices du mildiou de la pomme de terre en Irlande dans les années 1840. Partant du silence traditionnel opposé à ce fléau, le musée détaille les horreurs de la famine et l'irresponsabilité du gouvernement, enfermé dans une politique économique de laisser-faire. Une salle dresse un parallèle avec la faim dans le monde et la pauvreté d'aujourd'hui.

Cruachan Aí Visitor Centre

Dans le village de Tulsk, à 10 km au nord-ouest de Strokestown sur la N5, se trouve cet *interpretive centre* ou centre d'interprétation (☎ 39268 ; adulte/enfant 3,80/1,25 € ; tlj 10h-18h). C'est l'un des plus grands musées de ce type en Europe ; il explore les sites royaux celtes importants de la région : Rathcroghan et Carnfree. Quelque 60 tombes mégalithiques, les sites cérémoniaux et funéraires des rois de Connaught, qui n'ont pas été violés au cours des trois derniers millénaires, entourent le village. Selon la légende du *Táin Bó Cúailnge* (la rafle du bétail de Cooley), Cruachan ou Rathcroghan était le site du palais de la reine Medb (Maeve) et de son amant Cúchulainn. L'Oweynagat Cave, que l'on prenait pour l'entrée dans l'Autre Monde, se trouve ici. Le centre des visiteurs diffuse une cassette vidéo et, sur le parking, figure un plan des sites. Vous pouvez vous promener en toute liberté.

Où se loger

Martin's (☎ 33247, Church St ; chambres 22,85 € par pers). Cette vieille maison modeste, restaurée, est tenue par Mena Martin.

Lakeshore Lodge (☎ 33966, Clooneen ; chambres 25,20 € par pers). Situé sur la R371, à 5 km de Strokestown, cet hôtel moderne, non-fumeurs, bénéficie d'un emplacement attrayant, sur les bords du Kilglass Lake. Il possède sa propre jetée et loue des bateaux.

Percy French Hotel (☎ 33300, fax 33856, Bridge St ; simples/doubles 44,45/76,20 €). Cet établissement provincial tenu par une famille en plein centre-ville est le seul hôtel de Strokestown.

Comment s'y rendre

L'express de Bus Éireann (☎ 071-60066) qui relie Sligo à Athlone (*via* Roscommon et Boyle) s'arrête à Strokestown une fois par jour. Le bus Ballina-Dublin *via* Long-

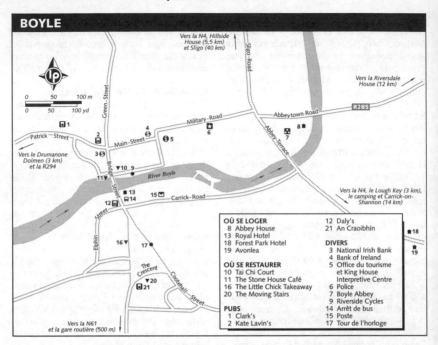

BOYLE

Vers la N4, Hillside House (5,5 km) et Sligo (40 km)

Sligo-Road

Vers la Riversdale House (12 km)

Green-Street

Military-Road

Abbeytown-Road

R285

Patrick-Street

Main-Street

Vers le Drumanone Dolmen (3 km) et la R294

Bridge-Street

River Boyle

Carrick-Road

Abbey-Terrace

Vers la N4, le Lough Key (3 km), le camping et Carrick-on-Shannon (14 km)

Elphin-Street

The Crescent

Cootehall-Street

Vers la N61 et la gare routière (500 m)

OÙ SE LOGER		12 Daly's
8 Abbey House		21 An Craoibhín
13 Royal Hotel		
18 Forest Park Hotel		DIVERS
19 Avonlea		3 National Irish Bank
		4 Bank of Ireland
OÙ SE RESTAURER		5 Office du tourisme
10 Tai Chi Court		et King House
11 The Stone House Café		Interpretive Centre
16 The Little Chick Takeaway		6 Police
20 The Moving Stairs		7 Boyle Abbey
		9 Riverside Cycles
PUBS		14 Arrêt de bus
1 Clark's		15 Poste
2 Kate Lavin's		17 Tour de l'horloge

ford et Mullingar dessert Strokestown cinq fois par jour (quatre le dim). L'arrêt de bus est installé devant Hanley's dans Main St.

BOYLE ET SES ENVIRONS
☎ 079 • 2 222 habitants

Boyle (Mainistir na Búille) est une ville de garnison située au nord-ouest du comté, au pied des Curlew Mountains et sur la River Boyle, entre le Lough Key et le Lough Gara. Malgré quelques sites d'intérêt, dont la charmante Boyle Abbey, le King House Interpretive Centre restauré et l'impressionnant Drumanone Dolmen, à l'entrée de la ville, cette bourgade offre peu de distractions pour le visiteur la nuit tombée.

Histoire
Boyle s'est développé autour de la propriété de la famille King à Rockingham, domaine le plus vaste et le plus puissant de Roscommon. Jusqu'au début des années 1600, ce n'était qu'un petit bourg. Les rois du Connaught et leurs chefs, comme les MacDermott ou les O'Conor, s'étaient engagés dans une longue bataille pour prendre le contrôle de la région. En 1603, John King, né à Staffordshire, reçut une terre dans le Roscommon afin de réduire les Irlandais à l'obéissance grâce à l'application des lois pénales. Au cours des 150 années qui suivirent, ses descendants continuèrent à se forger un nom et une fortune. En 1768, Edward King devint comte de Kingston. En 1780, la famille déménagea de l'imposante King House, construite en 1730, pour s'installer dans la Rockingham House, plus grande, bâtie dans l'actuel Lough Key Forest Park.

Renseignements
L'office du tourisme (☎ 62145), installé dans la King House à l'angle de Military Rd et de Main St, ouvre de juin à mi-septembre, de 10h à 17h en semaine. Le reste de l'année, les appels sont transférés à l'office du tourisme de Galway. Le personnel

du musée de la King House, accueillant, vous fournira aussi des renseignements. Un panneau d'informations touristiques se trouve devant la tour de l'horloge au Crescent, la place centrale.

Une agence de la National Irish Bank, dotée d'un distributeur, est située à l'angle de Bridge St et de Patrick St. Une Bank of Ireland se trouve à l'extrémité est de Main St. La poste est installée sur Carrick Rd, au sud de la Boyle.

Boyle Abbey

À côté de la N4, à l'est du centre-ville, se dresse une des plus jolies abbayes cisterciennes d'Irlande (☎ 62604 ; adulte/réductions 1,25/0,50 € ; avr-oct tlj 9h30-18h30). Certaines ruines remontent à sa fondation par des moines de Mellifont (comté de Louth) au XIIᵉ siècle. En 1659, l'armée occupa l'abbaye et la transforma en un fort.

Dans la partie nord, l'intéressante nef du XIIᵉ siècle possède d'un côté des arcs gothiques, de l'autre des arcs romans, de largeur différente. Les chapiteaux aussi diffèrent. Dans la partie sud, qui abritait le réfectoire, une charmante cheminée en pierre fut construite après le départ des moines et la transformation de l'abbaye en une maison fortifiée.

Des visites guidées sont organisées à l'heure pile jusqu'à 17h dans cette abbaye gérée par l'organisme chargé du patrimoine Dúchas.

King House Interpretive Centre

Ce musée est sans doute l'un des meilleurs du pays (☎ 63242, fax 63243, kinghouse-boyle@hotmail.com, Main St ; adulte/étudiant/famille 3,80/3,20/10,15 € ; mai-sept tlj 10h-18h, avr et oct sam-dim 10h-18h). Il est installé dans une jolie demeure construite par Henry King en 1730, qui servit de caserne aux effrayants Connaught Rangers (Wellington les appelait les Devil's Own, "les possédés du Diable"), de 1788 jusqu'à l'indépendance de l'Irlande en 1922. Ensuite, ce bâtiment fut abandonné jusqu'à ce que le Conseil du comté le rénove (1989-1995), investissant 3,8 millions d'euros. Le musée propose des documents audiovisuels détaillant l'histoire troublée des rois du Connaught, des chefs, de la ville de Boyle

et de la famille King, y compris une sinistre histoire à propos de l'éviction d'un locataire durant la Grande Famine.

Les enfants adoreront la King House. Ce musée interactif leur permettra d'essayer d'anciennes capes, broches et chaussures de cuir irlandaises, d'écrire avec une plume et même de "construire" un plafond voûté (la King House en possède sur quatre étages) à partir de blocs spécialement conçus à cet effet. Une visite de la King House est un excellent prélude au Famine Museum de Strokestown.

Drumanone Dolmen

Ce magnifique dolmen est l'un des plus grands d'Irlande, mesurant 4,5 x 3,3 m. Il fut construit avant 2000 av. J.-C. Pour vous y rendre, suivez Patrick St vers l'ouest sur 2 km hors de la ville, tournez à gauche au carrefour indiquant le Lough Gara et parcourez encore 1 km, passez sous le pont de chemin de fer. Un panneau indique la direction à travers la voie ferrée.

Lough Key Forest Park

Ce parc de 290 hectares (☎ 62363 ; voiture 3,80 € ; gratuit pour les piétons ; avr-sept) se trouve sur la N4, à 3 km à l'est de Boyle. Il faisait partie du domaine de Rockingham, propriété de la famille King depuis la fin du XVIIIᵉ siècle. Il fut vendu à la Land Commission en 1957. La Rockingham House, conçue par John Nash, fut détruite dans un incendie la même année. Il ne reste que les écuries, des dépendances et un tunnel conduisant de l'ancienne maison au lac. L'endroit est idéal pour pique-niquer. Les enfants apprécieront la chaise du Vœu, le jardin de la Tourbière, le pont des Fées et la tour offrant un superbe panorama sur le lac. Plusieurs chemins de promenade sont balisés. En été, vous pouvez emprunter le circuit des daims.

Le lough Key se situe à la limite nord de la navigation sur le Shannon. Des bateaux à rames sont loués pour 7,60 € l'heure. La pêche y est un passe-temps populaire : c'est ici qu'a été pris le plus gros brochet. Les ruines d'une abbaye du XIIᵉ siècle se dressent sur la petite Trinity Island. Sur Castle Island s'élève un château du XIXᵉ siècle, sur le site du MacDermott Castle datant du XVIᵉ siècle.

CENTRE-NORD

Où se loger

Lough Key Forest Caravan & Camping Park
(☎ 62212 ; tente simple/familiale
3,80/10,15 €, électricité 1,90 €). Ce camping offre une salle de loisirs, une laverie et une aire de jeux pour les enfants. Précisez que vous souhaitez camper pour éviter de payer l'entrée du parc (3,80 €).

Abbey House (☎/fax 62385, Abbeytown
Rd ; simples/doubles avec sdb 32,40/50,80 € ;
mars-oct). Cette vaste maison georgienne accueillante installée sur les terres de la Boyle Abbey propose des chambres modestes mais spacieuses. Elle possède en outre un beau jardin et un ruisseau.

Avonlea (☎ 62538, Dublin Rd ;
simples/doubles avec sdb 27,94/48,26 €).
Avonlea est un établissement moderne non loin du Lough Key Forest Park, sur la route de Carrick (N4), au sud-est de la ville.

Hillside House (☎ 66075, Doon, Corrigeenroe ; simples/doubles 31/48 €). Cette vieille ferme est située dans un bois à 5,5 km de Boyle. Tournez à droite à 1 km de la ville sur la route de Sligo (N4).

Riversdale House (☎ 67012, Knockvicar ; simples/doubles 34,30/50,80 € ; avroct). À 12 km au nord-est de Boyle, sur la R285, cette ferme georgienne est l'ancienne demeure de l'actrice Maureen O'Sullivan. Elle dispose de vastes chambres et sert des repas le soir sur demande.

Royal Hotel (☎ 62016, fax 64949, Bridge
St ; simples/doubles 53/108 €). Dans le centre-ville, cet hôtel du XVIIIᵉ siècle possède 16 chambres confortables. Son **restaurant**, qui propose un menu chinois, est ouvert au déjeuner et au dîner (plats principaux 6,50-9 €).

Forest Park Hotel (☎ 62229, fax 63113,
Dublin Rd ; simples/doubles 57/90 €). Ce petit hôtel tenu par une famille fait presque face au B&B Avonlea. Ses 12 chambres assez confortables.

Où se restaurer

An Craoibhín (☎ 62704, Elphin St ; déj
4,50-5 €). Ce petit pub populaire concocte des mets savoureux.

The Stone House Café (Bridge St ; plats
du jour 5,70 € ; lun-sam 9h-19h). Cet éta-blissement chaleureux installé sur les berges dispose de quelques tables avec vue sur la Boyle. Autrefois, il était la loge de gardien de la Frybrook House, actuellement fermée au public. Sa tarte du pêcheur, ses spécialités de pâtes et ses desserts maison sont probablement les meilleurs de la ville.

The Moving Stairs (☎ 63586, The Crescent ; plats principaux 13/17,80 € ; mersam 18h30-21h30). Essayez le fromage de chèvre bio grillé au sésame (5,70 €), une des entrées d'un menu intéressant servi dans un cadre pittoresque.

Tai Chi Court (☎ 63123, Bridge St ; plats
principaux 8-10,50 € ; tlj 17h30-23h30).
En surplomb de la Boyle, ce restaurant prépare une bonne cuisine chinoise.

Où sortir

Clark's (☎ 62064, Patrick St). Ce pub récemment rénové propose des concerts le samedi et ouvre sa piste de danse le mardi soir.

Kate Lavin's (☎ 62855, Patrick St). Toute visite de Boyle serait incomplète sans un moment passé dans cet authentique pub de style ancien, avec son intérieur préservé et sa musique traditionnelle presque tous les soirs.

Daly's (☎ 62085, Bridge St). Dans le centre-ville, cet accueillant vieux pub sert de la bonne Guinness, à savourer au coin du feu.

Comment s'y rendre

L'express de Bus Éireann (☎ 071-60066) part presque devant le Royal Hotel (en face du pub Daly's) sur Bridge St. Il dessert Sligo (50 min) et Dublin (3 heures) quatre fois par jour (une fois le dim). Trois fois par jour, le train (☎ 079-62027) qui relie Sligo (40 min) à Dublin (2 heures 30) s'arrête à la gare de Boyle, sur Elphin Rd. Il passe par Mullingar.

Comment circuler

Vous pouvez commander un taxi au ☎ 63344 ou au ☎ 62119. Ou encore louer un vélo aux Riverside Cycles (☎ 63777), à côté de Bridge St, non loin de la rivière, pour 9 € par jour. La boutique est ouverte de 10h à 13h et de 14h à 18h tous les jours sauf le mercredi et le dimanche.

ROSCOMMON

☎ 0903 • 3 515 habitants

La petite ville de Roscommon (Ros Comáin), au carrefour de plusieurs grandes routes, compte quelques curiosités justifiant qu'on s'y arrête. Le nom de la ville vient de *ros* (promontoire boisé) et de saint Coman, qui fonda un monastère à cet endroit au VIIIe siècle.

L'office du tourisme local (☎ 26342), situé dans le John Harrison Hall, sur la place, est ouvert de juin à début septembre du lundi au samedi de 10h à 17h30. La poste se trouve juste à côté. Une Bank of Ireland fait face à la Gleeson's Guesthouse, sur la place.

À voir et à faire

Le **Roscommon Castle** normand, construit en 1269, fut immédiatement détruit par l'armée irlandaise, puis reconstruit en 1280. Les fenêtres à meneaux furent percées au XVIe siècle. Bien qu'il ne subsiste rien à l'intérieur, les murs massifs et les bastions ronds donnent un air impressionnant à ce château qui se dresse solitaire dans un champ, à l'extrémité nord de la ville, près de Castle St.

À l'extrémité sud, près de Circular Rd, se tiennent les vestiges d'un **prieuré dominicain** du XIIIe siècle, dont le trait le plus remarquable est une effigie du fondateur, Felim O'Conor, gravée autour de 1300. On la voit sur le mur nord, où se tenait autrefois l'autel. Vous pourrez aussi admirer une représentation rare de huit *gallóglí* (mercenaires) datant du XVe siècle.

Le **Roscommon County Museum** (☎ 26342, *The Square ; adulte/enfant 1,90/ 0,65 € ; lun-ven 10h-15h*) est installé dans le John Harrison Hall, une ancienne église presbytérienne, dotée d'une fenêtre originale en forme d'étoile de David censée représenter la Trinité. Le musée renferme quelques pièces d'un intérêt limité, dont une dalle gravée qui vient du monastère de St Coman et un sheila-na-gig médiéval de Rahara.

Sur la place, le bâtiment abritant la Bank of Ireland était autrefois le **palais de justice**. En face se trouve l'immense **ancienne prison**. L'ensemble du bâtiment, excepté la façade et la partie avant, fut démoli il y a 10 ans, en dépit des oppositions d'urbanistes, afin de créer un centre commercial sinistre.

Demandez à l'office du tourisme une carte de la **Suck Valley Way**, chemin de randonnée de 75 km. La rivière, qui regorge de rotengles, de tanches, de brochets et de perches, est un des meilleurs sites de pêche d'Irlande. En la rejoignant, vous passerez sûrement devant **La Téne Stone**, à 7 km à l'ouest de la ville sur la R366. Il s'agit de l'une des deux pierres gravées en spirale de l'âge de pierre, que compte le pays.

Où se loger

Gailey Bay Caravan & Camping Park (☎ *61058, Gailey Bay ; 6,35 € par tente plus 1,25 € par pers*). Ce camping est installé à Knockcroghery, à proximité du Lough Ree, à environ 10 km au sud-est de Roscommon sur la N61 qui mène à Athlone. Juste à côté de la gare ferroviaire, un panneau l'indique vers l'est. Il se trouve à 2 km un peu plus haut sur la route. Très simple, il jouit d'un cadre charmant au bord du lac, non loin des ruines du Gailey Castle. Il possède un mini-golf et loue des bateaux.

Gleeson's Guesthouse (☎ *26954, fax 27425, The Square ; chambres 38,10- 44,45 € par pers*). Cette maison classée du XIXe siècle, située sur la place, a été restaurée avec goût.

O'Gara's Royal Hotel (☎ *26317, fax 26225, Castle St ; simples/doubles avec sdb 50,80/81,30 €*). Cet hôtel très prisé, tenu par une famille, possède un bar animé et une boîte de nuit.

Abbey Hotel (☎ *26250, fax 26021, Galway Rd ; simples/doubles à partir de 76,20/127 €*). Ce manoir du XVIIIe siècle au début de la route de Galway est l'établissement le plus huppé de la ville. Il peut devenir bruyant le week-end lorsque mariages et soirées dansantes sont organisés dans la salle de réception.

Où se restaurer

Gleeson's Restaurant (*voir Où se loger ; petit déj irlandais 6,30 €, déj à partir de 7 € ; tlj 8h-18h*). Installé dans la pension du même nom, Gleeson's prépare un petit déjeuner irlandais complet et des plats du jour au déjeuner.

China Palace (☎ *26337, Main St ; plats principaux 9-12,70 € ; lun-sam 17h-0h30 et*

CENTRE-NORD

aussi jeu-ven 12h30-14h). Cet établissement qui surplombe Main St sert de bons mets chinois.

The Manse *(à Gleeson's Guesthouse ; voir Où se loger ; plats principaux 12,70-19 €)*. Ce restaurant est chaudement recommandé par les habitants.

O'Gara's Royal Hotel *(voir Où se loger ; plats principaux 6,35 € ; tlj 12h-15h/18h-21h)*. Le midi, le bar propose un buffet de viande copieux et le soir, des en-cas.

Knights *(☎/fax 25620, Stone Court, The Square ; plats principaux 14-23 €)*. Tôt le soir (entre 18h et 19h30), un dîner composé de trois plats est servi pour 19,05 €. Essayez le menu de viande imaginatif de ce restaurant installé dans le bâtiment de l'ancienne prison. Dans un décor moderne et chaleureux, il prépare probablement la meilleure cuisine de la ville.

Où sortir

Down the Hatch *(☎ 27100, Church St)*. Ce petit pub animé convient à tous les âges.

Central Bar *(☎ 26219, The Square)*. Un bon pub où se côtoient des habitués d'âges divers. Il est bondé le week-end.

JJ Harlow's *(☎ 27505, The Square)*. Cette ancienne teinturerie familiale transformée en bar au charme désuet, avec son arrière-salle, attire une foule de jeunes le week-end.

Batty O'Brien's *(☎ 61122, Knockcroghery)*. Dans le meilleur bar des environs, vous pourrez discuter avec Batty, une figure locale, de ses voyages dans le monde entier. Ce charmant bar hippie, doté de tables de billard, accueille des groupes de musique presque tous les soirs. Il est situé sur la grande route d'Athlone, à 11 km de Roscommon.

Comment s'y rendre et circuler

L'express de Bus Éireann (☎ 071-60066) qui effectue la liaison entre Westport (2 heures 15) et Dublin (3 heures) s'arrête à Roscommon trois fois par jour (une fois le dim). L'arrêt de bus se trouve en face de Regan's Guesthouse, sur la place. La ville est également desservie par trois trains quotidiens (quatre le ven) de la ligne allant de Dublin (2 heures) à Westport (1 heure 30). La gare est installée à Abbeytown, à l'ouest du centre-ville près de la route de Galway.

Vous pouvez commander un taxi au ☎ 26096.

Comté de Leitrim

Le Leitrim (Liatroim) s'étend sur 80 km entre la frontière avec le comté de Longford et Donegal Bay, au nord-ouest. Il comprend un petit littoral d'environ 5 km autour de Tulloghan. Le Lough Allen sépare presque le comté en deux. Pâtissant du sol le moins fertile du pays, le Leitrim était très peu peuplé durant une bonne partie du siècle dernier. Aussi dispose-t-il de plus de pubs par habitants que le reste du pays ! Le sud du Leitrim offre un paysage riche en lacs et en drumlins. Vous apprécierez particulièrement une promenade à pied ou à vélo dans cette région, notamment si vous préférez les zones désertées par les touristes.

CARRICK-ON-SHANNON
☎ 078 • 1 868 habitants

Carrick-on-Shannon (plus communément appelé Carrick, ou en irlandais Cora Droma Rúisc) chevauche la frontière avec le Roscommon. C'est la principale ville du comté. Elle marque la limite nord de navigation sur le Shannon. Jouissant d'un magnifique emplacement sur le fleuve, c'est un grand centre de plaisance. En 1994, la dernière section de la **Shannon-Erne Waterway** fut achevée avec la réouverture du Ballyconnell-Ballinamore Canal, complétant 382 km de canaux et de lacs navigables depuis Limerick jusqu'à Belleek sur l'Upper Lough Erne. Grâce à ce canal, Carrick-on-Shannon est devenu une destination touristique (voir plus loin la rubrique *Shannon-Erne Waterway*). Les activités nautiques mises à part, Carrick est une ville provinciale prospère, dont le centre renferme de jolis spécimens d'architecture du début du XIXᵉ siècle. Citons le **Hatley Manor**, résidence de la famille St George, l'**ancien palais de justice**, qui abrite actuellement le County Council et dont le tunnel menait les détenus du banc des accusés à la prison aujourd'hui démolie, et le **Market Yard**, récemment rénové. Tous ces édifices sont regroupés sur St George's Terrace, non loin de la tour de l'horloge.

Renseignements

L'office du tourisme (☎ 20170, fax 20089), installé dans l'Old Barrel Store à la Marina, à côté du Landmark Hotel, est ouvert tous les jours de 9h à 20h (jusqu'à 17h sam et dim) de juin à septembre, et de 9h à 18h en semaine de mars à mai. Un circuit balisé (vous trouverez une brochure à l'office du tourisme) vous conduit dans tous les bâtiments et les lieux intéressants.

Vous trouverez une agence de l'Allied Irish Bank en haut de Main St. La poste est située Bridge St, en face du Flynn's Corner House.

Costello Chapel

En haut de Bridge St, non loin du Flynn's Corner House, se tient la petite et sombre Costello Chapel, qui serait la plus petite chapelle d'Europe : elle ne mesure que 5 m sur 3,60 m. Elle fut construite en 1879 par Edward Costello, inconsolable après la mort de sa femme. Celle-ci est enterrée sous une lourde dalle de cristal dans la partie gauche. Son mari, décédé en 1891, repose de l'autre côté. La chapelle fut bâtie sur le site de l'ancien palais de justice.

Voile et pêche

Carrick Craft (☎ 01-278 1666) loue des bateaux à moteur pour la pêche (50,80/82,55 € la demi-journée/journée). Il possède aussi des péniches pour 2 à 8 personnes coûtant entre 381 et 1487 € par semaine. **Moon River** (☎ 21777, The Quay) organise des croisières de 90 minutes sur le Shannon. Le départ s'effectue à 14h30 et à 16h30 toute l'année (adulte/enfant 9/3,80 €). Le bateau pouvant contenir 110 personnes se transforme en boîte de nuit flottante le samedi soir. Contactez l'office du tourisme ou consultez le panneau d'information sur le quai.

Une **régate** annuelle, organisée par le Carrick Rowing Club (☎ 20532), se déroule le premier dimanche d'août et attire nombre d'amateurs. Pour des renseignements sur la pêche, contactez la **Carrick-on-Shannon Angling Association** (☎ 20489, Gortmor House, Lismakeegan).

Où se loger

Vous pouvez **camper** gratuitement sur la berge du fleuve, côté Roscommon, dépour-

vue d'infrastructures. Il vous faudra acheter des jetons au bureau de la Marina pour les douches situées juste à côté.

Town Clock Hostel (☎ 20068, Main St ; dortoirs 9,50 € ; chambres avec lits jumeaux 12,70 € par pers ; juin-fin sept). Ce petit hôtel rudimentaire est installé dans un vieil immeuble à l'intérieur d'une cour verdoyante, à l'angle de Main St et de Bridge St.

Carrick ne manque pas de B&B.

Aisleigh (☎/fax 20313, Dublin Rd ; chambres 24,15 € par pers). Cette grande maison moderne, située à 1 km de la ville, dispose de toutes les installations, dont un sauna et une boutique de location de matériel de pêche.

Glencarne Country House (☎/fax 079-67013, Sligo Rd ; chambres 31,75 € par pers). Cette ferme georgienne spacieuse entourée d'un beau terrain, à 7 km de la ville, sur la route de Boyle, est tenue par la très accueillante Mrs Harrington.

Hollywell (☎/fax 21124, hollywell@esat-biz.com, Liberty Hill ; simples/doubles à partir de 44,45/63,50 €). Ce magnifique manoir georgien surplombant le fleuve (côté Roscommon) loue quatre chambres spacieuses décorées de meubles anciens. On y sert de succulents petits déjeuners. C'est sans aucun doute le meilleur établissement de la ville.

Bush Hotel (☎ 20014, Main St ; simples/doubles 44,45/95,25 €). Ce vieil hôtel central tenu par une famille déborde de vie.

Où se restaurer

Wheats (☎ 50525, Market Yard ; en-cas 2,50-5 €). Wheats propose du pain, des salades et des plats maison très sains à emporter.

Coffey's Pastry Case (☎ 20929, Bridge St ; plats principaux 4,45 €). À l'angle près du pont, ce café-boulangerie bon marché fonctionne en self-service. Il semble tout droit sorti d'une série télévisée des années 1970.

The Oarsman Bar and Boathouse Restaurant (☎ 21139, Bridge St ; plats principaux 6,50-10 €). Poisson et cuisine de pub onéreux figurent à la carte de ce vaste restaurant récemment rénové.

Pyramids (☎ 20333, Main St ; plats principaux 9,50-14 € ; mer-lun 12h30-

CENTRE-NORD

14h30/17h30-23h30). Cet établissement douillet était un restaurant égyptien, d'où son nom. Maintenant, il sert de véritables et succulents mets libanais ainsi que plusieurs plats végétariens.

Cryan's Pub *(☎ 20409, Bridge St ; plats principaux 11,50-15,50 €).* Ce restaurant démodé et kitsch sert de la cuisine traditionnelle.

Où sortir

The Anchorage Bar *(☎ 21355, Bridge St).* Ce petit bar chaleureux est doté d'un juke-box et d'une TV imposante. Il sert des sandwiches toastés.

Flynn's Corner House *(angle Main St et Bridge St).* Flynn's est un excellent pub traditionnel "vieille école" qui ne lésine pas sur la Guinness. Des orchestres jouent le vendredi soir. Profitez de ces pubs authentiques avant qu'ils ne soient gagnés par la modernisation.

Moon River *(☎ 21777, The Quay ; entrée 9 € ; départ 22h le sam).* Si vous n'avez pas peur de danser sur l'eau, essayez cette boîte de nuit flottante sur un bateau de 110 places.

Gaiety Cinema *(☎ 21869, Bridge St ; adulte/enfant 4,45/3,80 € ; tlj 20h30).* Ce cinéma ne dispose que d'une seule salle qui passe les films récents. Il accueille régulièrement des projections d'associations cinématographiques et parfois des festivals.

Comment s'y rendre

L'arrêt de bus se trouve devant Coffey's Pastry Case, à l'angle près du pont et de l'office du tourisme. Le principal express Bus Éireann *(☎ 071-60066)* qui circule entre Dublin (11,45 €, 2 heures 45) et Sligo (8,90 €, 1 heure) dessert Carrick quatre fois par jour dans les deux sens. D'autres bus se rendent à Boyle, Longford et Athlone.

La gare ferroviaire *(☎ 20036)* est située à 15 minutes à pied du pont sur la rive Roscommon. Tournez à droite après le pont puis à gauche à la station-service. Trois trains par jour (quatre le vendredi) vont à Dublin (3 heures) et à Sligo (50 minutes).

Comment circuler

Vous pouvez louer des bicyclettes à Geraghty's *(☎ 21316)* sur Main St pour 10,15/31,75 € la journée/semaine. Cet établissement loue aussi du matériel de pêche. Le *Visitors' Guidebook* de l'office du tourisme décrit des itinéraires à vélos.

ENVIRONS DE CARRICK-ON-SHANNON

La campagne qui entoure Carrick est idéale pour le cyclotourisme, avec ses routes calmes et son relief légèrement vallonné.

Turlough O'Carolan Country

Le célèbre poète, compositeur et harpiste aveugle Turlough O'Carolan (1670-1738) vécut et fut inhumé dans la région. Il passa la majeure partie de sa vie à Mohill, où sa bienfaitrice Mrs MacDermott-Roe résidait. Dans la rue principale du village, une sculpture commémore cette association. Pour rejoindre Mohill depuis Carrick-on-Shannon, prenez la N4 pour Dublin et bifurquez à l'est sur la R201 peu après Drumsna.

O'Carolan repose dans l'église de Kilrona, qui a conservé un porche du XIIe siècle, juste à la frontière avec le comté de Roscommon. Pour vous rendre à l'église, empruntez la R280 vers le nord depuis Carrick puis, au village de Leitrim, tournez vers l'ouest sur la R284 pour Keadue (Keadew sur certaines cartes). De là, prenez à nouveau à l'ouest sur la R284 pour Sligo.

Keadue a construit des liens avec le musicien. Cette bourgade pimpante, qui vécut de l'industrie minière du charbon, au pied des Arigna Mountains, jusqu'au début des années 1980, accueille tous les ans, la dernière semaine de juillet et la première semaine d'août, l'O'Carolan Harp Festival *(☎ 078-47204),* festival de musique traditionnelle.

SHANNON-ERNE WATERWAY

La Shannon-Erne Waterway part du Shannon, à côté du village de Leitrim, à 4 km au nord de Carrick-on-Shannon, traverse le comté de Cavan au nord-ouest, puis rejoint la rive sud de l'Upper Lough Erne, juste sur la frontière avec l'Irlande du Nord, dans le comté de Fermanagh.

Cette voie navigable longue de 382 km se compose d'un ensemble de cours d'eau et de lacs reliés par des canaux. Le canal originel, appelé Ballyconnell-Ballinamore Canal, fut achevé en 1860, mais il fut rapidement abandonné avec l'arrivée du chemin de fer. Il rouvrit en 1994, géré conjointement par le Dúchas, en République, et le Department of Agriculture, en Irlande du Nord. Jalonné de 34 ponts de pierre et de 16 écluses, il est maintenant emprunté par nombre de bateaux et de navires de croisière.

Avant de vous aventurer sur l'eau, les compagnies de location vous donneront une série d'instructions sur les manœuvres à effectuer entre les différentes écluses. Procurez-vous une carte de la voie navigable indiquant la profondeur et l'emplacement des écluses, soit dans l'une des deux agences de location ci-dessous, soit en librairie, pour 9 €. Les tarifs de location varient selon la saison.

Carrick Craft (☎ 078-20236, fax 21336, The Marina, Carrick-on-Shannon). Vous pouvez louer des bateaux de 2/4/6/8 personnes moyennant 266/368/584/ 698 € pour trois nuits ou 380/561/1 038/1 268 € pour une semaine.

Emerald Star (☎ 078-20234, info@emerald-star.com, The Marina, Carrick-on-Shannon ; bateaux de 4/6/10 pers à partir de 520/863/1 752 € par sem). Le bateau pour dix personnes est particulièrement grand et confortable.

LEITRIM WAY

La Leitrim Way débute à Drumshanbo et prend fin à Manorhamilton, couvrant 48 km. Pour des informations supplémentaires, procurez-vous un exemplaire de *Way-marked Trails of Ireland*, de Michael Fewer.

Comté de Longford

L'histoire du comté de Longford (An Longfort) remonte aux temps préhistoriques. À partir du XIe siècle et pendant plusieurs siècles, cette région fut le centre du pouvoir de la famille O'Farrell. Lors du soulèvement de 1798, l'armée britannique dirigée par lord Cornwallis mit en déroute une armée franco-irlandaise à Ballinamuck, à 16 km au nord de Longford. La Grande Famine des années 1840 et 1850 fut à l'origine d'une émigration massive ; nombre d'habitants du Longford partirent pour l'Argentine, où un de leurs descendants, Edel Miro O'Farrell, devint président en 1914.

Longford, la capitale du comté, est une bourgade agricole prospère, mais elle offre peu d'intérêt pour les touristes. Nombreux sont ceux qui se contentent d'y passer en route pour Dublin, Mayo ou Sligo. Attention, beaucoup de rues de la ville sont à sens unique et la circulation est toujours dense. Le **Carrigglas Manor** (☎ 013 45165 , visite de la maison de 40 min 8,90/3,80 €, musée et jardins seulement 3,80/1,25 € ; juin-sept lun, jeu et ven 13h30-17h, août jusqu'à 18h), à 5 km au nord-est, est la demeure de la famille Lefroy depuis 1810. Vous pouvez visiter le manoir gothique crénelé ainsi qu'un musée de la dentelle et des costumes victoriens dans les entrepôts palladiens, conçus par James Gandon. Vous pouvez aussi flâner dans les calmes jardins du XVIIIe siècle.

Le **Royal Canal**, long de 150 km, qui part de Dublin, traverse le comté pour se jeter dans le Shannon près de Clondra (ou Cloondara) à l'ouest de Longford. On peut faire une agréable randonnée en suivant le chemin de halage. L'**Abbeyshrule Airshow**, un meeting aérien annuel qui se déroule le premier week-end d'août à Abbeyshrule, à 18 km au sud de Longford sur la R393, attire des milliers de visiteurs venus admirer le ballet d'appareils et de parachutes et la voltige aérienne. Pour en savoir plus, contactez Ted McGoey (☎ 044-57424).

La pêche dans le Lough Ree et à Lanesborough reste toutefois le principal attrait du comté pour beaucoup de visiteurs.

Discrètement caché à 15 km au sud-ouest de Longford sur une vaste étendue de tourbière, le **Corlea Trackway Visitor Centre** (☎ 043-22386, fax 22442, Keenagh ; adulte/enfant 3,20/1,25 € ; avr-sept tlj 10h-18h) est l'occasion d'une bonne excursion. C'est ici, dans la tourbière de Corlea, que fut découverte en 1984 un segment de 1 km de la plus large chaussée en planches de bois d'Europe. Elle remonte à 148 av. J.-C. On peut voir 18 m de cette chaussée. Une visite de 45 minutes traite de la flore et de la faune uniques de la tourbière ainsi que de la découverte et de la conservation de la voie.

Comté de Westmeath

Caractérisé par ses lacs et ses pâturages riches, le Westmeath (An Iarmhí) est plus réputé pour ses bœufs que pour la splendeur de ses paysages ou de ses sites historiques. Toutefois, la zone au nord d'Athlone, appelée Goldsmith Country, offre un panorama moins monotone. Les environs de Mullingar ne sont pas non plus dénués d'intérêt.

MULLINGAR
☎ 044 • 12 492 habitants

Mullingar (An Muileann gCearr) est une ville prospère, dotée d'une navette ferroviaire pour Dublin très empruntée. La campagne environnante est très riche, avec notamment des lacs constituant un excellent vivier pour la pêche et une tourbière bien conservée qui ravira les naturalistes. La ville elle-même est l'un des rares endroits hors de Dublin que James Joyce visita.

Le Royal Canal, reliant Dublin avec le Shannon *via* Mullingar, fut construit dans les années 1790 pour rivaliser avec le Grand Canal. Mais il n'y parvint pas et, dans les années 1880, le transport des passagers cessa. Il connut une légère renaissance durant la Seconde Guerre mondiale grâce au commerce de la tourbe vers Dublin, mais il ferma en 1955. Les travaux de restauration à l'ouest de Mullingar sont presque terminés ; les chemins de randonnée et les pistes cyclables sont désormais ouverts. Contactez l'office du tourisme pour en savoir plus.

Renseignements

Le Midlands-East Tourism (☎ 48650) est installé dans Market House à l'angle de Mount St et de Pearse St. Il est ouvert de juin à septembre de 9h à 18h en semaine, de 10h à 13h puis de 14h à 18h le samedi et le reste de l'année de 9h30 à 13h et de 14h à 17h30 en semaine.

La rue principale, qui change cinq fois de nom, compte plusieurs banques, dont une agence ACC Bank au début d'Oliver Plunkett St. La poste est située à l'ouest de Dominick St. Une laverie se trouve dans Oliver Plunkett St, près du rond-point.

Activités

À 10 km au sud de Mullingar sur la N52, le **Lilliput Adventure Centre** (☎ 26789, *Lilliput House, Lough Ennell*) propose des cours de kayak, de randonnée dans les gorges ou de descente en rappel. Une journée avec pratique des différentes activités et hébergement pour une nuit revient à 34,90 €. Le **Mullingar Equestrian Centre** (☎ 48331, *Athlone Rd*), au sud-ouest de Mullingar sur la route d'Athlone (R390), propose des excursions à cheval pour 19 € l'heure.

Où se loger

Camping. Un camping est installé au sud de la ville.

Lough Ennell Caravan & Camping Park (☎ 48101, *Tudenham ; tente 2 pers/famille 10,15/12,70 €, randonneurs et cyclistes 3,20 € par pers tente comprise ; avr-sept*). Le camping se trouve dans un bois de 8 hectares sur les rives du Lough Ennell, à 5 km au sud de la ville sur la N52 pour Tullamore.

B&B et hôtels. La plupart des B&B sont situés sur les routes venant de Dublin ou de Sligo.

Petitswood House (☎ 48397, *Dublin Rd ; simples/doubles 25,40/50,80 €*). À 1 km de la ville, la maison de Mrs Farrell possède trois chambres confortables avec s.d.b. et TV.

Lynnbury (☎ 48432, *Tullamore Rd ; chambres 25,40 € par pers*). Cette résidence georgienne vieille de 200 ans dispose de son propre terrain de tennis et d'une salle de jeu. Elle bénéficie d'un emplacement superbe dans un parc aménagé surplombant le Lough Ennell, à 3 km au sud de la ville.

Mearescourt (☎ 55112, *Rathconrath ; simples/doubles 50,80/76,20 €*). Quatre chambres spacieuses et simples sont disponibles dans cette maison du XVIIIe siècle. Feu de bois, histoire locale, 80 hectares de parc et délicieux petit déjeuner rendront votre séjour inoubliable. Prenez la R392 menant au village de Rathconrath et suivez les panneaux. La demeure se trouve à 14 km de Mullingar.

Greville Arms Hotel (☎ *48563, fax 48052, Pearse St ; simples/doubles 63,50/114,30 €*). L'intérieur de cet hôtel de campagne désuet et souvent complet est très chargé.

Austin Friars Hotel (☎ *45777, fax 45880, Austin Friars St ; chambres 50,80 € par pers*). Cet hôtel moderne de forme elliptique, doté d'un décor contemporain coloré, est situé dans le centre-ville.

Bloomfield House Hotel (☎ *40894, fax 43767, Tullamore Rd ; simples/doubles 90/140 €*). Dans un joli cadre près du Lough Ennell, à 6 km de la ville, cet hôtel démodé comporte une piscine et un centre de loisirs.

Où se restaurer

Con's (☎ *40925, 24 Dominick St ; en-cas chauds 6,65 €, grillades 7,55 €*). Si vous êtes affamé, essayez le délicieux buffet de viande pour le déjeuner ou les sand-wiches copieux de ce pub animé récemment rénové.

Lotus (☎ *32972, Austin Friars St ; plats principaux 11,50-16,50 € ; tlj 17h30-0h30*). Ce luxueux restaurant chinois sert de bons plats.

Fado's (☎ *40280, 9 Dominick St ; steaks 15-22 €, poisson 14-19 € ; tlj 18h-22h*). Les steaks et les desserts maison sont les deux spécialités de ce nouveau bistrot décoré avec goût.

Oscar's (☎ *44909, 21 Oliver Plunkett St ; pâtes et pizzas 10-11 €, fruits de mer 12,70 € , tlj 18h-21h30*). Ce restaurant d'inspiration italienne est réputé être le meilleur de la ville. Il propose des garnitures de pizza originales comme le black pudding Clonakilty ou la mangue épicée.

Où sortir

The Stables (☎ *40251, 11 Dominick St*).Ce petit établissement populaire accueille des DJ le vendredi soir et propose de bons

MULLINGAR

OÙ SE LOGER	PUBS	DIVERS		14 Laverie
4 Austin Friars Hotel	5 The Druid's Chair	1 Cathedral of Christ the King et musée		15 ACC Bank
11 Greville Arms Hotel et Ulysses Bar	10 Danny Byrne's	2 Cinéma		16 Poste
	13 Canton Casey's	3 Mullingar Presbyterian Church		18 Mullingar Shopping Centre
	17 Con's			19 Dave O'Malley's Fishing Tackle Shop
OÙ SE RESTAURER	20 The Stables et Yukon Bar	6 Arrêt de bus		24 All Saint's Church
7 Lotus	23 Temple Bar	8 Piscine		25 Palais de Justice
21 Fado's		9 Marchand de journaux Fagan's et poste		26 Mullingar Arts Centre
22 Oscar's		12 Market House et office du tourisme		27 Gares ferroviaire et routière

CENTRE-NORD

concerts le samedi. En face de The Stables, **The Yukon Bar** est un endroit de tendance *grunge*, très prisé par les jeunes : il paraît que la voyante qui officie de 16h30 à la fermeture est une véritable attraction.

Danny Byrne's (☎ *43792, 27 Pearse St*). Rénové récemment, ce vaste pub décoré d'un somptueux tapis accueille des groupes de musique le week-end.

Canton Casey's (☎ *42758, Pearse St*). Le Canton Casey's, un pub de style ancien digne d'être reconstitué dans un musée, sort des tables dans la cour de la Market House.

Mullingar Arts Centre (☎ *47777, Lower Mount St, mgarartscentre@eircom.net*). Ce centre offre un programme impressionnant de concerts, de pièces de théâtre et d'expositions.

Comment s'y rendre

Bus Éireann (☎ 01-836 6111) propose un bus quotidien depuis Galway (3 heures) jusqu'à Dundalk (2 heures 15) ; cinq bus (six le dim) de Dublin (1 heure 30) à Ballina (2 heures 45) ; trois bus de Dublin à Sligo (2 heures 30) et quatre du lundi au samedi de Dublin à Longford (1 heure). Tous s'arrêtent à Mullingar, à la gare ferroviaire.

Chaque jour, trois ou quatre trains de la ligne reliant Dublin (1 heure) à Sligo (2 heures) passent par Mullingar (☎ 48274) dans les deux sens.

ENVIRONS DE MULLINGAR
Belvedere House et jardins

La bien nommée Belvedere ("belle vue") House surplombe le Lough Ennell (☎ 044-49060, Mullingar ; adulte/réductions 5/3, 20 € ; mai-août tlj 9h30-19h, sept-oct tlj 10h30-18h, nov-avr tlj 10h30-16h). Les alentours de cette maison de taille modeste, le jardin d'agrément et le centre des visiteurs méritent le détour. Une vidéo intéressante diffusée dans la maison restaurée récemment relate la vie d'un foyer du XVIIIᵉ siècle. Un document interactif détaille la construction de la maison par le célèbre architecte Richard Cassels.

La Belvedere House se trouve à 5,5 km au sud de Mullingar sur la N52 qui mène à Tullamore, juste avant le Lough Ennell Caravan and Camping Park.

James Joyce et Mullingar

James Joyce se rendit à Mullingar à la fin de son adolescence, en 1900 et en 1901, afin de voir son père, John Joyce, un fonctionnaire envoyé dans cette ville pour compiler un nouveau registre électoral. John Joyce travaillait au palais de justice situé dans Mount St. Les Joyce résidaient dans la Levington Park House près du Lough Owel.

Certaines parties de *Stephen le héros*, une première version (1904) de ce qui allait être publié sous le nom de *Portrait de l'artiste en jeune homme*, se passent à Mullingar. Le Greville Arms Hotel est cité, tout comme le bureau du *Westmeath Examiner*, le Royal Canal et les Columb Barracks de Green Rd.

Dans *Ulysse*, la fille de Leopold Bloom, Millie, travaille à Mullingar chez un photographe. Il s'agit de l'actuel marchand de journaux et annexe de la poste, Fagan's, dans Pearse St, à l'angle de Castle St. À l'époque de James Joyce, il y avait un photographe appelé Phil Shaw à cet endroit. Mullingar est aussi brièvement mentionné dans *Finnegans Wake*.

Locke's Distillery

À quelque 20 km au sud-ouest de Mullingar sur la N52 pour Tullamore, après la Belvedere House, cette distillerie installée dans la petite ville de Kilbeggan possède une roue de moulin encore en activité (☎ 0506-32134, Kilbeggan ; adulte/réductions 4,15/2,85 € ; avr-oct tlj 9h-18h, nov-mars tlj 10h-16h). Une visite de 35 minutes permet de découvrir la distillerie. Vous pouvez déjeuner et déguster des en-cas au café juste à côté, et savourer un whiskey au bar.

Scragh Bog

Scragh Bog est une réserve naturelle abritant une gaulthérie très rare, la *Pyrola rotundifolia*, qui fleurit autour des saules pleureurs et des hêtres au milieu de l'été. D'autres plantes moins rares vivent dans ce parc, comme certains membres de la famille des carex, des orchidées et des espèces de sphaigne. De nombreux insectes y évoluent.

Cette petite tourbière se situe à 7 km au nord-ouest de Mullingar, près du Lough Owel sur la N4 pour Longford. Le Wildlife Service déconseille les visites non accompagnées. Le port de chaussures imperméables est indispensable.

Pêche

La pêche à la truite est très répandue dans les lacs qui entourent Mullingar, notamment le Lough Owel, le Lough Derravaragh, le Lough Glore, le White Lake, le Lough Lene, le Lough Sheelin, le Mt Dalton Lake, le Pallas Lake (près de Tullamore) et le Lough Ennell, où fut prise en 1894 la plus grande truite jamais pêchée en Irlande (11,9 kg). La saison débute le 1er mars ou le 1er mai (cela dépend du lac) et se termine le 12 octobre. Tous les lacs, sauf le Lough Lene, sont gérés par le Shannon Regional Fisheries Board (☎ 044-48769).

Pour de plus amples informations, contactez le **Midlands-East Tourism** (*☎ 044-48650*) ou le très serviable **Dave O'Malley's** (*☎ 044-48300, 33 Dominick St*), tous deux basés à Mullingar. O'Malley's loue des bateaux pour le Lough Owel ou le Lough Ennell et vous fournira un guide ainsi que les permis. Pour le Lough Derravaragh, contactez Mr Newman (☎ 044-71206) ; pour le Lough Owel, Mrs Doolan (☎ 044-42085) ; pour le Lough Sheelin, Mr Reilly (☎ 043-81124) ; et pour le Lough Ennell, Mrs Hope (☎ 044-40807) ou Mr Roache (☎ 044-40314).

Baignade

La baignade est autorisée dans le Lough Lene, le Lough Ennell et le Lough Owel. Attention, le Lough Derravaragh est très profond.

ATHLONE

☎ 0902 • 15 544 habitants

La jolie ville d'Athlone (Baile Átha Luain) est très importante historiquement, sans doute en raison de son emplacement stratégique, à mi-chemin sur le Shannon. Bien qu'Athlone soit surtout une ville de garnison, elle acquiert la réputation de centre culinaire des Midlands, avec pléthore de restaurants renommés dans le quartier appelé "Left Bank", derrière le château. Nombre des attractions touristiques se trouvent dans l'arrière-pays environnant, mais la ville est un endroit charmant où passer l'après-midi. Le château vaut une visite. Par ailleurs, vous pouvez pêcher ou effectuer une promenade en bateau le long du fleuve jusqu'au Lough Ree ou jusqu'au site monastique de Clonmacnoise, dans le comté d'Offaly.

Orientation et renseignements

Athlone est située dans l'extrême sud-ouest du comté de Westmeath, à la frontière du Roscommon, sur la grande route reliant Dublin à Galway (N6). Le Shannon coule vers le nord pour rejoindre le Lough Ree. Les points de repère sont le château d'Athlone et les cathédrales St Peter et St Paul se dressant bien en évidence sur la rive ouest du fleuve, à côté du Town Bridge, surplombant Market Square.

Installé dans le château, l'office du tourisme (☎ 94630) ouvre de mars à octobre du lundi au samedi de 9h30 à 17h30. La chambre de commerce locale dispose d'un bon bureau d'informations touristiques (☎ 73173) proposant brochures et dépliants. Situé dans la Jolly Mariner Marina à Coosan, au nord du centre sur la rive est du Shannon, à côté du pont de chemin de fer, il ouvre de 9h à 17h toute l'année.

Vous trouverez une agence de la Bank of Ireland au début de la Northgate St, juste au-dessus de Custume Place. La poste est située Barrack St, à côté de la cathédrale.

Château d'Athlone et musée

Les Normands possédaient probablement un cantonnement militaire à côté du fort, au-dessus du fleuve, avant de construire un château à cet emplacement en 1210. En 1690, le château revint à Jacques II, mais, l'année suivante, le pont fut à nouveau attaqué par les protestants et la cité jacobine tomba aux mains du chef néerlandais de Guillaume d'Orange, Ginkel. Le château subit de grandes modifications entre le XVIIe et le XIXe siècle. La passerelle qui constitue l'entrée actuelle fut ajoutée assez récemment. La partie la plus vieille encore intacte est le donjon central, qui abrite le musée.

L'Athlone Museum (*☎ 92912 ; adulte/réductions/enfant/famille 4,45/2,55/1,25/ 10,*

CENTRE-NORD

15 € ; mai-sept lun-sam 10h-16h30 et dim 12h-16h30) occupe deux étages : en haut se trouvent les salles consacrées au folklore local et en bas sont exposés des objets des temps préhistoriques. L'entrée comprend la visite du centre du patrimoine, qui présente un document audiovisuel sur l'histoire de la ville ainsi que la flore et la faune.

Pêche
Juste en dessous de l'extrémité Church St du Town Bridge, sur la rive est en face du château, le Strand Tackle Shop *(☎ 79277, The Strand)* vous fournira des renseignements, des bateaux et des cannes à pêche. Comptez environ 63,50 € la journée pour la location d'un bateau et d'un guide (principalement pour la pêche au brochet), selon l'endroit où vous allez. Il est nécessaire d'avoir un permis – délivré à la boutique – pour certaines zones.

Promenades fluviales
Plusieurs compagnies proposent chaque jour des croisières au départ d'Athlone vers le nord, jusqu'au Lough Ree (7,60/5,10 €). Les embarcations partent généralement du Strand à 14h30 et à 16h30. Vous trouverez les horaires à l'office du tourisme.

MV Ross *(☎ 72892, fax 74386, acl@wmeathtc.iol.ie, Jolly Mariner Marina, Coosan ; adulte/réductions/famille 7,60/ 4,45/21,60 €)*. Vous pouvez réserver pour un groupe ou vous joindre à un groupe déjà formé pour cette croisière de 90 minutes sur le Lough Ree.

Viking Tours *(☎ 73383, fax 73392, vikingtours@ireland.com, 7 St Mary's Place ; adulte/réductions et enfant 12,70/7,60 €)*. Entre juillet et septembre, Viking Tours propose une promenade sur son bateau viking vers le sud jusqu'à Clonmacnoise (90 min), un important site monastique dans le comté d'Offaly (voir la rubrique *Clonmacnoise* dans le chapitre *Centre-Sud*). Le départ s'effectue au Strand à 10h plusieurs jours par semaine, selon la demande. Téléphonez pour les horaires.

Où se loger
Lough Ree Lodge *(☎ 76738, fax 76477, Dublin Rd ; lit en dortoir de 4 14 € par pers,*

simples/doubles 20,30/40,65 € ; mai-sept). Cet hôtel, qui héberge des étudiants durant la période universitaire, dans un décor propre et simple, se rapproche d'une auberge de jeunesse. Il dispose d'une grande cuisine et d'une salle TV/Internet. Une navette est assurée jusqu'à la ville (1 km).

Bastion B&B *(☎ 94954, fax 93648, bastion@iol.ie, 4-6 Bastion St ; simples/doubles 25,40/48,25 €)*. Excellent choix, ce B&B se trouve au-dessus d'une boutique funky de surf et d'artisanat. Cette maison un peu dingue mais accueillante regorge de plantes, de peintures et d'objets rares. Elle propose 5 chambres, une salle de jeux et un bon buffet pour le petit déjeuner.

Shannonside *(☎/fax 94773, shannonside@eircom.net, West Lodge Rd ; simples/ doubles 33,65/50,80 €)*. Cette maison confortable récemment restaurée, à environ 1 km du centre-ville, possède 10 chambres et des installations pour les pêcheurs.

Où se restaurer
Certains des meilleurs restaurants d'Athlone sont installés dans un petit quartier bohème derrière le château, autour de Bastion St.

A Slice of Life *(☎ 93970, Bastion St ; plats principaux 4,10 € ; lun-sam 8h30-18h)*. Ce petit café-traiteur sert de délicieux plats du jour bon marché et copieux ainsi que des parts de pizza ou des sandwiches.

Ship of Fools *(☎ 98664, 6-8 Bastion St ; déj 3-6 €, dîner 10,50-15 € ; ouvert le midi mar-sam, le soir jeu-dim)*. Cet établissement douillet et décontracté, décoré de tout un attirail nautique, propose des paninis et des encas chauds au déjeuner, et du poisson le soir.

Saagar *(☎ 70011, Lloyd's Lane ; plats principaux 6,50-9,50 € ; tlj 17h30-23h)*. Cet excellent restaurant indien offre un bon choix de plats végétariens.

Tribeca *(☎ 98805, 1 Abbey Lane; plats principaux 8,50-12,50 € ; tlj 17h-23h)*. Juste à côté de Bastion St, dans un vieil immeuble en pierre, le Tribeca concocte de la véritable cuisine italo-américaine avec de succulentes pizzas et pâtes.

The Olive Grove *(☎ 76946, fax 71248, Bridge St, Custume Place ; plats principaux 13-18 € ; mar-dim)*. Pittoresque et informel, ce restaurant installé non loin du fleuve prépare une cuisine vaguement méditerranéenne, comme de la truite accompagnée de concombre au yaourt et de polenta ou du risotto de poulet.

The Left Bank Bistro (☎ *94446, fax 95409, Fry Place ; plats principaux 9-19 € ; mai-sept lun-sam 10h30-21h30, oct-avr lun-mer 10h30-18h et jeu-sam 10h30-21h30).* Très stylé, le Left Bank est un vaste bistrot décontracté situé en bas de Bastion St. C'est sans doute le meilleur restaurant de la ville. Il est très prisé par les hommes d'affaire au déjeuner. Optez pour la demi-douzaine d'huîtres avec un verre de bon vin ou le flétan accompagné de couscous.

Où sortir
Sean's Bar (☎ *92358, Main St).* Le Sean's est une véritable légende. Datant de 1600, il prétend être le plus vieux bar d'Irlande. L'intérieur est assez miteux, avec un feu de bois, un sol inégal et un piano délabré. En été, vous pourrez assister presque tous les soirs aux concerts donnés dans le *beer garden,* sur les berges. Ne ratez cela pour rien au monde.

The Palace Bar (☎ *92229, Barrack St).* Ce bar spacieux situé à côté de la cathédrale accueille des orchestres de musique folk dans le loft situé à l'étage.

Dean Crowe Theatre (☎ *92129, fax 98415, deancrowetheatre@eircom.net, Chapel St).* Récemment restauré, le grand Dean Crowe Theatre propose un programme chargé de pièces de théâtre et de spectacles musicaux tout au long de l'année.

Comment s'y rendre
La gare routière (☎ 73300) se trouve à côté de la gare ferroviaire. Des bus express viennent de la côte est ou ouest. Il y a douze bus quotidiens pour Dublin (9,25 €, 2 heures) et Galway (9,75 €, 1 heure 15), trois (un le dim) pour Westport (12,25 €, 2 heures 45), dans le comté de Mayo, et un par jour (deux le ven) pour Mullingar (7,85 €, 1 heure).

De la gare d'Athlone (☎ 73300), onze trains quotidiens (sept le dim) desservent Dublin (1 heure 30), trois (quatre le ven, deux le dim) se rendent à Westport (2 heures 15) et cinq à sept par jour (quatre

le dim) rejoignent Galway (1 heure 15). La gare ferroviaire se trouve sur la rive est dans Southern Station Rd. Pour vous y rendre, remontez Northgate St depuis Custume Place. Son extension, Coosan Point Rd, rejoint Southern Station Rd près de St Vincent's Hospital.

Comment circuler
Vous pouvez commander un taxi au ☎ 74400. Des vélos peuvent être loués pour 9/38 € par jour/semaine à Hardiman's (☎ 78669), en face de l'Athlone Shopping Centre sur la route de Dublin.

ENVIRONS D'ATHLONE
Lough Ree
Situé juste au nord d'Athlone, le Lough Ree est l'un des trois principaux lacs formés par le Shannon. Il est célèbre pour les ruines d'un des anciens monastères que comptent ses nombreuses îles et pour son excellente pêche à la truite. Il abrite nombre d'oiseaux migrateurs qui viennent ici pour la nidification, notamment des cygnes, des pluviers, des colverts et des courlis. L'endroit est idéal pour naviguer. Le **Lough Ree Yacht Club**, créé en 1720, est un des plus anciens clubs de plaisance du monde.

MV Goldsmith (☎ *85163, Ballykeeran ; adulte/enfant 9/3,80 € ; avr-sept dim 14h30).* Le *Goldsmith,* un bateau à moteur de 150 places, navigue sur le lac (2 heures 30) s'il y a un nombre de passagers suffisant. Il part du Lakeside Hotel and Marina (voir *Glasson).*

Glasson
☎ 0902
Le joli village de Glasson ("village des roses"), situé à 8 km d'Athlone sur la N55, justifie une visite. À deux pas du Lough Ree, il compte quelques succulents restaurants, des pubs animés et sûrement le plus petit poste de garda du pays, installé dans ce qui semble être une remise de jardin.

Vous devrez sûrement vous y rendre à vélo ou en voiture. Toutefois, le bus 466 de Bus Éireann (☎ 0902-73322), qui relie Athlone à Longford, dessert deux fois le village le samedi. Il s'arrête devant le pub Grogan's.

Où se loger et se restaurer. Glasson compte de bons hôtels accueillants.

Glasson Stone Lodge *(☎ 76738, fax 76477, Glasson ; simples/doubles à partir de 31,75/50,80 €)*. Ce nouveau petit établissement installé dans le centre du village offre un service chaleureux et des chambres spacieuses.

Lakeside Hotel and Marina *(☎ 85163, fax 85431, flynnmo@eircom.net, Ballykeeran ; simples/doubles 44,45/76,20 €)*. À 1,5 km de Glasson sur la N55, cet hôtel tenu par une famille offre 10 chambres sur les rives du lac.

Wineport Restaurant *(☎ 85466, fax 85471 ; plats principaux 13-22 € ; mer-sam 17h-22h et dim 12h30-21h)*. Ce restaurant remarquable, situé sur les berges du lac, propose une cuisine irlandaise moderne qui lui valut un prix et des vins choisis avec soin.

Glasson Village Restaurant *(☎ 85001 ; plats principaux 13-21 € ; mar-sam 18h-21h30)*. Certaines personnes viennent de très loin pour se régaler des spécialités de poisson et de produits locaux de ce restaurant installé à l'extrémité nord du village, dans une splendide cottage de pierre qui abritait autrefois la caserne de la garda. Il est un peu onéreux mais mérite la dépense.

Grogan's *(☎ 85158, fax 85685)*. Dans le centre du village, ce pub est une véritable institution : un authentique bar à l'ancienne, avec feu de bois et atmosphère traditionnelle. Il sert aussi de bons plats de poisson et des mets de pub copieux toute la journée.

Goldsmith country

Depuis Athlone, la N55 au nord-est du comté de Longford longe la rive est du Lough Ree et traverse le pays de Goldsmith, baptisé ainsi en raison du lien de la région avec le poète, dramaturge et romancier du XVIIIe siècle Oliver Goldsmith. Le doux relief de cette zone est idéal pour le cyclotourisme. Si vous lisez l'anglais, *The Lough Ree Trail: A Signposted Tour*, de Gearoid O'Brien, publié par Midlands-East Tourism, est disponible dans les offices du tourisme d'Athlone et de Mullingar. Ce circuit passe par tous les lieux liés à Oliver Goldsmith. L'ensemble de la randonnée, qui traverse Glasson, contourne les rives de Lough Ree et se poursuit dans le comté de Longford, prend 2 heures.

Où se loger. Il existe deux possibilités d'hébergement dans cette région.

Lough Ree East Caravan & Camping Park *(☎ 78561, fax 77017, athlonecamping@eircom.net, Ballykeeran ; tente pour 2 adultes et voiture 11,45 € plus 3,20/1,25 € par adulte/enfant, randonneurs et cyclistes 7,60 € par pers tente comprise)*. Bénéficiant d'un charmant emplacement sur les berges du lac, ce camping possède toutes les installations de base, y compris un service de location de bateaux.

Lake Breeze Lodge *(☎/fax 0902-85204, Ballykeeran ; chambres avec petit déj 24,15 € par pers)*. Cet établissement confortable et accueillant est doté d'un jardin et installé près du lac sur la route de Glasson.

CENTRE-NORD

Comté de Donegal

Paysages mélancoliques, falaises vertigineuses, tourbières à perte de vue, le Donegal surpasse dans le genre toute autre région d'Irlande. Ce qui peut lui conférer une grande beauté, sauvage et dramatique. A condition toutefois qu'un temps maussade et humide n'assombrisse pas le tableau.

Le comté de Donegal s'avance encore plus haut vers le nord que l'Irlande du Nord et il est pour ainsi dire coupé du reste de la République par le comté de Fermanagh.

À peu près un tiers du comté est une Gaeltacht, région où l'on parle davantage gaélique qu'anglais. Vous verrez des panneaux indiquant les bureaux de l'Údarás na Gaeltachta, organisme gouvernemental chargé de l'amélioration des conditions sociales, économiques et culturelles des régions de langue gaélique. Dans la région de Gweedore en particulier, il a joué un rôle décisif dans la création d'une zone industrielle qui emploie des centaines de personnes.

La plupart des sites et des offices de tourisme n'ouvrent qu'entre juin et septembre. Si vous venez en mars, par exemple, vous vous heurterez à beaucoup de portes closes.

On peut circuler en bus, mais cela demande du temps, surtout l'hiver. Mieux vaut sillonner la région à vélo ou à pied. En voiture, attendez-vous à des routes en lacets, souvent envahies par des moutons, et à des panneaux de signalisation, quand ils existent, cachés dans la végétation.

À ne pas manquer

- L'immense plage de sable de Rossnowlagh, balayée par le vent
- Les paysages déchiquetés de la petite île d'Arranmore
- L'ascension du Mt Errigal afin de découvrir la Poisoned Glen (vallée empoisonnée)
- Le tour, à pied ou à vélo, de Horn Head pour observer les oiseaux et apprécier les beautés du littoral
- Les œuvres d'art de la Globe House et Tory Island, qui inspira les artistes
- Le Grianán of Aileách, un fort couronnant une colline de l'Inishowen Peninsula

Donegal

☎ 073 • 3 000 habitants

Située à l'embouchure de l'Eske, au fond de la baie de Donegal, la ville du même nom est la principale porte d'accès au reste du comté. Même si l'on n'y trouve guère de curiosités touristiques, c'est une agréable petite cité qui mérite qu'on s'y attarde. The Diamond, la place centrale triangulaire, souvent envahie l'été et le week-end, possède quelques jolies boutiques de vêtements et de souvenirs de qualité.

Le nom gaélique de la ville, Dún na nGall (fort de l'étranger), fait référence au fort que les Vikings établirent sur son site au IXe siècle. Par la suite, le développement de Donegal fut lié au fait que la famille O'Donnell, qui domina cette partie de l'Ir-

COMTÉ DE DONEGAL

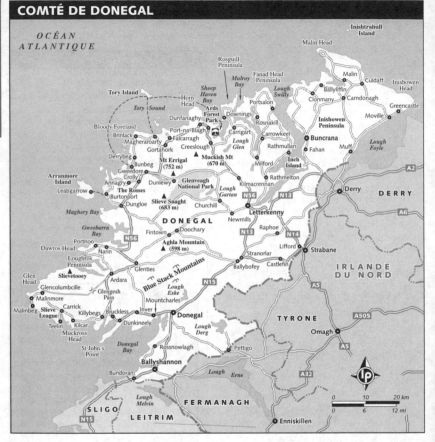

lande jusqu'au XVIIe siècle, y avait sa principale résidence.

RENSEIGNEMENTS

L'office de tourisme (☎ 21148), situé au sud du Diamond, près de l'Eske sur "The Quay", ouvre de mars à juin et de septembre à novembre en semaine de 10h à 17h. En juillet-août, il est ouvert du lundi au samedi de 10h à 20h et le dimanche de 9h à 17h. Si vous lisez l'anglais, demandez *A Signposted Walking Tour of Donegal Town*, une plaquette commentant le circuit pédestre à faire dans la ville.

Les banques entourent le Diamond. La Bank of Ireland, l'Allied Irish Bank et l'Ulster Bank, sont toutes dotées de DAB et de bureaux de change. La poste se situe Tirchonaill St, au nord du Diamond. Le Blueberry Cybercafe (☎ 22933), Castle St, au-dessus du Blueberry Tearoom, offre l'accès à Internet pour 6,30 € l'heure. Tout se joue sur la confiance : vous indiquez vos horaires sur la note et payez en conséquence. Four Masters Bookshop (☎ 21526), sur le Diamond, l'unique librairie de la ville, propose une sélection de cartes et de guides de voyage. C'est aussi une boutique de cadeaux.

DONEGAL CASTLE

Géré par l'organisme du patrimoine Dúchas, le château de Donegal (☎ 22405, Castle St ; adulte/tarif réduit 3,80/1,60 € ; mi-mars-oct tlj 10h-18h) dresse ses imposants vestiges restaurés sur un promontoire qui domine l'Eske. Édifié par les O'Donnell au XVᵉ siècle, il faillit être réduit en cendres par Hugh Roe O'Donnell, qui préférait l'incendier plutôt que de le voir tomber aux mains des Anglais. Il fut reconstruit par Sir Basil Brooke, l'Anglais qui en prit possession vers 1623. Remarquez les motifs floraux sur la tourelle d'angle et la décoration de la cheminée du 1ᵉʳ étage.

OBÉLISQUE DU DIAMOND

En 1474, Red Hugh O'Donnell fonda un monastère franciscain sur la rive sud. Il n'en subsiste aujourd'hui que des ruines car il fut ravagé en 1601 par une explosion alors qu'il était occupé par une garnison anglaise. Cependant il reste célèbre car son nom est attaché à celui de quatre frères franciscains auteurs de The Annals of the Four Masters (Annales des quatre maîtres), une importante source sur l'histoire de l'Irlande depuis son origine. Craignant que l'arrivée des Anglais ne signifie la fin de la culture celtique, ces quatre religieux avaient en effet rédigé un compte rendu de l'ensemble de l'histoire celtique et de sa mythologie. En 1937, un obélisque fut édifié sur le Diamond à la mémoire de ces hommes et de leur œuvre, dont des copies sont exposées à la National Library à Dublin.

PÊCHE

Pour vous procurer le permis de pêcher dans l'Eske et les rivières locales, ainsi que les licences pour le saumon et la truite, adressez-vous à Doherty's (☎ 21119, Main St).

OÙ SE LOGER
Auberges de jeunesse

Donegal Town Independent Hostel (☎ 22805, Killybegs Rd ; tentes/dortoirs/ chambres 5,05/10,70/12 € par pers ; ouvert toute l'année). Cette auberge IHH/IHO, propre et sympathique, occupe une bâtisse blanche à 1 km au nord-ouest de la ville sur la route de Killybegs (N56). La distance permet d'être au calme sans être éloigné de la ville.

Ball Hill Hostel (☎ 21174, fax 22605, Ball Hill ; seniors/juniors 9,50/7,60 € ; début avr-sept tlj, le reste de l'année seulement sam-dim). Cette auberge An Óige de 66 lits se cache au bout d'une rue tranquille, au bord de Donegal Bay. Prévoyez votre ravitaillement avant d'arriver. Il faut prendre la route de Killybegs (N56) et guetter le panneau indicatif sur la gauche, à environ 5 km de la ville.

B&B

Drumcliffe House (☎ 21200, Killybegs Rd ; chambres 22,70-31,50 € par pers). Une ambiance détendue, un joli mobilier et un service sympathique font de ce B&B un endroit agréable pour son prix. Toutes les chambres possèdent une s.d.b. attenante, l'une d'entre elles offre un lit à colonnes.

Castle View House (☎ 22100, Waterloo Place ; chambres avec sdb commune 20,30 € par pers). Un B&B simple et propre, dans une maison donnant sur le château.

Eske Villa (☎ 21187, Marian Villas ; simples/doubles 38,10/50,80 €). Cette maison sympathique, située dans un lieu tranquille, possède des chambres spacieuses. La salle du petit déjeuner est ornée de pièces de parian, une porcelaine typique de la région.

Hillcrest Country Home (☎ 21837, fax 21674, Ballyshannon Rd, Laghey ; simples/doubles à partir de 32,40/48,25 € ; mi-avr-sept). Ce B&B qui comporte trois chambres se situe dans un petit village, à 4 km au sud de Donegal, à proximité d'une plage labellisée "drapeau bleu".

Ardlenagh View (☎ 21646, Sligo Rd ; simples/doubles 38,10/50,80 €). Perché à flanc de colline en pleine campagne, à 2 km au sud de la ville, l'Ardlenagh View jouit d'une vue panoramique sur la Donegal Bay. Il dispose de cinq chambres avec s.d.b..

Hôtels

Central Hotel (☎ 21027, fax 22295, The Diamond ; chambres 57,15-76,20 € par pers). Ce grand hôtel au cœur de la ville dispose d'une salle de gymnastique, d'une piscine, d'un jacuzzi et d'un solarium.

Abbey Hotel (☎ 21014, fax 23660, The Diamond ; chambres 57,15-69,85 € par pers). Central, lui aussi, cet hôtel trois-

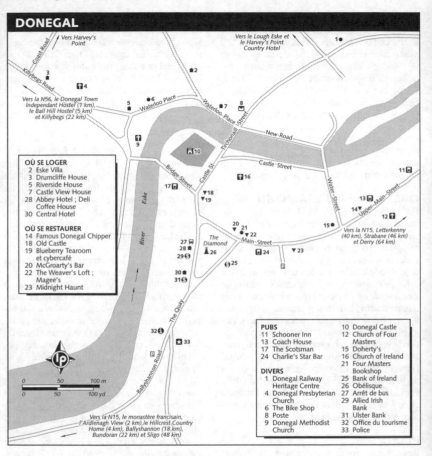

DONEGAL

Vers Harvey's Point

Vers le Lough Eske et le Harvey's Point Country Hotel

Coast Road

Killybegs Road

Vers la N56, le Donegal Town Independant Hostel (1 km), le Ball Hill Hostel (5 km) et Killybegs (22 km).

Waterloo Place

Waterloo Place Street

Tirchonaill Street

New Road

Bridge Street

Castle St

Castle Street

Eske

River

Water Street

Upper Main Street

The Diamond

Main Street

The Quay

Ballyshannon Road

Vers la N15, Letterkenny (40 km), Strabane (46 km) et Derry (64 km)

Vers la N15, le monastère franciscain, l'Ardlenagh View (2 km), le Hillcrest Country Home (4 km), Ballyshannon (18 km), Bundoran (22 km) et Sligo (48 km).

0   50   100 m
0   50   100 yd

OÙ SE LOGER
2   Eske Villa
3   Drumcliffe House
5   Riverside House
7   Castle View House
28   Abbey Hotel ; Deli
     Coffee House
30   Central Hotel

OÙ SE RESTAURER
14   Famous Donegal Chipper
18   Old Castle
19   Blueberry Tearoom
     et cybercafé
20   McGroarty's Bar
22   The Weaver's Loft ;
     Magee's
23   Midnight Haunt

PUBS
11   Schooner Inn
13   Coach House
17   The Scotsman
24   Charlie's Star Bar

DIVERS
1   Donegal Railway
     Heritage Centre
4   Donegal Presbyterian
     Church
6   The Bike Shop
8   Poste
9   Donegal Methodist
     Church

10   Donegal Castle
12   Church of Four
     Masters
15   Doherty's
16   Church of Ireland
21   Four Masters
     Bookshop
25   Bank of Ireland
26   Obélisque
27   Arrêt de bus
29   Allied Irish
     Bank
31   Ulster Bank
32   Office du tourisme
33   Police

étoiles possède 85 chambres avec s.d.b..
C'est un établissement moderne, bien
équipé et accessible en fauteuil roulant.

Harvey's Point Country Hotel (☎ 22208,
fax 22352, Harvey's Point ; chambres 62,20-
95,25 € par pers). Niché au milieu des collines sur la rive du Lough Eske, cet hôtel de
20 chambres est un établissement de luxe merveilleusement situé, à 6 km au nord de Donegal. Il est bien indiqué depuis le Diamond.

OÙ SE RESTAURER

Harvey's Point Country Hotel (voir Où se
loger ; dîner 4 plats 38 €). Si vous voulez

faire un vrai festin, allez dans ce restaurant
gastronomique spécialisé dans la cuisine
française. Réservation et tenue de circons-
tance obligatoires.

Vous trouverez au moins une bonne
dizaine d'endroits où vous restaurer dans un
rayon d'une centaine de mètres autour du
Diamond.

Old Castle (☎ 21062, Castle St ; plats
8,80-15,10 €). Ce pub en pierre grise est
l'un des endroits les plus fantaisistes de la
ville. Il sert de copieux plats d'un bon rapport qualité/prix, mais uniquement au
déjeuner.

McGroarty's Bar *(☎ 21049, The Diamond ; plats 6,30-15,10 €)*. Plutôt orienté vers le sport, McGroarty's mérite aussi une visite pour ses savoureux en-cas, sandwiches et repas substantiels servis dans la salle à manger à l'arrière.

Midnight Haunt *(☎ 21111, Main St ; plats 8,80-17 €)*. Ce petit restaurant en étage propose une carte abondante sur laquelle figurent des spécialités chinoises, notamment cantonaises, ainsi que des currys et des plats européens.

Blueberry Tearoom *(☎ 22933, Castle St ; plats 5,35-7,25 €)*. Il suffit de goûter les mets préparés ici pour comprendre le succès de ce salon de thé. Gâteaux et tartes méritent une mention spéciale.

The Weaver's Loft *(☎ 22660, The Diamond ; repas 5-6,25 €)*. Ce café en self-service situé au 1er étage du magasin Magee permet d'avaler un sandwich, une salade ou un repas léger dans une ambiance décontractée sans trop dépenser.

Deli Coffee House *(☎ 21014, The Diamond ; plats 2,80-5 € ; tlj 9h-18h)*. Proche de l'Abbey Hotel, cet établissement est l'un des rares à ouvrir tôt le dimanche. Il sert de savoureux petits déjeuners et des baguettes bien garnies.

Famous Donegal Chipper *(☎ 21428, Upper Main St ; fish & chips moins de 6,30 € ; tlj 12h30-23h30)*. Cette petite boutique de vente à emporter prépare de fabuleux fish and chips.

OÙ SORTIR

Vous trouverez de nombreux pubs avec musique sur Main St et Upper Main St, à quelques pas du Diamond.

Coach House *(☎ 22855, Upper Main St)*. Un repaire enfumé où les habitués viennent parfois avec leur guitare.

The Scotsman *(Bridge St)*. Les gens du coin se retrouvent volontiers au Scotsman au milieu d'une foule conviviale, toujours prête à chanter ou à jouer un petit air.

Charlie's Star Bar *(☎ 21158, Main St)*. Calme en semaine, ce bar se réveille le week-end quand la jeunesse débarque pour écouter la musique *live*, dans l'air du temps.

COMMENT S'Y RENDRE

Des bus Éireann *(☎ 21101)* relient fréquemment Donegal à Derry, Enniskillen et Belfast au nord ; Sligo, Galway et Killybegs à l'ouest ; Limerick et Cork au sud ; et Dublin au sud-est. L'arrêt de bus se trouve devant l'Abbey Hotel.

Des cars privés Feda Ódonaill (ou Busanna Feda ; ☎ 075-48114) desservent tous les jours Galway, *via* Ballyshannon, Bundoran et Sligo. Ils partent de l'office de tourisme de Donegal à 9h45 et à 17h15 du lundi au samedi. Ils arrivent respectivement à 13h22 et à 20h45 à la Galway Cathedral (ou à Eyre Square le dimanche soir). Le vendredi, un départ supplémentaire se fait à 13h15. Le dimanche, les départs ont lieu à 9h45, 16h15 et 20h15. Le tarif varie selon la distance. A l'intérieur du comté de Donegal, il est de 5,05 € ou 6,30 €.

La compagnie McGeehan Coaches *(☎ 075-46150)* assure la liaison Donegal-Dublin (15,10 € aller simple) 3 ou 4 fois par jour (davantage l'été) au départ de la garda, le commissariat de police, en face de l'office de tourisme.

COMMENT CIRCULER

The Bike Shop *(☎ 22515)*, Waterloo Place, loue des bicyclettes 8,80/50,40 € par jour/semaine. Le propriétaire, sympathique et fiable, vous aidera à planifier votre périple à vélo.

Environs de Donegal

LOUGH DERG

Ce petit lac, à l'est de Donegal, connaît une animation peu commune en été du fait des nombreux pèlerins qui viennent passer trois jours sur **Station Island**, une île isolée au milieu du lac où saint Patrick aurait jeûné. Ce pèlerinage attire chaque année quelque 30 000 fidèles entre le 1er juin et le 15 août. Attention : seuls les pèlerins sont admis sur l'île. Ils n'ont droit qu'à un repas par jour, composé de thé noir et de pain sec. Les pénitents doivent aussi parcourir le chemin de Croix, pieds nus. Le bateau qui amène les pèlerins sur l'île part de St Patrick's Purgatory, à environ 7 km au nord de Pettigo. En dehors de la saison de pèlerinage, il n'existe pas de desserte régulière de l'île.

Pour en savoir plus, adressez-vous à The Priory (☎ 072-61518, lochderg@iol.ie, www.loughderg.org), St Patrick's Purgatory, Pettigo.

Où se loger

Si vous effectuez le pèlerinage, vous n'aurez pas besoin de réserver un hébergement. En dehors de cette saison, vous trouverez quelques B&B près du lac.

Avondale *(☎ 072-61520, fax 61787, Lough Derg Rd, Pettigo ; simples/doubles 25,40/48,25 € ; avr-sept).* Ce B&B non-fumeurs possède quatre chambres confortables dont deux avec douche attenante.

Hilltop View *(☎ 072-61535, Billary, Pettigo ; simples/doubles 25,40/44,45 € ; ouvert toute l'année).* Perché sur la colline, ce B&B qui jouit d'une belle vue possède quatre chambres avec s.d.b.. et un jardin à l'usage de ses clients. Billary se trouve juste avant Pettigo sur la route de Donegal.

Comment s'y rendre

Pettigo et le Lough Derg sont perdus au bout d'une route traversant la lande. Durant la saison du pèlerinage, un bus Éireann (bus 31) par de Dublin's Busáras à 9h tous les jours du lundi au samedi (10h le dim), pour atteindre les rives du Lough Derg, 4 heures 30 plus tard. Le bus 68 part de Galway à 9h, s'arrête à Sligo et à Ballyshannon et rallie le Lough Derg à 13h35. Le premier bateau lève l'ancre à 11h, le dernier à 15h.

ROSSNOWLAGH
☎ 072 • 50 habitants

Si vous avez envie de vacances en bord de mer, loin de tout, rendez-vous à Rossnowlagh (Ross Neamblach), au sud-ouest de Donegal. Sa fabuleuse plage de sable "drapeau bleu" s'étend sur près de 5 km. C'est aussi un superbe spot de **surf**.

Ard-na-Mara *(☎/fax 51141,Rossnowlagh ; simples/doubles 44,45/69,85 € ; janv-nov).* Niché à flanc de colline, Ard-na-Mara jouit d'une vue fabuleuse sur la baie et dispose de six chambres avec douche. Ce B&B non-fumeurs accepte les cartes de crédit.

Sand House Hotel *(☎ 51777, fax 52100, Rossnowlagh ; chambres 63,50-98,40 € par pers).* Ce luxueux petit hôtel à l'architecture crénelée donne sur la plage avec une vue magnifique sur l'Atlantique.

BALLYSHANNON
☎ 072 • 2 400 habitants

Cette ville très animée s'étage sur une hauteur qui surplombe l'Erne. Un pont permet de rejoindre une partie de la ville qui se prolonge de l'autre côté de la rivière. Ballyshannon (Béal Átha Seanaidh) constitue une base plus agréable que Bundoran pour explorer le littoral au sud de Donegal. C'est également une étape pratique pour faire des incursions dans le Nord, étant donné le nombre de bus qui desservent régulièrement Derry et Enniskillen.

Orientation et renseignements

Le centre de Ballyshannon, au nord de la rivière, est desservi par deux rues principales qui convergent au pied de la tour de l'horloge des Gallogley Jewellers, facilement repérable. Main St se dirige vers le nord-ouest et Market St vers le nord-est. Un peu plus haut que les Gallogley Jewellers, vous trouverez une agence Allied Irish Bank (avec DAB), et une poste au début de Market St. **Donegal Parian China Visitor Centre** est une manufacture de *parian*, une porcelaine à grain plus fin que la porcelaine tendre anglaise classique. Son caractère plus translucide et légèrement jaunâtre rappelle le marbre de Paros, ce qui lui a valu ce nom. Le centre d'accueil des visiteurs *(☎ 51826, Ballyshannon ; gratuit ; toute l'année lun-ven 9h-18h, mai-sept sam 9h-18h, juin-sept dim 10h-18h ; à 1,5 km de Ballyshannon sur la route de Bundoran, la N15)* présente et vend les différents types de pièces fabriquées ici. Les prix s'échelonnent de 8 € environ pour les petites pièces à 500 € pour un service de table complet. Les visites guidées sont gratuites ; expédition des commandes, bureau de change et salon de thé font partie des services offerts.

Où se loger et se restaurer

Duffy's Hostel *(☎ 51535, Donegal Rd ; tentes/dortoirs 5,05/9,45 € par pers ; mars-*

mi-oct). Pour rejoindre depuis la gare routière cette auberge de jeunesse avec véranda et jardin, il faut monter Market St à pied (20 min). La librairie attenante vend des livres d'occasion.

Il existe de nombreux B&B dans la région de Ballyshannon.

Rockville House *(☎ 51106, Belleek Rd ; simples/doubles 32,95/50,80 €)*. À environ 500 m du centre, ce B&B occupe une charmante maison du XVIIe siècle qui donne sur l'Erne.

Dorrian's Imperial *(☎ 51147, fax 51001, Main St ; chambres 44,45-62,85 € par pers)*. Ce grand hôtel doté de 26 chambres, d'un centre de loisirs et d'un élégant décor, est le meilleur de la ville. Son bar, où règne une ambiance décontractée, sert de la petite restauration entre 10 et 17 €. On peut dîner de façon plus formelle dans son restaurant.

Devine's Bar *(☎ 52981, Market St ; plats 6,30-13,85 €)*. Ce pub a remporté des prix pour l'excellence de sa cuisine, préparée à la commande.

Kitchen Bake *(Main St ; en-cas à moins de 6 €)*. Vous trouverez ses délicieux en-cas, son pain frais et ses gâteaux au carrefour de Main St et de Market St, au-dessus d'un magasin qui vend des produits diététiques.

Où sortir

Tout l'été, des musiciens se produisent dans les pubs, mais l'événement phare à Ballyshannon est le festival de musique du *bank holiday week-end*, qui se déroule début août. Voici deux pubs très fréquentés, que nous vous recommandons : le **Finn McCool's** *(☎ 52677, Main St)* et le **Thatch Pub** *(Bridge St)*, en haut de Main St quand on tourne vers Rossnowlagh.

Comment s'y rendre

Des services quotidiens réguliers de Bus Éireann (☎ 074-21309) desservent Bundoran, Derry, Sligo, Galway, Donegal et Dublin (*via* Enniskillen, Cavan et Navan). La gare routière se situe entre le pont et la tour de l'horloge des Gallogley Jewellers. Les bus Feda Ódonaill (☎ 075-48114) desservant Donegal, Letterkenny, Dunfanaghy, Gweedore et Crolly s'arrêtent devant le pub

de l'Olde Distillery, en face de la gare routière. Ils partent à 12h45 et à 18h45 du lundi au samedi (départs supp à 16h22 et à 20h30 le ven). À 17h45 et à 23h le dimanche. Ceux qui vont à Sligo et à Galway s'arrêtent devant le Maggie's Bar, au sud de la rivière, près du rond-point, à 10h et à 17h30 du lundi au samedi (également à 13h30 le ven). À 10h, 16h30 et 20h30 le dimanche.

BUNDORAN
☎ 072 • 1 700 habitants

L'été, Bundoran (Bun Dobhráin) est l'une des stations balnéaires les plus fréquentées d'Irlande, mais le reste de l'année il n'y a généralement pas un chat. Il suffit de se promener sur Main St – East End et West End – pour comprendre : la rue n'est qu'une succession de galeries de machines à sous, de vendeurs de fish and chips et d'étals de souvenirs sans intérêt. La ville est surtout fréquentée par les catholiques du Nord. La musique traditionnelle qui résonne dans les pubs le soir a plutôt des accents rebelles que folkloriques.

Les étranges formations rocheuses de la falaise qui borde le littoral portent des noms évocateurs tels que Fairy Bridges (ponts des fées) ou Puffing Hole (trou fumant).

Renseignements

L'office de tourisme (☎ 41350), installé dans un kiosque en face de l'Holyrood Hotel, ouvre de mi-mars à septembre, du lundi au vendredi entre 10h et 17h. Le reste de l'année, il n'est ouvert que le week-end. La poste se trouve à 120 m au sud de l'office de tourisme. L'Allied Irish Bank de Main St possède un DAB et un bureau de change.

Activités

Juste au nord du centre-ville, le **Tullan Strand** est une superbe plage "drapeau bleu" où les *breaks* sont assez grands pour la pratique du **surf** de haut niveau.

Les enfants affluent par centaines au **Waterworld** *(☎ 41172, The Promenade ; adulte/enfant 6,35/4,45 € ; juin-août 10h-19h ; mai et sept sam-dim 10h-19h)* pour son toboggan d'eau, sa piscine à vagues et son restaurant. À l'intérieur, le niveau sonore bat tous les records.

Le **Homefield Equestrian Trails** (☎ 41288, fax 41049, Bayview Ave ; adulte/ enfant 15,10/ 12,60 € l'heure) propose des cours d'équitation et des promenades à cheval sur la plage.

Où se loger et se restaurer

Si Bundoran vous tente, voici quelques adresses.

Homefield Hostel (☎ 41288, fax 41049, Bayview Ave ; dortoirs/doubles 15,75/31,50 € petit déj compris). Cette auberge de jeunesse IHH se situe près de la plage et comporte un centre équestre. On peut y prendre des repas et y louer des vélos.

Si les B&B abondent, rares sont ceux qui émergent du lot.

Gillaroo Lodge (☎ 42357, fax 42172, West End ; simples/doubles à partir de 29,85/ 48,25 €). Ce pavillon jouit d'une situation de choix près de la plage et s'adresse surtout à une clientèle de pêcheurs à la ligne.

Grand Central Hotel (☎ 42722, fax 42656, Main St ; chambres 44-57 € par pers). Situé dans le centre, cet hôtel moderne, décoré de façon traditionnelle, dispose d'une salle de gymnastique et organise des animations le week-end.

Cafés et fast-foods jalonnent Main St.

Le Chateaubrianne (☎/fax 42160, Sligo Rd ; déj/dîner menu fixe 19,50/ 29,60 €). Ce restaurant, l'un des meilleurs de la ville, associe la gastronomie française et la nouvelle cuisine irlandaise, à base de gibier et de poissons fraîchement pêchés dans la région. Il propose aussi quelques plats végétariens inédits.

Comment s'y rendre

Les bus Éireann (☎ 074-21309) s'arrêtent sur Main St en face du magasin Pebbles. Ils assurent des services directs quotidiens vers Dublin, Derry, Sligo, Galway et Westport. Ulsterbus (☎ 028-9033 3000) dessert 3 fois par jour (1 fois le dim) Belfast et Enniskillen. Les bus de Feda Ódonaill (☎ 075-48114), qui vont de Crolly à Galway, s'arrêtent à Bundoran en face de l'Holyrood Hotel à 10h05 et à 17h35 du lundi au samedi (également à 13h35 le ven), et à 10h05, 16h35 et 20h35 le dimanche.

Sud-Ouest du Donegal

DE MOUNTCHARLES À BRUCKLESS

Hormis quelques pubs et cafés à Mountcharles et à Dunkineely, vous trouverez peu d'endroits où vous restaurer en route, aussi emportez votre ravitaillement en partant de Donegal ou de Killybegs.

Mountcharles
☎ 073 • 100 habitants

Étagé à flanc de colline, Mountcharles (Moin Séarlas), premier village sur la route du littoral (N56) à l'ouest de Donegal, offre une fort jolie vue sur la Donegal Bay. À 2 km du centre environ s'étend une **plage** de sable sans danger. Michael O'Boyle (☎ 35257) vous emmènera sur son bateau, le Martin Óg, pour une partie de **pêche en pleine mer** à partir de 19 € la journée, canne à pêche comprise (pour arriver à l'embarcadère de Mountcharles d'où part le bateau, prenez la première à gauche à l'entrée du village en venant de l'est). Mountcharles est le lieu de naissance de Seamus MacManus, poète et seanchaí (conteur), qui régala les gens du pays avec les histoires qu'il narrait près de la pompe à eau du village, dans les années 1940-1950.

Clybawn (☎ 35076, Station Rd ; simples/ doubles à partir de 32,40/48,25 € ; avr-sept). Tenu par Mrs Harvey, ce confortable B&B, voisin de l'église, bénéficie d'une jolie vue sur la baie.

La route qui va vers l'ouest à Bruckless traverse le village d'**Inver** où se trouve une petite plage.

Comment s'y rendre

La ligne 494 de Bus Éireann (☎ 21101) va de Donegal à Killybegs 4 fois par jour du lundi au samedi en s'arrêtant près de la Village Tavern à Mountcharles, devant la poste d'Inver et devant le Dunkineely Furniture Centre à Dunkineely.

KILLYBEGS
☎ 073 • 1 630 habitants

Plus grand port de pêche d'Irlande, Killybegs (Ceala Beaga) peut rebuter certains voyageurs par l'odeur que dégage sa grande usine de traitement de poissons en lisière est de la ville. La ville est aussi réputée pour ses tapis faits main.

La Bank of Ireland, sur Main St à deux pas du port, possède un DAB et un bureau de change. La poste se situe en face du port.

À voir et à faire

En grimpant en ville, vous atteindrez St Catherine's Church, qui abrite le **tombeau de Niall Mór MacSweeney**, un chef du clan MacSweeney, l'une des familles les plus puissantes du Donegal avant la "fuite des comtes" en 1607. Sur le tombeau sont gravés des motifs de style celtique et la silhouette d'un *gallowglass*, mercenaire écossais venu dans le nord et l'ouest de l'Irlande dès la fin du XIIIe siècle. Au début, seuls les grands chefs s'allouaient les services de ces mercenaires, mais par la suite leurs descendants furent employés dans tout le pays comme agents de police ou gardes du corps.

Plusieurs opérateurs proposent des sorties de **pêche** offrant la possibilité d'attraper du pollock, de la morue et du merlan. **Brian McGilloway** (☎ 32444, *Killybegs*) organise des sorties de pêche à 31,50 € par personne, plus 6,30 € pour le matériel. **The Harbour Store** (☎ 31569, *The Harbour*), sur le quai, vend des articles de pêche.

À 3 km à l'ouest, la **Fintra Beach** (ou Fintragh) est une plage isolée et sauvage où l'on peut se baigner sans danger dans une eau limpide.

Manifestation annuelle

La ville accueille un immense concours de pêche à la ligne début juillet : la Sea Angling Open Boat Competition (☎ 31901).

Où se loger

Si vous voulez loger à Killybegs sans avoir à supporter les odeurs de poisson, cherchez une pension du côté de Fintra Rd en lisière ouest de la ville.

Bannagh House (☎ 31108, *Fintra Rd ; chambres 25,40 € par pers ; avr-oct)*, à la sortie de la ville sur Fintra Rd, n'est pas trop éloignée à pied du centre. Les chambres de devant jouissent d'une vue fabuleuse sur le

port. Le petit déjeuner comporte un choix de yoghourts, fruits et pains maison.

Oileán Roe House (☎ 31192, *Fintra Rd ; simples/doubles 32,40/48,25 € ; mi-mars-sept)*, maison propre et sympathique, à 1 km du bourg, accepte les cartes de crédit.

Lismolin Country Home (☎ 31035, fax 32310, *Fintra Rd ; simples/doubles avec douche 38,10/48,25 € ; juin-sept)*. Derrière ce nom ambitieux se cache une maison, située à 1 km du bourg, comprenant cinq chambres bien aménagées. Confitures et pains du petit déjeuner sont faits maison.

Bay View Hotel (☎ 31950, *fax 31856, Main St ; chambres 57,15-73,65 € par pers)*. Au centre du bourg et surplombant le port, ce vaste hôtel moderne dispose de 40 chambres.

Où se restaurer

Sail Inn (☎ 31130, *Main St ; petite restauration 2,50-6,30 €, plats 12-19 €)*. On peut dîner le soir dans le restaurant intime qui se trouve à l'étage, ou prendre un en-cas ou un repas complet dans le bar pittoresque du rez-de-chaussée, où se joue de la musique traditionnelle.

Peking Chef (☎ 31894, *Main St ; plats 8,80-21,40 €)*. Situé tout au fond de Cope House, ce restaurant apporte un parfum asiatique aux produits de la mer fraîchement pêchés dans la région.

Bay View Hotel (☎ 31950, *Main St ; plats 9,45-11,35 €, dîner menu fixe 3 plats 17 €)*. L'hôtel abrite un pub au rez-de-chaussée et, à l'étage, un ravissant restaurant spécialisé dans les produits de la mer.

Kitty Kelly's (☎ 31925, *Kilcar Rd ; plats 7,55-11,35 € ; Pâques-sept à partir de 18h)*. Installée dans une ancienne ferme repeinte en violet à 5 km de Killybegs, ce restaurant sert de fabuleux poissons et fruits de mer ainsi que des pâtes ou des plats traditionnels irlandais. Réservation conseillée.

Comment s'y rendre

La ligne 494 de Bus Éireann (☎ 074-21309) relie Donegal à Killybegs 3 fois par jour (4 en juill-août) du lundi au samedi. Le bus 490 va vers l'ouest en direction de Kilcar et de Glencolumbcille une fois par jour du lundi au vendredi et 2 fois le samedi. En juillet-août, il y a un bus de plus par jour et 2 bus par jour continuent sur Malinmore. L'arrêt des bus se trouve devant le magasin Hegarty.

McGeehan Coaches (☎ 075-46150) assure un service de Glencolumbcille à Dublin. Il part du magasin Street News sur le port à 8h05 et 12h25 du lundi au samedi et à 15h45 le dimanche. Des bus supplémentaires circulent l'été.

KILCAR ET SES ENVIRONS
☎ 073 • 1 300 habitants

Kilcar (Cill Chártha) et Carrick (An Charraig), juste à côté, constituent de bonnes bases pour rayonner vers les falaises de Slieve League et vers la magnifique côte très découpée du sud-ouest du Donegal. Kilcar est un important centre de fabrication de tweed du Donegal. À la sortie de Kilcar, vous trouverez une petite plage de sable.

Renseignements
Pour obtenir des renseignements touristiques, adressez-vous au centre communal, Aísleann Cill Cartha (☎ 38376), ouvert toute l'année, du lundi au vendredi, de 9h à 17h30. Il peut aussi fournir des renseignements généalogiques et offre l'accès à Internet pour 5,05 € l'heure. Kilcar et Carrick ne disposent pas de banques. La poste de Kilcar se trouve à côté de Main St, un peu plus loin que le pub O'Gara.

Studio Donegal
À côté du centre communal, le Studio Donegal (☎ 38194, Kilcar ; gratuit ; lun 10h-17h30, mar-jeu 9h-17h30, ven 9h30-17h) est un petite manufacture de tweed qui organise des visites guidées gratuites. Sa boutique pratique sans doute les prix les moins chers du Donegal. Le tweed coûte autour de 14 € le mètre.

Slieve League
À Carrick, à 5 km au nord-ouest de Kilcar, bifurquez vers Teelin et les falaises de Bunglass pour jouir du point de vue sur le Slieve League, les plus hautes falaises d'Europe. Elles s'élèvent à quelque 600 m à pic au-dessus de la mer. Pour accéder en voiture au bord de la falaise, ne manquez pas l'embranchement indiqué Bunglass sur la route de Killybegs à Glencolumbcille

(R263) à la hauteur de Carrick. Continuez ensuite sur les pistes étroites signalisées Slieve League, puis Bunglass.

Randonnées pédestres
Plusieurs randonnées permettent de découvrir les nombreux sites préhistoriques de la région. Trois itinéraires partent de Kilcar (la **Kilcar Way**). À partir de Teelin, les randonneurs chevronnés pourront progresser vers le nord, via Bunglass et le vertigineux chemin des crêtes, le **One Man's Path**, jusqu'à Malinbeg, près de Glencolumbcille. C'est une balade d'une journée, à ne pas entreprendre par grand vent ou si le mauvais temps empêche une bonne visibilité.

Festivals
Le premier week-end d'août, Kilcar comme Killybegs accueillent l'International Sea Angling Festival (festival international de pêche à la ligne en mer), suivi presque immédiatement par le Kilcar Street Festival, festival de rue qui dure tout le week-end. Pour en savoir plus, adressez-vous au centre communal.

Où se loger
Dún Ulún House (☎ 38137, Coast Rd ; tentes/dortoirs/B&B 3,80/12-17/23,30 € par pers). Ce sympathique établissement est situé à l'extrémité ouest du village. Le camping, étagé à flanc de colline de l'autre côté de la route, jouit d'une vue superbe. Il dispose d'ub bloc douches et toilettes.

Derrylahan Hostel (☎ 38079, fax 38447, Derrylahan, Kilcar ; tente 5 €, dortoir de 6 lits 8,80 € par pers, doubles 25 €). Également sympathique, l'auberge IHH dépend d'une ferme en activité, à 3 km à l'ouest du village. Elle dispose d'une petite bibliothèque, de l'accès à Internet, de nombreuses facilités en matière de cuisine. La maison peut abriter un groupe de 20 personnes. Si vous lui téléphonez de Kilcar ou de Carrick, Shaun, le propriétaire, s'arrangera pour qu'on vienne vous chercher.

Kilcar Lodge (☎ 38156, Main St ; simples/doubles 33/55,85 € ; avr-oct). À quelques mètres de l'arrêt de bus, le Kilcar Lodge a l'avantage d'être central. Il possède 4 chambres confortables avec s.d.b.

Où se restaurer

Piper's Rest (☎ 38205, Main St ; plats 6,30-12,60 €). Les conversations se déroulent souvent en gaélique dans ce pub à toit de chaume. Il accueille des musiciens jouant des rythmes traditionnels et sert de bons en-cas, soupes et produits de la mer.

Restaurant Teach Barnaí (☎ 38160, Main St ; plats 11,30-23,90 €). Une excellente cuisine vous attend dans ce restaurant qui combine les influences gastronomiques française et italienne avec la fraîcheur des produits irlandais.

Cúl a Dúin (☎ 39041, Teelin repas moins de 12 €). Ce bar sert une savoureuse cuisine de pub, en particulier tout ce qui vient de la mer, de mai à septembre. Il appartient au groupe Altan, dont les membres jouent parfois ici le week-end.

Comment s'y rendre

La ligne 490 de Bus Éireann (☎ 074-21309) relie Kilcar et Carrick avec Killybegs et Glencolumbcille une fois par jour du lundi au vendredi (2 fois le sam). En juillet-août, il y a un bus de plus par jour. McGeehan Coaches (☎ 075-46150) assure la liaison entre Glencolumbcille et Dublin en s'arrêtant à Carrick devant le magasin McGinley à 7h30 et à 11h50 du lundi au samedi, à 7h30 et à 15h22 le dimanche. Les bus s'arrêtent environ 10 minutes plus tard à Kilcar devant le pub John Joe's. L'été, il existe encore d'autres bus.

GLENCOLUMBCILLE

☎ 073 • 260 habitants

Des vestiges de l'âge de pierre émaillent le paysage dans cette contrée où l'implantation humaine remonte à 5 000 ans. Le nom irlandais de cet ensemble de minuscules hameaux – Gleann Cholm Cille (vallée de l'église de Colomba) – rappelle que saint Colmcille (alias Colomba) vécut dans cette vallée au VIe siècle, comme en témoignent les vestiges de son église. Chaque année, le 9 juin à minuit, le jour de la fête du saint, des pèlerins entreprennent une marche de pénitence aux abords du village.

Le nom s'écrit Glencolumcille ou Glencolumbkille selon les cartes.

Renseignements

Adressez-vous à la Lace House (☎ 30116), à Cashel, pour obtenir des renseignements touristiques. En avril-juin et de septembre à mi-novembre, elle ouvre du lundi au samedi de 10h et 18h et le dimanche de 13h à 17h ; en juillet-août, elle est ouverte du lundi au samedi de 9h30 à 21h et le dimanche de 12h à 18h. Il n'y a pas de banque dans le village, mais la poste abrite un bureau de change.

Folk Village Museum

Situé à 3 km à l'ouest du centre, ce village folklorique (☎ 30017 ; adulte/enfant 2,50/1,90 € ; Pâques-sept lun sam 10h-18h, dim 12h-18h) fut fondé par le père James McDyer en 1967 (voir l'encadré Deux prêtres de choc). Il comprend plusieurs reconstitutions de chaumières des XVIIIe et XIXe siècles avec tout ce dont les habitants se servaient à l'époque. Le billet donne droit à une visite guidée des différents bâtiments. Le shebeen (débit de boisson clandestin) vend des vins de la région peu courants (faits avec des algues et du fuchsia par exemple) ainsi que des confitures et des caramels. Derrière l'ancienne National School (l'école nationale, qui se visite également), un court sentier de découverte part dans la colline.

Plages

Méfiez-vous de la plage située en face du village folklorique, les courants sous-marins peuvent être dangereux. Mieux vaut aller un peu plus loin, à l'ouest de Glencolumbcille jusqu'à **Doonalt**, où vous trouverez deux plages de sable. Au bout de la route de Malinbeg, des escaliers mènent à une ravissante crique bien abritée.

Cours de langue et de culture gaéliques

À 1 km à l'ouest du centre du village, l'**Oideas Gael** (☎ 30248, oidsgael@iol.ie, Glencolumbcille ; stage du week-end 50-75 € par pers, stages de longue durée 115-165 € hébergement compris ; mi-mars-oct), qui dépend du Foras Cultúir Uladh (fondation culturelle de l'Ulster), propose tout un choix de cours de gaélique pour adultes (débutants compris) ainsi que des cours

Deux prêtres de choc

S'il arrive que la "une" d'un journal jette le discrédit sur un membre du clergé catholique coupable d'actes répréhensibles, les fidèles irlandais n'hésitent jamais à voir en leurs prêtres et religieux, de saints hommes voués corps et âme aux œuvres de charité et à l'épanouissement de leurs ouailles. Le comté de Donegal compte deux de ces êtres d'exception.

Quand le père James McDyer la rejoignit en 1952, il prit fait et cause pour la communauté de Glencolumbcille, menacée de décomposition. Le taux d'émigration y atteignait alors un taux préoccupant. Il mit sur pied des coopératives, diversifia les pratiques agricoles et développa le tourisme, et dès 1964, le taux d'émigration revenait à des proportions raisonnables. Cependant, le rôle joué par ce prêtre désireux d'insuffler un nouvel élan à une communauté rurale, trouva sa réelle dimension avec la création du Folk Village Museum, en 1967, c'est-à-dire bien avant que le patrimoine rural intéresse quiconque et que de substantielles aides américaines contribuent à la mise en place de tels centres ...

Un autre membre du clergé a marqué de sa personnalité une zone reculée du Donegal : le père Diarmuid Ó Péicín. Quand cet ancien missionnaire jésuite, alors à la retraite, vint faire une excursion à Tory Island en 1980, il fut frappé par le découragement profond de sa population. A la suite d'une terrible tempête qui avait coupé l'île du continent en 1974, nombre de ses habitants avaient décidé d'émigrer sur la terre ferme.

Les derniers îliens étaient convaincus que les autorités allaient abandonner l'île et déplacer le reste de sa population sur le continent. Le "rocher solitaire", comme ils appelaient leur pays, connaîtrait alors le même sort que les Blasket Islands (voir le chapitre *Comté de Kerry*), abandonnées dans les années 1950. Le père Ó Péicín lança donc une campagne à la fois en Irlande et à l'étranger pour améliorer les conditions de vie sur Tory Island : électrification, adduction d'eau, système sanitaire, desserte régulière par un ferry, nouveau port… furent finalement mis en place. S'il ne resta lui-même que quatre années sur place, son esprit et son action encouragèrent les îliens à agir par eux-mêmes.

d'activités traditionnelles telles que les danses du Donegal, la peinture de marines, le *bodhrán* (un tambourin en peau de chèvre) ou la tapisserie.

Où se loger

Dooey Hostel (☎ *30130, fax 30339, Glencolumbcille ; tentes/dortoirs/chambres privées 5,05/8,80/9,45 € par pers).* Cette auberge isolée et sympathique qui appartient à l'IHO en est le porte-drapeau. Construite à flanc de colline, à environ 1,5 km au-delà du village, elle offre toute une gamme d'hébergements y compris une maison, pour un groupe de 20 personnes, jouissant d'une vue superbe sur Glen Bay. L'auberge possède six cuisines et, plutôt surprenant dans un endroit aussi reculé, elle est accessible aux fauteuils roulants. Si vous arrivez en voiture, tournez devant la Glenhead Tavern. Si vous venez à pied ou à vélo, prenez un rac-

courci à la hauteur du Folk Village en suivant le chemin de terre.

Malinbeg Hostel (☎ *30006, Malinbeg, Glencolumbcille ; dortoirs/chambres 8,80/ 11,35 € par pers ; ouvert toute l'année).* Cette auberge récente possède tout le confort, y compris des chambres avec s.d.b. attenante. En téléphonant à l'avance, les propriétaires viendront vous chercher.

Corner House (☎ *30021, Cashel, Glencolumbcille ; simples/doubles 32,40/48,25 €).* Dans ce B&B cosy, chaque chambre dispose d'une douche.

Glencolumbcille Hotel (*Óstán Ghleann Cholmcille;* ☎ *30003, fax 30222, Glencolumbcille ; simples/doubles 50/75 €).* Vous ne pouvez pas manquer de repérer cet hôtel peint en jaune, qui compte 40 chambres décorées de façon tonique, sans qu'elles perdent leur cachet d'autrefois. Vous le rejoindrez après le Folk Village Museum, en allant vers Malinbeg.

Où se restaurer

Lace House Restaurant (☎ 30444, Cashel, Glencolumbcille ; plats 5,65-6,25 € ; tlj 9h30-21h). Outre des fish and chips frais, et d'autres classiques du genre, le restaurant situé au-dessus de la boutique du même nom sert des soupes et des desserts délicieux.

An Chistin (☎ 30213, Glencolumbcille ; plats 6,25 € ; lun-ven 12h30-21h30, sam-dim 9h30-21h30). Cet agréable café de la fondation culturelle de l'Ulster reste l'un des meilleurs endroits pour se restaurer. Il est spécialisé dans les produits de la mer, mais sert aussi de savoureux sandwiches et pâtisseries.

Achats

Glencolumbcille Woollen Market (☎ 39377, Glencolumbcille). Ce magasin qui dépend de la manufacture locale de tricots Rossan offre un vaste choix de vestes, de chapeaux et de cravates en tweed du Donegal ainsi que d'écharpes et de châles en lambswool. Il vend aussi des pulls d'Aran et des tapis tissés à la main. Il se trouve à 3 km au sud-ouest de Cashel sur la R263.

Lace House (☎ 30116, Cashel, Glencolumbcille). Cette maison fournit non seulement des renseignements touristiques, mais vend aussi des tapis, des vestes et des vêtements en tricot.

Comment s'y rendre

La ligne 490 de Bus Éireann (☎ 074-21309) part pour Killybegs à 8h30 du lundi au samedi (avec un bus en plus à 11h35 le sam). Un autre bus passe à 12h35 tous les jours en juillet-août.

McGeehan Coaches (☎ 075-46150) dessert tous les jours Donegal et Dublin. Le bus part de Dublin (devant le Royal Dublin Hotel sur O'Connell St) à 14h et à 18h (le vendredi, il y a un bus de plus à 16h) et arrive à Glencolumbcille environ 5 heures plus tard. Il part de Glencolumbcille (devant le Biddy's Pub) à 7h20 et à 11h40 du lundi au samedi, à 7h20 et à 15h le dimanche. McGeehan dessert aussi Ardara, Dungloe et Glenties.

ARDARA ET SES ENVIRONS
☎ 075 • 650 habitants

Joli village niché dans un site magnifique, Ardara (Árd an Rátha) est un centre important de fabrication de tricot et de tweed tissé à la main.

Pour les renseignements touristiques et si vous souhaitez accéder à Internet (1,25 € les 10 min), adressez-vous à l'Ardara Heritage Centre (voir *À voir et à faire*). Une Ulster Bank dotée d'un DAB se trouve sur le Diamond. La poste est en face.

À voir et à faire

La route de Glencolumbcille à Ardara passe par l'étonnant **Glengesh Pass**, une vallée d'origine glaciaire qui s'ouvre brusquement au débouché d'un défilé et dans laquelle la route décrit de longues courbes en descendant vers la rivière. Avant l'arrivée à Ardara, une petite route sur la gauche descend au minuscule village de **Maghera**, où vous pourrez découvrir de jolies plages et grottes. Attention, toutefois, car certaines sont envahies par la mer à marée montante.

La longue et étroite **Loughros Peninsula**, qui s'étend au-delà d'Ardara en séparant la Loughros More Bay de la Loughros Beg Bay, mérite vraiment qu'on aille s'y promener à pied ou à vélo.

L'**Ardara Heritage Centre** (☎ 41704, The Diamond ; gratuit ; Pâques-sept lun-sam 10h-18h, dim 14h-18h) évoque le rôle qu'a joué le Donegal à travers l'histoire dans l'industrie du tissage et permet d'admirer des tisserands à l'œuvre. À l'étage, une vidéo présente la région environnante. Le centre abrite un petit café.

Manifestation annuelle

L'Ardara Weavers Fair, foire des tisserands d'Ardara, qui remonte au XVIIIe siècle, avait connu un déclin depuis le début du XXe siècle. Elle a été relancée et se déroule de nos jours le premier week-end de juin.

Où se loger et se restaurer

Drumbarron Hostel (☎ 41200, The Diamond ; dortoirs/chambres privées 8,80/10,10 € par pers ; ouvert toute l'année). Aménagée dans une maison de style georgien, cette auberge de jeunesse très hospitalière offre de confortables lits-couchettes, des douches gratuites et une vaste cuisine.

Drumbarron House (☎ 41200, The Diamond ; simples/doubles 25,40/45,70 € ; ouvert toute l'année). Si vous rêvez de pain et de scones maison au petit déjeuner, essayez cet endroit délicieux et si accueillant, juste en face de l'auberge de jeunesse.

Woodhill House *(☎ 41112, fax 41516, Ardara ; chambres 44-57 € par pers)*. Bien indiqué depuis le Diamond, Woodhill est un petit hôtel situé à 1,5 km du centre, dans un cadre campagnard tranquille. Il possède un excellent restaurant.

The Green Gate *(☎ 41546, Ardvally, Ardara ; simples/doubles 38/50 €)*. Tenu par un Français chaleureux, Paul Chatenoud, ce B&B se compose de trois cottages traditionnels qui allient merveilleusement confort et charme rustique. Parmi les autres agréments du lieu, citons les fabuleux petits déjeuners servis à toute heure du jour, la riche bibliothèque et la vue panoramique sur la baie.

Charlie's West End Café *(Main St ; plats 3-10 € ; lun-jeu 10h-22h, ven-sam 10h-23h, dim 17h-23h)*. Au bout de Main St en direction de Killybegs, ce café animé, sympathique et au service efficace sert de savoureux petits déjeuners ainsi que des soupes, des sandwiches et des repas.

Où sortir
Corner House *(☎ 41736, The Diamond)*. Ce bar offre de la musique traditionnelle les soirs de week-end (tous les soirs de juin à septembre) et invite tous les musiciens de passage à improviser.

Nancy's Bar *(Front St)*. Niché dans une rangée de maisons voisine du pont, ce petit bar sombre, plein de caractère, se révèle fort agréable pour prendre un verre au calme.

Achats
Plusieurs boutiques vendent à des prix compétitifs de la maille tricotée dans la région. Allez voir **Kennedy's** *(☎ 41106, Front St)*, en montant dans le bourg quand on vient du Diamond, ou **John Molloy** *(☎ 41133, Killybegs Rd)*, à environ 1 km.

Comment s'y rendre
En juillet-août, la ligne 492 de Bus Éireann (☎ 074-21309) qui dessert Killybegs s'arrête à Ardara (devant O'Donnell's) 2 fois

par jour dans chaque sens, du lundi au samedi. Le reste de l'année, le bus ne passe que le mardi, le jeudi et le vendredi.

De juin à mi-septembre, McGeehan Coaches (☎ 46150) assure un service pour Dublin qui part de la poste à 8h30 et à 12h50 du lundi au samedi, à 8h30 et à 15h40 le dimanche. Le bus qui relie Glencolumbcille à Dublin *via* Glenties s'arrête à Ardara à 8h30 et à 12h50 du lundi au samedi (à 8h30 seulement le dim).

Comment circuler
Don Byrne's of Ardara (☎ 41156), Main St, à l'est du centre, fait partie du réseau de location de vélos Raleigh Rent-a-Bike.

DAWROS HEAD
Le paysage de cette péninsule au nord d'Ardara se compose de nombreux lacs minuscules entourés de collines aux ondulations douces, qui se prêtent à la marche. Les stations balnéaires jumelles de **Narin** et **Portnoo** sont submergées en été par les vacanciers qui affluent du Nord. À marée basse, on accède à pied à l'**Iniskeel Island**.

Sur la route de Narin à Rosbeg, un panneau indique la direction, 3 km plus loin, du Lough Doon, où se dresse le **Doon Fort**, un camp fortifié de forme ovale vieux de 2 000 ans. Pour y accéder, il faut louer une barque (5 €/heure).

En 1588 le *Duquesa Santa Ana*, qui faisait partie de l'Armada espagnole, s'échoua sur la plage à **Tramore Beach**.

Où se loger
Tramore Beach Caravan & Camping Park *(☎ 075-51491, fax 51492, Rosbeg ; petites/grandes tentes 8,80/11,35 €)*. Ses 24 emplacements de tentes sont isolés au milieu des dunes de sable. Prenez la route d'Ardara à Narin et tournez à gauche suivant la direction de Tramore Beach.

Narin et Portnoo possèdent des B&B généralement ouverts d'avril à septembre. **Roaninish** *(☎/fax 075-45207, Narin ;simples/doubles 38,10/55,85 € ; juin-début sept)*. Situé à quelque minutes à pied de la plage, cet établissement propose quatre agréables chambres non-fumeurs, avec douche.

Hazelwood *(☎ 075-45151, Portnoo ; simples/doubles 38,75/43,20 € ; avr-août)* propose quatre chambres, dont une seule avec douche attenante.

Comment s'y rendre
En juillet-août, du lundi au samedi, la ligne 492 de Bus Éireann (☎ 074-21309) part de Killybegs pour Portnoo à 10h et à 17h05. Le bus repart de Portnoo à 12h15 et à 18h15.

GLENTIES
☎ 075 • 800 habitants
Le village de Glenties (Na Gleannta) se situe sur la rivière Owena, au point de rencontre de deux vallées, avec les Blue Stack Mountains en toile de fond côté sud. C'est là que naquit Patrick MacGill (1891-1963), le "poète-terrassier" en l'honneur de qui ont lieu mi-août des cours d'été. La localité est fréquentée par les amateurs de **pêche**. On peut faire d'agréables **randonnées** dans les environs.

Vous trouverez dans la rue principale une Bank of Ireland dotée d'un DAB et d'un bureau de change ainsi qu'une poste.

Où se loger et se restaurer
Campbell's Holiday Hostel (☎ 51491, fax 51492, Glenties ; dortoirs/chambres 10/12,50 € par pers ; mars-oct). Cette auberge IHH, propre et spacieuse, se situe sur la gauche derrière le musée quand on arrive d'Ardara par la N56. Elle dispose d'une grande cuisine-salle de séjour où crépite un feu accueillant. Une deuxième cuisine occupe l'autre bout des bâtiments. Le parking est sûr.

Avalon (☎/fax 51292, Glen Rd ; simples/doubles 32,40/48,25 €). Superbement situé à environ 500 m du centre, l'Avalon dispose de quatre chambres non-fumeurs dont trois avec douche. Il accepte les cartes de crédit et peut servir de la nourriture sans gluten.

Highlands Hotel (☎ 51111, fax 51564, Main St ; simples/doubles 38/70 € ; plats 9,45-15 €). Cet hôtel de 20 chambres, décontracté, domine l'extrémité ouest de Main St. Il sert une excellente cuisine, copieuse, à base de produits frais. Le menu comporte quelques plats végétariens.

Nighthawks (☎ 51389, Main St en-cas 1,65-5 €). Ce café fast-food nettement au-dessus de la moyenne sert des burgers, des sandwiches ainsi que des pizzas à emporter.

Comment s'y rendre
En juillet-août, du lundi au samedi, la ligne 492 de Bus Éireann (☎ 074-21309) allant de Killybegs à Portnoo s'arrête devant la poste de Glenties à 10h45 et à 17h50. En venant de Portnoo, le bus s'arrête à Glenties à 12h40 et à 18h40. Le reste de l'année, il circule uniquement les mardi, jeudi et vendredi. McGeehan Coaches (☎ 46150) assure un service de Dungloe à Dublin qui part de Glenties à 8h15 et à 12h30 du lundi au samedi, à 8h15 et à 15h30 le dimanche.

L'ARRIÈRE-PAYS VERS LA FINN VALLEY
Cette région du Donegal reste mal desservie – une aubaine si vous êtes prêt à vous débrouiller par vous-même pour pêcher, marcher ou faire du vélo dans le coin. La **rivière Finn** se prête merveilleusement à la pêche au saumon, en particulier quand il a plu abondamment avant la mi-juin.

Les Blue Stack Mountains et l'Ulster Way offrent de belles possibilités de **randonnées en montagne**, à condition de se munir de cartes et de ravitaillement. Le Finn Farm Hostel (voir Où se loger) vous fournira cartes et conseils et pourra même vous transporter au point de départ ou d'arrivée de la randonnée. Une longue randonnée sur la journée consiste à partir de cette auberge et à atterrir au Campbell's Holiday Hostel à Glenties ou au Glenleighan Hostel près de Fintown.

La principale bourgade est **Ballybofcy** (Bealach Féich ; prononcez bally-**boh**-fay), reliée à sa voisine **Stranorlar** par un pont en pierre voûté sur la Finn. Un petit office de tourisme (☎ 074-31840) se cache dans le Ballybofey Balor Theatre sur Main St. Il ouvre du lundi au vendredi de 9h à 17h. Vous trouverez des articles de pêche chez Mr G's Discount Store, Main St.

Où se loger
Finn Farm Hostel (☎/fax 074-32261, Cappry, Ballybofey ; tentes/dortoirs/chambres 5,65/10,10/11,35 € par pers ; ouvert toute l'année). Cette auberge IHH/IHO, installée au sein d'une ferme en activité abrite un centre communal visant à redonner vie aux traditions musicales. Si vous logez là, vous

entendrez donc les musiciens répéter. Le Finn Farm propose aussi des cours d'équitation et des randonnées équestres. Il se situe à environ 2 km de Ballybofey. Il faut quitter la N15 qui va à Donegal en suivant le panneau qui indique "Hostel".

Glenleighan Hostel *(☎ 075-46141, Glenlieghan, Fintown ; dortoirs/chambres 9,45/10,70 € par pers ; ouvert toute l'année).* Cette minuscule auberge IHO de 12 lits occupe un merveilleux emplacement qui surplombe le Lough Finn. Elle assure un service de transport gratuit. Il y a des B&B à la fois à Ballybofey et à Stranorlar.

Finn View House *(☎ 074-31351, Ballybofey ; simples/doubles 29,85/48,25 € ; avr-sept).* Cette petite maison de plain-pied sur la route de Lifford, loue trois chambres.

Kee's Hotel *(☎ 074-31018, fax 31917, Stranorlar ; chambres 57,15-67,30 € par pers)* est l'ancien relais de poste, sur la route de Derry à Sligo. Le prix de l'hôtel comprend l'accès à la piscine et au sauna du club de loisirs.

Jackson's Hotel *(☎ 074-31021, fax 31096, Ballybofey ; chambres 52,70-82,55 € par pers).* Dès la réception, vous voici accueilli par un grand feu de bûches dans la cheminée. L'hôtel, qui a été rénové, dispose de 88 chambres et d'un jardin privatif.

Où se restaurer

The Coffee Bar *(☎ 074-31217, Main St, Ballybofey ; plats 3,70-5 €).* Installé au deuxième niveau du McElhinney's Store, ce self-service très fréquenté propose sandwiches, salades, en-cas et repas chauds à petits prix.

Caife na Locha *(Fintown ; repas moins de 7 €).* Cette petite maison, tenue par une coopérative de femmes, sert du thé et des repas légers. Elle est ouverte quand le Fintown Railway marche.

Les grands hôtels proposent au dîner des menus fixes autour de 20 à 35 €.

Où sortir

The Claddagh *(☎ 32038, Main St, Ballybofey).* Les musiciens de Finn Farm se produisent dans ce vieux pub, une soirée en milieu de semaine.

Teá á Céoil *(The Music House ; Fintown).* Cette ancienne petite ferme située sur la grand-route est l'endroit de Fintown où il faut aller écouter de la musique en buvant une pinte.

Comment s'y rendre

La ligne express 64 de Bus Éireann (☎ 074-21309) qui relie Galway et Derry, *via* Sligo, Donegal et Letterkenny, s'arrête jusqu'à 6 fois par jour devant le parking du McElhinney's Store de Ballybofey. Des bus locaux relient Ballybofey à Killybegs et à Letterkenny.

McGeehan Coaches (☎ 075-46150) assure un service de bus entre Glencolumbcille et Letterkenny du lundi au samedi. Le bus s'arrête en face de la poste de Fintown à 13h25 (à 17h55 quand il va vers Glenties, Ardara, Killybegs, Kilcar et Glencolumbcille). De mi-juillet à fin août, du lundi au samedi, un bus de McGeehan Coaches part de Fintown pour Ballybofey à 13h25. Il repart de Ballybofey à 17h pour regagner Fintown, Killybegs et Glencolumbcille.

Le bus Feda Ódonaill (☎ 075-48114) de Crolly à Galway s'arrête à Ballybofey devant McElhinney's à 9h15 et à 16h45 du lundi au samedi (également à 12h45 le ven), à 9h15, à 15h45 et à 19h45 le dimanche.

Nord-Ouest du Donegal

Sauvage, spectaculaire, dramatique... tous ces adjectifs qui s'appliquent aux paysages du Donegal, sont particulièrement justifiés dans la partie nord-ouest du comté, où l'on est toutefois rarement loin d'un village ou d'un pub. Entre Dungloe et Crolly s'étend une bande de terre désolée et rocailleuse, battue par les vents, émaillée de nombreux lacs et bordée de plages de sable. Cette gaeltacht (contrée où l'on parle le gaélique) est appelée The Rosses (Na Rossa)

Du village de Burtonport, un ferry mène dans l'île d'Arranmore, principal intérêt de la région. Également accessible, plus septentrionale, Tory Island est peut-être plus attrayante. Entre Bunbeg et Dunfanaghy, la côte est superbe et les randonnées cyclistes du côté de Bloody Foreland et de Horn Head feront des heureux.

BURTONPORT

☎ 075 • 280 habitants

Le petit port de Burtonport (Ailt an Chorráin) a surtout pour attrait d'être le point d'embarquement pour Arranmore.

Pour les parties de pêche, adressez-vous à Donal O'Sullivan (☎ 42077) dans la cabane proche de l'embarcadère.

De mi-juillet à fin août, McGeehan Coaches (☎ 46150) assure un service de bus quotidien, du lundi au samedi, entre Burtonport et Dungloe. Deux fois par semaine, les lundi et dimanche, les bus Feda Ódonaill (☎ 48114) relient Annagry (Anagaire) et Killybegs via Burtonport. Ils circulent dans l'autre sens le vendredi seulement.

ARRANMORE

☎ 075 • 900 habitants

la petite île d'Arranmore (Árainn Mhór), longue de 9 km sur 5 km de large, recèle des falaises spectaculaires, des grottes marines et des plages de sable. Elle est habitée depuis des milliers d'années, comme en témoigne un fort préhistorique encore visible dans sa partie méridionale. L'ouest et le nord de l'île présentent un aspect sauvage et déchiqueté. C'est à peine si quelques maisons rompent l'impression de solitude qui s'en dégage. L'Arranmore Way permet de faire le tour de l'île à pied en 2 ou 3 heures. Au large de la pointe sud-ouest s'étend Green Island, une réserve d'oiseaux. La pêche se pratique agréablement aux abords de l'île et dans le Lough Shure, où abondent les truites arc-en-ciel.

Où se loger et se restaurer

Arranmore Hostel *(☎ 20015, fax 20014, Leabgarrow ; dortoirs/chambres 10-12/ 12,60 € par pers, draps compris).* À quelques minutes à pied du débarcadère, cette auberge de 30 lits est un établissement moderne accessible aux fauteuils roulants.

Bonner's Ferryboat Restaurant *(☎ 20532, Leabgarrow ; chambres 20,15 € par pers).* Proche du débarcadère, ce B&B abrite un café bon marché, très fréquenté par les habitants de l'île.

Phil Bàn's Bar *(☎ 20908, Leabgarrow ; plats 5,05-13,85 €).* Établi de longue date, Phil Bàn's, près de l'embarcadère, est l'un

des quelques pubs servant de la petite restauration correcte.

Où sortir

Les pubs de l'île bénéficient d'une licence 24h/24 afin de satisfaire leur clientèle de pêcheurs locaux et proposent régulièrement de la musique traditionnelle.

Comment s'y rendre

L'*Arranmore Ferry* (☎ 20532), qui dépend de Bonner's, fait la navette entre Burtonport et Leabgarrow, distants de 1,5 km (adulte/enfant 8,80/4,40 € aller-retour, 25 min). En juillet-août, le ferry effectue 8 traversées par jour (7 le dim), en partant de Burtonport à 8h30 (12h le dim). Le reste de l'année, il y a au moins 5 traversées par jour (3 le dim).

GWEEDORE ET SES ENVIRONS

☎ 075 • 900 habitants

Merveilleusement isolé, le district de Gweedore (Gaoth Dobhair), où l'on parle gaélique, est bordé par une côte déchiquetée aux nombreuses et belles plages, qui attire marcheurs et cyclistes, tandis que l'arrière-pays désolé recèle de nombreux lacs propices à la pêche. C'est une région en pleine évolution : les établissements anciens, fermés ou démolis, connaissent nombre de réaménagements.

Des villages se pressent le long du littoral. Derrybeg (Doirí Beaga) et Bunbeg (Bun Beag) sont imbriqués l'un dans l'autre le long de la R257. Gweedore, le village qui donne son nom au district, s'étend quelques kilomètres plus à l'ouest sur la R258. Dans la rue principale de Bunbeg, une Allied Irish Bank propose un DAB et un bureau de change, tandis que Derrybeg possède un bureau de poste. Les ferries pour Tory Island (voir cette rubrique) partent de Bunbeg.

Où se loger et se restaurer

Backpackers Ireland Seaside Hostel *(☎ 32244, Magheragallon, Derrybeg ; dortoirs/chambres 8,80/15,75 € par pers, draps compris ; mi-mars-oct).* Cette auberge IHO balayée par les vents se situe au bout de la route près de la plage et du terrain de golf. On peut louer des vélos sur place.

Screag an Iolair Mountain Centre (☎ 48593, Tor, Crolly ; dortoirs/chambres 10,10/12,60 € par pers ; mars-oct). Cette sympathique auberge de jeunesse est merveilleusement isolée au milieu d'un paysage déchiqueté et rocailleux, en haut des collines qui surplombent Crolly, au sud-ouest de Gweedore par la N56 (l'auberge est bien indiquée). Elle dispose d'un bon choix de livres d'occasion et propose un service de transport gratuit pour ceux qui ne veulent pas parcourir à pied les 5 km qui la séparent de la grand-route.

Bunbeg House (☎ 31305, Bunbeg ; chambres 25,20-31,50 € par pers). S'adressant surtout à une clientèle qui vient pêcher et faire du bateau, Bunbeg House est un charmant B&B trois-étoiles situé à côté du pittoresque et paisible port de Bunbeg. Son vaste restaurant sert surtout des produits de la mer (5,70-10,80 €), à partir de 15h. On peut prendre le thé dans un salon distinct.

An Teach Ban (☎ 32359, Bunbeg ; simples/doubles 29,20/45,75 €). Perché à flanc de colline au-dessous de la grand-route (après l'Allied Irish Bank quand on va vers Derrybeg), An Teach Ban surplombe toute la baie. Ses chambres sont propres et non-fumeurs.

Fernfield (☎/fax 31258, Middletown, Derrybeg ; simples/doubles 25,40/44,45 € ; avr-oct). Mrs McBride gère avec efficacité son B&B, qui comporte trois chambres non-fumeurs, avec douche.

Óstán Gweedore (☎ 31177, fax 31726, Bunbeg ; chambres 63,50-95,25 € par pers). Malgré son architecture sans charme, cet hôtel de luxe reçoit une nombreuse clientèle (on y vient de toute l'Irlande pour sa salle de réception), attirée par la beauté de la vue et la proximité de la plage.

Óstán Radharc na Mara (Seaview Hotel; ☎ 31159, fax 32238, Bunbeg ; chambres avec sdb, TV, tél 38-45 € par pers). Situé sur la grand-route, cet hôtel moderne, meublé de façon traditionnelle, possède 40 chambres spacieuses. Une délicieuse cuisine de bar vous attend au **Tábhairne Hughie Tim** entre 15h et 21h30, sinon vous pouvez dîner à la carte au **Gola Bistro** (plats 11-20 €), plus formel.

Comment s'y rendre
Feda Ódonaill (☎ 48114) relie deux fois par jour Gweedore à Letterkenny, Donegal, Sligo et Galway. Les bus partent à 7h30 et à 14h55 du lundi au samedi (également à 10h30 le ven) et à 7h30, 14h et 17h45 le dimanche. De Galway, les bus partent devant la St Nicholas Cathedral du lundi au samedi à 10h et à 16h (également à 13h30 et à 17h30 le ven) et d'Eyre Square le dimanche à 15h et à 20h.

GLENVEAGH NATIONAL PARK
Le parc national de Glenveagh (Pairc Naísúnta Ghleann Bheatha), qui s'étend sur 14 000 ha, englobe une vallée remplie de lacs que surplombent les Derryveagh Mountains.Le dernier propriétaire du Glenveagh Castle vendit les terres à l'État, avant de lui faire don du château et des jardins. Deux éléments caractérisent ce parc national : une harde de cerfs roux et de splendides rhododendrons. Un sentier vous entraîne dans le parc à travers les bois de pins d'Écosse et de chênes et vous fait découvrir une bande de tourbières , un beau point de vue à faible distance derrière le château et plusieurs lacs, dont le plus grand est le Lough Beagh. L'aigle royal a été réintroduit dans le parc.

Intelligemment construit, le **Glenveagh Visitor Centre** (☎ 074-37090, Churchill ; entrée du parc adulte/tarif réduit/famille 2,55/1,25/6,35 € ; mi-avr-sept lun-sam 10h-18h30, dim 10h-19h30, oct-début nov sam-jeu 10h-18h30 dernière admission, 1 heure 30 avant fermeture) présente une vidéo sur l'écologie du parc. Un théâtre miniature raconte aussi l'histoire d'une façon fort imaginative. Le restaurant sert des plats chauds et des en-cas. La réception vend les répulsifs indispensables contre les moucherons en été ; vous vous munirez de chaussures de marche et de vêtements imperméables. Le camping est interdit.

Glenveagh Castle
Le château (☎ 074-37090 ; adulte/enfant/ famille 2,55/1,25/6,35 €), édifié en 1870, est un modèle réduit de Balmoral en Écosse. La visite guidée vous entraîne à travers une succession de pièces dont on dirait que le propriétaire vient juste de sortir. Cer-

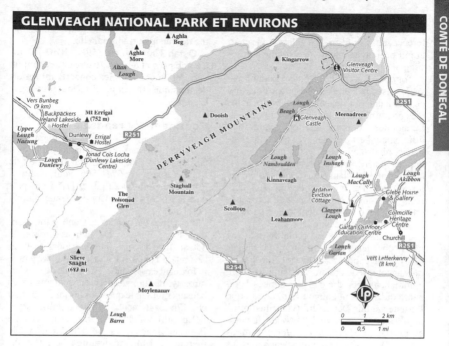

GLENVEAGH NATIONAL PARK ET ENVIRONS

taines des plus jolies, en particulier le salon de musique tapissé de tartans et la chambre d'invités destinée aux femmes, se trouvent dans la tour ronde.

Par temps sec, les jardins sont spectaculaires. La dernière visite guidée du château (mêmes horaires d'ouverture que le Glenveagh Visitor Centre) part environ 45 minutes avant l'heure de la fermeture. Des minibus gratuits font la navette entre le centre d'accueil des visiteurs et le château.

BLOODY FORELAND

Bloody Foreland (Cnoc Fola, ou cap Sanglant), doit son nom à la coloration rouge de ses rochers particulièrement manifeste au coucher du soleil. On y accède par une route déserte et superbe, idéale pour rouler à vélo.

Foreland Heights (☎ *075-31785, Bloody Foreland, Gweedore ; simples/doubles 56,70/65,50 € en haute saison ; avr-sept).* Le principal attrait de ce petit hôtel vieillot de 12 chambres tient à son emplacement au

bout du cap, d'où s'étend une vue sublime sur les falaises et l'océan.

TORY ISLAND
☎ 074 • 250 habitants

L'éloignement de Tory Island (Oileán Thóraigh), une île dépourvue d'arbres et exposée à la violence des éléments située à 11 km au nord du continent, a permis à la petite communauté qui l'habite de conserver sa culture et sa langue gaéliques. Tory ne possède qu'une unique plage de galets, mais les promenades sur ses falaises et la visite du pub ou du Social Club suffisent à justifier un séjour sur place. Il existe deux villages : West Town (An Baile Thiar), qui regroupe l'essentiel des infrastructures de l'île, et East Town (An Baile Thoir).

À voir et à faire
Saint Colmcille fonda, dit-on, un monastère sur l'île au VIᵉ siècle. Les seuls vestiges de cette époque monastique se trouvent près de West Town : une **croix en tau**, petite croix

toute simple en forme de T, sur la jetée, et une **tour ronde** de près de 16 m de circonférence, construite en gros galets ronds et en granit brut, avec une porte arrondie surélevée par rapport au sol.

Tory Island est un lieu fabuleux pour observer les **oiseaux**. Plus de 100 espèces d'oiseaux de mer habitent l'île, en particulier des colonies de puffins dans les falaises au nord-est. Le sud-ouest présente une topographie très différente : il est très plat avec quelques dangereux récifs au large. C'est là que le *Wasp*, une canonnière britannique, fut coulé en 1884, alors qu'il était chargé de venir récolter les taxes auprès des habitants de l'île. Ces derniers, qui conservent un caractère farouchement indépendant, ne paient toujours pas de taxes et continuent à élire leur "roi".

Tory Island abrite une **école de peintres naïfs**, dont les œuvres illustrant la vie sur l'île ont été exposées à travers l'Europe. Le plus accompli de ces artistes, James Dixon, commença à peindre dans les années 1960 parce qu'il pensait pouvoir faire mieux que l'artiste anglais Derek Hill (voir plus loin à la rubrique *Environs de Letterkenny* le paragraphe *Glebe House and Gallery*). Il mourut en 1970. On peut voir et acheter ses œuvres dans la Dixon Gallery près du port.

Où se loger et se restaurer

Les deux villages comptent bon nombre de B&B.

Grace Duffy's *(☎ 35136, East Town ; simples/doubles à partir de 25,40/45,70 € ; mai-oct ; dîner 11,45 €)*. Cet accueillant B&B possède trois chambres non-fumeurs, dont deux avec douche, et prépare une cuisine à base de produits biologiques.

Óstán Thóraigh *(☎ 35920, fax 35613, West Town ; simples/doubles 50/75 € ; avr-déc ; repas 6,30-15 €)*. Cet hôtel moderne de 14 chambres sert une savoureuse cuisine de pub ainsi que des repas complets.

Caife an Chreagáin *(☎ 35856, West Town ; repas moins de 7 €)*. Ce petit café propose des en-cas et des repas légers.

Où sortir

Club Soisialta Thóraigh *(Tory Social Club ; ☎ 65121, West Town)*. Ce club, l'un des centres sociaux importants de l'île, présente régulièrement des *ceilidhs* et des impromptus de musique traditionnelle.

Óstán Thóraigh *(☎ 35920, West Town)*. Ce pub permet de se détendre en prenant un verre et en écoutant les concerts informels de musique traditionnelle accueillis régulièrement.

Comment s'y rendre

Donegal Coastal Cruises (Turasmara Teo; ☎ 075-31340) assure des liaisons par bateau au départ de Bunbeg (☎ 075-31991) ou de Magheraroarty (☎ 074-35061) qui se situe à l'ouest de Gortahork (quittez la N56 en prenant la route indiquée Coastal Route/Bloody Foreland).

Les ferries qui partent de Bunbeg fonctionnent toute l'année. De juin à octobre, le bateau lève l'ancre tous les jours à 9h et revient de Tory à 10h30. De novembre à mai, la fréquence est réduite. Au départ de Magheraroarty, de juin à septembre seulement, les bateaux quittent le quai tous les jours à 11h30 et à 17h (également à 13h30 en juill-août).

En juillet-août, un ferry part aussi de Port-na-Blagh (près de Dunfanaghy) le mercredi à 14h et revient de l'île à 18h30. La traversée coûte 18,90 € aller-retour (bicyclettes gratuites), mais téléphonez au préalable, car le temps et la marée peuvent affecter les liaisons.

Comment circuler

On peut louer des bicyclettes chez Rothair ar Clós (☎ 65614) à West Town.

DUNFANAGHY ET SES ENVIRONS

☎ 074 • 290 habitants

Le coquet village de Dunfanaghy (Dún Fionnachaidh), très fréquenté durant les vacances, conserve néanmoins son charme discret. Les immenses étendues de sable quasiment désertes constituent un de ses grands attraits. Dunfanaghy constitue une bonne étape pour rayonner au nord vers Horn Head, au sud vers Letterkenny ou au nord-ouest vers Tory Island.

L'Allied Irish Bank (dépourvue de DAB) fait face au Carrig Rua Hotel. La poste, à l'autre bout de Main St, possède un bureau de change ouvert en semaine de 9h à 17h30 (fermé entre 13h et 14h).

Dunfanaghy Workhouse

Après le vote de la Poor Law (loi sur les pauvres) en 1838, des asiles de pauvres furent implantés dans toute l'Irlande pour loger et faire travailler les indigents dans des conditions délibérément très dures. Les hommes, les femmes, les enfants et les malades étaient séparés les uns des autres. Leur vie était régie de façon stricte et comportait une journée de travail harassante. L'asile de Dunfanaghy ouvrit en 1845, juste avant le début de la Grande Famine, ce qui provoqua la multiplication du nombre des résidents. Dès 1847, il était agrandi pour héberger quelque 600 personnes, soit le double du nombre prévu à l'origine.

L'asile, situé à l'ouest du centre après la poste, abrite aujourd'hui un petit **Heritage Centre** *(centre du patrimoine ;* ☎ *36540, Main St ; adulte/tarif réduit/famille 3,15/1,25/ 8,80 € ; Pâques-sept lun-sam 10h-17h, dim 12h-17h)* qui évoque l'histoire de la Grande Famine sous forme de présentations audiovisuelles.

La **Dunfanaghy Gallery** *(☎ 36224, Main St ; gratuit ; lun-sam 10h-19h)*, un peu plus loin que le centre du patrimoine, occupe un ancien hôpital et expose des objets d'art et d'artisanat.

Horn Head

Lieu de prédilection de nombreux oiseaux, le promontoire de Horn Head (Corrán Binne) offre des paysages côtiers parmi les plus spectaculaires du Donegal. Pour rejoindre le cap dont les falaises de quartz se dressent à plus de 180 m au-dessus de la mer, on peut continuer au-delà du chemin décrit dans la rubrique suivante, mais l'itinéraire est parfois périlleux. Si vous lisez l'anglais, consultez le guide *New Irish Walks: West and North,* de Tony Whilde et Patrick Simms, ou *Hill Walkers' Donegal,* de David Herman.

On peut aussi accéder à Horn Head à vélo ou en voiture depuis la sortie de Dunfanaghy en direction de Falcarragh. La route fait le tour du cap en offrant des vues fabuleuses par beau temps : les îles Tory, Inishbofin,

Inishdooey et la minuscule Inishbeg à l'ouest ; la Sheep Haven Bay et la Rosguill Peninsula à l'est ; Malin Head au nord-est ; et jusqu'aux côtes de l'Écosse.

Randonnées pédestres

On peut facilement passer une journée à se promener dans la région. Une magnifique balade consiste à prendre la direction de Tramore Beach en venant de Dunfanaghy et à suivre le chemin qui descend vers les dunes, en passant d'abord devant une ferme, puis en traversant un champ sur un sentier bien indiqué. Au pied des dunes, on débouche sur une vaste et ravissante plage : **Tramore Beach**. En tournant à droite et en longeant la plage jusqu'au bout, on peut réussir à remonter jusqu'à un sentier qui va vers le nord en direction de **Pollaguill Bay**. Arrivé là, on peut continuer jusqu'au cairn au bout de la baie et suivre la côte pour aller admirer l'incroyable **arche de marbre** de 20 m de haut taillée par la mer.

Où se loger et se restaurer

Corcreggan Mill Cottage Hostel *(☎ 36409, fax 36092, millhostel@corcreggan.com, Dunfanaghy ; tente 5,05 € par pers, dortoirs 8,80-12,60 €, chambres 11,35-13,85 € par pers).* Cette auberge IIIH de grande qualité se situe à proximité d'une vaste plage déserte, à 4 km au sud de Dunfanaghy par la route de Falcarragh (N56). Les dortoirs sont aménagés dans un ancien four bicentenaire et les chambres privées dans un ancien wagon de chemin de fer en acajou. L'auberge possède deux cuisines séparées. Les bus s'arrêtent juste devant.

Rosman House *(☎/fax 36273, Figart, Dunfanaghy ; simples/doubles 38,10/55,85 €).* Ce B&B, propre et moderne qui fait partie d'une ferme en activité dispose de six chambres non-fumeurs, toutes dotées d'une s.d.b. et d'une vue superbe. Les cartes de crédit sont acceptées.

The Whins *(☎/fax 63481, Kill, Dunfanaghy ; simples/doubles 35,55/53,30 €).* Ce charmant B&B occupe une maison entourée d'un ravissant jardin, à deux pas de la plage et d'un terrain de golf. Ses petits déjeuners sont exquis. Il accepte les cartes de crédit.

Carrig Rua Hotel *(☎ 36133, fax 36277, Main St ; chambres 45-58 € par pers).* Cet hôtel de 22 chambres a conservé son charme d'antan dans une atmosphère chaleureuse et décontractée. Sa cuisine, au **Highwayman Bar** *(plats 7,95-9,45 €)* est aussi savoureuse qu'au **Sheep Haven Room Restaurant** *(plats 12,50-18 €)*, plus formel et réputé pour ses poissons et fruits de mer.

Arnold's Hotel *(☎ 36208, fax 36352, Main St ; chambres 53,35-66,65 € par pers ; mi-mars-début nov)*. Cette grande bâtisse de 32 chambres donne sur Sheep Haven Bay. Son bistrot-restaurant sert d'excellents repas à base de produits de la mer ou autres (12-15 €), marqués par des influences française et asiatique.

The Mill *(☎/fax 36985, Figart, Dunfanaghy ; dîner 26-31 € ; mar-dim 19h-21h)*. Pour un dîner fin, allez dans ce restaurant vivement recommandé. Vous trouverez difficilement mieux. Et gardez un peu d'appétit pour le dessert ! The Mill se situe à la sortie de Dunfanaghy sur la route de Falcarragh. Réservation indispensable.

Dunfanaghy Workhouse *(☎ 36540, Main St ; à partir de 3 €)*. Pour prendre un café accompagné de délicieux scones maison, de cake aux fruits ou d'un flan, essayez ce salon de thé qui abrite aussi une petite galerie d'art.

Comment s'y rendre

Les bus Feda Ódonaill (☎ 075-48114) qui vont de Crolly à Galway s'arrêtent sur la place du lundi au samedi à 8h et à 15h25 (également à 11h le ven). Le dimanche, ils partent à 8h, 14h30 et 18h15.

Les bus Anthony McGinley's (☎ 075-48167) qui circulent entre Letterkenny et Dublin s'arrêtent 2 ou 3 fois par jour à Dunfanaghy. Le bus Dungloe-Derry de Lough Swilly's (☎ 028-7126 2017, 074-22863) s'arrête 3 fois par jour sur la place du lundi au samedi.

Letterkenny et ses environs

LETTERKENNY
☎ 074 • 7 600 habitants

Letterkenny (Leitir Ceanainn) s'est considérablement développée depuis que Derry, à 34 km au nord-est, a été coupé de son arrière-pays par la partition de l'Irlande. C'est aujourd'hui la plus grande ville du Donegal. Même si elle offre peu du point de vue touristique, c'est une étape agréable quand on va à Derry ou qu'on en vient. C'est aussi une bonne étape pour rayonner alentour, si vous jugez que Dunfanaghy au nord, ou Dungloe à l'ouest sont des agglomérations trop petites.

Orientation et renseignements

Main St, qui passe pour la plus longue rue d'Irlande, va de Dunnes Stores à la Courthouse en se subdivisant en Upper Main St et Lower Main St. Au bout d'Upper Main St, la rue fait une fourche, High Rd partant vers la gauche, tandis que Port Rd part vers la droite pour mener à la gare routière et à la route qui sort de la ville en direction de Derry et de Dublin.

Le meilleur endroit pour obtenir des renseignements touristiques et de la documentation reste l'excellent Chamber of Commerce Visitor Information Centre (☎ 24866), Port Rd, dans le centre-ville. Le centre ouvre du lundi au vendredi de 9h à 17h. L'office de tourisme du Bord Fáilte (☎ 21160), sur la route de Derry, à environ 1,5 km au nord de la ville, s'adresse aux automobilistes et n'est accessible que par la voie qui va vers le sud. Il ouvre en juillet-août du lundi au samedi de 9h à 19h et le dimanche de 10h à 14h. De septembre à juin, il ouvre du lundi au vendredi entre 9h et 17h.

Le long de Main St, vous trouverez des succursales de l'Allied Irish Bank, de la Bank of Ireland et de l'Ulster Bank, toutes équipées de DAB. La poste se situe Upper Main St, pratiquement en face du Central Bar.

On peut surfer sur Internet à l'étage inférieur du Four Lanterns (☎ 20440), un fast-food situé Lower Main St, qui facture 1,60 € les 15 minutes.

À voir et à faire

La cathédrale néogothique édifiée en 1901, **St Eunan's Cathedral**, à l'ouest du centre sur Sentry Hill Rd (prenez Church Lane qui part de Main St), détient des vitraux et des sculptures celtiques aux motifs complexes.

Le **Donegal County Museum** *(☎ 24613, High Rd; gratuit ; mar-ven 11h-12h30/13h-16h30, sam 13h-16h30)*, petit musée moderne qui se trouve sur la gauche après le centre de loisirs, présente une collection de vestiges archéologiques mis au jour dans le comté. En particulier d'intéressantes têtes en pierre de l'âge du fer et des pièces datant du début du christianisme. Le bas est consacré à des expositions temporaires et montre des photos illustrant la vie rurale au XIXe siècle en Irlande, beaucoup plus éloquentes que la version "rose" qui en est donnée à l'étage supérieur.

Des rivières et des lacs à **saumons** et à **truites** entourent Letterkenny. La Letterkenny Anglers Association est ouverte aux visiteurs. On peut s'y procurer carte de membre et permis de pêche chez **Brian McCormick's Sports & Leisure** (☎ 27833, 56 Upper Main St).

Festival

Le Letterkenny Arts Festival (☎ 27856), qui se déroule durant quatre jours fin août, est consacré à la danse et à la musique, du rock celtique au folk et au jazz, avec concours à l'affiche.

Où se loger

Port Hostel (☎ 25315, fax 24768, Port Rd ; dortoirs/chambres 9,45/11,35 € par pers, draps compris ; ouvert toute l'année). Cette auberge affiliée à l'IHO est installée dans un endroit calme entouré d'arbres. Pour y accéder, suivez jusqu'au bout la ruelle qui passe à côté de l'An Grianán Theatre.

Arch Hostel (☎ 57255, Upper Corkey, Pluck ; dortoirs 9,45 € ; juill août). Aménagée dans une ancienne écurie, cette auberge IHO, qui ne compte que six lits, se trouve à l'écart de tout à 10 km de Letterkenny par la route de Derry. Téléphonez à l'avance pour qu'on vienne vous chercher.

Covehill House (☎ 21038, Port Rd ; simples/doubles 27,70/40,30 €). Ce B&B tranquille occupe une agréable maison en retrait de Port Rd derrière l'An Grianán Theatre.

Gallagher's Hotel (☎ 22066, fax 21016, 100 Upper Main St ; chambres 31,75-38,10 €). Central, il dispose de 27 chambres attrayantes, avec s.d.b., à des prix raisonnables.

Letterkenny Court Hotel (☎ 22977, fax 22928, 29-45 Upper Main St ; simples/doubles 60/88 € petit déj compris). Cet hôtel du centre de Letterkenny, décoré avec raffinement, offre le choix entre des chambres standard ou des suites. Il possède deux bars et un restaurant.

Où se restaurer

Gallagher's Hotel (voir Où se loger ; majorité des plats 5,65-7,30 € ; 12h-15h/18h-22h). Les repas au bar du Gallagher's sont non seulement très copieux mais aussi excellents. Si vous êtes affamé, essayez l'imposant "Gallagher's Challenge".

Yellow Pepper (☎ 24133, 36 Lower Main St ; plats au dîner 7,25-15,05 € ; petit déj, déj et dîner). Ce restaurant assez chic sert d'excellents sandwiches. Son abondante carte du soir propose un bon éventail de poissons et fruits de mer ainsi que des mets végétariens.

Pat's Pizza (☎ 21761, Upper Main St ; pizzas 5-9 €). Pat's vend des pizzas à emporter, délicieuses et bon marché qu'on peut aussi déguster dans une salle dépourvue de tout ornement. Il sert aussi des kebabs et des sandwiches.

Quiet Moment (☎ 28382, Upper Main St ; repas 2,50-6,25 €). Ce salon de thé offre de savoureux et copieux petits déjeuners, des repas légers et des sandwiches-baguette, dans un cadre confortable, mais bruyant quand la radio est allumée.

Bakersville (☎ 21887, Church Lane ; moins de 4 €). Cette boulangerie proche de Main St vend de délicieux pains, scones, gâteaux et sandwiches. Elle propose quelques tables où l'on peut les déguster avec un excellent café.

Où sortir

Cottage Bar (☎ 21338, 49 Upper Main St). Les gens du pays affluent dans ce pub vert émeraude plein de caractère avec son plafond bas, sa cheminée, son bric-à-brac, son ambiance animée et ses "parties" de musique du jeudi soir.

Central Bar (☎ 24088, 58 Upper Main St). Ce pub aux murs lambrissés de bois sombre et aux cuivres rutilants est l'un des meilleurs, musicalement parlant. Il fait club le week-end dans un espace distinct.

L'**An Grianán Theatre** (☎ 20777, Port Rd) accueille à la fois des manifestations locales et de nombreux spectacles dramatiques, comiques et musicaux de grande qualité. Il abrite un bon café-bar.

Comment s'y rendre

De nombreuses compagnies de bus s'arrêtent à Letterkenny, nœud de communication pour le nord-ouest de l'Irlande. La gare routière (☎ 22863) se trouve au carrefour de Ramelton Rd et de la route de Derry.

Le bus express 32 de Bus Éireann's (☎ 21309) relie 4 fois par jour (3 fois le dim) Dublin à Letterkenny *via* Omagh et Monaghan. Le bus 64 Derry-Galway s'arrête à Letterkenny 3 fois par jour (2 fois le dim) avant de continuer sur Donegal, Bundoran, Sligo, Knock et Galway. Le bus express 52 Derry-Cork *via* Letterkenny, Sligo, Galway et Limerick, circule 2 fois par jour (1 fois le dim). Le service quotidien de Derry à Westport (bus 69) *via* Donegal, Sligo et Ballina, s'arrête également à Letterkenny.

Anthony McGinley (☎ 48167) assure 2 fois par jour (3 fois le ven) la liaison Letterkenny-Dublin. Basé à Derry, Lough Swilly (☎ 028-7126 2017, 074-22863) relie Derry à Dungloe, *via* Letterkenny et Dunfanaghy. La compagnie propose aussi une liaison directe pour Letterkenny.

Les bus John McGinley (☎ 35201) relient 2 fois par jour du dimanche au jeudi (3 fois le vendredi, 1 fois le sam) Annagry à Dublin en passant par Letterkenny et Monaghan.

Le bus Feda Ódonaill (☎ 075-48114) qui va de Crolly à Galway passe 2 fois par jour par Letterkenny puis continue sur Donegal, Bundoran, Sligo et Galway.

Du lundi au samedi, McGeehan Coaches (☎ 075-46150) assure un service entre Letterkenny et Glencolumbcille.

Comment circuler

On peut commander un taxi à O'Donnell Cabs (☎ 22444), ou se rendre à la station de taxi de Main St en face de la place. L'été, vous pouvez louer des vélos à Church Street Cycles (☎ 26204), près de la cathédrale, qui fait partie du réseau Raleigh Rent-a-Bike. Comptez 12,60/50,40 € par jour/semaine.

ENVIRONS DE LETTERKENNY
Newmills Corn and Flax Mills

Dans le village de Newmills, à 6 km au sud-ouest de Letterkenny, on peut visiter un moulin à blé et un moulin à lin remis en état et gérés par Dúchas (☎ 074-25115, Newmills ; adulte/tarif réduit/famille 2,55/1,25/6,35 € ; mi-juin-fin sept 10h-18h30, dernière visite 17h45). Le Visitor Centre explique comment le blé et le lin étaient traités. Une promenade le long de la rivière mène à la maisonnette d'un écangueur (ouvrier qui broie le lin pour séparer la matière textile de la fibre ligneuse) du XIXe siècle et à une forge de village.

Colmcille Heritage Centre

Situé au bord du Lough Gartan, ce centre (☎ 074-37306, Gartan ; adulte/tarif réduit 1,90/1,25 € ; Pâques/début mai-fin sept lun-sam 10h30-18h30, dim 13h-18h30) est consacré à l'époque et à la vie de saint Colmcille (ou Colomba), qui naquit à Gartan, à 17 km au nord-ouest de Letterkenny. Il abrite une somptueuse exposition sur la production de manuscrits enluminés.

Pour y accéder, sortez de Letterkenny par la R250 en direction de Glenties et d'Ardara. À quelques kilomètres du bourg, prenez à droite la R251 vers le village de Churchill et suivez le fléchage. Sinon, en venant de Kilmacrennan par la N56, tournez vers l'ouest et suivant les indications.

Glebe House and Gallery

La Glebe House (☎ 074-37071, Churchill ; adulte/tarif réduit/famille 2,55/1,25/6,35 € ; Pâques/ mi-mai-sept sam-jeu 11h-18h30), située au bord du Lough Gartan, était un presbytère avant de devenir un hôtel, puis d'être rachetée par l'artiste Derek Hill en 1953 pour 1 000 £IR. Né en Angleterre en 1916, Derek Hill travailla en Allemagne, voyagea en Russie. Il visita aussi l'Arménie et se prit d'intérêt pour l'art islamique.

Gérée par l'organisme du patrimoine Dúchas, la Glebe House mérite vraiment une visite pour les œuvres d'art qu'elle recèle. La visite guidée de la maison, qui dure environ 40 minutes, est passionnante. Landseer, Pasmore, Hokusai, Picasso, Augustus John, Jack B. Yeats et Kokoschka y sont exposés. La cuisine regorge de peintures de l'école naïve de Tory Island, en particulier une vue à vol d'oiseau de West Town par James Dixon (voir plus haut dans ce chapitre la rubrique *Tory Island*). L'aménagement de la cuisine reflète à merveille l'art populaire, tandis que des papiers peints originaux de William Morris ornent les murs de plusieurs chambres. Ne manquez pas les toilettes, spéciales dans leur genre. Les jardins sont merveilleux.

Nord-Est du Donegal

ROSGUILL PENINSULA

Partant de **Carrigart** (Carraig Airt), la route indiquée "Atlantic Drive" fait en 15 km le tour de la petite mais superbe péninsule de Rosguill. Carrigart possède une ravissante plage peu fréquentée, la foule ayant tendance à se cantonner près du village de pêcheurs de **Downings**, au nord, où se trouve le camping. Pour nager, la meilleure plage reste celle de **Trá na Rossan**, à proximité de l'auberge An Óige. En tout cas, il ne faut surtout pas se baigner à Boveeghter ou à Mulroy Bay, deux plages dangereuses. La vie bat son plein la nuit dans les pubs de Downings, souvent remplis de vacanciers venus du Nord qui séjournent au Casey's Caravan Park.

Où se loger

Casey's Caravan Park (☎ 074-55376, fax 55128, Downings ; tente petite/familiale 12,70/15,25 € ; avr-sept). Ce camping, situé à côté d'une plage de sable sans danger, dispose d'un espace limité pour les tentes. Il vaut donc mieux téléphoner à l'avance pour vérifier qu'il y a de la place, même si on ne peut pas réserver.

Trá na Rosann Hostel (☎ 074-55374, Downings ; adulte/enfant 10,15/7,60 € ; Pâques-sept). Ancien pavillon de chasse, cette auberge An Óige de 34 lits se trouve à l'est de la plage, à 6 km de Downings.

Mevagh House (☎ 074-55693, fax 55512, Milford Rd, Carrigart ; simples/ doubles 30,50/48,25 €). Cette maison située près de la station-service Esso en lisière du village possède de vastes chambres, propres et lumineuses. Un choix de yoghourts et de fruits vous attend au petit déjeuner.

An Crossog (☎/fax 074-55498, Downings ; simples/doubles 31,75/50,80 €). Comme Hill House, An Crossog possède quatre chambres confortables (dont trois avec douche) et loue des bicyclettes. Cartes de crédit acceptées.

Beach Hotel (☎ 074-55303, fax 55907, Downings ; chambres 33,55-38,10 € par pers ; avr-oct). Situé à Downings, près de la plage, cet hôtel tenu par une famille possède 20 chambres plaisantes, certaines avec s.d.b.

Où se restaurer

Pour se restaurer, mieux vaut se rendre à Carrigart.

North Star (☎ 54990, Carrigart ; plats 10-15 €). Ce bar animé, au décor curieusement moderne, sert une cuisine de pub savoureuse et copieuse.

Weavers Restaurant & Wine Bar (☎ 074-55204, Carrigart ; plats 8,80-13,85 € ; 18h30-21h30). Dans ce restaurant rustique, vous pourrez apprécier un dîner riche en saveurs sans trop dépenser.

Comment s'y rendre et circuler

Un bus local relie Carrigart et Downings, mais il ne présente guère d'utilité pour les visiteurs. Dans cette région, il faut vraiment disposer d'un véhicule.

FANAD HEAD PENINSULA

La péninsule de Fanad Head s'étend au nord-est de Letterkenny. Sur la rive occidentale, **Carrowkeel** (Kerrykeel sur certaines cartes) occupe un ravissant emplacement qui domine la Mulroy Bay. À proximité se dresse un fort édifié au XIXe siècle pour surveiller l'arrivée des bateaux français : le **Knockalla Fort**. Le "tombeau portail" de **Kildooney More** mérite également la visite. Les petits villages de Milford et de Rosnakill ne présentent pas d'intérêt spécial pour les visiteurs, à la différence de Portsalon qui possède une superbe plage.

Les bus Lough Swilly (☎ 028-7126 2017, 074-22863) partent de Letterkenny à 10h05 et à 18h05 pour arriver à Milford 1 heure plus tard. De Milford, il y a encore 10 minutes jusqu'à Carrowkeel et 35 minutes jusqu'à Portsalon sur la côte orientale, pratique à cause du camping de Knockalla (voir plus loin *Portsalon et Fanad Head*).

La côte orientale de la péninsule présente davantage d'intérêt. Rathmelton (ou Ramelton) et Rathmullan constituent l'une et l'autre une halte tranquille. Les capacités d'hébergement étant limitées, il est conseillé de réserver.

Rathmelton
☎ 074 • 920 habitants

La première bourgade que l'on rencontre sur la côte orientale est la jolie petite ville de Rathmelton (Ráth Mealtain), au charme un peu désuet. Fondée au début du XVIIe siècle par William Stewart, elle se fait une gloire de ses belles maisons georgiennes et de ses entrepôts en pierre. Depuis que la voie de chemin de fer évite Rathmelton, et lui préfère Letterkenny, la ville a sombré dans une certaine apathie.

La National Irish Bank, sur le Mall qui longe la berge de la Lennon, possède un bureau de change mais pas de DAB. La poste se trouve Castle St, qui donne dans le Mall.

Où se loger et se restaurer. Rathmelton offre tout un choix d'hébergements et de restaurants.

Lennon Lodge Hostel *(☎ 51227, Market Square ; dortoirs 13 €).* Parmi les avantages du lieu, mentionnons les douches chaudes, le chauffage central, une cuisine, une laverie, une vaste salle commune et la TV dans chaque chambre. Sans parler des musiciens qui viennent jouer le soir dans le bar attenant, du jeudi au dimanche.

Crammond House *(☎ 51055, Market Square ; simples/doubles à partir de 29,85/ 43,20 € ; avr-oct).* Vous pouvez espérer un accueil chaleureux dans cette jolie petite maison georgienne qui donne sur une place tranquille au nord de Rathmelton.

Meadowell *(☎ 51125, Burnside Rd ; simples/doubles à partir de 29,85/43,20 € ; mars-oct).* Cette maison blanchie à la chaux se situe à deux pas de la route Letterkenny-Rathmullan et à 500 m environ du centre-ville. Elle abrite des chambres non-fumeurs bien propres.

Mirabeau Steak House *(☎/fax 51138, The Mall ; plats 7,25-13,55 €).* Installée

dans une maison georgienne en centre-ville face à la rivière, voici le restaurant le plus huppé de Rathmelton. La cuisine se veut française ; l'accent est mis sur les steaks et les produits de la mer.

Bridge Bar *(☎ 51833, Bridgend ; plats 12,35-17,65 €).* De l'autre côté de la rivière, ce vieux pub vous ravira. Il abrite un restaurant de poissons. La carte mentionne notamment de l'espadon grillé.

Comment s'y rendre. Les bus de Lough Swilly (☎ 028-7126 2017, 074-22863) relient Rathmelton à Letterkenny (25 min) 3 fois par jour du lundi au samedi.

Rathmullan
☎ 074 • 490 habitants

Comme Rathmelton, la paisible Rathmullan (Ráth Maoláin) est une bourgade qui, s'étant assoupie, n'a pris conscience que depuis peu du monde moderne ; du XVIe au XVIIIe siècle, elle fut pourtant le théâtre d'événements mouvementés.

C'est à Rathmullan qu'en 1587, Hugh O'Donnell, jeune héritier de son clan, fut embarqué de force sur un bateau pour être emprisonné à Dublin. Il s'échappa quatre ans plus tard et finit par mourir en Espagne à l'âge de trente ans après avoir vainement tenté de prendre sa revanche. En 1607, c'est encore dans le port de Rathmullan que, désespérant de vaincre les Anglais, Hugh O'Neill, comte de Tyrone, et Rory O'Donnell, comte de Tyrconnel, s'embarquèrent pour quitter l'Irlande à jamais. Cet acte décisif, connu sous le nom de "Flight of the Earls" (fuite des comtes), marqua clairement la fin de l'Irlande gaélique et des chefs de clans irlandais. Après le départ des comtes, leurs domaines furent confisqués, ce qui prépara la voie à la politique de Plantation de l'Ulster par des colons britanniques.

Où se loger et se restaurer. Rathmullan possède trois hôtels, très différents de genre et d'aspect.

Pier Hotel *(☎ 58178 chambres à partir de 19 € par pers petit déj compris).* Cet ancien relais du XIXe siècle est un hôtel très familial qui ne compte que dix chambres. Il sert de la cuisine de bar aussi bien que des repas complets à la carte et jouit d'une vue ravissante sur le lac.

Rathmullan House (☎ 58188, fax 58200 € ; chambres 69-77 € par pers). Demeure campagnarde nichée au bord du lac au milieu d'un merveilleux jardin arboré, à 2 km au nord du bourg, cet hôtel présente un caractère plus guindé. Il possède une piscine intérieure chauffée et un sauna.

Fort Royal (☎ 58100, fax 58103 ; chambres 63-83 € par pers). Situé au calme près du lac, cet hôtel sympathique dispose d'une plage et d'un terrain de golf privés. Dans chacun de ces trois hôtels, comptez autour de 30 € pour le dîner.

An Bonnan Bùi (☎ 58453 ; entrées 3,15-5,50 €, plats 9,50-16 € ; jeu-lun 18h-23h). Ce restaurant situé près du Pier Hotel propose une carte pleine d'imagination où se mélangent les influences italienne, brésilo-portugaise et moyenne-orientale.

Comment s'y rendre. Les bus Lough Swilly (☎ 028-7126 2017, 074-22863) qui viennent de Letterkenny arrivent à Rathmullan à 10h45 et à 18h45, du lundi au samedi, avant de continuer sur Milford, Carrowkeel et Portsalon (le bus du matin seulement).

Portsalon et Fanad Head

L'attrait du minuscule Portsalon (Port an tSalainn), qui fut autrefois une station balnéaire très fréquentée, tient à sa longue plage de sable dorée, labellisée "drapeau bleu", où l'on peut nager sans danger.

Knockalla Caravan & Camping Park (☎ 074-59108, Portsalon ; tente 10,15 € ; mi-mars-mi-sept). Ce camping proche de la plage de Portsalon possède une cuisine, une laverie, un magasin, une salle de jeux et une aire de jeux en plein air pour les enfants.

Il faut encore parcourir 8 km pour arriver au promontoire rocheux de Fanad Head, dont on apprécie au mieux la beauté depuis l'"Atlantic Drive". Le phare qui se dresse là surplombe le Lough Swilly.

INISHOWEN PENINSULA

La péninsule d'Inishowen (Inis Eoghain), bordée à l'est par le Lough Foyle et à l'ouest par le Lough Swilly, forme une avancée dans l'Atlantique qui s'étend jusqu'à la pointe la plus septentrionale de l'Irlande : Malin Head (cap Malin). Elle présente un paysage typique du Donegal : déchiqueté, désolé et montagneux. C'est une contrée qui recèle une foule de sites anciens, quelques merveilleuses plages et quantité d'endroits propices à l'isolement. Les offices de tourisme de Donegal, de Letterkenny et de Derry vous fourniront des brochures gratuites sur les randonnées pédestres dans la région d'Inishowen ainsi que les cartes voulues.

Zone protégée européenne, la péninsule abrite plus d'une centaine d'espèces d'oiseaux indigènes ou migrateurs.

L'itinéraire décrit ci-dessous suit la route qui part de Derry pour longer la côte du Lough Foyle jusqu'à Moville puis se dirige vers le nord-ouest pour rejoindre Malin Head, avant de redescendre sur la côte ouest jusqu'à Buncrana. Si vous venez de Donegal, vous pouvez aborder la péninsule du côté du Lough Swilly en prenant l'embranchement pour Buncrana sur la N13, qui va de Letterkenny à Derry. En venant de Derry, le premier village qu'on rencontre dans la République est Muff ; de là, un itinéraire bien fléché, l'**Inis Eoghain 100**, fait le tour de la péninsule par les routes les plus belles.

Greencastle
☎ 077 • 590 habitants

Village de pêcheurs et station balnéaire très fréquentée, Greencastle (An Cáisleán Nua), au nord de Moville, doit son nom (château vert) au château construit en 1305 par Richard de Burgo, surnommé le Comte rouge d'Ulster (Red Earl of Ulster). Le Green Castle servit de base de ravitaillement pour les armées anglaises en Écosse, ce qui lui valut d'être attaqué dans les années 1320 par les Écossais sous la conduite de Robert Bruce. Le château ayant été détruit en 1555, il n'en subsiste plus que de maigres vestiges.

L'**Inishowen Maritime Museum & Planetarium** (☎ 81363, Greencastle ; musée adulte/enfant 2,50/1,25 €, planétarium adulte/enfant 2,50/1,25 € ; juin-sept lun-sam 10h-18h, dim 12h-18h), aménagé dans un ancien poste de garde-côtes près du port, abrite d'intéressantes expositions sur la navigation et la pêche locales ainsi que sur l'Armada espagnole. Son planétarium est à la pointe de ce qui se fait en la matière.

Kealy's Seafood Bar *(☎ 81010, Greencastle ; plats 11-25 € ; jeu-dim/tlj en été 12h30-15h/19h-21h30).* Tout à côté du port, le Kealy's cache derrière sa façade modeste un restaurant de première catégorie dont les excellents poissons frais sont pêchés dans la région.

Cinq bus Lough Swilly (☎ 028-712 62017, 074-22863) s'arrêtent à Greencastle du lundi au samedi sur leur trajet Derry-Shrove.

Inishowen Head

Une route qui part sur la droite à la sortie de Greencastle mène à Shrove. Le panneau indiquant la direction d'Inishowen Head se trouve 1 km plus loin sur cette route. On peut parcourir en voiture ou à vélo une partie du chemin, mais on peut aussi marcher jusqu'au cap d'où l'on voit (par temps clair) la côte de l'Antrim jusqu'à la Giant's Causeway (Chaussée des Géants). En continuant par une marche plus rude, on accède à la plage de sable de **Kinnagoe Bay**.

Malin Head

Malin Head (Cionn Mhálanna), le cap situé à la pointe de la péninsule d'Inishowen, porte un nom familier aux oreilles de ceux qui écoutent la météo à la radio en Irlande. Le point le plus septentrional de Malin Head, et partant de l'Irlande, est la pointe rocailleuse appelée Banba's Crown (Fíorcheann Éireann, couronne de Banba). Malin Head est l'un des rares endroits d'Irlande où l'on puisse encore entendre l'été le cri du râle des genêts, une espèce menacée. Parmi les autres oiseaux remarquables, citons les craves à bec rouge, les bruants des neiges et les puffins. La tour qui se dresse sur la falaise fut édifiée en 1805 par la Marine britannique puis utilisée ensuite par la Lloyds. Les vilains baraquements en béton servaient de poste de guet à l'armée irlandaise durant la Deuxième Guerre mondiale. À l'ouest du parc de stationnement, un petit sentier mène au **Hell's Hole** (trou du diable), un gouffre où les vagues se fracassent contre les rochers. À l'est, une plus longue balade sur

le promontoire conduit à la **Wee House of Malin**, une grotte d'ermite à flanc de falaise.

Le coquet village de Plantation qu'est **Malin** (Málainn), sur la Trawbreaga Bay à 14 km au sud de Malin Head, est groupé autour d'une pelouse communale (green) triangulaire. Un circuit pédestre qui part de cette place vous entraîne aussi bien aux Knockamany Bens, une colline locale d'où la vue est saisissante, qu'à la Lagg Presbyterian Church, la plus vieille église ouverte au culte de la péninsule. Les enfants adoreront les immenses dunes de sable de Five Fingers Strand près de l'église.

Où se loger et se restaurer. Dans la région de Malin Head existent deux auberges de jeunesse IHO/IHH.

Malin Head Hostel *(☎ 077-70309, Malin Head ; dortoirs/chambres 8,80/12,60 € par pers ; toute l'année).* Propre et sympathique, cette auberge offre toutes les commodités possibles, y compris des douches chaudes gratuites. On peut même acheter à petit prix des fruits et légumes biologiques de son verger et de son jardin et profiter de séances de réflexologie et d'aromathérapie. L'auberge loue des bicyclettes ; le bus s'y arrête.

Sandrock Holiday Hostel *(☎ 077-70289, sandrockhostel@eircom.net, Port Ronan Pier, Malin Head ; dortoirs 8,80 € ; toute l'année).* Également bien tenue, cette auberge se situe au bord de l'eau, sur la côte occidentale du promontoire. Elle possède 20 chambres, est accessible aux fauteuils roulants et loue des vélos. On vient vous chercher gratuitement.

Barraicin *(☎/fax 077-70184, Malin Head ; simples/doubles à partir de 24/ 43 € ; mai-oct).* Tenu par Mrs Doyle, ce B&B sympathique et cosy se trouve près de l'unique poste de Malin Head.

Malin Hotel *(☎ 077-70645, fax 70770, Malin ; chambres 38-45 € par pers).* Ce charmant hôtel traditionnel donne sur la place du village de Malin. Son restaurant sert une cuisine savoureuse, en particulier du poisson fraîchement pêché. Des animations sont organisées le week-end.

The Cottage *(☎ 077-70257, Malin Head repas moins de 6 € ; juin-août tlj 11h-18h).* Légèrement à l'ouest de Banba's Crown, ce salon de thé à toit de chaume, qui sur-

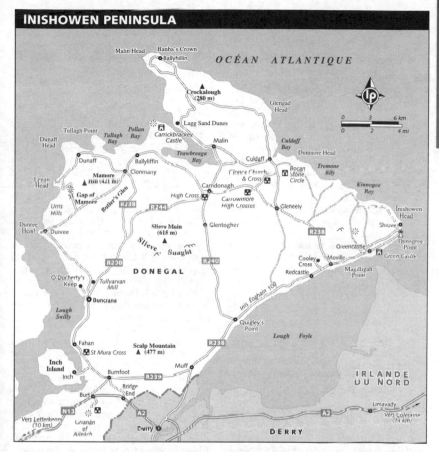

INISHOWEN PENINSULA

plombe la Ballyhillin Beach, sert de savoureux en-cas. Le vendredi soir, des musiciens y jouent de la musique traditionnelle.

Comment s'y rendre. Pour rejoindre Malin Head, mieux vaut prendre la R238/242 à partir de Carndonagh, que de remonter du côté est depuis Culdaff. Lough Swilly (☎ 028-7126 2017, 074-22863) assure un service de bus les lundi, mercredi et vendredi, qui part à 11h de Derry pour Malin Head et passe par Carndonagh. Ces mêmes jours, un bus quitte Carndonagh à 15h pour Malin Head. Le samedi, 3 bus relient Derry à Malin Head.

Ballyliffin et Clonmany
☎ 077 • 600 habitants

La petite station balnéaire de Ballyliffin (Baile Lifin) attire davantage d'Irlandais, qui viennent souvent jouer au golf sur l'un de ses deux 18 trous, que de visiteurs étrangers. Les possibilités d'hébergement sont nombreuses dans la région. L'un et l'autre villages sont dotés d'une poste, mais ne cherchez pas de banque, il n'y en a pas.

À environ 1 km au nord de Ballyliffin s'étire une ravissante étendue de sable, **Pollan Strand**, que les vagues déferlantes rendent malheureusement dangereuse pour la baignade. Une balade le long des dunes au nord de cette plage vous amènera à **Doagh Island** (île aujourd'hui rattachée à la terre ferme), où subsistent, face à l'océan, les ruines délabrées d'un château du XVIe siècle, le **Carrickbrackey Castle** (ou Carrickabraghy). Sur cette île se trouve le **Doagh Visitor Centre** (☎ 76493, *Doagh Island, Inishowen ; adulte/enfant 3,80/1,90 € ; Pâques-oct tlj 10h-17h30*), un village reconstitué avec ses chaumières et son évocation de la Grande Famine. Thé et scones sont inclus dans le prix du billet.

Sur l'autre plage, **Tullagh Strand**, on peut éventuellement nager, mais attention aux courants : il est conseillé de ne se baigner qu'à marée descendante. Le grand plaisir de cette plage reste surtout la balade. De Clonmany on peut aller à pied à **Butler's Glen** et à **Dunaff Head**.

Où se loger et se restaurer. Il existe quelques possibilités le long du littoral.

Tullagh Bay Camping & Caravan Park (☎ 78997, *Tullagh Bay place de tente 12,60 € ; mai-sept*). Situé à 5 km de Clonmany, ce camping fera le bonheur des amateurs de plage car il se trouve juste devant Tullagh Strand.

Des B&B jalonnent les 2 km de route entre Ballyliffin et Clonmany.

Ard Donn House (☎ 76156, *Ballyliffin ; simples/doubles 27,95/50,80 € ; toute l'année*). À 500 m du centre de Ballyliffin, ce B&B où l'on se sent comme chez soi possède cinq chambres avec s.d.b. Il utilise des produits biologiques de la ferme.

Ballyliffin Hotel (☎ 76101, *fax 76658, Ballyliffin ; simples/doubles 55/75 €*). Situé près de la poste, cet hôtel moderne meublé de façon traditionnelle sert une excellente cuisine dans son bar.

Strand Hotel (☎ 76017, *fax 76486, Ballyliffin ; simples/doubles 45/75 €*). Cet hôtel de 12 chambres conserve par sa taille un caractère intime et sympathique. On s'y restaure simplement entre 12h30 et 22h.

Où sortir. L'été, la musique résonne dans la plupart des pubs et des hôtels.

McFeeley's (☎ 76122, *Clonmany*). Dans ce vieux pub du centre de Clonmany, qui sert une excellente Guinness, vous pourrez écouter de la musique country et traditionnelle les soirs de week-end.

Comment s'y rendre. Les bus Lough Swilly (☎ 028-7126 2017, 074-22863) circulant entre Buncrana et Carndonagh s'arrêtent à Clonmany.

De Clonmany à Buncrana

Deux routes permettent d'aller de Clonmany à Buncrana : la belle route de la côte qui passe par le Gap of Mamore et Dunree Head, ou la route de l'intérieur, plus rapide (R238). La route du **Gap of Mamore** (262 m) plonge au milieu des collines, entre Mamore Hill et les Urris Hills, dans une vallée où elle longe la rivière Owenerk pratiquement jusqu'à Dunree.

Swilly View (☎ 76316, *Claggin, Clonmany ; chambres 19,05 € par pers ; mai-septembre*). Cette maison perdue dans la campagne à 8 km de Clonmany, près du Gap of Mamore, offre une vue magnifique sur le Lough Swilly et l'océan Atlantique.

Une halte à Dunree (An Dún Riabhach) se justifie surtout pour visiter son intéressant musée militaire installé dans le fort sur un cap rocheux balayé par les vents qui domine le Lough Swilly : le **Fort Dunree Military Museum** (☎ 074-24613, *Dunree ; adulte/enfant 2,55/1,25 € ; juin-sept lun-sam 10h-18h, dim 13h-18h*). En 1798, Wolfe Tone projeta, avec l'aide des Français, de débarquer dans le Lough Swilly pour marcher sur Derry. Devant cette menace d'invasion, les Britanniques construisirent six forts pour défendre le lough. C'est là une partie de l'histoire que raconte le musée. En contrebas du fort, on peut voir des oiseaux qui nichent dans les rochers.

Buncrana
☎ 077 • 4 000 habitants

Buncrana (Bun Cranncha) est, après Bundoran, la station balnéaire du Donegal la plus fréquentée par les vacanciers du Nord. Mais, à la différence de Bundoran elle a su développer d'autres activités que le tourisme. On y trouve ainsi deux usines de maille de *Fruit of the Loom*, même si elles ne doivent leur maintien sur place qu'aux incitations gouvernementales. Buncrana possède une plage de sable propice à la baignade qui s'étend sur 5 km en bordure du Lough Swilly, plusieurs pubs et un certain nombre d'endroits relativement intéressants à visiter.

L'Ulster Bank, Upper Main St, ainsi que l'Allied Irish Bank et la Bank of Ireland, Lower Main St, disposent de DAB et de bureaux de change. La poste se trouve Upper Main St. Il y a une laverie, Valu Clean (☎ 62570), sur Lower Main St.

À voir. Le **Tullyarvan Mill** (☎ *61613, Carndonagh Rd; gratuit ; mar-sept 10h-17h*), qui dépend de la commune, regroupe une exposition sur le textile, une boutique d'artisanat et un café à environ 1 km au nord de la ville sur la rivière Crana. L'endroit mérite la visite pour son exposition agréablement présentée évoquant la restauration des lieux, l'histoire locale, la flore et la faune. L'été, des soirées de musique classique et traditionnelle ont lieu régulièrement. Pour y accéder, sortez du bourg vers le nord par la R238 et suivez le fléchage.

À l'extrémité nord du front de mer, un pont à six arches du début du XVIIIᵉ siècle mène au **O'Docherty's Keep**, un donjon édifié en 1430 par les O'Docherty, les chefs de clan locaux. Il fut incendié par les Anglais, puis reconstruit par eux à leur usage. Le château voisin, le **Buncrana Castle**, fut construit en 1718 par John Vaughan, à qui l'on doit aussi le pont. Wolfe Tone fut emprisonné dans ce château après l'échec de l'invasion française de 1798.

Où se loger et se restaurer. Malgré l'abondance de B&B, les chambres se font rares au mois d'août.

Town Clock Guest House (☎ *62146, 6 Upper Main St chambres avec sdb 22 € par pers*). Ce B&B dispose de chambres propres et spacieuses que l'on n'est pas tenu de quitter avant 12h30, le jour du départ. Le petit déjeuner se prend dans le café, en bas, qui sert de bons repas toute la journée. À midi en semaine, il est d'ailleurs bondé d'écoliers affamés.

Lake of Shadows Hotel (☎ *61902, fax 62131, Grianán Park ; simples/doubles 48/70 €*). Cet hôtel de l'époque victorienne

allie le charme de l'ancien et le confort moderne. On y accède depuis Main St en descendant Church St en direction de la baie.

Ubiquitous (☎ *62530, 47 Upper Main St ; plats 12,50-19 €*). Le meilleur endroit pour se restaurer est cet étonnant petit bar-restaurant doté d'un jukebox. Le service est aimable, la cuisine excellente, en particulier tout ce qui vient de la mer et les plats végétariens. Quant au bar, il offre un beau choix de bières et de vins.

Où sortir. L'essentiel de la vie nocturne se concentre, sans surprise, dans les pubs qui jalonnent Main St.

Atlantic Bar (☎ *20880, Upper Main St*). Datant de 1792, l'Atlantic est le plus vieux pub de Buncrana et on peut lui faire confiance pour les musiciens qui viennent jouer le week-end.

Oflaitbeartais (*O'Flaherty's ;* ☎ *61305, Upper Main St*). Ce vaste local attire beaucoup de monde grâce à son grand écran de télévision où le sport est la vedette et à ses fréquents concerts informels de musique traditionnelle.

Comment s'y rendre et circuler. Les bus de Lough Swilly (☎ *028-7126 2017, 074-22863*) relient tous les jours Buncrana à Derry et à Carndonagh. Pour obtenir un taxi, adressez-vous à Town Clock Taxis (☎ *63322*).

Au sud de Buncrana

Grianán of Aileách. Situé à Burt, à 18 km sud de Buncrana (il est bien indiqué depuis la N13), cet impressionnant fort de pierre couronne le sommet de Grianán Hill, une colline d'où l'on jouit d'une vue panoramique sur toute la mer et la campagne alentour : les loughs Swilly et Foyle, Inch Island et au loin Derry. Les murs circulaires du fort atteignent 4 m d'épaisseur et enserrent une zone de 23 m de diamètre. Il se peut que le fort existe depuis au moins 2 000 ans, mais le site remonte, lui, à l'époque préceltique, comme en témoignent des éléments païens. Entre le Vᵉ et le XIIᵉ siècle, il fut la résidence des O'Neill avant d'être détruit par Murtogh O'Brien, le roi du Munster.

La crise du râle des genêts

Il fut un temps où, dans les campagnes irlandaises, les nuits tièdes de printemps étaient régulièrement ponctuées du cri rauque d'un mâle éperdu d'amour, une sorte de "crik, crik" sonore et monotone caractéristique du râle des genêts (*corncrake*). Par suite de la modernisation et de l'intensification des pratiques agricoles, on ne recensait plus, en 1988, que 900 mâles chanteurs dans toute l'Irlande. Au milieu des années 1990, ils n'étaient plus que 130. Aujourd'hui protégé, le râle des genêts figure en tête de liste des espèces menacées en Irlande. Il survit encore dans le nord du Donegal, le Shannon Callows, le Mayo et de petites zones de la côte occidentale.

Oiseau brun-roux vivant dissimulé sous les herbes hautes et denses, le râle des genêts hiverne au sud-est de l'Afrique et regagne l'Irlande en avril pour s'y reproduire. La femelle choisit alors un petit emplacement au sol, un peu creux et pas trop dur, au milieu des hautes herbes pour déposer ses œufs. Puis elle les couve imperturbablement…, même si les lames d'une faucheuse s'approchent de son nid. Aucun danger ne la fait fuir…, et c'est là son malheur. Son comportement immuable la rend particulièrement vulnérable.

L'Irish Wildbird Conservancy (IWC, Ligue irlandaise pour la protection des oiseaux) offre des primes aux fermiers qui acceptent de retarder la fauche jusqu'en août, après la fin de la période de nidification, ou qui fauchent l'herbe de manière à assurer "le respect des râles des genêts". Une Corncrake Hotline, qui répond 24h/24 (☎ 074-65126 dans le comté de Donegal, ☎ 096-51326 dans le comté de Mayo), a été mise en place : quiconque entend un râle des genêts est prié d'appeler cette ligne, comme vous le verrez indiqué sur la vitrine de certains magasins. Un représentant de l'IWC vient alors voir le site et en conclut si le nid a besoin ou non d'être protégé.

Ces efforts semblent avoir déjà porté leurs fruits. Ces dernières années, les ornithologues ont constaté une augmentation du nombre de mâles chanteurs. Il existe actuellement quelque 200 couples reproducteurs. C'est bien, mais on en est encore loin de voir cet oiseau retiré de la liste des espèces menacées.

Entre 1874 et 1878, un archéologue amateur de Derry l'a reconstruit. C'est donc pour l'essentiel cette reconstruction que l'on voit aujourd'hui.

La jolie **Burt Church**, église circulaire au pied de la colline, a été édifiée en 1967 par Liam McCormack, un architecte de Derry qui s'est inspiré de l'architecture du fort.

La Christchurch (XIXe siècle), à Burt, sur la N13 à environ 300 m de l'embranchement pour le fort, abrite le **Grianán of Aileách Visitor Centre** (*☎ 077-68512, Burt ; adulte/enfant 2,55/1,30 € ; juin-août tlj 10h-18h, sept-mai tlj 12h-18h*). On y voit des expositions sur le fort et sur l'histoire de l'église.

Sur place se trouve aussi un restaurant qui ne manque pas de caractère. Il reste ouvert jusqu'à 22h (21h le dim). Durant la journée, il sert des en-cas et des repas légers (6,30 à 11€). Le soir, le menu à la carte offre un large choix, avec, notamment, plusieurs plats végétariens.

Comtés de Meath et de Louth

Si vous quittez Dublin en longeant la côte vers le nord, vous traversez les comtés de Meath et de Louth avant d'atteindre la frontière avec l'Irlande du Nord. Ces terres côtières contrastent fortement avec les paysages vallonnés du sud de la capitale, s'élevant très légèrement vers l'intérieur, et la plaine de Murtheimne, célèbre dans le folklore traditionnel pour avoir servi de cadre à de nombreux épisodes de la *Táin Bó Cúailnge* (la rafle du bétail de Cooley), saga de l'âge du fer. C'est à Louth, sur la magnifique Cooley Peninsula, que se dénoua cette épopée. Nombre de sites tirent leur nom de ses héros et batailles légendaires. Meath et Louth détiennent certains des plus précieux vestiges d'Irlande, comme les tombes néolithiques de Newgrange et de Loughcrew ou les superbes abbayes de Monasterboice, Mellifont et Kells, érigées par les premiers chrétiens irlandais.

Pourtant, ne croyez pas que ces deux comtés verdoyants, essentiellement agricoles, s'accrochent à leur passé. Meath est l'un des meilleurs exemples de réussite rurale du "Tigre celtique". Traditions agricoles et modernité urbaine s'y mêlent harmonieusement pour profiter des débouchés qu'offrent le tourisme et l'industrie. Louth compte deux grands centres industriels, Dundalk et Drogheda. Une nouvelle mentalité, très respectueuse du passé mais résolument tournée vers l'avenir, gagne jusqu'aux plus petits villages.

À ne pas manquer

- Les extraordinaires sites préhistoriques de Newgrange et de Knowth
- Le labyrinthe médiéval de Trim et son château majestueux
- Hill of Tara, siège du pouvoir des hauts rois d'Irlande
- Mellifont Abbey et les croix celtiques de Monasterboice
- La Cooley Peninsula, terre de légendes
- Une douzaine d'huîtres à Carlingford, par une douce soirée d'été

Comté de Meath

Situé au nord et au nord-ouest de Dublin, Meath (An Mhí) fut longtemps l'un des plus importants comtés agricoles d'Irlande, ses plaines fertiles s'étendant jusqu'aux lacs de Cavan et de Monaghan au nord et jusqu'au morne Bog of Allen à l'ouest.

Au milieu de champs immenses se dressent les solides demeures des anciens colons, devenus de prospères agriculteurs, dont bon nombre se sont même enrichis grâce aux subventions de l'Union européenne favorisant la mise en jachère.

Bien que très étendu, Meath compte peu de grands centres urbains. Navan, Trim et Kells restent des villes moyennes tandis qu'Ashbourne, Dunshaughlin et Dunboyne, dans le sud, sont devenues des banlieues dortoirs de Dublin. Les collines de Tara et de Slane et les vestiges du passé constituent les principaux attraits de ce comté ô combien chargé d'histoire. Ne manquez pas de visiter les Butterstream

COMTÉ DE MEATH

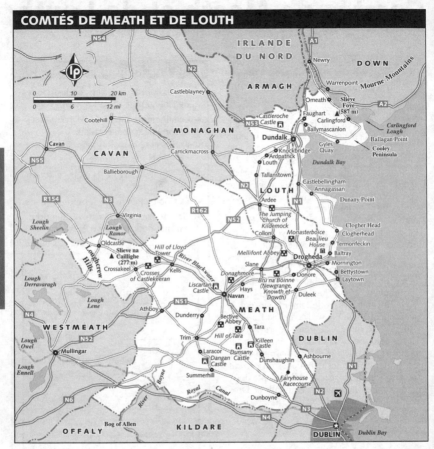

COMTÉS DE MEATH ET DE LOUTH

Gardens de Trim, jardins parmi les plus beaux d'Irlande.

HISTOIRE

Dès 8000 av. J.-C., les riches sols du Meath, datant de la dernière période glacière, attirèrent les populations. Elles remontèrent les rives de la Boyne, transformant les étendues boisées en terres arables. Brú na Bóinne, vaste nécropole préhistorique datant de 3000 environ av. J.-C., longe un coude du fleuve, entre Drogheda et Slane. On trouve un groupe de tombes à couloir plus petites dans les Loughcrew Hills, près d'Oldcastle.

Pendant 1 000 ans, jusqu'à l'arrivée de saint Patrick, au Ve siècle, Hill of Tara (colline de Tara) fut le siège du pouvoir des hauts rois d'Irlande (*ard ríthe*, prononcer **ard** ree-huh). Plus tard, Kells devint l'un des centres monastiques les plus importants et les plus créatifs du pays, donnant son nom au *Book of Kells*, manuscrit enluminé du IXe siècle exposé au Trinity College à Dublin.

LE LITTORAL

Les 10 km de côtes du comté de Meath comptent quelques petites stations balnéaires, des kilomètres de dunes et des plages sûres.

Depuis la **Maiden Watchtower** élisabéthaine de Mornington, on découvre une vue superbe sur Drogheda, 5 km à l'ouest, et sur l'estuaire de la Boyne.

À **Laytown**, petite localité animée, vous pouvez pratiquer le golf, le tennis et la planche à voile. À la mi-août, des courses hippiques sont organisées sur la plage. Le **Sonairte National Ecology Centre** (☎ *041-982 7572, The Ninch ; adulte/étudiant/ enfant 3,20/ 1,90/ 1,30 € ; lun-ven 9-17h, sam 11-17h, dim 11-18h)*, à côté de la rivière Nanny, sur la route de Julianstown (R150), accueille un jardin écologique, un sentier de découverte et des expositions sur les énergies renouvelables. Le vin biologique du domaine est en vente à la boutique.

Où se loger

Tara Guesthouse (☎*/fax 041-982 1239, front de mer, Laytown ; chambre 25,50 € par pers petit déj en supp, dîner 19 €)* surplombe la plage.

Neptune Beach (☎ *041-982 7107, fax 041-982 7412, Bettystown Beach ; à partir de 70 € par pers avec petit déj)*. Situé sur le front de mer de Bettystown, cet établissement vient d'être remis à neuf.

Où se restaurer

Bettystown compte une poignée de gargotes et de *fish and chips*, mais un seul endroit sert une cuisine digne de ce nom.

Dans la rue principale, près de la plage, le Bacchus at the Coastguard (☎ *041-982 8251, Bayview, Bettystown ; plats à partir de 11 € ; mar-sam à partir de 18h, dim 12-19h)* figure parmi les meilleurs restaurants de fruits de mer de la région. Vous pouvez dîner pour 25 € au premier service (18-19h30) ou à la carte. Réservez le week-end.

Comment s'y rendre

Bus Éireann (☎ *041-983 5023)* assure au moins 4 liaisons quotidiennes au départ de Drogheda (3/4,60 € aller/aller-retour).

La côte est desservie par la ligne Dublin-Belfast, avec 8 trains quotidiens (9 le vendredi et 4 le dimanche), l'arrêt le plus proche étant Laytown (15 minutes depuis Dublin ; 8,90/12,70 € aller/aller-retour). Pour les horaires, appelez le ☎ 01-836 6222.

BRÚ NA BÓINNE

Très peuplée pendant la préhistoire, la Boyne Valley, ou vallée de la Boyne, abrite la nécropole de Brú na Bóinne (palais de la Boyne), composée de plusieurs sites, dont les trois principaux sont Newgrange, Knowth et Dowth. Jusqu'à la construction des châteaux anglo-normands, ces édifices étaient les plus imposants de toute l'Irlande. Au fil des siècles, ils se sont délabrés, envahis par la végétation et victimes des pillards, depuis les Vikings jusqu'aux chasseurs de trésors victoriens, dont les initiales restent gravées sur les grandes pierres de Newgrange. Les environs sont parsemés de tertres (tumuli) et de pierres dressées.

La seule façon de visiter l'ensemble du site et ses trois principales tombes à couloir (dont seules Newgrange et Knowth sont accessibles) est le circuit proposé par le **Brú na Bóinne Visitor Centre** (☎ *041-988 0300, www.heritageireland.ie, Donore ; adulte/senior/étudiant 2,50/1,90/1,25 € avec visite guidée ; juin-mi-sept tlj 9-19h, mi-fin sept tlj 9-17h45, oct et mars-avr tlj 9h30-17h30, nov/fév 9h30-17h),* situé au sud de la Boyne, à 2 km à l'ouest de Donore. Lors de son ouverture dans les années 1990, ce centre documentaire fut vivement critiqué, certains considérant qu'il détonnait dans ce site incomparable. Il s'agit d'un endroit exceptionnel qui propose des expositions interactives passionnantes sur les tombes à couloir et l'Irlande de la préhistoire en général.

Cet ensemble remarquable mérite qu'on lui consacre du temps (au moins une demi-journée pour les trois sites). L'été, surtout le week-end et les vacances scolaires, les visiteurs affluent. Pour éviter toute déception et être sûrs de pouvoir visiter l'une des tombes à couloir, nous vous conseillons de réserver, de préférence en milieu de semaine et/ou en début de matinée.

Newgrange

Newgrange *(adulte/senior/étudiant/famille 5,10/3,80/2,55/12,75 € pour le centre et Newgrange, 8,90/6,40/4,20/22,30 € pour le centre, Newgrange et Knowth)* est un immense tumulus herbeux aplati, d'environ 80 m de diamètre et 13 m de hauteur, construit vers 3200 av. J.-C. Il cache la plus belle tombe à couloir de l'âge de pierre irlandais et l'un des sites préhistoriques les plus remarquables d'Europe. Sa vocation demeure incertaine : lieu de sépulture royale ou de cérémonies rituelles, son alignement avec le soleil lors du solstice d'hiver peut laisser supposer qu'il servit aussi de calendrier.

Son nom signifierait "nouveau grenier" – la tombe a un temps servi à entreposer du blé ou des céréales –, bien que la croyance populaire préfère y voir la "grotte de Gráinne", en référence à un mythe celtique qui raconte les amours interdites de Gráinne, la femme de Fionn McCumhaill (ou Finn McCool), chef de la Fianna, avec l'un de ses plus fidèles lieutenants, Diarmuid. Mortellement blessé, ce dernier fut transporté à Newgrange par le dieu Aengus qui tentait de le sauver. Gráinne le suivit dans la grotte et y demeura, désespérée, longtemps après sa mort. Cette légende arthurienne (remplacez Diarmuid et Gráinne par Lancelot et Guenièvre) reste néanmoins d'une authenticité douteuse. Selon la mythologie celtique, c'est aussi à Newgrange qu'aurait été conçu le héros Cúchulainn.

Tout comme Dowth et Knowth, Newgrange s'est dégradé au fil des siècles, le site ayant même servi de carrière. Jusqu'au XVIIe siècle, une pierre dressée s'élevait au sommet. En 1962 et 1975, il fit l'objet d'une grande restauration.

Une grosse dalle superbement gravée, à double et triple spirale, garde l'entrée de la tombe. Au-dessus de l'entrée, un orifice laisse pénétrer la lumière. Une autre dalle magnifiquement décorée se trouve de l'autre côté du cairn. Selon certains spécialistes, un cercle de pierres dressées entourait le tumulus, formant un grand anneau de quelque 100 m de diamètre. Douze pierres seulement sont arrivées jusqu'à nous, d'autres traces ayant été relevées sous le niveau du sol.

Les 97 dalles du parement circulaire maintiennent la structure, empêchant le tumulus de se désagréger. Parmi elles, 11 présentent des motifs similaires à ceux de l'entrée principale, mais 3 seulement sont largement gravées.

Les pierres provenaient à l'origine de Wicklow, à 80 km au sud, pour le quartz blanc, et des Mourne Mountains d'Irlande du Nord pour le granit. Le tumulus est constitué de quelque 200 000 tonnes de terre et de pierres.

Vous pouvez emprunter l'étroit passage long de 19 m et bordé de 43 pierres dressées – pour certaines gravées –, qui mène à la chambre funéraire, à un tiers environ vers l'intérieur du cairn colossal. La chambre compte trois niches, chacune renfermant de grandes pierres creusées ou bassins contenant les os incinérés des défunts. Sans doute étaient-ils entourés d'offrandes funéraires, de perles et de pendentifs, volés avant l'arrivée des archéologues.

Au-dessus, des dalles soutiennent une voûte en forme de coupole qui s'élève à 6 m de hauteur. Grâce à un système complexe d'évacuation, pas une goutte d'eau n'y a pénétré depuis 40 siècles.

Pendant le solstice d'hiver (du 19 au 23 décembre), à 8h20, un rayon de lumière filtre par la fente située au-dessus de l'entrée et avance lentement dans le couloir, illuminant pendant 17 minutes la chambre funéraire. C'est une expérience inoubliable, parmi les plus mystiques à vivre dans ce pays. Sachez cependant que les entrées sont réservées pour les 15 années à venir et que la liste d'attente est close. À défaut, lors de chaque visite guidée, le flot des visiteurs peut assister à une simulation de ce phénomène hivernal.

Knowth

Le **tumulus funéraire de Knowth** (*Cnóbha ; adulte/étudiant/enfant/famille 3,80/2,55/ 1,60/9,55 € pour le centre et Knowth, 8,90/6,40/4,20/22,30 € pour le centre, Knowth et Newgrange ; mêmes horaires que Newgrange, mai-oct seulement*), au nordouest de Newgrange, édifié à la même époque, semblait destiné à surpasser son célèbre voisin, vu l'étendue et la valeur des découvertes faites sur place. On y dénombre la plus belle série de tombes à couloir d'Europe occidentale. L'excavation se poursuit et l'accès à l'intérieur reste interdit.

C'est en 1962 que des fouilles modernes – les premières à Knowth – permirent de mettre au jour un couloir de 34 m, bien plus long que celui de Newgrange, menant à une chambre centrale. En 1968, un second passage de 40 m fut découvert de l'autre côté du tumulus. D'un côté du tumulus, les restes de six souterrains remontant aux premiers chrétiens ont également été dégagés. Quelque 300 dalles sculptées et 17 tombes satellites entourent le cairn principal.

Knowth connut une activité humaine des milliers d'années après sa construction, d'où la complexité du site. Le *Beaker folk* (peuple de la coupe), ainsi appelé parce qu'il enterrait ses morts avec des vaisseaux, occupa le site à l'âge du bronze (vers 1800 av. J.-C.), avant l'arrivée des Celtes à l'âge du fer (vers 500 av. J.-C.). On y a découvert des restes d'objets travaillés en bronze et en fer. Entre 800 et 900 environ, le site devint un *ráth* (fort circulaire en terre), place forte du très puissant clan Uí Néill (O'Neill). En 965, Cormac MacMaelmithic qui allait devenir haut roi d'Irlande durant neuf ans, s'y installa. Au XIIᵉ siècle, les Normands y construisirent un mur d'enceinte et des douves. Finalement, vers 1400, le site fut abandonné. Les fouilles devraient se poursuivre pendant au moins dix ans.

Les excavations et les constructions plus tardives ayant fragilisé la structure, il est très difficile d'emprunter le passage intérieur. Les visites guidées, exclusivement organisées par le Brú na Bóinne Visitor Centre (voir plus haut), se bornent à l'extérieur.

Dowth

Le cairn de Dowth (ou Dubhadh, qui signifie "sombre") proche par sa taille (environ 63 m de diamètre) de celui de Newgrange, est légèrement plus élevé (14 m). Victime des cantonniers, des pilleurs de tombes et d'autres archéologues amateurs, le centre du tumulus fut proprement vidé au XIXᵉ siècle. Pendant un temps, un affreux petit salon de thé s'installa même au sommet. Relativement peu exploité par les archéologues modernes, Dowth ressemble à ce que furent pendant des siècles Newgrange et Knowth. Peu sûr, le site est fermé aux visiteurs, mais on aperçoit le cairn depuis la route. Les fouilles lancées en 1998 vont se poursuivre ces prochaines années.

Au nord du tumulus, on remarque les ruines de **Dowth Castle** et celles de **Dowth House**, datant du XVIIIᵉ siècle.

Où se loger

La région compte deux très agréables B&B. **Glebe House** (☎ 983 6101, fax 984 3469, Dowth ; chambres 38 € par pers). Cette vieille demeure rurale à proximité du cairn de Dowth, 7 km à l'ouest de Drogheda, propose de superbes chambres avec de vraies cheminées. Le prix inclut un copieux petit déjeuner.

Mattock House (☎/fax 982 4592, vers la N51, Newgrange ; simples/doubles avec sdb 32,50/49 €). Cette ferme typique, à quelque 2 km à l'est de Slane, près du tumulus de Newgrange et de Brú na Bóinne, offre de grandes chambres confortables.

Circuits organisés

Brú na Bóinne est l'un des centres d'intérêt les plus visités d'Irlande, et les circuits organisés ne manquent pas.

Le meilleur itinéraire est à notre avis celui proposé par Mary Gibbons (☎ 01-283 9973) au départ de Dublin : il visite toute la Boyne Valley, notamment Newgrange et Hill of Tara (voir plus loin). Eamonn P. Kelly, conservateur des antiquités irlandaises au National Museum de Dublin, le décrit comme "le circuit authentique de l'Irlande historique". Des guides érudits vous dévoileront le monde fascinant de l'Irlande celtique et préceltique. Le départ a lieu à 10h45 du Dublin Tourism Centre, Suffolk St (voyez la rubrique *Offices de Tourisme* dans le chapitre *Dublin*), et le retour s'effectue à 17h30 du lundi au mercredi, 18h le vendredi. Il vous en coûtera 28 €, droit d'entrée compris.

Le circuit Newgrange et Boyne Valley de Bus Éireann (☎ 01-836 6111, www.buscireann.ie) part à 10h de Busáras, à Dublin, pour un retour à 17h45, tous les jours sauf le vendredi de mai à septembre, le jeudi et le samedi uniquement en avril (adulte/étudiant/enfant 26/23/13 €) ou à 10h pour un retour à 16h15 le jeudi et le samedi uniquement, d'octobre à décembre (adulte/étudiant/enfant 20,50/18/10,50 €).

Tir na nÓg Tours (☎ 0800 783 6416, www.tirnanogtours.com) propose un circuit du Meath comprenant la Boyne Valley, Monasterboice, Trim Castle et Hill of Tara. Départ à 9h tous les jours des bureaux de Tir na nÓg, 57 Lower Gardiner St, et à 9h30 du Dublin Tourism Centre, Suffolk St. Le circuit d'une journée adulte/étudiant/enfant coûte 26/23/13 €.

Comment s'y rendre

Newgrange, Knowth et Dowth sont bien signalisés. Newgrange se situe juste au nord de la Boyne, 13 km au sud-ouest de Drogheda et 5 km au sud-est de Slane. Vous trouverez Dowth entre Newgrange et Drogheda et Knowth à environ 1 km au nord-ouest de Newgrange, soit près de 4 km par la route.

Depuis Drogheda, Bus Éireann assure 6 liaisons quotidiennes entre 10h15 et 16h (1,45 € l'aller, 20 min). L'arrêt se fait devant le centre documentaire, d'où des bus vous emmènent vers les sites. Depuis Dublin, l'arrêt le plus proche est Slane (aller/aller-retour 7,40/10,80 €, 45 min, 5 bus par jour, 6 le vendredi).

DE SLANE À NAVAN

Les 14 km de la N51, qui quitte Slane en direction du sud-ouest et de Navan pour suivre la Boyne Valley, sont jalonnés de manoirs, de châteaux en ruine, de tours rondes et d'églises, dont l'intérêt reste cependant limité par rapport aux grands sites du comté.

Dunmoe Castle se trouve au bout d'un cul-de-sac mal signalisé, 4 km avant d'arriver à Navan, vers le sud. Ce château de la famille d'Arcy, aujourd'hui en ruine, date du XVIe siècle et offre une belle vue sur la campagne et l'imposante **Ardmulchan House** de brique rouge (fermée au public), sur l'autre rive de la Boyne. Cromwell aurait tiré sur le château depuis le rivage, en 1649, et on raconte ici qu'un tunnel partant des souterrains du château traverserait le fleuve. Noin loin du château, on découvre au milieu de la végétation une chapelle et un cimetière, avec une crypte abritant certains membres de la famille d'Arcy. Bien que délabrée, Ardmulchan House sert toujours de résidence privée.

Sur la droite, 2 km avant Navan, ne manquez pas la belle tour ronde haute de 30 m ni l'église de **Donaghmore**, du XIIIe siècle. Le lieu est envahi de tombes modernes, mais la tour du Xe siècle, avec sa porte surmontée d'une scène de crucifixion, présente un grand

intérêt, de même que les visages sculptés des fenêtres et ce qui reste des murs de l'église.

NAVAN
☎ 046 • 3 447 habitants

La ville de Navan (An Uaimh), au confluent de la Boyne et de la Blackwater, est malheureusement défigurée par la N3 Dublin-Cavan et la N51 Drogheda-Westmeath, qui passent entre la ville et le rivage. Navan a vu naître sir Francis Beaufort, de la British Navy, qui créa en 1805 l'échelle internationale servant à mesurer la force du vent. La ville compte une fabrique de tapis, et la plus grande mine de plomb et de zinc d'Europe, Tara, se trouve à 3 km, sur la route de Kells. À dire vrai, Navan n'offre rien de bien exceptionnel.

Orientation et renseignements

Market Square, d'où partent Ludlow St, Watergate St et Trimgate St vers les anciennes portes d'enceinte, constitue le cœur de la ville.

L'office de tourisme (☎ 21581), Railway St, est installé dans la bibliothèque municipale, à environ 500 m au sud-ouest de Market Square. Il ouvre de 9h30 à 12h30 et de 13h30 à 17h du lundi au samedi.

Le parking de la mairie, au bout de Watergate St, vers l'est, présente un plan et un point d'information.

La poste se situe après la grande galerie marchande de Kennedy Rd, perpendiculaire à Trimgate St ; une agence de l'Allied Irish Bank (avec un distributeur) occupe l'angle de ces deux rues. La Bizzy Laundry se trouve dans Brews Hill, prolongement de Trimgate St. La très bonne librairie Hi Way (☎ 21910) de Brews Hill propose un large choix d'ouvrages sur l'histoire et le folklore régionaux.

Où se loger

Navan compte plusieurs B&B de qualité. **Athumley Manor** *(☎/fax 71388, pboylan@eircome.net, Athumley, Duleek road R153 ; simples/doubles 32,50/49 €)*. Cette grande maison confortable offre de belles chambres décorées avec goût. C'est de loin le meilleur établissement.

Killyon House *(☎ 71224, fax 72766, Dublin road ; simples/doubles 38/63,50 €)*. Bien que moderne, ce B&B possède un grand charme, avec ses objets anciens et sa décoration raffinée.

Où se restaurer

The Loft *(☎ 71755, 26 Trimgate St ; plats à partir de 10 €, lun-sam 18h-23h, 0h30 dim).* L'une des meilleures adresses, en face de la O'Flaherty's, avec "musique, art et cuisine funky" garantis tous les soirs. Un service spécial à 12 € est assuré avant 19h.

The Station House *(☎ 25239, Kilmessan ; dîner 28 € env).* L'un des restaurants les plus réputés de la région, à juste titre.

Ryan's Pub *(☎ 21154, 22 Trimgate St, à partir de 3 €).* Vieil établissement plein de charme, où vous pouvez manger les spécialités classiques des pubs, comme le pain noir accompagné de saumon.

Chekhov's Coffee Shop *(☎ 74422, 17 Trimgate St, à partir de 4 €).* La référence russe nous a échappé, mais l'endroit est merveilleusement chaleureux.

Où sortir

Le **O'Flaherty's** *(☎ 22810, angle Railway St et Brews Hill)* est un pub moderne confortable et très couru.

The Lantern *(☎ 23535, 32 Watergate St)* réserve la soirée du mercredi à la musique irlandaise.

Les seuls boîtes de nuit de la ville sont celles des hôtels, ce qui ne plaide guère en leur faveur.

Oisin's *(☎ 23119, Ardboyne Hotel, Dublin road).* Le night-club plutôt moche de l'Ardboyne Hotel.

Solar *(☎ 73732, Newgrange Hotel, Bridge St).* Sur les airs du hit-parade, la piste ne désemplit pas.

Comment s'y rendre

Les horaires et les destinations des bus sont affichés aux arrêts situés devant Mercy Convent, Railway St, et à Market Square. Vous pouvez aussi appeler Bus Éireann (☎ 01-836 6111) à Dublin. Les bus de/vers Dublin passent environ toutes les heures (8,70/10,80 € aller/aller-retour, 45 min). Ils empruntent la route Dublin-Cavan-Donegal, qui dessert également Kells (de Navan : 3/4,60 €, 15 min). Navan est aussi sur le trajet Dundalk-

Galway, desservi par un bus quotidien (3,75/5,60 €, 35 min) ; il s'arrête également à Drogheda. Comptez 1 heure 15 (7,90/12,10 €) pour rallier Navan à Dundalk et 3 heures 15 jusqu'à Galway (15,25/22,90 €).

Comment circuler

Pour un taxi, vous pouvez appeler Navan Cabs (☎ 23053) ou vous rendre aux stations situées Market Square et devant le centre commercial de Kennedy Rd. Clarke's Sports (☎ 21130), derrière le marché couvert, 39 Trimgate St, est le représentant local de Raleigh Rent-a-Bike (12,70 €/jour, plus une caution de 63,50 €) Mieux vaut négocier un tarif à la semaine.

ENVIRONS DE NAVAN

Les environs offrent quelques belles **excursions**, notamment sur le chemin de halage qui longe l'ancien canal de la Boyne, en direction de Slane et de Drogheda. Par la rive sud, vous atteignez facilement, à près de 7 km, Stackallen et le pont sur la Boyne, après Ardmulchan House et, sur l'autre rive, les ruines de Dunmoe Castle (pour en savoir plus, voir plus haut *De Slane à Navan*). Continuer vers Slane au-delà du pont n'est guère commode car la route, assez mauvaise, bifurque par endroits en direction de la rive opposée sans qu'aucun pont ne permette de passer.

Juste à l'ouest de la ville, **Motte of Navan**, est une butte fortifiée couverte de broussailles dont on dit qu'elle abriterait la sépulture d'Odhbha, femme d'un prince celtique qui l'avait abandonnée pour Tea (prononcer **tay**-ah), laquelle donna son nom à Tara. Ayant suivi son mari jusqu'à Navan, Odhbha mourut, le cœur brisé. En réalité, ce tertre haut de 16 m résulte probablement d'un dépôt naturel de graviers remontant à la période glaciaire, qui fut transformé par les Normands en *motte and bailey*.

Deux kilomètres au sud-est de la ville se dressent les vestiges de l'imposant **Athlumney Castle**, construit au XVIᵉ siècle par la famille Dowdall et quelque peu modifié un siècle plus tard. Il est relativement intact, bien qu'il fut incendié en 1690 par sir Lancelot Dowdall après la défaite du roi Jacques II à la bataille de la Boyne. Dowdall avait juré que le vainqueur, Guillaume d'Orange, ne s'abriterait jamais dans sa demeure ni ne la confisquerait. Il assista à l'incendie depuis la rive opposée, avant de partir pour la France, puis l'Italie. En pénétrant sur la propriété, dirigez-vous vers Loreto Convent, sur la droite, pour demander les clés du château. La cour du couvent abrite une **motte**, sur laquelle se dressait autrefois une tour en bois, ou *bailey*.

Près de la route de Kells (N3), à 5 km au nord-ouest de Navan, on découvre les ruines d'un vaste château ayant appartenu à la famille Talbot, **Liscartan Castle**, formé de deux tours carrées du XVe siècle, reliées par une vaste salle.

TARA

Le site de **Hill of Tara** (Teamhair, ou colline de Tara) occupe depuis des millénaires une place de choix dans la tradition et le folklore irlandais, même si l'on ignore quand exactement les premiers habitants s'installèrent sur cette colline en pente douce qui domine les plaines du Meath. L'un des nombreux tumulus s'est révélé être une tombe à couloir datant de l'âge de pierre, environ 2500 av. J.-C., et il ne fait guère de doute qu'à l'âge du bronze, des personnalités de haut rang y furent enterrées.

La signification païenne de Tara semble s'expliquer par le lien qui l'unit à la déesse Maeve (ou Medbh) et aux pouvoirs mythiques des druides ou des chefs religieux qui régnaient depuis ce lieu sur une partie du pays. Vers le IIIe siècle, Tara devint le siège des plus puissants seigneurs d'Irlande (dont le plus important fut Cormac Mac Artl), résidence solennelle du roi et de sa cour. Si les rois de Tara dépassèrent en puissance tous les autres, jamais leur empire ne s'étendit à toute l'Irlande, car d'innombrables *rí tuaithe* (roitelets) contrôlaient autant de petites régions. Chez les Celtes, les titres de noblesse n'ayant pas de caractère héréditaire, il était fréquent que le titre de roi se joue sur le champ de bataille.

Les vestiges de Tara ne sont guère spectaculaires : monticules et dépressions délimitent dans l'herbe l'emplacement du fort principal et des forts circulaires qui l'en-

touraient à l'âge du fer. Tara n'en demeure pas moins un lieu évocateur et émouvant.

Haut lieu de l'influence politique irlandaise et du paganisme, Tara suscita l'intérêt des premiers chrétiens. Une grande *feis* (fête) païenne devait y être célébrée aux environs de la Toussaint. C'est ici – ou à Hill of Slane – qu'au Ve siècle, saint Patrick se serait servi du trèfle à trois feuilles pour expliquer la Trinité chrétienne au roi Laoghaire. D'où l'adoption du trèfle comme emblème national.

Après le VIe siècle, avec l'essor du christianisme et le déclin de ce haut lieu païen, les hauts rois commencèrent à déserter Tara. Cependant, les rois de Leinster y demeurèrent jusqu'au XIe siècle.

En août 1843, Tara accueillit une foule de 750 000 personnes. Daniel O'Connell, le "Libérateur", chef de file des opposants à l'union avec la Grande-Bretagne, avait en effet décidé d'y organiser l'un de ses énormes rassemblements.

Tara Visitor Centre

L'ancienne église protestante (dont un vitrail est signé Evie Hone, célèbre artiste) abrite le **Tara Visitor Centre** (☎ *046-25903, Navan ; adulte/étudiant et enfant 1,90/0,75 €, mi-juin/mi-sept 9h30-18h30, mai/mi-juin et mi-sept/oct 10h-17h, fermeture de la caisse 45 min avant*), qui propose un document audiovisuel sur le site (20 min) intitulé *Tara: Meeting Place of Heroes*. En été, ne ratez pas la visite guidée qui, par de multiples anecdotes, redonne vie à ces cairns et à ces reliques. Il existe des possibilités de circuits organisés (reportez-vous plus loin au paragraphe *Circuits organisés*).

Ráth of the Synods

Les noms désignant les différents mamelons et buttes de Tara proviennent de textes anciens qui mêlent mythologie, religion et faits historiques. L'église et le cimetière protestants empiètent sur les vestiges du Ráth of the Synods, un fort constitué de trois enceintes circulaires où saint Patrick aurait tenu l'une de ses premières assemblées ou synodes. Les fouilles réalisées portent à croire que cette enceinte fut utilisée entre 200 et 400 pour célébrer des funérailles, certains rites et servir de lieu d'habitation. À l'origine, ce fort circulaire devait entourer des maisons protégées par des palissades en bois.

En 1810, lors d'une campagne de fouilles dans le cimetière, un jeune garçon trouva une paire de torques en or (colliers de fils d'or torsadés), désormais exposés à Dublin, au National Museum. Plus tard, on découvrit avec surprise des morceaux de verre, de poteries et des sceaux romains qui démontraient l'existence de liens avec l'Empire romain, même si les Romains n'exercèrent jamais leur domination sur l'Irlande.

Royal Enclosure

Au sud de l'église, ce Ráth na Ríogh est un imposant fort ovale de l'âge du fer, de 315 m de diamètre, entouré d'un talus et de douves taillées dans la roche, sous terre. Cet enclos renferme d'autres vestiges de moindre importance.

Mound of the Hostages. Ce tumulus (Dumha na nGiall, ou tertre des otages), à l'angle nord de l'enceinte, est l'élément le plus ancien connu à ce jour et le vestige le plus frappant du site de Tara. Prétendument utilisé comme prison pour les captifs du roi Cormac MacArt, au IIIe siècle, il s'agit en fait d'une petite tombe à couloir de l'âge de pierre, datée de 1800 av. J.-C. environ et qui fut ensuite utilisée par les habitants des lieux à l'âge du bronze. Elle renferme certaines pierres gravées mais demeure fermée au public.

On y a découvert un véritable trésor, notamment des boules d'ambre de Méditerranée et de la faïence (terre vernissée). Plus de 35 sépultures de l'âge du bronze ont été mises au jour, ainsi que de très nombreux restes incinérés de l'âge de pierre.

Cormac's House et Royal Seat. Cormac's House (Teach Cormaic) et Royal Seat (Forradh) sont deux des vestiges découverts dans l'enceinte. Bien que d'aspect semblable, Royal Seat est un fort circulaire occupé au centre par un lieu d'habitation, tandis que Cormac's House est un tumulus ou cairn funéraire situé sur un côté du talus circulaire. Cormac's House offre un point de vue exceptionnel sur les vallées environnantes de la Boyne et de la Blackwater.

Au sommet de Cormac's House se dresse la **Stone of Destiny** (Lia Fáil, ou pierre du destin). Située à l'origine près du Mound of the Hostages, elle représente l'union des dieux de la terre et des cieux. Il s'agirait de la pierre sur laquelle étaient couronnés les rois de Tara. Le futur souverain se tenait au sommet et si la pierre grondait trois fois, il était fait roi. À côté se trouve la sépulture commune de 37 hommes, tués à Tara lors d'une escarmouche pendant la révolte de 1798.

Enclosure of King Laoghaire

Au sud du Royal Enclosure se trouve cet enclos du roi Laoghaire (Ráth Laoghaire), grand fort circulaire très abîmé où serait enterré debout, en armure, ce souverain contemporain de saint Patrick.

Banquet Hall

Au nord du cimetière, on découvre le lieu le plus inhabituel de Tara, la salle de banquet ou Teach Miodhchuarta (chambre d'élaboration de l'hydromel, boisson fermentée à base de miel, très appréciée à l'époque). Cet ouvrage de terre rectangulaire, de 230 m sur 27 m, suit un axe nord-sud. Selon la tradition, il devait accueillir des milliers d'invités lors des festins. Ces renseignements proviennent essentiellement du *Book of Leinster* et du *Yellow Book of Lecan* (XIIe siècle) dans lequel figurent des illustrations.

Quant à la véritable fonction du lieu, les opinions divergent. D'après son orientation, il pouvait s'agir d'une entrée souterraine vers Tara, menant directement au Royal Enclosure. Des recherches plus récentes ont mis au jour des tombes et il est fort possible que les talus signalent les sépultures de certains rois de Tara.

Gráinne's Fort

Gráinne's Fort (Ráth Gráinne) et les fossés pentus nord et sud de Sloping Trenches (Claoin Fhearta), vers le nord-ouest, sont des tumulus funéraires. Gráinne était la propre fille du roi Cormac, fiancée à Fionn McCumhaill (Finn McCool) mais qui s'enfuit avec Diarmuid ÓDuibhne, l'un des guerriers du roi, le soir même de ses noces. L'histoire est évoquée dans l'épopée *The Pursuit of Diarmuid and Gráinne* (pour en savoir plus sur cette légende, reportez-vous plus haut au paragraphe *Newgrange*).

Circuits organisés

Mary Gibbons Tours (☎ 01-283 9973) propose un excellent circuit de la vallée de la Boyne, qui englobe Hill of Tara et Brú na Bóinne. Il part du Dublin Tourisme Centre, Suffolk St (départs lun-mer et ven à 10h45 retour à 17h30 ou 18h ; 28 €).

Les circuits de Bus Éireann (☎ 01-836 6111), à destination de Newgrange et de la vallée de la Boyne, incluent parfois la visite de Tara. Contactez-les pour plus d'informations.

Comment s'y rendre

Tara se trouve à 10 km au sud-est de Navan, juste derrière la N3 Dublin-Cavan. Les bus de la ligne Dublin-Navan passent à moins de 1 km du site. Il y en a presque toutes les heures du lundi au samedi et 4 le dimanche (7,40 € aller simple, 40 min). Demandez au chauffeur de vous déposer près de Tara Cross, puis suivez les panneaux.

ENVIRONS DE TARA

À 5 km au sud de Tara, sur la route Dunshaughlin-Kilmessan, **Dunsany Castle** (*☎ 046-25198, Dunsany ; 6,35 € rez-de-chaussée, 10,20 € rez-de-chaussée et chambres à l'étage ; mai-août et oct-nov lun-ven 9h-13h ; sur demande le week-end*) était la résidence des seigneurs de Dunsany, autrefois propriétaires des terres entourant Trim Castle et apparentés à la famille Plunkett, dont le représentant le plus célèbre, saint Oliver, fut exécuté. Sa tête est conservée dans une église de Drogheda (lire plus loin dans la rubrique *Drogheda* l'encadré *La tête errante*).

Cette demeure abrite une importante collection d'art et de nombreuses pièces de valeur évoquant des personnages marquants de l'histoire irlandaise, comme Oliver Plunkett ou Patrick Sarsfield, chef des forces jacobites irlandaises lors du siège de Limerick, en 1691. À l'étage, certaines chambres restaurées se visitent (moyennant un supplément). Les travaux d'entretien et de restauration sont permanents (le château remonte à 1180), et les pièces ouvertes aux visiteurs varient selon les périodes.

À environ 1,5 km au nord-est de Dunsany s'élève **Killeen Castle** *(fermé au public)*, un château en ruine appartenant à une autre branche de la famille Plunkett. La demeure fut construite en 1801 autour d'un château édifié par Hugh de Lacy, seigneur du comté de Meath, en 1180. Une structure néogothique sépare les deux tours du XIIe siècle.

TRIM

☎ 046 • 1 740 habitants

La petite cité de Trim (Baile Átha Troim, la ville du gué des sureaux), sur la Boyne, semble quelque peu assoupie. Elle conserve d'intéressants vestiges. La ville médiévale, véritable enchevêtrement de rues, comptait autrefois cinq portes et jusqu'à sept monastères dans ses environs immédiats. Les ruines de Trim Castle sont impressionnantes. C'était la plus grande construction anglo-normande d'Irlande.

Les habitants de Trim racontent qu'Élizabeth Ire songea à y installer le Trinity College, avant de préférer Dublin. Le duc de Wellington fut un temps élève à Talbot Castle/St Mary's Abbey, qui servit d'école protestante au XVIIIe siècle. Selon une (improbable) croyance locale, il serait né dans une écurie, au sud de la ville. Sans doute le duc avait-il observé que sa naissance sur le sol irlandais ne suffisait pas à faire de lui un Irlandais. La **Wellington column** se dresse au carrefour de Patrick St et Emmet St. Après sa victoire sur Napoléon à la bataille de Waterloo, le "duc de fer" poursuivit sa carrière, devenant Premier ministre de Grande-Bretagne. En 1829, il fit voter l'Acte d'émancipation catholique abrogeant les dernières lois pénales répressives contre les catholiques.

Renseignements

L'office de tourisme (☎ 37111), Mill St, ouvre de mai à septembre du lundi au samedi de 9h30 à 17h30 et le dimanche à partir de 12h (lun-sam 9h-17h le reste de l'année). Il vend un guide de poche, le *Trim Tourist Trail* (2,50 €), très pratique pour découvrir la ville à pied.

TRIM

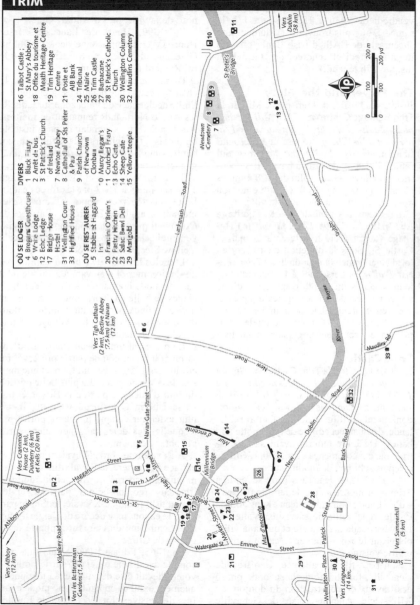

OÙ SE LOGER
4 Brogans Guesthouse
6 White Lodge
12 Echo Lodge
17 Bridge House Hostel
31 Wellington Court
33 Highfield House

OÙ SE RESTAURER
5 Stables at Haggard
Inn
20 Franzini O'Brien's
22 Pastry Kitchen
23 Salad Bowl Deli
29 Marigold

DIVERS
1 Black Friary
2 Arrêt de bus
3 St Patrick's Church of Ireland
7 Newtown Abbey
8 Cathedral of Sts Peter & Paul
9 Parish Church of Newtown Clonbun
10 Marcy Eagar's
21 Crutched Friary
13 Echo Gate
14 Sheep Gate
15 Yellow Steeple
16 Talbot Castle ;
St Mary's Abbey
18 Office du tourisme et
Meath Heritage Centre
19 Trim Heritage Centre
21 Poste et AIB Bank
24 Tribunal
25 Maire
26 Trim Castle
27 Barbacane
28 St Patrick's Catholic Church
30 Wellington Column
32 Maudlins Cemetery

COMTÉ DE MEATH

La poste se situe au carrefour entre Emmet St et Market St (ouverte du lundi au vendredi de 9h30 à 18h, jusqu'à 13h le samedi), où vous trouverez également une succursale de l'Allied Irish Bank (ouverte lundi-mercredi et vendredi de 10h à 16h, jusqu'à 17h le jeudi).

The Power and the Glory

Juste après l'office de tourisme de Mill St, le **Trim Heritage Centre** (☎ *37227, Mill St ; tarif plein/réduit 3,20/1,90 € ; lun-sam 10h-17h, avr-sept 12h-17h30*) propose une présentation intitulée *The Power and the Glory*, qui retrace l'histoire de Trim à travers des documents audiovisuels. Le film dure 20 minutes (6 projections par jour) et constitue un bon point de départ pour découvrir la ville.

La section **genealogy & heritage** (☎ *36633 ; lun-jeu 9h-17h, 14h ven*) de l'Heritage Centre a été transférée à la maison, Castle St. Sous la direction de l'historien local Noel French (auteur du livret *Trim Tourist Trail*), les personnes à la recherche de leurs ancêtres du Meath disposeront d'une très riche base de données généalogiques. Il vous en coûtera 19 € pour une première consultation et 89 € pour une étude complète, avec arbre généalogique personnalisé.

Trim Castle

Hugh de Lacy fonda **Trim Castle** (☎ *38619 ; adulte/étudiant 3,20/1,25 €, enceinte seule 1,30/0,50 € ; mi-juin/mi-sept tlj 10h-18h*) en 1173, mais un an plus tard, Rory O'Connor, dont on dit qu'il fut le dernier haut roi d'Irlande, détruisit cet édifice de type motte and bailey. De Lacy mourut avant sa reconstruction, qui commença vers 1200. L'édifice a depuis subi peu de modifications.

En 1210, le roi Jean sans Terre se rendit à Trim pour mettre au pas la famille de Lacy – d'où l'autre nom du château : King John's Castle. À la veille de sa visite, Walter de Lacy barricada la demeure et quitta la ville, obligeant le roi à monter le camp dans la prairie voisine.

Son petit-fils par alliance, Geoffrey de Geneville, fut chargé de la seconde phase des travaux de construction du donjon, au XIIIe siècle. Ancien croisé, de Geneville

devint moine de l'abbaye dominicaine qu'il fonda en 1263 à l'extérieur de l'enceinte nord de la ville, près d'Athboy Gate.

En 1399, Henri de Lancastre, futur Henri IV, fut emprisonné dans la Dublin Gate, au sud de l'enceinte extérieure, par le roi Richard II, son cousin.

Durant la période anglo-normande, le château occupa une position stratégique à la limite occidentale du Pale, zone sur laquelle les Anglo-Normands régnaient en maîtres. Au-delà de Trim s'étendait ce pays instable où chefs et seigneurs irlandais luttaient contre leurs adversaires normands pour gagner du terrain et conserver le pouvoir.

Trim fut conquise en 1536 par Silken Thomas, puis en 1647 par les forces catholiques confédérées, opposées aux parlementaires anglais. En 1649, l'armée de Cromwell prit la ville, endommageant gravement le château, les murs d'enceinte et la Yellow Steeple (tour d'horloge).

L'enclos herbeux de 2 ha est dominé par un donjon massif s'élevant à 25 m de haut sur une motte normande. À l'intérieur, trois étages de belle hauteur, dont le premier est divisé en deux par un mur central. Autour du donjon subsistent les vestiges d'une enceinte antérieure.

Le principal mur rideau extérieur, d'environ 500 m, en grande partie préservé, fut édifié vers 1250, avec huit tours et une maison de corps de garde. La plus belle portion du mur d'enceinte part de la Boyne et traverse Dublin Gate jusqu'à Castle St. Ce mur extérieur compte plusieurs portes par lesquelles les défenseurs pouvaient sortir affronter l'ennemi.

À l'extrémité nord s'élevaient une église et, face à la rivière, le Royal Mint (hôtel des monnaies), chargé de frapper la monnaie irlandaise (composée des "patricks" et des "irelands") jusqu'au XVe siècle. Sur le parking, le canon russe décoré de l'aigle à deux têtes, emblème du tsar, fut rapporté de la guerre de Crimée.

En 1465, Édouard IV décréta que quiconque avait volé ou était "sur le point de voler" devait être décapité et sa tête publiquement exhibée en haut d'une pique à des fins dissuasives. En 1971, lors de fouilles effectuées non loin de la dépression située au sud du donjon, les restes de 10 hommes sans tête furent retrouvés.

Fermé au public en 1995, le château a rouvert ses portes en 2000, sous la responsabilité du Dúchas, organisme chargé du patrimoine. Désormais le donjon restauré se visite (avec guide uniquement), ainsi que le reste de l'enceinte.

Talbot Castle/St Mary's Abbey

Sur l'autre rive, on aperçoit les ruines de St Mary's Abbey, monastère augustinien du XIIe siècle, reconstruit en 1368 après un incendie et qui abrita une statue en bois de Notre-Dame-de-Trim à qui l'on attribuait des pouvoirs miraculeux. Une reproduction de cette statue se trouve au bord de la route, devant les ruines.

En 1415, une partie de l'abbaye fut transformée en manoir par sir John Talbot, alors vice-roi d'Irlande, et baptisée Talbot Castle (on remarque les armoiries des Talbot sur le mur nord).

Au début du XVIIIe siècle, Talbot Castle devint la propriété d'Esther "Stella" Johnson, maîtresse de Jonathan Swift. Ayant acheté le manoir pour 65 livres sterling, elle y vécut 18 mois avant de le revendre (pour la jolie somme de 200 livres sterling) à Swift, qui y résida un an. Swift fut pasteur à Laracor, à 3 km au sud de Trim, de 1700 environ jusqu'en 1745, date de sa mort. À partir de 1713, il exerça également la charge de doyen de la St Patrick's Cathedral de Dublin.

Newtown

À près de 1,5 km à l'est de la ville, sur Lackanash Rd, Newtown Cemetery renferme un ensemble intéressant de ruines. L'ancienne église paroissiale de Newtown Clonbun abrite le tombeau (fin XVIe siècle) de sir Luke Dillon, grand baron de l'Échiquier pendant le règne d'Élisabeth Ire, et de sa femme lady Jane Bathe. Dans la région, on les surnomme "les époux jaloux", peut-être en raison de l'épée qui les sépare.

On remarque également les ruines de la Cathedral of Sts Peter and Paul, ainsi que la Newtown Abbey (régie selon les règles de saint Victor de Paris), du XVIIIe siècle.

Fondée en 1206, la cathédrale brûla deux siècles plus tard. Une partie des murs s'écroula en 1839, lors d'une tempête qui endommagea également certaines portions du mur de Trim Castle. Les murs de l'abbaye renvoient un magnifique écho depuis l'autre rive, à Echo Gate.

En direction du sud-est, juste au-dessus du fleuve, on découvre Crutched Friary, composé des ruines d'un donjon et des traces d'une tour de guet, et d'autres bâtiments faisant partie d'un hôpital construit après les croisades par les chevaliers de Saint-Jean de Jérusalem. À côté, St Peter's Bridge est considéré comme le deuxième pont le plus ancien d'Irlande. Un peu comme Marcy Regan's (Lackanash Rd, Newtown Trim), petit bar au coin du pont, qui se vante d'être le second pub le plus ancien d'Irlande.

Autres curiosités

En suivant les indications depuis le centre, vous pouvez gagner les faubourgs ouest de la ville pour visiter Butterstream Gardens (☎ 36017, Kildalkey Rd ; 4,50 € ; avr-sept tlj 11h-18h), jardins ayant obtenu de multiples récompenses.

Où se loger

Auberges de jeunesse. Bridge House Hostel (☎ 31848, fax 0405-46220, silversue@eircom.net, Bridge St ; chambres/dortoirs 15,90 € par pers, toute l'année) est un établissement indépendant, affilié au réseau IHH, qui offre de jolies chambres-dortoirs et des chambres individuelles, plus intéressantes, pour le même prix.

B&B. Brogans Guesthouse (☎ 31237, fax 37648, brogangh@iol.ie, High St ; simples/doubles 32/51 €), dans le centre-ville, rappelle l'ancien temps. Le bar attenant sert à déjeuner.

White Lodge (☎/fax 36549, whitelodge-trim@eircom.net, New Rd ; simples/doubles 33/49 €). Un confortable B&B, 500 m à l'est du centre, à l'extrémité nord de New Road.

Echo Lodge (☎ 37945, Steeple Drive, Dublin Rd ; simples/doubles 32/49 €). Une charmante maison sur la route de Dublin, qui propose trois jolies chambres.

Crannmor House (☎ 31635, fax 38087, cranmor@eircom.net, Dunderry Rd ; simples/doubles avec sdb 38/50 €). Il s'agit d'une ancienne ferme réaménagée, à 2 km sur la route de Dunderry.

Tigh Cathain (☎/fax 31996, marie-keane@esatclear.ie, Longwood Rd ; simples/doubles 32,50/49 €). Maison rurale au milieu des champs, 2 km seulement à l'ouest de Trim.

Hôtels. Vers le sud de la ville, **Highfield House** (☎ 36386, fax 38182, highfieldhou-seaccom@eircom.net, Maudlins Rd ; B&B à partir de 29 € par pers). Restaurée, cette superbe maison du début du XVIIIe siècle a retrouvé tout son cachet. Avec ses 7 chambres joliment décorées, c'est notre adresse préférée.

Wellington Court (☎ 31516, fax 36002, wellingtoncourt@eircom.net, Summerhill Rd ; simples/doubles à partir de 50/83,80 €). Cet établissement de 18 chambres, bien équipé, est le plus chic de Trim.

Où se restaurer

Vous aurez l'embarras du choix pour manger un morceau, car la ville compte une multitude de pubs, ainsi que deux bons cafés.

Marigold (☎ 36544, Emmet St ; plats à partir de 6 €). On y sert des plats chinois corrects, éventuellement à emporter.

Salad Bowl Deli (☎ 36204, Market St ; plats à moins de 3,80 €). Pour un déjeuner plus consistant, essayez cette adresse où l'on vous proposera des sandwiches et quelques plats.

Pastry Kitchen (☎ 38902, Market St ; plats à moins de 3,80 €). La carte ne diffère en rien de celle du Salad Bowl Deli, contigu.

Abbey Lodge (☎ 31285, Market St ; à partir de 3,80 €). Un joli pub où l'on sert de bonnes choses, entre sandwiches grillés et plats plus consistants.

Priory Inn (☎ 36096, Haggard St ; à partir de 3,80 €). Un pub à la carte tout à fait traditionnelle.

Stables (☎ 31110, Navangate ; plats à partir de 8 €). Ce restaurant de la Haggard Inn, Haggard St, offre un très bon rapport qualité-prix.

Franzini O'Brien's (☎ 31002, French Lane, derrière Market St, plats à partir de 7 €). Ce café-bar un peu chic, ouvert récem-

ment, a relevé le niveau culinaire des établissements de Trim. Simple et bien préparée, la cuisine y est excellente.

Comment s'y rendre

Les bus s'arrêtent devant le kiosque à journaux Tobin's, au bout de Haggard St, vers le nord. Les bus assurant la liaison entre la gare Busáras de Dublin (☎ 01-836 6111) et Granard passent toutes les heures du lundi au samedi (5 rotations le dimanche), dans les deux sens. Comptez un peu plus de 1 heure pour aller de Trim à Dublin, et 6,75/10,20 € pour le billet aller/aller-retour, 8 € si vous rentrez dans la journée.

ENVIRONS DE TRIM

En direction du nord-est, à 7,5 km de Trim sur la route de Navan, vous découvrez **Bective Abbey**, fondée en 1147, première extension cistercienne de la magnifique Mellifont Abbey de Louth. Ces vestiges correspondent à des ajouts des XIIIe et XVe siècles, dont le chapitre, l'église, le déambulatoire et le cloître. Après la dissolution des monastères, en 1543, elle servit de demeure fortifiée et on lui adjoignit une tour.

Si vous souhaitez passer la nuit, allez jusqu'à la **Cosy Gibbins Farmhouse** (☎ 0405-57232, Collegelands, Summerhill ; simples/doubles 32/56 €), à 8 km au sud-est de Summerhill, à Collegelands (sur la route de Dublin). Cette ferme en activité, juste à côté du pub Forge (idéal pour boire un verre), constitue une option intéressante.

KELLS

☎ 046 • 2 152 habitants

Toute personne visitant l'Irlande se rend au Trinity College de Dublin pour admirer le splendide *Book of Kells*. Mais rares sont ceux qui viennent voir l'endroit où il est né. Peut-être n'ont-ils pas tort, car la Kells (Ceanannus Mór) d'aujourd'hui est une ville morne qui conserve peu de traces du monastère fondé au VIe siècle. On peut encore admirer quelques croix celtiques diversement conservées, une tour circulaire vieille de mille ans et l'oratoire de St Colmcille's House, plus ancien encore, ainsi qu'une passionnante exposition dans l'église.

Après avoir fondé les monastères de Derry, de Durrow et, en 559, de Kells, saint Colmcille (également appelé saint Colomba) s'exila sur la lointaine île écossaise d'Iona. En 806, des moines du monastère d'Iona se réfugièrent à Kells, après un raid viking. Ils auraient emporté avec eux la dépouille de leur vénéré saint ainsi qu'un manuscrit enluminé des Évangiles, sur vélin, enfermé dans un coffret en or. Cette œuvre exceptionnelle passa à la postérité sous le nom de *Book of Kells* (consultez l'encadré du chapitre *Dublin*).

Avec les raids vikings sur l'Irlande, les moines ne semblaient pas plus en sécurité à Kells qu'en Écosse. Entre le IXe et le XIe siècle, le monastère fut pillé à cinq reprises. Un siècle plus tard, les disciples de saint Colomba s'installèrent à Derry, abandonnant le monastère.

Orientation et renseignements

La N3 qui relie Dublin à Cavan contourne presque la ville. En bifurquant vers le sud dans Cross St, vous débouchez dans Farrell St qui regroupe la plupart des pubs et des boutiques. L'office de tourisme (☎ 49336) se trouve à l'Heritage Centre (voir ci-dessous), derrière la mairie, Headfort Place. Il est ouvert de mai à septembre du lundi au samedi de 10h à 17h30 et le dimanche à partir de 13h30 (mar-sam 10h-17h et dim à partir de 13h30 le reste de l'année). Le Kells Hostel pourra également vous renseigner. La Bank of Ireland dispose d'une agence dans John St et la poste se situe Farrell St.

Kells Heritage Centre

Réparti sur deux niveaux extrêmement fournis, ce **centre du patrimoine** (☎ 49336, Headfort Place ; tarif plein/réduit 3,80/2,50 € ; mai-sept lun-sam 10h-18h et dim 13h30-18h, oct-avril lun-sam 10h-17h et dim 13h30-17h) propose une vidéo de 12 minutes sur l'époque monastique, qui donne le ton des expositions. Au rez-de-chaussée, vous admirerez une réplique de la Market Cross (l'original étant à l'extérieur) et, au premier, une copie du plus grand trésor de la région : le *Book of Kells* – l'original se trouve à Trinity College, à Dublin (voir ce chapitre). Deux écrans tactiles

vous permettent de feuilleter entièrement le livre et d'en percevoir l'incroyable beauté. Autour figurent un certain nombre de reliques et d'artefacts du VIe au XIIe siècle, ainsi qu'une maquette à l'échelle de la ville aux environs du VIe siècle.

Round Tower et High Crosses

La Protestant Church of St Columba (fermée au public), à l'ouest du centre-ville, s'élève sur l'emplacement de l'ancien monastère. Un clocher carré du XVe siècle se dresse à côté de l'église.

Du côté sud du cimetière, une tour ronde, dont le toit conique a disparu, monte la garde du haut de ses 30 m. Sa construction remonterait au moins à 1076, date à laquelle Muircheartach Maelsechnaill, haut roi de Tara, fut assassiné dans l'une de ses petites pièces.

Dans le cimetière se dressent quatre croix celtiques du IXe siècle, plus ou moins bien conservées. La West Cross, tout au fond par rapport à l'entrée, coiffe un pilier décoré de scènes représentant le baptême de Jésus, la chute d'Adam et Ève et le jugement de Salomon sur la face est, tandis que la face ouest montre l'arche de Noé. De la North Cross, seul subsiste la socle circulaire en pierre.

Les croix les mieux conservées se trouvent au pied de la tour. La Cross of Patrick and Columba, porte l'inscription, à moitié effacée, *Patrici et Columbae Crux* sur la face est de son socle. Au-dessus figurent des scènes représentant Daniel dans la fosse aux lions, le grand bûcher, la chute d'Adam et Ève ainsi qu'un tableau de chasse. L'autre croix rescapée, l'East Cross, est inachevée. Sur sa face est, on a sculpté la crucifixion, et quatre personnages sur le bras droit. En dessous restent trois panneaux vierges, prêts à être sculptés, mais il semble que l'artiste n'ait jamais repris son travail.

Où se loger

À côté de Monaghan's Inn, vous trouverez **Kells Hostel** (☎ 49995, fax 40680, hostels@iol.ie, The Carrick, Cavan Rd ; tente 5,10 € par pers, dortoirs/chambres 10,20/12,70 € par pers). Cette auberge IHH, sur la route de Cavan, à 200 m en montant depuis l'arrêt de bus, dispose, parmi d'autres installations, d'une vraie cuisine. Il faudra peut-être vous inscrire à la Monaghan's Inn.

White Gables (☎ 40322, fax 49672, whitegables@tinet.ie, Headfort Place ; simples/doubles 38,50/76,50 €). Un merveilleux petit B&B à l'écart de la rue principale, entouré d'un jardin. La propriétaire, vrai cordon-bleu, sert de fantastiques petits déjeuners.

Headfort Arms Hotel (☎ 40063, fax 40587, John St ; simples/doubles 57/ 114,50 €). L'établissement compte dix-huit chambres propres et bien équipées, une boîte de nuit et un restaurant.

Boltown House (☎ 43605, fax 43036, boltown@iolfree.ie, derrière Oldcastle Rd ; simples/doubles 51/89 €). À 7 km de la ville environ, il s'agit d'une vieille ferme qui propose de confortables chambres et une excellente cuisine, avec notamment des scones faits maison.

Où se restaurer

Penny's Place (☎ 41130, Market St ; à partir de 5 € ; lun-sam 9h-18h). Un excellent café qui sert une cuisine familiale. Le pain noir est assez exceptionnel.

O'Shaughnessy's (☎ 41110, Market St ; à partir de 5 €). En remontant Market St vers l'ouest, ce pub prépare des sandwiches et des plats corrects pour le déjeuner.

Monaghan's (☎ 49995, The Carrick, Cavan Rd ; déjeuner 6,50 € env, plats à partir de 8,80 €). Ce pub, voisin de l'auberge de jeunesse, sert à déjeuner et à dîner.

Comment s'y rendre

Les bus s'arrêtent devant l'église, dans John St, et près de l'auberge de jeunesse (à la demande). Consultez les horaires affichés à l'arrêt, ou appelez Bus Éireann (☎ 01-836 6111) à Dublin. Les bus reliant Dublin à Kells (7,90/12,10 €, 1 heure) et Cavan passent presque toutes les heures de 7h à 22h. Deux d'entre eux assurent un service express de/vers Donegal. Il existe aussi une liaison régulière à destination de Navan (3/4,60 €, 15 min) et de Drogheda.

ENVIRONS DE KELLS
Hill of Lloyd Tower

Haute de 30 m, la tour de Hill of Lloyd est visible depuis Kells, derrière l'auberge de jeu-

nesse. Rien d'étonnant à ce qu'elle ait été surnommée "le phare de l'intérieur". Bâtie en 1791 par le comte de Bective en mémoire de son père, elle a fait l'objet d'une restauration. Lorsqu'elle est ouverte, vous pouvez monter au sommet pour 1,90/1,30 € ou pique-niquer dans le parc. Vous la trouverez à 3 km au nord-ouest de Kells, derrière la route de Crossakeel.

LOUGHCREW CAIRNS

Au nord-ouest de Kells, près d'Oldcastle, les Loughcrew Hills – dont Slieve (ou Sliabh) na Caillighe (279 m) est le point culminant – offrent de merveilleux points de vue à l'est et au sud vers les plaines du Meath, et au nord vers la région des lacs de Cavan. Au sommet de trois de ces collines – Slieve na Caillighe, Carnbane East (194 m) et Carnbane West (206 m) –, vous découvrirez les vestiges de 30 tombes à couloir de l'âge de pierre, remontant à 3000 av. J.-C. environ, mais qui furent utilisées jusqu'à l'âge du fer. De multiples tombes satellites, plus petites, entourent certains de ces grands cairns. Comme à Newgrange, on relève de grandes pierres décorées de motifs en spirale. Les archéologues ont mis au jour des fragments d'os ainsi que des cendres, des boulets de pierre et des perles. Certaines tombes sont signalées par un grand monticule de pierres, d'autres restent plus discrètes, le cairn ayant disparu.

En partant de Kells, prenez la R163 en direction du nord-ouest. À 5 km d'Oldcastle environ, vous verrez un panneau indiquant Sliabh na Caillighe. Tournez à droite, puis arrêtez-vous pour demander les clés des cairns à Basil Balfe, dans la première maison sur la droite (prévenez-le au ☎ 049-41256).

S'il y a quelqu'un, on vous demandera une caution de 6,50 € (à la place, les randonneurs peuvent laisser leur sac à dos). Un dépliant est disponible et la lampe de poche se révèle bien utile par temps couvert. Le premier groupe de collines en venant de l'est – Patrickstown Cairns – offre peu d'intérêt. Les vestiges les mieux conservés et les plus intéressants se trouvent sur les deux suivantes, Carnbane East et Carnbane West.

Carnbane East

Carnbane East compte plusieurs sites, Cairn T étant le plus grand, avec 35 m de diamètre environ et nombre de pierres gravées. L'une des grandes dalles à l'écart, Hag's Chair, est couverte de trous, de cercles et de marques diverses. Il faut la clé pour ouvrir la porte fermant le passage et une torche pour apprécier véritablement les lieux. Comptez environ une demi-heure pour monter à Carnbane East depuis le parking. Du sommet, par temps clair, vous devriez apercevoir Hill of Tara au sud-est. Au nord, la vue s'étend vers Cavan, avec Lough Ramor au nord-est, Lough Sheelin et Oldcastle au nord-ouest.

Carnbane West

Toujours au départ du parking, prévoyez 1 heure jusqu'au sommet de Carnbane West, où les cairns D et L mesurent tous deux 60 m de diamètre. Le Cairn D a souffert des recherches infructueuses menées pour mettre au jour une chambre centrale. Le Cairn L, au nord-est du Cairn D, est aussi en mauvais état, mais vous pouvez pénétrer dans le passage et la chambre qui renferment de multiples pierres gravées et une pierre en bassin dans laquelle on déposait les cendres.

Comté de Louth

C'est ici, dans le plus petit comté d'Irlande, que se trouvent les deux principales villes du nord-est du pays.

Drogheda, la plus agréable, avec son centre-ville animé et d'intéressants monuments, constitue un point de départ idéal pour découvrir la Boyne Valley, ses sites préhistoriques à l'ouest et ses monastères en ruine au nord.

Dundalk, dernière grande ville avant l'Irlande du Nord, ouvre sur la Cooley Peninsula, isolée et superbe. Proche de la frontière, la ville reste profondément républicaine, offrant même refuge aux activistes de l'IRA en fuite.

HISTOIRE

Le peuplement de la région a débuté vers 7000 av. J.-C., mais les vestiges de l'âge de pierre – tels le Proleek Dolmen et la tombe à couloir des environs de Dundalk – font pâle figure devant les ruines de Brú na Bóinne, dans le Meath. C'est à l'avènement de l'âge du fer que Louth put rivaliser avec son voisin.

Louth faisait partie de l'ancien royaume d'Oriel, où se déroulent de nombreux récits épiques de la mythologie irlandaise. C'est dans le nord du comté et sur la Cooley Peninsula que vit le jour la légende de Cúchulainn, l'un des plus célèbres héros de l'Irlande ancienne, né et élevé non loin de Faughart, au nord de Dundalk. Cúchulainn est le personnage central du *Táin Bó Cúailnge* (la rafle du bétail de Cooley), l'une des plus grandes épopées celtiques (voir l'encadré plus loin).

Au Ve siècle, saint Patrick introduisit le christianisme et de nombreuses communautés religieuses virent le jour dans la région. Le monastère de Monasterboice et l'abbaye cistercienne de Mellifont, plus tardive, proches de Drogheda, constituent les sites archéologiques les plus intéressants du Louth.

L'arrivée des Anglo-Normands au XIIe siècle bouleversa profondément la société irlandaise. Les terres fertiles du Meath et du Louth furent données à Hugh de Lacy en récompense de ses conquêtes irlandaises. De nombreuses mottes, telle celle de Millmount à Drogheda, furent construites à l'époque pour protéger les Anglo-Normands des Irlandais hostiles.

Vinrent ensuite les châteaux forts normands en pierre, ainsi que les châteaux environnants, plus petits, comme celui de Termonfeckin, au nord-est de Drogheda, dispersés dans la campagne. C'est aux envahisseurs normands que l'on doit le développement de Dundalk et des deux villes situées de part et d'autre de la Boyne et qui s'unirent en 1412 pour devenir Drogheda.

Au cours des siècles suivants, ces nouveaux colons compteront parmi les plus loyaux défenseurs de l'Irlande, notamment contre les parlementaires. En 1649, l'armée de Cromwell massacra tous les défenseurs de Drogheda – Irlandais de souche et Anglo-Normands.

C'est en 1690 que l'Irlande passa sous domination anglaise, après la bataille de la Boyne qui voit la victoire de Guillaume d'Orange, protestant, sur son beau-père, Jacques II, roi catholique d'Angleterre. Le roi Jacques avait obtenu l'aide des Irlandais en échange d'une plus grande liberté religieuse et politique. Sa défaite se solda par un nouvel afflux de colons protestants.

DROGHEDA
☎ 041 • 24 460 habitants

La ville historique de Drogheda se love dans un méandre de la Boyne, à 5 km de la mer. Le plan de la localité est dense, avec une petite extension semblable à un village sur la rive sud, autour de Millmount. Assez délabrée par endroit, la ville s'est lancée dans un projet de rénovation urbaine dont les résultats se font sentir. L'avenir semble lui sourire, et les projets de nettoyage de la Boyne (très sale par ici) contribueront largement à faire de Drogheda une localité des plus attrayantes.

Des fortifications de la ville, il reste une porte en très bon état, certains bâtiments anciens et le curieux promontoire de Millmount, sur la rive sud. La tête embaumée de saint Oliver Plunkett (1629-1681), martyr catholique, est conservée à St Peter's Roman Catholic Church.

Le nom de la ville vient de Droichead Átha (le pont du gué), en référence au pont construit par les Normands pour relier les deux anciens camps vikings.

Histoire
Une petite colonie de peuplement devait déjà exister avant le Xe siècle, mais c'est en 910 que la ville commença véritablement à se constituer, avec la construction par les Danois de défenses destinées à protéger ce gué stratégique sur la Boyne. Au XIIe siècle, les Normands construisirent un pont et développèrent les deux localités implantées de part et d'autre du fleuve. Ils édifièrent également un vaste fort de type motte and bailey à Millmount, sur la rive sud.

Au XVe siècle, Drogheda comptait parmi les quatre principales villes fortifiées d'Irlande. Le Parlement irlandais y siégea à plusieurs reprises et c'est ici que fut votée, en 1494, la loi Poyning – la plus célèbre législation de l'Irlande médiévale –, qui limitait les possibilités d'indépendance ou de gouvernement local en octroyant à la Couronne anglaise le droit de veto sur toutes les mesures que les Irlandais se proposeraient d'adopter.

Pendant l'existence du *Pale* (seule petite portion du pays, autour de Dublin, sous totale domination anglaise), Drogheda constitua une ville frontière. Au nord, bien plus loin que le Pale, se trouvaient "les gens hargneux de l'Ulster".

En 1649, la ville fut le théâtre du plus sanglant massacre perpétré en Irlande par Cromwell (lire plus loin l'encadré *Le grand protecteur devenu destructeur*). En 1690, Drogheda se trouva également du mauvais côté lors de la bataille de la Boyne et dut se rendre le lendemain de la défaite de Jacques II.

La ville mit longtemps à se remettre de ces événements. Au XIXe siècle, plusieurs églises catholiques furent édifiées. L'imposant viaduc ferroviaire et les nombreuses constructions en bordure du quai évoquent le bref boom industriel de l'époque victorienne, pendant lequel la ville fut un centre actif pour la fabrication du coton et du lin et la brasserie.

Orientation et renseignements
Drogheda est à cheval sur la Boyne, le principal quartier commerçant se situant sur la rive nord, avec West St et Laurence St ; la rive sud, dominée par la mystérieuse butte de Millmount, offrant une allure plus calme et résidentielle. La principale route vers Belfast contourne la ville par l'ouest.

Vous trouverez le très utile office de tourisme (☎ 983 7070) à la gare routière, sur la rive sud. Il ouvre de 9h30 à 17h30 du lundi au samedi, et de 11h45 à 17h le dimanche, de mars à octobre (fermé le dimanche le reste de l'année). La poste centrale se situe à mi-hauteur de West St, à côté du Westcourt Hotel. La plupart des banques se concentrent dans cette rue.

Pour lutter contre l'engorgement du centre, le disque est obligatoire pour stationner dans toute la ville. Vous pouvez vous en procurer chez les marchands de journaux et dans les magasins (30 p/heure). La librairie Wise Owl (☎ 984 2847), The Mall, propose un bon choix de livres.

St Peter's Roman Catholic Church
Le monument le plus impressionnant de West St est St Peter's Church, composée en réalité de deux églises : la première, conçue

La tête errante

Dans le transept nord de St Peter's Roman Catholic Church, à Drogheda, une relique se cache dans une châsse de cuivre et de verre. En y regardant de plus près, on découvre la tête parcheminée de saint Oliver Plunkett, pendu en 1681 par les Anglais, accusé d'avoir participé au "complot papiste".

Né à Loughcrew, près d'Oldcastle, en 1629, Plunkett descendait de Brian Ború, vainqueur des Danois à Clontarf en 1014. En 1645, il fut envoyé à Rome pour parfaire son éducation et séjourna 25 ans en Italie. Ordonné prêtre en 1654, il devint archevêque d'Armagh et primat de l'Irlande entière en 1670. Pendant les trois années qui suivirent, il confirma 48 655 personnes, ordonna de nombreux prêtres et fonda ce qui fut peut-être la première école à la fois catholique et protestante, à Drogheda.

Mais à l'époque les Anglais voyaient partout la menace du catholicisme romain. En 1679, Plunkett fut arrêté et emprisonné à Dublin, accusé d'être impliqué dans le complot papiste. Il s'agissait en fait d'une conspiration montée de toutes pièces par Titus Oates, un vaurien ayant trempé dans nombre d'affaires douteuses, qui avait prétendu en 1678 avoir découvert un complot visant à assassiner Charles II et avait placé le pays sous la coupe des jésuites. Malgré son passé, Oates fut pris au sérieux et quelque 35 hommes furent mis à mort pour complicité. Quant à Plunkett, on l'accusa d'avoir organisé l'invasion de l'Irlande par des puissances étrangères et, en 1680, il fut transféré à la prison de Newgate, à Londres. Jugé et condamné pour trahison, il mourut pendu à Tyburn, le 1er juillet 1681. Le lendemain même, l'imposture éclata au grand jour, Oates fut flagellé, mis au pilori et jeté en prison pour parjure, avant d'être gracié et de bénéficier d'une pension après la révolution de 1688.

À l'époque de l'exécution, la coutume voulait qu'on écartèle le corps avant d'en brûler les différentes parties. Les amis de Plunkett ne réussirent qu'à sauver la tête du bûcher. Placée dans une boîte en étain, elle partit pour Rome, avant de revenir à Drogheda, où les sœurs de sainte Catherine de Sienne veillèrent sur elle pendant deux siècles.

En 1920, Plunkett fut béatifié et sa tête, confiée à la nouvelle église paroissiale de St Peter's, baptisée Plunkett Memorial Church. À la suite d'une guérison miraculeuse dans un hôpital de Naples attribuée à Plunkett, le pape le canonisa en octobre 1975.

En 1990, le curé de St Peter's décida de faire examiner la tête, qui montrait quelques signes de détérioration. À la même époque, un descendant du saint présenta un échantillon de sang afin de le soumettre à des tests comparés d'ADN, un peu comme le saint suaire de Turin, et de vérifier l'authenticité de la relique. Les résultats se révélèrent positifs, et la tête du saint fut réinstallée dans son reliquaire, du gel de silice devant maintenir une hygrométrie constante. Le reliquaire fut à son tour placé dans une châsse sur un piédestal à 1 m de hauteur et décoré d'une flèche de pierre s'élançant 9 m plus haut. À côté, on peut voir le certificat d'authenticité original datant de 1682.

par Francis Johnston dans le style classique et datant de 1791, et la seconde, plus récente, construite dans le style néogothique. Dans la partie nord du transept, une étincelante châsse de cuivre et de verre renferme la tête de saint Oliver Plunkett (1629-1681), exécuté par les "perfides Anglais".

St Laurence's Gate

Traversant Laurence St, qui prolonge à l'est la rue principale, s'élève Laurence's Gate, la plus belle section conservée des murs de la ville et l'une des deux portes parvenues jusqu'à nous, sur les onze d'origine.

Cette porte du XIIIe siècle tient son nom du St Laurence's Priory qui s'élevait à l'extérieur de l'enceinte et dont il ne reste plus trace. Elle se compose de deux hautes tours, d'un mur-rideau et d'une entrée protégée par une herse. En réalité, cet imposant édifice constitue plutôt une barbacane, structure fortifiée utilisée pour défendre la porte, située en retrait. Lorsqu'ils furent achevés, au XIIIe siècle, les murs formaient une enceinte de 3 km entourant 52 ha.

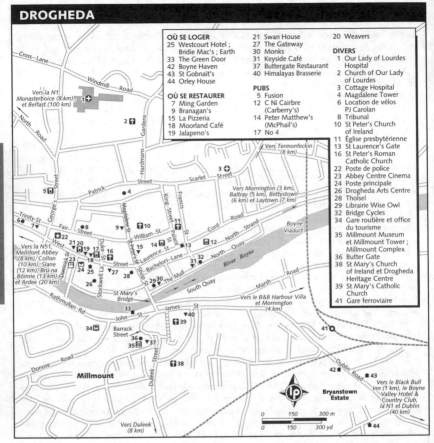

DROGHEDA

OÙ SE LOGER
25 Westcourt Hotel ;
   Bridie Mac's ; Earth
33 The Green Door
42 Boyne Haven
43 St Gobnait's
44 Orley House

OÙ SE RESTAURER
7 Ming Garden
9 Branagan's
15 La Pizzeria
18 Moorland Café
19 Jalapeno's

21 Swan House
27 The Gateway
30 Monks
31 Keyside Café
37 Buttergate Restaurant
40 Himalayas Brasserie

PUBS
5 Fusion
12 C Ní Cairbre
   (Carberry's)
14 Peter Matthew's
   (McPhail's)
17 No 4

20 Weavers

DIVERS
1 Our Lady of Lourdes
   Hospital
2 Church of Our Lady
   of Lourdes
3 Cottage Hospital
4 Magdalene Tower
6 Location de vélos
   PJ Carolan
8 Tribunal
10 St Peter's Church
   of Ireland
11 Église presbytérienne
13 St Laurence's Gate
16 St Peter's Roman
   Catholic Church
22 Poste de police
23 Abbey Centre Cinema
24 Poste principale
26 Drogheda Arts Centre
28 Tholsel
29 Librairie Wise Owl
32 Bridge Cycles
34 Gare routière et office
   du tourisme
35 Millmount Museum
   et Millmount Tower ;
   Millmount Complex
36 Butter Gate
38 St Mary's Church
   of Ireland et Drogheda
   Heritage Centre
39 St Mary's Catholic
   Church
41 Gare ferroviaire

Millmount Museum et Millmount Tower

Sur la rive opposée au centre-ville, tel un village enclavé dans un triste faubourg, Millmount domine la ville du haut de sa colline artificielle. Peut-être s'agit-il d'un tumulus funéraire préhistorique, comme ceux, voisins, de Newgrange. Mais aucune fouille n'a été réalisée. Selon une légende, il abriterait le tombeau d'Amergin, poète-guerrier venu d'Espagne vers 1500 av. J.-C. Dans l'histoire de l'Irlande, les poètes ont toujours bénéficié d'une place à part dans la société, entre crainte et vénération.

Au sommet de ce point stratégique dominant le pont, les Normands bâtirent un motte and bailey. Il fut remplacé par un château, qui céda lui-même la place à une tour Martello en 1808.

C'est à Millmount que les défenseurs de Drogheda, emmenés par le gouverneur sir Arthur Ashton, opposèrent leur dernière résistance aux troupes de Cromwell (lire l'encadré *Le grand protecteur devenu destructeur*). Au XVIIIᵉ siècle, une caserne anglaise fut construite autour du soubassement, aujourd'hui transformée pour accueillir des boutiques d'artisans, des musées et un restaurant, la cour ayant conservé l'esprit de l'époque.

La tour connut des événements dramatiques pendant la guerre civile de 1922, et le Millmount Museum *(☎ 983 3097, Millmount ; adulte/étudiant 4,50/2,50 € musée et tour, 3,20/2,50 € musée, 2,50/1,90 € tour ; toute l'année lun-sam 10h-18h et dim 14h30-17h)* conserve une toile représentant de façon quelque peu romancée son bombardement. Du sommet de la tour, on découvre une vue superbe sur le centre de Drogheda, de l'autre côté de la Boyne.

Le Millmount Museum occupe une partie de la caserne. D'intéressantes pièces liées à l'histoire de la ville y sont exposées, parmi lesquelles trois superbes bannières de corporations de la fin du XVIIIe siècle, peut-être les dernières du pays. Une salle s'intéresse également au siège de Drogheda par Cromwell et à la bataille de la Boyne. De l'autre côté de la cour, la **Governor's House** ouvre pour les expositions temporaires.

Vous pouvez gagner le sommet de Pitcher Hill en voiture ou bien à pied, en empruntant l'escalier depuis St Mary's Bridge.

Au nord-ouest de Millmount, **Butter Gate**, datant du XIIIe siècle, est la seule porte de la ville encore debout. Cette tour et son passage cintré sont antérieurs de près d'un siècle à St Laurence's Gate.

Autres monuments

À l'angle de West St et Shop St, **Tholsel**, ancien hôtel de ville du XVIIIe siècle, en pierre calcaire, abrite désormais la Bank of Ireland. Derrière Hardmans Gardens, vous trouverez la charmante **Church of Our Lady of Lourdes**, plus récente.

St Peter's Church of Ireland se situe au nord du centre-ville, dans William St. On peut y voir la pierre tombale d'Isaac, oncle d'Oliver Goldsmith, ainsi qu'une autre, appuyée au mur, représentant deux figures squelettiques enveloppées d'un linceul, évoquant peut-être la peste noire. Les hommes de Cromwell mirent le feu à la flèche de l'église, causant une centaine de morts parmi les personnes qui s'y étaient réfugiées. L'église actuelle (1748) est la seconde construite sur le sanctuaire originel détruit

par Cromwell. Elle s'élève dans une enceinte fermée par de belles grilles en fer forgé.

Dans Fair St, le modeste **Courthouse** (tribunal) du XIXe siècle, en cours de rénovation, renferme l'épée et la masse présentées au conseil de la ville par Guillaume d'Orange après la bataille de la Boyne.

Dominant la colline derrière le centre-ville, **Magdalene Tower** était le clocher, du XVe siècle, d'une communauté dominicaine fondée en 1224. C'est là qu'1395 le roi Richard II d'Angleterre, accompagné d'une puissante armée, reçut la soumission des chefs gaéliques. Pourtant, la paix ne devait durer que quelques mois et son deuxième séjour en Irlande se solda par une défaite, en 1399. C'est là aussi que fut décapité le comte de Desmond, en 1468, pour ses traîtresses relations avec les Irlandais gaéliques.

Visites guidées

La Drogheda Historical Society organise parfois, en été, des visites de la ville. Appelez le Millmount Museum (☎ 983 3097) pour plus de renseignements. Harpur House (☎ 983 2736) participe à l'organisation de circuits dans Drogheda et la Boyne Valley. Quant à l'office de tourisme, il propose des circuits pédestres pour découvrir la vieille ville ainsi qu'une brochure intitulée *The Oriel Trail*, avec laquelle vous pourrez faire un circuit de 150 km à travers le comté.

Où se loger

Auberges de jeunesse. Sur la rive sud, **The Green Door** *(☎/fax 983 4422, greendoorhostel@hotmail.com, 47 John St ; dortoir/double/triple 12,70/20,35/16,50 € par pers)*. Relativement nouveau, cet hôtel n'est qu'à 150 m de la gare routière. Il propose des dortoirs ou d'agréables chambres avec des lits superposés de fabrication artisanale.

B&B. Entre mai et octobre, il est préférable de réserver.

Orley House *(☎/fax 983 6019, orleyhouse@eircom.net, Bryanstown, derrière Dublin Rd ; simples/doubles 32/71 €)*. Située au sud de la Boyne, à 100 m de la grande route de Dublin, dans le lotissement de Bryanstown, ses 4 chambres disposent toutes d'une s.d.b.

Le grand protecteur devenu destructeur

Beaucoup voient en Oliver Cromwell (1599-1658) l'un des premiers démocrates anglais. En Irlande, il est largement vilipendé pour la barbarie dont il fit preuve envers la population, lors de l'invasion de 1649.

Cromwell n'aimait guère les Irlandais. Il voyait en eux des traîtres infidèles, engeance des catholiques romains ayant pris le parti du roi Charles Ier pendant la guerre civile, ne méritant donc que mépris. Lorsque l'"Anglais de Dieu" débarqua à Dublin avec ses 17 000 hommes, en août 1649, il partit sur-le-champ vers Drogheda, place forte stratégique et bastion du soutien royaliste. Il était bien décidé à faire de cette ville un exemple afin de dissuader toute autre tentative de résistance.

Arrivé devant les murs de Drogheda, Cromwell dut faire face à 2 500 défenseurs. Après une semaine de siège, il appela la ville à se rendre, se heurtant à un refus. Cromwell fit alors ouvrir le feu, principalement au canon, et en deux jours une brèche fut ouverte dans le mur d'enceinte.

Ainsi, on pourrait croire à un combat militaire loyal. Si Cromwell s'était contenté de soumettre la ville en plaçant à sa tête un gouverneur militaire, la prise de Drogheda n'aurait fait que s'ajouter à la liste déjà longue de tentatives de résistance avortées face à la domination anglaise. Au lieu de cela, il ordonna que toute personne ayant résisté à ses troupes soit exécutée. Des heures durant, quelque 3 000 personnes furent massacrées, femmes et enfants compris. Découvrant que 100 habitants s'étaient cachés dans la tour de St Peter's Church of Ireland, les soldats de Cromwell y mirent tout simplement le feu, tuant tous les malheureux.

Nombre de survivants furent faits prisonniers et vendus comme esclaves aux Caraïbes. Beaucoup attribuent ainsi l'existence de cheveux roux chez certains habitants de la Barbade à l'union d'esclaves africains et irlandais.

Aujourd'hui encore, le nom de Cromwell suscite la colère et la haine en Irlande, à Drogheda plus que partout ailleurs.

St Gobnait's (☎ *983 7844, Dublin Rd ; simples/doubles avec sdb 32/61 €*). Une maison moderne sur la route principale de Dublin, près de la gare ferroviaire, avec 3 confortables chambres équipées de s.d.b.

Harbour Villa (☎ *983 7441, Mornington Rd ; simples/doubles avec sdb 28/56 €*). À 2 km, sur la route de Mornington en direction de la mer, la maison domine l'estuaire de la Boyne. Les chambres sont petites mais agréables.

Boyne Haven (☎/*fax 983 6700, Dublin Rd ; simples/doubles 45/76 €, 51/83 € avec sdb*). Chacune des 3 chambres dispose d'une douche. Cet établissement d'un niveau un peu supérieur est situé sur la route de Dublin.

Hôtels. En plein centre, **Westcourt Hotel** (☎ *983 0965, fax 983 0970, West St ; simples/doubles 57/114,50 €*) est un établissement plus chic. Demandez le tarif spécial week-end.

Boyne Valley Hotel & Country Club (☎ *983 7737, fax 983 9188, Stameen, Dublin Rd ; à partir de 69 € par pers*). Un grand manoir du XIXe siècle, en retrait de la grande route de Dublin, qui offre piscine et parcours pitch-and-putt (version irlandaise du golf par 3).

Où se restaurer

Drogheda offre un grand choix d'établissements, dont aucun n'est vraiment inoubliable.

Restaurants. En face de St Peter's, **The Gateway** (☎ *983 2755, 15 West St ; à partir de 5 €*) propose un plat du jour spécial (6,35 €), généralement du style poulet-frites.

Buttergate Restaurant (☎ *983 4759, 9 Barrack St ; plats 19-26 € ; dîner mar-dim, déj dim*). Plutôt confortable, cet établissement situé à l'étage, près du Millmount Museum, sert une excellente cuisine, et un menu à 10 € avant 19h.

Himalayas Brasserie (☎ *983 1423, 35 James St ; plats à partir de 7 €*). Un restaurant indien très correct dans le centre-ville.

Cafés et pubs. Sur la rive nord, **Monks** (☎ *984 5630, angle Shop St et North Quay ; sandwiches à partir de 4 € ; 9h-20h lun-sam*). À l'extrémité sud de Shop St, au coin de North Quay, un charmant petit café qui sert précisément du bon café. Chose inhabituelle en Irlande, il n'est guère enfumé.

Keyside Café (☎ *984 4878, The Mall ; à partir de 4 €*). Un autre café sympathique qui met à l'honneur la cuisine irlandaise d'aujourd'hui.

Ialapono's (☎ *983 8342, Unit 1, West St ; à partir de 3,80 €*). Agréable, cet établissement de West St prépare de très bons sandwiches et un excellent café.

Moorland Café (☎ *983 3951, 96 West St ; à partir de 4 €*). Le café y est bon, tout comme les en-cas et les plats légers.

La Pizzeria (☎ *983 4208, 15 St Peter's St ; pizzas à moins de 9,70 €, 18h-23h*). Cet établissement très couru, tenu par un Italien, s'est spécialisé dans les pizzas et les pâtes.

Swan House (☎ *983 7506, Unit 3, West St ; plats à partir de 6 € ; ouvre à 17h30*). Un restaurant chinois très fréquenté, avec vente à emporter. Les plats de poulet coûtent autour de 8,90 €.

Black Bull Inn (☎ *983 7139, Dublin Rd ; plats 8,90-15 €*). À 1 km sur la route de Dublin, ce pub, élu en son temps "pub de l'année", n'a rien perdu de sa popularité. Le canard à la chinoise coûte 12 €. On y joue de la musique le week-end.

Où sortir

Weavers (☎ *983 2816, 82-83 West St*). Ce bar accueille en permanence une foule plutôt jeune, avec musique en direct le mercredi soir et DJ le week-end. À la carte, vous trouverez un choix de spécialités classiques de pub à partir de 5 €.

Bridie Macs (☎ *983 0965, West St*). Cet établissement qui dépend du Westcourt Hotel offre un large éventail musical le jeudi, le vendredi et le samedi.

C Ní Cairbre (*Carberry's ;* ☎ *984 7569, North Strand*). Ce vieux pub traditionnel (et obscur) est le plus populaire de la ville. Les concerts de musique irlandaise ont lieu le mardi soir et le dimanche après-midi. En théorie, l'ouverture se fait à 19h30, mais dans la pratique, l'horaire est fluctuant. La clientèle afflue le week-end.

Peter Matthew's (*McPhail's ;* ☎ *984 3168, Laurence St*). Une alternative aux pubs à l'ancienne, où se retrouvent les jeunes qui préfèrent la musique indie et la dance.

Earth (☎ *984 5561, Stockwell St , entrée 7 €*). Ce populaire night-club occupe le sous-sol du Westcourt Hotel.

No 4 (☎ *984 5044, Stockwell St ; entrée 7 € après 23h*). Situé en face du Earth, ce pub se transforme en boîte de nuit après 23h. Il a les faveurs de la jeunesse branchée de Drogheda.

Fusion (☎ *983 5166, 12 George's St ; entrée 7 €*). Cette disco qui bouge attire elle aussi les foules du jeudi au dimanche soir, avec un mélange années 60, funk et dance.

Abbey Centre Cinema (☎ *983 0188, Abbey Shopping Centre, derrière West St*). Vous trouverez ses deux salles de cinéma au fond du centre commercial.

Drogheda Arts Centre (☎ *983 3946, Stockwell Lane*). Cette salle municipale accueille des manifestations théâtrales et musicales.

Comment s'y rendre

Bus. Drogheda est à 48 km seulement au nord de Dublin, sur la N1 qui mène à Belfast. La gare routière de Bus Éireann (☎ *983 5023*) fait l'angle entre John St et Donore Rd, au sud du fleuve. C'est l'une des lignes les plus fréquentées du pays. Les bus de Dublin assurent la desserte quotidienne de Drogheda toutes les 30 minutes entre 7h30 et 16h, toutes les 15 minutes de 16h à 19h, puis toutes les 30 minutes jusqu'à 23h. Depuis Dublin, comptez en gros 1 heure 15 pour un billet à 6,35/9,55 €. La liaison Drogheda-Dundalk fonctionne elle aussi très bien avec des bus toutes les heures de 6h45 à 23h45, tous les jours (6,35/9,55 €, 40 min).

Il existe aussi un bus par jour allant de Dundalk à Galway, qui quitte Drogheda à 11h10 du lundi au jeudi et le samedi, à 16h30 les vendredi et dimanche. Prévoyez environ 4 heures 45 jusqu'à Galway

(15,90/24,20 €), avec un arrêt à Athlone d'où partent des correspondances pour Limerick, Sligo et Donegal.

Moins chers, Capital Coaches (☎ 042-934 0025) assure un service quotidien entre Dundalk et Dublin *via* Drogheda. L'aller simple Drogheda-Dublin coûte 5,10 €.

Train. La gare ferroviaire de Drogheda (☎ 983 8749) est juste au sud du fleuve, à l'est du centre-ville, du côté de la route de Dublin. Drogheda se trouve sur la ligne principale Belfast-Dublin et compte 5 ou 6 trains express (et de nombreux autres, plus lents) par jour dans les deux sens, 5 le dimanche. Il s'agit de la meilleure ligne d'Irlande avec un excellent service à bord. En dehors des heures de pointe, l'aller simple Drogheda-Dublin coûte 10,20 €.

Le train traverse la Boyne juste après Drogheda, sur le viaduc Sir John McNeill's construit au XIXe siècle, un grand ouvrage d'art qui offre une belle vue vers la mer.

Comment circuler

La ville de Drogheda se prête à une visite à pied et bon nombre de sites de la région sont facilement accessibles à vélo. PJ Carolan (☎ 983 8242), 77 Trinity St, fait partie du réseau Raleigh Rent-a-Bike. Vous pourrez y louer de bons vélos pour 12,70 € par jour. Bridge Cycles (☎ 983 3742), North Quay, près du pont, demande 11,50 € pour la journée.

Quant aux taxis, vous en trouverez devant la petite station (☎ 985 1839) de Duke St, juste derrière West St, ou celle, plus grande, située dans Laurence St, près de St Laurence's Gate.

ENVIRONS DE DROGHEDA

Drogheda constitue un excellent point de départ pour découvrir les sites de la Boyne Valley, à l'ouest de la ville (pour davantage d'informations, reportez-vous à la rubrique *Brú Na Bóinne* dans la section *Comté de Meath*). Le comté de Louth compte, à quelques kilomètres au nord de Drogheda, deux célèbres sites monastiques des plus pittoresques : Mellifont et Monasterboice. En partant ou en revenant d'Irlande du Nord, vous pouvez emprunter la route de la

côte (N1), rapide et sans grand intérêt, ou choisir le chemin des écoliers, par l'intérieur, *via* Collon et Ardee, qui passe par Mellifont et Monasterboice.

Mellifont Abbey

À 8 km au nord-ouest de Drogheda, au bord de la rivière Mattock, Mellifont Abbey *(☎ 041-982 6459, www.heritageireland.ie, derrière la R168, Tullyallen ; adulte/étudiant 1,90/0,75 € ; mi-juin/mi-sept tlj 9h30-18h30, mai/mi-juin et mi-sept/oct tlj 10-17h)* fut le premier monastère cistercien d'Irlande. Son nom dérive du mot latin *mellifons* (fontaine de miel). À son apogée, Mellifont était l'établissement cistercien le plus grandiose et le plus actif du pays. Pourtant, si ses ruines méritent une visite, elles reflètent peu cette grandeur passée.

En 1142, saint Malachie, évêque de Down, ramena de Clairvaux, en France, un groupe de moines afin de lutter contre la corruption et le relâchement des ordres monastiques irlandais. Soucieux d'éviter qu'ils ne soient distraits de leur mission par quelque influence, on les installa en ce lieu éloigné. Moines français et irlandais ne réussirent pas à s'entendre et, bientôt, les visiteurs regagnèrent le continent. Néanmoins, dans les dix ans qui suivirent, neuf autres monastères cisterciens furent fondés, et Mellifont, qui compta jusqu'à 400 moines, exerça sa suprématie sur 21 abbayes.

L'abbaye ne se contenta pas de faire souffler un vent nouveau sur la communauté religieuse, elle marqua aussi la naissance d'un style architectural. Pour la première fois en Irlande, on construisit des monastères selon le plan formel et la structure en usage sur le continent. Seuls ont perduré des fragments des bâtiments d'origine, mais il est facile de retracer le plan du monastère dans son ensemble. Comme dans beaucoup de monastères cisterciens, les bâtiments entouraient un cloître ouvert ou une cour.

Dans la partie nord du cloître, on découvre les restes d'une église en croix construite principalement au XIIIe siècle. Vers le sud, la salle du chapitre, servant probablement de salle de réunion, est reconnaissable à son sol partiellement recouvert de carreaux médiévaux provenant de l'église. Sans doute abritait-elle également le réfectoire, la cuisine et la seule pièce où ces moines austères pouvaient se réchauffer à la chaleur d'un feu. Dans l'aile est devaient se trouver les cellules des moines.

Mellifont présente une pièce remarquable, joyau de l'architecture cistercienne irlandaise : le *lavabo*, une sorte de lavoir destiné aux moines. Cette construction du XIIIe siècle apportait l'eau de la rivière grâce à des tuyaux de plomb. Plusieurs autres corps de bâtiment devaient entourer ce cœur de l'abbaye.

Après la dissolution des monastères, une maison fortifiée Tudor y fut construite par Edward Moore, en 1556, grâce à des matériaux provenant de la démolition de nombreux bâtiments. En 1603, elle fut témoin d'un épisode poignant qui allait marquer un tournant dans l'histoire de l'Irlande. Après le désastre de la bataille de Kinsale, sir Garret Moore y offrit refuge au vaincu, Hugh O'Neill, dernier des grands chefs irlandais, jusqu'à ce qu'il se rende à l'Anglais lord Mountjoy. Après sa reddition, O'Neill fut gracié, mais, désespéré, il s'exila sur le continent en 1607, en compagnie d'autres chefs irlandais, lors de la "fuite des comtes". En 1727, le site fut totalement abandonné.

Le *visitor centre*, tout proche, explique en détail la vie monastique. Une petite route permet d'aller de Mellifont à Monasterboice. Aucun transport public ne dessert l'abbaye.

Monasterboice

Légèrement en retrait de la N1 vers Belfast, à 10 km environ au nord de Drogheda. Monasterboice *(Muinistir Bhuithe ; derrière N1 ; entrée libre ; tlj du lever au coucher du soleil)* est un site monastique mystérieux, abritant un cimetière, deux anciennes églises en ruine, l'une des plus belles et plus hautes tours rondes d'Irlande et deux croix celtiques exceptionnelles (voir ci-dessous). On peut s'y rendre depuis Mellifont par un itinéraire qui serpente à travers champs.

Au bout d'une petite route ombragée perdue en pleine campagne, il se dégage de Monasterboice une atmosphère particulière. C'est à saint Buite, disciple de saint Patrick, que l'on attribue l'implantation du premier monastère, au IVe ou Ve siècle. Mais l'importance du site a sans doute précédé l'ère

chrétienne. Le nom de saint Buite, déformé, donna Boyne, et le fleuve fut ainsi baptisé. On raconte, que ce saint serait monté directement au paradis grâce à une échelle descendue du ciel. Les envahisseurs vikings s'emparèrent du site en 968, avant d'en être chassés par Donal, haut roi de Tara, qui tua à cette occasion plus de 300 Vikings.

Une petite boutique est installée à l'extérieur. Ici, pas d'horaires fixes. Pour éviter la foule, préférez le début ou la fin de journée.

Croix celtiques. Les croix scripturaires de Monasterboice illustrent à merveille l'art celtique. Elles jouaient un rôle didactique important, illustrant les Écritures à l'intention du peuple illettré. Probablement étaient-elles peintes de couleurs vives, dont il ne reste plus trace aujourd'hui.

Muiredach's Cross, la plus proche de l'entrée, remonte au début du Xe siècle. Sur le socle on peut lire l'inscription suivante : "Or do Muiredach Lasndernad i Chros" (Une prière en mémoire de Muiredach pour qui cette croix fut faite). Muiredach fut abbé des lieux jusqu'en 922.

Les scènes gravées n'ont pu être formellement identifiées. La face est se déclinerait ainsi, de bas en haut : dans le premier cartouche, la chute d'Adam et Ève et le meurtre d'Abel, dans le second, David et Goliath, le troisième représentant Moïse frappant le rocher pour donner de l'eau aux Hébreux et le quatrième, les Rois mages offrant leurs présents à Jésus et Marie. Au centre de la croix, on découvre les défunts ressuscités attendant le Jugement dernier et, plus haut, saint Paul au désert.

La face ouest semble davantage renvoyer au Nouveau Testament, évoquant de bas en haut l'arrestation de Jésus, Thomas l'incrédule, le Christ remettant une clé à saint Pierre et, au centre, la crucifixion et Moïse priant avec Aaron et Hur. La croix est surmontée d'une chapelle coiffée d'un toit à pignon.

La **West Cross**, à côté de la tour ronde, s'élève à 6,5 m, ce qui en fait l'une des croix celtiques les plus hautes d'Irlande. Elle est bien plus abîmée par les intempéries, surtout dans sa partie inférieure, et seuls 12 panneaux sur 50 demeurent lisibles.

L'un des plus nets, sur la face est, représente David tuant un lion et un ours, le sacrifice d'Isaac, David brandissant la tête de Goliath et David agenouillé devant Samuel. La face ouest illustre la Résurrection, la pose de la couronne d'épines, la Crucifixion, le baptême du Christ, Pierre coupant l'oreille du serviteur dans le jardin de Gethsémani, et le baiser de Judas.

Quant à la troisième croix, plus simple, à l'angle nord-est de l'enceinte, elle aurait été brisée par les soldats de Cromwell. Elle ne comporte que quelques motifs fort simples. Signalons aux photographes que cette croix dessine une étrange silhouette, le soir, se détachant sur la tour ronde, à l'arrière-plan.

La **tour ronde**, privée de sa toiture, domine le site du haut de ses 30 mètres. Elle est fermée au public. En 1097, d'après certains témoignages écrits, l'intérieur aurait brûlé, détruisant de nombreux manuscrits et d'autres pièces de valeur.

ARDEE

☎ 041 • 3 440 habitants

Combien de villes peuvent-elles s'enorgueillir de compter deux châteaux dans leur rue principale ? Le bourg d'Ardee (Baile Átha Fhirdhia) paresse au bord de l'étroite rivière Dee, à 10 km au nord de Collon, sur la N2. Sa longue rue centrale, bien ordonnée, successivement baptisée Bridge, Market et Irish St, est dominée par Ardee Castle au sud et Hatch's Castle au nord.

Pour une petite ville, Ardee possède une histoire haute en couleur. Son nom lui vient d'Áth Fhír Diadh (le gué de Fear Diadh), d'après le célèbre récit du combat entre Cúchulainn et son demi-frère Fear Diadh, ou Ferdia, raconté dans le *Táin Bó Cúailnge*. Lors d'un formidable duel, Cúchulainn blessa mortellement son bien-aimé Ferdia avec la *gae bolga* donnée par le demi-dieu Lug. Cúchulainn eut tant de peine qu'il ne s'en remit jamais. C'est l'une des histoires les plus tragiques et les plus belles du cycle de Cooley.

Au XIIe siècle, la région devint baronnie et la ville demeura aux mains des Anglais jusqu'à sa prise par les O'Neill, au XVIIe siècle. En 1689, Jacques II y installa pendant deux mois son quartier général, avant la bataille de la Boyne.

À voir et à faire

Tour carrée du XIIIe siècle, **Ardee Castle** *(☎ 685 3805 ; adulte/enfant 1,30/0,60 € ; juin-oct lun-sam 9h-17h)* constitua un avant-poste important à la frontière du Pale. Il fut ensuite transformé en tribunal avant d'abriter aujourd'hui un musée historique de la ville, ainsi qu'une cafétéria et une boutique d'artisanat. Plus petit, **Hatch's Castle** date de la même époque. Depuis Cromwell et jusqu'en 1940, il appartenait à la famille Hatch. Aujourd'hui encore, il s'agit d'une résidence privée.

N'hésitez pas à descendre vers le gué pour flâner sur la **promenade du bord de l'eau** et découvrir l'impressionnante sculpture qui représente Cúchulainn et Ferdia.

Où se loger et se restaurer

Railway Bar *(☎ 685 3279, railway_bar57.ardee@oceanfree.net, Market St ; chambres 23 € par pers avec petit déj).* Ce pub du centre-ville propose 5 chambres sommaires à l'étage.

Carraig Mor *(☎/fax 685 3513, info@carraigmor.com, Blakestown ; simples/doubles 32/49 €).* Un établissement plutôt chic, à 2 km au sud d'Ardee, sur la route principale de Dublin à Donegal. Il dispose de 5 chambres bien décorées, dont 4 avec s.d.b.

Gable's Restaurant *(☎/fax 685 3789, Dundalk Rd ; simples/doubles 32/51 €).* Au-dessus de ce restaurant de bonne réputation, vous trouverez des chambres propres et confortables. On y sert le soir un excellent menu à 28 €.

Red House *(☎/fax 685 3523, redhouse@eircom.net ; simples/doubles 48/60,50 € petit déj inclus).* Si vous voulez vraiment vous faire plaisir, choisissez cette élégante demeure georgienne installée dans une grande propriété privée. Vous la trouverez sur la route de Dundalk, après Gable's Restaurant, à 500 m environ sur la gauche. Comptez 32 € pour le dîner.

Smarmore Castle *(☎ 685 7167, fax 685 7650 ; chambres à partir de 127 €).* Un château du XIVe siècle récemment transformé en hôtel, à 4 km au sud d'Ardee.

ENVIRONS D'ARDEE

À 3 km d'Ardee, en direction du sud-est, se trouve un endroit étrangement baptisé **The**

Jumping Church of Kildemock. Par une nuit de tempête de février 1715, un mur de St Catherine's Church bascula sur ses fondations. Plutôt que d'expliquer simplement ce phénomène, les habitants décidèrent que l'église avait miraculeusement sauté pour s'écarter de la dépouille d'un fidèle excommunié, enterré là. Ainsi naquit "l'église sauteuse".

LA CÔTE

L'itinéraire le plus joli entre Drogheda et Dundalk reste sans conteste celui de l'intérieur, *via* Mellifont et Collon. Mais la route de la côte offre, elle aussi, de beaux panoramas. Elle bifurque vers le nord, sous le viaduc ferroviaire, longe Baltray et son parcours de golf et continue en direction de Termonfeckin, par de paisibles routes de campagne.

Termonfeckin

Le monastère de Termonfeckin (Tearmann Féichín) fut fondé par saint Féichín of Cong, du comté de Mayo, au VIe siècle. Seules quelques tombes subsistent, ainsi qu'une **croix celtique** du Xe siècle, sur la gauche en entrant dans le cimetière.

Vous découvrirez également un **château** ou maison-tour du XVe siècle *(10h-18h)* bien conservé, qui compte deux petites alcôves à voûte en berceau et un escalier en colimaçon inversé (dans le sens contraire des aiguilles d'une montre), chose inhabituelle. En quittant le village, suivez la route du Seapoint Golf Club, prenez la première à gauche, puis la première à droite. Demandez la clé de l'autre côté de la route.

Clogherhead

Quelque 2 km plus au nord, vous arrivez à Clogherhead (Ceann Chlochair), port de pêche et localité côtière animée dont l'agréable plage aux eaux peu profondes arbore un pavillon bleu. Les promenades ne manquent pas le long de la côte (quelque peu gâchée par les terrains de caravaning), dans les environs ou vers **Port Oriel**, charmant petit port qui offre une belle vue sur la Cooley Peninsula et les Mourne Mountains, vers le nord. En été, Port Oriel accueille toute une flotte de chalutiers et de petits bateaux de pêche.

Annagassan

Une petite route (R166) offrant des points de vue superbes continue vers Annagassan (Ath na gCasan), 12 km plus au nord, sur la rive nord de Dunany Point, au confluent de la Dee et de la Glyde. On raconte ici que c'est à Annagassan que les Vikings s'installèrent pour la première fois en Irlande. D'après certains écrits, ils y auraient pillé un monastère en 842 et peut-être construit le fort surélevé, aujourd'hui bien érodé, qui domine le village.

DUNDALK

☎ 042 • 25 762 habitants

À mi-chemin entre Dublin et Belfast, Dundalk, ville sans grand charme, tire son nom du fort préhistorique de Dún Dealgan dans lequel aurait vécu le héros Cúchulainn (voir plus loin l'encadré *The Táin Bó Cúailnge*). La ville se développa à l'intérieur d'un petit domaine appartenant à la famille de Verdon, qui l'avait reçu du roi Jean sans Terre en 1185. Au Moyen Âge, Dundalk marquait la limite nord du Pale, contrôlé par les Anglais, stratégiquement située sur l'une des principales routes en direction du nord.

À 13 km seulement de la frontière, Dundalk fait souvent figure de bastion républicain. D'ailleurs, un quartier résidentiel de la ville a été surnommé "Little Belfast" en raison des nombreux Irlandais du Nord qui s'y sont installés au cours des trois dernières décennies, parmi lesquels des membres de Real IRA (IRA véritable), groupe républicain dissident opposé aux accords de paix, qui a revendiqué l'attentat à la bombe d'Omagh qui fit 29 morts en 1998.

Orientation et renseignements

La route vers l'Irlande du Nord contourne le centre-ville par l'est. Les principales rues commerçantes sont Clanbrassil St et Park St. L'office de tourisme (☎ 933 5484), Jocelyn St, jouxte le Louth County Museum (voir ci-dessous) et ouvre toute l'année du lundi au vendredi de 9h30 à 13h et de 14h à 17h30 (en juillet-août et le week-end jusqu'à 18h). Le reste du temps, de multiples panneaux et plans d'informations touristiques jalonnent les rues. L'Arts Office (☎ 933 2276), Market Square, offre des ren-

DUNDALK

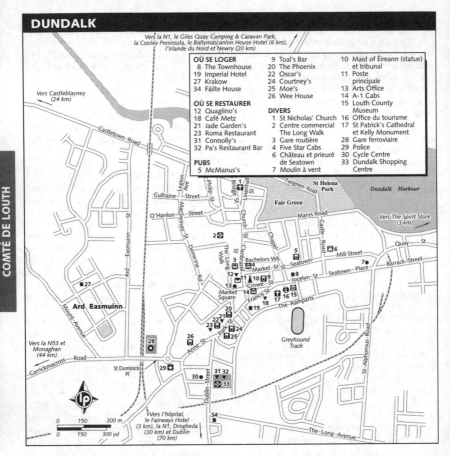

OÙ SE LOGER
8 The Townhouse
19 Imperial Hotel
27 Krakow
34 Fáilte House

OÙ SE RESTAURER
12 Quaglino's
18 Café Metz
21 Jade Garden's
23 Roma Restaurant
31 Connolly's
32 Pa's Restaurant Bar

PUBS
5 McManus's

9 Toal's Bar
20 The Phoenix
22 Oscar's
24 Courtney's
25 Moe's
26 Wee House

DIVERS
1 St Nicholas' Church
2 Centre commercial
   The Long Walk
3 Gare routière
4 Five Star Cabs
6 Château et prieuré
   de Seatown
7 Moulin à vent

10 Maid of Éireann (statue)
   et tribunal
11 Poste
   principale
13 Arts Office
14 A-1 Cabs
15 Louth County
   Museum
16 Office du tourisme
17 St Patrick's Cathedral
   et Kelly Monument
28 Gare ferroviaire
29 Police
30 Cycle Centre
33 Dundalk Shopping
   Centre

seignements sur les manifestations culturelles (théâtre, cinéma, concerts). Il vous accueille du lundi au vendredi de 9h à 12h45 et de 14h à 16h30. La poste centrale se trouve Clanbrassil St.

À voir

Le **Tribunal**, au croisement entre Crowe St et Clanbrassil St, est un beau bâtiment néogothique doté de large colonnes doriques, œuvre de Richard Morrison, à qui l'on doit un autre palais de justice, celui de Carlow. Sur la place est exposée la pierre **Maid of Éireann**, qui commémore la révolte des fenians en 1798.

À l'extrémité nord de Church St, se trouve **St Nicholas' Church**, ou Green Church. La tour du XVᵉ siècle, à droite du portail, constitue la partie la plus ancienne.
St Patrick's Cathedral, très richement décorée, fut réalisée d'après la King's College Chapel de Cambridge, en Angleterre. Lui faisant face, dans Jocelyn St, le **Kelly Monument** salue la mémoire d'un capitaine de Dundalk qui périt en mer en 1858. La rue compte également l'intéressant **Louth County Museum** (☎ 932 7056, Jocelyn St ; tarif plein/réduit 3,80/2,60 € ; oct-avril lun-sam 10h30-17h30 et dim 14h-18h,

fermé lun), qui évoque le développement industriel du Louth depuis 1750. Les deux étages ouverts en 1999 traitent de la région à l'âge de pierre.

À l'extrémité est de Jocelyn St se trouve le quartier de Seatown, avec son **château** (tour de prieuré franciscain) et un **moulin à vent** à l'abandon, sans voilure, le plus haut d'Irlande. Si vous arrivez à Dundalk en train, vous passez devant le **poste de garda** de St Dominick's Place en allant vers le centre-ville.

Où se loger

Fáilte House *(☎/fax 933 5152, angle Hill St et The Long Ave ; simples/doubles à partir de 25,50/49 €).* Vous trouverez cet excellent B&B au sud de la ville.

The Townhouse *(☎/fax 932 9898, thetownhouse@eircom.net, 5 Roden Place ; simples/doubles 38/57 €).* De l'extérieur, l'établissement semble irréprochable, mais certaines personnes nous ont signalé que la propreté laissait à désirer. Depuis St Patrick's Cathedral, il suffit de traverser la rue.

Fairways Hotel *(☎ 932 1500, fax 932 1511, info@fairways.ie, Dublin Rd ; simples/doubles 76/114 €).* Un luxueux hôtel moderne à 3 km sur la route de Dublin.

Ballymascanlon House Hotel *(☎ 937 1124, fax 937 1598, Carlingford Rd ; simples/doubles 90/142,50 € petit déj inclus).* Installé dans un manoir à 6 km au nord de Dundalk, en allant vers Carlingford, cet hôtel offre une piscine, des courts de squash, un superbe golf 18 trous et d'autres installations sportives (pour en savoir plus, voyez plus loin *Proleek Dolmen et Gallery Grave* dans les *Environs de Dundalk*).

Où se restaurer

Connolly's *(Long Walk Shopping Centre ; à partir de 3 €).* Ce petit café-traiteur servant essentiellement des sandwiches et des gâteaux est au 2e étage du centre commercial.

Pa's Restaurant Bar *(☎ 933 6602, Dundalk Shopping Centre, The Long Walk ; plats à partir de 5,50 €).* Situé lui aussi dans le centre commercial, à l'étage, Pa's est un grand bar-restaurant qui propose toute la journée un service de sandwiches et de restauration légère, dont des plats végétariens.

Café Metz *(☎ 933 9106, Williamson's Mal ; plats 10-13 €).* Ce nouveau venu très tendance, avec murs orange, parquet et stores vénitiens, décline une excellente cuisine et une carte pleine de surprises, avec du canard de Barbarie rôti, du saumon en pâte feuilletée et un fabuleux *chowder*.

Roma Restaurant *(☎ 933 4175, 7 Park St ; à partir de 3 €).* Dans cet établissement très fréquenté, vous pouvez commander des curries, des burgers, des pizzas et des tandooris, tous savoureux. Attention au *pink milkshake*, très consistant, si vous craignez les hauts-le-cœur !

Quaglino's *(☎ 933 8567, 88 Clanbrassil St ; plats à partir de 11 €, menu 32 € au dîner).* Ce restaurant italien proche de la poste fait partie des établissements un peu plus haut de gamme. Comptez 32 € pour un dîner complet.

Jade Gardens *(☎ 933 0378, 24 Park St ; plats 11,50-19 €).* Excellent restaurant chinois au décor discret, avec éclairage tamisé, sol en marbre noir et aquarium.

Où sortir

Plusieurs bons pubs sont réunis autour de Park St.

Toal's Bar *(☎ 933 2759, 7 Crowe St).* L'un des plus agréables pubs de la ville, qui ne manque pas de tempérament(s) !

The Phoenix *(☎ 935 2925, 15 Park St).* Derrière l'ancienne façade se cache un pub rénové, chaleureux, où règne une ambiance terriblement typique.

Moe's *(☎ 932 9699, 42 Park St).* Les jeunes de Dundalk affluent vers ce long bar de style américain, où le juke-box marche en permanence à plein volume.

Courtney's *(☎ 932 6652, 44 Park St).* En traversant la rue, vous pouvez entrer dans ce bar plus récent, quoique son atmosphère à l'ancienne laisse penser le contraire, très apprécié des jeunes.

Wee House *(☎ 933 5359, Anne St).* Un bar très sympathique, imprégné de l'ambiance du pays.

McManus's *(☎ 933 1632, 17 Seatown).* Le vrai bar du coin, par conséquent tranquille et agréable.

The Spirit Store *(☎ 935 2697, George's Quay).* À 3 km de la ville, cet ancien bar du port s'est refait une beauté et est devenu l'un des plus en vogue dans le coin. On y joue de la musique tout le week-end.

Comment s'y rendre
Bus. Bus Éireann (☎ 041-982 8251) assure un service vers Dublin presque toutes les heures, un peu moins souvent vers Belfast. La gare routière (☎ 933 4075) est installée sur The Long Walk, près du centre commercial. Il existe de nombreux bus locaux et des liaisons quotidiennes avec de multiples villes. L'aller simple pour Dublin coûte 7,60 €. Capital Coaches (☎ 934 0025) assure également une liaison avec Dublin pour 5 € l'aller simple.

Train. Clarke Train Station (☎ 933 5521), 100 m à peine à l'ouest de Park St, dans Carrickmacross Rd, est desservie en semaine par 10 trains (4 le dim) circulant sur la ligne Dublin-Belfast.

Comment circuler
Au sud du centre-ville, The Cycle Centre (☎ 933 7159), 44 Dublin St, face au Dundalk Shopping Centre, loue des vélos au prix de 5,10 € par jour.

Parmi les compagnies locales de taxis, citons À-1 Cabs (☎ 932 6666), 9 Crowe St, et Five Star Cabs (☎ 933 6000), 74 Clanbrassil St.

ENVIRONS DE DUNDALK
Vers l'Irlande du Nord
Pour aller vers Derry, prenez la N53 à l'ouest de la ville. Pour Belfast, il vous faut continuer sur la N1 en direction du nord. Si vous êtes à pied ou à vélo et que vous souhaitez rejoindre directement les Mourne Mountains, sachez que, de mai à septembre, un ferry relie Omeath à Warrenpoint, dans le comté de Down.

La frontière se trouve à 13 km au nord de Dundalk. Elle est gardée par un policier de la garda et un soldat britannique (la journée seulement), mais il est peu probable que vous soyez arrêté. Du côté nord du poste-frontière, vous trouverez de quoi manger et changer de l'argent.

Castleroche Castle
À 5 km au nord-ouest de Dundalk, sur la route de Castleblayney, se dresse, perché

sur un rocher, Castleroche Castle, édifié en 1230 par le baron de Verdon. Parmi ses vestiges, on découvre une porte d'entrée à tours jumelles et un mur défensif. L'une des fenêtres de la façade ouest est surnommée Fuinneóg an Mhurdair (fenêtre du meurtre), car c'est de là que la baronne aurait défenestré l'architecte afin qu'il ne construise jamais d'autre château semblable.

Faughart
Faughart (Fochaird), situé à 4 km au nord-est de Dundalk, offre de beaux points de vue. Mais la ville est surtout le berceau de sainte Brigide, deuxième personnage le plus vénéré d'Irlande après saint Patrick. Fille d'un chef local, elle s'installa à Kildare au VIe siècle. La grotte et l'église signalent l'emplacement d'un monastère auquel son nom est associé. Les fidèles viennent lui témoigner leur dévotion le 1er février, jour de sa fête.

Proleek Dolmen et Gallery Grave
En quitttant Dundalk vers le nord, tournez à droite 3 km plus loin vers Ballymascanlon House Hotel (voir *Où se loger* à Dundalk), d'où part l'embranchement vers la Cooley Peninsula. Dans le parc de l'hôtel, vers le 5e green du golf (le sentier est signalé pour les non-golfeurs), se trouve le beau site de Giant's Load Proleek Dolmen et Gallery Grave.

Si l'on en croit la légende, il s'agirait de la tombe de Para Buí Mór MhacSeóidín, un géant écossais qui serait venu ici défier Fionn McCumhaill, chef des légendaires guerriers de la Fianna. Cette tombe, datant de 3000 av. J.-C., est surmontée d'une dalle de 47 tonnes en équilibre sur trois montants. La présence de cailloux sur le dessus renvoie à une croyance selon laquelle si vous lancez une pierre au sommet, vos vœux seront exaucés ; les femmes célibataires, si elles y parviennent, sont assurées de se marier dans l'année.

COOLEY PENINSULA
À l'est de Dundalk, la lande solitaire de la Cooley Peninsula (péninsule de Cooley) a été témoin de nombreux épisodes du *Táin Bó Cúailnge* (la rafle du bétail de Cooley), l'épopée la plus célèbre d'Irlande (voir l'encadré page suivante). Ces collines font partie inté-

Le *Táin Bó Cúailnge* (la rafle du bétail de Cooley)

Cette incroyable histoire de guerre et de jalousie constitue l'un des plus anciens textes écrits dans une langue européenne, se rapprochant énormément des épopées grecques. Dans ce récit, la reine Maeve (Medb), puissante souveraine du Connaught, jalouse son mari Ailill qui possède un taureau blanc. Apprenant l'existence du taureau brun de Cooley, le plus puissant d'Irlande, elle décide de s'en emparer.

Maeve lève son armée et fait route vers l'Ulster où, avec la complicité de ses druides, elle jette une malédiction sur les armées d'Ulster qui s'assoupissent profondément, laissant la province sans défense. Seul rescapé, le jeune guerrier Cúchulainn s'en prend aux soldats de Maeve qui cherchent à franchir le fleuve à Ardee, dans le comté de Louth. Tuant de nombreux combattants, il ralentit leur avance. Maeve persuade alors Ferdia, demi-frère et ami de Cúchulainn, de se battre contre lui. À l'issue d'un féroce combat, Ferdia, vaincu, succombe dans les bras de Cúchulainn. La bataille continue à travers le Louth et la Cooley Peninsula, où nombre de lieux évoquent cette épopée.

Le sexe est également présent dans le Táin, car Maeve semble s'intéresser davantage à son chef de guerre, Fergus, qu'à son mari. À plusieurs reprises au cours de la saga, ils s'éclipsent pour s'adonner à l'amour. Profitant de l'un de ces épisodes, Ailill dérobe l'épée de Fergus, distrait, afin de l'humilier.

Tandis que ses soldats sont victimes des multiples subterfuges de Cúchulainn, Maeve réussit à s'emparer du taureau brun et l'envoie mystérieusement vers le Connaught. Blessé, Cúchulainn sort néanmoins vainqueur. Mais le taureau n'est plus là. Par la suite, le taureau brun tue le taureau blanc d'Ailill, puis écume toute l'Irlande, déposant çà et là des morceaux de sa victime. Fou de rage, il meurt non loin de l'Ulster, en un lieu appelé Druim Tarb (crête du taureau). Pour finir, Cúchulainn et l'Ulster font la paix avec Maeve. Ainsi se termine cette saga.

grante des Mourne Mountains d'Irlande du Nord, dont elles sont séparées physiquement par Carlingford Lough et politiquement par la frontière qui démarre au centre du lough. La péninsule est un petit monde à part, à fortes traditions républicaines.

Une note amère : la péninsule fut la seule région d'Irlande touchée par la fièvre aphteuse qui a durement frappé les campagnes britanniques en 2001. L'ensemble du secteur fut coupé du monde extérieur, ce qui porta gravement préjudice au potentiel touristique local. À l'époque de la rédaction de ce guide, Carlingford commençait à sortir de son isolement, et il faudra longtemps pour que la région retrouve son équilibre après ces lourdes pertes. Ceci étant, vous pouvez vous y rendre sans inquiétude.

Pour commencer, la meilleure façon de découvrir la Cooley Peninsula est d'emprunter la route qui en fait le tour, avec un petit crochet en direction de la mer à **Gyles Quay** – dont la plage est sans danger –, avant d'atteindre Carlingford et Omeath.

Gyles Quay Camping & Caravan Park (☎ 937 6262, Greenore, derrière Coast Rd ; double emplacement tente 11,50 € ; mars-oct). C'est le camping le plus proche, à 16 km dans l'ouest de la Cooley Peninsula, qui dispose d'excellentes installations. Depuis Dundalk, suivez la route Dundalk-Newry sur 3,5 km environ, puis prenez à droite la route de la côte. À 11 km, un panneau signale le camping.

Carlingford constitue sans nul doute le meilleur point de départ vers l'intérieur montagneux de la péninsule, baigné des légendes du *Táin Bó Cúailnge*, depuis Windy Gap jusqu'à **Long Woman's Grave** et au-delà, à travers les pittoresques forêts et petites routes qui en font un paradis pour les randonneurs.

Carlingford
☎ 042 • 647 habitants

En approchant de Carlingford (Cairlinn), on découvre les montagnes et des points de vue spectaculaires. Avec son chapelet de rues étroites et de maisons blanches, ce joli village se blottit sur la rive du Carlingford Lough, dominé par le Slieve Foye (587 m). L'agencement des rues et les multiples murs et tours que compte le village lui donnent une allure médiévale. À la fin des années 1980, les villageois s'organisèrent pour faire revivre cette communauté à l'agonie.

Les Mourne Mountains ne sont qu'à quelques kilomètres, de l'autre côté du lough.

Renseignements. Vous trouverez un petit office de tourisme près de l'Heritage Centre, ouvert de 9h à 17h en semaine. Le week-end, renseignez-vous directement auprès du centre du patrimoine. Une petite banque est ouverte le mardi et le jeudi.

Holy Trinity Heritage Centre. Ce centre du patrimoine *(☎ 937 3454, Churchyard Rd ; tarif plein/réduit 1,25/0,65 € ; 11h-17h lun-ven, 12h-17h sam-dim)* occupe l'ancienne Holy Trinity Church. En dehors des heures d'ouverture, il se transforme en salle de concert. Au mur, on peut voir une représentation du village pendant son âge d'or, Mint et Taafe's Castle dominant le front de mer. Une courte vidéo raconte l'histoire de Carlingford et des actions qui lui ont redonné vie.

King John's Castle. Carlingford fut fondé par les Vikings, puis devint au Moyen Âge un bastion anglais protégé par le château construit sur un éperon aux XIᵉ et XIIᵉ siècles pour contrôler Carlingford Lough. Du côté ouest, la porte fut conçue pour ne laisser entrer qu'un cavalier à la fois. En Irlande, une multitude de lieux portent le nom du roi Jean sans Terre, bien que souvent il n'y ait guère séjourné. En 1210, il fit une halte ici, avant de partir pour une bataille qui dura neuf jours avec Hugh de Lacy à Carrickfergus Castle, dans l'Antrim. On suppose que c'est ici que furent rédigées les premières pages de la Grande Charte, première déclaration constitutionnelle de droits au monde.

Autres curiosités. Non loin de la gare désaffectée, vous verrez Taafe's Castle, une maison-tour du XVIᵉ siècle qui dominait le lough avant que les terrains soient réquisitionnés pour construire une éphémère ligne

ferroviaire. Le **Mint** (hôtel des Monnaies), face à l'auberge de jeunesse et près de la place, remonte à la même époque. Édouard IV a accordé le droit de fonder ici un hôtel des monnaies en 1467, mais aucune monnaie n'y fut frappée. L'édifice présente quelques motifs celtiques intéressants gravés autour des fenêtres. Non loin de là s'élève la **Tholsel**, seule porte de la ville encore debout, fort abîmée au XIXᵉ siècle lors de sa transformation pour permettre la circulation.

À l'ouest du village se trouvent les ruines du **Dominican friary**, monastère dominicain construit vers 1305 et utilisé comme entrepôt jusqu'en 1539 par les pêcheurs d'huîtres.

Carlingford s'enorgueillit d'avoir vu naître Thomas d'Arcy McGee (1825-1868), l'un des pères fondateurs du Canada. Un buste lui rend hommage en face de Taafe's Castle.

Le Táin Trail. Carlingford est le point de départ du Táin Trail, un circuit de 40 km à travers la Cooley Peninsula et les Cooley Mountains, au fil duquel alternent routes goudronnées, pistes forestières et sentiers herbeux. Pour plus de renseignements, contactez l'office de tourisme de Carlingford ou de Dundalk (☎ 933 5484).

Croisières. Carlingford Pleasure Cruises (☎ 937 3239 ; adulte/enfant 3,80/1,90 € ; mai-sept). Les horaires de ces croisières d'une heure varient en fonction des marées.

Festivals. À la mi-août, les pubs sont pris d'assaut du matin au soir par les 20 000 visiteurs venus assister à l'Oyster Festival. Au programme : fête foraine, fanfares, musiciens ambulants, concours d'ouverture d'huîtres et dégustations.

De juin à septembre, tous les week-ends ou presque, une certaine fébrilité s'empare de Carlingford qui accueille une multitude de cours d'été, de fêtes médiévales, de chasses aux lutins et d'autres manifestations annuelles.

Où se loger. Carlingford constitue un lieu de séjour plus agréable que Dundalk. C'est ici que se concentrent bon nombre des possibilités d'hébergement de la péninsule. Le choix reste cependant limité et, en été, le village est pris d'assaut, surtout le week-end.

Carlingford Adventure Centre & Holiday Hostel *(☎ 937 3100, fax 937 3651, Tholsel St ; dortoirs 2/8 pers 12,70/11,50 € par pers, supp literie 1,5 €).* Cette auberge de jeunesse IHH se situe non loin de la rue principale. L'Adventure Centre propose des cours d'escalade, d'orientation, de trekking et de planche à voile pour les groupes.

D'un niveau élevé, les B&B ne sont pas légion à Carlingford. Pendant l'été ou en fin de semaine, pensez à réserver.

Shalom *(☎ 937 3151, kevinwoods@eircom.net, Ghan Rd ; simples/doubles avec sdb 32,50/49 €, petit déj compris).* Vous le trouverez en suivant la route de la jetée.

Ghan House *(☎/fax 937 3682, Main Rd ; simples/doubles 63,50/102 €).* À 2 km du village, sur la route de Dundalk, cette maison offre de confortables chambres bien aménagées et un excellent petit déjeuner, le tout dans une délicieuse ambiance. Notre meilleure adresse.

McKevitt's Village Hotel *(☎/fax 937 3116, Market Square ; simples/doubles 38/76 € avec petit déj).* Vous y trouverez un bar et un restaurant très agréables.

Jordan's Townhouse & Restaurant *(☎ 937 3223, fax 937 3827, Newry St ; simples/doubles 63,50/102 €).* Un B&B aux chambres confortables, spacieuses et modernes.

Où se restaurer. Les fruits de mer et les poissons sont ici à l'honneur.

Carlingford Arms *(☎ 937 3418, Newry St ; à partir de 7 €).* Les portions sont si copieuses qu'un poisson-frites suffit largement à nourrir deux personnes.

PJ's *(☎ 937 3973, Tholsel St ; plats à partir de 8 €).* Dans ce pub qui occupe l'arrière-boutique de l'épicerie O'Hare's, on vous demandera 5 € pour une demi-douzaine d'huîtres du Carlingford Lough servie avec du pain complet.

Kingfisher Bistro *(☎ 937 3151, Ghan Rd ; plats à partir de 9 €).* En toute logique, cet excellent restaurant accorde une place de choix aux fruits de mer.

Jordan's Restaurant *(☎ 937 3223, Newry St ; plats à partir de 10 €).* Un endroit accueillant, avec vue sur l'eau, dont la carte est étonnante de sophistication. Vous y dégusterez des huîtres ou des plats irlandais plus inhabituels, comme les *crubeens* (pieds de porc). Vous pouvez choisir le menu du chef ou manger à la carte pour 38,10 € par personne, boisson comprise. Un conseil : réservez en été.

Magee's Bistro *(☎ 937 3106, Tholsel St ; plats à partir de 4 € au café, 10 € au restaurant).* Un établissement 2 en 1, avec un excellent restaurant servant de délicieux fruits de mer (les huîtres sont succulentes) et un café plus abordable.

Où sortir. Le village compte plusieurs pubs dignes de ce nom.

Carlingford Arms (voir *Où se restaurer*) est le pub le plus populaire de la ville, très agréable et suffisamment spacieux pour accueillir tous les estivants.

Central Bar *(☎ 937 3444, Newry St),* face au Carlingford Arms, propose de la musique irlandaise le week-end.

PJ's (voir *Où se restaurer*). Juste à côté, ce bar traditionnel met la musique irlandaise à l'honneur le mercredi.

Comment s'y rendre. Du lundi au samedi, Bus Éireann (☎ 933 4075) assure 5 services par jour pour Dundalk et 2 pour Newry. Aucun bus ne circule le dimanche.

COMTÉ DE LOUTH

L'Irlande du Nord

Une visite de l'Irlande ne saurait être complète sans le franchissement de cette frontière invisible qui sépare les deux entités politiques de l'île. Même si nombre de problèmes restent encore à résoudre et si les souvenirs des "troubles" sont légion, un formidable sentiment d'optimisme règne aujourd'hui en Irlande du Nord. Un optimisme auquel on ne peut rester insensible et qui constitue une raison de plus de visiter cette région.

HISTOIRE

Touchés par la révolution industrielle, Belfast et les comtés alentour sont devenus le centre industriel de l'île. Mais la richesse née de cette expansion a essentiellement profité à la communauté protestante. Quand au tournant du XXᵉ siècle s'est profilée l'idée d'un *Home Rule* (gouvernement autonome) pour l'Irlande, les citoyens protestants de Belfast ont été nombreux à rejoindre l'UVF (Ulster Volunteer Force, Force de volontaires d'Ulster) pour résister à un tel mouvement. La minorité catholique s'est sentie de plus en plus tenue à l'écart et des attaques partisanes ont éclaté de temps à autre.

La partition

Le Government of Ireland Act de 1920 signa la partition de l'Irlande, sans que celle-ci y ait été vraiment préparée ni la population consultée. Ce découpage arbitraire devait assurer la mainmise des protestants unionistes sur un territoire économiquement viable leur procurant une confortable majorité. Les dirigeants de l'Ulster Unionist ne revendiquaient en effet que six des neuf comtés de l'Ulster (Antrim, Armagh, Down, Fermanagh, Londonderry et Tyrone), dans lesquels ils pouvaient compter sur le soutien d'au moins la moitié de la population. Au sud de la ligne de partition, le pays était catholique à une majorité écrasante, la minorité protestante s'élevant à seulement 5%. Au nord de cette frontière, l'équilibre était différent : la minorité catholique restait relativement importante (30%) et dans certaines régions du Sud les catholiques étaient même majoritaires.

Le traité anglo-irlandais de 1921, par lequel fut créé l'État libre d'Irlande, manquait de clarté sur l'avenir du Nord. Une commission spécialement chargée de la frontière fit des recommandations pour que soient effectués quelques changements mineurs. L'un d'eux étant que Crossmaglen (qui allait faire parler d'elle durant les "troubles") devait être restituée au Sud. Aucune de ces recommandations ne fut cependant suivie d'effet.

Le 22 juin 1921, le parlement d'Irlande du Nord vit le jour. Le pouvoir législatif était conjointement exercé par Westminster et le parlement de Stormont à Belfast. Le pouvoir exécutif revenait à un Premier ministre, chef de la majorité parlementaire (James Craig fut le premier Premier ministre), et à la Couronne, représentée par un gouverneur d'Irlande du Nord.

En 1923, la guerre civile qui faisait rage dans le Sud s'épuisa. La division de l'Irlande fut admise à contrecœur. Les nationalistes catholiques élus au nouveau parlement d'Irlande du Nord prirent leurs sièges avec la même réticence. Dès lors, les divisions religieuses allaient marquer de façon croissante la politique du Nord.

La domination protestante

Le parlement d'Irlande du Nord siégea de 1920 à 1972. La majorité protestante assura sa domination absolue en excluant systématiquement les catholiques du pouvoir. Au début des années 1970, alors que la population de Belfast comptait 25% de catholiques, seulement 2,5% des emplois de la municipalité étaient tenus par des catholiques. À Derry les logements faisaient l'objet d'une discrimination afin d'empêcher les catholiques d'avoir le droit de vote. Il fallut attendre les années 1970 pour que la revendication des catholiques *"One man, one vote"* obtienne enfin satisfaction, c'est-à-dire pour que chaque adulte ait le droit de voter.

Les effets de la dépression des années 1930 se firent sentir de façon encore plus dramatique en Irlande du Nord que partout ailleurs dans le Royaume-Uni, le taux de chômage tournant autour de 25%. Le revenu par habitant représentait à peine 60% de ce qu'il était en Grande-Bretagne et tous les indicateurs, du logement à la santé publique, étaient bien pires.

En 1922, les violents combats qui se déroulaient dans le Sud se propagèrent par delà la frontière et de violentes émeutes éclatèrent à Belfast. En 1935, de nouvelles émeutes firent onze morts à Belfast. Cependant, malgré tout, l'Irlande du Nord resta relativement paisible durant de nombreuses années après la partition.

Durant la Seconde Guerre mondiale, Belfast souffrit durement des bombardements. Les premières forces armées américaines à débarquer en Europe passèrent par Belfast le 26 janvier 1942. L'important soutien apporté par l'Irlande du Nord à leur effort de guerre confortèrent les Britanniques dans leur volonté de soutenir l'existence et l'indépendance de celle-ci. En 1949, la proclamation de la république d'Irlande coupa les derniers liens du Sud avec le Nord. Même l'inscription dans la nouvelle Constitution de la République de l'objectif final de récupération du Nord suscita peu d'agitation. Ce n'est que dans les années 1960 que l'instabilité profonde de l'Irlande du Nord commença vraiment à se manifester.

Les droits civiques

Dans les années 1960, le gouvernement du Premier ministre Terence O'Neill esquissa les premiers pas en faveur d'un règlement des problèmes des catholiques du Nord. Sa rencontre avec le Premier ministre du Sud et sa visite d'une école de filles catholique n'avaient pas de quoi bouleverser la planète. Les réactions suscitées par ces initiatives symboliques propulsèrent sur le devant de la scène le révérend Ian Paisley qui, avec ses discours fulminants, personnifia l'extrémisme protestant.

C'est à Derry (Londonderry) que les protestants exerçaient leur domination politique de la façon la plus outrée. En 1968, la population de Derry comptait environ 60% de

catholiques et 40% de protestants. Or le conseil municipal restait toujours majoritairement protestant grâce au découpage électoral et aux restrictions de droit de vote. En octobre 1968, une manifestation pour les civils rights (droits civiques) qui se déroulait à Derry fut violemment brisée par le RUC (Royal Ulster Constabulary, la police royale d'Ulster). Cette répression sonna le début des "troubles", comme on les a appelés par euphémisme.

En janvier 1969, le People's Democracy, un autre mouvement en faveur des droits civiques, organisa une marche de Belfast à Derry. Quand, aux portes de Derry, une bande de protestants attaqua les manifestants, la police resta sur le côté. Puis elle aggrava le problème en lançant une offensive dans le Bogside, un quartier de Derry à prédominance catholique. D'autres manifestations et violences s'ensuivirent et, loin de séparer les deux camps, la police devint une part du problème.

Finalement, en août 1969, des troupes britanniques furent envoyées à Derry, puis à Belfast pour faire respecter l'ordre et la loi. Bien accueillie par les catholiques au début, l'armée britannique fut bientôt perçue comme un instrument au service de la majorité protestante. Les excès commis par les militaires, en particulier lors du Bloody Sunday (le "dimanche sanglant"), réactivèrent le recrutement dans l'IRA (Irish Republican Army, Armée républicaine irlandaise), alors en état de veille. C'en était fini des mouvements pacifiques pour les droits civiques.

Les "troubles"

L'histoire des "troubles" durant 25 ans peut se résumer à des opportunités manquées, à de l'intransigeance de part et d'autre et à de fugaces moments d'espoir.

Après 1971, les personnes soupçonnées d'être des sympathisants de l'IRA pouvaient être incarcérées sans autre forme de procès, et de fait l'étaient. Lors du Bloody Sunday (30 janvier 1972), à Derry, treize manifestants pour les droits civiques furent abattus par l'armée britannique. La même année, le parlement d'Irlande du Nord fut suspendu, alors que des progrès notoires avaient été réalisés en matière de droits civiques. Un nouveau partage du pouvoir, établi par le Sunningdale Agreement de 1973, fut réduit à néant par la grande grève des travailleurs de l'Ulster de 1974, où les protestants étaient en nombre écrasant.

Tout en continuant à prendre pour cible des personnes en Irlande du Nord, l'IRA déplaça sa campagne d'attentats à la bombe sur le continent britannique. La condamnation de son activité se fit de plus en plus forte dans les rangs des citoyens et des partis de tous bords. Cependant des milices loyalistes menaient une campagne aussi sectaire d'assassinat des catholiques. Les passions atteignirent leur comble en 1981 quand des prisonniers républicains entamèrent une grève de la faim pour obtenir le statut de prisonnier politique. Dix d'entre eux en moururent, dont le plus célèbre, Bobby Sands, avait été élu membre du Parlement.

La situation devint encore plus trouble et plus complexe du fait de la prolifération de partis et de sous-groupes dissidents, aux programmes différents. L'IRA s'était scindée entre une aile "officielle" et une aile "provisoire" donnant naissance à des organisations républicaines encore plus extrémistes telles que l'INLA (Irish National Liberation Army, Armée de libération nationale irlandaise). Des myriades d'organisations paramilitaires loyalistes protestantes fleurirent également en opposition à l'IRA. La violence répondait à la violence, les agressions aveugles aux agressions aveugles.

Il est facile de faire la liste des "si seulement" quand on aborde le problème de l'Irlande. Si seulement le mouvement en faveur du Home Rule n'avait pas rencontré une opposition si violente à l'indépendance irlandaise au début de ce siècle, l'Irlande pourrait être un seul et même pays aujourd'hui. Les craintes du Nord auraient été moindres si seulement la République ne les avait pas encouragées en laissant les grands principes de l'Église catholique (sur la sexualité, le mariage et la censure) peser sur tant d'aspects de la vie commune.

L'antipathie des catholiques du Nord à l'égard des protestants du Nord aurait peut-être été moindre si seulement ces derniers les avaient traités de façon plus équitable

durant les années 1920 à 1990. La crainte qu'avait le Nord de l'appauvrissement du Sud aurait pu être moins fort si seulement le gouvernement de la République ne s'était pas accroché à sa vision d'une campagne idyllique plus longtemps que de raison.

L'impopularité de l'armée, comme la détermination de l'IRA, n'auraient pas pris de telles proportions, si seulement la première n'avait pas répondu avec une telle violence aux provocations de la seconde. Et la réticence du Nord à approuver un accord quelconque avec le Sud aurait peut-être été moindre si seulement l'IRA ne s'était pas montré si aveugle dans sa violence.

En 1970, le ministre de l'Intérieur britannique, l'infortuné Reginald Maudling, fut sévèrement critiqué pour avoir observé que ce que l'on pouvait espérer de mieux en Irlande du Nord, c'était d'atteindre "un niveau acceptable de violence". Vingt ans plus tard, c'est précisément ce qu'on avait atteint.

De 1990 à nos jours

Dans les années 1990, le tableau a commencé à changer par suite de l'évolution du contexte extérieur. L'entrée de l'Irlande dans la CEE en 1972, son essor économique et le déclin de l'Église catholique dans le Sud ont entraîné une réduction des disparités entre le Nord et le Sud. L'intérêt des Américains pour le problème irlandais lui a donné une dimension internationale et allait avoir une influence profonde en favorisant le Good Friday Agreement (l'accord du Vendredi saint).

Durant 1991 et 1992, les différentes factions rencontrèrent le gouvernement britannique. En apparence, il n'en sortit rien d'important. Cependant dans les coulisses certains individus, et en particulier John Hume, le leader du SDLP (Social Democratic and Labour Party, Parti travailliste et social-démocrate, un parti essentiellement catholique), continuaient à travailler d'arrache-pied pour tenter de convaincre les principaux groupes de faire des concessions.

En décembre 1993, le Premier ministre britannique John Major et son homologue irlandais Albert Reynolds signaient la Downing Street Declaration. Ce document, dans lequel la Grande-Bretagne déclarait ne pas avoir d'"intérêt économique ou stratégique égoïste en Irlande du Nord", constituait un élément déterminant dans le processus de paix en inscrivant le principe du consentement de la majorité au cœur de toutes les négociations portant sur les modifications constitutionnelles.

Puis, le 31 août 1994, le leader du Sinn Féin, Gerry Adams, annonça au nom de l'IRA une "cessation de la violence". En octobre 1994, le Combined Loyalist Military Command (Commandement militaire loyaliste combiné) annonça également un cessez-le-feu. La plupart des troupes britanniques rentrèrent alors dans leurs casernes et les barrages routiers furent levés. Suivit un temps de paix fébrile durant lequel toutes les parties formulèrent à nouveau leurs objectifs.

En 1995, les gouvernements britannique et irlandais publièrent deux documents cadres devant servir de base pour la poursuite des pourparlers. Le premier, *A Framework for Accountable Government in Northern Ireland* (Cadre pour un gouvernement responsable en Irlande du Nord) exposait les propositions du gouvernement britannique pour restaurer la démocratie grâce à une assemblée élue à la représentation proportionnelle. Dans le second, *A New Framework for Agreement* (Nouveau Cadre pour un accord), les gouvernements britannique et irlandais présentaient leurs propositions communes concernant les relations à l'intérieur de l'île et entre les deux gouvernements.

Bien qu'il ait été précisé qu'il ne s'agissait là que de documents de discussion et que rien ne serait mis en œuvre sans un référendum préalable, les deux côtés se braquèrent. Le principal point d'achoppement restait le problème du désarmement – avec l'apparition de l'exigence unioniste que l'IRA fasse la preuve de sa volonté réelle de parvenir à un accord de paix en rendant ses armes avant le début des négociations. De leur côté, le Sinn Féin et l'IRA déclaraient que le désarmement devait faire partie de l'accord final et n'était pas envisageable avant le retrait des troupes britanniques et la libération des prisonniers politiques. Le processus de paix n'avançant pas, l'IRA rompit le cessez-le-feu le 9 février 1996,

avec un attentat, à Londres, qui firent deux morts et de nombreux blessés.

Lors des élections générales britanniques de 1997, le Parti travailliste de Tony Blair remporta une victoire écrasante qui lui permit de s'engager à nouveau dans la recherche de solutions aux problèmes de l'Irlande du Nord. En juin, lors des élections générales de la république d'Irlande, Bertie Ahern, du Fianna Fáil, qui avait déclaré son intention de reprendre les négociations avec le Sinn Féin pour un nouveau cessez-le-feu fut élu *taoiseach* (Premier ministre).

Le même mois, le nouveau ministre pour l'Irlande du Nord, le Dr Mo Mowlam, et les autres officiels britanniques promirent d'accepter le Sinn Féin aux négociations menées à Stormont Castle avec toutes les parties dès qu'un cessez-le-feu serait appliqué. Dans le même temps, George Mitchell, un ancien sénateur américain servit de médiateur dans les pourparlers, sur la manière de sortir de l'impasse au sujet du désarmement. Les discussions sur l'avenir de l'Irlande du Nord se déroulaient parallèlement aux discussions sur le désarmement.

L'IRA déclara alors un autre cessez-le-feu à partir du 20 juillet 1997. Six semaines plus tard le Sinn Féin prenait part aux discussions sur la paix.

Les intenses négociations aboutirent à l'accord historique du 10 avril 1998, le Good Friday Agreement (l'accord du Vendredi saint) Cet accord qui déclarait que l'avenir politique de l'Irlande du Nord dépend du consentement de la majorité de sa population fut approuvé à une majorité écrasante lors de plusieurs référendums qui se déroulèrent simultanément le 22 mai 1998 en Irlande du Nord et dans la république d'Irlande. À peine plus de 71% de la population de l'Irlande du Nord vota pour accepter que la démocratie lui soit accordée tandis que, dans la République, il y eut 94% de "oui" pour accepter la fin des revendications territoriales de Dublin sur le Nord.

Aux termes de cet accord, la nouvelle Assemblée d'Irlande du Nord se voyait donner les pleins pouvoirs législatifs et exécutifs sur l'agriculture, le développement économique, l'éducation, l'environnement, les finances, le personnel, la santé et les services sociaux. L'accord définissait également les grandes lignes d'une commission indépendante sur l'avenir politique, des plans de libération de la plupart des prisonniers paramilitaires et d'une importante réduction du RUC, la police royale d'Ulster.

Le 25 juin 1998, les 108 membres de l'Assemblée furent élus à la proportionnelle.

La nouvelle Assemblée se réunit pour la première fois le 1er juillet 1998. David Trimble fut élu Premier ministre et Seamus Mallon du SDLP, vice-Premier ministre.

L'année qui suivit l'accord de paix fut malheureusement aussi une année de violences, et des émeutes se produisirent à la suite de l'interdiction, par la commission indépendante, des parades du défilé orangiste de Drumcree-Portadown. L'escalade de la violence loyaliste atteignit son paroxysme le 12 juillet lorsqu'une bombe au pétrole déclencha un incendie où trois enfants trouvèrent la mort.

Le 15 août 1998 eut lieu la pire atrocité de toute l'histoire des "troubles" : l'attentat d'Omagh par le Real IRA (l'IRA véritable), mouvement dissident de l'IRA hostile au Good Friday Agreement. Une bombe de 650 kg tua vingt-neuf personnes et en blessa deux cents. Des avertissements téléphoniques confus avaient conduit le RUC a évacuer les gens sur les lieux mêmes où la bombe allait exploser. La rapidité de réaction des hommes politiques, et en particulier la condamnation officielle de l'attentat par Gerry Adams, évita les représailles loyalistes. Peu après, les gouvernements britannique et irlandais firent voter de nouvelles lois antiterroristes, et des cessez-le-feu furent déclarés par le Real IRA – temporaire pour sa part –, l'INLA et le LVF (Loyalist Volunteer Force).

La question du désarmement des milices piétina, David Trimble refusant de laisser le Sinn Féin occuper ses deux sièges ministériels à l'Assemblée tant que l'IRA n'aurait pas neutralisé ses armes, et le Sinn Féin ne cessant de répéter que le désarmement n'était pas une condition préalable à l'application de l'accord. Cette opposition tourna à l'absurde quand l'UUP boycotta l'Assemblée le jour même (15 juillet 1999) où le pouvoir devait être dévolu à Belfast.

L'ex-sénateur américain George Mitchell, qui avait servi de médiateur dans les négociations de paix de 1998, revint en Irlande du Nord en septembre 1999 pour aider les parties à sortir de l'impasse. Quelques jours plus tard, la commission indépendante sur la politique de l'Irlande du Nord, présidée par l'ancien gouverneur de Hong Kong Chris Patten, publia son rapport. Ce rapport de 128 pages intitulé *A New Beginning* (Un nouveau commencement) faisait 175 recommandations visant à réformer le RUC, la police royale d'Ulster qui était restée de façon disproportionnée protestante (à 92% alors) et unioniste depuis son établissement en 1922.

La commission souhaitait voir la proportion de catholiques dans cette force passer de 8 à 30% dans les dix ans (les catholiques représentant 42% de la population). Le rapport recommandait aussi que le RUC soit rebaptisé Northern Ireland Police Service (Service de police d'Irlande du Nord, par la suite modifié en Police Service for Northern Ireland, Service de police pour l'Irlande du Nord) ; que son badge, une harpe et une couronne, soit changé ; que le drapeau de l'Union ne flotte plus sur les postes de police ; que les actuels dirigeants de la police soient remplacés et que le nombre de policiers soit réduit de 13 000 à 7 500.

Lors du remaniement ministériel du 12 octobre 1999, le Premier ministre britannique Tony Blair nomma Peter Mandelson ministre pour l'Irlande du Nord en remplacement de Mo Mowlam. Nombreux sont ceux qui pensent que c'est grâce aux efforts de Mowlam, la première femme à avoir été nommée à ce poste, que le Good Friday Agreement a été possible.

Le rapport de George Mitchell, rendu le 18 novembre 1999, proposait que l'IRA fasse une déclaration significative sur son désarmement dès la mise en place de l'exécutif. Ce compromis qui sauvait la face fut accepté par l'UUP le 27 novembre, et l'Assemblée reprit son activité deux jours plus tard, la passation de pouvoir de la part du gouvernement britannique ayant lieu le 1er décembre.

L'IRA désigna un représentant à la Commission internationale pour le désarmement ce qui ne suffit pas à satisfaire l'UUP. Sous la pression de son propre parti, David Trimble annonça que si l'IRA n'avait pas commencé à désarmer en février 2000, il donnerait sa démission. Pour étayer la position de Trimble, Peter Mandelson déclara qu'il reprendrait directement en main les rênes de l'administration locale s'il n'y avait pas d'avancée en la matière. Malgré des négociations acharnées de dernière minute, en l'absence de tout accord, l'Assemblée fut suspendue le 11 février.

Le position de Trimble à la tête de l'UUP fut remise en question comme prévu en mars, mais il l'emporta avec une faible marge. Le même mois, l'enquête sur le Bloody Sunday promise par le Labour Party commença à Derry. Elle avait pour tâche d'examiner des milliers de documents, environ 5 000 photos et plus de 1 000 témoignages, pour démasquer la vérité sur le massacre.

Des discussions se poursuivirent sans effet jusqu'au 6 mai, date à laquelle l'IRA fit une déclaration dans laquelle elle se disait prête à entamer un processus qui mettrait "complètement et de façon vérifiable" ses armes hors d'usage. L'ancien secrétaire général de l'African National Congress Cyril Ramaphosa et l'ancien président finnois Martti Ahtisaari furent désignés pour inspecter les dépôts d'armes de l'IRA et vérifier que celles-ci étaient hors d'usage. Ceci semblant faire l'affaire, David Trimble exprima un optimisme prudent.

Un autre sujet de conflit surgit le 16 mai quand le projet de loi visant à réformer le RUC fut rendu public et que le Sinn Féin déclara qu'il édulcorait les propositions de Patten. Le 29 mai, le pouvoir fut rendu au parlement de Stormont, l'IRA s'étant engagée à neutraliser ses armes et David Trimble ayant reçu la caution de son parti pour retourner à Stormont.

Fin juin, les inspecteurs chargés du désarmement vérifièrent les dépôts d'armes et annoncèrent que les armes ne pourraient plus être utilisées hors de leur contrôle).

En juillet, la marche orangiste à Drumcree faillit mettre en péril la confrontation, mais après plusieurs jours d'émeutes, les manifestations cessèrent. Néanmoins des hostilités entre divers milices loyalistes dégénérèrent en guerre des gangs rivalisant pour le pouvoir.

Lors d'une nouvelle inspection des armes en octobre 2000, le général John de Chastelain, de l'IIDC (commission indépendante internationale pour le désarmement) déclara qu'aucun progrès n'avait été accompli dans le désarmement effectif. Le 28 octobre, David Trimble décida d'adopter une position plus dure sur le désarmement pour prévenir la remise en cause de son leadership. Il ne faut pas oublier que les principaux acteurs du processus de paix sont, pour des raisons électorales, les otages des éléments plus extrémistes. Le Sinn Féin a beau être engagé dans le processus de paix, il doit aussi veiller à conserver l'appui de ses supporters pour éviter le développement de mouvements dissidents paramilitaires républicains. Du côté unioniste, l'UUP doit faire face à la fuite de ses supporters vers le DUP (hostile au Good Friday Agreement) s'il ne maintient pas une position anti-IRA suffisamment ferme.

Le 24 janvier 2001, Peter Mandelson fut remplacé par le Dr John Reid au ministère pour l'Irlande du Nord. Début 2001, l'Assemblée poursuivit son activité dans un climat politique en état de veille jusqu'aux élections générales, prévues en mai et reportées en juin par suite de l'épidémie de fièvre aphteuse.

Bien que deux nouvelles inspections aient vérifié que les arsenaux n'avaient pas été touchés, le 8 mai David Trimble lança une bombe préélectorale sous la forme d'une lettre de démission postdatée. Sa démission devant être effective le 1er juillet si l'IRA ne tenait pas sa promesse de neutraliser ses armes avant la fin juin.

Lors des élections générales britanniques du 7 juin 2001, le Sinn Féin réussit à gagner 4 sièges à Westminster et le DUP 5 sièges. L'UUP en a perdu, mais reste néanmoins le plus grand parti avec 6 sièges de plus que le suivant. Le SDLP conserve ses 3 sièges. Les partis du centre ont ainsi vu leur place réduite au profit des extrêmes.

Tandis que le DUP s'appuie surtout sur les unionistes mécontents, le soutien accru au Sinn Féin vient principalement des jeunes et des personnes qui n'avaient jamais pris la peine de voter jusqu'alors. Il en résulte une transformation de la carte politique de l'Irlande du Nord dans laquelle se dessine une nouvelle frontière séparant l'ouest et le sud de la province, nationalistes, de l'est et du nord, essentiellement unionistes.

Trimble a mis sa menace à exécution en démissionnant de son poste de Premier ministre et en appelant le gouvernement britannique à venir expulser le Sinn Féin de l'exécutif au pouvoir partagé si l'IRA ne se débarrassait pas de ses armes dans les six semaines – l'ultimatum étant fixé au 12 août.

Le 8 août 2001, l'IRA faisait une annonce historique dans laquelle elle disait avoir présenté un plan de neutralisation complète de ses armes à la commission du désarmement. Bien accueilli dans l'ensemble, ce plan fut refusé net par les instances de l'UUP car il ne fixait pas les échéances de ce désarmement. Furieux de cette réponse, l'IRA retira sa proposition quelques jours plus tard.

Vu la tournure que prenaient les choses, John Reid, le ministre pour l'Irlande du Nord, décida de suspendre l'Assemblée pendant un jour, ce qui laissa un nouveau répit de six semaines avant de reprendre les négociations et de faire le point sur le processus de paix. En septembre, le processus reprit avec une série de discussions pour tenter de sauver la situation.

En l'absence du moindre mouvement de la part de l'IRA, les ministres de l'Ulster Unionist et du Democratic Unionist démissionnèrent. Le même jour cependant quelques signes laissaient supposer que l'IRA allait peut-être prendre une décision historique, décision qui devint effective le 23 octobre. Sa déclaration disait : "Il est de la responsabilité de chacun de ceux qui sont sérieusement engagés en faveur d'une paix équitable de faire de son mieux pour éviter ceci [l'effondrement de l'Assemblée]. Aussi, afin de sauver le processus de paix, nous avons mis en œuvre le plan approuvé par l'IIDC en août. Notre motivation est claire. Ce geste sans précédent est destiné à sauver le processus de paix et à convaincre les autres de la sincérité de nos intentions." Cela voulait effectivement dire que l'IRA

neutralisait ses armes. Restait néanmoins à savoir s'il s'agissait de l'ensemble de son arsenal, quels étaient les moyens irréversibles employés pour neutraliser ses armes et si elle n'en achèterait pas d'autres.

Toujours est-il que la plupart des unionistes réintégrèrent l'Assemblée, à l'exception de deux d'entre eux qui ne voulaient pas soutenir la réélection de Trimble comme Premier ministre. Il fallut des tractations de dernière minute pour obtenir que trois membres du parti de l'Alliance non alignés votent en sa faveur. Malgré cet ultime défi lancé par le DUP, Trimble fut élu Premier ministre.

ÉCONOMIE

Durant le XIXe siècle, l'Irlande du Nord a été à la pointe de la révolution industrielle. C'était l'une des régions les plus prospères d'Europe. Le déclin des industries traditionnelles, telles que la construction navale, le textile et le cordage, conjugué avec la dislocation de l'économie liée aux "troubles", le taux très élevé de natalité (l'un des plus forts d'Europe) et les politiques de discrimination dans l'emploi ont retenti sur l'économie avec un chômage élevé, de bas revenus et un mouvement d'émigration. La région a bénéficié d'importantes aides de la part de la Grande-Bretagne, de l'Union européenne et de l'IFI (Fonds international pour l'Irlande) dont la plus grande contribution provient des États-Unis. Les problèmes liées à la sécurité ont en outre entraîné de très importantes dépenses et un emploi très développé dans le secteur de la défense.

Le taux de chômage de l'Irlande du Nord, qui atteignait 17% au début des années 1980, est redescendu à 4,4% (il est de 3,6 à 4% dans le reste du Royaume-Uni). Ceci est dû en partie aux importantes aides financières apportées à l'Irlande du Nord depuis la fin des années 1970, mais reflète aussi une amélioration notoire de l'économie locale.

La prospérité économique des cinq dernières années a bénéficié notamment à la population catholique. La croissance a touché le bâtiment et l'hôtellerie-restauration, deux secteurs traditionnels d'emploi. Une majorité des étudiants universitaires sont catholiques, et il existe une importante classe moyenne catholique. La proportion de catholiques dans la fonction publique est aujourd'hui plus en rapport avec leur nombre dans la population.

Environ 46% des emplois dépendent directement ou indirectement du secteur public. Six pour cent de la population active travaille dans l'agriculture – trois fois plus que la moyenne en Grande-Bretagne –, 23% dans l'industrie et le bâtiment. Le poids des secteurs traditionnels tels que le textile et l'agroalimentaire reste plus élevé que dans le reste du Royaume-Uni.

Le premier cessez-le-feu, instauré en 1994, a profité aussitôt à l'industrie du tourisme qui a connu une croissance de 20%, mais après la rupture des cessez-le-feu en 1996, les chiffres du tourisme sont retombés d'environ 30%. Il a fallu attendre 1998 pour retrouver une embellie avec une augmentation de 4% du nombre de visiteurs. Le tourisme représente à peu près 2% de l'économie alors qu'il atteint 8% dans le reste du Royaume-Uni. Selon les prévisions actuelles, le développement du tourisme pourrait aboutir à la création de 20 000 nouveaux emplois et accroître encore de 4% sa part dans l'économie, ce qui le situerait au même niveau qu'en république d'Irlande où il compte pour 6% dans le PNB.

Encore faut-il pour cela que les gens sachent que le Nord peut se visiter sans danger et qu'il présente des attraits qui valent ceux du Sud. Moins de 10% des touristes qui vont à Dublin visitent également le Nord, et nombre d'entre eux se contentent de faire une incursion de quelques heures depuis le Donegal jusqu'à la Chaussée des Géants.

Le cessez-le-feu instauré en 1997 continue à avoir des effets positifs sur l'essor économique. Les investissements étrangers en 1997-1998 ont atteint le chiffre record de 522 millions de livres, avec une part accrue dans le secteur de la haute technologie, notamment dans le software informatique. De grandes chaînes de supermarchés britanniques telles que Sainsbury's et Tesco se sont implantées en Irlande du Nord, mais les grandes chaînes de distribution de matériel audiovisuel et de micro-informatique n'ont pas encore vraiment mis le pied dans la région.

Le secteur de l'hôtellerie et de la restauration a connu un essor spectaculaire avec une augmentation en flèche de la capacité hôtelière et des investissements importants dans les bars, les restaurants et les centres de conférence, en particulier dans le centre de Belfast.

Alors que d'importants investissements ont été effectués dans les télécommunications et dans la technologie de l'information, la tendance globale à la baisse qui a gelé les investissements dans le Sud, n'a pas encore atteint le Nord. À l'horizon se profile aussi le déclin de la manne européenne. L'Irlande du Nord peut compter sur une aide de 940 millions de livres jusqu'en 2006, mais devra ensuite tenir debout toute seule.

Belfast

279 240 habitants

En pleine renaissance, Belfast connaît une reconstruction rapide qui lui permet de se réinventer. Les investissements massifs réalisés au cours de ces dernières années ainsi que les perspectives de paix ont transformé la capitale de l'Irlande du Nord en une ville dynamique.

Depuis une dizaine d'années, les chaînes d'hôtels de luxe ont ouvert des établissements, tandis que de nombreux restaurants, bars et cafés élégants voyaient le jour. Outre le nettoyage de la rivière Lagan, fortement polluée, le programme Laganside mis en place par le gouvernement a permis la restauration de certains quartiers du centre-ville comme le Cathedral Quarter, désormais à la mode, tandis que de nouvelles constructions ont surgi de terre : des appartements sur les berges, le palais des congrès Waterfront Hall qui peut accueillir 2 235 personnes sans oublier le complexe sportif et culturel Odyssey.

On se prend à éprouver un sentiment d'excitation mêlé de soulagement lorsqu'on fréquente les bars et les restaurants récents. Après 30 années de conflit, une allégresse, plus marquée qu'à Dublin selon certains, s'est emparée de la cité, preuve que Belfast renoue avec le reste du monde.

Il est aisé de se repérer dans cette ville compacte qui abrite plus d'un quart de million d'habitants. La plupart des curiosités sont relativement proches les unes des autres, facilitant la circulation à pied. Belfast renferme quelques joyaux d'architecture et de culture, comme l'impressionnant City Hall (hôtel de ville) et l'excellente Linen Hall Library. La ville compte des dizaines de pubs victoriens et une vie nocturne très animée, essentiellement grâce aux nombreux étudiants. En outre, elle jouit d'un emplacement agréable : les Belfast Hills apparaissent à l'ouest, les rochers et les flancs verdoyants de Cave Hill surgissent au-dessus de la ville au nord tandis que les eaux du Belfast Lough pénètrent dans le centre-ville par le nord-est.

Certes, une multitude d'éléments rappellent les "troubles". Le conflit profond et les passions viscérales qui déchirent l'Irlande du Nord depuis plusieurs décennies sont sans doute plus vifs à Belfast que n'importe où ailleurs. Mais, statistiquement, Belfast a toujours été une ville sûre pour les touristes : au plus fort des "troubles", le taux de criminalité ne représentait qu'un dixième de celui de New York. De plus, même si la prétendue Peace Line (ligne de paix) sépare

À ne pas manquer

- La découverte des peintures murales de West Belfast en taxi noir
- Un dîner au restaurant dans le Golden Mile
- La vie nocturne du quartier de l'université
- L'ascension de Cave Hill pour jouir du panorama
- La musique traditionnelle et la bière des fabuleux bars de Belfast
- Le nouveau centre de la découverte W5 de l'Odyssey Complex

toujours les communautés protestantes et catholiques de Belfast, elle est désormais ouverte la plupart du temps.

HISTOIRE

Belfast est une ville relativement récente comparée à d'autres et elle ne possède presque aucune trace de son existence d'avant le XIXᵉ siècle. Son nom vient de Beál Feirste (embouchure du gué de sable), en référence à la Farset qui coulait dans le centre de la bourgade. Elle est désormais enserrée dans un conduit souterrain. En 1177, le Normand John de Courcy fit bâtir un château à proximité de la Lagan. Un petit village se développa autour. Tous deux furent détruits 20 ans plus tard. La région tomba alors aux mains de la famille irlandaise O'Neill pour de longues années. La ville commença de croître véritablement en 1611 lorsque le baron Arthur Chichester y fit ériger un château et contribua à son développement.

Les premières grandes vagues de colons étrangers étaient constituées d'Écossais et d'Anglais amenés par Jacques Iᵉʳ au début du XVIIᵉ siècle. Ils furent suivis par un afflux de huguenots à la fin du XVIIᵉ siècle. Fuyant la persécution orchestrée par Louis XIV, ces protestants français bâtirent les fondations d'une industrie du lin florissante. De nouveaux colons écossais et anglais arrivèrent et de nouvelles industries comme celles de la corde, du tabac, de la construction mécanique et navale se mirent en place.

L'antagonisme entre protestants et catholiques n'est réellement apparu qu'au cours du XIXᵉ siècle. Auparavant, la justice sociale était plus équitable à Belfast et de nombreux protestants se montraient partisans de l'indépendance de l'Irlande. Les United Irishmen (Irlandais unis), qui militèrent pour une plus grande autonomie par rapport à l'Angleterre, naquirent à Belfast en 1791.

Au cours des XVIIIᵉ et XIXᵉ siècles, Belfast fut la seule commune d'Irlande à connaître une vraie révolution industrielle. Des rangées de maisons de brique identiques furent bâties pour les ouvriers des usines et des chantiers navals. La population de Belfast passa ainsi progressivement de 20 000 habitants en 1800 à environ 400 000 au début de la Première Guerre mondiale. À ce moment-là, Belfast dépassait presque Dublin en taille.

La partition de l'Irlande après la Première Guerre mondiale et l'indépendance du Sud conférèrent à Belfast un nouveau rôle : celui de capitale de l'Irlande du Nord. C'est également à cette époque que le développement industriel prit fin, bien que le déclin ne survînt véritablement qu'après la Seconde Guerre mondiale. Après les premières émeutes de 1969, Belfast eut plus que sa part de violence et d'effusions de sang. Des images choquantes d'attentats à la bombe et de massacres extrémistes et la brutalité en retour des forces de sécurité firent connaître Belfast dans le monde entier. Le conflit atteignit son paroxysme dans les années 1970, se poursuivant jusque dans les années 1980-1990, lorsque la violence sectaire de Belfast s'apaisa enfin. Le cessez-le-feu de 1994 nourrit bien des espoirs, mais le bombardement de Canary Wharf à Londres en 1996 ranima la colère.

Le cessez-le-feu de 1997 s'est maintenu tant bien que mal, d'importantes sommes d'argent ont été débloquées, par l'Union européenne notamment, et Belfast en récolte les bénéfices : le chômage est faible, le prix de l'immobilier grimpe et le tourisme est en expansion. Il n'y a jamais eu de meilleure époque pour visiter la ville.

ORIENTATION

Le centre-ville est relativement ramassé. L'imposant City Hall se dresse sur Donegall Square, constituant un point de repère pratique. Le principal quartier commerçant de Belfast s'étend au nord de la place, le long de Donegall Place, de Royal Ave et dans les rues avoisinantes.

Plus au nord, le Cathedral Quarter entoure Donegall St et St Anne's Cathedral. Il accueille son propre festival d'arts. Des restaurants, des bars ainsi que des clubs branchés fleurissent dans les entrepôts de brique rouge et d'autres bâtiments désaffectés.

Vous trouverez des témoignages de l'époque victorienne dans les imposants édifices qui encerclent le City Hall, dans les allées étroites appelées les *Entries*, qui partent d'Ann St et de High St, ainsi que dans le

Grand Opera House richement orné et dans le Crown Liquor Saloon, sur Great Victoria St.

Au sud de Donegall Square, Great Victoria St et Dublin Rd se rejoignent pour former la University Rd, le long de laquelle vous trouverez le Queen's College, les Botanic Gardens et l'Ulster Museum. Ce quartier, appelé le Golden Mile, compte des dizaines de restaurants et de bars. La nuit, c'est le lieu le plus animé et le plus gai de cette cité de travailleurs. La plupart des possibilités d'hébergement, dont plusieurs auberges de jeunesse, se situent au sud du centre, dans le quartier de l'université.

La gare routière Europa Bus Centre ainsi que la gare ferroviaire de Great Victoria St sont derrière l'Europa Hotel, Glengall St. L'autre gare routière, plus petite, le Laganside Bus Centre, se trouve à l'est de l'Albert Memorial Clock Tower, en face du Queen Elizabeth Bridge.

Un pont de chemin de fer, le Dargan Bridge, traverse la rivière, parallèle au Lagan Bridge au nord du Queen Elizabeth Bridge.

À l'est de Donegall Square, la Chichester St descend jusqu'à Oxford St, où vous trouverez le Royal Courts of Justice, le St George's Market, le Belfast Hilton et le vaste palais des congrès Waterfront Hall. À l'est de la rivière, les immenses grues Samson et Goliath dominent le chantier naval Harland & Wolff.

À l'ouest du centre, la Westlink Motorway sépare la ville de West Belfast. La Shankill Rd (protestante) et la Falls Rd (catholique) se dirigent vers l'ouest dans West Belfast. La "Peace Line" construite entre les deux, était une mesure de sécurité destinée à cantonner les extrémistes de chaque camp. Il est maintenant plus facile de se rendre d'un côté à l'autre.

Cartes

Le Belfast Welcome Centre fournit un bon plan gratuit du centre-ville. La carte *Collins Belfast Streetfinder* (2,99 £) est plus détaillée et comprend un index complet des rues.

RENSEIGNEMENTS
Offices du tourisme

Le Belfast Welcome Centre (☎ 9024 6609, fax 9031 2424, www.gotobelfast.com), 47 Donegall Place, non loin du City Hall, ouvre de 9h à 17h30 du lundi au samedi presque toute l'année. De juin à septembre, il est généralement ouvert de 9h à 19h en semaine, de 9h à 17h15 le samedi et de 10h à 16h le dimanche. En dehors de ces horaires, un ordinateur accessible de l'extérieur fournit des informations sur l'hébergement. Vous trouverez dans cet office du tourisme toutes sortes de renseignements sur l'Irlande du Nord et pourrez réserver une chambre partout en Irlande et en Grande-Bretagne. Une consigne à bagages, un service de change et un cybercafé font partie des services proposés.

Le Belfast City Council Parks édite la brochure *What's On*, qui fournit nombre d'informations sur les activités organisées dans leurs parcs. Le Northern Irish Tourist Board vous renseignera sur le cyclotourisme, l'équitation, la pêche, la voile, les demeures et les jardins historiques et diverses possibilités d'hébergement.

Les deux aéroports de Belfast sont dotés d'offices du tourisme : celui du City Airport (☎ 9045 7745) ouvre de 5h30 à 22h tous les jours tandis que celui de l'International Airport (☎ 9442 2888) est ouvert 24h/24.

Le Bord Fáilte (Irish Tourist Board ; ☎ 9032 7888, fax 9024 0201, www.ireland.travel.ie), 53 Castle St, ouvre de 9h à 17h en semaine et de 9h à 12h30 le samedi de juin à août. Il peut s'occuper de réserver des logements dans le Sud.

Argent

Presque toutes les grandes banques d'Irlande du Nord sont représentées dans le centre de Belfast. La majorité ouvre de 9h30 à 17h30 en semaine. Certaines agences ferment plus tard le jeudi et ouvrent le samedi matin. Des DAB sont disponibles un peu partout. Les plus pratiques se trouvent le long de Donegall Place et au sud du centre-ville sur Shaftesbury Square.

Le Belfast Welcome Centre propose un service de change, tout comme la poste principale installée Castle Place et le bureau de poste de Shaftesbury Square.

Une agence Thomas Cook (☎ 9088 3900) avec bureau de change est située 11 Donegall Place. L'aéroport international en possède une autre (☎ 9442 2536), ouverte de 5h30 à 21h30 environ en semaine et de 5h30 à minuit le week-end, les horaires variant légèrement en hiver et en été afin de rester fidèles au trafic aérien.

Poste et communications

La poste principale, Castle Place, ouvre de 9h à 17h30 en semaine et de 9h à 19h le samedi. D'autres bureaux de poste faciles d'accès sont situés Shaftesbury Square et à l'angle de l'University Rd et de Malone Rd.

La ville ne manque pas de téléphones publics acceptant soit les pièces, soit les cartes téléphoniques, soit les deux. Nombre de boutiques vendent des cartes de téléphone prépayées.

Vous pouvez vous connecter à Internet au Revelations Café (☎ 9032 0337, info@revelations.co.uk), 27 Shaftesbury Square. Il ouvre de 8h à 22h en semaine, de 10h à 18h le samedi et de 11h à 19h le dimanche. L'accès est facturé 4 £ l'heure, 3 £ pour les étudiants. Pour un usage fréquent ou de longue durée, préférez une carte de 4 heures revenant à 10 £.

La Belfast Central Library (☎ 9050 9150), Royal Ave, propose un accès à Internet pour 2 £ l'heure. Reportez-vous plus loin à *Bibliothèques* pour les heures d'ouverture.

Agences de voyages

L'agence de voyages Usit NOW (☎ 9032 4073, fax 9023 8845) se trouve 13b Fountain Centre, College St. Le Queen's University Travel Centre (☎ 9024 1830), installé dans le Student's Union Building sur University Rd, dépend aussi d'Usit mais ne s'adresse pas uniquement aux étudiants.

Une agence Thomas Cook (☎ 9055 0232) est située 11 Donegall Place.

Librairies

Les librairies suivantes proposent une bonne sélection d'ouvrages sur l'Irlande.

Essayez Eason's (☎ 9032 8566), 16 Ann St, pour les livres et les magazines.

Waterstone's compte deux boutiques : l'une située 44-46 Fountain St (☎ 9024 0159) et l'autre 8 Royal Ave (☎ 9024 7355).

Rendez-vous au Bookshop at Queen's (☎ 9066 6302), 91 University Rd, en face

de la Queen's University, si vous cherchez des livres sur le Nord.

Bookfinders Cafe (☎ 9032 8269), 47 University Rd, vend des livres d'occasion, offre un service de recherche de livres et comporte une galerie ainsi qu'un café apprécié à l'arrière.

Le Stationery Office Bookshop (☎ 9023 8451), 16 Arthur St, propose un bon choix de cartes et de guides, dont le très utile *25 Walks in and around Belfast*, de Paddy Dillon.

L'Automobile Association (AA ; ☎ 0870 550 0600), 108-110 Great Victoria St, vend des cartes et des guides de voyage.

Le Green Cross Art Shop (☎ 9024 3371), 51-53 Falls Rd, dispose de nombreux ouvrages sur les problèmes de l'Irlande. Beaucoup d'entre eux développent des thèses républicaines.

Cultúrlann MacAdam ÓFiaich (Irish Language and Arts Centre ; ☎ 9023 9303), 216 Falls Rd, possède des titres intéressants sur la culture irlandaise, l'histoire locale et la politique.

Bibliothèques

La Belfast Central Library (voir *Poste et communications*) ouvre de 9h30 à 20h les lundi et jeudi, de 9h30 à 17h30 les mardi, mercredi et vendredi et de 9h30 à 13h le samedi. Voir aussi à *Linen Hall Library* dans la rubrique *Autour du centre* plus loin dans ce chapitre.

Laveries

Dans le quartier de l'université, vous trouverez Mike's Laundrette, 46 Agincourt Ave, et Cleanerette Laundrette, 160 Lisburn Rd. Globe Drycleaning & Laundrette, 37 Botanic Ave, offre en outre un service de développement de pellicules de photos et de nettoyage à sec. Elle ouvre de 8h à 21h en semaine, de 8h à 18h le samedi et de 12h à 18h le dimanche.

Services médicaux

Vous trouverez un service d'urgence et de traitement des accidents au Royal Victoria Hospital (☎ 9024 0503), Grosvenor Rd, à l'ouest du centre ; au Mater Hospital (☎ 9074 1211), Crumlin Rd, près de l'intersection d'Antrim Rd avec Clifton St ; à l'Ulster Hospital (☎ 9048 4511), Upper

BELFAST

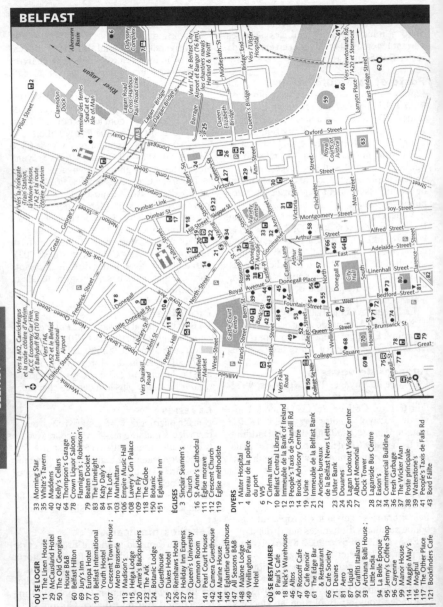

OÙ SE LOGER
11 The Linen House
29 McCausland Hotel
50 The Old Georgian
House B&B
60 Belfast Hilton
69 Jury's Inn
77 Europa Inn
101 Belfast International
Youth Hostel
107 Crescent Town House ;
Metro Brasserie
113 Madison's
115 Helga Lodge
120 Arnie's Backpackers
123 The Ark
124 Botanic Lodge
Guesthouse
125 Dukes Hotel
126 Renshaws Hotel
127 Holiday Inn Express
132 Queen's University
Common Room
141 Pearl Court House
142 Camera Guesthouse
144 Marine House
145 Eglantine Guesthouse
147 All Seasons B&B
148 Malone Lodge
149 Wellington Park
Hotel

OÙ SE RESTAURER
8 Paul's Cafe
18 Nick's Warehouse
46 Altos
47 Roscoff Cafe
49 Cafe Renoir
61 The Edge Bar
& Restaurant
66 Cafe Society
71 Deanes
81 Aero
87 Liquid
92 Graffiti Italiano
93 Archana Balti House ;
Little India
94 La Belle Epoque
96 Jenny's Coffee Shop
99 Manor House
116 Maggie May's
116 Moghul
117 The Other Place
121 Bookfinders Cafe

33 Morning Star
35 White's Tavern
40 Maddens
42 Kelly's Cellars
64 Thompson's Garage
78 Crown Liquor Saloon ;
Flanigan's ; Robinson's
79 Beaten Docket
83 The Limelight
84 Katy Daly's
91 The Loft
103 Manhattan
106 Empire Music Hall
108 Lavery's Gin Palace
109 The Fly
118 The Globe
150 Botanic
151 Eglantine Inn

ÉGLISES
3 Sinclair Seamen's
Church
16 St Anne's Cathedral
111 Église morave
112 Crescent Church
119 Église méthodiste

DIVERS
1 Mater Hospital
4 Bureau de la police
du port
6 W5
7 Cinéma Imax
10 Belfast Central Library
12 Immeuble de la Bank of Ireland
13 People's Taxis de Shankill Rd
14 Brook Advisory Centre
19 Usine
21 Immeuble de la Belfast Bank
22 Anciens bureaux
de la Belfast News Letter
23 Ulster Bank
24 Douanes
25 Lagan Lookout Visitor Center
27 Albert Memorial
Clock Tower
28 Laganside Bus Centre
32 Eason's
34 Commercial Building
36 Fresh Garbage
37 The Wicker Man
38 Poste principale
39 Waterstone's
41 People's Taxis de Falls Rd
43 Bord Fáilte

BELFAST

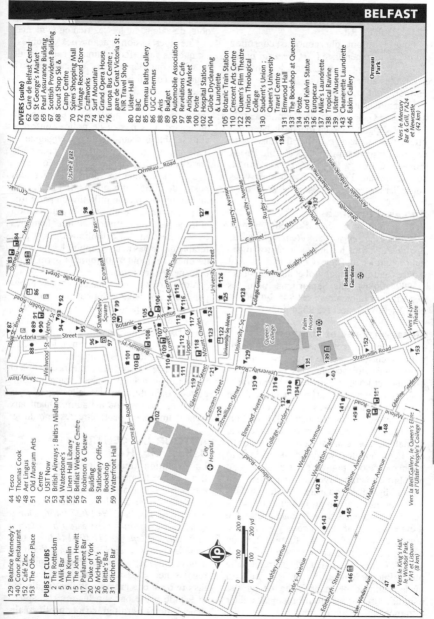

DIVERS (suite)
62 Gare de Belfast Central
63 St George's Market
65 Pearl Assurance Building
67 Scottish Provident Building
68 Scout Shop Ski &
   Camp Centre
70 Spires Shopping Mall
72 Vintage Record Store
73 Craftworks
74 Surf Mountain
75 Grand Opera House
76 Europa Bus Centre ;
   gare de Great Victoria St ;
   NIR Travel Shop
80 Ulster Hall
82 B3C
85 Ormeau Baths Gallery
86 UGC Cinemas
88 Avis
89 Budget
90 Automobile Association
97 Revelations Cafe
98 Antique Market
100 Poste
102 Hospital Station
104 Globe Drycleaning
    & Laundrette
105 Botanic Train Station
110 Crescent Arts Centre
122 Queen's Film Theatre
128 Union Theological
    College
130 Student's Union ;
    Queen's University
    Travel Centre
131 Elmwood Hall
133 The Bookshop at Queens
134 Poste
135 Lord Kelvin Statue
136 Europecar
137 Mike's Laundrette
138 Tropical Ravine
139 Ulster Museum
143 Cleanerette Laundrette
146 Eakin Gallery

129 Beatrice Kennedy's
140 Conor Restaurant
152 Café Zinc
153 The Other Place

PUBS ET CLUBS
2 The Rotterdam
5 Milk Bar
9 The Kremlin
15 The John Hewitt
17 Parliament Bar
20 Duke of York
26 McHugh's
30 Bittle's Bar
31 Kitchen Bar

44 Tesco
45 Thomas Cook
48 Aer Lingus
51 Old Museum Arts
   Centre
52 USIT Now
53 British Airways ; Baltis Midland
54 Waterstone's
55 Linen Hall Library
56 Belfast Welcome Centre
57 Robinson & Cleaver
   Building
58 Stationery Office
   Bookshop
59 Waterfront Hall

Newtownards Rd, Dundonald, près de Stormont Castle ; et au City Hospital (☎ 9032 9241), Lisburn Rd.

Pour les besoins plus courants, consultez un médecin généraliste (*GP, general practitioner*) en tant que résident temporaire. Toutes les auberges et tous les hôtels vous en fourniront une liste.

Contrairement à l'Angleterre, à l'Écosse et au pays de Galles, la loi sur l'avortement de 1967 ne s'applique pas en Irlande du Nord. En effet, l'avortement est illégal dans cette région. Un médecin généraliste ou le Brook Advisory Centre *(☎ 9032 8866),* 29a North St, sont en mesure d'émettre un avis et de vous conseiller en cas de grossesse non désirée.

En cas d'urgence

Pour le numéro général d'urgence, reportez-vous à *Urgences* dans *Renseignements pratiques.* Parmi les autres numéros d'urgence, citons le Rape Crisis and Sexual Abuse Centre (accueil viol et abus sexuels ; ☎ 9024 9696), The Samaritans (pour les déprimés ou suicidaires ; ☎ 0845 790 9090) et le Victim Support (☎ 9024 4039).

Désagréments et dangers

Belfast n'a jamais été une destination particulièrement dangereuse pour les touristes. Les actes de violence entre les factions républicaines et loyalistes avaient généralement pour cible des personnes bien précises. Avec la poursuite du processus de paix et le maintien du cessez-le-feu, les patrouilles de l'armée et de la police disparaîtront peu à peu. Toutefois, il est conseillé de rester à l'écart des lieux appelés *interface areas* la nuit tombée car vous pourriez être pris pour un membre du camp adverse. Au moment où nous rédigions, le quartier d'Ardoyne dans North Belfast était en proie à une recrudescence de violence. Il est donc préférable d'éviter ce secteur de jour comme de nuit. Si vous n'êtes pas sûr de la situation dans un quartier, renseignez-vous à votre hôtel.

Belfast possède le taux de criminalité le plus faible du Royaume-Uni. Mais cela est dû au contrôle de la délinquance par les paramilitaires et à l'étouffement des actes criminels qu'ils commettent.

Comme partout, verrouillez votre voiture lorsque vous la quittez et emportez tout objet de valeur, ne laissez rien en évidence.

Une répercussion agaçante des "troubles" est que les gares ferroviaires et routières de la ville sont dépourvues de consignes à bagages. Toutefois, des casiers ont été réinstallés à la gare de Great Victoria St. Autre fait irritant : les hôtels ou magasins où il faut sonner pour entrer, après avoir été inspecté du regard. Les postes de police renforcés vous sembleront sans doute peu engageants, mais pensez qu'il vous suffit de sonner à la porte pour qu'on vienne à votre secours.

Si vous souhaitez photographier ces postes de police, des postes de l'armée ou tout autre installation militaire ou paramilitaire, demandez d'abord une autorisation pour ne pas vous attirer d'ennuis. Dans les fiefs protestants ou catholiques, il est préférable de ne pas photographier les gens à la dérobée. Demandez toujours la permission et respectez les refus.

Vous aurez peu de chance de vous engager dans un débat religieux ou politique animé dans les pubs de Belfast car ces deux sujets ne sont pas abordés avec les étrangers. Dans les pubs ayant fermement pris parti pour l'un ou l'autre camp, les clients évitent en général les étrangers !

En Irlande du Nord, les fumeurs constituent une écrasante majorité. Si les restaurants comportent ostensiblement des salles séparées, la fumée passe de l'une à l'autre. Quant aux pubs, l'atmosphère peut y être très embrumée.

AUTOUR DU CENTRE
Belfast City Hall

La révolution industrielle transforma Belfast. Cette fulgurante ascension vers la prospérité se remarque encore aujourd'hui. Le magnifique hôtel de ville en pierre blanche de Portland *(☎ 9027 0456, Donegall Square ; gratuit ; visite de 1 heure juin-sept lun-ven 10h30, 11h30, 14h30 et sam 14h30, reste de l'année lun-sam 14h30)* fut achevé en 1906. Construit dans un style renaissance classique, son intérieur est décoré d'un beau marbre italien tandis que la façade brille par son lustre et sa splendeur. Il fut construit grâce aux profits réalisés par la Compagnie du gaz. La première réunion du parlement d'Irlande du Nord eut lieu dans ce bâtiment en 1921, puis à l'Union Theological College jusqu'à ce que Stormont Castle soit terminé en 1932.

L'élément extérieur le plus remarquable était l'immense bannière "Belfast Says No" (Belfast dit non) accrochée en haut de l'édifice. Elle fut placée par les Unionist City Fathers pour montrer leur opposition à l'Anglo-Irish Agreement signé en 1985. Cet accord constituait la base des consultations entre la Grande-Bretagne et la République sur le sort de l'Irlande du Nord. La plupart des conseillers Unionist City Fathers refusèrent de prendre part aux affaires du Conseil tant que cet accord était en vigueur. En 1988, le City Hall fut bombardé et les vitraux de la salle d'apparat furent détruits. En 1994, à l'occasion de la restauration du bâtiment, la bannière disparut, maigre symbole de la volonté d'envisager un changement.

Dans l'angle nord-est de l'enceinte du City Hall, se trouve une statue de sir Edward Harland, l'ingénieur maritime qui fonda le chantier naval Harland & Wolff. À ses débuts, ce chantier était une des plus grandes industries de Belfast. Il existe encore, mais son activité s'est restreinte. L'œuvre la plus célèbre du chantier est le *Titanic*. Un monument dédié à ses victimes a été installé à l'est de l'hôtel de ville.

Linen Hall Library

En face du City Hall, sur Donegall Square North, la Linen Hall Library (☎ *9032 1707, www.linenhall.com, 17 Donegall Square North ; gratuit ; lun-ven 9h30-17h30, sam 9h30-16h*) fut créée en 1788 pour "améliorer l'esprit et stimuler la soif de savoir". L'endroit est merveilleux pour effectuer une recherche ou simplement flâner au milieu des livres.

La bibliothèque possède un fonds de quelque 260 000 livres, dont plus de la moitié fait partie de son importante collection d'études locales et irlandaises. La section politique dispose de presque tous les ouvrages parus sur l'Irlande du Nord depuis 1966 (environ 135 000 publications). La section sur les arts scéniques est très riche, couvrant le théâtre et les acteurs irlandais.

La Main rouge de l'Ulster

Le symbole de la province de l'Ulster est une main rouge. Vous la verrez sur les armoiries, les vitraux et au-dessus de l'entrée de la Linen Hall Library sur Donegall Square North. Elle est même représentée sur quelques vieilles tombes du cimetière catholique de Milltown. Selon la légende, ce symbole date du Moyen Âge, quand les attaques des Vikings étaient monnaie courante. Le chef d'une flotte de chaloupes nordiques arrivant à proximité du rivage annonça que cette terre appartiendrait au premier qui la toucherait de la main. Sur ce, un Viking se coupa la main et la jeta à terre, battant ses rivaux. Plus tard, le clan O'Neill adopta comme emblème la main rouge, qui devint le symbole de l'Ulster.

Enfin, vous trouverez une collection historique importante sur les débuts de l'imprimerie à Belfast et en Ulster.

Les non-membres ont accès à toutes les collections ainsi qu'au catalogue informatique. Un nouvel espace permet l'accès aux visiteurs handicapés. La bibliothèque est dotée d'un petit **café** où l'on peut consulter tous les quotidiens.

Thomas Russell, le premier bibliothécaire, était un membre fondateur des United Irishmen et un ami proche de Wolfe Tone, chef de file du mouvement.

Autres édifices de Donegall Square

Avec le City Hall trônant en plein milieu, Donegall Square est sans aucun doute au cœur de Belfast. Si vous arrivez par les bus locaux, vous vous arrêterez sûrement ici car la plupart arrivent et partent de la place.

Plusieurs monuments intéressants donnent sur le City Hall depuis Donegall Square West, mais le plus beau est le **Scottish Provident Building,** construit entre 1897 et 1902. Il est magnifiquement décoré d'une multitude de sculptures remarquables, dont certaines représentent les industries à l'origine de la prospérité de Belfast à son époque victorienne, ainsi que des sphinx, des dauphins et plusieurs têtes de lion.

Le bâtiment est l'œuvre des architectes Young et MacKenzie, qui érigèrent le **Pearl Assurance Building** en 1902, à l'angle de Donegall Square East pour faire concurrence au précédent. Entre ces deux exemples du luxe qui caractérisait le du début du XXᵉ siècle se tient le très joli **Robinson & Cleaver Building**, qui abrita autrefois le grand magasin le plus élégant de Belfast.

Les Entries

Le secteur qui se trouve immédiatement au nord de High St est le plus ancien quartier de Belfast, mais il a été considérablement endommagé par les bombardements de la Seconde Guerre mondiale. Les étroites allées appelées Entries partent de High St et d'Ann St dans le quartier commerçant piéton. Auparavant, elles constituaient un centre commerçant et résidentiel animé. **Pottinger's Entry** comptait 34 maisons en 1822. Aujourd'hui, les pubs sont à peu près les seuls survivants de ces allées. Le **Morning Star** est un des ces fantastiques vieux bars de Belfast. Il est aussi recommandé pour sa cuisine.

Les United Irishmen furent fondés en 1791 par Wolfe Tone dans la taverne Peggy Barclay's de **Crown Entry**. Ils se réunissaient au **Kelly's Cellars** (1720) sur Bank St, qui part de la Royal Ave. La **White's Tavern** (1630), dans **Wine Cellar Entry**, est la plus vieille taverne de la ville. C'est toujours un lieu populaire pour le déjeuner.

À l'extrémité est d'Ann St se trouve **Arthur Square**, vers lequel cinq rues piétonnes convergent. Cette place dotée d'un kiosque est animée par des musiciens ambulants, des prêcheurs, des colporteurs et toutes sortes d'animations. Autrefois, c'était un carrefour très emprunté par les voitures, mais la circulation a été déviée.

Crown Liquor Saloon

En face de l'Europa Hotel se tient le Crown Liquor Saloon (☎ *9027 9901, www.belfast-telegraph.co.uk/crown, 46 Great Victoria St*). Il fut construit par Patrick Flanagan en 1885 et reflète l'architecture flamboyante de l'époque victorienne

Ce pub figure au programme de tous les visiteurs. Il faut arriver tôt pour trouver une place assise. L'extérieur est décoré d'une myriade de tuiles moulées de couleurs différentes. L'intérieur est chargé de verre teinté et taillé, de marbre, de mosaïques et de meubles en acajou. L'éclairage au gaz participe à l'ambiance.

Un comptoir richement décoré occupe tout un côté du pub. Dans l'arrière-salle entièrement lambrissée, vous verrez des assiettes en bronze à canon (de la guerre de Crimée) servant à enflammer les allumettes. Au-dessus du Crown se trouve le **Flannigan's** (☎ *9027 9901*), un autre bar intéressant, empli de souvenirs du *Titanic* et d'autres bateaux.

Grand Opera House

L'un des plus prestigieux symboles de Belfast, le **Grand Opera House** (☎ *9024 1919, Great Victoria St*), se trouve de l'autre côté de la route qui passe devant le Crown Liquor Saloon. Cet opéra inauguré en 1895, fut restauré dans les années 1970.

C'était compter sans l'IRA : en décembre 1991, un camion chargé de 450 kg d'explosifs provoqua des ravages considérables. Les travaux de reconstruction venaient à peine de s'achever lorsqu'un autre camion explosa devant l'opéra en mai 1993.

L'intérieur a été restauré dans un style victorien exubérant, avec force satin violet, stucs et bois torsadés. Le programme enchaîne des comédies musicales, des opéras, des pièces de théâtre et des ballets.

Laganside

La deuxième étape de l'ambitieux Laganside Project permit le développement de Lanyon Place et de son Waterfront Hall, l'édification de la Riverside Tower de British Telecom et la construction de l'hôtel de luxe Belfast Hilton, ouvert en 1998. Plusieurs projets ont abouti, dont un programme immobilier d'appartements au bord de la rivière, la restauration de plusieurs bâtiments, dont le bar-restaurant McHugh's sur Queen's Square, les entrepôts de style victorien qui abritent désormais le McCausland Hotel sur Victoria St et l'Albert Memorial Clock Tower.

Depuis Donegall Quay, près du Lagan Lookout, un itinéraire artistique vous fera découvrir neuf sculptures. Le *Big Fish*, échoué devant le Lookout, est la plus imposante ; plus bas, devant le Waterfront, un troupeau de moutons en bronze se dirige vers le marché.

St George's Market (voir *St George's Market*) a été rénové. De nouveaux parcs et espaces publics sont en cours d'aménagement, et des chemins longeant les berges de la rivière sont désormais accessibles.

Odyssey Complex

L'Odyssey Complex (*www.odysseyarena. com*) fut inauguré au début de l'année 2001. Cet ensemble sportif et culturel construit à Abercorn Basin sur la rive est de la Lagan en face de Clarendon Dock, comprend le W5 (voir ci-dessous), une salle vouée aux événements sportifs et culturels d'une capacité de 10 000 spectateurs, un cinéma Imax et un Hard Rock Café. L'Odyssey se trouve à 5 minutes de marche du Laganside Bus Centre ou de la gare ferroviaire Bridge End.

Commencée une heure avant l'ouverture des porte, la navette des bus assurée entre le centre-ville et l'Odyssey Arena reprend pendant 30 minutes, à la fin des représentations.

W5. Également appelé whowhatwherewhenwhy, le W5 (☎ *9046 7700, www. w5online. co.uk ; adulte/enfant/famille 5/ 3/ 14 £ ; lun-ven 10h-18h et sam-dim 12h-18h*) est le tout nouveau centre de découverte de l'Odyssey Complex. Il s'adresse aux enfants de tous les âges. Parmi les attractions les plus distrayantes, figurent un escalier musical et une harpe à air.

Divers jeux de construction permettent de concevoir des voitures de course équipées d'un moteur, ou encore le *Titanic*.

St George's Market

L'élégant St George's Market (☎ *9043 5704, angle Oxford St et May St ; gratuit ; ven 7h-15h*) est le plus vieux marché alimentaire en service d'Irlande. Restauré en 1999, il aligne désormais davantage d'étals ainsi qu'un espace d'exposition.

La Ha'penny Fair se déroule le premier dimanche du mois. Cette foire aux antiquaires et aux collectionneurs vend aussi des objets d'art et d'artisanat et propose des spectacles de rue.

SUD DU CENTRE
Ulster Museum

L'Ulster Museum (☎ *9038 3000, Stranmillis Rd ; bus 69 et 71 depuis le centre-ville ; gratuit ; lun-ven 10h-17h, sam 13h-17h et dim 14h-17h*) est installé dans les Botanic Gardens non loin de l'université. Outre des salles retraçant les premiers temps de l'Irlande, ce musée présente de bonnes expositions sur les dinosaures, les machines à vapeur et industrielles, l'histoire naturelle et la peinture irlandaise. Une section est consacrée au lin irlandais ; vous admirerez aussi une belle collection de verrerie. Plusieurs salles sont réservées aux expositions temporaires.

Ne manquez pas les objets rapportés du naufrage du *Girona*, un vaisseau de l'Armada espagnole, en 1588.

Queen's University

À un peu plus de 1 km au sud du City Hall se dresse le bâtiment de brique rouge et jaune du Queen's College, l'université la plus prestigieuse d'Irlande du Nord. Avec quelque 8 000 étudiants, elle est réputée en matière de médecine et de droit ainsi que pour les études d'ingénieur. Bien que les plans du bâtiment rappellent le Magdalen College d'Oxford, c'est l'architecte Charles Lanyon qui s'est chargé de sa conception. Les travaux furent achevés en 1849.

À côté du bâtiment du *college* l'Old Library fut conçue par l'assistant de Lanyon, W.H. Lynn (1864).

L'université est entourée de rues calmes bordées d'arbres avec de petits cafés remplis d'étudiants. Du côté nord du campus, l'**University Square** fut achevée 1853. Cette superbe rue en terrasses et fait désormais partie de l'université.

Botanic Gardens

Impeccable, le jardin botanique (☎ *9032 4902, Stranmillis Rd ; gratuit ; 8h-coucher du soleil*) représente a quelques pas de l'université et du quartier animé de Golden Mile. Autrefois privé, le jardin remonte à 1827. Le clou de ce lieu est la jolie **Palm House** *(lun-ven 10h-12h/13h-17h, sam, dim et jours fériés 14h-17h, ferme à 16h en hiver)*, en fonte et en verre curviligne. Érigée entre 1839 et 1852, elle abrite des palmiers et d'autres plantes de serre chaude.

Également installé dans le jardin botanique, le **Tropical Ravine** *(mêmes horaires d'ouverture que la Palm House)* couvert fut conçu par le conservateur du jardin, Charles McKimm. Il fut achevé en 1889. Un balcon surélevé domine une jungle de plantes tropicales .

Sandy Row

À seulement un pâté de maisons à l'ouest de Great Victoria St, la Sandy Row était la principale route quittant la ville en direction du sud. Aujourd'hui, c'est encore une enclave de la classe ouvrière protestante, juste à côté du quartier plus riche de Golden Mile. Dans cette zone, les bordures de trottoir sont peintes en rouge, blanc et bleu, tandis que des peintures d'unionistes ornent les murs, comme dans Shankill Rd dans West Belfast.

GALERIES D'ART

La principale galerie d'art moderne de Belfast est l'**Ormeau Baths Gallery** *(☎ 90 32 1402, 18a Ormeau Ave ; gratuit ; mar-sam 10h-18h)*, située près de l'immeuble de la BBC. Cette vaste galerie expose des œuvres contemporaines irlandaises et internationales sur tout support.

L'**Old Museum Arts Centre** *(☎ 9023 3332, www.oldmuseumartscentre.org, 7 College Square North ; gratuit ; lun-sam 10h-17h30)*, un joli bâtiment (1831), accueille des expositions d'art moderne ainsi que des pièces de théâtre, de la danse, des ateliers artistiques et des rencontres littéraires. Belfast compte des galeries plus petites, dont la **Fenderesky Gallery** au **Crescent Arts Centre** *(☎ 9024 2338, 2-4 University Rd ; gratuit ; mar-sam 11h30-17h)*, la **Bell Gallery** *(☎ 9066 2998, 13 Adelaide Park ; gratuit ; lun-jeu 9h-17h et ven 9h-16h)* au sud-ouest de l'université et l'**Eakin Gallery** *(☎ 9066 8522, www.eakingallery.co.uk, 237 Lisburn Rd ; lun-sam 9h-17h30)* pour l'art moderne et traditionnel irlandais.

WEST BELFAST

Falls Rd la catholique et Shankill Rd la protestante, furent des fronts de bataille lors des "troubles". Cependant, malgré sa réputation, ce quartier est sûr pour les visiteurs. Les bas-quartiers victoriens et les hautes tours des années 1960 ont été remplacés par des logements sociaux plus avenants. Des maisons neuves ont même été construites non loin du mur, où il n'y a pas si longtemps des cocktails Molotov étaient lancés.

Visitez West Belfast, ne serait-ce que pour les peintures murales qui illustrent l'histoire du conflit politique ainsi que les passions politiques du moment (voir l'encadré *Les peintures murales d'Irlande du Nord*).

West Belfast s'est développé autour des fabriques de lin qui ont assuré la prospérité de la ville au cours de la révolution industrielle. Ce quartier résidentiel ouvrier, à l'époque victorienne déjà, était divisé selon les croyances religieuses.

Comment s'y rendre

Pour découvrir Falls Rd et Shankill Rd, nous vous recommandons de recourir à un taxi noir proposant un circuit organisé (voir *Circuits organisés* plus loin dans ce chapitre). Il vous fera découvrir les peintures murales les plus impressionnantes de West Belfast, ainsi que la Peace Line et d'autres sites importants, comme le nouveau siège du Sinn Féin et sa librairie-boutique de souvenirs. C'est un bon moyen pour découvrir en résumé l'histoire de ce quartier.

Cela dit, rien ne vous empêche de visiter le quartier par vos propres moyens. Si vous ne souhaitez pas marcher, empruntez les People's Taxis. Ces taxis londoniens recyclés servaient de transport en commun aux communautés protestantes et catholiques durant la période des "troubles". Fonctionnant comme des bus, ils prennent les voyageurs et les arrêtent à la demande. La course coûte entre 60 p et 1 £. Les People's Taxis de Shankill Rd (vignettes orange) partent de North St et ceux de Falls Rd (vignettes vertes) partent de Castle St. Ces deux rues sont situées près du nouveau Castle Court Shopping Centre.

Les peintures murales d'Irlande du Nord

En vous promenant dans les zones loyalistes ou nationalistes d'Irlande du Nord, vous découvrirez des messages politiques souvent peints de couleurs vives sur les façades des maisons ou des bâtiments industriels.

La tradition de la peinture murale débuta en 1908 dans le camp loyaliste, avec la représentation du roi Guillaume triomphant, célébrant sa victoire à la bataille de la Boyne en 1690. À partir du milieu des années 1980, avec la signature de l'Anglo-Irish Agreement, le thème dominant fut celui de loyalistes posant avec leurs armes ou en action. Même l'annonce d'un cessez-le-feu loyaliste en octobre 1994 ne modifia pas les sujets. Les œuvres paramilitaires permettaient de rappeler aux partisans comme aux opposants que les organisations armées étaient toujours présentes.

À l'été 2000, ces thèmes commencèrent à laisser place à des images de présidents des États-Unis originaires d'Ulster et d'Écosse, de saint Patrick, du héros mythologique Finn McCool et de la princesse Diana (non sans quelques discussions). Eddie, du groupe heavy métal Iron Maiden, fut transformé en un loyaliste vengeur.

Les peintures loyalistes se situent sur Shankill Rd et Crumlin Rd et entre ces deux voies, autour de Newtownards Rd à l'est, dans Sandy Row et Donegall Pass dans le sud.

Les peintures républicaines sont plus tardives, en partie parce que les lieux publics firent l'objet d'une surveillance constante par la police d'Irlande du Nord (RUC). Si le thème de la lutte armée de l'IRA était récurrent, il n'a jamais monopolisé la gamme de sujets comme les images paramilitaires du camp loyaliste. La grève de la faim républicaine de 1981 fit apparaître des centaines de peintures murales, constituant un soutien pour les grévistes, l'une des œuvres les plus célèbres étant celle représentant Bobby Sands, près des bureaux du Sinn Féin, Falls Rd.

Après la grève de la faim, les artistes républicains élargirent leurs sujets de façon à couvrir davantage de questions politiques, les légendes irlandaises et les faits historiques. L'œuvre de Falls Rd commémorant le 150e anniversaire de la Grande Famine provoque un effet puissant. Celle qui fait l'apologie des femmes, des enfants et des ouvriers, sur Ormeau Rd, est magnifique. Nombre des peintures du célèbre Gerry Kelly, qui s'initia à cet art dans la prison politique The Maze, au sud de Lisburn, comportent des motifs colorés et complexes de la mythologie celte.

Avec le cessez-le-feu d'août 1994, les images de lutte armée ne disparurent guère. Au début, les peintures représentaient les revendications républicaines durant le processus de paix : libération de prisonniers, retrait de l'armée britannique, dissolution de la RUC, etc. Après le Good Friday Agreement de 1998, les muralistes se penchèrent sur la mise en application de cet accord, notamment la réforme de la police et la protection des nationalistes contre les attaques sectaires. Vous admirerez toutes ces peintures le long de Falls Rd, dans Ballymurphy, ainsi qu'autour de Beechmount Ave, de Donegall Rd et de Shaw's Rd autour de West Belfast et sur New Lodge Rd dans le nord.

Sinon, les bus 12, 13, 14, 15 ou 532 à 538 vous amèneront Falls Rd ; les bus 39, 55, 63 et 73, Shankill Rd.

Falls Rd

Non loin du centre vers l'ouest, les tristement célèbres Divis Flats tirent leur nom de Divis Mountain, le point culminant des collines entourant Belfast. Ces tours construites à la fin des années 1960, furent pendant les "troubles", le théâtre de confrontations entre leurs occupants et l'armée. Aujourd'hui, des logements modernes ont remplacé la plupart des tours, mais le Divis est encore là. Les derniers étages sont encore occupés par les forces armées de Grande-Bretagne, qui vont et viennent par hélicoptère. Aucun projet de destruction de l'immeuble n'est à l'ordre du jour. Depuis sa restauration, il est apprécié de ses habitants.

De l'autre côté de Divis St, une immense peinture murale bleu et blanc de la Madone et de l'enfant orne l'ancienne Brickfields Barracks, la première caserne construite pour la police à Belfast.

Partant de la Divis Tower, Divis St continue vers l'ouest pour devenir Falls Rd qui se dirige vers le sud-ouest, traversant le quartier de Lower Falls.

Si vous bifurquez à droite (nord) dans une des rues perpendiculaires à Falls Rd, vous tomberez sur la Peace Line, un mur de tôle ondulée grossièrement dressé en septembre 1969 comme barrière temporaire pour séparer les catholiques de leurs voisins protestants. Le mur compte plusieurs portes, surveillées par des caméras, qui restent ouvertes pendant la journée.

Falls Rd passe devant le Royal Victoria Hospital, qui a acquis une excellente réputation grâce à son service d'urgences médicales très sollicité dans les années 1970. Dans une ancienne église presbytérienne, à environ un pâté de maisons de l'hôpital, se trouve le centre de la culture et de la langue irlandaise, le **Cultúrlann MacAdam ÓFiaich** (☎ 9023 9303, 216 Falls Rd ; lun-ven 9h-17h30, sam 10h-17h30). C'est un lieu accueillant qui propose un vaste choix de livres sur l'Irlande, des cassettes audio et des CD de musique irlandaise ainsi qu'un excellent **café** (voir plus loin *Hors du centre* dans *Où se restaurer*). Le centre accueille tous les mois des événements musicaux et poétiques. C'est aussi un excellent endroit pour comprendre le conflit qui déchire West Belfast.

Tout au long de Falls Rd, vous verrez des peintures murales républicaines. Le quartier Ballymurphy, à côté de Whiterock Rd, en comporte plus encore, ainsi que des slogans et des graffitis. Au-delà de Lower Falls, la route conduit au Milltown Cemetery (voir l'encadré *Concessions et humeurs funéraires*), le principal cimetière républicain.

L'intersection de Glen Rd et d'Andersonstown Rd marque la fin de Falls Rd. Au-delà, on rejoint Twinbrook, un autre quartier résolument républicain qui abrite l'ancienne maison de Bobby Sands, première victime de la grève de la faim de 1981. Dans le lotissement où il habitait, l'extrémité d'un pâté de maisons a été transformée en mémorial.

HORS DU CENTRE
Harland & Wolff Shipyards

Bien qu'il ne soit pas facile de visiter le chantier naval Harland & Wolff, il domine largement l'est de Belfast. Les immenses grues appelées Samson et Goliath, dont l'une mesure plus de 100 m de haut et 140 m de long, s'élèvent au-dessus d'une cale de 550 m de long pouvant accueillir des bateaux pesant jusqu'à 200 000 tonnes. Le chantier naval, fondé en 1833, vit naître le *Titanic*. Parmi les constructions plus récentes figurent des pétroliers et des paquebots.

Stormont Castle

À 8 km à l'est du centre sur l'A20, le Stormont Castle (*Upper Newtownards Rd ; bus 16, 17 et 20 depuis Donegall Sq West*) abrite la nouvelle Assemblée d'Irlande du Nord, élue en juin 1998. Cette demeure néoclassique somptueusement restaurée se dresse au bout d'une avenue imposante, entourée par un parc. Construit en 1932, le château accueillit les réunions du parlement d'Irlande du Nord jusqu'en 1972, lorsque ce pouvoir fut transféré à Londres.

Vous pouvez vous promener dans le vaste parc, mais la visite des bâtiments doit être organisée au préalable avec un membre de l'Assemblée.

Cave Hill Country Park

Le Cave Hill Country Park (☎ 9077 6925, *Antrim Rd ; bus 8 à 10 et 45 à 51 depuis Donegall Sq West ; gratuit ; tlj 7h30-coucher du soleil*) couvre 300 ha au nord de Belfast. Les chemins de randonnée y sont balisés. La marche jusqu'au zoo ou au Belfast Castle est agréable. Cave Hill culmine à 355 m, offrant de beaux panoramas sur Belfast, Belfast Lough et même l'Écosse par temps clair.

Le parc renferme plusieurs *ráths* (forts circulaires) et un *crannóg* (île artificielle sur un lac), preuves d'une occupation humaine pendant la Préhistoire. C'est dans l'un de ces forts circulaires, le McArt's, fort installé au sommet de Cave Hill, que les United Irishmen, dont Wolfe Tone, se promirent de lutter pour l'indépendance de l'Irlande en admirant la ville en 1795.

Concessions et humeurs funéraires ...

Un cimetière sait parler de la santé et de l'opulence d'une ville. À Belfast, vous y apprendrez aussi beaucoup sur la politique.

Le **City Cemetery**, Falls Rd, accueillit ses premiers défunts en 1869, la Grande Famine ayant rempli les autres cimetières. Aujourd'hui, juifs, protestants et catholiques reposent ici, chacun dans une partie distincte. Le cimetière est couvert de végétation. Vous pourrez y admirer certaines variétés de roses rares, plantées par le passé et livrées à elles-mêmes ; elles ont survécu alors qu'elles auraient sans doute disparu partout ailleurs.

La mort ne manque pas d'humour, comme on en jugera en lisant certaines d'épitaphes : "Faites-moi rayonner Seigneur", "Je voulais aller à la pêche" ou "Je vous avais bien dit que j'étais malade".

L'intolérance n'est pas en reste. Un mur haut de 3 mètres fut construit sous terre pour séparer les dépouilles protestantes et celles des catholiques ! Seule trace visible, une ligne de pelouse traverse la partie ancienne du cimetière.

Toutefois, les inscriptions figurant sur les pierres tombales démontrent qu'avant la partition il n'était pas incongru d'être à la fois protestant et patriote irlandais. En effet, nombre d'habitants de l'Ulster se considéraient comme Irlandais.

Le **cimetière Milltown**, un peu plus au sud-ouest le long de Falls Rd, s'étend sous la surveillance constante d'un poste de police. Reposent ici des républicains, leurs victimes et des victimes de la RUC.

Deux grands espaces verts se détachent, dépourvus de pierres tombales. Y sont ensevelies les innombrables victimes de l'épidémie de grippe de 1918 qui tua 86 000 personnes. Cette terre n'est pas réutilisée, par crainte de raviver le virus. Une pierre marque la tombe d'un évêque qui fut enseveli ici, à sa demande.

Ce cimetière compte des tombes de républicains de toutes les générations, de la guerre civile des années 1920, aux "troubles" récents, en passant par les campagnes de l'IRA des années 1940. Les schismes des paramilitaires républicains sont représentés dans ce cimetière, qui comporte une concession officielle de l'IRA, une concession de l'Irish National Liberation Association (Association de libération nationale irlandaise). Une concession de l'IRA provisoire contient les tombes des grévistes de la faim, dont celle de Bobby Sands.

Ce parc comprend deux réserves naturelles, à Ballyaghagan et à Hazelwood. Il compte cinq entrées : à côté du Belfast Castle et du zoo ; au Carr's Glen Linear Park, Ballysillan Rd ; sur Upper Cave Hill Rd ; et sur Upper Hightown Rd.

Le **Cave Hill Adventure Playground** (☎ 9037 1013 ; 1,30 £ ; avr-sept tlj, reste de l'année sam et dim) offre toute une gamme d'activités pour les enfants.

Belfast Castle. Sur les pentes de Cave Hill se tient le Belfast Castle (☎ 9077 6925, www.belfastcastle.co.uk, Antrim Rd ; gratuit ; lun-sam 9h-22h30, dim 9h-18h). Un "château de Belfast" existe depuis la fin du XIIe siècle, mais la structure actuelle ne date que de 1870, construite dans un style écos-

sais, alors en vogue. Le château fut offert à la ville de Belfast en 1934. Après la Seconde Guerre mondiale, il est devenu un lieu très prisé pour les cérémonies de mariage.

De grands travaux de restauration entrepris entre 1978 et 1988 ont apporté à l'intérieur confort et modernité. À l'étage, le petit **Cave Hill Heritage Centre** propose des expositions sur le folklore, l'histoire, les découvertes archéologiques et l'histoire naturelle de la région. Au même endroit se trouve le restaurant **Ben Madigan** (dim midi seulement). En bas sont installés le **Cellar Restaurant** (voir *Où se restaurer – Hors du centre*), un bar adjacent et une petite boutique d'antiquités.

Selon la légende, les résidents du château connaîtront un destin formidable tant qu'un chat blanc y vivra. Cette superstition est illustrée dans le jardin par neuf portraits de chats déclinés en mosaïque, peinture, sculpture et meubles de jardin.

Belfast Zoo. Le zoo de Belfast (☎ *9077 6277, Antrim Rd ; adulte/réductions 5,80/2,90 £, enfant de moins de 4 ans et senior gratuit ; avr-sept tlj 10h-17h, reste de l'année tlj 10h-14h30*), particulièrement intéressant, a mené une politique dynamique pour la construction d'enclos plus grands pour ses résidents. Le bassin des lions de mer et des pingouins est très réussi avec ses vues "sous-marines". Parmi les animaux les plus rares, vous verrez des tamarins, des ours à lunettes et des pandas. Les enfants se précipitent pour voir les suricates et la colonie de makis mococos.

CIRCUITS ORGANISÉS
Promenades à pied
The Old Town of 1660-1685 (☎ *9024 6609 ; 4 £ ; 1 heure 30 ; juin-sept sam 14h*) suit les anciens remparts de la ville. Partant du Belfast Welcome Centre, il retrace les origines de Belfast.

Le **Bailey's Historical Pub Tours** (☎ *9268 3665 ; 5 £ ; mai-oct jeu 19h et sam 16h*) effectue un circuit parmi six pubs historiques de la ville, dont le célèbre Crown Liquor Saloon. Il part du Flannigan's sur Great Victoria St. Les guides intarissables vous dévoileront les secrets des pubs de Belfast. Vous pourrez aussi déguster des bières et écouter un peu de musique.

La **Belfast City Centre Walk** (☎ *9049 1469 ; 4 £ ; 1 heure 30 ; juill-sept ven 14h*) sillonne le centre-ville victorien et Laganside. Il part du Belfast Welcome Centre.

La **Blackstaff Way** (☎ *9029 2631 ; 2 £ ; juin-sept sam 11h*) vous emmènera pour une instructive promenade en plein cœur de la ville le long de l'itinéraire de la Blackstaff, qui coule dans un canal souterrain depuis 1881. La rivière était tellement polluée qu'elle fut appelée "The Nuisance". Le départ s'effectue au Belfast Welcome Centre.

Durant le Féile an Phobail (West Belfast Festival), qui se tient en août, et parfois à d'autres moments de l'année, des circuits mènent aux cimetières de Falls Rd. Renseignez-vous au Belfast Welcome Centre.

Circuits en bus
Citybus (☎ *9045 8484*) propose deux types d'excursion. Le circuit "original" bénéficie d'un commentaire en plusieurs langues. Il a lieu le lundi et le vendredi et dure 3 heures. Il passe par le centre-ville, le chantier naval, la Queen's University, l'Ulster Museum, les Botanic Gardens et le Stormont Castle. Le bus part de Castle Place, devant la poste principale à 12h. Comptez 10 £.

L'autre circuit, "*Through the Millennium Tour*" (8 £, 1 heure 45), inclut toutes les curiosités du centre, les peintures murales de Falls Rd et de Shankill Rd, St Anne's Cathedral, le chantier naval et le Belfast Castle. Ce périple démarre Castle Place à 12h sauf le lundi et le vendredi.

Le **Belfast City Tours** (☎ *7130 9051 ; 3,50 £ ; 1 heure 30 ; tlj sur réservation*) est organisé par Northern Ireland Tours and Guides. Le circuit intègre le centre-ville, Stormont, le Belfast Castle et le chantier naval. Ces excursions sont organisées pour des groupes (4 personnes minimum), mais les individuels peuvent appeler pour se joindre à un groupe.

Circuits en taxi
Les circuits proposés par les *black taxis* (taxis noirs) se cantonnent à West Belfast, aux peintures murales et à quelques curiosités du centre. De plus en plus de taxis pratiquent cette formule. Ces itinéraires constituent un moyen convivial (les taxis accueillent 4 à 7 personnes) et amusant de découvrir la ville. Ils peuvent facilement être adaptés à vos goûts. Le meilleur endroit pour organiser ces excursions est le Belfast Welcome Centre ou n'importe quelle auberge de jeunesse indépendante. L'original **Black Taxi Tour** (☎ *9064 2264, www.belfasttours.com*), dirigé par Michael Johnson, est chaudement recommandé. Il revient à 8 £ par personne avec un minimum de 3 passagers.

Le **Belfast International Youth Hostel** (☎ *9032 4733, 22-32 Donegall Rd*) propose son propre circuit de 2 heures (7,50 £) dans West Belfast. Plusieurs lecteurs nous l'ont

ENVIRONS DE BELFAST

conseillé. Il part tous les jours à 10h30. Il est indispensable de réserver.

FESTIVALS

Voir aussi la rubrique *Fêtes et festivals* dans le chapitre *Renseignements pratiques*.

Le Belfast Marathon se court le premier lundi du mois de mai. Il réunit des marathoniens du monde entier, mais il s'agit aussi d'un événement populaire : l'essentiel est de participer et de courir à son rythme, aussi longtemps que possible. Contactez le Belfast Welcome Centre pour des détails.

Le St Patrick's Day, le 17 mars, est la fête du saint patron de l'Irlande. Des réjouissances ont lieu dans toute la ville.

Le Cathedral Quarter Arts Festival (☎ 9023 2403, www.cqaf.com), un nouvel événement qui se déroule début mai, consiste en 12 jours de théâtre, de musique, de poésie, de théâtre de rue et d'expositions d'art dans et autour du Cathedral Quarter. Il illustre le nouveau dynamisme de la ville.

Le Belfast City Summerfest (☎ 9032 0202) se déroule en mai (les dates changent d'une année à l'autre) et comprend toutes sortes de spectacles et de concerts de musique. À cette occasion, plusieurs bâtiments ouvrent leurs portes au public pour des visites guidées.

Les Orange Parades du 12 juillet défilent un peu partout en Irlande du Nord pour célébrer l'anniversaire de la bataille de la Boyne (1690), qui vit la victoire de Guillaume d'Orange, le protestant, contre "le papisme". Contrairement à ce que pense la majorité des visiteurs, la plupart des manifestations sont calmes et pittoresques.

Le Belfast Folk Festival (☎ 9074 6021), qui accueille des artistes locaux, nationaux et internationaux, se déroule certains week-ends de l'été. Il inclut des ateliers musicaux et des *ceilidhs*. Renseignez-vous au Belfast Welcome Centre ou au bar The Rotterdam (voir plus loin *Où sortir*).

Le Féile an Phobail (☎ 9031 3440) se tient dans West Belfast la première semaine d'août. Il est réputé être le plus grand festival communautaire d'Irlande. Une parade de carnaval ouvre les festivités, suivie par des attractions de rue, des pièces de théâtre, des concerts ; des visites historiques des cimetières City et Milltown sont organisées.

Le Belfast Festival at Queen's (☎ 9066 7687), deuxième plus grand festival artistique du Royaume-Uni, est une débauche de théâtre, de musique, de danse, de comédie et d'arts visuels, dans l'espace du Queen's college et ses environs, durant trois semaines en novembre.

Halloween, célébré entre le 28 et le 31 octobre, provoque une flambée d'animations dans toute la ville avec une parade de carnaval, des défilés de fantômes et des feux d'artifice.

OÙ SE LOGER

Les possibilités d'hébergement se sont considérablement étoffées à Belfast, et de nouveaux établissements vont encore apparaître. Tout en haut de l'échelle figure le Belfast Hilton avec ses 195 chambres. Plusieurs auberges de jeunesse s'adressent aux voyageurs à budget serré. Les B&B ne se sont pas autant démultipliés et ils tendent à être onéreux (vous n'en trouverez pas à moins de 20 £ par pers). Réservez bien à l'avance en été ou pendant les festivals.

Auberges de jeunesse

Centre-ville. Le centre de Belfast compte quatre auberges.

Arnie's Backpackers (☎ *9024 2867, 63 Fitzwilliam St ; dortoirs 7-8,50 £*). Établie depuis longtemps, cette auberge centrale est installée dans le quartier de l'université. Elle est dotée d'une laverie et d'installations pour faire la cuisine. Les bars et les restaurants animés sont nombreux à proximité.

The Ark (☎ *9032 9626, fax 9032 9647, www.harth.co.uk, 18 University St ; dortoirs 8,50/9,90 £ en sem/week-end*). Les dortoirs sont confortables. S'y ajoutent un petit salon, une cuisine et une laverie. Un ordinateur permet de se connecter à Internet. En saison, The Ark propose une excursion jusqu'à la Giant's Causeway (Chaussée des Géants) et jusqu'au pont suspendu Carrick-a-rede. Un circuit jusqu'à Derry de 1 ou 2 jours revient à 18/59 £.

The Ark prévoit d'ouvrir une annexe au 74 University St qui disposera de chambres simples, doubles et avec lits jumeaux.

Vous pouvez vous rendre dans les auberges citées ci-dessus soit en train jusqu'à Botanic Station soit par le bus 69 à 71 depuis Donegall Square.

The Linen House (*Paddy's Backpackers ;* ☎ *9058 6400, fax 9058 6444, www.belfasthostel.com, 18 Kent St ; dortoirs de 18/8 lits 6,50/7,50 £, dortoirs avec sdb 8,50 £, simples/doubles 15/24 £*). Renseignez-vous auprès du propriétaire pour les tarifs long séjour. C'est l'auberge indépendante la plus récente, installée dans une vaste et ancienne fabrique de lin dans le Cathedral Quarter, quartier qui connaît une expansion rapide, non loin du début de Falls Rd et de Shankill Rd. Des lecteurs nous l'ont chaudement recommandée. L'auberge est en effet spacieuse, avec des lits confortables et d'excellentes douches; toutes les chambres sont équipées d'un lavabo. Vous trouverez en outre une cuisine et une laverie. L'accès à Internet coûte 0,50 £ les 15 minutes. L'auberge peut organiser un circuit dans un black taxi (7 £) et des excursions d'une journée jusqu'à la Chaussée des Géants (16 £).

Hors du centre. Les abords du centre comptent peu d'auberges de jeunesse.

Queen's Elms (☎ *9038 1608, fax 9066 6680, 78 Malone Rd ; chambres pour britanniques/étrangers/non-étudiants 8,20/ 9,70/12 £ par pers, doubles 21 £ ; fin juin-sept).* Gérée par l'université, cette auberge, qui ne possède que des chambres, offre un hébergement très agréable. Le tarif inclut les draps, mais pas les serviettes. Des installations permettent de cuisiner et de faire une lessive. Parfois, les chambres sont aussi diponibles pour de courtes périodes à Noël et à Pâques.

Ulster People's College (☎ *9066 5161, fax 9066 8111, 30 Adelaide Park ; dortoirs avec petit déj continental/irlandais 14/ 16 £).* Cet établissement jouxte Malone Rd.

B&B

Le Belfast Welcome Centre peut réserver une chambre pour une commission très faible. Nombre de B&B se trouvent dans le quartier de l'université avec des prix s'élevant à 22 £ par personne. Cette zone est proche du centre et ne manque pas de restaurants et de pubs.

The Old Georgian House B&B (☎ *9023 4550, fax 9058 6444, 12 College Square North ; dortoirs 12 £/pers, simples/doubles 22/35 £, chambre 3 pers 45 £, petit déj complet inclus).* Ce B&B dispose d'une laverie et d'un accès à Internet. Il propose des circuits en black taxi/périples jusqu'à la Chaussée des Géants (7 £/16 £).

Helga Lodge (☎ *9032 4820, fax 9032 0653, 7 Cromwell Rd ; bus 83, 85 de Donegall Square ; simples 22-27 £, doubles 40-50 £).* Ce grand établissement confortable est à côté de Botanic Ave. Il s'agit peut-être d'un message politique, mais la façade autrefois orange est maintenant verte. Les chambres sont en général équipées d'une s.d.b., d'une TV et d'un téléphone.

Botanic Lodge Guesthouse (☎/fax *9032 7682, 87 Botanic Ave; bus 83, 85 ou 86 de Donegall Square ; simples/doubles 25/40 £, doubles avec sdb 45 £, petit déj irlandais complet).* Un B&B très joli avec TV et lavabo dans toutes les chambres, mais presque toutes les s.d.b. sont communes.

Queen's University Common Room (☎ *9066 5938, fax 9068 1209, 1 College Gardens ; simples/doubles 19,50-36,50/49,50 £).*

Le Common Room est un autre B&B dans le quartier populaire de l'université.

Pearl Court House (☎ *9066 6145, fax 9020 0212, 11 Malone Rd ; simples/doubles à partir de 28/44 £, avec sdb 35/52 £).* Près de la Queen's University. Vous pouvez y réserver à dîner (7-11 £).

Camera Guesthouse (☎ *9066 0026, fax 9066 7856, 44 Wellington Park ; simples sans/avec sdb 24/37 £, doubles 55 £).* Ce B&B édouardien est très douillet. Il propose aussi des appartements en location pour 6 personnes sur Wellington Park (à partir de 60 £/pers, 2 nuits minimum). Il dispose aussi d'une maison de ville cinq-étoiles à 6 minutes en voiture du centre (à partir de 45 £/pers, 3 pers et 2 nuits minimum). Un petit déjeuner et le ménage quotidien sont compris.

All Seasons B&B (☎ *9068 2814, fax 9038 2128, allseasons@fsmail.net, 356 Lisburn Rd ; simples/doubles 25/45 £, petit déj complet).* Toutes les chambres comportent une s.d.b. et une TV. Elles sont joliment décorées et vastes dans un B&B récent ; vous profiterez d'une laverie.

Hôtels

Les prix sont élevés, sauf le week-end lorsque les hommes d'affaires rentrent chez eux. La plupart des hôtels anciens sont installés dans le quartier de l'université. De nouveaux établissements apparaissent dans le secteur restauré, le long des berges.

Centre-ville. Belfast ne manque pas de lits.

Holiday Inn Express (☎ *9031 1909, fax 9031 1910, 106a University St ; doubles et chambres avec lits jumeaux 64,95 £ avec petit déj continental, week-ends 55£ avec petit déj irlandais).* C'est une bonne affaire (surtout pour les couples et les familles) compte tenu de son emplacement à proximité de l'université. Un accès à Internet est proposé.

Madison's (☎ *9050 9800, fax 9050 9808, 59-63 Botanic Ave ; simples/doubles 65/ 75 £, petit déj complet).* Le Madison's comporte de vastes chambres bien conçues avec sèche-cheveux et presse-pantalon. Deux chambres sont équipées pour recevoir des clients handicapés. Il dispose d'un bar-restaurant luxueux et d'une boîte de nuit.

Crescent Town House (☎ 9032 3349, fax 9032 0646, 13 Lower Crescent ; simples/doubles 80/100 £, week-ends 50/65 £, petit déj complet). Cet établissement huppé se trouve en face de l'Empire Music Hall, à l'angle de Botanic Ave. Le Metro Brasserie (voir plus loin Où se restaurer) est en bas.

Malone Lodge (☎ 9038 800, fax 9038 8088, www.malonelodgehotel.com, 60 Eglantine Ave ; simples/doubles à partir de 85/105 £, week-ends 60/80 £, petit déj complet). Cet hôtel a été restauré récemment.

Renshaws Hotel (☎ 9033 3366, fax 9033 3399, 75 University St ; simples/doubles 49/54 £, week-ends 44/49 £, petit déj continental). Les grandes chambres de cet hôtel sont équipées d'un téléphone, d'une TV et d'un presse-pantalon.

Dukes Hotel (☎ 9023 6666, fax 9023 7177, info@dukes-hotel-belfast.co.uk, 65 University St ; simples/doubles 95/ 110 £, week-ends 62/72 £, petit déj complet). Le Dukes est un établissement trois-étoiles avec de bonnes chambres. Les propriétaires chinois ont fait venir des spécialistes du feng shui afin d'attirer de l'énergie positive.

Jury's Inn (☎ 9053 3500, fax 9053 3511, Fisherwick Place, Great Victoria St ; chambres 68 £, petit déj complet 6,95 £). À côté du City Hall dans College Square, en face du Spires Shopping Mall, ce trois-étoiles présente un bon rapport qualité/prix. Il compte 190 chambres accueillant jusqu'à 3 adultes ou 2 adultes et 2 enfants.

Europa Hotel (☎ 9032 7000, fax 9032 7800, res@eur.hastingshotels.com, Great Victoria St ; simples/doubles 105/145 £, week-ends 50/70 £, avec petit déj). Cet hôtel est un point de repère dans Belfast. Il appartient au Hastings Group et constitue un des meilleurs hôtels de la ville.

McCausland Hotel (☎ 9022 0200, fax 9022 0220, 34-8 Victoria St ; simples/ doubles à partir de 130/150 £ avec petit déj). Cette adresse élégante occupe deux entrepôts magnifiquement restaurés dans le style italien, construits à l'origine pour des entreprises rivales (1850). Ses 60 chambres dotées d'équipements grand confort et ses boutiques de luxe s'adressent plutôt à une clientèle d'hommes d'affaires. Il comporte aussi un restaurant et un café-bar.

Belfast Hilton (☎ 9027 7000, fax 9027 7277, 4 Lanyon Place ; simples/doubles à partir de 160/178 £, suite présidentielle 500 £, 16,95 £ le petit déj irlandais). Avec ses 195 chambres, le Belfast Hilton est la vedette de la ville. Son restaurant est situé au dernier étage et son bar extraordinaire rappelle la série télévisée Happy Days.

Hors du centre. Vous trouverez des hôtels de catégorie supérieure aux abords du centre.

Fitzwilliam International Hotel (☎ 9442 2033, fax 9442 3500, www.fitzwilliaminternational.com, Belfast International Airport ; chambres 110 £, B&B le week-end 75 £). Cet hôtel onéreux est un excellent choix, situé juste en face du terminal du Belfast International Airport.

Stormont Hotel (☎ 9065 8621, fax 9048 0240, www.hastingshotels.com, 587 Upper Newtownards Rd ; simples/doubles 110/ 145 £, week-ends 60/80 £, petit déj inclus). Ce quatre-étoiles luxueux est installé en face de l'immeuble Stormont Assembly à l'est du centre-ville.

OÙ SE RESTAURER

Belfast compte une multitude de restaurants très variés, dont certains figurent parmi les meilleurs d'Irlande. De nouveaux cafés et restaurants ouvrent dans le centre de la ville.

Golden Mile

Restaurants. Golden Mile regroupe le choix de restaurants le plus vaste. Ils s'égrènent le long de Great Victoria St, Dublin Rd, dans le quartier de l'université et jusque dans Lisburn Rd, Malone Rd et Stranmillis Rd.

Graffiti Italiano (☎ 9024 9269, 50 Dublin Rd ; plats principaux 8-14 £ ; dîner tlj). La carte comporte d'excellents plats de pâtes et de poisson copieux, comme les spaghettis aux fruits de mer ou les moules à la vapeur.

Archana Balti House (☎ 9032 3713, 53a Dublin Rd ; plats principaux 5,50-9 £ ; dîner tlj). Les curries Balti sont la spécialité de ce restaurant, qui ne remporte plus de prix depuis quelques années, nous confortant dans l'idée que la cuisine n'est pas si extraordinaire que cela. En bas, le **Little India** (☎ *9058 3040, 53 Dublin Rd*) reste populaire avec ses plats végétariens (4,50-5,50 £). Il a les mêmes horaires d'ouverture et le même chef.

Moghul (☎ *9032 6677, 62a Botanic Ave ; plats principaux 5,95-7,95 £, buffet pour le déj 4,99 £, thali de 6 pièces 2,99 £ lun-jeu, menu "high tea" 9,95 £ dim-mer 17h30-19h30*). Ce restaurant traditionnel indien prépare des plats de tandoori ainsi que de bons mets végétariens. En semaine, le buffet servi au déjeuner, entre 12h et 14h, offre un bon rapport qualité-prix.

Manor House (☎ *9023 8755, 43-47 Donegall Pass ; plats principaux 10 15 £, menu 17 £ , déj et dîner tlj*). Ce restaurant propose de succulents plats cantonais.

Metro Brasserie (☎ *9032 3349, 13 Lower Crescent ; plats principaux autour de 9,50 £, menu Metro Rush Hour 2/3 plats 9,95/12,50 £ lun-sam 18h-19h30*). Cet établissement chic est installé dans l'hôtel Crescent Town House. Sa carte des plats de résistance est alléchante.

Beatrice Kennedy's (☎ *9020 2290, 44 University Rd ; plats principaux autour de 11 £ ; mar-sam 17h-22h30 et dim midi*). Vous vous délecterez de la carte variée proposant poisson et pain frais, terrine de gibier ou salade de pommes de terre au pistou. Les plats sont copieux.

Café Zinc (☎ *9068 2266, 12 Stranmillis Rd ; menu de 3 plats 12 £ ; lun-dim 10h-tard*). Essayez les aubergines farcies grillées ou les noisettes d'agneau irlandais.

Aero (☎ *9024 4844, 44 Bedford St ; plats principaux à partir de 5,25 £ ; lun-ven déj, lun-sam dîner*). Ce nouveau bar-restaurant sympathique propose un menu intéressant et jouit d'une belle vue sur les immeubles victoriens en brique rouge de Bedford St. Le soir (jusqu'à 19h), vous pouvez commander un menu de 2 plats (8,95 £) avant d'aller au théâtre.

La Belle Époque (☎ *9032 3244, 61-63 Dublin Rd ; plats principaux 7-12 £ ; lun-ven 12h-tard et sam 18h-tard*) passe pour le restaurant français le plus authentique de Belfast.

Cayenne (☎ *9033 1532, 7 Ascot House, Shaftesbury Square ; menu de 2/3 plats au* déj 10/13,50 £, repas de 3 plats à la carte 25,50 £ ; lun-ven déj et dîner, sam dîner seulement*). Derrière une façade en verre dépoli anonyme, ce restaurant, qui a remporté les honneurs suprêmes, concocte une cuisine exquise dans un cadre moderne. Le chef, Paul Rankin, connaît un succès fou et anime sa propre émission télévisée.

Fast-foods, cafés et pubs. Golden Mile est aussi bien pourvu en établissements bon marché.

Liquid (☎ *9031 4903, 68-72 Great Victoria St ; plats principaux 6-10 £ ; café ouvert lun-sam 9h30-18h, brasserie à l'étage jeu-sam 17h30-23h*). Le Liquid propose un mélange de cuisine américaine, mexicaine et européenne.

Jenny's Coffee Shop (☎ *9024 9282, 81 Dublin Rd ; en-cas à partir de 3 £*). Ce petit café-bar agréable sert des sandwiches ainsi que des lasagnes et des plats de pâtes.

Revelations Cafe (☎ *9032 0337, 27 Shaftesbury Square ; en-cas autour de 2,50 £ ; lun-ven 9h-22h, sam 10h-18h, dim 11h-19h*). Vous pouvez y déguster un repas léger, un gâteau ou un bon café tout en surfant sur Internet.

Maggie May's (☎ *9032 2662, 50 Botanic Ave ; repas légers 2,95-4,95 £ ; ouvert tlj du petit déj jusqu'à tard*). Cet établissement est très prisé par les étudiants pour sa nourriture bon marché et saine et son atmosphère sympathique. Vous pouvez savourer un petit déjeuner irlandais végétarien.

The Other Place (☎ *9020 7200 79 Botanic Ave ; repas 4-8 £ ; tlj 8h-23h*). Ce lieu très apprécié prépare de la cuisine italienne et mexicaine, ainsi que des burgers-frites pour 3,95 £. Le fond sonore se compose de tubes populaires et de la bonne humeur des étudiants. The Other Place a ouvert un autre établissement (☎ *9020 7100, 133 Stranmillis Rd*) tout aussi bondé, avec les mêmes horaires et une carte similaire.

Bookfinders Cafe (☎ *9032 8269, 47 University Rd ; repas 3,90 £ ; lun-sam 10h-17h30*). Derrière la librairie, cette échoppe est un excellent choix pour déjeuner rapidement. Elle est célèbre pour sa carte de 40 soupes, dont une est servie tous les jours

BELFAST

pour 1,75 £. Vous trouverez aussi plusieurs mets végétariens.

Conor Restaurant *(☎ 9066 3266, 11a Stranmillis Rd ; repas 6-14 £ ; tlj 9h30-23h).* Situé dans un intéressant bâtiment avec un haut plafond et un toit de verre, ce restaurant dispose d'une carte variée. C'est l'ancien atelier de William Conor, un artiste de Belfast.

Flannigan's *(☎ 9027 9901).* Au-dessus du Crown, ce pub sert d'énormes petits déjeuners entre 8h et 23h30 ! Vous êtes invité à composer votre petit déjeuner avec 10 éléments, pour 4,95 £.

Centre-ville

Le centre se fait très calme après la fermeture des magasins, mais il est animé dans la journée avec ses pubs, ses cafés et ses restaurants qui font des affaires en or à l'heure du déjeuner.

Deanes *(☎ 9056 0000, 38 Howard St ; menu de 2 plats en brasserie/restaurant 20/27 £ ; brasserie lun-sam déj et dîner, restaurant mar-sam 19h-21h30).* Si vous voulez vous offrir un petit plaisir à Belfast, réservez une table chez Deanes, le seul restaurant de la ville à posséder une étoile au guide Michelin. S'il faut réserver longtemps à l'avance pour le restaurant installé à l'étage, vous arriverez toujours à obtenir une table à la brasserie. La cuisine, le vin, le service et l'ambiance sont exquis.

Nick's Warehouse *(☎ 9043 9690, 35 Hill St ; repas 6-13 £ ; en semaine 12h-15h, mar-sam 18h-22h).* Nick's est un immense bar-restaurant en brique rouge et bois clair qui regorge de Belfastois joyeux. Les vins sont bien choisis et la carte se compose de salades et de fruits de mer.

The Edge Bar & Restaurant *(☎ 9032 2000, Laganbank Rd ; plats principaux autour de 7 £, déj/dîner de 4 plats 18/22 £).* Ce restaurant design et stylé qui est aussi café-bar domine la Lagan, près du Hilton. Il est indispensable de réserver pour le dîner. Vous pourrez prendre un apéritif au piano-bar.

McHugh's *(☎ 9050 9999, 29-31 Queen's Square ; repas 6-12 £ ; dim-ven déj, sam dîner).* Plus bas le long des berges, ce pub restauré ressemble à The Edge. Il sert de la cuisine de pub au rez de chaussée et des

plats plus élaborés (saumon grillé, canard de Barbarie) dans le restaurant à l'étage.

Paul's Cafe *(187 Donegall St).* Si vous séjournez à l'auberge Linen House et préférez petit-déjeuner irlandais plutôt que d'un bol de céréales, ce café voisin est ce qu'il vous faut.

Cafe Society *(☎ 9043 5925, 3 Donegall Square East ; plats principaux 5-8 £ ; lun-mer 8h-17h, jeu 8h-20h, ven-sam 8h-tard).* C'est un endroit agréable pour déjeuner non loin du City Hall ou écouter du jazz le vendredi soir entre 18h et 20h. Pâtes fraîches, poulet frit et plats végétariens sont à des tarifs raisonnables.

Cafe Renoir *(☎ 9032 5592, 5 Queen St ; repas 3-5 £ ; lun-sam 9h-17h).* Toute la cuisine est préparée à partir d'ingrédients frais, le pain est fait maison, le café est délicieux, les mets végétariens à base de produits biologiques sont copieux : que demander de plus ?

Roscoff Cafe *(☎ 9031 5090, 27-29 Fountain St ; en-cas 1,85-4,65 £ ; lun-sam).* En plus du petit déjeuner, vous pouvez y déguster sandwiches, salades et une sélection de fromages irlandais. Le café propose une bonne carte des vins et des plats à emporter.

Altos *(☎ 9032 3087, Unit 6, Fountain St ; plats principaux 5-7,50 £ ; lun-mer 10h-17h, jeu 10h-20h, ven-sam 10h-18h).* Avec sa carte méditerranéenne influencée par la cuisine irlandaise traditionnelle, ce restaurant bouscule les conventions. Une horloge géante projetée sur le mur du fond vous permettra de garder la notion du temps.

Les pubs de Belfast concoctent une cuisine traditionnelle, copieuse, pour environ 5 £.

Bittle's Bar *(☎ 9031 1088, 70 Upper Church Lane).* La spécialité de ce petit pub est la cuisine traditionnelle comme les saucisses aux champignons ou l'irish stew.

White's Tavern *(☎ 9024 3080, 2-12 Wine Cellar Entry).* Ce pub historique, installé entre Rosemary St et High St, sert des plats très simples tels que pommes de terre au four ou poulet et brocolis au four.

Duke of York *(☎ 9024 1062, 11 Commercial Court).* Cet autre pub ancien est très apprécié des journalistes de la presse locale. Il prépare des sandwiches et d'excellents déjeuners plus consistants.

Kitchen Bar (☎ 9032 4901, 16 Victoria Square). Un très bon choix pour une succulente bière, une soupe ou un ragoût maison et la spécialité du chef : la pizza Paddy's préparée sur du pain au lait grillé.

Morning Star (☎ 9023 5986, 17 Pottinger's Entry). La carte comporte des plats irlandais traditionnels ainsi que des mets plus inhabituels, comme des steaks de kangourou, d'émeu et de crocodile. Servis à l'étage, les énormes steaks de 680 g reviennent à 14 £. Un excellent buffet (3,95 £) est proposé au rez-de-chaussée.

Hors du centre

Mercury Bar & Grill (☎ 9064 9017, 451 Ormeau Rd ; tlj déj-tard). Au sud du centre, ce bar-restaurant moderne fait partie des établissements apparus récemment dans le quartier de l'université. Il sert un brunch (4,95 £) toute la journée, des en-cas légers comme des *tempura* (beignets japonais) de champignons sauvages, et des plats de résistance copieux. La carte des vins est très pertinente. Le dimanche, des orchestres de jazz se produisent.

Ben Madigan Restaurant (☎ 9077 6925, Belfast Castle ; menu de déj 16 £ ; ouvert dim midi). Situé à l'étage du Belfast Castle, ce restaurant propose des grillades le dimanche. Il surplombe Belfast et le Belfast Lough. Pensez à réserver quelques jours avant.

Cellar Restaurant (☎ 9077 6925, castlecatering@utvinternet.com, Belfast Castle, Antrim Rd ; déj 6-7,50 £, dîner 11-13 £ ; lun-sam déj et dîner). Le cadre n'est pas tout à fait celui d'un donjon, mais ce restaurant situé en bas du château propose du café le matin, un déjeuner, du thé l'après-midi et un dîner.

Cultúrlann MacAdam ÓFiaich (☎ 9023 9303, 216 Falls Rd ; repas à partir de 4 £ ; dim-mer 9h-21h, jeu-sam 9h-22h). Si vous explorez West Belfast, vous ferez peut-être un tour dans le centre de la culture et des arts irlandais pour flâner dans sa librairie et déguster de succulents plats maison dans son café : ragoût, soupes, pizzas, pommes de terre au four et pâtisseries fraîches avec vrai sirop d'érable.

An Cupla Focal (☎ 9023 2608, 145-147 Falls Rd ; repas 4,25-5,95 £ ; tlj déj et dîner). Ce restaurant communautaire emploie des personnes parlant ou apprenant l'irlandais. La carte est très simple. Il est apprécié des Belfastois, mais, à notre avis, la cuisine pourrait être meilleure.

OÙ SORTIR

La vie nocturne n'a jamais été aussi animée : de nouveaux bars ouvrent, les anciens changent, les clubs sont en pleine effervescence et des dizaines de salles superbes proposent des concerts de grande qualité. La ville se dépêche de rattraper 30 années de stagnation. Ce phénomène s'illustre par la résurgence de l'art en général : du développement d'événements identitaires basés sur la langue irlandaise à l'essor des arts visuels.

Gratuit, *The List* paraît le mercredi, couvrant les spectacles musicaux dans toute l'Irlande du Nord avec une section importante pour Belfast. *The Belfast Beat* est un guide mensuel gratuit qui recense toutes les sorties pour chaque jour de la semaine. Le site Internet www.wheretotonight.com propose un autre guide utile.

Le vendredi, la rubrique Metro de l'*Irish News* couvre tous les événements, des concerts aux expositions et aux événements spéciaux. *art.ie* est une nouvelle publication mensuelle gratuite qui traite de la scène artistique dans toute l'Irlande du Nord.

Les publications gratuites sont généralement disponibles dans les pubs, les clubs et les salles de spectacles.

Pubs

Vous ne serez pas à court de pubs à explorer à Belfast. La plupart d'entre eux proposent de la musique (tous les genres sont représentés) : la licence leur permet de rester ouvert jusqu'à 1h30. Dans le centre-ville, nombre des pubs sont pleins à craquer midi et soir (mais il y a toujours de la place pour accueillir davantage de monde). Les établissements les plus branchés exigent souvent une tenue vestimentaire excluant jeans et baskets.

Pubs traditionnels. Belfast compte quelques pubs fabuleux qui sont de véritables pièces de musée. Voir l'encadré *Un circuit culturel*.

Un circuit culturel

"L'homme n'a pas encore trouvé de plus grand plaisir que celui procuré par une bonne taverne."
Samuel Johnson, 1776

Presque tous les pubs du centre de Belfast pourraient être inclus dans une tournée des pubs, mais nous n'allons citer que les plus intéressants.

Commencez par le **Crown Liquor Saloon** en face du Grand Opera House, avec son intérieur victorien magnifiquement décoré (voir *Crown Liquor Saloon* dans la rubrique *Autour du centre*). Installez-vous dans l'arrière-salle s'il y a de la place et commandez une pinte de Guinness, le stimulant national irlandais. On pense que les arrière-salles et le système de commande par cloche permettaient aux personnes très croyantes mais qui avaient du mal à respecter leur vœu de sobriété de préserver leur anonymat.

Ensuite, arrêtez-vous au **Kelly's Cellars** dans Bank St, où nombre d'étudiants de Belfast ont épuisé leur bourse d'études bien avant la fin de l'année. C'est le plus vieux pub de Belfast (1720). C'est là que se réunissaient Henry Joy McCracken et les United Irishmen pour préparer la rébellion de 1798. Goûtez à la McCafferty's.

De l'autre côté de la Royal Arcade se trouvent les Entries, un ensemble de petites rues reliant les voies principales. Elles concentrent plusieurs bons pubs. Le **Morning Star**, Pottinger's Entry, remonte au moins à 1810 lorsqu'il fut mentionné dans la *Belfast News Letter* comme le terminus des bus reliant Dublin à Belfast. Ce pub intéressant comporte un porche à double entrée. Ainsi, les buveurs luttant contre leur conscience pouvaient arriver par une entrée et ressortir par l'autre sans même entrer dans le pub si leur foi reprenait soudain le dessus. Pour ceux qui n'ont aucun scrupule, les portes donnent sur un établissement doté de petites arrière-salles et d'une bonne ambiance. Essayez une bière blonde irlandaise, la Harp.

La **White's Tavern**, dans Wine Cellar Entry, est un autre lieu historique qui prétend être la plus vieille taverne (à la différence d'un pub, une taverne fournit le gîte et le couvert) de Bel-

Crown Liquor Saloon (☎ *9024 9476, 46 Great Victoria St*). Un endroit à ne pas manquer, avec son intérieur de style victorien magnifiquement décoré (voir plus haut ce pub dans *Autour du centre*).

Les Entries abritent une multitude de vieux pubs. Ci-dessous figure une sélection des meilleurs.

Morning Star (☎ *9023 5986, 17 Pottinger's Entry*). Avec un immense bar en forme de fer à cheval, c'est l'endroit idéal pour se mêler aux autres clients. L'arrière-salle est plus intime.

White's Tavern (☎ *9024 3080, 2-12 Wine Cellar Entry*). Ce pub historique propose des orchestres de jazz le jeudi soir et de la musique traditionnelle irlandaise les vendredi et samedi soirs.

Kelly's Cellars (☎ *9032 4835, 1 Bank St*). Un pub qui accueille des groupes de folk et de blues les vendredi et samedi soirs.

Duke of York (☎ *9024 1062, 11 Commercial Court*). Caché dans une petite allée près de St Anne's Cathedral, ce pub se targue d'avoir eu comme barman alors qu'il était étudiant le leader du Sinn Féin, Gerry Adams.

Kitchen Bar (☎ *9023 4901, 16 Victoria Square*). Un excellent choix pour de délicieuses bières, de la cuisine maison et de la musique traditionnelle.

Maddens (☎ *9024 4114, 74 Smithfield*). Cet établissement très simple est réputé pour ses orchestres de musique traditionnelle.

The John Hewitt (☎ *9023 3768, 51 Donegall St*). Ce pub est nouveau mais reste traditionnel. Depuis sa courte existence, le Hewitt s'est forgé une bonne réputation avec ses concerts de musique traditionnelle les mercredi, samedi et dimanche soirs. Il accueille aussi des spectacles lors du Cathedral Quarter Arts Festival annuel.

Un circuit culturel

fast, datant de 1630. À l'époque, la Blackstaff n'était pas encore souterraine et les navires amarraient à côté de la taverne. La peinture murale faisant face au pub dépeint une scène de l'époque. Au début du XIXe siècle, les Entries comptaient une quinzaine de pubs.

De l'autre côté du Victoria Square, se trouve le **Kitchen Bar**, un ancien foyer pour jeunes filles respectables. Lorsque l'Empire Theatre voisin fonctionnait, nombre d'artistes venaient y boire un verre et laissaient derrière eux une photographie. Les murs en sont recouverts. Ce pub propose des bières de fabrication artisanale : essayez donc l'une de leurs "guest ales"(bières des invités).

Le **Bittle's Bar**, Upper Church Lane, est très original. Il est installé dans le seul immeuble "fer à repasser" de Belfast, un bâtiment triangulaire intéressant, décoré de trèfles dorés. Le trait le plus marquant de ce bar qui accumule les recoins, ce sont ses murs couverts des portraits peints des héros littéraires d'Irlande, tous réalisés par un seul artiste, Joe O'Kane. Ces œuvres sont exposées ici en permanence, elles ne sont pas à vendre et vous ne les trouverez nulle part ailleurs. Le clou de cette exposition consiste en une grande peinture représentant une multitude d'écrivains réunis dans un bar. On y voit Yeats, Joyce, Behan et Beckett au bar avec des choppes de Guinness, tandis que Wilde tire les verres de l'autre côté. Essayez une bière à base de blé.

Le **McHugh's**, Queen's Square, fut construit dans les années 1700, mais il a subi une restauration profonde. Les souvenirs maritimes abondent ; un échiquier comporte pour pièces les acteurs politiques d'Irlande du Nord. Dans un camp sont regroupés les Britanniques et les protestants avec la reine Elizabeth, Ian Paisely, David Trimble et l'archévêque de Canterbury. Des agents de la RUC font les pions. Le camp nationaliste compte Gerry Adams, Bill Clinton, Bertie Ahern (Premier ministre du Sud), un évêque catholique et des paramilitaires de l'IRA comme pions. Les propriétaires souhaiteraient que le sculpteur représente Gerry Adams et Ian Paisley en train de boire ensemble, une utopie ...

Finissez ce circuit avec une Belfast Ale, une bière de fabrication artisanale.

The Rotterdam (☎ 9074 6021, 54 Pilot St). Un petit pub charmant avec une bonne ambiance si la fumée ne vous dérange pas. Il y a des concerts presque tous les soirs. En été, le spectacle a lieu dehors. Un quiz est organisé le mercredi.

Bars à la mode. Les bars branchés répondent à une demande croissante de la population étudiante.

McHugh's (☎ 9050 9999, 29-31 Queen's Square). Construit dans les années 1700, non loin de la Lagan dans Queen's Square, c'est le plus vieux bâtiment de Belfast. Après des travaux de restauration, il a rouvert en octobre 1998 et accueille aujourd'hui un bar-restaurant très fréquenté, qui propose des concerts (de rock) du jeudi au samedi soir, et de la musique traditionnelle le mercredi soir.

The Globe (☎ 9050 9848, 36 University Rd). Ce pub étudiant populaire possède une piste de danse ; des groupes se produisent le week-end.

Eglantine Inn (The Egg ; ☎ 9038 1994, 32 Malone Rd). Presque une institution, ce bar est bondé d'étudiants le week-end. Il passe chaque soir de la musique en tout genre, sauf le mardi, réservé au quiz. Le dimanche et le lundi, des groupes se produisent. Une TV retransmet des événements sportifs en direct.

Botanic (The Bott ; ☎ 9050 9740, 23 Malone Rd). Comme l'Eglantine, ce bar est très prisé par les étudiants le week-end et propose des concerts.

Empire Music Hall (☎ 9024 9276, 42 Botanic Ave). Sur trois étages, ce splendide immeuble victorien, propose des divertissements variés (jeux de rôles le mardi, musique irlandaise le mercredi, blues le jeudi, salsa le vendredi avec un cours à 21h) et des groupes le week-end. Une à deux fois par mois, le **Breakdown Club** attire les meilleurs Dj internationaux.

Robinson's (☎ *9024 7447, 38-40 Great Victoria St*). À côté du Crown, ce pub à thèmes distille de la musique sur quatre étages (des orchestres traditionnels aux jeunes groupes du moment) presque tous les soirs. Au sous-sol, le **BT1** est un bar à vin décontracté, ouvert de 17h jusque tard.

Beaten Docket (☎ *9024 2986, 48 Great Victoria St*). Très populaire le week-end, ce bar passe de la musique des années 1960-70 dans le club installé à l'étage.

Lavery's Gin Palace (☎ *9087 1106, 14 Bradbury Place*). Une clientèle très variée – étudiants, motards et buveurs invétérés, vient écouter de la musique *dance* presque tous les soirs. Au rez-de-chaussée, des groupes jouent plusieurs soirs par semaine. Au bar de l'étage du milieu, le **Gin Palace**, un Dj se produit tous les soirs. Le samedi, au dernier étage, le **Heaven** passe les derniers tubes de *dance*. Pour faire travailler son cerveau plutôt que son corps, un quiz est organisé le mardi soir.

Clubs

Voir aussi les pubs proposant des animations nocturnes dans la rubrique *Pubs* ci-dessus.

Milk Bar (☎ *9027 8876, Tomb St*). La musique résonne ici tous les soirs de la semaine, avec les plus grands DJ de house/garage et RnB américains. Le lundi est la nuit des homosexuels.

Katy Daly's (☎ *9032 5942, 17 Ormeau Ave ; semaine 12h-1h30, week-end jusqu'à 2h30*). Vous pourrez assister à des concerts et danser. Le samedi après-midi, vous entendrez de la musique en direct. Nombre de grands groupes se sont fait connaître ici.

The Limelight (☎ *9032 5942, 19 Ormeau Ave*). Juste à côté du Katy Daly's, ce bar est réputé pour sa musique indépendante, hip-hop, britpop et alternative notamment.

The Fly (☎ *9050 9750, 5-6 Lower Crescent*). Près de l'Empire Music Hall, ce bar chic s'adresse à une clientèle jeune. Mais n'y allez pas si vous souffrez d'arachnophobie : d'énormes araignées en métal ornent les murs derrière le bar et pendent dans la cage d'escalier. Les cocktails

(2,95 £) sont baptisés de noms comme Fly-by-Night, Flyagra et Flyshagme. Tous les soirs, un DJ anime l'étage du milieu. Un bar Absolut Vodka meublé de fauteuils confortables se trouve tout en haut. Est-ce vraiment Belfast ?

The Loft (*Dempsey's* ; ☎ *9023 4000, 45 Dublin Rd ; entrée 5 £*). Cet établissement attire les foules le vendredi et le samedi soirs avec une piste de danse et diverses soirées promotionnelles.

Madison's (*voir Où se loger*). Ce lieu branché accueille des groupes dans le café-bar le jeudi et le dimanche soirs. Le club ouvre de 22h30 à 2h du vendredi au dimanche et propose un panaché de musique *dance*.

Manhattan (☎ *9023 3131, 23-25 Bradbury Place*). En bas, un pub ouvre aux horaires habituels, mais, au-dessus, le **M-club** passe les tubes du moment de 21h à 1h le jeudi et le samedi. Le vendredi, la musique fait plutôt références aux années 1970 ; le lundi, c'est l'*escape night*, avec des promotions et des boissons bon marché.

Thompson's Garage (☎ *9032 3762, 3 Patterson's Place*). Difficile à trouver, c'est l'un des clubs les plus populaires de la ville. Il accueille des Dj internationaux. Sa devise est : "restez cool et tout se passera bien".

Communauté homosexuelle

Tout le monde est accepté dans ces deux établissements, mais les divertissements et l'ambiance sont plutôt destinés aux homosexuels.

Parliament Bar (☎ *9023 4520, 2 Dunbar St*). Non loin de St Anne's Cathedral, c'est le plus ancien établissement gay de Belfast. En semaine, vous pouvez écouter des concerts ou danser. Le mardi, un quiz sur la musique pop et des faits insolites est organisé, suivi d'une soirée disco plus tard dans la nuit. Le dimanche, c'est karaoké.

The Kremlin (☎ *9080 9700, 96 Little Donegall St ; lun-mer 12h-2h, jeu-dim 12h-3h*). Au-dessus de la porte, l'imposante silhouette de Lénine gesticulant devant les foules donne un avant-goût du kitsch russe de ce club. Spectacles cabaret et groupes musicaux animent les soirées à tour de rôle. La révolution a lieu le samedi soir quand l'établissement se transforme en boîte de nuit (16h-3h) ; le lundi est consacré au cinéma (17h-1h).

Musique

Odyssey Arena (☎ 9073 9074, www.odysseyarena.com, 2 Queen's Quay). C'est la nouvelle salle de Belfast pour les grands noms du divertissement, musical ou sportif.

Waterfront Hall (☎ 9033 4455, Lanyon Place). Ce bâtiment circulaire impressionnant renferme une des salles de concerts de Belfast. Il accueille des artistes locaux, nationaux et internationaux, des groupes pop aux orchestres symphoniques.

Ulster Hall (☎ 9032 3900, Bedford St). L'excellent Ulster Orchestra d'Irlande du Nord joue souvent ici. Cette salle accueille aussi de grands événements rock (au déjeuner, des récitals d'orgue et même des combats de boxe sont donnés) ; la nouvelle Odyssey Arena prendra toutefois sûrement la relève pour certains spectacles.

King's Hall (☎ 9066 7373, Balmoral). Un autre lieu pour les grands concerts de rock. Pour vous y rendre, prenez un bus dans Lisburn Rd ou un train jusqu'à Balmoral Station.

Crescent Arts Centre (☎ 9024 2338, www.crescentarts.org, 2-4 University Rd ; entrée 4-12 £). Le Crescent accueille d'excellents concerts allant du jazz new-yorkais aux meilleurs groupes de musique irlandaise. Le samedi soir, un club (22h-tard, apportez vous-même vos boissons alcoolisées) propose une grande variété de musiques. D'autres événements musicaux sont organisés. Ils sont annoncés dans *The List* ou sur le site Internet. Le Crescent accueille aussi un festival littéraire au mois de mars appelé Between the Lines et un festival de danse en juin, City Dance.

Cinémas

Queen's Film Theatre (☎ 9024 4857, 7 University Square Mews). Près de l'université, un cinéma d'art et d'essai équipé de deux salles projette quatre films le vendredi et le samedi à partir de 18h30.

UGC Cinemas (répondeur ☎ 0870 155 5176, 9024 5700, Dublin Rd). Avec 10 salles, c'est le plus grand complexe cinématographique de Belfast. Il est situé à l'extrémité nord de Dublin Rd.

Movie House (☎ 9075 5000, Yorkgate Shopping Centre, York St). Au nord du centre-ville, ce cinéma comporte cinq salles.

Théâtre

Grand Opera House (réservations ☎ 9024 1919, 2-4 Great Victoria St ; réservations lun-mer 8h30-20h, jeu 8h30-21h, ven 8h30-18h30 et sam 8h30-17h30). Cette salle propose un mélange de théâtre, d'opéra et de spectacles musicaux.

Lyric Theatre (☎ 9038 1081, www.lyrictheatre.co.uk, 55 Ridgeway St). Un peu en dehors du centre, ce théâtre dispose d'un programme plus sérieux, dont des pièces irlandaises. Le Lyric est un des principaux sites du Belfast Festival at Queen's qui se déroule en octobre.

Whitla Hall (☎ 9027 3075, Queen's University, University Rd). En dehors du Belfast Festival at Queen's, cette salle accueille des spectacles musicaux.

Group Theatre (☎ 9032 9685, Bedford St). À côté de l'Ulster Hall, ce théâtre joue des pièces de troupes locales entre septembre et juin.

Factory (☎ 9024 4000, 52 Hill St). Le Factory présente des spectacles variés.

The Old Museum Arts Centre (☎ 9023 5053, 7 College Square North) programme du théâtre et des spectacles comiques.

MANIFESTATIONS SPORTIVES

Les matches de rugby, de football, de football gaélique et de hockey ont lieu en hiver tandis que le cricket et le hurling se déroulent en été. Les matches internationaux de rugby et de football ont lieu au **Windsor Park** (☎ 9024 4198, à côté de Lisburn Rd), au sud du centre ; les bus 58 et 59 vont dans cette direction. Le football gaélique et le hurling sont joués au **Roger Casement Park** (☎ 9070 5868, Andersonstown Rd) dans West Belfast. Prenez le bus 14, 15 ou 90. Le Sports Council (☎ 9038 1222, www.sportni.org) fournit des informations sur différentes activités sportives.

L'équipe de hockey sur glace, les Belfast Giants, attire les foules à l'**Odyssey Arena** (☎ 9073 9074, www.odysseyarena.com, 2 Queen's Quay). Leur saison s'étend de septembre à mars.

ACHATS

Parmi les objets typiques d'Irlande du Nord figurent la jolie porcelaine de Belleek, des vêtements en lin (anciens ou neufs) et du cristal de Tyrone.

The WickerMan *(☎ 9024 3550, 14 Donegall Arcade)*. Non loin de Castle Place, cette boutique vend des objets artisanaux et des cadeaux, dont des bijoux en argent, de la verrerie et des tricots.

Craftworks *(☎ 9024 4465, 40 Bedford St)*. Près de l'Ulster Hall, ce magasin est spécialisé dans les articles de grande qualité réalisés par des artisans de tout l'Ulster. Vous trouverez de magnifiques tricots de création, des chemises en lin, des articles en cuir, de la céramique, des *bodhráns*, des textiles et des bijoux.

Vintage Record Store *(☎ 9031 4888, 54 Howard St)*. Cette boutique vend de la musique irlandaise.

Cultúrlann MacAdam ÓFiaich *(☎ 9023 9303, 216 Falls Rd)*. Un autre magasin de musique irlandaise.

St George's Market *(☎ 9043 5704, angle d'Oxford St et de May St ; ven 7h-15h)*. Ce marché récemment restauré vend entre autres produits, des fruits, des légumes, des fleurs, du poisson. La Ha'penny Fair a lieu au même endroit le premier dimanche du mois. Il est agréable de chiner dans cette foire aux antiquaires et aux collectionneurs tout en assistant à des spectacles de rue.

Donegall Pass est la rue des antiquaires. Essayez l'**Antique Market** *(☎ 9023 2041, 126-128 Donegall Pass)*. L'étage n'est ouvert que le samedi de 9h30 à 17h, mais le rez-de-chaussée l'est toute la semaine.

Fresh Garbage *(☎ 9024 2350, 24 Rosemary St ; 10h30-17h30, jeu nocturne jusqu'à 21h)*. Vous trouverez du "club wear", des accessoires gothiques et des bijoux pour le corps.

Pour les achats d'ordre général, préférez la zone commerciale au nord du City Hall où on trouve de tout.

Surf Mountain *(☎ 9024 8877, 12 Brunswick St)* propose des articles de camping et de surf. Le **Scout Shop Ski & Camp Centre** *(☎ 9032 0580, 12-14 College Square East)* vend tout le matériel de camping.

COMMENT S'Y RENDRE

Avion

Des vols en provenance de certains aéroports régionaux de Grande-Bretagne, dont Gatwick, arrivent au Belfast City Airport (☎ 9093 9093), Airport Rd, très pratique. Tous les autres vols atterrissent au Belfast International Airport (☎ 9448 4848), à 30 km au nord-ouest de la ville à Aldergrove, sur la M2. Pour des renseignements sur les vols et les tarifs, consultez la rubrique *Voie aérienne* du chapitre *Comment s'y rendre* au début du guide. Les compagnies aériennes suivantes ont des agences à Belfast :

Aer Lingus (☎ 0845 973 7747), 46-48 Castle St
British Airways (☎ 0845 722 2111) 1 Fountain Centre, College St
British Midland (☎ 9024 1188) Suite 2, Fountain Centre, College St

Bus

Belfast compte deux gares routières modernes. Le Laganside Bus Centre, sur Oxford St, près de la rivière, est la plus petite. Les bus rallient le comté d'Antrim, l'est de Down et la région de Cookstown. C'est aussi de là que partent les bus pour la ville de Larne, de l'autre côté de la baie.

Toutes les autres liaisons pour l'Irlande du Nord, la République et la baie de Larne se font depuis l'Europa Bus Centre, Glengall St, derrière l'Europa Hotel.

Le bus 300, qui dessert l'International Airport, passe par ces deux gares.

Vous pouvez vous procurer les horaires des bus régionaux aux deux gares routières ou en contactant Translink (☎ 9033 3000, www.translink.co.uk). Pour les services vers le Derry et le Donegal, contactez la Lough Swilly Bus Company (☎ 7126 2017) à Derry.

L'Ulsterbus propose des billets "Freedom of Northern Ireland" d'une journée pour 11/5,50 £ par adulte/enfant, de 3 jours pour 27/13,50 £ et de 7 jours pour 40/20 £. Un billet intégral "Ireland Irish Rover" revient à 42/21 £ pour 3 jours dans une période de 8 jours, à 83/47 £ pour 8 jours en 15 jours et à 145/73 £ pour 15 jours en 30 jours.

Pour des raisons de sécurité, les gares de Belfast n'ont pas de consigne à bagages.

Les étudiants bénéficient d'une réduction de 15% sur les tarifs Ulsterbus pour plus de 1,15 £ d'achat sur présentation de leur carte ISIC.

Pour connaître les tarifs, et la fréquence des bus en Irlande, reportez-vous au chapitre *Comment circuler*.

Train

De la gare Belfast Central partent des trains pour toutes destinations, y compris Larne, Derry, Dublin, Newry, Portadown et Bangor. Des trains partent de Great Victoria St Station pour Portadown, Lisburn, Bangor, Larne Harbour et Derry. Great Victoria St est la gare la plus centrale, Belfast Central se trouvant à l'est du centre-ville, sur East Bridge St.

Le NIR Travel Shop (☎ 9023 0671, www.translink.co.uk), à la gare de Great Victoria St, près de l'Europa Bus Centre, vend les billets et fournit des renseignements. On peut y réserver des places de ferries. Le guichet ouvre de 9h à 17h en semaine et de 9h à 12h30 le samedi. Vous obtiendrez des renseignements sur les trains locaux à la Belfast Central Station (☎ 9089 9411).

Huit trains du lundi au samedi et 5 le dimanche effectuent la liaison entre Belfast et Derry (2 heures 30, 6,70 £ l'aller). Huit trains par jour (4 le dim) se rendent à Dublin (2 heures, 17 £).

Le dimanche, vous pouvez acheter un billet *go-as-you-please* pour 3 £ (avant 15h), avec lequel vous pouvez vous rendre où vous le souhaitez en Irlande du Nord.

Pour d'avantage de renseignements sur le réseau ferroviaire en Irlande, voir le paragraphe *Train* dans le chapitre *Comment circuler* au début du guide.

Bateau

L'Isle of Man Steam Packet Company et le SeaCat fonctionnent ensemble (☎ 0870 552 3523, www.seacat.co.uk). Les bateaux accostent à Donegall Quay non loin du centre-ville. Le service pour l'île de Man ne fonctionne qu'en été. La SeaCat affrète d'immenses ferries-catamarans pour relier Belfast à Troon en Écosse et à Heysham d'avril à septembre.

Des ferries classiques depuis/vers l'Écosse accostent à Larne, à 30 km au nord de Belfast sur la côte (voir *Larne* dans le chapitre *Comtés de Derry et d'Antrim*).

Norse Merchant Ferries (☎ 9077 9090) effectue la liaison entre Belfast et Liverpool. Les ferries partent du terminal Victoria, à 5 km au nord de la ville.

COMMENT CIRCULER

Belfast comporte un avantage rare : un système de transports publics coordonnés, avec des bus et des trains reliant les deux aéroports à la gare ferroviaire centrale, aux gares routières et aux terminaux des ferries.

Depuis/vers les aéroports

Le Belfast International Airport (☎ 9442 2888) se trouve à 30 km au nord de la ville. Les liaisons par bus jusqu'à l'Europa Bus Centre sont fréquents et coûtent 5/8 £ l'aller simple/retour. Comptez 25 £ en taxi.

Plus pratique, le Belfast City Airport (☎ 9093 9093) n'est situé qu'à 6 km du centre. Il suffit de traverser la route pour rejoindre la Sydenham Halt Station et prendre un train pour Botanic Station dans le quartier très populaire de l'université ou pour Great Victoria St. Le Citybus 21 relie l'aéroport au centre-ville pour 1 £. Des bus passent environ toutes les demi-heures en semaine. Le service est moins fréquent le week-end. La course en taxi depuis le centre revient à 7 £.

Depuis/vers les terminaux de ferries

Donegall Quay n'est pas loin du centre-ville, accessible en bus ou à pied. Les trains pour Larne Harbour partent de la gare de Great Victoria St tandis que les bus démarrent de l'Europa Bus Centre.

Bus

Citybus (☎ 9024 6485) gère le réseau de bus dans Belfast, qui est divisée en zones. Les très courts trajets dans le centre reviennent à 50 p. En général, le tarif standard pour une course autour du centre, qui vous mène jusqu'à Cave Hill ou au Belfast Zoo, s'élève à 1 £. Un billet *multi-journey* coûte 3,40 £ et vous donne droit à 4 voyages pour un prix un peu moins élevé. Il est beaucoup plus pratique.

Un billet *Day Ticket* vous permet un nombre de trajets illimité dans la City Zone (centre-ville) à partir de 9h30 en semaine ou toute la journée le week-end. Comptez 2,80 £. Un pass de 7 jours coûte 12,60 £.

La plupart des bus locaux partent de Donegall Square, près du City Hall. Les horaires sont disponibles au kiosque installé Donegall Square West. Les billets à l'unité peuvent être achetés auprès du conducteur. Sinon, adressez-vous aux kiosques de Castle Place et de Donegall Square West.

Le service Centrelink relie les deux gares routières, Central Station et Great Victoria St au City Hall et à d'autres sites du centre. Les détenteurs d'un billet de train en règle peuvent utiliser ce service gratuitement.

Belfast est dotée d'un bon réseau de bus de nuit le vendredi et le samedi pour permettre aux habitants de profiter de la vie nocturne. La majorité des bus partent de Donegall Square West à 1h et à 2h. Vous pouvez acheter les tickets (3 £) auprès du conducteur. Pour des renseignements sur les bus de nuit, contactez Translink (☎ 9033 3000, www.translink.co.uk).

Train

Un train local relie la gare de Great Victoria St à Belfast Central Station. Des trains réguliers effectuent le trajet entre Belfast Central et Botanic Station jusqu'à 23h. Ces deux voyages reviennent à 80 p aller simple.

Voiture et moto

En voiture, le plus gros problème est de se repérer dans les rues à sens unique que les urbanistes des villes d'Irlande du Nord apprécient particulièrement pour régler le problème d'une circulation trop dense dans un espace restreint. Les panneaux indicateurs étant placés juste à l'endroit où il faut changer de direction, il est peu probable que vous les voyiez à temps ! Il vous faudra souvent passer votre chemin avant de pouvoir faire demi-tour. Il est indispensable de

se procurer une bonne carte pour les petites routes de campagne.

Voici les agences de location de voiture installées à Belfast :

Avis
(☎ 9024 0404) 69-71 Great Victoria St
(☎ 9045 2017) City Airport
(☎ 9442 2333) International Airport
Budget
(☎ 9023 0700) 96-102 Great Victoria St
(☎ 9045 1111) City Airport
CC Economy Car Hire
(☎ 9084 0366) 2 Ballyduff Rd
Europcar
(☎ 9031 3500) 6-24 Agincourt Ave
(☎ 9442 3444) International Airport
Hertz
(☎ 9073 2451) City Airport
(☎ 9442 2533) International Airport
McCausland Car Hire
(☎ 9033 3777) 21-31 Grosvenor Rd
(☎ 9442 2022) International Airport

Taxi

Pour des renseignements sur les People's Taxis dans West Belfast, voir *Comment s'y rendre* dans la rubrique *West Belfast* plus haut. Les black taxis qui circulent en ville ont des plaques jaunes à l'avant et à l'arrière (2,50 £ min) et peuvent être hélés dans la rue. Les *minicabs* sont moins onéreux et très nombreux. Parmi les compagnies, citons Stranmillis Taxis (☎ 9020 0400), Value Cabs (☎ 9080 9080) et Sure Cabs (☎ 9076 6666).

Bicyclette

La piste cyclable de 30 km entre Whiteburn et Lisburn traverse Belfast, longeant la Lagan. Elle fait partie d'un vaste réseau national de pistes cyclable. Le Belfast Welcome Centre peut vous fournir des détails. McConvey Cycles (☎ 9033 0322), 183 Ormeau Rd, loue des vélos pour 10/50 £ par jour/semaine. Il faut laisser une caution de 50 £. Le Belfast Welcome Centre dispose d'une brochure détaillant les pistes cyclables d'Irlande du Nord.

Comtés de Down et d'Armagh

Comté de Down

Down est le comté ensoleillé d'Irlande du Nord. Il jouit en effet d'un climat relativement sec. Des foules viennent de Belfast passer la journée dans l'une de ses stations balnéaires, Bangor ou Newcastle. Le littoral s'étend le long de la plate Ards Peninsula, comprend des drumlins noyés et les réserves naturelles de Strangford Lough et s'étire jusqu'aux Mourne Mountains, plus au sud. L'intérieur du comté est moins spectaculaire, mais Hillsborough a gardé sa splendeur georgienne.

HISTOIRE

L'histoire du Down est vieille de 7 000 ans. Il compte de nombreux monuments anciens, notamment le Giant's Ring près de Belfast et le Legananny Dolmen près de Ballynahinch.

Saint Patrick est arrivé au Strangford Lough en 432, et il est mort dans la région en 461. Le lieu de sa sépulture est controversé, mais il est généralement admis que sa dépouille repose dans la cathédrale de Downpatrick.

À la mort de saint Patrick, grâce à la croisade qu'il mena en Ulster, l'Irlande était devenue un pays chrétien, faisant de l'évangélisateur l'un des quelques vrais héros nationaux. Après sa mort, les monastères irlandais fleurirent, résistant aux attaques répétées des Vikings.

Ce furent les Normands qui causèrent leur perte, en chassant les moines irlandais et en construisant Grey Abbey sur l'Ards Peninsula et Inch Abbey près de Downpatrick. Ils érigèrent surtout de nombreux châteaux sur la côte, dont beaucoup sont parvenus jusqu'à nous.

Les colons écossais et anglais installés au temps de la domination anglaise, au XVIIe siècle, se sont vu attribuer de grandes terres.

À ne pas manquer

- Se promener dans les troublantes Mourne Montains
- Flâner dans les délicieux jardins de Mount Stewart House
- Marcher sur les pas de saint Patrick à Downpatrick
- Parcourir les routes magnifiques qui longent les côtes des péninsules d'Ards et de Lecale
- Explorer le Ring of Gullion dans le sud du comté d'Armagh

Ils édifièrent des villes, construisirent des routes et développèrent l'industrie du lin aux XVIIe et XVIIIe siècles.

DE BELFAST À BANGOR

Belfast se trouve sur la côte nord du comté de Down, et a transformé nombre de petites villes côtières en cités-dortoirs.

COMTÉS DE DOWN ET D'ARMAGH

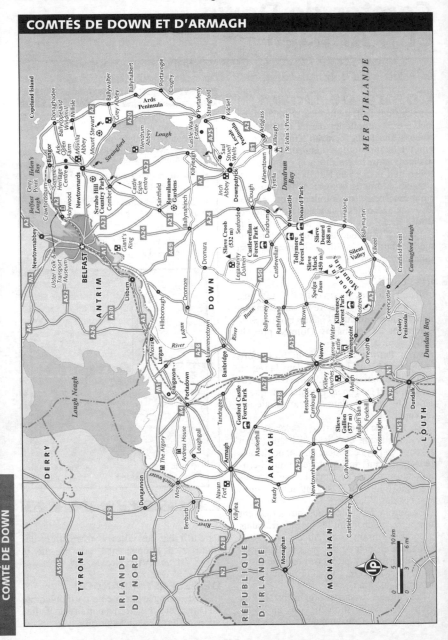

MER D'IRLANDE

Copeland Island

Donaghadee
Ballywalter
Ballyhalbert
Portavogie
Cloghy

Ards
Peninsula

Portaferry
Strangford

Kilclief
Ardglass

St John's Point
Killough

Bangor
Grey Abbey
Mount Stewart
Ballycopeland Windmill
Millisic

Ark Open Farm
Movilla Abbey
Nendrum Abbey

Strangford Lough

Castle Ward Estate

Saul
Struell Wells
Downpatrick

Belfast Lough
Grey Point
Helen's Bay
Somme Heritage Centre
Crawfordsburn
Holywood
Newtownards
Scrabo Hill Country Park

Comber
Castle Espie Centre
Saintfield
Rowallane Gardens

Inch Abbey
Clough

Minerstown
Tyrella

Dundrum Bay

Annalong
Ballymartin

Ballynahinch

Dundrum
Newcastle
Donard Park
Tollymore Forest Park
Slieve Donard (848 m)

Silent Valley

Kilkeel

Ulster Folk & Transport Museum

BELFAST

Giant's Ring

ANTRIM

Lisburn

Slieve Croob (532 m)
Leganagny Dolmen
Castlewellan Forest Park
Castlewellan

Slieve Muck (450 m)

Spelga Dam

Cranfield Point
Carlingford Lough

Dromara

DOWN

Seaforde

Kilbroney Forest Park

Rostrevor
Greencastle

Cooley Peninsula

Hillsborough

Lagan River

Moira

A26

Dromore

Bann River

Ballyroney
Rathfriland
Hilltown

Warrenpoint
Omeath

Dundalk Bay

Lough Neagh

DERRY

Lurgan
Craigavon
Portadown

Banbridge

Newry
Warrenpoint

LOUTH

Dundalk

Tandragee
Lawrencetown

The Argory
Actress House
Loughgall

Gosford Castle Forest Park

Bessbrook
Camlough
Killevy Churches

Meigh

Killey Castle

Crossmaglen

N53

Dungannon

Navan Fort

Armagh
Markethill

ARMAGH

Slieve Gullion (577 m)
Mullach Bán
Forkhill

Blackwater River

Killylea
Keady
Newtownhamilton

Cullyhanna

MONAGHAN

Castleblayney

TYRONE

Benburb
River

IRLANDE DU NORD

Monaghan

MONAGHAN

RÉPUBLIQUE D'IRLANDE

10 km
6 ml
0 3 5 6

Ulster Folk & Transport Museum

(☎ 9042 8428, 153 Bangor Rd ; adulte/tarif réduit/familles 5/3/13 £ ; parc et musée mars-juin lun-ven 10h-17h, sam-dim 11h-18h, juill-sept lun-sam 10h-18h et dim 11h-18h, oct-fév lun-ven 10h-16h, sam-dim 11h-17h). Il est situé à 11 km au nord-est de Belfast, près de Holywood. Des fermes, des forges, des églises et des fabriques ont été reconstituées avec soin sur un terrain boisé de 60 ha. Figurants et animaux donnent une représentation de la vie en Irlande au cours des derniers siècles. En été sont proposées des démonstrations de couverture de toits avec du chaume et de labourage à l'aide de chevaux.

De l'autre côté de la route se trouve le musée du Transport. Dans les Dalchoolin Transport Galleries, le visiteur peut admirer des locomotives à vapeur, du matériel roulant. Dans une autre section sont exposés motos, tramways, bus, voitures et bicyclettes. Parmi la grande collection d'automobiles figure une voiture en acier inoxydable aux portes en forme d'ailes de papillon, construite à Belfast.

Dans la section consacrée aux avions, on peut admirer l'un des tout premiers ADAV (avion à décollage et atterrissage verticaux). Des bus en direction de Bangor s'arrêtent non loin du musée ; la gare la plus proche est celle de Cultra.

Pour visiter l'ensemble des expositions, comptez au minimum une demi-journée ; il vous faudra beaucoup marcher.

Vous pouvez faire une jolie **promenade sur la côte** sur 6 km entre Holywood et Helen's Bay. Des chemins encore plus agréables continuent au nord-est vers Grey Point.

BANGOR

52 440 habitants

À 21 km de Belfast se trouve Bangor (Beannchar), station balnéaire et cité-dortoir pour les travailleurs de Belfast. C'est à la fin du XIXᵉ siècle que le chemin de fer a relié ces deux villes. La construction d'une marina de 500 emplacements en 1995 a donné un nouveau souffle à Bangor, mais on peut encore y voir des bâtiments décrépits sur le front de mer. Le **Pickie Fun Park**, avec ses pédalos en forme de cygnes, perpétue la tradition kitsch des stations balnéaires britanniques.

Histoire

La ville date du VIᵉ siècle, époque à laquelle l'abbaye de St Comgall a fait de Bangor l'un des grands centres du christianisme. Saint Comgall était professeur et ami de saint Columban et de saint Colmcille, deux des plus célèbres saints irlandais. Les Vikings accostaient souvent à Bangor, son abbaye a donc fait l'objet d'attaques répétées, et a été abandonnée au Xᵉ siècle. Seul un mur est parvenu jusqu'à nous. La seule relique conservée, l'inestimable The Antiphonary of Bangor, petit livre de prières du VIIᵉ siècle et plus ancien manuscrit irlandais, est aujourd'hui conservé à la bibliothèque Ambrosienne de Milan.

Orientation et renseignements

À Bangor, vous trouverez une Main St et une High St. Les gares routières et ferroviaires sont attenantes sur Abbey St, en haut de Main St près de la poste. En bas de Main St s'étend la marina, B&B sont concentrés à l'est et à l'ouest sur Queen's Parade et Seacliff Rd.

Pour obtenir des renseignements, faites un tour au Tower House Tourist Office (☎ 9127 0069, fax 9127 4466, www. northdown. gov.uk), 34 Quay St. Il est ouvert de septembre à juin le lundi de 10h à 17h, du mardi au vendredi de 9h à 17h et le samedi de 10h à 16h (et les dimanches de juin et de septembre de 13h à 17h). En juillet et en août, il ouvre ses portes le lundi de 10h à 19h, du mardi au vendredi de 9h à 19h, le samedi de 10h à 19h et le dimanche de 12h à 18h. Vous pourrez y changer de l'argent et réserver une chambre n'importe où en Irlande.

Où se loger

Il peut s'avérer difficile de trouver une chambre, pensez à réserver.

Bayview (☎ 9146 4545, fax 9145 4726, 140 Seacliff Rd ; 17 £ par pers sdb commune, petit déj inclus). Le salon est confortable.

Pierview (☎ 9146 3381, 28 Seacliff Rd ; simples/doubles 15/32 £, simple sdb 18 £). Certaines chambres donnent sur la mer. La plus jolie est sur le devant au premier étage, avec vue sur la mer…

Snug Harbour (*☎/fax 9145 4238, 144 Seacliff Rd ; sdb commune/individuelle 15/17 £ par pers*). Toutes les chambres sont équipées d'une TV, le prix comprend un petit déj complet.

Hebron House (*tel. 9146 3126, fax 9127 4178, www.hebron-house.com, 59 Queen's Parade ; simples/doubles à partir de 25/36 £, dîner 12 £*). Les propriétaires sont aussi les gérants du Bethany Guesthouse à côté. Les deux établissements sont agréables.

Vous trouverez d'autres B&B sur Princetown Rd, après Queen's Parade.

Bangor Bay Inn (*☎ 9127 0696, fax 9127 1678, bangorinn@aol.com, 10-12 Seacliff Rd ; simples/doubles 60/85 £, 45/65 £ le week-end, petit déj inclus*). Le Bangor, qui donne sur la marina, loue de confortables chambres avec sdb ; il fait aussi restaurant.

Marine Court Hotel (*☎ 9145 1100, fax 9145 1200, www.marinecourthotel.net, 18-20 Quay St ; simples/doubles sdb 80/90 £, 65/75 £ le week-end, petit déj inclus*). Les chambres ont des sdb et sont équipées de la TV câblée et du téléphone. Accès gratuit pour les clients au club de gym et à la piscine.

Royal Hotel (*☎ 9127 1866, fax 9146 7810, www.the-royal-hotel.com, 26 Quay St ; simples/doubles à partir de 62,50/75 £, 50/63 £ le week-end, petit déj inclus*). Les chambres sont agréables et les meilleures ont une vue sur la marina.

Où se restaurer

Jenny Watts (*☎ 9127 0401, 41 High St ; repas de bar 5-6 £*). Le plus vieux pub de Bangor (1780) sert des plats savoureux dans une bonne ambiance.

Cafe Brazilia (*☎ 9127 2763, 13 Bridge St ; en-cas 2,60 £ ; lun-sam 9h-17h*). Ce café stylé sert des sandwiches-baguette, un choix de repas légers, un bon café et des gâteaux à se damner.

Knuttel's (*☎ 9127 4955, 7 Gray's Hill ; menu 14,95 £, mar-jeu à partir de 18h30, ven et sam à partir de 18h, dernière commande vers 21h30*). Knuttel's, en face de la marina, propose principalement des fruits de mer et des plats traditionnels comme un steak d'aloyau grillé ou du porc sauce au sherry.

Shanks (*☎ 9185 3313, fax 9185 2493, 150 Crawfordsburn Rd ; plats 16-36 £, mar-sam déj et dîner*). Ce restaurant du Blackwood Golf Club, dont l'intérieur est signé Terence Conran, a conçu son menu pour les gourmets (filet de turbot vapeur aux noisettes grillées, truffe et purée de céleri). Réservez absolument.

Joseph's Restaurant (*☎ 9147 4606, 110 Main St ; à partir de 1,50 £ ; lun-sam 9h-17h, ven jusqu'à 21h*). Cet établissement, au-dessus de Menary's Department store, propose de bons Ulster Fry (solide petit déj). Un grand choix de gâteaux et de repas légers y est proposé.

Où sortir

Boom Boom Rooms (*☎ 9146 8830, 17-21 High St ; entrée 3-6 £ ; mer-ven 21h-1h, sam 21h-1h45*). Cette discothèque appréciée passe de la house, du funk, du R&B…

Calico Jack's (*☎ 9145 1100, 18-20 Quay St ; jeu-dim 20h-1h*). Ce club jouxte le Marine Court Hotel. Des groupes viennent y jouer le jeudi, le reste du temps c'est une discothèque. L'ambiance y est déchaînée le samedi.

Jenny Watts (voir *Où se restaurer*). Ce pub populaire passe de la musique du mardi au vendredi et le dimanche : un mélange de folk, de jazz et de musique d'ambiance.

Comment s'y rendre

Les Ulsterbus 1 et 2 de Belfast partent du Laganside Bus Centre (☎ 9033 7015) pour Bangor. Un bus effectue le trajet dans chaque sens toutes les 30 minutes environ du lundi au samedi et toutes les 2 heures le dimanche (2,40 £). De Bangor, le bus 6 va à Newtownards, et les 3 et 7 se rendent dans l'Ards Peninsula vers Donaghadee et Millisle. Ils passent à peu près toutes les heures. Un train se rend de la gare de Belfast Central (☎ 9089 9400) à Bangor toutes les demi-heures (ainsi qu'à l'Ulster Folk & Transport Museum). La gare de Bangor (☎ 9127 0141) se trouve Abbey St.

NEWTOWNARDS ET SES ENVIRONS

Centre ecclésiastique au VIe siècle, Newtownards (Baile Nua na hArda) est aujourd'hui un bourg tranquille.

L'Ards Tourist Information Centre (☎ 9182 6846, fax 9182 6681, www.kingdomsofdown.com), 31 Regent St, à côté de la gare routière, ouvre de 9h15 à 17h la semaine et de 9h30 à 17h le samedi. En juillet et août, il ouvre de 9h à 17h15 du lundi au jeudi et de 9h à 17h30 le vendredi et le samedi. On y trouve un bureau de change et une vaste collection d'artisanat local. La poste est également située sur Regent St.

Promenades guidées

Des promenades guidées de 1 heure-1 heure 30 dans la ville de Newtownards, les mines de plomb et le Scrabo Hill Country Park sont organisées. Elles ont lieu entre avril et octobre. Il est impératif de réserver auprès du Ards Tourist Information Centre (☎ 9182 6846).

Somme Heritage Centre

À 3 km au nord, sur l'A21, vous trouverez le centre du patrimoine de la Somme (☎ 9182 3202, 233 Bangor Rd ; adulte/enfant 3,75/2,75 £ ; juill-août lun-ven 10h-17h, sam-dim 12h-17h, avr-juin et sept lun-jeu 10h-16h, sam-dim 12h-16h, reste de l'année lun-jeu 10h-16h). Vous y découvrirez les circonstances qui ont abouti à la campagne de la Somme pendant la Première Guerre mondiale, en 1916, du point de vue des hommes de la 10e division (Irlandais), de la 16e division (Irlandais) et de la 36e division (Ulster).

Le bus 6, de Bangor à Newtownards, passe devant l'entrée.

Autres curiosités

Les ruines d'un **monastère dominicain** du XIIIe siècle s'élèvent sur Court St. Les vestiges de **Movilla Abbey** et de son église du XIIIe siècle, à 1,5 km à l'est, ont presque été avalés par le Movilla Cemetery.

Vous pouvez admirer quelques beaux exemples d'architecture du XVIIIe et XIXe siècle en ville, notamment le long de Church St. Le plus frappant est la **Market House** (halle) du XVIIIe siècle (☎ 9181 0803, Conway Square, gratuit, lun-sam 9h-16h), qui servait autrefois de prison. Elle abrite aujourd'hui le centre artistique local. En face, un marché animé se tient chaque samedi et une foire des moissons est organisée en septembre.

La **Lowden Guitar Company** (☎ 9182 0542), du Glenford Industrial Estate sur Glenford Way, fabrique des guitares pour les célébrités. Visites gratuites de 10h à 15h30 du lundi au jeudi et de 10h à 13h le vendredi. Téléphonez avant.

Où se loger

Les voyageurs à petit budget ne trouveront pas d'hébergement dans le centre.

Greenacres *(tel. 9181 6193, 5 Manse Rd ; simples/doubles avec sdb 22/36 £, petit déj inclus).* Cet établissement est situé dans de charmants jardins surplombés par la Scrabo Tower.

Ard-Cuan *(☎ 9181 1302, valkerr@hotmail.com, 3 Manse Rd ; 22 £ par pers, petit déj inclus, sdb commune).* Ce B&B, comme son voisin, Greenacres, est situé dans un quartier tranquille.

Strangford Arms Hotel *(☎ 9181 4141, fax 9181 1010, info@strangfordhotel.co.uk, 92 Church St ; simples/doubles dim-jeu 49/59 £, ven-sam 39/49 £, petit déj inclus).* Toutes les chambres possèdent une sdb. Cet hôtel trois-étoiles dispose d'un restaurant, Le Winters.

Où se restaurer

Knott's Cake & Coffee Shop *(☎ 9181 9098, 45 High St, 1,50-5 £, lun-sam 9h-17h).* Knott's propose repas légers et pâtisseries maison. Il est installé dans un grand bâtiment lumineux et aéré.

Cafolla's *(☎ 9181 2185, 15 Conway Square)* Cet endroit sert de bons fish and chips (2,90 £) depuis longtemps.

Roma's *(☎ 9181 2841, www.romas.co.uk, 4 Regent St ; déj 5,25 £, dîner 6,25-12,95 £, menu 17h-19h 7,50 £).* Ce pub très fréquenté, meilleure adresse de la ville, sert à manger toute la journée.

Comment s'y rendre

La gare routière des Ulsterbus se trouve Regent St. Il y a des bus environ toutes les demi-heures pour Bangor et Belfast (1,50 £ aller simple), moins pour l'est et l'ouest de l'Ards Peninsula.

STRANGFORD LOUGH

Coupé de la mer par l'Ards Peninsula (voir plus loin), à l'exception d'un détroit de 1 km de large (The Narrows) à Portaferry, Strangford Lough (Loch Cuan) est presque un lac. Il mesure 25 km de long, environ 6 km de large en moyenne et sa profondeur atteint 45 m. De grandes colonies de phoques gris vivent ici, surtout à l'extrémité sud de la péninsule, où le canal s'élargit pour se jeter dans la mer.

Sous l'eau, la vase du lough renferme un monde marin varié, que l'on peut observer de plus près à l'aquarium Exploris, à Portaferry (reportez-vous plus loin à la rubrique *À voir et à faire* à *Portaferry*). Il est arrivé que des orques et des requins pèlerins fassent une incursion dans le lough et y passent quelques jours. Les huîtres du Strangford Lough sont une spécialité locale.

De nombreuses activités sont possibles, et des bateaux et autres yachts naviguent en long et en large sur ses eaux bien protégées. À Portaferry, 400 000 tonnes d'eau pénètrent pourtant dans le détroit quatre fois par jour lors de la marée. Il est possible de faire le tour du lough en bateau (voir plus loin *Portaferry*).

Trench Farm (☎ *9187 2558, Ringcreevy Rd ; 17,50 £ par pers*). Ce B&B se trouve à presque 4 km de Comber à l'écart de la route de Newtownards.

Old School House Inn (☎ *9754 1182, fax 9754 2583, www.theoldschoolhouseinn .com, Ballydrain Rd, Comber ; simples/doubles 45/65 £, petit déj inclus*). Ce restaurant, le plus célèbre de la région, propose des huîtres de sa propre ferme ostréicole et du gibier en hiver. Comptez un minimum de 17 £ pour un dîner.

Site monastique de Nendrum

Le site de Mahee Island est relié à la rive ouest du lough par une chaussée dominée par les vestiges d'un château du XVe siècle : Mahee Castle. Le site monastique de Nendrum, érigé au Ve siècle sous la direction de saint Mochaoi (St Mahee), est plus ancien que Grey Abbey sur la rive opposée. Les ruines donnent une bonne idée de ses plans

d'origine. Les fondations de plusieurs églises, d'une tour ronde, de cellules et d'autres bâtiments se distinguent encore, ainsi que trois remparts de pierre concentriques et un cimetière de moines, le tout dans un magnifique cadre champêtre. Une relique particulièrement intéressante : un cadran solaire vertical en pierre, reconstruit avec certaines pièces d'origine. Les ruines n'ont été révélées qu'en 1844. L'île a longtemps été inhabitée.

Il y a un **centre d'accueil des visiteurs** (☎ *9754 2547 ; adulte/tarif réduit 0,75/0,40 £ ; avr-sept mar-sam 10h-19h et dim 14h-19h, le reste de l'année sam 10h-16h et dim 14h-16h*). Une excellente vidéo compare Nendrum et Grey Abbey, et une exposition illustre d'une manière accessible aux enfants le concept du temps.

Ballygraffan House (☎ *9187 0622, 102 Killinchy Rd ; sdb commune/individuelle 18/20 £ petit déj inclus*). Si vous avez une chambre sans sdb, il vous en coûtera 1 £ pour prendre un bain. Les chambres sont joliment présentées et ont l'air confortables. Ce B&B est bien indiqué après l'A22 au nord de Lisbane.

Lisbarnett House (☎ *9754 1589, Killinchey Rd, Lisbane ; déj 6-10 £, dîner 10,95-15,45 £ ; lun-sam midi et soir et dim 12h30-21h*). Cet établissement a bonne réputation dans la région et sert, avec le sourire, une cuisine savoureuse, dont des plats végétariens. Vous pouvez commander des plats spéciaux pour les enfants. Le rôti de bœuf dominical est une tradition ici.

Killyleagh

L'A22 continue au sud vers Killyleagh (Cill O Laoch), vieux village de pêcheurs dominé par un **château** impressionnant (fermé au public), celui de la famille Hamilton. Bâti par le roi anglo-normand John de Courcy au XIIe siècle, agrandi aux XIVe et XVIIe siècles, ce château a été fortement restaurée en 1850. Devant le corps de garde, une plaque célèbre la mémoire de sir Hans Sloane, naturaliste né à Killyleagh en 1660, dont la collection a constitué un des premiers fonds du British Museum.

Killyleagh Castle (☎ *4482 8261, High St*) Le château possède trois tours de garde (avec escaliers en colimaçon et terrasse sur le toit) que l'on peut louer à la semaine (à partir de 200 £/sem). Les deux tours les plus petites peuvent accueillir 4 personnes, la plus grande 5.

Dufferin Coaching Inn (☎ 4482 8229, fax 4482 8755, www.dufferincoachinginn.co.uk, 31 High St ; simples/doubles 38/65 £). Les chambres de cet établissement sont spacieuses et aussi agréables qu'onéreuses. La réception-bibliothèque dispose de nombreux livres sur les environs et sur l'Irlande.

Dufferin Arms (☎ 4482 1182, 35 High St ; repas au bar 4,95 £, restaurant 8,25-12,25 £). Ce pub dispose d'un excellent restaurant servant de la cuisine maison. Des soirées musicales (avec groupes) ont lieu jeudi, vendredi et samedi. Le samedi après-midi est réservé à la musique traditionnelle.

ARDS PENINSULA

L'Ards Peninsula (An Aird) se glisse entre l'est du Strangford Lough et la mer d'Irlande. Les villes de Newtownards et Donaghadee en marquent l'entrée. De Newtownards, l'A20 se dirige vers le sud, suit la rive du lough, dépasse Mount Stewart et Grey Abbey avant d'arriver à Portaferry, qui est relié par ferry à Strangford, sur la rive ouest. L'A2 retourne au nord en longeant la côte maritime de la péninsule, traverse le port de pêche de Portavogie jusqu'à Millisle et Donaghadee. La péninsule est relativement plate, elle mesure 6 km de large et 35 km de long et offre de bonnes plages. Le long de la côte, on peut observer nombre de maisons-tours. Elles commencèrent à apparaître en 1429, quand Henry VI offrit une allocation de 10 £ à quiconque bâtirait une tour pour protéger la côte. La plupart datent du XVIe siècle.

Aujourd'hui, l'Ards est une région agricole où les fermiers ont diversifié leur activité pour élever des autruches et cultiver les bulbes de jonquilles. Cherchez du *dulse* séché, une algue comestible de la péninsule, en vente chez les maraîchers. Son goût est assez prévisible : fort et salé.

Mount Stewart House & Gardens

À 8 km au sud-est de Newtownards sur l'A20, vous verrez Mount Stewart (☎ 4278 8387, Portaferry Rd ; adulte/tarif réduit 3,50/1,75 £ ; jardins avr-sept tlj 11h-18h, oct sam et dim 11h-18h, mars dim 14h-17h, maison Pâques, week-ends et jours fériés avr et oct 13h-18h, mai-sept mer-lun 13h-18h). Cette magnifique demeure du XVIIIe siècle appartenait au marquis de Londonderry, mais la plupart des aménagements paysagers ont été réalisés dans les années 1900 par lady Edith, femme du 7e marquis, pour ses enfants. Les 35 ha de cette propriété forment l'un des plus beaux jardins d'Irlande et de Grande-Bretagne et sont gérés par le National Trust.

Ces jardins sont très variés : jardins à la française, bois et lacs, élégamment peuplés par une vaste collection de plantes et de statues. Sur la Dodo Terrace, des créatures étranges venues du passé (dinosaures et dodos) et de la mythologie (griffons et sirènes) s'allient à des grenouilles géantes et à des ornithorynques. Au XVIIIe siècle, les propriétaires ont élevé le Temple of the Winds (temple des vents, ouvert de 14h à 17h le week-end d'avril à octobre), une folie dans le style grec classique, érigée sur une hauteur surplombant le lough.

La maison classique a conservé ses moulures, ses nus de marbre et ses tableaux. Des rois ont dormi ici, dans des chambres dédiées aux grandes villes européennes.

Vous pourrez consommer une boisson chaude au salon de thé, et manger des sandwiches et des gâteaux. D'avril à septembre des concerts de jazz sont donnés un dimanche après-midi par mois. Le bus 10 du Laganside Bus Centre de Belfast et de Newtownards s'y rend du lundi au samedi.

Où se loger. Ballycastle House (☎/fax 4278 8357, 20 Mount Stewart Rd ; simples/doubles 25/40 £, excellent petit déj inclus). Les chambres sont équipées de sdb et, au rez-de-chaussée est accessible aux fauteuils roulants. Ce B&B aménagé dans une ferme du XVIIIe siècle idéalement située, se trouve hors de l'A20, près des Mount Stewart Gardens. Prenez la première à gauche après le Newtownards Sailing Club. Vous y trouverez aussi un **self-catering cottage** (260 £ à 300 £/sem ; juin-août et Noël ; vous préparez vous-mêmes vos repas) pouvant accueillir jusqu'à 6 personnes.

Grey Abbey
697 habitants

À Grey Abbey, 3 km au sud-est de Mount Stewart, vous verrez les belles ruines d'une abbaye cistercienne (☎ *4278 8581, Church Rd, adulte/tarif réduit 1/0,50 £, avr-sept mar-sam 10h-19h et dim 14h-19h*). Elle a été fondée en 1193 par Affreca, la femme du roi John de Courcy. Elle dépendait de Holm Cultram Abbey dans le comté du nord-ouest de l'Angleterre de Cumbria et a servi au culte jusqu'au XVIIIe siècle. Il en reste un plan classique d'abbaye cistercienne du XIIe siècle avec une vaste église cruciforme, deux chapelles, des parties d'un réfectoire, un chapitre et des salles de repos.

L'église a été construite selon le style gothique ancien, alors même que le roman dominait partout ailleurs en Irlande. Au bout de l'église, une tombe sculptée est probablement celle d'Affreca, et l'effigie du transept nord représente peut-être son mari. Le terrain, surplombé par la Rosemount House du XVIIIe siècle, est tapissé de grandes pelouses recouvertes d'arbres et de fleurs, ce qui en fait un lieu idéal pour pique-niquer. Un jardin d'herbes médicinales odorantes a été replanté. Le petit centre d'accueil des visiteurs décrit la vie des cisterciens à l'aide de tableaux et de panneaux.

Le petit village de Grey Abbey possède des **magasins d'antiquités** ouverts de 9h à 17h le mercredi, vendredi et samedi, cachés dans Hoops Courtyard près de Main St et sur Main St même.

Où se loger et se restaurer. Plusieurs possibilités s'offrent à vous.

The Mervue (*☎/fax 4278 8619, herondf@yahoo.com, 28 Portaferry Rd ; simple/double avec sdb 17,50/33 £ petit déj inclus*) est à 2,5 km de Grey Abbey vers Portaferry, au bord de Strangford Lough.

Brimar (*☎/fax 4278 8681, 4 Cardy Rd ; chambres avec douche 25 £ par pers, petit déj inclus*). Deux chambres sont équipées d'une cuisine. Des randonnées équestres sont proposées en association avec la Peninsula Equestrian Academy (10 £ l'heure).

Ballynester House (*☎ 4278 8386, fax 4278 8986, www.ballynesterhouse.com, La Cardy Rd ; simples/doubles 25/40 £, petit déj inclus*). Un très joli logement avec cuisine est aussi disponible, accueillant jusqu'à 4 personnes (200 £-280 £/sem).

Hoops (*☎ 4278 8541, Hoops Courtyard ; repas 3,95 £ ; mer-sam 10h-17h*). Les déjeuners y sont délicieux (excellent rôti de bœuf 5 £), les gâteaux, à se damner et le thé est servi dans de vieilles théières en argent.

Commment s'y rendre. Les Ulsterbus 9 et 10 se rendent à Grey Abbey, Portaferry et Ballywalter depuis Belfast ou Newtownards environ toutes les heures.

Portaferry
2 324 habitants

Portaferry (Port an Pheire), avec ses rues soignées, est la ville la plus importante de l'Ards Peninsula. Elle s'appelait à l'origine Ballyphilip ; son nouveau nom se rapporte à sa fonction de terminal des ferries qui traversent le lough jusqu'à Strangford.

L'office de tourisme et centre d'accueil des visiteurs de Portaferry (☎ 4272 9882, fax 4272 9822), Castle St, ouvre de 10h à17h (17h30 en juill-août) du lundi au samedi et de 13h à 18h le dimanche entre Pâques et septembre. Vous le trouverez près de la tour, on peut y changer de l'argent et réserver des chambres.

À voir et à faire. Jetez un coup d'œil à la petite **tour** du XVIe siècle, à côté de l'office de tourisme, qui, avec la tour de Strangford, servait à contrôler le trafic dans le détroit. À côté se trouve un remarquable aquarium très moderne, **Exploris** (☎ *4272 8062, www.exploris.org.uk, Castle St ; adulte/tarif réduit 3,85/2,70 £ ; mars-août lun-ven 10h-18h, sam 11h-18h et dim 13h-18h, ferme à 17h le reste de l'année*), qui se concentre sur la vie aquatique du Strangford Lough et de la mer d'Irlande. Il est très fréquenté pendant les vacances scolaires.

Où se loger. Barholm Hostel (☎ *4272 9598, fax 4272 9784, barholm.portaferry@virgin.net, 11 The Strand ; lit 10,95 £*). Cette auberge de jeunesse HINI, en face de la cale de construction des ferries, est un établissement spacieux proposant 45 lits, une cuisine très agréable, une grande salle à manger et une laverie. En prévenant, il est possible de prendre son petit déjeuner et son dîner.

Adair's (☎ 4272 8412, 22 The Square ; simples/doubles 18/36 £ petit déj inclus). L'établissement de Mrs Adair se trouve au centre du village. C'est un endroit très discret que rien ne signale.

Portaferry Hotel (☎ 4272 8231, fax 4272 8999, 10 The Strand ; simples/doubles 57,50/95 £, séjour week-end 2 nuits plus un dîner 99 £ par pers). Ce B&B trois-étoiles sur le front de mer propose des chambres au charme vieillot et un salon confortable. La plupart des chambres donnent sur le lough.

The Narrows (☎ 4272 8148, info@narrows.co.uk, 8 Shore Rd ; 43 £ par pers petit déj inclus, forfait week-end 95 £ par pers). Cette confortable pension est à quelques mètres du Portaferry Hotel et aussi en bord de mer. Toutes les chambres donnent sur le lough.

Où se restaurer. The Cornstore (☎ 4272 9779, 2 Castle St ; repas 6 £ ; midi et soir mer-dim). Les fruits de mer sont la spécialité de ce restaurant que vous trouverez en face de la tour, et ils en valent la peine.

The Narrows (voir Où se loger, plats 7,95-14,95 £, déj et dîner). The Narrows propose de la cuisine et des vins délicieux, le service est excellent et la vue donne sur le lough. Comptez 20 £ env pour un dîner.

Portaferry Hotel (voir Où se loger ; déj 4,95-8 £, dîner 9,95-15 £ ; dîner toute l'année, déj juil-août seulement). Les fruits de mer servis ici sont savoureux (moules farcies, huîtres frites).

Comment s'y rendre. Les Ulsterbus 9 et 10 se rendent à Portaferry, Grey Abbey et Ballywalter depuis Belfast ou Newtownards à peu près toutes les heures. Les bus qui font le tour de la péninsule partent de Newtownards.

Le ferry (☎ 4488 1637) quitte Portaferry toutes les heures pour Strangford entre 7h30 et 22h30 la semaine, 8h et 23h le samedi et de 9h30 à 22h30 le dimanche (env 10 min, le ferry repart immédiatement). L'aller/aller-retour dans la journée coûtent 4,20/6,80 £ pour une voiture et son conducteur, 2,70/4,20 £ pour les motards et leur véhicule et 0,85/1,40 £ pour les passagers des voitures et les piétons.

Millisle et ses environs

Millisle (Oileán an Mhuilinn) a un joli littoral avec un mur de pierre qui s'avance dans la mer, pratique pour admirer les eiders et les bernaches cravants qui dansent sur l'eau. Environ à 1,5 km au nord-ouest sur Moss Rd (la B172 vers Newtownards) vous trouverez Ballycopeland Windmill (☎ 9186 1413, Moss Rd ; bus 7 de Donaghadee ; adulte/tarif réduit 1/0,50 £ ; juin-sept mar-sam 10h-18h, dim 14h-18h). Ce moulin à vent du XVIIIᵉ siècle a fonctionné jusqu'en 1915. Aujourd'hui restauré, il est à nouveau en état de marche.

Où se loger. The Ballywhiskin Caravan & Camping Park (☎ 9186 2262, fax 9186 2274, 216 Ballywalter Rd ; tente 7,50 £). Ce camping ouvert toute l'année loue 20 emplacements.

Mount Erin House (☎ 9186 1979, 46 Ballywalter Rd ; simples/doubles 20/32 £ sdb commune, petit déj inclus). Cette maison est décorée dans la pure tradition des B&B britanniques. La plus jolie chambre est sur le devant.

Seaspray (☎ 9186 2389, 221 Ballywalter Rd ; simples/doubles 20/35 £, petit déj inclus). Difficile d'être plus près de la mer que cet hôtel, d'où son nom (embruns). Les chambres du Seaspray sont aussi agréables que le service. L'une des meilleures adresses de la côte.

Donaghadee
4 799 habitants

Donaghadee (Domhnach Daoi) est un joli petit port. Il est en passe de se transformer en cité-dortoir pour les travailleurs de Belfast. En été, il est possible de prendre un bateau pour **Copeland Island**, une île abandonnée aux oiseaux au début du XXᵉ siècle. Renseignez-vous auprès du Harbour Office (bureau du port) près du phare, ou appelez le ☎ 9188 3403.

Grace Neill's date de 1611 et se targue lui aussi d'être le plus vieux pub d'Irlande. Parmi ses clients célèbres, Pierre le Grand, tsar de Russie, qui s'y arrêta pour déjeuner en 1697 lors de son tour d'Europe.

Où se loger et se restaurer. Anathoth
(☎ 9188 4004, sydneymcmaster@talk21 .com, 9 Edgewater ; simples/doubles 17/30 £, petit déj inclus). À 1,5 km de la ville sur Millisle Rd, ce B&B loue aussi une petite chambre.

Deux B&B se font face sur Windmill Rd. Empruntez la route pour Newtownards (A48) de Donaghadee et tournez à gauche dans Hoggstown Rd. Windmill Rd est la deuxième rue à gauche.

Bridge House (☎ 9188 3348, 93 Windmill Rd ; simples/doubles 16/32 £, sdb commune, petit déj inclus) est la première maison sur votre gauche. Les chambres sont équipées d'une TV.

Lakeview (☎ 9188 3900, 92a Windmill Rd ; simples/doubles 15/30 £, sdb commune, petit déj inclus). Ici aussi, les chambres sont équipées de la TV.

Ballywilliam House (☎/fax 9188 3692, 98a Warren Rd ; simples/doubles 18/36 £, sdb commune, petit déj inclus) se trouve sur la route entre Donaghadee et Groomsport près du golf.

Deans (☎ 9188 2204, 52 Northfield Rd ; simples/doubles 21/38 £ petit déj inclus, sdb commune) est situé derrière le terrain de cricket dans le centre-ville.

Grace Neill's (☎ 9188 4595, 33 High St ; repas 10,55-12,95 £ ; mar-sam midi et soir). Cet établissement clair et agréable se trouve dans un bâtiment neuf à l'arrière du vieux pub. On y déguste des plats à l'influence italienne et française, comme du confit de canard croustillant aux pommes, champignons, jeunes épinards et huile de truffes blanches pour 11,25 £. Ce pub sert aussi de la petite restauration à partir de 4,55 £.

The Captain's Table (☎ 9188 2656, 22 The Parade ; petit déj à partir de 1,50 £, autres repas 2,60 £ ; tlj 9h-21h). Au départ restaurant de fish and chips, cet établissement sert désormais des petits déjeuners complets et des burgers.

LECALE PENINSULA
La Lecale Peninsula s'étend à l'est de Downpatrick au sud de Strangford Lough. De Newcastle, l'A2 suit la côte vers l'est, puis au nord vers Strangford où l'on peut prendre le ferry jusqu'à Portaferry et l'Ards Peninsula. Un phare automatisé couronne St John's Point, le point le plus au sud de la péninsule.

Saint Patrick aurait accosté en 432 au Strangford Lough près de Saul. La première église de Patrick occupait une bergerie près de Saul, au nord-est de Downpatrick. Il serait enterré dans la région.

Strangford
548 habitants
Le petit village de pêcheurs de Strangford (Baile Loch Cuan), très pittoresque, se trouve à 16 km à l'est de Downpatrick. Les Vikings naviguant sur le lough remarquèrent les forts courants de la marée dans le détroit, d'où son nom signifiant "fjord puissant". Pratiquement tout le village est une zone préservée, dominée par **Strangford Castle** (☎ 9023 5000, Strangford ; gratuit ; 10h-19h, demander les clés à M. Seed au 39 Castle St), une tour du XVIe siècle. Des marches au bout de Castle St (en face du château) mènent à plusieurs chemins et à une belle vue sur le lough. Une bruyante colonie d'hirondelles de mer niche sur Swan Island, en face de la cale à bateaux.

Pour des informations sur les traversées du lough entre Strangford et Portaferry et les promenades en bateau, voyez plus haut dans la rubrique Ards Peninsula le paragraphe Comment s'y rendre de Portaferry.

Où se loger et se restaurer. Les hébergements ne sont pas nombreux ici.
Strangford Caravan Park (☎ 4488 1888, 87 Shore Rd ; emplacement tente et camping-car 5 £). Vous trouverez un autre camping à Castle Ward (voir plus loin sous Castle Ward Estate).

The Cuan Hotel (☎ 4488 1222, www.thecuan.com, The Square ; simples/doubles à partir de 34,95/59,90 £, petit déj inclus). L'hôtel est à l'angle du square, non loin du ferry.

Cuan Bar & Restaurant (en-cas au bar 4-9 £, repas restaurant 9-14 £, menu pour 2 pers

39 £, menu dim 10,95 £ ; bar tlj, rest lun-sam soir, dim déj et après-midi). Spécialisé dans les fruits de mer, il a une excellente réputation.

Lobster Pot *(☎ 4488 1288, 9-11 The Square ; en-cas au bar 5-10 £, restaurant repas 9,50-11,50 £, menu pour 2 pers 34,50 £ ; lun-dim 11h30-21h).* Fruits de mer et crustacés (homard thermidor 22,50 £).

Castle Ward Estate

Géré par le National Trust, cette propriété de 280 ha *(☎ 4488 1204, Park Rd ; 3 £ par voiture, maison 3/1,50 £ ; jardins 8h-20h toute l'année, maison mai-août ven-mer 13h-18h, avr, sept et oct sam dim 13h-18h)* longe la route de Downpatrick sur 2 km. Elle a été bâtie dans les années 1760 par lord et lady Bangor. Leurs goûts étaient aux antipodes l'un de l'autre. Le résultat fut Castleward House (et un divorce). Lord Bangor avait un penchant pour le style palladien classique et remporta la conception de la façade et de l'escalier classique. Lady Bangor préférait le Strawberry Hill Gothic (copiant le style architectural de la maison d'Horace Walpole à Twickenham), qu'elle a appliqué sur la façade arrière et dans son boudoir, avec son incroyable voûte en éventail. Le reste de cette grande maison est un mélange de leurs goûts.

Le terrain permet de jolies promenades, où l'on peut admirer une folie néo-grecque, une tour d'habitation datant du XVIᵉ siècle, Castle Audley près du lough et la vue sur le lough. Un salon de thé (mêmes horaires que pour la maison), sert des déjeuners légers.

Castle Ward Estate Camp Site *(☎ 4488 1680, 19 Castle Ward Rd ; caravanes 10 £, petite/grande tente 5/10 £ ; 17 mars-fin sept).* L'entrée du camping est distincte de l'entrée principale et plus près de Strangford.

De Strangford à Killough

Un chapelet de châteaux se déroule de Strangford à Killough sur l'A2. La plupart sont grands et en bon état.

Kilclief Castle. À 4 km au sud de Strangford, Kilclief Castle *(☎ 9023 5000, Strangford ; adulte/tarif réduit 1/0,50 £ ; avr-sept mar-sam 10h-19h dim 14h-19h)* garde l'entrée du détroit. C'est la plus vieille tour du

comté. Elle a été bâtie au XVᵉ siècle par l'évêque de Down. Certains détails sont très minutieux. Il est considéré comme le modèle des autres châteaux de la région.

Ardglass. Ardglass (Ard Ghlais), à 13 km au sud de Strangford, est un village de pêcheurs comptant sept châteaux ou demeures fortifiées du XIVᵉ au XVIᵉ siècles. Ardglass Castle (qui abrite aujourd'hui le club de golf) et Gowd Castle, qui le jouxte, sont près des tours du Horn and Margaret Castle. King's Castle et Queen's Castle dominent le village sur une colline. Le seul à être ouvert au public est le **Jordan's Castle** *(☎ 4461 2233, Low Rd ; adulte/tarif réduit 0,75/0,40 £ ; juil-août mar-sam 10h-19h et dim 14h-19h),* une tour de quatre étages près du port. Comme les autres, celle-ci a été érigée par de riches marchands à l'aube du développement économique de l'Ulster. Le château abrite à présent un musée local et une collection d'antiquités.

Sur la colline au nord du village une **folie architecturale** du XIXᵉ siècle a été élevée par Aubrey de Vere Beauclerc, qui voulait offrir un belvédère à sa fille.

Où se loger et se restaurer. Coney Island Park *(☎ 4484 1210, Killough Rd ; tente/camping-car 4/8 £, électricité 2 £ ; avril-nov).* Vous trouverez ce camping juste à l'extérieur d'Ardglass sur Killough Rd.

Strand Farm *(☎ 4484 1446, 231 Ardglass Rd ; B&B 17 £ par pers ; mars-nov).* Le Strand est un petit B&B sur la B1 qui va d'Ardglass à Downpatrick.

Margaret's Cottage *(☎/fax 4484 1080, chrisandsue@margaretscottage.co.uk, Castle Place ; simples/doubles 18/36 £).* Ce cottage loue de très jolies chambres bien décorées, certaines donnant sur l'île de Man.

Aldo's *(☎ 4484 1315, Castle Place ; fruits de mer ou carte 10 £ ; jeu-dim 17h-22h et dim déj).* Cet endroit est recommandé par les habitants de la région.

Ardglass Golf Club *(☎ 4484 1219, Castle Place ; menu du bar 4-8 £, repas restaurant 9,75-14,50 £)* Le Golf Club est situé en bord de mer, son bar et son restaurant sont ouverts aux non-adhérents.

Killough. Le plan du village de bord de mer de Killough, à 4 km à l'ouest d'Ardglass, a été dessiné par lord Bangor, propriétaire de Castle Ward, qui fit construire la route toute droite qui sépare le village de sa propriété, à 12 km au nord. Le port s'est ensablé depuis longtemps, mais le village, avec ses rues bordées d'arbres, a gardé son côté pittoresque et vaguement continental, illustré par les bâtiments autour de Palatine St et de Palatine Square.

Une belle **promenade** est à faire au sud des ruines de l'église du Xe siècle et près du phare de St John's Point (4 km aller-retour).

DOWNPATRICK
10 260 habitants

Le nom de Downpatrick (Dún Pádraig) vient du saint patron de l'Irlande, associé à beaucoup d'autres lieux de ce coin du Down. Depuis Saul et le Downpatrick Cathedral, il fit de l'île une "terre de saints et de savants".

Downpatrick, à 32 km au sud de Belfast, est le centre administratif et la capitale du comté. Le site existait bien avant l'arrivée du saint. Sa première église a été érigée à l'intérieur du *dún* (fort) de Rath Celtchair, un ouvrage de terre encore visible au sud-ouest de la cathédrale. Le lieu prit le nom de Dún Pádraig, anglicisé en Downpatrick au XVIIe siècle.

Au XIe siècle, saint Malachy a transféré le siège épiscopal à Bangor, mais il n'y resta pas longtemps. En 1176, le roi John de Courcy aurait apporté les reliques de saint Colomba et de sainte Brigitte à Downpatrick pour qu'elles reposent aux côtés de celles de saint Patrick. Plus tard, la ville déclina, de même que la cathédrale, jusqu'aux XVIIe et XVIIIe siècles, quand la famille Southwell la transforma en lui donnant son aspect actuel. La plupart des exemples d'architecture georgienne sont concentrés sur English St, Irish St et Scotch St, qui partent du centre-ville. Les plus beaux sont pourtant dans le Mall qui mène à la cathédrale.

Renseignements

Le Downpatrick Tourist Information Centre (☎ 4461 2233, fax 4461 2350, www.king-domsofdown.com), 53a Market St, est situé dans le St Patrick's Visitor Center en face de la gare routière. Cet office de tourisme est ouvert de 9h30 à 19h du lundi au samedi et de 14h à 18h le dimanche, de mi-juin à septembre. Le reste de l'année, il ouvre de 9h30 à 17h en semaine (sam 10h-17h). On peut changer de l'argent, réserver un hôtel, utiliser le fax ou le service postal.

Ego Patricius

Dans le Saint Patrick Centre, Ego Patricius (☎ 4461 9000, *www.saintpatrickcentre. com, Market St, adulte/enfant/famille 4,50/ 2,25/11 £ ; oct-mars lun-sam 10h-17h, avr-mai et sept lun-sam 9h30-17h30 et dim 17h30, juin-août lun-sam 9h30-19h et dim 10h-18h*) raconte l'histoire du saint patron de l'Irlande. Cette exposition est interactive : appuyez sur le bouton d'un écran et vous verrez une séquence de quelques minutes sur sa vie, touchez un écran d'ordinateur et vous entrerez dans un labyrinthe d'informations animées. Des entretiens filmés avec des érudits vous apprendront comment l'histoire de saint Patrick s'est tissée et enjolivée avec les années. Vous y apprendrez que l'histoire des serpents (saint Patrick aurait chassé tous les serpents d'Irlande) est une invention tardive.

Down Cathedral

La cathédrale (☎ *4461 4922, The Mall ; gratuit ; 9h-17h*) est la somme de 1 600 années de reconstructions. D'aboird monastère celtique puis bééndictins, tombé en ruine, elle fut reconstruite aux XVIIIe et XIXe siècles.

Selon la légende, saint Patrick est mort à Saul, à quelques kilomètres, où des anges dirent à ses disciples de placer son corps sur un char à bœufs, qu'ils guideraient jusqu'à l'endroit où le saint devait être enterré. Ils se seraient arrêtés à une église sur la colline de Down, aujourd'hui site de la cathédrale. L'intérieur révèle une époque révolue ; les bancs privés sont les derniers du genre à être encore utilisés en Irlande. Remarquez les chapiteaux des piliers, le vitrail est représentant les apôtres, et le bel orgue du XVIIIe siècle.

Inch Abbey

Cette abbaye (☎ *9023 5000 ; adulte/tarif réduit 0,75/0,40 £ ; avr-sept mar-sam 10h-19h, terrain accessible toute l'année*), bâtie par de Courcy pour les cisterciens anglais en 1180 (qui n'admettaient aucun Irlandais) sur un site monastique plus ancien se voit depuis la cathédrale, de l'autre côté de la rivière. Il ne reste du monastère que des fondations et des murs bas. Son site, dans les marais de la Quoile, est très plaisant.

Pour vous y rendre, sortez de la ville et parcourez 1,5 km sur la route de Belfast, puis tournez à gauche juste avant l'Abbey Lodge Hotel.

Down County Museum

Plus bas que la cathédrale, vous trouverez le Musée du comté (☎ 4461 5218, The Mall ; gratuit ; mi-juin-mi-sept lun-ven 11h-17h, sam-dim 14h-17h, mi-sept-mi-juin mar-ven 10h-17h, sam 11h 17h), dans les murs d'une grande prison du XVIIIe siècle. Dans les cellules du fond sont représentés des prisonniers incarcérés ici. Un petit chemin fléché mène au **Mound of Down**, un bon exemple de "motte and bailey" normand.

The Mall est la rue la plus pittoresque de Downpatrick. Elle arbore de merveilleux exemples d'architecture du XVIIIe siècle, dont Soundwell School, bâtie en 1733, et un tribunal orné d'un fronton joliment décoré.

Où se loger. Denvir's Pub (☎ 4461 2012, fax 4461 7002, 14 English St ; simples/doubles 30/50 £, petit déj inclus) est un ancien relais de poste datant de 1642. La cheminée d'origine est visible dans le restaurant.

Hillside (☎ 4461 3134, 62 Scotch St ; chambres 17 £ par pers). Ce B&B est le plus central ; il dispose de trois chambres

Havine Farm (☎ 4485 1242, 51 Rallydonnell Rd ; chambres à partir de 17 £ par pers). Cet établissement vieux de deux siècles loue trois chambres. Il est à l'écart, à environ 7 km au sud-ouest de Downpatrick et à 3 km au nord de Tyrella à Ballykilbeg, dans un cadre très rural.

Abbey Lodge Hotel (☎ 4461 4511, fax 4461 6415, 38 Belfast Rd ; simples/doubles 45/58 £, petit déj inclus). Non loin d'Inch Abbey, cet hôtel deux-étoiles dispose de 22 chambres. Il doit être rénové.

Où se restaurer

Iniscora Cafe (☎ 4461 5283, Down Arts Centre, Irish St ; repas 3,25-9 £ ; lun-sam

10h-16h30). Ce joli bâtiment victorien en brique rouge avec un clocher est de loin la meilleure adresse de la ville, dans le centre, au carrefour d'English St, d'Irish St et de Scotch St.

Harry Afrika's (☎ 4461 7161, 102 Market St ; en-cas 3 £ ; lun-sam 8h30-17h30 et dim 10h30-17h30). Face à la gare routière dans le centre commercial, ce restaurant sans prétention propose petits déjeuners, grillades et plats du jour à des prix raisonnables.

Denvir's Pub (voir Où se loger ; repas 5,50-11,50 £ ; tlj déj et soir). Vous y dégusterez de bons plats consistants (Irish stew, moules fraîches) garnis de légumes bio frais. Le jeudi et le dimanche, on y écoute de la musique et un groupe folklorique se produit un vendredi sur deux.

Abbey Lodge Hotel (voir Où se loger ; menu dîner 13 £, plats du jour 6,25 £). Un menu honnête et sans chichi.

Comment s'y rendre

Les Ulsterbus 15 et 215 quittent l'Europa Bus Centre de Belfast pour la gare routière de Downpatrick (☎ 4461 2384), Market St, environ toutes les 30 min environ.

ENVIRONS DE DOWNPATRICK
Saul

Saul (Sabhal) se situe à 3 km au nord-est de Downpatrick au sortir de l'A2 vers Strangford. En arrivant ici en 432, saint Patrick fit sa première conversion, celle de Díchú, le chef local, qui lui offrit une bergerie (sabhal) pour prêcher. Elle devint l'endroit favori du saint qui y revenait régulièrement. À l'ouest du village se trouve le prétendu emplacement de la bergerie, avec une fausse église du Xe siècle et une tour ronde bâtie en 1932 pour célébrer le 1 500e anniversaire de son arrivée. À côté de l'église se dresse le mur restant d'une abbaye médiévale où saint Patrick serait mort. Toujours en 1932, une statue massive de 10 m de haut fut érigée à Slieve Patrick, non loin, avec un chemin de croix le long du chemin.

Struell Wells

À 2 km à l'est de Downpatrick, derrière l'hôpital, se trouve le dernier site de pèlerinage associé à saint Patrick. Depuis le Moyen Âge, les eaux de ces puits sont reputées guérir toutes les maladies. La popularité de cet endroit a atteint son paroxysme au XVIIe siècle et les bains publics datent de cette époque.

CENTRE DU COMTÉ DE DOWN

Au sud de Belfast s'étend la campagne, avec des villes comme Craigavon, Lurgan (comté d'Armagh), Saintfield, Ballynahinch, Hillsborough, Moira et Banbridge. Hillsborough est une petite ville particulièrement plaisante. Seule Slieve Croob, au sud-ouest de Ballynahinch, rompt l'étendue plate du paysage. Les plus grands monuments mégalithiques du Down se trouvent dans cette région, notamment le Giant's Ring et le Legananny Dolmen.

Giant's Ring

L'Anneau des Géants, ouvrage de terre qui n'est qu'à 8 km au sud de Belfast et à l'ouest de l'A24, à Ballynahatty, est un vaste enclos préhistorique de presque 200 m de diamètre et d'une surface de 3 ha, au centre de laquelle se tient le **Druid's Altar**, un dolmen qui date d'environ 4000 av. J.-C. La légende raconte que les cercles préhistoriques abritaient des fées ; en conséquence ils étaient traités avec respect, sauf celui-ci, qui fut utilisé au XIXe siècle pour servir de champ de courses ! Le talus de 4 m de haut servait de tribune et de barrière naturelle.

Rowallane Gardens

Les jardins de Rowallane *(☎ 9751 0131, Crossgar Rd ; adulte/tarif réduit 3/1,25 £ ; lun-ven 10h30-18h, 17 mars-31 oct sam-dim 12h-18h, reste de l'année lun-ven 10h30-17h)* sont indiqués en sortant de l'A7 à 2 km au sud de Saintfield Ils sont réputés pour leurs spectaculaires massifs de rhododendrons et d'azalées au printemps, mais sont aussi très agréables à visiter en été et à l'automne. Hugh Armitage Moore, jardinier distingué qui a passé 25 ans à s'occuper de ce jardin de 21 ha, a hérité de Rowallane House en 1903.

Les magnifiques rhododendrons s'épanouissent dans un abat-vent de lauriers australiens, de houx, de pins et de hêtres. Les jardins protégés par des murs abritent primevères, pavots bleus, roses, magnolias et colchiques d'automne.

Le salon de thé sert de solides déjeuners, des sandwiches, des gâteaux et des scones.

Legananny Dolmen

C'est peut-être le monument de l'âge du fer le plus célèbre d'Ulster. Il se dresse à l'ouest de Slieve Croob (532 m). Ce dolmen tripode, plus petit que la moyenne, permet par sa position élevée de voir les Mourne Mountains au sud. D'en haut, on admire un panorama encore plus large sur le comté.

Pour atteindre la montagne, dirigez-vous vers l'ouest de Ballynahinch sur la B7 en direction de Dromara, d'où des routes mènent au sud-est à travers les coteaux.

Hillsborough
2 407 habitants

La gracieuse petite ville de Hillsborough (Cromghlinn), à 15 km au sud-ouest de Belfast, a été fondée dans les années 1640 par le colonel Arthur Hill, qui y érigea un fort pour réprimer les insurgés irlandais. Sur la place et sur Main St, on peut admirer de beaux exemples d'architecture georgienne.

Le Hillsborough Tourist Information Centre (☎ 9268 9717, fax 9268 9773), The Square, se trouve dans le centre. Il est ouvert de 9h à 17h30 du lundi au samedi, de 14h à 18h le dimanche en juillet et en août. Vous pourrez y changer de l'argent et réserver des logements. Des promenades organisées (2,5 £) partent à 11h et 14h le samedi, et à 15h le dimanche de juin à mi-septembre.

À voir. En haut de Main St, le bâtiment le plus remarquable est le **Hillsborough Castle** *(☎ 9268 1309, Main St ; adulte/tarif réduit/famille 5/3,50/12,50 £ ; sam 11h-16h30 7 avr-22 sept)*, une demeure sur deux étages, bâtie en 1797 et fortement restaurée dans les années 1830 et 1840. De 1924 à 1973, ce château fut la résidence officielle du gouverneur d'Irlande du Nord. C'est maintenant celle du secrétaire d'État pour l'Irlande du Nord (principal représentant du gouvernement britannique). Notez le portail en fer forgé, de 1745, conçu à l'origine pour le Richhill Castle près d'Armagh.

Non loin se trouve la georgienne **Market House** et, en bas de Main St, une église,

St Malachy's Parish Church, l'une des plus belles églises d'Irlande du Nord, avec des tours jumelles au bout des transepts et une flèche gracieuse à l'extrémité ouest. Consacrée en 1663, cette église paroissiale a été restaurée et améliorée en 1774 par le premier marquis de Downshire, à qui l'on doit également le bel orgue Snetzler. À l'intérieur, la nef et les transepts sont garnis de bancs privés. Vous verrez un nombre impressionnant de plaques des XVIIIe et XIXe siècles sur les murs, ainsi qu'une copie de la bible en irlandais datant du XVIIe siècle.

À côté de l'église se trouvent les ruines de **Hillsborough Fort** (☎ *9268 3285, Main St , gratuit ; avr-sept mar-sam 10h-19h et dim 14h-19h, oct-mars mar-sam 10h-16h et dim 14h-16h)*. Il a été construit par le colonel Hill en 1650 et remodelé en tour de style gothique en 1758. Ce fort commandait le défilé stratégique de Kilwarlin et fut utilisé par Guillaume d'Orange en 1690 alors qu'il se dirigeait vers le sud avant la bataille de la Boyne.

Où se loger et se restaurer. Ballykeel House (☎ *9263 8423, fax 9263 8423, 32 Ballykeel Rd ; 20 £ par pers)* loue trois chambres dont une avec sdb. Ce B&B non-fumeur est hors de Hillsborough sur Lisburn road.

White Gables Hotel (☎ *9268 2755, fax 9268 9532, 14 Dromore Rd ; simples/doubles dim-jeu 70/95 £ sans petit déj, ven et sam 55/65 £ petit déj inclus)*. Cet hôtel sur le déclin aurait besoin d'une rénovation.

Plough Inn (☎ *9268 2985, 3 The Square ; repas de pub 7-9,50 £, petite restauration 5-7 £)*. Depuis 1758, ce pub propose de la bonne bière, une ambiance garantie et sert une savoureuse cuisine. Les huîtres en sont la spécialité mais on peut y déguster des plats indiens, turcs, chinois ou italiens.

Hillside (☎ *9268 2765, 21 Main St ; repas 4,50-20 £, repas au bar tlj, dîner au restaurant mar-sam à partir de 20 £)*. Les déjeuners servis par le bar sont savoureux. Le restaurant est également de qualité. Le pub sert de la véritable ale.

Chimes Coffee Shop (*5b The Square ; Ulster fry – petit déj – 3,45 £ ; lun-ven 10h-19h, sam 10h-20h et dim 13h-18h)*. Ce petit café propose repas légers et glaces.

Comment s'y rendre. Les bus 38 et 238 se rendent chaque jour à la gare routière Europa Bus Centre de Belfast.

SUD DU DOWN ET MOURNE MOUNTAINS

Les Mourne Mountains, assez impressionnantes, ont longtemps résisté au peuplement humain. Aujourd'hui, elles sont encerclées par des villes et des villages, mais seule la route B27 les traverse entre Kilkeel et Hilltown. Les réservoirs artificiels de Silent Valley et de Spelga figurent parmi les rares interventions de l'homme dans le site.

Le point accessible le plus haut est le Slieve Donard (848 m). Il domine Newcastle, ce secteur étant la meilleure base pour explorer la zone. Les moins aventureux peuvent visiter les nombreux parcs forestiers des environs de Newcastle. Pour les randonneurs, les offices de tourisme de Newry et de Downpatrick proposent aux anglophones le guide *St Patrick's Vale: The Land of Legend,* qui détaille 31 promenades.

Le Silent Valley Park plonge au cœur de la chaîne de montagnes. Ben Crom, Slieve Muck et Slievelamagan satisferont les randonneurs expérimentés. À l'ouest se trouve la B27, qui passe devant le barrage de Spelga Dam. La vue y est belle quand le soleil se couche derrière Eagle Mt et Pigeon Rock Mt. Quelques bonnes voies d'escalade existent dans la région.

Tout comme dans le Connemara, les fermiers ont composé un patchwork caractéristique de petits champs avec des murs de pierres sèches. Le plus grand des murs, le Mourne Wall, a une origine toute différente : il a été érigé au début du XXe siècle pour créer des emplois et clôturer le bassin hydrographique du Silent Valley Reservoir.

Newcastle
7 214 habitants

Les Mourne surplombent la côte. En restant sur le littoral vous arriverez à Newcastle (An Caisleán Nua), à 46 km de Belfast. La ville est banale mais ne manque pas de grandeur avec le Slieve Donard qui s'élève derrière la ville et sa plage de 5 km en forme de croissant.

Renseignements. Le Newcastle Tourist information Centre (☎ 4372 2222, fax 4372 2400, www.newcastletic.org), 10-14 Central Promenade, ouvre de 10h à 17h du lundi au samedi et de 14h à 18h le dimanche, plus longtemps l'été. On peut y réserver un hôtel, changer de l'argent, utiliser le service postal, etc. Si vous faites du vélo ou que vous explorez l'arrière-pays, demandez une carte plastifiée, gratuite.

Pour davantage de renseignements sur les Mourne Mountains, allez faire un tour au **Mourne Heritage Trust** (☎ 4372 4059, mht@mourne.co.uk, 87 Central Promenade ; lun-ven 9h-17h). Vous y trouverez des brochures sur la région et des cartes sur les randonnées possibles. Des promenades guidées (5 £) sur des distances variées (entre 4 et 14 km) dans les montagnes partent de ce centre à 10h le week-end. Téléphonez avant et réservez absolument.

Où se loger. À Newcastle, vous n'aurez que l'embarras du choix.

Newcastle Youth Hostel (☎/fax 4372 2133, newcastle_hini@yahoo.co.uk, 30 Downs Rd ; lit à partir de 8,50 £). Cette auberge de jeunesse HINI est très centrale, près de la gare routière. Elle offre 40 lits et fournit les draps. Vous pourrez y louer un appartement familial équipé de 6 lits à partir de 37 £. Une cuisine, une laverie et une salle de TV sont à votre disposition.

Arundel Guesthouse (☎ 4372 2232, 23 Bryansford Rd ; chambre 20 £ par pers). L'Arundel loue quatre chambres, toutes non-fumeurs. Il est possible d'y dîner en été sur demande.

Beach House (☎ 4372 2345, fax 4372 2817, 22 Downs Rd ; simples/doubles 30/50 £). Cet établissement est situé en ville, en face de la plage. La meilleure chambre est celle de devant : elle donne sur la mer et possède sa propre sdb.

Briers Country House (☎ 4372 4347, fax 4372 6633, 39 Middle Tollymore Rd ; simples/doubles à partir de 25/40 £ petit déj inclus). Situé à presque 1 km de Newcastle, cet hôtel dispose d'un joli jardin et de neuf chambres très confortables. Vous pourrez dîner dans le restaurant.

Burrendale Hotel & Country Club (☎ 4372 2599, fax 4372 2328, www.burrendale.com, 51 Castlewellan Rd ; simples/doubles à partir de 65/99 £, séjour week-end à partir de 99 £ par pers : 2 nuits en B&B et un dîner). Dans cet endroit au style élégant, les clients peuvent profiter de la piscine, du jacuzzi, du sauna et de la salle de gym.

Où se restaurer. Seasalt (☎ 4372 5027, 51 Central Promenade ; repas légers 2,50-4,25 £, dîner 17,50 £, lun-jeu 10h-18h, ven et sam 10h-tard, réservez pour le restaurant les ven-sam). Ce café ensoleillé offre de tout, de la soupe bio à la tourte maison au bœuf et à la bière Guinness.

Burrendale Hotel & Country Club (voir Où se loger ; plats 7,50-11,95 £ ; restaurant lun-dim déj et soir). Le restaurant du Burrendale est de très bonne qualité. Essayez le filet de bar enrobé dans une pâte de citron et de gingembre, accompagné d'une sauce crémeuse légère (9,20 £).

Comment s'y rendre. À la gare routière (☎ 4372 2296), sur Railway St, les Ulsterbus 18 et 20 partent pour Belfast toutes les heures (aller-retour 7,90 £ ; 1 heure 15) via Ballynahinch.

Comment circuler. Wiki Wiki Wheels (☎ 4372 3973), 10b Donard St, près du rond-point principal, loue des vélos pour 6,50 £ par jour. Ross Cycles (☎ 4377 8029), Clarkhill Rd à Castlewellan ainsi que près de la gare routière de Newcastle, loue des bicyclettes pour 10/40 £ par jour/semaine.

Environs de Newcastle

Newcastle constitue une base idéale pour explorer les Mourne Mountains. Trois parcs forestiers offrent de belles promenades à pied ou à cheval. **Donard Park**, au sud de la ville, est le meilleur endroit pour commencer l'ascension du **Slieve Donard**. Par beau temps, vos 3 heures d'effort seront bien récompensées. Vous verrez la mosaïque des champs du comté de Down, l'Écosse, le pays de Galles et l'île de Man. On a longtemps pensé que les deux cairns près du sommet avaient servi de cellule à saint Donard, qui s'est retiré ici pour prier au début de l'époque chrétienne.

Le **Tollymore Forest Park** (☎ 4372 2428, Bryansford ; voiture/moto 3,80/2 £, 10h-coucher du soleil), un parc forestier de 500 ha situé à 3 km au nord-est de la ville, permet de longues balades le long de la Shimna et au nord des Mourne Mountains. Le **centre d'accueil des visiteurs** (☎ 4372 2428 ; juin-août 12h-17h, sept-mai sam-dim 12h-17h), dans une ferme du XIXe siècle qui ressemble à une église, vous informera sur la flore, la faune et l'histoire du parc. Des promenades guidées partent devant le centre à 14h les week-ends d'été.

Le **Tollymore Mountain Centre** (☎ 4372 2158, www.tollymoremc.com, Bryansford ; toute l'année) fait partie du parc mais son entrée est séparée. Vous pourrez y apprendre l'escalade, la randonnée et le kayak.

Où se loger. Castlewellan Forest Park (☎ 4377 8664, fax 4377 1762, off Main St, Castlewellan ; tente 7/11 £ basse/haute saison). L'électricité est facturée 1,50 £ la nuit.

Tollymore Forest Park (☎ 4372 2428, Bryansford, tente 6-10 £) se situe dans le parc forestier.

Mournes Coast Road

L'A2 vers le sud longe la côte et forme l'itinéraire le plus mémorable du comté de Down. Annalong, Kilkeel, Rostrevor et Warrenpoint sont pratiques pour faire une halte et un détour dans les montagnes. Sur la Head Rd, suivez les panneaux indiquant la Silent Valley à 1 km au nord d'Annalong, et vous traverserez une belle campagne sillonnée de murs de pierre, la Silent Valley et reviendrez à Kilkeel.

Les Mourne sont aussi l'endroit idéal pour pratiquer des sports plus ou moins intenses (voir au paragraphe *Environs de Newcastle*). **Mourne Activity Breaks** (☎ 4176 9965, fax 4176 4390, www.mourneactivitybreaks.co.uk, 28 Bridge St, Kilkeel) organise des activités variées, comme le vélo, l'équitation, la poterie, la pêche et même la fauconnerie. Les forfaits comprennent l'hébergement.

Annalong. Le petit site assez touristique d'Annalong (Áth na Long) et sa plage de galets se trouvent à 12 km au sud de Newcastle. **Annalong Corn Mill** est un moulin à eau de 1830 bien conservé qui surplombe le port ; fermé, il peut cependant encore moudre du grain.

Four Winds (☎ 4376 8345, 237 Kilkeel Rd ; B&B 17 £ par pers). Vue panoramique sur les montagnes et la mer.

Glassdrumman Lodge (☎ 4376 8451, fax 4376 7041, 85 Mill Rd ; simples/doubles à partir de 80/135 £, petit déj inclus). Cette maison est chère mais adorable, et on y mange très bien (32,50 £ pour un dîner de 6 plats).

Harbour Inn (☎ 4376 8678, 6 Harbour Drive ; repas au pub 4-7,50 £). Ce restaurant en bord de mer sert du poisson, des steaks, bref, les plats habituels d'un pub.

Kilkeel. En parcourant 9 km au sud, vous découvrirez Kilkeel (Cill Chaoil), port plus grand qu'Annalong, dont le marché au poisson sur le quai est approvisionné par la plus grande flotte de pêche d'Irlande du Nord. De Kilkeel, la B27 se dirige au nord dans les montagnes. L'office de tourisme (☎ 4176 2525, fax 4176 9947, kdakilkeel@hotmail.com), 28 Bridge St, est très accueillant ; il ouvre de 9h à 13h et de 14h à 17h30 du lundi au samedi, toute l'année.

Chestnutt Caravan Park (☎ 4176 2653, 3 Grange Rd ; tente et camping-car 10 £ la nuit).Ce très bon camping est à côté d'une plage labellisée "drapeau bleu".

Mourne Abbey (☎ 4176 2426, 16 Green-castle Rd ; simples/doubles 16,50/36 £ ; avr-sept). Du côté de Rostrevor.

Sharon Farm (☎ 4176 2521, 6 Ballykeel Rd ; simples/doubles 18/32 £). Cette vraie ferme est à environ 5 km au nord-ouest, à Ballymartin. On y observe les chiens de berger au travail.

Hill View House (☎ 4176 4269, 18 Bog Rd ; simples 15-17 £, doubles 36-40 £, petit déj inclus). Pour vous y rendre, parcourez 6 km à la sortie de la B27 au nord de Kilkeel. Il n'est pas loin de Silent Valley. On peut aussi y louer un chalet pour 6 personnes pour 160 £ à 200 £ par semaine.

Kilmorey Arms Hotel (☎ 4176 2220, fax 4176 5399, www.kilmoreyarmshotel.co.uk, 41-43 Greencastle Rd ; simples/doubles 30/40 £). Cet hôtel accueillant propose une carte à prix moyens.

COMTÉ DE DOWN

Neptune's Larder (☎ *4176 4186, The Harbour ; lun-sam 8h-17h*). Les fish and chips y sont de première classe.

Silent Valley. Head Rd, à l'est de Kilkeel, vous mènera au bout de 6 km à la merveilleuse Silent Valley, où la Kilkeel a été endiguée afin de fournir de l'eau à Belfast. **Mourne Wall**, un mur de pierres sèches, encercle cette vallée. Il mesure 2 m de haut et plus de 35 km de long, et a été érigé entre 1910 et 1922. Il délimite la ligne de partage des eaux des sources qui viennent alimenter les deux lacs.

Au sud de la vallée, vous trouverez le **Silent Valley Information Centre** (☎ *9074 6581, Silent Valley ; voiture/moto/piéton 3/1,50/0,50 £ ; 10h-18h*). Un bus qui remonte la vallée jusqu'en haut de Ben Crom part à côté du parking. Vous pourrez le prendre tous les jours en juillet et août, mais uniquement le week-end en mai, juin et septembre. En juillet et août, l'Ulsterbus 34A (le Mourne Rambler) part de Newcastle jusqu'à la Silent Valley, 4 fois par jour la semaine et 3 fois le samedi.

Warrenpoint et les environs. Warrenpoint (An Pointe), au bout de Carlingford Lough, est un autre site pittoresque où il fait bon séjourner. C'est l'une des villes les plus animées des environs, notamment le soir.

Le Warrenpoint Tourist Information Centre (☎ 4175 2256,), situé dans la mairie sur Church St, ouvre de 9h à 17h la semaine toute l'année, et le week-end en été.

Quand le temps le permet, un ferry (☎ 4177 2001) traverse le lough jusqu'à Omeath dans le comté de Louth, toutes les demi-heures entre 13h et 18h, tlj de juin à septembre. La traversée de 10 minutes vous sera facturée 2,50/1,50 £.

Fernhill House (☎ *4177 2677, 90 Clonallan Rd ; chambres 18,50 £ par pers*). Fernhill est à environ 3 km de la ville. Sa situation élevée offre une jolie vue sur le lough.

Mariann's Place (☎ *4175 2085, 18 Upper Dromore Rd ; simples/doubles 22,50/35 £ sdb commune*). Vous trouverez Mariann's à 500 m du Square.

Bennett's (☎ *4175 2314, 21 Church St ; repas 4-7 £, tlj midi et soir*). Bennett's pro-

pose des fruits de mer, des steaks et des tourtes traditionnelles dans son restaurant ou dans le bar.

Rajput (☎ *4175 3313, 1 Dock St, The Square ; plats 4,75-10,75 £ ; tlj 17h-23h*). Le Rajput est situé au-dessus du pub Victoria et sert de la cuisine du nord de l'Inde. Il propose de nombreux plats végétariens.

Diamonds (☎ *4175 2053, 9 The Square ; plats 3,40-10 £ ; lun-jeu 10h-19h ven-sam 10h-22h, dim 12h30-22h*). Carte variée.

Newry
22 975 habitants

Newry (An tIúr) a longtemps été une ville frontière, gardienne du Gap of the North (trouée du Nord), qui s'étend entre les Mourne Mountains à l'est et Slieve Gullion au sud-ouest.

En 1180, de Courcy érigea un château de pierre dans la ville, qui fut régulièrement attaqué. Des moines cisterciens vinrent s'installer à l'abri du château, jusqu'à ce que leur abbaye soit reprise par Nicholas Bagenal dans les années 1570. En tant que grand maréchal des forces anglaises en Irlande, le puissant Bagenal attira l'attention de quelques chefs locaux. L'un d'entre eux, Seán "The Proud" (le fier) O'Neill, détruisit totalement le château en 1566. En 1575, Bagenal utilisa les pierres pour construire la première église protestante d'Irlande. Il est enterré sur les terres de St Patrick's Church of Ireland sur Stream St.

Newry est un bon point de départ pour l'exploration des Mourne Mountains, de Slieve Gullion Forest Park et de la Cooley Peninsula dans le comté de Louth.

Renseignements. Le Newry Tourist Information Centre (☎ 3026 8877), dans la mairie, est ouvert de 9h à 17h la semaine (jusqu'à 20h en juill-août) et de juin à septembre le samedi de 10 à 16h.

Newry Canal. Difficile de manquer Newry Canal dans le centre de la ville. Parallèle à la rivière Clanrye, il en est séparé par une étroite bande de terre. Il s'étend sur 29 km au nord jusqu'au Lough Neagh et sur 9,5 km au sud jusqu'au Carlingford Lough. Construit en 1740, le canal favorisa le commerce et son abandon causa le déclin de la ville. L'écluse Victoria, au sud du centre-ville, a été restaurée dans le cadre d'un projet de réouverture du canal à la navigation de plaisance. Le chemin de halage entre Newry et Portadown fait partie du réseau national de pistes cyclables (www.nationalcyclenetwork.org.uk)

Où se loger et se restaurer. The Ashton Country Guesthouse (☎ 3026 2120, 37 Omeath Rd ; simples/doubles 25/38 £ petit déj inclus). Il s'agit d'une maison vieille de 200 ans, sur la route d'Omeath à 3,5 km de la ville, dont les chambres sont vastes et joliment décorées, idéale pour se détendre. Il est possible d'y dîner en prévenant à l'avance.

Marymount (☎ 3026 1099, kevin.ohare @talk21.com, Windsor Ave ; simples/ doubles 22/36-40 £, petit déj inclus). Vous trouverez ce B&B en remontant vers Belfast. Ses chambres sont plaisantes et c'est probablement la meilleure adresse proche du centre-ville.

Millvale House (☎ 3026 3789, 8 Millvale Rd ; simples/doubles sdb commune 25/40 £, petit déj inclus). Cet établissement assez central est situé près de la gare, à environ 1,5 km de la ville sur la route de Bessbrook. Dîner sur commande.

Canal Court Hotel (☎ 3025 1234, fax 3025 1177, www.canalcourthotel.com, Merchants Quay ; simples/doubles 65/100 £ petit déj inclus). Vous pourrez vous restaurer dans cet hôtel central trois-étoiles.

Brass Monkey (☎ 3026 3176, 1-4 Sandy St ; repas 5-9 £ ; tlj midi et soir). Ce bar est le meilleur endroit pour se restaurer en ville : vous pourrez y manger de tout, des fruits de mer au steak.

Snaubs Coffee Shop (☎ 3026 5381, 15 Monaghan St ; en-cas 3,25-5,75 £ ; lun-sam 9h-18h). Snaubs propose un vaste choix de plats végétariens, ainsi que du pain et des gâteaux tout frais.

Riverside (☎ 3026 7773, 3 Kildare St ; plats 6,50-8 £ ; lun-sam midi et tous les soirs). Ce restaurant chinois propose de très bons plats à base de crevettes, ainsi que des plats à emporter.

Comment s'y rendre. De Belfast, prenez les bus 38, 45 et 238 à l'Europa Bus Centre. Ils se rendent régulièrement à la gare routière de Newry (☎ 3026 3531) sur Edward St. Du Mall à Newry, le bus 39 part 2 fois par heure pour Kilkeel, et dessert Rostrevor et Warrenpoint.

Les trains entre Dublin et Belfast marquent l'arrêt à Newry ; la gare (☎ 3026 9271) est assez loin du centre mais vous pouvez la rallier en bus.

Comté d'Armagh

Le comté d'Armagh, outre la vénérable ville d'Armagh, compte de merveilleux sites préhistoriques. On peut facilement y passer une semaine ou deux. À part quelques avant-postes protestants, comme Bessbrook, le comté d'Armagh est profondément catholique et nationaliste.

ARMAGH
14 640 habitants
Armagh (Ard Macha) est l'une des villes du Nord qui valent la visite.

Histoire
Cette petite ville compacte se targue d'être l'un des peuplements les plus anciens d'Irlande. La légende raconte que la colline dominée par la cathédrale Church of Ireland constituait le centre politique de la reine Macha au cours du Ier millénaire av. J.-C. Elle a donné son nom à la ville, Ard Macha, qui signifie "éminence de Macha". C'est ici que saint Patrick établit la première église chrétienne d'Irlande, au pied de la colline. Plus tard, le chef local, converti à la nouvelle religion, accorda à Patrick le sommet de la colline, où une église se dresse depuis 15 siècles. Au VIIIe siècle, Armagh était l'un des centres religieux, d'étude et d'artisanat les plus connus d'Europe.

Sa célébrité causa sa perte, puisque les Vikings pillèrent la ville à dix reprises entre 831 et 1013. Brian Ború, qui mourut en 1014 près de Dublin au cours de la dernière grande bataille contre les Vikings, fut enterré dans la partie nord de la cathédrale. Après le départ des Vikings, les clans irlandais se disputèrent la ville, qui fut victime de nouvelles attaques aux XIIe et XIIIe siècles. La vie religieuse suivit son cours, et le christianisme celtique céda la place au catholicisme au XIIe siècle. Un monastère franciscain s'installa en 1263. Ce que les Vikings et les Normands n'avaient pas réussi à faire, la Réforme s'en chargea. Les monastères et les écoles furent détruits par les armées anglaises ou irlandaises, qui se battaient de nouveau pour le contrôle de la ville. Au XVIIe siècle, il ne restait plus grand-chose d'une ville autrefois florissante.

À l'époque de la Plantation (politique de colonisation sous Jacques 1er), les propriétaires irlandais furent chassés de leurs terres par des colons anglais et écossais. Aujourd'hui, Armagh est une ville largement georgienne, qui doit son architecture particulière à Richard Robinson, un primat de l'Église d'Irlande. À son arrivée en 1765, l'économie de la ville s'était ressaisie, et l'industrie du lin y était florissante.

Renseignements

L'Armagh Tourist Information Centre (☎ 3752 1800, fax 3752 8329, www.armagh-visit.com), 40 English St, fait partie du centre du patrimoine de St Patrick's Trian, et s'avère fort utile. Il est ouvert de 9h à 17h du lundi au samedi et de 14h à 17h (13h-17h30 l'été) le dimanche, toute l'année. Notez que le dimanche, il n'y a pas grand-chose d'autre ouvert.

St Patrick's Church of Ireland Cathedral

Le cœur de cette cathédrale (☎ 3752 3142, *Cathedral Close ; don à l'entrée ; avr-oct tlj 10h-17h, nov-mars tlj 10h-16h, visites guidées lun-sam 11h30 et 14h30)* date de l'époque médiévale, mais la restauration menée par le primat Beresford entre 1834 et 1840 cache ce qui restait des anciennes pierres sous une maçonnerie, ce qui donne une apparence plus moderne. Si vous en faites la demande, vous verrez peut-être l'escalier médiéval qui monte au beffroi.

Dans l'église se trouvent un élément d'une croix celtique du XIe siècle qui se dressait non loin autrefois, ainsi que la Tan-

dragee Idol, une statue de granit qui date de l'époque celtique.

Près de la cathédrale, **Vicar's Hill** est l'une des plus anciennes rangées de maisons construites en Irlande par Richard Cassels (ou Castle) au XVIIIe siècle, dans le style palladien.

Armagh Public Library

À côté de la cathédrale, à l'angle d'Abbey St, vous trouverez une merveilleuse bibliothèque : l'Armagh Public Library (☎ 3752 3142, *43 Abbey St ; gratuit ; lun-ven 9h30-16h)*, fondée en 1771 par l'archevêque Richard Robinson et construite sur les plans de Thomas Cooley. L'inscription figurant au-dessus de l'entrée principale signifie "la pharmacie de l'esprit". En entrant vous jureriez que l'archevêque vient à peine d'en sortir, vous permettant de feuilleter sa collection personnelle de livres, de cartes et de gravures des XVIIe et XVIIIe siècles.

La collection de livres et de manuscrits a été tristement amputée par le vol d'une première édition des *Gulliver's Travels* (*Les Voyages de Gulliver*), annotée par Jonathan Swift lui-même. Cependant cette bibliothèque détient toujours *History of the World* (*Histoire du monde*) de sir Walter Raleigh (1614), les *Claims of the Innocents* (suppliques à Olivier Cromwell) et une vaste collections de gravures de Hogarth et d'autres artistes. Devant la bibliothèque, on peut voir un énorme drapeau français capturé par l'Armagh Regiment of Militia lors de la bataille de Ballinamuck en 1798.

St Patrick's Roman Catholic Cathedral

L'autre St Patrick's Cathedral (*t☎ 3752 2802, Cathedral Rd ; don à l'entrée ; ouvert tlj jusqu'au crépuscule)* a été bâtie entre 1838 et 1873. Son style gothique se manifeste dans ses tours jumelles qui dominent les environs. L'intérieur est presque byzantin, chaque parcelle est recouverte de mosaïque multicolore. Le sanctuaire, modernisé en 1981, comporte un tabernacle très original et un crucifix qui détonne parmi les mosaïques et les statues du reste de l'église.

ARMAGH

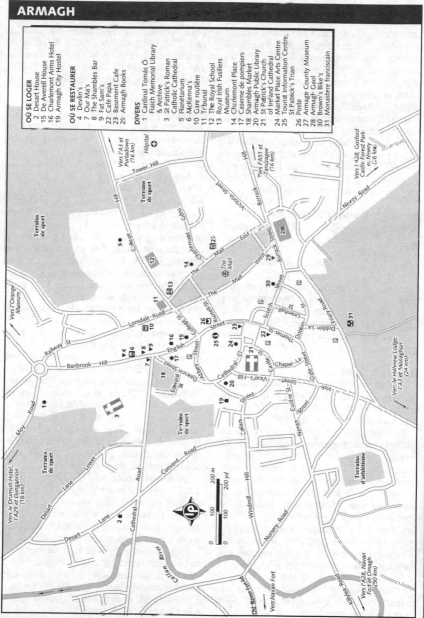

OÙ SE LOGER
2 Desart House
15 De Averell House
16 Charlemont Arms Hotel
19 Armagh City Hostel

OÙ SE RESTAURER
4 Devlin's
7 Our Ma's
8 The Shambles Bar
9 Fat Sam's
22 Café Papa
23 Basement Cafe
29 Armagh Books

DIVERS
1 Cardinal Tomás Ó Fiaich Memorial Library & Archive
3 St Patrick's Roman Catholic Cathedral
5 Planétarium
6 McKenna's
10 Gare routière
11 Tribunal
12 The Royal School
13 Royal Irish Fusiliers Museum
14 Charlemont Place
17 Caserne de pompiers
18 Shambles Market
20 Armagh Public Library
21 St Patrick's Church of Ireland Cathedral
24 Market Place Arts Centre
25 Tourist Information Centre, St Patrick's Trian
26 Poste
27 Armagh County Museum
28 Armagh Gaol
30 Brown's Bike's
31 Monastère franciscain

The Mall

En retournant sur English St (arrêtez-vous pour admirer le **Shambles Market** à l'angle d'English St et de Cathedral Rd) et sur Russell St, vous arriverez au Mall. C'est un parc qui accueillait autrefois des courses de chevaux, des combats de coqs et des spectacles de taureaux, jusqu'à ce que l'archevêque Richard Robinson décide que tout cela était vraiment trop vulgaire pour une ville de cette classe.

Au nord du Mall se trouve le **tribunal**, reconstruit après l'explosion d'une bombe en 1993. Au sud du Mall, dans l'alignement du tribunal, se situe l'infâme prison d'Armagh (voir ci-dessous *Armagh Gaol*).

Armagh County Museum

Armagh possède l'un des plus jolis petits musées d'Irlande (☎ 3752 3070, *The Mall East ; gratuit ; lun-ven 10h-17h, sam 10h-13h/14h-17h*). Ses vitrines sont remplies de fers de haches préhistoriques, d'objets retrouvés dans des tourbières, de vêtements portés pour faire les foins, d'objets ménagers et de symboles des années 1950 et 1960, ainsi que des vêtements et des équipements militaires. Ne manquez pas le crâne en fonte qui ornait autrefois le gibet d'Armagh.

Armagh Gaol

Construite en 1780 selon les plans de Thomas Cooley, la menaçante prison d'Armagh se dresse en face du tribunal au sud du Mall. Elle a été utilisée jusqu'en 1988.

Le bâtiment a été agrandi en 1819 et en 1846. L'année suivante, en pleine Grande Famine, la prison renfermait 339 prisonniers, jusqu'à 21 d'entre eux étant entassés dans la même cellule. À l'époque, la prison était pleine d'enfants qui avaient volé de la nourriture pour échapper aux abominables conditions de vie des hospices.

Les exécutions publiques eurent lieu jusqu'en 1866. Après cette date, les condamnés étaient pendus à l'abri des regards sur Hanging Square (place des pendaisons).

Dans les années 1920, elle fut transformée en prison pour femmes, et dans les années 1970, l'aile C fut ajoutée pour loger les prisonnières politiques.

Planétarium

Une promenade sur College Hill à partir du Mall conduit à l'**Armagh Planetarium** (☎ 3752 3689, *College Hill ; adulte/tarif réduit 3,75/2,75 £ ; juin-août lun-ven 10-16h45, sam 13h15-16h45 et dim 13h15-16h45*). Spectacle l'après-midi.

Où se loger

Gosford Forest Park (☎ 3755 2277, fax 3755 2143, *Markethill ; tente 6,50/10 £ en basse/haute saison*). Vous pourrez planter votre tente dans ce camping à 11 km au sud de la ville sur l'A28, près de Markethill.

Armagh City Hostel (☎ 3751 1800, fax 3751 1801, *39 Abbey St ; lit 10,50-11,50 £, jumeaux 12-13 £ par pers*). Ce nouvel établissement, près de St Patrick's Church of Ireland Cathedral, ressemble plus à un hôtel qu'à une auberge de jeunesse HINI. Les chambres à deux lits sont confortables et équipées d'une sdb et d'une TV. Il est possible de s'y préparer du thé ou du café. S'y louent aussi 12 petites chambres communes, une cuisine bien équipée, une laverie, un salon, une salle de lecture et un parking sûr. On peut y louer des vélos. L'établissement est fermé entre 11h et 17h.

Hillview Lodge (☎ 3752 2000, fax 3752 8276, *www.hillviewlodge.com, 33 Newtownhamilton Rd ; simples/doubles 25/40 £*). Ce B&B est au sud de la ville.

Les hôtels suivants ont tous leur propre restaurant. **Charlemont Arms Hotel** (☎ 3752 2028, fax 3752 6979, *www.charlemontarmshotel.com, 63-65 English St ; simples/doubles avec sdb 45/65 £ petit déj inclus*). Cet hôtel a été récemment rénové, toutes les chambres ont une sdb et vous pourrez profiter du restaurant et du bar.

De Averell House (☎ 3751 1213, fax 3751 1221, *www.de-averell.com, 47 Upper English St ; simples/doubles 35/59 £, petit déj inclus*). Cet hôtel trois-étoiles de style georgien propose des chambres confortables et un appartement indépendant. Le prix dépend du nombre de locataires et de la durée du séjour.

Drumsill Hotel (☎ 3752 2009, fax 3752 5624, *info@botanic-inns.com, 35 Moy Rd ; simples/doubles 40/60 £, petit déj inclus*). Ce petit hôtel, situé dans un bois, est à environ 1,5 km du centre-ville.

Où se restaurer

The Shambles Bar (☎ 3752 4107, 9 English St ; repas légers 4,50 £). Le pub ouvre à l'heure du déjeuner, ainsi que le soir du vendredi au dimanche.

Café Papa (☎ 3751 1205, 15 Thomas St ; en-cas env 4,15 £ ; lun-jeu 9h-17h, ven-sam 9h-21h). Les sandwiches et le café ne devraient pas vous décevoir. Vous pouvez apporter votre propre bouteille de vin. Il vaut mieux réserver.

Basement Cafe (☎ 3752 4311, Market Place ; repas légers 3,20-5,50 £ ; lun-sam 9h-17h). Des repas légers et des sandwiches vous y seront servis.

Fat Sam's (☎ 3752 5555, 7 Lower English St, en-cas à partir de 1,85 £ ; lun-sam 9h-17h). Chez Sam's vous pourrez manger des sandwiches, des pizzas ou prendre un petit déjeuner.

De Averell House (voir Où se loger ; repas env 10 £ ; mer-dim 18h-22h). Le restaurant du sous-sol de cet hôtel est recommandé pour les déjeuners et les dîners dominicaux. Il propose des plats végétariens. Il est prudent de réserver.

Our Ma's (☎ 3751 1289, angle English St et Cathedral Rd ; en-cas à partir de 1,50 £ ; sem 8h-16h, sam 9h-17h). En-cas savoureux et bon café.

Devlin's (☎ 3752 3865, 23 Lower English St ; menu 5 £). Ouvert tous les soirs.

Armagh Books (☎ 3751 1988, 6 Barrack St ; lun-sam 9h30-17h30). Cette librairie est aussi un café-salon de thé.

Où sortir

The Shambles, **McKenna's** et **Devlin's**, English St, accueillent des groupes le samedi soir.

Le **Market Place** (☎ 3752 1820, www.marketplacearmagh.com, Market St) est le centre culturel d'Armagh : des galeries, un restaurant, un bar et un café s'y trouvent.

Manifestations sportives

Vous aurez peut-être la chance d'assister au road bowls, un jeu traditionnel qui ne se joue plus qu'à Armagh et à Cork. Les joueurs lancent de petites boules de métal pesant 0,75 kg le long de chemins de campagne,

c'est à celui qui atteindra la ligne d'arrivée avec le minimum de lancers. En général, les parties ont lieu le dimanche après-midi, et le championnat en mai. Renseignez-vous auprès du Tourist Information Centre.

Comment s'y rendre

La gare routière (☎ 3752 2266) se trouve Lonsdale Rd. Les liaisons avec Belfast sont nombreuses, un bus effectue chaque jour le trajet jusqu'à Enniskillen (lun-sam) et un bus se rend à Dublin. Le 270 de Belfast Galway s'arrête à Armagh. Un aller-retour pour Belfast coûte 9,50 £. Les bus 40 et 44 se rendent régulièrement à Newry (pas le dim).

Comment circuler

Vous pouvez louer des vélos chez **Brown's Bikes** (☎ 3752 2782, 21a Scotch St) pour 4/24 £ par jour/semaine.

ENVIRONS D'ARMAGH
Navan Fort

À un peu plus de 3 km à l'ouest d'Armagh, Navan Fort (Emain Macha) est le principal site archéologique d'Ulster. Le géographe égyptien Ptolémée a fait figurer ce site sur sa carte du monde connu au IIᵉ siècle, en l'appelant Isamnium.

Selon la légende, c'est à cet endroit qu'une femme enceinte appelée Macha fut contrainte de faire la course contre les chevaux du roi à cet endroit. À la fin de la course, elle mourut en accouchant de jumeaux. Le nom Emain Macha signifie "jumeaux de Macha". Une autre légende raconte que la grande reine Macha inaugura ce lieu en le délimitant à l'aide de sa broche. Cette colline accueillit des habitations et un grand temple durant l'âge du fer et du bronze. Non loin se trouve un étang appelé aujourd'hui King's Stables (les étables du roi), où des vestiges d'objets en bronze ont été retrouvés.

Vous pouvez y aller à pied d'Armagh, ou prendre le bus 73 depuis Mall West.

Orange Order Museum

Le musée de l'Ordre d'Orange (☎ 3885 1456, Main St ; gratuit ; ouvert sur demande), à 10 km au nord d'Armagh dans le village de Loughgall, a ouvert en 1961.

Il contient des écharpes, des bannières et des armes datant de la bataille du Diamond de 1795, entre les Peep o' Day Boys protestants et les Defenders catholiques. Cette bataille fit rage à Diamond Hill, à 5 km au nord-est du village, et déboucha sur la création de l'ordre d'Orange.

Gosford Castle Forest Park
Cet endroit tranquille est idéal pour un pique-nique *(☎ 3755 1277, Markethill ; voiture/adulte/tarif réduit 3/1,50/0,50 £ ; tlj 10h-crépuscule)*. Des chemins sillonnent le parc à travers les arbres. Au milieu se dresse une grande imitation de château normand, qui n'est pas ouverte au public. Ce parc est à côté de l'A28, au sud-est d'Armagh près de Markethill. Les bus pour Markethill s'arrêtent devant.

SUD D'ARMAGH
La notoriété du sud d'Armagh lui a valu l'antipathique qualificatif de Bandit Country (le pays des bandits). Le conflit armé entre l'IRA et l'armée britannique n'a nulle part été plus évident ou impressionnant. Aux pires moments des "troubles", beaucoup de petites villes ont été encerclées par l'armée britannique pendant que les hélicoptères militaires bourdonnaient au-dessus des toits. L'armée britannique est toujours bien visible, avec ses grandes tours d'observation et de communication au sommet de nombreuses collines, et on entend toujours les hélicoptères voler bas. On y voit quelques peintures murales et signes de l'IRA, mais la vie a repris son cours normal. Rien ne vous empêche donc de visiter cette charmante partie de l'Irlande, imprégnée de légendes et aux fascinants sites archéologiques et religieux. Beaucoup sont situés autour du Ring of Gullion. Il s'agit d'un mur circulaire fait de collines rocailleuses d'origine volcanique qui encerclent Slieve Gullion (Sliabh gCuilinn, 577 m).

Bessbrook
3 147 habitants
La petite ville de Bessbrook (An Sruthán) a été fondée au milieu du XIXe siècle par le fabricant de lin quaker John Grubb Richardson pour loger les ouvriers de sa fabrique.

La plupart des bâtiments sont construits en granit local et bordent deux places, recouvertes d'herbe dans leur milieu.

Derrymore House
Juste à l'extérieur du village de Bessbrook, vous verrez Derrymore House *(☎ 3083 8361, Bessbrook ; adulte/tarif réduit/familles 2/1/4,50 £ ; Pâques et mai-août 14h-17h30)*, élégante maison au toit de chaume bâtie en 1776 pour Isaac Corry qui représentait Newry à la Chambre des communes irlandaises depuis 30 ans. L'acte d'union a été rédigé dans le salon de la maison en 1800.

Killevy Churches
Les ruines des églises de Killevy sont entourées de forêts. Elles étaient bâties sur le site d'un couvent fondé par sainte Monenna au Ve siècle et pillé par les Vikings en 923. Au Moyen Âge, un couvent de sœurs augustiniennes fut créé mais il fut dissous en 1542. L'église de droite date du XVe siècle, celle de gauche du XIIe siècle. À l'origine, les deux églises étaient presque à un mètre l'une de l'autre, puis elles furent réunies. Au nord, le site traditionnel de la tombe de sainte Monenna est marqué d'une dalle de granit ; un chemin fléché mène à un puits sacré.

En vous dirigeant vers l'ouest en sortant de Camlough, tournez à gauche au carrefour, en gardant le lough à votre droite. Une bifurcation mène à droite aux églises et à gauche au point de vue de Bernish Rock. Les églises se situent à 5 km de Camlough et peuvent être visitées à tout moment.

Slieve Gullion Forest Park
La forêt de conifères, sur la B113 à environ 35 km au sud-est d'Armagh, couvre le bas des flancs du Slieve Gullion (577 m). Une magnifique promenade en voiture sur 13 km rejoint un sentier vers un lac. On émerge au milieu des arbres pour tomber sur le pittoresque Ring of Gullion. On peut grimper jusqu'au sommet du Slieve Gullion par le sud ou le nord. La première partie de l'approche sud comprend une voie forestière, celle du nord est un peu plus aisée car le chemin est marqué jusqu'au bout. Arrivé au sommet, vous contemplerez deux cairns du début de l'âge du bronze.

Slieve Gullion Courtyard *(☎ 3084 8084, fax 3084 8028, 89 Dromintee Rd, Killevy ; à partir de 40/50 £ l'appartement de 2/8 pers).* Le Courtyard dispose d'appartements en rez-de-chaussée dont les tarifs varient selon la taille, la saison et le jour de la semaine. Le **Forest Lodge Restaurant** lui est rattaché. Il est ouvert jeudi et vendredi soirs, et midi et soir le week-end. Les plats simples coûtent environ 5 £, comptez environ 12,50 £ pour un repas. Le Courtyard se trouve sur la B113, Forkhill Rd, à peu près à 10 km de Newry.

Thí Chulainn Cultural Centre

Dans le village de Mullach Bán, juste à l'ouest du Slieve Gullion, le Thí Chulainn *(☎ 3088 8828, www.tichulainn.ie, An Mullach Bán ; gratuit ; lun-ven 10h-16h)*, un centre culturel, propose un programme intéressant de musique traditionnelle, d'événements artistiques et liés à l'histoire. Vous pouvez y voir une vidéo sur l'histoire et la culture locales. Le **Stray Leaf Folk Club** s'y réunit à l'occasion.

Les pubs de **Forkhill**, non loin, organisent régulièrement des soirées de musique traditionnelle le mardi et un samedi sur deux. À noter aussi un festival de chants folkloriques en octobre.

Thí Chulainn offr également un hébergement en **B&B** pour les groupes ; même si vous êtes seul, téléphonez car il y a parfois de la place.

Comtés de Derry et d'Antrim

La Causeway Coast, qui s'étire de Portstewart dans le comté de Derry à Ballycastle dans le comté d'Antrim, et la côte d'Antrim, de Ballycastle à Belfast, offrent un paysage exceptionnel, avec en point d'orgue la spectaculaire Giant's Causeway (Chaussée des Géants), objet de moult représentations photographiques.

Comté de Derry

Blottie dans un méandre de la Foyle, la ville historique et animée de Derry (Doire) constitue le principal intérêt de ce comté. Le nord-est de la côte se prête à la pratique du surf, à Portstewart et Portrush, et recèle une magnifique plage de 9 km, entre Castlerock et Magilligan Point. Le sommet des collines voisines de Binevenagh Lake dévoile un paysage impressionnant, du Lough Foyle au comté de Donegal. Depuis Portrush, la partie nord-ouest de l'Ulster Way, longue de 214 km, file vers les paisibles monts arrondis des Sperrin.

DERRY
72 330 habitants
Le charme de Derry, quatrième plus grande ville d'Irlande, surprend bon nombre de visiteurs. À sa réputation justifiée d'excellence en matière de musique, de l'interprétation traditionnelle à la création contemporaine avant-gardiste, s'ajoute désormais la renaissance des arts qui, associée au retour de la paix, à l'amélioration de la situation économique, à l'énergie et à l'humour des habitants, crée une atmosphère unique.

La ville se targue en outre d'un riche passé historique. Prévoyez absolument une promenade sur les remparts datant du XVIIe siècle, ainsi qu'une visite du Tower Museum, consacré à l'histoire de Derry. Enfin, n'oublions pas le Grianán of Aileách, surprenante pierre datant de 1700 av. J.-C., que vous rejoindrez 6 km après la frontière avec le Donegal.

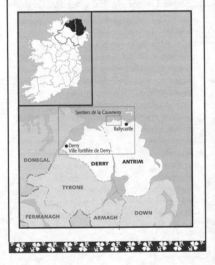

Histoire

Le site est habité depuis le Ve siècle, période à laquelle saint Colmcille (saint Colomba) fonda une communauté monastique, sans doute à l'endroit de la chapelle St Augustin actuelle. Au Moyen Âge, Derry échappa aux raids vikings les plus violents et prospéra aux XIIe et XIIIe siècles, sous la dynastie des Mac Lochlainn.

Déterminée à vaincre les résistances en Ulster et à conquérir cette région, Élisabeth Ire envoya en 1566 un régiment à Derry. Durant la guerre de Neuf Ans (1594-

COMTÉS DE DERRY ET D'ANTRIM

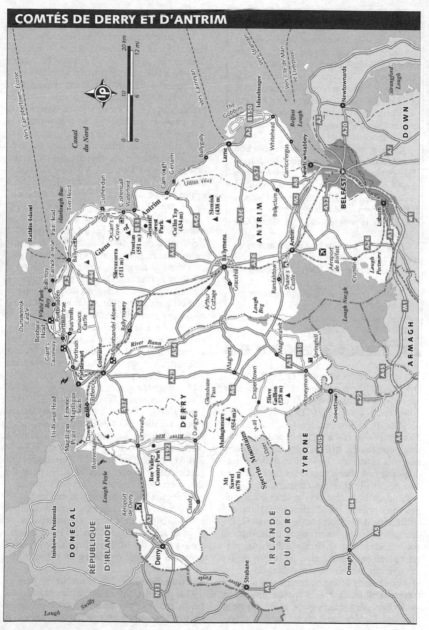

Un nom sujet à discussions

Derry, appelée initialement Daire Calgaigh (chênaie de Calgach), fut rebaptisée au Xe siècle Doire Colmcille (chênaie de saint Colmcille) en l'honneur du saint du VIe siècle qui y avait fondé la première communauté monastique. Enfin, en 1609, elle devint Londonderry afin de remercier les corporations de Londres d'y envoyer les colons assurant le développement de la ville.

Ce nom reste un sujet sensible pour bon nombre d'habitants, les unionistes tenant fermement à conserver Londonderry, alors que les nationalistes n'ont jamais renoncé à Derry. Bien que la ville s'appelle toujours officiellement Londonderry, le conseil municipal a pris le nom, en 1984, de "Derry City Council".

À la radio, pour ne froisser personne, les présentateurs optent parfois pour "Derry-strokeLondonderry" (Derry-tiret-London-derry).

Tout le monde n'attache heureusement pas trop d'importance à cette controverse et les habitants tranchent parfois d'un "Stroke City" (la ville tiret).

mèrent les portes de la ville. Commença alors le siège de Derry.

Les protestants retranchés résistèrent pendant 105 jours aux bombardements, aux épidémies et à la faim. Lorsque le navire envoyé à leur secours mit fin au siège, près d'un quart des 30 000 habitants avaient péri.

Au XIXe siècle, Derry devint l'un des premiers ports d'émigration à destination des États-Unis, comme en témoignent le monument dédiés aux émigrants, sur Waterloo Place. Elle joua aussi un rôle important dans le commerce transatlantique des chemises. Les usines locales auraient ainsi fourni des uniformes aux deux parties opposées pendant la guerre de l'Indépendance américaine.

La ville connut encore de violents troubles au XXe siècle. Le ressentiment à l'encontre de la domination et de la manipulation du Conseil par les unionistes éclata en 1968 lors de grandes manifestations pour les droits civiques. Dans le même temps se déclenchèrent des attaques dans le quartier catholique de Bogside, qui donnèrent lieu à plusieurs jours d'émeutes. L'armée britannique relaya le Royal Ulster Constabulary (RUC, police royale d'Ulster) et finit par accepter que le quartier devienne un secteur interdit à ses troupes. Ainsi, pendant trois ans, jusqu'à l'opération Motorman en juillet 1972, Bogside assura lui-même sa sécurité, d'où l'inscription "You Are Now Entering Free Derry" (Vous pénétrez dans Derry libre). Il fallut 500 soldats et des tanks pour venir à bout des barrières érigées autour du quartier. En janvier 1972, lors du Bloody Sunday (voir plus loin), 13 catholiques qui participaient à une manifestation pour les droits civiques furent abattus par l'armée.

L'ancien ghetto de Bogside est devenu un quartier moderne, entièrement reconstruit.

La création de centres commerciaux de Foyleside, Quayside et Richmond, ainsi que l'ouverture du Millennium Forum traduisent une certaine confiance en l'avenir.

1603) menée contre les O'Neill et les O'Donnell, elle parvint en 1600 à asseoir la présence britannique dans la cité.

En 1608, sir Cahir O'Doherty détruisit presque toute la ville. Cependant, en 1609, Jacques Ier, décidé à régler la situation une fois pour toutes, offrit Derry à des colons écossais et anglais. Les riches guildes londoniennes se chargèrent alors de l'édification de la ville et de ses remparts.

Pendant la guerre civile, la cité se rangea aux côtés du Parlement, puis de Guillaume d'Orange, contre Jacques II. En décembre 1688, les troupes catholiques, commandées par le comte d'Antrim, prirent place sur l'autre rive de la Foyle. Ils envoyèrent des émissaires dans la ville, alors que dans le même temps des soldats traversaient la rivière. S'apercevant de ce subterfuge, des jeunes gens, qui formèrent plus tard l'ordre des Apprentice Boys, fer-

Bloody Sunday. Le dimanche 30 janvier 1972, près de 20 000 personnes manifestèrent dans les rues de Derry pour protester contre les emprisonnements arbitraires. Il semble aujourd'hui incontestable que le premier bataillon du régiment de parachutistes ait tiré sur des manifestants non armés. Treize personnes furent tuées, certaines atteintes par des balles dans le dos alors qu'elles s'enfuyaient, et une quatorzième mourut des suites de ses blessures. Aucun des soldats en présence ni leurs officiers n'ont été jugés ni même sanctionnés. Les archives ont disparu et les armes ont été détruites. Une enquête, qui pourrait durer jusqu'en 2003, procède actuellement à des audiences publiques qui se déroulent au Guildhall du lundi au vendredi.

Non loin de là, le **Bloody Sunday Trust** *(39 Shipquay St ; dons à l'entrée ; ouvert du lundi au vendredi de 9h à 17h)* apporte un soutien financier et moral aux familles et expose des photographies de cette journée tragique.

Orientation

Le centre ancien de Derry, petit quartier fortifié, se situe sur la rive ouest de la Foyle. Shipquay, Ferryquay, Butcher et Bishop St débouchent sur la place centrale, le Diamond. La gare ferroviaire se trouve sur la berge est de la Foyle, la gare routière, côté ouest, à l'extérieur des remparts. Craigavon Bridge, et, plus en aval, Foyle Bridge, enjambent le fleuve.

Renseignements

Offices de tourisme. L'office de tourisme, près du fleuve, 44 Foyle St, abrite le Northern Ireland Tourist Board (NITB, ☎ 7126 7284, fax 7137 7992, www.derry-visitor.com) et le Bord Fáilte (☎/fax 7136 9501, www.ireland.travel.ie). Il ouvre de juillet à septembre, du lundi au vendredi de 9h à 19h, le samedi de 10h à 18h et le dimanche de 10h à 17h ; le reste de l'année, du lundi au vendredi de 9h à 17h (et le samedi de 10h à 17h de mi-mars à juin et en octobre). Il se charge des réservations hôtelières et dispose d'un bureau de change.

Argent. La Bank of Ireland et la First Trust Bank, Shipquay St, possèdent chacune un DAB. L'agence Thomas Cook (☎ /185 2552, 34 Ferryquay St ; ouverte lun-sam

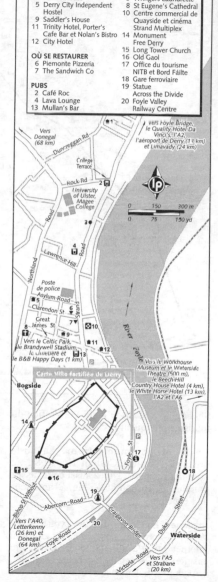

DERRY

OÙ SE LOGER
1 Fairlee House
5 Derry City Independent Hostel
9 Saddler's House
11 Trinity Hotel, Porter's Cafe Bar et Nolan's Bistro
12 City Hotel

OÙ SE RESTAURER
6 Piemonte Pizzeria
7 The Sandwich Co

PUBS
2 Café Roc
4 Lava Lounge
13 Mullan's Bar

DIVERS
3 Wringers Laundrette
8 St Eugene's Cathedral
10 Centre commercial de Quayside et cinéma Strand Multiplex
14 Monument Free Derry
15 Long Tower Church
16 Old Gaol
17 Office du tourisme NITB et Bord Fáilte
18 Gare ferroviaire
19 Statue Across the Divide
20 Foyle Valley Railway Centre

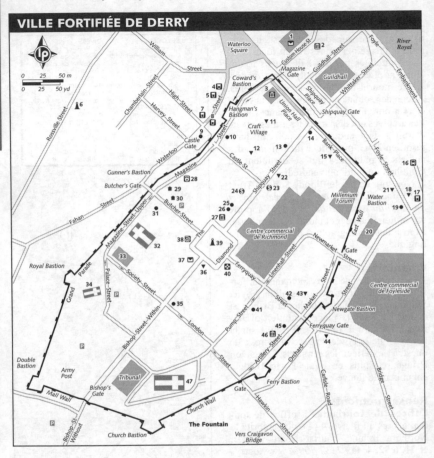

VILLE FORTIFIÉE DE DERRY

9h-17h30, ven jusqu'à 20h) et l'office du tourisme pratiquent le change.

Poste et communications. La poste principale se tient Custom House St, au nord des remparts. Notez aussi celle, assez pratique, de Bishop St Within, à l'intérieur de l'enceinte.

Internet. La Central Library (voir *Bibliothèque* ci-après) propose un accès gratuit à Internet jusqu'à 13h (1,25 £ de l'heure ensuite). Le Derry City Independent Hostel, 4 Asylum Rd, demande 4 £ pour une heure de connexion aux non-résidents. Le cybercafé beanthere.com (☎ 7128 1303, www.bean-there.com, 20 The Diamond) ouvre de 10h à 19 du lundi au vendredi, de 10h à 18h le samedi et de 14h à 18h le dimanche. Il demande 1/2,50/4,50 £ pour 8/30/60 minutes de connexion.

Agence de voyages. Le bureau d'Usit NOW (☎ 7137 1888), 44 Shipquay Place, est également ouvert le samedi matin.

Librairies. Derry regroupe plusieurs librairies de qualité. The Bookworm (☎ 7128

VILLE FORTIFIÉE DE DERRY

OÙ SE LOGER
29 Derry City Hostel
30 Tower Hotel

OÙ SE RESTAURER
11 Thran Maggies
12 Boston Tea Party
15 Metro Bar
18 McGill's Bistro
21 Cappuccino's
22 Indigo
36 The Sandwich Co
43 Linenhall Bar
44 Fitzroy's

PUBS ET CLUBS
4 Peadar O'Donnell's
5 Gweedore Bar
7 Dungloe Bar
8 Fusion
17 Sandino's

DIVERS
1 Poste principale
2 Harbour Museum
3 O'Doherty's Tower,
  Tower Museum
6 Mémorial du Bloody Sunday
9 Soundsaround
10 Foyle Books
13 Usit NOW
14 Bloody Sunday Trust
16 Gare routière
19 Central Library
20 St Columb's Hall,
  Orchard Gallery,
  Orchard Cinema
23 First Trust Bank
  (distributeur)
24 Bank of Ireland
  (distributeur)
25 Shipquay
  Books & News

26 Donegal Shop
27 McGilloway Gallery
28 The Nerve Centre
31 Calgach Centre
  (Fifth Province)
32 Première église
  presbytérienne de Derry
33 Apprentice Boys' Hall
34 Chapel of St Augustine
35 The Bookworm Bookshop
37 Poste
38 Cybercafé bean-there.com
39 Mémorial de guerre
40 Grand magasin Austins
41 Marché aux antiquités
42 Thomas Cook
45 Playhouse Community
  Arts Centre
46 Context Gallery
47 St Columb's Cathedral

2727, 18-20 Bishop St) vend de nombreux ouvrages sur les "troubles", Derry et l'Irlande en général.

Pour dénicher de bons livres d'occasion, n'hésitez pas à faire un tour à Foyle Books (☎ 7137 2530, 12a Magazine St).

Enfin, citons Shipquay Books and News (☎ 7137 1747, 10 Shipquay St).

Bibliothèque. La Central Library (☎ 7127 2300, 35 Foyle St), ouvre de 9h15 à 17h30 du lundi au vendredi (jusqu'à 20h, lundi et jeudi) et de 9h15 à 17h le samedi

Laveries. Le Derry City Hostel (voir *Où se loger* pour les coordonnées) se propose de laver, sécher et plier votre linge moyennant 3,5 £ la charge de 6 kg. Chez Wringers, 141 Strand Rd, où tables de billards et jeux électroniques côtoient les machines à laver, prévoyez 4 £ pour laver, sécher et plier 5 kg de linge.

Remparts
Ces remparts, achevés en 1618, furent les derniers construits en Europe. D'environ 8 m de haut et 9 m de large, ils entourent la ville sur 1,5 km. Ils étaient destinés à ren-

voyer à l'ennemi les boulets de canons ou, tout au moins, à en amortir le choc.

Les bastions, pour la plupart démolis, renfermaient les canons qui servaient à protéger l'enceinte. Les quatre portes originelles ont été reconstruites et trois autres ont été ajoutées. Derry doit son surnom de Maiden City (ville-jeune fille) au fait que ses remparts ont toujours résisté aux assauts.

Promenade dans la ville
Afin de mieux comprendre quelques épisodes historiques de la ville, commencez par une balade sur les remparts. Nous vous proposons de démarrer au centre, sur le **Diamond**. Cette place accueillait autrefois l'hôtel de ville ; trois bâtiments s'y sont succédé, avant de finalement laisser place au mémorial de guerre.

Butcher St (rue des bouchers), conduit à **Butcher's Gate** ; Cette porte fut surélevée entre 1805 et 1808. En observant le mur intérieur, vous verrez une ligne de pierres plus larges, correspondant à la hauteur originelle.

Passez sous la porte, puis prenez Fahan St, à gauche, pour découvrir une volée de marches. Plus bas, en retrait de

Rossville St, remarquez le **mémorial du Bloody Sunday**. Les événements se sont déroulés sur la place, de l'autre côté de la rue (Reportez-vous plus haut à la rubrique *Bloody Sunday*).

Revenez sur vos pas et tournez à gauche tout de suite après la porte. Descendez en direction de **Magazine Gate** et montez l'escalier pour gagner le haut des remparts. Il s'agit de l'une des trois portes ajoutées en 1865. Plus loin, la rue débouche dans Waterloo St, où de nombreux pubs, rendez-vous des amateurs de musique, sont alignés. La porte doit son nom au magasin à poudre autrefois tout proche. Après Coward's Bastion, O'Doherty's Tower renferme l'excellent Tower Museum.

La Foyle montant autrefois jusqu'au rempart nord-est, des navires mouillaient le long du mur situé entre Coward's Bastion et Water Bastion (démoli en 1844). Entre les deux, **Shipquay Gate**, construite en 1805, reliait le port au marché. Sa voûte s'orne d'une corne d'abondance et du bâton de Mercure (symbole du commerce).

La fermeture de **Ferryquay Gate** par les Apprentice Boys marqua le début du siège de 1688-1689. La porte comprenait alors un pont-levis et un verrou. Ce dernier est aujourd'hui exposé, avec sa clé, dans le chapitre de St Columbus's Cathedral.

Cette porte ouvre sur **The Fountain**, quartier protestant et dernière enclave significative de cette communauté sur la rive ouest du fleuve. La plupart des protestants sont en effet partis de l'autre côté, dans le quartier de Waterside, ou plus loin encore. Le cercle de briques, au sol, indique l'emplacement du feu allumé chaque année la veille de la marche des Apprentice Boys.

Bishop's Gate marque la moitié de la partie sud de l'enceinte. Elle a été reconstruite au moment du 100e anniversaire du siège selon les vœux de l'évêque Harvey, qui réclamait un "arc de triomphe". Le porte originale, plus basse, comportait des créneaux, un pont-levis et des herses.

Pendant le siège, le roi Jacques II s'était approché jusqu'à cette porte pour demander la reddition de la ville. Les habitants avaient répliqué par un "There'll be no surrender"

(il n'y aura pas de reddition), qui demeure encore aujourd'hui le cri de ralliement des loyalistes.

À l'extérieur de l'enceinte, sur Bishop St Without, subsiste une tour de l'**Old Gaol** de 1791. Theobald Wolfe Tone, fondateur des United Irishmen, y fut emprisonné après le soulèvement manqué de 1798. De l'autre côté de la route, des fouilles réalisées récemment ont mis au jour des objets et des fortifications remontant à l'époque du siège.

Les tours situées à l'extrémité sud-ouest constituent un poste d'observation idéal. **Double Bastion** domine tout le **Bogside**. Depuis la rénovation du quartier, le fameux monument marqué "You Are Now Entering Free Derry" (Vous pénétrez dans Derry libre) se dresse fièrement au centre d'une avenue à quatre voies. Les maisons de Bogside qui s'adossaient aux remparts ont été déplacées lors du programme de réhabilitation.

Au loin, on distingue des peintures murales : Bernadette Devlin parlant lors d'un meeting, un jeune garçon avec un masque à gaz tenant une bombe à essence (réalisée d'après une photographie célèbre), ou encore celle du Bloody Sunday représentant un prêtre agitant un mouchoir blanc afin d'essayer de venir en aide à un blessé.

Les canons fournis par les corporations londoniennes, souvenirs du siège de 1689, restent tournés sur Bogside. Il s'agissait vraisemblablement d'un lieu marécageux, d'où son nom (bogside signifie "coin des marais").

Derrière, Society St abrite l'**Apprentice Boys' Hall** et le jardin commémoratif. Depuis ce point de l'enceinte, on découvre au loin les collines du Donegal.

Tower Museum

Coward's Bastion renferme le Tower Museum (☎ 7137 2411, *Union Hall Place ; 4,20/1,60 £ ; juill-août lun-sam 10h-17h et dim 14h-17h, sept-juin mar-sam/j fériés 10h-17h*). Des présentations audiovisuelles bien conçues relatent l'histoire de Derry. On y découvre notamment un bateau qui remonterait à l'époque de la naissance de saint Colmcille, aux environs de 520.

Plus loin, on suit l'arrivée de Shane O'Neill et de ses soldats en 1562 à la cour d'Élisabeth Iʳᵉ pour jurer allégeance à la Couronne, (il revint plus tard sur son serment).

Prévoyez deux bonnes heures de visite.

Galeries d'art

Plusieurs galeries exposent des œuvres contemporaines.

Orchard Gallery *(☎ 7126 9675, Orchard St ; gratuit ; mar-sam 10h-18h)* présente des œuvres contemporaines sur toutes sortes de support.

Context Gallery *(☎ 7137 3538, 5 Artillery St ; gratuit ; mar-ven 10h-18h, sam 10h-16h30)* propose des œuvres très diversifiées et parfois avant-gardistes.

McGilloway Gallery *(☎ 7136 6011, 6 Shipquay St ; gratuit ; lun-sam 10h-17h30)* expose des artistes irlandais.

The Fifth Province

The Fifth Province *(☎ 7137 3177, Calgach Centre, 4-22 Butcher St ; 3/1 £ adulte/tarif réduit, lun-ven 9h30-16h, spectacle 11h30 et 14h30)* vous convie à un voyage multimédia riche en sensations en compagnie du guerrier celtique Calgach, à la recherche de la cinquième province. Après une introduction à l'histoire de Derry, vous vous asseyez dans un chariot à remonter le temps pour écouter le beau Calgach narrer des légendes de l'Irlande celtique. Enfin, la dernière partie, hymne à la culture irlandaise, devrait vous convaincre que tous les Irlandais qui ont émigré sont devenus astronautes ou président des États-Unis !

Églises

La **Church of Ireland Chapel of St Augustine**, dans la ville fortifiée, non loin de Royal Bastion, se dresserait sur le site du monastère de St Colmcille, édifié au VIᵉ siècle.

Dans Bishop St Without, **St Colmcille's Long Tower Church** *(☎ 7126 2301, Long Tower St ; gratuit ; lun-sam 7h30-20h30, dim 7h30-19h)* est la première église catholique construite après la Réforme. De style néo-Renaissance, elle fut édifiée en 1784 sur le site du Tempull Mor (grande église) médiéval, qui datait de 1164.

Les catholiques entreprirent la construction de **St Eugene's Cathedral** *(☎ 7126 2894,* Great James St ; tlj)* en 1851 pour célébrer la fin de la Grande Famine. L'évêque Keely la consacra en 1853 à saint Eugène. Les cloches sonnent toujours tous les soirs à 21h en souvenir de l'époque des lois pénales, lorsque les catholiques n'avaient pas le droit d'assister à la messe et devaient respecter le couvre-feu.

Guildhall

À l'extérieur de l'enceinte, le bâtiment en brique rouge de Guildhall *(☎ 7137 7335, Guildhall Square ; gratuit ; lun-ven 9h-17h)*, édifié en 1890, fut reconstruit en 1908 après un incendie. Siège de l'ancien Conseil municipal de Londonderry, qui institutionnalisa la politique de discrimination à l'encontre des catholiques, il a cristallisé la haine des nationalistes et fit l'objet de deux attentats revendiqués par l'IRA en 1972. Il se distingue surtout par ses vitraux. Hormis les audiences relatives à l'enquête sur le Bloody Sunday (lire plus haut) et la salle du Conseil, il ne présente guère d'intérêt.

Workhouse Museum

Ouvert récemment, le Workhouse Museum *(☎ 7131 8328, 23 Glendermott Rd ; gratuit ; lun-jeu et sam 10h-16h30, plus ven en juill-août)* occupe l'ancien asile de Derry (1840-1946), de l'autre côté du fleuve, dans le quartier de Waterside. Les 800 résidents y menaient une vie très dure. Voyez notamment le fourgon mortuaire, tiré par des chevaux, utilisé pour emporter les défunts.

Une autre exposition retrace la Grande Famine.

Circuits organisés

Les circuits à pied dans la ville fortifiée partent de l'office de tourisme (juil-août lun-ven 10h30 et 14h30 ; nov-juin lun-ven 14h30). D'une durée d'une heure, ils reviennent à 3/1,75 £ par pers/tarif réduit.

Northern Ireland Tours and Guides *(☎ 7130 9051)* organise les "Essential Walking Tours of Historic Derry" en coordination avec le Guildhall, de juin à octobre. Ces circuits historiques s'adressent à des groupes (4 pers minimum, 3,50 £ par pers), mais vous pouvez vous joindre à un groupe déjà constitué. Téléphonez au numéro indiqué pour tout renseignement.

McNamara Tours (☎ *7134 5335*) propose des visites à pied (juin-sept, lun-sam à 10h, 13h30 et 16h), depuis l'office de tourisme. Comptez 3/2 £ par adulte/tarif réduit.

Foyle Cruises (☎ *7136 2857*) effectue tous les jours des croisières sur la Foyle. Les excursions d'une journée, à 5/3,50 £ par adulte/enfant, démarrent à 12h, 14h et 16h. En soirée, elles partent à 19h30 et reviennent à 10/7 £ par adulte/enfant.

Festivals

Derry organise un grand nombre de festivals. Citons le Foyle Film Festival, festival de cinéma qui dure une semaine en novembre, le Gasyard Wall Féile en août, festival de musique, de théâtre et de manifestations en irlandais, et le Féile na Samhna, carnaval d'Halloween.

Où se loger

La ville offre de nombreuses possibilités. Mieux vaut toutefois réserver en août, pendant la période des festivals.

Auberges de jeunesse. Deux d'entre elles portent des noms très proches, ne les confondez pas !

Derry City Hostel (☎ *7128 4100, fax 7128 4101, info@hini.org.uk, 4-6 Magazine St ; dortoirs avec/sans sdb 7/6,50 £, simples et doubles 13 £ par pers, prix plus élevés de juin à sept)*. Cet établissement membre de l'Hostelling International of Northern Ireland (HINI) occupe une belle demeure restaurée à l'intérieur des remparts, non loin de Butcher's Gate. Elle propose laverie, cuisine et bureau de change.

Derry City Independent Hostel *(Steve's Backpacker's* ☎ *7137 7989, 4 Asylum Rd ; dortoirs 7/3 lits 7/8,50 £ par pers, chambre 2 lits 10 £ par pers, 5e nuit gratuite, petit déj inclus)*. Très sympathique, cette petite auberge de jeunesse indépendante, à quelques minutes à pied au nord des remparts, offre les 30 premières minutes d'accès à Internet et dispose d'une laverie.

Magee College (☎ *7137 1371, fax 7137 5629, University of Ulster, Northland Rd ; 14,10 £/ pers)*. Il s'agit d'un appartement tout équipé de 5 chambres individuelles, ouvert de mi-juin à mi-septembre.

B&B. Le bus D6 dessert les deux premières adresses. Sinon, prenez un taxi commun dans Foyle St.

Saddler's House *(Joan Pyne's* ☎ *7126 9691, fax 7126 6913, saddlershouse@btinternet.com, 36 Great James St ; simples/ doubles avec sdb 25/45 £, petit déj inclus)*. À environ 500 m à l'ouest de la gare routière, cette accueillante demeure victorienne du XIXe siècle sert de solides petits déjeuners.

Fairlee House (☎ *7137 4551, 86 Duncreggan Rd ; 20-25 £ par pers)*. Au nord de la ville, cette maison comprend des chambres avec s.d.b..

Happy Days (☎ *7128 7128, fax 7128 7171, www.happydays.ie, 245 Lone Moor Rd ; chambre avec sdb 20 £ par pers)*. Au sud-ouest des rempart, non loin du terrain de football, ce B&B loue 2 chambres et des bicyclettes (7 £ la journée). Le bus D4 vous y conduira, depuis Foyle St.

Hôtels. Lors de la rédaction de ce guide, deux établissements étaient en construction, le Tower Hotel, dans Butcher St, à l'intérieur des remparts, et le City Hotel, près de Queens Quay, au bord du fleuve. Ils devaient ouvrir fin 2002.

Trinity Hotel (☎ *7127 1271, fax 7127 1277, 22-4 Strand Rd; simples/doubles 68/85 £, petit déj compris, week-end 69 £ pour 2 pers et 2 nuits avec dîner)*. Cet élégant trois-étoiles se trouve au nord du centre-ville. Pour des renseignements sur le restaurant, voir *Où se restaurer*.

Quality Hotel Da Vinci's (☎ *7127 9111, fax 7127 9222, info@davincishotel.com, 15 Culmore Rd ; chambre/petit déj 55/6 £)*. Les chambres comportant deux lits doubles, vous pouvez envisager de les partager à quatre pour réduire vos frais.

White Horse Hotel (☎ *7186 0606, fax 7186 0371, 68 Clooney Rd ; simples/doubles 40/50 £ petit déj inclus)*. Non loin de l'aéroport, sur la route de Limavady, cet établissement comprend une piscine, un sauna, un hammam et une salle de sport très bien équipée.

Beech Hill Country House Hotel (☎ *7134 9279, fax 7134 5366, www.beech-hill.com, 32 Ardmore Rd; chambres à partir de 70-90 £*). Cette belle demeure XVIIIᵉ sise à l'est du fleuve, en direction de Dungiven, accueille des personnalités et comprend un excellent restaurant.

Où se restaurer

Cappuccino's (☎ *7137 0059, 31 Foyle St ; déj 2,95 £ ; lun-sam 8h-18h, dim 9h-13h*). Ce café convivial prépare des petits déjeuners corrects à 2,95 £ et propose le midi des plats du jour, tels que du bacon, accompagné de pommes de terre et de navets.

Porter's Café Bar (*Trinity Hotel ; voir Où se loger ; déj 3 £, viande 3,95 £*). Très populaire, ce café offre un cadre très agréable.

Nolan's Bistro (*Trinity Hotel ; voir Où se loger ; repas de 3 plats 17,50 £*). C'est le restaurant principal du Trinity. Il propose une carte variée, comprenant notamment plusieurs bons plats végétariens.

La plupart des pubs servent des repas et des snacks.

Linenhall Bar (☎ *7137 1665, 3 Market St ; pub/restaurant 3,95/4,75 £ ; lun-jeu déj, ven/sam 12h-19h, dim 12h30-15h*). Grand choix de plats classiques.

Metro (☎ *7126 7401, 3-4 Bank Place ; plat du jour 3,95 £*). Ce pub propose des plats corrects. Les soirs de match de football, une foule nombreuse se presse devant son grand écran de télévision.

McGill's Bistro (☎ *7130 8273, 24 Foyle St ; repas 6,95-9,25 £, déj 4 plats dim 6,95 £ ; lun-sam 12h-17h, dim 12h-16h*). Jouxtant le pub J&T McGinley, cet établissement prépare une excellente cuisine. Goûtez notamment le filet de saumon aux herbes et aux champignons sauce hollandaise à 7,95 £.

Indigo (☎ *7127 1011, 27 Shipquay St ; repas léger 3,50 £, plats 4,50 £ ; tlj 12h-23h*). N'hésitez pas à essayer les différents plats de ce café-restaurant flambant neuf situé à l'intérieur des remparts.

Boston Tea Party (*15 The Craft Village ; snacks 1-3,25 £ ; lun-sam 9h-17h30*). Installé dans le quartier artisanal, non loin de Shipquay St, le cuisinier prépare lui-même

tous les plats, des tartes aux soupes, sans oublier les sandwiches.

Thran Maggies (☎ *7126 4267, 29-31 The Craft Village ; repas 4,25 £, lun-sam 12h-21h15, dim 12h-17h30*). Vous mangerez ici des plats irlandais simples sans vous ruiner. Il existe un menu enfant. Musique traditionnelle le jeudi soir.

Piemonte Pizzeria (☎ *7126 6828, 2 Clarendon St ; pizza 4 £, pâtes 7 £, ouvert tlj 17h30-24h*). Non loin du Derry City Independent Hostel, cet établissement sympathique sert pâtes et pizzas bon marché.

Fitzroy's (☎ *7126 6211, 2-4 Bridge St, 2ᵉ entrée sur Carlisle Rd ; repas 3,95-5,50 £, carte 8-14 £ ; 9h30-22h*). Très populaire, ce lieu offre des petits déjeuners de 9h30 à 12h30, des déjeuners jusqu'à 18h et des snacks de 18h à 22h dans une atmosphère détendue. Service efficace.

The Sandwich Co (☎ *7126 6771, 61 Strand Rd ; sandwiches, salades 2,75 £ ; lun-sam 9h-17h*). Cette enseigne met en avant la fraîcheur de ses produits. La succursale installée sur le Diamond propose aussi une belle sélection de gâteaux.

Vous pourrez faire vos courses au supermarché **Tesco** (☎ *7137 4400, centre commercial Quayside, Strand Rd*), au nord de la ville fortifiée.

Où sortir

Pubs et clubs. Accordez-vous au moins une soirée dans l'un des pubs de la ville. Très animés et chaleureux, ils jouissent généralement d'une atmosphère conviviale incomparable. La plupart ne ferment qu'à 1h et sont regroupés dans le même quartier (Waterloo St en rassemble sept !).

Gweedore Bar (☎ *7126 2318, 59-61 Waterloo St*). Il accueille des groupes tous les soirs.

Peadar O'Donnell's (☎ *7126 3513, 61 Waterloo St*). Musique traditionnelle tous les soirs à partir de 23h. Mi-pub, mi-épicerie, la salle est ornée d'étagères garnies de produits divers et s'agrémente d'une tête de cochon et de quelques jambons pendus au plafond.

Sandino's (☎ *7130 9297, Water St, dans Foyle St*). Cette salle très prisée (qui porte le nom d'Augusto Sandino, leader de la guérilla nicaraguayenne) reçoit des groupes en tournée et des musiciens locaux, le vendredi et parfois en semaine. Le dimanche aprèsmidi est réservé à la musique traditionnelle. Le mardi , une soirée ciné-club se poursuit avec un Dj. L'ambiance du samedi soir est aussi confiée à un Dj. Des soirées à thème, caritatives ou politiques sont régulièrement organisées. Consultez le site www.wheretotonight.com pour tout renseignement.

Mullan's Bar (☎ *7126 5300, 13 Little James St)*. Ce bar étonnant propose des concerts de jazz, de blues et de musique traditionnelle les mercredi et jeudi soirs. Un Dj anime les soirées du vendredi et du samedi.

Les salles suivantes consacrent des soirées spéciales à la house ou aux musiques des années 1970 et 1980) : **Lava Lounge** (☎ *7126 7529, 113 Strand Rd)*, **Fusion** (☎ *7126 7600, Waterloo St)* et **Dungloe Bar** (☎ *7126 7716, 41 Waterloo St)*.

Main Bar et **Spirit Bar** (*Da Vinci's Hotel, voir* Où se loger*)* sont les deux bars du Da Vinci. Si le second a opté pour une ambiance minimaliste, le premier offre toute l'extravagance chère aux designers irlandais. Voyez le bar en bois ciré, couronné d'une sorte d'arc de triomphe. Le Spirit Bar accueille un Dj le week-end.

Café Roc (*Earth Complex,* ☎ *7136 0556, 1 College Terrace)*. Ce vaste pub, qui fait club, passe des tubes à la mode et de la musique des années 1970-1990 du mardi au dimanche. Le **Coles Bar** propose du blues les mardi et jeudi, l'**Equator Room**, de la house les mardi et vendredi et du blues le samedi. L'Earth Complex organise le mardi des soirées étudiantes avec l'entrée à 5 £ et les boissons à 1 £. Les moins jeunes préféreront peut-être le **Piano Bar**, plus calme.

Concerts, théâtre et centres artistiques. Le **Millennium Forum** devrait être ouvert lors de la parution de ce guide. Situé près de Bank Place et de Newmarket St, cet immense complexe comprend un auditorium pour les spectacles de danse, de théâtre et de musique.

Waterside Theatre (☎ *7131 4000, www. meg.demon.co.uk, The Ebrington Centre,* *Glendermott Rd)*. Ce théâtre programme concerts et pièces environ deux fois par semaine.

Magee College (☎ *7137 5679, University of Ulster, Northland Rd)*. Cette université propose toute l'année des concerts classiques, des pièces de théâtre et d'autres spectacles artistiques. Adressez-vous à l'office de tourisme (voir plus haut) pour tout renseignement.

Playhouse Community Arts Centre (☎ *7126 8027, 5 Artillery St)*. Ce centre artistique accueille ballets et pièces et organise des expositions.

The Nerve Centre (☎ *7126 0562, www. nerve-centre.org.uk, 7-8 Magazine St)*. À la fin des années 1980, de jeunes musiciens et cinéastes ont créé ce centre d'art et multimédia, doté d'une salle de spectacle, d'un théâtre-cinéma, d'un bar et d'un café.

Cinéma. Signalons l'**Orchard Hall Cinema** (☎ *7126 2845, Orchard St)* et le **Strand Multiplex** (☎ *7137 3900, centre commercial Quayside, Strand Rd)*.

Manifestations sportives

Le Derry City Football Club joue au **Brandywell Stadium** (☎ *7128 1333, Lone Moor Rd)*, au sud des remparts. Les matches de football gaélique et de hurling se déroulent au **Celtic Park** (☎ *7126 7142, Lone Moor Rd)*.

Achats

Craft Village (*Inner City Trust administration,* ☎ *7126 0329 ; lun-sam 9h30-17h pour la plupart des boutiques, juill-août dim parfois)*. En retrait de Shipquay St, ce bâtiment regroupe des boutiques d'artisanat vendant du cristal de Derry, des vêtements tissés à la main, des céramiques, des bijoux et d'autres productions de l'artisanat de la région.

Soundsaround (☎ *7128 8890, 22a Waterloo St)*. Ce magasin offre un très bon choix de musiques traditionnelles.

Donegall Shop (☎ *7126 6928, 8 Shipquay St)*. Vous dénicherez dans cette boutique, au nord-est du Diamond, habits, tweed et autres souvenirs.

Austins (☎ *7126 1817, 2 The Diamond)*. Le grand magasin le plus ancien d'Irlande.

Enfin, le petit marché aux antiquités de Pump St, qui se tient le samedi de 11h à 17h, regorge d'articles.

Comment s'y rendre
Avion. L'aéroport de Derry (☎ 7181 0784) se situe à 13 km à l'est de la ville, sur l'A2, après Eglinton. La compagnie Ryanair assure deux vols quotidiens avec l'aéroport de Stansted à Londres. British Airways dessert Dublin, Glasgow et Manchester.

Bus. La gare routière Ulsterbus (☎ 7126 2261) se trouve Foyle St, au sud du Guildhall.

De nombreux bus circulent entre Derry et Belfast. Le 212, le Maiden City Flyer, s'avère le plus rapide (1 heure 40), juste devant le 273, qui passe par Omagh (7,50 £ aller simple). Le 243, qui se rend à Portstewart, Portrush et à la Giant's Causeway (Chaussée des Géants), démarre à 14h15 les jeudi, vendredi et dimanche en juillet et août. Le bus à destination de Cork part à 9h tous les jours et arrive à 19h15. Dans l'autre sens, il quitte Cork à 9h15 et rejoint Derry à 20h.

Les bus Éireann (☎ 353-742 1309, au Donegal) proposent une liaison avec Galway, *via* Donegal et Sligo, 4 fois par jour. L'aller simple coûte 12 £.

Lough Swilly (☎ 7126 2017), installé à l'étage de la gare routière Ulsterbus, dessert des villes du comté de Donegal.

Enfin, Feda Ódonaill (☎ 353-754 8114 en république d'Irlande, 0141-637 5673 à Glasgow) relie Letterkenny à Glasgow, *via* Derry. Les bus quittent la gare routière de Derry à 8h45 et arrivent à Glasgow aux environs de 16h. Dans l'autre sens, ils partent du Citizen's Theatre, dans Gorbals St, à 7h45 pour atteindre Derry vers 15h. Ils circulent tous les jours en juillet et août, 4 fois par semaine le reste de l'année. L'aller-retour s'élève à 60 £.

Train. Des trains relient régulièrement Derry à Belfast (3 heures) depuis la gare Northern Ireland Railways (☎ 7134 2228), à l'est de la Foyle. La ligne de Portrush, qui passe par Coleraine, traverse un paysage magnifique. Avec votre billet de train, vous pouvez emprunter les bus Linkline de la gare au centre-ville.

Comment circuler
Le bus 143 à destination de Limavady s'arrête à proximité de l'aéroport. En taxi, prévoyez 10 £.

Les bus locaux démarrent de Foyle St, près de la gare routière. Les taxis communs (voitures noires) desservent les banlieues proches telles que Shantallow. La Derry Taxi Association (☎ 7126 0247) et les Foyle Taxis (☎ 7126 3905) rallient tous les quartiers à partir du centre-ville.

La piste cyclable Foyle Valley traverse Derry en direction de Strabane.

LIMAVADY ET LES ENVIRONS
10 350 habitants
Le roi Jacques Ier offrit Limavady (Léim an Mhadaidh) à sir Thomas Phillips en 1612 après la rébellion de sir Donnell Ballagh O'Cahan, précédent gouverneur. Le nom gaélique de la ville signifie "saut du chien", en référence à l'un des chiens d'O'Cahan qui sauta par-dessus une gorge de la Doe pour venir avertir son maître de l'arrivée inattendue d'ennemis.

Aujourd'hui, cette petite ville tranquille et prospère se targue d'avoir popularisé la chanson "Danny Boy", l'un des airs irlandais les plus connus, grâce à Jane Ross (1810-1879), qui entendit un musicien ambulant l'interpréter. Une plaque apposée sur le mur au 51 Main St, où vécut Jane Ross, commémore cet événement.

Renseignements
Situé dans le bâtiment du Conseil, 7 Connell St, l'office de tourisme (☎ 7776 0307) ouvre d'avril à septembre du lundi au vendredi de 9h à 17h (17h45 en juill-août) et le samedi de 9h30 à 17h30, d'octobre à mars du lundi au vendredi, de 9h à 17h.

Limavady organise un festival de jazz et de blues en juin.

Roe Valley Country Park
À environ 3 km au sud de la ville, ce beau parc qui s'étend sur 5 km des deux côtés de la Doe, jouit d'une réputation internationale pour la pêche à la truite et au saumon. Il demeure fortement associé aux O'Cahan, qui régnaient sur la vallée jusqu'au déve-

loppement des Plantations. Les colons virent rapidement les possibilités d'exploiter le lin, favorisé par l'humidité de la rivière, et la région devint bientôt un important centre de manufacture du lin. Le centre d'informations du parc, le Dogleap Centre (☎ 7772 2074) ouvre tous les jours de 9h à 17h (18h en juillet et août).

Le **Green House Museum** (☎ 7772 2226, 41 Dogleap Rd ; gratuit ; mai-juin sam-dim 13h-17h, juill-août tlj 13h-17h) expose des photographies de l'industrie du lin et des objets de cette époque.

Le parc est clairement indiqué sur la B192, entre Limavady et Dungiven. Le bus 146, qui relie ce deux villes, s'arrête sur la route principale. Il ne circule pas le week-end. Depuis la route, comptez environ 30 minutes de marche.

Où se loger

Gorteen House Hotel (☎/fax 7772 2333, www.gorteen.com, 187 Roe Mill Rd ; simples/doubles 28/44 £, petit déj inclus). Ce une-étoile peu onéreux donne sur Roe Mill Rd, au sud de Limavady.

Alexander Arms (☎ 7776 3443, fax 7772 2327, 34 Main St ; 20 £ par pers, petit déj compris). Cet hôtel à la façade vert tendre date du XIXᵉ siècle.

Où se restaurer

The Lime Tree (☎ 7776 4300, 30 Catherine St, Limavady ; déj 3,95 £, dîner 9,25 £, entrées à partir de 2,25 £ ; mer-dim 12h-14h/18h-21h30). La carte privilégie les produits de la mer. Goûtez notamment le saumon fumé au feu de bois, accompagné de fenouil braisé au citron. Vous pouvez aussi vous contenter d'un déjeuner léger.

Alexander Arms (voir Où se loger ; menu déj 4,50 £, menu dîner 6,25 £ ; tlj 9h-21h30). Vous pouvez manger au bar ou au restaurant, qui sert les habituels steaks et autres plats typiques des pubs.

DOWNHILL ET SES ENVIRONS

Frederick Augustus Hervey, excentrique évêque anglican de Derry et 4ᵉ comte de Bristol, fit édifier un **palais** à Downhill en 1774. Incendié en 1851, il fut reconstruit de

1873 à 1876, puis finalement abandonné après la Seconde Guerre mondiale. Aujourd'hui privé de son toit, il se dresse tristement au-dessus de la falaise.

Voyez surtout le **Mussenden Temple** (gratuit ; avr-juin/sept sam-dim et jours fériés 12h-18h, juill-août 12h-18h), curieux petit bâtiment construit par l'évêque pour abriter, selon les uns, sa bibliothèque, pour d'autres, sa maîtresse.

La promenade jusqu'au temple est fort agréable. On découvre les plages de Portstewart et de Benone/Magilligan, les collines du Donegal et même les sommets écossais, dans le lointain. Sur la plage en contrebas, l'évêque organisait des courses à cheval entre les membres de son clergé et offrait les paroisses les plus prestigieuses aux vainqueurs. Ce site, à une quinzaine de kilomètres de Limavady, appartient au National Trust.

Le domaine, qui couvre quelque 160 ha, forme à présent une partie de **Downhill Forest**. Le beau parc qui s'étend au pied des ruines de la maison est l'œuvre de Jan Eccles, célèbre jardinière qui s'installa à Downhill à 60 ans et consacra 30 années à ce jardin.

Juste après le Downhill Inn, Bishop's Rd part sur la gauche, pour traverser les montagnes jusqu'à Limavady. L'aire de pique-nique de **Gortmore** offre un panorama magnifique. C'est toutefois du sommet proche du **Binevenagh Lake** qu'on jouit d'une vue somptueuse sur le Lough Foyle, le Donegal et la chaîne des Sperrin. Suivez les panneaux pour rejoindre le lac.

Où se loger.

Le **Downhill Hostel** (☎ 7084 9077, www.angelfire.com/wa/downhillhostel, 12 Mussenden Rd ; dortoirs 7,50 £ par pers, simples/doubles 14/20 £, chambres familiales à partir de 28 £) se niche au pied des falaises, au bord de la plage de Downhill. Joliment restaurée, cette demeure, vieille d'une centaine d'années, offre trois dortoirs et quatre doubles très confortables. Elle dispose d'une cuisine bien équipée, d'une laverie et d'un séjour avec cheminée et vue sur la mer. N'oubliez pas de faire vos courses à l'avance car il n'existe pas de magasins à Downhill.

L'auberge de jeunesse possède par ailleurs un atelier de poterie, et les clients ont accès à la réserve naturelle locale, tenue par l'Ulster Wildlife Society.

Plage de Benone/Magilligan

Longue de près de 9 km et large de plusieurs centaines de mètres à marée basse, cette plage labellisée "drapeau bleu" et appelée Benone ou Magilligan mérite qu'on s'y arrête. Jalonnée de dunes et de hautes falaises, elle se prolonge jusqu'à Magilligan Point, où se dresse une tour Martello et d'où s'élancent ailes volantes et parapentes.

À deux pas de la plage, le **Benone Tourist Complex** (☎ 7775 0555, fax 7775 0919, 59 Benone Ave ; emplacement 6-7,70 £, camping-car 9,75-13 £) dispose d'une piscine extérieure chauffée avec pataugeoire et d'un bowling.

Comment s'y rendre

Bus. Au départ de Limavady, le bus 134 se rend à Downhill, Castlerock et Coleraine. Le 234 rejoint Coleraine et le 146, Dungiven. Le 143 relie quasiment toutes les heures Derry à Limavady. Il n'existe pas de bus direct pour Belfast depuis Limavady, mais des correspondances sont assurées à Coleraine et Dungiven.

Train. Castlerock se situe sur la ligne Derry-Coleraine, qui offre de superbes points de vue. La gare se tient à une quarantaine de minutes à pied de Downhill, à travers l'agréable Black Glen. Prenez la direction de la mer, puis la première à gauche dans Main St, longez le camping-caravaning et suivez les panneaux marqués Bishop's Gate.

COLERAINE

20 720 habitants

Ville banale établie au bord de la Bann, Coleraine (Cúil Raithin) est un nœud de communication important dans le comté de Derry. Elle assure de nombreuses correspondances routières et ferroviaires. La population, majoritairement protestante, est arrivée en 1613 lorsque le roi Jacques Ier confia la terre aux Londoniens loyalistes.

L'université d'Ulster s'y installa en 1968, au grand dam de Derry qui avait vivement espéré l'obtenir.

Renseignements

À côté du Coleraine Leisure Centre, Railway Rd, le Coleraine Tourist Information Centre (☎ 7034 4723) ouvre de 9h à 17h du lundi au samedi. Il diffuse une carte et une brochure sur la vieille ville.

Où se loger et se restaurer

Les possibilités d'hébergement ne manquent pas. Adressez-vous à l'office de tourisme pour en obtenir la liste complète.

Town House (☎ 7034 4869, dale@townhouse.freeserve.co.uk, 45 Millburn Rd ; simples/doubles à partir de 17,50/30 £, petit déj inclus). Cette vaste demeure du XIXe siècle loue de grandes chambres chaleureuses.

Camus House (☎ 7034 2982, 27 Curragh Rd, Castleroe ; simples/doubles 25/45 £, petit déj compris). D'un très bon rapport qualité/prix, cette maison du XVIIe siècle, indiquée sur l'A54, se tient à 5 km au sud de la ville, près de la rivière. Édifiée sur le site d'un monastère du VIIIe siècle, elle jouxte un petit cimetière doté d'une croix celtique. Le propriétaire des lieux organise des excursions de pêche.

Pizza Pomodoro (☎ 7034 4444, 4 The Waterside ; 4,65 £ env ; lun-sam 16h30-23h30). Cette adresse est très prisée des étudiants.

Water Margin at the Boathouse (☎ 7034 2222, The Boathouse, Hanover Place ; repas 7,50-12,50 £ ; tlj déj et dîner). Ce restaurant propose des produits de la mer, des plats végétariens, de la cuisine européenne et chinoise.

Comment s'y rendre

Bus. La gare routière jouxte la gare ferroviaire, Railway Rd. L'Ulsterbus 218 circule entre Portrush, Portstewart et Belfast, via Coleraine et Antrim. Le 234 gagne Derry en 1 heure.

Le bus 252, l'*Antrim Coaster* (☎ 9033 3000), relie 2 fois par jour du lundi au samedi Coleraine à Belfast, en assurant la correspondance avec le train de Larne à Belfast. Il quitte Larne à 10h15 et 15h, Coleraine à 9h40 et 15h40. Le trajet dure environ 3 heures.

Découvert, le bus à impériale 177 de la compagnie Bushmills Bus (☎ 9033 3000) effectue la liaison entre la Giant's Causeway (Chaussée des Géants) et Coleraine 5 fois par jour, si le temps le permet, en juillet et août. Le trajet dure à peine plus d'une heure. Ces deux bus passent par Portrush, Portbalinntrae, Bushmills et la Giant's Causeway.

Train. La ligne Belfast-Derry s'arrête à Coltraine. Un train dessert Portrush.

DUNGIVEN ET SES ENVIRONS
2 812 habitants

Petit bourg marchand, Dungiven (Dún Geimhin) possède quelques sites religieux et une auberge de jeunesse indépendante de très bonne qualité. Il constitue une halte plus agréable que Limavady entre Derry et Belfast et s'avère plus pratique aussi pour visiter les Sperrin. L'Ulster Way passe à proximité.

Dungiven Priory
Les vestiges de ce prieuré augustinien (XIIe siècle) sont signalés depuis l'A6 .

L'église renferme le tombeau de Cooeyna-Gal, l'un des chefs du clan des O'Cahan mort en 1385. Sont représentés six mercenaires écossais en kilt recrutés par Cooey O'Cahan. Voyez également le *bullaun*, pierre creuse utilisée par les moines pour moudre leurs céréales. Elle permet désormais de recueillir les eaux de pluie, qui, pour les pèlerins, auraient des vertus curatives.

Où se loger
Flax Mill Hostel (☎ 7774 2655, Mill Lane ; emplacement tente 3,50 £, lits avec/sans petit déj 7,50/5,50 £). À 5 km au nord de Dungiven, cette auberge de jeunesse en pleine nature est tenue par Marion et Herman Burr, qui cultivent leurs légumes, font leur farine et produisent leur électricité. Elle comprend trois dortoirs et une double. La maison est fléchée sur la route de Limavady B192 (attention à ne pas emprunter l'autre route pour Limavady). Si vous voyagez en

bus, les propriétaires peuvent vous prendre à Dungiven.

Ils organisent par ailleurs un festival de musique traditionnelle le deuxième week-end de septembre.

Dungiven Castle (☎ 7774 2428, fax 7774 1968, www.dungivencastle.com ; dortoirs/doubles 10-12/14 £). Rénové, le château de Dungiven abrite désormais une auberge de jeunesse. Quoique joliment meublée et bien équipée, elle ne possède ni le charme ni le côté convivial de la précédente.

Bradagh (☎/fax 7774 1346, 132 Main St ; 14 £ par pers avec petit déj, sdb commune).

Où se restaurer
Castle Inn (☎ 7774 1369, Upper Main St ; repas 4,25-6,85 £ ; tlj déj et dîner). Sans doute la meilleure adresse pour un repas sans prétention.

Ponderosa Bar and Restaurant (☎ 7774 1987, 974 Glendhane Rd ; repas 5-8 £). Si vous allez à Maghera par l'A6, arrêtez-vous dans ce bar, au col de Glenshane, pour un steak, du poulet ou des produits de la mer. C'est le pub le plus haut d'Irlande.

Comment s'y rendre
Le bus 212, entre Derry et Belfast, s'arrête dans Main St. L'Ulsterbus 146 relie Limavady et Dungiven.

VILLES DES PLANTATIONS
Au sud de Dungiven, le Derry demeure fortement protestant et comprend toute une série de villes créées par les corporations londoniennes sur les terres offertes par Guillaume d'Orange. À Draperstown, Magherafelt et Moneymore, les trottoirs sont souvent peints en rouge, blanc, bleu.

Springhill
À 1,5 km au sud de Moneymore, sur la B18, **Springhill** (☎ 8674 8210, Moneymore Rd ; 2,50/1,25 £ adulte/réduit ; avr-juin/sept sam-dim 14h-18h, juill-août ven-mer 14h-18h) offre un exemple intéressant de l'architecture des premières demeures des Plantations. Elle fut bâtie en 1695 par les Conyngham, arrivés d'Écosse après avoir

acheté ce domaine de 120 ha. La partie centrale, surmontée d'un toit pointu, s'agrémente d'ailes ajoutées au XVIIIᵉ siècle qui confèrent à l'ensemble une sorte d'emphase baroque. La grange date également du XVIIᵉ siècle. L'intérieur renferme du mobilier en chêne, une bibliothèque, des armes et de nombreux vêtements d'époque.

PORTSTEWART
6 459 habitants
L'écrivain anglais Thackeray avait noté, lors de sa visite en 1842, "l'air de confort et de propreté" de Portstewart (Port Stíobhaird). Sa remarque reste d'actualité. La ville a conservé une certaine distinction qui la différencie de Portrush, 6 km plus loin, sur la côte. Elle offre un point de départ pratique pour visiter la Giant's Causeway et les autres sites du littoral, dont les plages (le surf est possible à Portstewart et Portrush).

Orientation et renseignements
Portstewart forme une avenue toute en longueur, The Promenade. À l'est, elle longe la côte et rejoint Portrush et Ballycastle, tandis qu'à l'ouest, elle débouche sur la belle plage de Portstewart Strand (drapeau bleu). On gagne les sites de l'ouest de la ville par Coleraine.

L'office de tourisme (☎ 7083 2286), aménagé dans la bibliothèque, dans le bâtiment en brique rouge de l'hôtel de ville, à l'ouest de la ville, ouvre en juillet et août du lundi au samedi de 10h à 16h.

À voir et à faire
L'immense **plage de Portstewart** est à une vingtaine de minutes de marche du centre. Un bus longe Strand Rd. Un parking de 1 000 places est aménagé. Il peut vous être réclamé 3 £ pour vous garer.

En mai, une course de motos, la **North-West 200 motorcycle race**, se déroule entre Portrush, Portstewart et Coleraine. Elle attire chaque année près de 70 000 spectateurs.

Où se loger
Campings et auberges de jeunesse. De nombreux terrains de camping jalonnent le littoral.

Juniper Hill Caravan Park (☎ 7083 2023, 70 Ballyreagh Rd ; emplacement tente/camping-car 5,50/12 £). À 2,5 km à l'est de la ville, en direction de Portrush, ce camping municipal ne compte que quelques emplacements.

Portstewart Holiday Park (☎/fax 7083 3308, 80 Mill Rd ; emplacement tente 10 £). Il se trouve à l'intérieur des terres, sur la route de Coleraine.

Causeway Coast Hostel (☎ 7083 3789, fax 7083 5314, rick@causewaycoasthostelfsnet.co.uk, 4 Victoria Terrace ; dortoirs 7 £, chambres 8,50 £ par pers). À l'extrémité est de la ville, cette auberge de jeunesse dotée d'une cuisine et d'une laverie, dispose de dortoirs de 4, 6 ou 8 lits et de chambres individuelles. Elle allume de beaux feux de cheminée l'hiver. Accès Internet pour les clients.

B&B et hôtels. Bon nombre de B&B se tiennent à l'est de la ville, au carrefour de Victoria Terrace, de Hillcrest et d'Atlantic Circle.

Citons notamment le **Craigmore** (☎ 7083 2120, 26 The Promenade ; chambres avec sdb 17,50 £ par pers), assez central ; le **Mount Oriel** (☎ 7083 2556, 74 The Promenade ; chambres 19 £ par pers, sdb commune) ; l'**Akaroa** (☎ 7083 2067, 75 The Promenade ; chambre à partir de 18 £ par pers, 20-22 £ avec sdb).

Edgewater Hotel (☎ 7083 3314, fax 7083 2224, 88 Strand Rd ; simples/doubles 30/60 £ hors saison, 37,50/75 £ juill-août). Ce deux-étoiles qui surplombe la plage de Portstewart loue des chambres agréables.

Où se restaurer
Vous pouvez faire vos courses au **magasin bio** du 62 The Promenade, très bien approvisionné.

Squires (☎ 7083 4103, 18 The Promenade ; repas 3 £ ; tlj 9h-22h, oct-mars mardim). Vous prendrez ici petits déjeuners, déjeuners froids ou chauds et dîners à des prix raisonnables.

Morelli's (voir Nino's ci-après). Impossible de rater l'enseigne lumineuse de cette boutique, au milieu de la Promenade, qui vend de délicieuses glaces et du bon café.

Nino's *(☎ 7083 2150, 53-5 The Promenade ; repas 3,20 ; tlj 9h23h)*. À côté de Morelli's et tenu par les mêmes propriétaires, ce restaurant sert de fameuses glaces italiennes maison. Il propose généralement un menu végétarien à 3,99 £ et dispose d'un grand choix de cafés italiens.

The Anchorage *(☎ 7083 2003, The Promenade ; repas 5,95 £)*. Ce bar qui reste ouvert tard le soir prépare des repas corrects. Il reçoit des musiciens du jeudi au lundi, organise un karaoké le mardi et des jeux le mercredi. Il loue aussi quelques **chambres**.

Ashiana *(☎ 7083 4455, 12a The Diamond ; repas 4,25 £ ; tlj 17h-23h)*. Cet établissement propose des spécialités indiennes et européennes, comprenant bon nombre de plats végétariens.

Snappers *(☎ 7082 4945, 21 Ballyreagh Rd ; repas 7 £ ; tlj déj et dîner)*. Restaurant de produits de la mer sur la route du littoral en direction de Portrush.

Comment s'y rendre

Bus. Les bus partent de la Promenade. L'Ulsterbus 218 se rend à Belfast, *via* Coleraine, Ballymoney et Antrim. Le 234 rallient plusieurs fois par jour Derry (une seule fois par jour le week-end), en 1 heure. Le 140 effectue la liaison entre Coleraine et Portstewart (17 min) toutes les demi-heures environs (moins le dim).

Reportez-vous à la rubrique *Comment s'y rendre* de *Coleraine*, plus haut, pour des informations sur l'*Antrim Coaster* et les Bushmills Bus.

Train. La gare ferroviaire la plus proche est à Portrush. Elle propose un service assurant les correspondances pour le Derry-Belfast à Coleraine. Consultez la section *Portrush*, plus loin, pour davantage de renseignements.

Comté d'Antrim

Le paysage du littoral du comté d'Antrim (Aontroim) figure sans conteste parmi les plus spectaculaires du monde. Difficile en effet de rester insensible au charme pittoresque de la côte nord, parsemée de petits villages de pêche et de vastes plages et aux extraordinaires formations géologiques de la Giant's Causeway (Chaussée des Géants).

À l'est de Ballycastle, juste après les falaises de Fair Head, la côte descend vers le sud en direction de Larne et de Belfast Lough. Cette bande littorale s'appelle les Glens of Antrim (gorges d'Antrim), en raison des neufs vallées qui ponctuent les collines qui s'enchaînent de Ballycastle à Larne. L'A2, qui suit une bonne partie de la côte, séduit cyclistes et motards.

Le comté présente moins d'intérêt à l'intérieur des terres.

PORTRUSH
5 703 habitants

Portrush (Port Rois), petite station balnéaire animée, attire des kyrielles de vacanciers en été et les jours fériés. Il n'est par conséquent guère surprenant que la plupart des attractions s'adressent en priorité aux familles.

Renseignements

Le Portrush Tourist Information Centre (☎ 7082 3333, portrush@nitic.net), dans le Dunluce Centre, Sandhill Drive, est ouvert de 9h à 19h tous les jours de mi-juin à septembre, de 9h à 17h du lundi au vendredi et de 12h à 17h les samedi et dimanche d'avril à mi-juin, de 12h à 17h les samedi et dimanche de mars à octobre. Il s'occupe des réservations de chambres et pratique le change.

Portrush Strand a obtenu de l'UE le label "drapeau bleu" pour la qualité de son environnement et de ses services de sauvetage.

À voir et à faire

L'été, des **excursions en bateau** et de pêche sont régulièrement organisées. L'office de tourisme vous fournira la liste des compagnies. Pour effectuer des randonnées équestres, adressez-vous au **Maddybenny Riding Centre** *(☎ 7082 3394, Maddybenny Farm)* ou au **Hillfarm Riding and Trekking Centre** *(☎ 7084 8629, 47 Altikeragh Rd)*.

Waterworld *(☎ 7082 2001, The Harbour ; activités aquatiques 4,25 £, bowling 12 £ les 45 min ; lun-sam 10h-20h, dim 12h-*

20h), près du port, comprend plusieurs bassins, des toboggans, des piscines avec courant pour les enfants (tarifs familiaux) et un bowling. Le prix du billet inclut l'accès au Health Suite (sauna, hammam et solarium). Le centre abrite aussi un **café**.

Le **Dunluce Centre** (☎ 7082 4444, Sandhill Drive ; 4,50 £ mars-sept, 4 £ oct-fév ; juill-août tlj 10h-20h, sept-juin 10h-17h) propose un Turbo Tour, sorte de jeu interactif comportant des animations sur les mythes et légendes locales.

Où se loger
Campings et auberges de jeunesse. Plusieurs campings se situent aux abords de Portrush.

Skerries Holiday Park (☎ 7082 2531, fax 7082 2853, 126 Dunluce Rd ; emplacement tente/camping-car 10/12 £). Le bus 117 de la compagnie Bushmills Bus s'arrête devant.

Carrick Dhu Caravan Park (☎ 7082 3712, 12 Ballyreagh Rd ; emplacement tente 11 £). Petit camping avec tout l'équipement standard.

Macools (☎ 7082 4845, 5 Causeway View Terrace ; dortoirs/chambres 7/8 £ par pers). Cette sympathique auberge de jeunesse indépendante loue 18 lits dans des dortoirs non mixtes avec vue sur la mer, ainsi qu'une chambre individuelle. Elle dispose par ailleurs d'une cuisine, d'une laverie, de connexions à Internet (4 £ l'heure) et de vélos à louer (5 £ la journée).

B&B et hôtels. Les établissements affichant rapidement complet l'été, réservez à l'avance auprès de l'office de tourisme.

Clarmont (☎/fax 7082 2397, clarmont@ talk21.com, 10 Landsdowne Crescent ; simples/doubles 25/40-50 £). Ce B&B a su apporter quelques notes contemporaines à sa décoration ancienne et propose des chambres agréables, en particulier celles donnant sur la mer.

Alexandra (☎/fax 7082 2284, 11 Landsdowne Crescent ; simples/doubles 20/34-40 £). Seules les doubles les plus chères possèdent une s.d.b., mais toutes sont confortables.

Belvedere (☎ 7082 2771, 15 Landsdowne Crescent ; standard/avec sdb 16/19 £ par pers). Bon rapport qualité/prix.

Quelques autres B&B font face à la gare ferroviaire, dans Eglinton St. Essayez le **Glenshane** (☎ 7082 4839, peterobbsbb@ apol.com, 113 Eglinton St ; simples/doubles avec sdb 17,50/37 £) ou l'**Atlantic View** (☎ 7082 3647, 103 Eglinton St ; 15 £ par pers), dont les chambres en façade donnent sur la mer.

Magherabuoy House Hotel (☎ 7082 3507, fax 7082 4687, www.magherabuoy. co.uk, 41 Magherabov Rd ; simples/doubles 60/100 £). Ce trois-étoiles luxueux organise de nombreuses activités de plein air, telles que ski nautique, randonnées équestres, surf, pêche ou tir à l'arc, qui ne sont pas réservées à ses clients.

Eglinton Hotel (☎ 7082 2371, fax 7082 3155, 49 Eglinton St ; simples/doubles 50/68 £ petit déj inclus). Cet établissement vieillot demande un prix un peu excessif pour des chambres relativement petites.

Où se restaurer
Bread Shop & Restaurant (☎ 7082 3722, 21 Eglinton St ; repas 2,95 £). À côté de la poste, cette boutique sert des repas légers corrects.

Ramore Wine Bar (☎ 7082 4313, The Harbour ; plats 5,95-11,95 £ ; tlj déj et dîner). Ce restaurant donnant sur le port figure parmi les plus prisés de Portrush. Très appréciés aussi, le **Harbour Bar** (☎ 7082 2430, Harbour Rd), juste à côté, et le **Coast** (voir ci-dessous), au sous-sol, font partie de la même maison. Le bar à vin sert des menus de déjeuner d'un bon rapport qualité/prix. Plus onéreux, le restaurant à l'étage ouvre le soir uniquement.

Coast (☎ 7082 3311, The Harbour ; plats 3,95 ; mer-lun déj et dîner). Il propose des pizzas, des pâtes et les classiques steaks, poulet et poisson.

Don Giovanni's Ristorante (☎ 7082 5516, 9-13 Causeway St ; plats 4,50-7,80 £ ; tlj 17h30-23h). Non loin du croisement d'Eglinton et de Main St, ce spécialiste des pizzas et des pâtes ne s'avère pas aussi coûteux que le cadre pourrait le laisser croire.

Griffin Restaurant *(Magherabuoy House Hotel, voir* Où se loger *; menu 1/3 plats 13/20 £ ; 19h-21h30)* se spécialise dans les fruits de mer et de gibier. L'hôtel abrite aussi le **Cobblers Bistro** (tlj jusqu'à 21h), qui sert des snacks de 4,95 à 8,25 £.

Beetles Bar & Bistro *(☎ 7082 3539, Bushmills Rd ; snacks/plats du jour 4,25/ 6,50 £, à la carte 6,95 £).* Jouxtant le Kelly's (voir *Où sortir*, ci-après), ce restaurant propose poisson, poulet, grillades et plats végétariens.

Où sortir
Rogues *(☎ 7082 2946, 54 Kerr St).* En face du Harbour Bar, ce pub accueille des groupes de musique traditionnelle, de blues et de rock.

Kelly's *(Bushmills Rd).* Très populaire, ce lieu rencontre un succès à la hauteur des efforts déployés par ses propriétaires. Il s'efforce de s'adresser à un large public : les plus âgés délaisseront la discothèque pour s'attarder plutôt au restaurant et au bar, mais tous pourront partager le même taxi pour rentrer. Sa façade très sobre cache une véritable caverne d'Ali Baba. L'un des propriétaires, grand amateur d'antiquités et d'œuvres d'art, a chiné des objets dans le monde entier. Si vous passez dans les environs, allez absolument y faire un tour.

Les discothèques accueillent régulièrement des Dj de Londres et de Manchester et attirent une foule nombreuse qui n'hésite pas à venir parfois de Belfast. Celle du Kelly's ouvre de 21h à 1h les mercredi et vendredi, de 21h à 2h le samedi et jusqu'à 24h le dimanche.

En taxi depuis Portrush, comptez 5 £.

Comment s'y rendre
Bus. La gare routière se situe non loin de Dunluce Centre. Le bus 218 part plusieurs fois par jour à destination de Belfast et traverse Portstewart, Coleraine, Ballymoney, Ballymena et Antrim. Du lundi au vendredi, les bus 139 et 140 se rendent à Coleraine. Le 278 rejoint Dublin tous les jours, tandis que le 172 rallie quotidiennement Bushmills et Ballycastle.

Reportez-vous à la rubrique *Comment s'y rendre* sous *Coleraine*, plus haut, pour les services de l'*Antrim Coaster* et les Bushmills Bus.

Train. Un train en provenance de Coleraine dessert Portrush (15 min) toutes les heures environ. Le premier part de Coleraine à 7h, le dernier à 23h11. Dans l'autre sens, le premier quitte Portrush à 6h37, le dernier, à 23h30. Ils circulent moins fréquemment le week-end. À Coleraine, des correspondances sont assurées en direction de Belfast et Derry. Pour tout renseignement, adressez-vous à Translink (☎ 9033 3000).

Comment circuler
Pour un taxi, appelez les compagnies Andy Brown's (☎ 7082 2223) ou North West Taxis (☎ 7082 4446), installées toutes deux près de l'hôtel de ville. Pour vous rendre à la Giant's Causeway, comptez environ 10 £.

BUSHMILLS
1 348 habitants
Bushmills (Muileann na Buaise) se situe sur l'A2, entre Portrush et Ballycastle. Sur le Diamond, la place centrale, se dressent une tour ronde sans grand intérêt et un mémorial de guerre. Main St conduit à l'ouest à la célèbre distillerie Bushmills, unique raison de faire halte dans cette petite ville.

Bushmills Distillery
Cette distillerie de whiskey *(☎ 2073 3218, Distillery Rd ; 3,95/1,95 £ adulte/enfant ; avr-oct lun-sam 9h30-17h30, dim 12h-17h30, dernière visite 16h ; nov-mars lun-ven 10h-17h, visites 10h30-15h30)* est la plus ancienne du monde. Elle fonctionne officiellement depuis 1608, mais la distillation s'effectuait certainement depuis plusieurs centaines d'années auparavant.

Le **Distillery Kitchen**, à côté du 1608 Bar, prépare snacks et déjeuners légers.

Comment s'y rendre
Le bus 172 se rend à Bushmills, à Ballycastle, à la Giant's Causeway et à Portrush. Le 252, l'*Antrim Coaster*, suit le même trajet et traverse aussi Coleraine, Larne et Belfast. Ils s'arrêtent tous deux sur le Diamond.

GIANT'S CAUSEWAY (CHAUSSÉE DES GÉANTS)

Vous aurez sans doute aperçu de multiples photographies de la célèbre Giant's Causeway (Clochán an Aifir) bien avant d'arriver sur place. Ces colonnes basaltiques hexagonales forment toutefois un ensemble impressionnant difficile à imaginer. On en dénombre 38 000, en comptant celles qui restent immergées.

La formation de ces colonnes est parfaitement expliquée au **Causeway Visitor Centre** (☎ 2073 1855, causewaytic@hotmail.com, 44 Causeway Rd, B146 ; présentation audiovisuelle 1/0,50 £ adulte/ enfant ; tlj 10h-17h – 18h juill-août). Aussi surprenant que cela paraisse, le site demeura pratiquement inconnu jusqu'en 1740. La promenade d'environ 1,5 km qui conduit à la côte est gratuite. Des minibus accessibles aux fauteuils roulants font la navette tous les quarts d'heure (1/0,60 £ aller-retour/aller simple).

Plusieurs colonnes portent un nom, attribué généralement par les guides qui accompagnèrent les touristes à l'époque victorienne. Celle baptisée "Chimney Tops" fut bombardée en 1588 par la flotte espagnole, qui la prit pour le château de Dunluce.

Deux sentiers bien entretenus démarrent au niveau du centre des visiteurs et permettent d'effectuer un circuit. Empruntez le North Antrim Cliff Path jusqu'à la Causeway, puis revenez par le chemin en contrebas, moins difficile d'accès.

Depuis le sommet de la falaise de **Hamilton's Seat**, on découvre l'ensemble de la Causeway et tout le littoral ouest, notamment Malin Head et Inishowen. Plus à l'est, le chemin contourne Benbane Head et rejoint la route près des ruines de Dunseverick Castle (voir plus loin). L'aller-retour entre le centre des visiteurs et le château constitue un parcours de 16 km .

Derrière les ruines du château, un sentier serpente vers l'est jusqu'à Ballintoy. Il traverse plusieurs petits ponts en bois avant la plage de White Park Bay et l'auberge de jeunesse HINI (voir *De la Giant's Causeway à Ballycastle*). Cette balade, de 16 km à partir de la Causeway, peut s'effectuer tranquillement en une journée.

Ces différentes promenades suivent le North Antrim Cliff Path, un sentier qui démarre au sud-ouest du centre des visiteurs de Blackrock. Ce dernier dispose d'ailleurs d'une carte très pratique pour suivre cet itinéraire.

La visite de la Causeway est gratuite, mais le parking coûte 3 £ (il existe néanmoins un parking gratuit près de Runkerry Rd). Une boutique du National Trust et un café (voir ci-dessous *où se loger et se restaurer*) se trouvent sur le site mais ferment plus tôt que le centre des visiteurs.

Juste à côté de celui-ci, le **Causeway School Museum** (☎ 2073 1777, Causeway Rd ; 0,75/0,50/2 £ adulte/enfant/famille ; juill-août 11h-17h) aborde l'histoire de manière vivante, surtout pour les enfants.

Où se loger et se restaurer

Pour les coordonnées des **auberges de jeunesse** de White Park Bay et de Ballintoy, reportez-vous à la rubrique suivante, *De la Giant's Causeway à Ballycastle*. Quelques B&B louent par ailleurs des chambres dans les environs.

Lochaber (☎ 2073 1385, 107 Causeway Rd ; 14 £ par pers). Sur la route du littoral, à 1,5 km de la Causeway, cette maison propose des chambres avec s.d.b. commune.

Carnside Farmhouse (☎ 2073 1337, 23 Causeway Rd ; à partir de 16 £ par pers). Les hôtes partagent la s.d.b. commune.

Causeway Hotel (☎ 2073 1226, fax 2073 2552, 40 Causeway Rd ; simples/doubles 45/65 £). Ce deux-étoiles se tient à deux pas de la Causeway. Vous pouvez aussi séjourner à Bushmills, Portballintrae, Portrush ou Ballycastle (voir les rubriques correspondantes), relativement proches. Si vous souhaitez vous restaurer au **restaurant** de la Causeway, très fréquentée, pensez à réserver. Il sert aussi des collations au bar (plats 8,30 £, menu de 4 plats 15,50 £).

Le Causeway Visitor Centre abrite un **salon de thé** qui propose des repas légers pour 2,75 £ environ. Enfin, deux petites **boutiques** vendent sandwiches et snacks.

Comment s'y rendre

On peut rejoindre la B146, qui va de la Causeway à Dunseverick parallèlement à l'A2

Le conte gigantesque de la Causeway...

Mythologie

Plusieurs légendes voient dans la création de ce site l'intervention d'un géant. Selon les Irlandais, c'est Fionn McCumhaill (ou Finn McCool) qui le construisit. Pour certains, il aimait une géante qui vivait sur l'île écossaise de Staffa et bâtit ces marches pour la rejoindre sur son île, où existent les mêmes formations rocheuses.

Dans une autre version, une farouche rivalité l'oppose au géant écossais Benandonner. Il le provoque au combat et, afin que son rival ne se dérobe pas, édifie cette chaussée. Les légendes divergent ensuite quelque peu mais sont unanimes sur la scène d'un McCumhaill endormi dans un lit d'enfant, vêtu comme un bébé. Le géant écossais traverse la chaussée et aperçoit ce "bébé". Mme McCumhaill le priant de ne pas le réveiller, Benandonner se dit que si ce nourrisson gigantesque est l'enfant de Fionn, ce dernier doit être encore plus grand et plus fort ; il préfère alors s'enfuir en Écosse. Il ne reste plus ensuite à McCumhaill qu'à démonter ses marches.

Géologie

Selon les explications modernes, beaucoup plus prosaïques, de la lave jaillit d'une fissure souterraine et s'infiltra dans le sol, formant un vaste plateau de lave souterrain. On distingue aujourd'hui cette roche noire sur le flanc des falaises qui surgissent de la mer. Trois périodes d'activité volcanique se sont succédé ; au cours de la deuxième, le lit d'une ancienne rivière se remplit de lave. En refroidissant, celle-ci se contracta selon un phénomène appelé prismation créant la fameuse structure en colonnes, qu'on appelle des orgues. Au fil du temps, la roche de surface s'est érodée, laissant apparaître les colonnes.

---

mais plus près de la côte, à l'est de Bushmills ou près de White Park Bay. Les bus 172 et 252, entre Portrush et Ballycastle, s'arrêtent sur le site. Le 376, Causeway Rambler, part de Bushmills Distillery et rallie Causeway Centre, White Park Bay, Ballintoy et Carrick-a-rede. Sept bus par jour effectuent ce trajet de mi-juin à mi-septembre.

Consultez *Comment s'y rendre* dans la rubrique *Coleraine* pour tout renseignement sur le bus *Antrim Coaster*.

DE LA GIANT'S CAUSEWAY À BALLYCASTLE

Dunseverick Castle, dressé autrefois sur un lieu spectaculaire, sur la B146 (tout près de l'A2), ne comprend plus aujourd'hui que les vestiges de la tour du XVIe siècle. Saint Patrick se serait rendu dans ce château au Ve siècle.

Faites un crochet par **Portbradden** (indiqué sur l'A2), hameau d'une demi-douzaine de jolies petites maisons de pêcheurs blot-

ties autour de l'église bleu et blanc de St Gobban, la plus petite du pays. Depuis ce hameau, on aperçoit la longue plage de sable de **White Park Bay**. L'embranchement suivant sur l'A2 y conduit.

White Park Bay Hostel (☎ *2073 1745, fax 2073 2034, www.whiteparkbayyouthhostel.co.uk, 157 White Park Rd ; dortoirs/lits jumeaux 8,50/12,50 £ ; fermé oct-mars 11h-17h)*. Cette auberge de jeunesse HINI dispose de dortoirs modernes de quatre lits avec s.d.b. et de chambres à deux lits avec TV et nécessaire à thé et café. Le séjour jouit d'une belle vue. Bureau de change sur place. On peut prendre le petit déjeuner moyennent 2,50 £ et le dîner l'été uniquement, pour 4,50 £.

Quelques kilomètres plus loin, le charmant petit village de **Ballintoy** (Baile an Tuaighe) se niche dans une crique pittoresque.

Sheep Island View Hostel (☎ *2076 9391, fax 2076 9994, http://sheepisland.hypermart.net, 42a Main St ; dortoirs avec*

SENTIERS DE LA CAUSEWAY

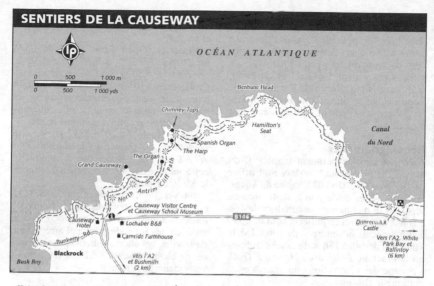

OCÉAN ATLANTIQUE

0   500   1 000 m
0   500   1 000 yds

Benbane Head

Chimney Tops

Hamilton's Seat

Spanish Organ
The Harp

The Organ

Canal du Nord

Grand Causeway

North Antrim Cliff Path

Causeway Visitor Centre et Causeway School Museum

B146

Causeway Hotel

Lochaber B&B

Dunseverick Castle

Carnside Farmhouse

Runkerry Rd

Blackrock

Bush Bay

Vers l'A2 et Bushmills (2 km)

Vers l'A2, White Park Bay et Ballintoy (6 km)

---

sdb/enfant moins de 12 ans 9/6 £). À environ 200 m du port, cette très sympathique auberge de jeunesse loue des lits en dortoirs ou en chambres doubles et dispose d'une grande cuisine et d'une laverie. On peut vous prendre à la Giant's Causeway, à Bushmills et à Ballycastle. Possibilité de petit déjeuner au Fullerton Arms, à côté, pour 13 £.

Non loin de là, un camping propose des simples et des doubles sommaires avec s.d.b. commune à 7,50 £.

Ballintoy House *(☎ 2076 2317, 9 Main St ; chambres avec petit déj continental/ irlandais 14/17 £).* Cette demeure de 1737 loue quelques chambres correctes.

Roark's Kitchen *(☎ 2076 3632, Ballintoy Harbour ; plats 2,50 £ ; Pâques-fin sept tlj 11h-19h, reste de l'année sam-dim seulement).* Ce minuscule établissement du port sert café, thé et collations. Goûtez notamment les maquereaux au beurre, tout frais pêchés.

Rassemblez tout votre courage pour vous élancer sur le **Carrick-a-rede Rope Bridge** *(avr-juin/sept 10h-18h, juill-août 10h-20h, dernier passage 30 min avant fermeture),* un pont de corde qui conduit à une petite île

abritant un centre de pêche au saumon et des centaines de fulmars et de petits pingouins. La pêcherie existe depuis des siècles, certaines archives remontant jusqu'en 1624. Le pont, long de 20 m, de Carrick-a-rede ("rocher dans la route") se balance à quelque 25 m au-dessus des flots. Par grand vent, la traversée peut se révéler impressionnante. Accrochez-vous à la rampe de sécurité pour maintenir votre équilibre et portez de bonnes chaussures. Pas plus de deux personnes ne peuvent emprunter le pont en même temps.

Depuis l'île, on découvre Rathlin Island et Fair Head, à l'est. Le passage du pont est gratuit, mais le parking du National Trust, à 1,25 km, coûte 3 £. Le petit **National Trust Information Centre** *(☎ 2073 1582)* propose une exposition sur le site et édite une brochure sur les principaux points d'intérêt des environs. Vous y trouverez aussi un **café**.

BALLYCASTLE
4 000 habitants
Ballycastle (Baile an Chaisil), à l'endroit où se mêlent les eaux de l'océan Atlantique et celles de la mer d'Irlande, marque la fin de la Causeway Coast. Jolie petite ville, elle

recèle bon nombre d'édifices des XVIIIe et XIXe siècles. Elle offre une belle plage (labellisée "drapeau bleu"), mais l'immense barrière de rochers destinée à isoler le nouveau port nuit quelque peu à l'harmonie de son environnement. La Giant's Causeway, la Bushmills Distillery et le Carrick-a-rede Rope Bridge se situent à moins de 16 km, tandis que les Glens of Antrim s'étendent plus au sud.

Renseignements

Aménagé dans le bâtiment municipal du Moyle District Council, 7 Mary St, l'office de tourisme (☎ 2076 2024) ouvre à Pâques, les jours fériés et de juin à septembre de 9h30 à 17h du lundi au vendredi et de 10h à 16h le samedi, et en juillet et août de 9h30 à 19h du lundi au vendredi, de 10h à 18h le samedi et de 14h à 18h le dimanche. Il fournit la brochure *Ballycastle Heritage Trail*, s'occupe des réservations de chambres et pratique le change.

Festivals

Fin mai, le Northern Lights Festal célèbre pendant trois jours la culture de l'Ulster. À la mi-juin se déroule le Fleadh Amhrán agus Rince, festival de trois jours de danse et de musique.

L'Ould Lammas Fair, grande foire qui se tient les derniers lundi et mardi d'août, remonte à 1606 et demeure associée au *yellowman* et au *dulse*, deux spécialités locales. Le premier désigne un caramel dur en vente quelques mois avant la foire. Quant au *dulse*, c'est une algue séchée à déguster telle quelle ou à faire griller. Prévoyez ensuite quelques bières pour étancher votre soif ! En dehors de la foire, ces algues sont vendues de juin à septembre. Le marchand de primeurs installé sur le Diamond peut généralement procurer ces deux spécialités.

Où se loger

Campings et auberges de jeunesse. Il en existe plusieurs à proximité de la ville.

Silvercliffs Holiday Village (☎ 2076 2550, fax 2076 2259, www.hagansleisure.co.uk, 21 Clare Rd ; emplacement tente/camping-car 10/12 £). Ce grand camping au nord-ouest de la ville comprend une piscine, un restaurant, un magasin, un sauna et un bar.

Watertop Open Farm (☎ 2076 2576, fax 2076 2175, 188 Cushendall Rd ; emplacement tente 8,50 £). Sur l'A2 en direction de Cushendum, à 10 km de Ballycastle, ce terrain n'accueille que quelques tentes et propose des animations pour les enfants, telles que promenade en poney ou visites d'une ferme.

Castle Hostel (☎ 2076 2337, www.castle hostel.com, 62 Quay Rd ; dortoirs/doubles 7/17 £ par pers). Spacieuse et conviviale, cette auberge de jeunesse se tient juste après le Marine Hotel.

Ballycastle Backpackers (☎ 2076 3612, am@bcbackpackers.fsnet.co.uk, North St ; dortoirs/doubles 6/7,50 £ par pers). Proche du front de mer et du principal arrêt de bus de la ville, cet établissement devrait disposer de chambres avec s.d.b. au moment où vous visiterez la région.

B&B. **Cushleake** (☎/fax 2076 3798, www. smoothhound.co.uk/hotels/cushlea.html, 32 Quay Rd ; simples/doubles 19/30 £). Le propriétaire de cette demeure très confortable, décorée de meubles anciens, loue des bicyclettes à 7 £ la journée et du matériel de plongée. Il prodigue à l'occasion quelques conseils d'initiation.

Glenluce (☎/fax 2076 2914, 42 Quay Rd ; 22/20 £ par pers avec/sans sdb). Les chambres sont décorées avec goût et la salle du petit déjeuner présente une belle collection d'aquarelles locales.

Fair Head View (☎ 2076 9376, 26 North St ; 14-17 £ par pers, sdb commune, petit déj inclus). Bien que petites, les chambres offrent un bon rapport qualité/prix. Cette maison domine la colline au-dessus du port.

Hillsea (☎/fax 2076 2385, 28 North St ; 20 £ par pers petit déj compris, avec sdb, TV, nécessaire à thé). Située plus en hauteur que la précédente, cette demeure jouit d'une plus belle vue sur la mer.

Hôtels. **Marine Hotel** (☎ 2076 2222, fax 2076 9507, www.marinehotel.net, 1 North St ; simples/doubles 50/75 £ petit déj inclus). Juste en bord de mer, cet éta-

COMTÉ D'ANTRIM

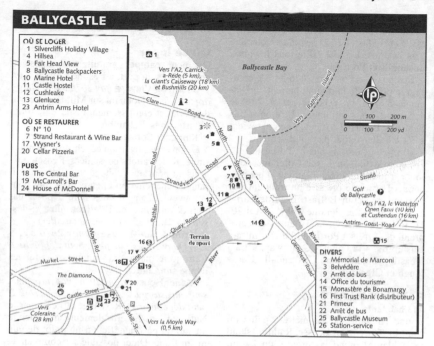

BALLYCASTLE

OÙ SE LOGER
1 Silvercliffs Holiday Village
4 Hillsea
5 Fair Head View
8 Ballycastle Backpackers
10 Marine Hotel
11 Castle Hostel
12 Cushleake
13 Glenluce
23 Antrim Arms Hotel

OÙ SE RESTAURER
6 N° 10
7 Strand Restaurant & Wine Bar
17 Wysner's
20 Cellar Pizzeria

PUBS
18 The Central Bar
19 McCarroll's Bar
24 House of McDonnell

Ballycastle Bay

Vers l'A2, Carrick-
a-Rede (5 km),
la Giant's Causeway (18 km)
et Bushmills (20 km)

0   100   200 m
0   100   200 yd

Strand

Golf
de Ballycastle

Vers l'A2, le Waterton
Open Farm (10 km)
et Cushendun (16 km)

Antrim-Coast-Road

Terrain
de sport

The Diamond

Vers
Coleraine
(28 km)

Vers la Moyle Way
(0,5 km)

DIVERS
2 Mémorial de Marconi
3 Belvédère
9 Arrêt de bus
14 Office du tourisme
15 Monastère de Bonamargy
16 First Trust Bank (distributeur)
21 Primeur
22 Arrêt de bus
25 Ballycastle Museum
26 Station-service

blissement propose des leçons de voile de Pâques à septembre, moyennant 5 £ l'heure.

Il comporte aussi un **country club** (☎ 2076 2166), avec piscine, jacuzzi, sauna et hammam, gratuit pour les résidents ou à 5 £ la journée pour les personnes extérieures.

Antrim Arms Hotel (☎ 2076 2284, 75 Castle St). Il devrait avoir rouvert lors de votre visite dans la région.

Où se restaurer

Wysner's (☎ 2076 2372, 16 Ann St ; plats 7 £ ; lun-ven 8h-17h, sam-dim 8h-20h). C'est le lieu idéal pour goûter les célèbres saucisses-pommes de terre. À l'étage, le restaurant ouvre uniquement les vendredi et samedi soirs.

Cellar Pizzeria (☎ 2076 3037, The Diamond ; repas 4 £ ; tlj 16h30-23h). Vous mangerez ici pizzas, pâtes et salades à prix raisonnables.

Strand Restaurant and Wine Bar (☎ 2076 2349, 9 North St ; plats 4-11 £ ; tlj 11h-

21h). Ce restaurant du bord de mer propose à toute heure de la cuisine simple, de type pub. Essayez les galettes de haddock fumé, particulièrement savoureuses.

Number 10 (☎ 2076 8110, 10 North St ; repas 13 £ ; juin-sept déj/dîner, dim déj seulement, reste de l'année ven-sam dîner, dim déj). Cet établissement nous a été recommandé pour ses mets excellents et son cadre très agréable. Produits de la mer et plats végétariens figurent à la carte.

Où sortir

Le **Marine Hotel** (voir Où se loger) accueille des musiciens les week-ends d'été ; le samedi soir, la discothèque fonctionne également. **The Central Bar** (☎ 2076 3877, 12 Anne St) organise des concerts de musique traditionnelle les mercredi et dimanche, le **McCarroll's Bar** (☎ 2076 2123, 7 Anne St), le jeudi. Enfin, vous entendrez des groupes le vendredi soir au **House of McDonnell** (☎ 2076 2975, 69 Castle St).

Comment s'y rendre

Les bus 131 et 217 circulent entre Ballycastle et Belfast. Le 171 se rend à Coleraine (pas le dim). Le 172 rallie tous les jours Bushmills et Portrush.

Des bus McGinns (☎ 2076 3451), compagnie privée de la région, partent du Diamond à 16h le vendredi et à 20h le dimanche pour rejoindre l'Europa Bus Centre de Belfast. Le trajet (1 heure) revient à 7/4 £ l'aller-retour adulte/enfant.

L'*Antrim Coaster*, bus 252 d'Ulsterbus, effectue la liaison Larne-Coleraine deux fois par jour du lundi au samedi et permet, depuis Larne, de prendre un train en correspondance pour Belfast. Il quitte Larne à 10h15 et 15h, Coleraine à 9h40 et 15h40. Le trajet dure environ 3 heures et comprend des arrêts à Portrush, Portballintrae, Bushmills, à la Giant's Causeway, à Ballycastle, Cushendun, Cushendall, Carnlough et Glenarm.

RATHLIN ISLAND

113 habitants

À une vingtaine de kilomètre à peine du Mull of Kintyre, en Écosse, Rathlin Island (Reachlainn) prend la forme d'un L, qui mesure 6,5 km d'est en ouest, 4,8 km du nord au sud et à peine plus de 1,5 km de large au maximum. L'île compte un pub, un restaurant, deux magasins, quelques chambres à louer et des myriades d'oiseaux.

Dévastée par les Vikings en 795, l'île, nommée Ricnia par Pline, subit de nouveaux assauts en 1595 quand tous les habitants de l'île furent massacrés.

C'est l'observation des oiseaux, au RSPB **West Lighthouse Viewpoint** (☎ *2076 3948 ; dons à l'entrée ; sur rendez-vous*), à l'extrémité ouest de l'île, qui constitue l'intérêt majeur de Rathlin. Guillemots, mouettes tridactyles, petits pingouins et macareux y vivent en nombre. Ils sont toutefois plus difficiles à repérer à la fin de l'été, la période de couvée et d'éclosion étant achevée. L'été, un minibus effectue le trajet du port au centre d'observation. Renseignez-vous sur les horaires, variables.

Au sud du port, le **Boathouse Centre** (☎ *2076 3951 ; mai-août tlj 12h-16h*) vend des livres et des brochures sur l'histoire, la culture et l'environnement de l'île.

Où se loger

On peut **camper** gratuitement dans un champ près du port, à l'est de Church Bay.

Soerneog View (☎*/fax 2076 3954, Ouig ; dortoirs 8 £*). Donnant sur Mill Bay, au sud du port, cet établissement dispose de 6 lits répartis dans 3 chambres.

Kinramer Cottage (☎ *2076 3948 ; dortoirs 5 £*). On apporte ici son couchage et sa nourriture. Réservations conseillées. Renseignez-vous au port sur la direction à suivre car il faut marcher environ 1 heure, mais vous pouvez éventuellement vous faire déposer par l'un des minibus de l'île (consultez ci-dessous le paragraphe *Comment circuler*).

Rathlin Guesthouse (☎*/fax 2076 3917, The Quay ; 18 £ par pers, petit déj inclus*). Cette jolie maison à 5 minutes des ferries donne sur Church Bay.

Manor House (☎*/fax 2076 3964, uravfm@ smtp.ntrustorg.uk ; simples/doubles 27/42 £, petit déj compris*). Restaurée et gérée par le National Trust, cette demeure georgienne au sud du port bénéficie d'un point de vue magnifique. Dîner possible sur commande.

Comment s'y rendre

Des ferries (☎ 2076 9299, www. calmac.co.uk) effectuent la traversée tous les jours depuis Ballycastle sauf par gros temps. Nous vous conseillons de réserver et de vérifier les horaires.

De juin à septembre, il existe quatre traversées dans les deux sens (8,20 £ aller-retour, 45 min). Les bateaux partent de Ballycastle à 10h, 12h, 16h30 et 18h30 (19h le vendredi). Dans l'autre sens, ils quittent Rathlin à 8h30, 11h, 15h30 et 17h30. L'hiver, ils partent de Ballycastle à 10h30 et 16h (16h30 le ven), à 9h et 15h de Rathlin.

Comment circuler

Sauf autorisation spéciale, les voitures sont interdites sur l'île. Vous pouvez louer un vélo (7 £/jour) au Soerneog View (☎ 2076 3954) ou emprunter les Irene's Minibus Tours (☎ 2076 3949) ou les McCurdy's Minibus Tours (☎ 2076 3909).

MURLOUGH BAY

Quittez l'A2 pour prendre la route panoramique de Cushendun afin de profiter des magnifiques paysages du littoral de Ballycastle à Cushendun. La route, indiquée à Torr Head, passe par Murlough Bay, le point le plus extraordinaire de la côte d'Antrim.

Garez-vous au premier parking (vous en verrez trois) et consultez la carte pour repérer les différents chemins. Depuis le premier parking, la promenade n°1, de 3,5 km aller-retour, conduit à Coolanlough. Depuis Fair Head, perché à 186 m au-dessus de la mer, on découvre Rathlin Island à gauche, ainsi que, par temps dégagé, les sommets de l'île d'Arran, derrière le Mull of Kintyre en Écosse. Le sentier longe également le Lough na Cranagh et son ancien *crannóg* (île artificielle).

La deuxième promenade, au départ du parking situé un peu plus loin, emprunte un sentier bien tracé, vers l'ouest. Il débouche sur des mines de charbon abandonnées, dont on distingue les entrées percées dans la roche. Il est prudent de ne pas s'y aventurer.

CUSHENDUN
347 habitants
Le National Trust possède la majeure partie de Cushendun (Bun Abhann Duinne) et veille à ce qu'aucune nouvelle construction ne vienne gâcher l'harmonie du site. Les maisons noir et blanc de l'extrémité sud du village sont l'œuvre de Clough Williams-Ellis, architecte originaire du pays de Galles. Cushendun, niché dans une crique dotée d'une petite plage, se situe sur l'**Ulster Way**. Au nord du village, le chemin s'enfonce à l'intérieur des terres, puis rejoint Murlough Bay et longe la côte jusqu'à Ballycastle. Au sud, il reste à l'intérieur des terres pratiquement jusqu'à Cushendall.

Où se loger et se restaurer
Cushendun Caravan Park (☎ 2176 1254, 14 Glendun Rd ; emplacement tente/camping-car 5,70/12,50 £) est le camping municipal.

Cloneymore B&B (☎ 2176 1443, 103 Knocknacarry Rd ; 20 £ par pers). Juste à la sortie du village, sur la route de Cushendall,

cette maison offre des chambres avec s.d.b. ; l'une des chambre est aménagée pour les handicapés.

Villa Farmhouse (☎/fax 2176 1252, 185 Torr Rd ; simples/doubles 20/36 £ sept-juin, 25/40 £ juill-août, petit déj compris). Au nord du village, cette demeure bénéficie d'un beau panorama sur la baie.

Mullarts Apartments (☎ 2176 1221, mullarts@ldptdemon.co.uk, 114 Tromra Rd ; à partir de 250 £/sem ou de 100 £ le week-end pour un appart de 4 pers). Ces appartements tout équipés occupent une église désaffectée. Celui du rez-de-chaussée est aménagé pour les handicapés.

Cushendun Village Tearooms (☎ 2176 1506, 1 Main St ; snacks 3,50 £ ; oct-fév lun-ven 11h-19h, mars-sept tlj 11h-19h). Proche du pont, ce salon de thé prépare en-cas chauds et salades.

Mary McBride's (☎ 2176 1511, 2 Main St ; repas bar/restaurant 2,95/9,50 £ ; déj et dîner). Ce pub-restaurant prépare des produits de la mer de la région et une tourte maison à la viande et à la Guinness. Remarquez le bar minuscule du pub.

Comment s'y rendre
Les Ulsterbus 120 et 150 relient Cushendun à Ballymena du lundi au samedi et assurent une correspondance pour Belfast. Les bus 156, 162 et 256 se rendent à Larne, avec plusieurs haltes en chemin, 5 fois par jour du lundi au vendredi, 3 fois par jour les samedi et dimanche. Depuis Larne, on gagne ensuite rapidement Belfast.

Consultez *Comment s'y rendre* dans la rubrique *Ballycastle*, plus haut, pour les services de l'*Antrim Coaster*.

CUSHENDALL
1 399 habitants
La tour de brique rouge qui se dresse à l'entrée de Cushendall (Bun Abhann Dall) date du XIXe siècle. Depuis le village, la B14 rejoint à l'intérieur des terres le Glenariff Forest Park, le plus pittoresque des neuf glens d'Antrim.

Renseignements
Géré par le Glens of Antrim Historical Society, l'office de tourisme (☎ 2177 1180),

24 Mill St, ouvre de juillet à septembre du lundi au vendredi de 10h à 13h et de 14h à 17h30, et le samedi de 10h à 13h, le reste de l'année du mardi au samedi de 10h à 13h.

Layde Old Church
À 1 km au nord du village, cette jolie église et son petit cimetière se dressent à côté d'un torrent impétueux. L'église, probablement fondée par les franciscains, servit du début du XIVe siècle à 1790. Le cimetière abrite plusieurs plaques commémoratives en l'honneur des MacDonnell. Pour rejoindre l'église, suivez le chemin du littoral, au-dessus de la falaise, ou empruntez la route qui monte en pente raide en direction de Cushendun (pas l'A2). Ne manquez pas le panneau indicateur, sur la droite.

Glenariff Forest Park
Couvrant plus de 800 ha de forêt, ce parc (☎ 2175 8232, 98 *Glenariff Rd ; 3/2/1,50 £ voiture/moto/piéton ; 8h-coucher du soleil*) se distingue surtout par l'Ess-na-Larach Waterfall, magnifique cascade à environ une demi-heure de marche du centre des visiteurs. Plusieurs chemins, pas toujours clairement balisés, y conduisent. Le plus long permet d'effectuer un circuit de 3 heures. Ces différents sentiers offrent des vues splendides sur toute la vallée. Garez-vous au restaurant Manor Lodge pour payer uniquement le tarif piéton.

La Moyle Way, qui rejoint Ballycastle, à 32 km au nord, démarre juste en face de l'entrée du parc.

Où se loger
Glenariff Forest Park (☎ *2175 8232, fax 2175 8828, 98 Glenariff Rd ; emplacement tente et camping-car 10 £*). Ce terrain de camping se trouve juste à l'orée du parc.

Cushendall Caravan Park (☎ *2177 1699, 62 Coast Rd ; emplacement tente 5,70 £*). Beaucoup plus vaste, celui-ci donne sur la Moyle, sur la route du littoral.

Thornlea Hotel (☎ *2177 1223, fax 2177 1362, 6 Coast Rd ; simples/doubles 30/48 £, petit déj compris*). Des travaux étant prévus, on peut s'attendre à une amélioration des prestations offertes.

Mountain View (☎ *2177 1246, fax 2177 1996, 1 Kilnadore Rd ; simples/doubles avec sdb 17/30 £, petit déj inclus*). Peu coûteux et bien tenu, cet établissement domine la colline, à deux pas de Coast Rd.

Riverside Guest House (☎/fax *2177 1655, cushendallBandB@aol.com, 14 Mill St ; simples/doubles 20/34 £ petit déj compris*). Très centrale, cette demeure loue des chambres agréables avec s.d.b. commune.

Cullentra House (☎/fax *2177 1762, 16 Cloghs Rd ; 17 £ par pers, avec sdb, TV, nécessaire à thé, presse-pantalon*). Les chambres bénéficient d'une belle vue sur le littoral très escarpé des environs.

Où se restaurer
Gillans Coffee Shop (☎ *2177 1404, 6 Mill St*). Snacks copieux à toute heure.

Harry's Restaurant (☎ *2177 2022, 10 Mill St ; bar/à la carte 5/7 £ ; tlj déj et dîner*). Ce restaurant très apprécié sert des portions généreuses, d'un bon rapport qualité/prix. Pensez à réserver.

Manor Lodge (☎ *2175 8221, 120 Glen Rd ; repas 7-10 £, menu de 3 plats pour 2 pers 24,95 £ ; tlj 10h30-21h*). Ce bar-restaurant situé sur une allée secondaire donnant sur la route du parc propose grillades, produits de la mer et sandwiches dans une salle de 1893 décorée dans le style d'un chalet suisse.

Citons aussi le **Glenariff Tea House** (☎ *2175 8769, 98 Glenariff Rd ; Pâques-sept tlj 10h-18h*).

Où sortir
Joe McCollam's (*Johnny Joe's*, ☎ *2177 1992, 23 Mill St ; lun, mar, ven-dim à partir de 20h, juil-août 11h30-23h30*). Ce minuscule bar vibre au rythme de la musique traditionnelle.

Comment s'y rendre
Reportez-vous plus haut à la rubrique *Cushendun*, les bus indiqués desservant aussi Cushendall.

CARNLOUGH
1 493 habitants
Le joli bourg de Carnlough, agrémenté d'une plage et d'un port ravissants, comprend bon

nombre de maisons en pierre calcaire. C'est le marquis de Londonderry qui les fit construire en 1854. Les carrières ont été exploitées jusqu'au début des années 1960 ; le pont qui traverse le village permettait de transporter les wagonnets chargés de pierres jusqu'au port.

Le Tourist Information Centre (☎ 2888 5236) se trouve dans le magasin McKillop's, 14 Harbour Rd. Il ouvre de 10h à 22h de Pâques à septembre et de 10h à 20h du lundi au samedi le reste de l'année. Il peut se charger de réserver une chambre.

Où se loger

Bay View Caravan Park (☎ 2888 5685, 89 Largy Rd ; emplacement tente 4 £). À environ 3 km au nord de Carnlough, ce camping fait face à la mer.

Ruby Hill Caravan Park (☎ 2888 5692, 46 Largy Rd ; emplacement tente 4 £). À près de 3 km au nord du village également, ce terrain dispose de moins d'emplacements que le précédent.

Londonderry Arms Hotel (☎ 2888 5255, fax 2888 5263, 20 Harbour Rd ; simples/ doubles à partir de 55/85 £, offres spéciales fréquentes). La marquise de Londonderry fit construire ce bâtiment en 1848 pour abriter un relais de diligences. Winston Churchill, lointain parent de la marquise, le vendit aux propriétaires actuels en 1921.

Où se restaurer

Londonderry Arms Hotel (voir Où se loger ; bar/restaurant 3,75/8,85 £). Les produits de la mer locaux figurent à la carte, notamment le saumon sauvage et les homards. Un menu spécial est proposé aux enfants.

Glencloy Inn (☎ 2888 5226, angle de Harbour Rd et de Bridge St ; bar 4,25 £ ; tlj 12h-20h). Ce restaurant sert aussi des repas au bar.

Harbour Lights Licensed Restaurant (☎ 2888 5950, 11 Harbour Rd ; déj 5-7 £, carte 11-14 £ ; mer-dim 12h-21h). Proche du port, cet établissement propose petits déjeuners et thés à toute heure, ainsi que de délicieux repas légers.

Comment s'y rendre

Le bus 128 rallie Ballymena 5 fois par jour du lundi au samedi et assure la correspon-

dance pour Belfast. Le 162, entre Cushendun et Larne, s'arrête à Carnlough.

Consultez aussi Comment s'y rendre sous Ballycastle, pour tout renseignement sur le bus Antrim Coaster.

GLENARM
603 habitants

À 5 km au sud de Carnlough, Glenarm (Gleann Arma) est le plus ancien village des glens et le premier sur la route venant de Larne et de Belfast. Très coquet, il s'orne de trottoirs aux pavés noirs et blancs. La carrière qui le défigurait jusqu'à maintenant devrait bientôt disparaître grâce à un programme de réhabilitation financé par l'Union européenne. Un nouveau port de plaisance est en cours de construction.

Autre événement majeur attendu dans le village : l'installation du Traditional Music Centre dans le Glenarm Castle. Ce lieu pluriculturel favorisera la rencontre du bodhrán et du lambeg (le tambour des loyalistes). Il proposera concerts et festivals, mais aussi des ateliers de musique.

Le **château**, édifié au début du XVIIᵉ siècle, a connu des modifications au XIXᵉ siècle. Il ouvre au public uniquement le 14 juillet.

Où se loger et se restaurer

Margaret's House (☎ 2884 1307, 10 Altmore St ; 14 £ par pers, petit déj compris). En venant du sud, prenez à droite au croisement pour trouver ce B&B simple mais très correct.

Riverside B&B (☎ 2884 1474, 13 Tobermore ; simples/doubles 18/36 £). Belles chambres spacieuses.

Drumnagreagh Hotel (☎ 2884 1651, fax 2884 1725, drumnagreagh@nireland.com, 408 Coast Rd ; simples/doubles 40/60 £, petit déj compris). Certaines chambres jouissent d'une vue somptueuse sur l'Écosse. Le **restaurant** ouvre midi et soir du lundi au samedi, le dimanche, pour le déjeuner uniquement.

Charlies (☎ 2884 1276, 6 Altmore St ; tlj 11h-20h). Ce salon de thé expose toutes sortes d'objets d'art et d'artisanat d'Irlande et de Grande-Bretagne. Quelques beaux tissus se distinguent d'un ensemble assez kitsch.

Comment s'y rendre

Le bus 162, entre Larne et Cushendun, s'arrête dans le village.

Consultez *Comment s'y rendre* sous *Ballycastle*, plus haut, pour tout renseignement sur le bus *Antrim Coaster*.

LARNE

17 580 habitants

Larne (Lutharna), qui arbore de multiples graffiti politiques, risque de rompre brutalement le charme de votre périple sur le littoral ou de vous refroidir si vous débarquez d'Écosse. Nulle raison de vous attarder dans cette ville sans intérêt.

Orientation et renseignements

Comptez une quinzaine de minutes de marche du terminal des ferries au centre-ville, par Fleet St et Curran Rd (qui devient ensuite Main St).

Le petit bureau de l'office de tourisme du terminal des ferries dispose d'une liste des B&B, fort utile.

Le Tourist Information Centre (☎ 2826 0088), Narrow Gauge Rd, ouvre de 9h à 17h du lundi au vendredi d'octobre à Pâques, de 9h à 17h du lundi au samedi de Pâques à juin et en septembre, de 9h à 18h du lundi au vendredi et de 9h à 17h le samedi en juillet et août. Il se situe sur le parking à côté du rond-point, à la sortie de la ville. Il se charge des réservations de chambres et pratique le change.

Où se loger et se restaurer

Les possibilités d'hébergement ne manquent pas. L'office de tourisme (voir ci-dessus) peut vous en fournir la liste.

Carnfunnock Country Park *(☎ 2827 0541, Coast Rd ; emplacement tente 7 £).* À environ 5 km au nord de la ville, sur l'A2, ce petit camping bien situé et bien tenu est fort agréable.

Seaview Guest House *(☎/fax 2827 2438, seaviewhouse@talk21.com, 156 Curran Rd ; simples/doubles à partir de 17/36 £).* Relativement proche du port, cette maison loue des chambres confortables.

Dan Campbell's *(☎ 2827 7222, 2 Bridge St ; repas 6,95 £, un repas offert pour un acheté).* Ce pub propose des animations le soir : jeux le jeudi, karaoké le dimanche et musique les autres jours.

Comment s'y rendre

Bus. Les bus 256 et 156 se rendent régulièrement à Belfast. Les premiers quittent la gare routière (☎ 2827 2345), Circular Rd, à 7h15, les derniers, à 19h. Il n'en part que 3 le dimanche. Le trajet dure à peine plus d'une heure. Le 162 à destination de Cushendun, avec plusieurs arrêts en chemin, circule généralement de juin à septembre uniquement.

Consultez *Comment s'y rendre* sous la rubrique *Ballycastle*, plus haut, pour tout renseignement sur le bus *Antrim Coaster*, desservant Larne.

Train. La ville compte deux gares : la gare ferroviaire principale (☎ 2826 0604) et la gare de Larne Harbour pour les ferries. Le trajet depuis Belfast Central dure environ 50 minutes.

Bateau. Le terminal des ferries comprend une gare ferroviaire, un arrêt de bus, des agences de location de voitures et des bureaux de change. P&O Irish Sea (☎ 0870 242 4777) effectue la traversée de Larne à Cairnryan, en Écosse, en un peu plus de 2 heures. Appelez le Larne Harbour Authority (☎ 2887 2100) pour tout renseignement.

Pour davantage d'informations, notamment sur les prix, reportez-vous au chapitre *Comment s'y rendre*, au début de ce guide.

ISLANDMAGEE

La visite d'Islandmagee (Oileán Mhic Aodha), qui contrairement à ce que son nom pourrait laisser croire n'est pas une île mais une péninsule, constitue une excursion d'une journée tout à fait plaisante. On y accède en ferry depuis Larne ou par la route, depuis Whitehead. Non loin du débarcadère des bateaux, voyez le **Ballylumford Dolmen**, dans un jardin privé. Du même côté, **Brown's Bay** abrite une belle plage de sable.

Brown's Bay Caravan Park *(☎ 2826 0088, Brown's Bay ; emplacement tente 7 £ ; avr-sept).* Le Tourist Information Centre de

Larne (voir plus haut) s'occupe des réservations, mais vous pouvez aussi vous présenter directement. Le camping occupe un terrain clos jouxtant le parking.

Empruntez la route pittoresque qui longe la côte est (B150) pour parvenir aux **Gobbins**, des falaises basaltiques qui s'étendent sur 2,5 km. Un chemin taillé dans la roche les traverse de part en part.

Comment s'y rendre
Le bateau pour Islandmagee (piétons uniquement) quitte Larne Harbour à 7h30 et 8h, puis toutes les heures jusqu'à 15h, toutes les demi-heures jusqu'à 17h30 et au-delà, sur demande auprès du Larne Harbour Office (☎ 2827 3785). Le retour s'effectue immédiatement après le débarquement des passagers à Islandmagee (2/1 £ aller-retour adulte/enfant).

CARRICKFERGUS ET SES ENVIRONS
Banlieue du nord de Belfast, Carrickfergus (Carraig Fhearghais) se caractérise par son château idéalement situé, face au port où débarqua Guillaume d'Orange le 14 juin 1690. Une plaque commémorative rappelle cet événement et une statue du roi se dresse devant le château, côté mer. Le centre-ville a conservé quelques maisons du XVIIIe siècle, ainsi qu'une bonne partie des remparts du XVIIe siècle.

Orientation et renseignements
La gare ferroviaire se situe tout au nord de North St. Prenez à gauche juste devant et passez sous North Gate. Le château se trouve sur le front de mer, à 5 minutes à pied. Les Ulsterbus s'arrêtent sur Joymount Parade, derrière l'hôtel de ville, sur le front de mer.

Le Carrickfergus Tourist Information Centre (☎ 9336 6455, fax 9335 0350, www.carrickfergus.org), Antrim St, dans l'Heritage Plaza, ouvre de 9h à 17h du lundi au vendredi (jusqu'à 18h d'avril à septembre), de 10h à 18h le samedi d'avril à septembre, de 12h à 18h le dimanche en juillet et août. Il s'occupe des réservations de chambres et comprend un bureau de change.

Des circuits à pied (2,50 £) partent de Knight Ride Centre (voir plus bas) tous les vendredi à 10h. Téléphonez au ☎ 9336 1091 pour tout renseignement.

Carrickfergus Castle
Édifié sur un promontoire rocheux permettant de surveiller l'accès au Belfast Lough, le château (☎ 9335 1273, *Marine Hwy ; 2,70/1,35 £ adulte/enfant, billet château et Knight Ride 4,85/2,40 £ ; avr-sept lun-sam 10h-18h, dim 14h-18h, oct-mars lun-sam 10h-16h, dim 14h-16h)* fut construit par le roi anglo-normand Jean de Courcy peu après l'invasion de l'Ulster, en 1177. Assiégé par le roi Jean sans Terre en 1210, par Édouard Bruce en 1315, le château tomba brièvement aux mains des Français en 1760. Élément le plus ancien, le bâtiment intérieur, séparé par un haut mur, date de la période anglo-normande. Le donjon renferme un musée historique. Des mannequins illustrant différentes époques animent les pièces du château, le plus ancien et certainement le plus beau d'Irlande.

Où se loger et se restaurer
Langsgarden *(☎/fax 9336 6369, 72 Scottish Quarter ; à partir de 18 £ par pers, petit déj compris).* Cet hôtel du front de mer propose des chambres avec douche ou s.d.b.

Dobbin's Inn Hotel *(☎/fax 9335 1905, 6 8 High St ; simples/doubles 44/62 £ lun-jeu, 34/52 £ week-end, petit déj compris).* Cette auberge existe depuis plus de trois siècles, comme en témoigne sa cheminée du XVIe siècle. Le **restaurant**, ouvert de 9h à 21h, sert des plats de bar et des repas à la carte à partir de 5 £.

Courtyard Coffee House *(☎ 9335 1881, 38 Scottish Quarter ; déj lun-sam).* Ce café propose des repas légers, à accompagner d'une belle part de gâteau. Il possède une petite annexe dans le château.

Cafe N° 10 *(☎ 9336 0306, 10 West St).* Prévoyez environ 2,50 £ pour un snack ou une grillade et un café.

Comment s'y rendre
L'Ulsterbus 166 rejoint le Laganside Bus Centre de Belfast en 15 minutes, le 163, en

Fabrication du lin

La fabrication du lin, sans doute le premier textile végétal, joua jadis un rôle de premier plan dans l'économie de l'Ulster. Ce sont toutefois les tisserands protestants, arrivés à la fin du XVIIᵉ siècle pour échapper aux persécutions en Europe, qui contribuèrent véritablement à l'expansion de cette activité.

Le lin, cultivé au nord de l'Irlande de mars à mai, était récolté à la mi-août. On commençait par former des bottes afin que la plante sèche à l'air, puis on retirait les graines pour en extraire l'huile ou les conserver pour les semences de la saison suivante. Au cours de l'étape suivante, délicate et nauséabonde, les bottes étaient immergées dans des trous d'eau dormante pendant deux semaines, ce qui permettait de ramollir les tiges externes, avant de passer à la phase suivante, le battage.

Cette opération visait à séparer la fibre du lin de la tige. Au XVIIIᵉ siècle, après l'apparition des roues à eau, de larges pales en bois travaillaient les fibres, qui étaient ensuite filées sur une roue, puis tissées. On vendait une partie de ces grands pans de tissu non blanchi (appelé *brown linen*), d'où les nombreux Brown Linen Halls de la région.

Pour blanchir le lin, il fallait plonger le tissu plusieurs heures durant dans l'eau, puis l'étendre bien à plat, en plein soleil. La lumière associée à l'humidité produisait du peroxyde d'hydrogène, puissant agent blanchissant. Des marteaux en bois tannaient le tissu pour l'assouplir. Il pouvait enfin être vendu au public dans les White Linen Halls.

Cette industrie connut à une certaine époque un tel essor que Belfast était parfois surnommée "Linenopolis". La culture du lin s'arrêta à la fin du XIXᵉ siècle pour redémarrer pendant les deux guerres mondiales, pour la fabrication des parachutes. Le lin est aujourd'hui fabriqué dans les pays scandinaves, à grand renfort de produits chimiques. On tente depuis quelques années de le réintroduire en Ulster. Vous apercevrez peut-être ici ou là des champs bleus caractéristiques.

Pour mieux comprendre l'histoire de cette industrie, ne manquez pas la visite du passionnant Irish Linen Centre, à Lisburn.

---

30 minutes. Des trains effectuent la liaison plusieurs fois par jour avec la gare Belfast Central et Botanic Station.

ANTRIM
20 880 habitants

En 1649, le général Monro incendia Antrim (Aontroim). En 1798, celle-ci repoussa une attaque des United Irishmen. Bien qu'elle compte à présent de nombreuses boutiques modernes, la ville a préservé quelques édifices anciens, notamment le tribunal, qui date de 1762.

L'aéroport international de Belfast n'est qu'à 6 km au sud.

Renseignements

Très serviable, l'Antrim Tourist Information Centre (☎ 9442 8331, fax 9448 7844, abs@antrim.gov.uk, www.antrim.gov.uk)

occupe le magasin Antrim Business, 16 High St. Il est ouvert d'octobre à mars du lundi au vendredi de 9h à 17h, de Pâques à juin et en septembre du lundi au vendredi de 9h à 17h et le samedi de 9h à 14h, en juillet et août du lundi au mercredi de 9h à 17h, les jeudi et vendredi de 9h à 18h et le samedi de 9h à 17h. Il édite une brochure gratuite sur la vieille ville. Par ailleurs, une visite guidée gratuite de 90 minutes démarre du centre tous les vendredis à 14h. Il s'occupe des réservations de chambres dans toute l'Irlande et propose un accès à Internet moyennant 1,50 £ les 30 minutes.

À voir et à faire

Les **Antrim Castle Gardens**, derrière le tribunal, le long de la Sixmilewater, furent dessinés au XVIIᵉ siècle. Le château a disparu dans un incendie il y a bien longtemps, mais le parc offre toujours une promenade agréable.

Seul vestige du monastère qui s'élevait jadis à cet endroit, une **tour ronde** du Xe siècle, haute de 27 m, se dresse dans Steeple Park, à 1,5 km au nord de la ville. Suivez la direction de Steeple Industrial Estate, puis des bureaux de l'Antrim Borough Council.

Où se loger et se restaurer

Bro-gra-ni (*☎/fax 9446 2484, 2 Steeple Green ; simples/doubles 20/35 £, petit déj compris, thé ou café à volonté*). Certes, les chambres sont petites, mais l'atmosphère est vraiment très sympathique.

The Stables (*☎/fax 9446 6943, 96 Milltown Rd ; simples/doubles avec sdb 30/40 £, petit déj inclus*). À 5 km au nord de la ville, sur la route de Ballymena, cet hôtel offre un cadre champêtre très tranquille.

Top of the Town (*☎ 9442 8146, 77 Fountain St ; repas 4,25 £ ; lun-sam 12h-15h*). Les bons restaurants sont plutôt rares à Antrim. Ce pub peut néanmoins convenir pour un déjeuner léger.

Comment s'y rendre

Le bus 120, de Ballymena à Belfast, s'arrête à Antrim, de même que le 109, à destination de Belfast *via* Lisburn.

Antrim se trouve sur la ligne ferroviaire Derry ou Portrush-Belfast. Des trains pour Belfast passent 10 fois par jour.

LISBURN ET SES ENVIRONS

À 12 km au sud-ouest de Belfast, Lisburn (Lios na gCearrbhach) s'enorgueillit de son Irish Linen Centre.

Au début du XVIIe siècle, les Anglais accordèrent aux Conway le droit de fonder Lisburn et, en 1627, d'organiser un marché le mardi, qui a perduré jusqu'à nos jours. Un gigantesque incendie détruisit la quasi-totalité de la ville en 1707, épargnant toutefois le Market House du XVIIe siècle, devenu une salle publique au XVIIIe siècle.

La ville prospéra aux XVIIIe et XIXe siècles grâce à l'industrie du lin. La poste, Linenhall St, occupe le site de l'ancien Brown Linen Hall, où s'échangeait le lin

non blanchi. John Wesley vint à plusieurs reprises dans la ville au XVIIIe siècle et prêcha en 1789 dans la première église méthodiste de Lisburn, Market St.

Renseignements

Lors de la parution de ce guide, le Lisburn Tourist Information Centre (☎ 9266 0038, fax 9260 7889, www.lisburn.gov.uk) sera installé Market Square et devrait conserver le même numéro de téléphone. Il ouvre de 9h30 à 17h du lundi au samedi. Il pratique le change et s'occupe des réservations.

Irish Linen Centre & Lisburn Museum

L'Irish Linen Centre & Lisburn Museum (☎ 9266 3377, *Market Square ; gratuit ; lun-sam et j fériés 9h30-17h30*) est aménagé dans Market House, jolie bâtisse du XVIIe siècle dans laquelle les tisserands venaient jadis vendre leurs étoffes.

Au rez-de-chaussée, le musée retrace le patrimoine culturel et historique de la région. À l'étage, l'exposition permanente Flax to Fabric (du lin au tissu) du Centre du lin présente de manière très vivante l'industrie du lin en Irlande du Nord. Juste avant la Première Guerre mondiale, l'Ulster était la première région productrice de lin au monde et employait 75 000 personnes.

Les salles recèlent de multiples présentations audiovisuelles. On peut même s'essayer au filage et observer des tisserands travailler sur des métiers Jacquard. Enfin, la section sur les costumes renferme de très belles pièces.

Où se loger et se restaurer

Bien que Lisburn constitue une excursion rapide depuis Belfast, voici tout de même quelques adresses de B&B si vous décidez d'y passer la nuit.

Circular Lodge B&B (*☎ 9266 5899, 44 North Circular Rd ; simples/doubles 36/40 £*). Cette vieille maison, à deux pas du centre-ville, loue des chambres spacieuses très agréables.

Strathearn House (*☎ 9260 1661, 19 Antrim Rd ; simples/doubles sans sdb 23/40 £, avec sdb 30/50 £*). Ce B&B sympathique se tient tout près du centre (il n'est pas fléché).

Overdale House *(☎ 9267 2275, 150 Belsize Rd ; simples/doubles 20/40 £)*. La chambre avec s.d.b. revient légèrement plus cher. Les baignoires sont grandes à souhait !

Tap Room Restaurant *(Hilden Brewery, ☎ 9266 3863, Grand St ; repas 6-8 £ ; mar-sam 12h-14h30)*. Le restaurant de la brasserie Hilden propose un menu varié, arrosé bien sûr d'une bonne bière.

Cafe Crommelin *(voir Irish Linen Centre & Lisburn Museum ; snacks 3 £)*. Très sympathique, le café du musée sert divers sandwiches et de délicieuses pâtisseries.

Coco's *(☎ 9266 8066, 21 Railway St ; plats 4 £ ; lun-sam 9h30-16h30)*. Cet établissement prépare des petits déjeuners et des plats du jour (croissant au fromage et aux myrtilles ou crêpes de poisson à la thaïlandaise, par exemple) ainsi que de fameux gâteaux. Il sert aussi du bon café. Une fois par mois, il propose de déguster des spécialités culinaires étrangère au cours d'une soirée thématique (à partir de 20h, 15 £).

Comment s'y rendre

Les bus 38, 51, 109, 523 et 525 quittent régulièrement l'Europa Bus Centre de Belfast. Depuis Lisburn, des bus rejoignent Hillsborough, Banbridge et Newry. Pour tout renseignement, adressez-vous au bureau Ulsterbus (☎ 9266 2091), 2a Smithfield Square.

Lisburn se trouve sur la ligne Belfast-Dublin. Des trains vont à Belfast plusieurs fois par jour.

Comtés de Tyrone et de Fermanagh

Tyrone est le plus grand de ces deux comtés (et de toute l'Irlande du Nord), mais avec ses lacs, ses rivières et ses sites médiévaux, Fermanagh attire un nombre plus important de visiteurs. Les Sperrin Mountains, aux sols tourbeux, offrent de nombreuses possibilités de randonnées. Aucun train ne dessert la région ; Ulsterbus assure toutefois des liaisons vers la plupart des villes et villages de taille moyenne.

À ne pas manquer

- Le formidable musée en plein air de l'Ulster American Folk Park
- Une randonnée dans la solitude des Sperrin Mountains
- La magie des sites archéologiques celtiques et préchrétiens autour du Lough Erne
- L'imposante demeure de Florence Court, non loin d'Enniskillen
- Une croisière ou une partie de pêche à la truite sur le Lough Erne
- La descente de la rivière souterraine des Marble Arch Caves

Comté de Tyrone

Ses nombreux attraits naturels – parcs forestiers, sites préhistoriques, Sperrin Mountains – côtoient des villes tout à fait quelconques. Difficile, donc, de se faire une idée d'ensemble du comté de Tyrone. Mais vos efforts seront récompensés car son histoire est illustre, et sa campagne intacte fera la joie de ceux qui cherchent le dépaysement complet.

Pendant des siècles, le comté de Tyrone fut le territoire des O'Neill, et ce jusqu'en mars 1603, date à laquelle Hugh O'Neill, comte de Tyrone, se soumit aux Anglais à Mellifont. Cet événement sonna le glas de l'Irlande gaélique. Des colons anglais et écossais vinrent s'installer dans la région, introduisant le lin au XVIIIe siècle. Par la suite, de nombreux habitants émigrèrent en Amérique. Aujourd'hui encore, des liens forts subsistent avec les États-Unis ; l'immense Ulster American Folk Park, près d'Omagh, suffit à lui seul à justifier la visite du comté de Tyrone.

OMAGH
17 280 habitants

Malheureusement et pour longtemps encore, le nom d'Omagh (An Óghmagh) restera dans les mémoires associé à l'attentat à la bombe qui fit 29 tués et 200 blessés en 1998. Cet acte revendiqué par les séparatistes du Real IRA (IRA véritable) fut le plus atroce de ces trente années de "troubles". Peu après, Gerry Adams, président du Sinn Féin, condamnait l'attentat et affirmait que cette violence devait désormais être considérée par tous comme définitivement révolue, exprimant l'opinion d'une très large majorité.

COMTÉ DE TYRONE

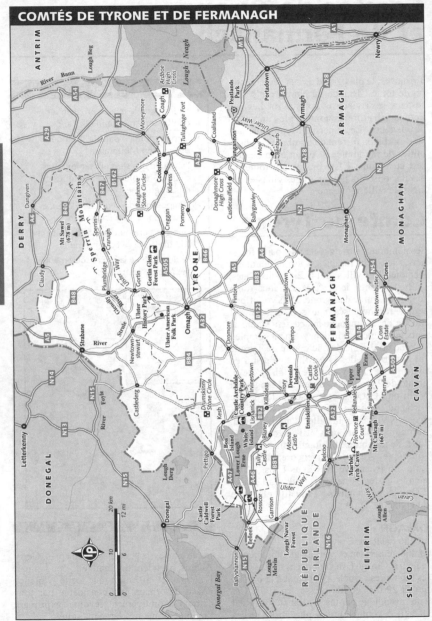

COMTÉS DE TYRONE ET DE FERMANAGH

Au confluent de la Camowen et de la Drumragh, qui se rejoignent pour former la Strule, Omagh constitue un excellent point de départ pour découvrir la région. Vous pouvez aussi vous y arrêter avant ou après une excursion dans les Sperrin Mountains ou sur l'Ulster Way.

ORIENTATION ET RENSEIGNEMENTS

Market St puis High St traversent la ville vers l'ouest depuis la jonction des rivières jusqu'au tribunal néoclassique du XIXe siècle. Le Tourist Information Centre (☎ 8224 7831, fax 8214 0774, www. omagh.gov.uk/tourism.htm, 1 Market St ; avr-sept lun-ven 9h-17h et sam 9h-17h, juill-août jusqu'à 17h30) vous permet d'effectuer des réservations et de changer de l'argent. Plusieurs banques jalonnent High St ; la poste jouxte le tribunal, au n°7.

Où se loger
Camping. Le camping le plus proche se trouve à 10 km.

Gortin Glen Caravan Park (☎ 8164 8108, fax 8164 7644, 1 Lisnaharney Rd ; tente/caravane à partir de 4,50/9 £). C'est le camping le plus proche d'Omagh, au nord-est, sur la B48 Omagh-Gortin, à quelques minutes seulement de l'Ulster Way. L'Omagh Leisure Centre accorde une réduction aux campeurs. Les bus 92 et 213 (juill-août uniquement) s'arrêtent à côté.

Auberge de jeunesse. Une bonne auberge de jeunesse est installée à proximité de la ville.

Omagh Independent Hostel (☎/fax 8224 1973, www.omaghhostel.co.uk, 9a Waterworks Rd ; dortoirs 7 £ par pers ; fév-nov). Accueillante et spacieuse, cette auberge de jeunesse située à 4 km au nord-est de la ville, sur la B48 en direction de Gortin, dispose de 3 chambres accessibles aux handicapés. Son cadre rural tout à fait charmant est envahi de fleurs en été. Vous pouvez appeler depuis l'arrêt de bus pour qu'on vienne vous chercher.

B&B et hôtels. Omagh compte plusieurs B&B, plutôt simples.

Four Winds (☎ 8224 3554, fax 8225 9923, 63 Dromore Rd ; à partir de 16 £ par pers petit déj irlandais inclus). Au sud d'Ardmore, ce B&B dispose de 3 chambres.

Arleston House (☎ 8224 1719, 1 Arleston Park ; 20/36 £ en simple/double ; avec petit déj). Un peu à l'écart de la route de Cookstown, vers l'est, ce B&B offre 2 chambres avec s.d.b.

Dialinn Country House (☎ 8224 7974, 112 Doogary Rd ; 19,50 £ par pers avec petit déj). Cette grande maison rurale, à 3 km du centre d'Omagh, sur l'A5 en direction de Dublin, abrite des chambres spacieuses (la plus belle étant la double).

Silverbirch Hotel (☎ 8224 2520, fax 8224 9061, www.silverbirchhotel.com, 5 Gortin Rd ; simple/double avec sdb à partir de 44/72 £ petit déj compris). Ce deux-étoiles, seul hôtel de la ville, compte 46 chambres confortables.

Où se restaurer
Grant's of Omagh (☎ 8225 0900, 29 George's St ; plats 9-14 £ ; tlj midi et soir). Nous vous conseillons cet établissement, au coin du tribunal, pour ses repas et ses en-cas à prix raisonnable. Il se dégage du menu cosmopolite un petit parfum d'Italie. Le weekend, pensez à réserver.

McElroy's (☎ 8224 4441, 30 Castle St ; plats 3,50-13 £ ; service tlj 12h-21h). Le McElroy's propose un menu très varié et sert une bonne cuisine de pub.

La Gondola Restaurant Italiano (☎ 8225 9624, 80 Market St ; plats 10 £ env, vente à emporter). Grâce aux talents culinaires de son propriétaire, les habitants d'Omagh ont découvert une cuisine délicieuse. Alors n'hésitez pas !

The Carlton (☎ 8224 7046, 31 High St ; pâtes et pizzas 4-6,70 £, plats restaurant 9-12 £). The Carlton abrite au sous-sol un barboulangerie (lun-sam 8h30-17h30) qui fait aussi pizzeria (tlj 18h-22h30), tandis qu'à l'étage le restaurant (tlj 18h-22h30 et dim 12h-16h) affiche une carte variée avec steaks, volailles, poissons, spécialités végétariennes et menu enfant.

Mellon Country Inn (☎ 8166 1224, 134 Beltany Rd ; plats 5-14 £ ; tlj à partir *de 10h jusque tard le soir).* Cet établissement situé à l'extérieur de la ville, sur l'A5 vers Newtownstewart, à 1,5 km environ de l'Ulster American Folk Park, jouit d'une excellente réputation. Il propose aussi un service de restauration rapide.

Comment s'y rendre
Ulsterbus relie Omagh à un grand nombre de villes de part et d'autre de la frontière. Le bus 273 effectue de nombreuses liaisons avec Belfast et Derry. Le 274 quitte plusieurs fois par jour Omagh pour Dublin (8,50 £, 3 heures 15) *via* Monaghan. D'autres partent à destination de Dungannon (78) et d'Enniskillen (94), où vous pouvez changer pour Donegal. Le 296 rallie Cork une fois par jour (lun-sam 10h10, 9 heures 15) *via* Longford, Athlone et Cahir.

Vous trouverez la gare routière (☎ 8224 2711) 3 Mountjoy Rd, juste au nord du centre-ville, en direction de Bridge St, après avoir traversé la Strule.

Comment circuler
Conway Cycles (☎ 8076 1258, 157 Lough Macrory Rd), à 13,5 km en direction de Cookstown, loue des bicyclettes pour 7/30 £ par jour/semaine.

ENVIRONS D'OMAGH
Ulster American Folk Park
À 8 km au nord-ouest d'Omagh, non loin de l'A5, ce parc est l'un des plus grands musées d'histoire et de traditions d'Irlande, à visiter absolument *(☎ 8224 3292, www.folkpark. com, Mellon Rd ; adulte/réduit/famille 6,50/ 4/18 £ ; avr-sept lun-sam 10h30-18h dim et fêtes 11h-17h, oct-mars lun-ven 10h30-17h, fermeture caisse 1h30 avant).* Aux XVIIIe et XIXe siècles, des milliers d'habitants quittèrent l'Ulster pour refaire leur vie en Amérique ; pour le seul XVIIIe siècle, ils furent 200 000. Comme l'évoque notamment l'Exhibition Hall, la Déclaration de l'indépendance des États-Unis fut d'ailleurs signée par plusieurs Irlandais originaires d'Ulster.

Le principal attrait du parc est son musée en plein air, qui renferme un nombre impressionnant de reconstitutions grandeur nature : une forge, la maison d'un tisserand, un temple presbytérien, une école, une cabane en rondins, une rue de l'Ulster au XIXe siècle et l'une des premières rues de l'ouest de la Pennsylvanie. Le lien entre les expositions consacrées à l'Ulster et celles aux États-Unis se fait habilement, par le jeu d'un bateau d'émigrants amarré à quai.

Guides et artisans en costume sont prêts à vous expliquer le filage, le tissage ou la fabrication des bougies. Des spectacles à thème sont régulièrement organisés, comme une reconstitution de la guerre de Sécession. L'endroit mérite qu'on lui consacre au moins une demi-journée, mais il y a tant de choses à voir qu'une seule visite ne suffit pas.

Le bus 97 à destination de Strabane et Derry s'arrête devant le parc. En juillet-août, le mardi et le jeudi uniquement, le bus 213 (le Sperrin Sprinter) quitte Omagh à 13h45 et s'arrête devant le parc 20 minutes plus tard. Pour le retour, vous devrez prendre le 97.

SPERRIN MOUNTAINS
Au nord-ouest du comté, les lignes douces des Sperrin Mountains, qui s'étendent sur 64 km d'est en ouest, enjambent la frontière du comté de Derry. Le contraste est grand entre le paysage de tourbe et de bruyère qui tapisse les landes ouvertes des sommets et le fond des vallées couvert de forêts et de pâturages. La flore et la faune sont d'une grande richesse et l'on y pratique volontiers la pêche à la truite. On dénombre par ailleurs dans la région des milliers de pierres dressées et de tombes à couloir.

Les Sperrin Mountains atteignent leur point culminant au Mt Sawel (678 m) qui s'élève derrière le **Sperrin Heritage Centre** (☎ 8164 8142, 274 Glenelly Rd, Cranagh ; *adulte/enfant 2,20/1,30 £ ; mars-oct lun-ven 11h30-17h30, sam 11h30-18h et dim 14h-18h).* Des écrans didactiques et d'autres dispositifs évoquent la région sous un jour historique, social et écologique. Une partie de l'exposition est consacrée à l'or découvert dans les environs. Vous pouvez d'ailleurs tenter votre chance dans le ruisseau voisin car le centre loue des batées. Il abrite également un **centre d'information touristique** auprès duquel vous pouvez réserver un hébergement, ainsi qu'un café. Depuis Omagh, prenez la B48 en direction du nord-est, qui passe par Gortin et Plumbridge. Là, bifurquez vers l'est sur la B47 en direction de Cranagh. Il reste à parcourir 13 km. Les bus au départ d'Omagh ne dépassent pas Plumbridge. Depuis Cookstown, prenez la B162 puis la B47.

À Creggan, à quelque 20 km à l'ouest de Cookstown sur la A505, l'**An Creagán Visitor Centre** (☎ *8076 1112, www.an-creagan.com, Creggan ; gratuit ; avr-sept tlj 11h-18h30, oct-mars lun-ven 11h-16h30)* propose une exposition pédagogique, des circuits de randonnée à pied et à vélo, des bicyclettes à louer et un restaurant.

Quarante-quatre monuments préhistoriques se concentrent dans un rayon de 8 km autour du centre, dont les **Beaghmore Stone Circles**. Il s'agit de sept cercles de pierres (mesurant moins de 1 m de haut) et d'une douzaine d'alignements de pierres et de cairns funéraires. Pour leur localisation, consultez le plan au Visitor Centre.

Si vous prévoyez de faire l'**ascension** du Mt Sawel, renseignez-vous au Sperrin Heritage Centre sur le meilleur itinéraire.

An Clachan (☎ *8076 1112, www.an-creagan.com, Creggan ; cottages 1/3 chambres avec cuis à partir de 150/330 £ par sem, 60/110 £ par week-end ou demi-sem – 3 nuits min).* Les cottages se trouvent dans le parc de l'An Creagán Visitor Centre.

Comté de Fermanagh

L'Erne se fraye un chemin à travers le comté de Fermanagh – parmi les plus petits comtés d'Irlande – avant de se jeter dans un lac de 80 km de long. À l'endroit où le Lough Erne se divise en Upper Lough et Lower Lough, la ville d'Enniskillen, cœur du Fermanagh, constitue une excellente base d'excursions. Le très efficace office du tourisme est compétent sur l'ensemble du comté.

Le Lower Lough Erne, la partie inférieure et la plus développée du lac, présente différents attraits : c'est un paradis pour les pêcheurs, les installations de sports nautiques

ne manquent pas dans les environs, et des vestiges religieux s'offrent sur Devenish Island et White Island. Une troisième île, Boa, conserve dans son cimetière une statue en pierre unique, vieille de quelque 2 000 ans.

Malgré l'installation précoce de missionnaires chrétiens dans le Fermanagh, la religion pénétra lentement la culture païenne locale. Les envahisseurs vikings et normands ne réussirent pas à soumettre la région, et les Tudors y connurent bien des difficultés jusqu'en 1600, date à laquelle Enniskillen tomba aux mains des Anglais. Dès lors, des colons arrivèrent dans ces "plantations", construisant sans tarder un certain nombre de châteaux autour du Lough Erne. La ville d'Enniskillen devint un centre du pouvoir colonial ; on pouvait mesurer son importance stratégique pour les Britanniques à la présence de deux régiments royaux.

Lors de la partition, le Fermanagh fut entraîné à contrecœur vers l'Irlande du Nord – malgré une population à majorité catholique. Il a conservé son esprit nationaliste.

ENNISKILLEN
11 440 habitants

La ville d'Enniskillen (Inis Ceithleann) est idéalement située, à proximité des deux parties du Lough Erne et de leurs activités respectives, mais aussi des vestiges qui les entourent. Cette petite localité, l'une des plus jolies d'Irlande du Nord, n'a pas été chamboulée par des urbanistes maniaques du béton ou de la circulation automobile. Oscar Wilde et Samuel Beckett furent tous deux élèves de la Portora Royal School, située au nord-ouest du centre-ville.

À l'heure où nous écrivons ces lignes, un centre pour la paix est en cours de construction à l'endroit où une bombe de l'IRA fit onze victimes innocentes en novembre 1987. Situé dans Belmont St, il doit ouvrir sous le nom de William Jefferson Clinton Peace Centre, en hommage au rôle joué par l'ancien président américain pour la paix en Irlande. On y trouvera un restaurant, une galerie d'art et une auberge de jeunesse.

Orientation et renseignements

Le centre-ville occupe une île sur la voie navigable qui relie les loughs supérieur et

ENNISKILLEN

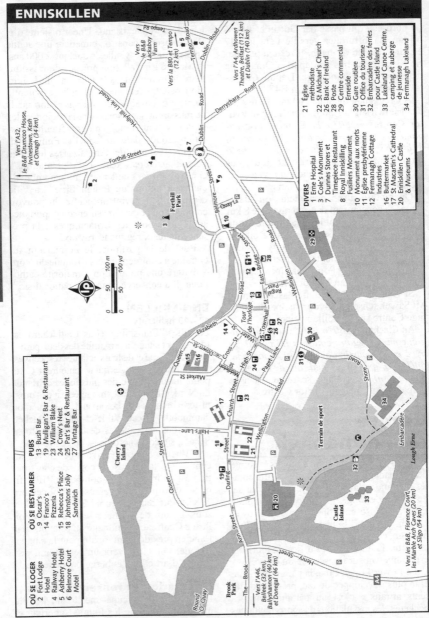

OÙ SE LOGER
2 Fort Lodge Hotel
4 Railway Hotel
5 Ashberry Hotel
6 Belmore Court Motel

OÙ SE RESTAURER
9 Oscar's
14 Franco's Pizzeria
15 Rebecca's Place
18 Johnstons Jolly Sandwich

PUBS
13 Bush Bar
19 Mulligan's Bar & Restaurant
23 William Blake
24 Crow's Nest
25 Pat's Bar & Restaurant
27 Vintage Bar

DIVERS
1 Erne Hospital
3 Cole's Monument
7 Dunnes Stores et Timepiece Restaurant
8 Royal Inniskilling Fusiliers Monument
10 Monument aux morts
11 Église presbytérienne
12 Fermanagh Cottage Industries
16 Buttermarket
17 St Macartin's Cathedral
20 Enniskillen Castle & Museums
21 Église méthodiste
22 St Michael's Church
26 Bank of Ireland
28 Poste
29 Centre commercial Erneside
30 Gare routière
31 Office du tourisme
32 Embarcadère des ferries pour Castle Island
33 Lakeland Canoe Centre, camping et auberge de jeunesse
34 Fermanagh Lakeland

inférieur. La rue principale change plusieurs fois de nom. Au milieu s'élève une tour d'horloge. L'autre grande rue, Wellington Rd, suit une trajectoire parallèle, plus au sud.

Très efficace, le Fermanagh Tourist Information Centre (☎ 6632 3110, fax 6632 5511, *www.fermanagh-online.com* ; *Wellington Rd ; Pâques-sept lun-ven 9h-17h30 (19h juill-août), sam 10h-18h et dim 11h-17h, le reste de l'année, lun-ven 9h-17h30)* vous permet de faire des réservations, de changer de l'argent, d'acheter votre permis de pêche ou bien encore d'envoyer du courrier ou un fax.

La Bank of Ireland dispose d'une succursale dans Townhall St, mais vous pouvez aussi changer de l'argent à la poste, East Bridge St.

Activités

Le meilleur endroit pour louer toutes sortes d'équipements de **sports nautiques** est certainement le **Lakeland Canoe Centre** (☎ 6632 4250, fax 6632 3319), sur Castle Island, à Enniskillen. Un ferry gratuit part de l'embarcadère au sud du château, en face de l'île. Vous pourrez y louer des canoës (8/18 £ par heure/jour), des planches à voile et même des voiliers.

Erne Tours (☎ 6632 2882, *Round 'O' Jetty*) propose, de Pâques à septembre, 1 heure 45 de **croisière** sur le Lough Erne à bord du *Kestrel*, avec escale sur Devenish Island (pour en savoir plus, reportez-vous plus loin à *Croisières* dans la rubrique *Lough Erne*).

Où se loger

Campings et auberges de jeunesse. Vous pouvez planter la tente sur Castle Island. **Lakeland Canoe Centre** (☎ 6632 4250, fax 6632 3319, *Castle Island ; tente 8 £, dortoir/chambres 9/11 £ par pers, petit déj compris)*. Vous trouverez là un terrain de camping et un établissement de type auberge de jeunesse. Le centre est desservi par un ferry.

B&B. Les B&B se situent dans les faubourgs sud-ouest de la ville, au bord de l'A4 vers Sligo Rd.

Rossole House (☎ 6632 3462, *85 Sligo Rd ; chambres 19 £ par pers)*. Ce B&B

domine un petit lac et met un canoë à disposition des clients.

Ashwood Guest House (☎ 6632 3019, *211 Sligo Rd ; simple/double à partir de 22/36 £)*. Un tout petit peu plus loin du centre, la maison est bien équipée et spacieuse.

De l'autre côté de la ville, vous trouverez des B&B sur la B80 vers Tempo.

Lackaboy Farm (☎ 6632 2488, fax 6632 0440, *Tempo Rd ; 22/36 £ en simple/double, petit déj et dîner compris)*. À 2 km du centre, Lackaboy dispose de belles chambres fraîchement installées.

Drumcoo House (☎/fax 6632 6672, *farrellhi@utvinternet.com, 32 Cherryville ; 22/40 £ en simple/double avec sdb)*. Ce B&B est à côté du rond-point de la route du nord en direction de Castle Archdale et d'Omagh.

Hôtels. Le quartier est de la ville compte plusieurs hôtels, dont :

Railway Hotel (☎ 6632 2084, fax 6632 7480, *34 Forthill St ; simples/doubles à partir de 28,50/60 £)*. À l'est de la ville sur la route d'Omagh, cet hôtel fondé il y a 150 ans possède 19 chambres.

Fort Lodge Hotel (☎ 6632 3275, fax 6632 0275, *72 Forthill St ; 35/60 £ en simple/double petit déj compris)*. Le Fort Lodge se trouve un tout petit peu plus loin du centre-ville.

Où se restaurer

Oscar's (☎ 6632 7037, *29 Belmore St ; plats 7,50-13 £ ; tlj 17h-22h)*. Voici l'un des meilleurs restaurants d'Enniskillen pour sa cuisine et son ambiance, baptisé ainsi en hommage à Oscar Wilde qui fut étudiant ici. La salle à manger rappelle une bibliothèque. Sur les murs lambrissés, on peut lire certains traits d'esprit du grand écrivain. La carte présente un grand choix de plats, dont plusieurs végétariens.

Rebecca's Place (☎ 6632 4499, *Buttermarket ; en-cas 2-4,80 £)*. Une bonne adresse si vous avez envie de sandwiches, de salades ou de pâtisseries pendant que vous flânez au Buttermarket.

Franco's Pizzeria (☎ 6632 4424, *Queen Elizabeth Rd ; plats 7,50-15 £, tlj 12h-23h)*. Cet établissement très fréquenté du nord de

COMTÉ DE FERMANAGH

la ville sert des pizzas, des pâtes et des fruits de mer. Vous n'êtes pas obligés de consommer sur place.

Mulligan's Bar & Restaurant (☎ 6632 2059, 33 Darling St ; plats 4,75-12 £ ; service 12h-20h). Un endroit très agréable pour manger un morceau en buvant une bonne pinte. Au menu, il y en a pour tous les goûts.

Pat's Bar & Restaurant (☎ 6632 2040, 1 Townhall St ; plats 5,50-8 £ ; tlj 9h30-19h, 21h en été). Ce pub sert le petit café du matin, puis propose à l'heure du déjeuner des plats du jour tels que rosbif ou truite fraîche.

Où sortir

La rue principale est bordée de nombreux pubs.

William Blake (☎ 6632 2143, 6 Church St). Ce pub victorien propose de la musique traditionnelle le week-end.

Crow's Nest (☎ 6632 5252, 12 High St). Il y a de la musique tous les soirs et les lundis d'été, des soirées de musique irlandaise traditionnelle. Le service de brasserie est assuré toute la journée.

Ardhowen Theatre (☎ 6632 5440, Dublin Rd). À 2 km environ au sud de la ville, sur la route de Dublin (A4), ce théâtre accueille toutes sortes de spectacles.

Comment s'y rendre

l'Ulsterbus 261 dessert jusqu'à 10 fois par jour (5 le dim) Belfast (2 heures) via Dungannon. Le 296 assure la liaison avec Derry (2 heures 30) via Omagh (1 heure) et dans l'autre sens, avec Cork (8 heures 15) via Athlone (3 heures). La ligne 262 rallie Sligo (1 heure 30), Ballina (1 heure 15) et Westport (4 heures 30). Le 99 vous emmène d'Enniskillen à Bundoran en passant par Belleek. Quant à la ligne 30 de Bus Éireann, qui relie Dublin (3 heures) à Donegal (1 heure 15), elle marque 5 arrêts par jour à Enniskillen (4 le dim).

La gare routière (☎ 6632 2633) fait face à l'office de tourisme, Shore Rd.

Comment circuler

Sur Castle Island, le Lakeland Canoe Centre (☎ 6632 4250) offre un service de location de bicyclettes au prix de 10 £ par jour.

ENVIRONS D'ENNISKILLEN
Florence Court

Cette villa palladienne (☎ 6634 8249, Swanlinbar Rd ; adulte/réduit/famille 3/1,50/8 £ ; juin-août mer-lun 13h-18h, Pâques/avr-mai et sept sam-dim et fêtes 13h-18h) porte le nom de l'épouse de John Cole, qui s'installa dans la région au début du XVIIIᵉ siècle. Leur fils bâtit la partie centrale actuelle et un petit-fils fit ajouter les ailes. La demeure, achetée par le National Trust dans les années 1950, fut partiellement reconstruite à la suite d'un incendie en 1955.

Florence Court semble encore habitée. Les flammes ont épargné bon nombre des stucs rococo d'origine, dont l'escalier présente le meilleur exemple.

Le domaine comprend un jardin clos et un parc offrant plusieurs sentiers de promenade, dont l'un grimpe au sommet du Mt Cuilcagh (667 m).

La villa se trouve à près de 13 km au sud-ouest d'Enniskillen. Prenez l'A4 vers Sligo, puis bifurquez à gauche pour prendre l'A32 en direction de Swanlibar. La ligne 192 d'Ulsterbus vous dépose à 1,5 km environ de l'entrée.

Marble Arch Caves

Pour la visite (1 heure 20) de ces grottes (☎ 6634 8855, Marlbank Scenic Loop ; adulte/réduit/enfant/famille 6/4/3/14 £ ; juin-août 10h-17h, mi-mars-mai 10h-16h30)), nous vous conseillons de vous inscrire préalablement par téléphone car le site des Marble Arch Caves est très fréquenté. Le circuit commence par une courte promenade en bateau sur la rivière souterraine et se poursuit par la traversée à pied de passages creusés par l'eau.

Les Marble Arch Caves se trouvent à 16 km au sud-ouest d'Enniskillen, près de la frontière. Pour vous y rendre, prenez l'A4 (route de Sligo) puis l'A32 (route de Swanlinbar). Le site est bien indiqué.

LOUGH ERNE

S'étirant sur 80 km, le Lough Erne se divise en deux parties appelées Upper Lough au sud et Lower Lough au nord. Ces loughs sont reliés par l'Erne, qui prend sa source dans le comté de Cavan et se jette dans

Donegal Bay, à l'ouest de Ballyshannon. Les lacs comptent de multiples îles, dont bon nombre abritent des sites archéologiques de l'Irlande celtique ou chrétienne des origines (pour en savoir plus, voir *Environs du Lough Ern*). On observe, surtout dans l'Upper Lough Erne, une grande diversité d'espèces de poissons et d'oiseaux.

Activités

La région offre des activités multiples. Les centres ci-dessous disposent tous d'une capacité d'hébergement.

Installé à Lough McNean Upper, le **Corralea Activity Centre** (☎ 6638 6668, www.activityireland.com, Belcoo) loue des vélos et des canoës. Il propose aussi des activités encadrées telles que spéléo, canoë-kayac, escalade, surf et tir à l'arc à partir de 25 £ par jour.

Dans le même style, le **Lough Melvin Holiday Centre** (☎ 6865 8142, www.loughmelvinholidaycentre.com, Garrison) permet de pratiquer la spéléo, le canoë-kayak, la randonnée et la pêche. Pour un week-end, hébergement compris, il faut compter autour de 85 £.

Pêche. Les lacs du Fermanagh sont réputés pour la pêche aux poissons blancs ou *coarse fishing*, mais on trouve des truites dans la partie nord du Lower Lough Erne, près de Boa Island et de Kesh Bay. Dans le Lough Erne, la saison de la pêche à la truite s'étend de début mars à fin septembre. La pêche au saumon commence en juin et se termine elle aussi fin septembre. La saison des éphémères dure généralement un mois à compter de la 2e semaine de mai. Il n'existe pas de fermeture de la pêche pour la brème, l'anguille, le brochet, la perche, le gardon ou le rotengle.

Un permis de pêche "*coarse fishing*" est obligatoire pour le Lough Erne et un permis "*game fishing*" est requis pour pêcher la truite et le saumon dans le Lower Lough Erne autrement que depuis la rive. Vous pouvez vous les procurer au Fermanagh Tourist Information Centre ou à la marina (☎ 6862 8118) du Castle Archdale Country Park qui loue aussi des bateaux à la journée. La plupart des cours d'eau du comté de Fermanagh sont privés. L'office du tourisme d'Enniskillen vous indiquera ceux pour lesquels un permis de pêche n'est pas obligatoire. Vous y trouverez également une liste des *ghillies* (guides de pêche).

The Thatch (☎ 6865 8181, Main St, Belleek) organise des sorties de pêche en mer et en eau douce.

Croisières. Le *Kestrel*, bateau-bus de 56 places d'**Erne Tours** (☎ 6632 2882 ; adulte/enfant 5/2,50 £ ; Pâques-sept), effectue des croisières de 1 heure 45 sur le lough, avec escale sur Devenish Island. Il part de Round 'O' Quay à Brook Park, juste à la sortie d'Enniskillen par l'A46 en direction de Belleek. Téléphonez pour connaître les horaires.

Inishcruiser (☎ 6772 2122 ; adulte/enfant 7/6 £ ; Pâques-sept dim 14h30, juill-août départ supp jeu 14h30) propose 1 heure 30 à 2 heures de croisière depuis le Share Holiday Village au sud-ouest de Lisnaskea.

Location de bateaux. Le Fermanagh compte au moins 9 compagnies de location de bateaux. Les tarifs à la semaine vont de

Sheila-na-Gig

Le terme "sheila-na-gig" est probablement une déformation de Síle na Gcíoch (la femme aux tétons). Il fait référence à ces sculptures plutôt grossières qui représentent des femmes aux attributs disproportionnés à l'extérieur de certaines églises ou bâtiments médiévaux. Pour certains, il faut chercher leur origine dans les sculptures des églises romanes françaises qui illustrent les forces impies qui guettent l'homme.

Selon une autre théorie, elles représenteraient la déesse celtique de la guerre. Les anciennes sagas irlandaises comme le *Táin Bó Cúailnge* (la rafle du bétail de Cooley) évoquent des femmes se servant de leurs organes génitaux comme d'une arme pour vaincre le héros Cúchulainn. Peut-être cela a-t-il conforté une croyance répandue selon laquelle les femmes pouvaient tenir le mal à distance. Ainsi s'expliquerait leur apparition dans l'architecture des débuts de l'ère chrétienne.

400 £ pour un 4-places à 1 100 £ environ pour un yacht équipé de 8 couchettes. Vous pouvez trouver des locations à la journée à Belleek, Enniskillen, Garrison, Kesh, Killadeas et Newtownbutler. Le prix minimum se situe autour de 25 £ pour une embarcation de 4 places avec moteur hors-bord et de 50 £ pour un bateau à 6 places avec cabine et moteur Diesel in-bord. L'office de tourisme d'Enniskillen vous fournira une liste complète des adresses et tarifs.

ENVIRONS DU LOUGH ERNE

Il existe de nombreux vestiges, religieux ou non, dans les environs du Lough Erne. Au temps des premiers chrétiens, le lough était une importante voie de circulation entre les comtés du Donegal, sur la côte, et du Leitrim, dans l'intérieur. Églises et monastères servaient de relais et, au Moyen Âge, Station Island, dans le Donegal, était un centre de pèlerinage important, dont le chemin passait par le Lough Erne.

Le village de Belleek, célèbre pour sa porcelaine, est tout proche de la frontière. On y accède facilement depuis les deux rives du lough.

Nous vous suggérons ci-dessous un petit circuit d'est en ouest autour du Lough Erne, en partant d'Enniskillen.

Devenish Island

Devenish Island (Daimh Inis) est le site historique le plus étendu du Lough Erne. Au VIᵉ siècle, saint Molaise y fonda un monastère qui fut pillé en 837 par les Vikings et connut une histoire haute en couleur. Vous découvrirez les ruines de l'église et de l'abbaye, de mystérieuses tombes, une étonnante croix celtique du XVᵉ siècle, un très intéressant petit musée et l'une des plus belles tours rondes d'Irlande. Bâtie au XIIᵉ siècle, cette tour de 25 m est en parfait état.

Un ferry dessert Devenish Island depuis l'embarcadère de Trory Point, à environ 6,5 km au nord d'Enniskillen. Prenez l'A32 en direction d'Irvinestown et, au bout de 5 km, guettez la pancarte sur la gauche. L'embranchement se trouve juste après une station-service et juste avant le point où la route fait une fourche, vers Kesh sur la gauche et Omagh sur

la droite. Les traversées se font de Pâques à septembre, à 10h, 13h, 15h et 17h (2,25/1,20 £ aller-retour par adulte/enfant, 5 min). Pour les horaires de retour, voyez directement à bord.

Boa Island

Tout au nord du Lower Lough, l'étroite Boa Island est reliée à la côte de chaque côté par un pont. La **figure de Janus** (également appelée The Lusty Man ou "l'homme vigoureux"), dans le cimetière de Caldragh, pourrait avoir 2 000 ans. C'est l'une des statues les plus anciennes d'Irlande, unique en son genre. À côté se trouve une autre figure de pierre.

Le cimetière est à peine indiqué par un petit panneau, 1 km environ après le pont ouest de l'île ou 6 km après le pont est si vous venez par l'autre côté.

Belleek
550 habitants

Belleek, à l'extrémité nord de la Shannon-Erne Waterway qui part de Limerick, est un charmant village irlandais typique, avec des maisons de couleurs vives et des fleurs partout en été. Le Black Cat Cove et le Thatch, deux bâtiments particulièrement jolis, méritent le coup d'œil.

Si vous vous arrêtez ici, c'est sans doute pour découvrir les **poteries de Belleek** (☎ 6865 9300, Main St ; adulte/enfant 2,50/1,50 £ ; tlj 9h-18h). On modèle ici la terre depuis 1857. Malgré la beauté un peu massive de certaines pièces, le style est en général plutôt niais, cependant, ces objets connaissent un immense succès.

Des visites guidées ont lieu toutes les demi-heures de 9h à 12h15 et de 14h15 à 16h15 (15h30 le vendredi). Le petit musée du Visitor Centre ainsi que le magasin d'exposition et le café ouvrent tous les jours.

C'est aussi à Belleek que se trouve l'excellente **ExplorErne Exhibition** (☎ 6865 8866, Erne Gateway Centre ; adulte/enfant 1/0,50 £ ; mai-sept 10h-16h30), qui raconte l'histoire du pays des lacs du Fermanagh.

Où se loger
Camping. Les environs du Lough Erne offrent de nombreuses possibilités pour camper.

Castle Archdale Caravan Park (☎ *6862 1368, fax 6862 1176, Castle Archdale ; 10/15 £ par tente/caravane*). Ce terrain se trouve à 12 km au nord-est d'Enniskillen. Il est surtout occupé à l'année par des caravanes et dispose de bonnes installations. Le restaurant **Ardale Diner** ouvre le week-end et tous les jours en juillet-août.

Blaney Caravan Park (☎ *6864 1634, www.blaneycaravanpark.com, Blaney ; 6/11 £ par tente/caravane*). Vous le trouverez sur l'autre rive du lough, à Blaney, sur l'A46 qui va à Belleek.

Mullynascarthy Caravan Park (☎ *6772 1040, fax 6772 3378, Gola Rd ; 6/11 £ par tente/caravane*). Ce terrain est situé au sud d'Enniskillen, 2 km environ au nord-ouest de Lisnaskea.

Share Holiday Village (☎ *6772 2122, fax 6772 1893, www.sharevillage.org, Smiths Strand, Lisnaskea ; 7/10 £ par tente/caravane*). Ce village offre aussi d'autres types d'hébergement.

Auberges de jeunesse. Vous trouverez une excellente auberge de jeunesse près de Lisnarrick.

Castle Archdale Country Park (☎/*fax 6862 8118, Castle Archdale ; dortoirs 8,50 £ par pers ; mars-oct*). Cet excellent établissement HINI tout à fait paisible occupe d'anciennes écuries du XVIIIe siècle. En période scolaire, l'Ulsterbus 194 Enniskillen-Pettigo s'arrête à l'extérieur du parc. De là, l'auberge est à 15 minutes de marche. Le bus de Lisnarrick Corner (4 départs tlj) vous arrête un peu plus loin, à 1,5 km du parc environ.

B&B. Les B&B sont nombreux sur les routes qui longent le Lough Erne de part et d'autre.

Lakeview Guest House (☎ *6864 1263, Blaney ; 18/32 £ en simple/double*). Cette ferme-auberge est un peu en retrait de l'A46, à Blaney, non loin du rivage. Vue panoramique garantie.

Beeches (☎ *6862 8527, imeldabyrne@yahoo.com, Killadeas ; 20/25 £ en simple/double*). Ce B&B calme, chaleureux et tout à fait reposant a presque les pieds dans l'eau. Deux des chambres offrent une vue superbe sur le lac.

The Fiddlestone (☎ *6665 8008, 15 Main St, Belleek ; 18 £ par pers petit déj compris*). Un endroit accueillant qui abrite 5 chambres et un bar animé au rez-de-chaussée.

Hôtels. On trouve quelques bons hôtels dans les environs.

Manor House Country Hotel (☎ *6862 2211, fax 6862 1545, www.manor-house-hotel.com, Killadeas ; 85/110 £ en simple/double*). Cet hôtel situé à Killadeas, sur la B82 vers Kesh, occupe un superbe emplacement qui surplombe le lac. Il dispose de 81 chambres et d'équipements de loisirs avec installation thermale, sauna, piscine et salle de gym, gratuits pour les clients. L'hôtel devrait bientôt proposer des croisières sur le lac à bord de son bateau privé.

Mahon's Hotel (☎ *6862 1656, fax 6862 8344, www.mahonshotel.co.uk, 2-10 Mill St, Irvinestown ; 35/70 £ en simple/double*). Vous pouvez opter pour un forfait week-end à partir de 70 £ par personne (2 nuits avec petit déj et 1 dîner). En fin de semaine, le bar est très fréquenté par la population locale.

Drumshane Hotel (☎ *6862 8383, Lisnarrick ; 35/60 £ en simple/double*). Cet hôtel situé à l'ouest d'Irvinestown compte 10 belles chambres et un **restaurant**. À l'heure où nous rédigeons ce guide, des travaux sont en cours car le propriétaire a de grands projets.

Donn Carragh (☎ *6772 1206, fax 6772 1223, Main St, Lisnaskea ; 35/60 £ en simple/double*). Cet établissement de Lisnaskea offre un emplacement très central et un rapport qualité/prix correct.

Où se restaurer

Manor House Country Hotel (*voir* Où se loger, *menu complet dîner 23 £ ; midi et soir*). Vous pouvez choisir entre le menu ou la carte. Le week-end, en été, on y joue de la musique traditionnelle ou country.

Inishclare Complex (☎ *6862 8550, Killadeas ; repas 18,50-23 £*). Légèrement au nord de Killadeas, ce complexe abrite un bon restaurant et un bistrot avec vue sur le lough. Il est géré par le Manor House et affiche des menus et des prix identiques.

The Stables (☎ *6862 1231, 5 Main St, Irvinestown ; plats 2,50-13 £ ; mer-dim*

12h-22h). Il s'agit d'un pub-restaurant familial connu pour sa bonne cuisine et ses prix raisonnables. Réservation recommandée après 19h.

Central Bar *(☎ 6862 1249, 38 Main St, Irvinestown ; plats 4,25 £).* Ce bar, juste en face de The Stables, assure un service de restauration en journée. Il était très apprécié des pilotes américains pendant la Seconde Guerre mondiale.

Lusty Beg Island *(☎ 6863 2032, Lusty Beg Island ; petite restauration 5-12,50 £, dîner complet 19,50 £ ; ven-dim).* Dans le secteur de Boa Island, cet établissement sert du saumon fumé irlandais aussi bien que des pommes de terre au four. Il y a un téléphone dans la casemate sur le quai pour appeler le ferry.

The Thatch *(☎ 6865 8181, Main St, Belleek ; repas 2,70/9,50 £ ; lun-sam 9h-17h),* installé dans le plus vieux bâtiment de Belleek (fin XVIIe), propose un service de restauration légère et du bon café.

Black Cat Cove *(☎ 6865 8942, Main St, Belleek ; déj, en-cas et plats 5-10 £).* Le Black Cat est un établissement familial accueillant, véritable pub irlandais traditionnel. Vous pouvez venir y écouter de la musique les mardis, mercredis et jeudis, de mai à septembre.

Comment s'y rendre

Depuis Enniskillen, l'Ulsterbus 64 dessert Belleek (1 heure 15, le jeudi) *via* Garrison sur la rive ouest du Lower Lough Erne. Le bus 99 assure également la liaison avec Belleek en longeant la rive occidentale, par Blaney (15 min) Tully Castle et Lough Navar Forest. Côté est, le bus 194 passe tous les jours par Irvinestown (35 min), Lisnarrick (50 min) et Kesh (1 heure).

Langues

Prononciation du gaélique

Le gaélique se compose de trois dialectes principaux : l'irlandais de Connaught (Galway et nord de Mayo), l'irlandais de Munster (Cork, Kerry et Waterford) et l'irlandais d'Ulster (Donegal). L'irlandais standard actuel est en quelque sorte un mélange des trois.

Voyelles

Le gaélique comporte des voyelles longues (accentuées) et courtes, mais surtout des "larges" (a, á, o, ó, u et ú) et des "étroites" (e, é, i et í), qui peuvent modifier la prononciation des consonnes les précédant.

a comme dans "chat"
á comme dans "seau"
e comme dans "fête"
é comme dans "treille"
i comme dans "site"
í i long (comme s'il y en avait deux)
o comme dans "bonne"
ó comme dans le mot anglais "home" (o fermé de "rose" traînant)
u comme dans "loup"
ú son "ou" long

Consonnes

Bien qu'il existe des associations inhabituelles, telles que mh ou bhf, les consonnes posent nettement moins de problèmes que les voyelles.

bh le "v" de voix
bhf le "w" de whisky
c le "k" de kaki
ch "r" guttural
d "d" devant une voyelle large (a, á, o, ó, u et ú), "dj" avant une voyelle étroite (e, é, i et í)
dh "g" de garage devant une voyelle large, "ye" devant une voyelle étroite
mh le "w" anglais de week-end ou de watt
s "s" de service devant une voyelle large, "ch" de champ devant une voyelle étroite et en fin de mot
t "t" de tartine devant une voyelle large, "tch" devant une voyelle étroite
th "h" aspiré ou, en fin de mot, "t" de natte ou muet

Formules de politesse

Bonjour	Hello	Dia duit (Dieu soit avec vous) dee-a-gwit	
Bonjour (réponse)	Hello	Dia is Muire duit (que Dieu et Marie soient avec vous)	dee-as moyra gwit
Bonjour (le matin)	Good morning	Maidin mhaith	maw-jin wah
Bonsoir	Good night	Oíche mhaith	eek-heh wah
Au revoir	Goodbye	Slán agat	slawn agut
Bienvenue	Welcome	Ceád míle fáilte (100 000 bienvenues)	kade meela fawltcha
Merci	Thank you	Go raibh maith agat	goh rev mut agut
Merci beaucoup	Thank you very much	Go raibh míle maith agat	goh rev meeleh mut agut
S'il vous plaît	Please	Le do thoil	le do hall
Excusez-moi	Excuse me	Gabh mo leithscéal	gamoh lesh scale
Comment allez-vous ?	How are you?	Conas tá tú?	kunas taw too?

(Je vais) bien	(I'm) fine	(Tá mé) go maith	*(taw may) goh mah*
Comment vous appelez-vous ?	What's your name?	Cad is ainm duit?	*kod is anim dwit?*
Je m'appelle (Seann)	My name is (Sean)	(Sean) is ainm dom	*(Sean) is anim dohm*
Oui	Yes/It is	Tá/Sea	*taw/sheh*
Non	No/It is not	Níl/Ní hea	*neel/nee heh*
un autre, encore	another/one more	ceann eile	*kyawn ella*
bien, d'accord	good, fine, OK	go maith	*goh mah*
bien, bon	nice	go deas	*goh dyass*

Questions et observations

Pourquoi ?	Why?	Cén fáth?	*kane faw?*
Qu'est-ce que c'est ?	What is this/that?	Cad é seo/sin?	*kod ay shoh/shin?*
Combien ?	How much/many?	Cé mhéad?	*kay vade?*
Où est… ?	Where is...?	Cá bhfuil...?	*kaw will...?*
Dans quelle direction ?	Which way?	Cén slí?	*kane shlee?*
Je ne comprends pas	I don't understand.	Ní thuigim.	*nee higgim*
grand	big	mór	*moor*
petit	small	beag	*byawg*
cher	expensive	daor	*deer*
bon marché	cheap	saor	*seer*
ouvert	open	oscailte	*uskawlta*
fermé	closed	dúnta	*doonta*
lentement	slowly	go mall	*goh mohl*
vite	quickly	go tapa	*goh topuh*
beau temps	fine (weather)	go breá	*goh braw*
mauvais temps	terrible (weather)	go dona	*goh dohna*

Se déplacer

J'aimerais aller à...	I'd like to go to…	Ba mhaith liom dul go dtí...	
		baw wah lohm dull go dee...	
J'aimerais acheter...	I'd like to buy…	Ba mhaith liom...a cheannach	
		bah wah lohm...a kyanukh	
billet	ticket	ticéad	*tickaid*
bateau	boat	bád	*bawd*
navire	ship	long	*lung*
voiture	car	gluaisteáin/carr	*glooshtawn/car*
bus	bus	bus	*bus*
train	train	traein	*trehn*
ici	here	anseo	*onshoh*
là-bas	there	ansin	*onshin*
arrêt	stop	stad	*stod*
aller	go	ar aghaidh	*err eyeg*
banque	bank	banc	*bonk*

Panneaux

Toilettes	Toilet	Leithreas	*lehrass*
Hommes	Men	Fir	*fear*
Femmes	Women	Mna	*m'naw*
Police	Police	Gardaí	*gardee*
Bureau de poste	Post Office	Oifig An Phoist	*iffig ohn fwisht*
Téléphone	Telephone	Telefón/Teileafón	*taylayfon*
Centre-ville	Town Centre	An Lar	*an lawr*

ville	city	cathair	*kawher*
route	road	bóthar	*bohere*
magasin	shop	siopa	*shoppa*
rue	street	sráid	*shrod*
ville	town	baile	*bollyeh*
place centrale	town square	lár an bhaile	*lawr an vullyeh*

Hébergement

une nuit	one night	oíche amháin	*eek-heh awawn*
une personne	one person	duine amháin	*dinna awawn*
deux personnes	two people	beirt	*beerch*
lit	bed	leaba	*lecabaha*
chambre	room	seomra	*showmra*
hôtel	hotel	óstán	*oh stahn*
bed & breakfast	bed & breakfast	loístín oíche	*leestin eek-heh*

Heure, jours et mois

Quelle heure est-il ?	What time is it?	Cén tam é?	*kane tawm ay?*
7 heures	7 o'clock	seacht a chlog	*shocked ah klug*
aujourd'hui	today	inniu	*innyu*
demain	tomorrow	amárach	*amawrok*
heure	hour	uair	*oor*
minute	minute	nóiméid	*nomade*
semaine	week	seachtain	*shocktin*
mois	month	mí	*mee*
lundi	Monday	Dé Luáin	*day loon*
mardi	Tuesday	Dé Máirt	*day meert*
mercredi	Wednesday	Dé Ceádaoin	*day kaydeen*
jeudi	Thursday	Déardaoin	*daredeen*
vendredi	Friday	Dé hAoine	*day heeneh*
samedi	Saturday	Dé Sathairn	*day sahern*
dimanche	Sunday	Dé Domhnaigh	*day downick*
janvier	January	Eanaír	*ann-ner*
février	February	Feabhra	*fiow-ra*
mars	March	Márta	*mortha*
avril	April	Aibreán	*ebb-rawn*
mai	May	Bealtaine	*balthuna*

juin	June	Meitheamh	*me-hiv*
juillet	July	Iúil	*ool*
août	August	Lúnasa	*loonassa*
septembre	September	Meán Fómhair	*mian fore*
octobre	October	Deireadh Fómhair	*djerru fore*
novembre	November	Samhain	*sowin*
décembre	December	Nollaig	*null-ig*

Chiffres et nombres

1/2	leath	*lah*
1	haon	*hayin*
2	dó	*doe*
3	trí	*tree*
4	ceathaír	*kahirr*
5	cúig	*koo-ig*
6	sé	*shay*
7	seacht	*shocked*
8	hocht	*hukt*
9	naoi	*nay*
10	deich	*jeh*
11	haon déag	*hayin jague*
12	dó dhéag	*doe yague*
20	fiche	*feekhe*
21	fiche a haon	*feekhe uh hayin*
30	triocha	*tree-okha*
40	daichead	*day-khayd*
50	caoga	*kowga*
0	seasca	*shaska*
70	seachtó	*shocked-ow*
80	ochtó	*ukth-ow*
90	nócha	*nokha*
100	céad	*kade*
1000	míle	*meeleh*

Appendice – Noms de lieux

Lieu	gaélique
Achill	An Caol
Adare	Áth Dara
Adrigole	Eadargóil
Allihies	Na hAilichí
Annagry	Anagaire
Annalong	Áth na Long
Annascaul	Abhainn an Scáil
Antrim	Aontroim
Aran Islands	Oileáin Árainn
Ardara	Árd an Rátha
Ardboe	Ard Bo
Ardee	Baile Átha Fhirdhia
Ardfert	Ard Fhearta
Ardglass	Ard Ghlais
Ardmore	Ard Mór
Ards Peninsula	An Aird
Arklow	An tInbhear Mór
Arlow	Eatharlach
Armagh	Ard Mhacha
Aranmore	Árainn Mhór
Athlone	Baile Átha Luain
Athy	Áth Í
Avoca	Abhóca
Ballina	Béal an Átha
Ballinasloe	Béal Átha na Sluaighe
Ballinspittle	Béal Átha an Spidéil
Ballintober	Bail an Tobair
Ballintoy	Baile an Tuaighe
Ballybofey	Bealach Féich
Ballybunion	Baile an Bhuinneánaigh
Ballycastle	Baile an Chaisil
Ballyferriter	Baile an Fheirtearaigh
Ballyheigue	Baile Uí Thaidg
Ballyliffin	Baile Lifín
Ballylongford	Bea Atha Longphuirb
Ballymena	An Baile Meánach
Ballynahinch	Baile na hInse
Ballyshannon	Béal Átha Seanaidh
Ballyvaughan	Baile Uí Bheacháin
Banbridge	Droíchead na Banna
Bandon	Droichead na Banndan
Bangor	Beannchar
Bansha	An Bháinseach
Bantry	Beanntrai
Belfast	Beál Feirste

Lieu	gaélique
Bessbrook	An Sruthán
Belmullet	Béal an Mhuirthead
Birr	Biorra
Blarney	An Bhlarna
Blasket Islands	Na Blascaodaí
Bloody Foreland	Cnoc Fola
Boyle	Mainistir na Búille
Brandon	Cé Bhreánnain
Bruckless	An Bhroclais
Bruree	Brú Rí
Bunbeg	An Bun Beag
Buncrana	Bun Crancha
Bundoran	Bun Dobhráin
Bunratty	Bun Raite
Burren, The	Boireann
Burtonport	Ailt an Chórrain
Bushmills	Muilcann na Buaise
Cahir	An Cathair
Carlingford	Cairlinn
Carlow	Ceatharlach
Carndonagh	Cardomhnach
Carraroe	An Cheathrú Rua
Carrick	An Charraig
Carrickfergus	Carraig Fhearghais
Carrickmacross	Carraig Mhachaire Rois
Carrick-on-Shannon	Cora Droma Rúisc
Carrick-on-Suir	Carraig na Siúire
Carrigaholt	Carraig an Chabaltaigh
Cashel	Caiseal Mumhan
Castlebar	Caisleán an Bharraigh
Castleblayney	Baile na Lorgan
Castlemaine	Caisleán na Mainge
Castletownbere	Baile Chais Bhéara
Cavan	An Cabhán
Céide Fields	Achaidh Chéide
Charleville	Rath Luirc
Clare	An Clár
Clarinbridge	Droichead an Chláirin
Clear Island	Oileán Cléire
Cleggan	An Cloiggean
Clifden	An Clochán
Cloghane	An Clochán
Clones	Cluain Eois
Clonmacnoise	Cluain Mhic Nóis

Lieu	gaélique	Lieu	gaélique
Clonmel	Cluain Meala	Fermoy	Mainistir Fhear Muighe
Clontarf	Cluain Tarbh	Fethard	Fiodh Ard
Cobh	An Cobh		
Coleraine	Cúil Raithin	Galway	Gaillimh
Cong	Conga	Giant's Causeway, The	Clochán an Aifir
Connemara	Conamara	Glandore	Cuan Dor
Cookstown	An Chorr Chríochach	Glenarm	Gleann Arma
Cootehill	An Mhuinchille	Glenbeigh	Gleann Beithe
Cork	Corcaigh	Glencolumbcille	Gleann Cholm Cille
Corofin	Cora Finne	Glendalough	Gleann dá Loch
Costello	Casla	Glengarriff	An Gleann Garbh
Creeslough	An Craoslach	Glenties	Na Gleannta
Crossmaglen	Crois Mhic Lionnáin	Glenveagh	Gleann Beatha
Crossmolina	Crois Mhaoiliona	Gortahork	Gort an Choirce
Culdaff	Cúil Dabhcha	Gracehill	Baile Uí Chinnéide
Cushendall	Bun Abhann Dalla	Great Blasket Island	An Blascaod Mór
Cushendun	Bun Abhann Duinne	Greencastle	An Cáisleán Nua
		Greencastle	Caisleán na hOireanaí
Dalkey	Deilginis	Gweedore	Gaoth Dobhair
Derry/Londonderry	Doire		
Derrybeg	Doirí Beaga	Hillsborough	Cromghlinn
Devenish Island	Daimh Inis	Holy Island	Inis Cealtra
Dingle	An Daingean	Howth	Binn Éadair
Donaghadee	Domhnach Daoi		
Donegal	Dún na nGall	Inch	Inse
Downpatrick	Dún Pádraig	Inisheer	Inis Oírr
Dowth	Dubhadh	Inishmaan	Inis Meáin
Drogheda	Droichead Átha	Inishmór	Inis Mór/Árainn
Drumshanbo	Droim Seanbhó	Inishowen	Inis Eoghain
Dublin	Baile Átha Cliath	Innisfree	Inis Fraoigh
Duleek	Damh Liag	Inniskeen	Inis Caoin
Dundrum	Dún Droma	Inverin	Indreabhán
Dunfanaghy	Dún Fionnachaidh	Islandmagee	Oileán Mhic Aodha
Dungannon	Dún Geanainn		
Dungarvan	Dún Garbhán	Kells	Ceanannas Mór
Dungiven	Dún Geimhin	Kenmare	Neidín
Dungloe	An Clochán Liath	Kilcar	Cill Chártha
Dunkineely	Dún Cionnfhaolaidh	Kildare	Cill Dara
Dunlewy	Dún Lúiche	Kilfenora	Cill Fhionnúrach
Dunquin	Dún Chaion	Kilkee	Cill Chaoi
Dunree	An Dún Riabhach	Kilkeel	Cill Chaoil
		Kilkenny	Cill Chainnigh
Easky	Eascaigh	Killala	Cill Alaidh
Ennis	Inis	Killaloe	Cill Dalua
Enniscorthy	Inis Coirthaidh	Killarney	Cill Airne/Cill Ála
Enniscrone	Innis Crabhann	Killybegs	Ceala Beaga
Enniskillen	Inis Ceithleann	Killyleagh	Cill O Laoch
Ennistymon	Inis Díomáin	Kilmainham	Cill Mhaigneann
Falcarragh	An Fal Cárrach	Kilmallock	Cill Mocheallóg
Fanore	Fanóir	Kilronan	Cill Rónáin

Lieu	gaélique	Lieu	gaélique
Kilrush	Cill Rois	Muff	Mugh
Kingscourt	Dún an Rí	Mullaghmore	An Mullach Mór
Kinsale	Cionn tSáile	Mullingar	An Muileann gCearr
Kinvara	Cinn Mhara	Mulrany	An Mhala Raithní
Knightstown	Baile An Ridire		
Knock	Cnoc Mhuire	Naas	An Nás
Knowth	Cnóbha	Navan	An Uaimh
		Nenagh	An tAonach
Lahinch	Leacht Uí	New Quay	Ceibh Nua
	Chonchubhair	New Ross	Rhos Mhic Triúin
Lanesborough	Béal Átha Liag	Newbridge	Droichead Nua
Larne	Lutharna	Newcastle	An Caisleán Nua
Lauragh	Laith Reach	Newport	Baile Uí Fhiacháin
Leenane	An Líonán	Newry	An tIúr
Leitrim	Liatroim	Newtownards	Baile Nua na hArda
Letterfrack	Leitir Fraic		
Letterkenny	Leitir Ceanainn	Ogonnelloe	Tuath Ó gConnaille
Lifford	Leifear	Omagh	An Omaigh
Limavady	Léim an Mhadaidh	Oughterard	Uachtar Ard
Limerick	Luimneach		
Lisburn	Lios na gCearrbhach	Pettigo	Paiteagó
Liscannor	Lios Ceannúir	Pollotomish	Poll an Tómais
Lisdoonvarna	Lios Dún Bhearna	Portaferry	Port an Phoire
Lismore	Lios Mór	Portarlington	Cúil an tSúdaire
Lispole	Lios Póil	Portlaoise	Port Laoise
Listowel	Lios Tuathail	Portrush	Port Rois
Longford	An Longfort	Portsalon	Port an tSalainn
Loop Head	Ceann Léime	Portstewart	Port Stíobhaird
Lough Neagh	Loch nEathach		
Loughrea	Baile Locha Riach	Quin	Chuinche
Louisburgh	Cluain Cearbán		
		Randalstown	Baile Raghnaill
Maam Cross	Crois Mám	Rathfarnham	Ráth Fearnáin
Malahide	Mullach Ide	Rathlin Island	Reachlainn
Malin	Málainn	Rathmelton	Ráth Mealtain
Malin Head	Cionn Mhálanna	Rathmullan	Ráth Maoláin
Mallow	Mala	Recess	Straith Salach
Maynooth	Maigh Nuad	Roscommon	Ros Comáin
Mayo	Maigh Eo		
Meath	An Mhí	Roscrea	Ros Cré
Millisle	Oileán an Mhuilinn	Rossaveal	Ros a' Mhíl
Mitchelstown	Baile Mhistéala	Rosscarbery	Ros O'gCairbre
Moira	Maigh Rath	Rosses Point	An Ross
Monaghan	Muineachán	Rosslare	Ros Láir
Monasterboice	Mainistir Bhuithe	Rossnowlagh	Ross Neamblach
Monasterevin	Mainistir Eimhín	Rostrevor	Caislean Ruairi
Mt Brandon	Cnoc Bhréannain	Roundstone	Cloch na Rón
Mountcharles	Moin Séarbs		
Mountshannon	Baile Uí Bheoláin	Salthill	Bóthar na Trá
Moville	Bun an Phoball	Scarriff	An Scairbh

Lieu	gaélique	Lieu	gaélique
Scattery Island	Inis Cathaigh	Tralee	Trá Lí
Screeb	Scriob	Trim	Baile Átha Troim
Shercock	Searcóg	Tuam	Tuaim
Skellig Islands	Oileáin na Scealaga	Tullamore	Tulach Mór
Skibbereen	Sciobairín		
Slane	Baile Shláine	Union Hall	Bréantrá
Sligo	Sligeach		
Sneem	An tSnaidhm	Valentia Island	Oileán Dairbhru
Spanish Point	Rinn na Spáinneach	Ventry	Ceann Trá
Spiddal	An Spidéal	Virginia	Achadh Lir
Strabane	An Srath Bán		
Strangford	Baile Loch Cuan	Warrenpoint	An Pointe
Strangford Lough	Loch Cuan	Waterford	Port Láirge
Strokestown	Béal na mBuillí	Waterville	An Coireán
Swords	Sord	Westmeath	An Iarmhí
		Westport	Cathair na Mairt
Tara	Teamhair	Wexford	Loch Garman
Thurles	Durlas	Wicklow	Cill Mhantáin
Tipperary	Tiobraid Árann		
Tory Island	Oileán Thóraigh	Youghal	Eochaill

Glossaire

Acte d'union – texte établissant, en 1800, l'union politique de l'Irlande et de la Grande-Bretagne

âge du bronze – période où les hommes découvrirent l'usage des métaux, entre l'âge de pierre et l'âge du fer, vers 2500-3000 av. J.-C. en Irlande

âge du fer – période suivant l'âge du bronze et s'étendant en Irlande depuis l'arrivée des Celtes, vers 300 av. J.-C., jusqu'au début du christianisme, vers le Ve siècle

allée couverte – voir *gallery grave*

An Óige – littéralement "la jeunesse" ; association des auberges de jeunesse de la république d'Irlande

An Taisce - administration de la gestion du patrimoine en république d'Irlande

Anglo-Normands – Normands, Anglais et Gallois qui envahirent l'Irlande au XIIe siècle

Apprentice Boys – *ordre loyaliste* fondé en 1814

ard – littéralement "haut", nom de lieu

ard rí – haut roi

bailey – mur d'enceinte d'un château

bank holiday – jour férié

banshee – esprit (féminin) dont les gémissements annoncent la mort

bawn – cour entourée d'une enceinte à l'extérieur d'un château et servant de refuge et d'enclos pour les troupeaux en période de troubles

beehive hut – maison circulaire en pierre ayant la forme d'une ruche

Black and Tans – Britanniques recrutés par le Royal Irish Constabulary (police royale d'Irlande) après la Première Guerre mondiale et connus pour leur brutalité

bodhrán – tambour en peau de chèvre (prononcé "bore-reun")

Bord Fáilte – littéralement "bureau d'accueil", office du tourisme de la république d'Irlande

botharin – ruelle ou allée, appelée aussi *boreen*

B-specials – force de police auxiliaire en Irlande du Nord, démantelée en 1971

bullaun – pierre creusée, servant certainement de mortier pour la pharmacopée ou la cuisine, et souvent retrouvée dans les monastères

CAC IRA – Continuity Army Council of the IRA, groupe dissident de l'IRA

caher – espace circulaire ceint de murs en pierre

cairn – tumulus de pierre recouvrant un tombeau préhistorique

camogie – *hurling* pratiqué par les femmes

cashel – fort circulaire ceint d'un rempart de pierre, voir aussi *ráth*

cath – littéralement "bataille", nom de lieu

ceilidh – spectacle de musique et de danse traditionnel (prononcé "kaylee")

Celtes – ensemble de peuples guerriers de l'âge du fer, qui s'installèrent en Irlande en 300 av. J.-C. environ et régnèrent sur le pays pendant 1 000 ans

cill – littéralement "église", nom de lieu ; appelé aussi *kill*

cillín – littéralement "petite cellule", lieu d'ermitage et parfois petit cimetière isolé

clochán – hutte en pierre sèche en forme de ruche datant des débuts du christianisme

Connaught – une des quatre anciennes provinces irlandaises

control zone - zone de contrôle ; dans certaines villes d'Irlande du Nord, secteur (en général la rue principale) où il est interdit, pour des raisons de sécurité, de garer les voitures et de les laisser sans surveillance

crack ou **craic** – ambiance conviviale, conversation, bavardage, bon temps

crannóg – île artificielle sur un lac offrant une position défensive

crios – ceinture en laine multicolore traditionnellement portée dans les îles d'Aran

cromlech – voir *dolmen*

croix celtique – croix de pierre sculptée, érigée entre le VIIIe et le XIIe siècle, symbole du christianisme celte

cúrach ou **currach** – barque à rames en lattes recouvertes de toile goudronnée

Dáil – chambre basse du Parlement de la république d'Irlande
dairtheach – oratoire, petite pièce destinée à la prière
DART – Dublin Area Rapid Transport, ligne ferroviaire de transport en commun à Dublin
diamond – place d'une ville
dolmen – chambre funéraire composée de pierres verticales surmontées d'une grosse pierre horizontale (vers 2000 av. J.-C.)
drapeau – les trois couleurs du drapeau irlandais, vert, blanc et orange, symbolisent l'union de l'Irlande catholique, verte, et de l'Irlande du Nord protestante, orange.
drumlin – colline formée lors de la fonte des glaciers
Dúchas – organisme gouvernemental chargé des parcs, des jardins et des monuments en Irlande, anciennement ministère des Travaux publics
dún – fort, généralement en pierre
DUP – Democratic Unionist Party (Parti unioniste démocratique), fondé par Ian Paisley en 1971

Éire – nom irlandais de la république d'Irlande
esker – corniche

Fianna – guerriers légendaires qui apparaissent dans de nombreux contes irlandais
Fianna Fáil – littéralement "guerriers d'Irlande" ; grand parti de la République issu d'une faction du Sinn Féin opposée au traité avec la Grande-Bretagne en 1921
Fine Gael – littéralement "tribu de Gael" ; grand parti de la République issu d'une faction du Sinn Féin favorable au traité avec la Grande-Bretagne en 1921 ; il forma le premier gouvernement de l'Irlande indépendante
fir – littéralement "les hommes" (au singulier *fear*) ; inscription indiquant les toilettes des hommes
fort en anneau – voir *ring fort*
fulacht fiadh – lieu où l'on cuisinait à l'âge du bronze

gaelscoileanna – école irlandaise
Gaeltacht – région de langue gaélique
gallery grave – allée couverte ; chambre funéraire en forme de tunnel
gallóglí ou **gallowglasses** – mercenaires des XIVe-XVe siècles
garda – police de la république d'Irlande (*gardaí* au pluriel)
gap – trouée
georgien – style architectural et urbanistique développé en Grande-Bretagne sous les rois George Ier, II et III (1714-1820)
ghillie ou **ghilly** – guide de pêche ou de chasse
glen – vallée
Good Friday Agreement – accord du Vendredi saint ; accord de paix en Irlande du Nord conclu le 10 avril 1998
gort – littéralement "champ", nom de lieu

Hibernia – littéralement "pays de l'hiver", nom donné par les Romains à l'Irlande (ils avaient confondu l'Irlande et l'Islande)
high cross – voir *croix celtique*
hill fort – forteresse située sur une colline entourée d'une douve destinée à la protéger, datant généralement de l'âge du fer
HINI – Hostelling International of Northern Ireland, association des auberges de jeunesse d'Irlande du Nord
húicéir – navire traditionnel de Galway, appelé aussi *hooker*
hurling – sport irlandais, semblable au hockey

Iarnród Éireann – réseau des chemins de fer irlandais
INLA – Irish National Liberation Association (Armée de libération nationale irlandaise), fondée en 1975, au moment du cessez-le-feu, lors de l'éclatement de l'IRA en plusieurs groupes
IRA – Irish Republican Army (Armée républicaine irlandaise), grande organisation paramilitaire fondée il y a 80 ans pour la création d'une Irlande unie ; l'IRA s'est scindée en deux en 1969, formant l'Official IRA (IRA officielle) et la Provisional IRA (IRA provisoire, faction dure).
IRB – Irish Republican Brotherhood (Fraternité républicaine irlandaise), société secrète

fondée en 1858 et réactivée au début du XXe siècle ; farouchement attachée à l'indépendance et ayant recours si nécessaire à la violence, elle a inspiré les fondateurs de l'IRA

jarvey – conducteur d'une carriole à cheval
jaunting car – carriole tirée par des chevaux, typique de Killarney

kill – voir *cill*

Lambeg drum – grand tambour souvent présent lors des marches des protestants loyalistes
Leinster – une des quatre anciennes provinces irlandaises (Leinster, Connaught, Ulster et Munster)
leithreas – toilettes
leprechaun – elfe ou esprit malicieux du folklore irlandais
lois pénales – lois adoptées au XVIIIe siècle interdisant aux catholiques d'acheter des terres, de détenir des bâtiments publics, etc.
lough – lac, baie longue et étroite ou bras de mer
loyaliste – le plus souvent, protestant d'Irlande du Nord partisan du maintien des liens avec la Grande-Bretagne (voir aussi *ordres loyalistes*).
LVF – Loyalist Volunteer Force (Force de volontaires loyalistes), groupe paramilitaire loyaliste extrémiste opposé au processus de paix

Marching season – "période des marches" ; manifestations qui se déroulent à partir de Pâques et pendant tout l'été pour célébrer la victoire de Guillaume d'Orange sur les catholiques lors de la bataille de la Boyne, le 12 juillet 1690 ; ces marches sont organisées par l'*ordre d'Orange*
mésolithique – époque à laquelle se sont installés les premiers hommes en Irlande, entre 8000 et 4000 av. J.-C
mná – littéralement "les femmes", inscription indiquant les toilettes des femmes
motte – fortification normande constituée d'un tertre surmonté d'un donjon, jouxtant parfois un *bailey* ; les premières datent du XIIIe siècle en Irlande

Munster – une des quatre anciennes provinces irlandaises (Leinster, Connaught, Ulster et Munster)

naomh – saint ou sacré
nationalisme – doctrine favorable à l'unification de l'Irlande
nationaliste – partisan d'une Irlande unifiée
néolithique – période à laquelle s'est développée l'agriculture ; de 4000 av. J.-C. à 2500 av. J.-C. environ en Irlande
NIR – Northern Ireland Railways (réseau des chemins de fer d'Irlande du Nord)
NITB – Northern Ireland Tourist Board (office du tourisme d'Irlande du Nord)
NNR – National Nature Reserves (réserves naturelles nationales)
Nord/North – Irlande du Nord en tant qu'entité politique, et non la région géographique

ogham – voir *pierre oghamique*
Oireachtas – Parlement de la république d'Irlande, composé de deux chambres, le *Dáil* et le sénat
ordres loyalistes – groupes loyalistes partisans de l'union avec la Grande-Bretagne ; ils comprennent essentiellement l'*ordre d'Orange* et les *Apprentice Boys*
ordre d'Orange – la plus vaste organisation d'Irlande du Nord, protestante, fondée en 1795
óstán – hôtel

Pale – dans l'Irlande féodale, région autour de Dublin au-delà de laquelle l'autorité anglaise ne s'exerçait plus
palladien – style architectural créé par Andrea Palladio (1508-1580) et s'inspirant de l'architecture romaine antique
paramilitaires – organisations loyalistes ou unionistes armées illégalement, qui recourent souvent à la violence pour faire entendre leurs revendications politiques et économiques
pierre oghamique – pierre sur laquelle est gravé le premier alphabet d'Irlande, constitué de différentes barres obliques organisées autour d'une ligne

pierre dressée – pierre plantée à la verticale dans le sol, datant de diverses périodes ; elle pourrait indiquer un emplacement funéraire, mais sa signification demeure généralement obscure

Plantation – nom donné à la colonisation de l'Irlande par des immigrants protestants (surnommés parfois les Planteurs) au XVIIᵉ siècle

poteen – (prononcé "potchine") alcool de pomme de terre illégal

Prod – mot d'argot désignant les protestants d'Irlande du Nord

Provisionals – Provisional IRA, branche issue d'un scission avec l'Official IRA ; elle doit son nom au gouvernement provisoire formé en 1916 et fut la principale force d'opposition à l'armée britannique

PUP – Progressive Unionist Party (Parti unioniste progressiste), petit parti favorable au *Good Friday Agreement*

ráth – fort circulaire dont l'enceinte en bois est entouré de monticules de terre

Real IRA – IRA véritable, groupe dissident de l'IRA opposé au *Good Friday Agreement*, qui revendiqua l'attentat d'Omagh en 1998 responsable de la mort de 29 personnes

Red Hand Commandos – Commandos de la Main rouge, groupe paramilitaire loyaliste

Red Hand Defenders – Défenseurs de la Main rouge, groupe paramilitaire loyaliste dissident, fondé en 1998 par des membres de l'*UFF* et du *LVF*

république d'Irlande – les 26 comtés de l'Irlande, sauf l'Irlande du Nord

républicain – partisan de l'Irlande unie

rí – en irlandais, roi sans envergure

ring fort – fort en anneau ; zone d'habitation circulaire ceinte de douves et de tertres, édifiée de l'âge du bronze au Moyen Âge

RUC – Royal Ulster Constabulary (police royale d'Ulster), devenue le Police Service of Northern Ireland

SDLP – Social Democratic and Labour Party (Parti travailliste et social-démocrate), le plus grand parti nationaliste de l'Assemblée d'Irlande du Nord ; il a contribué à l'élaboration du *Good Friday Agreement*

seisún – concert

sept – clan

shamrock – trèfle à trois feuilles qu'aurait utilisé saint Patrick pour représenter la Sainte Trinité

shebeen – de l'irlandais *síbín*, bar illégal

sheila-na-gig – figure féminine aux seins et aux organes génitaux démesurés, sculptée dans la pierre devant les églises ou les châteaux

shillelagh – gros bâton ou gourdin, généralement en chêne ou en prunellier

Sinn Féin – littéralement "nous-mêmes" ; Parti républicain prônant l'unification de l'Irlande, souvent considéré comme l'aile politique de l'IRA bien qu'il affirme en être parfaitement distinct

slí – sentier de randonnée

snug – salle séparée dans un pub

South/Sud – désigne la république d'Irlande

tánaiste – député de la république d'Irlande

taoiseach – (prononcé "tiichoc") Premier ministre de la république d'Irlande

TD – teachta Dála, membre du Parlement de la république d'Irlande

teampall – église

tombe à couloir – tombeau celtique, situé généralement sous un tumulus, dans lequel un passage étroit conduit à la chambre funéraire

tour Martello – ouvrage de fortification inspiré aux Anglais par une tour du cap Mortella, en Corse

tour ronde – haute tour édifiée entre les IXᵉ et XIᵉ siècles, à l'époque où les monastères étaient souvent l'objet d'attaques des Vikings, servant de point d'observation et de sanctuaire

Treaty – traité anglo-irlandais signé en 1921 : il sépara l'Irlande en deux, donnant l'indépendance à la partie sud, et fut à l'origine de la guerre civile de 1922-1923

turlough – de l'irlandais *turlach*, petit lac souvent à sec l'été

UDA – Ulster Defence Association (Association de défense de l'Ulster), le plus grand groupe paramilitaire d'Ulster

UDP – Ulster Democratic Party (Parti démocratique d'Ulster), parti unioniste minoritaire

UFF – Ulster Freedom Fighters, autre nom de l'*UDA*

Ulster – une des quatre anciennes provinces irlandaises (avec Connaught, Leinster et Munster). Elle désigne généralement à présent l'Irlande du Nord, bien qu'elle regroupe les comtés de Cavan, de Monaghan et de Donegal, dans la République

unionisme – doctrine prônant l'union politique avec la Grande-Bretagne

unioniste – partisan de l'union politique avec la Grande-Bretagne

United Irishmen (Irlandais unis) – organisation fondée en 1791 afin de combattre le pouvoir britannique en Irlande

UUP – Ulster Unionist Party (Parti unioniste d'Ulster), le plus grand parti unioniste d'Irlande du Nord, fondé par Edward Carson, et majoritaire à l'Assemblée

UVF – Ulster Volunteer Force (Force de volontaires d'Ulster), organisation paramilitaire loyaliste d'Irlande du Nord

Volunteers – faction de l'*IRB* qui est devenue l'IRA

LONELY PLANET

GUIDES DE VOYAGE EN FRANÇAIS

Le catalogue de nos guides en français s'étoffe d'année en année : aux traductions de destinations lointaines comme l'Inde ou la Chine, s'ajoutent aujourd'hui des créations françaises avec des guides sur Tahiti, Madagascar, la Corse, Marseille ou encore le Restoguide Paris. Nos guides sont disponibles dans le monde entier et vous pouvez les commander en librairie. Pour toute information complémentaire, vous pouvez consulter notre site lonelyplanet.fr, nous contacter par email à bip@lonelyplanet.fr ou par courrier au 1 rue du Dahomey, 75011 Paris.

Afrique australe
Amsterdam
Andalousie
Athènes et les îles grecques
Australie
Barcelone
Brésil
Cambodge
Chine
Corse
Côte bretonne et les îles
Croatie
Cuba
Guadeloupe et Dominique
Guatemala et Belize
Inde
Iran
Indonésie
Itinéraires de marche en France
Itinéraires à vélo en France
Laos
Lisbonne
Londres
Louisiane
Madagascar
Malaisie et Singapour
Maroc
Marseille et sa région

Martinique, Dominique
et Sainte-Lucie
Mexique le Sud
Myanmar (Birmanie)
Namibie
Népal
New York
Nouvelle-Calédonie
Ouest américain
Pérou
Pologne
Prague
Provence
Québec
Restoguide Paris 2002
Réunion et Maurice
Rome
Sénégal
Sri Lanka
Tahiti et la Polynésie française
Thaïlande
Turquie
Vietnam
Yémen
Zimbabwe et Botswana

LES GUIDES DE PLONGÉE LONELY PLANET

Nos guides de plongée tout en couleur explorent les plus beaux sites de plongée du monde. La description de chaque site comprend des informations sur le niveau conseillé, la profondeur, la visibilité et également sur la faune marine. D'autres sites exceptionnels à travers le monde sont couverts par nos guides en anglais.

En vente en librairie en français :

Guide de plongée Tahiti et la Polynésie française
22,71 € - $C 39.95 – L19.99- US$ 31.99

Guide de plongée Mer rouge
24,24 € - $C 39,95 – L20.99- US$ 33.99

LONELY PLANET

CITIZ

Découvrez le meilleur des villes avec CITIZ, le guide malin et bien renseigné. Critiques avisées, conseils, cartes détaillées : il rassemble dans un format pratique toutes les informations utiles au voyageur éclairé, qu'il séjourne une journée ou une semaine, pour affaires ou pour son plaisir.

Titres disponibles : Paris et New York Citiz – Mars 2002
Barcelone, Londres et Venise Citiz – Juin 2002

RESTOGUIDE PARIS 2002 : 500 restaurants et bars sélectionnés par des auteurs de Lonely Planet

Du brunch au dîner en terrasse, cette deuxième édition de notre guide sur les restaurants, bars et cafés à Paris vous donne encore davantage le choix. Chaque endroit a été sélectionné pour une cuisine ou un service de qualité, à des prix abordables et également pour l'ambiance, le décor ou le petit plus qui font de chaque endroit une adresse à retenir et surtout à partager.

* 20 plans des arrondissements de Paris
* un index original par critères : sortir avec des enfants, dîner en terrasse, manger seul(e), ouvert tard, ouvert le dimanche, où jouer au billard, les meilleurs bars à bières, où se séparer ou se réconcilier !
* une sélection de bars et cafés par arrondissement
* un large choix d'adresses, du bistrot aux cuisines du monde
* des adresses de cafés pour se donner rendez-vous à la sortie du métro

En vente en librairie
12,04 € - $C 21,95 – UKL 10,99 – US$ 16,99

WWW.LONELYPLANET.FR

Notre site web, constamment actualisé, offre de plus en plus d'informations pour préparer et réussir ses voyages : plus d'une centaine de destinations passées au crible (cartes et photos), des conseils pratiques, des dépêches d'actualité, notre catalogue et des mises à jour en ligne de guides sur certains pays. Il permet également à la communauté des voyageurs d'échanger, de débattre grâce aux forums, à la rubrique controverse et au courrier des lecteurs.

LE JOURNAL

Afin de partager notre passion du voyage et les impressions ou renseignements que vous nous envoyez quotidiennement, nous publions Le Journal, un trimestriel gratuit.
Vous y trouverez des conseils de lecteurs, des informations pratiques liées à la santé comme aux habitudes culturelles à respecter, des articles sur des destinations ou événements à découvrir dans le monde entier ou encore sur des sujets d'actualité avec la volonté de promouvoir toujours davantage un tourisme responsable.
Pour vous abonner, écrivez-nous au 1 rue du Dahomey, 75011 Paris, France

LONELY PLANET

GUIDES DE VOYAGE EN ANGLAIS

Leader mondial en édition de guides de voyage, Lonely Planet publie également plus de 500 titres en anglais et couvre presque la terre entière.

Les différentes collections : Les **travel guides** explorent des pays, des régions ou des villes, et s'adressent à tous les budgets, les **shoestring guides** couvrent l'ensemble d'un continent et s'adressent plutôt aux voyageurs qui ont plus de temps que d'argent, les **condensed guides** sont des guides de poche tout en couleurs, avec des photos et de nombreux plans, pour les séjours brefs dans une capitale, les **phrasebooks** sont de précieuses méthodes de conversation, les **walking guides et cycling guides** s'adressent aux marcheurs et cyclistes, les **world food guides** dressent une présentation exhaustive de l'art culinaire de certains pays, les **Out to Eat guides** recommandent les meilleurs restaurants et bars de quelques villes internationales, les **diving & snorkeling guides** donnent un descriptif complet des plus belles plongées d'une région ou d'un pays.

Existent également des **Atlas** routiers et des **cartes** des grandes villes du monde.

Pour vous procurer ces ouvrages, n'hésitez pas à vous adresser à votre libraire.

EUROPE : Amsterdam • Amsterdam City Map • Amsterdam Condensed • Andalucía • Athens • Austria • Baltic States phrasebook • Barcelona • Barcelona City Map • Belgium & Luxembourg • Berlin • Berlin City Map • Britain • British phrasebook • Brussels, Bruges & Antwerp • Brussels City Map • Budapest • Budapest City Map • Canary Islands • Catalunya & the Costa Brava • Central Europe • Central Europe phrasebook • Copenhagen • Corfu & the Ionians • Corsica • Crete • Crete Condensed • Croatia • Cycling Britain • Cycling France • Cyprus • Czech & Slovak Republics • Czech phrasebook • Denmark • Dublin • Dublin City Map • Dublin Condensed • Eastern Europe • Eastern Europe phrasebook • Edinburgh • Edinburgh City Map • England • Estonia, Latvia & Lithuania • Europe on a shoestring • Europe phrasebook • Finland • Florence • Florence City Map • France • Frankfurt City Map • Frankfurt Condensed • French phrasebook • Georgia, Armenia & Azerbaijan • Germany • German phrasebook • Greece • Greek Islands • Greek phrasebook • Hungary • Iceland, Greenland & the Faroe Islands • Ireland • Italian phrasebook • Italy • Kraków • Lisbon • The Loire • London • London City Map • London Condensed • Madrid • Madrid City Map • Malta • Mediterranean Europe • Milan, Turin & Genoa • Moscow • Munich • Netherlands • Normandy • Norway • Out to Eat – London • Out to Eat – Paris • Paris • Paris City Map • Paris Condensed • Poland • Polish phrasebook • Portugal • Portuguese phrasebook • Prague • Prague City Map • Provence & the Côte d'Azur • Read This First: Europe • Rhodes & the Dodecanese • Romania & Moldova • Rome • Rome City Map • Rome Condensed • Russia, Ukraine & Belarus • Russian phrasebook • Scandinavian & Baltic Europe • Scandinavian phrasebook • Scotland • Sicily • Slovenia • South-West France • Spain • Spanish phrasebook • Stockholm • St Petersburg • St Petersburg City Map • Sweden • Switzerland • Tuscany • Ukrainian phrasebook • Venice • Vienna • Wales • Walking in Britain • Walking in France • Walking in Ireland • Walking in Italy • Walking in Scotland • Walking in Spain • Walking in Switzerland • Western Europe • World Food France • World Food Greece • World Food Ireland • World Food Italy • World Food Spain Travel Literature: After Yugoslavia • Love and War in the Apennines • The Olive Grove: Travels in Greece • On the Shores of the Mediterranean • Round Ireland in Low Gear • A Small Place in Italy

AMÉRIQUE DU NORD : Alaska • Boston • Boston City Map • Boston Condensed • British Columbia • California & Nevada • California Condensed • Canada • Chicago • Chicago City Map • Chicago Condensed • Florida • Georgia & the Carolinas • Great Lakes • Hawaii • Hiking in Alaska • Hiking in the USA • Honolulu & Oahu City Map • Las Vegas • Los Angeles • Los Angeles City Map • Louisiana & the Deep South • Miami • Miami City Map • Montreal • New England • New Orleans • New Orleans City Map • New York City • New York City City Map • New York City Condensed • New York, New Jersey & Pennsylvania • Oahu • Out to Eat – San Francisco • Pacific Northwest • Rocky Mountains • San Diego & Tijuana • San Francisco • San Francisco City Map • Seattle • Seattle City Map • Southwest • Texas • Toronto • USA • USA phrasebook • Vancouver • Vancouver City Map • Virginia & the Capital Region • Washington, DC • Washington, DC City Map • World Food New Orleans Travel Literature: Caught Inside: A Surfer's Year on the California Coast • Drive Thru America

AMÉRIQUE CENTRALE ET CARAÏBES : Bahamas, Turks & Caicos • Baja California • Belize, Guatemala & Yucatán • Bermuda • Central America on a shoestring • Costa Rica • Costa Rica Spanish phrasebook • Cuba • Cycling Cuba • Dominican Republic & Haiti • Eastern Caribbean • Guatemala • Havana • Healthy Travel Central & South America • Jamaica • Mexico • Mexico City • Panama • Puerto Rico • Read This First: Central & South America • Virgin Islands • World Food Caribbean • World Food Mexico • Yucatán

LONELY PLANET

AMÉRIQUE DU SUD : Argentina, Uruguay & Paraguay • Bolivia • Brazil • Brazilian phrasebook • Buenos Aires • Buenos Aires City Map • Chile & Easter Island • Colombia • Ecuador & the Galapagos Islands • Healthy Travel Central & South America • Latin American Spanish phrasebook • Peru • Quechua phrasebook • Read This First: Central & South America • Rio de Janeiro • Rio de Janeiro City Map • Santiago de Chile • South America on a shoestring • Trekking in the Patagonian Andes • Venezuela

AFRIQUE : Africa on a shoestring • Botswana • Cairo • Cairo City Map • Cape Town • Cape Town City Map • East Africa • Egypt • Egyptian Arabic phrasebook • Ethiopia, Eritrea & Djibouti • Ethiopian Amharic phrasebook • The Gambia & Senegal • Healthy Travel Africa • Kenya • Malawi • Morocco • Moroccan Arabic phrasebook • Mozambique • Namibia • Read This First: Africa • South Africa, Lesotho & Swaziland • Southern Africa • Southern Africa Road Atlas • Swahili phrasebook • Tanzania, Zanzibar & Pemba • Trekking in East Africa • Tunisia • Watching Wildlife East Africa • Watching Wildlife Southern Africa • West Africa • World Food Morocco • Zambia • Zimbabwe, Botswana & Namibia

ASIE DU NORD-EST : Beijing • Beijing City Map • Cantonese phrasebook • China • Hiking in Japan • Hong Kong & Macau • Hong Kong City Map • Hong Kong Condensed • Japan • Japanese phrasebook • Korea • Korean phrasebook • Kyoto • Mandarin phrasebook • Mongolia • Mongolian phrasebook • Seoul • Shanghai • South-West China • Taiwan • Tokyo • Tokyo Condensed • World Food Hong Kong • World Food Japan

ASIE CENTRALE ET MOYEN-ORIENT : Bahrain, Kuwait & Qatar • Central Asia • Central Asia phrasebook • Dubai • Farsi (Persian) phrasebook • Hebrew phrasebook • Iran • Israel & the Palestinian Territories • Istanbul • Istanbul City Map • Istanbul to Cairo • Istanbul to Kathmandu • Jerusalem • Jerusalem City Map • Jordan • Lebanon • Middle East • Oman & the United Arab Emirates • Syria • Turkey • Turkish phrasebook • World Food Turkey • Yemen

SOUS-CONTINENT INDIEN : Bangladesh • Bengali phrasebook • Bhutan • Delhi • Goa • Healthy Travel Asia & India • Hindi & Urdu phrasebook • India • India & Bangladesh City Map • Indian Himalaya • Karakoram Highway • Kathmandu City Map • Kerala • Madagascar • Maldives • Mauritius, Réunion & Seychelles • Mumbai (Bombay) • Nepal • Nepali phrasebook • North India • Pakistan • Rajasthan • Read This First: Asia & India • South India • Sri Lanka • Sri Lanka phrasebook • Tibet • Tibetan phrasebook • Trekking in the Indian Himalaya • Trekking in the Karakoram & Hindukush • Trekking in the Nepal Himalaya • World Food India Travel Literature: The Age of Kali: Indian Travels and Encounters • Hello Goodnight: A Life of Goa • In Rajasthan • Maverick in Madagascar • A Season in Heaven: True Tales from the Road to Kathmandu • Shopping for Buddhas • A Short Walk in the Hindu Kush • Slowly Down the Ganges

ASIE DU SUD-EST : Bali & Lombok • Bangkok • Bangkok City Map • Burmese phrasebook • Cambodia • Cycling Vietnam, Laos & Cambodia • East Timor phrasebook • Hanoi • Healthy Travel Asia & India • Hill Tribes phrasebook • Ho Chi Minh City (Saigon) • Indonesia • Indonesian phrasebook • Indonesia's Eastern Islands • Java • Lao phrasebook • Laos • Malay phrasebook • Malaysia, Singapore & Brunei • Myanmar (Burma) • Philippines • Pilipino (Tagalog) phrasebook • Read This First: Asia & India • Singapore • Singapore City Map • South-East Asia on a shoestring • South-East Asia phrasebook • Thailand • Thailand's Islands & Beaches • Thailand, Vietnam, Laos & Cambodia Road Atlas • Thai phrasebook • Vietnam • Vietnamese phrasebook • World Food Indonesia • World Food Thailand • World Food Vietnam

AUSTRALIE ET PACIFIQUE : Aboriginal Australia & the Torres Strait Islands • Auckland • Australia • Australian phrasebook • Australia Road Atlas • Cycling Australia • Cycling New Zealand • Fiji • Fijian phrasebook • Healthy Travel Australia, NZ & the Pacific • Islands of Australia's Great Barrier Reef • Melbourne • Melbourne City Map • Micronesia • New Caledonia • New South Wales • New Zealand • Northern Territory • Outback Australia • Out to Eat – Melbourne • Out to Eat – Sydney • Papua New Guinea • Pidgin phrasebook • Queensland • Rarotonga & the Cook Islands • Samoa • Solomon Islands • South Australia • South Pacific • South Pacific phrasebook • Sydney • Sydney City Map • Sydney Condensed • Tahiti & French Polynesia • Tasmania • Tonga • Tramping in New Zealand • Vanuatu • Victoria • Walking in Australia • Watching Wildlife Australia • Western Australia

ÉGALEMENT DISPONIBLE : Antarctica • The Arctic • The Blue Man: Tales of Travel, Love and Coffee • Brief Encounters: Stories of Love, Sex & Travel • Buddhist Stupas in Asia: The Shape of Perfection • Chasing Rickshaws • The Last Grain Race • Lonely Planet ... On the Edge: Adventurous Escapades from Around the World • Lonely Planet Unpacked • Lonely Planet Unpacked Again • Not the Only Planet: Science Fiction Travel Stories • Ports of Call: A Journey by Sea • Sacred India • Travel Photography: A Guide to Taking Better Pictures • Travel with Children • Tuvalu: Portrait of an Island Nation

Nos guides sont également disponibles en **espagnol** et en **italien**.
Vous pouvez les commander auprès du bureau Lonely Planet Royaume-Uni et Irlande :
10 A Spring Place, London NW5 3BH – ☎ (020) 7428 4800 , Fax (020) 7428 4828
e-mail : go@lonelyplanet.co.uk

Index

Les références des cartes sont
indiquées en **gras**.

Les références des cartes sont indiquées en **gras**.

Les références des cartes sont indiquées en **gras**.

Liste des encadrés

Arts et culture

Histoire et société

Nature

Vie pratique

LÉGENDE DES CARTES

ROUTES

Villes **Régionales**

.... Autoroute
.... Auto. payante
.... Nationale
.... Départementale
.... Cantonale
.... Non goudronnée

.... Rue piétonne
.... Escalier
.... Tunnel
.... Randonnée
.... Promenade
.... Sentier

TRANSPORTS

.... Gare
.... Station de métro

.... Trajet bus
.... Trajet ferry

LIMITES ET FRONTIÈRES

.... Internationale
.... Province

.... Département
.... Non certifiée

HYDROGRAPHIES

.... Bande côtière
.... Rivière ou ruisseau
.... Lac

.... Canal
.... Source, rapide

.... Chute
.... Marais
.... Lac salé

TOPOGRAPHIE

.... Marché
.... Édifice
.... Campus

.... Cimetière
.... Escarpement
.... Jardin

.... Terrain de golf
.... Parc
.... Place

.... Sable
.... Oasis
.... Mangrove

SYMBOLES

⊗ **CAPITALE NATIONALE**
◉ Capitale régionale
● **Grande ville**

● Ville Moyenne
○ Petite ville
○ Village, lieu-dit

● .... Où se loger
▼ .... Où se restaurer
● .... Centre d'intérêt

.... Centre commercial
.... Canoë, kayak
.... Ancrage, mouillage
.... Plage

.... Aérodrome
.... Aéroport
... Site archéologique, ruines
.... Banque
.... Café
.... Champs de bataille
.... Location de vélo
.... Poste frontière
.... Zoo
.... Gare routière
.... Téléphérique, funiculaire
.... Terrain de camping
.... Château
.... Hammam
.... Grotte

.... Église
.... Cinéma
.... Site de plongée
.... Ambassade, consulat
.... Passerelle
.... Fontaine
.... Station-service
.... Hôpital
.... Information touristique
.... Cybercafé
.... Phare
.... Point de vue
.... Accessibilité
.... Monument
.... Montagne

.... Musée
.... Observatoire
.... Parc
.... Parking
.... Col
.... Aire de pique-nique
.... Poste de police
.... Piscine
.... Bureau de poste
.... Bar, pub
.... Caravaning
.... Refuge
.... Épave
.... Parc national
.... Ornithologie

.... Piste de ski
.... Belle demeure
.... Surf
.... Synagogue
.... Mosquée
.... Borne de taxi
.... Téléphone
.... Théâtre
.... Toilette publique
.... Tombeau
.... Chemin de randonnée
.... Terminus de tram
.... Transports
.... Volcan
.... Vignoble

Note : tous les symboles ne sont pas utilisés dans cet ouvrage

---

BUREAUX LONELY PLANET

Australie
Locked Bag 1, Footscray, Victoria 3011
☎ (03) 8379 8000 ; Fax (03) 8379 8111
e-mail : talk2us@lonelyplanet.com.au

États-Unis
150 Linden Street, Oakland, CA 94607
☎ (510) 893 8555 ; Fax (510) 893 85 72
N° Vert : 800 275-8555
e-mail : info@lonelyplanet.com

Royaume-Uni et Irlande
10 A Spring Place, London NW5 3BH
☎ (020) 7428 4800 ; Fax (020) 7428 4828
e-mail : go@lonelyplanet.co.uk

France
1, rue du Dahomey,
75011 Paris
☎ 01 55 25 33 00 ; Fax 01 55 25 33 01
e-mail : bip@lonelyplanet.fr

World Wide Web : http://www.lonelyplanet.fr et http://www.lonelyplanet.com
Lonely Planet Images : lpi@lonelyplanet.com.au